胡風主編期刊彙輯

第三冊

北京魯迅博物館 編

國家圖書館出版社

七月

第二集

（七—十二）

上海雜誌公司總經售

七月

第二集

作家單位的索引（以筆畫簡繁爲序）

插畫

七月

7

上海雜誌公司總經售

●目　錄●

本刊已呈請主管機關登記中

七月
第七期
廿七年一月十六日出版
編輯兼發行　七月社　漢口漢潤里四十二號樓上
編輯人　胡風
發行人　熊子民
發行所：漢口交通路六十二號　上海雜誌公司總店
經售處：上海雜誌公司支店
廣州・武昌・梧州・長沙・宜昌・西安・成都・昆明・重慶・
印刷者　漢口小董家巷　新昌印書館　電話二一〇四五
本市零售每份一角
外埠每份一角一分
訂價　三個月……五角五分
六個月……乙圓
每月一日十六日出版

抗戰以後的文藝活動動態和展望

——座談會記錄

時間：一月十×日下午

參加人（依座談會的號碼次序）：

艾青　東平　聶紺弩　田間　胡風

馮乃超　蕭紅　端木蕻良　適夷　王淑明

（蕭軍因病不能出席）

一、抗戰後的文藝動態印象記

胡風　「七月社」早想開一次座談會，約集一些朋友來談談文藝上的問題，一方面給作家做參考，一方面給讀者做參考，另一方面也可以作爲討論文藝問題時候的資料。現在請大家提出問題來，然後再編排一下，按着次序談下去。

東平　我提出一個問題：現在我們不跟着軍隊跑，就沒有飯吃，如果跟着軍隊跑，就不能寫東西。因爲，如果我們還是照老樣子只管寫自己的東西，他們一定把你當作特殊的存在：這個傢伙，不曉得他幹些什麼！結果只好和他們一道混，沒有工夫寫東西了。

乃超　但是，我以爲如果有時間而沒有生活，也會感到苦悶。

紺弩　在這一點，我也同樣的感覺。現在，我們想參加到實際生活去，但是沒有機會，所以生活沒有辦法，寫文章的材料也沒有了，弄得非常苦惱。我覺得，如果能够參加到實際生活裏面，寧可不寫文章。所以我提出的問題，恰恰與東平的相反。

（幾個人同時說：那末，就談談這兩個問題罷。）

胡風　我看先把它分成兩個問題來談談，好不好在沒有談這問題之先，我們各人就自己的印象談一談對于戰爭發生後的文藝活動的感想，看一看我們已經有了的文藝活動是怎麼一個樣子，再來談談作家和生活的問題。

（幾個人的聲音：好吧，就是這樣。）

田間　我個人感到文化人散漫，無中心組織，工作不緊張。

蕭紅　問題太大了！

（端木笑）

胡風　（對乃超）你呢？

乃超　我還沒有想完全。但有幾點意思。第一，抗戰以後，商業的文學關係，或者說文學的商業的關係，相當地被打破了。這表現在兩點上面，第一是購買力的衰退，文學作品沒有像以前那樣地被歡迎，其次是文學什誌非常少，除了「七月」和官辦的刊物以外，差不多沒有刊物了。第二，從這裏看起來，好像文學有衰落的現象，不過，這是表面的，實際上文學依然在發展。譬如報告的發展就很大，比戰爭以前更具體更眞實地反映了生活。固然，這些報告大半是藉報紙或小刊物發表的，沒有「七月」那麼大的篇幅，但質量和數量都比以前進步，所以只是商業的文學關係被打破了，實際上文學並沒有衰落。第三，純粹消遣性的文學衰落了，離開了抗戰生活的文學沒有存在的餘地。這是必然的。純粹消遣性文學的衰落，也就是有所爲而爲的文學能够展開的基礎。

紺弩　我對于乃超的意見有點補充。抗戰以後，讀者最關心的是抗戰，作者最關心的最願意寫的題材也是抗戰，但一般地說，作者和抗戰是游離的，這就規定了作品產量的減少。乃超說的純粹消遣性文藝衰落了，但實際上不僅僅純粹消遣性的文藝，就是不是消遣性的，只要是直接和抗戰沒有關係的文學，也減少了。不過這裏還有兩個附帶的原因：一個是物質的缺乏，像紙張貴，印刷貴，書店不肯出版，第二是失地一天天多了，失地多就流亡的人多，流亡的人當然沒有購買力。有些事情當然是困難，如作者怎樣生活在抗戰裏面」——

胡風　這個問題留在第二個問題裏再談罷。

紺弩　，嘴碰釘子了！

（大家笑）

東平　抗戰以來每天每刻我們在報紙上以及在小刊物上看得見許多報告啦通訊啦一類的作品如果把這些當作文學看，那當然熱鬧得很，但是，我們想一想這些是不是可以留到將來？如果不能，將來不是沒有文學了嗎？例如四行倉庫的八百壯士，報告囉，詩啦，出特輯囉，熱鬧得很，但在這些文章裏面，那篇是最好的？誰也不能回答。這是現在一般的毛病。我以爲從前不能公開，沒有好的作品可以藉口說是檢查太嚴。現在呢？沒有檢查了，好像一個蓋子被揭開了，應該有表現啦，火應該噴出來了啦，但是並沒有。大家應該用功努力。我以爲，至少蘇聯是希望中國有偉大的作品出現的。

淑明　好的作品之所以少，一方面因爲有生活經驗的沒有時間寫，有時間的和抗戰遊離了，沒有生活，像蘇聯，在戰時也很少偉大作品，好的作品都是在後來產生的，戰爭過了以後參加過戰鬥的人有時間寫了，文學者也可以調查，可以寫了。

紺弩　我常常徘徊在兩個觀點之間。第一個是文學的觀點，從文學的觀點上，我希望有偉大的作品，（當然囉，所謂偉大的很難說，但總是有力量的，能經過時間的磨練的，）希望偉大的作品出現，我自己也是愛好這種作品的，但另一方面，雖然不是偉大的作品，是乘機起鬨的，如像關于八百壯士的作品，從作品的價值上看，是粗糙的，沒有力量的，但這些作品也有一時的影響。如果沒有這些，我想文壇就更寂寞了。我徘徊在這兩個觀點之間，希望能夠得到指示。

艾青　這，我以爲是作品的由量到質的變化還不會到達的現象。

端木　我以爲文學的價值，偉大或不偉大，要看它對于人類有用沒有用。所以只要是恰當其時的作品，就是好的，如像列寧對于高可基的意見。現在的作品偉大或不偉大，是要待時間來決定的，只要是能在此時此刻恰當其時的作品，我以爲都是好的，無論偉大或不偉大。

胡風　我看，一般地有兩種不同的意見：一方面是要求反映當前生活的小型作品，像報告等，另一方面覺得這些作品太沒有力了，太單薄了，因而要求偉大的作品。其實，這是應該聯系起來看的，現在的這些作品，同時也就是將來的偉大作品的準備（對適夷）你有什麼意見？

適夷　對于大家的意見，一般地我是同意的。但我看，一般地說，作家還不活躍。其次，今後的作品形式上也應該有變化，像戰爭與和平那樣的作品，要坐下來化幾年的工夫來寫它，這在我們恐怕是不可能的。所以我以爲，文藝的形式一定要變化，如像被開墾的處女地，就是以許多報告文學做材料寫成的。現在，我們雖然只能看到這些報告通訊等，但其實，這就是產生偉大作品的過程。

艾青　這就是我所說的由量到質的變化問題。

乃超　由量到質的變化，這一點很對。戰爭前和戰爭後的作品，就有顯著的不同了。在戰爭前，描寫民衆如何痛苦，如何掙扎的作品較多，在封鎖之下，材料不够，發表沒有自由，但戰爭發生了以後，社會的各種弱點完全暴露了，另一方面也保障了新人物的登台。我以爲，報告也可以成爲偉大的作品，只要作者把握得住人物的性格。所以，新英雄的出現，就是將來偉大作品的主人翁。我同意現在的文學活動，就是將來偉大作品產生的過程這說法。

二、關於新形式的產生問題

胡風　剛才所說的，都是一般的情形，關于更具體的問題，有什麼意見沒有？

適夷　我看得很少，但有一點感想。一般地，文藝作品和通信等混淆不明。有些作品，說它是文藝作品嗎？不像，說它不是嗎？但裏面卻有生動的斷片。從這裏，我以爲應該產生許多新的形式，形式不能太規定了。

胡風　關于新的形式，一般人往往取的是拒絕態度。譬如說，蕭紅的散文開始的時候，有些人看不懂，田間的詩，到現在還受着非難，但我以爲，對于一種新的形式，只要它是爲了表現生活，而且有發展的要素，即令它包含有許多弱點，我們也應該以肯定的態度去看它。

艾青　我也在這[illegible]，現在的生活是新的生活，但文藝上却沒有新的形式出現，像歐洲大戰以後，出現了許多新的形式，但我們却仍舊和戰爭未開始以前一樣。

乃超　你所說的歐戰後的新形式指的是什麼？

艾青　如像未來主義，達達主義等，我們並不是要摹做他們，但舊有的言語不够用，不够表現，卻是事實。

端木　對于新形式的反感，因爲大多數的新形式不適應讀者的需要，和他們底內心的感應不調和。因爲它們和讀者所受的文學遺產相隔得太遠。

乃超　歐戰後的那些流派，是反抗傳統的，這一點不成問題，但它們也僅僅在這一點而已。

艾青　我並不是提倡未來主義達達主義，我自己也經過了這個過程，端木大概是同我開頑笑的。

端木　不是，沒有這個意思。（笑）

適夷　未來主義達達主義等，有它們產生的背景，但我們却不同。中國民族革命戰爭和歐洲大戰，在本質上是不同的。未來主義達達主義等所表現的是苦悶與彷徨，但我們今天的戰爭，是有光明與勝利的遠景的。離開了現實主義文藝就沒有前途。

艾青　現實主義也有新的形式啊！

乃超　說新形式，這並沒有語病，達達主義等是從現實生活游離出來的，如果是從現實生活產生的新形式，當然是健康的。

艾青　我說的言語的不够用，特別是指詩歌，因爲舊的形式太濫情了。

東平　新形式已經有了。

艾青　是的，在詩歌方面，胡風最近的詩，對于新形式已經有了嘗試，但他自己沒有繼續下去，而我們也沒有同樣地向更多的方向努力過。至于未來派，也有好的作品，如像瑪雅珂夫斯基。

適夷　瑪雅珂夫斯基和其餘的未來派是不同的。

艾青　當然，一方面是讚稱帝國主義的戰爭，像意大利的未來派諸公，但另一面卻是歌頌革命的，像瑪雅珂夫斯基所領導的未來主義者，我們採取新形式，就像我們採用新武器一樣，敵人用新的武器做侵略的戰爭，我們却用來做民族革命的戰爭。

胡風　適夷和艾青所說的要求新形式，是指的更能够合適地表現抗戰生活的形式，但因爲艾青所舉的例子，有達達主義等不健康的形式，所以把問題弄誤會了。我看，要求新形式是當然的，因爲這個偉大的時代一定需要更多表現的方式。不過，我們可以說，現有的新形式還不够有力，需要發展到能够更深刻地表現生活的地步，所以我們所要求的新形式和達達主義等不同。因爲那些的產生基礎是把握不住現實，因而苦悶，彷徨，亂抓一氣。

東平　有一個朋友在黃鶴樓上等我，我對不起我要先走了，但請把我的問題提出來談談。

（東平退）

艾青　要求新形式是一致的，但是怎樣的形式，還不知道。

蕭紅　胡風說我的散文形式有人反對，但實際上我的形式舊得很。

適夷　我們要求的新形式，要更大衆化，可以多方面的表現生活，絕不是向神祕的道路走的。如像詩歌中的報告詩，朗誦詩，劇本中的街頭劇，散文中的報告和通訊文學。

艾青　又回到生活問題上面來了。有人想寫朗誦詩，决不會有人想寫神祕詩，這是用不着批判的。大衆化之所以弄成單純化，空洞化，沒有力量，通常變成了口號，概念，沒有眞情，我以爲還是和生活隔離得太遠了的緣故，作家和生活隔離了，作品也就和生活隔離了。

蕭紅　我看，我們並沒有和生活隔離。譬如躲警報，這也就是戰時生活，不過我們抓不到罷了。即使我們上前線去，被日本兵打死了，如果抓不住，也就寫不出來。

胡風　新形式並不完全否定舊的，倒是要接受舊形式的一切長處。像個人創作的長篇小說，在現有的形式里面總算頂笨重的了，但我以爲，將來不但不會衰退，也許更要發達，雖然在表現法本身上也許有部份的變化。而且新形式現在已經有了，不過不够有力，不够廣汎地發展，如像朗誦詩，對于這個形式的看法，我常常覺得懷疑，因爲在原則上一切詩歌都能够朗誦的。

端木　是的，古詩裏面的口占口吟就是這個意思。

適夷　現在所說的朗誦詩，和過去的口占之類不同，而且在外國早已有了，像德國的

胡風　Weinert？

適夷　是的，Weinert，他常常把詩歌在羣衆的集合上朗誦，得到了熱烈的歡迎，這就和過去不同了。

紺弩　不錯，唐詩是唸給妓女聽的。

端木　如像李長吉，

適夷　如像王昌齡。

乃超　現在提倡朗誦詩，並不是復古，它是對于殭死了的語言的叛逆，過去的詩很難唸，談人生哲學的也有，難唸而且難懂，朗誦詩就是對于這種新詩的反動。因爲這些詩只能藉象形文學刺激視覺，看看而已，字面美，排列得美，變成了無聲的詩歌。朗誦詩一方面是對於這種詩的反動，而且也適合於目前要求。詩歌達到大衆裏面，不要象形文字這個媒介物，直接藉聲浪刺激聽者的感情，所以朗誦詩有這兩種積極的意義。

艾青　我看朗誦詩的提倡已不是應該不應該的問題，而是應該怎樣去發展的問題。

田間　我就有一個問題：詩和歌應不應該分開？因爲，歌已經深入到大衆裏面去了，並且有了很好的成績，如像義勇軍進行曲，幾歲的小孩子都可以唱得出。

乃超　當然應該分開的。歌是靠音樂的，就是沒有詞，歌譜也可以感動人。

田間　要詩能够朗誦，一定要經過很長的時間，因爲現在拿詩朗誦給大衆聽，大衆一定是不懂的。

乃超　現在提倡朗誦詩，只是開步走而已，還沒有產生使一般人能够聽得懂的詩，現在一方面是擺脫舊的傳統，一方面開拓新的道路。至于創作，還狹隘得很，沒有一誦出即達到大衆心坎裏的東西。

適夷　這問題還有另外一方面：我們提倡朗誦詩並不是把一切不能朗誦的詩都否定，我覺得胡風剛才的一句話仍然是有用的，我們提倡朗誦詩，並不否認或妨碍別的詩歌的存在，只要它能够寫出對于現實的眞實的情緒。

艾青　我以爲朗誦詩還需要發展，努力地汲收口語，是不必說了，就是非朗誦詩（暫且叫它是純粹詩吧）舊有的形式如十四行啦，四行詩啦，我們都已經衝破了，就是如像許多詩人的所謂自由詩或自然詩也給我們衝破了，因爲這些詩歌的形式都是從安閑的生活環境裏面產生的。

三　作家與生活問題

胡風　這個問題談到這裏爲止吧。我們回到開始的時候東平所提出的作家與生活的問題。

紺弩　東平的意思不是這樣一般的，他是說跟着軍隊跑就沒有時間寫文章，不跟着軍隊跑就沒有飯吃。我的意思和他相反，我寧可參加實際生活，不寫文章，因爲現在沒有參加實際生活，所以文章也沒有內容。

淑明　我以爲問題並不十分嚴重。如像鐵馬和鐵流的作者，他們的作品，都是在戰爭中片斷的記下來，在戰爭終整理而成功的。

適夷　我有一個深刻的感想，在過去，因爲想寫作品，所以跑到緊張生活裏面去。在一·二八的時候，我就是這樣的。初去的時候，覺得一切的東西都是新鮮的，都應該寫，但茫無頭緒，不曉得從何寫起，但過久了，又習以爲常，淡下去了，要寫也寫不出。在監獄裏的情形也是一樣。這原因是因爲把握不住，或者沒有準備工作，像鐵馬的作者那樣。沒有準備工作，過去了，印象就模糊起來。

艾青　能够打進實際生活裏面，對作者決沒有害處。當時寫不出東西來也是自然的。過去一個相當的時間，有了回憶和整理的機會，才會產生出好的作品來。像你的監獄生活，當時因爲距離得太近，反而把握不住，如果時間久了，你就可以把牠的全部關係看得更清楚，更有條理。我也是一樣，在監獄裏的時候，只有零碎的斷片，如果現在來寫，也許可以溶成一個有系統的東西。

蕭紅　是的，這是因爲給了你思索的時間。如像雷馬克，打了仗，回到了家鄉以後，

友沒有了，職業沒有了，寂莫孤獨了起來，于是回憶到從前的生活，西線無戰事也就寫成了。

紺弩　我提的不是理論問題，而是一個非常實際的問題。現在我想走進實際生活裏面去，但是不能够，成天飄來飄去，倒底應該怎麽辦？

乃超　蕭紅說的很淸楚，你現在就是在實際生活裏面，現在那一個人的生活和抗戰沒有關係呢？問題是你抓不住。

胡風　蕭紅說的很淸楚，（大家笑）現在大家都是在抗戰裏面生活着。譬如你，你覺得要走進更緊張的生活裏面去，實際上這一種感覺，這一種心境，就是抗戰中生活中的感覺心境了。你寫不出作品來，像蕭紅所說的，是因爲你抓不住，如果抓得住，我想可寫的東西多得很。不過，我以爲問題應該更推進一步：恐怕你根本沒有想到去抓，所以只好飄來飄去的。

蕭紅　譬如我們房東的姨娘，聽見警報响就駭得打抖，担心她的兒子，這不就是戰時生活的現象嗎？

艾青　譬如我隔壁住的一個軍官，昨天夜裏打老婆，打得非常厲害。那軍官把她從牀上拖到門外，女人哭着說：「我寧可死在家裏，有一口棺材，兩隻箱子，想不到跟你逃到這裏來受苦，死了也沒有人理……。」聽他們的口音好像是宜興人。——我以爲這個時候不應該發生這樣的事情。

胡風　不應該說在這個時候不應該還發生這樣的事情——隨時隨地都有材料，只因爲你（對紺弩）不去抓，不去抓是因爲心情不緊張，也就是和抗戰結合得不緊。

紺弩　心情不緊張，不就是生活不緊張嗎？所以我想走進緊張的生活裏面去。

胡風　我看不是的，並不是走不進去，而是因爲你自己主觀的條件，有許多生活領域你不願意走進去。只要是緊張的生活你就走進去，我看是不成問題的。得不到一個使你願意走進去的緊張生活的環境，這裏面有許多複雜的原因，如像整個後方工作沒有系統地展開，前方和後方沒有配合起來行動等等。

適夷　還有一個原因，是作家對于文學的不忠實，可以不寫就不寫。當然，這是不可以一概而論的。（笑）

乃超　還有，作家失掉了生活保障。在過去，把文學當做商品，這一點可能性現在沒有了。過去是爲生產而生產，被什誌逼着寫，因爲不能不賣錢。現在要爲創作而創作，問題立刻來了。這反映出來的是作家的苦悶。

艾青　我看問題可以結束一下。打進緊張生活裏是必要的，如果不能，也應該隨時隨地抓住自己所能抓住的生活現象。

淑明　不打進生活裏面，情緒不高漲。

蕭紅　不，是高漲了壓不下去，所以寧靜不下來。

乃超　各人情形不同。

淑明　單單情緒是不够的，需要跟生活聯系起來。

乃超　廣大的民衆在抗戰裏面生活着，爲什麽還有軍官打老婆的事情呢？這當然有他的腐化的基礎。（對艾青）你所看到的還不過是很小的一件罷了。

田間　這是不是一件普通的現象呢？

艾青　泛泛一看，是一個普通現象，深入地看，是一個特殊的現象。因爲那個軍官和他的老婆都是受了戰爭的刺激的。

胡風　這個普通現象，在現在表現出來是一個特殊的現象。（對紺弩）不能因爲希望走進緊張生活而放棄現在的努力……。

適夷　題材是到處都有的，但作家們總希望寫出有前途的，新的性格的現實生活。

端木　其實戰爭場面只是關於抗戰生活的一方面，如果不懂得政治內部種種複雜情形，不懂得後方民衆的各種變動的情形，那就不能够寫出這個戰爭。不過，戰爭場面是抗戰生活重重的一面，作家們也應該深入了解，將來才能够描寫這個戰爭。

艾青　是的，我看應該把打進緊張生活去這個說法解釋作參加一切社會活動裏面去的意思。

端木　對的，戰爭是一個外圍，它裏面包含着許多方面的活動，譬如說，不了解漢奸活動的因果關係，我們能够了解戰爭嗎？

紺弩　我提的是一個生活問題，一個中國人的問題，並不是作家的問題。我甯可不寫文章，但非生活不可。東平說的是跟着軍隊跑寫不出文章來的問題，和我恰恰相反。

適　跟着軍隊跑長篇大著雖然寫不出來，但短篇仍然是可以寫的。

胡風　東平所指的是長篇。至于短篇，並不是不能寫，他現在就寫了一些。至于長篇，我看可能性很少，因爲那需要相當的時間，和對于事件的適當距離。

端木　是的，要寫長篇，就需要對于事件的全體的把握，像現在，戰爭還在發展之中，要全體的描寫它當然不可能。

艾青　那會失掉批判的作用。

胡風　除非學威爾斯……。

四　今後文藝工作方向的估計

艾青　現在，我們分小說，詩歌，戲劇等各方面談一談今後文學的工作方向，好不好？

適　我想，頂好還是從總的方向談談吧。

胡風　我看，這問題可以從兩方面講。一方面是怎樣能够動員和團結一切文藝作家參加到抗戰工作裡面，另一方面是怎樣保障現實主義底前途，這裡面就包含了新作家底養成問題，民衆底文藝教育問題等等……。

適夷　自有新文學以來，總是跟大衆隔離的。但現在有一個好的現象，抗戰把這個隔離相當地消除了。因爲大衆想了解戰爭的情緒非常高，所以自自然然接近了反映戰爭的文藝。這是二十年來沒有的機會。從前的大衆化口號是空的，現在都開始實現了。這是對于文學運動的一個非常好的環境，我們不應該輕易地放過它。分開來說，有兩方面。一方面是作家應該和大衆接近，作品的大衆化問題應該加强地提出，把看不起小型作品的傾向糾正過來。另一方面，現在參加戰鬥的青年，創作的要求非常高，就是不愛好文藝的人吧，也希望用文藝來表現自已的生活了，所以文藝上的新人一天天地多了起來，但這裏面有一個問題：他們都寫得比較幼稚，我以爲作家們應該加强他們底文藝教育。

（幾個人的聲音：這問題談不完的……，時間不早了，下次再談吧……。）

紺弩　我提議這個座談會每半個月舉行一次。

（幾個人的聲音好的，好的……，贊成贊成……。）

適　（對胡風）那末，你總結一下散會好了。

胡風　用不着總結，座談會就是這樣的，談到那裏算那裏。下次我們再把這個問題提出來更具體地談談罷。

（幾個人的聲音：下次最好先準備一下。）

胡風　好的，下次先由大家提出問題來綜合整理出次序來，分送給大家，那討論起來就更有頭緒了。如果弄得到幾塊錢，大家吃一頓飯，精神也許還要好些。

（笑聲中散會）

～～～・～～～

記錄者附筆：這次座談會，談話時空氣底活潑，和對於問題的深入，是出乎我們底希望之外的。但因爲我們既沒有紀錄技術，又毫無經驗，所以非常簡略，不但談話時的空氣，語調，不能很好地傳達出來，恐怕很珍貴的意見也給我們漏掉了不少。時間倉猝，來不及送給各位看過付印，這是要希望諸位參加座談的朋友原諒的。

抗日英雄特寫·

田梨先生

史滓

一顆顆亮晶晶的陌生的眼珠子，釘住了我，不放鬆地。似乎要一下子就看透來者是什麼人。我敏捷的感到了自己的平庸。既沒有「高中以上的文化水準」又沒有「相當的救亡意識和經驗」到訓練所里來彷彿不配身份，雖然正取里面有着我的名字。於是，我垂下了頭，不敢和那欲刺傷人心的視線相接觸。突地。有人在滿含着友愛地招呼了：

「密斯史，怎麼你也來這里？我幾乎不認識你了，你比從前年青得多啦！」

（嘿，年青！開玩笑吧？給生活折磨得連自己的歲數也忘却了。）

「誰呀？」無聲的問着，隨即記憶告訴了我，那個剛才招呼我的，是紹芳里的何先生。面容比從前瘦得多了，年青的額上，疏疏的有着幾條皺紋，生活的烙痕吧？

「原來是何先生，紹芳後來的情形怎樣啊？」

我一開頭，就追問着懷念中的紹芳。紹芳，是我們產生的！

「紹芳嗎？結束的情形够慘，教員逃的逃，被捕的被捕。結果，學校被封，還說什麼有黨派，有背景，其實我們都是熱心救國的人，主張『生活即教育，社會即學校』者，參加參加示威遊行，辦辦工人夜校，……就像田先生，他是非常努力的一個。你認識不？也是紹芳的教員。今年早春被捕，直到最近才出來。他從前是山海工學團里……

……」

「是怎末樣的一個人？」

「福建人，黑黑的，瘦瘦的，牙齒很白，歡喜吃花生米，很會說笑。現在是下面華華中學的音樂教員，我們買花生米去慶賀他的出來吧？」

「我記不清楚，去望望他好了。」

★

求見的迫切，花生米始終沒有買。

在教職員的寢室里見到了曾經見過而忘却了的田先生。人，瘦削得有點兒叫人不相信他是健康着的，但他却笑得那末生動有力。黑黑的臉頰上的一排又白又齊的牙齒，在人們心上抹上了深深的印象，頭髮長長的，像荒野里一叢蓬亂的草。好多時沒有修理過吧？

他請我們坐下來，隨便的問些訓練所的情況，然後，熱誠的談着他認爲得意的史蹟：

「滬戰發生以後，日本飛機天天來蘇州偵察投彈。我們的監獄，當然也是它投彈的目標之一。有一次，在我們監獄門前，投下了幾個炸彈，我們誰都不願作白白的犧牲，所有的政治犯、獄卒、伙伕……都一致的要求上面移往他處。當夜，我們一行人就動身到太湖東山鄉村。那一夜，偏偏沒有月亮，也沒有星星，四野里是無邊的黑暗，路又高高低低，土丘、池沼，一會兒有人掉下了水，一會兒有人給障礙物絆了交，……路眞是難行，但又不好點燈，恐怕給日本飛機瞧見丟炸彈。我們整整的走了一夜，一點兒都不感到疲倦。很久沒有呼吸到自由的空氣了，一旦破除奴隸的鍊鎖，在曠闊的大地上自由呼吸，快活是難以言說的。我們歌着，歌着，歌唱那自由的歌。到了山，少了一個人，後來還是他自己跑回來的。他是迷失掉了路。我們一百多個同志，吃飯是自己用一口大鍋子燒的，我們分成幾隊，宣傳、偵緝漢奸、幫助農民工作，因爲我們和農民生活打成一片，所以很得到農民的信任，供給我們物質上的需要。我們每天開着小組會議，分配工作，宛若一支有紀律的軍隊。這樣一星期的生活，連院長都感動了，說我們確是中華民族的優秀份子，……每人分五塊錢路費解散。我們就分做兩批到上海，第一批五六十個，第二批五十多個，三十多個北上去參加抗戰，其餘的，留在蘇州幹救亡工作，……」

他浸沉在甜密的回憶里，又問到過去：

「我那夜沒有回來，你們以爲我在大場過夜嗎？」

「我們知道你不會在大場過夜的，一定是被捕了！」

「但是，我自己是再也不會料到從工學團里出來，在公共汽車站候車，就被兩個不相識的挾上了汽車……

……」

★

第二次的會見，是在某公寓里，那是朋友L的住所。

他穿着一套不打領結的雪脚西裝，見我進門去，祇笑了笑，管自讀他的「抗日的第八路軍」，模樣兒讀得滿有勁呢。

L不在他的一個朋友來訪，我知道他是在羅和中學讀書的，但不滿於「讀死書」——「死讀書」的現象，很想找一點組織關係而「苦於救國無門」着，我就把田先生介紹給他：

「這位是田先生，文化界救亡協會的聯絡員，對於各團體都非常熟悉，你要工作找他得了。」

田先生對這位來訪者本來不會注意到，一聽了我的介紹，即刻扔下了書本和他談起他學校的現狀和目前政治的分析，並且還指示他怎樣開展學生運動和別的什麽來。

他們兩個兒談得怪親密，田先生眞把工作看得比生命還珍惜呢。

★

在一個靜穆的深夜，我和葉君從怡和絲廠的工人夜校回到公寓，孔、陳、謝……諸先生都來送我們的行，爲了開展救鄉工作，明天我們必然的要離開上海。

沒有一句「依依惜別」的話，有的祇是討論回鄉的工作大綱和今後的聯系，最後是大家盡情地歌唱。

在我們一羣的歌聲里，顯示了他特有的喉嚨，那末清脆，那末宏亮，節拍又是十分的準確，哦，富有音樂天才的田先生！

「我們祖國多麽遼闊廣大，它有無數田野和森林，……」

歌唱，任情地歌唱。

每個人的心頭是愉悅、輕快、亮爽、……

誰能再體味到「不知何日重相逢」的別離是苦辣的呢？

★

田先生很忙，因此很少有見面的機會，但我能够理解他是一個冷靜而又熱情的，迫切地追求着光明的人。

田先生連一分精力都捨不得化費在「生財有道」上，所以他的生活很困苦，常常爲了一餐飯從滬西跑到南市，從法租界跑到徐家匯。也常常爲了工作，跑了許許多多的路。沒有地方住，祇好住在交通不便，又是日本特務股所注目的抗日大本營——華華中學（傷兵醫院，救亡工作人員訓練所，戰時服務團的所在地，）而終於形成了這樣不幸的遭遇。——十二月二十一日廈門某報上的新聞：

「上海日軍隨意逮捕華人

滬愚園路華華中學教員福建人，田梨，十八日下午突被便衣日人四名逮捕而去，並有日軍十餘名到校搜查，……」

田先生，是重入囚牢了。這一次在暴敵的魔手里，一定會受到種種不堪想像的惡毒刑罰，到生命消失了爲止罷？田先生，你就這樣無聲無息的死去了嗎？不，你將永遠的活在我們的心頭！

一九三七、十二、二十五、廈門。

七月社明信片

從這一期起本刊底發行完全由上海雜誌公司經理了，以後無論另售或批發本社完全不直接經手，以前向本社批發的本外埠書店請逕向上海雜誌公司交涉。

許多外地讀者買不到「七月」，許多讀者想補齊全份，爲回答這個希然，特把第一期到第六期補印若干，裝成合訂本「第一集」，附以索引，外加封面，不日出書，由上海雜誌公司經售。

本社舉辦的「抗敵木刻畫展覽會」，作家二十餘人，出品三百多幅，自本月八日起到十日止在武昌民衆教育館舉行了三天，簽名的觀者已達六千人以上，連同沒有簽名的，大約有一萬人左右。對于出品的諸位作家，對于給了助力的諸位先生，一律致送謝意。

連這一期，「七月」出版了七期。到現在爲止，許多讀者給了我們的鼓勵和意見，但我們還希望多聽一些內容方面的也好，形式方面的也好，希望能够從諸位底意見得到改進。

從這一期起，發表的作品一律在刊物出版後致送薄酬，希望寄稿者寫明確實的通訊地址。特別希望在戰地工作的讀者寫些陣地特寫，抗日英雄特寫，地方特寫來，在民衆中間工作的讀者寫些有特殊內容的通訊來，使「七月」充溢着戰鬥的氣息。這工作是需要大家底助力的。

○陣地

我們在那里打了敗戰

——江陰砲台的一員守將方叔洪上校的戰鬥遭遇

東平

我們在那里打了敗戰。這是一個沉痛，羞辱的紀念。

在這次戰役中，我的部下，我的朋友，我認識他們的，和他們共同甘苦的，在一個陣地上共同作戰的他們，可以說有百分之九十五都戰死了。我不能看見他們的壯烈的犧牲而一無所動。而可恨的是我們并不曾從這犧牲中去取得更高的代價。——請作個計算吧，我們得到了什麼呢？我們能够在江陰炮台守了多少日子呢？我們對于東戰場整個危殆的戰局盡了挽救的責任沒有呢？并且，我們在對敵人的反攻中曾經把戰鬥力發揮到最高度沒有呢？

慚愧，悲憤，不是一個眞能戰鬥的戰士的態度。勝利或失敗，全是力與力的對比。——一切且由歷史去判決吧！我們的戰鬥不斷的繼續着，而我們的歷史也正在不斷的書寫着。我們，中華民族，如果在和日本帝國主義的對比之下完全失敗了，那麼，歷史的判决是公平的，我只能對着這判决俯首，緘默。……

★

一九三七年十一月中旬，當蘇州，無錫相繼失陷之後，我們從隔江的靖江開到江陰來了。我們以三天的工夫渡江完畢，在江陰的西南至東南，沿夏港鎮，五里亭，青山，南閘鎮，花山，板橋鎮至起山，斷山之線，構築環形陣地。這個環形的起點是在江邊，終點也在江邊。我們的退路是在大江。即是說，如果一旦支持不住，我們只好一個個沉進大江里去。我們對着那長驅直進，勢如破竹的勁敵作這個背水陣，——看吧，我們準備已久的唯一的江陰砲台，是有資格作這個背水陣的，……我們很英豪麼？老實說吧，我們除了不死的靈魂之外，其他可以說一無所有。

向着南閘鎮以南的上空望去，相距約二十公里遠，敵人放上了一個灰色的系留氣球，我們的敵人是何等强暴，何等精密，他們小心地偵察我們，試探我們，雖然已猜中我們是甕中之鼈，而他們還是一分一寸的前進，進一個村子，燒殺一個村子，計算一個村子。

不過這其間，敵人的二千磅的飛機炸彈却已使我們頻頻地陷入於苦境。

★

花山前線的我軍在十一月二十六日就開始和敵人接觸了。

二十七日晨六時三十分，我奉命派一營向花山的陣地出動，驅逐一部份由花山左翼繞向花山南咀進襲的敵人。

營長孟廣昌臨行的時候對我說，

——只有這一次了，這一次無論戰勝戰敗，恐怕都不能生還。……

我們的戰鬥員對於戰鬥毫無過分的奢望，一種強大的洋溢的雄心也只能限於一次的使用。

我緊握着孟營長的手這樣對他說，

——同志，早些出動吧！那麼，就是這個時候了。……

所有的兵士們都聽見了。我的發言力求沈着而堅定，決不使我的伙伴們在顏色之間現出任何激動。他們一個個都掛着鉄的臉孔，我一伸手可以觸摸着他們旺盛如火的抗戰熱情。但我們之間已經神會意達了。我們凛然地，然而微笑地在接受這嚴重，神聖的任務的降臨。

★

在花山的陣地上據守的原是友軍許團的隊伍，在二十六日最初的然而很猛烈的戰鬥中他們失去了花山的兩個山頭，敵人幾乎占領了花山陣地的全部。孟廣昌眞能遂行他們的任務，他們驅逐了南花山咀的敵人，自動把花山的陣地完全克服。而與花山相毗鄰的南閘鎮的友軍在敵人的壓迫之下却已經把南閘鎮的陣地拋掉了。沿着從無錫至江陰的公路向南閘鎮進襲的敵人是敵人的强大的主力。

★

十一月二十八日的夜是一個深沈的，漆黑的夜。夜的黑暗包圍着我們。使我們深深地意識着處境的嚴重而陷於寂寞和孤獨。砲彈在空中掠過，彷彿有無數鬼魂追隨着牠的背後，激發而緊張的聲音久久不歇地震撼着寧靜的四遠。

我們，是兩個營，由我親自帶領，向南閘鎮的東邊進行夜襲。——下半夜四點了。敵人對於我們的進襲毫無戒備，在一座新建的平房的門前，我們奇蹟地發見了一簇黯弱的火光，它在那新的白色的牆上作着反射，像一道汚濁的河水使我們的目光陷於迷亂五分鐘之後我們從一條田塍越過了又一條田塍，癡情地戀戀不捨地接受那火光的誘惑。這樣一切都了然了，原來有六個敵人的哨兵，正圍在那平房的門前烤火。

由韓營長所率領的第四連的兄弟一齊地對那浮動在火光中的黑影發射了猛烈的排槍。我們把一營的陣線特別地縮小，像一枝槍刺似的直入敵人的腹部，以消毀敵人固有的強暴和威猛。第四連的兄弟迅急地向那平房的前面躍進，他們把握住一個時機，一點餘裕，在倏忽的一瞬中把自己所發射的火力一再提高，使從那平房的側門湧出的敵人一個個倒仆下去，一個個沈入了憂愁的夢境

於是激烈的戰鬥開始了，……

從左側邊高起的河岸上發出的機關槍幾乎把我們的勝利的第四連完全吞沒，——這一陣猛烈的機關槍發射之後，我們的陣地短暫地沉默下來，清楚地聽見全南閘鎮四週的敵人像突發的山洪似的湧動着。從敵人的陣線里發出的喊聲長綿地，可怕地把我們環圍着，淹蓋着。坦克車像故意把我們兒弄着似的從遠遠的地方沉重地吼叫起來，又從遠遠的地方消失了去。

我們動搖下來了。

在南閘鎮北面和敵人對壘的友軍和我們失了聯絡，自動向北撤退，敵人因而得以從南閘鎮的北邊開出，爆破東北邊的一條橋樑，使我們除了在他們正面的壓迫下宣告潰敗之外再無進取的路徑。當我們第九連的一部份正向着這橋樑突進的時候，敵人把這橋樑爆破了，這橋樑就是這樣的埋葬了他們。

排長賈鳳麟，由一個上等兵作着隨伴，在追襲一個奪路而走的敵人。而他們的背後是敵人的機關槍的子彈在緊緊地追躡着。那個上等兵走在他的前頭，挺着雪亮的刺刀把奪路而走的敵人控制在自己的威力圈內，以施行最直截的劈刺。當他的刺刀的端末正和敵人開始接近的當兒，敵人的機關槍射中了他的胸脯，他倒下了。排長賈鳳麟彷彿對於那獵取物的偶然的幸運發出微笑，他追上了他，一下刺刀把他結果了，而敵人的機關槍又繼着擊倒了他，……

排長蔣秀，當敵人的坦克車衝來的時候，他迅速地和坦克車接近起來，他攀附着坦克車的鐵輪，用駁殼槍對着車上的展望孔射擊，而卒至給鐵輪帶進了車底輾成肉醬，……

我們一連衝鋒了兩次，兩次的衝鋒都遭了失敗。天亮了，敵人開始了砲擊，密集的砲彈把我們右翼的戰士完全地驅進了死亡的墓門。我們卻不能不在這艱苦的危境展開第三次的激烈的戰鬥。——由中校團附所帶領的五十多人的殘餘隊伍，迅急地參入了敵人的隊伍里面，和敵人作直截的白兵戰。連長馮德宣還帶領着他的完整的一排，在突進中過一條小河，不幸在河里淹死了。而中校團附宋永慶也正在這時候負了重傷。

戰鬥一直繼續了六個鐘頭。到了正午，我們兩營的官兵死傷了五分之三，再不能支持了，只好退回了五里亭本陣地。

從這次戰鬥中，我們奪得了許多戰利品：旗子，機關槍。有一件從敵人的死尸上剝下來的中將的絨外套，這外套的肩章上有兩粒金星，金星因爲舊了，顯得黯淡無光，我們斷定他的資格已經老了。一把柄上刻着富士山的軍刀，一枝寫着「河田原」字樣的旗子。我們推測這「河田原」就是那打死了的師團長的名字。下午，有一架敵人的紅色的小飛機在南閘鎮南邊的公路上下降，一下子又飛去了，也許這飛機是載新師團長來的，去的時候還可以載回那戰死了的師團長的尸首。

★

南閘鎮失去了。和南閘鎮失去的同一天，花山也失去了。敵人這一天的總攻是把花山也劃在里面的。孟廣昌營長戰死了，他的一營幾乎全都遭了傷亡。

從二十八至三十，這三日中敵人的進攻繼續不斷。十二月一日拂曉，敵人沿着從南閘鎮至江陰的公路，對江陰作最猛烈的進攻。由小笠山至靑山之線，也開始了激烈的戰鬥。小笠山和靑山都失去了，戰鬥又迫臨到我們這一團的身邊，我們這敗殘下來的零星的隊伍又給捲入了砲火的漩渦。

下午六時，敵人衝入了江陰的南關，西郊和東郊一帶都相繼淪陷了，而君山的要塞砲台也落于敵手。

當我聽到君山砲台失去的時候，我猛然地記起了那擺在炮台上的要塞砲。

這要塞砲到底開過了沒有呢？會不會擊沉了敵人的一條炮艦？

★

就在十二月二日的夜里，我們突圍了。我們沿着江浜衝出，還不曾到鎮江，鎮江已經失守。

到達南京的時候，我們一共只存了四十六人。

（一九三八，一六，漢口。）

母親們

耳耶

在中國，抗戰的火燄是鮮艷的，雄壯的，奇瑰的，像剛升起的太陽，照耀着四方照耀着世界

中國，中國睡熟了的獅子醒了！黃河，揚子江底咆哮醒了！秦始皇，岳武穆，朱洪武底血，誅滅侵略者的血，醒了！

用我們底手，扭開頸子上的枷鎖吧！用我們底手，改換地圖底顏色吧！用我們底手，除掉一切所要除掉的，取得一切所要取得的吧！

然而，今天，此刻，現在的一瞬間，强盜們在笑，在唱着忘形的歌，跳着淫猥的舞！而我們，四萬萬五千萬，在受着不曾有過的災難！未來中國底母親，我們，爲了偉大的孩子底誕生，在受着臨盆的災難！

都市喧囂着强盜從天上來了。

「嚕……」死神兇惡地叫着。

烏鴉們，麻雀們驚起了，成羣地在半空里盤旋，連獨來獨往的蒼鷹們也結成小的隊伍，牠們向遠方探望，牠們要逃難了，牠們遮沒着陽光像一片烏雲。

都市啞默了，顏色是蒼白的。

女人們，孩子們把自已藏在地球底懷里，母親用手或者用奶頭堵着孩子底嘴，不許哭，不許叫，不許放出一點點聲音，好像只要一有聲音，從天上來的强盜就聽見了、找來了

礶同！——炸彈。

礶同！礶同！——炸彈。

倒塌，飛揚，起火！

在烟霧裏，都市顫慄着。

然而從天來的强盜們笑了。

在路上，戰士底母親們走着。

那路是：幽僻的、荒野的、窄狹、崎嶇、陡峭！沒有草木，山和谷，像剝了皮的獸物底屍體。

母親們勾着背，跛着細小的脚，馱着鍋，馱着米，牽着牛，羊和驢子，守夜的狗，如今，獵狗似地在前面探路。

母親們走着，在風底下，在雨底下，在太陽底下。

他們是襤褸的，黧黑的，枯槁的，衰弱的。

丟了家，丟了溫暖的被窩，丟了沒有紡完的棉花，丟了晒在河邊的魚網。半夜里一聲吆喝：

「强盜來了！東洋鬼子來了！」

「走哇！」一千個一萬個聲音，同時同樣地喊：「讓孩子們打仗去吧，我們，老傢伙們應該離開，莫絆着孩子們底脚啊！」

來不及整理要帶走的東西，來不及和親近的人說一句話，來不及在家神祖宗面前磕一個頭，母親們迅速地，果然地走了。

走哇！到山林裏去！到石砦里去！到土洞里去！到苗人們底家，黎人們底家里去！

母親們走着。在路上，留着漏落下來的粮食：黑的炒米，黃的包穀，還有淩亂的細小的人底脚印和畜牲們底，糞便。

在前線，戰士們苦鬥着。

千萬個人，千萬個戰士，唱着愉快的歌，邁着英雄的脚步。像山在移動，像萬里長城在移動，向强盜們底陣地移動。

可是强盜們笑了。從東京來的大炮笑了，從維馬來的飛機笑了，從柏林來的坦克車也笑了。

魔鬼似地伸出鮮紅的舌頭，舐向我們底山，舐向我們底萬里長城，我們底山崩了，長城缺了！

戰士們底血氾濫着，戰士們底頭顱，戰士們底肢體，又堆成了山，堆成了萬里長城！

可是新的戰士又起來了！唱着愉快的歌，邁着英雄的脚步向强盜們底陣地移動！

可是强盜們又笑了，大砲，飛機，坦克車，伸出魔鬼的舌頭！

戰士們底血，頭顱，肢體！………

可是，新的戰士又起來了！

戰士們苦鬥着，在飢餓里，寒冷里，困乏里；在冰天雪地里，槍林彈雨里。

在逃亡的隊伍里，一個母親歎息：「聽說强盜們飛到過縣城，聽說强盜底隊伍到了烏龍鎮？」

「可不是麼？」第二個母親嘆息：「城隍的關王廟都毀了！烏龍鎮的街都洗了！百子堂燒成光光的琉璃府了！」

「啊啊！」第三個母親歎息「菩薩保佑我底孩子吧！」孩子上火線去了。

三十年前，這母親，一個少婦，避着一切的人，連對自已也害着羞在百子堂從第一個嬰兒的塑像選到第一百個，又從第一百個選到第一個。「哦，這個多麽胖啊！」——她想。「哦，那個底樣子長得多好看啦！」——她又想。「哦，這個還在望着我笑啊！」——她三想。

「兒啊，跟媽媽回去吧！乖兒啊，跟媽媽回去吧！媽媽曉得疼你的。」

從懷里取出帶着體溫的紅繩，栓在那選中了的「兒」底頸子上，據說第二年，「兒」就抱在媽媽懷里了。

不許到百子堂去，孩子一生里被詛誡着。

他一去就會找到了自已底家，找到了自已底坐位而且回到那家那坐位上去（死）的吧！母親一生里扭着心。

如今，孩子底家給强盜毁了！孩子底坐位，孩子底塑像也給强盜毁了！可是我底孩子呢？

這母親還不知道强盜底兇惡：在東北，在華北，在山東，山西，在浙江，江蘇，在一切失去了的地方和未失去的地方，毁了千萬個百子堂，毁了千萬個年青的母親們尋求兒子底兒子的地方！同時也毁了更多的母親底兒子和兒子底母親！

誰敢告訴這母親：她底兒子在前線正和那塑象在後方所遭遇的一樣呢？

在失去了的土地上，在戰士們底坟場上，在被殘殺了的嬰兒底屍體上，戰士底姊妹們，妻子們，嬰兒底母親們，被强盜淩辱着！

她們被脫光了衣服，被綑住了脚手，被奪走了一切自衛和自由動作的能力！——村田，武藤，上條，中川，……一個，兩個，九個，十個，在她們那還活着的屍體上上下！

她們憤怒掙扎，唾駡；她們痛楚，疲乏，麻木！强盜們底邪惡的眼睛，比刀，比斧頭，比槍砲炸彈還要殘酷地粉碎着那些還活着的屍體。

「死啊！啊啊！」這時候，死是唯一的救主，可是一千回一萬回呼喚不來。一千回一萬回的尋覓無用。只有她們聲嘶了，力竭了，氣微了，血冷了，萬不能再活下去了，强盜底刀尖，或者會仁慈地插進她們底咽喉。

在强盜面前，在野獸面前，女人永遠是無助的弱者！

在逃亡的隊伍里，一個母親咕嚕着：

「二十五年前的今天，是我出嫁的日子。我底爸爸，那戴着玳瑁框的水晶眼鏡走着八字步的老人對我說『你要是有了什麽醜事就再不要見我了，因爲那是犯罪的；不孝敬公婆，不和丈夫和睦，就再不要見我了，因爲那是犯罪的；貪嘴貪食，貪懶貪睡，不能興家立業，也再不要見我了，因爲那是犯罪的。好吧，孩子，願天保佑你，願菩薩保佑你！』

「那說話的人早已偎了黃土，可是話還在我底心里活着。二十五年了，我不正經麽？我怠慢過老人們麽？對于男人底打駡，還過一句嘴麽？我沒有挑水，沒有砍柴麽，我餵我底公牛，我底母豬挨過一頓餓麽？我沒有生男育女麽？我私自吃過東西麽？我說過別人底是非麽？

「我犯了什麽罪，我底孩子，孩子底爸爸，我們又都犯了什麽罪？爲什麽要給强盜們殺？爲什麽要給强盜們炸，爲什麽要給强盜們趕？

「天在哪里？菩薩在哪里？爲什麽，爲什麽讓强盜們來磨難我們？」

「告訴我呀，姑媽！告訴我呀，嬸娘！告訴我呀，大嫂子！」

回答是一片靜寂。

天是昏沉的，地是啞默的，從遠處吹來的風呼哨着聽不懂的什麽

在失去了的都市里，木人戲開演着。

那舞台上有着各種各樣的角色：紅臉、白臉，黑臉；穿龍袍的，穿補套的，穿凱甲的。他們的身體活動着，脚手活動着，口也活動着；他們殺、打、唱，跟眞的人一樣，跟眞的戲一樣。

可是那戲却誰也看不懂，聽不懂。因爲在舞台背後，在高處，用絲線牽動着木人們而且口里唱着的是一個强盜，那戲文只是强盜底創作，又用的强盜國的語言。

舞台底下站着各種各樣的看客：抽大煙的，吃白面的，賭番攤，推牌九的，在窰子里當差的，在茶館里扇爐子的，他們本來和强盜們一氣，現在又以捧强盜底木人戲爲職業。

强盜說：「噫噫，王道哇！」「好！」他們鼓掌。强盜說：「噫噫，親善哪！」「好！好！」他們又鼓掌。强盜說：「當漢

奸的跟我來，不當漢奸的滾開去！」「好！好！好！」他們更不敢不鼓掌。

然而，在戲場𧘂，中國人，眞正的中國人是絕跡的。

在逃亡的隊伍里，母親們沉默着。

一個母親想起老頭子來了。那是被幾十年的勞苦吸去了血，吸去了健康的矮小的老人，是弓着腰，駝着背，一咳一口綠茵茵的痰，咳得整夜整夜，睡不着的老人。他應該跟起走的，可是偏不走，說要當游擊隊，他還舉得起一根撥燈棒麼？那老傢伙，沒有別人弄不到吃的上嘴的；他會不曉得什麼時候把鷄子趕上籠去；他會拿着自己底旱烟袋而又到處去尋它。那可憐的老傢伙現在在做什麼呢？

一個母親，想起兒媳婦來了。那會說話的沙牛，成天推磨、砍柴、燒茶、煮稀飯、煮好了挑到游擊隊那裏去，在那里給他們洗衣服，補鞋子襪子，一天到晚，不曉得什麼叫做累，那兩歲的孫兒不會太吵她的吧，應該把他抱走的，要是別人有奶子。

一個母親想起女兒來了。她看見那快要成人的小姑娘，凍着通紅的臉，腫着饅頭樣的手背，揹着口袋，和別的姑娘們一齊，在這里那里給受了傷的人們洗傷口，敷藥；一路做事，一路口里唱：「起來，不願做奴隸的人們！」她們是對的，要是自己轉去四十年或者三十年喲！

一個母親想起自己底房子來了。那是一棟久已東倒西歪了的房子，祖孫父子在那里頭住了三四代。他們說，如果打敗了，就把整個村莊都燒光，不留半點什麼給強盜們。那房子現在還在不在呢？她回頭望，想着有沒有煙火從來的那邊起來。可是她們底村莊已經和她們隔得太遠了。

一個母親……

母親們沉默着，各各想着自己底心事。

在中國，在戰爭的時候，人民是苦痛的，戰士底母親們是苦痛的。她們獻出了自己底兒女，獻出了自己底家，而自己却走上了逃亡的路，因爲她們老了，無用了，再沒有可以獻給戰爭幫助戰爭的了。

她們勾着背，跂着細小的脚，磨着一千層一萬層厚的鞋底，向山林，向石砦，向土洞，向苗人們底家，黎人們底家！

母親們呵！願你們健康！願你們長壽！願你們能够看見那些英雄的戰士們回來！他們會帶給你一些奇怪的禮物：强盗們底鋼盔，寶劍，頭蓋骨和强盗底飛機底翅膀！

一九三八，一，七一。

游擊隊

沃查木刻

雪落在中國的土地上

艾青

雪落在中國的土地上，
寒冷在封鎖着中國呀……

風，
像一個太悲哀了的老婦，
緊緊地跟隨着
伸出寒冷的指爪
拉扯着行人的衣襟，
用着像土地一樣古老的
一刻也不停地絮聒着……

那從林間出現的，
趕着馬車的
你中國的農夫，
戴着皮帽
冒着大雪
你要到那兒去呢？

告訴你
我也是農人的後裔——
由於你們的
刻滿了痛苦的皺紋的臉，
我能如此深深地
知道了
生活在草原上的人們的
歲月的艱辛。

而我
也並不比你們快樂啊
——躺在時間的河流上
苦難的浪濤
曾經幾次把我吞沒而又捲起——

流浪與監禁
已失去了我的青春的最可貴的日子，
我的生命
也像你們的生命
一樣的憔悴呀。

雪落在中國的土地上，
寒冷在封鎖着中國呀……

沿着雪夜的河流，
一盞小油燈在徐緩地移行，
那破爛的烏篷船裏
映着燈光，垂着頭
坐着的是誰呀？

——啊，你
蓬髮垢面的小婦，
是不是
你的家
——那幸福與溫暖的巢穴——
已被暴戾的敵人
燒燬了麼？
是不是
也像這樣的夜間，
失去了男人的保護，
在死亡的恐怖里
你已經受盡敵人刺刀的戲弄？

咳，就在如此寒冷的今夜，
無數的
我們的年老的母親，
都蜷伏在不是自己的家里，
就像異邦人
不知明天的車輪
要滾上怎樣的路程？
——而且
中國的路
是如此的崎嶇，
是如此的泥濘呀。

雪落在中國的土地上，
寒冷在封鎖着中國呀……

透過雪夜的草原
那些被烽火所嚙啃着的地域，
無數的，土地的墾植者
失去了他們所飼養的家畜
失去了他們肥沃的田地，
擁擠在
生活的絕望的污巷里；
饑饉的大地
朝向陰暗的天
伸出乞援的
顫抖着的兩臂。

中國的痛苦與災難
像這雪夜一樣廣闊而又漫長呀！

雪落在中國的土地上，
寒冷在封鎖着中國呀……

中國，
我的在沒有燈光的晚上
所寫的無力的詩句
能給你些許的溫暖麼？

一九三七　十二月　二十八夜間。

人和狗

——青島童話

梅林

從昨天起禍斯底主人大尾老板的舖子開始和平常不同，他不站在玻璃櫃台內把布匹，玩具，閃光的白鐵造成的各式各樣的精巧物品賣給櫃台外邊的人們，把舖子的大門關起來了。小主人義雄也不照例背起小皮包，由禍斯跟隨去到一個門口有花園草場的建築物里去。現在他坐在一個黑暗的角落里，像一段被忘記了的木頭。舖子裏面很暗淡，僅由內院天井透過來一抹光線；但禍斯看得見小主人的臉色，知道小主人現在是不快活的。

禍斯輕輕地搖動它的硬性的尾巴，將豎直的機敏的尖耳朵軟柔地垂平，走到小主人坐的角落里去，用尖的嘴筒伸向小主人的兩膝中間，親密地舐着小主人的手。這是它平常招得主人歡心的唯一方法。但剛才它用這方法去親近過大尾老板，却意外地給他憎惡的踢了一腳。女主人則穿着木屐匆忙的走來走去，大袖管的和服扇動着風，像飛着的蝙蝠，完全不理會它的忠誠。禍斯委屈而孤寂，只好來找牠的小主人了。

義雄的小手撫摸着禍斯的頸脖和頭，禍斯的心就溫暖起來，把頭更深度地挨進小主人的雙膝中間。禍斯聽見小主人用一種平常少有的憂鬱聲調對它說：

「禍斯，明天我們要回日本去了。」

禍斯不明白小主人這句話的全部意思。但它熟悉「日本」這兩個字的發音。大尾老板有興趣的時候，特別是門口插着一塊白布，當中有一團紅色的旗子的時候，他的臉孔發紅，抖動着一叢短髭的嘴，自尊而又興奮地對老板娘和義雄說：

「我們是大日本帝國人！……支那人，呸！算什麼……」

於是這時候，手里拿着甜美的點心的義雄挽着禍斯的脖子，一面給它點心，添着說：

「大日本帝國的狗也比支那的狗高尚多了！……」

禍斯不明瞭這些話的意思，只是「日本」兩個字的發音比「支那」更熟悉。主人發出這「日本」的聲音時是高興的，禍斯也隨着主人的意思高興。於是它將前兩足伸直，尖嘴筒放在上面汪汪亂吠，或者蹲在地上、張開有犀利白牙齒的嘴筒，伸出紅嫩的舌頭，閃着逗人喜歡的機警的眼球。

但是，「日本」是什麼東西呢？好吃的嗎？類似好玩的兎子或者老鼠嗎？禍斯沒有看見過「日本」，牠不明白，僅僅熟悉「日本」的發音。

小主人義雄撫摸得禍斯的頭癢癢的怪好受，只是小主人忽然從他的小眼睛里掉下水滴，落在禍斯的頭上，低下頭向着它：

「明天我們回日本去了禍斯，要是你能够去才好呢。」

禍斯是狗類，最怕液體一類的東西，忙把頭縮回去。一面簡單地捉住小主人「去」字的發音，牠高興了，尾巴搖動得更急劇。按平常的習慣，主人對牠說「去」，一定有新鮮的玩藝兒。比如，小主人拿了一段小木頭對它說：「禍斯，把這東西啣去給老太太。」於是禍斯高興地啣着木頭去了。如果主人說：「禍斯，我們去……」於是禍斯便隨同主人去到一個有山有樹的山上，有花有水的清潔開朗的園子里，或者有好東西吃的房子里。

禍斯離開了小主人，匆忙的走向門邊。門關着，牠便用前脚爬着門隙。大概沒有上閂，門開了一條縫，於是牠再用尖嘴把門隙掀開一點，攢身出去了。

禍斯去什麼地方呢？它去找住在附近的奴加，牠的那個大耳朵的，斑色皮毛的，性情溫和然而活潑的狗朋友。奴加底主人的舖子同禍斯底主人的舖子在一條街上，距離沒有幾遠。

奴加底主人的舖子的大門也關着。禍斯又用前爪爬門，但是爬不開。牠在門外嘶嘶作响，用嘴找門隙，盡用頂撞。後來奴加的女主人，那個皮臉打皺沒有了牙齒的村山老太婆出來開門了。

「討厭的死狗像爬門做什麼！……該死的！」

村山老太婆氣憤憤地罵，正想掩門，但禍斯却已經攢進門隙竄進裏面去了。

裏面同樣沒有光線，所有屋子內的東西全改變了常態。玻璃櫃內的東西沒有了，綑包在一塊，地上隨處是紙片，木頭箱子，凌亂得像才打過架的地方。這到底是什麼緣故呢？福斯不瞭解。這是「人」的事情。它除開有點不順眼之外，沒有其他感覺。它找到了奴加，那可憐的朋友，像被遺忘地蹲在通後院的門角里，低垂着大耳朵。看見了福斯的訪唔，也沒有活潑一些。

福斯用嘴聞聞奴加的身子，頭和嘴，嘶嘶作嚮，算是傳達了它底話：

「我的主人要去日本了。」

奴加靜靜地回答它的狗朋友：

「日本？——我的主人也常常說日本的。」

「是的，日本。可是日本是什麼東西？是好吃的嗎？或是好玩的兎子老鼠嗎？」

奴加搖搖尾巴，表示不知道。

「要是日本是好吃的東西，那才快活。是兎子老鼠呢，我準得咬死它？那好玩的小東西。」福斯說：「但是如果日本是山或是草場，我們就好賽跑了。……」

奴加對於這些現在沒有什麼興趣。它不像福斯這狼種好動。它只是愛愁地問福斯。

「你吃過早飯了麼？」

「吃過了。……你沒有吃？」

「沒有呢。我的主人今天把我忘記了。沒有給我早飯你瞧，他們在做什麼？完全忘記我了。……」

福斯側着頭瞧瞧村山老頭子在把一箱一箱的笨重東西，移在一個大木廚內，又大大地貼着紙條。村山老太婆則在嘮叨着不清不楚的蠻話，一邊收拾衣箱，一邊老是眼里掉下水珠。

福斯瞧着這情形，反而高興起來。奴加底主人現在所有的動作完全和它的主人的動作一樣，一準也是要去「日本。」它對奴加快活地說：

「你的主人也要去日本……我回去了，不要我的主人先走了。」

福斯掉轉頭走向門邊，奴加沒有跟在後面送。牠沒有吃早飯，肚子餓，蹲在原來的地方等主人給飯。

門仍然關着，上了門。福斯照老法子用爪子爬，用嘴撳，嘴里嘶嘶作响。這騷擾使村山老太婆生氣，她走到門邊先用力踢了福斯一脚，然後放它出去。福斯像是知道自己理虧，只叫了一聲便攢出門回家去了。

夜里福斯很晚才吃晚飯。當主人們吃晚飯時，福斯是照例蹲在飯桌傍的地上的。但主人們把它忘記了，連骨頭也不給一塊。只見男主人大尾老板滿臉通紅，喝着透明白杯子里的液體，而女主人帶着眼淚，抽抽咽咽地嘴裏嘰嘰咕咕：

「回日本去做什麼？回去有飯吃麼？我們來支那十多年了，這里的青島就是我們的生命線啊？……」

大尾老板反乎尋常地，極粗魯地敲着筷子：

「吃你的飯吧！嘮叨什麼？……你這該死的老太婆！」

「我該死！我該死！」女主人狂了似地喊：「你不該死回去，日本有飯吃麼？你有田？你有工廠？……你回去日本不就也是該死？……嘀，嘀……天……天帝呀……」

福斯從來沒有看見過，女主人竟大聲地哇哇响了。好像丟失了什麼貴重的寶石，好像死了心愛的命根孩子。

男主人顫搖搖的手里端了一玻璃杯白色的透明液體，灌在他的嘴里，痛苦地咽着，喉管骨骨作響；那嘴唇邊一簇濃黑的短鬍子不住地抖動，一對眼睛和同剛從水底下攢出來的田雞的眼睛，赤紅得嚇人。他嘎聲地喊：

「誰願意回日本去餓死？這里青島有生意，有房屋，有吃，有穿，有住，支那人又怕我們，不是神仙一般快活麼？可是軍部的命令，你敢反抗麼？他們要叫你死，你就得死呀！……」

他再倒了一玻璃杯透明的液體灌下肚子去：

「是的，就像猪一般去死，……當田，以後就只有一罐子骨灰……啊哈，濟南的福岡二郎，想躲兵役，自己斬斷了手指，後來，後來還是拉回日本去槍斃了！……啊哈！死，死得像猪呀！……現在支那人又不同起來了，敢和大日本帝國皇軍打仗……啊哈！大日本帝國……要我們死！……」

男主人搖搖擺擺地想站起來，又跌回去坐在椅子上，手里拿着筷子指東劃西，然後又拿起玻璃杯猛力投在地下：

「要我們死呀！當兵、皇軍、一罐子骨灰，沒有田，沒有工廠，這里的青島，這些財產……」最後他指着他的孩子義雄：「你回去日本做小流氓吧……」又指着他的老婆：「你這老太婆去進救濟所吧……」

於是福斯的男主人在聲嘶力歇之餘，全身抽搐着，就像被安放在牙醫的椅子上，牙齒被醫生的鐵鉗夾住時的那種樣子；隨後像崩山一樣倒下去，滾落在地下，歪掛着頭，嘴里流着涎沫，鼻子和喉管牛一般呼呼响動。

女主人不嘮叨了，慌慌張張走過去俯下身子，哀痛地喊：

「爸爸！你怎麼了？醒來呵！爸爸……」

男主人不會說話，只是不住地呼吸着响亮的氣息。

女主人把他拖上一張凌亂了的床上，蓋上毯子，站在床前流眼水，好久好久沒有停止。小主人義雄被嚇得哭了，後來他的哭聲變成了抽咽，剛剛和女主人的鼻涕聲合奏。福斯不敢走近每一個主人，它知道現在它要是不知趣，它的屁股和背脊一定會被踢幾脚，打幾下棒子。就這樣，福斯挨到了深夜才吃晚飯。可是晚飯比平常特別豐滲。有魚、有肉、有富於油膩的甘美的湯，配合着多量的飯，滿滿一大瓦盆。

福斯高興得亂跳，激烈地搖動尾巴，表示對它的女主人的感謝。將嘴伸向瓦盆內匆忙地大嚼，彷彿恨不得一下子將瓦盆所有的食物吃盡。牠這種過於飢餓的急吃相，引起了女主人的憐憫，她蹲下身子，撫着福斯的背脊，溫和地：

「明天我們走了，可憐的福斯你怎麼辦呢？」

福斯不懂，只顧匆忙地嚼食，搖動尾巴答覆女主人的溫和聲音。

義雄站在一邊，對他的母親要求：

「媽媽，我們把福斯也帶回日本去吧。」

大尾老板娘停止了撫摸福斯，轉過臉對她的兒子怨恨地說：

「這怎麼能够呢？回日本去，連我們都得挨餓，還能顧什麼狗嗎？你別再做夢吧，你底少爺式的日子以後不再有了。……」

心酸痛起來，大尾 老板娘 感到自己的眼球又開始潤熱了。想起渺茫的前途，想起遺留在青島的財產，想起在青島的愉快的生活環境，她無限悲痛，無限怨恨。而看見了被無理斥責的孩子的哭泣，更使她心酸。福斯是義雄的朋友，每天義雄去上學，福斯送他，放學回來了，福斯又在門前歡躍地迎接他。於今要拋開他的朋友了，他怎麼不傷心呢？

「義雄好孩子，不要哭吧。」大尾老 板娘安慰 她的兒子：「我們現在雖然不能帶福斯去日本，但是不久我們要回青島的。……我們很多東西在青島，我們一定要回來的呢。……」

連帶地，大尾老板娘安慰了她自已。她想到六年前東三省「九一八，」上海的「一二八」中日爭端，不久支那人便屈服了的歷史，她就眞地有幾分相信他們不久可以重回青島；但當她正滿足於自已的幻想，腦子里又閃出剛才她底男人的醉話「現在支那人不同了，……」她又失却了自信心。是的，現在支那人的確不同了，蘆溝橋事變後，街上走的支那人，那繃得緊緊的臉射在大尾老板娘身上的眼光是怎樣的仇視？日本店的貨物他們也不來買了。

女主人這種內心的隱痛，福斯完全不知道，牠吃得飽飽的，在地板上磨擦嘴巴，然後走去親近它的女主人；但女主人起身走了。在屋內收拾東西。不知什麼時候，男主人也從床上爬起求，默默地在那里把一細一細的花花綠綠的布匹撒進一個大木廚內。小主人則獨自一個人走上樓了。福斯覺得沒有趣味，便躺在一個不妨得主人走動的角落里。

天明了，福斯的主人帶了許多的皮箱，柳條籃，每個人的裝束與平常不同，彷彿像什麼紀念日去山野上聚餐一樣。福斯高興地跳來跳去。它以爲一定可以跟他們一同去。從早餐的特別豐盛，牠直覺地感到等一下它將跟在主人後面，或者坐上車去到一個有山有水的什麼地方，自由地，愉快地跳竄；搜索山兎，蹲在樹下對樹上的鳥們狂喊。以至想爬上樹去捉捕那些飛鳥。

村山老頭子用一條長長的鐵鏈鎖住福斯的朋友奴加，牽它過來。福斯忙走去嗣它的大耳朶，奴加則搖動着尾巴，表示親暱。

村山老頭子對福斯的主人大尾老板談；

「眞地要走了。實在呢，回去日本做什麼？這里青島很好。支那人又和平，又好說話……他們比我們大和民族好啊。……」

大尾老板沒有响，村山老頭子又怪慈愛怪平淡地說：

「我老了。五十八了。大概總不會給徵去當砲灰：……你呢？大尾！正在壯年啊。……唔，不說吧。我把奴加牽來了，它和福斯一塊，不寂寞……」

「這很好。」大尾老板說：「福斯有了同伴，兇性會少一點……它是狼種」。

於是他去拿了一條鐵鏈，把福斯從前左腿繞過頸項鎖起來。福斯從來沒有受過這種優遇，想掙扎反抗；但它知道現在男主人的皮氣是粗暴的，牠只好站着搖動尾巴。

在後院里的高墻下，他們豎了兩根相當粗的鐵棍，他們就把福斯和奴加拴在那鐵棍上。距離鐵棒約一尺遠，放了兩個木箱，那是以前盛布匹的木箱，平開了一個口，裏面放了一些破棉絮和亂草。

大尾老板娘和村山老太婆各各挽了一大籃的食品，乾麵包，支那人吃的窩窩頭之類，放在木箱的傍邊，上面用鉛皮再做了一個遮攔，防備用水，同時更放了兩瓦盆的清水。

「福斯，我們走了。你和奴加好好地在這兒吧。」大尾老板娘撫摸着它的頸項，發出悽涼的聲音：「那木箱是你們的窩，那些東西是你們的糧食。渴了呢，喝那瓦盆里的清水……」

福斯似乎有點懂，牠知道那些粮食是給它的。它瞧見女主人的眼里滴下水珠，小主人義雄同樣地眼睛里滴下水珠……

「媽媽帶福斯一仝去日本吧，媽媽！」小主人義雄這樣喊，但女主人祇是搖頭。

忽然沉默了許久的大尾老板談話了：「不能，義雄，我們不能帶福斯去。我們不久要回靑島的。」他出奇地慈和地走近了福斯，撫摸着它：「我們不久就要回來。福斯，你在這里等我們……」

之後，他們走了。福斯聽見大門外大聲地下着鐵鎖。它不安靜起來，向前跳躍，企圖去追隨它的主人。但頸項里的鐵鏈頑強地拉着了牠，它狂吠，用狗話問奴加：

「他們去那里了？怎麼不讓我們去啊！」

奴加憂愁地回答：「他們大概去日本了。」

「回來不回來？」

「總得回來的。」

福斯跳躍地狂喊了一會，力氣軟弱下來，于是它異當頹苦地蹲在地下，呆瞪着眼球。奴加比較良善，牠不跳躍也不狂喊，只是馴順地蹲着，安靜得相同睡了一樣。

天漸漸晚了，天壁上幻變着美麗的雲彩，終于黑暗了下來。例外地，主人們沒有回家。從什麼遼遠的地方喇起金屬的喇叭聲，隨着秋風飄送過來。不久，主人舖子前面那條大路，響着踏踏的人類的整齊脚步聲，並且吶喊着粗獷的歌曲。這是什麼呢？爲什麼一天之內竟有這樣不同的變化？福斯蹲在地下，側着頭兒，用全部神經諦聽。結果仍然是人類的粗獷吼聲和踏踏的整齊脚步聲。這使福斯聯想起在春天，那些樹木開紅花的時節，主人們帶它去到一座高聳的怪石碑前面獻鮮花；然後有許多人坐在草地上聚餐。而小主人義雄却和許多日本小孩子，手里拿着一塊白布當中有一團紅色的旗子，在草野上排着隊伍，並且踏踏地響着脚步，唱着奇怪的歌，喊着奇怪的：

「支那人是猪！」

而後，日本小孩子們拍掌大笑，大人們甚至於像村山老太婆，也張開沒有牙齒的老嘴狂笑，還有人在向天空中擲去吃空了的酒瓶子，罐頭盒子。人們全是高興的，愉快的，像自由自在的狼，或者像春天池塘里的鵝們。這時候福斯找到了奴加，拚命地在草地上追逐……

現在大門外那些踏踏的人類脚步和吶喊是不是主人們？但是那，音是那樣的生疏，粗獷，響亮。福斯覺得詫異。它正想向睡着了的奴加詢問，而在它的乾粮前邊的暗角落里，老鼠們却出現了。它們那種鬼頭鬼腦的樣子，很顯然，是想偷福斯的乾粮！

——該死的東西！我咬死你們！

福斯磨動着牙齒，鱷魚樣地踞伏在地上，盡可[illegible]地寧靜自己；等待那些老鼠潛行走進乾粮傍邊時，它竄一躍地向前猛撲。老鼠們四散逃走了。然而由于過度地用力，鐵鏈絆住了福斯的咽喉，一陣劇烈創痛，使它憤怒地咬那拘束它底自由的障碍物。它咬得牙齒酸痛，那該死的鐵鏈仍然頑固地圍繞着它的頸項。它於是伸長頸項，發出長嚎。

「你做什麼，福斯？」奴加被吵醒了，慌張地問。

「討厭的鐵索束縛了我，」福斯憤恨地答：「我不能自由咬死那些該死的老鼠。」

「現在不是咬老鼠的時候，」奴加說，重新蜷臥下去了：「安靜吧，明天主人回來，我們可以自由地捉它們。」

「主人回來麼？」

奴加沒有答覆。

老鼠們又出現了。福斯再次威嚇。結果仝第一次一樣，換來了創痛並且反而露出了弱點。老鼠們像看穿了福斯不能自由。更放肆地四處跑動。有的竟無恥地調皮地站起來，同時啾啾地唱着。

福斯蹲在那里，瞪視那些該死的小動物，支持到了深夜，它偶而閉下眼睛，醒來竟發現它的乾粮給老鼠們偷啣去了一塊，在距離它不遠的地方聚餐。福斯憤恨得牙齒發癢，狺狺亂吠，於是又去咬鉄鏈，四處團團轉動……

第二天福斯的主人仍然沒有回來。

——怎麼主人不回來？？去日本？？日本福斯捉住了這熟悉的發音。日本是什麼？有吃的麼？

乾粮漸漸少了下來，老鼠們又時常乘機偷啣；在天空上飛的麻雀有時也飛來站在高墻上，垂涎那地上的乾粮米子了。福斯開始起了自私的佔有慾，時時貪婪地斜睨着它底朋友奴加的乾粮。奴加身體小，吃得少，乾粮竟還存有一些。終於有一天黑夜里，福斯跳過去侵吞奴加的食粮。它的朋友竭力反抗，經過激烈的咬鬥，將兩個瓦盆里的飲料完全打翻了。雙方咬傷了，福斯的鼻子流着血，奴加的一隻前腿咬斷了，失敗地躺在一邊呻吟；眼看着自已所有的乾粮給貪婪的福斯一天一天的吃完。

奴加飢餓得發出長嚎，福斯的粮食吃完了以後也飢餓的發出長嚎，像多天雪夜荒山中的餓狼所發出的聲音。

福斯日夜盼它的主人回青島，而他們始終不回來。它日夜簡單地直覺地想：

——日本是什麼？主人去日本了，日本有吃的麼？

斷絕糧食的第二天，福斯的狼種的野性，從它的眼睛里兇惡地爆露了出來；它猛撲過去，把餓得脚步打蹣的奴加用前脚擒住，咬着它底朋友的咽喉，撕着皮毛。奴加已失去了抵抗力，祇能微弱地嗁號……

三天以後，奴加的皮毛隨着秋風四散地飄在後院的角落里，給老鼠們啣去塞窩。在福斯跟前剩下一堆骨頭和堅硬的牙齒粒。最後連骨頭也給福斯在飢餓的肚皮里了。

——日本是什麼？日本有吃的麼？主人有吃的麼？怎麼不回來？

福斯的毛開始脫落，頸項里的完全脫光了，皮膚打皺，已經沒有了力氣，脚步蹣躚得像飄在大風重，眼睛給黃色的眼糞遮去了一半，朦朧地開始看不清楚活躍在它附近的老鼠們。於是它艱苦地啃着窩邊的木板，那乾澀的木屑塞着它的肚皮。瓦盆跟奴加打架時打翻了，沒有了飲料，天又作怪地不下雨。

經常地，從遼遠的什麼地方吹着金屬的喇叭聲，接着不久，主人舖子前那條路上踏踏地响着整齊的人類脚步聲，獷悍的人類底歌聲。福斯知道這決不是主人們的快樂的動作。那是另外一種人，或者就是常在街上走過的那些支那人。

——主人去日本，日本是什麼？有吃的麼？有吃……吃……吃的麼……」

老鼠們攢進了福斯的耳朵，挖着它的眼睛，咬着它的比較稚嫩的肚皮；而有一天清晨，福斯底主人的舖子那條街起了大火，威嚴的火燄將福斯的骨頭化成了灰燼。

一九三八、一、五。

簡約：

一．我們希望寄贈的文章，如民衆活動特寫，抗日英雄特寫，陣地特寫，地方特寫，散文，詩，劇本，小說，通訊，論文，批評，漫畫、木刻等，文字頂好在四千字以下，特別的材料亦請不要超過八千字。

二．許多讀者要我們發表「街頭劇本」，以爲到內地鄉下宣傳之用，但這樣的材料很難找到，希望有實際經驗的作家給我們幫助。

三．爲了內容底調和，我們保留選擇的自由。

四．頂好作者留下底稿，附有郵票，不用的當然退回。

五．發表後馬上致送薄酬，希望寫明確實的通訊處。

六．關於發行，完全由上海雜誌公司經理，請以後直接向那里接洽。

嚴玉邦

黃既

第一章

嚴玉邦是『中國必亡』的預言人，以先是，現在更是。他預言着中國節節的敗退，而中國的軍隊果然隨着他的預言節節敗退下來了。他從來不讀雜誌上的論文，偶而看看報紙上的社論；先頭，他說那不過是興奮劑，後來，讀過之後，就把報紙揉成一團，發狂似地叫道：『這簡直是敗退的辯護啊，簡直是！』

戰爭起來以後，他做了流亡人，有個好朋友和他一路做伴。這朋友身量比他低，講話比他慢，會使人連想到戲台上的配角，精明能幹，從不失望，從不後悔，是一個行路不可缺少的伴侶；而且，據說是比較有些頭腦的。他勸嚴玉邦：『跟我走吧，沒有錯，天無絕人之路……』他的姓名也怪有趣：章張。

『就依你！』嚴玉邦當時是這樣決定的。於是，如一般詩人所歌詠的，他『回到祖國的懷抱去』了。他並不會希望祖國會給與他什麼榮譽，他在日記裏這樣寫：『無論如何，天津已是異域了，我要到中國人管轄的土地去，好好地做一個中國的人民，做一天是一天。』確實在他的這次行動裏面，已經常帶着一種消極的成分了。

經過一個長而麻煩的旅程，嚴玉邦漸漸明白了新的事故：原來雖然是脫離了地獄的世界，而並不如想像的最低限度那麼好。在凄風苦雨之夜，坐在惡氣薰鼻的車箱裏，望着外面的閃電和黑暗，期待着漫長的停車時間，他不禁感嘆地說：『漫無頭緒！漫無頭緒！』而章張卻異常穩健地給他回答：『沉住氣！沉住氣！』

他們曾到石家莊去——那裏曾經有他們的熟人——彼時石家莊沿街已經沒有一個便衣人了。他們徘徊在街頭，自然引起了當地駐軍的注目，認做有漢奸的嫌疑，給抓了去。後來，嚴玉邦在給朋友的信裏追述這件事道：『幸而章張能够隨機應變，聲言是中央社的前方記者，而且背誦了幾個中央社記者的姓名，而且從錢夾裏面抽出一張舊名片——那是在濟南碰到的一個任職中央社的朋友的——算是沒有拿我們當漢奸辦。險得很！』

此後，他們開始了漫無頭緒的流浪生活，在順德住了一個時期，兵敗下了，又步行南下，走到磁縣，遇見敗兵。行囊和錢財都被掠了去。關於這事，他在家信裏這樣寫道：『他們聲言檢查行人，卻把行李全部扣下了，錢票子拿在手裏，翻了翻，中央票留下，河北票歸還，還說呢「幸而是遇見了我們，要是別人，半個也不歸還，拿去做路費吧！」我們唯有連聲稱謝而已。』

章張在彰德遇見了親戚，借到二十塊錢；他們得以來到開封。

對於家鄉的天津，嚴玉邦並不懷戀；不過，他為了生活發急，為了自身的前途發急。流浪了一個月之後，他的脾氣暴躁起來了，接受他這皮氣的是章張。章張勸慰着他這個沉不住氣的朋友說。『總有辦法，總有辦法』！

『不行啊！』嚴玉邦說。

他們由旅社搬到流亡同學會去，雖然他們已經不是學生」。一進流亡同學會，嚴玉邦先感到一種很壞的氣味，隨即發現了可抨議的地方：第一、還是漫無頭緒；第二、從此看到中國不行——『為什麼戰爭開始以前，他們是那麼樣，而現在，又是這麼樣呢？』

章張解釋給他聽：『他們的時代已經過去了吧？』

『是啊，是啊，』嚴玉邦跳起來道：『所以中國不行有知識的人，時代過去了，沒知識的人，時代還沒有到！』

他喊過一陣之後，便倒身在行李上面，閉緊了眼睛——這是為了避免再聽章張的話，才這麼做的，好像他聽話不是用耳朵，而是用眼睛。流亡同學們住的這個樓上，簡直零亂黑暗得像坟塚一樣，但是，除了安於這個坟塚之外，他嚴玉邦還有什麼另外的好辦法呢？彼時，他寫家信要求的錢還沒有寄到，即或是有錢，他也不是不懂得節省沒有計算的。

章張像相信自己的好運一樣，相信着中國的前途。他很細心，愛思索；他不很讀書，卻會盜取別人的推論。過了幾天之後，關於流亡學生，他又向嚴玉邦發表着與前不同的意見：『不對，我以前說的不對。我想留在這裏的一定是極少數的少數，就是所謂落後的分子，像我們似的，至於大多數，確實是眞的幹起來了！』

有一個時期嚴玉邦似乎是病了，他在日記裏寫：『連一個初下生的孩子都不喜愛黃昏吧？由白晝走到黑夜，是多麼痛苦的一個時間啊！但既到黑夜，也就只有深深睡去了。黎明的情形正相反。我唯一的希望便是能够醒在黎明之前，不至爲了躲避黑暗的原故，多睡到明日的黃昏。』章張讀了牠，便笑道：『你是在黎明的時候發着夢囈，你所謂的黃昏，原來不過是你自己的錯覺！』在同時，武昌的一個朋友接到嚴玉邦寫着這樣話的一封信：『我的最實貴的家當，便是借來的一條老虎皮色的被子了。夜還未到，我早已蒙上了老虎皮，因爲是半舖半蓋的原故，夜間就往往由于尖風的偷襲而睡不着，這時尤其做怪的是一個可怕的念頭：我是一天天衰弱下去了！』

不過，他很快地又恢復了健康。除了在病中之外，他是一個極端反對頹廢的人，他管頹廢叫做『可恥的乞憐。』對於這樣乞憐的人，他是避開的，像避開一個流着鼻涕的姑娘一樣。

有時候他們出去，轉大街，章張常是隨便在什麼地方停下了，看看壁報，或是那個劇團貼出來的戲報。這種時候，如果嚴玉邦百般的催他不動，嚴玉邦便自己揚長而去了。非常快地走着，像是有緊急的事一樣，而章張就要在後面追着喊：『忙什麼，忙什麼？』

然後，章張叨叨地敍述着他所看到的一切，發揮自己的感想，直到嚴玉邦發了脾氣，向反對的方向走去爲止。

到晚間，他們又在縣黨部的樓上會在一起了。有一次，在洋琴口琴胡琴雜奏的流亡之聲中，嚴玉邦拚命吸着烟，雖然和章張並肩坐着，卻把頭轉向一旁去。

一種喜氣洋洋的神氣充滿在章張的臉上，他笑得尖起了嘴。

『如果有錢——』他吞吐地說。

『幹什麼？』嚴玉邦斜着眼睛問。

『去看看哪！』

『看看？』

『他們說，這地方新從青島逃來的頭等二等三等都有，多得很！那一定很有意思，牠們也是難民啊！』

嚴玉邦用力把煙鍋巴摔在地下，悻悻地說：

『中國不亡，是無天理！』

烟鍋也冒起一陣濃烟，嗆得他咳嗽起來！他把牠踏滅，便走開了。章張呢，笑得很起勁。

他們兩個就是這樣地時常衝突，卻保持着友誼。如果是在中學校裏的話，愛生事的同學們會馬上把『同性戀』這樣的好名詞蓋在他們的頭上吧，因爲嚴玉邦對於章張的那麼好心那麼讓步，一點也不表示感激，反而時常暴躁，正如一個對妻子一點也不憐惜的丈夫一樣。

不過他們之間的友誼，終於破裂了。破裂的原因有好些說法。有的說他們兩個有一次到門口小飯舖裏吃一頓便飯，章張主張喝一點酒，而且吃一點酒菜，嚴玉邦不主張，就是那太浪費，而其時正好章張從各處借來的錢已經用掉，嚴玉邦的錢剛剛匯來，於是一種疑忌種在兩個人的心上，兩個人漸漸疏遠了。——不過這不可靠，他們兩個的決裂，實際上是在這事發生了一個月之後。

其次的說法是：這不過是偶然的小節，大題目在他們之間必然的政見的不合。他們的決裂完全起於對上海失陷問題的爭辯，章張引用了毛澤東的話——他背誦得那麼熟——說是：『將上海和中國其他部分隔絕，對於中國，並不如將紐約隔絕時使美國所感受的困難，而且，日本要隔絕中國是不可能的，它就不能封鎖中國的西北，因爲日本即是在大陸上，也還是靠着海軍力的。』而嚴玉邦對這樣的說法，並且譏刺地說，『你祇會背誦別人的話。你把眼光放到西北上去吧！你看見西北了沒有？』章張便說：『我問你，你看了報紙沒有呢？』於是，兩個人決裂了。

除此之外，更有些喜談私生活的人，發現了他們之間的問題完全不在身外事——『爲了身外的事，人不會爭吵起來的』他們主張着——而實在是爲了一個女人；而且又並非是爭風吃醋，卻是出於一個可笑的誤會。對於這事，他們拿出另外一些材料——嚴玉邦和朋友的通信以及更密祕的一些東西，都是搜集了不少——做證，這些材料怎樣得來的呢，那就眞如他們所說，『巧得很了。』

第二章

嚴玉邦反對一切『過度的情感』——這是他自己擬定的名詞——如果有人勸他去做漢奸，他會罵得他體無完膚，但他也決不願犧牲一塊皮肉給祖國。他反對喝酒，嫖窰子，打牌——一切『不知亡國恨』的玩藝兒，但也決不願爲祖國舉起他的手，或是用他的手舉起祖國的旗幟。他曾被章張慫恿去看一次救亡劇團演的戲，當時很興奮，說是被宣傳激動了，但是睡過一覺之後，什麼激動全沒有了。

他在開封，找不到路子，而有些路子，他又不情願找。武昌那個朋友曾寫給他道：『到這裏來吧，這才是救亡工作的大本營，他們的口號是「復興武漢過去的光榮，」你來做些什麼都好。」在他的回信裏關於這事，却沒有提一個字。

家裡寄來有限的幾個錢很快地花光，不久他就着慌起來了。彼時章張已經交得了許多新朋友，他跟他們混，有時吃他們的飯，但嚴玉邦總是有些孤獨的。他一清早出去，各處走走，晚上回來，沒有頭緒。他在給濟南一個朋友的信裏說：『我遊了幾天街，毫無所獲。我今天看到了些什麼啊！糟糕！中國怎麼行呢！傷兵一來，城門關了，店舖上了門板，城門洞附近堆滿了行人。聽警察說，傷兵昨天進城，到黨公館去搗亂了。警察說，「黨公館，人家自然在不乎，人家不怕，小子們敢沾人家一根毛！」什麼話啊！我有個耳聞：這黨公館爲了銷售救國公債，很發了一筆財呢！……軍民合作，那裏有？好像地方只管地方的事，不管國家的事，一旦風聲不好，地方官便捲席而逃！…………』

眞如章張所說，天無絕人之路，嚴玉邦忽然在流浪街頭時，遇見了一個親戚，他在家信裏寫道：『我碰到了多年不見的米大哥，在街上。啊，他已經老了那麼許多了，愁眉不展的。戰爭影響了他的收入，而且，有不少逃難的人寄居在他那裏。我眞不願再去打擾他。』

這米大哥米世宜是一個醫生，和嚴玉邦已經多年沒有來往了，原是一個很開敞的人物，戰爭起來以後，却變得有些吝嗇了，但對朋友，如果眞的找到跟前來，當面他也總叫人過得去。他是鰥夫，跟前一個八歲的女兒，更有一弟一妹住在一起。每天早晨他臨去醫院時都要囑咐他們一遍：『用什麼，得省就省，看看徐媽，買什麼東西都要過問一下！』已經有一個不短的時期，他停止了給病人做手術，理由是：一則，警報笛時常响，心亂；二則，在他家寄食的人太多，他沒有時間查參考書；三則，如果是自已的醫院，做一次手術，多一次收入，但給人做事，又何苦呢？

他在街頭碰見了嚴玉邦，從很遠他便認出來了，不由得嚇了一跳，心想：『糟糕，又是一個喫客吧？』馬上想要穿胡同走開，但他的腿不主張這樣做，依然向前走，再想躲避時，已來不及，嚴玉邦和他打招呼了。

他請嚴玉邦到他家去，一路上，勉強地笑，勉強地說，問了東，又問西，有時候問了又問，說話完全失掉了系統，但等走到家門口，這些勉强也就完全消失掉，他自已想：『不過是多了一個人，一個！』於是，他漸漸和嚴玉邦親暱起來，用茶招待。而且叫徐媽去買了二百錢的花生。他坐在椅子裏，打呵欠，用手撫摸着臉，由眼到嘴，無論說什麼話的時候，不由得總要夾上一句：『沒有辦法！』他向嚴玉邦很知心地訴說，戰爭以來，他過去的一點積蓄，完全耗光了，他本想到四川去開業，但是：『沒有辦法！』

『你可以到我這裡來吃飯，』最後，他說，帶出極其誠懇的樣子：『不過也沒有什麼好的。』然後，腋下夾了一張報紙，嘴裏噙了一枝煙，如他每天必做的一樣，走向廁所去。

米大夫的弟弟妹妹米世剛米世榕都很好地招待嚴玉邦，因爲在他們家寄食的人們中間，他是唯一的一個那麼年靑那麼體面那麼不好講話的客人了。米世剛平剪頭髮，老是袖着兩手，說話不斷地哈腰，像商人一樣。以後，嚴玉邦每到他家去，老是看到他正在和一個小矮個下象棋。小矮個叫梁松年，不僅是喫客，而且是住客。他在天津做糧行生意，這一次，買賣完全犧牲在敵人的炸彈下面了。人很聰明，玩樂的事，一概內行，下棋、打牌、喝酒、不管什麼，不只有一手，而且都有個講究，都要說出自己的見聞——不拘是眞是假。嚴玉邦一到，他滿不在乎地走幾個奇着，贏了米世剛，結束了那盤棋，然後滔滔不絕地唯妙唯肖地述說從下棋引起的故事了。一方面，把眼睛斜看着人，微微地笑，話外好像在說，『這你可沒有知道得多啊！』最後總是把嘲笑歸到中國的作戰上去——這是站在既非日本人又非中國人的立場上說的，一半鬆懈，一半譏誚，譬如關於軍隊的退却，他說，『「消耗」的目的達到了！』關於國府的西遷，他又說：『「持久」就可以！』

嚴玉邦從外貌上就討厭梁松年這樣的人，對於他的譏誚，倒是一點也不附和的。他給濟南那個朋友的信裏說：『我碰到了那麼一個渾蛋。像他們這種人，完全把聰明用在無用的地方，而且以造謠生事爲樂，有一次，他講：「漢奸招供了，星期日要來七十架飛機，轟炸開封城。」又宣傳什麼留在北平的人是福氣，挨不着轟炸了，有錢的人可以往那兒逃！你聽，多麼渾！而在中國，竟有不少的愚民，信他們的話。』

像這樣的對於『愚民』的感嘆，嚴玉邦是時時掛在嘴邊上的。有一次，他從外面回來；不知是和誰才談了話，發狂地對章張講：

『你只說，打！打！打！可怎麼打！』

『依你說，打也沒有辦法，不打呢，也沒有辦法，那麼——』

『所以中國是沒有辦法啦！看着吧，不出兩個月，就該是那句話了，「兩國交兵，黃河為界。」看着吧！』

同時，武昌那個朋友接到他這樣一封信：

『米大夫和我講到醫院來看病的傷兵有三種：一種是很和氣，懂禮貌，叫人同情，叫人甘心情願替他們治病。他們愛談話，你給他們換葯的時候，可以聽到許多前方作戰的情形，那麼津津有味，他們談起來，就好像體育選手講競賽似的，那真好！他們問「醫官，這黃葯條是——」「是肉的！」你告訴他，第二天他來了，果然就看看創口說，「長了不少呢！」有時你想給他去掉一塊壞骨頭，你說，「去掉牠吧！」「疼不疼？」他問。你告訴他「哥們，忍着一點！」他就笑迷迷地閉了眼睛，咬住牙，你把壞骨頭去掉，弄得他滿頭是汗，但是他一點也不掃興，他笑道：「醫官，你比日本人還厲害呢！」你看這種人够多有趣，他們一定是很樂於為國家犧牲的。第二種就完全不同了，他們來時，預先和你存着個敵視的心理，就好像做學生的敵視他們的學監一樣。他們滿口胡罵着來了，訴說傷勢的嚴重，叨叨不休，他們要求你，首先給他們看，他們說「我們忙得很呢！快！快！限你二十分鐘給我們五個看完！」你輕輕按一按他的傷，問他痛不，他輕聲一笑：「嘿，笑話，那有不疼的？」你那怕給他扯掉一點爛皮，他都要叫起來：「哎！哎！那是肉哩！」你和他們和氣，他們反而發脾氣，你慰問他們，他們只覺得你是拿他們開心。他們就是這樣不懂人情！或者是戰爭弄得他們失常了？不然就是軍閥的餘毒未淨吧？還有第三種，不說話，老是呻吟着，有時候真有哭了的呢！沒有棉衣服穿，凍得發抖，看過病之後，他們常說，「醫官，我還沒有吃飯呢！」誰能相信，他們——唉，他們的手，還能不能搬動槍的機柄，不很是疑問嗎？……我到米大夫的醫院去時正碰到一些新傷的兵，雖然也是受了傷，但不是由於作戰，他們不是因為淌水傳染腿上生了創，便是扁平脚，趾不得路。他們真是連話都說不好呢。被一個長官領了來，一個個像樹幹分了枝般地，都把害創的腿伸出來了。醫生問他「怎麼得的？」他的回答是同樣一句「怎麼得的？」再問不出什麼了。你得問他們的長官。對於他們這樣的病人，醫生在病歷紙上寫不出一個字。你告訴他「這扁平脚沒有辦法！」他說，「先生給點好藥吧！」醫生隨便給他們塗了點藥，長官像趕羊似地吆喝着，把他們帶走了。……各方面，中國如果不加緊訓練，前途只是一片黑而已。』

至後，嚴玉邦漸漸成了米醫生家的熟人。章張由於嚴玉邦的介紹，也和米醫生熟識起來，尤其是因為趾縫間生了創，時常到醫院去看，幾天的工夫就和米醫生談得頗為投契了。

章張是慣於以緩慢的有條理而且有趣味的談話邀得女人的歡心的，他說，『要叫一個女人對你完全傾心，或是完全仇視！決不容許她對你漠無表示！』他從什麼時候愛上了米世榕，無從知道，不過我們確切的曉得：當他愛上了她的時候，嚴玉邦對她依然是絲毫沒有印象，像他對於一切少女的感覺一樣，不過是『一個什麼也不懂的乖丫頭』而已。

第三章

在十一月十四日的日記上，嚴玉邦這樣記道：『我不再去米大夫那裏了。昨晚的談話使我非常痛苦，我為什麼幫忙那個渾蛋打倒了我的好友章張呢？我今天特意向章張表示對不起的意思，可是他似乎一點沒有放在心上。』

那一晚的談話情形大概如此：

話愈談愈熱，茶卻愈喝愈涼了。主人——米世宜——沒有提議換茶，他想都沒有那樣想，他太疲倦了，唯一的想頭便是蒙起頭睡覺——頭是非蒙不可的，因為那樣才可以毫無顧慮地和白天的生活隔絕。他坐在一個暗角裏袖着手，身軀就要從椅子上滑下來了，他用着連續不斷的呵欠代替着非有不可的辯論。他似乎早已厭倦辯論了。他認為：辯論必須在生活舒暢的時候，各人都沒有對於自身的掛念——更確實一點說，必須在生活上面，有了立足的地方。譬如他不妨和其他的人辯論，但和寄食在他家裏的幾個朋友辯論，就太不自然了，似乎有一種卑微的東西阻塞着他去傾吐真理。

主人幾次用着極端睏倦的樣子，想結束這一晚的談話，但三個朋友都沒有理會到這一層，他們很興奮，似乎想立刻追尋到一個真理——雖然他們其實是在互相痛擊着對方的感情。辯論在這種時候，人會感到痛苦，好像兩個人賭棋一樣，雖然明知道繼續賭下去會有更壞的結果，但輸的一方總是要求着：『來，再賽一盤！』而在贏的一方面如果不留神輕聲一笑，危險的事就立刻會爆發了。

天氣是迫不及備地冷了，冷得指頭尖發癢。主人還沒有計算到爐火，一談到天氣，他便故意振作起來，說是沒有爐火過冬，他已是習慣了的。梁松年不爭持這一點，更補充着意見，說是出煤的地方大部分已經丟在敵人手裏，交通又不便，今年的煤價該增到三倍有餘了。

『戰爭該把人打窮了！』主人嘆着氣說。

「在另一方面，」章張講，「中國社會是歡迎戰爭的，戰爭給打破了私有積蓄制度——」

主人答應着，但恐怕是由於正和「過去的一點積蓄，如今完全耗光了」的感嘆衝突在一起吧，臉上的笑容立刻消失了。近兩日來他實在已經有點痛恨着這個多嘴的客人了。他曾暗裏對梁松年講：「章張外表像個萬能的學者，其實近乎巧言的流氓，現在中國需要的是腳踏實地地幹去，老是說，老是議論，沒有用！」

章張一點沒有去看主人的臉色，依然笑得嘴唇尖起，個泡疃音跳動着：「所以說中國經過了這一場戰爭，不革命而自革了。」

「你說的很遠嘍。」主人說。

梁松年理會到了主人的情感，隨心抓過一個觀點來叫道：「章先生你太達觀哪，這樣說日本人豈不是中國的救星了？世宜，你是科學家，我給你打一個比方——不是比方，是實情：日本人文武衆修地幹了這多年，中國什麼也沒有幹，天災，內亂，民不聊生，胡鬧了也整整這麼多年，如今麼兩國一碰頭，中國反而打了個大勝仗，那以後，外國人都該來中國留學了！」

主人忽然暢意地大笑了，瞇縫了眼睛，死望着梁松年，意思好像說，「你正說到我的骨頭裏邊去啊！」

米世榕當時也在場，過後她曾如下地描寫着當時一刹那的情景：

「梁松年的話和哥哥的笑使得屋裏一時沉寂起來。寒意的軍號被晚風吹得斷斷續續，好像忽遠忽近般的、終於被一聲切耳的火車笛聲打破了。隨後是短促的放汽聲，又是有節奏的漸次加速的鐵器碰打的聲音，像波濤似地漸漸走遠了。和章一路迷來的嚴玉邦一直把詢問的目光向着章……」

嚴玉邦一直把詢問的目光向着章張，幾次動轉他的嘴，沒有說出口。他想要給章張——他的最親暱而又是最不相容的朋友——更有力的一擊，然而一時想不出比梁松年更漂亮的話頭，以至使「巧言的流氓」還有餘力繼續前進一步。

「你的話有不合理的地方，一會我再給你講。」章張先表示了對梁松年的話並不欽佩，也不重視，然後顯出格外驕傲的樣子重述了報紙雜誌上常見到的一句話：「中國的勝利同時也就是日本大衆的勝利。」

嚴玉邦再也忍耐不住了，他跳起來，連連用手擺着自己的鼻子——好像那裏面引了火似地——發出一種怪音，像烏鴉叫，也像驢鳴，說「你們說日本國裏危機很大，人家還看你們中國危機更大呢？」他竟氣得把中國冠上了「你們」的字樣，抖擻着手提起棉袍，從褲兜裏掏出一盒紙烟。章張走過去，想接他的紙烟，但他僅僅放進自己嘴裏一枝，把其餘的依舊裝進褲兜裏去，背過身子，把伸着手的章張留在身後，嘴裏又不知嗚了嚕一句什麼。

章張沒有得到紙烟，打着呵欠，把伸着的手順便舉向後腦勺去，一面搔着頭皮，一面說，「我們該走了！」

「我們也該睡了。」主人說。

他們把兩個客人送出門外。米世榕描寫那時的情景：「梁松年歡喜得唱起「今日有酒今日醉」來。侄女荃子正在院裏玩，她立刻跑過來牽住了章的手。世剛經過一場辯論之後，似乎是同情章的，到大門口時，他特意深深地給章鞠了一躬，但章沒有注意到，他正牽着荃子的手和我說一句什麼話。」

從這看，米世榕的鍾情於章張，是沒有疑問的了。章張自己，對於這事，却始終保持着祕密，不僅如此，他更如一個沒有誠意的人喜歡做的那樣，總是把自己的行爲歸在別人身上去。

在給武昌那個朋友的信裏，嚴玉邦很氣憤地申訴：「多麼糟！章張竟說我愛上了米大夫的妹妹，怎麼會呢？怎麼會呢？我有這樣的心情嗎？這是應該的嗎？在這樣飄搖不定的時代，難道我還有閒工夫去談戀愛？而且，你是知道的，我對於那個女人發生過愛情呢？愛情這事，對我簡直是討厭的事。」

又，他在十一月十六日的日記裏面寫：

「我知道章張是野心安在了，可是關於這事，我對他一個字不提，我知道，提了是反而使他高興的。

「他從外面跑來，喝了點酒，很興奮。他說他自己到米家去了，回來了，他請米大夫的弟弟妹妹和荃子看了一次河南戲。

「「我開了眼界了，」他說，「河南梆子，怪有趣。不分男女，全是尖嗓兒，一個調門，聽久了也叫人膩煩。米世榕不耐煩了，聽到一半，非走不可，我們又逛了逛大街……

……」

「我隨他說，也不附和，也不追問。一直到疲倦從四肢爬進了腦海，我睡着了，他還嗚嚕嗚嚕地講了不休，非常討厭！』

種在兩人之間的不快意愈來愈加深了。嚴玉邦竟至像一個小孩子般地埋怨章張『沒有你，我不至於流落在外面！』

『你這個人，好奇怪呀！』章張說。

『奇怪什麼：』嚴玉邦帶着鄙夷的臉色說：『三個月，我沒有翻一次書本，什麼也沒有幹！』

『你想做學者嗎？』章張譏誚着說：『這就奇怪了，可是在戰爭沒有起來以前，你一點沒有這個意思啊！』

四天以後，章張便離開了開封。據那些喜談私生活的人們說，他們之間的決裂，是在章張離開開封以後。

第四章

半個月以前，曾經有一個朋友來拜訪章張，章張把他很滿意地給嚴玉邦介紹了。那是一個很漂亮的人物，全副的精力都活現在一隻尖端發亮的鼻子上，談話的本領超過章張，斯文的態度也超過章張，他和章張談話的時候，也不斷把眼睛轉向嚴玉邦望去，好像唯恐他寂寞似的。對於一個生朋友，他老是說着『是的，是的，不過——』來開始對談。幾天之後，他請章張吃飯，非要嚴玉邦同去不可，他很會說，『如果只是老章，我還不請哩！』

章張的離開開封，便是由於這個人十一月十九日那天晚上，章張從外面回來，滿面紅光，由他的衣服和呼吸放射出來的冷氣，使人感到一種新鮮的快感，他向嚴玉邦說：『明天我動身，到洛陽去。』

嚴玉邦正在吸烟，很詫異。

『老崔給我在鐵路上找到一個位置，我想先去對付着。我們兩個中間有一個先有了辦法就好得多了，慢慢地再給另外一個想辦法。』

『米大夫那裏，我已經辭行過了。』過了些時，他又補充着說。

當天夜裏，他向嚴玉邦發表了好一篇議論，不外是在這戰爭期間，如何安身立命的問題；此外，又很關心地指示給嚴玉邦一個此後生活的方法和目標。——這一次的議論，總然和以前不同了，關於民族國家，他一個字也沒有提，最重要的倒是：『不要躲着女人，和女人談談，來往來往，於你很有益處，不然的話，你就要變成一個怪人了！』

第二天，那個老崔來了，幫忙打點章張起身，有時候他甚至於代表着章張向嚴玉邦客氣幾句，彷彿他和章張的友誼遠過於嚴玉邦和章張的一樣。

依理說：章張一走，嚴玉邦會感到輕鬆的，但其實不然。看他給濟南那個朋友的信；『我和章張在一起的時候，總感覺他是多餘的，他攪擾了我。但他一走，我才知道：我實在和丟掉一隻路膊一樣了。』——由這信，或者可以証明：關於在小飯舖裏因喝酒問題爭吵一事，完全不是他們決裂的原因。

但以後的事情就糟糕了。嚴玉邦再到米大夫家去時，忽然感覺到意外的一個變動，並非起於他的錯覺。

在無論談話或是吃飯中間，米大夫向他表示着意外的客氣而又親近，而且在米大夫的粗糙的臉上，時時顯現着一種小心做出的不自然的笑容。尤其意外地，那天的晚飯，加了兩個平常不吃的好菜，米大夫更加神氣地吆喝着徐媽，他很關切地問詢嚴玉邦三個月以來活動的情形，特別是職業問題。當他聽到嚴玉邦說還是沒無頭緒時，他緊鎖着眉頭思索起來，好像竭力要從他那緊皺着的皮膚中間，給嚴玉邦擠出一個妥當的位置。

『或者是——或者是——』他斷續地說。

米世剛的樣子，尤其使人難以捉摸，他嘴角時時掛着一個藏有隱祕的微笑，但又竭力保持着鄭重。

『我不明白，我不明白，』嚴玉邦在日記上寫道：『他們從我身上發現什麼了嗎？奇怪得很！連八歲的荃子也很奇怪，她好像總在觀察着我臉上有沒有笑容，而且時常把眼睛轉向門的地方去。什麼意思？什麼意思？梁松年對我的恭維簡直有點可怕呀！世榕小姐是那麼沉默——這倒很容易明白：章張不是突然地走了嗎？唉！可憐的人！章張在女人眼裏是一個，而女人在章張眼裏是無數個！』

兩天以後，他又在日記上寫『我簡直瘋了！我簡直瘋了！』從此以後他便再也沒有記日記了。

嚴玉邦說得一點也不錯，那天的情形真會使他瘋了的。米大夫那天沒有在家。梁松年說是打牌贏了六塊錢，要請人們聽戲。說話中間，突然把嚴玉邦和米世榕兩個人連繫在一起了。『走！走！』他說，『我請你們，你和世榕兩個人都去！世剛，你也去！』

先是世剛臉紅了，再是荃子拍着巴掌笑起來了，立刻跑出去[illegible]的姑姑，嚴玉邦——看一看他當時的心情吧：

『這是什麼話啊！笑話！笑話！我不記得我當時說了

一句什麼話！總之我走出來了。當時除去那個渾蛋之外，還有兩個別的客人。世榕小姐怎樣，我不知道。看你章張，這小子够多麼不是東西，他竟叫我當塲出了這麼一個大醜！如今我已經証實了，這完全是章張一手鬧的鬼，他編排了一套我和米世榕相好的話（望風捉影！望風捉影！）告訴了米世剛，告訴了梁松年，也許，他還告訴了米世宜大夫呢！多麼糟糕！多麼糟糕！』這是十二月三日他寫給武昌那個朋友的信，在同一信裏，他又說，『現在，我給你描寫一下世榕小姐的相貌吧：金魚大凸出的眼睛，扁鼻子，滿臉的粉刺，有一點斜肩，走起路來，像是纏了足才放過的一樣。——唉呀！一塲笑劇呀！』最後，他又拿出他那至高無尙的法寳：『簡直說吧，中國不亡，是無天理！』

給章張寫了絕交書，恐怕就在寫這信同時。絕交書的內容，可惜我們無從知道了，據有些人說，在那裏面，談政治問題比談戀愛問題談得多——這是無足怪的，嚴玉邦根本反對着章張的一切見解，愈是這樣，他愈反對得厲害，這也便是『因人看事』的道理吧？

以後，嚴玉邦決定了新的路向，他向各方面借錢，打聽車船的消息。武昌那個朋友和濟南那個朋友恐怕都給他匯了錢來。錢借到手之後，他才向他們發表意向：

『我三個月來的活動，可以說是一無活動。不拘我的見解怎樣，我總覺得，對於戰爭，我是一個多餘的人。讓我守候着吧！關於我自己，說不上勝利，或是失敗，因爲我

同蒲某站

林間

八月的柔風拂動着，大地在夜的朦朧中。月台上是靜寂的。在暗晦的光線裏，只可以辨出幾個黑的影子在蠕動着——大概是幾個同學感覺得無聊的散散步。

慰勞隊是住在月台東邊的一個帳蓬裏。因爲天氣很暖和，只是當做擱放慰勞品和同學們休息用的一面小帳蓬裏，人也就不會很多。我們是每天的輪流着慰勞，由學聯分派在這裏的五六個中學校。傷兵車是沒有定時的，所以得不時地有人守候着才行。今夜挨我們担任值日慰勞的有五十多個我們學校裏的同學。除了外面的，有些大都在帳蓬裏橫七竪八地倒臥着。有些同學因爲忙碌了一白天，精神也疲倦了，在地氈上呼呼地打着鼾聲。我們不會睡着的，却無聊的在談天，嘻笑着，吵鬧着，歌唱着，時間無聲息的溜走了。

漸漸地有了人們的嘈雜聲和脚步聲。慰勞的人都慢慢地來了。電話室裏傳過來的電鈴聲和紛吵聲也突然的高漲了起來。聲音混淆得一點也聽不清。

一位同學帶跳帶蹦的從月台上一直嚷到帳蓬裏。

「都出來啊，慰勞品大概不够了。想想法吧，這趟車的傷兵有六百多呀！」

我們都驚楞的瞪圓了眼睛：

「誰說哪？」

「電話，電話打來的，從上一站。」

我們不能再問了。於是急忙的叫醒了所有的人，幾個人騎了車子到離站一里多的城裏去購買更多的慰勞品，一方面又担心到水的問題，要是單靠那兩罐的米湯是無論如何不會够的。所以只好叫人去挑水，臨時燒些開水。不料正在脚忙手亂的當兒，突然聽到兩聲尖銳的汽笛聲。

列車吭嗐吭嗐的從遠方滾動了過來，像一頭拙笨的老黃牛似的喘着氣。進站後，又狂吼了兩聲，才迂慢地靠近月台。

月台上的人羣洶湧着，潮水似的。叫着，嚷着，擁擠着，相撞着，整個的空間像是發生了大的災難似的，被人們弄得水洩不通。一些輕傷的兵士全跳下了車。我們在忙着分散慰勞品，因爲人太多，沒有秩序，所以有的領到梨，餅子，糖果，有的却連一隻香烟也沒有得着。醫生和看護們也忙着爲傷兵們換藥。其餘的人，在人叢中串着，慰問着，探聽着前方戰事的消息。有些女人還用一塊小手帕握住鼻孔在較遠的地方觀望着。

換藥的弟兄們，大半是些胳膀和腿部的輕傷。都擠在月台稍偏後的一塊地方，那裏放着一張大桌子，桌子上是醫藥和醫士們的用具，看去還是一個較好的露天醫療所。我瞧見一位弟兄的結實的手腕上受了傷。當醫生給他解開綳帶時，一個紫紅色的小窟窿出現了，像是粗的樹枝上被松鼠打穿的洞似的。護士們替他洗着，用鑷子擰去那傷口上面的穢物，他却一點也不覺得痛疼。

一手抓着隻金梨，邊嚼邊說着

「這一次眞打得够兒了。——日本鬼子他媽媽的！」

「這回可辛苦了諸位」

根本就不是活在戰鬥中的。我打算不再攪擾任何人，意思便是說，我怎麽來的依然怎麽回去了。我家住在租界地，還不至於受到敵人的侵擾吧？信寄到天津我家裏去好了，我期待着你痛痛地責駡我一頓——我不還駡你，可也不聽從你。隨便怎麽樣吧！米大夫家，我沒有去告別，我不敢去了』（按：給武昌和濟南兩個朋友的信差不多是同樣的。）

許多天以後，濟南那個朋友接到他到達天津後的第一封信：『……天津，比以前更糟了，更糟了，糟得喘不出氣！我像一條狗般地眷養在租界地——英國人的懷裏。我忽然發現，我所以如此，完全由於兩個字：懦弱！唉呀，多麽可怕的兩個字！我怎麽是這樣的啦！坐在船上的時候，我不由得自己想：我簡直好比一個垂死的老人，揹着荷包，嘴裏念着「回家過年囉，在外面混，不是事啊！」我臉紅了。我爲什麽非回天津不可呢？人家會說我是爲了躲避炸彈吧？……』

這個濟南的朋友立刻回了他一封信，裏面有着這樣的話：『你和章張一樣，都是什麽也沒有幹，所以也絲毫不知道別人幹了些什麽。他過分想得好，你過分想得壞，同樣是不關心，他把責任完全放在別人身上，你呢，根本沒有看到責任。』不過，信才發出去，膠濟路便斷絕了，什麽時候才能落到嚴玉邦手裡，那眞是很渺茫的事哩。

二十六年，十二月底。

「辛苦嗎？唉，當兵的就是守土衞國，那是軍人的天職。不過，這些年我們所打的仗那兒有這次的光榮呢？我們這回眞高興得透了！」

「可不是嗎，我們這位王班長從南口退下來時，一夜就砍了六個日本鬼子，奶奶的，眞兇！」

傍邊另一位吸着香烟的弟兄向我們說着。

有人嚷起來了。又是水的問題，我跑了過去，看見許多同學都滙集在鍋爐邊。我問他們是怎麽回事，那位坐着拉風箱的同學皺着眉頭不耐煩的喃喃的漫駡着：

「炭都燒光了，燒屁，公安局長，他媽的，教人叫了兩趟也沒送來。……」

我們知道儘吵也不是法，有人提議到站下邊去拔些野草，大家都跟着去了。有十多個女同學也跑下去，回來時，手都被「狗刺根」給刺破得流了血。她們一點也不在意，還高高興興的唱着「慰勞歌」。

我要蘋（她是才來沒多時）跟我到車廂裏去看望一下重傷的弟兄，她應允了，舀了一碗米湯就挽着我的膀子從人叢中劃出了一條長線，不及我們走到車廂時就聽到從裏面投出來粗暴而憤恨的吵駡聲。

「這裏不是××站嗎？這裏不是有醫院嗎？他奶奶的，醫生死光了嗎？」

「不要燥急吧，同志！這裏的醫生太少了，你看，這趟車就有六百多受傷的同志，怎麽能照應得來呢？」

一位同學在車廂內和善的給勸解着。只是，那位受傷的同志仍在咕嚕着

「我的傷口三天了還不會換藥，奶奶的，怕也生蛆了吧！」

我們從車廂外的玻璃窗上往內瞧去，只見那位受傷的同志倚靠在車廂上，一隻腿擱在坐墊上，大腿全裸露着，臃腫得活像一個雪人，綳帶的邊沿凝着汚血，幾隻蒼蠅爬在上邊舐食着，在暗慘的燈光下膚肉都變得淡黃了。

我們走上了另一個車廂。裏面很冷靜，像沒人似的，避開車廂外的紛吵聲，細細地可以聽出是一陣陣低微的斷續的呻吟聲，似鬼泣，像是從遼遠的曠野中傳來似的，那麽在大氣的氛圍裏遊離着。我們深深的吃了一驚，脚不由的退後了一步。我以爲一定是田野裏荒塚中的寃魂，我心跳着，胆怯得很，我拉了蘋的臂膀要跑開，她却只是說着：

「怕什麽？這麽些人那兒會有鬼！進去看看呀？」

我心裏存着疑竇，但只得隨她走進車廂裏。我扯着她的衣襟尾隨在後邊，我彳亍着我的脚步。她吃吃地笑了出來，扭過頸子對我說，

「你眞是一個胆小的孩子！」

在車廂的老後邊一個角落裡我們發現了兩個人。他們都被一些襤褸的軍服遮蓋着，在一隻幾乎快燃盡的素燭的昏黯的光底下，當然是不易看出的。我們弓下身子，立刻就有一股濃郁的腥臭撲入鼻孔。那兩個頭顱，宛如秋田裏的腐朽的瓜蔓上的瓜皮似的，是兩張蠟黃的臉，眼簾萎縮地閉合着，嘴唇呈着淡紅色，有點發白。當我正預備伸出我的手去撫摸時，那睡着的人屛住了氣，用失神的眼色看了我們一眼，小聲乞求着：

「先生，請給我一點水喝吧！」

那光景像是在街頭裏嚴冬時露宿着的乞兒般淒

身戰抖着，臉上起了痙攣。那哀求，那悽慘的神情，是描繪不出的，使我心裏分泌着酸液。

蘋把湯碗遞到他的嘴邊，他扭動了一下頸，讓湯碗口對住他的嘴唇，像一個嬰兒吮吮着慈母的乳液，他慢吞吞地喝了一口。之後，感謝地說道：「小姐，謝謝你。」

「同志，你受了重傷嗎？」

我的問話他並沒有答應。他只翻動了一下身子，把目光投在他覆蓋的胸脯，他想揮動他的手臂，但終於是無力的扎掙了一下又倒了下去。

我們慢慢地掀開他身上的衣物，讓他無絲毫的驚動。我們凝視着那全染滿了可怕的血流的傷痕，當蘋用手爲他解動綳帶時，他猛的失魂似的叫了聲：「媽呀！」臉上現出苦痛的表情。

我知道蘋的不小心使他受痛了。我急速的跑下車廂去給他叫醫生，費了很久長的時間才算是叫來了。當醫生給他換藥時，他身邊那個起先呻吟着的，不知怎的歇斯底里的狂喊了起來：

「呵，你們可恨的日本鬼子！你們殺千刀的！你們——」

我們都吃了一驚。他翻動着他的眼睛，張大着口，握緊了拳頭，像是把我們當做他的敵人要襲擊似的。那位換藥的太息了一聲，懊喪的向我們說着：

「他是我們的連長，他的傷比我要重的多……他已暈過幾次了！」

我從蘋的手裏遞過湯碗，我給他解釋着：

「連長，我們是慰勞隊呀，是中國人——」

「中國人？」他用萎衰的目光掃視着我：「呵，同志，」

「同志，是的，連長，你喝一點吧？」

他不能移動他的身子，我給他喂了一些。他又興奮了。

「同志，打死他們——可惡的日本强盜，强盜！」

「是的，打死他們，打死日本强盜！」

我們都替他叫出了。我們的心被野火燃點着，爆放着熊熊的火花。

我細細的搜索着他的週身，在他的褲兒下的一處傷處，我發現了有蠕動的小東西，我細細地一瞧，使我驚異了。我拉過蘋來暗暗的指給她看，她顫慄了一下，無意識的喊了出來，尖叫着：「呀……呀！」

接着醫生爲他換藥了，當他的傷處裸露出時，醫生緊鎖着眉頭。把頭擺動了一下，我們爲他躭心。他似乎是發覺了，苦痛的眼巴巴地望着我們：

「同志，我的傷怕不會好的吧？」

「連長，你是會好的，一定會好的。」

我們安慰着他。但我們却欺騙了他。然而，這又有什麼法子呢？對於一個受傷的將士，對於一個將走向死神懷抱的人。我們只有向他祝福着。

汽笛鳴叫了。外邊起了歌聲。一些換好藥的弟兄們都陸續的步上車廂來。列車快開動了。

我不知不覺的走上前去握住了他的手——一個爲國捐軀的光榮的將士的手。他的血流有點冰冷，脈搏是極微弱的起伏着。我很興奮，我覺得我站在一個巨人的面前，這是光榮的，幸福的。但我的心却苦楚着，我低垂了我的頭，我的淚怕要流了出來，我像是爲一個巨人舉行着悲壯的血祭。他用失却光芒的眸子望着我，眼淚滾了出來，他沙啞着聲音悲哀的向我低語着：

「同志，謝謝你們！」

我不能領受這謝意。彷彿是一隻尖溜溜的刺針刺進我的膚肉，我禁不住要狂躍了。

「連長，願你的傷早日痊癒。」

我仍是虛僞的欺騙着他。從他的手掌裏我縮回了我的手，是那樣的毒狠，那樣的無情。

「呵，你們太可愛了！」他仍繼續的對我說：

「連長，我要走了？」

「好，再見吧，同志！」

語音是那麼的低微而沉重，像鉛塊似的沉沒在大海裏。

「連長，再見吧！」

我們的語音也哽咽着。我們遲遲地走下了車廂。我心悸着，像丟失了一件可愛的貴重的寶石一樣。

歌聲已經止住了，有人喊起口號來，我們加入了人羣：

「抗戰受傷的將士是光榮的！」

「擁護政府抗戰到底！」

「保衛華北，保衛山西！」

「打倒日本帝國主義！」

「中華民族解放萬歲！」

…………

喊聲像巨浪，像海濤似的淹沒了一切，在大空中瀰旋着，播送着。

夜被驚醒了。

列車開動了，人羣中豎起了如林的臂膀

（一九三七，十二，二十七，追憶。）

「大地的女兒」與「動亂時代」

蕭紅

對於流血這件事我是憎惡的，斷腿，斷臂，還有因爲流血過多而患着貧血症的蠟黃的臉孔們，我一看到，我必要想：醜惡，醜惡，醜惡的人類！

史沫特列的大地的女兒和麗洛琳克的動亂時代，當我讀完第一本的時候，我就想把這本書作一個介紹，可是總沒有作，怕是自己心裡所想的意思，因爲說不好，就說錯了。這種念頭當我讀着動亂時代的時候又來了。但也未能作，因爲正是上海抗戰的開始，我雖住在租界上，但高射砲的紅綠燈在空中遊着就像在我的房頂上那麼接近，並且每天夜裏我總見過幾次，有時候推開窗子，有時也就躺在床上看。那個時候就只能夠看高射砲和讀讀書了，要想談論，是不可能的，一切刊物都停刊了。單就說讀書這一層，也是糊裏糊塗的，讀西洋文學史，荷馬的史詩也是在那個時候讀的。西洋文學史上說，什麼人發明了造紙，這「紙」對人類文化有着多大的好處，後來又經過某人發明了印刷機，這印刷機又對人類有多大的好處。於是也很用心讀，感到人類生活的腳跡是那麼廣汎啊！于是看着書中的插圖和發明家們的畫像，並且很吃力的想要記住那畫像下面的人名。結果是越想求學問，學問越不得。也許就是現在學生們所要求的戰時教育罷！不過在那時，我可沒想到當游擊隊員。只是聞一聞火，飛機、大砲、傷兵、流血、因爲從前實在沒有見過，無論如何我是吃不消的。

動亂時代的一開頭就是：行李、箱子、盆子、罐子、老頭、小孩、婦女和別的應該隨身的傢俱。惡劣的空氣，必要的哭鬧外加打頓，買三等票的能坐到頭等二等的車箱，買頭二等票的在三等車箱裏得到一個位置就覺得滿足。未滿八歲的女孩——麗洛琳克——依着她母親的膝頭站在車箱的走廊上，從東普魯士逃到柏林去。因爲那時候，我也正想要離開上海，所以合上了書本想了一想，火車上是不是也就這個樣子呢？讀書的一開頭與我的生活就這樣接近。她寫的是一九一四年歐戰一開始的情形，從逃難起，一直寫下去，寫到她二十幾歲，這位作者在書中常常提到她自己長得不漂亮，對這不漂亮，她隨時感到一種怨恨自己的情緒，她有點彆扭，有點不講理，她小的時候常常欺侮她的弟弟，弟弟的小糖人放在高處，大概是放在掛衣箱的後面，並且弟弟每天登着板凳向後面看他的小糖人。可是麗洛琳克也倒底偷着給他吃了一半，剩下那小糖人的上身仍舊好好的站在那里。對於她這種行爲我總覺得有點不當，因爲我的哲學是：「不受人家欺侮就得啦；爲什麼還去欺侮人呢？」仔細想一想，有道理，一個人要想站在邊沿上，要想站得牢是不可能的，一定這邊倒倒，那邊倒倒，若不倒到別人那邊去，就得常常倒到自己這邊來——也就是常常要受人家欺侮的意思。所以「不受人家欺侮就得啦」這哲學是行不通的（將來的社會不在此例）麗洛琳克的力量就絕不是從我的那哲學培養出來的，所以她張開了手臂接受了一九一四年開始的戰爭，她勇敢的呼吸着那麼痛苦的空氣。她的父親，她的母親都很愛她，但都一點也不了解她，她差不多經過了十年政黨鬥爭的生活，可是終歸離開了把她當作唯一安慰的母親，並且離開了德國。

書的最末頁我翻完了的時候，我把它放在膝蓋上，用手壓着，靜靜地聽着窗外樹上的蟬叫。「很可以」「很可以」——我反復着這樣的字句，感到了一種酸鼻的滋味。

史沫特列我是見過的，是前年，在上海。她穿一件小皮上衣，有點胖，其實不是胖，只是很大的一個人，笑聲很響亮，笑得過份的時候是會流着眼淚的。她是美國人。

男權中心社會下的女子，她從她父親那裏就見到了，那就是她的母親，我恍恍忽忽的記得，她父親趕着馬車來了，帶回一張花綢子了，這張綢子指明是給她母親做衣裳的，母親接過來，因爲沒有說一聲感謝的話，她父親就指問着：「你永遠不會說一聲好聽的話嗎？」男權社會中的女子就是這樣的，她哭了，眼淚就落在那張花綢子上。女子連一點點東西都不能白得，那管就不是自已所要的也得犧牲好話或眼淚。男子們要還眼淚一點用處也沒有，但他們是要的。而流淚是痛苦的，因爲淚綫的刺激，眼球發脹，眼臉發酸發辣，可是非犧牲不可。大地的女兒的全書，是晴朗的，健康的，藝術的。有的地方會使人發抖那麼眞切。

前天是個愉快的早晨，我起得很早，生起了火爐，室內的溫度是攝氏表十五度，杯子是溫暖的，桌面也是溫暖的，凡是我的手所接觸到的都是溫暖的，雖然外邊落着雨，間或落着雪花。昨天爲着介紹這兩本書而起的嘲笑的故事，我都要一筆一筆的記下來。當我借來了這兩本書（要想再新翻一翻，）被他們看見了。用那麼苗細的手指彼此傳過去，而後又怎樣把它放在地板上：

「這就是你們女人的書嗎？看一看！它在什麼地方。」話也許不是這樣說的，但就是這個意思，因爲他們一邊說着一邊笑着，並且還唱着古樂譜：

「工車工車上……六工尺……」這唱古樂譜的手中還拿着中國毛筆桿，他臉用一本書遮上了上半段。他越反復越快，簡直連成串了。

嗯！等他聽到說道大地的女兒寫得好，轉了風頭了。

他立刻停止了唱「工尺，」立刻笑着，叫着，並且用腳蹂着地板，好像這樣的喜事從前沒有被他遇見過：「是呵！不好，不好……」

另一個也發狂啦，他的很細的指尖在指點着書封面「這就是嗎？亂時代……這位女作家就是兩匹馬嗎？」當然是笑得不亦樂乎：「大地的女兒就這樣不穿衣裳，看唉，今唉……

這樣新的刺激我也受不住了，我的胸骨笑得發痛。大地的女兒的封面畫一個裸體的女子。她的周圍：一條紅，一條黃，一條黑，大概那表現的是地面的氣圈，她就在這氣圈裏邊像是飛着。

這故事雖然想一想，但並沒有記一筆，我就出去了，打算到菜市去買一點菜回來。回來的時候，在一家門樓下面。我看見了一堆草在動着，因爲是小巷，行人非常稀少，我忽然有一種害怕的感覺，這是人嗎？人會在這個地方嗎？坐起來了，是個老頭，一件棉襖是披着，赤裸的胸口跳動在草堆外面。

我把菜放在家裏，拿了錢又轉回來的時候，他的胸膛還跳動在草堆的外面。

「你接着咧，我給你東西。」

稀疏的落着雪花的小巷裡，我的雨傘上同時也有雨點在拍拍的跳着。

「給你，給你東西呀！」

這個我聽到他說了：

「我是瞎子。」

「你伸出手來！」

他周遭的碎草蘇蘇的響着，是一隻黃色的好像生了銹的黃銅的手和小抓子似的向前翻着，我跑上台階去，於是那老頭的手心上印着一個圓圓的閃亮的和銀片似的小東西。

我憎惡打仗，我憎惡斷腿斷臂。等我看到了人和豬似的睡在墻根上，我就什麼都不憎惡了，打吧！流血吧！不然，這樣豬似的，不是活遭罪惡？

有幾位女同學到我家裏過，在這抗戰時期她們都感苦悶。到前方去工作呢？在後方工作呢？而又那裏收留她們工作呢？這種苦悶會引起一時的覺醒來，不是這覺醒不好，一時的也是好的。但我覺得應該更長一點。比方那老頭明明是人，不是豬，而睡在墻根上，這該作何講解呢？比方女人明明也是人，爲什麼常她得到一塊衣料的時候也要哭泣一場呢？理解是應該理解的，作不到不要緊，準備是必須的。所以我對她們說：「應該多讀書。」尤其是這兩本書，非讀不可。我也體驗得到她們那種心情，急於要找實際的工作，她們的心已經懸了起來，不然是落不下來的，就像小麻雀已經長好了翅子，腳是不會粘地的。

這種苦悶是熱烈的，應該同情的。但長久了是不行的，抗戰沒有到來的時候，腦子裏頭是個白丸，抗戰到來了，腦子裏是個苦悶，抗戰過去了，腦子裏又是個白丸。這是不行的。抗戰是要建設新中國而不是中國塌台。

又想起來了：我敢相信，那天晚上的嘲笑決不是眞的，因爲他們是智識份子，並且是維新的而不是復古的。那麼說，這些話也只不過是玩玩，根據年輕好動的心理，大家說說笑笑，但爲什麼常常要取着女子做題材呢？

讀讀這兩本書就知道一點了。

不是我把女子看得過於了不起，不是我把女子看得過於卑下，只是在現社會中，以女子出現造成這種鬥爭的記錄，在我覺得她們是勇敢的、是最强的，把一切都變成了痛苦出賣而後得來的。

一九三八、一、三日・武昌●

討論

在抗日民族革命高潮中爲什麽沒有偉大的作品產生？

——答塔斯社社長羅果夫同志的一封信

京平

親愛的蘇聯朋友羅果夫同志，

對不起得很直到今晚才有時間來回答你對我提出的問題。

前天你對我發問中國在抗日的民族革命高潮中爲什麽沒有偉大的作品產生這一問題，當時實在使我很覺惶亂，——事實擺在那邊，中國的革命文學距他的成熟期似乎還遠得很。在我所熟知的許多弄文學工作的朋友中，不認識戰鬥爲戰鬥所嚇而噤若寒蟬的不用說，那些前進的，勇敢的，文學素養和天才都比較卓越的，有的還在寫着，有的却不寫了，他們怎樣打算呢他們說，「到前線去幹起工作來吧，我們必得先認識中國民族怎樣地在戰鬥，以爲將來的文學創作的準備，……」

羅果夫同志，你聽到了沒有？

我的文學朋友們要等到什麽時候才能使這準備成熟，而產生出偉大的作品來呢？

還有，我必須附帶的說一說。

在這些自命爲前進的文學青年中，還有這樣的朋友他口口聲聲宣稱在這時候寫文章（而且他所指的是文學創作呢！）是沒有用的，他甚至預言在抗日戰爭更進一步之後，中國人的文學活動必定趨于絕滅。爲了要完成一個中篇的集體創作，以及應付幾個什誌的投稿，我整日里伏在桌子上書寫着。我的文學朋友警告我說，「你快要和實際脫離了！」這里所謂實際，是指在有名無實的會議廳上和朋友握手，請安，更實際些是教育難民，作軍隊里的政治指導員，寫鋼板，作壁報等等。

沒有一個人敢于對這警告提出抗議，說「這些事不是我做的，讓一般的智識份子去做吧，我忙得很，我正在埋頭于一個偉大的作品的創作」

實在，敢于提出這個抗議的人在我們中國中還沒有，如果有，他一定被認爲一個瘋子。

我想，對于這些問題，在研究中，在探討中，你和我一定是緊緊地站在一起的。如果我的見解一旦會得到你的同意，那麽，你承認我的見解，即是你自己的見解也皆不可以吧？

現在我回答你以下的幾個問題。

1. 中國作家對于抗戰的態度是怎樣？

不知你看到沒有，我們中國的幽默大師林語堂先生在美國發表應援中國對日抗戰的文章（那文章因爲隨看隨丟，不在身邊，不能寄給你，）——他說「請大家來看我們的軍官怎樣和日本決鬥吧！」大意是如此，文句記不清楚了。

當然，這不是一件重要的事。中國的讀者知道像林語堂這樣的人是一些什麽傢伙。在國內和林語堂抱同一態度的文人雖然也不少，但歷史已經把他們拋在後頭，爲了省寫幾個字，我們不必提及他們吧

關于這個題目，我所介紹給你的現實情形我想是還能够使你奮起的。

中國的青年作家們——我所以單獨提出青年，是因爲我前次已經和你說過，除了死去的魯迅之外，中國的老作家們看來似乎已經不能負起這個任務了，因爲他們不能深切地了解這個炸彈滿空，血肉橫飛的現實，他們的語氣中「戰士，」「勇士，」「衝鋒，」「戰鬥，」等等，是一些諷刺的，不能承認的，否定的名辭，和敵人血肉相搏的場面，他們除了不了解，不承認之外，就不免要把它看作唐吉訶德和風磨的決鬥了，……——中國的青年作家們，他們站在中國大衆的前頭，期待這抗日戰爭已經很久了。這，你是知道的，他們，也和別的前進的抗日份子一樣，在艱苦的環境中期待着，在牢獄中期待着，在壓迫與殺害中期待着，……中國的青年作家們，雖然在文學的素養上還很幼穉，但他們在實際生活中鬥爭已經很久了。說一件有趣的事，隨便從我們的隊伍中拉出一個人，叫他說吧：和你共同作戰過的，你所熟知的朋友們，死去了多少呢？如果把他們的骷髏堆疊起來，叫你像駱駝一樣去馱他們，是不是能够馱得動呢？不會馱得動的，就是有十隻駱駝也是不會馱得動的。他們的受

難，是爲了革命，而當革命以抗日爲主要內容的時候，是爲了抗日。我們，從艱苦的環境中，從牢獄中，從壓迫和殺害中留存下來的一些少數的文學朋友，我們對于抗日戰爭的期待也夠了，——中國的青年作家們不會看不清楚，不會誤解這個戰爭的，不會趕不上這個戰爭的，不會厭倦，懼怕，或逃避這個戰爭的，……

2. 你又提出中國作家對于抗日戰爭的反應達于何種程度的問題。

我們期待着這個戰爭，而當戰爭一到臨我們的面前的時候，我們似乎認不清這個戰爭。——去年七月蘆溝橋事變發生以後，我還在上海，我知道上海許多中國作家的活動情形，他們忽而在難民收容所服務，忽而在街頭募捐，忽而弄壁報，忽而弄「弄堂組織」，忽而作集體創作，作戰場的報告文，……開會的次數多至不能計算，類似文學青年戰時服務團的名目也多至不能計算，但結果是幷沒有弄出傑出的東西來的，後來陸續出現了許多因戰爭而死去又改變版樣出版的什誌，如光明，烽火，文學等，和許多新出的什誌如七月，民族呼聲，救亡日報等，紛亂，什遙，不知如何是好的情景才漸漸消除，作家們依舊找到了自己份內的事情。

上海抗日戰爭爆發之後，書店不印書了，刊物不給稿費了，除了幾個少數的什誌及報紙副刊有機關團體維持之外，其他許多新出的什誌都是作家自己掏腰包出版的，作家們立即陷于生活的恐慌，一部份已經很早就和難民一起開始了逃亡，——你不會不相信吧？中國的青年作家們——已經在書店里當老板，靠和老板的親戚關係吃飯，以及一些虛有其表，只當編輯不寫文章的老爺們當然不去說他了。——他們的生活都一般地陷于不能想象的窮困。這些青年作家們不但要吃飯，而且還要醫病，我有一位文學朋友是坐了五年監牢出來的，他只存了平常人三分之一的身體，……戰爭爆發後的生活情形當然是更困苦的，——他們爲什麼不寫出偉大的作品，以文學者的本行的工作遂行抗日的任務呢？他們爲什麼只是寫了些鷄零狗碎的東西呢？他們爲什麼不曾使自己的偉大的靈魂發生感動，而竟然把驚天動地的民族革命戰爭大題小做地當作什感、隨筆，小品，短篇故事，片斷的報告文學看待呢？

中國作家的靈魂是和抗日戰爭緊緊地互相配合着的，但從他們的感應上却看不出抗日戰爭的偉大的內容，這是一個非常嚴重的問題。我所以把中國作家一般的的艱苦的情形告訴你，爲的是要請你了解這問題中還具備了經濟的物質的因素。

3. 日本毀滅了中國文化後中國作家的態度又怎樣？

我想問你，所謂給日本所毀滅了的中國文化，是指北平，天津，上海，南京等幾個文化城的陷落吧？

北平，天津，上海，南京等幾個文化城的陷落，使中國的文化遭受了嚴重的損失，是我們非常切齒痛恨的一件事。但我個人的感覺却不至這樣銳敏，如果單從文化的價值上看，北平，天津，上海，南京等的毀滅決不會使我感受到如何悲痛。日本攻陷了北平，天津，上海，南京之後所給予中國文化的損害是怎樣的呢？

一、許多學校毀滅了，整千整萬的學生變成了流亡者。

二、許多大書局大規模的印刷所沒有了

三、許多報館沒有了。

四、許多書籍絕版了。

還有其他的吧，不會比這四點更大的了。然而這還談不到毀滅，同時却給予我們許多益處：

一、整千整萬的學生都離開了死的學校，走進活的戰鬥的學校中去了。

二、沒有書局，印刷所會大規模的翻印中國的死的古書，以及那些性史之類的閒書了。

三、內地的印刷所除了印中國人所迫切需要的供應戰鬥的諸種智識和技術的書籍之外再沒有工夫印別的有害的書了。

四、上海的市儈的文學傳統給打碎了，倚老賣老的所謂文壇的權威們沒有操縱文壇，壟斷文壇的法寶了，年青的熱情的文學者們可以自由發揮他們的才能了。

五、全中國的新的文化人在戰鬥中養育起來了。

我的意見就是這樣，不知你以爲如何？

（一九三八·一·九·晚上。）

大時代文庫 1.【獨幕劇】

飛將軍

救亡移動劇團第二隊集體著作

洪深·執筆

◇實價二角五分◇

「飛將軍」的主題，是暴露抗戰中的頹廢的傾向，指出這傾向的錯誤。因爲在這一次抗戰中，我們在思想上和敵人決勝負的第一個條件是抗戰爭勝利的堅決的信心，第二個條件就是發展我們的自我批判精神。我們要有不怕暴露弱點，不怕正視黑暗的勇氣，只有從暴露中取得教訓，從批判中改正錯誤，我們才會有光明的前途，勝利的保障。這劇本曾在漢口公演，獲得一致的好評。

大時代文庫 2.

八百壯士

戲劇作家集體著作

王震之·崔嵬執筆

【三幕劇】

在這次偉大的淞滬抗戰中，八百壯士的死守閘北四行倉庫，是震動了全世界，創造下新中國歷史最光榮的一頁。然除掉零碎的新聞記事外，還沒有一部眞實而偉大的文藝作品。本劇就是以此題材，由八位劇作家殫精竭思所集體寫成的一部劇本。現在已曾遍地在國內各地上演了。

◇實價三角◇

大時代文庫 3.【隨筆】

活躍的膚施

任天馬著

◇實價三角◇

這是一部描寫中國新區—膚施和其所屬的陝甘寧邊區二十二縣的種種新鮮的，自由的社會組織，政治經濟，教育文化，以及第八路軍的一切動態的隨筆集。作者于西安事變後由北平入陝北，在特區的中心—膚施（亦名延安）勾留過幾個月，親自考察調查訪問過一切的組織和重要人物。以文藝的筆調，記錄其種種，比史諸更詳細，也更親切。現在有很多青年想明瞭特區的眞實情形者，這是一部最可靠的導游錄。

大時代文庫 4.【詩歌】

高粱紅了

安娥著【印刷中】

安娥女士是今日國內僅有的作曲家，她所作漁光曲等名歌，已經是家弦戶誦的了。本書是她最近所寫的詩歌集，祇要看到這書名，就可以明瞭本書的內容是以抗戰爲題材的雄偉的吼聲。如果配上歌譜，就成爲很好的名曲了。現已付排，即日可以出書。

大時代文庫 5.【獨幕劇】

最後勝利 田漢著【印刷中】

大時代文庫 6.【新歌劇】

新雁門關 田漢著【印刷中】

上海雜誌公司刊行

總店：漢口交通路六十二號

支店：廣州·長沙·宜昌·成都·西安·梧州·武昌·昆明·

◇實業部註冊◇

上海雜誌無限公司

本公司創始迄今已歷五年爲新中國文化思想之前導者是讀書界忠誠信實的服務人向以代辦代定饗滿全國此次抗戰發動本公司總店位置上海不得不隨國軍陣線之移動暫停營業另於抗戰中心之漢口交通路六十二號設立第二總店仍本已往從事文化運動之精神繼續爲文化救亡而工作並爲供應後方讀者之需要特在各省重要都市遍設支店茲特將總支店各地址刊布于后：

總店：

上海四馬路三二四號（暫停營業）

漢口交通路六十二號

支店：

廣州－漢民北路　長沙－東長街

梧州－大中路　武昌－胡林翼路

宜昌－二馬路　重慶－售珠市

西安－南院門　成都－祠堂街

昆明－西華街　【桂林・常德在籌設中】

代辦代定

本公司爲供應全國各地讀者文化食糧之需要，特於漢口總店內，設立郵購部代定部，專替讀者圖書館學校軍部等代辦代定國內各大書店文化團體刊行之新書雜誌及任何戰時讀物，應有盡有，編印書目，歡迎索閱。如蒙郵購，不論多寡，當班回件，郵票代價，十足兌用。委託代定，更負責到底，如遇中途停刊，可憑本公司代定單，領回餘款，退定改定，絕對自由，絕不使讀者遭受分毫損失也。

▷下列各叢書均已絡續出書詳細書目歡迎函索◁

- 大時代叢書【已出十二種】
- 大時代文庫【已出四種】
- 新軍事學叢書【已出三種】
- 抗戰叢刊【已出十五種】
- 戲劇叢刊【已出八種】
- 抗戰生活叢刊【在排印中】
- 抗戰報告文學選輯【已出八種】
- 游擊隊小叢書【在排印中】

七月

8

上海雜誌公司總經售

●目錄●

本刊已呈請主管機關登記中

七月 第八期
廿七年二月一日出版
編輯兼發行 七月社 漢口交通路六十二號
編輯人 胡風
發行人 熊子民
發行所： 上海雜誌公司總店 漢口交通路六十二號
經售處： 上海雜誌公司支店 廣州 武昌 梧州 長沙 宜昌 西安 成都 昆明 重慶
印刷者 新昌印書館 漢口小董家巷 電話二一〇四五
本市零售每份一角 外埠每份一角一分
訂價 三個月……五角五分 六個月……乙圓
每月一日十六日出版

論我們時代底歌頌

——一個詩歌工作者向中國詩壇的祝福

田間

最尊貴的歌頌動員了，這歌頌冲蕩在鐵與血之間，在子彈與泥土之間，在夜與黎明之間，在侵略中國的仇敵們與保衛中國的人民們之間；是我們底忠勇的戰鬥者在唱歌了。他們已經離開了母親的愛戴，婦人的懷抱，兒女的呼喚，他們已經離開了自己底村落，個人底房舍，而奔走而叫嘯于亞細亞暴風雨的年代底狂暴的天空下，于充滿着忿恨的中國人民自己的大路上，穿過射擊，穿過肉搏，而開始了一個貫串於被日本帝國主義者大屠殺的這殖民地底遍野的羣衆的歌頌，行列的歌頌，合隊的歌頌。他們從日本帝國主義者滅亡我們的殘暴的悲劇裏，以骨肉抵禦，以血反抗，在寫着百萬年代一直不可磨滅的，一直照耀着中國已生將生的子孫們底回憶的日子的史詩！

當守衛着我們底前哨的鬥士，當守衛着我們底田園的鬥士，在唱着新的歌頌，鬥爭的歌頌，以養育着全中國人民底復活的歌頌似的日子，我們底詩人哪哩去了，為什麼顯得沒有聲息呢？

對於我們底仇敵不可寬容，對於我們底仇敵必需掃除的日子，而對於我們底鬥士不可冷淡，對於我們底鬥士必需援助的日子，為什麼顯得沒有聲息呢？我們底詩人！

在今天，我們底詩人，為什麼顯得沒有聲息呢？炮火燃燒了以來，雖然，我們曾經興奮地見過國際縱隊抗戰三部曲等出版的熱烈，然而，狂喊是不是情緒的飽滿呢？泛叫是不是突入了人民大衆底顛沛的，離散的，受難的心呢？是不是能够震出他們底掙扎的願望的痕跡呢？雖然，我們曾經欣喜地聽過為祖國而歌，同志，血誓，別行，起來，八月的風暴，孩子，給孩子，自由在暗中哭泣，他起來了，雪落在中國的土地上，我們要戰爭——直到我們自由了，片片的呼聲，然而，這些可愛的呼聲，殖民地底人性的呼聲，給與這浩蕩和廣大的四萬萬五千萬奴隸之羣，給與一九三七年七月七日响動了的但我們不能預言是一九三八或一九三九或甚至一九四七年七月七日才能止終的長期的神聖抗爭就够滿足了呢？

不呵！

不呵！在今天，全中國全人民都應該勇敢地，潑辣地，堅强地，响亮地，不可受欺侮地，不可受禁止地，不可受迫害地，站在我們燃燒的火夜之中歌唱着，把新的歌頌，鬥爭的歌頌，從我們底手裏，從我們底靈魂裏，從我們底宣誓與祝福裏，傳達到這殖民地底每一個汚穢的，陰暗的，鐐銬和鎖鏈在奔走着的，不自由的角落裏，傳達到每一塊沾染着弱小民族的呻吟，慘叫，狂呼的氣味的土壤裏，傳達到那已經被殺死了的殖民地兒女與將要被殺死的殖民地兒女的軀殼裏，傳達到這殖民地底恐怖的村莊，血腥的柵欄，以及那些不能被主人哺養着的吐出最後的呼吸，呈出最後的臉色的小牲畜，小生命里……。

我們是顫慄在羞恥裏面，苟安在卑汚裏面的，一個沒有自由沒有幸福的黑暗的民族。我們底祖國，我們底鄉村，我們底家，更沒有一點平安，更沒有一點光明，更沒有一點暖氣。

今天，我們底詩人，伸出你底眼睛眺望吧：

在這殖民地每一個人生活着的地方，呼吸，睡眠，燈光……也不能平穩地擺置着，——因為叛亂，射擊，槍殺，……就襲來了。而我們中間最需要的國民已經把燈光扭熄着……把自己躲藏着，過着日子……。

我們底國家，我們底生命，是更逼近危險了，然而，整千整萬的鬥士，在出入於戰爭裏，在出入於死亡裏，以維護着生命，自由，和平，……我們底國家，我們底生命，也更逼近解放了……。

在今天，作為一個殖民地詩人的任務，是應該赴湯蹈火的，是應該再把中國和它底人民推動向這神聖底民族革命戰爭的疆場，更進一步，更進一步，而中國和它底人民，會熱叫着殖民地底詩人，再把中國和它底人民喚醒呵！像瑞典底人民喚着赫休斯頓一樣地說：再把瑞典和瑞典底人民喚醒啊，赫休斯頓！中國和它底人民會熱望着，有如解放中國的作者，俄國底馬耶可夫斯基，有如起來吧馬加爾人的作者，匈牙利底彼得斐，有如假如我們應該死掉的作者，黑人民族底麥開，有如[illegible]扎我的殘酷世界的作者，黑人民族底克命……我們底詩人，能够在混亂的狀態裏清醒過來嗎?能够把詩人自已底武器——歌頌的筆尖,接觸到人民大衆生活的最緊張處,把歌頌的顏色塗染到人民大衆生活的最切實處,把歌頌的調子唱到人民大衆生活的最生動處嗎?這樣說,不是祈禱我們底詩人把他底力量回顧到飄忽的,神祕的蒼茫的境界,這樣說不是祈禱我們底詩人一定要創造着那非經過最大的工夫就不能成功的人類最崇高的像荷馬的奧德賽一樣的史詩,像哥德的浮士德一樣的詩劇,在這人民大衆從水深火熱的中國急切地企待着我們歌頌的日子,偉大的史詩和詩劇,是要裝載着今天中國人民大衆底鬥爭的整個故事,偉大的史詩和詩劇產生的節日,是要依賴我們底詩人今天最善良的,最忠實的,最大胆的創作的過程。所以,爲着創作偉大的史詩和詩劇,今天我們底詩人必需接受生活的教訓,必需準備未來的史詩和詩劇的篇幅的每一小章,每一小句,甚至每一個有生命的字彙。是的,我們底詩人已經提議了報告詩,朗誦詩……諸樣式的嘗試,這是很好的提議。不過,我們又將怎樣解釋報告詩,朗誦詩等必須的適當的表現呢?我們不會憂慮到今天在亞細亞東部底奴隸詩人——這些提議者的用心,是在於報告個人的,朗誦個人的,而我們底詩人的目的正是要起來鬥爭,在要報告或朗誦這動亂時代中的眞理底仇敵與眞理底擁護者,在要報告或朗誦叛逆的案件與正義的案件……無疑的,報告詩,朗誦詩等底功績,是在能寫在人民大衆底戰鬥生活裏,人民大衆底戰鬥的胸懷裏,讓人民大衆了解我們底詩人,就是在他們隊伍里面。但不幸得很,中國人民大衆是生長在不幸的土地上,是生長在連他們自已到今天還不能懂得我們底詩人的歌頌的不幸里面。我們底詩人,也不幸得很,任何他底歌頌,也不能有他底多少讀者,在這雖然是四萬萬五千萬人民底遼闊的國度。當然,我們底詩人,不能把他底歌頌,趨向低級化,來拉攏大衆,來毒害大衆,所謂大衆化的意思,我們以爲是在於我們底歌頌,不能離開人民大衆底戰鬥的意志,和我們詩人自己底生活也在人民大衆底生活之中。我們底歌頌,人民大衆能得多了解一點,多接近一點,多歡喜一點,就是詩歌大衆化底不掘不撓的努力多進步一點,多得一點效果,也多證明一點文學大衆化的方向是正確的。在一些地方,爲着要我們底歌頌能接近人民大衆,能够吻合人民大衆底生活之路,在一些地方,爲着要我們底歌頌,能叫出情感,能叫出事實:…我們在祝福着我們底詩人去找尋道路,去探索方向,去討論形式,但我們更祝福着我們底詩人,首先考慮一下吧,首先要向今天人民大衆傾向戰鬥的情感裏面考慮一下吧……。爲什麼要這樣饒舌地指出?因爲我們不能爲着大衆化而沿用中國封建社會制度桎梏下的——剝削時代和宰割時代封鎖下的歌者,他們也許是爲帝王而屈膝的歌者,也許是欺騙人民和麻醉人民的歌者,他們曾經暴亂地無知地製造着五更調,小放牛……一類頹靡的謠曲,這充滿了灰色的,屈服的,溶解精神和戰鬥力的音節,固然爲過去的順民所熟悉,固然爲過去的順民生活在酒館裏,生活在娼院裏,……所唱過了的,但時代流動了,人民大衆柔順的姿勢也變動了,他們底受苦,他們底遭殃,他們底遇敵,使他們不能再隨便地歌唱了。他們是在呼號了,他們是在戰爭了!他們瘋狂地奔走與反抗,在告訴我們底詩人,他們是厭惡五更調,小放牛……一類淫曲的可恥;而在盼望着唱新的歌,鬥爭的歌了……。所以,報告詩,朗誦詩等諸樣式的創造,是爲人民而創造,是屬於人民的創造呵!尤其是朗誦詩,假如我們底詩人,能够把他底朗誦詩,運輸到羣衆的集會裏去,到羣衆的隊伍裏去,到羣衆的手掌裏去,能够讓他們可以領悟一些,可以記憶一些,……到他們可以接受的時候,我們底詩人,將不會被世界和祖國遺棄的吧!也將更不會被人民拋開的吧!報告詩的特質,我們同樣以爲它是應該以强烈的語言,戰鬥的節奏,强壯的精短的姿態,報告人民底活動,也向人民自已報告;它決不是悱惻的,柔綿的,低音或者悲哀的氣韻,否則,它和叙事詩有什麼大的區別呢?

新的歌頌,鬥爭的歌頌的形式底發明,底建立,我們不要止於報告詩,朗誦詩,史詩,詩劇等,還可以從我們今天已經提出了的新詩的形式在求發展的工作旅途中,還可以從我們今天已經提出了的新詩的形式在獲取了相當基礎以後,我們再掘挖,掘挖出和報告詩,朗誦詩……另一種的,另一種的。爲着新的歌頌,鬥爭的歌頌底全部歷史,爲着新的歌頌,鬥爭的歌頌,能够廣播在人類活動的領域裏,而影響人類底活動的整個的神聖的機械,嘲笑或誣蔑,讓我們暫時忍耐吧。

神聖的,光榮的鬥爭,是各方面的,新的歌頌,鬥爭的歌頌也是各方面的。是人類底詩,應該激動着戰鬥生活,但也在這戰鬥的生活裏面,人類底詩,將要成長起來。:

讓我們底歌頌符合着戰鬥者底步伐吧,讓我們底歌頌,迎接着英雄的呼聲吧,讓我們底詩人踏着爲自由爲祖國而犧牲了的人民的血跡去吧!在新的道路,鬥爭的道路上，讓我們叙述那永遠不能泯滅的意志，慾望，夢，……給未死者，給求生者！

解放了的蘇維埃，當我們今天呼吸在艱苦的年代，它底詩人們已經愉快地從他們靈魂的活躍中誕生了「詩歌日。」他們已經能够在「五月二十四日」（卽詩歌日）闊步地走進詩人區，走進一個新的國家底新的羣衆底呼聲中，去歌頌今天蘇維埃的遼闊，廣大，自由，和平，去歌頌他們在別的國家里從沒有見過的自由的呼吸，去歌頌擁護祖國，去歌頌：「在新卞爾加斯基的草原上，…哥薩克準備對向着敵方，若被侵略，我們就戰爭，將敵人驅逐出邊疆……頓河呵，我們還要更加的勇敢！」——但我們正生存在艱苦的年代，艱苦的鬥爭里面。一九三七年七月七日，我們底鬥爭正面地開展了，更大地開展了，全中國，全人民的未來將由于這一個偉大的七月七日開始了的神聖的戰爭，決定我們做主人或者做奴隸的命運，決定我們自由了或者毀滅了的命運。這偉大的七月七日應該作爲中國的「詩歌日」，爲着紀念這神聖的戰爭的開始，我們應該更熱烈地歌頌呵！要歌頌卑汚的，黑暗的，受奴役的，不自由的中國和它底人民底奮起，從這半殖民地的河岸上，礦山上，棉地上，……；向敵人鬥爭鬥爭，……

「我們要戰爭——直到我們自由了！」

一九三八，一，一八。

從臨汾寄到武漢

丁玲

風兄：

在太原忽忽看了一下你的來信，忙亂中就放下了。後來和奚如分了家，幾次想給你寫信，都因爲我不知地址作罷。直到前天看到第五期的「七月」和昨天你的來信，那就不能不給你寫幾個字了。

首先我覺得慚愧的，就是戰地服務團的消息的很少被傳達出去，也許就只奚如的這封簡單的信吧。至於我們的工作範圍，工作影響，如何在困苦中開展工作，如何在險難中鞏固部隊；像一個支隊似的，獨立在各種不同的環境中，使盡喉舌，用盡腦力，幫助地方，幫助部隊做許多宣傳鼓動的工作，擴大與鞏固抗日的統一戰線，我們這裏並沒有特別漂亮的了不起的驚人之事，而且我們還有很多缺點，但我們却在驚濤駭浪中更形堅固起來了。這一個小小的支隊，將還在西北各地遊擊一陣，以求得能有幫助於各地方工作者。本來很想多告訴你一些，實在是無空。我並不是不想寫一點報告之類的東西給你，天理良心，來看過我的人就會原諒我的。過幾天能設法抽出一點時間，也許可以寫一篇關於我們最危險的一夜，幾乎全團消滅的事，但這預約也不知那天得實現。現寄上大鼓稿一篇，「七月」或新華報都可用。這篇大鼓每當演唱時，都是掌聲如雷，另外寄上這篇通訊稿，你看看能使用否，或者介紹到別的地方去。

我是不懂編劇的人，偶爾好玩，因爲戰地服務團須要劇本。其實重逢就不大上演，因爲這完全是一個知識份子的戲。不圖「七月」上登載了出來，心裏覺得很慚愧。不過這劇本已經過了一些修改。都是屢次在排演時改的。結尾也改成當馬達明受傷，白蘭看見地圖後，欲與馬親熱時，山本偕衞兵上塲。馬急將鑰匙交白，白從小門逃走，但被山本追着，馬卽放槍打死山本與衞兵，白跑下，馬亦扶傷踉蹌大呼而下。因爲每當出演時，我就覺得後邊的情緒太低了。頂點已過，後邊對話太長，在戲劇上不合，所以這末改了。不過這個劇本我並不希望上演太多，因爲太曲折，一般的人或許反會更糢糊了的。這戲在太原上演時，就有許多人很同情白蘭之刺達明，白蘭前邊之種種，均足效法，但後來爲感情所動，失去鎭靜，實可批評，故此劇仍以觀衆爲標準，少上演爲宜也。

望多來信並寄報來！

「七月」很好，望他長壽下去！

丁玲　十六日

附記：這信里所說的「大鼓」一篇實際上並沒有寄到，成了有名無實的「口惠」了。至於「通訊稿」，是回答三個未見面的年輕女同志的，他們前些時由「七月」轉一信給丁玲，並要求把丁玲底回信在「七月」上發表。丁玲底回信來了，爲了希望收信人早幾天看到，我們轉請新華日報「星期文藝」在第三期上發表了。

（風）

民衆活動特寫

楊可中

曹白

上海既然淪陷，戰線便逐漸遠離了。這也好，凝結在半天裏的燒了半月大火的南市的灰紅的烟雲，那像出爐的鉄的，再不會來燙灼我的心了。這幾天來，物價的平穩固然不必說，即來來往往的行人，也不像從前似的緊張，逐漸開始熙攘了。只要聽不到大砲，看不見飛機，人在這中間，是很容易苟安下去的。

「是很容易苟安下去的」嗎？但是，我的心頭又是那樣的沉重。……我想，無論如何，至少，爲了可中，是應該寫下一點的了。

★

可中很年青，但我和他相識的日子，是那一天呢？已經一點不記得了。總之，大概就是上海淪陷的左右吧，但我也不記得是白天還是在晚上。總之，力立跑了來，只說，他有四個朋友上了人家的大當，從別動隊裏退了下來了，沒有吃，沒有住，想作爲難民，叫我收進自己的收容所。

這在我，眞是所謂「無有不可」的，便一口答應了。

其時我正忙。馬路上的行人都心酸的看着租界外面的那幾乎要衝破天空的騰騰的烏煙，在想念着那烟底下多少田園，多少莊稼，多少性命，多少牲口，被燬滅了，被燒死了，被殺戮了……「月黑殺人夜，」即使是在白天的租界上罷，也充滿了屠殺的恐怖的。人心惶惶，難民的行列是擴大了。但爲了自己的事務，不得不撥開恐怖，在火葯氣裏仍然的逗着，忙着，奔波着，把收容所裏經常繁瑣的工作，都放到了別的同事們的肩上，以致力立的從別動隊裏退了下來的那四個朋友何時入所，我竟茫無所知了。

★

有一天，我到兒童室去了，但一跨進門，便非常的不滿。首先，被褥是應該摺疊的整整齊齊的，但在右角落裏的三四條，却任意的攤着，還有一把胡琴躺在被窩上。其次，枕邊就有許多香烟灰，那顯然是曾經偷吸過香烟的，犯了我們收容所裏的第一條規則。我心裏很不高興了：

「誰在這裏睡的呀。像狗窩那麼樣」我憤憤的說。

查問的結果，纔知道原來就是力立介紹進來的那四個人。

「人呢？」我又憤憤的問。

「都出去了哩！」

★

吃中飯的時候，他們回來了。我這才留心看見，他們的頭髮都長得要命，似乎兩三個月沒有剃過頭；那幾天氣候轉冷了，身上的衣服顯然不很够，然而我毫不原諒，只覺得他們擾亂所內的規則，燬壞了我心裏的整然的信念，而且從不摺被褥，偷吸香烟，長頭髮等等的許多事實考証起來，斷定他們是我「疾首痛心」的藝術家，所謂浪漫蒂克的。

而我的惡意的推考也到底沒有錯，果然，他們全都會演戲，其中兩個還會畫，而畫得最好的一個便是楊可中。

他們在收容所裏很演了幾齣戲，可中還代我們畫了十月革命紀念日的報頭和插畫。然而可中的臉是陰冷的，彷彿是深冬的嚴寒的冰塊。眼皮是單的，年紀輕輕，鬍鬚却很長，總愛朝着別人傲岸的看，尤其是對着我。我想，「你有什麼了不得呢！」

★

但總之，我和他們，尤其是可中，終於很隔膜，這樣的有一個多月過去了。其時蘇州無錫，亦相繼上海而淪陷，

可是我又「奉命」去接辦另一個規模較大的收容所，需要許多的人。本來，上海的人多着，但都相繼「逃之夭夭」了。到那里去找呢？無法，我逼着力立同我配備一批人。

第二天，力立對我說，人齊了。只是他叫楊可中負責全部教育的工作，我頗不以爲然。我想，「他有什麼了不得呢？」但事如火急，也只好遷就一點了。

★

我一天到晚仍然莫明其妙的忙着。但在事務的關係上，可中是和我接近了的。他的臉像天生的冰塊，陰冷依然，笑影當然少，同我說話，總是不滿三四句，就沉默下去了。但他確會對我表示過，因爲自己是北方人，同難民說話，兩邊都不懂，是感到很大的苦惱的。

「那末慢慢來罷。不要性急。」我說。

「嚜。」他朝我看看，立刻沉默，隨即順下了眼去。

★

可中的勤奮的工作出乎我的意外，橫在我胸中的

對他的不融洽也逐漸消除，而且互相接近了。

天氣也逐漸的冷下來，而可中身上的衣服依然只有這麼些。在很深的黃昏，他伏在桌子上，哆嗦着手用心的寫鋼板。我只要看見他在深夜還在工作的時候，便感到自己身上的溫暖。雖說自己身上的衣服也是別人送我的，然而，立在可中的面前，我總覺得難受而抱歉。在這種感情起來的時候，我便想到了家庭和朋友。

「我的家是已經成了戰區了。你的呢？」我說。

「咄，不要提起它吧——老早被佔據了——這也好，一家口子同我都不對。」

「為什麼的呀？」我不免驚異的問。

「不要提起罷，咄——『不對』是『不對』就是了。」到這里，他便不再往下說。

「那麼，朋友呢？」

「很多。——但現在很少了。都是窮的。和我們一樣，一樣。嘻嘻。」他冰冷的一笑，又馬上收住了。

★

但據熟悉可中的身世的人告訴我，他的家庭並不窮，哥哥是公安局長，父親還在做另外的更高的官。但不知怎的，他叫鄉下人起來抗捐，省裏從此要捉他。他流亡出去了。到了北平，一面讀書，一面鬥爭。後來到了上海，便在一個電影公司裏工作。公司裏欠了他的薪水，他不向他們要，說是由他們去，寧可沒有衣服穿，向朋友去東拖一件，西拉一件的。「八一三」爆發，他和其餘的那三個，便一起參加了別動隊——

「提起別動隊——媽的，可殺！」可中說。

我突然記起了力立的話了：「上了人家的大當，」了。

緊接着便問：

「怎麼的？那是——」

「不要說它吧——隊長叫我們是共產黨，不如把我們去擋頭陣，做日本的砲灰。第一夜走八十里，第二夜走一百里，把我們趕到火綫上，呀呀呀，那許多飛機，那炸彈，有的人連鎗都不會拿——就這樣平白的炸死了——」他的眼睛對我忽而放着奇異的光芒，但又立刻收檢，沉默了下去。

「眞是，大的陰謀，——可殺！」一陣奮亢掠過他的眉毛，這在可中的臉上，是我從來沒有見過的。

我想，人心竟有那樣的狠毒的麼？但可中誤解了：文明迄今，牠總有悲劇在，並非到了他才把他排進裡面的。但我從此才瞭解，在可中的陰冷裏，確包有一顆熱烈的然而受傷的心臟。

★

一天，——是那一天呢？我又記不確切了。總之，可中已經病倒，躺在比難民還壞的被窩裏，發着很高的熱度，呻吟着。我摸摸他的額管，熱得灼手，問問他，他說不要緊的。可惡的就是我一到天晚，纘在這令人煩厭的人事的糾葛裏，難於擺脫，以致我知道他被送進難民醫院的時候，他已暈厥過去有兩次之多了。

第二天我迅忙趕到醫院裏，他的唇中已被搕破，那顯然是經過急救的。拿出體溫牌來看，已經測過三四次，頂高時候有一百零四度，說是急性的肺炎，已經注射了四回。

心裏，我非常之難過。眞糟，可中生了這麼沉重的病

★

但後來有人告訴我，可中的暈厥，是另的緣由的，說是他的勤奮遭了別人的忌——他在被窩裏收到了匿名的信件，除了坏他包辦收容所的教育工作外，還給他惡毒的辱罵。他一看，氣得要命，熱度本來很高，臉孔頓時發白，暈了過去——而且接連是兩次！

「是這樣的嗎？……」我對於可中格外的不安，但也終於給我獲得了那封匿名的信，一看，「眞是這樣的！」我想，有些人眞如畜類的無知，他總辨不清楚他的對手是敵人還是朋友。我非常之憤恨，而且一面又想到難民醫院中的那塗着口紅的苗條的看護們，側着頭，切切嚓匕，談笑自如，將身旁的鳩形的病人尤其是可中視若無睹，讓他們受着更多的病痛的煎炙。

最後是費了許多的週折，我把肺炎的可中弄到了一個設備較好又較認眞的傷兵醫院去。

★

躺在傷兵醫院裏的可中的體溫，逐漸下降，病勢似乎好轉了。我的心也比較的輕鬆些。然而他的胸部還只是痛，說話也不能用力氣，聲音也低到聽不見，看他開口的時候實在很艱難。因此，那醫院的院長對我很責備，說我無論如何不應該這樣遲纔把他送進醫院來。

這，我承認這罪衍。

我所感到困苦的是我每次去看可中的時候，他總向我道謝，說我為他費了許多的心，尤其是換了好的醫院。只要遇到他那病而發閃的感激的眼光時，便可怕的轉過了頭，朝着別處看，——但我又看見了我和可中的誤解的過去了，那時，我會在心裏罵過他：「你有什麼了

不得呢？」……．

這，我也承認這罪衍。

★

又一次的去看他，但遭了守門的拒絕；說是楊可中開了刀，不能多講話。「什麼地方開了刀的呢？」我問守門的，——不答。我只好看不到他回轉去了。

在回轉的途中，我的心是沉重的。但只要仍然鑽到那人事的糾葛裏的時候，便會把什麼都忘却，以致不去探問可中的病，已有四五天了。

但這一回的去看他，守門的是准許了。一看可中的臉，神色依然。「開了刀嗎？」我問他。——「開了的，臂膊上」他低幽的說着，兩隻眼睛又對我突然發着晶亮的光芒了……

恰巧有一個看護走進來，便問她，可中的臂上為甚要開刀？她說，是因為他在難民醫院裏打的針，那針眼發炎了的緣故。立刻，我的腦際閃過了那口紅的苗條的猥瑣的那些小東西。——

「哦！」我說，「原來！」

「到什麼時候——會好呢？」可中說，那發閃的眼睛釘着天花板。

「會好的，你靜心一點吧。」

「嗯——苦啊——那別動隊的苦——」他咳嗆了。

「會好的，你靜心一點吧。」我又說。

「到什麼時候——嗯——？」

憂愁籠罩了他，也籠罩了我。我用手去撫一撫他的前額，但却又被他的一隻沒有開刀的手握住，捏得緊緊的。

★

接連的接到了傷兵醫院裏的兩個電話，說要我去，但又不告訴所以要我去的原因。一路上，我提心吊胆的走到了那邊，一問，醫師告訴我，可中的肺炎已變「膿胸」，膿濃得很，非開刀不可，而且還得割開一支肋條骨；但難保沒有危險的，因此要立張証據，好叫醫生施手術。然而立這證據是要可中的家屬的。然而可中的家屬在那里？他流亡在外也不知若干年數了，怎麼辦呢？醫生說：

「字叫病人本人簽，您做證個人也可以。」

「也可以」，就也可以罷，為了挽救可中是祗有答應的了。但我做這樣的證人，倘屬初次，心上彷彿吊了石塊那樣的沉重。晚上九時動手術，直到十一點多才弄妥。另外的三個朋友同我跑進手術室去看，可中平靜的躺着，開刀的經過是良好的。我們都感到安慰，尤其我心上的石塊掉下，輕鬆了。然而醫生對我們大聲的說道：

「六磅膿！！」

一個胸腔裏放得下「六磅膿」的嗎？我惶疑的想。但又立刻想起，快到戒嚴時間了，再就擱，會捉進巡捕房去過夜的。我隨即雇了一輛黃包車，叫他飛向我的家裏去。坐在車上聽着車夫的韵律的脚步和輪子的「嘶嘶，」夜氣沁入心肺，我又惶疑的想：一個胸腔裏放得下「六磅膿」的嗎？偶一回頭，那埋在夜的遠處的教堂上的霓紅的十字，又朝着我拚命的睞眼了……

★

第二天我沒有工夫去看可中，間問去看過他的人，說沒有什麼，很好。第三天也是這樣，說沒有什麼，很好。過了一夜，便親自去探問，可中的神色顯然比先前清楚了許多，說話雖則仍然低，但已比較的不費力，尤其是胸部已經不痛了。這病勢的減退透露了可中能够康健的消息，我慶幸他，因此非常的高興。

但在十三號的早晨，一踏進收容所的辦公室，一個同事劈頭對我叫——

「死了喲！楊可中」

我的心突然緊縮，似乎受到了不意的一箭，痛楚到了極點！……即刻又像一匹受傷的羔羊，我躍向傷兵醫院去。

但可中已平靜的躺在太平間裏了，身上穿着難民的衣服，我彷彿渾身遭到了芒刺。……他的左面還有一具屍首，那是一個營長，也是昨夜死掉的，他們就這樣的做了地下的朋友了。

★

可中死掉了，不說別的，他就苦得連一口埋他的棺材都沒有！而他的家屬又在那里呢？……

只得將令人煩厭的人事，暫時擱開，為了棺材，我只有在慈善家的身旁去亂鑽。經過良好棺材是弄到了：「福」字號的，定價五十六折出售——三十元，是慈善家捐給可中的。並且還意外的加贈了小衫褲一套，棉襖褲一套和一件舊了的袍子，好叫我去將可中薄薄的收殮。

收殮的時候，這才仔細的看到，可中的口眼都不閉。鄉下人以為死者的不閉口眼是為了生前受有冤屈的緣故，這時候我突然覺得這話可信了。可中臨死之際，該是十分苦痛的吧！……他的先前在電影公司裏的三四個老同事，哭得很傷心，一面把昨夜才向公司的老板逼到的七十多元的可中生前的薪金，趕到壽衣舖去買了長衫，馬褂，瓜皮帽之類，好使死了的可中豐富些。

「福」字號的三十元的貨色是那樣的小小工們簡直，輕薄的把可中捺進棺材了。可中躺在裏面是那樣的委曲，誰都心酸，大家都哭着。

我哭不出，心是沉重的，沉重得幾乎連我的身子也要一同陷進泥土去，然而並不能，馬上又回到那無底的人生的缺陷裏面在那邊，我親切的看見了可中眼裏發閃的光芒，和那侮蔑一切的冰冷的面貌……而且還把我的手捏得緊緊的……

一九三八·一·二〇·於貝介廬。

●生活特寫●戰地

夜底洪流

奚如

一九三七年十一月十一日，是太原失守後的第三天，我們正由文水縣趕到了汾陽縣。——這被雄偉的呂梁山所擁抱，被浩蕩的汾河所環繞的可愛的秀麗的城市啊！

我們滿以爲在汾陽有一天半日的休息，不僅可以借這機會去憑弔一下古代民族英雄郭子儀底遺跡，或者還可以偷閒地去品嘗一下那著名的杏花村底汾酒，而且最重要的是能够舒散一下過份的疲勞，恢復原有的精力。

一星期的强度行軍，已經把我們底身體弄得滯鈍而且笨重，活像裂口後的橡皮車輪，但神經系却因被敵機底經常轟炸聲所震動，反而異常的緊張銳敏，像是一顆已經抽去引線，立刻就要爆炸的手榴彈了。

但剛一吃過晚飯，總政治部忽然給我們來了通知——

「務于今晚夜行軍趕到下堡鎭！」

下堡鎭是屬孝義縣管，在汾陽西面七十里。

不管我們如何留戀着這可愛的城市，如何渴望着這秀麗的城市給予我們的睡眠與溫暖，可是，敵人底腥臭的鐵蹄已經踏碎了交城，祁縣，平遙等縣底田野，有向汾陽奔突的趨勢，我們不能不忍心地離開她，急速向下堡鎭前進了。

這時，天已黑了。

天氣很壞，夜色渾沌而低沉，星月隱藏在密雲里面，似乎恥于看見那些日本强盜底罪惡的臉孔。

呂梁山底羣峯還隱約可見，牠們彷彿是一些拱衛國土的哨兵，不倦地昂藏地聳立着，在黑暗里監視着一切。

汾河在洪隆地吼叫，帶着一種鼓勵人的殺伐的意味。

遠近的村落都陷入了寂靜的深淵，祗有狗們在驚恐地狂吠。

到孝義去的汽車路上，有一條火龍在蠕動。那是些從娘子關，從忻口，從太原敗退下來的無數的軍隊。他們紛亂地舉着火把，射着手電，提着馬燈，洪流似地流動着，流動着。看不見頭，也看不見尾。

人在叫喊，馬在嘶鳴。

當我們摸索完了五里小路，也投入到他們這一道洪流里了。

這無數的，至少有十萬人的夜底洪流，已經泛濫在大地上有一星期之久，他們曾經盲目地毀壞了所遇到的人民底一切——房屋，倉庫，牲畜，妻女……。

然而他們又確確實實是我們民族底戰士，捍衛國土的英雄。在他們底手上，在他們底臉上，還凝結着殷紅的殺敵的血滴。

汽車路算是很寬的了，可是已被人馬底脚蹄塡得滿滿的，眞是水泄不通啊！我們這一小的支流好容易擠進里面，便立刻失去了自己管制的能力，變爲一注弱水似的，順着後浪，追着前浪。

火光照透飛起的塵土，一層雲霧籠罩着我們底行列。

人馬被塵土梗塞着鼻管，嗆咳着，牙齒上都沾滿了沙，發出格支格支的咀嚼的響聲。

有些人在憤憤地叫罵，那聲音是乾燥的，昏沉的：

「小舅子們！……在火線上跟鬼子拚命的時候，他們老是躱在飛機洞裏，像縮頭烏龜似的！……可是這一退，就連他們底影子也看不見了！……我臊他八輩兒！……哼，他們如今啥也不管的……未必叫人去瞎自己的屌嗎？……」

「走到哪兒……吃到哪兒！……」

「對呀，……人總不能叫肚子餓着！……老百姓家里有的是！……嚇嚇！……」

「喂，老鄉！……你是哪一師的？……你們上哪兒去集合呀？……」

「我是××師的，師部在路上巴了條子，要我們自動趕到黃河邊上集合哪！……」

「啊，……過河去呀！……是的，……不錯，……那邊是紅軍（八路軍）底老根子，頂安全的！……」是一個快暢的高揚的聲音。

「不過……不過……」另一個嘶啞而拖沓的聲音，「聽說那邊的紅軍已經把守了渡口，……不讓咱們過去，要……要咱們留在這邊……抗……抗戰到底哩！……」

「哈哈哈！……不錯，那小舅子們想得眞妙…！……這一來……我看咱們的上司……再把咱們帶到哪兒去呢？……哈哈哈！……」

許多人同時哄笑着，用着極其放肆的嘲弄的音調。火光明滅着，脚步推移着，各種槍尖在凌亂地幌動。雖是下霜的深夜，風也寒冽而刺骨，但擁擠的人們底體溫互相交流，反而悶熱得都在流着汗。

忽然間他們發現了我們這一羣，尤其重要的是他們發現了我們那幾位女同志。

「噓，……噓，……女……女的呀！」

一個麻臉大漢連連睞着左眼，抽筋似的紐彈着下巴，用貪饞的語氣嚷着。

「啊，……是女兵哩！……好傢伙！……」

另外一個人奇異的說着，並用肘節骨碰着別人。

「呃，同志！……你們是哪一個部份的？……」他們問了。

「我們是第八路軍底戰地服務團。」

「唔，八路軍嗎？」那個麻臉大漢彷彿大吃一驚，立即從隔着兩個人的處所擠過來，用他粗大的手頗重地拍打在我底肩上，爽朗而親暱地說，「嚇嚇，你們八路軍……仗打得眞好……呱呱叫！……」

他豎起了大姆指，搖動着。

從他那實在並不美觀的麻臉上，我分明看見了有聖潔的光波在飛騰。

「可是，我們……」他的聲音忽然變成了懊惱，「嘿嘿！……擺着挨打的陣勢，等着鬼子底砲彈飛過來，等着死！……瞧吧，我們這成千成萬的人就是這樣糊里糊塗地被打垮下來的！……」

他底手輕蔑地一撇，並且瞪起了白眼珠。

「抽烟嗎，同志？」一個三角臉的人物匆忙地從乾糧袋里掏出一包烟捲，塞在我底手里說「這烟很不壞，是大前門哪，同志！……當然……我是買不起這煙的，這是……這是在太谷……嚇嚇……」他忸怩地笑了。

我知道，這是他們搶來的東西。

這之間，有一個排長從前面擠回到我底面前，過份魯莽地抓起了我底手。

那手是熱烘烘的，給我全身導流着一種同志間的情感和愉快。

我們兩個人的手緊握了足有兩分鐘，彼此都浸沉在莊嚴的沉默裏。然後，他像宣誓一般的說：

「過去，……嘿嘿，有什麼理由要把槍口對着你們呢？那……那眞是傻事啊！……而現在……我們實在應該平心靜氣地跟着你們學呀！……不是嗎，我同志？……」

被這位排長過份的謙虛所惶恐，我誠摯地說：

「但願我們像親兄弟樣，互相觀摩，互相採汁。過去的事，我們大家都要負責的，希望我們民族團結得像一個人似的，不但在抗日的過程中我們要共同奮鬥，而且在建設新中國的長遠的過程中也要共同奮鬥到底！……」

夜是依然漆黑而沉寂，可是，我們這夜底洪流在繼續地猛進着。

一九三八、一、二九、漢口。

七月社明信片

蕭軍最近到北方戰區工作去了，他底「第三代」是不是能夠繼續下去，是要被那邊的工作情形決定的。希望熱心的讀者原諒。

從這一期起，想每期特載一兩篇譯文。中國新文學底發展，國際文學遺產底接受，是有很大的力量的，雖然在戰爭期的現在，主觀的客觀的條件限制了這一工作，但只要可能，我們還不願完全放棄這方面的努力。特別希望同志們能找到最近國外作家底關於中國抗日戰爭的言論或作品，譯給我們。

克夫兄：接到你底信，你自己早通過漢口走掉了。這一期發表了你底譯文，望你能夠看到，望你能夠來信。

在第七期，發表了東平底「在抗日民族革命高潮中爲什麼沒有偉大的作品產生？」那里面提出了一些重要的問題，但同時在他底解答里面也包含了一些缺陷，那缺陷，在座談會紀錄「抗戰以來的文藝活動動態和展望」里，在胡風底「論戰爭期的一個戰鬥的文藝形式」里，是有了部份的解答的，但爲了問題底重要，我們還是作爲「討論」發表了。果然，馬上來了周行先生底返響，而且是使問題走向正確的方向的返響。希望作家們注意這個問題，注意關於這個問題的已有的論點底空隙。

失地情形特寫‧

當南京被虐殺的時候

汝尚

南京今天一變而爲血腥的地獄，那吃人喝血的魔鬼，他們的殘酷行爲，決不是我這支無力的筆所能表現出來的。這一篇記載，僅是我個人所身受的片段報告，在下筆之前，謹向被難的同胞敬禮，謹向淪陷在戰區的同胞祝福！

一　別了，南京！

我爲了熱病的糾纏，體溫昇高到四十度，不能遵照市府的通告，預先遷出南京，又因爲「傳染病」三字，被拒絕於難民區之外，所以只好遷居在城北一間破陋的平房裏。唯一照料我的，只有一個年已花甲的老人張德。

十一號那一天，陰沉沉的，片片的白雲，佈滿了天空。可是早晨七點鐘所發出的警報，一直到下午五點鐘還沒有解除。敵機來來去去，究竟有多少架，誰也不能肯定的說，總之，留在耳邊的是不斷的嗡嗡聲和陣陣的炸彈爆炸聲，每一次轟的一聲以後，房子就跟着搖蕩起來。我躺在板床上，好像臥在大搖籃裏一樣。可是這些在我們的心里早已失去了它的恐怖性，它不斷地加添着我的憤恨。

光華門及通濟門的戰事，整日未停，雖然到了黃昏的時候，砲聲漸稀，但是連珠放的機槍，已經找不出它的間息來。雖然敵機在黃昏的天空中漫無目的地投彈，雖然敵人的砲彈在天空中飛舞着發出銳厲刺耳的呼聲，但往難民區逃難的人羣，仍舊扶老攜幼，抱着日用不可缺的衣物，穿過馬路口的沙袋，向那里走去。這時候，他們對於生命的價值，已經估計到最低的限度了。他們帶着死灰色的面孔，踏着馬路上被殘酷的炸彈和砲彈毀滅的同胞所流出來的血汁，沒有太息，沒有顧念，一步一步的換命地往前走去。

大概是晚上七點鐘的時候，市府留守的職員蔡君，突然的來了。面色紅紅的，微微有一些兒喘氣。

「尙，你知道嗎？我們恐怕要在今夜分別了！」他說話時的態度是那樣的嚴重。

這幾天來惴惴不安的心事，恐怕今夜要實現了！我不敢那樣的想，但是事實放在面前，又不容我不問了：

「怎麼？前線不利嗎？」

「唔！」他沉默了一會，重重的呼了一口氣。「卽使我們退出了南京，這不過我們暫時的失利，……可愛的南京終久有一天再回到我們的懷抱裏。尙，我告訴你，據剛才所得來的消息，蕪湖恐怕已經淪陷了，鎭江封鎖線現在也難保全了，所以今夜我們不能不退。」他的眼睛有些濕潤。

下關所有的一切在軍事上沒有價值的建築物，我軍爲了廓清射界及免爲敵人利用起見，在前天起已經自動的焚燬了。熊熊的火光，籠罩着全城，象徵着大毀滅的時期來到了。我們的房間內，雖然沒有一盞燈，但血色的天空的火光，從破震破紙糊的窗欞中透了進來，已經足够看清房間內各人面部的表情。

我的理智已經完全爲了幻念所佔據，我現在已記不清那時我的情緒如何，只知道我的全身像投在火坑裏一樣，熱度又昇高了。

蔡君臨走的時候，好像還這樣對我說：「你安心養病，早日恢復健康，我們將來在前綫見，暴敵對於病人不致有所殘暴吧？」我知道他完全是爲了我的病而安慰我的話。在這樣水深火熱的當中，能還談到安心養病嗎？那時我已經決定，如果將來有侮辱的事加在我的身上，我顧意以生命去代替。

因爲精神方面的刺激，我的病症又使我沉到昏迷的狀態里，夜半清醒轉來，外面的砲聲很疎落的響着，我聽得出那是我軍在獅子山以及紫金山一帶所發出的吼聲，但是機槍聲及步槍聲，像驟雨來到時的雨點一樣的密集，并且從東南角伸長到了城中一帶。我明白了，南京的命運，已經到了最後決定的時候了。

張德是一夜沒睡，他老是含着一筒將熄未熄的旱烟桿。聽見了我在牀上反轉的聲音，隨卽用他慈祥的眼睛向我掃視一下。我們互相對視着，好像言語已經失去了傳達情緒的能力。一分鐘一分鐘的過去了，最後他忍不住這凄涼的沉寂，告訴了我他晚上在前進屋子裡聽來的消息。隔壁的張嫂子同他的孩子今天往難民區去的時候，在三牌樓附近給流彈打死了，她那瞎眼的婆婆，已經哭了一個死去活來，到現在也沒有人去問她的消息，他還聽人說難民區裏也落了幾顆炸彈，炸死幾十人，而且都是女人和小孩，在他結束了這段話以後，接連的搖搖頭噴了幾聲「太慘了，太慘了，老天爺眞是沒有眼睛！」

我知道，在他的心的深處，隱藏着不可磨滅的烙痕，我除了爲那些無辜死難的同胞傷感而外，還有什麼可說的呢？

天色轉到微明的時候——其實，在那個時候，已經不能分淸是什麼時候天亮的，因爲整個的南京城已陷入火燄的包圍——鐘鼓樓新街口太平路一帶繁華的街道，都在火神的掌握裏了，鮮紅色的火燄迎風飛舞着。一陣陣的熱浪和黑烟，嗆得人喘不過氣，睜不開眼睛，轉瞬間一切的景物都改變了牠的形像。我從窗洞裏向外一看，驚奇得幾乎使我跳下床來，啊！偉大的犧牲啊！偉大的焦土抗戰啊！昔日莫斯科抵禦拿破崙的侵侵而實行的焦土抗戰，想不到又臨到了今日的南京，我們眞幸運，能夠親臨這一次的戰役——爲正義而戰的戰役。

密集的槍聲從各方面傳來，已經不能分淸我方與敵人的，突然，像一頭受傷的野獸發出的尖銳的嘯聲，突破天空，一直落到我們屋子後面五十米的地方，轟的一聲，跟着就是一片混雜倒塌的聲音，我們所住的那間屋子的後牆，也隨着搖擺起來，傾圮了一角。頓時房間內成了灰土的迷宮。破桌上所有的用品，全都結束了它的命運。但這些，除了那一剎那的恐怖以外，也幷不感覺到什麼。

這一顆砲彈所給與我們的，是摧毀了三間破屋，一個實衆的老人和他的小孫女被殘殺了。

十二日就在這樣烟火漫天，槍聲混雜中結束了。

我的體溫似乎已經減退了，晚間我居然能掙扎起來站在門口，向血色的天空幻想了片刻。

十三日情勢突然轉變了，雖然槍聲還是像昨天一樣的叫囂着，但是敵我兩方而太不平衡了。城裏敵人密集的射擊，只換得我方幾聲疎落的回音而已。但在城外下關一帶，迫擊砲與機關槍的聲音，好像整個的長江在沸騰着。我明白這一切的現象了，我知道南京的命運是怎樣的被刲定了。我好像聽見我們忠勇的戰士噙着眼淚在說着：「別了，南京！」我忍不住伏在枕頭上流淚了。

二　忍受了最後的恥辱

人們幻想中的地獄是怎樣的，我不知道，但在魔鬼掌握下的今日的南京，就是一個人間地獄了。我們淪陷在它手中的同胞，他們的處境和遭遇，比我們幻想中的地獄，也許要痛苦得多罷。

南京完全陷入了大混亂的狀態。零碎的槍聲，隨時隨地還可以聽見，這是我們英勇的戰士，散伏各處，和强暴的敵人作最後的拚命抵抗。

什麼時候從龍蟠虎踞的南京城樓上扯下我們的國旗的？我可說不淸，但十四日早晨已經到處飄揚塗着鮮血色的太陽旗了。當我和病魔掙扎爬起來跑出門外的時候，遠遠的望見了一面太陽旗。一種恥辱和憤怒竟使我喘不出氣來，我想衝上前去將它撕毀，但我的神志已經失去了主宰，天地都在我的面前旋轉着，突然的，我什麼都不知道了。

醒轉來時，發覺了我又躺在床上。張德坐在我的身旁，他額上的縐紋，更加深了許多。

『你覺得怎樣？心裏難受嗎？剛才若不是我將你背進來，如果給鬼子發覺了，那……，那一切都完了。』他的聲音有點兒顫。

「不，我要復仇，復仇！」我忍不住又流淚了。

「你現在且安一安心，復仇也不是性急的事。像你剛才的舉動，那只是白白的送掉了性命，於事毫無益處。『留得青山在，不怕沒柴燒，』你們讀書人大概會明白這個道理吧。』

每一個字，每一句話都給我一個莫大的力量，我又何嘗不明白剛才的舉動是無益的，不過爲了一時的感情衝動，我今後要努力壓制我的感情，從萬難中找到復仇的手段。

失去了自由，生命有隨時被毀滅的可能的人們，是怎樣的可憐啊！尤其是在暴戾，兇狠，殘忍的敵人鉄蹄下的人們，命運已經抓在的他們手裏，每一分鐘每一秒鐘都有結束的可能。我們只有蹐伏在這間破屋裏，聽最後的宰割了。

我的病症似乎已走上痊癒的道路，熱度漸減，精神漸佳，但城裏的情形正和我病症相反，造成了空前的刦運，不但我不能出去探聽一點兒實情，就是張德他每次出去一會兒，也被阻止回來。他究竟遭遇着一些什麼事情，他不對我說，但是他每次回來時面孔所表現的驚恐情形，已使我明白了一些。我再三的詰問他，所回答的仍是一個含糊的「沒事。」甚至他有一次回來的時候，額上流着血，他還不對我說是怎麼一回事，他只說是不小心擦破了一點兒皮。啊，我完全明白了，這個富於含蓄的老人啊！

十五日十六日就在這樣糊塗狀況里半監禁似的挨了過去。

情形越變越壞，我再不能這樣苟安的偷活下去，我要說離這個死牢，因爲我是中國人，我要呼吸自由的新鮮空氣，這暴窒息的殘酷的汚穢的妖氛，使我再不能忍受下去了。我這樣的決定了是在十六日晚六時。

那天下午，天氣陰霾，片片的寒灰色的雲，飄過來，飄過去。微微的有點兒風，凄涼的，悲慘的景象，爲着在毀滅中的南京而哀悼。

突然，像吹過一陣狂風似的，房門被什麽衝擊一下大開了，隨即滾進了一個人。因爲房間裏光線太暗的緣故，看不清楚是怎樣的一個人，等我們把她扶起，纔知道是一個全身混滿了血和土的婦人。面孔雖然染遍了血，可是掩不住那蒼白的死灰色。啊，可怖的血人啊！

「舅舅！」她突然抱着張德大聲的哭了。

「怎麽，怎麽？輕輕一點兒！」那個持重的老人聲音顫抖得非常的厲害，他知道他外甥媳婦——這個女人，會傳給他一個怎樣不幸的消息。他先扶她坐下。

「小金寶被鬼子殺死了，妹妹也被……」她的音調是這樣的不平衡，顯然的又想痛哭一場，但爲了某種恐嚇，又壓制了下去

「什麽，你妹妹同小金寶怎樣了？」他的聲音有些發沙，眼角已經潤濕了。

「被鬼子，被那殺千刀的鬼子弄死了！」她那憤急的情形，襯着那一副慘白而塗着血的面孔，使人一見就知道她那內心的苦痛是怎樣。「天啊！她們死得太慘了！那些畜牲們，竟做出這樣忍心害理的事，小孩和女人不知道前生和他們做了什麽作孽的事，今生得到這樣的診報，——」她再也不能繼續下去。

我給她一杯開水，來緩和她那高漲的情緒。

「今天一清早，金寶的爺出去了，一直到中午還沒回來，我們正替他担心着。忽然的來了幾個鬼子兵，湊巧我往後面廚房裏去，也沒看清到底是幾個，大概有五六個吧？那些畜牲們，一進來，我就知道不懷好意，連忙往屋後草堆裏一躲，妹妹同小金寶在房間裏，來不及躲，被他們看見了。以後，我只聽見金寶喊我一聲，就不喊了，妹妹大哭大喊的鬧了一陣，也沒聲音了。只有那些畜牲們嘻嘻哈哈的笑着，我躲在草堆裏嚇得直抖，大約過了二點鐘，纔沒有聽見他們的聲響，我這纔大着胆子跑出來，輕悄悄的回到房間裏一看，天啊！」她忍不住又哭了起來，眼淚混合了血和土，簡直分不清她的眼睛和鼻子。

「這羣畜牲們！」她又繼續的講下去，「竟做出這樣喪盡天良的事來。小金寶我那乖孩子，躺在桌底下，身上塗滿了血，胸口和肚皮上被刀戮穿了兩個窟窿，妹妹躺在牀上，赤身露體的仰臥在那兒，身上也盡是血，尤其是下身，天啊，這羣畜牲們！可憐妹妹今年纔十七歲，小金寶那樣四歲的小孩子，怎麽被……』她的喉嚨已經發嘶，再也不能往下講了。

「走，找金寶的爺，同這羣畜牲們算賬去！」她突然跳起來，發瘋似的奪開門向外跑去。

張德一把沒抓住她，楞了一下，也隨着她追了上去。

憤怒的火，已經燃燒到了最高峰，我再也不能忍受了，我決定明天離開這魔鬼的世界，設法獲得一桿武器和這羣畜牲算賬。

張德突然一個人轉來，帶着絕望的神情，雖然天色黑暗，看不清他的面色，但我知道那一定是怎樣的難看。

「我，再也，忍不住了，我活了，這麼大，也活夠了……」他那急促的音調，完全是被絕望，憤怒，恥辱所激成的。

我告訴他我是怎樣決定了，並且說不願看着聽着這些恥辱的事而偷活下去，我寧可在戰場上做一個炮彈下的犧牲者，只要我們離開南京城是可能的話。他完全同意了我的意見，他還另外告訴我一些藏在腦裏的這兩天所遭遇的慘事，他說他看見了幾個鬼子兵怎樣用刺刀刺殺我們的壯丁，怎樣在大街上調戲我們的婦女，他猜想着金寶的爺現在恐怕早已被害了，他媽趕上去也是白白的送死！最後他嘆着氣說：「這一次被害的人大概有十萬吧，難民區裏也是同樣的運氣。唉，南京的大刦啊！」

這兩天准許在街上通過的，只有佩帶皇軍順民通行証的人。爲了要逃出這個汚穢的屠場，所以不得不忍受了這最後的恥辱。

四塊錢換來了兩塊白布，上面印着皇軍順民的通行証，張德還設法得來了兩張臨時應役證，那是用了十塊錢託人換來的。

含着眼淚在臂上縫好通行證，咬着牙在十七日下午走到馬路上。

馬路兩旁的景物，完全改變了。殘餘的火燼尚在繼續半熄半燃的燒着，到處都可以看見紫紅色的血漬。

在太陽旗幟下的魔鬼們，隨時隨地都有刺殺我們的可能。我們除了低着頭懷着不寧的心情向前走去，對於別的我們再也不能顧慮了。

盤據中華門的是八個兇橫的敵人，同兩個漢奸，當我們把應役證繳驗以後，全身被搜查一下，隨即被釋放出來，低着頭從敵人刺刀下鑽出破毀的城門。但是在我們後面的一個婦人，却遭受了無端的恥辱。

我們不敢再回頭看了，只有循着崎嶇不平的道路向前走去。橫在我們面前的，是一個將要沒落的太陽。

（二十七年一月追懷於西安）

流亡之前

王天基

十一月十三，這一個日子，將永永的刊在我的心上！

這是我的眼淚的日子，是我丟棄了自幼從貧苦中一直相依着的可憐的父親，可憐的弟弟，丟棄了滋長我的土地，抱着了實現某一種的理想和志願的企圖，從敵人的砲火威脅下，走上了我逃亡之路的日子……

從金山衛，杭州灣相繼被敵人登陸以後，接着青浦松江的失守，蘇嘉鐵路被敵機瘋狂的轟炸，我的故鄉——同里——就由昇平的氣象一下跌入了混亂的狀態，好像是在寧靜的夜半中驟然發生了意外的大火災一樣。滿鎮，匆忙慌亂，亂鑽一氣的，都是忙着搬場。所有鎮上的河道裏，鬧擠擠的是大大小小的各種各樣的逃難船隻；在街道上絡絡續續是揹舖蓋揹箱籠的逃難者，和匆匆忙忙奔走找尋船隻的人。

這時候，所有人們的心變成了鐵屑，「逃」這個字就成了磁石，把人們的心强烈的吸引着。不到三四天，逃得在街路上幾乎很難看到人影了。

這時候，我們幾個朋友正在出着一個救亡性質的小刊物，第五期的稿子正在很氣勁的預備着，但這意外突變，使我們都無可奈何的罷起工來。在我家裏一間算是我們的編輯室同時是我們的寢室的小屋子裏，七八個人呆坐着，或者無頭緒的翻復討論着「逃」「不逃」的難題。

敵人的飛機整日在天空盤旋，發着嚶嚶的聲音。時時傳來隆！——隆！——隆！——炸彈的爆裂聲。每一個炸彈，房屋窗戶都起了震動，每一個炸彈聲，大家的心都緊縮一下，可是，「逃！」「不逃！」到底如何，大家還是拿不出一個決定。

忽然顧從A地逃了還來，他說他接到了延安的一個朋友的來信，說那邊抗大招生，他預備到那邊去，決定明天就走。最後他問着我們：

「你們怎樣？預備走，我們一同去！」

何先快樂得跳了起來說：「去！……去！去！跟你一同去！」

可是我心里却起着決鬥起來：「去，」我實在不忍把自幼一直在貧苦中相依着的我的父親，我的弟弟一下丟棄，「不去，」却沒有更合我理想和志願的路可走。最後我徵求着父親的意思。

父親是開明的，他說：「這與你自已決定了！我不能叫你去，也不能叫你不去！」

「去！」最後我下了絕大的決心喊出了這個字。

就在這時候，在B地受壯丁特訓的鄭也回來了，他聽到我們要走的消息，非常興奮。他說：

「你們到那邊去很好，我已經準備抗槍桿了！這里假使不行的話，我跟軍隊走，必要的時候就跟鬼子併一下！一個併掉一個是拉本，一個併掉二個是賺錮！」

「好！」我們大家說。

「我跟你取一致行動！」我的弟弟跟五六個朋友立起來說。

「那麼，你們馬上就武裝起來！」鄭說，「現在壯丁都逃走了，隊部裏有着的是槍。」

「好馬上武裝！」弟弟跟五六個朋友都舉起手來喊了。

第二天早上五點鐘的時候，我就起了床，父親也跟着起來了。他把僅有的四十五元錢拿出來顫抖着數了四張五元的鈔票給我。「够嗎？」他問。

我說：「够了！」我把錢放在衣袋裏的時候，我看著他手裏餘剩的錢，我的淚要落了！我眞想把錢還他。

我們吃了一碗四姐給我們弄的麥粉，幾個朋友就同我們一同分頭去找船隻。可是連一隻小網船也找不到，同時聽到一個消息，昨夜本地的保安隊也已逃了，於是我們決定步行到吳江再想法。

用了異樣的感情，我吻了我可愛的父親的手，我握了我可愛的弟弟的手，我握了我可愛的朋友們的手，於是拾起行李：

「我們在民族解放的戰場上再見！」

我們揮着手叫了，就邁開脚步走上了征途。

這一天是十一月十三日！

他們等待我去復仇

蕭軍

第三個叔叔名字叫青山，前年父親到上海來尋我，說他在家鄉的監牢裏已經入獄二年，頭髮已經全白，雖然他的年齡我知道還不過四十二歲的樣子。

「還要蹲一年……就可以出來了。」父親追加地告訴我。本來是應該槍斃的，因爲父親各方想辦法，花錢，才判了六年徒刑。後來爲了溥儀登極，赦去了三年，大約現在他可以出來了吧？也許還在活着，我知道他是一個生命力很強的人。

父親臨走的那天，他紅滋着眼睛向我說：

「保重你自己吧！我已經是五十多歲的人了，說什麼呢？說也沒有用……」

不等待他船開，我們就走回來；那是秋天，落着雨。

青山的長樣，只要加一頂白色的水手帽在他的後腦上，那就完全是一英國水兵。他的肩膀，腰身……更是那鳥角鼻子，金色的吊角的狼形的眼睛……半疏黃的頭髮……以及那顯得透明紅色的皮膚，舉動的矯健和靈活……精明得又活像一隻刁狡的狼！我從來沒看過有一滴眼淚從他的眼裏流出過……所以我疑心他不會哭。三個叔叔之中，我特別不愛他，雖然他並不憎惡我。

他出身是木匠，後來當了騎兵。一次「拳軍」幇福建打仗的時候，他也曾被招募了來做敢死隊。一個人提着兩隻駁殼槍，帶領兩連人也曾一氣攻下了三個城池……。爲了這次英勇的戰功，當時就升擢了一名排長。

他也常常講着他們掠奪，焚燒和殺人的故事……。女人們帶在手上的鐲子不肯交出，就把雙手砍下來……。他回到家鄉也曾帶回一些金戒指，綢衣服；戒指就帶在嬸母的手指上，綢衣服嬸母也剪裁着穿……這是我在兒時親眼所見。一次他說

「一次……把一家人全殺光了……只剩下一個十幾歲的男孩子……他們已經要砍他的頭了……我說『應該給人家留一條後，』於是他們才放了他……。那個最喜歡殺人的人後來得了病，一閉眼他就嚷有人頭在他的面前滾……他殺人太多了……他自己就砍了一百多……」

只有這個故事我記得還清明。

他做了一次警官，爲了「勒贓」被控告，就投罪去流亡。

第二個叔叔名字叫青原，二十歲就參加了村中一個匪羣。一次，他們十三個人在離我們村中北面一帶荒山上，被一千五百軍警鄉團包圍住，從早晨一直打到天黑，十一個人被先後打死，只有他和另外一人躲進一個大岩縫中，才沒被搜出。到夜半，各自分別從山上滾爬下來，因爲他們也全着了很重的彈傷。二叔叔的腹部和腿上各穿了一槍。雖然這樣，每人的手槍中還保留着兩顆子彈：一顆爲了自己；一顆是爲了來捉他們的敵人。

二叔爬到了鄉莊人家，三叔得信，獨自帶了一柄長刀一隻「腰別子」手槍，第二個夜間把二叔馱在驢背上，行了八十里的山程，才把二叔護送到有治槍傷醫生的城。傷好了，弟兄倆便一同去當騎兵

去治傷的路中，因騎驢行走，瘡口苦痛，二叔不能忍受，時作哼噯聲，於是三叔就命令着他：

「不許喊！再喊我就殺你在此地——」二叔不喊了。

一年以後，從軍回來，弟兄雙雙騎馬在街上馳騁，官家也就不能如何。

二叔和三叔他們全是從利己的罪惡中生長起來的。他們聰明，果敢……全勝於父親，父親是一個嘴冷心熱，喜歡流眼淚的人。

「九一八」，弟兄們又全參加了義勇軍。

「你二叔是營長……你三叔是騎兵隊長……我是營隊官……我們攻打錦州城……我的馬尾巴教日本狗的砲彈炸去了！」

父親是帶着很多惋惜述說着那被炸去的馬尾巴故事。

初期義勇軍失敗了，二叔和三叔便做起「保險」事業（以兵隊護送人物以取利）風聲不好，二叔也離開家鄉；只有三叔貪戀着自己的馬和槍不肯走，被仇人所控，於是被捕。抽鞭子兩千，壓槓子……逼出口供，即欲就地槍決。三叔挺刑終未招承。

要消滅三叔性命的是本族中的大戶。在這大戶先兩代是文舉人，有田產，有各種有門閥的親友。人也很賢良，不欺壓族人和鄉人。到了末一代（孫子代）就不同了，他們全是一些做軍官的，小文官的……吃鴉片……

設賭後，來竟想要統治族人也，就是想要獨裁這全村。

父親和叔叔們全是强梁的，自己有槍，打殺人他們可以去加入匪羣，而後再當兵……。大戶雖然有炮手，但是平時是彼此尊敬着的。這次「九一八」事變，大戶認爲消滅他們的機會到了，正好叔叔們加入過義勇軍。

父親把這消息帶給了遠在□春的第二叔，他怒了，便轉回來邀集了四百餘山賊，夜間包圍了那村莊的「鄉團局」，繳了所有的槍，而□又圍緊了大戶的家。大戶的孫兒們聞風從後面逃跑了，二叔只好縱火燒了他們的房屋。三叔這時已被解入城中，釘鐐入監。第二夜，二叔等又去焚燒了那離本村五里路一個鎮上，就是曾捉獲三叔的那個軍營存在的地方。燒了那軍營，也燒了那所有的商家。

父親和叔叔們便永久離開了那村莊。大戶歸來便佔了我們的田園和房屋，算做報復。所以——我沒有家了！

「你究竟在做什麼呢？……」父親到上海的時候，我貧窮得常常要斷餐，他疑心着我。我能回答他什麼，我是寫文章，這會使他瞧不起，以致他常說：

「回家罷……把我們的仇報了再出來，賣了那所有的一點產業……再回來……你二叔也老了，現在避躲在一個城市裏做家庭教師……我們一同來上海。」

只要他一說到這裡，我便沒有回答：

——我能回去嗎？我能爲了奪回一點田莊而去復仇嗎？

這使父親失望了，他用無言的責備常常嘆息着：

「怯懦的東西……」

那時我自己偷印的一批書存放在他住的屋裏，在臨行前兩天他說：

「這書我看過了……這是你作的嗎？」

「唔……」我含糊地回答：

「要小心啊！不要以爲我糊塗……我懂得你在幹

失去了健康的悲哀

俞棘

整個星期埋在淅瀝的雨聲裏，病後身體羸弱。喜歡幻想，人就更難受。昨天傍晚有晴意，今晨起床果然就接觸了杲杲的陽光，人是欣悅的，有了精神。

三個月了，我第一次享受到脫離病魔羈軛的快活。樓窗外飾着藍得使人想飛上天去觀個究竟的天穹，簷下石榴樹掛滿赭紅色的綻裂了的榴實，遠處傳過來曬穀的人們發出贊美好天氣的讙喧，秋天是可愛的季節，而健康眞是多好啊！

病中比自己病狀更關心戰事的消息，消息聽得多了，昏沉中彷彿滿耳是鎗炮發射震響的聲浪。這一天，勉强能靠起半身來自己讀報，那時曾獲得最大的愉快。我是個歇斯帝里質的人，平日性情不能說很好，病中受了戰事的刺戟和疾病的困擾，就越發按捺不住自己，常常暴跳，尤其是對於每天必來回偵察的敵人的飛機，給予我從未有過的憤怒。空襲警報喪魂失魄地無間歇地鳴動着，大家都似被判定需要輸納鮮血了，每一聲警報就似敵入一枚尖銳的長針在人們心上，跟着敵人的飛機放肆地在頭上撕碎整個的寧靜。有時警報響過好一會，敵機不來，就解除了，有時敵機已在頭上軋軋地奏着魔鬼的音樂時，警報才補放。

××遭炸了，××又死傷了成千的無辜同胞了。在病中聽到機聲，我怎麼能使自己安靜不忿怒呢？我搥着床，咒詛它們的滅亡。人是不能設想那些飛行的野獸怎會這樣殘酷的，想了會發狂。日本飛機師十有九個有婦美溫馴的愛人，他們也有母親，也有孩子，他們該也有顆肉質的心，他們血管裏流着的總也不會不是血而是鹽水吧，究竟甚麼使他們如此殘酷呢？

下了雨，有幾天不被敵機騷擾，過了幾天寧靜的生活，可是現在天氣晴朗，敵機又來跋扈了。你，飛行的野獸！吸血的魔鬼！總有一天我們會收拾你的，別作威作福吧！

……………

縣城裏的歌詠隊成立了。今天和幾位歌詠隊隊員上小學校去教歌。簡單的風琴奏出激昂的樂曲，而雄壯的歌聲掩蓋了它，雖然歌聲很粗糙，拍子也不符協，却依然熱情奔放，有幾個響亮的節奏緊緊壓迫歌者和聽者的心胸，沸騰了大羣人的熱血。唱了一遍又一遍，把人們的感情彷彿絞扭手巾似的絞得手心發淺，眼皮掛着淚水，小學生個個變成雄赳赳的勇士了。

小學生沒一個不願意長大了去打日本，看了孩子們邊跺兇發誓邊摩拳擦掌說要把敵人磨成灰剁做泥的神氣，最懦弱的人在這時也準得相信他們有這能力，侵略者在這方面將食他們自己所播植的果實了。祝福孩子們安全地長成，祝福這些未來的鬥士，我們可以有斷頭的後一代，不會有做奴隸的子弟了。日本的黷武主義者將永遠碰壁，直到悔悟了自己過錯。這一天終會到來的。死去的田中義一爲侵略出過力或正在出力的白什麼了……我要走了……記着，我只有你這一個兒郎……爲什麼要印這書呢？」

記得當時我也並沒回答他。

「給你三叔二叔各寫一封信……他們的頭髮全白嘍！」

他摸一摸自己的頭髮，雖然他是長兄，但還是那樣濃密而烏黑，和我這做兒子的似乎沒區別。

他們還等待我去復仇，他們老了……！雖然我並不愛他們……更是那個水手似的不會流眼淚的青山。

一九三八·一·二六武昌。

從武漢寄到武漢

張庚

胡風兄：

今天看到七月第七期，那篇座談會的紀錄給我好多啓示。其中有一段談到這階段的文學形式問題，也提及戲劇形式，但沒有談下去，我在宣傳工作中，有一點實踐經驗，可以提供給你。

有效果的戲，往往臨時編出，沒有台本故事簡單，沒有穿插，主題明確，不拐灣子。人物性格代表羣性，是類型，頗與德國表現派相似，一個劇本必定有一個極其鮮明的行動目的，導演和演員只要牢牢抓過這目的，效果就會意想不到的大。

演了幾次之後，台辭就會固定下來，如果寫下來，就成了劇本。這種劇也自成一種粗獷的風格，長處是極其通俗。

當然這並不是一種成熟的形式，不過說它是可以有前進的形式，大約不會錯的。這樣的劇本每個宣傳隊都有幾個，集合起來大概不少吧。

對于這事，因爲還沒有成熟的意見，不能詳談，不知你有興致研究這個否？……

弟張庚　一月二十九日

出，撤出，眞崎，松井，寺內，宇垣，杉山，米內，這班陸海大將，讓孩子牽着你們的鼻子在孩子們手中瞧瞧你們的前途吧！

身體沒有大好，一動就乏，更抵擋不住感情的激動，我咒詛我自己。……

沒有一天敵機不在天空出現的。人又累倒床上。……

瑾去當志願兵了。昨天來和我訣別，對着他那大個子身體，緊握了他那强有力的手掌，我竟說不出一句話來，我覺得沒有一句能表達我意思的話可以交付他，我恨不能掏出顆欽佩他羨慕他的心給他瞧瞧。健壯而强壯是多好啊！在這時候放下筆桿拳起鎗桿來是多好啊！最直接最英勇的去打擊敵人，捍衛保障我們的文化和自由是多好啊！瑾在我們中是偉大的此外我找不出其他的字句贊美他當志願兵的動機和決心。

昨天下午，我們兩人都狠命抽着紙烟，沉默着，烟圈一個個向上浮去，又裊裊地四散了。瑾告辭了要走的時候，我才趕着用笨拙的語言道了我的鼓勵，爲了過分激動，我說了一套意義不完全的話：「把自由和文化抗在你的雙肩上，把祖宗的廬墓挑在你的鎗刺上，珍重你的鮮血，爲四萬五千萬奴隸的命運，多拚幾仗！」

我的聲音是咽痞的。

我覺得我應該寫詩。……

支撐着腰向野外去散了一回步。

收割後的田野顯得非常空漠，風雨在無數樹葉上把秋天的眞顏色洗出來了，紅一堆黃一堆的田裏彌漫着陽光和泥土的香味，成熟的香味。一切平和溫煦可愛。誰都會暫時忘記連接這塊土地的附近，火在跳着，血正流着，東亞的大屠殺在進行着，人類的弟兄互相殺戮着，但這也是很公平的，如果我們被逼得不能生存，那麼就和逼得我們不能生存的敵人同歸於盡好了。

勤懇的農夫割起稻禾又在翻耕着土塊，把菜秧插在濕黑的泥土裏。我們有無窮盡的力量，誰能使我們「屈膝」呢？誰也不能的呀。我們倒要把敵人的「泥腿」扭斷，我們是不必跟敵人同歸於盡的。

瑾這時該已到達杭州入伍歸隊了。上前線吧！朋友！我決不會忘記你，我隨時爲你祝福着。

敵機又出現了。……

琍從遼遠的閩海那邊給寫了信來，信封上打滿了郵戳，經過閩北，經過江山，經過紹興……，輾轉遞到我手中了。信上寫着「我已考入省幹部訓練所婦女班；……畢業後當更努力爭取工作做，……愛的，互相勉勵吧！」

又收到了秀子的信：「我是記罣你的，我聽到敵人把它的戰艦駛到乍浦，鎮海，象山。乍浦，鎮海，象山都太靠近了慈谿，……我在默禱，默禱我的朋友在『後方的前線』勝利，在慈谿縣城消滅從它腳邊爬上來的日本水兵。……！——

愛人，朋友！你們怎知道我如今已成了無用之人呢。我想大哭一場，哭我的病，哭期望我好的人無法兌現他或她的期望。

時間把人的價值淘鍊出來了。我自然是不是道的人。

……

今天敵機來過七次，最後一次已近黃昏了。這次一共九架是飛得那麼低，那麼驕傲，蘸着淡黃的夕陽機翼上旭日章都可以瞧得清清楚楚。我受不了，我揮拳向天空大叫，咒罵他。我直受不了。

如果有可能我願少活幾年，換回目前的健康。身體健康了，我可以做許多後援工作也可以去當志願兵。健康，我需要健康啊！……

「他們全開到前線去了！」

力羣

每次王敎官帶我們全隊出城，在北門外的廣闊的沙河上，演習了散兵線，攻擊術等……以後，大家摸出手帕，拭着冷汗，輕鬆地「稍息」下來的時候，我凝視着橫亘在我們眼前的高峻而重疊的山巒，以及那站立在山丘上遙望着各方的灰白色的「碉堡」，一幅內戰時代的動人魂魄的圖畫就立刻浮現在我底眼前了。在那綠色的山松的身旁，褐色的巨石的背後，似乎出現了英勇的在鑽動着的神出鬼沒的人影，也似乎在那張着方形槍眼的「碉堡」週圍出現了鮮紅的血跡……。一但到王敎官的「立正！」的巨聲震裂了我底耳際，這才使我從歷史的罪惡的舊時代跳回到這全國統一下的掀起偉大的民族革命戰爭的烽火的現實里來。

是的，現在站在我們面前的，佩着閃光的領章和閃光的小寶劍的，就正是從前鑽在「碉堡」里執行過自相殘殺的戰爭的人。

但王敎官實在是一位令人喜於接談的軍人。雖然他時常罵着隊員們「媽的，大蘿蔔！」（註一）但他卻老實粗直的可愛，幾乎是心里有什麼就說什麼的，不像我數月來所接觸着的那些什麼「長」什麼「員」似的，使你覺得他們虛僞得討厭。比方王敎官覺得這太湖的紳士太可惡了，他就會向我們說：「太湖人都是大蘿蔔！媽的，紳士們更可殺！」接着說：「我有一次去見張紳士，有十一點鐘了吧，你猜，媽的，他還和太太抱着睡的不起床，我拿着公事在門外等……，這樣緊張的時候這些大蘿蔔不該殺頭嗎！」

但王敎官對於自己的惡行也毫不掩飾，不像紳士們似的。

「我什麼毛病都沒有，就是喜歡賭博，兩個月來，輸他媽的三百多元！」

他是這樣一個赤裸裸的傢伙，因此我和同伴們都喜歡時常和他攀談。本來大家也明白，和他談是談不出什麼高深的理論來的，所以往往總是當着消遣。

王敎官最喜歡掛在嘴上的，是關於「赤匪」了，據他自己說，在江西曾經剿過好幾回。可是他每次的結尾總是說：「媽的，他們眞厲害！他們眞厲害！」

「王敎官，我們不是到處都有『碉堡』嗎？」我問。

「那里有那麼多的『碉堡』和兵力呢！媽的，他們像鬼一樣，來去都使你不知道。」

「他們是這樣的能幹嗎？」

「媽的，他們眞厲害！」他依然是那句老話。

是一個極冷的寒夜，太湖的山頭在前兩日就鑲上了銀色的百雪，冷風從門窗縫里鑽來，像搜索似的使你在房里停立不住。

「王敎官房里有火，我們去談天去吧！」老劉向大家提議了。

「好，走！」

「走！」

於是我們圍着王敎官的火盆坐下。紅炭的碧藍色的火苗顫動着，不時爆烈着流螢似的火星。在石油燈的照射下，牆上有一把小寶劍閃着明光，據說這是蔣委員長贈的，此外還掛着武裝帶……。房間是很簡潔的，使你一進來就會感覺到這是一個軍官的寢室。

「王敎官，我們來討論游擊戰術吧？」老劉第一個說。

「什麼『討論』，我們就請王敎官給我們講就是了。」

「對了，請王敎官給我們講吧。」小陳說。

「哈哈！」是一種軍人底高朗的笑，「講什麼，你們都比我學問大，我們還是隨便談談吧。」王敎官又開兩手向着藍色的火苗，一面對我們說了：「說起遊擊戰，這是『赤匪』們的戰術，我們軍隊是不大用的，不過，現在我們和日本打仗，人家媽的槍械兇，我們就只好也用『赤匪』們的遊擊戰了，因爲我們一用遊擊戰，敵人的飛機大砲就全失去目標了。」

「王敎官，遊擊戰很容易吧？」老劉問罷，即向我打了一個眼錢。我立刻明白這是在探試王敎官了，看他說什麼。王敎官把腰一伸，頸項上的領章就明晃晃地向我們一閃，說：

「這可不是一件容易的事：第一，你得和老百姓聯絡好；第二，還得每個弟兄有很好的政治訓練，能吃苦耐勞；而且要聰明，靈活；就像太湖的常備隊，那些大蘿蔔，怎麼能夠打遊擊戰呢？祇得要死！人家『赤匪』多麼厲害，從前在江西圍剿的時候，我們好幾十萬大軍，和人家在大山里作戰，山里森林多，到處都是大樹，媽的，一上去就給敵人包圍啦。前面拍拍拍，後面拍拍拍，結果那里也是槍聲了，還沒有好好的打，就敗下來。死的眞多噢，六月天，大家用草紙、樹葉塞住鼻孔，大退却，死人臭得連水都喝不下去，到處都是。人一倒下去，蒼蠅和螞蟻就爬上了，眞苦，眞慘，媽的，他們也眞厲害！你們知道『赤匪』和老百姓怎樣聯絡的，媽的，到處都是他們的人，你看見一個賣菜的老太婆，以爲她是個好好的老百姓吧，不，她就是『赤匪』的偵探。弄得後來，我們沒有辦法了……。我們現在要和日本打遊擊戰，就得同他們『赤匪』似的，和老百姓聯絡好。」王敎官說到這里，略略一停，兩手互相摩擦着。大家的視線，像數隻長手似的一齊向他伸來，逼迫他繼續講下去。腰上的小寶劍發着明光，顯着一副靜靜的聽講的姿態。一切都歸於平靜。

但在我却興起了一種無名的悲憤——我們民族的不幸的創傷的再現，使我的心的深處感到了痛楚。

「這太湖山上的碉堡，」王敎官用頭向西北方一顯，「你們是看到的，你要知道這太湖城，就失守過三次。在這天柱山一帶盤據的是匪首高敬亭的步隊，他們把西北鄉劃爲『赤區』，把東南鄉劃成『白區』，鬧了個一塌糊塗。我們派十二個師包圍，碉堡和碉堡間都通電話，圍了幾個月。結果怎麼樣？媽的，他們在一天黑夜里跑掉了。跑掉了，於是派大兵追，追還的追的不見啦，倒弄得幾個師長受了處分。媽的，原來他們就根本沒有走，只是走出了幾個匪。你看這傢伙們鬼不鬼！後來他們就抄了國軍的後路，媽的，眞厲害。所以要幹遊擊隊，也非要像他們這樣聰明靈活不成。」火盆的紅火已經灰暗下去，石油燈發着寒光，孤另的被遺忘在桌上。王敎官看看大家，繼續說：

「有一次我們捉住他們一個政治員的頭目，穿的破爛的衣服，瘦得只有骨頭了，那傢伙眞厲害，要他招口供，他就供出兩個保甲長來，都是大富，說一個給他們買過子彈，一個給他們報過訊。要把這兩個保甲長槍斃了，他就可以供出更重要的軍事祕密來。於是軍部也就眞的照辦。馬上把兩個傢伙抓來，經過許多紳士來保，也沒有保出，拍拍的兩槍給結果啦。你們猜後來那個『赤匪』的政治員的頭目供出些什麼來？」

「一定供出很重要的軍事祕密了吧！」

「屁，那傢伙眞厲害，媽的，他說，我沒有什麼話說了，你們槍斃我吧！結果倒中了他的計。後來給上了許多刑具，他連一個字都沒有說出來，骨頭眞硬啊！你們要打日本人，也得要有『赤匪』的骨頭才行呀，不然就要讓人家全部消滅了你們的。」

「王敎官，高敬亭現在還在山里嗎？」小陳問。

「不，已經開到前線去了。後來高敬亭到岳西（註二）來投降的時候，我看到的，是一個高大的個子，他說：『現在中國快要亡國啦，我們還能再自己打自己嗎！』怪使人感動的。不過要是他們不自己來投降呀，你就是再剿二十年，也沒有辦法的。其實高敬亭的步隊全也不過二千人，槍械還不多，但我們要用十二個師去剿。」

「王敎官，我聽說在別的地方的紅軍也開到前線去了？」小陳問。

「是的，他們全開到前線去了。」

王敎官的有勁的話聲剛一住足，在石油燈的照耀下，在每個人的朦朧的臉上，就浮起一種悲喜和摯情的交流，一閃間，那鑲着銀色白雪的太湖的寂寞的山脊以及那寂寞地遼望着各方的灰白色的「碉堡」，就又閃現在我底眼前了。但接着，在我底眼前也展開了晉北的平型，雁門關一帶的北國的山景，以及在這雪叢的山景上展開的更英勇更壯烈的戰鬥的圖畫。

「是的，他們全開到前線去了！」

一月十六日於安徽太湖縣。

（註一）「大蘿蔔」在太湖是一種罵人的話，是「傻瓜」「愚蠢」的意思。但有時也作「廢料」解。

（註二）「岳西」前屬太湖縣管，最近才劃爲一縣。

七月社特別啓事：

本社原有社址——漢口漢潤里四十二號樓上，原係借用友人底住宅，這位友人現已他往，本社再不能借用，以後投寄本社的一切信件，請由漢口交通路六十二號上海雜誌公司代收爲禱。

天王與小鬼

陶雄

林隊長率領新成立的空軍╳十╳隊飛抵╳╳之後，第一件使他忙得不可開交的工作是接見當地背著歡迎使命來訪的官員與民衆。這些來客，男女老少，主席，歌妓、參謀長，小學生都有。身分雖如此殊異，但口中吐出的漂亮外交詞令却千篇一律，讓人疑惑是從同一本典籍上摘取下來的——

「如果夢想可能實現，您的賁臨便是第一次，一月來，日本飛機到處任意轟炸，惡毒遠勝過野獸鬼蜮，我們赤手空拳無力抵抗，只好用夢想來安慰自己。我們夢中聽到本國飛機的嗡嗡響聲，我們夢中看見本國飛機從頭上劃過，不，我們夢見牠從上面撒下一根根的救生鐵索拯救我們脫離火坑。哦，現在我們美麗的夢已經讓您的賁臨給填實了。我們永不會再受日本飛機的威脅了。」

入夜，客人散盡了。林隊長口裏啣著一支雪茄，手揣在褲袋裡凝思地向著飛機場走去。

近望的圓月正跨過東邊那一抹樹梢頭向上緩緩升起著。場坪上薄薄的舖了一層銀霜。九架半舊的「豪客」機恬靜地伏睡著，像是些殘酷性業已脫盡的老耄睡獅。林隊長頂著剛勁的北風走到牠們面前，一架架的詳細審視，且在翼翅上輕輕拍擊。半晌，他忽然轉過身來對那一逕幽靈般悄悄跟在後面的隨從兵說：

「馬上召集訓話！」

於是，兩分鐘後，總站前面那一排一千燭光的電燈照出了一個圓弧形人體投下的陰影，林隊長踩著這陰影的犬牙邊緣開始訓話了：

「軍人最大的恥辱，是不用忠勇來答報民衆企望的熱誠。我說這話是爲喚起諸位注意，更深切地認識我們到這里責任的重大。我們戰具性能雖不如人，我們作戰精神和技術，與敵人相較却有過無不及。可是我們隊裏近一半是見習人員，缺乏作戰經驗。我的分配方法是夜襲防禦責任統由正式隊員担負，白日作戰比較容易，如有空襲應由黃副隊長率領全體見習人員抵禦——完了。散隊！」

「我們缺乏作戰經驗，國家不需用我們了。」走在返回寢室的路上，見習人員悻悻地想。

林隊長這過于審慎周詳的調派不經意地傷害了這班新從學校調出來的高傲青年的自尊心，剝奪或減少了他們殺賊立功報國揚名的機會。就寢號吹過之後，懊惱和不平堵塞住他們的胸腔，使他們不能入睡。一間足够四十人住宿的龐大寢室全爲他十個胸中的鬱結所化成的解嘲語和幾支拖曳昏黃的燭光所填滿了。

「他媽的，儘著說屁話，眞無聊！打『十點半』，誰同我來？」陳光忠——十九歲的小伙子，賭博和機關鎗射擊同樣馳名——從懷裏掏出一副撲克牌朝著當空間，眼睛擠呵擠的像是蘊藏著無限機謀。

「不同你賭錢，睡不著覺我可以寫信。」趙樊詰——空軍第一才子說了以後，順手從提箱取出一本紫羅蘭色信箋來。

「更無聊！又是『我親愛的嫩皮嫩肉的小妹妹。』我同小陳幹三合，贏不了不姓李。」麻球李捷三說。

「好的，我也來湊一手。」

另外幾個人附和着，口袋叮噹地響著聚攏到小陳面前來了。

可是「十點半」還未打完兩牌，時間不到十點半，他們就被空襲警報打斷了。吹熄蠟燭，披上「外褸」，十個人站成一排，掩藏在機場盡頭的榆樹林下，靜觀他們從另一種意義尊稱爲「英雄」的同伴們作戰。

上帝像是故意和他們作對，林隊長不公平的調派竟獲得了意外良好的成果：空軍╳十╳隊當晚在╳╳發出的第一通捷報是擊落敵人兩架九三式輕轟炸機和一架雙發動的重轟炸機。

「祝你們明天有更好的成績。」當眞成了「英雄」的中尉隊員張以剛得意洋洋地對他們說。

「媽的，打下轟炸機不算能力，明天我要在紅日下面打落兩架驅逐機來給你們看看！」陳光忠望著「英雄」的背影，咬牙發恨地說了。

希冀敵人驅逐機光顧的願望七小時後就給小陳滿足了。由于漢奸逐漸肅清，諜報不靈，敵人一晚所受的七十萬元的鉅大損失使他們決定了一個極惡毒的報復計劃。次晨，天剛啓明，一個十二架驅逐機九架重轟炸機組成的「重疊飛行隊」便被╳╳附近八十里地方的農民發見了。

一夜的北風把天空畫滿了層疊的灰雲九月的晨寒更增添了大空社人不少的困難。當八個全副武裝雄糾糾的飛將軍（不過是些見習人員呵！）爬上他們的「飛馬」，用「O.K.」來回答他們領隊人黃副隊長的詢問時，他們是完全不會理會到這些的。

「讓事實來給隊長的偏見一個嚴重然而快樂的打擊罷！」保留了一夜的不平使他們必勝的信念更加堅強了。

嗡嗡嗡嗡——軋軋軋軋。發動機的聲音漸漸縮小，九架半舊的「豪客」機，排成三個人字式，一齊飛升到五千尺以上去了。

陳光忠，航校第一射擊手，位置排在左面最後方，一壁操縱著機件，一壁把嘴裏的口香糖對著雲朵吐去。像打「十點半」一樣，他從不讓「成功」徵用去他的全部精力的。

趙才子緊跟在副隊長機後，和另一機合組成一個嚴密的 Formation。他的戰機顯得特別衰老疲憊，一壁行駛一壁搖擺，尾部且時時吐一股曳長的黑烟道一切，和牠主人的精神的振奮恰恰成了一個強烈的對照。李飈子，北國產，對于耐寒特具禀賦，戰機愈向高升他便愈顯見活潑愉快。「邪妹妹的，敵機老不出現，再飛下去就到我的家鄉了。」他叨嘮著，像是告訴他的飛機。

話還沒有說完，東北方雲彩稀薄處突然顯露出幾個白色粒點來了！

黃副隊長發出一個信號，九架飛機立刻一字分開，輕捷靈活簡直像是九隻燕子。

「媽媽的，又是東洋炸！」從望遠鏡的視野裏，陳光忠看不到一架他理想的勁敵——驅逐機，未免有些失望了。

可是這些虎虎吼著的巨無霸似的野獸，對于無抵抗的老百姓們，卻正是最可怕的屠殺者呢。

——崩崩崩！接連着這里那里發出了無數爆裂聲響，大團的黑煙夾雜着萬千碎屑立刻從地下冲了上來。緊接著是一片紅光，一片號哭。他們的又不知有多少父老兄弟做了怨鬼啊！省政府的大樓也化成灰燼了！鄒丕市

逃難　　野夫木刻

唯一的一座「高樓大廈，」才到地頭不足一天的人也辨識得出的。

嘿，該用到我們飛將軍了！衝呵，衝呵，黃副隊長首先向上畫了一個拋物線對着一架九六式的重轟炸機沖了下來。趙才子好厲害，一點也不像個「才子。」陳光忠李捷三已經從最末一排鑽到最前面來了。嚇，九架「豪客」機像九頭獅子似的在空中張牙舞爪地衝刺着。

嗚——戛，戛，戛，戛

嗚——戛，戛，戛，戛，

一會沒入雲嶂，一會露出雄姿，盤旋上下，俯衝聲和俯衝聲相應，機關槍和機關槍對搏。一團濃煙，一串怪響，雲天都嚇得變色了。

可是殺着殺着，不知怎的，飛機愈來愈多了。從哪里來的呢？奇怪，敵人也有驅逐機了！陳光忠把一架重轟炸機的太陽徽射穿一個大洞之後，偷空向四周上下瞭望了一番。啊，雲層內四架輕便玲瓏的「太陽牌」驅逐機的埋伏倏地被他發現了，他乖覺地把自己的戰具閃向刺斜裏飛去。到達安全地帶之後，他把機頭重又掉轉過來，一壁觀測戰局的發展，一壁研究自己應取的進攻步驟。

趙才子這時已被五架敵方驅逐機包圍住了，他自己卻不覺得，仍然驅策着他那簇老的戰馬拚命向一架重轟炸機不斷攻擊。

「嘿，留意呵，老趙！」忘記發動機的聲音要比人的喉管大過幾百倍，小陳對着濃雲大聲呼喊起來。

黃副隊長這時已經擊落兩架重轟炸機，正獨據一角巡哨，瞭望着見這危急情況，就趕忙又沖上前來援救老趙、厖球他們則已經零星飛散，一時不見影蹤了。

「等我來解圍！」小陳咬緊牙決定了他的策略。

可是才飛進了幾百嗎遠，一個使人激怒的景象就打斷了他的航程；雲端裏埋伏的那四架敵機猛可地從上面沖下，把趙才子那匹老馬連同牠的主人一併毀滅了！

「唉，才子完了！」

憤怒如果慣常易於奪去人的理性，那麼在一個特殊的場合，使也可能偶然啓發人的機智。陳光忠想到二年來的同學好友刹那間就被吞入了野獸的血口，並不哀痛傷感，卻從慘笑中得到了一個超特的領悟。

「哦，這是重疊飛行！上面還有指揮機！」

並不會看到那高踞在上的敵軍指揮者的方位，他冒失地向上沖去。

在一萬七千尺的高空，他終於遇到那可怕的惡魔了：一架中島式的驅逐機，兩翼漆著鮮紅的太陽徽，血一樣的，在白雲叢中顯得特別刺目可怖！

「一小時怕不要飛到七百里，這惡魔！」

雖然這樣想著，他仍捨命向著牠衝去。在不得已時空中的「頂牛」和陣上的「肉彈」是可以比美的，他永久這樣主張。

可是狡猾的敵人是不和你廝拚的，略徽把機頭向上一翹，閃過攻擊者的射程，牠騰升到更高的高空去了。緊接著嗚的一聲長嘯，連珠樣的子彈馬上回敬過來。

陳光忠的臂部立刻受傷了，涔涔的血水透過飛行衣源源傾瀉出來。

「什麼？我也要步老趙的後塵了麼？匹！還是拚一命換一命……！」

嗚——戛，戛！

在盲目的射擊中，不知怎樣一來，敵機的油箱竟被他擊中了。使人戰慄的一團烈焰撥了起來，那嚇使人奪去才子生命的中島式的惡魔完結了，永遠完結了！

像從噩夢中醒來似的，小陳顧不得歡慶，只摸摸自己的臂部，趕忙把機頭撥轉，望着自己的「家園」飛去。

可是戰爭並不是一件和平善良的交易。當你估得了過鉅的利益，希圖獲得一個短短休息藉資將養的時候，敵人是決不因為矜憐你身心的創傷而放棄他們取償損失的要求的。

不是麼？十一架敵人驅逐機看見領袖被摧，就布成一個大包圍陣勢，羣起復仇來了。

小陳加速地在前面奔避着；十一匹豺狼緊緊跟着，苦追不捨。更後面則是黃副隊長厖球李捷三率衆馳援。可是，因了飛機性能的差異，馳援者逐漸被遺棄在後面，而逃亡者卻步步愈見危急了。

「媽的，頭一仗就陣亡，對得起誰！」

像打「十點牛」一樣，小陳忽然福至心靈，想起一個傑出的計謀來挽救他垂亡的敗局了。

突然把機頭向右一撥，於是——戛，戛，戛，戛，幾千粒子彈立刻對着他集中地發射過來。他像受了不可救藥的重傷似的猛然向下傾跌下去。

五千尺——四千尺——三千尺——千尺——看看就要着地了。

北風像鋼刀似的向他臉上刮了過來，他按一按飛行帽，心裏卻暗然笑了。

在距地面五百尺的地方，他看見一排適合他奇特用途的草房，於是趕忙調整機件，像老鷹似的輕輕向牠一掠——

轟——嘩喇！之後，他就什麼都不知道了。

正午，當他甦醒過來，發見自己業已安然睡在一間白墻白床白色寮圍的房間的時候，二十幾位同伴正圍坐在他四周嚥着瞼子談論適才經過的戰績呢。

「嘿，我們的眞英雄醒過來了！」「老英雄」張以剛拍着手喊。

「Ra,Ra,Ra,Rah,Rah,Rah」

十幾頂帽子飛到了天花板上，隨即又紛紛降落下來。

林隊長正站在室門口吸雪茄，這時聽到大衆的歡呼聲，就趕忙拋掉煙尾，搶過來噴着豆大的唾沫星說：

「老弟，老弟，日本空軍四大天王之一的三輪寬少佐被你幹掉了！幹掉了！」

不知是因了過度的愉快呢，還是由于周身疼痛的阻礙，小陳半天說不出一句話來。過了好一會，他才閃出了一朵苦笑，從嘶啞的喉嚨裏逃出了一句話：

「這鬆貨要是稱得起天王，我就算是小鬼罷。」

本篇人物純屬虛構，故事雖係事實，但用的是小說形式，自不免有所改動，請史家不要見怪罷！

——作者附記

從上海寄到武漢

路丁

風兄：

在山兄那裏看到了七月四期，便又從我平凡的生活中湧起了對你的懷念。有時候也會從腦子裏憶記應該寫一封信給這些曾在一起混過和教育過我的朋友們了！然而直到現在，却連一個字也沒有寫給任何一個朋友。我到把自己看作眞是一個「孤島」的遺民了。

國軍離開上海後，上海人便把上海（租界）稱作「孤島」，其實，是不然的。最近來從各方面看不出一點「孤」氣來，電影院擠滿着，馬路擠滿着，吃食店擠滿着，貨物從各方面源源而來，還有從各方避難到「孤島」裏來的人們（大概都是有些錢的）大有桃源樂土之勢。因此，把「孤島」改稱作「長生島」反為得當，而在敵人看來，則一方面是「金銀島」另一方面却是「眼中釘島」

嚕乜囌乜寫了一大套，理該停筆，還是談談我們的老本行吧。關於文事理論啦，實踐啦，我都不想提，山兄的信已講得很多而且很好。這裏，我單把這裏的文化方面的情形向你報告一些！我想這大概也是你和你的朋友們不致於聽得厭煩的吧！

自從申報等大報停刊以後，華美，大美幾家外商報紙都出晨刊，最近還出了一個國際日報的外商報紙和上海人辦的日報，（另有上海人周刊。）上海人辦的副刊是文藝性的，各報的消息還都靈通，特別的大美晨刊及晚報，因其言直膽大，可以說銷數最大，最可憐的新聞報，想在敵人刀下怕死求生，弄得全無生氣。

前一個時期雜誌之少的確使一般青年大起精神糧食荒。因此由各救亡團體出版的小刊物便湧現出了四五種，如文協的「團結」，職協的「合力」，學協的「青年學生（？）」和工人的「勞動」，這許多小小的刊物，在大批的救亡份子中流行着，雖然內容不能像過去大雜誌那樣豐滿，但關于迫切的問題都能相當的提出討論和指示，因此也大受讀者的歡迎。最近，停刊了兩期的「集納」又出版了，內容彷彿「世界知識」還是唯一的公開發賣前進的綜合雜誌。

文學雜誌是簡直沒有，前一個多月周木齋出了一期「離騷」，但就此停了。漢口還能有一個「七月」，怎不使我們羨慕呢？可是我想，不久當有拓荒人來種子結果的。

此外，從抗戰以來在上海流佈着的中心刊物「解放」一直到現在還在繼續發行着！最近已到了二十四期。我們願它像流水一樣永久流着！

最近一月來，從新歷年到現在，戲劇運動却在特別的蓬勃着，各團體的小小的公演，在難民收容所內，在學校裏，在俱樂部裏，差不多有二十個劇團在活躍着。而「青島」劇團在新光公演「雷雨」則更現活躍，觀衆頗擠。推其理，除戲劇較易被羣衆接受外，一般上海羣衆的苦悶無從發洩，也人大增加了它的吸引力。

其他，像新文字，歌詠，則還在小規模的活動着。大批的青年感到對社會科學的需要，社會科學的研究又形普遍化了。

壁報，也成為輕而易舉大衆化的文化活動，還給與羣衆的幫助也非常大。此外比壁報進步一些的各團體的油印小刊物也很流行。

總之，上海的文化事業是比較冷落了，剩下的是回復了過去黑暗時代的掙扎狀態，並且有過之無不及的。可是，戰鬥啊！假使「孤島」裏還有我們的生命的話，這一環的爭取也是不會輕易放棄的。

最後，我祝你們培植的花果開得更燦爛些，結得更結實些。

路丁　一月十六日。

轟炸下的長江路

逸明

一・在蕪湖

江南鉄路不能通車，我們只好從宣城步行回到蕪湖，準備循長江到九江，由九江坐南潯車到南昌，再由南昌轉浙贛路到金華，參加東線的戰鬥。

我們在十二月五號深夜到達蕪湖，住在江南鉄路工人俱樂部一幢小洋房裏。長距離的夜行軍，把大家都弄疲倦了，打開被鋪都想倒在地板上睡個痛快。

六號九點，隆隆的機聲，把我們從睡鄉中驚醒了，隔壁王班長在喊：「意大利機，意大利機，臥倒！」一個弟兄也在「丟那媽花，老子睬你巴子」的叫罵，隨着敵機下蛋了。十來顆重炸彈丟在我們的周圍，把玻璃窗都震碎了，房子也搖搖欲墮。敵機正在我頭上示威，每一秒鐘都有使自己毀滅的可能，但我不畏懼，我好似要和誰決鬥似的興奮的揮着拳頭。

這羣文明的野獸足足轟炸了兩個鐘頭，才自由自在的走了，把一座靜靜的蕪湖城蹂躪成四面火光，黑烟滿天了。難民像一注洪流似的，從火光中流向野外去。

啼哭與驚呼，火花與鮮血，充溢了空間，蕪湖呀！難民呀！復仇是人類最高的美德，鬥爭是我們生存的道路。復仇吧，鬥爭吧，我們的一切將在鬥爭中長成。

二●難民船上

晚上，我們搬上了一隻走九江的大帆船。這是從無錫開來的難民船，船上本來擠得滿滿的，我們分了一間艙，擠着住，兵伕便蹲在船頭梢尾過夜。——在黑夜中，我們離別了火中的蕪湖，踏上了偉大的長江。心裏似乎癢癢地，不勝「河山淪落」之感。

船上是一條「聯合戰綫」，難民中有學生，有碼頭伕，小店員、公務員、有農夫、兵士、也有地主和基督教徒。但他們都是烽火餘生，都有着忿恨日本帝國主義的强烈的情緒，他們也只有一個目標，那便是「打倒日本」。船上有一個很活潑的小孩，如果說某人是小日本，他便鼓起黑眼睛，握着小拳頭亂揮，口裏「你是小日本，什麼東西」的又嚷又打。這種本能的民族意識，便是中國不亡的鐵証。

難民開始對我們是畏懼，不久我們是朋友了。我相信，同一血液的中國人之間，總有種說不出的情誼，尤其在這民族危難之下，這種民族愛是值得寶貴的。我們把賸餘的飯菜分給飢餓的難民，也常常和他們談談抗敵，他們都認清了不打退日本是一輩子回不得家鄉。[illegible]到家鄉，他們總是小孩一般的傷心流淚的問他們逃到那兒去，他們都搖搖頭，表示「茫無歸宿」。

我們弟兄說到在火線上殺日本鬼的情形，他們都有活力了，舉起大拇指：「丟那媽的軍隊（逸按：指兩廣軍隊）眞刮刮，殺日本眞能幹，哈哈，……要靠你們才回得家鄉啊。」

上水船不順風，每天難走五十里，逆風時岸上背纖的船夫，弓着背，雙手掙在濕泥裏，活像一些四足動物。

三・安徽人民的三種工作

長江兩岸是大平原，是米的出產地。坐在船上望着兩岸樹林中疎散的茅房，門前晒着漁網，很有田家風味。可是，兩岸的住民都跑了、往往十幾里路很難找到一個民衆。江邊公路上塞滿了難民散兵，走成長長的一線，白天或晚上常常發現槍聲火光。看了這寂寞的死境，令人恐怖，也令人替抗戰傷感，——江防更薄弱得不忍說了。

七號到了荻港，還可聽到蕪湖的轟聲，敵機時常在我們的船上飛過。

在船上睡悶了便上岸散步。人比船要走得快，便休息在一家小茶館裏等船。一個老百姓告訴我附近的老百姓都打算和鬼子拚一下，老的小的都搬了，只有壯丁留在家裏給公家挖戰壕，打石頭，和抬石頭三種工作。

「要石頭幹麼？」

「說是準備封江呢。」

「你們願意給公家做嗎？」我故意很驚訝的問。

「日本要來了，不做大家都完了！」老百姓綴着眉頭很堅定的說。

喫了幾盅粗茶幾兩花生米的代價是二十八枚，眞便宜。

四・戰鬥的情誼

坐在長江船上看長江的夕照和晚上的月亮都是富有詩趣的意境。雖然大家是逃難，可是并不減少了各人的閒情。晚上的歌聲，女人的浪笑，對着隔江漁火，不由得使你哼出「江上月明胡雁過淮南木落楚山多」的短句。

我們的船和別的難民船，軍船匯集在一塊，走在水上好像一個移動的大村落。桅桿林立，桅索好像織布機上的紗那麼多，那麼齊整。夕陽西下的時候，大夥兒靠在一邊，就像一個村落，船上的人也互相往來。非常親熱，軍民不分，就是軍人與軍人間的感情，無論你是「中央軍」「廣西軍」「東北軍」，大家都兄弟一般的融洽，再沒有過去的封建歧視了。他們見面「同志」「同志」的喊得很甜密，他們互相慰勞互相稱贊，表現出很少有的「同志愛」，這是在火線上的鮮血啓示給他們的戰鬥的情誼。在過去與未來，他們都是同生死的戰友。

到了安慶，才會合了團部，徵發了一隻舊軍艦把我們向九江拖去。

（一九三七年、深冬、在南昌南站。敵機轟炸聲中。）

在江邊

葛琴

渡江輪快近江邊時，突然壓扁着聲子，朝後面拖船上沉重地逼出一聲長喊——算是它的責任已經交代了，讓你們這班逃難的傢伙滾上岸去吧。

是的，逃難呵！我惘然地噝進一口冷風，好容易在擠緊着的人叢裏面，像拔動一隻生銹的鐵釘那樣，掉轉頭去望望江的對岸。唉，不見了！剛才那條人海人潮的浮橋，跟通着浮橋的，同樣爲人呀東西所重壓着的渡江碼頭，彷彿眞給踏沉了似的，已經再不能看見了。

我心頭一緊，連忙睒睒眼，不讓湧起的熱淚向外流出來。

江水咆哮着，蹲伏在藍玻璃的天海下面，活像一匹狂怒的巨獸，它倒豎着渾身的黃毛，正向那中國的花園城——那突起在地平線上的，正纏繞在早霧中的幾重秀麗的羣山那面，有力地吼喊着什麼。

一切都顯着奮勇，到死也不可曲辱似的。

漸漸的我覺着緊壓在全身的血液像有火在焚燒起來，直燒到我的眼睛也發了熱，於是挺挺我的眉毛，握緊大衣袋裏的拳頭，就向那迫近火線的中國的花園城，暗暗地，但十分堅定的在心裏說：「再會呵——杭州！」

接着，一陣粗暴的猛力，開始像肉搏樣的在我的四周擾動起來，同時那種不可遏制的，活像榨油機裏逼出來的叫喊聲，立刻震得我的頭要爆破似的發着劇烈的刺痛。

船已經靠了岸，我退到一個抱着孩子的麻臉女人身邊，啞然地打了個寒噤。

快，快！一上岸，我那像有一萬個螞蟻在爬動的腦子裏，簡直再不能思念什麼，祗急快地跟着別人，向去到車站的那條煤屑路上，悶頭直衝。

風颼颼地從後面撲來，彷彿總趕不上我們。

「再哭——哭就扔你江裏，也省得吃炸彈！」

我偶然鬆鬆脚步，一陣尖銳的叫聲，直截到我心裏。沒多時，我就發現那個抱着孩子的麻臉女人，氣咻咻的追上了我，我急速地瞅了她一眼，非常耽心她那種播鼓般的急步，會把她挽在臂灣裏的一個浮屍樣重的大花包，震得翻落下來，說不定連人也絆倒在路上。可是一轉瞬之間，她那不住搖動的灰白色的背影，和伏在她肩上的，正從風帽上舞起兩條紅飄帶的小孩子，已同時消失在前面的人流中了。

「啊——警報！」

離車站還祗有幾十步路，什麼人驟然直着聲子喊了起來。我捺住脚步，一下無可奈何地望望手裏的提箱。有些人可還不信似的，只管掉過頭去望後面的天——天平靜地渲染着早晨的陽光，從那陽光裏面，果然不可思議的播動着那種哭般的警聲，聽了專門叫人的鼻子裏發酸。

「噯，不要緊，我們快趕上車去，快趕上車去！」

「快，快，動了，動了，動了，啊吓！！車嚜——車開啦！」

一個已經衝進車站欄柵的穿馬褲呢的傢伙，突然噴着滿口熱氣，拉轉那張怪長的馬臉來，向我們嚷聲地攤着兩隻空手說：

「他娘的，還沒上八點哩！」

接着，一陣焦燥的脚步，旋風似的捲着我往車站室的後面奔。我不知道這些人將奔向什麼地方去，幾次的想拉個人問問，不成，沒有人理我。而我也不敢停下脚來，生怕一離開這條人的洪流，就立時會遭受到可怕的不幸似的。呃，到了嗎？直到我的臉，一下擦在別人背後的竹籃上，我才吃痛地抬起頭來，只見又是穿馬褲呢大衣的那傢伙，衝在頂頭一個當前鋒。他瞅着脚下那個深深的黑洞，不願地怔了一下，把粗嗄的嗓子，悶緊在紅紅的酒糟鼻子裏說：

「哼！攢地洞！倒說眞個要攢起地洞來了！」

「讓我——」我面前那個駝着竹籃的中年農民，猛的搶了上去，一下又從洞口裏很快傳出他的聲音，像一隻大蚊虫似的苦叫着：「呃！這不要悶死嗎？乖乖！」

風依舊猛烈地在原野上吹着。天空裏，已隱隱地可聽到飛機駛行的聲響。但一進那黑牢般的壕去，我就再不能聽到這一切，心急跳着，同時給那兜頭撲面的濕土味，和重濁的人的氣息，窒塞得眞個要耽心自己不會悶死，至少會有根把血管爆破。

「轟！」地壕猛一震，踏在我們脚下的壕板，牛響還岌岌地發着料。

「投彈了！」黑暗中，驟然壓住那種牛樣喘氣的，幾十人的糙急的呼吸聲，有人小聲地這麼說了。

「什麼地方呀？！呃，聽出吧——唉，聽呀，又，又！」

壕板不住的抖着，轟炸的巨聲，彷彿每一下都有把整個地球毀碎的可能，於是我不能遏制自已對那些被炸地方的亂想，同時瞧着星火的光圈，不住的從我那充滿着黑暗的眼睛裏迸射出來。但沒有繼續到五分鐘，滿天悶雷般的機聲，聽着它轟轟地震到我們的上空來了，而且飛得低低的，彷彿就在我們每個人頭上惡意地打着廻旋。

「噓——不要出聲呀！」

一個從喉底裡爆出來的叫聲，突然把我從恐怖的靜寂中，嚇得直跳起來。我雖然聽出這是那個麻臉女人的聲音，但我不知道她什麼時候擠到我身邊來的。其實她的孩子除了呼着鼻涕以外，一點也沒有嚷出別的聲音，做媽的可還是用那種子彈穿過空氣般的噓噓的噓聲，不斷地「別響」「別響」的唸着，同時把個顫抖的身子，儘向我臂膀上壓下來，彷彿要把我當做一條棉被，把她們娘兒倆都掩蓋起來似的。

時間在黑牢般的地壕裏緊張地爬着，巡迴在低空裏的飛機，好像要着貓嘴裏的老鼠那樣，一下去，一下來，一下毫無聲息地，一下又惡龍般的吼着從天心裏直撲下來，同時震徹心臟的轟炸聲，就很快從破碎的地面上抖了開去。誰也不知道已經是什麼時候，正像不知道外面那急劇變幻的天地一樣。

「媽媽，肚餓，吃一塊餅呀。」

機聲稍稍遠了點，麻臉女人的孩子，懂事地，打起一種壓在雪窠裏的小鳥的叫聲，向他媽一聲聲的叫了起來：「吃一塊餅呀！肚肚餓呀！」

「吃你的人！」

嗳！要不是這女人就緊貼着我，我幾乎不相信還喊聲會是從她的牙齒上送出來的。接着發狠把身子一搖，好像要擺脫什麼似的，但仍舊用重濁的齒音——彷彿每個字都給她咬碎了之後才拋出來一樣的，她銳聲地喊着：

「死警報！有什麼一天到晚的！」

我緊靠着背後的泥牆，冷氣透過骨眼，直咬到心裏。可是我不敢動，生怕擾着那個平靜了的孩子，會又焦燥地叫喊起來。

在看不見的地方，有人不停地嚼着什麼。我好像走到了舅舅家的馬廐旁邊，這裏所不同的，是缺少那種間雜在咀嚼聲裏的，不時從抖動底鼻子裏衝發出來的長嚙聲。

「我×死他的娘——還沒有解除嗎？」

突然，一個粗暴的人聲，在我們頭上炸了開去。同時，好像從我們的壕板下面，拔起一個沉重的鐵錨那樣，滿壕的人都不由自主的擠動起來。接着只聽見那隻鐵錨，在壕板上一下沉重地拖出了壕口。

「×死他的娘，來炸吧！來炸吧！」

壕外的冷空氣，立時顫抖着，把那個人的喊聲，滌洗得清清楚楚地傳了進來。

「呃，讓讓我，請你們讓讓我！」

不久，我旁邊那個麻臉女人，也直推直撞的在人叢裏擠動起來。

「要出去嗎！警報還沒有——」

我耽心地提高聲子跟她說，她可沒有聽見似的已擠向壕口那面去了。她遮着壕洞口那僅有的，一層薄暗的微光，一下又縮了進來，向裏面焦燥地問着：

「就是那個有玻璃窗的俱樂部嗎？」

飛機又在不遠的空裏震響過來。那壕洞口的女人遲疑了好一會，才亢奮地，不過顯然是長着自已的胆氣說：「好，同你去！」壕洞口一亮，那女人一路自言自語的抱着她的孩子出去了：「屌屄！屌屄！屌痢鬼等到了你嗎？」

「轟！」

我記着那女人出去還沒上兩分鐘，一個山崩地裂的巨聲，從低空裏直直地劈了下來。嗳！我只覺得眼睛前迸出一陣星火！人就昏昏地倒了下去，之後當我發現自已半個身子，給壓在別人提箱下面時，第二個巨聲又落到了地上，地層狠狠地抖着，好像要把人的骨頭也抖散似的，我耳朵裏再不能聽見別的聲響了。

「唉，炸死了人啦！炸死了人啦！」

好容易，我像病了一輩子才爬起樣的，拖着兩條發軟的腿走出壕洞來，一陣呼嘯在薄暮中的冷風，立時掀起四面的人聲，野火般的在原野焚燒起來。

「唉，炸死了人啦！一個女人呀，孩子還活的！」

嗳嗳——孩子還活的！我望着圍在俱樂部前面的一羣人，眼前一陣昏暗，從那昏暗中，我模糊地看見兩條舞起在風帽上的紅飄帶。嗳！孩子還活的！

一九三八、一、八。

晉西人民是怎樣動員起來的？

鄔契爾

「中國的社會是一種紳士的社會，人民是被壓制着，不能發揮他們救國的力量。……」

這幾句名言是當太原還未失守，我們（西北戰地服務團）去訪問閻錫山將軍，談到動員山西人民的問題時，閻錫山將軍親口回答我們的話。

中國的社會既然是紳士的社會，而山西自然也不能例外，也是紳士的山西。當閻錫山將軍看到了這眞實，看到了抗戰的危機，看到了人民未能立即動員起來，爲了把紳士的山西變成人民的山西，把單純的軍事抗戰變成全民的抗戰，曾經三令五申地叫各縣組織「動員實施委員會」，並且頒佈了各種進步的辦法和條例，如「合理負担」「優待抗日軍人家屬」等等……。但結果却出乎那位老練而有獨特之見的政治家底意料之外，是山西人民確實許久沒有被發動起來。

「原因在哪里呢？」這追問不光是閻錫山將軍應該對他底幹部提出來的，就是處在工作底贊助地位的我們也不能不爲這追問引起許多憂慮。

「閻司令長官動員人民的辦法大都是很好的，同我們八路軍底也差不多，爲什麽老是不能收效呢？……」我們常常這樣驚訝着。

等到我們完全了解了這原因，那已經是太原已經失守以後的事了。

在太原失守以前，我們「西北戰地服務團」大都做的是些宣傳羣衆的工作，對於組織羣衆動員羣衆從來是信任當地的領導機關，領導幹部，覺得他們一定能够執行上級的指示，一定能够担負起這光榮的使命，所以我們也就不致「越俎代庖」。

可是，當日本强盜底大砲開始對準太原城墻轟擊，太原城內的守兵紛紛「自動」拋棄太原城中的實藏——有兩百多門最新式的有效射程在九千米達到一萬米達的大炮，還有足够六個月連續不斷射發的子彈，以及堆積如山的粮食等——，從那些原來是挖穿了架大砲架機關槍的城墻底洞眼裏鑽出去，用着比洪水底流速還要快得多的步調潰敗下去，同時順便將那些潰敗的恐怖空氣感染到晉西某些地方當局，某些領導人民的負責者底身上，（如汾陽孝義文水交城等縣）使這些地方當局和領導者雖然還未嗅着敵人底氣味，却也跟着潰敗下去了。

這時候，我們正跟隨着八路軍總政治部到達了這些地方，並已改變爲總政治部工作團單位之一了。眼看見這些地方陷於眞正的無政府狀態，人民焦急地希望能够有人出來領導他們起來保衞家鄉，起來跟敵人拚命，於是我們在總政治部領導之下，義不容辭地負起了組織羣衆動員羣衆的責任。

「在正規軍抗戰失敗，紛紛潰退的現在，我們應動員廣大的人民起來參加游擊隊，組織游擊隊，進行廣泛的游擊戰爭，作爲山西持久抗戰的支點。但怎樣才能動員羣衆呢？我們祗有堅決地具體地眞正地去執行閻司令長官頒佈的各種法令，像合理負担辦法，優待抗日軍人條例，減輕捐稅等。……」這是八路軍總政治部副主任鄧小平同志在召集工作會議時提出來的工作方針。

顯然的，在接近敵人的地區應該加緊提出組織游擊隊的問題。固然山西當局過去也曾有一種自衞隊的組織，但那所謂自衞隊是由政府明令規定，凡在十六歲以上，四十六歲（？）以下的男子，都應列名爲自衞隊員。沒有嚴格的訓練，沒有正式的組織，表面上是在動員，實際上不過是村長對區長，區長對縣長寫一本花名冊的工作成績而已！我們看到這空洞無內容的組織，不足以動員人民，所以特別着重提出組織游擊隊，以便將農村中的，城市中的堅決勇敢的份子——尤其是農民——組織起來，武裝起來，去進行保衞山西的神聖戰爭。

然而，要動手組織游擊隊，又非同時相當解決改善人民生活，減輕苛捐雜稅，實行合理負担，優待抗戰軍人家屬等問題不可。我們已經講過，關于這些問題的辦法，閻錫山將軍早就有着相當周密而適當的規定，不過沒有保障能够執行的社會條件，沒有保障能够執行的基本幹部。上層雖然明達有遠見，下層却還是頑固而保守。換一句話說，山西依然還是紳士的山西，沒有由於領袖底進步的決心和抗戰的緊急形勢而有所改革。

例如山西各縣都有一個「動員實施委員會」，由縣政府公道團犧盟會等所組成，可是這些委員會大抵都是除了掛出堂皇的門牌，儼然是一個大機關以外，就一無所有了。既不自覺地去「動員」，也不切實地去「實施」！

又如捐稅問題，照抗戰形勢正處於不利，急於發動千千萬萬的人民起來挽救的山西情況說，應該是要相當減輕的，山西最高當局也常以改善人民生活，減輕負担相號召，可是各種苛捐雜稅依然存在，並且因抗戰增加了很重的負担，那就是一次又一次的派粮派草；其他如「實行合理負担」「優待抗日軍人家屬」，也都不過空讓它成爲好聽的名詞，沒有人肯眞正地去執行。

尤其是某些地方行政人員的貪汚橫暴，弄得人民不信任政府，更加重了動員工作的困難。比方在離石縣就有過這樣的一件事——

當我們的工作人員到達離石縣薛村去組織農民協會，組織游擊隊的時候，我們接到了全薛村農民底一張控告村長（等於南方的鄉長或聯保主任）的狀子，上面說到村長平日怎樣吊打農民，怎樣敲詐農民的事。經過我們詳細的調查，才證明了農民們底控告完全是事實。於是後來在查賬運動中，發現了村長在兩個月內竟侵吞公款到五百元之多。以一個小小的村長在兩個月任內就如此貪汚，這不能不算是駭人聽聞的事。

過去晉西人民之所以沒有能够動員起來，祗要理解了上述的各種原因，大約不再覺得奇怪了。

我們去開始工作，首先就設法消除那些原因和困難，並綜合人民的要求，提出「減租（二五減租）減稅（除田賦烟酒稅以外，一律免除）減息（一分——一分五）的辦法，眞正執行了閻司令長官底「合理負担」的規定，同時用農民協會去協助督促村政，使政府與人民在抗日第一義的前提之下減少不必要的對立和磨擦。經過了一個工作時期，經過了當地無數堅決的熱心的人士底贊助合作，如山西第四區政治主任武靈初先生，戰地總動員委員會續範亭先生，程子華先生等都給予了莫大的幫助和指導，於是晉西的人民就逐漸地動了起來，創立了許多遊擊隊，而且有的已經開赴前線，用勇猛的姿態與敵人進行着生死的鬥爭，以完成他們保衛家鄉，保衛山西的神聖的任務。

可惜的，是當我們離開晉西的時候，聽說一部份保守頑固的紳士們，企圖聳恿上級政府用壓力去限制人民，甚至主張解散遊擊隊，主張依舊照收各種苛捐雜稅……。原因是敵人底後路感受威脅，目前還不敢繼續向[illegible]南晉西進攻，紳士們既是可以苟安一時，當然重振威風了。

假設這成爲事實，將使山西抗戰的力量受到挫折，將使敵人的進攻得到方便。

但我們相信有遠見的山西最高當局，一定不會被紳士底意識所圍困，一定能够把紳士的山西變成人民的山西，變成動員一切力量抗戰到底的山西！同時也相信山西最高當局一定能够很快的培養出幾千幾萬嶄新的幹部，去確實而堅決地執行他的意志，去替代那些不適合於抗戰時期所需要的守舊的幹部——紳士們！

一九三七・十二・柳林鎮

簡約：

一・我們希望寄贈的文章，如民衆活動特寫，抗日英雄特寫，陣地特寫，地方特寫，散文，詩，劇本，小說，通訊，論文，批評，漫畫，木刻等，文字頂好在四千字以下，特別的材料亦請不要超過八千字。

二・來稿發表後，板權仍爲作者所有，不得作者底同意本社不得出單本或彙刊，但如果同時或先期在他處發表，不送發表費。

三・爲了內容底調和，我們保留選擇的自由。

四・頂好作者留下底稿；附有郵票，不用的當然退回。

五・發表後致送薄酬，希望寫明確實的通訊處。

六・關於發行，完全由上海雜誌公司經理，請直接向那里接洽。

特載
文譯

高爾基從加普里島寄來的信

P.馬克西莫夫 輯

戰前的洛斯托夫和現在的截然不同。沒有大學，沒有文藝團體，也沒有任何文化生活，墮落苦悶……想望着另一種的。

我讀了高爾基的小說，關於不安分的流浪者的與他自己的傳奇似的流浪生活。從那時起我就覺得坐立不安。出城到曠野里去，我坐在一個墓塚上，老是望着曠野的道路沉思：

「這條道路，青年時代的高爾基什麼時候步行過的吧……我要去，曠野的風迎面吹來，從心胸中吹起來了一切熱情，正像高爾基小說中的英雄葉密里央·比萊所說的一樣。或許，我會和捷而卡胥晤談，和馬爾華會面吧。」

結果我把皮囊擱上肩膀，手里拿着一根棒，傚法高爾基，出發在露西上飄流了。

會到了什麼地方，看到些什麼——這敘說起來是很長的。

……可是我既找不到捷而卡胥，也沒有見到馬爾華，在基也夫我得到了一份新出的刊物，這里我讀到一篇敘述馬克辛姆·高爾基怎樣生活，怎樣工作的文字。當時他僑居意大利的加普里島上，我寫了一封給高爾基，充滿着粗糙的語氣與責難：「你到底為什麼虛構出捷爾卡胥與馬爾華兩個人來？——」

經過了十一天工夫我收到了一封貼着意大利郵票的淡紫色的信，上面寫着：「Signor Paolo Makcimov」（意義：保羅、馬克西莫夫先生，）筆跡秀麗，別緻，用打字機打的兩大張信紙。

第一信

寄自加普里（拿波利）一九一〇年十二月二十三日。

……青年，在你的信里有許多廢話，非難與不公允的，但——我覺得——這是一個誠實的人所寫的一封很好的信。我當開誠佈公地答復你，并且相信在你心中燃燒着的對於生活與本身的不滿足的神聖的星火更能充分地輝煌起來。

你所寫的一切我也曾在某個時期經驗過的，而且記得，我也曾心灰意爛地枯坐在角落里，當在我周圍繞到的都是些高調的時候，我也問自己——我是誰，為什麼？但是——這一切是必須經過的，至於問題——我是誰，為什麼——只有你自己才能解決。我勸你——學習！切實地，堅定地與恆久地學習，讀些正經的書——我很願介紹你讀克柳且夫斯基著的俄國史，米柳可夫著的俄國文化史概論（註一），這兩冊書將會告訴你，在歷史上說你是誰，在過去，在你的上代你會是怎樣的，或許還會指示出，你現在該是怎樣的人。

對自己下工夫——必要的，自己修養……

我曾工作過好多好久，現在我還是在工作，直至死去為止。我的全露西的步行不是由於嗜好飄流，而是想去看看——我生活在什麼地方，在我周圍的是些怎樣的人？我當然從不會也不對任何人號召：「去流浪，」我卻始終喜歡那些活動的，積極的人，他們寶貴并裝飾生命，以即使少少的，即使隨便什麼，即使對好的生活的幻想。一般的說，俄國的流浪者是比我所能說到的更可怕的現象，此種人之所以可怕，首先而最主要的是——他的無怨憤的絕望，以致否認自己而把自己擯棄於生活之外。這一夥人我知道得很清楚，曾在他們中間生活過，不久以前死了我的兄弟——流浪二十餘年——他是個好好的小夥子，但完全消滅了意志。

在流浪者中間也有這樣的人，他們在生活里面感到不自由，但他們不多見。他們——可憐的，可是能夠工作，在貧乏的我們的生活中還能保留着明綴的，良善的痕跡的恰恰正是他們這些人。我們的國家是很不幸的，它里面的人——消極的，工作得壞，不愛做事，可是——應該愛做事才行。我始終非難知識階層的是他們老是懷着異己的思想，很少知道自己的國家，也就是——消極的，幻想與爭論比工作要多。——這是有害的、應和這鬥爭。但是你要知道，俄羅斯的知識階層，作為歷史上的一種勢力來說，而不是這些或那些個別人物，那是一種特殊的，幾乎是奇怪的現象，而我們的知識階層是有足以愛，足以重視的地方。它時常要陷於不信，絕望，但還是我們的國民性——虛無主義，這特性，一般國民所有並不比文化的人們少，怎樣的教區便有怎樣的牧師，是的，正是這樣的！

對於俄國的作家——我並不說自己，請你相信！——應得加倍地敬重，因爲這種人幾乎是英雄的，非常誠懇的，有偉大的愛情，開闊的胸襟。讀一讀格連勃、烏士賓斯基，迦爾洵，薩而帶可夫，赫爾曾等人的書，看着目前還活着的科洛倫科——這是我們現在的第一個最有天才的作家。一般的說——學習，讀書——學會重視他們的工作，重視過去他們爲你所做的一切與你現在所生活着的，不知道你所用的每件事物所包含着的巨大的勞動，便不知道這事物怎樣做成，化多少心血。

至於什麼別墅與其他的瑣事——不要想吧，那是無聊。不錯——別墅我沒有，將來會有也說不定。呵，我要再說一遍，你用不着把苦惱着你的不安與不滿情緒絕滅，讓它使你煩惱，讓它燃燒着，它正會幫助你成爲一個人。對於我們國家需要的人。我們，俄國人，太安然自若了，這是對我們有害的，會毀滅我們的。

願你健康，學習，工作，讀書，你對女孩的祝賀——謝謝你。你能這樣關心，很好。不過她不叫郭玲娜，沒有這樣的名字，霓爾密娜——到是有的，她的名字是霞賽芬娜，她却叫自己爲舒舒芬娜。她正在學說俄文（註二）。

我想，我勸告你的沒有一點壞的。

A．畢胥可夫

P.馬氏原註：

註一、讀者應記住，此信是在二十六年寫的，當時關於這方面的問題還沒有卡爾主義的著作。

註二、在刊物上載着一張高爾基和他的「女友」合拍的照片，——這是一個意大利女孩，某加普里土人的女兒。在我給高爾基的第一信的末尾，我要求他代爲問候這個女孩。

第二信

寄自加普里（拿波里），一九一一年一月三十一日。致保羅、馬克西莫夫。

多讀一點書吧，朋友，這會使你認識到世界人類思想的奇偉的工作，并會把你的精神導引上軌道。我能確信地這麼說，因爲我說過，你所經驗着的精神上的紛擾，我也曾自己經驗過的。請許我介紹給你幾冊關於文學史的結實的書——這些書都能在彼得堡的舊書店里很便宜的買到——你可在「俄國財富」與「現世界」上看廣告。

考爾胥與基爾比契尼可夫著的文學全史，四冊共值三十盧布，但例如我，在沙馬拉的舊書店里僅化了兩個半盧布買了這部書。這是部最結實的著作，還將給你以很多的東西，在它里面和在文選中一樣，你將找到上古文學的好的模範，從中國起直至十九世紀。好好地讀一讀這部書——是椿善舉。

關於最新的文學方面：

普蒂・特・朱耳維——沙國文學史。

古盤——弗朗克——德國文學史。

以上兩書在舊書店中也有，很便宜。

關於最新的英國的，斯干底那夫的，意大利的文學——好的書沒有，但我知道，這種書在翻譯，今年大概可以出版一部很好的英國文學史。

俄國文學史——丕賓著的，對於你大概是很乏味的，但你可勉力讀一讀。史卡比契夫斯基著的是無益的，除了著者自己的愚蠢的，大半不確實的意見以外，你不會從這里得到什麼。讀一讀科根著的俄國新文學史概論一書，倒不是無益的。我寄給你一部安特烈也維契——索洛維也夫著的——此書有點兒輕率，但頗有趣。

你看——這些都得加以評語；這里的原因無非是我們俄國自己沒有好的文學歷史。文學——巨大的，由偉大天才而豐富，要求歷史家須有天才的才能，可是這樣的歷史家如今還沒有產生。

現代的文藝作品我勸你目前暫時不要讀，可以讀些俄國古典作品。至於西歐的——一定要讀，拜侖（Byron），雪萊（Shelley），華爾丹、斯各德（W.Scott）與狄更斯；最後一個的作品可讀凡零斯基的譯本，這些書都可在舊書店里每本化五十至七十哥比買到。

巴爾札克的，佛維貝的，莫泊桑（Maupassant）的作品——非讀不可。

許雷（Shillen）的東西也不妨讀讀。

俄國作家中我很勸你仔細地去讀列斯可夫的，史連普卓夫的與保米亞洛夫斯基的，特別是——列斯可夫的著作。

如果你能讀了狄更斯的辟克維克的遺稿以後，接接着立刻去讀幾遍哥戈理的死靈魂，那是好極了。

好吧，願你健康。用不着神經過敏嚴格地裁判人們——這對你也是有害的，對他們——無益的。

A·畢胥可夫

第三信

寄自加普里（拿波利），一九一一年七月二十一日。致保羅·馬克西莫夫，乞告令尊名，直書保羅似有不便。

此時收到你的親切而簡單的信，仔細地讀悉，我想，我懂得了你的情緒，并爲你很高興，很高興你好好地堅强地長大起來，上帝使你發揚光大給人們以愉快并引以自傲。

先生，我的信沒有達到你那里，這是事實，其中的一封因「無法投遞」而退回給我了——顯然的，恰恰這個時候你正在聖山遨遊。封信——都失落了，現在寄上的信都有回遞的收據，比較靠得住。

想對你講許多好的事，是否做得到——不知道。你的青年人的憂鬱——括括叫的事，你該寶貴它，有成果的。你的愛情將是純潔的，讓它有點兒憂鬱，甚至失意，可是——純潔的。

在男女的關係上——你將自己當心，不要太荒唐了，否則你便會戕害你自己，而且也會戕害你所要愛的那個女人。

主要的——是要自己當心，因爲等待着你的愛情是堅固的，純潔的，在它面前會驚奇得至於流淚，瘋狂，不可遏止的歡快。所謂禮拜——那就是對女人的愛情，不是別的。那些蠢人亂喊人的奴隸性，種族的利害關係，本能的宿命力量等等——你不要相信他們，那是無能者和懦夫。他們中最有天才的是德國人……叔本華（Shopenhaur）和猶太人魏寧海（Veininher）這當然不是蠢人，不過其中一個想解釋一切，這是所有的人都願意的，却弄得思想混亂，把自己推到黑暗的角落里；另一個——變態的，因爲他是個否認種族傳繼的猶太人，厭世主義者的猶太人——那也是不中用的手上的第六根指頭。

你生活在你所接近的大自然中，你想像一個奇異的姑娘，這將給你以許多愉快的思緒，創造的感覺，并且把你救出自許多危險，污穢，這在人生的路上是舉目皆是，惡意地偵視着我們每個人的。

讀書，學習——你可試試寫作，倒正是這個時候，但你要寫——你得想着她，雖然她是不存在的，同時也得想着卓越的人們，你對於他們——也是最卓越的人——誠心誠意地，簡簡單單地，很眞實地說出你所知道的東西，并且必須對她和對所有他們都認識的——你懂得嗎？你要寫作時，必須把自己看作一個很好的人，而你所爲了描寫的那些人——也是最奇特的人，你所敬重的，而他們看了半個字便會懂得你的。

主要的——簡單，如柴霍夫的語言，罕姆生（Hamron）——沒有嬌態，沒有遁辭，正像你最近寫給我的那一封信的一樣。

寄上下列的書：罕姆生的與我的奧古洛夫城，考席米亞金那——最後一篇小說請你仔細讀一讀，或許它對你會有什麼興趣吧。

從聖山寄來明信畫片收到了，在這上面我認出了二十年前我曾游泳過的地方，在一顆樹下坐過。當時我正是你的年紀，也許稍大一點，我記得那時我是個可笑的人。

你不要怕是個可笑的人，對那些露着牙齒嘲笑你的人，你也不用發怒，你——富足的小夥子，你很可以好好的來對付一切壞的。我并不敎你——忍受，我倒是勸你——反抗；但盡可能地穩靜，百折不撓，雖然輭輭的。

願你健康，願你良善。

對啦，試一試吧，把你怎樣往聖山去，路上遇到什麼人，遇見時的情形多半怎樣，那些地點最深地印在你的記憶里，等等——把全部的全旅程寫出來吧。

寫後寄給我看。

一切安好，萬事如意！

A·畢胥可夫

第四信

寄自加普里（拿波利），一九一一年八月十八日。

……保羅·赫利山福維契！

收到了你的三封信和一張照片——謝謝你，你這張照片像巴胥金（註一）。

我們來稍爲爭論一下。

你寫道：「所有這些字句，使我嘔氣，掘出了我的靈魂。呀嚨，先生們，怎樣的汚穢，怎樣的痛苦！」而且你問道：「難道這都存在的嗎？」

顯然地——存在的。要知道你自己也說：「書記，這是那樣的混蛋，簡直難以想像得出來……他們胡說八道。我的長官——老而可惡的忘八蛋！」（註二）

那知道你這些字句和愁苦的觀察——不是從高爾基的，而是直接從馬克西莫夫的嘴里說出來的麼？

但你應看到：不要專門在人間找壞的，也得在他們里面找些好的，不管它是微乎其微的——把它顯示給自己和別人看。偉大的莎士比亞（Shakesqeare）是從眼睛里所看到的胚胎生長起來的，而一切驚人的不朽的，一切我們所自傲的眞正的人性，都是始自微細，看不到的。不要屈服於顯而易見的醜惡的，在那些「忘八蛋」里面發現出一些不易辨認的好的人性的東西來吧。

你說：「沒有看到奧古洛夫，在我國南方沒有這樣的城市。」我知道，你的奧古洛夫比我們的更活生生些，但像我們的更要多些，它們約在八百個以上。類似新比爾斯克，賓沙，路桑卡羅加——還有好多——這樣的城市都可歸入奧古洛夫的一類。在它們里面禁錮着好幾百萬俄羅斯人。

你覺得我書里的主人公不够「哲理化」——有許多批評我的人也覺得如此，時常嚴厲地非難過我。但我認爲這種判斷是不公正的，我要說：「是的，可惜俄國人實際上就是『不够哲理化』的，還可用我們全部的生活來證明：我們的宗派——我們的文學——非難我拋棄『哲理』的批評家。」

再說一遍：我們都愛哲理和幻想，最好的精力我們拿來消耗在對於善的幻想而行善——我們不會不去學。在和惡的鬥爭中，我們里面表示最消極的便是那些時常最大聲地說着歌頌善德的人們。試以托爾斯泰信徒們作例。我期待的超脫不是從內部，不是從意志上，而是從外部，從上帝，從日本人、德國人，社會立憲黨人那里；從天空落下來的「可憐的牝馬」那里，如格達勒·烏士賓斯基所說的。我還帶有很多東方人的血統，我們傾向於觀察，懶惰和不做事。凡是俄羅斯人，應對這作頑強的，經常的，不停手的鬥爭。很好，你不準備去相信別人的話和指示，可是你也就以此生活着，注意地聽對人要敬重，但不忙去相信他是知道眞理的。不要忘記，沒有純粹是白的和完全黑的人，人是各色各樣的，錯綜的，很複雜的。

勃柳索夫，勃洛克，巴爾芒以及一般新詩人的你不忙去讀，開始應好好地去認識舊的——普式庚，萊芒托夫，迪且夫，弗脫，福方諾夫，凡爾比茨卡亞——最後一個也可不必讀，你現在已比她更成熟，更靠得住了。

雷米索夫你不喜歡的，古茲明大概也是一樣，——總之你還是以後再去讀他們的吧，首先你應把舊文學的基礎打穩固。

世界史好的——我們沒有，我要介紹你的是：找到韋勒爾的叢書，把它一部一部的來讀，同時可讀古代作家——海洛多，塔豈富基弟，新的——莫姆生的羅馬史，貝洛赫的希臘史，勒南的伊色勒民族史。

世界地理方面可以用愛利士·雷克柳的，附有插圖。

如果你手頭有亞方拿西也夫著的斯拉夫人對自然的詩學見解一書，立刻就拿來仔細地讀一讀。有史以前也得知道——可看太勞爾的原始文化，如太勞爾的找不到，可看李不爾脫的，還有文學史也可讀。

……先讀學的書——然後遊的。

克柳且夫斯基的俄國史必須讀一讀，很多嗎？還少呢，先生！還得加上些！你最好學一種外國語言——德文……法文，如能兩種都學——那是更好。

把「電保夫民克」的8——9年鑑找來看，里面有亞萊舍·托爾斯泰和賽爾蓋也夫——邱斯基的小說監督官捷路平。

至於你「被遺忘，被擯棄，被踐踏在塵埃中」——這我是不相信的。這對你是不會有的，你對自己也會這麼說。只是——不要喝酒，否則一切無聊的事都會由此而生。

祝你康健，勇敢和堅強。謝謝你給我的信，很感激你對我關心。

握手！

A·畢胥可夫

馬氏原註：

註一、俄國詩人，似乎是德謨克拉西份子，當時死於肺病。

註二、此處所說的是指戰前的書記——庸俗的小吏。但我當時對於他們的見解當然是還很膚淺的，不深刻的。

（克夫譯自蘇聯一九三六年出版第九期文學修養雜誌上）

關於「在抗日民族革命高潮中爲什麼沒有偉大的作品產生」

周行

東平兄：

昨晚是舊曆除夕，這兒的花市還是像往年那樣熱鬧。我買了一本「七月」回來，讀到了你答覆羅果夫先生的那封信。因爲想起你，所以也想起四年前在安吉里的一段生活來了。但這里我却必須告訴你：使我起了給你寫信的念頭的，並不是這些懷舊的感情。不是的。使我感到有寫信的必要的是你那一封信，那一封關着一些頗重要的問題，却並不曾好好的給與了解答的信。

首先我必須指出，你的指摘有不少是對的，例如：

1，批評那些因準備而擱起筆來的人們；

2，抨擊文章無用論者；

3，指出文藝界在抗戰初期的無組織的混亂狀態；

4，結末那一部分的幾點指摘。

是的，在這幾方面，你曾經提出了一些可實貴的意見來。但儘管如此，儘管你的意見有着這些積極的部分，然而作爲整個問題的解答而論，你的意見還是不充分得很，甚至還至於負的部分多於正的部分。

第一，一個作者是否可以游離實際生活？他，不就是知識分子里面的一員麼？不！他，不是首先就作爲一個中國人而存在的麼？東平！對不起，這只是一些常識的問題，但我還是要提出來請你注意。我理解你的意思，你是要强調「以文學者的本行工作遂行抗日任務」這一點。這是很對的，而且是非常必要的。但同時，這還不過是問題的一半，而另一半你却沒有注意到。這里我要問你了：怎樣才能使你的作品在抗戰的意義上充分發揮它的作用呢？豈不是正要深入戰鬥生活的核心，才能鍛鍊出一種銳利而遠大的觀點，才能吸取豐富的內容，而且，才能戰取一種進步的創作方法麼？在現在，當整個民族的生死存亡正繫於一回最後的決戰的時候，而你却輕視一些如軍隊的政治教育等等的實際工作，說道：「這些事不是我做的，……我正埋頭於一個偉大的作品的創作。」不對！朋友，你把創作和一般社會活動對立起來，把一個作家和一個公民對立起來，却忘記了它們間的關係，還有更重要的一面：統一。我不敢苟同你這一意見。一個作者把自己孤立起來而要創作出一個偉大的作品，老實說，我是十分懷疑着的。

其次，抗戰文藝運動是否必須排斥一些老作家？抗戰眞的完全沒有可能推動一些老作家走上進步的路麼？在這些問題上，我的意見也是跟你相左的。我覺得我們目前的抗戰決不是一部分人的事情，它必須，而且可能成爲全體國民（除了漢奸）的事業；而且也只有做到這一步，才能够戰勝兇暴的日寇。陳紹禹先生最近說：「加强民族的團結是挽救時局的關鍵。」這句話我以爲正是在這樣的意義上說的。在文藝的分野上，如你所指摘過，無疑的也需要結成一條堅强的統一戰線，而消滅盡那些不必要的混亂和紛歧的現象。不知道你看到沒有？同志，事實上，民族解放戰爭的高潮，一方面固然毫不容情的把一部分已經成了木乃伊的老作家拋在後面，但同時另一方面，它也吸收了不少落後的藝人，使他們轉向到抗戰的主流中來——雖然他們也許一時還不會更積極的參加戰鬥，可是，至少是部分的做了，至少他們的眼光是朝着這邊來看了。這是事實，無可爭辯的事實。我們是否可以說，因爲他們做得還很少，於是連這很少的一部分的意義也沒有了呢？決不可以的。正相反，我們應該對他們說：同志！你做了一部分的工作了，這很好。但僅僅這一點還是不够得很，請進一步再多做一點看！

不用說，我的意思並不是無視統一戰線中還有鬥爭這一事實存在。不是的。統一戰線的建立過程根本就是一個鬥爭的過程，它的發展過程也必然將充滿着一些鬥爭的事實，這我知道。然而問題不在這里。問題是在於如何執行鬥爭才能使民族力量的內部消磨減至最低限度，從而在對日寇作戰上就可以增大至最高限度？因此，我們對待戰友的態度就在這里被決定了：我們有自我批判的義務，我們也有批評任何一個戰友的權利；然而這必須是善意的，而且是客觀的。我們需要的是這樣的批評，藉它把戰友再往前推進一步，而絕不是需要那結果會把戰友推出隊伍之外的排斥。如果說，我們年青的一世代在抗戰中是佔着更重要的地位的話，那麼，這重要性正是由於我們多負着這一重大的任務。

最後，我想觸到那個中心的問題了。羅果夫先生問你：在抗日民族革命高潮中爲什麼沒有偉大的作品產生？你怎樣答覆了他呢？你暗示他：這由於大家沒有勇氣敢於埋頭創作；即有，也是大題小做。這，很可能引伸出如下的結論來：一，把創作活動還元爲一個單純觀念的或技術的問題；二，否定了或至少小看了新形式（如報告文學）在文藝發展史上的意義；而原來的那個問題，卻還是沒有給與了一個眞正的解答。據我想，羅果夫先生問的應該是：爲什麼還沒有產生出來？是麼，羅果夫先生？如果是這樣，那我便要像這樣回答你：是的，還沒有因爲戰爭還正在進行中，大家連文藝工作者在內，都正在忙於更直接的出全力去搶救那垂危的祖國，沒有好好的執筆的機會，甚至也沒有好好的構思的機會。在這時候，他們只能抓住現實的某一片斷，用最單純最直接的形式把它反映出來，這在抗戰中正盡着一種巨大的作用，而未來的偉大的史詩，也正是由它們發展而成的。這就是現階段文藝活動的客觀的情態。羅果夫先生！貴國的新文藝的成長的歷史，你一定是清楚的。偉大的作品像綏拉非莫維支的「鐵流」，是在一九二四年完成的，而法捷耶夫的「毀滅」則還要後四年。假如沒有內戰時代，假如那時候綏拉非莫維支不在南俄各地的戰線上活動，而法捷耶夫也不參加西伯利亞游擊隊的工作，而且，假如他們都放棄了作爲一個作者的努力，那末，「鐵流」和「毀滅」會不會產生出來呢？不會，顯然不會。同樣，這就是爲什麼我們現在還沒有偉大的作品產生出來的理由。

新中國的偉大的史詩一定會創造出來的，然而這恐怕還是屬於將來的事。新的大時代還在發展中，文藝上的新人也還在孕育的過程中，還沒有被生產出來。而我們目前的工作，主要還是在于怎樣各自發揮所有的力量去搶救那陷於危亡境地的祖國，還是在於怎樣去努力爭取一個文化的（文藝在內）解放的前途！這就是我個人的一個答案。

東平！我的話是直率的，然而卻不是詳盡的，希望你不要以辭害意。前些日子，我會寫就一篇題作「抗戰與文藝活動的新階段」的論文，那裏提出的正面的意見比較多。我想如果這裏沒有發表的機會時，就寄到你們那里去。我希望這只是理論討論的一個開頭。

熱烈的握手

周行 一月三十一日

從上海寄到武漢

柏山

胡風兄：

你航空寄來的信件和刊物，收到了。你說，漢口的刊物，多得要命，而文藝的卻祇有一個「七月」。起初我很驚訝，細想一下，也就不奇怪了。所謂作家之流，有的……有的被戰爭的烽火嚇慌了，而大多數文藝青年，都是急不及待，一個個趕赴前綫去，所以這神聖的園地，好像也遭受過炸彈的災害一樣，大有凄涼之感。惟其如此，「七月」也就更値得珍貴了。

奚如兄的信上說，「只要有機會，文學這一武器還是應該把持。」我是很同意於他的意見的。這就是說：把文學這武器，應當從表面的教化，深入到實際的組織；同時，從實際的組織，去加强文學的教化的作用，激起更壯烈的抗戰的情緒。這才能完成我們戰時的文學活動的使命。這，你是比我有更深刻的理解的。

然而，五期來的「七月」，我都看過了。其中端木兄强調偉大的作品應從大作家去學習，應有大思想的建立，才能完成。這意見，我是特別注意的，而且也特別看重。不過，處在目前這樣一個大時代下，號招廣大的作家和讀者積極地參加實際的鬥爭，我以爲這也是創造大作品的重要條件，甚至有着決定的作用的。當然這里所謂鬥爭，不一定就是拿槍上前線（能這樣，我以爲更好），它應當包括文藝的及各種社會活動的。

但是在目前，「七月」的同人——至少在刊物上表現出來的，還缺乏這樣一條明確的戰鬥的路線。我們知道，一個前進的作家，他並不是離開羣衆活動，超然物外地來指揮羣衆。他應當生活在羣衆里面，不過在其中表現他的領導作用而已。因此，以「七月」所處的地位，和它在讀者方面的影響，它是應當有一個具體的廣泛的——從低級形態到高級的組織的。這樣，一方面可以號召廣大的讀者參加到文學戰線上來，同時使文學的抗戰力量也更形强大起來。

這意見，在你離滬之前，我已經向你談過，而且你也是同意的。到現在，我以爲作者和讀者應當有進一步的聯系了。也許你還顧慮那些「小氣鬼」的搗亂，恐怕有頭無尾，其實這是太爲自己着想了。一切的傳統勢力偏見，並不是逃避可以了事，還祇有從積極的戰鬥，才能打開新的道路。並且有時候你就把黑暗的勢力估量太高，反而把自己光明的心遮蔽得陰沉了。爲了使「七月」在大地上開起花朵來，我是希望你積極的行動的。

瞧罷：丁玲她在怎樣戰鬥着，奚如是在怎樣戰鬥着。對於他們，我的心，是虔誠地向往着。同樣，我也虔誠地向往着你。紺弩，蕭紅，端木，田軍，田間諸兄均此。

柏山 一月，十五。

大時代叢書

『……我們以守在思想文化的崗位上，提供青年戰士們以精神的武器作爲我們對抗戰的効勞。我們編這部大時代叢書，自然是以抗戰爲中心的。它裏面有相當詳盡的理論分析，有後方實際工作的方案，有一般的軍事常識，有戰時青年生活的指導。舉凡全面抗戰的各部門，我們都提綱挈領地搜羅概括，以深入淺出的文字，提供給青年朋友們。……』

上海雜誌公司刊行
漢口交通路六十二號

告大時代的青年 金則人著
本書指出此次抗戰的任務，從這任務之下，釐定了青年救亡工作方面和內容以及在抗戰期中應取的生活態度。

青年軍事常識 林朝嵐 胡希明著
本書以簡明的文字灌輸給青年們一般的軍事常識和特殊的軍事常識——陸海空軍各方面。

日本在華的間諜網 林克多著
在國際戰爭中、間諜是有很大的作用，本書是揭穿日本在中國各地所密佈的間諜網的實際情形。

漢奸的產生和撲滅 傅于琛著
漢奸爲什麼會這樣多，其產生的原因和怎樣用我們的力量去撲滅牠，本書有詳切的檢討。

全面抗戰的政治形態 史步金著
這一次的抗戰是有其政治背景的，我們要明瞭這戰線與現在和將來的政治形態，本書是值得一讀。

空襲與防空 李若逸著
本書會告訴你軍用飛機的種類和性能，空襲所用的彈類和紙彈。防空的意義與種類。並附插圖多幀。

中日戰爭與國際關係 柳乃夫著
這裏很清楚的分析各國對于這次戰事所取的態度；和我們應走的外交路線。誰是友人，誰是敵人？

持久抗戰與國民生活 劉孤帆著
在抗戰中國民生活當然有劇烈的變動，本書會告訴你在這持久抗戰中應怎樣生活，和應做的工作。

國民兵役的法令和實施 劉列夫著
國府已經頒佈了國民兵役法令了，每一個中國人民都有服兵役的義務。本書更着重於實施的方法。

日本軍部與法西組織 柳　仁著
日本軍部的現狀和其國內法西組織的情形，在中日戰爭中我們更應該明瞭並加以詳細的研究才好。

抗戰文化與文化青年 林淡秋著
什麼是抗戰文化，在抗戰中文化人應怎樣爲抗戰而工作；各地的文化青年應怎樣在各地爲適合環境而工作。本書有具體的說明。

後方民衆怎麼幹 漢　夫著
沒有鞏固的後方，就沒有鞏固的前方。本書對于後方民衆怎樣從事抗戰救亡工作，提供了切實而具體的方案。

七月

上海雜誌公司總代售

•目錄•

本刊已呈請主管機關登記中

七月 第九期

廿七年二月十六日出版

編輯兼發行 漢口交通路六十二號 七月社

編輯人 胡風

發行人 張鴻飛

發行所： 漢口交通路 上海雜誌公司總店 六十二號

經售處： 上海雜誌公司支店 梧州・武昌・廣州・長沙・宜昌・西安・成都・昆明・重慶・

印刷者 漢口小董家巷 新昌印書館 電話二一〇四五

本市零售每份一角 外埠每份一角一分

訂價 三個月……五角五分 六個月……乙圓

每月一日十六日出版

送北征

日本革命作家：鹿地亘

去罷，
梅呵，黃呵，陳呵，
朔風在招喚你們。
匆匆地——默默地收拾着行裝的
你們底胸膛底鼓動年青的歡喜，
是怎樣地搔動着
我底躍動着的血呀！
去罷，
梅呵，黃呵，陳呵！
朔風在招喚你們。
在這里是不屬於我們的
權力下面的苟安：
溫暖的太陽清澄的海，
不知季節的南國底花
怠惰地開着；
在瘴氣里醞釀的奴隸底和平
腐爛着新鮮的生命。
哦哦，朔風喲！
我在待望着，
待望着你吹送來的　息。
哦哦，每天每天，
像那從原野從山岳
騰舞上去的砂塵一樣
向四面八方衝擴的朔風喲，
泛濫地吹罷！
捲起戰鬥底激情罷！
再也恰當不過地人們
把你叫做第八路軍。
倭寇呵，誇耀罷你底砲火，
沉迷罷你底妄想，
說是皇威要和砲烟一同
把大陸掩蔽。
但是——等着看罷，
滿野的風，馬上
會把毒烟吹得無影無踪，
在冰雪里閃耀的山峰
會留下壯嚴的姿態的。
儘量地表演罷把你底寒傖的威脅，
那瞬時的砲煙！
直到枯盡爲止儘量地表演罷，
把那和你底妄想一起。
直到你底夢
在冷酷的北方底魂魄里面
冷了爲止！
去罷，
梅呵，黃呵，陳呵！
朔風在招喚你們。
把你們底燃燒的激情。
用冰雪底心武裝起來罷。
去罷和朔風一起，
用堅決的心
去把兇烟吹散！
不久——時間會來的。
山野底冰溶解，
黃河底水增高汜濫，
要把洶湧的新的生命
伸流到平原，
伸流到在苟安里睡着的南方底海邊罷！
要把充滿了歡喜的生命
氾濫沸騰的罷！
然而——現在是冬天，
山呵，野呵
用冰雪底心武裝起來罷！
去罷，
梅呵，黃呵，陳呵！
朔風在招喚你們。
哦哦，那夢音——
是在所有的胸膛里面
喚起回聲的地殼下的雷鳴。

從廣州寄到武漢

鹿地亘

胡風兄：

拜見了你底信，高興得很。

將近半年的不安和焦燥，請你想像一下罷。不知有多少次遇到了生命底危險，但幾千萬人底生命成爲問題的時候，我們個人底生命又算得什麼呢。祇是，面對着像狗一樣地死去的恐懼，什麼工作也沒有做地一天一天地消磨着日子，請想像一下是怎樣一種情形。所以，當焦燥得忍耐不住的時候，從我底胸膛里迸湧出了這樣的悲憤：

中國底兄弟們，認淸楚敵人和朋友罷！

要這樣才是眞正有勇　的人！

早就打算寫脫險記。在上海曾開始了幾次，但每次都把原稿燒掉了。現在雖然得到了好朋友們底保護，但又感覺到了連那氣力都完全沒有了的那麼疲勞。

可是，疲勞也已經恢復了。我想開始工作。

「七月」經常地看到了，很懷念。早想寫點什麼寄上。每天都這樣想，但現在只有下面那麼一點即興詩。

不久當能和你們愉快地會談。告訴蕭軍，蕭紅，力羣君等罷，就是在期待着不久能够見面。

似乎情勢漸漸好轉了呢。我現在也大大地被希望鼓勵着。日本底雜誌看到了兩三本，這又從反面證實了我底確信。今年才眞正……。詳情面談罷。

祝諸君底健鬥。

一月四日　在廣州　鹿地亘

關於鹿地亘

胡風

譯完了鹿地君寄來的兩首詩和一封信，心緖總不容易平伏下來，夜太深，紙烟未盡，還昇接着寫一點什麼罷。雖然這也許只是我個人底一點隨感，不能作爲對於鹿地君的介紹。

鹿地在日本唯物主義的文化運動陣地里出現，是一九二六年，據他自己說，比藏原惟人要早一年左右。此刻我手頭沒有革新文藝辭典，不能說出他底經歷，但自那以後他沒有從革命的文化陣地離開過，却似乎是事實。不過，當我在東京的時候，無論是普羅科學研究所或作家同盟，我們都沒有見過面，雖然那時他負着作家同盟書記長的責任；我們第一次會見的時候反而是在一九三六年春天的上海。

有一天，魯迅先生對我說：「鹿地亘到上海來了，說是想見一見，怎麼樣？」於是約定了時間，而且在約定的時間見面了。地點是內山老板底住宅客室，同坐的還有鹿地君寄居的主人，新聞記者日高。他向魯迅先生提了一些問題，顯然地他底目的是想明瞭中國文壇和文學運動底狀況，但談話却似乎發展得很散漫，變成了隨便的談天。現在只記得一點：他說，日本以前對待文化運動者雖然殘酷，但只要聲明了不參加政治活動，就可以保釋出獄；現在不同了，非得承認在文化活動里面也放棄唯物主義的觀點不可，他自己就是最初地被當作了這樣的鎗把子……。

當時我們並沒有問他最近一兩年來在國內的鬥爭經過和怎樣到上海來的，但他却在上海留下了。因爲，那時候魯迅先生已經和改造社約好把中國底青年文學介紹到改造上發表，這翻譯工作就委托了鹿地和懂得中文的日高，而鹿地自己也想翻譯一本魯迅雜文底選集。

原來，中國作品底介紹，是由我提出候補篇名，經魯迅先生決定，鹿地和日高譯成了以後再由魯迅先生校對的。但因爲魯迅先生底工作繁忙和舊病底復發，當時接受了魯迅先生底同時也是我底一位友人底勸告，弟一篇以後，選定和校對的工作就完全由我担任了。由於這以及魯迅雜文底選定和校對，大約在那次見面的一個多月以後罷，我第一次走進了他那時已經和池田幸子同居在一起的寓所，一家外國人底小小的二樓里面。

那以後，差不多每星期有兩三次甚至三次以上的見面，而且每次至少也得在一起工作兩三個小時。時間一久，就比較熟悉了，每每在工作之前或工作之餘，我們放縱地談談閒天，如過去鬥爭經過底回憶，文藝理論，作家或作品底印象，以及日本或中國底文壇怪人底可以消愁解悶的珍奇事件……。但有一次，他談起了他到中國來的經過，在監獄里住了一年多，走出來一看，日本社會完全變了，他站在那里面鬥爭了十年左右的陣線潰亂了，舊的戰友，或者萎縮，或者被限制得不能動彈，只有很少數的還在孤軍苦戰：…他失去了崗位，又沒有生活的道路，但他那時候却望見了中國，記起了中華民族底命運和日本勞苦大衆底命運的密切的關聯。於是他想到中國來，就是能够在上海街上走一走看一看也是好的。恰好那時候有一個蹩脚的舊戲班子要到靑島，上海，來邀他底學跳舞的妹妹加入，他就要求他底妹妹把他介紹進去。老板縐縐肩頭，說如果他會打劍，可以臨時做做配角，被「武士」攻擊幾下就一敗塗地，也就是中國舊戲里面的「跑龍套」的脚色。他硬着頭皮答應了。但盤費還得自己拿出，於是他跑去找原是作家同盟底中堅人物，現在經營着一種自稱爲「左翼」雜誌的作家。那位作家答應了，可以借給他十圓，但得請他幫幫忙。談到這里他忽然問我：

「你說他要我幫什麼忙？」

「無非是缺稿的時候要你多寫一點。」我根據我底寶貴經驗這樣推測了。

「哼，想得好便宜！他那時候要和人打架，組織了一個暴力團，要我加進去打人呀！」

我吃了一驚，但隨即好奇地問了：「那麼，你答應了沒有？」

「答應了。」

「去打人沒有？」

「有什麼辦法，打了！」

我們一齊哄笑了，但那哄笑里面却抖動着一道悽慘的寒流。於是他談到在戲班子里的寒傖生活，以及一個扮女角的男子怎樣和女人一模一樣，把他當作「戀愛」底對象，拚命地向他追求……

最後他臉色陰沉地結束了：

「是這樣的日本，我再也不想回去了。鬥爭罷，但面孔被狗們認得爛熟，動也不能動的。……所以，到上海來能够見着你們，不曉得是怎樣高興。每每和小姐們（指他底夫人和曾和他同居過幾年後來離開了，現在漂流在上海的某女士）談到這些，禁不住要流淚呢……」

但中國人的我，對於自己們底苦難的前途，也是比較清楚的，所以那時候回答他的，不是鼓勵，也不是安慰，而是一片隱隱作痛的沉默。

到秋天，我們底工作還沒有完成，魯迅先生却突然地逝世了。這對於鹿地也是一個大的變故，但他底工作倒是意外地被放大了：改造社把「魯迅雜文選集」底出版計劃擴大成了「大魯迅全集」。這工作是繁重的，但我們却馬上担負了起來。做着這繁重的工作的時候，中日間的局勢一天天地更加嚴重了，我感到暴風雨底氣息，一面就心鹿地底命運，於是向他暗示：

「魯迅在，你底地位好辦，中國方面曉得你是同魯迅一起工作，日本方面顧忌魯迅在國際的地位，不好怎樣；現在可不同了……」

「你底意思是……」他不大了解似地返問了。

「我是說，如果戰爭發生了……」

「哦，那時候我一定成爲中國人的！……」

但其實，他是不贊成我底就心的，因爲他底觀察和我底不同，他以爲中國在等待時機，現在還不是最好的時候，

不過，他却沒有料到日本帝國主義會瘋狂到這樣程度，離他底推測還只幾個月，不但是決定中國而且是決定人類底運命的大戰終於爆發了。但在上海大戰底前幾天，我們總算把繁重的「大魯迅全集」趕譯完畢，雖然這代表中國人民底戰鬥心靈的最後兩本也許不能在日本讀者底面前出現。

翻譯工作完了以後，他從法租界搬到北四川路去了，預備回日本一次。據我看，那時候他是有些猶豫的，他想或者在日本人民中間能够找到崗位，至少是想回去看一看國內的情形……。但不等他上船，上海大戰爆發了。

八月十三日，八字橋的槍聲響了以後，他和他底夫人又從北四川路逃回了法租界。

那天我到蕭軍那里，推開門，他們夫婦睡在地板上鋪着的蓆子上面。他爬起來，用鉛筆在紙上畫了北四川路底兩軍分佈的形勢，興奮地談着，關於他們本身的問題，反而忘記了似的。

因爲被周圍的人注意了，幾天後搬到S先生那里，還是不安，又搬到了另外一個地方。我因爲有s先生照料，一定能有妥善的辦法，而且這事情不宜多人知道，沒有探問了。但大約一月以後罷，他又回到s先生那里一次，恰好我去碰着了。是夜里，他們住在三樓，窗子用布蒙着，不開電燈，在地板上點一支洋臘，伏坐在地板上的蓆子上面。他拿出用被俘的日本兵士做題材寫的詩稿給我看，低聲地談着戰爭形勢。我望着他，面色蒼白，鬍子好久沒有剃過，山羊似的。天眞地笑着說了：

「不能回去了。我寫了一篇文章寄到外國去了，他們一看就曉得是我寫的，別人不會曉得這些情形的。」

但當晚又搬到別的什麼地方去了，上汽車的時候，提着一口箱子，戴着夏天用的白草帽……。

這樣地大約又有十來天罷，說是鹿地要我到某處見一見。那是一個外國人底公寓，但他們住在那里卻像老鼠一樣。s先生向政府辦的交涉還沒有頭緒，經濟又困苦得很……。

「其實我是能做一點工作的呢……」他向我說了。我只好安慰他們說，s先生既然負責，一定會有辦法的。不曉得是第二天還是第三天，我就穿過砲火離開了上海。

到武漢幾個月了，戰爭使我和他們隔絕，差不多完全把他們忘記了。但前一個月左右，有一個從南方來的路過武漢的客人帶來了一封木刻家E君底信，說鹿地逃到了南方，正在想辦法，也望我出一點力。我感到不安了，但馬上回了信，說我當試試看，不過力量有限，能在南方設法頂好。以後就看到了在新華日報底團結上發表的他向屠殺文化的日本帝國主義抗議的文章，前兩天又收到了信和詩稿。

我提快譯了出來，介紹給中國底兄弟們。但我在這里所感到的心緒底激動，並不是因爲鹿地君所遭受的困苦和危險，因爲，如果他現在還在日本，一定會像幾百幾千的良心的日本思想家文藝者一樣，或者悶着一聲不響，受着精神的磨難，或者被日本帝國主義緊逼地追捕，殘酷地拷問，終於被投進黑暗的牢獄里面，那運命是不會比現在更好的。我底感受到激動是在另一方面。因爲，從這里，中國底兄弟們可以感到，中國人民爭自由爭解放的神聖的民族戰爭是和日本底人民，人類底進步的文化在一起的，中國人民爭自由爭解放的神聖的民族主義是有偉大的國際主義底力量在支持的，尤其是當這個力量在敵人內部表現出來的時候，勝利的預感就充溢在我們底戰鬥的心靈上面了。日本政府幾百幾百地逮捕智識份子的事情，離我們也許現得遙遠，然而，在今天，在這里，日本人民底代言人在說話了，日本進步文化底良心在說話了，因爲，像鹿地君，雖然過去和現在是過着困苦顚沛的生活，但他底名字是閃耀在一本覺醒了的大衆底心里，而且，如果他背棄信仰，離開眞理，附和日本帝國主義底狂吠，他滿可以得「寵愛」，捧作「花形」（明星）無恥的「普羅」作家林房雄就是一個顯著的例子。當日本帝國主義者在「殘酷的砲烟」里面「誇耀」着「沈迷」着的時候，日本人民底代言人，日本進步文化底良心卻向着我們走來了。這是一個偉大的勝利。中國人民將向着這個勝利敬禮，將沿着這個勝利前進！我們祝鹿地君底健康，並且寄上我們底約言：中國底兄弟們是分得清楚「朋友」和「敵人」的！

二月八日深夜。

頌香港

（即興）

鹿地 亘

我疲勞了。
溫暖的內海
使怠墮的疲勞更厲害了。
我焦燥着。
忘記了季節的太陽
使無爲的焦燥更難耐了。
寧靜的街道呵，
夾竹桃是紅的，
不知名字的黃的花紫的花，
在白的石屏上面，
連續地投下煽爛的影子。
風也沒有，冰雪也沒有，
不知不覺地就要過年了。
哦哦，失卻了時和世底進展的
沒有聯繫的南海底島喲，
你——像子爵總督閣下底
溫順，弛懈的面孔一樣
　　使我厭倦了。

關於小說朗讀

歐陽凡海

小說可以朗讀麼？人們會這麼懷疑。

其實，小說朗讀，比詩歌朗誦在中國更容易推行。詩歌朗誦，在中國，除了那不適用於我們的老詩之外，還找不到適當的誦詩的先例，可是朗讀小說，却有兩種中國的形式，大體上可以供我們參考。那便是茶館裏說書的形式和鄉下人談故事的形式，談故事在中國農村中幾乎到處都看得見，說書在較大的都市中也很多。這兩種形式，各有各底特點。說書的形式，多表情，而且用顯明的動作配合着嘴巴，包含有很重的演劇成分，說起來，手脚同時也做起來的。談故事的形式，表情自然有，手脚也不妨動，但在整個談故事構成中，這些動作與表情，所佔的比例很小。前者是粗線條的，硬性的；站在遠一點的地方，雖然聽不清楚，可因看見動作與表情而相當明白。後者是柔性的，表情不用硬線條，比方中國舊戲用黑花臉表示粗爽，鼻子上塗白表示小丑，是硬線條的表情法。柔性的便不同了，好比新劇裏的許多喜怒哀樂，要仔細看，還要聽見台辭，才能了解一定的脚色底性格，不比舊戲那樣，只要看見一個白鼻子，便知道這人一定是扮演不正當的人物的了。所以談故事的形式，以聽爲主，表情不像說書那樣能很大的幫助你了解故事的作用，（它底作用是有的，但所佔的成分不多。）這兩者，有各自底特長，各自底作用，就是說書適宜於在廣大羣衆之前，談故事適宜於室內及數十人之間。前者力量大，可以做陣地戰，後者小巧易舉，隨時隨地可以舉行，可以做游擊戰。兩者底功用不同、但所得的效果是一樣可寶貴的。

不過，小說朗讀，並不是這兩種舊形式的反復。這兩種舊形式，可以作爲小說朗讀底歷史先例，作爲小說朗讀底社會根據，可是小說朗讀，决不能用等號和說書與談故事聯接起來。小說朗讀可以說是這兩種形式的一個發展。原來說書與談故事，這兩個中國的舊形式，和中國新劇底雛形「文明戲」一樣，總是依靠個人底聰明，記着書內一點大意，講起來的時候隨便加以添改；這種添改，往往弄得離書底本意甚遠，無論他添改得好還是壞。總之，假如讀小說也這麼做，那麼，我們就不知道他是讀的那一篇小說了。所以朗讀小說和說書及談故事，根本上有不同的地方，這便是朗讀小說，以小說爲唯一的藍本。自然，當現在，大衆底語言，一方面還不能和文字打成一片，另一方面，今日的小說作品，也沒有充分做到大衆化的地步，大衆底聽覺和文字的表現還有相當的隔離，所以絕對照字面讀出小說來，要使聽者懂得，目今還辦不到。因此，將小說中的文句加以語言化，是絕對不能避免的。同時，小說的結構，有不適於用語言好好傳達的時候，也不妨加以修改。

然而這種修改，决不是說，語言和文字的永遠的對立，這只是說明，因爲過去文字爲一部分人佔有，大多數人底語言不爲文字所代表，甚至於我們現今的新文學形式，也變成只有視覺才能接受，聽覺便不能接近的東西。是小說沒有徹底大衆化，語言化，同時，大衆底文化水準還和小說這形式離得太遠的一種過度期的現象。小說朗讀就是通過這個過度期的一條橋樑，它可以使文盲接近眞正的文藝。我們在大衆中朗讀，就是在大衆中學習，不但使小說接近大衆，並且使小說的創作因着朗讀的要求，而更加向大衆化走，在朗讀的經驗中學得了創作方法與藝術形式大衆化的實際經驗，同時，由於大衆接近文藝，也就是提高大衆底文化水準。所以小說朗讀既然一方面將小說大衆化，同時又提高大衆文化水準，則文學與語言，大衆與文藝的隔離，自然可以因此漸漸消滅。小說朗讀，不但是小說大衆化的先鋒，而且是提高大衆文化水準，消滅語文隔離，文藝和大衆隔離的最好的武器。

在目前，小說朗讀又是將抗戰的具體形象，用藝術方法傳達到文盲及半文盲大衆中去的良好武器。

小說朗讀的方法，當然各人可以盡力發揮天才，創造獨自的格調。目今，這事在試行中，上面所說的說書與談故事的兩個舊形式，我們正是可以當作現成的基礎加以改造的良好的歷史遺產。循着這兩個歷史遺產，還有更多的燦爛的花，在將來是要開的。

關於詩歌朗誦：實驗和批判

去年在漢口舉行的魯迅先生逝世週年紀念會上，有王瑩女士底悼詩朗誦，還有一個演說者，在他底演說中間朗誦了幾節詩、這個演說者就是詩人柯仲平。在我們底見聞範圍以內，詩歌朗誦，那一次恐怕在武漢是開荒的第一聲。那以後，我們沒有見到柯仲平也沒有第二次聽到詩歌朗誦，但前幾天偶然看到一份刊物，曉得他已經到延安去了，而且他在那里也朗誦了詩歌，還從他底朗誦引起了討論和批判。從提倡詩歌朗誦的意義上，從爭取對於詩歌朗誦的認識上，我們選登了下面的三篇文章希望文藝工作者們加以密切的注意。因為，這是使詩歌和大衆接近，也就是單刀直入地替民族革命戰爭服務的問題，我們希望能夠展開廣泛的討論，能夠舉行更多的實驗，由這形成一個運動來。

一

我說一點簡單的意見，——僅僅只能作為一個普通聽衆的意見。

長年堅苦的血戰正在開始，飢餓、寒冷、恐怖，然而劇烈地緊張興奮的日子（也需要這樣的日子），或許不久就會到來。那時，或許我們沒有筆，沒有紙，也沒有提筆用紙的時間；或許雖有筆有紙也有提筆和用紙的時間，然而環境卻要求着廣泛的來適應那流動的、狂熱的需要「痛快地刺激一下」的人們的工作；於是那時，詩歌的朗誦對於詩歌的工作者就成為必要的也是自然的功課了。那麼，這時來開始這個工作，就是「嘗試」也吧，也是值得注意的和值得得到幫助的，雖然這在中國缺乏研究，更缺少經驗。

「詩的朗誦」，被朗誦的是「詩」——就是說需要豐滿（不是狂叫）的感情和動人的技巧的——而不是口號或演說；然而，這詩是「朗誦」的，所以也需要有和一般「讀」的，「唸」的、甚至「吟」的詩不相同的它底特點。它和口號演說不同，因為它究竟是詩；它和讀的、唸的詩不同，因為它要有能夠當場吸住一般聽衆的內容；它和吟的詩也不相同，因為，它的對象是廣大的「平凡」而「粗野」的羣衆。我這樣說，不是「咬文嚼字，」而是以為「朗誦詩」應該有「朗誦詩」的特殊的風貌，這才能捉住它底聽衆，同時也才能發揮它底積極的內容，完成它底特殊的任務。

在朗誦詩的寫作上，——這個也有「寫作問題」的，雖然不一定要記錄在紙面上——首先要被作者考慮到的，我想是明朗的風格、大衆熟悉的口語和韻律的節拍性（音樂性）吧。自然，所謂明朗，不是為要幫助感情底廉價的流出，「大衆化」也不是「口水話」，為了「感動」（由內而外的），深沉和含蓄是必要的；所謂節拍性也不和一首樂曲相等。此外朗誦詩一般似乎也不宜太長。其次是將這傳達給聽衆的所謂「朗誦」的問題。朗誦之於朗誦詩，就如舞台演出之於舞台脚本一樣，這中間的關係是很大的。這個，朗誦者的聲音、口齒、姿勢等固然是它的基本條件，但這還不是決定成功的最後的條件。我這樣想：朗誦者對於慷慨激昂、痛哭流涕的那種演說家的方式是不宜吸收得過多的。朗誦者過剩激動的結果，大家只感到疲乏或毛骨悚然，這不是聰明的，也不是詩的力量。我想，不管高昂如鶴鳴或活活如山間的溪流吧，朗誦者情緒的起來甚至起伏，也不得不要在那常着聽衆的情緒、聽衆的「心」也正波動着要起來、起伏的時候……

但事情不是要研究得詳詳細細之後就會「一砲成功」的，我敬仰着也是在學習的不倦的大膽的「嘗試！」

——雪葦

二

小說、詩歌和戲曲都是可以朗誦的，但朗誦的方法各有不同，且有難易之別，其中，要算戲曲的朗誦最難，因為這里有各種人物的對話、動作、說明等等複雜東西，這由一個人朗誦起來確實是很費事的。而最容易的要推詩歌。第一因為比較單純，第二詩歌是有音韻的，便於朗誦。當然，如果不得其法，那末，雖然易於朗誦的詩歌也會得不到什麼效果的。

其他的姑置不論，這裏要問的，是該怎樣朗誦詩歌才能獲得大的效果？簡單的主要的說，（一）合乎詩的音韻旋律而清晰地把誦讀的調子抑揚頓挫；（二）朗誦者的情感、表現應和詩歌中的相吻合；（三）避免不必要的動作與姿勢，因爲這是朗誦，不是演戲。

這次在陝公新年晚會上，柯仲平同志的朗誦可惜沒有完全做到上面所說的三點，所以沒有能够獲得怎樣大的效果。他這次朗誦的最大的毛病是，一、詩句本身的沒有什麼旋律和音韻，以致朗誦起來使人聽了以爲不是詩，而是一篇什麼演講（他的腔調很像法國共產黨領袖卡向 achin 的演說）；二、朗誦時的情感似乎超越了詩中的表現；三、有些動作是多餘的：他朗誦時的那種指手劃足的姿態配合着他的高亢顫動的聲調，把詩的朗誦變成一段歌劇 Opera 詞的演習。

朗誦這一種藝術（是的，這也是一種藝術，尤其是一篇朗誦劇，非有藝術修養的人是不能朗誦的，）在中國舞台上還是很新鮮的，幼稚的，正在嘗試中，這次柯仲平同志的朗誦雖有缺點，却有極大的意義。他將是有功於這種舞台藝術的開拓者。同時，我們希望他不僅是個朗誦的開拓者，而且是他的最好的果實的收穫者。

——沙可夫

三

在新年前一禮拜，呂驥和林山同志要我去和戰歌社的同志們談談詩歌的朗誦，我當天雜亂地談了一陣，並且似朗誦非朗誦地弄了一段，這才使我對朗誦問題開始作過一度的仔細思量。接着「戰歌社」正式成立了，戰歌社決定派我用詩歌朗誦還一節目去參加「陝公」的新年晚會。在這晚會上的我底朗誦，實在是失敗的。但是，就在這失敗上，我得到了許多可貴的教訓：在戰歌社的會議中，我毫不掩飾地自我批判，並且誠懇的公開的接受同志們——尤其是沙可夫同志給我寫來的對於我那朗誦的批判。

我（並且我們）不但接受、而且感謝沙可夫和其他同志的嚴正批判，因爲這樣才可以促進朗誦運動的發展……

有人要我回答詩歌朗誦的朗誦是甚麼，我可以說：朗誦是在講話與歌唱之間的、最富於律動（旋律運動）的一種聲音藝術；朗誦底最初的基礎是講話，是言語。講話在使人聽懂自己所講的內容，並有感動聽者情緒、組織聽者行動的作用。但朗誦比講話近於歌唱，且富於旋律的運動。朗誦的第二個基礎是歌唱，是音樂。完全以旋律的運動爲主，傳達着某種內容，能使聽衆忘形似的感動在那旋律運動中。但朗誦比起歌唱來，却近於講話，可是它又不是講話，也不是歌唱，它底位置恰好在講話與歌唱之間。朗誦必須比唱歌更易使人聽懂那朗誦的內容，又必須比講話更易使人被感動在旋律的運動中。假使有人反問：那末，假使沒有講話和歌唱，朗誦也就沒有了？又假使言語和音樂不發達，那末朗誦也不能獨自發達？我說，是的。並且，在言語和音樂不發達的情況下，連詩歌也不能發達。

甚麼是詩歌的朗誦？簡單的說，就是用朗誦這種聲音藝術將詩歌本身的內容、律動，適度的——就是不要過火也不要減色地傳達給聽衆。朗誦藝術家和演劇藝術家的地位與職責是相同的。劇本是劇作家的創作，在觀衆前將這劇本演出，這演出的本身——動作、言語、表情、等，便屬於演員底創作範圍。詩歌朗誦者可以朗誦自己的作品，也可以朗誦其他詩人的作品，但朗誦的本身——聲調的抑、揚、高、下及某種程度內的表情動作，却屬於朗誦者的創作範圍。若有恰好的詩歌與恰好的朗誦取得統一、諧和，那便成功一完美的詩歌朗誦。

富於朗誦性的詩歌當具以下三個條件：一、內容是眞實的，最能感動大衆，有高度教育意義的；二、使用的言語是大衆化的——一面容易使大衆接受，一面却又能提高大衆文化的言語；三、有富於律動的組織。

能選富於朗誦性的詩歌來練習朗誦，並能在當衆朗誦時沈着的使那詩歌的律動轉化爲朗誦詩歌的律動，能使兩種律動一致、諧和，這便是成功的朗誦。這在裏、我們是要注意練習的。

但是我上次的朗誦呢，寫詩及練習朗誦的準備都太不充分，而最壞的是，不必要的唱。我唱，唱的又不適當；有些部份又等於講演，不是朗誦；我未能熟記我所朗誦的詩句，但我却又不看着詩稿朗誦，這就常常使我口裏講着上一節，腦裏想着下一節，弄得上下不一貫，每每在我必須稍爲想一想才能想出的地方，發出一些怪聲、怪笑及不必要的長音——這就是我最壞、最失敗的地方。

這不但是一種錯誤，而且是一種罪過呢。我當更進一步來批判我自己。正如沙可夫同志講的，朗誦在中國還很幼稚。但我在延安的第一次朗誦，不但在客觀上我應該造成的成績不曾造成，並且使有的同志因我此次的失敗而更懷疑朗誦的前途，這是我的責任。

——柯仲平

陣地特寫·

我認識了這樣的敵人

——難民W女士的一段經歷

東平

一九三七年八月十一日起以後的三日中上海的緊張局面似乎爲了不能衝出最高的頂點而陷入了痛苦，弛緩的狀態。十一日午後半日之內，開入黃浦江內的敵艦有十四艘之多，什麽由良號，鬼怒號，名取號，川內號，報紙上登載着的消息說是現在停泊于上海的敵艦已經有三十多艘了，以後還要陸續開來。十一日晚上，又有三千多名的陸戰隊由匯山碼頭，黃浦碼頭先後登陸，顯然是大戰前夜的情勢了。而我們卻爲了三次的搬家弄得頭暈眼花，對這日漸明朗的局面反而認不清楚。我們，我的表姊，我的表姊的姑母，和我，三個人閑適地，毫不嚴重地搬到法界金神父路蓼賢別墅的一位親戚的家里來，也不帶行李，好像過大節日的時候到親戚的家里去閒逛似的，一點逃難的氣味也沒有。這是我們第一次的搬家。這位親戚的家里已經給從閘北方面遷來的朋友擠得滿滿的了。我們連坐的地方也沒有。那天晚上睡在很髒的地板上，一夜不曾入眠。第二天我們搬到麥琪路來，是用五塊錢租得的一個又小又熱的亭子間。住在這亭子間里還不到半天，不想我們的二房東爲 貪得高價而勾上了一個新住客，吃了我們一塊定錢，迫使我們立刻滾蛋。我和這位不要臉的二房東吵了整整三個鐘頭。結果我們暫時遷入了虞洽卿路的一個小旅館里，我的表姊的姑母已經不勝其疲困而患了劇烈的牙痛病。

這已經是十三日的早上了。

我們起得特別早。其實我三天來晚上都沒有好睡，睡着了卻又爲紛亂煩苦的惡夢所糾纏，沒睡好過睡，我厭惡這小旅館，這小旅館又髒又臭。天還沒有亮，我就催我的表姊和那位老人家起牀了。連日的疲困叫她們無靈魂地聽從我的擺布。我叫了兩輛黃包車，我和表姊坐一輛，姑母坐一輛。

姑母的牙痛似乎轉好些了。她莫名其妙地問我。

——天亮了嗎？

我胡里胡塗地回答，

——天亮了，卻下了大霧。

這樣我們匆匆地回到東寶興路自己的家里來了，我們竟是盲目地投入那嚴重的火窩。

★

姑母年老了，她的牙痛病確實也太劇烈，回到家里，已經不能動彈。

表姊的丈夫是一個船員，還不到二十七歲就在海外病死了，她不幸做了一個年青的寡婦。

在一間陰暗潮溼的樓下的客堂間里，表姊獨自個默默地，不聲不響地在弄早飯。姑母在那漆黑的樓梯脚的角落里躲着，也不呻吟，大概是睡着了。她們都變成了這麼的灰暗，無生氣的人物，彷佛任何時候都可以取消自己的存在，她們確實是有意地在躲避這種生的煩擾，正在迫切地要求着得到一點安寧。

同屋的人全搬走了，二樓，三樓，亭子間都已經空無所有。漸漸的我發覺我們整個弄堂的人都走光了，從那隨便開着的玻璃窗望進去，都是空屋，平常這時候弄堂里正有洗馬桶的聲音，以及糞溺的臭氣在宣騰，現在都歸于沈寂。如果我不聽到自己在地板上走的脚步聲，我會疑心這里是一個死的荒塚。

我獨自爬上了三樓的晒台上，接觸到那蔚藍，寬宏的天體，——從那龐大，複雜的市纜里昇騰起來，混濁的烟幕，沈重地緊壓着低空。從英租界，法租界發出的人物，車馬的噪音隱隱地激盪着耳鼓。我輕鬆地歎了一口氣，我知道上海還有一個繁華，熱鬧的世界，我覺得自己還是這可厭然而可愛的人世的近鄰，我獲得了我的自由，我應該不要求任何救助。

我竟然歡喜得突跳起來，因爲我發見和我們相隔不過兩幢屋的新建的紅色的樓房上，我的朋友還在住着。

她名叫鄭文，是我在復旦大學的一位同學。我不是大學生，卻曾經在復旦大學住過一下子。我在一九三五年加入了復旦大學的暑期班，選的學科是歐洲近百年史和英國文學，担任我們的功課的是那個像傷感女人一樣時時頻蹙着臉的漂亮的余楠秋教授，考試的時候，我得了一個F。余楠秋教授在講台上羞辱我說，我自從當教授到現在沒有見過一個學生得到F的云云，卻不把我的名字宣佈，似乎還特別地姑息我。我覺得很難爲情，一個暑期還沒有唸完就自告退學。鄭文女士就是我在暑期班里的朋友。

她是一個湖南人，年輕而貌美，弄的北歐文學，對易卜生和托爾斯泰很有研究，有一種深沉，凜冽，聰慧的氣質，絕不是平常所見的輕蕩浮華，嘻皮笑臉，整日里嘻嘻地笑不絕口的女友。她曾經祕密地作了不少的詩文，她的深刻，沈重的文字是我所愛讀的。

她今年已經二十三歲了。她有着甜密寧靜，不受波折的戀愛生活，一個禮拜前正和她的滿意的對手結了婚。她的對手是一個軍官學校出身後來離開了軍隊生活，從事實業活動的英俊的男子。他每月有一百八十元的收入，他們的小家庭是那樣的快樂，新鮮。我從玻璃窗望見他們的華麗的客廳，電燈還在亮着。那高高的男子穿着黑絨的西服，梳亮着頭髮，默默地在那客廳里亂蹀着，眼睛望着地板，兩頰發出光澤，不時的隨手在桌上拿了一本書翻了翻，顯見得文弱，胆怯，不像一個軍人。我越多看他一次越覺得他離開軍隊生活正有着他的充分的理由。我躲在晒台的牆頭邊，像一個偵探兵似的有計劃的窺探着他。他的煩惱，沈鬱的樣子每每使我動起了憐憫。記得有一次，他帶他的新夫人和我到愛爾培路中央運動場去看回力球，在法租界的靜寂的馬路上，在無限柔媚的晚涼中他左邊伴着鄭文，右邊伴着我，我們手拉着手的走，他的溫厚和藹的態度在我的心中留下了異乎往常的新鮮的印象，我好像以前和他并不熟習，正在這一晚最初第一次遇見他一樣。這一晚他很興奮，回來的時候，在汽車里他告訴我們他在軍隊里的許多新奇的故事，倚着我的身邊劇烈地發出笑聲，竟至露出了他的一副整齊得美麗得無可比倫的牙齒。

表姊的早飯弄好了，我打算吃完早飯之後，就去找鄭文，她們那邊有許許多多的新消息，她們會使我的慌亂的情緒得到安靜。我一看到她們就已經有很大的安慰了。我想，我爲什麼還這樣大驚小怪呢？鄭文她們還沒有走，閘北，虹口的恐慌局面全是我們中國市民的庸人自擾！

★

九點過去了，早飯還沒有開始用，馬路上突然傳來了隱約的槍聲。

我敏感地對表姊說，

——不好了，中國軍和日本軍開火了！

表姊沈着臉，廚房里的工作使她衣服淋溼，烟灰滿頭，她也不回答，只是對我發出冒黷。她說我怕死，又炫耀她在二十一歲守寡。

槍聲又響了。

這回的槍聲又近又密，但是瞬息之間，這槍聲卽爲逃難的市民們驚慌的呼叫聲所掩蓋。

我非常著急，我不曉得我的表姊爲什麼要在這時候發我的脾氣，使我再不能和她心同意合地商量出一個好辦法，讓我們立刻逃出這個危境。

我搖醒姑母，她冷冷地呼我的名字，只叫我安靜些。我告訴她現在這危迫的情勢，她決不發出任何意見，彷彿現實的場面和她的距離很遠，而她卻正在追尋自己的奇異的路程。

槍聲更加猛烈了。小鋼砲和手榴彈作着惡聲的吼叫。而可怖的是我們近邊的一座房子突然中彈傾倒，起火的聲音。

我拋開了碗和筷子，獨自個走出門外，打算到鄭文的家里去作個探問。當我從弄堂口繞道走過了第二個弄堂，向着一條狹巷沖入的時候，我發見從西寶興路發出的機槍子彈，像奇異的蛇似的，構成了一條活躍的惡毒的線，又像厲害的地雷虫似的使馬路上的堅實的泥土洞穿破碎，于是變成了一陣濃烈的煙塵，在背後緊緊地追蹤着我。

鄭文的房子雖然距我們很近，卻并不和我們同一個弄堂，從我們的家到她們那里，要兜了一個大大的圈子。

我不懂得我自己是從那里來的勇敢，這確然是一種盲目的勇敢，叫我陷身在危境里面，而完全地失去了警覺的本能。我突然望見了三個全副武裝的日本陸戰隊從我對面相距約莫五十米達的巷子里走出，黑色的影子，手里的刺刀發出雪亮的閃光。我還以爲他們是北四川路平常所見的日本陸戰隊，卻不知他們像發瘋似的起了大殺戮的衝動，已經在我們的和平的市區里發動了狂暴無恥的刼掠行爲。

我慌忙地倒縮回來，——表姊像一座菩薩似的獨自個靜默地在吃飯，姑母還沒有起牀。剛才的險景使我懼怕，然而同時也使我自尊。我不曉得這時候我的面孔變青變藍，但是在我的表姊的面前我半聲也不響。

我迅急地走上了三樓的晒台，對淞滬鐵路一帶發出槍砲聲的地區瞭望，發現天通菴至西寶興路一帶已經陷入了砲火的漩渦，有好幾處的房子已經中彈起火，雜亂的槍砲聲正向着遠處蔓延着。

我的眼睛變得有點迷亂，那三個日本陸戰隊的影子永久在我的心中閃動着。我疑心我已經給他們瞧見了，仔細觀察一下子，我們這里四週還是安然無事，至少

我們的弄堂里還沒有發生任何突變

附近的巷子里猛然發出了急激的敲門聲，我下意識地把耳朵豎高，眼睛縮小，身子和晒台上的牆頭靠緊。門聲一陣猛烈似一陣。我絕望地眼看自己零丁地悲涼地活在這倏忽的短暫的時間里面，在期待着最後一瞬的到臨。

——忍受着吧！忍受着吧！

我這樣打發自己，却屢次從絕望中把自己救出，覺得自己置身其中的世界還是安然得很，——這是那冗長的不易挨熬的時間擺弄着我，過于銳敏的預感又叫我陷入了無法救醒的蠢笨。

時間拖着長長的尾巴過去了，密集的槍炮聲繼續不斷。——我發見了一幅壯烈的美麗的畫景。中國人，赤手空拳的中國人用了不可持劫的義勇，用了堅强的意志和日本瘋狗決鬥的一幅壯烈的美麗的畫景。

可怕的突變的到臨和我的銳敏的預感互相追逐。一陣猛烈的門板的破裂聲響過之後，我清楚地聽見有三個人帶着狂暴的皮靴聲沖進鄭文的屋里去。鄭文怎樣呢？我對自己發問着。而殘酷的實現已經把我帶進了險惡的夢境。

三個黑色的陸戰隊。

沈重的皮靴，雪亮的刺刀。

在那寧靜的廳子里，我的朋友的丈夫，那高高的，文弱的南方人和日本的三個全副武裝的陸戰隊發生了慘烈的搏鬥。這情景非常簡單，那南方人最初就已經爲他的勁敵所擊倒了。但是他屢仆屢起，那穿着黑絨西服的影子在我的眼中突然地擴大，在極端短暫的倏忽的時間中我清楚地認識了他低抳着脊樑，彎着兩臂向他的勁敵猛撲的雄姿；——三個日本陸戰隊和一個中國人，他們的黑色的影子在白晝的光亮里幻夢地浮漫着，他們緊緊地糾絞在一起，那南方人的勇猛的戰鬥行爲毫無遺憾地叫他的勁敵儘管在他的身上發揮强大的威力。最後他落在勁敵的手中，——三個日本陸戰隊一同舉起了他的殘敗的身體，從窗口摔下去，那張開着的玻璃窗愕然地發出驚訝。

我的靈魂隨着那殘敗的體軀突然下墜，我不能再看這以後的場面了，我在晒台上暈迷了約莫二十分鐘之久。

★

晚上，約莫七點光景，我們逃走了，我們開始了這個與死亡互相搏鬥的艱險的行程。

走出了弄堂口，我們遇見了五個逃難的同胞。一個高高的中年男子，帶領着鄰居的一個小學生和三個女人。他低聲地對我說，

——跟着來吧！我們要三個鐘頭的時間從火線里逃出，……還未逃出的還多得很。……

我點頭對他道謝，又示意請他走在我們的前頭。

街燈一盞也沒有了。馬路上完全沈進了黑暗。八個人聯結着走過了一條街道，爲了落地的子彈太密，我們在一處牆角邊俯伏了一個多鐘頭。

我整整一天沒有吃飯，也不覺得肚餓，而且一點疲倦也沒有。我不知從那里來的機智，警覺，常常從八個人的隊伍中脫離出來，獨自個到遼遠的地方去作試探，這地方應該距北站不遠，北站在那里却弄不清，我們已經迷失了方向。

我記得我們是沿着一條闊大的馬路上走來的，現在却發覺這闊大的馬路已經突然中斷，它變成了一條小巷，這小巷顯然是敵我兩軍戰鬥的緊要地帶，子彈像雨點般的只管在我們的身邊迸洒着。對于這些在低空中飛舞的子彈我已經不再懼怕了，甚至忘記了它們，我知道，在最危險的一瞬中還必須確實保持我珍貴的靈魂的鎮靜，而求生的希望却愈加鼓勇着我，我的憤恨暴烈的情緒緊張到最高度，我沒有懼怕的餘暇。一個鐘頭之後，我們離開了這個小巷，却只好循着原路走回去，原路，我們剛才正嘗過了它的滋味，在那邊飛過的子彈不會比小巷里稀疏些。那麼，要怎麼辦呢？這馬路一邊是接連着的關閉了的商店，一邊是高高的圍牆。圍牆的旁邊有一枝電桿，電桿上高高地掛着一條很大的棕繩，我不曉得那棕繩掛在那里原來有何用處，却猛然地省悟到它也許能幫助我們逃出這個險境。

那中年男子同意了我的提議，他最初緣着那棕繩攀登電桿，跨過圍牆，一面給我們後面的人作何如攀登的樣子，一面去作試探，他告訴我們圍牆的那邊可以下去。

第二個也攀登上去了。

于是第三個。

第四個。

那小學生還算矯捷，他攀登得比別的人都快些。——但是他像一個石塊似的跌落下來了，有一顆子彈射穿了他的頭顱。

這一顆子彈把小學生擊落下來并不是偶然的。當

人緣着那棕繩攀登的時候，棕繩因爲受了重力而劇烈地發出抖動，連那最高的地方都抖動了，這條抖動的棕繩顯然爲遠處的兵隊所瞧見，兵隊，直到現在我還不明白他們是我們自己還是敵人，但是這棕繩現在成爲射擊的目標卻已經千眞萬確。

姑母上去了。這一次的子彈飛得高些，不曾射中了她。

接着是表姊。

最後才輪到我。我發覺那棕繩的上端已經爲子彈擊中而斷了一半，子彈還是在電桿的四週纒繞着，飛舞着。我是不是要停在圍牆的這邊不走呢？爲了那棕繩，那唯一引渡我們逃出險境的橋樑將要中斷，我更不能不趕快繼續攀登，其他什麼危險也只好置之不顧。我終于也越過那圍牆的外面。

★

約莫是下半夜兩點鐘的時候。

除了那丟在圍牆邊的小學生之外，我們的人數幷不就剩下了七個，還要少，大概只剩下了五個了，我沒有這樣的餘暇去點數他們。

從一條狹巷里走出，我們沿着一條大馬路前進，突然遇到了一個散亂的龐大的人羣，他們都是從火線上逃出的難民，原來他們在昨晚很早就到達了靶子路口，在那邊挨了整半夜，不能通過，後來受了日本兵的驅逐，又走回來了，他們之中已經有一大半受了槍傷。

表姊哭泣着，緊拉着我，阻止我的前行。

我們在這幾天之內所受的折磨太厲害了，在這和死亡搏鬥着的險惡的途中，我們如果稍一氣餒，就要立卽遭到疲困的侵襲。我千方百計的安慰表姊，叫她順從我的意思。這時候我已經能够辨認街道的方向了，我打算向寶山路口進發，繞過北站的西邊，出麥根路。

但是我的計劃完全失敗了。

這一次和我們同行的人可多了，那個龐什的人羣幾乎全都跟着我們走。不知怎樣，我們又迷失了方向，我們竟然向廣東路，虬江路方面冲去，然後逐漸往右邊拐彎，還是到達了靶子路口。

散亂的槍聲包圍在我們的四週，我知道這里的敵軍正和我們的軍隊起了戰鬥。——有一小隊的中國軍從我們的前頭向東開過，他們約莫有二十人左右，在迷濛的夜色里，他們的黑灰色的影子迅急地作着閃動。我一發現了他們，心里就立卽緊張起來——他們的匆匆的行動使我不能清楚地認識他們，我只能在腦子里留存了他們一個抽象的輪廓，一個意志，一個典型。

于是急激的變動開始了。

在我們的近邊，相距還不到五十米達，那二十多個中國軍和敵人開起火來。猛烈的槍聲叫我們這龐雜的人羣驚慌地，狼狽地向着各方面分散，這是一個嚴重的可驚的場面，除了槍聲，一切都歸于沈默。不時的只聽見我們的軍士作着簡單的尖聲的呼叫。表姊，姑母和我，我們三個人都分散了。從此她們便一直失了下落，我再也不能重見她們。我不曉得她們是在什麼時候從我的身邊離開去的。有一個中國軍禁止我呼喊，我還是瘋狂了似的呼喊着，但是黑暗中我再沒有法子找到她們。

我只好獨自一個人走了，我被夾在中國軍與日本軍的中間，爲了發見前面有兩個女人的影子，疑心她們是我的表姊和姑母，冒着彈雨追趕上去，竟至陷入了敵我兩軍戰鬥的漩渦。

日本軍衝上來了。

——老百姓走開！老百姓走開！

我們的軍士在背後叫喊着。

我躲入了一間大商店的門口，在猛烈的彈雨中已經失去了剛才走在我前頭的兩個女人的影子。

★

天亮了。我彷彿從夢中甦醒。我發見自己的所在地是老靶子路。滿地的彈殼，死屍——敵軍的，我軍的，難民的，鮮紅的血發出瘤光，空氣里充滿着血腥。

遠遠地，我聽見了人的步聲。探頭向着五洲大藥房方面窺望，我看見一小羣的中國難民沿老靶子路向着我這邊走來。他們一共有五個人，一個四十歲光景的老太婆，四個年輕的男子。這四個男子中最大的在二十五歲光景，他們的年紀都差不多，最小的在十五六，只有他還是一個中學生的樣子。他們的服裝很整齊，看來是中等以上的家庭，我猜想這四個年輕人一定是那個老太婆的兒子。

他們向着我這邊走來了，一步一步的走，很慢，很謹愼，步聲低至不可再低，他們正用了整個的靈魂來控制這個不易脫身的危局。我非常替他們担憂，我想他們逃得太遲了，像這樣的幾個壯健的青年男子，如果給日本軍瞧見，定不放走他們。

果然，在他們的背後，藏匿有一個黃色的日本陸軍出現着。我不曉得這個鬼子兵是從那里閃出來的，他的身體長得意外的高大可怕，手里的刺刀特別明亮，這刺刀似乎比平常所見的刺刀都長。他走得意外的迅速，彷佛是一陣獰惡的寒風的來襲，他對於這些已經放在手心里的目的物應該有着最高的猝身一擊的戰鬥企圖。

那鬼子兵迅速地追蹤着來，那直挺着的雪亮的刺刀使我只能够屏息地靜待着。天呵，這到底是怎麼一回事！這是一種嚴酷的痛楚的頂點，中華民國的無辜的致命者，在日本惡徒的殘暴的一擊之下倒下了。我們用什麼理由來回答這勝利與失敗的公判？我們是屠宰者的刀下肉麼？我永遠求不出此中的理由！

那最先倒下的是二十五歲左右的最大的男子。這五個人的整齊的隊伍立刻混亂了，在這急激的變動中我不明白那作爲母親的老太婆所站的是什麼位置，而趁着這嚴重的一瞬，那強暴的鬼子兵又殺倒了她的第二個兒子。

第三個年輕人在最後的一瞬中領悟到戰鬥的神聖的任務。他反身對他的勁敵施行逆襲，他首先把勁敵手里的武器擊落，叫他的對手從毫無顧忌的驕縱的地位往下低落，公正地提出以血肉相搏鬥的直截的要求。

第三個男子把他的對手擊倒下來。

他勝利了。

但是他遭了從背後發出的槍彈的暗襲。

中學生，那年紀最小的男子我叫他中學生，他是那樣的沉着，堅決，他的神聖的戰鬥任務全靠他的勇敢和智慧去完成。他獲得了一個充分的時機，泰然地，從容地在旁邊拾起了敵人的槍桿，把那雪亮的刺刀向着那倒下還在掙扎的敵人的半腰里猛力地直刺。

但是一秒鐘之後，這慘烈的場面竟突然中斷，這

寫給古城里的姐姐

張 蕤

親愛的姐姐：

北平的晚夏還是那樣酷熱，在幾個清冷的早晨，東車站雖然充滿了上着刺刀的威武的皇軍，鉄軌上臥着唐克車，但人還是這樣擁擠。在火車的烟霧里，朋友的影子消失了。最後拖着孤獨的身子，踱出東車站，心里是悵惘，淒涼而孤寂。

這種心緒，恐怕和兩天後你們在車站送我是一樣的。

姐姐，我記得，在開車鈴響時的一霎那，你落淚了，你的聲音是抖顫的，在你的眼前，一個年輕的孩子，將要渡過漫長的旅途。旅途上是荆棘，是洶湧的波濤，是峻山。在這漫漫的旅途中有的是莽草里的毒蛇，鵰鳥的冷笑，那年輕的孩子將在崎嶇的路上掙扎着……

在北平時，我並不愛戀這古老陰森的城市。西山的紅葉與香山的夏夜，也沒有使我留戀，那里太冷酷了！——除了牢獄的皮鞭，就是古老，腐臭，陰鬱。人們像籠罩在一面黑暗的網下，無聲的消磨這一生。

我厭惡它，甚至咀咒它。一年，兩年，我要離開那沉淪的地方，自由地走上原野，自由地歌唱。

然而還有使人依戀的，那就是友情與青春。我們那一羣孩子是不願分離的。我們願意在黑暗中歌唱光明，我們的聲音充滿了青春，是何等的響亮啊！古城的一星火花已經燎起了原野的烽火。姐姐，我記得在那一個寒冷的冬天，窗外的雪飄着，爐火已經熄了，我們那十幾個孩子，熱情的，低沉的談着明天怎樣整列我們的隊伍；萍與林吵着要站在隊伍的前面舉旗子，她們是這樣的天眞，熱情，吵得臉紅紅的。

那時母親正病在牀上，從我們每天急促的行動，緊張的面孔，她看出將有什麼要發生了……

姐姐，我又在回憶了，記憶，對於堅強的人是一個何等銳利的武器，它使你記起那斑斑的血跡，使你記起那沉悶下賤的生涯，性的自殺和投降。更使你回憶到那剛強不屈的鬥爭。在這暴風雨的大時代，會像海燕一樣，在暴風雨的海上自由而勇敢地飛翔。在暴風雨里，它捉着了命運，使潛水鳥在茫茫無邊的前路中畏縮。

我需要記憶，更不會忘了前面的路途。

在短短的歲月里，我感到那樣才是青春，那樣才是生命；我們這一代的青年，身上担着歷史的巨担。在中國的原野，已經有人在走了。他們的足跡——那帶着光榮色彩，堅實，沉着的足跡——給我們後一代開拓了光明的路，我將毫不遲疑的走上去。固然我知道我還很弱，然而廣大的中國已經有了無數堅強的人，也蘊藏着更廣大更勇敢的人羣，力量。這種粗野的原始的忿怒一定能戰勝一切，隨我們跟大衆一塊兒學習，跟大家伙一塊兒走吧。

姐姐，在那短短的期間，我們互相瞭解了，你有父八類的心。二姐雖然冷酷，但心里依然是很熱烈的。唯一使人依戀的是家——爸和娘都老了，弟妹們年紀還小，連我自己也還很年輕，我們怎麼能夠分離？生活——還個担子不久就要負在我們身上。但我終於要走，遠方的

時候我才從這戰鬥的危局中猛然省悟，我發見有一小隊的鬼子兵散佈在中學生的四週，他們一齊對中學生作着圍獵，——我的心已經變成坦然，冰冷的了，我目睹着中學生在最後一瞬的苦鬥中送了命。

老太婆緊抱着中學生的尸體瘋狂地向着我這邊直奔而來。我看着她馬上就要到我的身邊來了，我意識着我所站的地位，我的悲慘的運命正和她完全一致。于是我離開那可以藏身的處所，走出馬路上，用顯露的全身去迎接她。

我對她說，

——你的兒子死了，不必拉住他了。

她的面孔可怕地現出青綠，完全失去了人的表情，看來像一座古舊，深奧而難以理解的彫刻。她對我的回答是嚴峻的，使我沈入了無限悲戚的幻夢。

她把兒子的尸體捨去了，像一隻被襲擊的狼似的衝進了一間門板閉着的無人的商店里，直上三樓，從天台上猛摔下來，她的腦袋粉碎了，她落下的地點正在我的面前，濺得我滿身的白色的腦髓。

于是我坦然地離開了這地區，從北江西路向河南路橋逃出。我的靈魂已經很堅定了，我每一分，每一秒預備着敵人對我的侵襲。

「一九三八・一・二十八・南昌」

友人彷彿在喚我，還像有一股水流衝擊着我，很短的期間，我們又分離了，我不爲離開家嘆息但我怕我們的瞭解會逐漸的消逝，祇留下一片浮淡的烟靄……

古老的北平，遙念中好像很近，但又像多麼遙遠，我不愛北平，但我更不願它落在敵人手里。我生長在故都十九年了，灰色而陰鬱的街道，聲音和氣息，現在還是很熟習的，現在他墮落在一個無底的深洞里，無聲的悲哀，隱痛，會抓住每個人的心靈。你們怎麼能活下去？

姐姐，夜已深了，窗外的寒風怒吼，身子抖顫起來。冬天是這樣的殘酷。

我接到你們從北平輾轉寄來的信，我抓住信皮，不敢拆開。古城里充滿憂愁與不幸，對於一個流浪的孩子，你們能告訴我點什麼？二姐的信里說：

「我們都還在一起……祇有藤弟……孤獨了……」

是的，一個流浪的孩子，對於孤獨的磁味是嘗够了，每當午夜，夜寒常把我凍醒，在冰冷的小屋子里，寂靜的窗外，是灰色的，淡白的，直到晨霞昇起的時候。天空佈滿紅色的彩雲，一霎就逝去，留下的是無聲的沉寂，無聲的沉寂……

孤獨像個毒蛇纏繞着我。

我更怕間壁的女孩子們唱松花江上，聲音總是那樣尖銳，單純，樸實，刺着我的心。一到天明，聲音就在院中飄浮——

那年，那月

才能够回到我那可愛的故鄉……

在淒涼的早晨，人正沉在回憶里，這聲音對於流浪者太冷酷了。

姐姐，我走了，終於走了，在茫茫的旅途上，我看够了人的冷落面孔，莽草里毒蛇，到處尖聲叫着夜游的飄鳥抓着一個弱小的生命在冷笑，那路途上的荆棘……

然而我終於走了，我願意歡笑着在荆莽上走，命運不能玩弄我，我自己選定了命運。我自己踏上了路。生命給了我一張潔白的紙，我就單純的塗上自己喜愛的色彩……

姐姐，勇敢點吧，我將會醫好我的孤獨症，在廣大的人羣里取得溫煖，取得愛。在古城里的一羣孩子，現在都分散到天涯地角的各個角落，麟奔走了幾千里的長途，萍與林流着眼淚分手，梅不知到那里去了，也許是死亡了，然而我們都是高興的，我們自己抓住了生命。

暴風雨生產了我們，門爭養育了我們……

在不久，這羣孩子就會在暴風雨里習慣，他們的靑春會逐漸的消逝了，就像海洋里的羣鷗一樣，風雨把他們銀色的羽翼變成灰色的了，然而他們將飛翔得更美，更穩健，暴風雨衝擊不倒他們，而他們在暴風雨的海上自由飛翔，自由歌唱……

親愛的姐姐，爲這羣孩子祝福，保重你自己吧！

巨潮將我們衝散了，不久，我們還要滙合在一起，向前泛流，我企望終會有這一天的……

附記：從北平流亡出來，輾轉到了豫北，懷念着家里的人，北平的友人，偶然接到兩封信，里面充滿了無聲的沉痛悲哀，並且說「來信不要加上『娘』『姐』等稱呼，這是很危險的……」我終於不知道怎麼寫給他們。

一個轉變

言武

一

早晨，大家已經聚集在禮堂裏開始祈禱了，陳八姑才慌張的從外面進來跪到她自己的位子上去的時候，弄出了很大的聲響。她沒有容自己的呼吸舒緩一下，就馬上垂下頭隨大家誦起禱詞來。她的勇氣甚至不會允許她偷看看四周是不是有人向這面注意。

她一點都不曾顧及自己的祈禱，她在紛亂的想自己的事：「又遲到了，已經接連着兩次！這簡直是罪過！上帝還能原恕麼？即使上帝可以原恕，院長的斥責也逃不過！奇怪那個微笑的臉怎麼總是在這裏糾纏不清？昨晚入睡時已經敲過了一點；早晨阮大姑爲什麼不來喊我一聲？她是好意讓自己多睡一會麼？還是存心害自己犯規？若不是被早課鐘吵醒，早餐都會誤了！院長森嚴的面孔那麼可怕，恐怕又……」仍是一陣鐘聲把她從思索裏拉了回來。她抬起頭，大家已經都站起來了，魚貫的走出禮堂，彷彿每一個人的臉上都帶着一種冷笑。院長呢，更不必說，鉄一樣沉重的臉，即使冷笑的影子都從那上面找不出來了。

吃過早餐，陳八姑照例抱着一大抱衣服到西院的洋井前去洗。洗衣服是陳八姑的「本分」。是的，她們每個人都有自己的「本分」：譬如湯五姑辦理伙食，阮七姑洗滌餐具，周三姑管理着各人的衣服，嚴二姑專辦對外交涉；其餘的人也管着生活上所必須的其他工作。總之，她們各人是有各人的「本分」的。雖然陳八姑的「本分」比旁人來得勞累，但這不能怨誰，誰叫她進院才五年呢！聖經沒有旁人念得多，自然也就不能得到旁人應得的待遇。譬如趙九姑和馮十姑吧，進院還在陳八姑之後，她們只能替全院的人打掃屋子了。除開這各人的「本分」外，她們只是念經祈禱，這麼大一個文化城，什麼都不和她們相干。年青時進了這若瑟院的門，如果不爲了特殊事故，便不許再走出這個圈界，一直到老，到死；一生只伴着聖經，只伴着上帝，隔開了世界和人羣。

——最近幾天自然是特殊時期的特殊情形了。因爲外面近來正發生了什麼事故，振耳的砲聲把許多人都轟進了教堂。這莊嚴的神的府第，現在居然變成了旅館，箱籠舖蓋陸續的擁進門來；隨着這些行李，還不絕的走進許多扶老攜幼的男女。院裏所有的房子都住滿了，附設的女子中學校也破格的租出去：講堂，休息室，遊藝室，都變成了臨時臥房。凡是租出的房間都編排了號數，譬如：「第四號楊宅」「第五號李宅。」——這也和旅館相同，每一家門口放一隻小煤爐子，一把水壺在上面響着。

陳八姑走進西院，一眼就看見那個高個的微笑着的面孔，正立在十二號屋前和一個女孩子講話。第二瞬間，對方也看見了自己，正在談着的話停了一下。陳八姑拿出一種旁若無人的樣子走去提了水桶，同樣的態度走到井邊，也是同樣的態度吸起一桶水來，還預備用同樣的態度把水提到盆前去；但她提着桶只走了幾步，這種高貴的態度只繼續維持了半分鐘，不知怎麼不小心，

夜行列車

倪受乾

親愛的人民！
現在，
你們
入睡了，靜靜的，
星光爬進山屋的窗，
照着
你們
安祥的面龐。
十二月的夜啊，
渭水流域的夜寒
凝重，
河面
水塊互碰出輕響，
秦嶺山脈的積雪
在溟濛的夜色裏，
閃着寂寞的寒光。
你們——
親愛的人民啊！
可曾聽見嗎？
在遼遠的原野上，
夜行列車
正勇邁的行進着，
它帶着
千顆

忽然一隻脚踏到泥濘裏，脚下一滑，身子一傾，一桶水灑去了一半！啊！她的藍袍子黑絨鞋都一齊溼透，同時大概是用力過分了吧，臉上也被一層色彩染紅了。她不禁心裏抱怨起來：今天這桶水怎麽這樣重？爲什麽打得這麽滿！脚下也這麽滑，都是這般女人淋淋漓漓的把水灑了一地！

陳八姑正預備鼓起餘勇，重新提起這桶止剩一半的水，驀然嚇吃了一驚，一隻粗壯的手伸過來，握着了桶梁；提起了水桶在同一瞬間，耳旁響着一個洪亮的聲音：

「這太重了，讓我來提，放在那裏？」

「不——哦！謝謝！請放在那邊。」

這個高個青年把水提過那邊去，而且替他倒在盆裏了。

「够了麽？還要一桶？」

「不要了，謝謝！」

他放下桶走開以後，陳八姑繼續着一種興奮和愧惱，像沉在悠悠蕩蕩的海裏，直到一個淸脆的聲音把她驚覺。——

「林！你站在這裏作什麽。」

兩個學生裝束的漂亮女人，一個穿白襯衫西裝褲的青年男子，同時走進院來，手裏都抱着一疊印刷品。

「你們從那裏來？我剛要回學校。哦！印好了麽？屋裏談。」

進屋以後，便聽見一片混亂的談話聲，有時起一陣鬨笑，有時冒出一個尖利的喉嚨，有時語聲又這麽低微。

隨着這曲折的聲音，陳八姑起了一點聯想：這是兩對未婚夫婦吧？一定在商量着怎樣舉行婚禮，怎樣在報上發結婚啓事。……她匆匆曬上衣服，就離開西院。但半小時後，陳八姑又來了，她是看看衣服乾了不會；經過那面窗前時，放輕了脚步，那個淸脆的聲音侵到她的耳鼓：

「我不敢去麽？我會女扮男裝！把頭髮這樣藏上你的帽子，你看！——哈哈！」

陳八姑聽到這麽幾句，更令她莫明其妙了。

晚飯以後，太陽剛剛沉下去，在寬闊的操場上，望見西天的一片紅彩，旖旎的，縹緲的，陳八姑也覺得這麽飄然了。許多乘涼的客人都聚積在這片曠場裏：有躺在靠椅上高談闊論的男子，有坐在台階上抱着孩子喂奶的婦人，有又唱又笑的中學女生，有跑跳着，追趕着的小孩子——是一個紛紜而快樂的世界。……於是一種過去歲月的影子，一種自然生活的痕跡，在她眼前顯現出來：自己也是從這種快樂生活裏過來的，自己也曾是一個活潑天眞的孩子，也曾是一個無憂無慮的女學生，也曾被父母寶貝一樣的珍愛過。她腦子裏還依稀的留着父親慈藹的面影；母親呢，啊！那眞是所有的母親裏最善良的一個，在父親去世的七年上也拋棄了人間，拋棄了自己寶貝的伶仃的女兒！姑母是一個虔誠的女教徒，寧願以處女終老而皈依了上帝，並且本着自己虔誠的信心，把自己的姪女送給上帝作了禮物。

「你皈依了上帝，既可爲死去的人贖罪，又可替自己造福，你知道，那才眞是幸福的所在呢！不愁吃，不愁穿，現在是住在樂園裏，將來還要升入天堂，和上帝在一塊。」

記得姑母是這樣說的。

當時她已在師範讀過一年書，於是脫離了學校，走

萬顆
燄烈的
奮慨的
愛祖國的心，
奔向烽火的遠方，

我們——
年青的一羣啊，
正看見：
在
北國的山之麓，
東方的海之涯，
升起了冲天的魔火，
年青的婦女們，
在野獸的蹂躪下，
悲痛地死亡；
我們——
年青的一羣啊，
正聽見：
一幢一幢的村舍倒塌了，
雨一樣的砲彈呼嘯着，
而在流亡的途上哩：
失却扶持的老人們，
正俯首
嘆息，
悲[illegible]；

進上帝的樂園。到現在已經有這麼長遠的時候了！不然，師範不是已經畢業了麼？不是也可以作事了麼？不是：……，

應當去收起曬乾的衣服了，那是她第五次去看時就已經乾透了的。剛一進西院就聽見了滔滔不絕的語聲，這不用細分辨就知道是嚴三姑又在那裏宣教了。她向十二號的窗子裏張望了一下：暗淡的燈光照着一個半老的婦人和一個女孩子坐在牀上，嚴三姑坐在棹前，那個青年和三位客人都已經不在那裏。收着衣服時，陳八姑聽到了嚴三姑的宣講：

「聖母是一個童貞女，她永遠不會失掉她的童貞；耶穌是上帝的兒子，上帝借着聖母純潔的身體使耶穌降世，救渡衆生，上帝造出人類并沒有想到後來會產生那麼多罪惡。——您知道人怎麼來的麼？是上帝造出來的！上帝用泥揑了一個亞當，就是我們的祖先，我們的身體爲什麼洗過還總是會髒呢？就是這個道理。後來上帝看見亞當一個人太寂寞，又從亞當身上取下一條肋骨，造成了一個夏娃，就是人類的母親，您看女人不都是服從男人的麼？……」

陳八姑心裏無聲的笑了。她想：今天那兩個女人也會服從男人麼？

晚禱時，陳八姑在上帝面前說了這樣的話：

「求天父賜我力量，賜我勇敢！不要拋棄你的女兒，幫助她，保護她！讓她安貼，讓她勝過一切紛擾，讓她靜靜的睡在你的神翼之下！」

二

有幾張傳單在院裏發現了，很大的標題，很密的行列，很多的驚歎號。陳八姑曾看過兩三張，題目是：「救國宣言」，「鬼子們的夢想」，「我們眼前的急務」……

……

這兩天陳八姑不常看見那個高個的青年了。他偶然來一次，總是匆匆的來，匆匆的又走了。每次遇到陳八姑，依然是微笑的和她點頭。她想：這個人忙些什麼，結婚麼？聽說後天北堂有一個結婚典禮，還要舉行大彌撒，也許他忙的是這件事？……

陳八姑吃過午飯到廚房提水，一種齊聲的壯烈的吶喊把她嚇了一跳，細聽一下，那聲音是來自街上，并且漸漸由遠而近了。抱着孩子的女傭，無事在吵打的孩子都一轟的找了這聲音去。陳八姑提着水壺經過大門口時，那裏正擠滿了一堆人，精神貫注的望着外面；同時一陣悲壯激烈的歌聲也正響澈了這條街。陳八姑遲疑了一下，悄悄的把水壺放在牆邊，挨身也擠進門口的人堆裏。——是的，她爲什麼不能去看看？

許多男女青年組成的一個雙行的隊伍，長到看不見尾巴，在一種齊整的步伐下，從西向東走去。第一個瞬間她就看見最前面執着大旗的那個人：

「什麼？是他！」她心裏喊了一聲。

這個高大的青年，帶着一副那麼莊嚴的神色，邁着沉重的步子，挺胸昂首，彷彿火山都不能阻着他的前進。雪白的紙張像蝴蝶一樣從隊伍裏散出來，大大小小的旗幟在人羣裏揮蕩，上面閃動着許多「打倒」，「驅除」，「速起」，「聯合」一類的字樣——像騰滾的巨流，像怒吼的猛獸，吞沒了這一條街，吞沒了這整個的城市，

失却了父母的赤子們，
慘呼着凍餓着死亡着，
在離亂的路上，
…………
但是，
我們——
中國的子民啊，
起來了，
跳躍着，
歡呼着，
向
未來的
獨立
自由
和解放。
我們，
放下了槍，
放下了鋤，
放下了筆，
離開了田園，
離開了工廠，……
一同啊
負起了
閃亮的刀槍，
讓煤灰
和寒霜伴着我們，
高唱着，

每個人的臉上都這麼緊張，紅紅的淌着汗珠。而且這些女生竟也還麼勇敢，在男生面前絲毫都不示弱，和汗一塊，臉上還流出一種至高的激昂慷慨的情緒。忽然陳八姑發現了什麼似的心裏動了一下——！呀這不是兩那個女人麼？曾經在那間屋裏逗留了一整天的那兩個女人？那個高些的就是要女扮男裝的那個。陳八姑更擠出去一點注意的打量着她。她正用一種自然的美妙的姿式揮動着一面三角旗，而且這麼有聲色的隨着大家高唱着：

「不遠，不遠，光明就在前面……」

陳八姑的心胸隨着這歌聲振蕩着，一股鮮紅的熱流在她的軀體裏翻騰起來，她覺得心酸，幾乎要落淚了；淚光裏她還看見那個女人的面龐對她微笑着，像是驕矜，像是憐憫，像是譏笑。——不知怎麼，陳八姑也竟不自禁的對自己起了輕視的感覺：多麼渺小，多麼怯弱，自己的世界多麼狹窄啊！

她轉身擠出人堆去，走進院門，劈頭就遇見湯五姑！

「你好！跑到大街看熱鬧去了？竟忘記自己是誰！」

陳八姑對她笑了笑，三脚兩步的跑了開去。

「幸好只遇見她！」她想。

回到自己屋裏，陳八姑又跑出來，因爲她想起了她的開水壺。

那股熱流繼續在她的身體裏澎漲着。她覺着有什麼東西敲她的心，有什麼聲音喊着她。不管是吃飯，睡覺，誦經，這聲音都在她的耳旁。她可以斷定這絕不是上帝的聲音，上帝恐怕已經不顧她了！

院裏的房子供不應求，連她們的飯廳都租出去了，她們只好端了飯到自己房裏去吃。實際上這若瑟院也不是很安全的所在。附近有兩處兵營，××師的團部也在裏面，敵人來擲彈時，營盤也是一個目標，稍微擲得不準確，這若瑟院就要遭池魚之殃；然而好像誰都不想會到這層，在神的庇佑之下，或者眞的和銅牆鐵壁一般。講堂裏已經擺滿了幾十隻牀舖，樓前過道上也有人住了；因無處收容以致懊喪而去的每天都有數起。畢竟是上帝的權威啊！

戰事漸漸的擴大了，號外一天要出五次，漲到二十個銅板一張，隨手就賣空了。賣報童子散滿了街巷，用更大更淸脆的聲音叫賣着。同時若瑟院裏也到處傳揚着大刀隊壯烈的戰跡，將士們義勇忠貞的胸懷，敵人聞風喪胆的醜態，——就在一個小孩子的口中也形容得淋漓盡致。看那邊，幾個小學生不是又在手舞足蹈的談着麼？

「他們日本鬼子啊，不但頭上戴着鐵盔，顎子上還套着鐵套呢！」

「那也不相干。大刀不會望身上砍麼？」

「不，不必！鐵套大刀也砍得動。」

「咱們這邊都穿着白襯衫，黃短褲，膠皮鞋。到晚上就該出來了，摸着一個穿制服的就一刀砍去！」這個小學生用手比着砍的姿式。

「眞的麼？你怎麼知道？」

「我當然知道，誰騙你？」

「你看見過嗎？」

「我怎麼沒有——不過，我告訴你吧，是我爸爸說的。」

在英勇的夜行列車上！
親愛的人民！
願你們
安適的睡吧！
日出時，
你們，
仍舊要
去到：
田園
作坊
和工廠。
我們呢，
我們啊，
誓把
未來的
偉大
壯麗
火熱的詩篇，
寫在
祖國的疆場！

二月二日夜于東行的隴海車中

爸爸說的話總是靠得住的，於是大家都滿意了。他們皺着眉出神的向前望着彷彿已經看見了大刀隊的神威。

三

廣安門的砲聲響過一天一夜以後，城裏發現了許多垢面血襟的兵士：有的自己步行，有的被人抬着；有的由廣安門來，有的來自城外的戰壕。一些青年學生執着大旗，前呼後擁的圍隨左右。看着他們的跛足，他們淋漓的鮮血，他們這滿頭滿臉的征塵，覺得這羣壯士是怎樣的可敬，怎樣的可愛啊！

這一天，炮聲響得更激烈了，連續不斷的振動着人們的耳鼓，振動着玻璃窗；敵人的飛機在上空匆忙的繞着城飛旋，散下許多內容慌唐，措辭可笑的傳單。街上戒嚴的時間延長了，甚至白天都不準通行；同時，若瑟院也提早了鎖大門的鐘點，到下午六時就再不許人們出入，鑰匙是放在院長手裏。全院的人都張慌的靜默的預測着一個巨變的到來。

大約是下午三四點鐘，陳八姑偶然走過操場，遠遠的望見講堂前的廊檐下圍集着一羣人；人羣中台階上一個更高的頭露出來，由那裏發出響亮的聲音。她轉身走進東邊的夾道去，又從講堂後面繞出來，這樣她便立在他的背後了。

「……在這危急的時候，凡是中國的一份子就應爲國盡一份力量……現在有一部將士受傷回來了，他們穿的衣服都被血浸透，他們的鞋襪都在戰壕裏踏滿了泥濘，而且他們須要一些更好的飲食，更充足的藥品，我們怎能袖手旁觀？我們既是中國人，……請諸位在自己的可能的範圍之內捐助一點，好在附近的這兩個兵營裏就住着一部傷兵，我們大家都可以去慰問，辦好了東西，大家可以一齊送去。」

乘着大家紛紛解囊的時候，陳八姑悄悄的回屋去了。

同屋的阮七姑，張四姑，湯五姑，都在那裏。

「喂！你來得正好，告訴你一件事。」張四姑說。「方才院長來過了，說今天夜裏日本要放毒氣，要你和我到各家去報告一下，好叫他們防備。」

「你和謝六姑查夜時順便說一聲好了。」

「院長叫你去，沒有說謝六姑，不信你可以問阮七姑。」

「我還有事呢？」

「謝六姑病了，早晨就不會吃飯，你替了她，叫她休息休息吧。」阮七姑這樣調停了，陳八姑就沒有再說話。安睡以前，張四姑手裏提了一個油燈，和陳八姑一同穿過操場，禮堂、課室、飯廳，一面巡查一面傳出了這樣的話：

「×先生！今晚上你們要關上窗戶睡，日本要放毒氣了！預備一條手巾，擦上鹽或是肥皂，聽飛機來了，就把手巾堵着口鼻。」

於是響着一片關窗的聲音，頃刻間，院中已看不見一個乘涼的客人。

走到西院了，前面就是十二號，陳八姑敲一下門走進屋，

「林太太！今晚要……」

怎麼？這個人今晚不會走麼？——

「哦！是陳八姑。」那個高個青年說。

奇怪！他何從知道自己是陳八姑呢？

「這位是家母，請這邊坐一下。」他繼續說。

「不坐了。今天晚上日本要放毒氣，請你們小心一點；預備一條手巾和一塊肥皂，并且要關上窗戶睡。」

「好的！謝謝！」

『飛機來時，就把肥皂擦在手巾上堵着口鼻。』是張四姑替她補充了一句。

「這是那裏的消息？」

「×國公使館給教堂送來的信。」陳八姑根據自己知道的說了。

「這一定靠得住。今天的砲聲太厲害了。」

「林先生今天住在這裏嗎？」陳八姑問。

「是啊，今天的砲聲真怕人！」那位立在一旁的林太太答話了。「有他在這裏還使些胆子，今晚我沒有放他走。」

「我們的敵人眞傷天害理！竟用這種狠毒的手段！上帝怎麼也不顯示他的靈驗呢！你們也會爲我們可憐的同胞們祝福過麼？」那個青年說。

「我們替全人類祝福！」

「我們的敵人也在內麼？——偉大的祝福！」他微笑的點點頭。

陳八姑幾乎生氣了，她自然聽得出那譏諷，看得出那個譏諷的微笑。

「我們走吧，」張四姑說。「我們還要去通知旁人，今夜你們警醒些好了。」

「一定，謝謝你們！」

「謝謝你們費心！」

夜裏，陳八姑朦朧的睡着了。

「中國，應替中國人盡一份力……大砲……………傷天害理……手巾……傷兵……鮮血……………毒氣……偉大的祝福………」

許多這樣的聲音像蛇一樣在陳八姑的睡夢裏緊緊的絞繞着她。

天還不會亮，她忽然驚醒，一種嘈嘈的聲響就在近旁振蕩着。她霍然坐了起來，分辨一下，原來是對面兵營裏在開動載重汽車。她鼻子裏笑了一聲，重又躺下了；接着她便想起方才那些紊亂的夢，那些緊緊絞繞着她的東西。……大約是半小時過去了，外面的聲響伴着她的思潮一一停歇，她心裏說：

「半夜裏還運兵到前線去，戰事這麼緊迫啊！」

四

第二天起來，人們并不因了沒有受毒氣的傷害而表示高興，反覺着這麼不安，一種另外的什麼氣息侵到空氣裏來了。眞的，情形有些不同！怎麼一夜之間就發生了這麼大變化？全院的人都白着臉互相紛紛議論着：我們的軍隊怎麼會這麼快就退出城去？昨天早上不是還有捷報麼？二十枚一張的手掌大小的號外上明明大書特書着前方勝利的消息，大家正在高興得了不得，怎麼有這麼突如其來的事！突然得令人不敢相信，突然得令人承受不住！但事實上若瑟院附近的兩個兵營裏的確一個七兵的影子都看不見了；而且一輛黃褐色花紋的鐵甲車，像受傷的野獸一樣，伏在道邊，車輪陷入水溝裏。據說這是前方得來的戰利品，昨晚在街上吼了一夜，匆匆中不曾把它從陷溝裏救出來，終於被棄在這裏了。大砲聲再也聽不見，往日在街頭鵠候前方消息的人羣也如鳥獸散；街上這麼靜悄，再不能聽見一聲無線電播送的新聞和歌曲。一種深切的憂傷，一種無名的寂寞之感，兜上每一個人的心頭，眞的麼？事實眞的就這樣了麼？

在操場裏，陳八姑又遇見那位青年的林先生，他顯得這麼嚴肅，這麼沉默了。手裏執着一本捐冊，不聲不響的把一張張的紙幣分送回各家；對方也是一言不發的接了回去，他們收回自己的錢，更增加了一分陰悒。

這個青年按捐冊上的次序和數目發完各人的捐金，一逕踏着闊步子去了，并不曾看見陳八姑正用同情的憂鬱的眼望着他。

六點鐘時，陳八姑無精打采的在自己屋裏吃晚飯。晚飯後的一刻鐘是她們被解放的一剎那。——

「又吃這麼一點，你一定會成半仙！」張四姑指着陳八姑說。

「你覺得怎樣？不舒服麼？」還是陳大姑關心一些。

「沒有！」

「想家了吧？」

「……」陳八姑微笑着，她家裏還有誰呢？

「怎麼不說話？到底爲什麼？你說說！」張四姑迫上臉來。

「什麼都沒有！」

「我可不信！」

「不信也由你，何必問呢？」

「今天一定要問問七姑！我們來收拾她！」

「……」陳八姑依然微笑着不發一言，這種從容的沉默的態度倒把大家難住了。

過了這一刻鐘解放的時間，陳八姑才眞的被解放了。

「不說就不說吧，沒有工夫和你麻煩了。」張四姑預備去查夜了。

幾天以後，答應不在城裏駐軍的狡獪的敵人，不曾得任何人的允許，終于領着隊伍偷偷摸摸的進城來了。若瑟院附近的兩個兵營也被他們佔據。兵營近旁的居民紛紛到院裏來躲避；卽使是走廊裏，卽使睡在地下，也勝如在自己家裏等着鬼子强盜來敲門。鄉下傳說着的野蠻獸行，也在城裏流行着了。院裏的女僕們不敢再出去買菜，已經有人在路上被人借着檢查爲名而刦去了錢財和重要的東西。警察到全城各家住戶去傳出了警告：凡是有抗日思想或當局要人照片的書籍及其他文字，統統都要焚毁。聽說夜來在一家住戶裏搜出一個有總理紀念像的證章，這家的主人就被捉到官裏去，經過拷問和數日的拘禁，此後的結果便沒有人知道，也許是釋放了，也許是永遠失蹤了。青年學生更是此時最被注意的人物，街巷上平添了許多大襟便鞋的青年商人，自然最危險的是穿白襯衫黃短褲膠皮鞋，凡穿這類裝束的人，是他自己不願活了！

西院十二號裏時常有些神秘的客人光臨，而且總是繼續着兩三個鐘頭的長談，有時一齊出去了，有時幾天不露面。

同時在城外也繼續不斷的正產生着許多永世不滅的動人的事跡。敵人從不敢孤身在城外行走，常常有三五個或七八個日本强盜無聲無嗅的丟掉了。如果有人敢走進高粱地去尋一下，便可以發現他們的屍身。鄉無邊無際的青紗帳裏不知伏藏着多少無名英雄，他們出沒無常，行蹤詭祕，使敵人無從防備，無從抵禦，束手無策！一天有四個全副武裝的敵人在城角下巡行，瞭望之際，忽然一個綠色的衣衫在眼底閃過，原來是一個漂亮的姑娘正慌張的向一堵頹墻下躲藏，四個人相視而笑了，不約而同的向着頹墻邁着大步子。那個漂亮的姑娘隨着沉重的皮鞋聲發現了四個雄糾糾的强盜，跳了起來，不容一秒鐘的遲緩就朝着曠野裏，跑得這麼快，四個武夫幾乎都追不上；不過男人終歸是男人，五分鐘後，看看就要攫到了眼前這一隻鴻，前面忽然出現了一片青沙帳，那姑娘不遲疑的一頭鑽了進去。四個人站着了。現在他們想不進去已經不可能，——幾個只穿短衣褲的矯捷的壯士，像一陣疾風，從高粱地裏竄出來，不容敵人舉起自己的槍，撲上去，老鷹捉小鷄一般托四個人捉進高粱地去了。在那裡，四個呆子看見他們追逐的那個可愛的姑娘，頭上的假髮揭下了，綠衫子脫下來，赤着背，擦着脊梁上的汗，——一個這麼年青俊秀的小夥子！四個人目瞪口張，從此他們就永不會走出高粱地！

在無可奈何時，敵人只得强迫着難民回鄉下去砍掉那些高粱；說是莊稼已熟，鄉下又已平安無事，應當回去秋收了。但這個强迫并不曾收回它的效力，不必說回去的人很少，即令全部難民都勒令回去，也莫奈何那些高粱，只要有人走進高粱地，裏面就發出槍聲來！

五

天漸漸短了，陳八姑去收衣服時，外面已經展開了一片滄茫的暮色。西院裏靜悄悄的沒有人聲。她遠遠的覺到晾着的衣服行列裏，有一個人影輕輕的晃動。走到跟前，這個影子正背着手垂着頭在衣陣裏慢步着，沉在這麼深的思索裏。

晾衣服的鐵繩響了一下，他抬起頭來。

「哦！陳八姑！」

「今天林先生又住在這兒嗎？」

陳八姑預感着有一種什麼事情就要來臨了。

「是的，這兩天我都在這裏住。」

「陪着老太太？」

「嗯……方便些。……」

「對救國工作方便些吧？」

「……」他只笑了笑。

「有很多同志吧？」

「不少。——不過我們還覺得不够。」

「唔！……」

「我們須要更多的同志，多多益善！」

「男的麼？」

「女同志也一樣被歡迎。」

「……」陳八姑沉吟着不說話。

「這若瑟院裏一共有多少教友？」

「四五十幾位」

「也有叫四十幾姑的麼？」

陳八姑笑了。

「都是從一排到十，次序是循環的；只有十姑，沒有十一姑。」

「原來是這樣。——陳八姑已經進院幾年？」

「大約是五年了！」

「這裏的生活習慣麼？」

陳八姑沉默了一下：

「還好，……沒有什麼。——時常來的兩位女士也是貴同志麼？」

「是的。」

「女同志必須是女學生吧？」

「不一定，就是不曾讀過書也有適當的工作給她們。」

「那一種人都可以麼？譬如奉教的呢？」

「一些都不相干！」

「那麼我們這裏面的人也够資格了。」

他恍惑的望着她，停了幾秒鐘：

「自然！這裏的教友聽說都受過教育，尤其像陳八姑是進過師範的，自然更合格！」

進過師範？是誰告訴他的？

「怎麼陳八姑爲什麼——是……是什麼意思？」

他被一種熱烈的情緒激動了，心裏大聲叫喊着：「我們的祖國啊！你絕不是沒有希望的！」

「沒有什麼，隨便問問。——那兩位女士在那個大學讀書？」

「不！她們也是中學生，和你的程度差不多。」

「她們現在還和你——還和林先生一塊工作麼？」

「沒有，她們到鄉下去了，這裏用不着她們。」

「她們都作些什麼？」

「總是『宣傳』『救護』一類的事。」

「女同志也很多？」

「很多。如果有人願意參加我們的工作，我可以[illegible]

助介紹。」

「唔！……」

陳八姑抱了一抱衣服預備走了。

『有功夫希望常談談」

「好再見！」

「再見！」

他目送她走出了西院，興奮的噓了一口氣。

「在這個禁地裏將要產生一個奇跡啊！」他心裏歡呼着。

晚上，屋裏已經起了鼾聲，阮七姑悄悄的拍着陳八姑說：

「我有些担心，我彷彿——也許是我神經過敏，我覺得你的心已離開了上帝。——喂！」

「……」

「睡着了嗎？」

「誰離開了上帝，我不怕罪過嗎？」

「那麼你怎麼變了呢？」

「誰變了？」

「又不承認！」

「我是——我不過偶然想到了將來。」

阮七姑莫明其妙的怔了一下：

「將來將來不是在上帝那裏嗎？什麼將來？哦！你想到那裏去了？」

兩人都沉默了。

「將來的歲月誰都不能預料，你何必顧慮那麼遠呢？」

「所以啊，是杞人憂天了！讓我傲慢的懺悔。」

「不過，你打算怎樣呢？不能公開給我嗎？」

「我那裏有什麼打算？睡覺吧！——以後也許告訴你。」

阮七姑用一聲長嘆結束了談話。

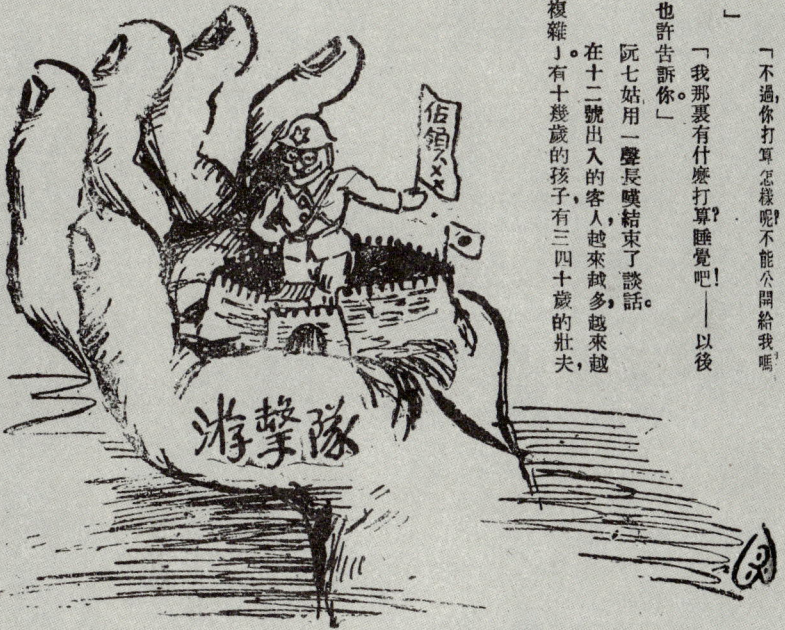

在十二號出入的客人，越來越多，越來越複雜」。有十幾歲的孩子，有三四十歲的壯夫，有男子，有女子，有南方人，有北方人，然而他們都那麼相熟，溶和得像水和乳一樣，溶合得像整個一個人一樣。你來我往，十二號總是門庭若市。最奇怪的是有一次別人看見陳八姑也從那屋裏出來。

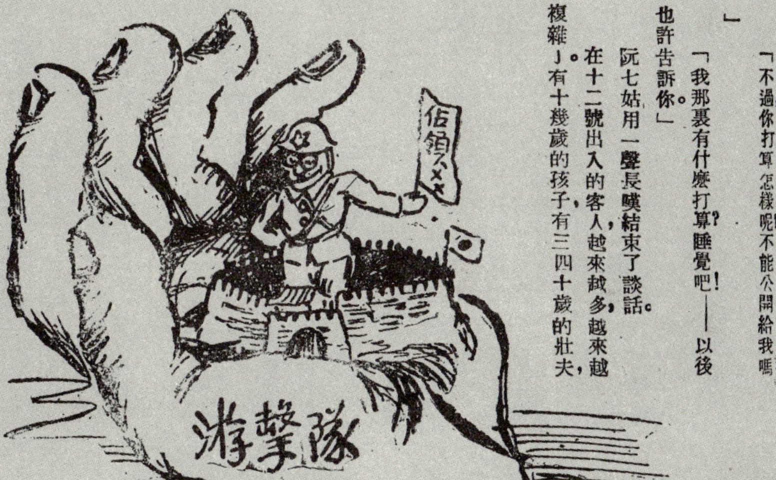

逃不出掌握　鍾靈漫畫

敵人的裝甲車列成長蛇陣，每天都在大街上馳騁，戶口又調查得這麼緊嚴，外城門又有武裝的敵人守衛，出入都要經過嚴密的搜查，即令這樣，城裏也一樣的散滿了便衣隊，散滿了這些來去無踪的英雄。若瑟院裏也不絕的傳佈着這些類似小說中人物的生動的故事。譬如那一天，西便門進來一個青年，已被敵軍收買而且早經繳了械的警察照例上前去搜查了，那青年不慌不忙的說：

「你不必搜查，我就是便衣隊！」

警察怔着了。

在同一時刻，那青年掏出手槍向空放了一響，揚長的走掉了！

這故事深深的感動了全院的人，陳八姑經過很久的思索。她深信不疑的認定那個青年便衣隊就是十二號的林方德。——自然我們現在可以不必奇怪她怎麼知道他的名子的這件事了。——至少也是他們那一羣人裏的一個。

五六天沒有看見林方德，這一天又匆匆的來了一次，匆匆和陳八姑說了幾句話又匆匆的走了。這件事并不會被誰看見。

這些日子，陳八姑每天祈禱時顯得十分懇切，十分虔誠了，她沒有再晚到過一次，總是這麼規行矩步的，眞像上帝就在她面前。作起事也特別殷勤起來，甚至永遠沉着面孔的院長都誇讚她了。對同院的姊妹更加了幾分親切，肯幫助人，肯自己吃苦，大家都覺得陳八姑越來越可愛了。只有阮大姑嗅出了幾分不同的氣息。

陳八姑正躲在屋裏偷偷的看一本書時，阮七姑走進房來，陳八姑慌忙把書塞在枕下了。

「你看什麼書？」

「是聖經呀。」

「給我看看！」

「你不是也有一本嗎？」

「我要看看你的。」

「不，不不用看！」

「爲什麼？」

「因爲和你的一樣啊！」

「唉！」阮七姑嘆氣了。「八姑！你愈和我們親近，你卻離我們愈遠啊！」

「不要這麼說，我很難過！」

「不必難過，你有你自己的理想，對於你自己的生活，自然也有你自己的認識，只盼望你不會錯誤。」

「我以爲并不錯誤。」

「我相信你也同情你或許……」

「或許什麼？」

「我現在反覺得很羨慕你，或許將來我會跟在你的後面。」

陳八姑跳了起來：

「你說什麼？這眞是你說的嗎？你早就有這種意思嗎？爲什麼必須『將來』？爲什麼不『現在』？」

「這你不知道，我還有自己的事。」

「也好，讓我先去試試，以後來叫你，你眞叫我興奮！」

「你這條路是正確的，這裏是一個牢籠，是不生不死的尼姑庵！」

「好姐姐！只有你明白我，只有你鼓勵我，你給我這麼多力量，我現在心裏這麼豁朗，好像看見了前面的光明，好像又增加了十倍的勇氣！」陳八姑抱着阮七姑說。

「不要忘了我吧！你這叛徒！」她挨着陳八姑的頭流淚了。

又是一星期過去了，若瑟院再沒有看見林方德的影子，那一羣神秘的客人也絕了跡。

剛好這個時候，在漢奸的告發之下，許多青年失蹤了。陳八姑、聽到了這個消息，她心裏忐忑着，那裏面難道有他們麼？有幾個？都是誰？恐怕又是……

這天陳八姑正在狹窄的甬道上徘徊，一個小姑娘悄悄的來了，悄悄的遞給她一封信，陳八姑慌忙的塞在口袋裏。這晚上，阮七姑和陳八姑兩人悄悄的談了一夜，早晨也起得特別早，但吃過早飯，就不曾看見陳八姑了，她自然是在洗衣服；然而午飯她也不曾吃，晚禱也沒有她的影子，——這一天誰都不曾看見她！全院都沸騰起來，院長奇怪得發怒了，——就是上帝也得發怒！——派人各處去找，但一直到現在還沒有找到。

簡約：

一・我們希望寄贈的文章，如民衆活動特寫，抗日英雄特寫，陣地特寫，地方特寫，散文，詩，劇本，小說，通訊，論文，批評，漫畫，木刻等，文字頂好在四千字以下，特別的材料亦請不要超過八千字。

二・來稿發表後，版權仍爲作者所有，不得作者底同意本社不得出單本或彙刊，但如果同時或先期在他處發表，不送發表費。

三・爲了內容底調和，我們保留選擇的自由。

四・頂好作者留下底稿；附有郵票，不用的當然退回。

五・發表後致送薄酬，希望寫明確實的通訊處。

六・關於發行，完全由上海雜誌公司經理，請直接向那里接洽。

最前線某站

奚定懷

一

這一夜車站上的情況和近幾夜差不多。我們還時候再來走一趟，好結束了一夜的工作，在黎明之前我們得趕赴鄉野；日裏是不行車的。

我躡着脚走到站長室門口立着。一個朋友從口袋裏拿出車號簿子向車場那邊去了，嘴裏呢喃着：

「還有一趟公務車哩！」

電報房的機子也在「的得的得」地響起來，另一個朋友也悄悄地去了。

就在這時候，守夜的老站工領着兩個黑影子慢慢湊過來了。其中的一個：

「啊，你是×站長，五〇一次就放嗎？」

我察出兩個黑影子是車長和司機。

「公務車要等一會部裏的命令，大概不會多久了吧？」我回答。

於是照例大家互相談起戰後各車站的情形和同事們的消息來。

不一會，××師團部的副官來了。

「站長在這兒麼？」副官高聲地問。

「在這兒，車子要就開麼？」

「是的，我們都已經準備好了。」

我即刻走進站長室去，副官跟隨在後面。我們先將剛才爬進來的傷兵移移開，我在墻角裏提出信號燈來，一隻手便摸着電氣路籤的機鈕敲起來：

「達，達達，達達，達達，——達，達達，達達，達達。」聲音是淸脆的。

「噹，噹噹，噹噹。」鈴回響了，下一站已允許給我們路籤開車子；於是，我繼續敲着

「達，達達，達達。」敲完之後，即刻在路籤架上「滑喇蹈」一聲抽出一隻路籤來。

「好，我們就讓車子開出吧。」我向副官說着，便一手握信號燈，一手提路籤，兩個人同走了出來。

這時車子已經調在月台旁，龍頭「工共工共」地喘着，副官忙招呼各人員上車，有幾個傷兵也跟着爬上去。

把路籤交給司機，我打起綠燈徵徵地搖幌。龍頭只短促地叫了一聲，拖着二節車子緩緩移動起來，加速地向站外奔去了。遠處，沉黑而迷茫。

我拿出時錶，在信號燈上照一照。

回到站長室，拿起調度電話耳機，一手按住機鈕，習慣地叫起來：

「調度所，調度所，……喂，我是××站，五〇一次，……喂喂，五〇一次××專車，零兩分開。……龍頭K字十七，掛客車一節，七百一十六，守車一節，三百四十三。……好，好，……啊啊。……啊，喂喂，調度所，再請接一接××站，……噢，是的，××。

「喂，××站嗎？……啊，你是老×？夜班……辛苦了。……啊，請問還有車子放過來吧？……沒有？……好好，……好好，……你們這兒，一天炸幾次？……啊呀，……萬幸萬幸！算不了一回事，哈哈，……算不了一回事，算不了一回事！……」

「格達」耳機掛上電話機。我靜了一會，才發覺遠處的殺聲和槍砲聲已漸次減低，窗外也顯出淡薄的曙光了。

我跑到室外，兩位同事和老站工迎了過來。老站工背着路裏給我們送來的鹹菜和米，一位同事却遞過一張慰勞電報：

「又有什麼長來電慰勞了，等會兒看吧。」

「不敢當，」我接過電報，「我們這是應當的，實在最該慰勞的還是那每個通夜殺聲中犧牲了的同胞啊！」

說着，四個人已不約而同地步出車站，向遼遠的暗鬱的鄉道去了。

二

到達我們約定的那個老農底家裏的時候，太陽早已閑適地爬在碧藍的半天空裏，四野寧靜地，再不像深夜充滿着殺聲和砲聲那麼恐怖了，只有偶然一兩響步槍和輕機關突破沉寂的空氣尖銳地叫着，但即刻又恢復寧靜了。日暖風和，誰肯說這世界正在醞釀着一幕罪大惡極的場面呢！有時候幾十架轟炸機過境，或者敵人底偵察機很神經質地來繞幾個圈子，盤旋一會去了。經常地這樣下去，一個人在感覺上會習慣而調和起來，尤其是在疲乏之中，彷彿什麼都墜入了夢境。

在老農底家裏歇下了：床上，和木凳上。這兒是一座孤立的小茅房，靠在桑林和水塘的旁邊，屋裏非常簡陋，除了床，桌，凳之外，就是角落裏一堆雜亂不全的農具，和一副已經殘缺了的小鍋灶。

老農底兒子接過一袋黑米往河邊淘洗去了。老農自己卻靠在稻草上抽起旱煙來，但不時抬一抬頭，似乎要向我們探聽一點消息，看見大家都是沒有精神的樣

子，也就繼續抽他的烟去。

米淘好開始煮飯了，老站工拘謹地將窗門統統關上，不準灶裏的烟跑到屋外去，但是大家悶得太難受，終于又打開窗門，老站工忙找着一頂破草帽到處亂搖，把烟驅到屋外，又出去把屋外的烟驅散之後，他就側着耳朶擠進矮桑林，變成臨時的防空監視哨了。

總算平安地把飯煮好，但是要吃的時候，可想起沒有下飯菜的問題。

「眞就吃白飯嗎？」我說着不必說的話。

一個朋友已很聰明地向老農夫討着油鹽，而結果只在一個破碟子裏得到幾粒黑鹽塊。我們把它拿來，用碗底壓碎拌在飯裏大口地吃起來，一碗，兩碗，三碗，雖然飯是有焦的也有夾生的，滋味却從每個人吃着的動作上顯示出來。

把飯吃完，並沒有誰知道揩嘴，或者睡覺，或者先到林子裏大便去了。

老農夫抽着旱烟。

三

不知會睡了多少時候，總之是在一片吵鬧的聲中醒來，舉錶一看，是午後三點四十分。

老農夫已經又給我們把飯煮好了，但是不知什麼時候走來兩個傷兵，搶着要吃，老農夫和他底兒子嚷嚷起來了，他說：這是車站司令部先生們要喫的呀！傷兵却操着異鄉口音焦燥地跳着。

我從床上爬起來，大概是睡得太沉熟的關係，一睜開眼睛就好像降臨一個古怪的世界。

「同志！」我有氣無力地叫了一聲，兩個傷兵突然一怔，把視線集中過來。

「你們要吃飯嗎？」不等他們說，我先發問。

「是的，先生，我們餓幾天沒有吃了。」一個回答。

「你們爲什麼不吃呢！」我又發問，但即刻就發覺這發問未免太糊塗。

「先生，我們衝到日本鬼子的陣地裏，在那邊躲了三天三夜，媽的屄，可幹了不少個，早上正遇着一隊東北兵，讓我們回來了。看，還都掛上采！」一個傷兵說着，把臂膊的衣裳扯開，露出那粗粗包扎過的傷處。

「啊，既是如此，那咱們就一塊兒吃吧。等今天晚上，你們要跟傷兵車到後方去，留在鄉下可不成。」

睡着的都醒了。照例是把鹽塊壓碎拚在飯裏，大家分攤着吃起來。可是因爲意外添了兩位食客，就不能都吃得够飽了。飯後雖然太陽還很有威力地垂在西空，却正是我們出發的時候，不然在六點鐘以前是無法結束到達車站底二十里路程的。

傷兵們也很感激地同行了。

四

自從離開了老農底小茅房，雖然在白天裏行走，一路却沒有遭遇怎樣可驚的襲擊，而且，黃昏的暮靄也漸漸地沉壓下來，似乎較可避免空襲的危險，身體也都鬆一點兒，傷兵們跟在後面一路採着野香花，用很粗的喉嚨逼着細腔唱起家鄉底土俗調來，微風吹拂着，何等悠揚。

在我底心裏可掀起一些小的風波，老不舒平。爲什麼自己竟比不上從萬死中洩漏出來的兩個傷兵那般豪快呢？就總愛用抑鬱壓住心眼嗎？想得惱怒的當兒，我拾起幾塊石頭，向遠處一羣黑鴉砸去，黑鴉受驚地邊天飛起來了，「呀呀」地嚷叫。

「飛機呀！飛機呀！你們看，這多少隻飛機呀！」我儘的歡叫着，看見車站的站屋已出現在不遠的前面，就要到了，我跳躍着。

「飛機呀，你來吧！我要跟你說：你毀了我的家！我要跟你說：你殺我的娘！我要跟你說：躁你媽！躁你媽！」

「胡說八道些什麼，安靜些，別發……」誰聽得不耐煩說話了，但並沒有說完，便給一個緊張的消息報告截斷了：

「聽呀！這是什麼聲音？眞的有飛機來啦！」

「飛機！飛機！很多隻飛機全給你們噪得竟沒有聽見！看在什麼地方呀？」

「趕快到車站上我們那個小地洞裏去吧！」

大家你一句我一句，雖聽得飛機聲音響得震耳，却十二隻眼睛在空中再也搜不出一點飛機的影子。

「趁着飛機還遠，小地洞裏去吧！在車站附近可不能隨便！」

於是幾個人提起脚步，向小地洞飛奔而去。

剛跑了沒有多遠，聲音實在響得太厲害了，我回頭一看，一叢飛機已經從黃昏裏出現，有黑鴉那麼大了，算起路程，我們决難趕到小地洞去。

「停住！停住！來不及了！」我一邊收住自己的脚步，一邊張開兩手使大家停止。「我們趕快伏在地上不要動！它飛得很高，不會發現我們的。」

剎那間，我們散隊在路邊上，一大隊轟炸機和戰鬥機隆隆地從頭上過去，充溢着威脅的力量。

「一共三十七架！是到我們後方去轟炸的，現在炸彈丟光回去了。我們走吧，還是趕快到小地洞裏去躲一會，等天黑透了再出來吧！」一位同事抬起頭來徵求大家的同意。

在機聲威脅下面，大家都同意他的話，即刻從地上爬起來，繼續向小地洞跑去。敵機飛在前面，像一羣歸雁。

不幸的事件是從那一羣歸雁中突然有三小隊撥轉頭來了！而且很快地散開，向着車站這邊俯衝下來。

「糟糟糟！又要出毛病了！」

恐慌驟地捏緊大家底心，都拚命地朝小地洞那邊飛奔了，可是剛剛經過小地洞的柵園，八架敵機已呼呼地閃一個瀏兒，直掠下來，掠下來，掠下來。

「嘶——！空空」

「空空空嘶——！——」

「空空——！！空空空」

「嘶——」

我摔倒在草溝邊，地面像火山爆發那麼震顫着，我被彈起，跳着，滾着，泥塊，瓦礫碎片，一陣一陣在空中飛舞着，打在頭上，身上，濃密的黑烟霧，硫磺的臭氣，凝集着，漸漸吹散。

我幾乎暈去，但是趁着一小隊敵機飛過，掙扎着繞過園柵，爬進了小地洞。

我躺在木板上，只有一個朋友跟着爬下來。

「嘶——」

「エ！」

「エエ——！エエ——」

小地洞像一隻海船，蕩着，蕩着。

五

狂炸之後，隨着天色底迷朦恢復了原來的寧靜，朋友從我底身邊曲着腰站起來，這當兒我忽然感到，有一件悲慘的大禍已經在瞬息間造成了：爲什麼還有幾一人沒有爬進來呢？我拉着朋友底手打洞口出去。

我們離開園子，在不遠的小路邊草叢裏，發現一個大炸彈洞，洞的前面模糊可以辨出，有兩條被炸斷的腿交叉的橫在地上，那上部被劃破，肋肉大塊地暴出來，脚上皮鞋也沒有了，底祇是一塊黑皮套在脚面上。

「呀！老×！老×！你竟在今天遭難了！你，你從此去了！」從皮鞋上我辨別出這兩隻腿底主人，是車號同事，是一位共起居的友朋，是這黃昏酷刼的不幸者，我看着看着，難過極了。

我們再向前繼續搜索，約莫相距一丈多遠的地方，一首斜臥的傷兵屍體底背面尋着了遇難同事底上體，已經被炸得潰爛了。衣服全被撕光，只在頸項裏纏有一些破布，一只克羅咪證章變成鉛片，頭部似乎被削去後腦，許多黃色的漿體濺在染得鮮紅的臉上，髮上，左側臂膊也沒有了，胸部腹部被彈片炸穿許多碎洞，紫血從洞口流出來。小腹却特別漲大，發着紫黑色，像皮球打起氣鼓成半圓，下端有一處腸子流在地上，生殖器也沒有了。

黑暗層層地重壓下來，我從來不悲傷，却流下了淚。

我們謹愼地把殘缺的屍體抬到一處平坦的地方，我細心的將那炸出的腸子輕輕兒從洞口塞進肚子，然後才把那截的兩條腿拾來拚上，但是還缺一隻臂膊啊。

又在附近許多地方去尋覓，經過很久很久才忽然發現一棵禿樹枝上鈎着一隻斷折的臂膊，那手部下垂，彷彿向我們打着招呼，我歡欣的跑過去，抱着樹幹想爬上去，但樹幹上貼滿着肉塊和血漿，非常膩滑，經過好幾次掙扎，我終於爬上去，而且捉住那隻臂膊了。我握着斷臂膊的手，但是那手僵冷得可怕。

回到原來的地方，把臂膊再拚上去，纔算勉强完成了全屍，但是仔細去觀察，我又有些苦惱了，怎麼那隻尋來的手臂短而且小？是不是死者自已底呢？

陡地又使我們發覺到，還有老站工呢？

我們又四處尋覓，天色已黯得難以分辨了，晚風微拂，空氣凝寂的，而老站工呢？

「阿×！阿×！」

「阿×！阿×！」我用一手瀏在邊嘴，昂起喉嚨向遠方尖銳的呼喚着，呼喚着，死去的原野，哪兒藏着我們希盼底問答呢？

東邊，那暗鬱的遠方，突然兩聲砲響，戰端又開了。

六

夜。

一切是黑暗的，黑暗有着哀悼底面孔，但遠處發聲又起，槍砲越趨猛烈，火光把太空燒紅，哀悼底面孔撕破了。

我和剩下來的僅有的友伴匆匆趕到車站，耳朵裏傳來錚鏘的金屬捶擊聲，知道日裏被炸壞路軌，工程處已經在修理了。這時我們很担心有電話和電報來，遲誤了工作，悲哀的情緒早給當前職務和工作排除乾淨。

我們到車站各處視察被炸受損的情形，照例和工程司接洽了一些事，然後便回到站房這邊來。我走進站長室，細心地跨過一具死屍到調度電話那邊，第一件事，是打電。

「調度所喂喂，我是××站，請問，有什麼消息麼？……啊啊，這邊二條和西裏揚旗轍尖炸壞，正在修復，大概還有一點鐘道可以清，……呃，呃還有一點鐘。」

放下耳機把角落裏信號燈燃起來，用微弱的綠光照見我底辦公桌上臥着一個傷兵，椅上也坐着一個傷兵，頭抑垂到了椅背後面，我懷疑地把他們摸一摸，原來都是冰冷的。於是一個一個地抱下來安置在一邊，我開始辦理一件不幸的公事。

綠色的燈光裡，一隻鉛筆在電報簿上迅速移動着，寫下：

「××（站）——車務段長（收電人）——九點十七分（發電）——車務處長（抄致）

「本日午後十八點三十五分，敵機十七架來襲，××段××站車號站務司事×××君不幸殉職，站工×××亦同時失蹤，迄發電時止尚未見歸來，茲除將死者依法辦理善後外，特此電呈，並祈速派替補員工，以維工作。

×××（發電人）」

電文寫好，簽了字，交給朋友去發出，當電報房裏又傳出「達達達達」平凡而單調的聲音，我就開始做一件每天必做的事，把站長處裏的死屍一條一條地抱到候車處或對面茶棚裏去，好讓十字會來給他們掩埋。

車站上漸漸聚集着一些軍官和傷兵了，他們不斷地探問着開車的消息，有的在各處走來走去，或者一直擠在站長室裏，每次別站有電話搖來，鈴響的時候，便會引起一陣騷擾。

路軌總算在十二點鐘以前修復，這時候前線戰事非常劇烈，為交戰以來所未有，因此車站上的情緒也無形跟着緊張。我們忙着把清道電報發出，上一站便有電話搖過來，說是有五次M專車要迅速連續放過外。

「嚙，嚙嚙，嚙嚙，嚙嚙，」討路截的鈴即刻響了。

「達、達達，達達達，」我撥動電氣路截的機鈕撥：對站路截

「嚙嚙，嚙嚙嚙嚙，嚙嚙，」回聲。

傷兵們又騷動起來了，後面的向前面擠着詢問：

「快開車子了嗎？」

「什麼時候開車呀？」

「站長！站長！……」

我提起信號燈，一邊用手分開大家向外面走，一邊大聲地回答

「已經有車子開過來，馬上到啦！」

我走到月台左邊去打點，把車子進五條的命令傳給遠處各岔道口的分路夫，然後把西揚旗扳倒，許多傷兵也跟出來散佈在月台上。我又到各分路去檢察一下，回來的時候，在站長窗門口被××師部的參謀抓住了，他很焦急地說：

「你就是站長？請你趕快給我們開一次S專車！最好馬上就成！」

「可以，不過要等這一班車到了之後。和上面××站商量一下。」我正在回答，隱約聽到有龍頭的回聲，

「車子就要到了！」

「好的，好的，」參謀滿意地說着，暫時離開。

我跨過直路二條，和三條，到對面月台上去，把綠燈迎面幌着，列車已經進站了。許多傷兵也都向這邊月台爬過來。龍頭「次空次空」地越衝越近，越近愈慢，直到我把信號燈轉上紅光，一條列車安息地停止在前面，從每一節車子底門口即刻有一隊隊的弟兄們跳出來，過在前綫傳來的殺聲和炮火聲中，他們都十分嚴肅地在月台上整着隊伍，乘車的傷兵們也向旁邊讓開。

龍頭司機交下了路截，我忙着回到站長處去，把路截送還機架上，××師部參謀領着幾個軍官又匆匆的跑進來了，他讓着：

「火車已經到了，站長快給我們開車！」

「嚙，嚙嚙，嚙嚙嚙，」可是上一站討路截的鈴又在響了，那邊有五次車要趕過來

『啊，×參謀，我可要告訴你，××師有五次M專車正急着要趕過來，現在剛開到一列，這邊能不能放車子過去，還得和他們商量一下。」我解說着，即刻去打調度電話：

「喂，調度所，……調度所，請你接一接××站。」

這時忽然聽到有飛機在天空盤旋的聲音，月台上也有人在嚷着：不要吸烟，不要吸烟！

「啊，你是××站嗎？……喂，喂，你是××站嗎？……我是××站，……啊，請問還有四次M專車放過來麼？……啊啊，……急得很，……急得很？……可是，這邊有一班S專車非常緊要，能不能先放一下？……不，不行？……喂，喂喂，請你等一等，……」

「×參謀，前面一站M專車一定要即刻趕過來，那是××師的調防隊，S專車恐怕要等一會吧！」我把嘴移開話筒向參謀商量。

但是，參謀跺着脚叫起來了：

「還等一會那怎麼成！不成不成！你剛才不是說可以？喂，站長，你給我馬上就開，馬上就開！我們無論如何不能再躭擱了！」

「參謀同志！」我把頭更轉過來「不過我得跟你解釋一下，雖然S專車重於一切，但是在必要的時候，我們却不能阻止M專車的先放，現在我只能再和那邊商量一下。」

「好，你跟他們說，這邊馬上就開！什麼車都不準放過來！」

大空飛機盤旋的聲音更響了，我把頭再轉向話機：

「喂，喂，……請你和那邊車站司令部的負責人商量一下吧，……喂，我跟你說呀，這邊S專車，……這邊必定要先放出去，不能再延擱了！……嗯……嗯……好，好，你去問一問。……」

「站長！怎麼樣？」參謀焦燥地。

「他們向車站司令部去接洽了。」我回答。

暫時的肅靜，完全給天空飛機劇烈的盤旋聲佔據了去，沉沉黑夜裏它像魔鬼底巨掌重壓在每個人頭上，心上。

耳機裏有了話聲。

「嗯，……是的，……怎麼？……這五次M專車，嗯，嗯，……延誤了要槍決？……嗯，……嗯，……喂喂，同志，不過，倘使這邊S專車有特殊緊要，……嗯，……嗯，……嗯，……喂，同志，軍事上的機密當然遵守，但是這邊××師部的臨時急令，……不成？……嗯，……喂喂，路截等一會，請你先和這邊師部參謀直接談話，好嗎？……好好。」

「×參謀，那邊車站司令部奉了命令，說今晚的五次M專車，必須在午夜一時以前全部抵達前線，延誤者執行槍決！他們並急等着這邊授給路截，把車子繼續開過來。我看還是請參謀直接和他們交涉吧？」我說着，一面將耳機交給參謀。

「什麼！我沒有功夫和他們交涉！說什麼廢話！」不料參謀把耳機摔在一邊，咆哮起來了。「站長，你快給我開車！別的什麼都不要管，你要知道，兄弟今天並不是為的自己！快給我開車！這也是命令！延誤了可就沒有客氣，槍決！」

飛機的聲音在黑暗中抖顫着，抖進每一個角落，顫動每一個人底心。

光榮牌

劉白羽

北方的田野，是叫人永遠不能忘記的。從太陽光里，看着那一棵棵的樹，一條條的發白的窄的河流，一個村莊，一個農民担着水桶，在那高縱的白楊下，走着的背影，……屢次使你想到遙遠的伏爾加河的原野。汾河！你也那樣的咆哮吧！你兩邊肥土上的人們是會跟着你的脚步起來的。

冬天的風，在大地上搜尋着，汾河的岸脚結起冰來，但卻掩沒不了那流水聲。

常聽人說：「一星火是可以燎原的！」從秋天，西線上，不再是平靜的了。很多保衛祖國的軍隊，一跌一起的，在那兒，充滿豐富的生命力的河流，山谷，田野上，和日本戰鬥着。這把火，一直燒遍了雁門關，娘子關，平型關。從前，這僻靜的鄉村是沉寂的，今天，農民們，男男女女都舉起手來了。……

從城里來的宣傳突擊隊，風里的草種一樣吹得各處都是。

那是一批批年紀青的和藹的朋友，他們常常關心到農民們的飢寒飽暖，和那些老頭子，老太婆們談着話，讓他們也知道了日本人在各處是怎樣燒殺，搶掠——像水的溶進土壤，他們的話溶進樸實的農民的心坎。

有些小孩子，在太陽光中奇異的辯認着用白粉寫在黃泥牆上的標語：

「保衛山西……」

突擊隊里的同志，老是那麼匆忙，有時單獨的和農民談話，有時招集小集團的會議，有時演出讓人家看着流眼淚的戲，永遠印在腦子里，擦不掉。他們組織着訓練着——鄉村里出現了婦女服務隊，壯丁隊，遊擊隊。眼看着汾河兩岸的沉寂的一片散沙，那麼迅速，那麼徹底的黏結起來了。

★

××村在呂梁山脈的脚下，東面兩三里地就是汾河。

在這里標語，一樣的觸目，年青的同志，一樣多……從那堡樓的門洞走進去，沿着疎疎的樹木，穿過很長的一段路，才看得見農民們的院落。廣大的場院里在那溫水似的太陽光下，人們提着黃牛，磨着玉蜀黍麵。高過房頂的稻草堆頂上塗着黃泥。很多隻鷄蹲在房沿的棗樹枝上閉着眼，不做聲——這農村里的晌午，是那麼幽靜。風從村子外面的荒地上很有生意的吹了來。……

在這幾百戶中間，有一個美滿的家庭——老頭子張雲五十幾歲了，人可還精明，也比老婆子強壯，兩個兒子大祥，大永，都是結實的年青農民，他們一家數口，勞動着，每年從那鋤頭下總餘出四五石穀子來。就在去年給大祥結了親，媳婦是又聰明，又健壯。老婆子也到了該歇的年紀，恰好就有了這麼一個好幫手。

從戰事一發生，老頭子是天天到村公所去聽消息……

年青人終究是變得很快，兩個孩子，自從那一批批青年同志到了這里，他們很快的就打成一片了。幫他

「噹，噹噹，噹噹，噹噹，」上一站催路截的鈴又響了。

「參謀同志！但是上一站不允許我們，沒有路截不能開車呀！」我竭力地解釋。「你看那邊又催……」

「你還說廢話，我叫你開就開開開！！！」參謀怒跳着，用右手在袋裏摸出一隻手槍。

「同志！」我不能容忍的大叫起來。「倘使你不能諒解我們工作上的苦衷，把兩邊的機密都延誤了，你就槍決我吧！」

「我就槍決你！」一隻手槍馬上正舉在胸前，很快地在撥開保險器。

剎那間，突然窗外一閃，象萬道電光衝破沈滯的黑暗，尖銳地刺射下來，大地倏的明亮勝過白晝，目不能睜，大隊飛機盤旋的聲音更緊張地飛舞着，各處有人在奔跑了。

「亮光彈！亮光彈！」

參謀收回手槍，和軍官們忙跳到門口。

「不要跑！不要跑！殺死你！」

「砰砰！——砰！——砰砰！」用手槍制裁了屋外的奔跑者，參謀又轉身過來。

但是正在這時候，附近起了炮彈聲，房屋「格郎郎」地開始震搖，繼然的，已經有一架敵機放出沙沙的響聲，在我們上面沈墜下來，沈墜下來。

「唯…………」

炸彈已經脫離機體，在半空中穿着大氣發出奇利的旋聲，急速地向大地墜下來，墜下來，墜下來

「轟！」

全世界都爆裂了——詛咒！憤怒！

我橫臥地上，瓦礫，碎磚，玻璃，木樑，炸滿在全身，鮮血到處流溢。我以爲在那時候卽已經盡了獻身祖國的光榮大職了。

一九三八，一二，二十八，武昌。

們貼標語，一起談話，聽他們講：什麼民族生存，打倒侵略的敵人…………漸漸他倆清醒了。他倆明白是有人要來搶去他們的田野，房屋，慘殺活人。他們也認清了自己的任務。好在冬天，地里沒什麼事。這幾天，聽說他倆加入了什麼訓練隊，天天還下操，跑步呢！不只他倆，村里的年青人，都不再閑蹲着吸葉子烟了。

★

羣衆瘋狂的喊着。從破舊的籬垣里門墻里往一處奔流去。

由那堡子外面，一輛輛大車，還有人，馬，伙伕挑着那顫動的扭子，穿灰衣的同志們，牽了馬蹴着………一隊，一隊，走進來。這活的一大羣人，裹在從脚底揚起來的灰霧里，影子一樣。有的滿頭滿臉挂着黃霜。他們好像跋涉了老遠的路程跑來。頂有趣是一些矮矮的小同志，一面搬着東西往前趕，手里還緊緊的拉着一隻小狗——狗咬着，馬打着噴鼻…………

「這是打遊擊的隊伍嗎？這就是他們！」

農民們，昨天就聽到說：「有隊伍要來了，」但是這隊伍，就是在前線上打鬼子的。昨天開始是老頭子張雲揚着袖口，由村公所的爐邊上出來，把這消息傳播給大家。後來，住在一個廟里的宣傳突擊隊就活動了。他們開始敲着鑼，挨門喊「開會——開會！」他們怎樣向農民羣衆說呢？你聽，他們那靈活的舌頭：

「告訴你們！你們明天，我們的朋友們就來了！他們是保衛我們的！他們是前線上打遊擊下來的！………」

此刻，跟着一陣嘈雜——一股新的，有生命力的笑聲，談話聲，汾河里的水一樣流開了。

張雲也擠在一堆人的當中，他像一扇門板，遮着了背後的娘兒們。擠着蒼白了的鬍髭，他把一雙亮晶晶的大眼睛，盯在對面的標語上，那是一張綠紙寫着黑字「歡迎抗日的××軍！」他笑了。突然，他覺得背後有許多拳頭，肩膀頂着，看見是那些娘兒們，他立刻把身子縮了一縮，讓娘兒們往上擠了一步，他還在很快的說：

「哦——嘀！××軍，你們瞧！」

千萬隻眼睛，熱情的盯着那鐵的流，一隊，一排的走過去………

★

這一支隊伍，可同從前腦子里記住的隊伍不同，他們是要羣衆的，而且親近羣衆的。他們買一個銅錢的，就給一個銅錢。從沒看見他們向人橫眉瞪眼。大的同志趕着小的叫：「小鬼！小鬼！」挺和善，親熱，從沒看見誰打過誰。這一支隊伍來了，就招集羣衆大會，演戲，唱秧歌——那些可愛的年青朋友更多了起來。在這個××村里，老年人彷彿都年紀青了一點。他們都了解——爲了生存，就要把狂暴的敵人打倒！××村很迅速的進步着。

一個夜晚，在老頭子張雲家里——

「不——他們不都是有吃有穿的嗎？」

老太婆，彎着腰，躲避似的，坐在那黑角落里。咳嗽着說。這時，昏暗的燈光，從那油盞上爆炸着。張雲搖着頭，把眼睛盯着一個年青人的臉。那就是他的兒子大祥。大祥立刻站起來，把那肥茁的一隻大手魯莽的伸到媽媽面前說：

「媽！你爲什麼捨不得這五石穀留給日本鬼子嗎？爸爸說的對——有錢的出錢，有力的出力，我們有穀難道讓他腐爛！」

熱情的光，在青年人的眼睛里閃爍着。突然，他聽見

他媳婦那一張與媽媽同樣的臉色，好像要尋找發洩似的喊了一聲：

「你也……」

那年青的女人低下頭去。比哥哥矮一些的大永，揉着淚睛說：

「爸爸的主意對！」

老頭子笑起來，很興奮的跑到清冷黑暗的門口去。

✶

第二天，太陽剛剛照到三官廟前的空地上，老頭子張雲，就從那邊一個巷口走了過來。背後，還有大祥，大永，和幾個漢子，滿臉是汗的挑着幾担穀，走到門前放下來。擦着汗。張雲繫了繫腰間束着的褡袱，去到那個揹着槍的衛兵面前，突然，他停着了，舉起[illegible]笨里的右手，一面喊叫：

「老總！——唔，不，同志！」

那個衛兵很和藹的笑着招呼他。他緊緊的搶着說：

「同志！我是要見見……見見司令的，能嗎？」

偏巧，這時從深深的門洞裡，走出一個穿軍衣的人來。約有五十來歲，粗粗的，邁着挺結實的脚步。他是那樣沉穩，一張發黑的臉上，我不出蒼老來，眉毛重重的，一雙眼睛閃着亮晶晶的光芒，寬闊的嘴角微微向下彎着。顯得那麼堅毅，剛强。他一眼瞧見那正在談着話的衛兵和老頭子，他停着了脚步。

張雲在那天羣衆大會上是看見過這個人的，就是他，說出那樣一句話：

——有錢的出錢，有力的出力……

此刻，他一步邁了過去，望着那張沉穩而可愛的臉，吶吶的說：

「司令！——我沒有旁的事，就是，唔！你替我們打日本，在前線流着血，我們做老百姓的同志！也不是沒有心腸的人呵！……我，我一年有這麼五石穀，現在我送給你們，啃啃，你瞧！」

那個人，順着他指出去的手臂，看見那幾個青年農民和身旁的担子。

「老先生，謝謝你！可是——你一年的勞苦，捐一部分也就够了！」

「不幹嘛呢？你以為我捨不得嗎？我不是那些老婆子！你，你……」

他暴燥的，瞪大了兩隻眼睛，喘着氣——司令磨動着那堅毅的下顎，溫和的笑着。他大概想得很遠，也許會想到死在平型關，雁門關的少數同志，他現在為這當前的熱情包裹着了，暗暗在想：「羣衆，多麼可愛的羣衆呵！……」一會，他湊上一步，緊緊攢着了張老頭子那隻出汗的手。

「是這樣，老先生！要大家一條心的幹，才能談到生死，你的五石穀——我收了兩石！」

他搖了搖那隻手，然後吩咐了一個人一些話，他笑着，含着敬意的點了點頭，走了。張雲望着那寬寬的脊背，感動的立在那里想——他是多麼可愛，這個人。我應該聽他的話！他立刻一聲不响的招呼大祥，把兩石穀的數目，交給被吩咐的一個青年同志的手里，然後他們一聲不響的走了。

黃昏，誰都知道了這件事，紛紛傳說着。

——那三石穀呢？

這里五斗，那里七升，那里一石，他還是散在這支隊伍的中間了。

✶

兩個月以後，這支打游擊的隊伍，又是上前綫去的時候了。

大祥，大永，許多許多的年青人，都不再甘心關在家里，紛紛加入了那鐵的隊伍。因為他們對牠[illegible]親切的無疑的，這是牠長時間的堅苦奮鬥，在年青人的心里換來的。還有一件，頂感動，讓人家流眼淚的事情，就是張雲老頭子在出發的前兩天，也死命的要求着加入了。他說他不能揹槍，可是他說會宣傳，他要去給動更廣泛的羣衆，一齊起來。那天，司令同志問着他：

「那麼你的家就不管了嗎？」

「不——年青的媳婦，我叫她去當看護，要不就加入服務隊，年老的，是有服務隊會幫她忙的，她們會愛護她，替她洗洗衣服，燒燒飯……」

結果，是司令同志感動的，順着鐵顎，流着眼淚答應了他。

✶

宣傳的突擊隊，剩下少數人做指導的工作，其餘的人，往更遠的鄉村里去了。

××村剩餘下的一部分壯年人，組織了自衛隊，游擊隊。年青的婦女就組織了一個廣大的服務隊。她們主要的〔工〕作，就是幫助出征者的家屬做事，譬如燒火，做飯，洗衣服，有時還用些巧妙的話來安慰老年人或小孩子的遐想。她們在整個鄉村里到處突擊着，使一個村莊變成了一個大的家庭——中間有友愛，有互助。

另外，還由富足的中農家里，募捐了大量的糧食，囤積在村公所里，供給出征者的家屬們。

張家清靜多了……年青的媳婦，早已加入了一支新組織的看護隊，前兩天，一個落着雪的清晨，也開拔到旁的地方去了。但是老婆子，并不因此感到寂寞，另外有一個家屬里唯一剩下的一個女孩子，來和她作了伴。這個女孩子，也就是服務隊里的一員。

西線的戰事，火花一樣爆發着，汾河永遠不會停止的在流……

太陽，每天每天，用那燦爛的金光，照着××村，照着家家門口釘着的一塊牌子：

「抗日軍人家屬光榮牌。」

三八、二、一——二●

從太湖縣寄到武漢

力羣

胡風兄：

我的爸爸最近給我寄來一封信。去年十二月二十九日從山西靈石發出，一直到今年一月二十六日才收到，在路上竟走了這麼長的時日。看過之後，沒有想到竟會使我感動得失了一夜的眠；給別的關心山西的朋友看了，也異常感動；有的竟說這封信是一個劇本的材料，有的勸我把它設法發表出來。現在給你寄上，請你看看吧。如果有發表的價值，就把它發表出來，如果沒有，看過之後，就隨便丟掉吧。

不過，給大家看也好，給你看也好，有幾個地方却須要說明一下的，否則怕看不大懂。

首先我要告訴你的，是：我的爸爸是一個地主，我的母親是一個地道的地主家里的主婦。她像所有的地主家里的主婦一樣吝嗇，保守。

至於我的叔叔，却是一個「半自耕農，」這是說：一面他耕種着自己的土地，一面又耕種着我家的田——但還是須要出租糧的。當我小孩子的時候，我的叔叔還是一個很富足的「全自耕農，」住着很好的窯房。但因後來，我的嬸母和祖父相繼死去，加以連年的水旱天災，苛捐雜稅，叔叔積下很大的債，沒法，就把窯房和一部分田賣給我家了。可是，父親因爲叔叔倒底是自己人，所以窯房的主權雖然屬於我家了，但還允許我的叔叔住。但倒底主權是屬於自己了，所以我 母親一不高興，就下逐客令，驅逐我的叔 叔出院。信里的力章，就是我叔叔的孩子。

此外，我須要談談我的兩個「當兵」的妹妹了。力英是我的大妹，今年十九歲，但從來沒有讀過書，僅識拉丁化新文字。在以前，她是個十足的地主家里的小姐。我的二妹力妮，今年十五歲，是小學三年級生。

最後，我要說到的是我的弟弟力光，他 是 一個以「主張公道團」團長，經過軍訓而成爲區長的年僅二十一歲的青年。小學沒有畢業，後來在天津做了幾年店員，失業後在家鄉被選爲「主張公道團」團長了。但他還不差，是一個拉丁化的運動者，也是一個負責的區長。不是麼，他的老婆，書香和他的兒子學忠爲了帶在身邊受累，不是就送到他岳父家了嗎？信里的樊善堂就正是他的岳父。

雖然我的爸爸的信，寫的並不高明，但這一封平常的家信，却帶着很沈重的東西，出現在我們面前了。在這里有黑暗，也有光明，誇大點說，實在也顯示了抗戰中的祖國的一面，與全部腐爛與新生了！

這里我不多說，下面的信會告訴你一切的。

祝康健！

力羣：自皖太湖縣深山中 二月，六日。

××我兒有一個多月，咱家鄉忽然變亂的不成樣子了。前一月時，從前線退南的隊伍，經過咱村，有好隊伍，來要吃，要米麵，有要驢的，走過去，人民也不怕。但有一天，日落後，來了一羣隊伍，却把咱家的東西——包服，洋錢，眼鏡……都拿走，把我脚上的鞋也換走了。這個隊伍太壞，最後裝下一口袋東西，逼我送到對面山頂上——郝家舖去，我說：「年老拿不動，」他們就立時拿槍把打我，嚇的我避在野地，才免了這個痛苦。

這羣壞隊伍過去，忽然又來了一連，住在咱家，咱家男女立時又是給他們做飯，但說話很和氣。咱屛家人商議要離開咱村，隨軍隊逃難去臨汾避亂，倘敵人過了韓信嶺，再過黃河尋你去。最後大家計議妥當，就決定要隨他們去。

這連隊伍在咱村又住了一天，咱殺羊麵，敎他們全連吃了，把咱的酒有十數斤，也全敎他們吃了。到第二天半夜動身，把家中一切完全囑托你叔叔與力章看守，天明走到霍縣，連三天到了臨汾。在河西北劉村住了一月。以後聽說咱靈石能回來住人，才又回到灊家掌。

當走的時候，就是我和你母及力英，力妮四人，沿路蒙這連人保護的很安全。這部軍隊是新編十團三營八連，排長是閻宗仁，二排長是姓董的。到了臨汾時，力妮又認下閻排長太太做乾娘。還有中士豐子才，書記張國恩，對待咱全家都非常好。等時局平定了，可在報上登報，聲明感謝。

再寫我們同來走路的情形，由臨汾北劉村起身，是十二月十日，頭一天住在洪洞河西程曲村，又在洪洞城里買東西住了兩天，才由此起身，住到趙城河西之好義村。適巧就遇見溫一齋，他在趙城成立隨營學校，力英力妮二人願意當兵，我同一齋商議，隨敎她們二人在此入了隨營學校。當時一齋也贊成，你母也痛快，敎她二人當了女兵。立時我同你母當面囑托一齋，把力英力妮交隨他學救國的工作。我對一齋說：「你既同力羣相好，力英力妮二人好比你的二個妹妹，你照應她們吧！」

就照此辦法，把她二人入了第二臨營學校。又住了三天，把她們安置好，才又由[illegible]城起身回家。在霍縣住了一天，于十五日到了咱村，沿路很平安。咱家有藏的東西糧食（藏在土窰里的麥二十官石，豆子玉糧十二石，是磚封泥好的，）蒙你叔叔照應的很好，有藏的二十三斤棗，十斤蜂蜜，力章家吃了。（糧食救軍隊上吃了四石多，雜糧救村人吃了五六石，）你母見了心痛，把你叔叔及力章鬧了兩天，號哭了一頓，大鬧了一頓，你母教力章出院。此刻有英蘭，燕德明調和，留力章，才算暫時不走了，就此再不追究了事。

你母時刻的說我的不是，吵鬧的實在無法，我心中終日的煩惱。

此刻力光已把書香、學忠送回東村樊善堂，昨日來咱家，力光仍在川口區公所區長的責任，此刻辭不了。川口滋縣有兵，尙多，政治不亂，你不要掛念。

靈石現時安穩，嶺北的村莊，都住上兵，仁義道遙至道千莊立村，都住兵，紀律非常的好。就是天天要草。陽曆年有許多的玩藝，正組織游擊隊，軍民合作的，打成一片，整理抗日。現時咱一家人，你們姊妹弟兄都做救國的工作，我心中非常高興，現時家中就是我和你母二人過日子，再盼望咱一家人團圓了，就謝天謝地。希望常來信爲盼！

父字在都家掌寫，十二月二十九日

（註：原信沒有標點，是用的一個個的小圓圈，也不分段。我爲了給大家看清晰起見，所以加上標點分開段了。

再者原信的月日用的是舊曆，我也把它改成新曆的了）。

從成都寄到武漢

周文

風兄：

「七月」第五期收到了。我一口氣就把它讀完，感到無限的興奮和激動。我覺得這一期比前幾期都更加豐富充實得多了。尤其使我高興的是丁玲的獨幕劇「重逢」。因爲那時我正在學生寒假戰訓某隊担任了點工作，要辦「同樂會」，正苦於缺乏很適宜的很好的獨幕劇。（第三期「七月」上的「反正」，我們上演過三次，都得到相當成功）「重逢」一到我手裏的時候，我眞是高興極了。一面是我驚異於丁玲的劇作才能，想不到她在這方面第一次贈給我們的就這樣好；一面是高興着我們又有新的東西上演了。但可惜的是因爲大學女生是分出去編在女生總隊的，她們自己也辦「同樂會，」不能來參加。以致這劇沒有演成，到今天我還感到非常的悵惘。

不僅是悵惘，而且是非常的寂寞。說老實話，我自去年十月到成都以來，差不多可以說只有在那戰訓期中是還算過了二十幾天較緊張的時光。雖然只是例行公事的緊張，究竟還算是緊張，精神和時間都並不算十分浪費；但戰訓一結束，又不得不回到寂寞和苦悶裏了。

這寂寞和苦悶，要說起來，也眞是一言難盡。如要作點救亡工作吧，也就不容易。去年此間的文化界救亡協會在十月成立，十一月才開始工作。我是被派在國防藝術委員會文藝組裏的。記得那時各委員會各組才開第一次會討論進行辦法的時候，不知怎麼外邊有些謠言起來了，說是份子複雜了！又不知怎麼有些人宣佈退出了，也說是份子複雜了！結果就奉到命令，停止活動。後來呢，我不大清楚，我想我們不必談這些，還是單談談成都的文藝方面吧。

我比較更多地知道和認識在成都作文藝工作的，可以說是參加文藝組的那一次。那次連我在內僅僅才二十幾個人！而這二十幾人中，除了極少數比較有寫作能力的外，大多數可以說和文藝接近不久的，而且都還在過學生生活。份子也就單純得很！那時曾經使我發生了驚異：這麼大的成都，作文藝工作的竟是這樣的少！後來，我才漸漸知道了，原來這裏還是「五老七賢」的世界，文必「之乎者也，」詩必七言五言，這才能登「大雅之堂。」而學校方面，從小學至大學，都在崇尙經史百家雜鈔之類。一般學生的勾腰駝背，就証明他們和古書的血緣。而這回在戰訓中，更使具體地明瞭他們所中的古書毒的深刻。他們一百篇自傳中，差不多有四分之三是文言的：「某某者，某處人也，」很多是這樣開頭，而且還是出於大學生的手。自然，別隊的大學生是否也是這樣，我不知道，不敢就以此一概而論，不過，我倒因此恍然於爲甚麼這裏一部份文藝青年辦的純文藝月刊「金箭」在全川才銷上五六百份；爲什麼任鈞在四川日報上編的週刊「文藝陣地」和我在新民報上編的週刊「國防文藝」，在兩三個月來，才僅有十幾篇的投稿，而大多數還不能用的。我曾經用了許多方法發出幾次徵稿啓事，希望凡能寫得來字的都寫一點，想藉此發現一些愛好新文藝和對於新文藝有興趣的作者來，但結果，還是收到的失望。

難道這成都的一般青年就這樣令人失望麼？而事實卻又不然的。我曾經遇見過好些在讀中學和讀大學的朋友。他們一談起當前的救亡，話鋒一轉到他們的課程上時，就大皺其眉頭，有的甚至憤慨得鼓起額上的青筋，都嚷着非離開此地不可了！聽說在這回戰訓中，有一個在中學部的政治指導員帶了些「大聲」週刊給學生看，好些校長就把這事當作大問題來討論了，說是要以後指導員不得和學生直接發生關係，而且還要求禁止「大聲」週刊。後來有兩個中學生遇見我時滿嘴濺着唾沫星子的說：「大聲週刊不是呈准主管機關登記了的嗎？不是發行得最久的嗎？爲甚麼我們就看不得？」戰訓結束後，有一個朋友告訴我，那兩個學生就在散學的第二天偷偷離開成都到他們願意去的地方去了。

哦，話又扯遠了，還是說回來吧。當我參加文藝組的那些時間，又知道這成都有兩個文藝團體，一個是「金箭社」，一個是「青年文藝社」。「青年文藝社」是那時期才成立不久的，正在徵求社員，約有數十人。他們在四川日報上出了一個週刊：「青年文藝」，曾主張來一個新啓蒙運動。但不久，某些方面就發出「謹防引誘」的呼聲，那週刊也就漸漸自動的停了，社員也因而無形散伙。剩下的就只有一個「金箭社」。它比較帶點同人性。社員中很有些有創作能力的人，但這土壤還未到開花的季節，雖有能力也很難開出什麼花來，長此下去，也許連剛出土的芽也將萎縮吧。

「寂寞呀寂寞呀！」許多人都在這麼喊了。而從外面來的更感到非常大的苦惱。馬宗融，羅淑，毛一波，朱光潛，都在這裏，沙汀，任鈞，漣濟等也都在這裏。大家談起來，都覺得在這抗戰期間，在這後方的我們，更應該作一點事。自然，弄文藝的也還是弄文藝。最低限度也應該不分彼此地有一個互相談談的機會，以破這種寂寞。約了一約，又發現了一些默默地認眞從事文學工作的，如李劼人等約二十人。當新年聚餐的那一天，大家都開懷地敘述出各人共同感到的苦悶，而且高興着從來在文藝上的見解不同的人們都毫無成見地相聚一堂」。在共同的要求之下，當場也就決定成立了一個完全不對外作任何活動的聯誼會。大家也提到出文藝刊物的事。要是眞的實現了，我想雖不一定會有好大的作爲，至少該聊勝於無吧。眞的，我自到成都以來，不知怎麼漸漸的都不敢有太大的希望了。「聊勝於無」也就是由一些事實的教訓所發出來的感想。也就是想，即使開不出怎樣的花來，至少也該會培植出一些要出土的芽，和使那些已出土的芽不至萎縮。

在這裏，不管是文藝青年或較有歷史的文藝人，不管各人對於文藝的見解怎樣，倒都覺得爲了救亡，爲了文化的生長，確有來一個新啓蒙運動的必要。譬如單說白話文這一項吧，要使它在這兒發展，普遍，爲一般人的瞭解，接受，也還須費很大的氣力。這「五四」時期就已經做過了的，而這裏還要當作大問題來做，說起來，不能不是可嘆的，而且也是無比的痛苦，但客觀的現實是那樣，也不由得你不把它當作大問題來考慮。

因此，我非常希望「七月」能多運些來，以塡補我們這兒的空虛。昨天收到天翼由長沙寄來的「文藝新地」創刊號，我看了之後，也覺得好，但此地的書店還沒有到得有。我也很希望他們能多運點來。哦，你寄來的「七月」第四期不知怎麼現在還沒有收到，鄭帶來的也恰巧在路上把第四期遺失了，請你再補寄一份給我。

末了，我想附帶談一件事。我寫的「成都的印象」本來是發表在我和葛喬，沙汀編的綜合雜誌「戰旗」上。但當創刊號剛出版的那天，就奉到命令，說是登記手續不合，不得發行，於是停刊了。我覺得我那篇辛苦寫成的文章就這麼隨之淹沒，心裏總覺得過不去，所以當時裁下來寄給蕭乾，如果他覺得在大公報上合用就用，不然，就請他轉給你。後來，隔了很久，我才在大公報上看見一個新刊物「大時代」的廣告，原來蕭乾已把我那篇拙作介紹到那刊物上登出來了。蕭乾兄的這種熱情的幫忙是可感的。不過我看那廣告上也有著名的托派葉青的名字，這使我感到不滿。最近看了「大時代」裏的一些文章，我覺得我這不滿是應該的。我至死也不願和葉青之流的名字排在一起。我這裏應該聲明，我這不滿，並不是對蕭乾兄，因爲我相信介紹稿子的人在事前並不一定知道那刊物是那樣的內容的。這責任應該是編者的。前天編者還來信問我稿費寄何處，我還回了信去，現在我看了那刊物的內容後，我覺得那稿費也可以不要了，而且要求你在「七月」上給我一點篇幅讓我向讀者表白一下：那稿子不是我投給「大時代」的好嗎？

祝你健康！並問候密斯唐和在漢的朋友們。

弟　文　二月六日

七月

10

上海雜誌公司總經售

·目錄·

本刊已呈請主管機關登記中

七月 第十期

廿七年三月一日出版

編輯兼發行 七月社 漢口交通路六十二號

編輯人 胡風

發行人 張鴻飛

發行所：漢口交通路 上海雜誌公司總店 六十二號

經售處：上海雜誌公司支店 梧州·武昌·廣州·長沙·宜昌·西安·成都·昆明·重慶·

印刷者 漢口小董家巷 新昌印書館 電話二一〇四五

本期零售每冊一角二分

訂價 三個月……五角五分 六個月……乙圓

每月一日十六日出版

毛澤東論魯迅

大漢筆錄

這是魯迅周年祭日,毛澤東先生在「陝公」的紀念大會上的演講,當時由我記錄下來的。記錄稿一直擱到現在,沒有把它整理出來在刊物上發表過。毛先生對魯迅是頗有研究的人,他讀過魯迅不少的著作。這篇演講是非常精闢獨到的作家論,而且,對於每個正在艱苦鬥爭着的民族解放戰士,都是具有特殊的意義的。因此,在現在發表也許並不過時。在延安時沒有把這記錄稿交給毛先生看過,如果有遺漏或出入的地方,當然由記錄者負責。

同志們:

今天我們主要的任務是先鋒隊的任務,當着這偉大的民族自衛戰爭迅速地向前發展的時候,我們需要大批的積極分子來領導,需要大批的精練的先鋒隊來開闢道路。這種先鋒分子是胸懷坦白的,忠誠的,積極的與正直的;他們是不謀私利的,唯一的爲着民族與社會的解放;他們不怕困難,在困難面前總是堅定的,勇往直前;他們不是狂妄分子,不是風頭主義者,而是腳踏實地富於實際精神的人們。他們在革命的道路上起着嚮導的作用。目前的戰局只是單純政府與軍隊的抗戰,沒有廣大的人民參加,這是絕對沒有最後勝利的保障的。我們現在需要造就一大批爲民族解放而鬥爭到底的先鋒隊,要他們去領導羣衆,組織羣衆來完成這歷史的任務。首先全國的廣大的先鋒隊要趕緊組織起來。我們共產黨是無產階級的先鋒隊,同時又是最徹底的民族解放的先鋒隊。我們要爲着完成這一任務而苦戰到底。

我們今天紀念魯迅先生,首先要認識魯迅先生,要懂得他在中國革命史中所站的地位。我們紀念他,不僅是因爲他的文章寫得好,成功了一個偉大的文學家,而且因爲他是一個民族解放的急先鋒,給革命以很大的助力。他並不是共產黨的組織上的一人,然而他的思想,行動,著作,都是馬克斯主義化的。尤其在他的晚年,表現了更年青的力量。他一貫的不屈不撓地與封建勢力和帝國主義作堅決的鬥爭,在敵人壓迫他,摧殘他的惡劣的環境裏,他忍受着,反抗着。正如陝北公學的同志們能够在這樣壞的物質生活裏勤謹地學習革命理論一樣,是充滿了艱苦鬥爭的精神的。陝北公學的一切物質設備都不好,但這兒有眞理,講自由,是創造革命先鋒隊的場所。

魯迅是從正在潰敗的封建社會中出來,但他會殺回馬槍,朝着他所經歷過來的腐敗的社會進攻,朝着帝國主義的惡勢力進攻。他用他那一支又潑辣,又幽默,又有力的筆,去畫出了黑暗勢力的鬼臉,去畫出了醜惡的帝國主義的鬼臉,他簡直是一個高等的畫家。他近年來站在無產階級與民族解放的立場,爲眞理與自由而鬥爭!魯迅先生的第一個特點,是他的政治的遠見。他用顯微鏡和望遠鏡觀察社會所以看得遠,看得眞。他在一九三六年就大胆的指出托派匪徒的危險傾向,現在的事實完全證明了他的見解是那樣的穩定,那樣的淸楚。托派成爲漢奸組織而直接拿日本特務機關的津貼,已是很明顯的事情了。

魯迅在中國的價値,據我看要算是中國的第一等聖人。孔夫子是封建社會的聖人,魯迅則是新中國的聖人。我們爲了永久的紀念他,在延安成立了「魯迅圖書館」,在延長開辦了「魯迅師範學校」,使後來的人們可以想見他的偉大。

魯迅的第二個特點,就是他的鬥爭精神。剛才已經提到,他在黑暗與暴力的進襲中,是一株獨立支持的大樹,不是向兩旁偏倒的小草。他看淸了政治的方向,就向着一個目標奮勇的鬥爭下去,決不中途投降妥協。有些不徹底的革命者起初是鬥爭的,後來就「開小差」了。比如俄國的考次基,蒲列漢諾夫等就是很好的例子。在中國這等人也不少,正如魯迅先生所說,最初大家都是「左」的革命的,及到壓迫來了,馬上有人變節,並把同志拿出去獻給敵人作爲見面禮(我記得大意是如此。)魯迅痛恨這種人,同這種人做鬥爭!隨時教育着訓練着他所領導下的文學青年,叫他們堅決鬥爭,打先鋒,開闢自己的「路。」

魯迅的第三個特點是他的犧牲精神。他一點也不畏懼敵人對於他的威脅,利誘與殘害,他一點不避鋒芒地,把鋼刀一樣的筆刺向他所憎恨的一切。他往往是站在戰士的血痕中,堅靱地反抗着,呼嘯着前進!魯迅是一個徹底的現實主義者,他不絲毫妥協,他具備了堅決心。他在一篇文章裏,主張打落水狗。他說,若果不打落水狗,牠一旦跳起來,不僅要咬你,而且最低限度要濺你一身的汚泥。所以他主張打到底。他一點沒有假慈悲的僞君子的色彩。現在日本帝國主義這條瘋狗還沒有被我們打下水,我們要一直打到牠不能翻身,退出中國國境爲止。要學習魯迅的這種精神,運用到全中國去。

綜合了上述這幾個條件,形成了一種偉大的「魯迅精神。」魯迅的一生就貫穿了這種精神。所以他在藝術上成功了一個了不起的作家,在革命隊伍中是一個很優秀的很老練的先鋒份子。我們紀念魯迅,就要學習魯迅的精神,把它帶到全國各地的抗戰隊伍中去,使用爲中華民族的解放而奮鬥!

關於創作的一二三理解

——用可可中（載七月第八期）作例子

胡風

怎樣向題材肉搏？

原稿楊可中寄來了不久，曹白又寄來了一封信，那里面還附有柏山寫給他的一張信，是批評楊可中的。現在抄錄在下面：

你最近寫的一篇文章，我細心地看過一遍，就文章本身說，的確寫得相當的好。而且最大的成功，是眞實，富於感人的魄力。即以你前些時寫的東西說，這一篇，是冷靜，而且也自然得多。但是這樣的文章，在我看來，是失敗之作。對於「死」這一問題，應該認識是一種一人生的過程。我們不怕說死，應當由死引起活的希望，這才能增加讀者的力量。請你記住，我們的寫作，是要把人類帶到光明的世界。因此，征服「死，」是目前人類歷史的轉換點，同時也就是我們創作的重要的主題之一。

托爾斯泰的安娜，上半部你大概看完了。那裏面充滿了黑暗，同時也是充滿了光明。到下半部，安娜自殺，還使人看到生的意義。當然，我不會這樣的用這個公式來圈套你這篇文章，而是借這個例子來說明作者的人生觀是應當健康的。所以我即使寫黑暗的牢監，我也把光明帶到鐵柵裏面去。

學習魯迅，是好的。可是應當分別我們和他所處的時代和社會是有不同的。因此，高爾基所提示的「批判地接受文學遺產」這名言，應當一同注意。不然，以你的年齡，會走上精神比年輕先衰老，這是危險之路。

我三番四覆叫你多看哲學和科學這類書，你以為 是在向你說教，其實，那些書確能使人的理智走上澄清的境界。不然，你自己去試試看。我這不能作為批評，而僅僅是善意的提供一點意見而已。

對於這，曹白自己底意見是怎樣呢？為了明白他底環境和心境，也摘要地抄錄幾段他底來信：

……，生活我不願意告訴你。但無論如何，總還沒有被它迫進難民收容所，然而已經不遠了。從八・一三之後，我是一向幹難民的事的，但現在做了主任，許多人七嘴八舌的說我賺了許多錢，明天他們會叫我資本家的。「人有旦夕禍福，」此之謂乎？！——我現在索性擺脫，不做「主任」已有十多天了，另做劃的「工作」去。

人常常會受到這樣的打擊，就是自己去打擊別人的。而因此而常常的寂寞。山，他見了我寫的楊可中，大不以為然，便寫了如下的批評。——這張信我寄來給你吧。

他的批評是眞的，我的精神日就衰退了，滅亡比我的年紀還來得早，我自已也深切的感到這一點。我還總要努力的學好。

山的生活也苦，你救救他吧。但他還偏偏常常的顧慮我和我的妻，這眞是使我感到難受的。

妻的肚子一天一天的膨大，我的憂愁也一天一天的膨大。「大時代」嗎？是的！但我將被它輾死了。生活之在我，實在是一副難於推卸的重担啊！

有空，我很寫一點。但被柏山道破，我的文章是有毒素的——太涼！恐怕有害於七月的讀者。但你又硬把我排在七月陣里了，這眞是鄉下人挑糞桶，前後死（屎）……

一句話，他同意了。

但我卻不能完全同意。因為，第一，如果像柏山所說的，「眞實，富於感人的魄力，」那就不能是「失敗之作，」更不會有「毒素。」世界上有含有「毒素」的「眞實」麼？第二，曹白所寫的楊可中底死，誠然是悽慘而哀傷的，柏山所說的「眞實，富於感人的魄力，」大概也是指的這一點，然而，悽慘而哀傷的死並不一定使人墮入「黑暗；」只要是「眞實」而且「感人，」讀者也能够生起對於不能不死得這樣悽慘而哀傷的環境的憎惡，反抗，爭取另一種死法，爭取另一種死法底前提條件。我們可以在文學史上找出無數的這樣的作品。

所以，要批評楊可中，就不能不從另外的地方建立我們底論點。楊可中爲什麽死得那樣悽慘而哀傷呢？不用說，那是因爲他抱着滿腔熱血去參加別動隊，結果却受了騙，在難民收容所里認眞地做教育工作，但又遭妒受辱，終於抱恨地憂傷而死。譬如說，假使他參加的別動隊是一個沒有陰謀的集團，基礎是健康的，或者逐漸健康了起來，堅決地和敵人戰鬥，即使他在戰鬥里面受傷，死掉，即使他死得怎樣殘酷，那他底死所給與我們的將全然是兩樣的感應。我並不是說作者應該那樣地去寫楊可中，因爲那不是楊可中底遭境，也不是作者所要表現的人生，我們沒有權利把這樣的要求向作者提出；我這樣說，不過是想着重地指出楊可中底死爲什麽那樣悽慘而哀傷的原因。

那麽，寫楊可中，寫他底死，我們就不能丟掉這個原因，便動隊里面的健康的力量和黑暗的力量的鬥爭，特別是健康的力量所留下的可感激的波紋，難民收容所里面的健康的力量和黑暗的力量的鬥爭，特別是健康的力量在難民里面所生的溫愛的反響。這完全是可能的。就對於難民教育工作說罷，曹白自己就曾在在明天等篇里面寫出了這令人不能忘記的一面，而楊可中底生活道路，工作能力，依照曹白所寫的，無疑地是收有了這一效果的。

這樣，會有什麽不同呢？我以爲有的，這可以誘起讀者對於健康的一面的憧憬，可以誘起讀者對於使楊可中死得那樣悽慘而哀傷的環境的憎惡，反抗，而且還可以使讀者對於楊可中底悽慘而哀傷的死更加感動。柏山所說的「由死引起活的希望，」「征服死，」恐怕只有這樣才能够達到。

然而曹白並沒有這樣做，只是着重地寫楊可中底「陰冷，」不但把他底「勤奮的工作」輕輕一筆滑過，片面地强調了他底遭妒和受辱，而且，惟恐讀者不能够充份地感到那「陰冷」似地，還不必要地拉來了他底家庭底不幸和朋友底窮困。爲什麽這樣了呢？這就因爲像在前面引錄的信里所說的，作者自己底生活底困迫和心境底黯淡，使他在圍繞着楊可中的那個人生現象里面，對於楊可中底不幸遭際和悽慘而哀傷的死起了大的共鳴，被抓住了同情的心，抒情的筆。他也被拖走了，忘我地向那突進了，因而不能够向那個人生現象（題材）作更深的探求，作更進一步的肉搏。

所以，作品楊可中之所以「富於感人的魄力」是因爲那里面的悽慘而哀傷的死不但是作者用了自己底心靈去畫出的場景而且是實際存在的眞實的人生，在這一意義上它是「眞實」的，但同時作者底抒情的筆却側重了一面，還失了更重要的東西，在這一意義上它又是不「眞實」的。我以爲，楊可中底成功和失敗，只有這樣才能取得統一的了解。

人生觀和創作心境

因此，柏山所提出的「作者的人生觀是應當健康的」和勸告曹白多讀哲學科學書，我覺得在這里也是文不對題的努力。健康的人生觀能够使作者更接近眞實。這是文藝論上的一般原則，但對於一個作家或一篇作品，尤其是一篇作品，並不是攏統地把這抬出來就可以了事。第一，有「健康的人生觀」的作者也會寫出失敗的作品，因爲人　觀和創作心境有時會起分裂作用。第二，尤其重要的，我們應該具體地指出作品底內容和生活底眞實有了怎樣的參差，還參差在作者底創作過程上由於什麽原故；這不但能够使作者更迫近生活底眞實，也能够使作者由於更迫近生活底眞實而達到更迫近「健康的人生觀」的結果。

不是麽，在曹白底信里面，只是傾訴了生活底困苦和心境底黯淡，並沒有說到對於鬥爭方向有什麽苦悶或懷疑，而且我相信，這方面的苦悶或懷疑他是不會有的。這就恰恰說明了我們應該從他底生活和創作心境上去找出問題底所在。

關於「光明」

還有，柏山還提到應該把「光明」帶進作品里去的問題。但我想，這問題也不能這樣輕而易舉地提出。有一個時期，我們寫了許多觀念的或概念的「皆大歡喜」的作品，有一個時期，我們寫了許多拖着「光明」的尾巴的作品，但實際上那並不是我們底勝利，只留下一些「剪不斷理還亂」的影響，現在還得時常用力地去克服，防止。在我們，只應該要求作者寫出生活眞實來，寫出生活底本質的方向來，所謂「光明」就一定附隨這「眞實」這「本質的方向」上面。不這樣地提出問題，只是攏攏統統地向作者要求「光明，」那就勢必弄得作者非虛構「皆大歡喜」的故事或拖一條「光明」的尾巴不止。虛構故事或拖拖尾巴都是可以廉價地做到的。然而，眞正的「光明」並却不能够廉價地得到，在實際戰鬥上是這樣，在創作上也是這樣。

二、二十六日深夜。

抗日英雄特寫·

憶鄭桂林

里火

這人有着一張十分奇特的臉孔，足夠給與每個同他相處的人一個深切的印像。這所謂奇特的臉孔，是被一張大嘴，一排永遠不被包容的突出着的上牙，和一雙常是流露着笑意的銳眼所構成的。身材矮小，有時會令人感覺到那是與他碩大的頭部太不相稱了。

我和他相識，是在十九年的秋天。那時我們同在保定一個駐防軍的團部裏面做下級官；他在副官處，而我則在軍械處，但因同在團部，却可以說是朝夕相見。但在當時，他並不爲人所注意，而有些事跡，却是在他成了義勇軍首領以後，才被人們從個自的記憶中發掘出來，當作笑料來傳頌的。

☆

在枯燥的軍營生活中，我們時常把時間消磨在喝酒和打牌上面。對于酒，他是有着驚人的宏量的，但他並不單獨喝酒。用自己的錢買酒，縱然是自己喝，也是他所不取的。因爲他那時雖然是一名中尉副官，可是並無實職，每月祇拿到十五元有另的半薪。貧乏的經濟條件限制了他。對於打牌，他也是「樂此不疲」的，但他很少時候拿出現錢來玩，而他的財運又似乎「不佳，」當有人向他討賬的時候，他總是笑着用：「老弟！忙什麼，讓哥哥替你展着。」——展着，東北土語，意即積存着的意思——這句習用的話語來敷衍着，討賬的人自然也就無可如何了。

二十年夏，爆發了討石——石友三——戰役。於是平靜的軍營生活底大海中，又被投進了一塊巨石；我們這一團很快便奉到了出發的命令。團部事預先派出了兩名副官到防區各縣去徵大車，他便是這被派的兩個人中的一個。這差事在軍隊裏面原是被公認的唯一的優差。因爲徵車的人，大多徵發逾額的車馬，再將逾額的車馬買給原主。同事們都爲他這飛來的幸運而嫉羨着了。然而，完全出乎一般的預料，當他完成任務，趕回團部的時候，我們除了看到他那張因過度地辛勞而分外顯得焦黑的臉子以外，再就是他的那件自從三月里就穿在身上的夾外衣，和成年穿在腳上的長統皮鞋，顯得特別破敝而汚損了。

有人開他的玩笑：「喂，老鄭！發財嘍！」

他却用不常有的鄭重的臉色回答道「呵！發財嗎？在那般兎崽子王八蛋的腰裏，我這裏只有一張白板！」

那一次他的確沒有發到財，但我們相信他並不缺乏在那種情況下的發財本領，而且他也並不是迷信着戰場上的因果報應那一套的。有一回他曾經用很感動的話向我說：「……徵大車只苦了有大車的莊稼老，有錢的財主和有錢的買賣人却落得分文不出，而且當縣長的還要藉端大敲竹槓，眞不知道坑害了多少人！」

他又說：「在我這回趕回團部來的時候，有許多老百姓全家子跪在路旁訴苦。他們說副官老爺，我們只靠這套車馬來過活，現在被徵去了，我們都得餓死啦！老弟，你說怎麼辦？咱們那一個不是鄉村生長的，我們忍心讓他們餓死嗎？我立刻把他們的車馬一一放還給他們了，後來在路上從幾個土財主的家裏才又把數目弄齊了。」

他恰如每一個偉大的領袖者一樣，是具有崇高的同情心的。然而有誰注意這個呢！那在一般中了毒的傳統底頭腦中，只有神蹟的存在；因此，直到後來留在人們的嘴角上的，仍是對於他不敬的譏嘲。（據說他曾經在他的老家吉林當過「胡子，」以後曾做過東北某旅長的衛兵，這爲人們認爲卑微的出身，許就是構成了對他不敬的主因。）

戰事很快便結束了，留下的是滹沱河上的幾千浮屍，和那條起自灤城，止於大名的佔去了千百頃良田的一丈寬深的戰壕了。

「復員」的命令發出了，我們的一團被指定駐防在定州。因爲住的是民房，團部各處便被分開了，我們除開在早晚開飯的時候以外，便很少聚會。而在吃飯上，我只記得他的飯量似乎不大也不小，總之，在那上面對於他後來的超乎常人的作爲，似乎找不到一點兒解釋。

☆

在定州的一個多月的時光，在我有着一種飛逝的感覺。九·一九傳來了瀋陽事變的惡耗，每顆心立刻被這種憤怒的恥辱的嚴重氣氛所籠罩了！那時候我聽說他請假到北平去了，但誰也沒有想到他會回到綏中縣去，而且能那樣快便裏起了幾千枝槍來（這是以後才知道的，在當時簡直沒有一個人相信他有這種能力。）

二十年冬，我們又被調防到塘沽，那時候他已經是第五路救國軍的總指揮了。我們不斷地聽到他在綏中一帶和敵人英勇搏鬥的消息。據說有一次他率領着十幾個弟兄，只攜帶手槍和手榴彈，偷襲日本駐鐵路的守備隊部，奪獲了許多步槍和機關槍。「奉山路」是不時地被他們破壞的，甚至使日本的軍隊睡不安枕，於是他的綽號「鄭天狗」便遐邇皆知了。

在這些時候，他時常來去於平榆道上。有一次他從北平的救國會領到了一批子彈，預備搭特別快車趕回前方，但是站長因爲他無票搭車，有礙路規而加以拒絕。他當時掏出了手槍向站長說：「你不知道前方的弟兄等着子彈用嗎？你不准搭車，我就先斃了你！」站長只好把綠燈打了起來。

也就是在那些時候，團部裏有些從前最瞧不起他的人，也都去投奔他，而且居然做了他的少將參謀長乃至團長和營長了。

然而自從榆關失守，長城線撤退，他們這一批隊伍也被迫退進關內。在蘆台改編後，就改稱爲警備第一師，他被任爲師長。

在這里，我們不能不記起當時的「安內」工作里面的不幸的傷痕了。他們被改編後，三五千人每月雖然祗有二萬塊錢的餉項，但是據說他們是「散匪」的集結，不能不加以訓練，所以不久就被調到馬廠。有一次集合講話，他報告出餉項的數目，和當局還擬縮編他們的消息，弟兄們以爲是他把餉糈自肥，出賣了他們，立刻譁然了。並且有人當卽回敬他一顆手榴彈，叫嚣着預備仍舊拉回老家去。幸而那顆手榴彈並沒有炸傷他，但在這種漂然的被遺棄情形里面，他是再也忍不住他的熱淚了！他極力辯白着：

「你們不要誤會了我，事情慢慢地你們自然會明白。現在要走我們還是一路走，難道我甘願在這裏受洋罪嗎！」實則我們知道眞正的抗日隊伍，當他們的存在一旦失去了意義，他們是絕不會安於和平的豢養的，何況那豢養又是那樣悽慘呢！這樣就促成了二十年冬的所謂「馬廠叛變」。

那之後，有人說他跑到熱河以後就做了僞滿的師長，有人說他已經回到他的吉林老家去活動了。但從那時起的確有許多人對他唾罵，他的行蹤卽不見報載，自然很少有人知道。實際上，他與生活在祖國內的同胞已失去了應有的聯繫倒是眞的！

★

在全面抗戰的今日，我想起了他，我深深地爲他慶幸。我相信他絕不會有負他的祖國，和祖國千百萬同胞對於他的熱烈的期待的。不信，不久他就會拿事實擺在我們的眼前！

·抗日英雄特寫·

魔掌下的兩戰士

——中士班長劉人舉和老秀才盧文安

尙

一　它是用了一個人的性命換來的

沒有星，沒有月亮，甚至就是一個渺小的火花也沒有；無邊的黑暗吞沒了大地，不，吞沒了整個的大南京。一個陰影，一個巨大的陰影，緊緊的跟着我們，它那猙獰的面目，逼得我們喘不出氣來。

夜的黑幕隔斷了我們的視線，而且道路又是這樣崎嶇，每踏一脚下去，都有傾跌的可能。幸虧我們的手中拿着一根三尺長的細竹竿——這是我那年老而又忠誠唯一的同伴張德，從一家被敵人所摧毀的竹籬笆上拆取來的，它做了我們行路的嚮導，使我們能够平心靜氣的循着這高低而又曲折的小道前進着。

我們不能循着京燕鐵道綫，也不能循着殷巷秣陵關的公路，只有儘量的繞着小道，雖然是在這寒雲密佈的夜裏。

預定的計劃，是踏着月光連夜趕到×××——距離南京大約有五十里的一個小村，秦淮河的幹流就在它的東邊，張德的女壻是那村裏的一個甲長。然而事實決不能那樣的順利。我們十七日下午四時離開魔鬼世界的南京城，可是，在滿懷着希望的心情走了二十里路以後，天氣突然的變了，刺骨冷的西北風，吹來了陣陣的寒雲，整個深藍的天空，成了暗灰的一片。幸而張德對於這條路熟悉得很，沒有迷失方向，闖進敵人的視線。

路狹得幾乎不能成爲路，其實不過是分隔田界的田塍而已。卽使在白天，也有脚滑的可能，何況在這死樣沉寂的黑夜裏。我們只好傴僂着身體，注視脚底下淡灰的道路，深黑的溝渠，以及數天前我們英勇的將士築而未用（？）的壕坑。

大約是深夜一點鐘吧，我們纔走了四十里。這里數是張德說的，他一面計算着里程，一面還要時常停住一下，細細辨視方向，他雖然已經六十多歲了，但不願被恥辱的心情激發了他，使他成爲具有壯年似的堅毅的體魄和精神。

我們屏着氣，咬着牙，提着笨重的脚步，蝸牛似的向前爬行。突然，悶雷似的轟炸聲，在我們身後很遠的地方傳到我們的耳里。從方向和距離，用我們的經驗來推測，可以斷定那轟炸聲發生的地點是在南京城裏。接着是天空的一角的灰雲層所反射過來的暗紅，迷迷濛濛，像包圍在血色霧的氛圍裏。由這反射過來的微明，我們可以分得淸楚略爲遠一些的樹木房屋的黑的輪廓。張德緊緊的握住我的手，有力，但帶一些兒顫抖，這使我知道在他的血液裏充滿了憤怒。

『走吧！我們在前面那個土地廟裏休息一下。』他的聲音非常的低啞，顫抖得幾乎不能分淸每一個字。他指着前面一座矮小的建築物，隱閉在一株大樹的前面。

當我們掙扎着前進的時候，並沒有顧及酸痛和疲乏。可是，一有了需要休息的念頭，我們就幾手不能維持身體的重心，挪起腳步。

這座土地廟破舊不堪，矮得使我們不能伸直身體走進，沒有門，沒有窗洞，只有歆斜得很厲害的三面牆，向南的一面是敞開的。一個磚砌的佛龕，就佔據了一半空間。佛龕上的土地爺爺和土地奶奶是否完整，因爲光線太黑了，看不清楚。

『哎！』我們坐倒佛龕前面的地下，並沒有顧慮到這地上有沒有污泥，是不是潮濕。

『你累了嗎？』我問。

『不，不累！』他回答的聲音非常的肯定。『我只有恨，老天爺爲什麼不開眼，讓這些禽獸們無法無天的橫行。……總有一天，這些禽獸們會得得報應！』他一面用拳頭反揩後背，一面喘着氣加强了語調。

『唉，報應，報應！我們能專靠老天爺嗎？』聲音是由佛龕上面發出的。

在這樣的環境裏，在這樣的黑夜裏，我們是人，我們是受過迷信影響的中國人，能不害怕，驚慌嗎？

我們嚇得跳起來。緊緊的互相摟拖着，不由自主的發抖。

『呵！請不要害怕，我是人，』聲音非常的柔和，最後的「人」字說得很重，口音似乎是個湖南人。

『你，你爲麽……？』我大着胆子問。

『我，我是一個掛了彩的士兵。唉，你們有火柴嗎？』

『有！』張德從口袋裏摸出火柴來，劃亮了一根。

『這龕上有個臘燭頭。』他的聲音非常的低弱，接連着發出痛苦的嘩聲。

從微弱的燭光裏，我們看見了在土地神像後面躺着一個人。天啊！那是一個人嗎！他的全身是破損而又塗滿了血和土的灰布棉軍服，偏着身躺在那兒，頭與臉完全是用血水和着泥土畫成的，簡直分不清他的五官。撕咧着牙齒，順着口流出紫紅色的液汁。兩隻手緊緊的抱着胸口，兩隻腿平放着，好像左腿已經成了殘廢，不能伸縮。但觸目的是在他的胸前還緊摟着一支步槍。

慘痛的回憶和微弱的呼吸使他幾乎不能完成他所要說的話，但他終久忍受了最大的苦痛，喘着氣，流着淚和血，很有條理的將他的遭遇告訴了我們。

他是湖南常德縣人，曾經受過相當的教育，在××師充當中士班長，叫做劉人舉。十一月底，他們這一師，就奉命開出來拱衛首都，他們這一連奉命担任祖堂山何家宅的防禦。十二月七日晚就開始與敵人接觸了。

『那一天的晚上，天氣非常的冷，並且也像今天一樣的黑暗，』他好像忘記了創口上的痛苦，侃侃的說，雖然聲音不十分宏亮。『在三十公尺以外，我們就無法利用我們的目力。恰巧我這一班担任戰鬥前哨。所以，在警戒線裏如何連絡友軍，如何監視敵人，都是非常的困難。但是，我們的弟兄們都能够盡最大的努力，來完成我們的任務：……敵人的大炮坦克車，決不會摧毀我們，我們的弟兄們都願意流盡個人最後的一滴血，來保衛我們的國土。但是——』他的聲音突然的加高起來，兩顆明晃的淚珠從血色眼眶裏流出，留在頰上，胸口起伏得很厲害。『我問你，爲什麽漢奸這麽多？我們正在前方用生命抵禦敵人的進攻，但後方忽然發現了幾百個便衣漢奸，他們到處放火燒殺，引誘敵人抄襲我們的後路，在前方的我們就不得不犧牲我們防禦，向後撤退……。你也許知道，撤退時的秩序是很難維持的，我這一班一共有十六人，但是等到天明的時候，我清點一下，只剩了五個弟兄，其餘的，我相信他們不是死亡就是迷失了方向，他們決不會貪生畏死的去投降敵人。』他氣喘得很厲害，肌肉和神經都在抽搐着。

『師部營部在哪里？我們不知道，而且我們已經被丟在敵人的後方。』他不聽我們的勸慰，仍然喘着氣說下去。『雖然用盡了力量和方法，仍然不能衝過敵人的陣地，並且還損失了兩名弟兄。沒有辦法，只好隱蔽在方山後老百姓家裏。那家的主人早就逃了，我們在那裏躲了四天，天天盼望着我軍反攻過來。……我們再也不能忍受下去，只好準備着向後移動，與溧水的義軍連合。白天，移動太困難了，夜晚，道路又不熟，所以只有趁着天還沒有亮，略爲有些朦朧色的清晨，走這般十里八里路。十三日——我的記憶不錯的話，那天早晨，有大隊的敵人，大概是從秣陵關方面開往城裏去，經過我們的宿處，所以我們又得退回。……江寧縣，江寧縣，這個號稱自治實驗縣的江寧縣，爲什麽有那麽多漢奸式的土棍，他們結伙繳我們的散兵械，賣給敵人。聽說每桿槍可以賣得五塊錢，難道爲了五塊錢，就出賣他們的良心和祖國嗎？唉，這個仇恨，就是我死也不會忘記的！』這個刺激使他流血過量的疲弱的身體，再也不能支維，突然昏厥了過去。

我們聽他叙說的時候，痛苦得只有陪着他咬緊牙流淚，六隻手互相緊握着，我低低的喊着他的名字。張德担着他的人中。

他又清醒過來了。我們阻止他發言，是他搖搖頭又說下去『死我知道遲早有這麼一天但是我沒想到死在不肖同胞的漢奸土棍手裏！昨天我們弟兄三人還聚在一起，談論如何同敵人周旋，可是今天呢？天啊！難道他們爲了幾塊錢就忍心去喝同胞的血嗎？』

蠟燭已經燃着了最後的一滴油，晃了一晃，火焰漸漸的低了下去，劉人舉突然的抬起頭來，眼睛睜着大得怕人，望着蠟燭。

『完了，我也就像這樣的完了！』他倒下去第二次昏厥了。

等他再醒轉過來，他已經無力再敍述過去的痛史，只是很急促的喘着氣。

『我……這一隻……槍，現在送……送給你們。希望……你們好好地用它，因爲它是用了一個人的性命換來的！』他的聲音非常的低微，而且每一個字的發音都不連續，可是我們却能了解他的意義。他送給我們的禮物，決不是金錢所能買得的。我們用盟誓來堅定他對於我們的信任。

我們商量了一下，決不能讓這樣一個可敬佩的鬥士孤單的睡在這裏，等候死神的降臨，決定等到天亮，再趕到×××去，請人來抬他回去醫治。

二　我們是永遠不屈不撓的

一種無名的樂觀心緒鼓舞着我們。在敵人的殘酷屠殺下面，我們看見了劉人舉這種鐵血漢子，最後勝利的基礎就建築在散佈在中國上面的成千成萬的這種鐵血漢子的身上。當曉色朦朧的時候，我們離開這土地廟，離開了這可欽佩的漢子，急急的趕到小王家窪去，指望早一點找幾個人來將他抬去醫治，但我們沒有想到，他的病狀已經不容許我們這樣的做了。讓他冷靜靜的獨自一人呼吸他最後的一口氣，對於他的家屬沒有說出一句遺言，這是我們永也不能彌補的過失。

×××這個地方像一個孤島似的包圍在河汊的中間，堤埂上的柳樹排列得密集整齊，把裏面的村莊與外界視線隔絕。因爲防止敵人的進襲，各處的搭板浮橋都抽回去了，村上人的來往完全是用小駁船。

王家義——張德的女婿——是一個三十幾歲的典型的農夫，他雖然不愛多說話，可是說出一句話來却非常的有力。他的面孔常常帶一點兒笑容，表現着他對於一切都是樂觀的人。他的意識很正確，尤其是對於國家觀念很强。

張德的女兒看見他父親從京城裏脫險出來，歡喜得幾乎流出淚來。問問這樣，問問那樣，毫無頭緒，使張德不知怎樣的去回答她。他的小外孫挨着他，問他要糖吃。

『乖乖，等着吧！等我們把鬼子打出去，你就有糖吃了！』張德把他抱起來，眼睛裏已經含滿了淸淚。

我們最關心的是劉人舉，當我們將意思告訴了王家義以後，他毫不猶疑的答應了，跑出去會着幾個鄰人帶着扁担與繩子就走了。

我們從鬼子們佔據的京城裏逃出來的消息，頓時騷動了全村。男的、女的、老的、少的，擠滿了一屋。雖然各人面部的輪廓不同，然而各人都有一對憤怒的目光，痛恨與復仇的念頭在那里面閃躍。

張德敍述他外甥全家惡運的時候，他的女兒，不，所有全屋的女人都在流着淚，所有的男人像飢餓的獅子羣似的吼着『殺死這些畜牲們！』

『媽的，這個殺人的年頭，不是你死，就是我活，我們難道眼睜睜的望着這羣畜牲們把我們擺佈死嗎？』在人羣裏突然的發出了一個粗壯的聲音。

『對，小牛子話眞不錯！現在不幹什麼時候幹？』

『不幹就是挨死，唐老先生的話眞對。』

『人家眞有學問。不然，前幾天他就不召集我們去組織什麼自衛團了。嘿！他老人家眞是未卜先知。』

嘈雜的聲音，在冷靜的空氣裏振盪着，我們雖然不完全明白他們的意思，但我已經知道了他們也有人想用自己的力量保衛自己。

劉人舉已死的消息，由王家義喘氣中報告出來以後，我們全都好像墮入冰窖中似的殭直了。我再也不能控制我的情感，任眼淚流了出來，滴在衣上。

『完了，他就這樣的抱着隱恨死去了！』張德面部的肌肉在抽搐着，嘴唇抖得厲害。『爲什麼像他那樣的人，竟遭受這樣的慘報？』

避免敵人的耳目，所以去的人只有我同王家義。張德本來要去的，但被他的女兒阻止了。

事實不容許我們買到一口棺材，就是一個薄皮子（註）也不可能，只好用一張蘆席子將這民族英雄的遺體裹起來，埋葬在靠近土地廟一塊荒岡上。

當第一鍬的土掩上了他的遺體的時候，我忍不住的又流淚了。

——朋友，我所敬佩的朋友啊，我們永遠不會忘記你和你的戰鬥的精神，請你相信吧，我決不會愛惜自己的生命，在屈辱里偷生苟活……

我向着死者祝福，也向着死者盟誓了。

……………………

暫時的住下了，在農民們的溫情中休息一下被過度的刺激，與奮，疲勞弄衰弱了的身子。

由自衛團而談到唐老先生——那個站在最前線的老戰士唐文安老先生。因爲是在鄉間，他的名字，有的甚至於他的姓都被人省略了，直接稱他爲老先生。他雖是前清一個老秀才，但决沒有一班老秀才的頑固腐化的頭腦。

只要他老先生說一句話，我們沒有不照辦的，——據王家義這樣的說——因爲他老先生待我們太公平，太好了。他料事如神，卽如這一次和鬼子們開仗，他早已料定了京城遲早會被鬼子們佔據的，所以他前些時就召集我們到他家裏去，問我們要不要祖宗，要不要父母妻子兒女，要不要活在世上？我們雖然是沒有智識的種田人，那有一個人不要活在世上，不要父母妻子兒女，不要祖先呢？要，他說，就應當武裝起來，不讓一個鬼子到我們莊子上來，因爲那些鬼子完全是畜牲，挨着誰，誰就倒霉。如果它們來了，我們就應當連合他來和它們拚命。現在我們自衛團已經成立了，他老先生担任團總，還替我們規訂了幾條章程，如果做不到，就得挨罰。其實，我們願意挨罰嗎？這些都是我們自己的事啊！

王家義還告訴我們，前兩天陳營來了幾個鬼子兵，被他們開槍嚇跑了，最後他說：『鬼子兵都是廢物蛋，吃軟不吃硬。如果我們全中國的老百姓，都能够成立自衛團，不愁它們不滾回去。』

聽了王家義這一番話以後，使我急於想見一見唐文安先生。

我與唐文安先生會面是在十九日上午。他的確是值得我們敬仰的一個老人，高高的身材，團團的臉，有一點兒鬍鬚，顯得壯健，莊嚴，和靄。

他那熱情的慰問，使我慚愧得幾乎不能抬起頭來。雖然是第一次見面，但他拋棄了一切的客套，勉勵我，安慰我，如同對待他的子姪一樣。

『你總不會忘記這一次的恥辱吧！記住，我們要怎樣的去復仇！』他握着我的手，用溫和慈愛的眼光注視着我，使我陶醉在他的語調裏。

『敵人的慾望，永遠是無止境的，除非我們給它一個嚴重的打擊。……這個重大的責任，現在完全寄託在你們年青人的身上，我老了，只能做到一些保衛桑梓的小責任，以盡國民天職而已，我希望你們能够利用你們無畏的精力，來策動這個古老的中國，擊碎敵人侵略的野心。』

他——唐老先生——最近常常愛喝幾鍾酒，可是并不多，適可而止，他笑着對我說：『老了！神經方面需要一點兒激刺，不然的話，我害怕我會銷沉下去。』他的確是一個顧亭林張煌言式的人物——他自己也會經這樣比擬過。

『過去保甲制度之所以失敗的緣故，并不是制度不良，而是處置失當，以及矇上欺下的小老爺們。』他呷了一口酒，很慨嘆的說了。『就拿一本戶口冊子而論，這是保甲制度的基礎，可是這個基礎根本就不穩固，那如何能好呢？一件事它的基礎不好，所發生的影響，就太大了！一般區長，鄉長小老爺們很會抓住那裏面的缺點，設法弄錢，譬如張三今年是二十三歲，按照兵役法第一期徵兵的年齡是十八歲到二十五歲。那麼，張三就應當去服兵役。可是他有錢，他不願意去，只要他化費一些賄賂，勾通鄉保長，將他的年齡二字上面添一橫，這樣一來，他不是可以免除了嗎！誰又能證明他不是三十三而是二十三呢？年齡是空洞的時間，無法調查。就以這一點，他們所翻弄的神通就大得怕人，還用說其他的頂名冒替，藉故規避，以公濟私的弊端嗎？』他的臉色變得發紅，是酒的刺激，是血的興奮。

『漢奸爲什麼這樣的多？我就要問保甲制度爲什麼辦不好？保甲辦好了，就是沒有漣生法，也不會有漢奸的。下等漢奸容易清除，上等漢奸是最可怕的，直據的漢奸易見，間接的漢奸那就難防了。一般不與民衆協調而又搾取的小官僚們，都是間接的漢奸，這些漢奸如不剷除，根本就談不到組織民衆，抵禦敵人。』

我住在唐老先生家裏，一共是四天，他所給我的指示和教訓，我永遠也不能忘記。

在十二月二十三日的早晨，由一個嚮導——是唐老先生爲我請的，領着我繞着道闖過敵人的陣地回到那充滿了生氣和熱血的英勇的戰士們的堡壘裏面。

當我走出大門的時候，唐老先生緊緊的握着我的手。

『努力吧！請你轉告我們全國的同胞，我們是永遠不屈不撓的，一直到只剩了最後的一口氣！』他的眼睛是那樣的有力，閃着光輝，

照在我們的身上的，是一個漫暖而又燦爛的白日。

二十七年二月於西安

（註）一種很薄的木板所做成的棺材。

北方

艾青

一天
那個珂爾沁草原上的詩人，
對我說：
「北方是悲哀的。」
不錯，
北方是悲哀的。
從塞外吹來的
沙漠風，
已捲去
北方的生命的綠色
與時日的光輝，
——一片暗淡的灰黃，
蒙上一層揭不開的沙霧；
那天邊疾奔而至的呼嘯，
帶來了恐怖，
瘋狂地
掃蕩過大地；
荒漠的原野，
凍結在十二月的寒風裏；
村莊呀，
古城呀，
山坡呀，
河岸呀，
頹垣與荒塚呀，
都披上了土色的憂鬱……
孤單的行人，
上身俯前
用手遮住了臉頰，
在風沙裏
困苦了呼吸，
一步一步地
掙扎着前進……
幾隻驢子
——那有悲哀的眼
和疲乏的耳朵的畜生，
載負了土地的
痛苦的重壓，
牠們厭倦的腳步，
徐緩地踏過
北國的
修長而又寂寞的道路……
那些小河早已枯乾了，
河底已畫滿了車轍，
北方的土地和人民
在渴求着
那滋潤生命的流泉啊！
枯死的林木
與低矮的住房，
稀疏地
陰鬱地
散佈在
灰暗的天幕下；
天上，
看不見太陽，
只有那結成大隊的雁羣
惶亂的雁羣，
擊着黑色的翅膀，
叫出牠們的不安與悲苦，
從這荒涼的地域逃亡，
逃亡到
綠蔭蔽天的南方去了……
北方是悲哀的；
而萬里的黃河
洶湧着混濁的波濤，
給廣大的北方
傾瀉着災難與不幸；
而年代的風霜
刻畫着
廣大的北方的
貧窮與饑餓啊。
而我
——這來自南方的旅客，
卻愛這悲哀的北國啊。

撲面的風沙
與入骨的冷氣，
決不會使我咒詛；
我愛這悲哀的國土，
一片無垠的荒漠，
也引起了我的崇敬：
——我看見
我們的祖先
帶領了羊羣，
吹着笳笛，
沉浸在這大漠的黃昏裏………
我們踏着的
古老的
鬆軟的黃土層裡，
埋有我們祖先的骸骨啊，
——這土地是他們所開墾，
幾千年了
他們曾在這裏
和帶給他們以打擊的自然相搏鬥，
他們爲保衛土地
從不曾屈辱過一次，
他們死了
把土地遺留給我們——
我愛這悲哀的國土，
它的廣大而瘦瘠的土地，
帶給我們以淳樸的言語
與寬闊的姿態，
我相信這言語與姿態
堅强地生活在大地上，
永遠不會滅亡；
我愛這悲哀的國土，
古老的國土呀，
這國土養育了
那爲我所愛的
世界上最艱苦
與最古老的種族。

一九三八，二月四日，潼關。

晚會

田間

一九三八年二月十三日晚，西北戰地服務團底同志們開思想鬥爭會。

同志們！
向托洛斯基派匪夥進攻………

一個女孩子，
臉孔紅紅的，
吹着口笛，
召集了同志們。

九十個底
手掌，
擲在大桌子上，
九十個底
臉孔，
伸出在大桌子上，
九十個底
忿恨，
包圍在大桌子上，
——開托洛斯基派
　　思想鬥爭會。

「同志們！
向托洛斯基派匪夥進攻……」

世界和夜
一樣混亂，
在晚會
我們擁護那野性的火光照耀着的——
　　向盜賊打擊
　　向惡黨打擊的
羣隊底
呼聲………

這里是
悲哀的國土，
這里是
憤怒的國土，
這里是
鬥爭的國土，
從我們底國土上
要把他們清掃乾淨。

同志，
吹你底口笛罷，
羣隊底呼聲
挺進！………

（二月十四夜）

鬥爭就有勝利

——獻給東北抗日聯軍的兄弟們

侯唯動

血債

春天，
一樣地
沒有溫暖，
像討債人底臉，
冷冰冰，
又難看。

透出殘雪層的
——迎春花
開了！
那金黃的，
生在血跡里，
象徵着鬥爭就有勝利。

「血債
必須用同物償還，
拖欠得愈久，
就要付更大的利息！」（魯迅）
“世紀的紀錄里
滿印上我們底血滴，
今天——
便是翻轉的起頁！
把慘痛的過去
算一算罷
另開下一篇賬冊。
起來，
被壓迫的人們，

我們
把握着
全世界血底債權，
聯合起來，
債主底陣綫，
拿好呵
血寫的清單。
要收賬，
拿起鎗桿，
叫他們
——我們底敵人
照碼十足地還，
本和利
要一期交完！

遺囑

白樺
赤松
仍舊粘着雪片，
枯枝交織着
森林底銀色線。
林深處底蒼鷹
聲聲地叫喊，
那尖厲的歌唱，
怪悽涼，

呻吟着
在山坡上：
孩子，
我就落下鬥爭了一生的
最後一口氣，
現在要特別吩咐你，
並不是沒有遺產，
只為了
全被敵人佔據；
可是，
也在你呢！
只要肯爭氣，
那兒
不是肥大的土地？
現在，
只有卸給你
沒完成的負担，
忘記我，
扛着上前！
孩子，
拿起我底鎗罷，
這殺過
多少敵人的武器，
這是我

丟給你的
頂現成的東西。
沒走完的路呵，
踏向前，
有一點氣，
就幹！……
去罷，
看大隊走得太遠；
死了沒有悔恨，
我永遠閉上眼……。

血底歌唱

山邊
凍凝的血塊，
變成蘚苔，
綠膩膩地
遍山野。
陰濕的煙霧
從山縫里噴出，
掩了枯茅
——我們底住處。
這時候
山林里野原上
吼起了
血底歌唱；
抗爭的熱血
把雪里的沙粒凝結，
踏着這血跡呀，
去！
我們是

——民族解放先鋒隊！

奔放了的血瀑，
熔解了凍野，
溜着冰崖，
向敵人射擊！
我們底忿恨呀，
跟着槍聲迸裂。

沸灼的血液
在遍身尋找出地，
母親的大地呀，
你餵養了它，
現在，
還給您
——依舊還給您！

破碎的血球
是熾熔的鉄液，
我們的旗呀，
血祭您！
爲了民族革命戰爭，
坦然地行這個禮，
向着您呀，我們底旗！

母親大地

下山游擊的兄弟
得到了農村交通員底
報告，
他說：
火藥氣味
跟淡蕩的春風
遍地迷漫，
砲烟遮了
柳城新絲

嫩江寒，
鴨綠江邊
沒有半隻鴨子
在水中浮沉
草里竄，
激流里
只劃過敵人兵艦，
截擊的兄弟們
在蘆影深處伏潛。

他說：
清明時節
別下山掃墓了，
祖墳
全被子孫們
在冬季
利用了作戰，
衝血冒血的時候，
掘成了爬伏的壕塹；
兄弟，姊妹，
只有多殺幾個
踏靑的敵人，
對着我們底祖墳
遙遙地血祭！

他還說：
菜花黃如金，
蜜蜂嚼嚼叫，
桃花紅，
李花白，
壠頭蛺蝶亂飛，
燕于輕掠着池水
唧唧，咭咭，
一陣風過，

無數的縐紋起，
咱們手栽的樹
也一樣地
吐出了葱葱的綠意，
兄弟，姊妹，
下山來罷，
親近親近
咱這母親的大地！

他走了幾步，
又轉來說：
麥苗怪嫩綠呢，
經過了幾回細雨，
咱們底勤苦兄弟姊妹，
又忍辱地
勞動在和風里，
親愛的姊妹，兄弟，
春色遍地了，
下來罷，
拔掉那飄在
咱們地上的
——太陽旗！

幾個朝鮮的兄弟，姊妹，
聽得 眼淚，
我們唱起了
撲滅他們的歌曲：
起來，
全世界鬥爭的伙伴
用我們這鉄的套環
扣成一道爭自由解放的鏈，
侵略陣線
到了

最後掙扎的時候，
趕快起來
把他們撲滅罷，
完成這最後的一戰！

戰地進行曲

常常襲來
暴風雨的六月天，
進攻和抗爭底火焰
遍野燒燃。

夏季是浪漫的，
到處洋溢着
自由的氣息，
小河里
我們沈澡，
樹蔭下
綠草里
我們躺着睡。

生病的
帶彩的
玩弄着榴花
——紅得像一朶一朶的火，
激動地聽着
少年先鋒團員底[illegible]勞歌。

狂風吹起土霧，
松林中一片濤音，
像是千軍萬馬奔騰了，
呼嘯着前進；
女騎士們唱着
九、一八，
在風里翻滾着，
營地上

響起了清亮的歌聲。

在密集的枝杈上，
像我們底始祖一樣
累架起窠營，
濃葉掩護着我們，
架起鎗，
防禦偷襲的敵人，
還射擊他們底空軍。

靠它，
我們也保獲這森林，
不讓敵人伐去，
裝到日本。

我們愛唱
新的太陽，新的土壤，
我們需要陽光，
因爲它
射進熱流，
那尖銳的光芒，
把我們底皮膚
鍛鍊成鋼。

田野里
充滿着豆香，
我們嗅着，
心頭發癢，
抹着汗，
揩掉黏在皮膚上的花粉，

在豆田里伏住，
描射那騎馬下鄉的敵人。

母親的河流——乳汁，
養出高粱，
孩子們鬥爭的青紗帳，
孩子們底城牆，
在交通網
揹着槍
來來往往，
看見敵人就放。

接觸了！
激戰的炮火
騰起了，
我們底怒火
也在胸膛里燃燒，
燒罷！
燒罷！
燒罷！
這新仇舊恨的怒火
在槍口吐冒！
戰鬥的伙伴們，
愛惜子彈，
上起刺刀，
硬撲，浪砍，
戰鬥的伙伴們！
衝鋒，前進，
戰鬥的伙伴們！
……………………

偷襲

楓葉紅了
雁南飛，
一陣陣的樹葉
隨地了，
變成泥。

秋蟲唧唧，
遠地燐火閃爍，
天空那麼高麗，
前哨的兄弟們
架起火，
把午夜點綴，
這時候
我們偷襲去。

出發前
唱一支偷襲歌，
黑天暗地，
夜會使我們勝利，
偷襲，
趁這時機！

夜
我們底天下，
藉着它底掩護，
我們迫近了敵人底身邊，
上起刺刀，
愛惜子彈，
硬撲，
浪砍！
消滅了敵人，
立刻打轉。

凱旋的路上，
天亮！

突破了圍攻

冰帶吹來
十月的風，
雪
滿了大地，
也滿了樹林，
我們
化整爲零，
突擊圍攻的敵人。

四面逼來了
敵人底輕騎，
要撲滅我們，
佔領我們底根據地。

這是最後一刻呀，
兄弟們，
我們
我們要反抗這壓迫，
我們
我們要戰鬥到底！
拚罷，

用最後的一滴血，
我們要
要沖破這人造的鐵堤！

見了偽滿軍，
我們就高叫
「中國人不打中國！」
親愛的同胞
就紛紛地反正，
遭遇了日本兵
——那些被迫來的人民，
我們底日本同志就喊着
「士兵不打士兵！」
「中國人民不打日本人民！」
到夜里，
政治人員全體出動，
在戰區底電桿
樹幹
牆上，
貼遍了中文日文的印刷品。

今天

六年來，
我們在不斷地，
翻山
過水
忍飢
受寒，
苦戰到今天。
衝破了，
敵人五次的圍攻，
血染的抗日大旗，
依然在驕傲地招展，
跟着我們底抗爭，
抗日的潛力，
遍佈在東北，
這是給倭奴埋好的炸彈！

六年後的今天，
來了個總的翻轉——
七·七，
八·一三，
祖國堅决地應戰，
這敵人蹂躪下的滿洲，
更全面地爆發了火丸，
奴隸們紛紛起來了，
這血洗過的土地，
還得是自由的江山！

一九三六年初起草
一九三七年底完成

賣報童子

王寄舟木刻

一家人

增援

地點——戰地附近一個村子。

景——左後方有個通外的門，左邊中間有個窗，窗下有桌椅，桌上放些茶具書本之類的東西。右前有個通內室的門，門後有個小桌或小櫥，放着油燈和點心盒……。室右中有個躺椅，椅右有個小凳。換一種佈置也行。

人物——

王二虎：三十來歲，性情暴戾，陰惡，念過書，從事漢奸活動。好喝酒，怕老婆。

王妻：也三十來歲潑辣强悍，風騷愛美

小三：二虎的妹妹，高小或初中的學生，好唱歌。

老人：二虎的母親，背駝耳聾，老是鬱悶愁苦的樣子。

傷兵：一個受傷後不願進醫院的戰士，頭和左手腕包着。

窮人：馬老頭，是個爲窮困所迫的麵包漢奸。

張老大：青年農民游擊隊。

李大叔，宋國材：也是兩個農民游擊隊。

開幕時，後台吹軍號，唱軍歌（如義勇軍進行曲，救亡進行曲之類，）間有軍哨聲。老人坐在躺椅上靜聽。當行軍聲漸遠時，小三仍呆在窗前出神。

老人：小三，這些軍隊又是到前線去的嗎？（小三似乎沒聽見）小三！你聽見沒有？是不是到前線去的？

小三：是的，是到前線去的。（說完在桌上找東西）

老人：你找什麼餓了嗎？這裏還有你二哥吃了剩下的點心呢！（到小桌上找點心）

小三：（已從大桌上找出一個歌本）媽，你別找點心啦，我不是我吃的，這個歌本比點心還好呢。

老人：你又唱什麼歌？

小三：我要唱剛才那些軍隊唱的那個歌。

老人：你別唱啦，快把這歌本收起來吧，你二哥要把牠燒了的。

小三：把牠燒了？他憑什麼把牠燒了？別管他，媽，你坐下，我唱給你聽。（勸老人坐下，他到大桌上喝了口水，很神氣的）媽，你仔細的聽啊，（她用茶壺蓋敲着壺打拍子，開始唱剛才開幕時唱的歌，唱完一遍）媽，你聽着好嗎？我再唱一遍你聽。（更用力的敲唱）

老人：別唱了，別唱了，再唱就把茶壺打碎了。這歌要叫你二哥聽見，他不打你才怪呢！你快把這歌本收起來吧，你二哥快回來啦。

小三：不會的，他帶着那些東洋牌酒找孫禿子他妹妹啦，還不定喝到什麼時候才回來呢。

老人：那些東洋啤酒他不說是送給趙閻王的嗎？他說馬上就回來的。（有脚步聲）你聽，是不是你二哥回來啦？

小三：不會的，一定是馬老頭子又來了。

張大：（進門來張望一下）

小三：哦，張大哥，我還以爲你是馬老頭子呢。

張大：二虎哥不在家嗎？

老人：他出去啦。

張大：他到那兒去啦？

小三：他帶着啤酒出去的，他不到孫禿子他妹妹那兒去，就是到趙閻王家裏去啦。

張大：他又到趙閻王家裏去？王大媽，我就是爲這件事來找他的。趙閻王是個大漢奸，這是誰都知道的，咱們這村子裏沒逃的人，多半都不理他啦，大家想把他捉住送到游擊隊裏去槍斃呢！王大媽，別叫二虎哥再和他來往了，趙閻王是個大漢奸。

老人：你聽誰說的？

張大：大家都這樣說末，哼！趙閻王私通日本，替鬼子打聽消息，這些事情，我們游擊隊裏正在調查呢。

小三：張大哥，你也幹了游擊隊嗎？

張大：你還不知道？我上個月就幹上了，那時我勸你二哥幹，他不肯，李大叔和宋國材都幹上了。王大媽，二虎哥不幹游擊隊不要緊，以後不要再叫他到趙閻王家裏去，大家都在說二虎哥的壞話，你知道嗎？

老人：說他什麼壞話？

張大：都說二虎哥也快成漢奸了。王大媽，咱們不知已這話我就不說了。他回來的時候告訴他，叫他不要再到漢奸家裏去！（本來要走，他忽然想起能制裁二虎的一個人來）二嫂不在家嗎？

小三：在屋裏呢。

張大：二嫂！二嫂！

妻王：（在內室）誰呀？

張大：是我，你出來看看就知道啦。

王妻：（拿着幾件要洗的衣服從內室出來）喲，是你呀！

我聽着就是你。

張大：聽着是我，怎麼還藏着不出來？

王妻：誰藏着不出來？我忙着給你二哥找衣服，今天天氣好，給他洗洗。

張大：二虎哥到那兒去啦？

王妻：我沒看他出去，我怎麼知道呢？

張大：他沒告訴你到那兒去嗎？

王妻：他告訴我幹什麼，他愛到那兒就到那兒，我才不管他的閑事呢！

張大：你不管，哼！他要眞到孫禿子他妹妹那兒去，你也不管嗎？

王妻：你別胡說八道的，說正經的，你找他有事嗎？

張大：當然有事啦。我已經和王大媽說過了，以後別叫二虎哥再到趙閻王家裏去，也別再到孫禿子他妹妹那兒去，這些地方都不是好人去的，他回來的時候千萬告訴他，我不等他啦。

小三：（見張大要走）張大哥，你不再坐一會嗎？

張大：不麼啦，我還要帮着軍隊搬運東西呢。

王妻：（問小三）你二哥帶着啤酒到那兒去了？

小三：我不知道。

王妻：他是不是眞到孫禿子他妹妹那兒去啦？

小三：我怎麼知道呢？

王妻：他出了大門是往左邊去啦，還是往右邊去啦？

小三：我不知道末。

王妻：你什麼都不知道，你就是知道吃，知道唱！

老人：他大概是到趙閻王那兒去啦，他不會到孫禿子他妹妹那兒去的，他說馬上就回來的。你要去洗衣裳嗎？小三，帮着你二嫂去洗衣裳吧。

小三：我不去。

老人：好孩子，幫着你二嫂去洗洗。

小三：我不去，我還要唱歌呢。

王妻：你就是知道吃了唱，唱了吃，學校解散了，養着你在家裏幹什麼？

小三：我愛幹什麼就幹什麼，你管的着嗎？（又在找一個歌）

王妻：好，我管不着，沒事你就唱吧！放開嗓子唱吧！（氣的要走，剛到門口，忽被二虎的唱聲止住。二虎唱的是京調快板「三姐不必淚雙流，爲丈夫言來聽從頭，十担乾柴米八斗……」老人赶快把小三的歌本收起來，王妻惡狠狠的問小三）唱啊，你也唱啊！怎麼不唱啦？

二：（帶着一包花洋布進來，當走進門口時，正唱到「就在寒窰度春秋，守得住來你就守，守不住來，你就軋姘頭」。（手指老婆，還有些醉意）

王妻：（她這時對二虎的醋火已超過對小三的氣憤，故轉向二虎發作）什麼軋姘頭軋姘頭的！誰跟你似的不要臉，自己的老婆都養不活，還出去軋姘頭！

二：怎麼啦，跟誰生這麼大氣？

王妻：銀狗！跟誰？看你喝的這個鬼樣子，我問你，你到那兒去啦？

二虎：我到趙閻王那兒去啦。

王妻：放屁！你到孫禿子他妹妹那兒去喝酒，你以爲我不知道？

二虎：誰到孫禿子他妹妹那兒去啦，眞是天曉得，你別寃枉好人。

王妻：寃枉好人？你是好人？哪！到孫禿子他妹妹那兒去的，就沒一個好東西。

二虎：王八蛋到那兒去啦，誰到孫禿子他妹妹那兒去，誰就是王八蛋！

王妻：那啤酒呢？又送給那個臭女人啦是不是？

二虎：得了得了，你們女人就是知道這些事，那啤酒我和趙閻王喝啦。我剛從他家裏來，你看，這是趙閻王送給我的，來來，你看看你看看，（他在解那個帶回來的包袱，她好像被什麼吸引着似的走近來）

老人：你眞到趙閻王家裏去了嗎？

二虎：（對老人和小三照例是粗暴的聲音，）我不去這東西是那兒來的。

老人：剛才張老大來找你。

二虎：誰來找我？

王妻：（不讓老人和小三插嘴）張老大，來玩了一會，沒什麼事，他剛才走啦。這些布是趙閻王送給你的嗎？

二虎：是的，（拿起一塊布）你看這塊布，給你做褲子（又拿一塊）這一塊給你——給我做大褂，（又拿一塊）這一塊，這一塊——這一塊留着——

王妻：留着幹什麼？

二：留着，（笑嬉嬉的）哈哈，留着——

王妻：留着給孫禿子他妹妹是不是？

二虎：你瞧你瞧，又來了，不說這一套行嗎？我是說留着，等咱有小孩的時候，給小孩做衣服，你看這些花多好看？

小三：二哥，剛才張大哥來找你。

二虎：他找我幹什麼？

王妻：沒什麼事，他早走了，（拿起塊花布）你看這塊布是絲的還是洋線的？

二虎：這塊布嗎？一半是人造絲，一半是洋線的，連這都看不出來，眞是鄉瓜子！這是頂刮刮的東洋貨。

老人：二虎，剛才張老大來找你。

二虎：我知道了，你們少囉嗦。

王妻：（又拿起一小包東西）這包裏是什麼？

二虎：你別管，你別管，把牠放到屋裏，給我留起來。

王妻：留起來幹什麼？又想送給那個臭女人是不是？

二虎：又來了，又來了，我告訴你，來，我告訴你，（走近她和她耳語）馬老頭來過沒有？

老人：馬老頭沒來，張老大剛才來過，他叫你不要再到趙閻王那兒去啦！

二虎：這是張老大說的嗎？他媽的，管他什麼事！

小三：他當了游擊隊了。

二虎：他當了游擊隊能怎麼樣？他能把我吃了？還是能把我喝了？（窮人馬老頭上來）

馬：（穿的破爛不堪）二虎，你又跟誰生氣？

王妻：他沒跟誰生氣，你怎麼才來？剛才他還問你呢。

馬：我從大石橋到了河那邊，剛從橋那邊回來。

二虎：河那邊有軍隊嗎？

馬：沒有。

王妻：馬老爹，你坐一會，我洗衣服去。（拿起衣服要走）

二虎：回來！（她走幾步）這兩天過兵，你小心點，你忘了從前過軍隊，你嚇的躲到毛房裏去嗎？當兵的看見女人就紅眼，要是他們也——

王妻：也怎麼樣？他敢！老娘是好惹的？嚇死他！（她從門後拿着兩根竹桿出去）

小三：馬老爹，你從大石橋來嗎？剛才過了多少軍隊？

二虎：又有你的事！滾開！（老人把小三拉過去，要她別多嘴，二虎從身上取出小本和筆）剛才過了多少軍隊？

馬：剛才，過了五百多。

二虎：五百多？（用筆記下來）

馬：是的，五百多，還有二十幾門大砲，一百多匹馬——

二虎：慢點說！多少大砲？

馬：二十多門。

二虎：（記下來）馬呢？

馬：大概有一百多匹。

二虎：你數清楚了沒有？

馬：數清楚了。

二虎：（又記）那些軍隊過橋就向東去了嗎？

馬：是的。

二虎：沒有機關槍嗎？

馬：沒有。

二虎：還沒有別的嗎？

馬：沒有別的了。

二虎：（收起筆和小本，給窮老頭幾毛錢，馬接錢後要走，）等一等！（他打開那個小包袱，裏面有五六面日本旗子）

老人：（小三和老人很注意，並且時時暗識二虎的行動）二虎，這是幹什麼的？

二虎：你們少管閑事！（拿了三面小日本旗給馬老頭）給你這三面旗子，你給張麻子一面，給孫禿子一面，那一面你自己留着。日本兵打過來的時候，就把牠插在大門上。聽明白了沒有？要不然日本兵就把你全家都殺了，連房子也給你燒了！拿着，放好，不要給人看見啦！你再到大石橋，去等着，要是有軍隊從那兒過，馬上來告訴我。（馬老頭去後，二虎又取出小本看看，放在身上，把其餘的小旗也放在身上，要走）

老人：二虎，你又到那兒去？

二虎：到外面走走，馬上就回來。這幾天過軍隊，你們好好的看家！別叫他們拿了咱的東西去。

小三：不要緊，昨天還有幾個兵到咱家裏來找水喝呢，都是很規矩很客氣的。

二虎：那是碰巧了，你們也不是沒見那不規距不客氣的，從前過軍隊，不是把咱家裏的東西都搶光了嗎？叫你們當心點，你們就當心點。（又要走）

老人：你到那兒去，千萬別再到趙閻王家裏去啦。

二虎：你們少管閑事，沒事好好的看家。（走出）

小三：媽，他一定又到趙閻王那兒去啦。

老人；你怎麼知道？

小三：你沒看見他剛才記的那些東西嗎？他就把記的那些東西報告趙閻王去啦，趙閻王再報告日本人。咱們中國的事情，日本人能够知道的那麼詳細，全是他們這些人幹的！

老人：趙閻王眞和日本人有來往嗎？

小三：怎麼不眞呢？前天晚上聽說還有個日本人到趙閻王家裏去呢？趙閻王和我二哥的手鎗，也都是日本鬼子發給他們的。你看這些花洋布，還不都是日本鬼子的！我二嫂還拿着當寶貝呢，這種東洋貨，送給我我也不穿！（沒好氣的摔那些布）

老人：（聽外面有人來）小三，大概你二嫂回來了，給她弄好。（外面有人敲門）誰？

（外面的聲音：「是我」）

老人：小三，你看看是誰？（小三開門，傷兵拿着根小木棍進來。）

傷兵：對不起，老太太，你們家裏有水喝嗎？

小三：有的有的。（給傷兵倒水）

老人：老總，你是從前線上來的嗎？（讓坐）

傷兵：是的，我從前線下來，前面兩個村子裏，一個人也沒有啦，到你們這個村子裏來，走了兩個大門，也沒有人。這些老百姓都到那兒去啦？

老人：有的怕日本人打過來。有的怕咱們中國軍隊退却搶東西，都逃難去啦。

傷兵：你們怎麼沒有逃呢？（這時已坐在躺椅上喝着水）

老人：我們沒有錢，逃不起。

小三：那些有錢的，怕死的，老早就逃了。你是前線打仗受傷的嗎？

傷兵：是的，老太太，我可以在你家住一二天嗎？

老人：你說什麼？

傷兵：假若你們不討厭我的話，我想暫時在你家裏住一二天。

小三：你受了傷怎麼不進醫院呢？

傷兵：小妹妹，我就是不願意進醫院，才到你們家裏來的。

小三：你爲什麼不願意進醫院呢？

傷兵：因爲我的傷不重，我還能在前線打仗，我願意在前線上和鬼子拚命，可是弟兄們都要把我送到醫院裏去，我只好暫時躲開他們，想找個地方住一二天，再跟別的隊伍或是跟着你們這裏的游擊隊到前綫殺敵人去。老太太，我一天多沒有喝水，沒有吃飯啦，我可以在你們家裏住一兩天嗎？

老人：老總，我們家裏人多，不方便，我做點東西你吃了，你還是到別人家去吧。

傷兵：我住一二天就走，你們要是不方便，我就到別處去。

老人：你不知道，我們家裏人多，實在不方便。

傷兵：你們家裏還有什麼人？

小三：還有二哥和二嫂。

傷兵：他們都不在家嗎？

小三：是的，二哥有事出去了，我二嫂洗衣服去啦，他們都快回來啦。

傷兵：你們怕我嗎？

小三：我們不怕你。

傷兵：對呀，不怕我才好哇，現在軍隊和老百姓都是一家人，當兵的也都是老百姓，有什麼可怕呢？我沒當兵的時候不也是老百姓嗎？有什麼可怕的？

老人：我不是怕你，我是怕我那個不懂事的孩子。他脾氣不好，又好喝酒，喝上酒就跟人打架。

小三：我哥哥不喜歡當兵的。

老人：老總，你不知道，以前打仗的時候，我們這兒被軍隊搶過，那個二孩子被軍隊拉去搬東西，挨了幾槍托子。他被當兵的打過，駡過，因此他就和當兵的記起仇來了，他看見當兵的就想打架，他混脹起來你打不過他。

傷兵：老太太，現在跟以前不一樣了，以前是中國人打中國人，現在是中國人一齊打日本人，以前的壞軍隊是軍閥的，現在的軍隊是老百姓的，軍隊和老百姓是一家人，我怎麼能跟你家少爺打架呢？你放心，我不會在你家裏做什麼錯事，就是你家少爺喝了酒，也跟他打不起架來，我願意和他做朋友。

小三：你和我二哥交朋友，哼！他喝上了酒就跟人家動刀子動手槍！

老人：小三！

傷兵：怎麼？你二哥也有手槍嗎？他也是幹游擊隊的嗎？

老人：他——他，我們不清楚。

傷兵：這是什麼話？怎麼你們自已家裏的人還不清楚呢？

王妻：（走進來，看見傷兵，怔了一下，跑出去了）

小三：這就是我二嫂，她看見你在這兒，吓的跑出去啦。

傷兵：他怕我幹什麼？

老人：她——她不是怕你，她也是以前過軍隊嚇傷的。

小三：媽，我想起來啦，我二嫂也許是出去叫我二哥去啦。

老人：對啦，他也許是叫你二哥去啦，老總，你快點走罷，免得他回來鬧亂子。

傷兵：鬧亂子？這是什麼話？我更不懂了，剛才你們說的話，我就覺得很奇怪，老太太，你兒子到底是怎麼樣的一個人啊？

老人：他脾氣不好。

傷兵：我不是問他的脾氣，我是問他是幹什麼的？

老人：他好喝酒。

傷兵：我知道他好喝酒，我不是問這個，現在前線附近漢奸很多，我是要問你兒子是不是當漢奸的？

老人：不是的，不是的，我兒子是個酒鬼，我怕他發酒風，傷了你，你還是快點兒走罷。

傷兵：你爲什麼老要我走呢？剛才我說過，在前線上，軍隊和老百姓不是一家人嗎？你看現在前線上的老百姓，跑的跑了，不跑的有很多當了漢奸，幫着敵人做事，這樣中國怎麼能打勝仗呢？老太太，我好容易走到你家裏來，爲什麼老趕我走呢！

老人：老總，我不是趕你走，你不知道——

傷兵：我知道了，你不用再說啦，我想你兒子也是一個漢奸，對不對？（沒人回話）老太太，我早就想到了，你不要害怕，我不會把他怎麼樣，只要他回心轉意，知過改過，以後不再幫着敵人做事，把別的漢奸都說出來，叫他們都不要再被敵人利用，都幫着自已軍隊做事，這樣他還可以做我的好朋友。現在請你們老老實實的告訴我，他是不是個漢奸？（無人回話）剛才你們說他有手槍，他那手槍是那兒來的？

小三：我老實告訴你吧，他那手槍是鬼子發給他的。

老人：小三！小三！你你再瞎說！老總你別信她的，別信她的！

小三：媽媽！媽媽：我二哥回來了！二哥回來了！

老人：什麼？你二哥回來啦？啊呀！老總你你——你——

傷兵：我不會打死他的。

老人：二虎，二虎！（喊着要跑出去）

傷兵：（把她止住）不要喊（指着躺椅）坐在那兒。

小三：（也要跑出去）

傷兵：你跑什麼？

小三：你一個人打不過他，我出去叫張大哥去。

傷兵：等一等！（他拿起他那根棍子和小三藏在門兩旁，二虎，拿着手槍急忙進來，傷兵很快的用木棍鎚到二虎背後（舉起手來！）二虎受催眠似的舉起雙手，傷兵把棍拿去，遍搜着二虎身上，搜出那個小本來，他打開小本一看，念着：「晨六時步兵三百餘，機關槍六架，過大石橋東去。下午二時步兵五百餘名，大炮廿門，騎兵一百餘，過大石橋東去」噢！怪不得中國的軍事情形日本人知道的那麼詳細，就是你們這些人幹的好？按理說，像你這樣的漢奸，馬上就該槍斃！可是對付你們這些人，槍斃不是好辦法，也怪你們這裏老百姓沒有組織，沒有訓練，要是平常老百姓有組織有訓練的話，我想你也許是打鬼子最勇敢的一個。（這時小三早已跑出去叫人了）

老人：老總，求你饒了他吧，我們也是被窮逼的。

傷兵：老太太，你放心，我不會傷害他的，我們都是窮人，我們不能好好過日子，還不都是日本鬼子鬧的嗎？我們絕不能再幫着鬼子做事了，我們只有幫着政府抗戰到底，等到把鬼子打敗了以後，我們才有好日子過。（對二虎）我一點也不難爲你，你老老實實的告訴我，你們有多少人？都是誰？你要是不說實話，那我可就要打死你。（用手槍指着二虎，不料被二虎很快的抓住手腕，滾打在一塊，終於被二虎奪去。）

二虎：（用槍指着傷兵）不要動！（獰笑着）哈哈哈……你要打死我？嘿嘿，咱看誰打死誰！他媽的，我看見你們這些當兵的，我他媽的就有氣，你們從前把我家裏東西搶光了，硬逼着我去搬東西，你們打我罵我，用槍托子搗我，你們拿着老百姓不當人，你們就看不起老百姓，穿上軍裝就欺負老百姓，你這個活祖宗，活閻王。

傷兵：你再胡說！（老人趕去抱住他，掩護他）你這漢奸。

二虎：你說什麼？

傷兵：你這漢奸！

二虎：（拿槍要放）媽媽躲開，媽媽躲開！（老人拚命掩護着傷兵）躲開呀！你這老不死的。（去拉他母親，這時小三跑來，張大哥和宋國材緊跟着他跑進來。張大哥首先把二虎抱住，李大叔幫着他奪過二虎的槍來。）

張大：李大叔，你們先把他帶走吧！（宋李將二虎帶下去，老人很悲痛的要跟出去，張老大把他留住）王大媽，你別難過啦，你在他身上得不到什麼好處的。（小三也勸慰老人，外面的槍聲響了。）

張大：（問傷兵）你是從前線來的嗎？

傷兵：是的，我在前線上受了傷，弟兄們都要把我送進醫院裏去，可是我很願意在前線上和敵人拚命，所以暫時躲開他們，免得被他們硬把我送進醫院裏去。

張大：你來這裏幹什麼呢？

傷兵：我想找個地方住一兩天，休息休息，再跟別的隊伍，或是跟你們這裏的游擊隊，馬上再到前綫殺敵人去，可是想不到在這兒，幾乎把命送上。剛才要不是你來，我的命也許就完了。

張大：這個壞蛋，我們老早就想把他幹了的！

小三：（對傷兵說）張大哥就是我們這裏的游擊隊。

傷兵：那好極了，好極了。

張大：可是，我們這裏的漢奸太多了！

傷兵：不要緊，不要緊，你們當地有游擊隊，幹掉漢奸是很容易的。將來打鬼子也要靠你們游擊隊幫忙。我來到前線上一看，更覺得軍隊和老百姓應該是一家人才對勁兒。

張大：對了對了，咱們應該是一家人。（他躊躇地想了一想，拉着傷兵的手）王大媽這里不方便，先到我家裏去住下再談吧？

傷兵：那——那那——

張大：那有什麼？你剛才說過，你們軍隊和老百姓不是一家人嗎？回頭還要去看看我們游擊隊長呢，哈哈……

……（傷兵緊握着張大的手）

——幕急落

船上

——民族戰爭中的一段插話

蕭莚

一九三七年十二月二十七日，在女埠，學校解散的第二天。

籠罩在江上的白露漸漸稀散，而遲遲不前的朝陽，已經在遙遠的山頂上張開腫脹的紅臉了。我們昨夜租定的船，早已開到學校門前的江邊停放着，等候我們。在八點前一定要動身。自從杭州富陽相繼陷落後，桐廬便吃緊，看光景，敵人的軍事計劃，也許是從衢州截斷浙贛路，直驅南昌。要是再不馬上走，萬一敵軍先我們打到衢州，一方面又從水路打金華蘭谿，我們夾在中間，倒成了罈子裏的烏龜了。「老人家」馮先生急得滿頭是汗。天不見亮，便把昨夜打點好的行李搬到船上，一直等候着同行的人們來到。但是，衆人都到齊了，只有約定同行的八個學生還沒有影子。太陽已經爬得很高，穿過白露窺視着我們。他立在船頭上，瞇着眼睛張望。焦急地嘮叨着：

「這八個傢伙還不來呀！眞急死人！……年青人就是靠不住，就是靠不住！……」

「老人家，你慌什麼呀？」我說，一半是安慰他，一半是看不慣他那過分焦急的神情「敵人不會這樣快；難道中國軍隊都在睡覺嗎？」

「嗨，匕！」他急得蹬着脚，「你也在做夢吧？爲什麼上海一失守，兩天就打到南京了？……快點走吧！不是一走就拉倒了嗎？女埠還有什麼留戀頭？誰家的大姑娘在留你？——好了，好了，來了！阿彌陀佛！」

白露茫茫中現出八個青年的隱約的影子，漸漸逼近，清楚。他們穿着一色的黑呢制服，用竹扁担挑着自己的簡單的行李，一閃一閃地，好像在肩膀上游戲在遙遠處就傳來他們的樂觀的談話聲；青春在他們那兒蓬勃地滋生着。

「你們來得眞早呀！」馮先生帶着輕鬆的口吻說，把他們上下打了幾眼，似乎想責備他們幾句，但是，八位青年的一陣響亮的笑聲，緩和了他的忿怒。於是他朝河裏醒一泡鼻子，叫他們快點上來。

他們挨次由跳板上走上船，從肩膀上輕輕地放下行李，把八根扁担有秩序地放在船邊上，鏗鏘地響着有力的聲音。於是他們伸直腰背立着，兩手叉在腰桿上。

船老板放下旱煙管，慢條斯理地站起來，吐泡水口在手心裏，搓了幾搓，這才撑住舵把子。幾個船夫跑到船頭上，拖出篙竿。於是船底起了一陣豁朗豁朗的聲響，搖搖擺擺地離開江岸了。

馮先生嘻開嘴巴，輕快地笑着。

八個同學開始佈置了船上最好的地方，是中間的艙底裏。他們把箱子和不是隨身要帶的包裹放在底下，弄成一塊平坦的局面，然後鋪上被褥，讓先生們睏在這里。船尾那頭的艙面上本是船家休息的地盤，現在分配給幾個女同學和女先生。隨後，他們這才動手佈置他們的部份。那是船頭的艙面上，白天敞開，夜晚才拉下篷子的地方。

「那里不行呀！」馮先生關心地叫着，「你們進來擠擠吧；看弄起毛病來的。」

「不要緊，不要緊！」八張嘴巴同聲回答着，好像只有他們才能吃這苦頭。

他們首先揭開艙板，把他們暫時不用的東西放進去，那是些雨傘，磁鉄碗，洋鉄壺，畫筆，和調色板一類的東西。據他們說，他們每到一處都要準備畫壁畫的。他們笑着，說着，有些唱着「打回老家去」的歌，快活而宏亮的歌聲，壓抑住「老人家」的憂鬱，而昇騰到空中，餘音在江上顫抖，久久不散。

「你們倒還快活呀！」馮先生嘆一口氣，帶着諷刺的口吻說。

回答他的，是一陣充滿着青春之火的笑聲，混合在船夫們的宏大的呼聲裏，合奏成一種有力的，雄壯的交響曲，於是好像波濤特別洶湧起來，船動盪得更厲害了。

「先生們坐下呀！灘頭到了！」船老板忽然高聲地號叫着，額頭上的青筋暴露着，聳立起濃密的，斑白的眉毛，目不轉瞬地瞪着前面，長滿絡顋鬍子的嘴角上飛舞着白沫。「是怎樣呀？……吃飯的嗎？……靠右邊，我說靠右邊呀！……我操你媽媽的！……」

「你不要吵呀！」我們看見他那兇猛的神情和粗暴的言語，我們心想他在跟我們吵鬧。「你吵什麼呀？你這東西！」

他並不理睬我們。他凝神注視着船頭的水脈。船已經走近灘頭了。這是一個灣曲的斜面，洪流洶湧地奔瀉下來，嘩嘩的咆哮聲，使得我們的心都緊張起來，準備着隨着船一個勁兒掙上去。同着一道上灘的船有十來隻，首尾用小酒杯光景粗的棕繩連繫起來，互相緊緊地挨靠着。我們的船老板用腰桿管制着舵把子，騰出兩隻手來抓起粗大的松木篙竿，一個勁兒插到河底裏，咬緊牙巴，哎呀哎呀地撐着，粗壯的胳膊和粗壯的篙竿同時起着顫抖。在船頭上，四個船夫每邊排了兩個，把篙竿抵着他們的肩頭，拚命地往前撐，身子隨着船的前進而傾下，終於仆倒在船邊上，「哄」的叫一聲收梢，於是又爬起來，作第二次的演奏。他們八條筋肉蹦起的大腿，不息地幌動着，好像游戲場中大力士在空中拋弄八根木棒。他們的赤露着的脚板又粗又大，磚頭似的在船板上沉重地踏着。

「眞够勁兒，他們！」馮先生艷羨似的說。

船終於順利地翻過灘頭了。

船老板放下篙竿，坐在船邊上，重新拿起旱煙管，幽閒地吸着。他吸了一口，抽出煙管，向我們微微一笑，打着生硬的普通話，解釋着說：

「我們是粗人，我們吵，罵，是跟我們自家人的，不是跟你們，你們聽不明白我們的話。你們是我的客人，我們是很客氣的。你們明不明白？嘻嘻！」

「好的，好的，我們明白了！」八個同學響亮地回答。

馮先生却沒有理會這一層。他深長地舒着氣，過灘時駭成的灰白的面孔漸漸轉正。他取下眼鏡，用袖頭揩一揩，然後準備戴上，但半途又忽然停止，瞇着眼睛，向他們八個問道：

「你們駭壞了吧」

他們微微笑着，搖着頭，臉上煥發着紅暈。接着，他們站起來，伸一伸腰，胳膊在空中使勁地打着，是力的發洩。

「喂，你們坐下吧！」馮先生吩咐着。於是從小網籃裏取出一包橘子，每人發散兩個，好像老祖父分發孫子們的東西。

他坐在艙底裏，背靠着艙壁，一面吃橘子，一面從眼鏡框外望着他們，問道：

「你們八位打算到哪里去的呢」？

他們立刻停止吃的動作，恭謹地聽着他的話。

「我們可沒有一定呢，走到哪里算哪里。」答話的是姓金的同學，一個紅的面孔，白的牙齒，常常帶着樂觀的笑容的青年。

馮先生立刻搖着頭，含着橘子的嘴巴咕嚕幾聲，等到橘子吞咽下去以後，他才嚴肅地說：

「這怎麼行呢，一點沒有着落就出門？外面不好處呀！『在家千日好，出門一日難，』你們要曉得呀！把這幾個錢花完怎麼辦？去找人嗎？誰理你！況且是在現在，這大家自顧不暇的時候。外面是靠不住呀！我在外頭跑了十多年，難道還不曉得嗎？我初到上海的時候，年紀比你們大，還要當阿木林呢。」

於是他便把他當阿木林的事情詳詳細細地敍述一番，接着，說教似的下了結論：

「眞事兒，我騙你們嗎？我給你們說的是老實話呢。我看你們幾位還老誠，又是初出門，離鄉背井，流落他鄉，一旦沒有辦法，那時候才是楊令公碰碑：盼兵兵不至，盼子子不歸。你們現在就應該想一想呀！不要平時不燒香，急時抱佛脚。我是灶王爺上天，有一句說一句。不信，請看！

」

他的話是從心底裏發出來的，語氣又很誠懇，八個同學和我們都靜心地聽着。他們一再點着頭，表示馮先生的話是經驗之談。但是他們那過分的恭順，似乎是說明他們的世故，並不是絕對聽信馮先生的話，而是爲了對待師長的表面上的禮節。

馮先生快活地笑一笑，白牙和眼鏡亮晶晶地閃着光輝。他又從網籃裏掏出兩包米花糖，一包分給他們八位，一包分給我們這邊的幾位。在靜靜吃米花糖的時候，船也漸漸緩慢起來，幾乎沒有前進了。只聽得篙竿撥水的聲音和船夫們口裏粗暴的喘氣。

「先生們，」船老板又叫起來，「船撐不動了；沒有風，船又重。先生們請上去幾個走路吧。船好走快點。」

「好的，好的，我們上去走，」八位同學興奮地搶着答允。於是他們加快地吃着米花糖，等候船靠岸的時候，一湧地跳下去了。船又撐開江岸的時候，馮先生霍地跳起來，也要上岸同他們一塊步行。他那衰老的身軀跳下去的時候，摔了一交。他很快地爬起來，趕上他們。

「馮先生太誠實了，」我對留在船上的幾個人說，「只是對於青年太不瞭解了，究竟是兩個時代的人。這八個同學一定是到陝北去的。他們年青，勇敢，能够看清時代的主潮，跟着時代跑。這決不是他老人家能够想得到，做得到的。」

大家沒有注意我的話：他們都在各想各的心事，沉悶罩住每人的心。

留在船上的，是男女教職員和兩個女同學，吃着零食，談笑着，不知走了好久，風起來了。

船夫們把風帆升起，船登時快起來，江水在船兩邊嘩嘩地響着。岸上拉縴的船夫也把縴繩收拾好，涉水爬上船。

「那八位同學呢？叫他們上來吧！」女生指導員陶

小姐關心地說

但是哪里去叫他們呢？岸上又沒有他們的影子，無疑地，他們已經跑到前面去了。據說，今晚宿在游龍。我們都關心他們；他們從午後一鐘點就上岸走，接連要走六七個鐘頭；爲什麼他們這麼辛苦，而我們卻安安逸逸地坐在船裏吹牛談天，吃東西睡覺呢？這實在沒有理由拿來向自己解釋。我轉過頭向鍾先生說。「是的，」鍾先生幽幽地說「他們能够吃苦頭，能够抗着一根扁担，能够跑陝北；時代养他們的了！

太陽燒着紅紅的餘輝，把西北一半天燒紅了。岸上，橫列着起伏的淺山。山旁立着烏桕樹，樹上的秋後殘餘的紅葉，隨風飄動着，但卻不見落下來一片，好像風霜已經鍛鍊了他們的筋肉。江上，隨時現出一塊塊的灰白的沙洲，上面歇着烏老鴉，水鴨子，和各種水鳥，牠們跳着，叫着，有的互相追趕着。牠們隨時都在動，陪伴着永不停息的江濤，作牠們生命上的進取。

「船老板，什麼時候才到游龍呀？」我問。

「說不定，晚上八九點鐘該可到了。」

「那麼，還有多少路呢？」我追問着。

「不到十五里了。」

「那十五里就要走五六個鐘頭嗎？」我驚異了。

「上面是大灘頭呀！說是說十五里，要當三十里走還不止呢。」船老板嘮叨着，又把灘頭的險惡講了一番。他說，光灘頭就有八九里長，危險得很，一不小心，船就會翻身，前兩天曾經翻過兩隻船呢「只要翻過灘頭，就是游龍了。」他用安慰我們的口吻，結束了他的話。

「先把飯燒好吧，」身體結實的高材生，女同學謝—站起來提議。她又解釋，八位同學太辛苦，應該燒點好吃的東西慰勞他們。她臨風立着，風吹亂了她的頭髮。她搓着凍得紅紅的兩手。於是把袖子挽幾挽，跨點到尾去了。

帆吃滿了風，帶着船迅速地往前走，像得像一隻小火輪。

漸漸地，從盪漾着銀色波濤的河的上流，傳來了怒氣騰騰的響聲——是遙遠處的灘頭像餓虎似的在咆哮了。

船老板立在尾船上，伸直腰桿，從篷頂上望着罩着黃昏的江面，好像尋找食物的狗熊。船夫們動手穿草鞋，挽褲脚，把縴繩拿在手裏，準備過灘頭的工作。

兩岸沒有山。廣闊的江面中間夾着許多綠洲，把江水分成束也是河，西也是河，叫人辨不出方向。我們的船浮在一條大的流裏上航。發怒似的吼聲越來越近。

灘頭來到了。在這里，從東岸上平空伸出一個山嘴子，矗立在江心中，好像特意拿來點綴似的。這以上江水又合在一起，滙成一條洶猛的洪流，好像瀑布，直對着山嘴子衝過來，噴起一丈多高的銀白色的水花，在昏暗中也顯得白滑滑的。

我們的船暫時停在灘底下。船夫們正準備上岸拉縴的時候，岸上忽然湧起一片「西班牙革命軍赴瑪德里前線」的歌聲，壓住了江水的怒號。

「是我們的八位同學呀！是我們的八位同學呀！」謝歡欣地叫着，好像發見什麼新奇的東西，於是放下正在撥火的火筷子，野貓似的跳起來，舉起袖子挽得高高的胳膊，喘出粗豪的氣息。

我和鍾先生走到船頭上去看。他們正從高岸上一搖三擺地走下沙灘上來，夜色强調了他們的精神。只是沒有看見馮先生。

「馮先生呢？」

「在後頭，趕不上了！」

「你們爲什麼不等他呢？」

他們沒有回答，只是快活地笑着。

他們本想在這里上船的，但看一看險惡的灘頭，忽然又停止了，於是把船夫手裏的縴繩分些過來揹在背上。他們前後排列着，疎落地成一個長排，黑的線條很分明，好像紙上的八個側面剪影。他們一致地向前彎曲着身子，縴繩在他們的背上牽直，慢慢地移動着步子，從昏暗中望去，好像輪船碼頭上八根拴繫纜繩的鉄樁一樣，叫人想起「伏爾加船夫」影片上的船夫們了。

「偉大呀！眞偉大呀！」鍾先生讚嘆着

江風伴着江濤，在夜色朦朧中怒吼，哀號。船，從兩邊洪流的奔馳中，不曾移動似的移動着，終於翻過了第一個灘頭。

「力呀！這是力呀！」鍾先生一疊連聲地說，眼睛在昏黑中閃閃放光。

忽然間，歌聲又從岸上吼起了，是唱的「伏爾加船夫曲，」雄壯，嚴肅，音波凝結在江上，好像水面上凝結着的猪油。沙洲上的水鳥，憂然長嘯一聲，立刻從我們的船上飛過，接着又飛回來，繞幾個圈子，消失在黑暗中了，而我們的船也似乎走得更快了。

「力呀！……這是力呀！……偉大！……眞偉大！……」鍾先生用吟詩似的調子，斷斷續續地說着，聲音發抖。

我感動得說不出一句話，只好轉頭望一望船尾上燒飯的。

「謝，飯燒好沒有？」

「這就燒好了，到游龍準有吃的。」她響亮地回答一聲，轉過頭來，臉龐給火烤得紅紅的，映在熊熊的火焰前面，好像早晨初出來的燦爛的太陽。

把目光轉向岸上，那里有八個粗豪的黑影子。

一九三八年二月三日武昌

一支游擊隊的發生

柳　沐

當敵人在平漢線攻下了安陽，在長江一帶攻下了南京之後，他又猖狂地掉轉頭衝向晉冀察邊區——這一個抗日游擊根據地來。……一個壯烈的故事就在這時發生了：

一　惡耗

平漢線西，保定西北H縣A村，在一九三八一月七日的傍晚，接到了一封日本軍的來

「大日本皇軍來到爾支那國，救爾們剿匪，使爾等過太平日子，爾等理應前來慰勞，今在城內設立『花市』以供皇軍娛樂，爾村應出花姑娘十五個，限三日內交到，倘有年老醜陋者，村長處死！

並須即時塡就名冊，交來人帶回。又今晚有杉山小隊長帶領全隊共十二人到爾村住宿，應即先派十二個花姑娘妥爲招待。

此令

××村村長　大日本軍禁衛二師團井下聯隊長」

年老的張村長把這封信仔細讀了兩三遍，他的心裏一陣發抖，他要瘋了；但一看到那位獰惡的送信的漢奸，提着手槍早已等得不耐煩時，他又趕忙承應：

「是，是，照辦照辦！」

老村長連忙着人叫來一閭閭長，商量着開出了胡菊花，李春梅等十五個女孩子的名字。把名單交給那漢奸，又吩咐了閭長趕緊預備白米，猪肉，雞子……準備招待皇軍。這樣那漢奸才奸笑一下說：

「我現在就去領杉山小隊來，他們就在前村休息，半點鐘就會來的，趕快準備！」

於是才騎上馬跑去了。

二　定計、

惡耗迅速地傳遍了全村，人們一下全停住了正在掘土的鑁頭，正在捻棉線的手指，正在吃飯的嘴巴，正在刷鍋的條帚……在昏暗里他們驚慌而憤慨的爭議着。

……在從村公所回家的路上，老村長心里飛速地絞纏着。他喘不過氣，他要急死了！

他一面走，一面用顫抖的手指一次又一次捋地着他的雪白的鬍鬚，他想：「我活了這麼大，我不能壞這良心！但是，我沒有法子，我，我只有自盡！……」上吊，喝鴉片，剪子，碰死，——這在他腦子里飛轉着。……

在老村長的堂屋裏，擠滿了本村的年青人，也有老人和婦女。院子裏也佔滿了，大門也閉了，門裏還有兩個小夥子，每人拿一張鐵鍬站着崗。

在屋里，人們激烈地爭吵着。雖然是壓低了聲音，但壓不住各人心里的憤怒：

「村長，怎麼辦呢！」

「快說，這不是尋死的時候，我們要活！」

「爲什麼不把你的閨女桂花開上去？哼！害了我們，也非把你的桂花送給日本鬼子不可！」這是李春梅的弟弟李柱子。

「只有拚！……」這個黑小夥子氣得只說出半截：「還是只有拚！」原來他是胡菊花的哥哥胡金。

老村長兩手抱着頭坐在老竈爺面前椅子上，一句話也不說。

「不能遲了，說話吧。村長，這不是——」說時胡金指一指牆角的五位游擊隊員——一個軍裝，四位便服。「我們一聽信，就去叫來了這五位游擊隊同志。你說，你是怎麼辦吧！」

「隊長，」四個便服的隊員一齊向着軍裝的說，這四個隊員都是本村人當了游擊隊，只有隊長是一個南方人。

「你下命令，非捆這老傢伙不可！」

「不要急，最好是老先生能够自動起來幹！」這是隊長的話。

可是，隊員李銀秀再也忍不住了，跳上一步，把槍口對準老村長：

「村長，說吧，你是怎麼辦！」

當大家把李銀秀攔住時，突然，老村長直立起來；他的白鬍子隨着口唇在急迫地顫抖，半天伸出瘦癟的佈滿了縐紋的手來，迅速地一揮：

「父老兄弟們！你，你們不用逼我，幹吧！我拚上這條老命！」他噎住氣了，又停了一陣：「我年輕時候，還不是和你們一樣，不好惹的孩子？年紀一老，家裏有點財產，就怕事啦。如今，日本鬼不讓咱們過，反正是……幹吧！你們有姊妹，女兒，我還不是一樣有桂花麼？況且咱們都是親鄰呀！你們有良心，知道羞恥，我能沒有麼！事到今天，咱們只有拚命！拚命！」說到這裏，老人突然掀起他的羊皮袍子來，掖在腰里，掄一下拳頭，兩眼一滾，向大家掃視了一下，驟然，在他的眼珠里閃爍着古時的俠義者流的光輝。全屋裏的人都伸長頸項靜肅地注視着他。「弟兄們！不幹便罷，要幹就得幹個漂亮。現在，我已想出一條妙計：我們跟日本鬼硬打，是打不過的，就是打勝，他們逃走一個一報信，日本大隊一來，咱們全村一個也逃不掉，我們要用計，殺他個一個不留！鬼子不是要欺負我們女人們麼？我們就說女人怕兵，你們拿槍更不方便，她們害怕就不敢伺候日本大人了。日本鬼爲了行姦，一定答應不帶槍枝，這一計他們答應了，我們再說村公所地方小，請到各家去住宿。他們是不敢分散的，但我們說一家三個，他們就會願意，那麼，我們該怎麼辦呢？弟兄們！這時我們的報仇時候就到了！原來我們的女人都是『男扮女裝！』」

大家聽到這裏，一個個又驚又喜很快地七嘴八舌，大家和老村長挑好了李桂子，胡金等十二個有點女相的年輕漢子。

游擊小隊長吩咐了，他們五個人，三個分守三個寨門，村公所門口一個，十字街口一個。十二個扮女裝的每人一把手槍或短刀，十二個屋門後面都藏兩個人，每人拿一根鐵棒或斧頭。

……這樣，▲村人民全在暮色蒼茫中緊張而緘默地準備着那最後一刻。

三　宰了

一小時後。

在關帝廟的大殿裏，兩支高高地燃着的羊油臘燭下，站立着十二條黑影，旁邊還站着老村長和游擊隊長。

十二個年輕漢子，都變成大姑娘了，穿着紅紅綠綠的花褲子，背上還拖了大辮子。他們彼此互相瞅一瞅，不由各人的臉上泛起了羞澀的笑來；但霎時間一層陰雲又從他們的臉上拂過，侮辱與憤怒在他們心里結下了堅實的仇恨，他們一個個咬緊了牙齒，摸一摸藏在腰里的短刀。

老人抖動着白鬍子說道：

「弟兄們！我們，我們跪下吧，給給關爺爺磕頭，叫他保佑我們，死活就在這一趟！關爺爺保佑我們吧！保佑我們殺淨日本鬼子。……」

說着，他們都跪下了，虔誠地參差不齊地磕起頭來。

游擊隊長也不由的跟着他們跪下了。

他們每個要想哭出來，叫出來，但他們都沒有，都化成了仇恨，蘊在肚子裏，等待着最後的爆發。

磕罷頭他們，都嚴肅地站起來，游擊隊長揮一揮手槍說道。

「同志們！最後我再說幾句話：我要求每一個同志按照剛才的計劃去做，無論如何困難危險，都不許動搖，都要達到我們的目的！」

說罷，隊長和老村長都揮一揮手，各人無聲地走出去，十四條黑影消失在黑暗里。

…………

在村公所里，笨豬一樣的皇軍，厚厚的嘴唇上閃着剛才吃過的豬油的亮光，一個個都半醉了，發着酒瘋，顛狂地又罵，又打，又踢……閭長的頭上打了一個窟窿，流了滿面的血，兩個民夫，一個打斷了手指，一個拐了腿，皇軍自己也像牛一樣亂撞亂踢。……

獸慾燒着這些豬，他們發狂地鞭打閭長，又怪聲地喊叫：

「花姑娘！花姑娘！……」

老農和另外四個村民來了，當他說明了怎樣分別就宿之後，那些野猪就一個個像綿羊一樣各自解除武裝，馴順地三個跟一個引路的走出村公所，往各條街巷裏去了。

…………

當每摹日兵走進每家民宅時，它們看見了在院子裏有三個年青的姑娘，穿着紅紅綠綠的花襖褲，有的露着半邊臉，擦滿了白粉和胭脂，有的只看見背上拖着的大辮子。……這一看，每一個野猪被慾火燒瘋了，便怪叫一聲追了上去。

花姑娘都羞怯地紛紛逃散，日兵更加起勁地追向各個屋子。裡門裏是黑的，但更加了日兵的獸性，當每一個衝進屋內時，有的被綁住腳，一交跌倒了；有的被從側面攔腰摟住，門後藏的另一個人又上來掐住了咽喉；還時「花姑娘」變成了勇士，扭回頭來猛一刺，一把短刀完全埋進皇軍的心窩裡！

在這緊張的一刹那之後，很快地他們把消息傳了一遍：「十二個『皇軍』完全宰了！」這樣黑暗沉默的村莊，突然跳動起來了，全村的男女老少一齊執着火把，棍棒，……在一個大的動亂中爆發出各種聲響來，這聲響一直升上夜的天空。

四　捲入了游擊戰的漩渦

十字街口，被火把燒紅了，人影和燈影在牆上不斷地動搖。糞堆上站着游擊隊長，在火光下的臉盤更加紫亮了：

「同志們！我們得到了完全的勝利了！」老少男女的頭的波浪隨着歡笑來回動蕩了一大陣：「但是，很快的敵人一定要來報復，那時，我們全村人，連我們的房屋樹木都全被日本人打碎，現在只有一條活路：堅壁清野！全部加入游擊隊！」這句說得特別加重，又反覆了兩句，接着說「在今天一夜裡，我們要弄妥當，全村都走淨，井要填住！糧食要埋起來！牛馬傢俱……能帶的帶走，不能帶走的一火燒光！反正日賊是會來破壞的，不如我們先下手！總之，一點東西也不讓鬼子搶去用！我們大家到太行山裏，山裏壯年男子加入游擊隊，老幼婦女借住在各個山村裏，那裏都是我們自家人。等打走日本，我們再回老家來！」

——這些話像一塊巨石，投進了人的波濤里，當下震起了激越的浪花。

一對！燒了村莊，一齊走呀！」這些最起勁的年青夥子的呼聲。

可是有些老人在嘮叨反對，有些婦女怪聲的哭叫

……

不管怎樣吧，他們她們都緊張地動手準備出發了。

三小時以後。

村頭冒起了沖天的火煙，火蛇竄向天空舞着窈窕的臂膀，照見了村外的大道上和田野裏的雜亂的人羣。牛、馬、還有猪、羊、破箱、衣服、尿布、羊皮、鉄水壺、和雞子，也懸在騾子的屁股上；犂、耙、蓆子、鍬、鋤，都背在人們的肩上：

……

要離開世代居住的家鄉了，火花照明了人們的眼淚，但在這淚光里閃爍着的不是乞憐與懊悔，而是仇恨與希望。

婦人啜泣着，老人兒咀着，年青人興奮的呼喊着：

……這雜亂的大羣向西北方向太行山里出發了。

他們投入了廣大游擊戰的漩渦。

★　★　★

像這樣的故事，是在這裏、在那裏、在都市、在鄉村、在田野、在山林，不斷地爆發着。

無數的中國人民，一股股的投入了游擊戰的浪潮裏。在這中國人民的游擊戰的漩渦里，日本野猪將要昏迷，困乏，而粉碎，溺斃了！

現在晉冀察邊區的游擊隊，已打退了日本帝國主義的圍剿，肅清這一企圖，並且他們已打通了平漢線以東的深澤安國一共三十二縣而成立了「晉冀察邊區臨時政府」——一個各黨各派的委員制的民主政府，造成了一個北方的鞏固的抗日游擊區——抗日根據地。

我們企待着全國範圍內的游擊戰的匯流，把那日本野猪整個地溺斃！

一九三八、一、五日在山西。

一個縫工底歡喜

歐陽凡海

爲了縫一個信袋，我們去買了布，重新回到那小小的裁縫店裏。

兩扇薄薄的門的上部各鈕着一小塊玻璃。門內就放一張小桌子，桌上堆滿布片，一隻縫級機面對着門放在桌子橫端，和桌子成曲尺形。我們走進門內，如果不馬上靠着桌子站下，便只有側着身子從縫級機和桌子之間的空隙裏擠過去，站在那曲尺形的包圍裏面，背靠着牆壁。

牆壁下貼有一張工會裏規定的紅色的價目表。我們縫一個信袋價目是三毛；闌同志和金同志底大衣上要縫幾個鈕扣，所以加了一毛工錢，共四毛。

這縫鈕扣的工錢算不得貴，原來大衣的扣子很貴，每顆大約起馬得五六分錢，我們買不起，只好用銅元墊棉花進去，拿布蒙起來當鈕扣，裁縫要把那些個鈕扣先墊棉花蒙起來，才能縫上，費工夫是相當大的。

裁縫匠先給我們蒙好鈕扣，然後再把我們買來縫信袋的布量了一番。他大約三四十歲，他底尖鼻子已凍得半紅，紅尖上掛着半滴鼻涕，一副鏡面很小的眼鏡歪架在鼻樑上。那眼鏡底一隻脚是用線紮着的，另一隻脚則根本用線代替；這用線掛着的一邊好像很不穩固，從鼻樑上斜倒下來，好像西洋傳教士戴着鼻眼鏡似的。小小兩片眼鏡的玻璃都破了，好像只剩了上半片玻璃還可傳達視線，所以裁縫匠總要眼睛張得很高，從眼鏡的上緣望出來，才看得見東西似的；若是看地上的東西，他便不能將眼睛伏下來就成功，必須將頭低下，用腦袋朝着地面，睜開眼睛從眼鏡上緣倒望下去才行。所以他總是圓睜着兩隻眼睛，很吃力地朝上看，因此眼珠不斷地受冷氣侵襲，發紅了。但他底面却長而灰白，令人覺得他很吃力。他底兩隻細脚從那又厚又大的土羊毛的白棉鞋裏伸上來，支持着他那穿在弓背上的黑色棉大衣。他量了布的大小，便說：

「我說的是那種寬一點的布。」

「何如，我是說是那種布的。」金同志對我說，表示他剛才買布時有過同樣的意見。

「我也覺得是不够的，我剛才看了，所以主張多買半尺。」我也辯解道。

於是我們又用手去量了一番，終於自己安慰自己說：

「還可以，够的，够的，就小一點也剛好。」

裁縫忽然把尺子放在桌上，拖着他底厚棉鞋，一弓一弓到內面一間房子裏去了。一會兒，他再從裏面出來，張着兩眼，從眼鏡上緣睜着我們，走到桌邊，就拿起剪刀裁開布，用熨斗燙起信袋來了。隨後，裏面走出了一位中年女人。這位中年女人底活潑和快樂，恰和裁縫匠成了一個對比，她一出來，首先對裁縫匠做了一個鬼臉，我們都看見了，恰如戲台上的小醜作弄一個呆書生似的。然後她走到我們面前站下，只輕輕地說：

「衣服在那裏？」

同時裁縫匠仰起頭來從眼鏡的上緣對金同志睜了睜，金同志會意了，馬上對闌同志說：

「好吧我們把大衣脫下來讓她縫扣子上去。」

女人把大衣接過去，靠在那貼有價目表的牆下沿內面一點的坑上縫起扣子來了。裁縫匠也已經把信袋裝好，就拿到縫紉機上去合在機器上縫紉。縫紉機是朝外的，他坐在縫紉機前面，屁股就朝裏；那女人面對着裏面的坑，屁股就朝外，我恰巧站在他們兩個屁股之間的空隙裏的價目表底下。女人一面縫，一面快活地笑着和我們談起話來；我仰頭看見那價目表旁邊掛着一個元寶形的漂亮彩燈，燈上還寫有許多拉丁化的新文字，便好像發現了什麼似的心裏很覺得新奇，忍不住大聲問道：

「這是做什麼用的？」

「開會呀！」那女人快樂地說道。

「開什麼會？」金同志和關同志都不覺齊聲問道。

「晚會。」

「什麼晚會？工人的晚會麼？」我接着問道。

「展覽會的晚會。」

「什麼展覽會？」這很奇怪了，這裏還有什麼展覽會？而且要裁縫也去開什麼展覽會的晚會，而且爲什麼要用這麼漂亮的籠燈呢？我們正在不解地猜想着，要問個仔細的時候，那女人已笑瞇瞇從布片中找出一張油印的東西遞到我手上來了，我接過來一看，上面印着「延安工人製造品競賽展覽會晚會」這個題目，下面印着節目，其中最後一節是提燈會，我想了想，才明白他們底燈籠大約是拿去參加提燈會的，便大悟了似的說：

「哦……你們今晚去參加提燈會麼？」同時我把油印品遞給金同志和關同志。

「提燈會……是呀！」女人看出我了解她底意思，高興極了，用手勢來幫助她底口表示很大的歡喜，同時發出笑聲，那聲音引得裁縫匠從縫紉機上慢緩地向後掉過來，張起眼睛從那歪掛的破眼鏡上緣看着我們；呆看了好一會，他忽然開口說：

「同志！」

他底開口，使我又驚又喜，便赶快應着說：

「什麼？」

「今天的晚會，毛主席演講麼？」他很誠懇地對我睜着，期待我回答。

「我……我不知道，」我不知所措地好像應付一個意料之外的襲擊。

「毛主席……你也想看麼？」女人馬上接着我回答。裁縫先前聽了我底回答，好似有點失望，此刻聽了女人底話，面上立刻又浮出一層興奮的表情，好似不服氣，又好似要解釋，呆了一會才大聲說：

「我真想看他，我想念他。」

「你想念他……對自己底孩子你都沒有這麼關心呢。」

女人笑着說，諷刺他的樣子，又做了個鬼臉。裁縫匠不睬她，顧自己掉轉身去，又把縫紉機底輪盤踏轉起來了。

這時女人已把鈕扣縫好，交給金同志和關同志穿上，自己走到裏面房裏去了，臨走時又笑瞇瞇說：「來參加晚會呀！還有戲看的」。隨後裁縫匠手裏的信袋也已縫好了。他站起來，又走到桌邊，偏過頭來，眼睛朝門外瞬了一下。我跟着他底視線向門外一看，一個穿着不縫面子的羊皮衣的老百姓推門進來了。裁縫便丟開信袋，走到桌子靠內面的一端去，從一疊衣服裏找出一本封面好像進戲院的票子似的小冊子來交給那位老百姓。

「什麼？」我好奇地接過來一看，原來是一本選舉邊區政府官吏的選舉票，裏面列着十多個名字。

「對麼？」裁縫匠鄭重地睜着票子說：「我不認得字，你念給我聽一聽？」我就把票子內的名字念給他聽，他滿意地點了點頭說：

「不錯的。……我不會寫，托別人寫的，照你念來，是對的了。」他又滿意地點點頭，然後睜着眼睛目送那個老百姓把票子帶走了。

金同志待裁縫匠回過眼睛，便把信袋拿在手裏問道：

「縫好了麼？」從衣袋裏取了四毛錢出來。

「好了。……」裁縫匠有點高興的樣子說，用手正了正眼鏡。我們走出來的時候，剛才給我們縫過鈕扣的那女人同時也從裏面走出來了。我們走到門外，還聽見那女人底聲音：

「錢給你了麼？」

「嘿嘿。……」裁縫匠底聲音。

——一、五寫、八再抄校。

鳥視晉西北

李林

從大同到雁門關，列車急劇的行駛着。南下的，是一條毒蛇——槍炮子彈，瘋狂的侵略者。北上的，是一條血管——抽吸着中國人民的血汗：雁北諸縣的糧秣，口泉的煤——只這一項在往日每天有四十多噸的輸出，佔平綏路輸出額全數十分之六！

為什麼呢？

在這條路上，我們的軍隊不戰而退了！

在這一帶，左雲右玉朔縣等地成立了「維持會」：一些是向給敵人獻媚的漢奸，另一些是「苦心救世」的紳士，甚至於他們還得到了上司的允準。因為「城已不能守」「為了保護人民，赶快歡迎敵人！」這樣滑稽地作了漢奸，他自己還以為是愛護同胞呢。在敵人的鐵爪下，他們開始作馴順的奴才：催糧催稅，糧草，馬匹，武器，等等，催發起來，拱送給敵人，幫助了敵人的進攻。朔縣徵調了兩千名婦女供給敵人的淫慾，在各地，壯丁被抽調，供給敵人驅使，運輸，挖戰壕，做苦工；到前線上去向自己的同胞進攻，殺害自家弟兄！

✦

但反日的浪潮在更廣泛的開展着。

日寇炮火的轟炸，在日寇底「挑撥後蒙仇殺」政策之下的蒙古人的屠殺，在崞縣原平一帶，我們底村莊焚化了，人民死亡了，土地粉碎了！……

從侵略者殘酷的事實裏，人民迅速地覺醒，反抗起

初春偶筆

曹白

1.

忙了一整天，晚上躲在貝殼一般的房間裏，四面漆黑，失去了思想的自由，又疲憊，直白的說罷，我實在感到有點麻木了。

西方的專制會使人民變做冷嘲，東方的專制却把人民弄成麻木。將反抗寄之於「冷嘲」，我想，那還算是幸福的事。不幸的是麻木的專制，它將你的腦髓逐漸咬嚼，把你迫上滅亡的道路，這眞是十分可怕的。

2.

然而暴君不可怕，我以為。

秦始皇，他費盡心思要做萬代的皇帝，後來終於去求仙，仙未求得，二千個（？）童男童女終於一對一對的配合，做了日本人的頂高的祖宗，直到兩年前的壯丁訓練教官和鄉下人都異口同聲的笑罵營膊我們的日本人為「逃生子」，而且歷史教科書裏也隱然的說道：「咱中國是你們的祖宗哩！你們算什麼！」倒落得大家到都得了一個阿Q式的自誇的陶醉。這是悲哀的故事！這是可怕的！但我也並非是讚美「焚書坑儒」的秦始皇，而因此說他不可怕。我所說的是無論他怎樣的千方百計，終歸無效，到二世便祗好宣告完結了。

拿破崙的魄力可比秦始皇，為大，他不去求仙，却立在阿爾俾斯山巔，豪語曰：「我比山還高！」但他終於跌到山腳下，最後還被人囚禁在孤島上，連阿爾俾斯的影子也看不見，怪可憐的。

3.

奴才也不可怕，我以為。

因為他無論怎樣的反來覆去，引經據典，驕媚橫恣，但在人民的眼裏，「奴才」的這一點，是逃不脫的。此其一。其二，秦始皇的夢他是不做的了。不，不就是要做，炸彈滿空，火藥遍地，要費事費時得多了。如其出洋赴歐洲，爬到阿爾俾斯的山巔上，仿效拿破崙的姿勢呢，鼻子先就沒有這麼高，而根基也究竟太淺，那勢必至於非滾到山坑裏去不可，從此收場——豈不悲哉！他是不打這樣的算盤的。

至多，第三——我想大概，他一輩子只能串演一齣「粉墨登場」的好戲的了。然而他就掩不住人民的怨恨的呼叫的。

4.

要防的不是暴君，也不是奴才，是暴君與奴才之外的另一種人物，但我至今還沒有纏清楚他的名目。

總之，他一來認你朋友，二來和你計議，三來幫你警畫，四來終於同你一同迎戰了。老實的人是常相信他的同伴的。殊不知他突然向你攻擊，潑得你滿身是污穢。

你恨他嗎？你怨他嗎？但他却綻定眼白，聲色俱厲的罵你道：「你不配！你比敵人還可惡。」

什麼地方比敵人還可惡呢？說是你已經受了賄賂，同敵人打不過是裝裝「假正經」而已。

人的生命的可悲的浪費，往往在於自己們的愚蠢的互擊。暴君便趁此登基，奴才也有了做戲的機會了。

眞的老實的戰士，就應該準對着認你為朋友的那「朋友」的鼻梁，擲過你的投鎗去，而且要快。

一九三八，二，十二，於貝介廬

來，

廚子抽起通火爐的鉄火通，藏在門後，他的牙齒急迫地發抖，但他拚命地咬緊了牙根，當顚狂橫行的倭寇踏進門檻時：一個，兩個，三個！他們底頭被擊碎了！他們底臂膀被打斷了！

在南槐花村，一位懦弱的農婦，她眼看着丈夫被杖殺了，兒子被摔死了，憤怒燒紅了她的眼睛，她坐在炕上，當日本軍官向她伸出侮辱的手爪時，她從屁股底下抽出一把剪刀來，戳入敵人的咽喉！

反抗的火花在遍地爆發着。

從崞縣，寧武，雁門關，岱岳，懷仁……八路軍率領着覺醒的人民，炸壞了鉄路，斷絕了交通，不斷地打擊着敵人，凶惡的帝國主義像一隻蒼蠅被無數螞蟻襲擊拖曳着，弄得昏頭昏腦，失去知覺，終於要被俘虜的。

一天天，覺醒的人民是更加廣泛地洶湧起來了。一千，兩千，三千，自衛軍在各縣召集起來了，組織起來了英勇的份子。

游擊隊，原來他們是「聽天由命吧，」「日本來了也不過當老百姓」這樣馴順的農民，但帝國主義的炮火把他們震醒了，他們怒吼着：「反正是不能過，拚吧！」馬上丟了鋤頭，提起槍桿來，變成了勇敢的戰士。在昨天，他聽見槍聲還嚇的說不出話來，只會坐在炕上吃莜麵窩窩，今天走上民族革命的戰場來，他們開始來參加血鬥，第一次阻止了敵人前進，第二次奪獲了三支步槍，第三次截住五輛汽車……人民相信了自己的力量。

農民們離開了自己的熱炕，妻子和牛馬：揹起長矛，梭標，土炮，快槍來……。

「哥老會」的羣衆宣誓了：「從今天起，咱們共同抗日；再不叫什麼『大哥，』大家都稱呼『同志！』再不分長輩晚輩，大家一律平等！」在抗日這光榮的旗幟之下：從來在暗中摸索的團體，開始榮膺了民族的戰士。各處他們英勇地鬥爭起來，在朔縣，數十人喬裝進城，被敵人發現，作了壯烈的犧牲。

「抗日」各色各樣的人們向這個方向瞄準了槍口。

★

有些野心家，也用舊日的威力，抓取來大批羣衆，但只依靠嚴厲的命令，對於今日的嘍囉已失去了效用，崩裂，解體，野心家也就手足無措了……。

★

「民族革命戰爭戰地總動員委員會，」在許多縣份，它成爲一個雛形的各黨各派的民主政權：「公道團代表，」「犧盟會代表，」縣長，雖然還有「士紳，」但駐軍代表（××師，騎兵第×軍，八路軍……）也同樣的參加了。

通過「動委會，」「合理負担」實行了：百分之三十以上的人民有兩千元以上財產者分作三等九級，按「累進法」攤派「抗戰軍人家屬優待辦法」開始實行。「苛捐雜稅」逐漸廢除，減租減息正在醞釀着……。糾紛也在這裏產生了：村長把自己的親友，本來是頭等富戶降到七級八級，孤門小戶被派成頭等；「優待軍人」「個別救濟」沒有認眞實行，窮苦農民和抗日軍人也挺起胸脯來到「動委會」夫和縣長講理了……。

地主張三爺一面抽水烟袋，一面縐着眉頭，慢吞吞地說：「唉唉！世界變了！『取消苛捐雜稅，』你說對嗎？不對！譬如隔壁王三，他每天殺一隻羊，要賺塊把錢，十天就十來塊；從前一隻羊出四毛捐頭稅，十天就出四塊，還還好些，如今什麼也不出了，豈不是淸賺十塊了麼！可是國家就能不要這四塊錢了麼？不用說，不能，並且現在抗日要出更多的錢，這一下那四塊錢又得攤成『合理負担』又給咱擱上了！」說到這裡，三爺十分憂愁地拍一拍心口：「『合理負担，』哼，合理麼？叫我說就不合理，反正是：『有錢的窮啦，有勢哩鬆（Sung）啦……』這年頭……」

豪紳們開始咬着耳根嘰嘰起來，他們機靈地擠到「動委會」裏，擠到……權力機關裏。明明暗暗直接間接地拖累分裂着發動民衆參加抗戰的工作，但是農民們從自衛隊裏，從鄉村裡，一羣羣的擠到大隊部縣動委會的門前，他們伸出手來，高聲地吵嚷着：「合理合理！」「我們要求公平！」……這樣磨擦的聲音一天天的響起了。

幾千年的黑暗沉澱下的硬結，錮閉着。然而，反日的火力更湧泉般不斷地從地底向上噴發……

特載・譯文

最近的革命文學問題

美國 William Phillips / Phillip Rahv 作

去年（一九三三——三四），美國革命文學底成長是加速了。勞動鬥爭底成熟和共產主義影響底繼續增大，會給這種文學一種策勵，而且還造成一種接受的空氣。有如早先所期望的一樣，小說——這在今日是主要的文學形式——曾佔着領導的地位。坎特韋爾(Cantwell)，洛林斯(Rollins)，康洛伊(Conroy)和阿穆斯特朗(Armstrong)駕駛着小說進入普羅的鬥爭範圍，在戲劇方面，大地上的和平（Peace on Earth)，碼頭伕(Stovedore)和他們決不死（They Shall Not Die）表示出了比肩的進步。若干小革命刊物底出現，連同着新羣衆(New Masses)底顯然的成功，曾給簡短的寫作形式開闢一個流注的處所。希克斯(Granville Hicks)底偉大的傳統（Tee Great Tradition）推動了我們對美國文學史作一番重新的估價。

這種新文學底聯結不僅是由於它底主題，而且還由於它底視景。對於它，即使偶然一讀，也可使你確信這是一種新的觀察人生的方式——具有文學形式的革命感性底骨肉。普羅作家，在與聽衆底意態和願望底相共中，獲得了創作的信心和本階層之內的和諧的職能，這使他感覺到前此二十年中所全然不曉的責任和紀律。缺乏了這種與讀者的聯合，作者便終不免懷疑整個文學底意義，墜入與宇宙相安的涅槃中，比如二十年代的耽美者，以及那些在今日拚命繼承其傳統的人們便是如此。的確，主要地也還是讀者與作者間的這種親密的關係，它才能給革命文學提供一種其他階層底作者所久未獲得的煽動性和目的性。

可是，雖然革命文學底視野是統一的，它也還包含若干種傾向，包含着矛盾的目的和假定。的確，這會使人覺得奇怪，假如不是社會矛盾在革命文學之內也在發生着作用，雖然在反布爾喬亞文學的鬥爭上它已經被規定得最明顯。革命作家底不同的背景及其到達卡爾主義所經由的互異的路途，給這種內部的鬥爭安排下了一個輪廓。而且，因為寫作底形式和方法並不像和緩的天雨樣地墜落，而是在發展中的社會關係所決定的創作實踐中徐徐演進的，所以在見解上發生了淩厲的差異，那也是很自然的。對於一個卡爾主義者，這樣的差異不是個人的和形式的，而是切實地反映出了階層衝突底過重。因而，革命文學底發展並不是單綫的，而是經由一系列矛盾，經由相反的諸傾向底鬥爭而展開的一個過程；而批評(註)底任務也就在於幫助作家解決這些矛盾。假如批評不能履行這種任務，那麼革命文學底進步就會受阻滯，而某些作家甚至會被軼出他們底革命路軌之外。

（註）所謂「批評」，並非單指那一樁形式的分析，本文通篇凡談及「批評家」和「批評」的處所，大都包含着全部革命文學底組織的及編輯的領導、作家對自身和對他人的批評態度以及形式的分析。

就這樣說來，本國的卡爾派的批評並未正視這個問題，而且也不曾指出那些互異的傾向。這樣的一種幻想竟能夠得到蔓延：革命的作家組成了一個幸福的家庭，他們在不妥協的反資本主義鬥爭中聯合起來了。所以，很顯著地，由此產生了一種經驗主義的空氣，作家在其中不經過意識的選擇而順手攫取就近的方法，顧不到應付創作方法所必需的卡爾派的武裝底保障。間或有些批評文字在引導作家和讀者上也能有所幫助，但一般說來並不曾努力把這樣的理論工作作為我們底討論底中心。

而且在作家尋取寫實主義的革命的主題中，批評家也並未給以充分的指導。許多少壯作家宣稱他們贊成共產主義，而且還加入了約翰・李德俱樂部（John Reed Clubs），但除了少數的例他，外們還未能充分了解這種表白在實踐中的意義。目前真正革命的短篇小說底寥落證明了什麼呢？多數的作家不曾把握到這樣的事實：工人底鬥爭不是根據於構造力或一度的遊覽所能寫作的。布爾色維克底側影正出現於美國，英勇的社會鬥爭正在發展，新的人類的典型和關係正在綻發於黨內及其週圍；所以，革命的小說不是把抽象的共產主義的意識形態學應用於舊的熟悉的環境上便可以產生的。這種新資料底同化需要直接的參加以替換外在的觀察；而批評家底任務是指出旁觀態度中的內在的危險。批評家是文學運動底意識形態學者，而任何意識形態學者，伊里奇指出過「祇有在他邁進於自發運動之前，指示正確道路的時候，在他能够先於其他一切人解決那運動底『物質要素』所自然遭遇的一切理論問題，政治問題及策略問題的時候，才配得上這個名稱。批評它(那運動)指出它底危險和缺陷以及期望把自發性提昇爲意識性這些都是必要的。」（與經濟主義擁護者的談話——(A Conversationwith Defenders of Economism)。

最惹人注意而且在少壯革命文學中最自然的一種傾向，是通常所說的「左傾主義」。雖然在文學理論中它很少被說明過，可是它底成見和僭妄已經很普遍，因而它底突出的迹象是不難被認識的。它底把文學隔夜浸染在共產主義政治綱領中的熱情，結果是企圖藉着一條標語化的和無生命的寫作底火線逼使讀者發生回應。由於把政治視爲束縛在拙劣的文學形式上，「左傾主義」抽乾了文學底特殊的性能。對於工人底實際經驗既然不熟悉，無論是在批評方面或創作方面「左傾主義」便祇好躲藏在一種口頭革命主義的煙幕之後。它在經濟基礎和意識形態之間認定了一條直接的路線，這樣它便曲解了而且庸俗化了人類的本性，行爲底動機及其在思想和情感中的表現底複雜性。在理論上，「左傾主義者」對卡爾派文化繼續性底論旨表示依附；但在實踐上，他却對利用遺產的一切努力加以打擊，而以此表示其對於這種論旨的恥笑。在批評上，「左傾主義者」一方面用狂熱，另方面用咒駡，來代替分析；我們不難看到，卡爾主義，在這些批評家中的某些人看來，並不是一種科學，而祇是一種感情(Sentiment)。這種傾向流行得很，甚而至於我們底較重要的作品中的若干種也不免含有「左傾主義」底成分（關於「左傾主義」如何微妙地對各種革命作品發生影響的分析，顯然不是本文範圍內的事。）在溫莎季刊(Windsor Quarterly)（一九三四年春）中發表的論目前美國革命文學(Revolutionary Literature in the United States Today)的長文是詩和小說中的「左傾主義」底一個批評的補充。它不能把文學看作一種過程，因而竟至於很可笑地把美國文學底「成年」和一九三〇年三月六日的失業者示威看作同一事體，雖然它由純文學的觀點穿織到純政治的觀點，從未能把二者聯合起來，可是它底通篇的着力處却是圖式的地政治的。

「左傾主義」並不是一種偶然的實踐，而且它也不能僅祇被認爲是一種少壯的衝動。它底文學的「譜系」是由於把卡爾主義理解作機械唯物主義而派生出來的。在哲學上，機械唯物主義斷取一種全部上層構造被決定於經濟基礎的直接定命論，不理會意識及環境間的辯證的往復作用，及上層構造諸部分間相互的及其對於經濟因素的影響。機械唯物主義底文學的副本忠實地反映出這種卡爾主義底庸俗化。但它底影響甚至還打得更深，它由於在藝術和信仰間創造出一種二元主義而萎縮了作者底能力，因而使他在片段的，限定的表現之外不能有什麼成就。

在另一極端，我們看到了一種右翼的傾向，它在普羅運動底想象的再造上是同樣地不能成功的。右翼作家通常是很能生產的，但他底作品和自由主義的布爾喬亞作家底並差不了多少。他底接受革命哲學是半推半就的，雖然他也時而拿它來利用。他底態度和實踐底本源是政治的騎牆，對卡爾主義不關切，和對普羅缺乏信心。

自然，我們知道，許多同路人在他們走向革命當中都不免要踏上這條道路的。也不是說，在他們步伐遲緩的時候，卡爾主義者就應該給他們一頓打駡，但消極也同樣是不對的。我們必須常常地記憶，同路人是追隨而並不是領導這種文學運動，而我們底批評家不僅是必須要把這一點弄清楚，而且還應該給他們具體的指導以便於幫助他們趕快解決他們底問題。無疑的，許多同路人對批評家，尤其是卡爾主義的批評家，不懷好感；而革命的編者和批評家中間有些人，在他們努力打動適當的音鍵的時候，不幸，常常像是不能辨別外交和分析，換句話說，不能辨別那些是領導的和那些是在後面追隨的——這並不是說，外交在文學批評中沒有地位，而是說，一般地說來，它應該被安放在它應有的地位上面。

可不要以爲，在左右對消之後，那些不向左右兩方搖擺的人便解決了他們底革命寫作問題了。還有一大羣埋首於簡便形式的各式各樣的人們呢，他們浮飄在偶然底潮流上，對於他們底問題並無任何清晰的意識。他們底實踐底含義是，爲了革命文學，這種形式和那種形式都同樣是好的，而且，一般地說來，舊形式是可以整個兒地拿過來的。爲了一切實踐的目的，他們和其他諸派一樣不能表示出多大的勇敢去進而接受普羅鬥爭所不斷噴發出來的廣大的藝術素材。

在這篇文章中，我們底問題有幾種已經被隱然地觸到了。大體說來，它們不外乎：（一）作家在他底讀者裏面的關於階層的覺知底程度，（二）想像的地同化政治內容的方法，（三）已往的文學裏的異階級的和可用的諸要素底分辨，（四）文學裏的卡爾主義的標準底發展。

有不少普羅作家曾經和這些問題搏鬥過。希克斯在他新近發表於新羣衆的一系列的革命和小說（Revolution and the Novel）的文章中曾經就小說方面探討過這些問題。可是，雖然希克斯幫助釐清了我們底研究，但他類分不重要的細目的方法以及他對於批評的題材的選擇却遠離了作者應付這些問題的方式。作者並不先天地決定他將寫一個劇情的小說，抑或寫一個複雜的小說；他底選擇係被決定於若干心理的和主題的因素。一般地說來，關於小說中較明顯的諸要素，希克斯曾給我們一種階層的分析；但關於方法對主題和形式的關係，却不曾先從日益擴大的讀者和新的標準底詞語上建立基本的卡爾派的各種綜括的論斷。

布魯克斯（Obed Brooks）也是從事於這些問題的某幾方面的一個批評家。哥爾得（Mickael Gold）和佛里門（Joseph Freeman）是美國卡爾派批評底最早的前驅者，他們底工作大都是屬於反布爾喬亞文學意識形態的直接的，一般的搏鬥。他們勇敢地在美國文學中給普羅作者爭取到一個地位。庫尼茲（Joshna Kunitz）給美國帶來了若干蘇維埃作者底經驗。我們底詩人中有些已經在尋取足以表現與社會——經濟意義底情感相等的詩的形式和主題。但是，祇有在小說（我們底文學中最成功的一種）方面，曾已發出了某種遠及的努力，趨向於這些問題底解決。

這些問題不是命令或信條所能夠解決的。解決是要在文學理論和文學實踐不斷相互影響的過程中一步一步地進行的。不過，在本文中，我們願意指明幾種到達的方法。

革命寫作的兩種主要類型（較知識的和較通俗的）底確實存在，表明在我們底讀者中間有一種以背景和階層構成爲說素的劃分。沒受過文學教育的工人覺得威斯特（Don West）底詩勝過費林（Kenneth Fearing）底，而知識分子底選擇却相反。普羅作家應該明白他是在藉着他底媒介在這整個運動底前衛中盡他底職能的。既然是這樣，那麼他底任務就在於造出一種情感和一套形象，聯結他底全讀者底感應和經驗，這既然不能隔夜做到，那麼他底新事物底創製就應該不斷地用他底主要的讀者（工人階層）底感應來加以檢驗，即令他同時在努力於大衆文化水準底提高。

創作方法問題根本上是一個政治內容底基於想像的同化問題。我們相信感情是同化底媒介：政治內容不應該和其他的經驗相隔離，而應該混溶於完全人格底創造以及在物質的和肉體的切近裏獲得的人類關係底知覺中。社會鬥爭應作爲一個前提，不應作爲一種發見。「左傾主義者」不這樣做，其理由是，這樣的一種方法沖淡了他所注目的政治底直接性；但實際上，他打破了他底目的，因爲他把行爲和存在在政治的抽象中解消了。在卡爾主義者看來，布爾喬亞的普遍性底稱道是一個空洞的概念；藝術中那些被稱爲普遍的的成分不過是至今還被反復發現的一些東西。革命主義者底問題不在於尋取普遍的事物，而在於尋取可用的事物，因爲他底任務是要造出一種綜合，而不僅是一種新事物底創製。自然，歸根結柢，可用的事物底問題所包含的是，第一，保留人類底文化的成就作爲一種具有各種價值的背景，第二，選取各個布爾喬亞作家底特殊的貢獻。

除非我們銳敏地感覺到整個的文學本體，那麼就不能夠有品評底標準。革命作家成功底衡量不僅在於他對於普羅材料的敏感，而且還在於他在真實底體驗中創造新界標的能力；這就是說他底成功不能由於切近的煽動的意義來測定，而是由於他在全體社會動力中對於社會動力的再造。假如用之於主題，性格及事變底選擇，這便成爲特有的文學批評。這裏，對於許多作家所易於忘掉的，我們必須加以鄭重的聲述：文學是浸染於感覺經驗中的一種媒介，它不遷就實際鬥爭底社會——政治內容所最易採取的概念形式。所以，這種內容底向物質生活底諸形象底轉化，決定——就美學的意義而言——作家底成就底大小。

（何　封譯）

並不是節外生枝

東平

風兄，

七月收到了，謝謝。那上面有周行給我的一封信，我非常感謝他指正我的愷切的友誼的好意，尤其當他遇到這個重要問題的時候不肯輕輕放過，能够參與這個問題的討論，是更加令我敬重的。她的意見原則上都很對，他最少是一個嚴正的工作者的態度，不像我的態度的偏重一面或流于狹隘。我現在還想提出一點意見，恐怕話一嚕蘇，枉費了七月寶貴的篇幅，因此我只好簡單地寫在下面。——當然這封信是希望你能够把它發表的。

1. 關於作家和生活的問題

我前次在答羅果夫的信中所說的話實在帶了點危險。性問題是存在的，但當我一要求作家們在抗戰中拿出比目前更多更好的作品來的時候，當我要求作家們不要在無謂的有名無實的會議上鬼混，避免一些無謂的應酬，嚴肅起自己的生活，拿出比目前更多更好的作品來的時候，我不能避免的過失就確立了：我離開了生活，離開了抗戰，甚至還企圖過寺院式的亭子間生活。對於沒有生活就沒有作品的問題，人們舉出來的例子總是這樣說：高爾基如果沒有在俄羅斯的底層里混過，高爾基就不會寫出那樣的作品，今日的蘇聯，不，今日的世界也就沒有那樣的一個高爾基。但有一個更重要的問題人們沒有提出：俄羅斯當時有多少碼頭工人，多少船上伙伴，多少流浪子，為什麼在這之中只出了一個高爾基？高爾基有沒有天才我們不能肯定，但高爾基能够用自己的藝術的腦子非常辯証法地去認識，去溶化，去感動，并且把自己整個的生命都投入這個偉大的感動中是鐵一樣的事實。這就要看自己的主觀條件來決定了。在這里，我很高興舉出一個例子：就一塊磁石說吧，磁石在主觀上決定自己是磁石之後，它就能够吸收了。不然；對於一塊石頭，鋼鐵也要失去存在的價值！中國的作家直到今日還說自己沒有認識生活，沒有和生活發生關係，我覺得這將不免是一種嘻皮笑臉的態度。其實中國的作家（尤其是年青的）早就和生活緊緊配合着了，問題是缺少許多像磁石一般能够辯證法地去吸收的腦子。磁石和鋼鐵并兩種對立條件的存在，人們要說我是觀念論者也不可能！

那麼，這些腦子是從那里得來的呢？是不是一個人生下來就有這樣的腦子呢？當然不是的，作家們如果不隨便放棄自己的責任，不隨便拋掉手上運用已久的優越的武器，不整天在街頭亂逛而自歎一無所成，不把自己當為一個毫不相干的無靈魂無感覺的人而鑽進人堆里去，不為了在交際場上喝幾杯酒就醉暈暈的迷亂了心緒，連筆也動不起來，……那麼，偉大的作品就不難産生了，卽使在最艱亙的環境里面，我相信用同樣的筆墨，同樣的紙張，也可以寫出不同樣的比較傑出的作品來。

總之，作家的生活問題固然重要，作家對於自己的事業的把握也同樣重要。在抗戰中成為一個好作家，是不會變成中國人以外的另一人的，是不是「作為一個中國人而存在」的問題在這里也只好不能成立。

2. 關於老作家的問題

我很佩服周行的視點，我覺得話並非那樣說不可的。但我個人却發覺了一個嚴重的現象，中國的作家除了極少數的先驅者之外，多數的老作家都在腐化中，而青年作家又苦于素養不足，不免幼稚，這個現象像一重不易散去的濃霧永遠在我們的文壇上留停着，我的意見是要求成熟的老作家不要腐化，幼稚的青年作家加緊苦鬥而已。

3. 關於偉大作品的問題

這里最容易舉出的例子當然是「革命與的俄羅斯是沒有偉大作品產生的」那回事，我回想起我在安吉里的朋友并不是弄文學的，他對我們不同行的文學朋友多少還帶了點客氣，不敢嚴正的加以指摘，我是弄文學的，我有自己說話的本分。我覺得在激勵作家努力產生好作品的今日儘可以不必舉出那熟了又熟的革命期的俄羅斯的例子。當然這不會有害的，作家們不會一看到這個例子就恍然大悟，覺得自己的文學才能等中國抗戰成功後十五年甚至再遠的日子才把它發揮一下還不算遲，不會的，這種守株待兎的態度是絕然地不會有的。但這無害的東西却不一定有益——中國在十多來年的苦鬥中培養出來的文學青年哪里去了呢？這些活躍已久的文學青年能够逃避自己的責任麼？能够說沒有好作品產生是必然的麼？應該的麼？革命期的俄羅斯也是那樣的麼？

當然，目前已經展開了的文藝作品在質量和形式上都已經很可觀了。但我們不能自滿。臨末我得聲明，我上面所說的話和前次答羅果夫的信是有着互相表里的作用的，并不是節外生枝地多說了幾句，希望周行兄留意。順致

抗日的敬禮

東平 上 二月十六日

大時代文庫（1）

飛將軍

洪深執筆（獨幕劇）

上海劇界救亡協會戰時移動演劇第二隊集體創作

「飛將軍」的主題是暴露抗戰中的頹廢的傾向，指出這傾向的錯誤，因爲在這一次抗戰中，我們在思想上和敵人決勝敗的第一個條件是抗戰爭勝利的堅決的信心，第二個條件就是發展我們的自我批判精神。我們要有不怕暴露弱點，不怕正視黑暗的勇氣，只有從暴露中取得教訓，從批判中改正錯誤，我們才會有光明的前途，勝利的保障。這劇本在漢粵公演，獲得一致的好評，證明確是時代需要的。

每册二角五分

活躍的膚施

大時代文庫（4）

任天馬著・（隨筆）

實價三角

這是一部描寫中國西北特區中心膚施（延安）的隨筆集。作者曾於某一時期親自到特區去參觀，親身參加各種集會，訪問各種新組織和共產黨的領袖們。以文藝的筆調寫各方面的動態，輕鬆暢達，引人入勝。不僅是一部新的遊記，且可以使讀者明瞭特區的眞實情形。比史諸氏所述的更詳細，也更親切。現在有很多很多的靑年們想到陝北去，這部書是値得推薦的。本書完全係文藝作品，與編纂湊集成的這一類書完全不一樣。

高粱紅了

安娥著 大時代文庫（3）（詩劇）

安娥女士是今日國內僅有的作曲家。她所作漁光曲等名歌，已經是家弦戶誦的了。本書是她最近所寫的詩劇，只要看到這個書名，就可以明瞭本書的內容是以抗戰爲題材的雄偉的吼聲。如果把它配上歌譜，就成爲很好的名曲了。

實價二角 書已出版

八百壯士 大時代文庫2，（三幕劇）崔嵬・王震之著・實價三角

最後的勝利 大時代文庫，（獨幕劇）田漢著・現在排印中

新雁門關 大時代文庫・3，新歌劇 田漢著・現在排印中

梁紅玉 大時代文庫・，抗戰新歌劇 歐陽予倩著・現在排印中

大時代文庫第一輯十種・已出四種・三種在排印中

上海雜誌公司刊行

漢口交通路第六十二號

支店・上海・廣州・梧州・宜昌・重慶

上海雜誌公司總經售

總店漢口交通路六十二號·

支店：上海　廣州　梧州　宜昌　重慶

分店：武昌　長沙　成都　西安　昆明

進步的·實踐的戰地文藝半月刊

戰地

丁玲·舒羣主編

·零售每冊實價一角二分·

創刊號三月二十日出版

時事類編

中山文化教育館主編

本刊每半月出版一回。內容：（一）解釋政府戰時各種政策之意義與國民應盡的責任；（二）揭露敵人的陰謀與弱點；（三）介紹各地農村服務團及其他團體戰時工作的經驗；（四）分析各地抗戰的實狀；（五）研究各國戰時政策之內容及其實施的步驟；（六）戰鬪前綫將士抗戰及民衆自發後援運動等。

零售每冊　本埠八分　外埠一角

婦女前哨

子岡·宋元主編

本刊爲喚起全國婦女救亡運動，切實指導婦女界從事抗敵工作，達成全國總動員，增厚全面抗戰的力量，爭取抗戰的最後勝利而實現民族解放，每半月發刊一回，提供婦女界以戰時需要的不可缺少的最好內文化食糧。內容是期卽豐富的，文字是篇篇精采的，尤其都是切合生活實踐的，而不是空理論。

零售·每冊五分

抗戰漫畫

葉淺予主編

全國漫畫作家集體制作

本刊的執筆者包括全國各地二百餘漫畫作家，內容精采，有眞實性，取材豐富，有新聞性。

在這全面抗戰時期的漫畫，它的使命是非常重大的：它常常向酷暴的敵人作襲擊，貪官漢奸作痛伐；告訴同胞們世界的現狀，抗戰的現勢，喚起民衆民族意識的覺醒，激勵民衆抗戰情緒的高漲，增厚全面抗戰的力量。所以在抗戰中，它竟是文化界最有力量的一環。

▽零售實價一角二分△

中國的空軍

十日出版一回

零售每冊五分

本刊是要全國民衆明瞭中國空軍的情形，也要全國空軍明瞭他們在抗戰中所負的任務和責任之重大。我們要使「中國的空軍」來發揚我們的空軍。

航空大衆化　大衆航空化

文藝月刊

中國文藝社主編

這是對日抗戰中，最適合抗戰需要的戰時文藝特刊。所提供的作品，無一篇甚至無一字不是適合戰時大衆要讀要看的東西。如對日抗戰最需要的游擊戰術之研究和討論，戰時政治工作，戰時政治機構，戰時教育，戰時生活，戰時詩歌，劇本，報告通信：：等：無不擷取精華，一一提供於讀者。

零售每冊實價七分

本期零售·每冊實價一角二分·

・目錄・

本刊已呈請主管機關登記中

七月 第十一期

廿七年三月十六日出版

編輯兼發行 七月社 漢口交通路六十二號

編輯人 胡風

發行人 張鴻飛

發行所：漢口交通路 上海雜誌公司總店 六十二號

經售處：上海雜誌公司支店 梧州・武昌・廣州・長沙・宜昌・西安・成都・昆明・重慶・

印刷者 新昌印書館 漢口小董家巷 電話二一〇四五

本期零售每冊一角二分

訂價 三個月……五角五分 六個月……乙圓

每月一日十六日出版

向文藝界抗日統一戰線的目標前進

『用筆來發動民衆捍衛祖國』

陳紹禹(王明)

中華全國文藝界抗敵協會在三月二十七日開正式成立大會,這是我國文藝界和抗戰事業中的一件大事!

在「發起旨趣」里發起人代表着全國文藝界同人明確地說明了中華全國文藝界抗敵協會之所以要成立的旨趣。這旨趣就是:「我們應該把分散的各個戰友的力量團結起來,像前線將士用他們的槍一樣,用我們的筆來發動民衆,捍衛祖國,粉碎寇敵,爭取勝利;民族的命運,也就是文藝的命運,使我們的文藝戰士能發揮最大的力量,把中華民族文藝偉大的光芒,照澈于全世界,照澈于全人類!」

我以爲這個發起旨趣里所說的「用我們的筆來發動民衆,捍衛祖國,粉碎寇敵,爭取勝利」……等這段話,對于我們文藝界同人今天奮鬥的主要目標,有特殊的意義!

「筆」是文藝界同人的唯一武器,文藝界同人應該善于應用自己這個唯一武器來對國家,對民族,對時代,對人類有所貢獻,這本來是顯而易見和確定不移的眞理;不過,現在當中華民族大變難的關頭,的確有許多文藝界朋友——特別是青年文藝界朋友,有時願意拋掉自己這個原有武器——筆,而另外去找尋武器和找尋工作。對這個問題,我們文藝界朋友們應當有個淸楚的了解。我想:任何人今天絕不反對文藝界同人去作「投筆從戎」的事業,上前線殺敵,上陣地服務,在後方進行宣傳組織民衆的工作,在政府機關和軍事組織里担任有關于抗戰的職務,這不僅都是文藝界同人可以做的事情,而且都是應當做的事情。而問題的中心是:不管文藝界朋友今天担任那一部門抗戰救亡的工作,是否應該放棄他們原來的唯一的最純熟最鋒利的武器——筆?換句話說:是否應該放棄他們的文藝創作事業?我以爲,這是絕不應該的。我以爲,文藝界朋友們參加直接文藝工作以外的其他部門的抗敵救亡工作,應該不僅是爲的「盡國民一份子」的天職,而且應當同時把他們所參加的工作,當作搜集文藝材料,充實文藝思潮,鍛鍊文藝修養和創造現實文藝作品的對象和機會。

文藝是時代的前驅,文藝是時代的反映,文藝是時代未來的希望。

我們中華民族正處在抗敵救亡的大時代!文藝界對于這個當前大時代的責任,就是用他們的「生花之筆」,毫髮畢現地暴露出敵人兇殘的怪相和獸行,揣摩盡致地反映出我民族的無窮悲憤和奮鬥信心,燃燒起數百萬將士奮勇殺敵的熱情和雄心,掀動起四萬萬同胞合力救國的怒潮和公意;一支委婉悲憤情景逼眞的「松花江上」的歌曲,激流了多少千萬同胞的同情眼淚;一支英勇奮發慷慨激昂的「義勇軍進行曲」的歌聲,激勵了多少千萬軍民殺敵熱情;如果我們文藝界能够在苦鬥中創作些作這個時代前趨的作品,親切地反映出這個大時代中華民族的悲歡離合犧牲奮鬥的情景和情緒,明確地象徵出中華民族艱苦奮鬥中的未來光明,這將是對于「動員民衆捍衛祖國」的一種莫可比擬的大力,這將是對于「粉碎寇敵,爭取勝利」的一支望之不見但勢莫能禦的大軍。

我們的抗敵救亡的大時代,不過是中華民族奮鬥史上的一段短短的歷程,如果我們能有反映這個大時代的各種文藝作品出世,則我們這一時代的悲壯犧牲和艱辛建國的事業,歷千秋萬世仍能以栩栩若生和娓娓動人的實情實景的記載去教育和激勵我們的後輩子孫。

我們以約佔人類四分之一人口的民族,對于世界人類的文藝,應該有最大的貢獻,可是,我們應當承認我們民族在這方面過去貢獻的太不够;現在我們中華民族不僅處在一個空前的大災難時代,而且同時處在一個空前的大覺醒時代;不僅處在一個空前的被侮辱被蹂躪的悲慘時代而且處在一個空前的大奮鬥大搏戰的復興時代；非常的時代，應該而且能够產生非常的文藝；空前的情景，應該而且能够創造空前的作品；我們文藝同人在今天的確應該担負起補償我們過去對世界文藝對人類文化方面貢獻不够的缺點，應該眞正能達到「把中華民族文藝偉大的光芒，照澈于全世界，照澈于全人類」的偉大的誓願。

為着用筆「發動民衆捍衞祖國，」爲着使中華民族子子孫孫永世不忘我們所處的這一偉大動亂轉變的時代，爲着使中華民族的文藝能爲全世界全人類盡其應盡的努力，我熱烈地希望我們文藝界同人抗敵不忘文藝，文藝爲着抗敵工作不忘創作，工作爲的創作；而中華全國文藝界抗敵協會的誕生和發展，將大大地有助于創造出中華民族大時代的文藝，產生出中華民族文藝的大時代！

祝中華全國文藝界抗敵協會

博古

熱烈地慶祝中華全國文藝界抗敵協會的成立！熱烈地慶祝全國文藝作家的大團結！並且熱烈地期待着全國文藝戰士，以其銳利與燦爛的文筆，描述起我們所處的偉大的時代中我們民族的可歌可泣的史詩，以回答日寇摧殘中國文化的暴賊行爲。

我們的祖國不僅有着廣大的肥沃的領土，不僅有着衆多勤奮的同胞，而且有着世界人類歷史上最古的文化，有着異常豐富的傑出的典籍。我們應當誇耀我們有着詩經，離騷，史記，漢書，唐詩，宋詞，元曲，明清章回小說，這些光芒萬丈浩如煙海的文藝的遺產。我們應當誇耀這些優美的傑出的作品不僅是我們民族文化史上的里程碑，而且是人類文化發展中的光芒的巨星。可是近一世紀來由於我們的民族慘受着帝國主義的宰割與欺凌，由於政治的黑暗與經濟的落後，我們的文化上的成就亦隨着灰暗無光。到現在則敵人的刺刀和馬靴，正在踐踏和斬斷我們有五千餘年歷史的文化。城市毀滅，田園零落，奸淫擄掠，燒殺搶劫，這正是今天殘暴的敵人所造成的慘酷的畫圖！而我們的文化同樣亦遭受着空前的摧殘！敵人瘋狂般的殘殺文人，無限的焚毀我們的文藝典章；狂妄地轟炸我們文化機關，敵人所到之處禁止我們民族歷史文藝的教授和研究。殘暴的侵略者不僅强佔我們的土地，屠戮我們的同胞，侮辱我們的婦女，而且企圖毀滅我們的文化，使我們的民族變成爲沒有文化的民族！

應該堅定地相信，敵人這個企圖正像他的一切企圖一樣，是不會有所成就的。我們的民族不是任人宰割的羊羣，我們知道怎樣來保護我們民族的生存，獨立與自由的。自南至北，自東徂東，在我們廣大的中華民國的領土上，燃起了民族自衞戰爭的神聖的砲火。千百萬我們的弟兄們，正以頭顱熱血展開偉大的鬥爭，寫下了民族解放鬥爭的壯烈的篇幅！同樣地，我們相信：我們全國的文藝作家，不分黨派，不分文藝上的宗派和傾向，而堅固地集合在「共同反對日本帝國主義侵略，完成中國民族的自由解放」的旗幟下，我們能够勝利地保護我們的悠久的文化，撲滅一切敵人傷害它的企圖！

不僅這樣，偉大的時代，偉大的鬥爭，正是培養育植偉大的劃時代的文藝作品的良好氣溫和土壤。現今我們親歷目覩着的偉大的鬥爭，它本身就是一部雄偉壯烈的史詩，如果能够藝術地記載下來的時候。我們的民族在鉄與火的鍛鍊中將能够獲得澈底的獨立自由解放，我們的文藝亦將隨着這個潮流而活潑地自由地光輝地生長和發展。

親愛的作家們，讓我們團結得緊緊地，嚴肅地，緊張地工作吧！讓我們的筆，配合着前方將士的槍砲，向着殘暴的敵人攻擊！讓我們的文藝，在這偉大鬥爭的時代中，產生新的劃時代的典範！謹以此祝賀中華全國文藝界抗敵協會的成立。

感想和希望

奚如

向來總不大容易弄到一塊兒的文藝界，在今天竟突破了以往的紀錄，有了全國性的統一運動，統一組織，這不能不說是中國近代文藝史上最有價值的最光輝的一頁。我對此，謹致最熱烈的，最誠摯的慶賀與擁護！

同時，在這次統一運動中，也就證明了一個眞理：在日寇更加猖獗進攻的現階段，國內的團結，應該更進一步，才能共同負責，共同領導地担負起這非常時期的非常艱巨的任務，「鞏固與擴大抗日民族統一戰綫，」這正確的方針，在這里——全國文藝界的統一運動中，是又一次具體地被證實了。

當我參加了幾次籌備會議回來，就非常愉快而興奮地想到：如果各種羣衆運動，都能像具有各種不同的思想和流派的文藝界同人這種開誠佈公的精神，在一塊兒討論，誰也不想一手包辦，用民主的方式得出共同要求，共同執行的工作方案，那末，豈不是自自然然就親密地統一了，就發生了眞實的抗戰的全部力量麼？豈不是自自然然消除了互相間的隔閡，懷疑和磨擦麼？

這是我在全國文藝界統一運動的工作中，引起的一點兒對于其他羣衆運動的感想。

而另外，是對于中華全國文藝界抗敵協會成立以後的希望：

第一，除了在政治活動上有了統一的目標——抗敵救亡之外；還應該確定一個能够動員與包括全國文藝工作者底創作活動的總目標，總方向。那就是總的創作口號之建立的問題。過去對于這一問題，文藝界曾經費了很苦的努力，但結果並不大好。一直到現在，創作口號還是各人隨着自己願意的去標誌，未能達到早就應該有了的統一的境地。

我認爲以抗敵救亡爲前提的總的創作口號，應該包含以下三個因素：

A. 明確而具體地標示現時中國底特徵；

B. 必然而一致地會被全國各種思想各種流派的作家所接受；

C. 不抹煞，不妨碍各種流派作家創作底階級觀點。

我希望而且相信中華全國文藝界抗敵協會能够做好這一工作，使得今後一切作家都能在總的口號下開展燦爛的創作活動！

第二，除了鼓勵全國的作家一致而强烈地用他底筆作武器，去與敵人作鬥爭之外，還應該動員很多的作家到民族革命戰爭的前綫去體驗實際生活，從而產生大量而眞切地反映前線一切壯烈的戰鬥底史詩，並用它去激動國際人士對于我們中國更高的理解，同情，和感奮！

不錯，現在已經有些作家在朝這方面努力，但我以爲還不够。祇要一注意到從抗戰發生以後，我們的文藝作品在國際上發生的影響之微弱，就可感覺到有急于强調這一動員工作的必要。

我們假設不能一時達到像蘇聯革命戰爭時期所產生的鉄流，毀滅之類的偉大成果，但至少要達到像目前參加西班牙革命戰爭的「國際縱隊」中一些作家們底創作成績啊！

第三，除了全國作家有了這統一的組織之外，還應該要求全國作家必須有統一的切實的工作精神，來充實其內容。什麼是統一的工作呢？就是基于「抗日高于一切，一切服從抗日」這原則出發的協同奮鬥，澈底肅清過去那種有害于大團結的宗派主義！什麼是切實的工作呢？就是努力避免文化人所最易犯的毛病，如關在亭子間里的空談高論；如開會時激昂慷慨，決議後全部掉消；以及昂頭天外，不屑做日常的麻煩的事情等等。

以上，算是我的希望。

自然，將來的工作是很多的，而希望也該不少，但我僅僅提出這三點，作爲我底拙見，並請一切先進的作家和理論家予以教正！

一九三八・二　二十，夜。

為「掃除病根」而鬥爭

辛人

經過了一番籌備的工夫，全國文藝界抗敵協會終於正式成立了。我想還不單是我個人的高興，就是全國同胞聽到了這個消息，也一定是額手稱慶的。這原因很簡單，因爲文藝雖然是最敏感的東西，但我們文藝界直到現在爲止，不能很平衡地在行動上來配合並發展它本來的特性及任務因此。儘管客觀形勢一天比一天急速地在發展着，但文藝界的戰士們却顯出各自爲戰的散漫狀態，其結果必然地是工作的鬆懈甚至混亂。八·一三抗戰爆發起來後，上海文藝界雖然有了「文藝界戰時服務團」的組織，但所盡的力量也自覺薄弱得很。自然，例如當時政治上的若干障碍，也是使得它未能展開普遍的基礎的原因之一；但主要的依然是我們文藝界的戰士們主觀力量的不够；不能立卽克服不良的傳統，特別是不能嚴密地形成一種集體生活和組織力量。

我所謂「不良的傳統，」這裏有略加指出的必要。

第一，我覺得文藝界上的集體組織要比別的領域落後和困難。從事文藝活動的一般幹部大都是一些小資產階級的知識份子，自由主義的氣禀特別濃厚，各人都在營着各不相關似的小私有生活。因此有許多應該做的文化工作，不能運用集體的偉大力量完成起來，却表現爲自然發生的零碎狀態。

第二，一直到蘆溝橋事件以前，有一些人還沒有放棄藝術至上主義的傳統。把文藝者視爲超越一切客觀利害的東西，把藝術的機能看作只在機械地「反映」現實。現在民族危機和民族革命的政治影響，已經指出這種觀點的錯誤了。今天每一個人的生活和行爲，莫不與我們的民族革命的政治互有影響。

第三，文藝的活動範圍，儘是在「文壇」上熱鬧，沒有充分執行五四啓蒙運動所未能完成的任務，使文藝在工廠中在農村中發揮其啓蒙的及敎育的影響。這不僅是由於客觀環境的困難，而且是由於文藝工作者力量的不健全與薄弱。像第二種觀點的人，則根本不顧到這個工作。

然而，這一次歷史的偉大民族抗戰，使全國各階層都有了新生的前途。抗戰在文藝的面前展開了一條坦坦的大道，這過程將有空前的豐富的內容，我們的文藝將有空前的滋養。從前許多不同的觀點，許多瑣碎的論爭，在抗戰的洪流中，有許多不正確的都會馬上或者逐漸被事實衝刷殆盡。我們不但在抗戰的過程中有可能來建立起戰鬥的民族革命的文藝理論，還可能產生出革命的偉大的藝術作品。因爲我們在這個偉大的場面當前，已有了國內與國際的一切革命文藝的豐富經驗。問題就在怎樣達到這個目的。在這一點上，我希望文藝界抗敵協會切實地担當起這個艱巨的歷史工作、在這裏我誠懇地把幾點零碎的意見貢獻出來，希望大家加以討論。

第一，我們今天的文藝一定要眞正地負起新啓蒙運動的任務、把文藝的基礎廣汎地展開去，在工廠中，農村中，在軍隊中，培植文藝的種籽，提高抗日的民族意識。打破過去都市文化過剩，農村文化恐慌的惡現象。這首先須要有一個具體的綱領和計劃。如何擴大文藝讀者的範圍，特別最主要的是如何在廣汎的鄉村內地建立文藝的據點。因爲只有這樣，我們的民族革命的文藝才能有廣汎的基礎，才能有偉大的前途。

第二，民族革命運動的要素，主要就是農民運動。我們的文藝應該特別注意到這一點。過去屢次提過「農民文藝」的名詞，但是新的農民文藝並未見有巨大的成績。水滸傳可以說是封建時期農民革命文藝的史詩，阿Q正傳則是封建末期的農民文藝的史詩。今日我們的文藝要創造出多量的民族革命戰爭期的史詩，從蒙昧的狀態進到自覺的狀態，從被虐待被屠殺的狀態進到爲民族自由而鬥爭的狀態，我們的文藝不但要反映而且要推動這些狀態的發展。我們的文藝不會像綏克微支的灰色的懷鄉病的格調一樣，而是鮮明的戰鬥的角聲。

第三，文藝工作者要抱定刻苦的戰鬥精神，多多的到農村到人民中間去。並且不要作爲一個外來的新聞記者似的，站到他們旁邊「觀察」「觀察」就算了，應該作爲一個他們中間的能動的細胞，推動各種救亡的工作。只有這樣才能深入到現實中去，才能把握到眞實的內容。從這種實踐中又可以開展文藝大衆化的工作。

第四，我們要提高文藝的政治警覺性，不但要在理論上建立正確的指導的文藝理論，而且要打擊一切漢奸性的文藝理論。另一方面尤須注意培養新的文藝戰士。

我們的時代是偉大的，這是一個劃時代的轉換期。我們要有新的伯林斯基和普式庚。這些啓蒙運動的先驅們在歷史上留下了不滅的光芒，就因爲他們始終是爲大衆爲人民而奮鬥到最後。巴比塞說得好：「西伯利亞就是這樣的一個地方，它倘不把害肺病的人們殺死，那就會很快的把他們醫好它的寒冷，不是除掉人的性命，便是除掉病根。」我們現在不是正處在一個生死的關頭上嗎？只要我們能健全，刻苦，鍛鍊，支持，我們一定有「除掉病根」的偉大的民族革命的戰鬥文藝。

三月二十二日，漢口。

從量到質的集中

魏孟克

中國的文藝界提出統一的口號比較爲早，在一年以前就已經有了中心組織的雛型，不過由於中國文人的積習長年積累下來的人與人之間的誤解，以及關於文藝本身的理論或集團組織方法上的見解一時還不能一致的緣故，使我們的工作在進行的中途遇到不少的阻礙。有一個事實我們不必否認，就是我們曾感覺到一個中心組織雖然能够包括各種甚至完全對立的小型集體，但還只做到一種量的集中，在廣大的人羣之間，仍不免時常發生種種磨擦和糾葛。因此，我們雖有一個龐大的集團存在，却並沒有眞正取得指揮統一和行動完全一致。在這種「形式與內容」沒有能够適宜地配合（統一）之前，要表現出如我們所想像的那樣宏大的力量當然是很少可能的。——這是一個不能忽略的歷史教訓。

這一年以來的全面抗戰，展開了一個偉大而艱苦的革命行動，我們的文藝界將從這武裝教訓之中得到進一步的覺醒了。看目前的情形，大家似乎已經在要求一個新的認識，這新的認識從我看來便是如何去取得一個質的集中。

爲了取得各方面的合作，會經有人提出了「寬容」，也舉行過各種聯歡式的集會，這當然可以算是方法之一種的，不過我以爲要彼此眞正能够成立精神的諒解，主要的依然不能放棄集體的「自我批判，」這不能是什麽「算舊賬，」也並非什麽「苛刻，」它應該是一種彼此的工作生活的檢討，唯有這種檢討才能使大家的工作生活打成一片，使各人的缺點和錯誤很快的克復糾正過來。我們應該注意：所謂積習或成見之類就正是在馬虎主義之中生長出來的東西。

在這里，我非常熱情地希望這新成立的全國文藝作家協會的同志們都具有一種偉大的批判精神，去共同工作，使中國的文藝界眞正能爲這受難的祖國擔負一部份偉大的責任。

匯合

野夫　木刻

使人哭泣

（關於戰時日本文學：其一）

日本革命作家：鹿地亘

近來，我們底文藝變成了戰況底通信，使人哭泣。

這是發表在文藝春秋一月號（一九三八）的老歌人窪田空穗底「短歌」。老歌人爲什麽哭泣了呢？是藝術底寶殿被下賤的戰事報告所侵略因而哭泣了麽？光輝的藝術底「門羅主義」被破壞了，在雜誌上面失去了「短歌」底發表場所，因而流淚了麽？——不，不是的，他是對於皇軍底偉大的「聖戰」感泣，對於變成了「戰況底通信」的「我們底文藝」湧起了熱血。所以他唱了：

興國不易用我們戰士底血染在原野底土上罷。

戰時日本文學界是怎樣發展了的呢？關於這個有興味的問題，我想在這里向諸君作一個報告。

據我看，最近的文學界像是大體上完成了「舉國一致」那是用兩種手段實現的。第一，八·一三以後不久，政府召集了思想界文化界底元老們，討論了「怎樣組織知識份子底戰時隊伍。」在這個召集以外的文士們，一次兩次三次，……差不多全部被請進了監獄里面。第二，許多文人和新聞記者一起，變成了各大雜誌底特派員，在軍部底統制之下從軍到各個戰綫上面。去年十月以後的日本底報紙雜誌，滿載着這些文化侵略軍底報告，使得老詩人流了淚。然而，不僅老詩人日本國民和我，也都要哭了。——哦，哦，在日本，報告文學到了全盛的時期。報告文學佔着文學界底王座；不能由軍部得到從軍許可證的文學者們，向那些從光榮的戰場運來震動胸膛的砲聲的愛國文學者吐出羨望的嘆息，不能不消聲匿跡了。我們在過去提倡的報告文學終於「這樣地」結成了果實！

現在日本文學界完全改變了樣子。那特徵有三個。

第一，日本文學界開始尋求思想了。這是應該特別提出的。在五六年以前，軍事法西斯底急激的抬頭期內，不是對於有思想的文學派遣了征伐的十字軍麽？這個十字軍在指揮刀下面前進，那終於和「思想是現實底反映」這個廉價的唯物論一同被斬除了。於是，文學界現出了一個奇怪的思想底貧困時代。然而，和軍事法西斯底確立同時，他們也終於發現了一件事情。那就是「非在思想里面反映現實不可。」這提倡者是有名的林房雄君和龜井勝一郎君等，他們提出了和日本軍事法西斯底現實相應的「日本主義」底思想，也叫做「日本的浪漫主義。」這是戰爭以前的事情，但到了最近，爲了反映新的現實，好像又發現了在這個主張里面非加以改變不可。於是，他們大大地研究，而且爭論着「現代日本底思想形態」應該長成爲怎樣的東西。因爲「支那事變，至少是明瞭地告訴了一件事情，那就是向來只是努力地把日本底特殊性拚命抬出的日本精神論，在這里就不能不遇到了重大的界限，因爲這樣的思想不能成爲日支親善，日支提携底基礎。」說這話的是思想家三木清先生。

「到現在爲止，支配着日本這個狹小領域的思想，」非從「日本主義」向「亞細亞主義」達到質的發展不可。——這是在改造二月號上的船山信一先生底主張。就是說，日本主義由於軍事侵略底「量的發展」，在質上發展成了「亞細亞主義。」我想，大概這個思想已經由日本文部省代表某某傳達給華北僞組織教育委員會了罷。

第二個特徵是他們開始尋求着文學底社會性。據改造二月號的青野季吉先生底社會小說論，「那被强烈地要求以來，大概經過了兩三年的歲月。」然而，沒有辦法的是，「在實踐上面，所說的思想性或社會性，不但看不到漸漸濃厚，漸漸肥沃的樣子，倒反而是更加衰退了。」那也是當然的。到五六年前爲止，追求了社會的眞實的日本文學界，由於軍事法西斯底炸彈式的忠告，愕然地注意到了自己底存在。於是，較之「探求社會的眞實」這個大胆的企圖，倒不如先謙遜地從「自己本身底內省」重新開始。這就現出了「反省底時代，」「自我追求底時代，」「私小說底時代，」「朶斯退夫斯基讚歎底時代。」這非常地和時代適合。當炸彈似蓬蓬地昇騰着的時候，深深地掘好「自我」底防空壕，還是聰明的。然而，無論怎樣說，防空壕是消極的防衛。果然，這幾年的日本文學界，像壕溝里見不到太陽的草一樣，生命漸漸衰萎了。好像他們自己也感到了「還不行，」恰好幸而在這個時候，「亞細亞聖戰」底高亢的進軍喇叭響了起來。「文學家呵，出來罷！走出防空壕罷！」時期到來了，是偉大的東洋新文學確立底時代。文學家搶先地跳了出來。站在前面的脚色，依然是林房雄君，他從軍到了上海。其次是大宅壯一君，他出征到以香港為中心的華南，接着到上海南京跑了一個圈子。高田保也到上海來了。杉山平助由華北進軍到了包頭那里。雖然那以外還有許多文學家從了軍，但以上四個好像是最為出色的。以這些戰士底戰事報告為主，報告文學一方面在理論上實踐上佔着文壇底中心，另一方面，它所觸發了的社會性，開始成了文學全般底主要問題。一切把數年來的「自己內省」期結束了，被淨化以後又復活了。所以他們叫喊着：「現在的社會性底要求，較之過去的時代，在質上是更高度的東西。」不錯，我也承認社會性底內容變化了。

第三個特徵是理論上的問題。那就是，「思想性」和「社會性」的關係怎樣。這樣的深刻的理論的追求，在五六年以前是不能發現的。不，有是有，那是反對革命文學的人們底一部份說「革命文學者把這兩件事混同了，」嘗試了無力的抵抗。不錯，是混同了的。但其實應該說是承認了這兩者為不可分離的東西。民衆在軍事法西斯下面掙扎的日本底「社會真實，」追求這社會真實的文學要被「反對法西斯」的思想所貫串。換句話說，正是由於「追求法西斯下面的社會真實」這樣的作家底思想的態度，這個社會性才產生了出來。不是麼，思想性一退却，文學的社會性也就同時無影無踪了？然而，由於軍事法西斯底攻勢，這個理論非大大地加以修正不可。因為，他們注意到了，在這個時期，「思想破壞文化。」想一想罷，文學不是思想底宣傳品，而是社會真實底彫刻。那麼，把「思想性」從「社會性」分離不但可能，而且必要。不是只有除去了「思想」底夾雜物，純粹的不被成見所歪曲的社會真實才能够被探求出來麼！這是寫實主義上的一大發現。因為軍事法西斯所攻擊的是文學底這個「思想性，」這就更推動了文學底純化作用。這樣一來，沒有思想的社會小說——借用青野底表現，「風俗文學」出現了。但實際上，使即把「思想」這個夾雜物剔去了，但如果描寫到觸及法西斯底要害的社會真實，依然有被誤解為一種「思想文學」的危險。因為，在要面向這樣的真實的姿勢里面，正藏着有決定視角「思想的態度。」所以，這新的寫實主義從危險的現實防衛了文學。而且頂好是借用「通過自己底真實」這種反省文學底助力。他們藏身在反省文學底「防空壕」里面，仔細地描寫從那里看到的「社會，」所以在他們底小說里面，只是同樣地畏縮地躲在壕里的人們底社會被描寫着。人們贈送了「大糞現實主義」的名稱。因為壕洞里面是臭的。——但據最近的消息，連這個臭寫實主義底中心的人民文庫，都被末次內務大臣禁止了出版。那理由我不知道，大約不是因為有人想走出壕來，就是法西斯們開始認為「社會性」和「思想性」的分離是理論上的錯誤。

現在，青野季吉在改造上說：「作品底思想性和社會性，是密切相關的，思想性底深度是在限制社會性底廣度或深度的關係里面。」總之，兩者又開始一致了。當然，如果我把青野季吉底「思想性和社會性底統一論」看作就是軍事法西斯底意見，那是不對的。青野底想法不是這樣。他既大大地承認「過去的革命文學底功績，」又指出了現在對於「社會小說」底出現的「不可抗底束縛，」覺悟到了「無論如何不能有實現的希望。」不過，雖然是這樣，但依然希望着，所以提倡「社會小說。」只是，由於向來的奇怪的理論習慣，他是使用「雖然希望着但不能希望，」「因為不能希望所以不希望，」「雖然不希望，然而想希望」的這種實在莫明其妙的三段論理的傢伙；在現在的場合也在經過論理階段的當中，因為「想希望，」所以正在把暗示轉向了「能够希望」的實現的方向。這，我想他底好朋友林房雄等底鼓勵是大有影響的。林用着他那有名的口吃的調子急急地說：「能、能、能够希望呀！用、用、用不着客氣的。在蘇聯，在支那，都有國、國防文學，我們也大胆地認識清日本的現實，用愛、愛、愛國主義武裝起來得啦！」

林發出了這樣的宣言，是八・一三開始以後不久的事情，恰好是我在上海法租界底一角不敢出聲地躲着的時候。他在宣言里面這樣地寫了：當他讀蘇聯作家拔甫連珂作的遠東，「到蘇聯航空隊轟炸東京」一節的時候，忽然忘我地狂叫了。「去罷！從軍去罷！如果蘇聯轟炸東京，我就坐着飛機去轟炸莫斯科！」

我在嘉賞他底意氣豪壯之餘，寫下了這麼一首諂詩——

元來是有名的社會主義作家林房雄，
有一天這樣想了：
在蘇聯和支那有的東西，
如果日本沒有就太不成話，
所以靈巧地把招牌
改成了國防文學。
在拔甫洛珂底小說里面，
有「蘇聯航空隊轟炸東京」一節，
他身子打顫地狂叫了：
「去、去、去罷！
從、從、從軍去罷！
把、把、把莫斯科
給轟炸掉罷」
勇躍地，他從軍了。——
然而，弄錯了路。
跑到了「上海！」

那時候，我聽說他到了上海戰線。林是生來膽小的，其他從軍記者寫着：當中國空軍在虹口投彈的時候，他驚慌地從旅館底梯上跌下來了。所以每天喝着威斯忌麻醉自己，不多久，就坐着軍艦回長崎去。可是，那路上的旅行又不得了。風浪很大，對於這林也不行，所以威斯忌和船又使他爛醉了。在改造十二月號的「南方支那號」里面，他發表了那旅行記：「誰能夠保證在我國國民底血管里面沒有流着六百年以前的血液。據說倭寇底出身地方主要的是薩摩，肥後，長門，大隅，筑前，筑後和泉。（日本南方海岸地方——譯註。）現在威嚴地壓制住南支那海的我國海軍底將兵里面，或許就有倭寇底直系子孫，就是暈船暈得狼狽不堪的我，一望到那個從前的倭寇底根據地，就馬上展開了浪漫的空想底翅膀，忘記了胃痛，思緒還遠遠地馳向了香港，進入印度洋。……倭寇不是簡單的海賊。時常顧着風渡到南支那海，劫略了大明國底海。岸並非毀壞本國同胞的小偷，是日本民族底活力底氾濫。」

在這里，我們底問題並不是這個可憐的「倭寇」先生怎樣地吐得一塌糊塗。在理論上重要的是，向「莫斯科」出發了的他，在三段論理底「暈船」中間，意想不到地跑到「上海」來了。這樣地，「支那和蘇聯底國防文學」底存在，想不到卻轉化成了倭寇底「愛國文學」底理論的支柱。青野季吉底「社會性」——從「不能希望」的東西轉化成「能希望」的東西了。「能希望的社會性」是什麼？是倭寇的社會性。看罷，這個社會性是多麼大膽！透過這個社會性底眼鏡，看「六百年以前」的海賊底行動變成了「威嚴地壓制南支那海」的宏壯的日本精神，無數的摧殘，屠殺和強姦，變成了「日本民族底活力，暴力和性慾底「氾濫」，而且，雖然是「並非小偷兒」的強盜，但卻現得是「偉大的亞細亞底保護者。」雖然亂七八糟地把本國底同胞做成血底犧牲，驅進饑餓里面，但一點也不現得是「毀壞同胞」。這樣的社會性和他們底「思想性」能夠「密切地相聯」，是當然的。——然而，這樣地斷定青野季吉底意見，也許是我底苛論。也許是因為他論的不是倭寇底社會性，而是「社會性一般」，所以在現在的「不可抗的束縛」前面「不能夠希望」實現。他向來總愛在事情過了以後說：「我底本意不是那樣的。」不錯，從文字上看，他所論的是既非倭寇的也非反倭寇的「社會性」一般。但是，這個叫做「一般」的傢伙是無從捉摸的，有被誤解為從「反倭寇的」過渡到「倭寇的」的暈船理論的危險。而且，當青野快意地被這個論理的抽象性所推搡，明知「不能夠希望」也加以「提倡」，也許是因為友誼而把林房雄推薦為現代思想文學者底典型的時候，就無法使人家不誤解他底理論的意義。不錯，他向來就具有為了友誼而忘記一切的美德，關於這，林也是一樣的。

可是，為什麼我現在在理論上的問題里面提出了「友誼」問題呢？還是因為我在戰時日本文學底理論問題底檢討里面得到了貴重的發現。那就是，「理論問題」決不純粹地是「理論問題」。如果研究他們底理論的人這樣想，那他自己就難免得到「為理論而理論的理論家」的非議。把這個道理在理論上暗示出來了的是改造二月號的船山信一先生。他說：

「本能比思想強，這是事實。沒有本能的思想是沒有根基的東西，而沒有思想的本能是不安定的。爲了使舉國一致堅定而且永久非伴隨着思想的自覺不可。本能是單純的直接性，而思想却是經過媒介，經過否定的東西。」

哈哈，我敲着桌子狂喜了。現在，一切都清楚明白了。本能是比思想先行的。正因爲這個原故，佛洛德主張性欲比一切心理現象先行，軍事法西主義者先發揮了放大砲的衝動以後，再來討論宣戰還是不宣戰，等戰爭擴大了以後，再來構成而且宣傳「防共」或者「趕掉西洋鬼子」的戰爭理由。思想怎麽會在事實以前存在呢？所以，最重要的是首先發動戰爭底本能，「思想的自覺」會從後面「伴隨着」來的。只是，無論如何，「思想」有伴隨着的必要。因爲，沒有「防共的聖戰」這個思想，「本能是不安定的」。「本能是單純的直接性」，直接地惹起侵略的現象，但「思想」在『經過媒介』或「經過否定」的當中，能够轉化爲「防共的聖戰」。

由於和這相同的原理，被軍事法西斯威脅的文學家們，早在四五年以前，由於恐怖底「本能」而『否定』了思想性。到了現在，「六百年以前的倭寇底血」開始躍動了，新的『思想性和社會性』經過媒介而出現了。實際上，思想被這個「不安定」的「本能」所玩弄，優秀的文學家陷進了可悲的命運，並不在少數。在本能里面，現在最强的是恐怖。最近，末次內務大臣對於日本知識階級又採取了更加恐怖的「有效適切」的處置。和這同時，據報紙所載，寫了沒有太陽的街的卓越的作家德永直，在恐怖之餘，終於提出了自願把沒有的太陽街絕版。向軍事法西斯搖尾乞憐的，只有「狗底本能」的新聞記者們高興得要命，嘲笑地寫着紀事。我憎惡那些狗底本能，可憐德永，爲了已經成了他底過去的優越的工作，禁不住闇然地流淚。

德永直和林房雄，他們兩個是代表了現在日本文壇的可哀的運命的兩個典型。我和他們兩個都很熟，現在好像看得見他們底面孔。德永臉上罩着憂鬱，好像說着「頭痛呢！」似他抱住腦袋，沉默了很久以後，向我這樣說了：

「哪，你是强的。近來，我好像腦子不行。眞是，憂鬱得很呢。在這樣的時候，我是非來幾杯就受不了。」

至於林房雄，却完完全全是堂・吉訶德。只不過「憂鬱」的面孔的堂・吉訶德變成了非常樂天的英雄罷了。堂・吉訶德是喜劇的悲劇底主人公，而林房雄是悲劇的喜劇底主人公。這個差別就在於堂・吉訶德是對於「正義底實現」的自信力底化身，而林房雄是能够「把實現了的東西正義化」的這種自信力底妄想狂。人們雖然非難着他，但見了面却無法不感到困惑。因爲他不但把對方面浮在臉上的非難的顏色完全不當一會事，而且突然地說：「喂，你聽見過大砲底聲音沒有？沒有那不行！文學家沒有聽見那那還成話！到支那去聽一聽呀！所謂偉大的文學應該是像大砲一樣的能够搖動人底靈魂的。」弄慌了的對手，幾乎是佩服得很地和他分了手，但回頭一想，「呀，敗了！」只好自己對自己苦笑。

這是林房雄底一種獨特的天才。德永沒有這，所以不能成爲現代的思想的作家底典型。對於善良的，小心的，因而弄得憂鬱消沉的德永，我衷心地感到同情。終於想到了一個問題：他所缺乏的，但由林房雄代表了的那一種天才是什麽呢？這問題也不難解答：那就是能够把「否定」「媒介」「威脅」和「阿諛」大胆地驅使的才能，即叫做「厚臉無恥」的東西。

爲什麽把這叫做天才？天才是什麽？——如果把別人所沒有秉賦的才能叫做天才，那麽，林房雄不是天才是什麽？雖然有軍事法西斯底大的助力，但這一種才能在日本還不多。看起來像很多，那是因爲具有這種特殊才能以外的人，都被放逐到現在的日本文壇以外了。這不能不是天才證據，從不能由努力而達到的這件事也可以明白。如果他還有一點點良心，如果這一點良心觸到事物的時候使眼睛張開一下，那麽，一切人爲的努力，將和沙上的寶塔一樣，馬上崩潰。這最好的例子是改造十二月的「南方支那號」里的高田保底從軍記。不用說，他到上海來，並不是不想看一看「戰爭底眞實」。然而，每每當他遇到被摧毀了的市街，被棄置着不管的發着腐臭的被屠殺了的死尸，就不能不背過臉去。他說，「我一定是看了不必看的東西罷。」戰爭從那上面跨過去了的痕跡——在那里，「我看見人也罷，動物也罷，只僅僅是爲了要活而彷徨着。」因爲是這樣情形，他到處遮着眼睛，那麽賣了力氣的報告文學，却完完全全沒有生命。不，僅僅一節還含有生命。——他在水田當中走着。稻子黃了，垂着穗，在秋風里搖動着，然而，極目望去，看不到收稻的農民。有馬底叫聲，但那也是軍馬。村莊都死了，沒有一個人出現在那里，僅僅鮮艷地飄着太陽旗（大概是吳淞附近——作者。）

「這時候，一個兵（日本兵）向我走來了。肩着槍，靜悄悄地。他爲什麽一個人到這里來，我不知道。……他站住了，於是像我一樣地開始眺望着水田底稻穗。

到底過了好久，無從知道。總之，我好像聽到了他底嘆息。他低聲說了什麼話，但我聽不淸楚。我反問了。

『如果有鐮刀，就給割起來。』他淸悉地向我說了。『現在不割起來，再過就沒有用了。……』

我用不着問他是不是農村出身的。他是中年的兵士，從鋼盔底下望得到刻着勞苦的額頭。想到一年的辛苦只好無法地讓它荒廢，這水田眞是難堪的殘酷的東西：一定是這樣地映在他底眼里的。」

哦哦，這才是報告文學！在這里日本兵士底眞實的姿態被描寫着。看一看刻在他底額頭上的辛苦底皺紋罷，看一看浮在他眼里的苦惱的神色罷，他是農民。他知道耕作底辛苦，農民底生命。站在沒有人影的稻田邊，他一定闇然哭泣了的。爲了丟掉粒粒的辛苦從性命一樣的水田逃亡了的中國底農民！穿着軍服的農民，在苦惱里哭着！

請看一看罷！……這是林房雄等描寫的倭寇底眞實的姿態。不但如此，穿着軍服的農民，較之懂得倭寇底心，還是更懂得中國農民底心！

高田保用不着遮住眼睛，頂好是大胆地把眼睛張開，正視着這個眞實和農民一起！和這個穿着軍服的日本農民一起！

我感到在開始正視着許多日本民衆。歸根結底，林房雄是天才，但天才是不會怎樣多的。大多數的人——軟弱的閉着眼睛在憂傷里哭泣，勇敢的却堅定地張開着眼睛。在這里幾千萬的眼睛開始正視了。——今天我看到了川崎和千住底出征兵叛亂的新聞記事。（一九三八、二、二五、在香港。）

（高荒譯）

七月社明信片

爲了祝賀「中華全國文藝界抗敵協會」底成立，我們出了一個特輯。這以後，我們希望理論家們能够對於文藝上的組織活動展開一個活潑的討論，使文藝界抗敵協會能够在抗日戰線上現出一個英雄的姿態。

七月第一期到第六期，是由我們自己經營的，原聲明過把贏餘分配給作者。現在結算出來了，因爲經營不得法，也因爲創刊時費了一些雜用，所以贏利數目是很小的。除了對於已知道通訊處的作者，在陸續致送以外，希望在六期內發表過作品的作家，把通訊處通知我們。在四月底以前還沒有通知的，就只好算是却酬了。

溥淸先生：你底稿子不擬發表，特遵囑在這里答覆。你只是說他怎樣怎樣偉大，但讀者却一點也感受不到，不發表的原因就在這里。

洪倩等五位先生：你們底意思是好的，但我們不想採用那些辦法。七月一開始就抱定了一個目標，那就是「素樸」兩個字，所以，例如在排版上，除了點線以外，就不採用任何花頭。照來信的提議，也許可以使只看目錄上的花頭而買書的讀者來多買幾本，實際上早有許多雜誌很注意這一點，但我們想，這些辦法不一定對讀者有益，而且七月底讀者所要求的大概也不是這一方面。

劉眞馬之林兩先生：懷疑七月收不收外稿，這是使我們覺得意外的。請你們看，在過去的七月有多少新的名字？事實上，七月上的文字，新作家至少佔一半，而且十之八九是我們所不知道的人。平均我們有一半的精力花在審查投稿的上面；不肯適合投稿者隨便地沒有原則地採用，而且時間和精力又不容許一一回覆，却是眞的。請你們放心罷，爲讀者爲靑年作家而工作，是不必一定要大吹大雷地拿出什麼幌子來宣傳的。

七月第一集（第一期——第六期）出版了。因印刷來不及，所以壓到了現在。

西崽的故事

日本革命作家：池田幸子

我們在上海法租界的，一個好像是白俄居留地的里份裏租了一間屋子，躲着住了下來

幸而鹿地和我的面孔都不像日本人，所以自稱是南洋的華僑，這個謊居然成了功。

在這一幢房子裏頭，我們的「同胞」只有那個所請西崽的張忠明，和被稱呼做「三號太太」的土氣的寧波姨太太，此外全是白俄。

搬了家幾天以後，張忠明悄悄地問我：

「你的先生眞的是中國人嗎？」

我聽着吃了一驚，但馬上反問他：你看呢？

「不是父親就是母親，總有一個是西洋人吧？」

於是他現着同情的臉色安慰我；我說在上海，雜種也很多；聽說南洋和西洋很近，那是難怪的；用不着偷偷摸摸，連散步都不出去；……眞的，有什麼可怕的，又不是東洋鬼子。……

那以後，張忠明和我在廚房裏碰見了的時候，就把鹿地喊做紅鬼。

他每天從他自已的麵包裏掏出六個銅板來買貓魚，餵他主人所蓄的一隻貓。

在那個不十分亮的廚房的角落里，我鍋裏無論什麼時候都沒有什麼好吃的東西。當我在那裏炒着馬鈴薯的時候，常常回轉頭來看看那貓在暗淡的光線里面閃着艷麗的班毛，張忠明就蹲在它的面前，提着魚片逗它玩。這時候，我好像責備他似地做一下鬼臉，於是他就呆頭呆腦地笑了出來。

「×你媽！成千成萬的難民連稀飯都沒有得喝的這日子，你這混蛋……」

說着他忽然把貓的頸子抓住，提了起來，把剛剛吞了魚片的那動物的柔軟的背脊逼得幾乎要斷了

「你不做鬼臉我也曉得呀，……剛才從吳淞逃出的老百姓到這裏來討飯，褲子破光了，連屁股都露了出來，我給了他一條。……」

他悄悄地站了起來，把腥手放在鼻子上聞一聞，跑來瞧我的鍋。

「你今天買了多少肉呀？哦，又沒有肉麼？」

「哼！那能像你一樣，有錢買魚給貓吃。」

「你看三號太太，一個人，鷄啦，肉啦，每天總要買四五角錢的吃，……你不要那樣做人家呵，因爲不多吃一點，所以你那個紅鬼瘦成了那樣子。……」

「聽我說吧，說不定我那紅鬼想做你的貓呢。」

「不要開玩笑，哈哈哈……但是，說老實話，你要是不多多的買肉吃，我們東家就以爲你是窮人，看不起。……她常常說：中國人總是吃些莫明其妙的東西。比彷三號太太剛搬來的時候，用蔴油炒菜，東家娘便學着臭，臭，把窗子都打開了，還拿扇子亂扇，把油煙子統統攆了出去。……」

他認眞地說着，一面把那個白俄女子吃飯用過了的一些碗碟，很小心地搬到洗東西的地方去。正在這時候，住在亭子間的那個四十多歲的獨身男子來熱牛奶了。他也是一個白俄。他一看見我，便馬上筆直地竪起他他那粗大的母指，一直伸到我的鼻尖前面。瞇着的眼睛好容易睜大了，把那個母指擧到腦頂那麼高，不動地竪着，用沈重的俄國話說了起來。我祇好慌張地喊張忠明：

「小張！他說什麼呀？」

「說是今天中國的高射砲又把日本鬼子的飛機打下三架來了，照這樣，蔣介石眞是世界上第一個將軍呢。」

「哦！」於是我也把小得可憐的大母指擧了起來，高高地和他的排在一起，算是對於他的讚賞的答禮，

小張也非常地歡喜，把胸口都挺出了，指着那已經沒有火了的暖爐上的班貓對我說：

「好吧，今晚再買六個銅板的魚給它。」

✵

小張非常生氣地走進了我們的屋子。開始，話都說不出來，過一會才紅着臉小聲地向我借一角錢。問他是什麼一回事，他才開始說明了：

他被人家偷走了一個盤子。

那天下午，我們托他去買了一盤餃子，吃了以後，他便把那個空盤子放在廚房裏，但不知道在什麼時候盤子不見了。在房子裏到處都找過，問過，沒有辦法，祇好給茶館裏賠償損失了。

「其實，在是在的，」他說着便現出了憤怒的樣子。

不見了的盤子，不知道怎樣混到二層樓特別房間裏那個白俄老太婆的裝飾得很漂亮的架子上去了。他跑着架子問，「老太太，你是不是拿錯了？」那曉得那個

老太婆就生氣地叫了起來：

「你這傢伙，又來故意搗麻煩了，你才是一個慣賊，我要喊法國巡捕把你捉去呢！」說着說着鄉就舉着那個掛西服的鈎子從屋裏追了出來。

「沒有法子，并不是這一次，我花了三角錢買的一個有花的西洋磁盤子，也給那個老太婆偷去了。狗婆娘！一樣的東西，到處都有賣的，……她却以爲上等的東西，除她以外別人就買不起。我……」

聽着小張的話的紅鬼，寬的額頭上，青筋都暴起來了，從椅子上跳起來說：

「好吧！我同你去說，把它要回來……」

「沒有法子，中國人是不行的……你，紅，——你也是不行的。自從東三省失了以後，就簡直完了。在東北開糕餅店的我的父親向我說過，自從日本鬼子奪去了東三省以後，連白俄都做了中國人的主人。……不要去說的好，……說了也還是我們輸的。……」

紅鬼皺着眉頭，但不一會苦笑地說了：「那里，不會輸的！」

小張嘆了一口氣，用着靜靜的語調，沉着地說：

「中國人太弱了，太老實……中國人無論甚麼時候都敵不過人家的……」

對於偷東西的賊都只有哭，一點辦法也沒有的那樣懦弱，他咬着嘴唇，把腦袋俯下了。

但是，那個老太婆是怎樣一個傢伙呢？聽小張的話，他好像是一個守財奴。她的兒子是一個職業不明游手好閑的傢伙，但却過着相當優裕的生活，又有錢。然而，還要做賊！

在憤怒地把兩支手抱在胸前，沉默着不聲不響的紅鬼的手底下，抗戰畫報和平型關血戰記，展開着攤在那裏。小張不經意地看到了。他一面不甘心似地咬住嘴唇搖着頭，無意識地用手翻弄那里面的一本。注意到了這，紅鬼就問他：

「這個，你曉得嗎？」

「什麼呀，這樣高大的一個人？」

他馬上忘記了那一肚子的怒氣，把臉送到畫報的照片上去。

「……哦！綏遠，是這麼一個好地方麼！我還不曉得，以前聽說那是一個亂七八糟的鄉間，土匪窩子呢。……啊，這是傅作義將軍！你瞧，他坐在這麼漂亮的馬上。哼，這個混帳忘八蛋，一定是大漢奸，好你的面孔我總不會忘記就是了。」

好像他被那個老太婆惹起的憤怒找着了發洩的對象似的，狠狠地望着畫報。那上面，帶着瓜皮帽的長鼻子的德王在笑着。

「但是，這一向，我們中國的飛機沒有來呢。」

眼睛並不從照片上移開，微微地側着頭的他，似乎感慨很深地說了。

「昨天晚上不是還到黃滿江來夜襲了的嗎？」

「白天可沒有來呢。」

「晚上來更容易得手些呀。」

「爲什麼呢？日本的飛機老是不在乎地在白天飛，中國的飛機，……總不是沒有了罷。……」

「當然有，今天早上報上說南京空中大戰了一次，敵人的飛機被我們打落了五架呢，你還不曉得嗎？」

「哦，原來……」

我雖然是很起勁地還樣說了，但自己都感到了聲音是空虛的。中國的飛機爲什麼白天不來了？那的確是第一期的飛機漸漸少了的時候，但我却不願意說穿，使單純的張忠明失望。

畫報里面有一張在包頭附近集中的一隊抗日軍的照片，我把那裏面的一個身體高大的青年和張忠明對比地看着，把話題轉變了。

「那末，小張！你不想上軍隊去幹嗎？」

他抬起頭來，有點困惑的樣子，口吃地說了。

「現在是去也可以的，……不過頂好是到中央軍裏去。」

「那麼，山東讓誰去守禦呢？」

「……就是我不去也不要緊，現在的山東兵像沙一樣多，因爲三丁抽一。……」

「三丁抽一？是謠言吧！」

「我鄉裏是這樣的，你問那個炭舖的老高好了。……不過，會先給三十來塊錢。」

「那麼，家裏人可以吃用一年了。」

「哼，太太小姐們是什麼也不會知道的。農民是從祖父起就背着債的，就只說租稅一樣吧，不要說是三十元，就是三百元也不夠呢。……我是逃出來的，鄉裏還有母親和妹妹。」

「老婆呢？」

「那，哪里會有呢！」

「可是，祇怕錢已經積起了不少吧？」

「我們鄉裏的女人很漂亮，但是她們不願嫁給窮人……如果我有錢，我寧可多買些救國公債哈，……哈。……」

他爲了遮掩不好意思，高聲地笑了，但馬上又快朗地開起玩笑來了：

「但是你爲什麼不去參加救亡工作呢？既然認識

字，什麼事都明白。」

我苦笑了。

「像我這樣身體不好的人，也能夠當女兵嗎？」

「那末買了救國公債沒有呢？街角上的賣麵包的老王也買了五十塊錢的。你去看今天早上起，舖子裏掛上了公債的筒子呢。我和對門炭舖的老高，打算在這個月底每人買十塊錢的。你起碼總可以買一百塊囉。……」

「到哪裏去找那麼多的錢呀？」

「不會沒有的。」

他又大聲的笑了。

到了月底，我給他兩塊錢，像是完全出乎意外似地，他鞠了幾次躬說：

「在這種時候，眞正對不起得很，你們也是逃難的，如果困難，就不給也可以，謝謝，謝謝！」

那個白俄老太婆在喊他。

「嘿！」

他把我的鍋拿着慢吞吞地走向廚房去，正在這個時候，那位老太婆喊的聲音格外大了，於是他兩步併做一步地跳了下去。老太婆站在房門口也給了他兩塊錢，但他好像搶一樣地抓過來，一句話也沒有，塞到口袋裏面。老太婆溫和地瞇起眼睛，在後面向他說着什麼，那曉得他理也不理，於是她在我的面前，使勁的將門碰的一聲關上了。

他在底下駡；

「老不死的鬼婆子！」

★

那以後沒有過多少時候，到了南市陷落的日子。自早上起，從這里份裏房子中間的青空裡，望得見烟火滿天。窗玻璃在砲聲里要落下來似地震響着。人們都屏住了呼息，話也沒有。我們也關上門，躲在房子裏，窒息似的悲哀和恐怖脹滿了胸懷。

「只怕死了不少吧？」

「嗯。」

紅鬼抱着兩支手腕，腦袋深深地低垂着，不想離開椅子。

到晚上，戰事好像告了一段落。炮聲也沉寂下來了。鬆了一口氣，我一面聽着飛機聲漸漸遠去，於是下樓到廚房去弄飯。在陰暗的廚房裏，從僅僅打開了的一面窗戶，白的光線和街市吵鬧的聲音被吸收了進來。無論那個人的臉，都像不高興的時候似的，板着。好像被砲彈緊張了的神情還沒有完全溶解似的。白俄女人正在燒着的一大塊牛排，發出嗞嗞的聲音，挑起了我心裏的焦燥，不知道怎的，總想早點一頭鑽到自己的房子裏去，弄得不能好好地用小刀子剝馬鈴薯。

「他媽的西崽，西崽！」

那個四十左右的獨身男子在喊着，捏緊拳頭在廚房裏來回的走。過不一會用英文向我質問了：

「喂！西崽是你叫他做甚麼去了嗎？不是你一個人用的呀！」

「我不知道呀！」

「嘿！這……」

「什麼？」

「好啦好啦，日本人佔領了，吃的東西都可以便宜起來。」

哦哦，隨着戰局的惡化，連這種野狗都改變態度了。

「便宜也許會便宜點，……但是便宜到不要本錢，白送，總不會有吧？」

老實的人也有，那個年輕的大嘴的白俄女人，不屑的瞟着那個四十多歲的男子，向我這樣說了。這是大場的中國軍隊撤退了以後，這幢房子裏住的人頭一次同我談話。或者是他們覺得難爲情，再不然就是可憐我們。

男的也沒有回答她的話，仍然在駡，

「狗雜種！西崽！西崽！」

我也懶得說什麼。靜悄悄地把飯弄好了，就走了出來。心裏，和悲哀相像的憤恨在沸騰着

到了三層樓上的樓門口的時候，忽然看見了張忠明在那薄暮的暗淡的光線中間蹲着。不想同誰講話就走過去。但是，小張不是在那裏哭麼？我突然站住了。

「哎呀，小張！你在哭啦？」

他不答應。

「那個混賬傢伙又偷了你什麼東西麼？」

他抬起了那脹紅了血的眼睛，急急地否認了：

「不是的，你到外面去看看罷，從南市逃難出來的人，一群一群地……」

他用手拭一拭眼淚，哽咽：

「我氣死了，氣死了，簡直不忍着小孩子們……滿身是傷的也多得很。……他們逃到什麼地方去呢？以後又怎麼辦呢？……可憐可憐……中國，我們怎麼得了呀！……」

「小張！不要哭了，大人不好哭的，喂……小張！」

我用了很大的聲音，差不多像吼一樣的叫了，把他的粗壯的手腕捉住，同時我自己的眼睛也熱了起來。

「喂！來罷，來看一看！」

紅鬼從屋裏伸出頭來：

「怎麼一回事」

「小張哭起來了呢！」說着我自己也哭了。

「南市……南市……」

「蠢呀！」

紅鬼走近我和張忠明的身傍，臉上浮着靜靜的微笑，但兩隻眼睛却急促映着淚光，用兩支手拍着我們兩個的肩頭

「這還不過是剛剛開始呀！小張！我們要的是最後的……」

（金宗武譯）

記憶

賈植芳

大前年的七月，因爲生活的灰色，我到日本去旅行。那時北方已是很熱的天氣。一個人在塘沽上了大阪商船會社的「長城丸」第二日早晨出帆，天色很晴朗，站在充滿着異國人與笑的甲板上，看着漸漸變黑的海水，初次感到去國的悲哀。……

神戶換了火車，是晌午那一趟東京行的急行列車。驛站買的一束紅花，和一份 Jgpan Times，放在身旁的沙發椅上，自己一直瀏覽着窗外的風景。車到名古屋，上來一個中年的紳士型的客人，是一個瘦子，光頭，架一副金絲眼鏡，上唇留着濃黑的小胡髭，很光燙的洋服。他一隻臂搭着雨衣，另一隻手揩着額角的汗膩，在我對面的空沙發椅邊停留住了。我呢，因爲過去過慣了缺少機警便不能繼續生活的日子，對着現在面前的這位客人，自然早就盯着了。來客灣下身子，態度和靄的向我問了一句什麼話。我是一句日本話都不懂。但那近乎神經衰弱的戒嚴心理，卻放得輕鬆了一點。便謹愼的向問者說了一句英語：請他原諒，我完全不懂日本話。客人愣了一下，隨卽微笑了，把身子輕輕的倒在看定的沙發角里，手支着腮，那表明受過進、西洋學問薰陶的極有定見的兩顆黑眼珠，滾到眼眶的中間，以乎是盯着我，又似乎是盯着那一束紅花，和一份 Japan Times。車開行了，車內恢復了停車以前的秩序與平靜。來客緩緩的把頭湊過來，用流利的英語說：呵，對不起了，莫非是中國來的客人嗎？我點頭。他接着說：是上海？我搖頭答說：不，華北。就接着問他：可曾到過中國？……他笑得晌了，手托了托眼鏡，身子倒後去，一邊說：去過，不過是經過一下罷了。……於是，我們繼續着談了開去。……中間交換了名刺，是東京一所不甚知名的大學國際法教授，姓岡本，名古屋地方的人，客居東京，不過因爲一種情趣的關係，每週總喜歡偷閑從東京回來住兩日。

對着這一位中年的，態度謹嚴的紳士，我忘了自己的身份和理所應當的戒衞，近乎放肆的縱談着。大約也因爲三四日寂寞的關係罷，正如安特列夫所說，說話是人的天賦，一個人不能開口，毋寧是一種苦刑，但對於中日紛爭，我沒有提及，倒是客人無意間說到了，雖然只是攏統的抱歉。在那變得陰沉而低微的聲音里，我低下了頭，隨着，那聲音，正如一把黃昏的慘淡的野火，逐漸的自已熄滅了。接着是一個極難堪的沉默，再把頭抬起的一刹那，我看見那緊張而黯淡的瘦臉上，兩隻有神的眼珠子，帶點憂鬱，卻是更其顯出精黑的直直的看向前面，超過我的頭頂，不像是避開我，而像是看着一個糢糊的遠境。這情彩給了我很大的感動，我想起那個老詩人在垂暮之年所寫的題名「求乞者」的一首詩。……

我們所談都是一般文化情形，日本的新聞事業，歐州人在日本的文化活動，都在談及之列，他總是詳盡的給以說明，有時還帶點批評和分析，指手畫脚的，像在教室的講台上。這里我發現他有點口訥的毛病，額角時時浸出興奮的汗珠。抵橫濱的時候，他做了一首中國的五言律詩送我，我卻毫不懂得這，他表示了惋惜的樣子。

夜十時到東京。我們一同步出車站，在幽暗而寬闊的街上走着，依在比自己高一個頭的岡本先生的身傍，每在談話落脚的一刹那，似乎聽見那胸內發出的急促的呼吸聲。……終於找好了一家旅店。「我們是青年生活總是節省的好」，踏上那發亮的旅店門檻時，他說。其時大家好像是久識的了，彼此的用句都很簡潔，他那在燈下看來略顯紅色的面孔，似乎豐潤了，眼內發出燦爛的光，……到了我的居屋里，一切都替我安置就緒，他又囑咐了下女，說明希望以後能多見，名片上卻有他的住址，接着說了一個法國字：Adieu，揚着手，微笑着走了。……

此後卻一直沒能相見。……只是後來有「日本新興文化運動史」在頭幾頁里看見他的名字，知道是一個曾爲日本的幸福努力過的先進，後來，大約是「沒落」了罷。……

我在日本流浪了一年多，時時遭到刑士（政治警査）和浪人的輕蔑與侮慢，每每感到悲憤的時候，那兩隻一直望着前面的極有光彩的黑眼珠的瘦而嚴肅的面孔，就浮現了出來。我從僵冷的感情里走出，感到了溫暖。

我們的敵人是日本軍閥，大部份的日本人民，卻是我們的友人。——是一句口頭禪似的話，不知怎樣，看到或想到這句話的時候，我對它特別感到眞實，甚而生出了希望。

從牢獄到病房

張十方

兩個多月沒有看見太陽，兩個多月祗看到四堵發射出死灰色的水門汀牆壁。我得補充一點：其中有一面牆壁的中下部，配上一扇裝了柵欄的小鐵門；時時從柵欄的空隙出現一副兇狠狡滑的面孔，呼喝叱罵。

當我忽然踏到馬路上，深秋的陽光竟刺得我簡直[illegible]將眼睛自然地張大。而高大的水門汀建築物，於我簡直像一座山。這些山又恍惚會微微地旋動，頭好像有點暈眩。我的感覺官能不習熟於四週的環境了。

金盛利貞——那個親手從「鹿鳴舘」將我拘進本鄉區本富士警察署的傢伙，這時將我領出了警察署的大門。他要帶我再回到「鹿鳴舘」去，爲了收拾我的衣物。

帝國大學赤門前那條寬闊馬路的兩傍，出現了一個奇景。這條馬路我跑得爛熟，我記得直到兩個多月前我踏進地獄的那一天止，它的兩傍祗是行人路與店舖；但這時，都添種上一丈來高的法國梧桐，飄了滿地黃葉，使我悠然想起烽火連天的祖國底深秋來。於是一種莫名的惆悵與悲痛，捲上我的心頭，幾乎掉下了眼淚。

到「鹿鳴舘」最多不過半里，我的腿已因兩個多月不習於跑動而有點發酸了。這時，我還穿了高底的木屐。

兩個多月沒有見到的房東老太太，仍是那麼樣會微笑，兩個多月沒有見到的三個有點熟習的下女，仍是那麼馴服得像一副機器。她們依然過着太平日子似的，但我的心頭却感到有點冷凄凄。金盛利貞那傢伙咕哩咕嚕地向她們說明了我的來意。我深深感到了一種莫名的不快，我竟無法在她們呆板而痲木的表情上看出她們對我的被「護送」回國有什麼情感上的反應。

我熟練地跑到自己的房中，用最大的速度將一些用得到的衣服放到皮箱裏。金盛在警察署的特高室中，早已帶威脅的意味說我被他們搜去的四十多塊錢還不敷使用。他計算着給我看，單祗船費就要四十元，而我還欠下宿舘十多塊錢房租呢。他於是硬主張將我的全部書藉與不大需用的東西拍賣；這時，他早已叫了兩個收買舊貨的人來了。

生命都幾乎給那些狗的血口無辜地吞噬了，東西的損失，我是無所計較的。一套原價十一元，祗穿了五六個月的嗶嘰大學生服，祗賣了五角錢。新買要一百多塊錢的東西，其中包含有大批日文書藉及字典，中文、英文、世界語的書籍及字典，一張新的棉被，一隻藤箱，一具提琴，一雙套鞋，一隻照相機的三脚架，……祗換來了整整的十元，剛够付欠下的房租。而我的一些衣服及必需品，合起來還裝不滿一隻皮箱呢。

皮箱束捆妥當了，仍然放在鹿鳴舘，我於是又一次被帶進本富士警察署去。到了特高室，金盛才向我說，船費只要三十二元。我感到有點滑稽，我三分之二的東西便在這種滑稽的狡計下，以十元的代價送給舊貨商了。

我再被送入了留置場，這是最後一夜了。過去種種，像連環圖畫般一幅又一幅地閃過我的腦裏。我不自覺地嘆了一口氣，不自覺地搖起頭來。同號子的四位難友，知道我明天就可以生活在自由的空氣底下，都爲我感到欣喜。政治犯池山君（東京帝國大學三年級學生）默然地用手指在地板上書起來：

「祝你有一個愉快的航海，并望回國以後爲正義努力！」

「謝謝，」我也用手指在地板上寫「願你能早一點出去。」

「唉！」他嘆了一口氣，憂愁地搖一搖頭。

他是一位正義的鬥士，他實際參加了反帝的行動。他知道得很多，他與我談起過宋慶齡先生，他說宋先生是日本前進靑年所尊敬的中國人之一。此外，他與我談過朱德毛澤東魯迅，及其他許多許多人。他問我知道A史沫特萊這個人否，他對中國的民族解放戰爭表示極大的同情，他希望我回國後立卽參加所謂「人民陣線。」到如今，每當我想起這些，慚愧就會集到我的心頭。我怎麼對得住這位敵國難友的祈望呢？

這一個晚上并不怎麼好過，我簡直沒有好好地合過眼。一個失去自由的人對自由的祈待底焦急，是難以想像的。我簡直高興得近於發狂。我想，我的出獄不單是從不自由到自由，而且是從死路跑上了生路。我是早以爲自己不會活着出去的。

第二天，喫過第一次的「辨當」（木盒盛的飯）以後，我的焦急便一分一秒地增加。從臨着甬道的鐵門底鐵柵欄，我不時偷偷地看掛在對壁的小鐘。我每看一次，焦急便增加一倍，眞像有一團火在我身體內慢慢地燃燒起來。金盛利貞昨天說過，今早九點便領我出獄，先到「鹿鳴舘」取東西，然後僱汽車到橫濱。船是下午三時「出帆」的。可是，九時過了，九時半又過了。我變得不知如何是好，像有什麼東西嚙咬着我體內的什麼部份，慢慢地我微微顫抖起來。難道又發生了什麼變故嗎？難道我終非死在東京的地獄中不可嗎？我茫然，神經眞像有點失常。池山君看出了我的焦急，極力在安慰我。他說，時候還早呢。

「恐怕船的『出帆』時間改變了。」我無可奈何地說。

「不會的。從東京到橫濱，用汽車五十分鐘就够了，時候還來得及呢。」他低聲地就近我的耳邊說。

「金盛昨天明明說九點便可領我出去，還要取行李呢。」

「放心吧，他們會算好的。」他關切地說。

十點了，號子的鐵門響了，是囚徒到廁所的時候。我雜在同號子幾個難友中，順排地跑出到甬道盡頭去。當我小便過後，剛踏出廁所的門口，甬道盡頭的鐵門外響起了一個熟稔的聲音：「張。」

鐵門中部的一扇小窗開了，我看見金盛在和看守咕哩地交談，我明白他們談的是什麼

兩月來的地獄生涯，使我長了不少獄中的經驗。我知道囚徒們臨釋放的時候應當做些什麼。

普通囚犯臨出獄時都得在一本簿子上捺一個指模，只有政治嫌疑犯不用。我眞何幸，便被戴上了政治犯的帽子？這時，便樂得少捺一個指模了悄低聲而又暗暗地與同號子的難友打一下招呼，聲音低到也許只有我自己聽得到。我說了一聲「沙約那拉」（再會的意思）跟着看守向甬道盡頭的鐵門走去。經過第一號的號子時，無意（也許是有意吧）地我從柵欄的空隙中發見了一雙誠摯的眼光，它們在祝福我。我知道它們的主人是誰——曾經與我在一個號子裏同住了四十多日的石塚君，他先我兩天進來的，他的罪狀是「配佈左傾刊物」

鐵門外除了金盛利貞，還有一個二十七八歲穿西裝的。他是特高室新僱用的職員，要隨着金盛實習「護送」這種工課。

我被左右「衞護」着擁到「鹿鳴舘」去，我吃力地提了皮箱出來，他們又前後追隨着。臨到我要踏出「鹿鳴舘」的門口，房東老太太拿了一包水菓遞給我，作爲送行的禮物，而且還附有她親筆寫就的一封信。坐到汽車裏，我才空出兩隻手來拆開，寫得眞有點依依不捨的樣子。

汽車經過的途中，不時可以遇到大輛的卡車，滿載了「皇軍」踏上侵略中國的旅程。每次每次，金盛立刻將呢帽拿着伸出車窗外，高聲怪叫着「勝利勝利。」我心裏充滿着憤激，想到這些明亮的槍管發射出來的子彈會有不少是鑽進我國婦孺的身上，恍惚我眼前是一羣靑面獠牙的怪獸。

車到橫濱，停在水上警察署的門口，我提了皮箱，跟他們一道進去。又有兩個人來參加「護送」了，是水警署的人員、一個的相貌好生面熟，使我不能不努力地回憶。啊，恍然了，半年前我坐船從大連到橫濱，登陸前就是他向我問話的。半年前他「迎」着我踏上扶桑三島，半年後他又「送」我出虎口去。我又微妙地感到了一點滑稽。

坐了水上警察署的小電船，我被四個人「保衞」着送到賀茂丸——一隻走南洋澳洲的小郵船，七千五百噸。

皮箱放在甲板上，我被領進了頭等的Saloon。從地獄踏進天堂了。厚厚的地氈，華麗的桌布，軟綿綿的沙發、而四周更有配合得非常柔和的花花草草。

橫濱水上警察署派來的那兩個，辦自己的公事去了。從東京與我一道來的那兩個，始終不離開我半步。我們坐到餐桌旁的旋椅上，白衣待者盛了三杯牛奶和一些點心來。你們不要看不起幾件點心，喫了兩個多月冷硬無味的「辦當」之後，我第一次嘗到了有生以來最美味的食品。

快到三點了，忙着辦自己公事的那兩個傢伙出現了。一共仍然是四個人，又領了我出去。到甲板上，我被指點着再拿起自己的皮箱，再跟着他們走。這時，前面多了一個穿白衣的待役。

「到那裏去呢？」問題忽地出現在我的心頭。

向船尾的方向跑去，上了一道扶梯，似乎已是船尾最高的一層然而，一待轉到兩所房間的後面，我又發見一道扶梯。我提着大皮箱，跟着他們踏了上去。

那是船尾部最高的船頂了，兩傍靠近船邊沿，用繩索吊掛着幾艘救生艇。中部，那就什麼東西都有。零零亂亂地散放了不少破舊的東西，有破木板，有成堆的馮鈴薯，有成捆的像是茶葉的東西，又有一些爛的救生圈，而在這雜亂破舊的東西底堆中，我發見了用木板將就地

蓋成的小屋。用鑰匙將木屋的門開了我。乘這個時機，用眼向四週探索一下，發見了在門的上楣釘着一條小得近於沒有的木片，打橫地寫了「病房」兩個小字，已經給雨水淋得有點看不清楚了。

我被他們「護送」了進去，門被關上，而且聽到了在外面加鎖的聲音。我又開始嘗一種特殊的鐵窗風味了。你可曾知道在郵船中亦有剝奪別人全部自由的監房嗎？有，那就是大日本郵船株式會社的賀茂丸船尾頂上那所病房。

四壁粉作灰白色，一方丈的房間靠木牆裝了兩張小鐵床；其一上面舖了破舊不堪的臥褥，還有一張便只是光光的幾條鐵枝。眞像一所孤立在沙漠中的小屋。然而，我得在里面用去我生命史上的一部份時光——十一天。

其實并不是沙漠，我欣然於自已能在沙漠中發見奇跡。原來朝船頭那一方向，有一個配上厚玻璃的圓洞。我趕快靠近了它，呵一口氣將玻璃擦亮，將眼睛挪近去。

船在慢慢地移動了，碼頭上集滿送行的人。紅紅綠綠的紙條將船上人的手與岸上人的手連在一起，隨着深秋的海風儘是飄飄捲捲。具有別離情調的音樂，開始激盪着離人的心懷。對這些，我像毫無所感。

我祇是睜大了貪婪的眼睛，要看一個飽。我像從一個絕無人跡的孤島回到了人間，一切都似乎充滿了無窮的滋味。我不願意片刻離開那塊玻璃，我看到紙條爲船與岸的分離而拉斷了，幾個穿紅衣的少女，也許是送情人遠行，隨着船慢慢的移行而跑了不少的路，直跑到碼頭盡處的燈塔——。

別矣，日本帝國。再來時，我願看到你是一副新的面目。

特寫·陣地·

咳嗽

S. M.

在白天，你可以看見這十字街上有破蜘蛛網一樣不規則的一條一條的有刺鐵絲，從街道底那邊伸展到這邊，又從這邊引到別的什麼地方去，橫的與縱的，長的與短的那樣交織着，嚴密地封鎖着。可是這時候却什麼也看不。世界對於一個哨兵與走來查哨的——他，排長，祇是一片不可知的黑色，無從分辨的霧一樣的東西。從街道這邊望過去，集中注意像一隻在洞口等着老鼠的貓，也不過認出來那一帶房屋是一片較深的黑色。夜靜得像沒有人類存在。有一點風，但是也是沒有聲音的風。在這樣的時候，哨兵是很難用眼睛來警戒的，祇有用耳朵。哨兵像一個木偶，排長也深深沈思着

「咳咳！——咳，咳卡！——」

這忽然起來的咳嗽聲，像小石子投到水裏，一下又消失了。並且，那是帶着抑制帶着痛苦的聲音，像喉頭梗着魚骨那樣。可是這聲音却激怒了排長，他喃喃地罵道。

「鬼東西！又是咳嗽！……」

可是這咳嗽繼續響着，斷續地響着，像一個叫得疲倦了想打瞌睡的蛙。

「咳咳！……咳！……咳！……」

就是前一夜，排長在東哨線上迎着這樣的聲音走到了一等兵梅小龍底面前，低低地斥責道：

「你咳什麼嗽！」

梅小龍祇是立正了，不作聲，面向敵方。但是他底手指因爲窘迫，在摸弄着手裡的背帶環，黑暗中發出很小的金屬物相觸聲。

「你說『一般守則』上說了些什麼？你怕敵人不知道你麼！——小心下次再聽到你咳嗽，你就得受處罰！——」

排長剛預備結束他底警告，到別處去，像攪亂一樣，哨兵又大咳了這麼一聲：

「咳咳咳！——」

可是他自已馬上用一隻手掩住了自已底嘴巴，喉頭發出一種苦悶的嘶聲，像黑雲堆裏要響起來又響得不成個樣子的雷那樣。他彎了腰。

「怎麼！怎麼！」排長更怒了，聲音幾乎叫嚮了。「你做什麼！你！你！你……」

「排長！」一開口就是一種不愉快的聲音，半啞的，像弄壞了的低音部的風琴音鍵所發的，並且是一種哭聲。「排長！我有——咳！——病嘛。」

「有病怎麼做步哨？爲什麼不報告？」

「一點點咳嗽，不攤勤務難爲人——咳咾！」又是低低的一聲。「難爲人情。」

這兵原來肺不很好，無論住營房的時候，或者守工事的時候，都咳嗽過，面色說青不青，說灰不灰，頸子細得使人想到一個大蒜頭，胸窄而平，有的時候還發燒得一睡幾天，要死不死的樣子。排長想到了這個。

「那末！你馬上預備換班。你要知道步哨底責任，知道麼。夜間又是利用聽力的，以後免除你底勤務，一直到咳嗽好了。」

想到了昨夜的事，聽那聲音又像是梅小龍底。排長却懷疑了。在白天，他曾集合班長講話，告訴了他們關於步哨線的注意事項；特別向第七班的正副班長提出了他那一班裏得免除梅小龍底步哨勤務，假使他還是樣咳個不住，還應該送他到後面火夫房裏去休息去。爲什麼今夜步哨線上仍舊有咳嗽的呢？並且是這樣猛烈的頻繁的咳嗽呢？怎麼仍舊在第一步哨的位置呢？疏忽

麼？忘了麼還是不把命令當做命令？他憤怒得完全像一隻獸了。他一面慌忙地向第一步哨衝去，一面在肚子裏咒罵：

「他媽要命的咳嗽啊！」

他穿過了一間房屋又一間房屋，咳嗽的聲音像『冷槍』一樣響着。他三步兩步地就跳過了一個弄堂，兩隻手摸着門，走進了一間紅磚建築的房屋，但是這時候已經分辨不出顏色，這原來是一家鐘表店，摸着扶欄走上了樓梯，這原來是一個女人底臥室。

「咳哼，咳哼……」

不等他說話，哨兵又輕輕地咳嗽了起來。

「誰！」他恨恨地問。

「我，排長！」畏縮的聲音的回答。

「呀，梅小龍！又是你！」

這使排長要吃肉了，咬嚼着自己的牙齒。

「報告排長！……」梅小龍用那種難聽的聲音說了起來：「排長！我沒有對不住——排長！你要我到火夫房休息，你還是槍斃我！——咳！我死也願意我我——咳！咳……我祇是不願意休息。」

排長這幾天心情非常壞，他從來沒有打過兵，這時候卻正想打人。但是聽了梅小龍這樣的話，又沒有勳手，竭力壓低了憤怒的聲音短促地問：

「為什麼？」

「報告排長！」說話本來已經是他底痛苦，現在更顯得痛苦。「他們做工，我祇揹麻包，他們燒飯弄什麼的，我吃現成的——咳！咳咳咳咳！嚇嚇嚇……一樣是人，都大家看得起，說我有病——嚇！嗯……一樣是人，他們是人，我也是人，他們為國家做工，白天做夜裏做，流汗。我，我，我做不了工，一天多攤點巴兩點鐘班，步哨總可以幹的。我又睡不熟，我我——排長！我要做步哨。他們太辛苦，我替他們站站不要緊。我睡不熟。」

「哦，你還替別人？」排長吃驚了。

「我睡不熟，他們又辛苦嘛。」

「你知道，你咳嗽。」排長還是發怒的，但是已經開始了不知道要怎樣才好。

「因此睡不熟。多站點巴鐘多攤點巴鐘沒關係。」

「那敵人聽見了怎樣辦？」

「敵人，敵人可胆小，知道有人就不敢過來了。」

這簡直是支吾。但是他又接着說下去：

「我住營房的時候，在江陰本來打算開小差，像我這樣病人有雄用！可是聽了排長說打日本打日本，我才不走的。排長！我本來不懂什麼的。你說『個個人要打日本帝國主義，』現在到了日本帝國主義面前，我天天等——咳！——大家——咳！——大家打日本，我休息，總算排長好，班長好，要我休息，我說，良心——咳咳咳咳咳咳咳卡！——喔，排長！我良心過不去，我怎麼好意思我做不了工，沒力氣，哎，完了，我已經——咳！咳咳咳！——我連步哨也不幹？……」

排長完全茫然了。心裏不好過。慢吞吞地勉强說了一句話。

「休息對於你跟這個陣地都有好處。」

「不，排長！我死也不休消。還是讓我來做步哨好啊，排長！」

「你有病……」排長軟化了。

「咳！咳哼！……一個病走一個兩個病走兩個，我們中國人，那個沒有三分兩分病？你有病我有病，那個來抗日？」

「那你還替人！」

「他們要休息。要休息。他們多休息，就多有力氣來打日本。來做工——我，我，我也來處罰處罰自己，要打衝鋒嘛，腿又使不得勁，雄歡的馱麻包嘛，眼就看不眞。讓我處罰自己，一夜罰我多站幾點鐘沒關係嘛。」

「那這樣下去你就會死的，你知道？」

「我知道，」他的底聲音本來已經够低沉了，說到了這句話就更低沉起來。但是他卻不相稱地笑了起來，一個苦笑！「為這，排長！我多站一分鐘是一分鐘，多攤這麼一分鐘，心多好過一點，就算盡了這多一分鐘的責任——咳咳卡卡！——嘸，排長！我知道就要死，我才這樣的。我知道馬上會死的呢。咳。——哼！嗯！……今天不站，到明天就會站不成的，到了死了，打日本打不成，做工做不成，揹麻包揹不成，什麼全不成，做步哨，要多攤點把鐘，排長！眞到了那個時候我就什麼也不成了啊！亡國我也沒辦法了啊！……」

他是在那裏啜泣了。排長把一隻手撫着他底肩，感動得落了淚，暗暗用袖管自己抹乾了。

「兄弟！不成！你得去休息，聽話點好麼，到火夫房去好。——」

「排長！你還是槍斃我痛快些！——咳！咳咳！咳咳卡，咳咳咳咳！……」

「那末，唉！那末，那末你就在這裏吧。」

排長一回過頭去就去了，一面走一面哭，哭到自己底掩蔽部裏去了。

下面的事發生在第四天。

在天通庵路和西寶興路這十字街口，左側是四段救火會。前面，橫着一片深草的曠地，曠地那邊是被火燒毀了的房屋，枯髏一樣聳立着全是門洞窗洞的牆壁，還有一些竹籬，左前方是淡黃的立體式建築物的什麼衛生處，再左是青雲路上的泰山里。這裏天天有敵人來搜索或者放火。排長接到了命令，要『捉活的。』這樣得到了哨兵底報告以後，他就帶了一些人到了四段救火會裏。

那是三個人，黃布軍衣，前面兩個帶槍，上了刺刀，後面一個徒手的，大概帶着手鎗在腰裏吧。他們每人距離十步的樣子，大胆地踱着，從那牆壁底一個門洞中出來，踅到了竹籬後面看樣子像要到那淡黃的立體式建築物那裏去。

排長向上等兵楊錫雲看了一眼，那是一個中等身材的精壯的人，臂與腿肌肉飽滿而有起伏，像紫荊花樹幹。

「你向竹籬底左角瞄準。假使他們發現了我們要逃，你就開槍」

又向一等兵陳欽山看看，那是個瘦小而貧血的四川人，胆小，但是服從命令。

「你瞄準第三個門洞。」排長接着又看了別的幾個人一眼，說道：「七班班長，你帶胡春樵于雲龍從這條路過去，繞到他們的後面去。你們這幾個到那個屋角去，躲着，到敵人走近來的時候一下出來——哦，梅小龍，誰要你來的」

「排長，我，我自己來的。」

「唉！你要咳嗽。」

「我不咳嗽。」

一個敵人從竹籬後面繞出來，跑近四段救火會來。

「不要響！」排長喜悅地用特別的低聲向留着的人說道：「再等他走近些再看他走過來。不要響！不要說話！不要響，看」

一種奇怪的閉塞的聲音，像蒸汽機漏氣的聲音，——排長回過頭，糟糕！梅小龍、那樣低低地彎了腰，那樣掩住嘴巴，那樣蛙一樣眼大了，全是筋的頸子，那樣脹通紅了臉！那樣痛苦地紐結着眉毛，他是在竭力使自己不咳出聲音來。但是這樣他底喉頭愈是發癢，他底咳嗽愈是沒法制止，終於咳出了聲音來了，狂咳了。

「咳咳咳咳！咳咳咳咳卡咳卡咳咳咳咳！……咳……」

這使得這個敵人立刻向後跑了。但是他底後面有了槍聲，他連忙臥倒了。另外兩個敵人也向這邊開槍了，並且他們利用了掩蔽物，從一個牆角上發出來一團一團的槍烟，同時，這裏楊錫雲也開了槍。

「糟糕！糟糕！糟糕咳嗽咳嗽咳嗽！——不要打槍！」

運輸員

奚如

有一次，我們這支小小的隊伍，在火車站上發生了一場不大不小的糾紛。起因是爲了爭坐三等車廂，而着實動火吵鬧的是一個新從供給部派來的運輸員。

那時，我們從太原出發，準備到聚集着數千鐵路工人的陽泉去工作，但正當出發前兩點鐘，一個出人意料的電報，從在陽泉那邊作戰，由劉伯承徐向前二同志所領導的一二九師打了來，說：

「娘子關已被敵人突破，陽泉正開始了猛烈的戰爭，戰地服務團似可暫緩前來……」

我們已經在太原工作了兩星期，實在不願再待下去了，既然陽泉不能立即就去，但不妨先到榆次，一面工作，一面等候陽泉戰況底發展，再決定我們行動的方向。

太原城當時正處于敵人猛烈的飛機轟炸之下，白天里所有的商店住宅都是關閉着，行人稀少，祇有晚上才突然恢復一下都市底風光，電燈燃了，商店開門了，車馬行人擁擠在明耀的街道上，顯得十分的紛亂緊張，似乎都在暴燥地要把白天里恐怖荒涼底壓迫，一舉而向自由的夜市求得解救。我記得當我們通過東城門時，我們那七條從陝北帶出來的驢子，有一條就被幾架橫馳急叫的軍用汽車輾死了，而另外六條則被衝散了。

好容易我們才東礁西闖地到達了正太車站。

滿是喧囂的待車的士兵和馬匹。炮車底鐵輪在搭板上咕咚咕咚地鳴叫，呆重地滾進敞車。沿車站底墻脚，胡亂地躺着新從前線運回來的呻吟的傷兵。

幾點昏黃的路燈凝視着這紛亂的場面，夙悄悄地帶來了雁北底寒涼。

鐵路管理局給我們撥了兩個車廂，一個是三等客車，一個是鐵皮敞車。

根據人數的多少來分配車廂，當然應指定工作人員乘坐三等客車，事務人員乘座鐵皮敞車，另外還有一個原因，就是我們底大小行李和牲口必須放在敞車上而看管它的職責，又一定得屬于事務人員。

但因此竟發生了一場糾紛。

事務人員拒絕這指定，也可以說反抗我們關于分配乘車的命令。

七個小鬼（勤務員）像受了什麼蓋天的寃屈，一個個嚎哭着，從鐵皮敞車上跳下來，叫嚷道：

「這樣不平等呀！……我們事務人員不是人嗎？……爲什麼我們該坐這敞車呢？……」

那個專負約束事務人員的管理員，也在吵鬧聲中，格外張大他那浮重翻紅，活像一對燈籠的沙眼，用鄂豫皖邊的腔調，鼓舞着他底直屬部下：

「是的，我們全體下車！……不去！……請上級把我們送到禁閉室里去好了！……」

其間吵嚷得頂兇的，還算是一個新來的運輸員。

他已經是四十多歲的人了，個子很矮，有兩抹很尖很黑的鬍鬚豎立在嘴角，那使他底整個面相都格外顯得頑强。

排長憤怒了弟兄們也都咕嚕着。

「梅小龍，你擣什麼蛋呢！」

「鬼咳嗽！」

「好了，現在你安心了吧，敵人給你咳跑了，完了！」

一下，梅小龍走掉了。但是大家都氣昏了，都沒有注意他，但是大家立刻又看見了，他提着槍上了刺刀，瘋狂地却是踹蹦地奔在曠地上了，向臥倒在深草中的敵人跑去，方向並不正確——

「砰！」

深草裂起了一陣灰白色的烟，梅小龍跌倒了。

排長和大家都歎息地叫了起來，焦慮也來不及。

「糟糕！」

但是梅小龍底身體那麼動了一動，接着是使人難以相信地快的滾了過去，攪亂了深草。於是，這兩個人扭在一起了，兩把刺刀在草地上發着閃光了，滾着了，翻着了。一下，不知道是誰底槍丟掉了，又一會兩個人手裏都沒有槍的了，末後，一個爬起來，但是又立刻壓了下去。這裏祇是連叫『糟糕，』各人緊張地等着機會，當穿黃布軍衣的冒起身子來的時候就開槍了。有子彈打在窗框上。

這結果，俘虜了一個受傷的敵人。梅小龍腿上中了一彈，腿肚肉翻了出，鼻與顴平，顏色是紅紫的肩頭給咬破了一塊肉撕了下來，頸子被搔傷了。

排長走到了梅小龍面前，黃昏的室內光綫照着一張朦朧的臉，他哭了。他安慰梅小龍，用一種不自然的故意說得勇敢的聲音：

「你已經打得很好，我們誰都比不上你！……」

梅小龍在這個等候担架的二小時中沒有說過一個字。呼吸是這樣細。但是最後他却提高了破碎的尖銳得像一個手指偶然觸動了一架鋼琴底高音部的音鍵的聲音說了僅有的一句話，一個字一個字地：

「各、位、同、志、以、我、後、再、也、不、咳、嗽、了。……」

一九三八，三，長沙。

他像一隻暴燥的浪連連跺着脚並用扁担搗擊着地面，仗着他銳利刺耳的四川口音，憤憤地說：

「我們是無產階級，他們上過大學，是資產階級哈，……是哪嘛，我們還有資格坐好車子？……但祇方，從前我們在四川江西鬧土地革命，打游擊，經過雪山草地，餓了嚼皮鞋底的時候，他們是在啥子地方的呢？哼，現在……鬧民族革命，講統一戰線了，他們就都來了，並且還要坐漂亮車子！……」

「同志，這沒有什麼大不了的哪！……三等車廂祇有一個，我們不能把它分成兩半啊！……再說，敞車總歸要分配人去坐的，如果分配工作人員去坐，讓你們坐三等車廂，那末，他們也跟你們一樣，爭起平等來，那怎辦呢？……」

不待我給他解釋清楚，他還是哇喇哇喇嚷着：

「我們要的就是個平等！……過去，莫說旁的，就是總司令朱德，我們也曾經在一個稻草堆上平頭齊脚地睡過！……」

我知道這農民底平等觀念，是一下子說不清的。而他那把農民以外，凡是帶有一點兒城市氣質的人，都一律喊作資產階級的素樸而錯誤的邏輯，也不是三言兩語所能糾正的。但我知道有一個東西，深深地牢着他底靈魂，他是無條件地服從着它，作爲對于事物判斷他準則。

於是，我從這里對他發問了：

「你是什麼時候加入紅軍的？」

「一九三三年。」

「哪一部份？」

「四方面軍。」

「你是黨員嗎？……」

「是的，我是黨員！」

「入黨多久了？」

「四年了！」

「那末，是老黨員啊！」

「嚇嚇！……是的，同志！……」他自負地挺了挺胸膛。

「既然是老黨員，……」我針對着他這自尊心，說「爲什麼不起模範作用，說服別人，却反而格外在這乘車的小問題上鬧意見呢？……他們是新加入八路軍工作的青年學生，不比黨員，在某些物質上，我們應該特別優待他們才好啊！……何况他們——尤其那些女學生——現在都能吃苦耐勞，爲了抗日，他們拋棄了美滿的家庭，到我們部隊里來服務，同樣吃小米飯，穿粗布軍衣，走路，爬山……這即使像你所說的是資產階級，那我們也得歡迎他們，同我們一道工作啊！……呃，同志！這不就是我們底民族統一戰線的成功嗎？……」

他稍微忸怩了一下子，隨即坦然地說：

「是的，我們錯了！……同志，你說的對！……我們是老紅軍，是黨員，應當做模範，應當多吃苦的！……」

說着，他以一個英雄氣概去担當一切艱難的姿態，動手將那些行李挑上敞車去，並同時督促着其他的人：

「喂，劉大海！……你這小鬼，還噘着嘴巴於啥子呀！……祇要能把我們運到前方，管他啥子車子都行啊！……」

他敏捷地勞動着，那條松木扁担在他底肩上發出悅耳的吱呀吱呀的響聲。

一九三八、三、六、風雨之夜。

（注）運輸員即普通軍隊里的挑伕或伕子。

重版「鐵流」記

曹靖華

拙譯鉄流，經秋白兄譯序及魯迅先生校印，經過了無限的阻碍，在極艱苦的條件下，于一九三一年與中國讀者見面後，中間雖經北平書商的盜印及上海光華書局的騙印，然因種種的關係，終于沒有普及到廣大讀者的面前。此外，蘇聯遠東國家出版局（在伯力）雖然也根據拙譯稿出了一版，但那主要的只是在供給蘇聯境內的中文讀者的需求，因種種的困難，這版本之流傳到中國的，據我所知，也不過數冊而已。曾記得一九三三年秋天，由海參崴到天津的一位不相識的同船的人，在船要開入大沽口的時候，他把自己的行李仔細『整理』了一下，將所帶的一本中文蘇聯版的精本鉄流，拿在手裏，靠着欄杆，翻了幾翻，沈默的，決然的擲到海裏了。

近年來，據我所知，讀者們都很盼望這類書的重印，但是沒有可能。我的僅有的一本三閒書屋出版的鉄流，于『一二·九』時被中大的一位同學借去，周遊了中大之後，靜靜的由中大流到燕大，由燕大流到淸華，後來不知流到什麽地方去了。

在苦悶的時代，讀者要想讀一本有意思的書也是很難的。

這樣不快的時光過去了。鉄流終于在全民族爭自由解放的砲火裏與讀者見面了！

『鉄流是羣衆襲擊的詩歌。作者不但是舊文學形式和傳統的破壞者，而且是眞正的羣衆革命傾向的詩人。他不用什崇高的神韵而歌詠了粗暴勇敢的人。』

——捏拉多夫。

牠是被踐踏者爭取自由解放的光芒萬丈的火炬。

我們看這一羣烏合之衆——在白黨的兇殘的屠殺下，帶着女人孩子的難民，穿着破爛的衣服，赤着脚。一個人只有三顆子彈，有一大半簡直只有一枝空槍，這樣原始的『亞洲式』的軍隊，在血的教訓中，在不能形容的艱苦中，粉碎了敵人的鉄的重圍，沿途掃蕩了現代化的勁敵，打下了全幅武裝的城池，甚至母親舉起孩子，跛子拿起拐杖，老頭子老太婆……抓起馬料，車杆，斧子，掃帚，擊退了哥薩克騎兵的夜襲！這並非神話，這是絕望的求生的鬥爭！這是：

『消滅敵人，爲的自己不要被敵人消滅！』

在這樣殘酷的鬥爭裏，他們埋葬了自己的苦難，建立了自由幸福的生活。

在今天，在全民族爭取自由解放的抗戰的砲火裏，鉄流的重版，無疑的具有巨大的文學的政治的意義。它將成爲爭取自由解放的教科書，教育着千千萬萬的中華民族的兒女，去怎樣的消滅敵人，爭取抗戰的最後勝利。它將成爲不可遏止的鉄的激流，流到前方，流到後方，流到被敵人侵佔的區域，流到中華民國的每一個角落裏，去培養千千萬萬的戰士，爲着中華民族的自由解放而鬥爭！我們要：

『消滅敵人，爲的自己不要被敵人消滅！』

這是我們求生的鬥爭！

★

這次鉄流的重版，是根據了魯迅先生校印的三間書屋版本，仔細再校改了一遍的。現在應提及的：

一、譯名比較統一。鉄流的出版，誠如魯迅先生在後記中所說：『譯的譯，補的補，校的校，費三人之力而成。』所以譯名也稍有出入，現在均改爲一律，如靜悄悄的東河，改爲靜靜的頓河等。

二、在這次校改時，注解略有增加。

三、初版時由列寧格勒所寄之正誤及作者爲中譯本特加的注解，不及在正文中更正及加入書中，不得已，魯迅先生曾逐條列在自己所寫的後記中，現在爲讀者免去前後翻閱麻煩起見，把牠改到書中，刪去後記中的正誤及注解。

四、作者給中譯本寫的序文，初版不及印入，現乘此機會，將牠印在書前。這篇譯序曾被蕭三兄取去，發表于一九三三年他主編的國際文學（國際革命作家聯盟機關雜誌，莫斯科出版）中文版創刊號上，一九三七年上海出版的世界文學叢書蘇聯文學曾經根據國際文學轉載過。

五、生活書店出版的文學創刊號上發表的拙作綏拉非莫維支訪問記，印在書後作爲附錄，或可助讀者對作者的理解。

六、蘇聯木刻家畢斯凱萊夫（N.Piskarev）鉄流插圖四幅，曾據作者手拓版印在文學創刊號及魯迅先生集印之引玉集上，現也插入書中。這是畢氏鉄流插圖的未完之作。

在這次鐵流出版的時候，校印鉄流的魯迅先生及爲鐵流譯序的秋白兄，均不在人間了。但他們在文學上的精神與努力，却活躍在爭取民族自由解放的大衆的心靈裏！這光明的先驅者將永遠爲大衆所景仰，所記憶的！

因爲武漢印刷條件的不够，這次鉄流的印行，是經生活書店西安支店經理張錫榮先生將全稿愼重的用航空寄往上海排版，這是應該感謝的。

三·八，一九三八　於西安。

差船

吳組緗

去年十二月初，我從蕪湖到了安慶，要坐上水船到九江去。這時候政府西遷，敵人過了太湖，東線正萬分的吃緊，安慶的情形也已經非常紛亂。稍有資財的市民們已經快逃光了。傷兵，難民以及文武官員把幾條窄狹的街道點綴的愴涼而恐慌。江口幾家旅館都沒有了空餘的房間，行李箱籠堆壓的碰了天花板。大家都瞪着焦灼的眼睛，互相打聽着上水船，結果是誰也沒辦法。

我去找一個熟識的旅館老板，請他設法替我弄一張到九江的船票。老板告訴我說，中國商船都停班了，英國商船都不靠安慶，要末只好想法子坐差船，價錢可貴的嚇死人。我有要緊事急於要趕日子到九江，願意多花些錢坐比較有把握的差船。於是老板就把這事委託了他的「接江的」。那神通廣大的「接江的」很快就找來一位小輪上的「老大」。這「老大」四十歲上下，面孔尖尖的，戴一頂瓜皮帽，身上穿着細花黑綢的棉襖褲，一看樣子就知道是個吃水碼頭飯的。他杳看了我的行李簡單，十分滿意，把頭向那接江的點一點，就捋下捲起的袖口筒起手來，聳着瘦骨棱棱的肩膊，站到一邊去，以便那「接江的」和我談價錢。當時談妥是船上管我飯，管我舖位，從安慶到九江，二十二元。談妥了，就馬上要我交錢，馬上上船，我却不大放心，問「老大」說：

『你們的是什麼差船呢？』

『後方醫院的傷兵船嚶！』他頭也不掉，佯而不睬的回答。

『你們的船幾天到九江呢？』

『最多兩天。』

『我花錢搭你們的船，你有權柄作主麼？』

『老大』就嫌我這個人麻煩，顯出不耐煩的樣子，把瓜皮帽脫下來，皺着眼睛，用手使勁在頭上搔着，搔的白色頭屑亂飛，說：

『你先生眞沒的說！大家都是熟人，難不成我還騙你錢？我看你是單身人，行李也少，要不然那裏去搭這樣便宜的船？人家到九江四十塊洋錢票追着塞在我手裏，我招也不招他。不信你問問老板看！』

我知道我囉嗦他不過，老實交出錢來，立刻上船。接江的把我一點行李掮着，「老大」在前面引路，沿江走完馬路，左轉一個彎，右拐一個角，走到一條汚穢的後街，從一家油貨舖進去，打後門出來，一支小火輪拴着兩隻民船，正偷偷的靠在那裏的江岸邊。

輪船小的不像樣。除了後艙的機器房，就只有前面一間臥艙。連煤也沒處存放，撒撒拉拉的塞滿了船舷的狹道上，人進人出，都得從煤上踹過。「老大」領我到那間唯一的臥艙裏。裏面連上帶下一共六個舖位，中間擺一張小桌子，就再無迴旋的餘地。「接江的」向我要了所謂酒錢，又從「老大」那裏分去了五元的一張錢票，就滿足的上岸去了。

這裏「老大」走到右邊的舖位跟前，咬着牙齒狠狠的把舖位的木柱一擂，上層舖位上咕嚕子從被窩裏鑽出一個十七八歲的小夥子，惺忪着兩粒老鼠似的驚惶不安的眼睛，望了一望，看清了是「老大」，把手在口角上抹了一把口水，赶快跳下來。「老大」用各種下流話罵着，指派他把上面的被窩搬下來，把我的行李放上去，舖好。小夥子不作聲，一一照辦。老大問：

『副官呢，沒上來？』

『沒上來。』

『護士長呢？』

『上來了一下，又走了。』

『我×你媽媽屄翻花！你只會挺屍，什麼事也不管！你曉的我個卵蛋！——泡茶來！媽媽的！』

老大罵着已在下面舖位上歪躺下來，兩脚高高的架到小桌子上。同時一副簡單的烟具也從舖旁枕箱裏拿出，擺在面前，點上燈，聚精會神的燒煙泡。他一口氣吸了三四槍，把癮過足了，而後很和氣的慢慢找我談起話來。問我那裏人，做什麼事，家眷在那裏。告訴我眼前長江交通的毫無辦法，誇說我的運氣好，能搭着他的船。又告訴我他最近的背晦，他的小輪原是從鎮江跑內河的，前綫吃緊，傷兵醫院要搬往武漢，於是就被扣了來。他原已談妥一件生意，那是一家富戶全家逃難，從鎮江送到武漢，說定兩千元，定錢也付了，輪船忽然被扣，吃到嘴的一塊肉還是吐了出來。現在船上七八個人手，自己在內，連抽枝香烟，洗個澡的錢也弄不到。他說一句，就罵一句「肏媽媽的。」

忽然他從舖位上起來，靠近我的舖位，非常友誼的和我說，左邊的舖位，上面一層是護士長的，下面是副官的。他們上岸有事去了，等一下就要回來，護士長和副官都，厚道人，不管他的事，但是假若問到我是什麼人，最好回說是他的親戚，不要說花了錢的話。免得他面子過不去。我一聽這話，吃了一驚，知道已經上了當。可是我却冷靜下自己來。——另外找船，太不容易，所謂差船，就是這麼回子事。錢是已經花了，由他去罷。但是我心裏不由的十分厭惡，再也在艙裏待不住。就從小口上爬出艙來。

冬天的日子天色晚的早，這時候不過四點多鐘，就已暮色四起了。江邊停着無數的船，岸上人聲嘈雜，並且間雜着一聲兩聲的槍聲，想是傷兵爲了搶船的事起了爭執。靠江的這條後街，雖然偏僻，但來來往往的人還是很雜沓，每個人的神情都顯得那樣張惶，那樣浮動，只有浩淼的江水捲着大朵的浪花，猛撲着岸，白色的水點子四濺，顯然在怒吼着；同時岸上有一隊隊的隊伍走過，雄壯的唱着戰歌；草棚旁的垃圾堆上，還聚着許多衣服襤褸的貧家小孩，手裏拿着竹片木棍，在做練兵的游戲，一邊提着稚嫩的聲音高呼着『打倒日本帝國主義！』『中華民國萬歲！』——這些聲音匯合起來，好像一流滾沸的開水，澆灌着我的苦痛的心。

『打倒日本帝國主義！』

這一聲粗獷的叫喊就近在我們的身邊。我從船舷上踏過煤炭，走到船尾，纔看見拴在那裏的民船上，正有幾位受傷的弟兄從矮矮的蘆蓆篷裏探出了頭，招着手在向岸上的小孩呼應，一面拍着掌笑的那樣天眞有趣，那樣拙笨可愛。我很想和他們打談打談，就走近去，蹲下身子，向他們望着。那裏一共兩隻小民船，每隻船上橫躺着十多個弟兄，把兩個又窄又矮的船艙，塞得滿滿的。他們有的在吹奏着口琴，有的在哼着戰歌，有的在酣睡着，有的板着臉出神，還有在呻吟着的。另外有三四個全副武裝的弟兄，坐在篷頂上，向岸上發呆地望着，手裏盤弄着小手槍，面情顯的沉悶而焦燥。我正在冒昧地向他們攀談，忽然「老大」來到我的身後。篷頂上一位矮小個子的弟兄，打着一口湖南腔，厲聲的喝道：

『船老大！你聽說的到底什麼時候起錨？』

「老大」滿臉堆着笑，恭敬的喊他班長，說副官和護士長一回來，就可以開船。

『從鎭江到安慶，整整兩星期。』另一個河南口音的罵着說：『走一天，停三天，到了安慶，又是一停兩天，鬧啥呢？他媽的！弟兄們十多天不換藥了！』

『今晚上還不回來，我們自己開船，王八蛋的！』班長吼着罵

「老大 暗暗在我衣上拖了一把，扭扭嘴巴，叫我回到艙裏去。

『你先生在舖上躺一躺罷，一回要開飯了。』回到艙裏，「老大」很耐煩的和我做着笑臉說：『你先生穿的長衣，站在船面上，岸上人都望着，回頭副官碰見了，打麻煩。這些兵大爺也野蠻的很，脾氣一拃火，成天找岔子鬧，你說你好好的蹲着，不關他們事嚇，說不定幾時就會惹上他們的火，給你個下不去。這世界還講理嗎！』

「老大」做着極其誠懇的樣子，好像他對我十分表示同情和憐惜似的。我心裏厭煩，質問他說：

『剛才那弟兄說的從鎭江到安慶走了兩星期，可是你告訴我，從安慶到九江，最多兩天。你說的話要算話！』

『你先生眞是！從鎭江到安慶，一路上都停靠，那怎麼能比呢？』

『你怎麼知道這以後就不停靠了呢？』

『靠碼頭，是辦事；沒事，靠什麼呢？』

『你怎麼知道以後就沒事呢？』

『我說沒事就沒事，煤也上齊了，米也上齊了，什麼都辦好了。你想想，還有什麼事？」

直到晚上八點鐘，副官和護士長回來了。每個人手裏抱着大包小包的吃食，大匣的呂宋烟，成聽的大前門，另外還有大捆的留聲機片，嘻嘻哈哈一路說笑着進來，濃烈的酒氣四噴。護士長穿的是莊青呢大氅，肥厚的腦袋高大個子；副官則是黃呢軍服，大衣敞開着，裏面武裝帶和短劍齊備，領口上佩着少校章。他們把手裏的東西望舖位上一扔，招呼「老大」叫小鬼頭張羅開水，泡新鮮茶來吃。副官摘下軍帽，抬頭忽然看見我，向我狠狠的瞪了一眼：

『你是什麼人？』

『是我家門口的，都是朋友，都是熟人。嚇嚇！』『老大」趕着代我回答；非常醜劣的諂笑着。

副官「唔」了一聲，隨即脫去大氅，一邊打着下江口音的生硬官話，眼睛也不看「老大」，說：

『你要老實點，不要在我跟前掉槍花，一路我都和你說過的：我做副官的押這隻船名譽要緊。我可不大好玩的！』

這副官三十多歲，蒼白的瘦臉，音調柔弱無力，可是兩隻眼珠却閃閃有光，很有點威嚴。他把「老大」訓了幾句，也不深究。「老大」就難爲情的出去了。這裏副官和護士長又慢慢回復了剛才的嘻皮笑臉。護士長把小小

的窗戶推開，打了個呵欠，痛痛快快的伸了一個懶腰，而後把小窗子關上，笑着說：

『啊呀，這鬼艙裏悶氣的很！你着急要上來再住一夜，明朝天亮再上來起錨有多好！』

說着迷了眼睛哈哈大笑。副官却不答話，窩着兩片薄薄的嘴唇吹着口笛，從褲帶上的鑰匙串中取出一把五用刀，忙着開呂宋烟匣子；開開了，拿出兩枝煙在燈光下看一看，掐去頭子，遞了一枝給護士長，自己點着一枝。而後着呂宋烟，又忙着到舖位下面拖出一隻嶄新的留音機匣子來，護士長就去舖位上取了剛携來的一捆唱片，解着繩索，副官却不要他解，把留音機放到桌上，搶過來，自己用刀子把繩索割開。一張一張的拿出來細看着片名。護士長熱心和他分工合作，趕緊打開機匣，裝上輪頭和唱針，又忙着搖發條。

『刺虎！刺虎！先唱刺虎！』護士長口裏噙着煙，歪昂着頭，吃力的搖着唱機，一面迷矇着一隻被烟薰着的眼睛說。

留音機開了。從刺虎開到蘇灘和各種小調，唱完一張，又換上一張。他們搖着頭，頓着拍，跟着唱和；一邊把大包小包的太妃糖，奶油捲，花生米拆開來大吃，大說大笑。罵安慶這地方不好，東西不講究，街道太窄狹。高聲談一回，又貼着耳朵咕嚕一回，於是放開嗓子大笑。

直鬧到十一點鐘，他們酒氣退了，疲倦上來，副官深深打了個呵欠，忽然想起了上面舖位上還有個我的存在。用一種輕蔑的聲音嚷着說：

『喂，你是到那裏的呢？』

〔到九江〕

『你是那裏幹事的呢？』

『老百姓。』

好像他們的船含有極嚴重的軍事機密性，兩個人忽然心血來潮，把我當做了大有嫌疑的人犯，細細加以盤問。直問明『老大』曾經答允我兩天到九江，並且得了我二十二元的價錢的時候，副官就氣惱起來。大罵「老大」胆子大，有礙他的名譽，他萬萬不能允許。護士長却要息事寧人，一再勸副官不要計較，

『差不多的算了罷，反正個把客人的事。』

一面又叮囑我要明白這事：是「老大」得了我的錢，和他們是毫不相干的。可是我却要求副官負責答覆我一句話，船到底幾時可以到九江。我說我並不是逃難，我是有要緊的事情趕日子到九江。要不然，我也不肯花這許多錢來搭差船。副官瞪了我一眼，不屑於回答我。護士長說：

『那你上當了！我們的船十天怕還到不了九江。這裏開了頭，到東流停一天，到華陽停一天，馬當，彭澤，湖口也都要停。……』

說完了，扯開起着樓肉的肥下巴，幸災樂禍的哈哈大笑了起來。我決定找「老大」退錢上岸，立刻披衣穿鞋。

正在這時，忽然那個矮個子湖南口音的班長，從小口子裏跳進來，板着鐵青的臉，對副官行了一個軍禮，厲聲的叫道：

『報告副官！我們的船還打算開不開！』

隨即再行了一個軍禮，也不等副官的回答，就掉過頭敏捷的爬出艙外。這對於副官是一個奇突的襲擊。護士長也給楞住了。副官大約覺得這有損他的尊嚴，半天抹不開臉，氣得兩片薄嘴唇顫着，抖着手上好敞開了的領扣，披上大氅。護士長趕快拉住了他，不許他出去，把他按到舖位上躺下，並且用毯子把他身上蓋起來。

『我去，我去，太不像話了！』

護士長爬出了艙。我要出去找「老大，」「老大」却自己匆忙的進來了。我也懶得和他爭吵謊騙的事，乾脆的要他退回我的錢，送我上岸。他楞了一下，不理睬我，撇開身子一直到副官的跟前，諂笑着說：

『請你副官給我個面子，賞我兩口鴉片烟吃吃。』

於是直截的告求副官，岸上有兩個客人，到漢口下坡，行李不多，這裏正還空着兩個舖位，要求副官成全他。

副官半天不作聲，忽然推開毯子跳起來，嚷道：

『你胆子不小！給你面子，你不要，索性來起來了！老實告訴你，我副官不是好玩的！……』

『副官，』「老大」說，依舊醜劣的笑着：『船上七八個人手，總得弄點外塊子，……兩三個人的事，求求副官賞個面子罷。』

我沒法耐煩聽他們的爭執，逼叫「老大」趕快退回我的錢，把我的東西送上岸去。「老大」立刻把醜劣的諂臉翻成了無賴的惡笑，不肯退我錢，說錢早就和接江的，碼頭上，船上伙計們分完了；一邊仍繼續黏着副官，要他答允兩個客人搭船的事。對於這個無賴傢伙，我弄得毫無辦法。我只有請副官主張公道，請他使「老大」還我錢，送我上岸。我說我是一個無辜的老百姓，他親眼望着他所管押的船上騙我錢，這對於他的責任和名譽並不是沒有關係的。副官却怒沖沖的聲言這是我和老

大兩個人的事，他管不上。在這個僵局中，護士長回了艙。護士長從中調解，一方面責備「老大」不該謊騙我，一方面譏笑我愚蠢，自己上當。叫「老大」把剩下的錢還我，剩多少，還多少，分散了的，算了，要我甘認了倒霉。「老大」只肯還五塊，我說「接江的」分了錢是眞的，其餘都是謊話，要他把剩下的十七元都還我。「老大」却慫機拉上那兩個搭客　事，說若是副官答允了他的要求，他就可以實行我的說法。這尷尬的爭執直鬧了兩三個鐘頭才算有了結果：「老大」還我十元，送我上岸；兩個新客人搭船的事，副官堅執不答允。

「老大」發着脾氣，胡亂把我的行李捲了起來，滿口夾七夾八的罵着，把我送到坡上的那家油貨舖子裏。原來他所招攬的客人，已經被他領到這舖裏：一對四十多歲的夫婦，帶着　個十三四歲的男孩，是三個，不是兩個，這兩個夫婦却比我老練，他們談好從安慶到漢口，三個人，每位五十元，但錢却不會交付，要上了船，再肯付。因此船雖搭不成，却沒有白送錢。

「老大」借口馬上就開船，不肯送我回旅館。但他並不馬上回船去。悻悻然坐到一條木凳上，托着頭，兩隻眼睛楞着，楞了半晌，就對我們痛罵副官的醜行。說副官所以不肯讓他搭客，是因爲他要一路荒唐胡鬧，欺騙詐錢，怕客人礙他眼。他在鎭江扣了船，動身之前，已經領了充足的米錢，煤錢，船上賞錢和弟兄們一切開支的，但是他一個錢也不拿出來花，却沿途去敲詐，拿着二十多個傷兵向地方當局賣錢，每到一個碼頭，就去要給養，若不給，就聲言他不負責，要把傷兵交給地方。地方上最怕這一手，只有照給：八十塊，一百塊，甚至三十，二十，錢拿到手，就濫吃濫嫖。恣情胡花，船一靠了岸，再也不想開行。這一路以來，在和州靠一天，在當塗靠一天，在運漕靠一天，在蕪湖靠三天，魯港，荻港，大通，和悅洲，貴池，殷家匯，樅陽鎭，無不停靠，訛詐，濫吃濫嫖。只差在南京沒有這麼幹。傷兵們的苦痛，毫不經意，沒有菜，不管，沒有油，不管；一路上不換一次藥，不發一個錢。他們的放縱恣肆，到了使人驚詑該異的程度：他們在安慶原打算昨天開船的，只爲了要買留聲機片，街上買不着，聽人說有個住戶人家搬家，要出賣唱片，但那主人不在家，要到今天才回來，竟因此又停靠了一天，一定把唱片買到了手。

「老大」的話，我是不能相信的，但想到我這倒霉的十多個鐘頭裏親眼所見的事實，我只有承認他的這番話是全部的眞實。

我和那兩個夫婦都驚駭的苦笑了。

「老大」罵着，吃完一碗餛飩。下面船上忽然「砰的」響了一下對天的槍聲，大江的天空裏起着沉寂寥闊的震應，船上立刻閧起一片喧譁，弟兄們粗暴的嗓子吼着，護士長和聲溫氣的彈着。喧譁聲漸漸靜下來，就聽到護士長叫着「開船了！開船了！」接着高聲呼喚着「老大」。

「老大」不動身，也不答應，只是楞着半晌，突然地站起來，兩眼挺的分外猙獰可怕。

「看着我可玩的過他！大家就來玩一玩！我若叫弟兄們放他活的到了漢口，我來世就變個扁毛蟲！……」

咬着牙齒，狠狠的這樣自語着，走向船上去。

我看看錶，已經快四點鐘，我和那三個客人都沒處可去，只有等待天亮了，再回旅館想辦法。

三月二十三日。

簡約：

一・我們希望寄贈的文章，如民衆活動特寫，抗日英雄特寫，陣地特寫，地方特寫，散文，詩，劇本，小說，通訊，論文，批評，漫畫，木刻等，文字頂好在四千字以下，特別的材料亦請不要超過八千字。

二・來稿發表後，版權仍爲作者所有，不得作者底同意本社不得出單本或彙刊，但如果同時或先期在他處發表，不送　表費。

三・爲了內容底調和，我們保留選擇的自由。

四・頂好作者留下底稿；附有郵票，不用　當然退回。

五・發表後致送薄酬，希望寫明確實的通訊處。

六・關於發行，完全由上海雜誌公司經理，請直接向那里接洽。

第一顆炸彈

俞棘

一

風裏裹着春天的氣息，夾着青草的香，泥土的香，野生的虀苔和檉花的香，籃球架子上紅白色交織的棉線球籃，在春風裏微動着。風拂過我的灼熱的臉，感到清涼，我開始發覺自已又掉入悲憤與激怒的心情里面了。

五分鐘前，喪魂失魄的空襲警報才響起，空中同時就搖散了魔鬼指使來的飛行野獸的吼叫。我丟了我的鋼筆，一大堆忿怒塞滿我的心胸，重重地撞開了玻璃門，我闖出了灰點的寢室。

這是野獸的世界！今天這塊土地第一次派賓了這份被摧殘被損害的命運了。誰得被咬去一條腿，一支臂膀，誰得在這不值價的場合流盡挺值價挺寶貴的鮮血。

我向天空揮着拳頭當六個罪惡的黑影自北向南掠過我的頭上的時候。我反覆咒詛他們的滅亡，咒詛日本軍閥財閥的走狗，人道的劊子手，消滅理性的豺狼們的滅亡。

遠處炸響了第一顆炸彈，血的洗禮已經開始。毀吧！毀吧！這城市沒有捨不得的東西，有的祇是四十萬顆不願做奴隸的激怒的急跳的赤心。把這城市化灰是可以的，但要殺死四十萬顆心，日本天皇呵，你沒有這本領！

二

警報解除後，地下的人們重復回至地上，臉上攤開沮喪和徼倖的矛盾的神色，和急於知道犧牲賬目的惶慮的表情，怯怯地怕那批賬目夾上了自己的一個親人或一份財產。待明白了福州市區沒有給魔爪抓住；火藥和血腥的氣息遠在數里的郊外時，大家都屛住氣，互相在眼神中交換了一道慘痛的慰悅。市街恢復了它的流動，圖書館門口聚集着一羣沉默的憂傷的閱覽者，救護車過去了，紅十字，担架，急救包，過去了。這時最刺耳的是劇場的流動廣告，「傾傾空」「傾傾空」地侮辱了大家的敵愾，我恨得祇想衝過去奪下他們的鑼鼓鐃鈸，搗碎他們的戲牌，並且紐斷嬉笑嗶唱的鬻孩子的喉嚨。記尼了誦朵的名句：「在這樣多的痛苦裏，快樂是可恥的。」如一層苦浪淹過我的全身，我感到悲哀。狠心的劇場經理！不能停唱一天戲嗎？

消息從各方面傳集攏來，從電話，從摩托車，也從寫「十十十」記號的信件裏，新聞記者比一般民衆儘先獲得了損害的報道，也儘先經受了許多淒楚與難堪。

「空炸時地痞乘機搶刦財物，抓住了三個。」這一束報道使人挺心痛。於是有人義憤地咒詛了「漢奸城市，」這壞現象從來不曾發見在別的地方。別人正在流血，最壞的壞人也不至於趁鮮血的潮浪掛起貪婪刦掠的船帆吧，而今這城市有了比最壞還壞的壞蛋，他們是敵人的帮兇，是我們中間的害蟲；除掉這些害虫，以血報血，擲他們以石塊，砍他們的頭，也讓他們流血，檢查他們的血液是殷紅的，還是黔黑的，這是公平的待遇。

下午一時，報館裏一羣年青人第二次跨上摩托車，馳向郊外。

三

憲兵護送着我繞出飛機場東南角，拐過了幾條崎嶇的陋巷，我的頭有些昏亂，神經細胞開始反叛了我。我挺知道，我這歇斯蒂里質的人如果不先準備一下安定自己，前面這幅被敵機蹂躪後的慘害景象會使我也許支持不了自己。當敵機在頭上打圈子時，不論是先一些時在上海租界，在家鄉，在浙贛路的破碎軍用車上，以及最近兩個鐘點以前的報館廣場上，我都不自覺的大聲喊出了我的抗議：「我們並不怕死，不用拿死來嚇我們！」這是歌劇揚子江暴風雨裏的一句道白，借了來，我狂叫過許多次，也許多次被別人看做瘋子。這次我一定得克制自已，別太激動感情。需要咬牙擦掌和敵人死拚的時代，每個中國人都該更堅強地生活，沉着地鬥爭。

象園鄉是個簇擁着三百戶居民的中等村落，屬閩侯縣第二區管轄。這時還在攪動着厚厚的塵灰，空氣是乾燥的，侵略者的毒燄上下四週在飛舞。淒慘的刦後光景首先呈露在釘着「五里亭」舊門牌的一座院落裏。敵人的炸彈在這兒開了一朵罪惡的花，把七八間古老的房舍毀成瓦礫場了。當足底在斷磚，沙礫，碎木間踩過，陡然有異樣的感覺，如同擦在這些殘破建築上面的不是足而是自己的心臟；那些殘破的建築材料正在燃燒發洩，心頭也就像被熾鐵烙了一下，說不出是多麼難受。

「一吽吽！」兩頭小猪把細小的尾巴捲成圓圈從瓦礫堆竄進那座炸毀了一半的霉舊的堂屋裏，那兒有兩個焦黑的婦人無助地在收集雜物。值錢的財物被炸燬了，搶丟了，僅存的連一個瓦缸一個香烟罐都覺可以寶貴，她們鄭重地收集細心拂去灰塵，用乏力的手裝入大紅皮箱裏。半間破碎的堂屋是不能存身的，她們立刻將變成沒有家的赤手的人。謝謝敵人，還留得她們的生命，她們的焦黑的臉上燃着火紅的眼珠，閃發着仇恨的光。

一口水井，井圈外躺着一頭破了喉管的肥猪，流着過多的血，還在「希希呼」地喘着微氣。幼年時代我每觸到鮮血，心就悸動，而今我得使自己寧靜，我在血海裏淫沉過，我不再讓血的浪潮淹沒自己，我知道前面還將瞧到更多的血，而那還是由我們弟兄姊妹身上炸出來的，需要後死的我們去索回這筆血債。

在五十三號被燬的平厝裏，找到一位姓柯的住戶，他貧踞在一堆碎瓦上。我過去動問他空襲的情形，話問得挺重，他老是直着迷茫的眼珠對我瞧，模樣簡直駭人。但我能够瞭解他，在一瞬間便捉住了他的被慘酷事變激動得異常不安的靈魂，這是個正需要別人同情他慰藉他的好弟兄。經過耐心的盤詰，他慢慢告訴我：「敵機在頭上打兜轉，這裏的鄰居全沒有逃避的意思，他們應該躲避的，百步外就是田野，有小樹叢，災難未降臨前他們該疏散到那邊去，田野和樹叢會帶給他們安全。可是象園鄉的質樸的鄉民全以爲敵機不會下彈，留在自己的屋子裏，更多數擠在狹小的街頭嘩笑着，數着飛行野獸的箇數。第一顆炸彈響了，民衆這時激起了驚惶，迎着

三月十二日在成都

周文

中山先生逝世十三週年紀念，今天上午十點鐘在沙河堡四川省第一林場舉行植樹典禮。聽說各學校學生在七點鐘整隊出發，我就在八點鐘時向東門跑去，但經了許多大街，所有店面雖已開門，可是沒有看見一杆國旗掛出，我幾乎疑心我把日子弄錯了。其時天色非常黯淡，一團一團的烏雲簇擁在上面，落下稀疏的雨點，但我決定還想把今天這事明白個究竟，到了東大街春熙路口時，這才看見遠遠的有些國旗在簷口出現，而且聽見了洋鼓的咚咚聲，順着聲音看去，原來有一隊很整齊的女生和一隊童子軍正在前面走着，黃綢校旗在隊伍前頭一飄一飄的，我這才放心了。趕過隊伍，出了城門，又遇見一大隊黑衣警察也在前進。沿途遇見一些坐着黃包車的公務員，都朝着同一的方向去。到了牛市口車站時，只見兩旁的幾家茶館裏，蜂擁似的正走出許多機關的職員來，白布的機關旗帳在前引導着，車站外面碉堡下的一片空地上有一大羣全武裝的兵士，左袖彎上還各插着一朵紙花，在口笛聲中集合出發。人便在這兒多起來了，形成長長的各種顏色的行列，踏着汽車路前進。不多一會工夫就到了第一林場的門口。一進門，只見一條筆直的土路，兩旁夾滿高聳的杉林，一些灰色，黃色，藍色的男女學生隊伍就在這杉林中走着，畫出一種嚴肅而整齊的壯觀。走出杉林，拐過彎去，就看見一個兩個扭任遊動哨的兵士扛着槍在田埂上或溝邊站着。我追過隊伍，在田埂上又彎了幾個大彎，一個在胸前掛有「引導員」證章的人在我旁邊用手一指，我便照着他指的方向蹤過一道架在碧綠水上的木橋，而搭在遠遠高坡上的主席台就呈現到眼前了。台前插着一面青天白日滿地紅的國旗，和三四面白布的機關旗帳，一大堆穿長袍馬褂和軍服的職員正在那兒來來往往。高坡下的兩旁是波狀形的亂墳堆，聚集着一堆一堆的學生，照規定右邊是女生，全是藍色衣服，左邊是男生，則是一堆黃色一堆灰色地。校旗都飄飄的插在墳頂。一看這學生們所站的地位，和主席台距離得似乎太遠了一點，站在學生面前看主席台，只能看見那些似乎並不很大的人影在動，一點也聽不見他們的聲音，除非是大着喉嚨吶喊。不過，今天是這麼隆重的典禮，也許參加的羣衆一定很多，非有這麼大的範圍不可吧？我想。

到了主席台前，在機關職員堆中走了一轉，跑到台側的一堆武裝士兵和軍樂隊間看看，遇見一個熟人，他用手指着木橋那面的一片樹林告訴我：「那就是民國二十五年時的成績，那時栽了二十幾萬株，才僅一萬多株沒有死掉，現在已經成林了」隨即他又說：「聽說這回的樹已經由林場方面先植好了，今天就只舉行儀式，儀式完了之後，就完全整隊到塔子山去參觀。」我隨着他移動的手指望過去，原來塔子山就是木橋那面右手邊的一個高坡，那兒倒是森林蓊鬱的。雨點還在稀疏的落，他皺起眉頭嘆了一口氣：「唉，這裏的人們總是不遵守時間，現在已經十點過了，有很多人還不來，眞要命！再等一下還不開會，雨要下大了」

天上果然更黯了，前前後後的人都也在慨嘆或詛咒那些不守時間的人們。不過，人們他陸陸續續在來了，在遠遠的樹林那邊黃色的綢旗在飄舞着，童子軍的小旗也在飄舞着，一隊一隊的學生在忽隱忽現的走了過來，在木橋上湧現。到了十二點鐘（！）這才看見所有的墳堆上站滿了學生，旗幟更多了。許多賣香烟，賣麵包，賣花生米花生糖的小販們就在那些學生羣中穿來穿

死，他們尖慘地狂叫、哭奔、和跌撞，許多人冒險躍入魚塘，盡可能把身體埋入泥裡。飛行的野獸張着殘酷的血吻，炸彈不斷的爆炸，在漫天的灰霧中大地震動着，房屋傾陷了，炸彈的碎片和激飛的磚石發了狂，擊倒了大批的人，繳搜了大批的鮮血，於是九個人當場喪失了生命，三四十個掛了彩，不久，掛彩的又完了兩個，其餘送到貧民醫院去了。先生！我喪失了我的妻和孩子！至於我的家，你瞧！」他的手指了一下瓦礫，然後朝天攤了兩下，咬着牙齒。人在絕端痛苦的時候，他所表現的不復是痛苦，而是癡鈍與獃呆，這比之痛哭流涕更淒慘。痛苦外洩後可以獲得暫時的輕鬆，只有沉鬱的潛伏的內心悲哀，它咬着人，久遠而且深烈。這次抗戰中無數好兄弟姊妹已被生苦磨鍊過了，祇要不洩氣，找到敵人，這痛苦這悲哀一定會轉化成絕大的忿怒，激發成無比的力量，把痛苦回擲敵人的。

……………

六具未收殮的遭難者的屍骸，男人、婦女、孩子，放在魚塘的土阜上，薄薄覆着蘆席片和稻草，凝固的血跡，和致死的慘楚的傷痕，催得許多人流淚。我脫下帽子，默默地向無辜受難的同胞致敬。死人的臉上都遺留有悸怖驚恐的神色，睜大的白眼珠，歪曲的嘴，痙攣的臉肉。……

警察局的特務記者C君正在對準鏡頭為死去的骸亮攝影。太陽在下午露了臉，魚塘的泥漿閃着金光，C君掀動開末拉的手在微微顫抖，

二、二四、福州。

去，頓時也就熱鬧起來，說話聲喊叫聲，吃東西的聲音響遍了墳間。有一位同行在我旁邊說：「今天怎麼沒有民衆團體來參加？他們沒有通知？」我這才注意到了，果然到這兒來的全是學生，還有就只是高坡上主席台前的車隊和公務員們——這時機關也到得不少了，公務員坐滿了台的前面。到了開會的時候，我們就都走上記者席去。

當喊聲「全體肅立」的時候，從台上向着下面一望，只見所有學生都各各整隊排成一方一方莊嚴的行列，這種有組織的壯觀頓時令人興奮，我忽然這　想了一下「我們的青年們其實是很有希望的，只要有計劃組織，可以形成一個偉大的救國力量。」而台前的所有公務員們也都一樣整齊嚴肅，恭敬地向着中山先生的遺像行禮，開會以後有人報告籌備經過，他說「今天承各位來了一萬多人」但就在這時那坡下的一萬多人把我的視線捉住了，這些一列一列的隊伍，在起着混亂，許多學生正在個別地離開列子東跑西跑，賣零食的小販就在那些學生羣中鑽來鑽去，在我旁邊的幾位同行說：「走，我們下去看看是怎麼一回事。」我們走下台，繞過公務員們的背後，那擴音機播出的話聲就在我們耳邊直撞。但一下了坡，走到學生們的列子前，那講演的話聲就漸漸小了，模糊了，只聽見學生羣中的喊人聲，說話聲，叫小販聲，還有一羣男生中在發出唱歌聲，有一些地方在發出吹號聲，我們回頭望望主席台，主席台上的人還在講演，但聽不見了講演的聲音，只看見那人是站在擴音機後面罷了。雨點還在稀疏的下，有一隊在吹哨喊集合了，集合之後，黃綢的校旗前導，隊伍就跟着浩浩蕩蕩衝過橋去，有幾個掉了隊的學生，一面口裏嚼着東西，一面跌跌撞撞的追隊伍去了。立刻所有墳包上的列子都動搖了，吹號聲，吹哨聲，喊人聲，飛跑聲更加攪成一團沸騰起來，接着一隊二隊三隊……也都仗着校旗從墳堆間跑出湧過橋去，這情形自然是說明「禮成」了，但回頭一望，主席台前的人們雖也有一個兩個的人離開了，但大多數還不動地坐着的，擴音機後的那人也還站在那兒講演，不像是「禮成」了的樣子。然而女生們的隊伍也動搖了，也在喊集合，巴巴的望着那些男生的隊伍搶在前面走。快走了一半人的時候，才聽見坡上的人們在舉起手高呼口號，還沒有走的學生們也就趕快站在墳頂上跟着舉手高呼，一陣，這才正式散會了。墳堆間也就更加湧擠起來，雖然擠，但都彷彿沒有精神似的，都只有一個意志：搶過橋去！有一隊女生走着走着唱起歌來，但剛剛唱了一句：「起來，不願做奴隸的人們，」周圍卻靜悄悄的沒有回響，有的只是搶着跑的腳步聲，她們也唱不下去了，只是埋着頭走去。人們一搶過橋就跑起來，有幾個學生還「仆爬禮拜」地跌翻在地上，引得人們一陣鬨笑。「不是說還要完全整隊上塔子山去參觀植好的樹麼？」我忍不住問了；我旁邊的一位回答「你看這情形當然不可能了！唉，這實在不能不使人失望！在這抗戰的時候，要是把他們上火線去，像這樣勇敢就好了！」到了隊伍快走完時，居然有一隊學生勇敢地冒着雨上塔子山，去在山頂上黃旗招展。我們於是也決定去看看，但追上去時，那隊伍已走遠了，消失在斜坡的轉彎處，只那兒的叢林中發出雄壯的歌聲，我們向着歌聲再追幾步，還是沒有看見人影。雨點漸密起來，我們只得回頭了，下坡時人們已將散盡，到了車站，才碰見一大隊很整齊的童子軍在軍號聲中一步一步的走着。這種不恥最後，而且保持着來時的精神，使我又重新感到興奮起來，我看了看他們仗在前頭的旗幟上面的字是：「華陽縣主得勝場小學。」我於是用了欽佩的眼光仔細看了看那些紅噴噴的年青的臉，我因此想我們的青年並不是沒有希望的。

一九三八年三月十二日。

從貴溪寄到武漢

尹庚

風兄：

久違了。常常想念到你。我在去年十月，懷了號召後方民衆抗敵救亡的熱情和朋友們組織了一個宣傳隊，在大場失守前一天離去上海；到現在，脚底板已經貼了三個省份的泥土，走了二千多里的大路小路，正巡迴於江西的山野與農村。……漢口那邊，我們的宣傳隊設有通訊處，料想已經有人把這隊伍編寫的小冊子爲你送來。你從那上面，可以知道我們工作經過的大略情形。希望多多給我們意見，指示一切。

我們自然以最善的努力，在做我們抗敵救亡的宣傳；當工作效果較好，與羣衆的情緒極激昂的場合，不消說，我們非常的興奮愉快；但是，也遭遇過不少痛心的事象，悲忿感慨也常常有的——有多少黨政機關的怪物，還繼續的在壓迫民衆運動；有多少土豪劣紳，竟依然的在作福作威；有多少所謂智識份子者，甚至於並不了解抗敵救亡工作的意義；對於各方面的目前情勢，他們既不大明白，對於調整政治機構，我們也只聽到遙遠處送來一些風聲，對於亟待改良民衆生活的民衆，其實正把他們打下十八層地獄去了。（例如，壯丁大半不是逃亡，就得被綁入伍，於是年老的父母只有上吊，可憐的妻小含着眼淚走向求乞度日的窮途！）一句話，抗戰後暴露的千百種缺點尚沒有及時克服。因此，要動員廣大的民衆參加爲民族自由解放，也爲自身的自由解放的戰鬥陣線，實在使盡了九牛二虎的力量，還是差得很遠很遠的，我們在頭三個月，那陰濃煩鬱的苦惱，總是無法排遣的，我們的工作，怎樣也不能够做得深入；直到最近，才有較好的發展。如今好容易的把工作擴大到軍隊中去，擴大到傷兵醫院中去，擴大到自衞幹部訓練大隊與當地居於領導地位的各種社團中去；我們是流動的，他們却不，希望他們做得更好，而且做得更多，我們將運用一切的方法協助他們。……越是向內地走來，就越難找到能够一飽眼福的書報刊物，尤其純文藝的。我們離去上海的時候，買了二大箱的書報刊物，不多久，全看完了。上一個禮拜，派一個朋友往南昌去，才帶來了一批新的；這中間，得到你編的七月第八期（前只看過第一二三期）在我，實在非常的高興！我對於你的文藝工作的態度與影響，始終誠虔的尊敬着，覺得能够做一個你的忠實讀者也極榮幸！讀了幾則通信，知道幾個熟朋友的下落與在努力些什麽，也是大使內心舒適的一種慰藉。

提起劇本，關於這，在宣傳工作的過程中，在宣傳方式的運用上，我才略略的理會了一些。我們顯然從事實上証明了以前的一般劇作家，他們的成就只是對於小布喬與智識份子的成就，他們倘未對於最多數的工農有過什麽應貢獻。我們出發前收集了毛五十種劇本，宜於內地演出的，竟不到五種！因此，我們門外漢反而不能不大胆的隨時隨地的自己痛起頭來編寫——結果，認爲啞劇與幕表戲，最爲羣衆歡迎。語言不統一，有着這困難的條件，我們走到一些地方，我們說的他們完全不懂，他們說的我們也完全不懂。那麽，怎麽辦呢？要解決這個，成爲唯一工具的是啞劇。因爲全靠表情與動作演出，演出的技術與編寫的技術，都得超乎一般的才行，記記看，可是無論如何記不出那一個劇作家曾經編寫過一個啞劇。或許是我少見吧？可不可以爲最多數的工農最能接受的文藝式樣，向劇作家提出要求呢？至於幕表戲，主要的根據是當地的特殊情形，其事實是當地羣衆最關切的，其登場人物是當地羣衆最熟識的，其內容能組織當地羣衆一致的要求，希望，苦痛，困難，快活，歡笑之類；主題明快，情節緊張，效果很好無疑：「這種劇本自成一種粗陋的風格，長處是極通俗。」我們現在有三個啞劇，經常演的有二個，幕表有十多個，經常演出的有三個；我也被迫着編寫了幾種，都已經送給就近的日報刊物發表了。我也編寫了一個歌劇，現在寄上一份，請改正。我於文藝方面可以說毫無進步，我自己對於這其實也沒有多大企圖；有空我仍然繼續的學習，不過弄的還是求其通俗不計粗陋的一種；在「偉大的作品」的目標的光輝指射之下，又來談起這個，恐怕有多少朋友是要見笑的；只是想到文學月報北斗首先倡導大衆化問題以來，到如今還不見有豐富的收穫，我又情不自禁的談到這個了。七月上是不適合揭載它的，相煩介紹給別的日報刊物。我們正得到第四軍的介紹，不久過那叫做鉛山的縣城去，預料可以獲取更多更好的教訓，抑止不住的在高興着！你也會替我高興的吧，我們在各種不同的教訓中邁步上前。我們正走過許多共產黨紅軍曾經光臨或者久住的地方……完了，敬禮！

弟尹庚上

向着偉大作品的進行

倪平

「我們的生活，要求着英雄式的詩，要求着深掘出成長中的悲劇意義的那種詩。生活向着詩人們，乃至廣泛地向着文學家們要求這樣多的東西的事，還不曾有過一次，而對於這樣的要求，像今日這樣文學衹不過僅僅回答了一點兒的這種時代也不曾有過一次。」

——M・高爾基。

突進生活的眞實的密林，抓住它！

在論文學上的眞實裏，當論及藝術上的個別的東西與典型的東西的關係的時候，J・亞里托曼寫着一段極可注意的話，這段話也觸及了現實主義文學工作者的創作過程與生活過程這一課題，並且給與了我們在這一課題上的本質的理解。

他寫着：『藝術家愈將具體的「素材」，即愈將鬥爭着，動搖着，苦惱着或歡喜着的人們的具體的諸形象，作愈深刻的熱情的研究，把握，理解，感覺；又藝術家愈眞摯地突進生活的眞實的密林，而將其能把現實諸過程和其方向等的眞實表現給與我們的那種人物，現象，事件，特徵等愈注意地從此密林中選擇出來，則此藝術家之典型的藝術的概括也愈成爲燦爛的東西。』

J・亞里托曼並不曾把創作過程與作家的現實生活過程機械地分立起來看。無論如何，在現實主義文學工作者，這一課題正是最基本的一頁。尤其在今天，當着我們的作家們和在戰爭中成長着的文學習作者們都企圖向着偉大的作品行進，企圖着寫作毀滅，鐵流以至於比這更偉大的史詩來描寫這染着鮮血的英勇的民族解放戰爭的諸生活形象的時候，這一課題的被强調地提出是應該的。

創作過程在它的根底的意義上決不僅是一種簡單的直觀的過程，也決不僅是藝術手法上的種種形象的表現的過程。創作過程是作者的思想透進藝術形象底本質的運動，是與現實的理解以及形象的選擇和表現等相結合的十分繁複的有機的過程，這一過程在牠的活動基礎上，是與作者的生活過程緊密地一體聯繫着的。

我們的文學工作者當閱讀高爾基的作品，毀滅或鐵流的時候，不能僅是簡單地嘆服着內容的豐富與動人就算罷了，我們的文學工作者應該更眞實地理解着：在高爾基的藝術作品的基石上，是凝積着幾十年的艱苦而且陰暗的流浪生活的；而法捷耶夫和綏拉菲摩維支是曾經用他們寫作毀滅和鐵流的手拿着槍，作爲一個戰士從血的戰鬥和死亡之中步行過來的。

在現在，我們有許多文學工作者非常不正確的理解着創作過程中的典型的問題。他們僅僅把它作爲一個技巧上的問題來理解着。這種態度不僅是要在藝術上招致了可悲的失敗，而且往往竟歪曲了作品中的人物的形象，甚至於損害了整個作品的現實的社會意義。

「典型」的創造在表面上雖然是人物的深刻的眞實的表現的問題——一個技巧的問題，但是在實質上，任何典型都是生活在現實社會之中的，決不能脫離了現實生活架空地生活着。因此，在「典型」的創造的過程上，我們的作家們只有眞實地走進生活之中去，認識了現實的全面，認識了生活的眞正的深度和闊度，這樣才有可能從生活的密林裏選擇出一些特徵的人物，描寫出具體的而在本質上是典型的活的形象。

但是，「生活」——這東西是決不如這兩個字這麼簡單的。牠是無邊深廣的，包含着無限複雜的矛盾和鬥爭，並且在這矛盾和鬥爭中無數的各種各樣的形象在生活着，發展着，變動着。我們的文學工作者固然能够任意的從現實生活各種各樣的形象中選出典型，決定人物的性格以及牠在現實過程中的意義，然而這工作並不是幻擬的空想或者是對於生活的膚淺的了解所能完成的。這工作課給了現實主義文學工作者一個必修的課題——眞實而且堅苦的從生活學習——「突進生活的眞實的密林，抓住牠」

文學工作者必需要理解：在作者的生活過程中成長起來的典型才能被體現爲浮彫的活的形象。對於現實主義的文學工作者，學習生活雖然十分困難，然而却是最基本的必修的一課。

單純化典型化——從概念化煩瑣化脫出

在現在，我們的文學工作者的作品中間有一種十分嚴重的現象存在着：一般的報告通訊都寫述着染着血和淚的故事，寫述着可以令人哭泣，憤怒，吶喊，戰鬥：……的故事，但這些故事大多數被寫成了沈悶的，無光彩的，缺乏生氣和力的東西。全國抗戰展開已經有八個月了，但是很少看到優秀的作品。在一般的作品裏，概念化的「平鋪直敘」和「身邊瑣事」的描述幾乎是唯一的手法。

這種「共通的可悲的缺陷」，我們決不能輕輕地看作一種純技巧上的問題，這同時也正是一個文學本質上的嚴重的問題。

一直到現在，我們的作家們很少有人在形式的獨創和完成上努力過，更少有人在藝術手法的完成上表現過成績和收獲。中國文學的現實主義的遺產是十分貧弱的，這一切只有等待着我們自己的創造。

在現在相應着這種可歌可泣的祖國的暴風雨般的現實，我們的文學工作者們必需首先在意識上從公式主義的殘渣的「概念化」裏脫出，必需拋棄一切身邊瑣事，學習抓取生活中的重點和人物的特徵，必需向表現力底貧乏，無生氣，無個性作一個艱苦的鬥爭。

在獲得藝術的手法這一點上，我們的文學工作者必需要了解「單純化」的意義。單純化的藝術作品是最高的完成的藝術手法的產物。文學作品整體的單純決不是由文學的質的降低所能達到，相反的，要做到這一步，只有通過眞正的精純的技術。這種單純決不是意味着使生活變爲貧弱，無血色，圖樣化及片面化……；這種單純應該是極端複雜的生活相的有機的自然的溶和與凝集。在複雜里面達到單純的藝術手法的文學作品是够得上藝術之名的，因爲它，素樸，深刻，明確，簡潔。……作爲這種作品的最完美的例子，在過去我們可以舉出但丁，莎士比亞，歌德……等古典作

同樣的，在向着偉大的作品行進的過程上，我們的文學工作者也必需把握着「典型化」這一課題，努力創造一種不朽的浮彫的活的典型形象。關於這一課題，高爾基在我的文學修養裏十分深澈地寫着：

『……假使作家能够從二十人——五十人或幾百人的小商人，官吏，勞動者中各取出其最有性格的階層的特徵，習慣，趣味，身姿，信仰，動作，語言等等——能够將他們再現，綜合在一個小商人，官吏，勞動者身上，則作家可算由此創造出了「典型」——而這才叫做藝術。』

我們在讀完了這一段極可寶貴的經驗的蓄積之後，我們可以清晰地理解得到：高爾基的話不但替我們撥開了滿天的雲霧，而且竟好像把我們拉得和「藝術」站立得這麼靠近——幾乎是一伸手就可以觸着了！

新形式和偉大的作品

現階段的我們的文學工作者們在藝術形象化的手段上雖然比較弱，但是我們在現實生活的把握的闊度上却是廣大的。尤其是在現在，許多的作家們和文學工作者都在寫作着「報告」這一戰鬥的新的形式。

「報告」，在牠的最廣泛的意義上，我們是把普通所說的報告，速寫，通訊，特寫……等都包括在內了。「報告」這一形式，在牠的本質的意義上應該是「由語言而來的生活描寫的眞的藝術」（高爾基），它要更直接，具體，眞實地表現着生活，它擴大了文學的視野和範圍，它是最適切地表達着戰鬥生活的言語藝術的現實的形式。

我們現在有許多文學工作者把「報告」的寫作看做是一件簡單而且容易的事，這是很不正當的看法。「報告」的寫作是必需通過文學的藝術手法的。報告在它的本質上，決不是一種「文學上的比較低級的形式」。關於這，高爾基曾經寫了一篇年輕的文學，報告文學及其他來論及它。

「報告」這一形式在牠的發展和完成上，在達到「高的藝術」形式這一水準點上，它是向着偉大的作品行進着的。在這裏，我們的文學工作者能够看見M．高爾基底內戰史，丁廠史；M．蕭洛霍夫底被開墾的處女地；J．李德底震撼世了

界的十日間；A·瑪爾洛底征服者……這些巨大的而且動人的史詩。

在現在，在「報告」的寫作上，一種幾乎可以說是「壞」的傾向存在着。有些文學工作者往往十分表象地處理着現實的體裁，並且不能深入地眞實地寫它。例如當寫到關於舊的軍隊或政治機構的報告的時候，我們的文學工作者就傾其全力用在暴露黑暗和腐敗上；這種客觀的報告態度本是十分正確的，但是往往竟因此完全疏忽了它在參加戰鬥的過程中趨向着變革的進步的發展這另一面的事實。並且就在現實的黑暗面的暴露上，往往也只是寫出一些表面的膚淺的現象，並不能掘發到它的社會的根抵的所在。甚至於在處理本質上與這完全不同的體裁的時候，我們的文學工作者也犯着同樣的不深入不眞實的錯誤。一般的描寫第八路軍或人民大衆的遊擊隊的作品，都是懷有着娑娑媽媽式的歌頌傾向的。在這些作品裏，我們只看見用一些贊揚的，美麗的空泛的辭句，描寫他們的英勇，勝利，偉大，……然而我們的文學工作者竟把現實過程鬥爭中的最艱苦的一面——他們在生活和戰鬥過程中必然遭遇的困難，阻礙，失敗……等隱蔽起來了。但這在本質上也正是那最值得歌頌的最偉大的一面。

我們的文學工作者首先必需了解與現實生活緊密地結合着的「報告」這一新形式的戰鬥的任務。在報告現實這一課題上，牠是含有着不要粉飾生活，不要隱藏我們戰鬥着前進的過程中的諸矛盾的，現實的批判與教育的重大的意義。戰鬥的文學形式的「報告」要求着我們的文學工作者眞實地寫下變動着的，複雜的，矛盾的，有着光明面與黑暗面的，戰爭與革命的大時代底現實生活；要求着深入地從人民大衆的苦難的生活的底層，從血的戰鬥的內部着眼。我們的報告不怕是片斷的一角的生活面，但必需是眞實的深入生活的。

我們的文學工作者在現在無須乎茫然的發問：「我們的戰爭與和平呢？我們的人間喜劇呢？我們的毀滅和鐵流呢？我們的……」而是應該毫不遲疑地突進現實生活的內部，眞實地寫作「眞實的報告。」並且也只有這樣，我們的文學工作者才有可能克服作品內容的空泛，才有可能和技術的貧弱作鬥爭，才能算是在向着偉大的作品行進的途程上踏出了忠實的最初的第一步。

現實主義文學工作者的美麗的習語

在今天，我們的文學工作者是在民族革命戰爭的血的烽火之前站立着，是在一種激情的戰鬥的時代脈搏中生活着；在祖國的廣大的苦難的原野上，血的戰鬥和艱苦的人民大衆的生活向着我們提供着無比豐富的悲壯而慘痛的豐幅與題材，預約着一種崇高的具有永久意義的悲劇的偉大史詩。但是無論如何偉大的作品的創作乃是十分艱苦而且巨大的工程。在今天，我們雖然是在一種強大的熾熱的革命戰爭的熱情之中生活着，戰鬥着，然而我們還得要把這熱情溶和進生活裡去，把它整體的表達出來——這就是說，要使表現着生活和戰鬥的文學也成爲一種含有熱情的東西。

我們的文學工作者必需把握着創作過程與生活過程的複雜關係，首先必需要作爲一個「眞正的戰鬥者」而生活，而戰鬥。事實上只有一個「眞正的戰鬥者」才能突進生活的密林。我們知道法捷耶夫寫作了毀滅，但是假如法捷耶夫最初不是作爲一個「眞正的戰鬥者」的戰士，而是以一個收集文學材料的旁觀者的身份參加了戰鬥，他一定不能寫出這一部成功的毀滅，因爲他將不能深入生活的內部，而他的旁觀的生活態度在事實上要把他從一切深刻的，眞摯的眞實感人的形象遠隔開了。

我們的文學工作者必需要學習抓住生活的能力。在這樣一個大時代的暴風雨中，在這樣一個多變的繁複的生活中，時常會有許多可寶貴的東西從我們面前飛逝過去。我們更必需要爲明確，深刻，浮彫的語言，爲單純化的藝術手法的獲得作鬥爭，使這大時代孕育着的創造優秀藝術作品的潛在的可能性轉化爲現實。

我們——現實主義文學工作者，決不逃避生活，決不在現實前面，任何困難前面退縮。我們必需要學習一切偉大作家的藝術手法，學習他們的嚴肅的眞實的突進生活的態度。必需堅苦地戰鬥，學習鬥爭……

作爲我們的偉大的戰士作家的M·高爾基曾經這樣明確地誇贊地寫着：

『「沒有鬥爭就是滅亡，」——伊里奇說過。他常說「必需，」——這多麼美麗的習語呵！』

——是的：「必需！」我們也應該記住這個美麗的習語！

九三八年三月。

戰地

進步的·實踐的戰地文藝半月刊

丁玲·舒羣主編

·零售每冊實價一角二分·

上海雜誌公司總經售

總店漢口交通路六十二號·

支店上海廣州梧州宜昌重慶·

分店武昌長沙成都西安昆明

時事類編

中山文化教育館主編

本刊每半月出版一回。內容：（一）解釋政府戰時各種政策之意義與國民應盡的責任；（二）揭露敵人的陰謀與弱點；（三）介紹各地農村服務團及共他團體戰時工作的經驗；（四）分析各地抗戰的實狀；（五）研究各國戰時政策之內容及其實施的步驟；（六）鼓勵前綫將士抗戰及民衆自發後援運動等。

零售每冊 本埠八分 外埠一角

抗戰漫畫

葉淺予主編

全國漫畫作家集體制作

在這全面抗戰時期的漫畫，它的使命是非常重大的：它常常向酷暴的敵人作襲擊：貪官漢奸作痛伐；告訴同胞們世界的現狀，抗戰的現勢，喚起民衆民族意識的覺醒，激勵民衆抗戰情緒的高漲，增厚全面抗戰的力量。所以在抗戰中，它竟是文化界最有力量的一環。

本刊的執筆者包括全國各地二百餘漫畫作家，內容精采，有眞實性，取材豐富，有新聞性。

▽零售實價一角二分△

婦女前哨

子岡·宋元主編

本刊爲喚起全國婦女救亡運動，切實指導婦女界從事抗敵工作，達成全國總動員，增厚全面抗戰的力量，爭取抗戰的最後勝利而實現民族解放，每半月發刊一回，提供婦女界以戰時需要的不可缺少的最好的文化食糧。內容是閱期豐富的，文字是篇篇精采的，尤其都是切合生活實踐的，而不是空理論。

零售·每冊五分

中國的空軍

十日出版一回

零售每冊五分

本刊是要全國民衆明瞭中國空軍的情形，也要全國空軍明瞭他們在抗戰中所負的任務和責任之重大。我們要使「中國的空軍」來發揚我們的空軍。

航空大衆化 大衆航空化

文藝月刊

中國文藝社主編

這是對日抗戰中，最適合抗戰需要的戰時文藝特刊。所提供的作品，無一篇甚至無一字不是適合戰時大衆要讀要看的東西。如對日抗戰最需要的游擊戰術之研究和討論，戰時政治工作，戰時政治機構，戰時教育，戰時生活，戰時詩歌，劇本，報告，通信……等：無不擷取精華，一一提供於讀者。

零售每冊實價七分

大時代叢書

金則人主編　已出十六種

這部叢書，是以抗戰爲中心而編的。舉凡全面抗戰的各部門，都提綱挈領地搜羅概括，以深入淺出的文字，提供在大時代中的青年戰士們，以精神武器，加強救亡工作。

日本在華的間諜網　林克多著　一角五分
漢奸的產生和撲滅　傅于琛著　一角五分
告大時代的青年　金則人著　一角五分
青年軍事常識　林朝嵐　胡希明著　二角
全面抗戰的政治形勢　史步金著　一角五分
空襲與防空　李若逸著　二角五分
中日戰爭與國際關係　柳乃夫著　二角
持久抗戰與國民生活　劉孤帆著　一角五分

國民兵役的法令和實施　劉列夫著　二角五分
日本的軍部與法西斯蒂　柳仁著　一角五分
抗戰文化與文化青年　夏衍著　一角五分
後方民衆怎麼幹　漢夫著　一角五分
抗戰軍隊中的政治工作　張佐華著　一角五分
日本侵華簡史　曹伯韓著　二角
戰時經濟學講話　崔倚辛著　一角五分
怎樣組織民衆　張佐華著　二角二分

新軍事學叢書

民族解放戰爭的戰略和戰術　凌青編著　每冊四角五分
被壓迫民族戰爭論　周安國著　每冊四角五分
國防基本兵器講話　李鴻瓊著　每冊實價六角
抗日游擊戰術　周靜園著　每冊實價二角
民族解放戰爭基本軍事講話　李鴻瓊著　每冊四角五分

戰地生活叢刊

八路軍七將領　劉白羽　王余杞著
兩個俘虜　張天虛著
游擊中間　劉白羽著
陽明堡的火戰　吳奚如著
征途上　張天虛著
西線隨軍記　舒羣著

以上六種俱已在排印中不日卽可出版

上海雜誌公司

總店設在漢口交通路六二號
支店分設廣州・梧州・宜昌・重慶・上海各埠
分店分設武昌・長沙・成都・西安・昆明各埠

本期零售・每冊實價一角二分・

七月

12

上海雜誌公司總經售

·目錄·

本刊已呈請主管機關登記中

七月 第十二期

廿七年四月一日出版

編輯兼發行 七月社 漢口交通路六十二號

編輯人 胡風

發行人 張鴻飛

發行所： 上海雜誌公司總店 漢口交通路六十二號

經售處： 上海雜誌公司支店 梧州·武昌·廣州·長沙·宜昌·西安·成都·昆明·重慶·

印刷者 漢口小董家巷 新昌印書館 電話二一〇四五

本期零售每冊一角二分

訂價 三個月……五角五分 六個月……乙圓

每月一日十六日出版

抗日英雄特寫·

張培梅

力羣

在三月十五日的大公報上有北鷗的一個通信，那奪目的標題是：

「西線上的血肉長城」——我一看到就狼吞虎咽的讀起來。這是生長着我的故鄉山西的消息呀，怎麼能怪我要特別的關心呢！在故鄉，在那汾河的岸旁，呂梁山的林間，霍山的溝壑，……不是到處都展開了英勇的戰鬥的圖畫嗎？

嚇，怎麼呀！

「近六十歲的第×戰區執法總監張培梅，……他決心地要守衛着臨汾。不但指揮着決死隊，游擊隊，正規軍，在同敵人死拚，更身先士卒地參加着這戰鬥，終於以最後的一滴血，保衛了祖國，保衛了家鄉。……」

張培梅嗎？……——我的心緊束起來，凝視着大公報，默然了。

「是張培梅嗎！」我像看到一個仇人爲了拯救我的母親而犧牲掉了性命似的，我感動的快要流下淚了。

★

關於張培梅，這個兩手塗滿了人血的傢伙，在我是永遠忘記不掉的。但他是那一縣人，我却模糊得很，大概不是晉北的定襄就是崞縣吧？

當我十來歲的時候，就常聽得故鄉的人們談論張培梅：

「張培梅，哼！那傢伙，殺人不眨眼，你看他能殺多少人吧！數不滿洪洞趙城人多利害，媽的，硬教他給制服了。……」

當時張培梅是我們河東道的「道台」，我們靈石人軟弱像綿羊一樣，這是不放在張培梅的眼里的。但慓悍的洪洞趙城人就不同了：富於反抗性，好打架——爲了爭水時常打死幾百條的人命，但同時做強盜和土匪的英雄們也就特別多，殺人的案子，層出不窮。曾聽得一個蒲縣的朋友說：呂梁山林中，一年不斷的掛着的木籠里的人頭，就都是洪洞趙城做截路生意的英雄們的。

張培梅一光臨河東道，就起火了。沒有別的，只說是洪洞趙城人，一犯案，不管三七二十一，就是一個「殺」。殺呀殺的，不知道殺了多少人。如果是一個永濟縣的人和洪洞人打下官司了，那就一定是洪洞人輸。理由是：「洪洞人壞！」這樣子冤枉了的，該有多少呢？但張培梅是不管這些的。

恐怕山西人都知道吧，張培梅的出名，就是殺洪洞趙城人出名的。

因此張培梅和一個「殺」字，就成了不可分離的了。在當時，你如果得罪了一個人，他就會罵你：「媽的，你這死東西，終有一天會遇到張培梅的！」

但當我長大起來時，張培梅已經不是我們河東道的「道台」了，因此他的威名也就漸漸的被無情的時光從人們的心上沖洗去了。——他被忘却，人們不再談論到他。

只是我在道美村的高校里時，曾自從太原歸來的朋友那里偶爾聽得，似乎是說張培梅當了什麼軍長了，殺了兩個旅長，因此老閻就怕了，他請他下野了。但這些傳說到底確不確呢？我不知道。

可是當我在太原成成中學讀書時，却曾聽得一位張培梅的同鄉說，說張培梅却實在家里，腰里緊一根粗腳帶，穿的老百姓的衣服，拿一把鐵鍁在村外拾糞呢！既然是張培梅的同鄉說的，大概是真的了。

這以後就真的再也聽不到別人提說張培梅了，自然也是因爲我離開了山西，七八年來漂流在江南的緣故。

★

一九三五年秋天我回到太原，接着次年的春間就是紅軍爲了要開到河北抗日而借道山西，以致內戰起來的時候。一天的上午，忽然看到報載「張培梅來太原出任戒嚴司令」的消息。朋友們的心都提起來了。

「媽的，這個劊子手，殺人不眨眼，咱們還是逃吧！」許多朋友都化裝逃了，但真的戰士沒有逃。好，沒有幾天，國民師範就有六個青年祭了這位戒嚴司令張培梅的刀了。中國的很好的青年死掉了，我悲痛到提不起手來。

至此我就更其痛恨張培梅，

前年在上海和我的同鄉敵樵提到他時，我還說：

「媽的，這老傢伙等着吧，將來看我們算賬！」

但他現在死掉了：

「……更身先士卒地參加着這戰鬥，終於以最後的一滴血，保衛了祖國，保衛了家鄉。……」——這我還有什麼話說呢？他殺死過我的同志，但却更英勇地殺死了無數的中華民族的敵人！——甚至連自己的生命也獻給中華民族了！

此刻，我要拋掉我對張培梅的一切仇恨，遙遠地隔着萬里河山向他的光榮的遺體致民族革命的最敬禮！偉大的怪人，偉大的民族英雄，從此後，你將在另一種態像上永遠地活在故鄉人們的心里了！

三月二十七日於太湖山中。

·地方特寫·

延安的虱子

紺弩

一 虱子

有一天早晨，偶然我走到何思敬先生房里——何先生和我都住在邊區政府招待所，他正蹲在那像曠野一樣廣漠，像大路一樣鋪滿了灰塵的冷炕上捲起他買來沒有幾天的被褥，像推着一個大石滾地用兩隻手撐着，兩眼透過那當中有一道小圓圈的近視眼鏡，注精會神地在那雪白的圓筒上搜尋着什麼。

「幹嗎？」我和他打過招呼之後問。

「尋蝨子呀！」他毫不在乎的樣子。

哦！蝨子，眞是久違了哪！自從離開東京早稻田警察署的拘留所以來，五年之間，連牠底大名也沒有聽見提起了。突然一聽，未免有點吃驚：在自由的天地里，也會和這吸血的小怪物發生糾葛的麼？或者這位老先生太不注意自己底清潔了吧。

雖然是近視眼，似乎已覺察到了我臉上表露的神色，他補加了這樣的話：

「不長蝨子，不能算到過陝北呀。」

於是我才恍然大悟：蝨子是陝北的特產之類的東西。

這天晚上我開始覺得身上需要搔爬，也開始在身上尋到了蝨子，而且有三個之多。我底情緒馬上變得非常惡劣；但扭着頭向四周一望，又清醒白醒地覺察到自己並不是被囚在日本警察署的拘留所。

說也奇怪，那天之後，就常常聽見有人談起蝨子來了。第一個人說：徐老在睡覺之前，一定要點臘燭燒褲襠里的蝨子。第二個人說：朱總司令說，如果身上沒有蝨子，還配談什麼革命呢？第三個人說：成仿吾有一個冬天沒有脫過外套睡覺，雖然不知道是他懶呢還是實在太忙。不說外套，就不能脫外套里頭的衣服，這常識，我想大家都有的吧。沒有脫過衣服自然也就是沒有換過衣服。一整個冬天，沒有換過衣服，你想，他身上的蝨子該有多少呢？

徐老，朱總司令，成仿吾身上都有蝨子，是不成問題的。並且假如有人因此認爲延安僅僅只有這三個人有蝨子，或者加上兩個客人，何思敬先生和我，一共五個人有蝨子，那一定是錯誤的。事實恐怕剛剛相反，在延安不知道有沒有三個人或五個人身上沒有蝨子。

有一個學生，在抗大或者別的什麼學校畢業後就離開了延安。他寫信給延安的人說，我不知道延安有什麼好處，除了爬山還是爬山。那意思是說延安的生活是很苦的。其實爬山一件事，並不足以該括延安生活之苦。延安的人，吃的小米飯，住的窰洞；雖然我們不知道上古時候的穴居野處，茹毛飲血，是怎樣一種風味，但比之於住在高樓大廈里面大嚼珍饈美味，吃小米，住窰洞，總要更近於野蠻時代的生活；何況還要用自己底血肉餵養蝨子！

身上有虱子，一定沒有沒有虱子舒服，正和吃小米，住窰洞，爬山沒有坐在高樓大廈里吃珍饈美味，坐汽車走柏油馬路舒服一樣。縱然是在延安習慣了虱子底侵略的人們吧，和我們底見解完全相反，以爲沒有虱子就不够刺激，生活變得寂寞無聊的事，是不會有的。不過此刻現在，他們還無法和虱子告別，沒有餘暇想到個人或全體底私生活上的安適清潔之類的問題，倒是事實。

延安的生活是艱苦的。人們儘可逃避這艱苦，詛咒這艱苦；可是應該有一個起碼的理解：這艱苦并不是目的。假如連這樣一點理解也沒有，自然不妨提出更嚴重的非難，比如說，吃小米，住窰洞，人人身上長蝨子，簡直是相率而返於野蠻；爬山不爬山，猶其小焉者也。

能够非難延安的人是幸福的，至少他身上可以沒有虱子；只有一個條件似乎值不得羡慕，就是照朱總司令底話說來，他應該沒有共同改造我們民族底運命的資格。那個怕爬山的學生不是已經離開延安了麼？

二 月夜的故事

北方的晴空是美的，秋冬的月夜尤其美。

首先，那藍的天就是南方所少有的，它藍得這樣悠遠，這樣深邃，這樣生機活潑——你瞧，我簡直找不出話來形容。在南方，我不但沒有看見過同樣的天空，也沒有看見過有同樣色素的任何東西，只有一回，我看見過一個少婦底眼白，含着無限情意的眼白——她底眼白也含着無限情意，我以爲，她底眼白是藍的，藍得這樣悠遠，深邃，而且生氣洋溢；雖然就色彩說，北方月夜的天空是更爲濃厚。有這樣一個月夜，發着光輝的藍的天，平靜得像沒有風浪時候的海洋；半透明的白雲輕輕地浮動於過那帶着一點點微黃的明月，就像海上的遙遠的帆影駛近矗立着的山礁。月光是冷的：也許只是人這樣感覺，古人有走到水晶跟前就覺得寒冷的傳說，「清澈」「晶瑩」這種字樣本身就會使人發生和冰雪有關的聯想。月光下的世界和白天里完全兩樣、那一望無涯的黃土，那無論山岡，田野，城寨，房屋……都只有一個單一的顏色——土黃——的北方的世界，那因爲顏色單調，以致似乎無論什麼無不單調的世界，披上了銀色的朦朧的新衣，似乎一切的缺陷都被遮蓋着，完全以一個美好的豐姿出現了。塵土沒有了，大氣是清冽的，所有的景物，因爲不能看得十分清楚，格外顯得幽靜，神祕正像一個人，不好多講話，就被認爲十分深沉了。那照在地上的月光是多麼白淨皭而且，用一個完全不相稱的字眼來說，多麼濃厚哦，就像是什麼物體，可以拾起來的一樣。「牀前明月光，疑是地上霜」這詩句，應該只有在北方或者到過北方的人才寫得出來。

在這樣一個月夜里，聽說，延安城里有一個女詩人正在和她底一個朋友談天，忽然抬頭從窗外發現了這樣的月夜。她到延安不久，對於延安的一切都抱着很大的興趣，她想這樣好的月色，如果趁着夜深人靜的時候，去看看那寶塔山上的迷胡的塔影，聽聽那延水底潺潺的的流聲，吸吸那原對的清新的空氣，那該是人生不可常有的享樂。於是她興高采烈地向那位朋友說：

「咱們到城外頭去！」

「有什麼事？」

「沒有去看月亮啊，」

「看月亮？」那朋友驚愕地問；同時，也抬起頭，望過那沒有窗門的窗戶，望過那坍下了幾塊瓦的屋檐，看見一輪圓月在小小的一塊藍的天空，踱着從容的脚步

「唔唔，」他接着說，「月亮的確不錯；不過，何必到城外去呢？這兒不是也看得見麼？」

讓我把這故事更浪漫化一點吧，那位朋友是位男性，正在向那位女詩人表示自已底熱情。可是從那晚以後，他完全失敗了。她想，一個人底情素，可以如此地如此地粗糙的麼

「你對於這件事怎麼想呢？」有人問我，我沒有答覆。我底遲鈍，使我在聽話的當時，不能想起什麼。

現在我想，那女詩人是應該讚美的吧。她底情素正是個文化人，尤其是個詩人底情素，由許多文化的食糧詩的食糧養成，不是庸俗的完全素朴的人所能有的，一種比較高級的東西因爲有人有這種情素，才保證人類底性格感情等等有向上向前發展和改進的絕對可能。

世說新語上有一段故事：一個詩人在雪夜里忽然想看一個遠處的朋友，馬上坐船，連夜向那朋友的地方駛去，船走了一夜，天亮了，目的地也到了，剩下的是去拍那被訪者底門可是這位詩人說：回去吧，不去看他了。別人吃驚地問：怎麼特地來了，見也不見就向後轉呢？他：「乘興而來，興盡而返，」不必見着人。這故事是很美的。雖然我們還不知道他所說的「興」究竟是賞雪還是訪友。要到城外去看月亮和這故事很類似。

然而那位不懂得看月亮爲什麼要到城外頭去的朋友却又更使人感激。你不能想象他是什麼事務人員，被一些瑣碎事務把頭腦弄簡單了；他是個相當有名的講演家，政論家，他所關心的是十大綱領，中國的獨立自由幸福之類的問題，可是那些嚴重的迫切的問題，使他對于纖細的個人情感的理解，對于自然美的欣賞的能力和興趣，比起一個女詩人來，不用說，是相形見絀了。

有人在蘇聯的工農羣衆中發見了他們所缺乏的東西；個性，是必需的重要的吧，然而他們沒有，所以那位先生有點慨然了。一種改革是多麼困難，十月革命已經二十年，蘇聯人民在人性上洗除了多少舊的東西，我雖然不知道；但新的個性還沒有被養成，却有人指出來了。現在的中國，要和蘇聯相比，未免相差太遠，新的覺得縱然有，恐怕也很微藐吧，却已經有人失掉了雖然舊也未嘗不值得讚美的東西，把某種感情變得很粗糙了，不過，這是不足怪的，爲了爭取民族底解放，爲了爭取高樓大廈，珍饈美味的普遍化，延安的人民，不反而在住窰洞，吃小米，而且充當虱子底糧食麼？

那些感情粗糙的人們是使人感激的

三　小鬼

「田先生，你有介紹信麼？」

合作社的小鬼在我們去吃早飯的時候向田軍先生問。意思是說：你沒有介紹信，怎麼也來吃飯？

住在招待所的來賓們到合作社來吃飯是不要錢的，可是要招待所負責人或者別的人底證明文件。田軍先生起初也是有的，不過和別的幾個什麼人底寫在一張紙上，後來別人都走了，證明文件作了廢，田軍先生要來吃飯于是成了問題。

詢問的那小鬼，有十三四歲光景，臉上很紅潤，眉目都清秀極了，平常和藹，活潑，決不得罪客人；可是要是客人有什麼手續不合的地方，他比一個大人要嚴厲得多，

一句話，完全鉄面無私，毫無通融的餘地。這回，田軍先就被問得有點兒窘，連忙說：「我不吃飯，我是來和他們談話的。」

吃飯的時候，健談的何思敬先生就把小鬼當作話題了；他講的是第二招待所的小鬼，他說：

「你們知道我先住在第二招待所，全招待所里和我最密切的就是那個小鬼；他比這里的這個大得歲把兩歲，比他還要長得漂亮，——不知你們以爲如何，我覺得這里的小鬼都是很漂亮的，——我喜歡喝茶，喝濃的好的茶，不喝就不能作事。來了沒有兩天，那小鬼就知道我這稀皮氣了；我並沒有告訴他；早晨一醒，咳啾一兩聲，一壺熱茶就泡來了；晚上他去睡的時候也先跟我泡一壺茶；白天里少不得也有兩三回，且不說它。除了泡茶之外，他每天總要來問一兩回：何先生，你有衣服要洗麼？何先生，要買香烟麼？總之，殷勤得很。你們來了之後，都住在第一招待所，你們底熱鬧顯得我很寂寞，所以我前天就搬過來了。搬的時候，打行李，搬箱子，差不多完全是他一個人做的。我看見他累得滿頭是汗，心里着實過意不去，想酬謝他一下；你們想想，我能够怎樣酬謝他呢？我掏出了兩塊錢，我說；小同志，給買點心吃吧，你們猜他怎麼表示？」

說到這里，何先生賣關子似地把話停住了。

「當然是不要囉。」不知是誰說。

「他，那小鬼，望了我一下，臉上馬上潑血似地紅，像史湘雲小姐看見妖精打架的荷包時候那樣害着羞，或者還加上一點兒憤激，于是，把頭一扭，什麼也不說，就揚長地走了。我後來才明白我侮辱了他。」

接着別人也談了幾個小鬼的故事；里頭有一個是西北戰地服務團的小鬼。服務團到山西，很受各界歡迎；在某一個歡迎會上，那小鬼站起來講演了。他講他出生的地方，講他底家庭，講他底父母怎樣不讓他出來，可是他不肯當亡國奴，要出來做救亡工作；末了，講他在服務團担任的職務——勤務員以及日常的生活。那內容其實是應該使人哭泣的，可是幾千個聽衆却哈哈地笑了。大概也因爲他講的實在並不熟練吧，但主要的，恐怕還是因爲他年紀小，表情和動作都顯出初次在大庭廣衆中出場的不自然，而在聽衆看起來，確是有些滑稽。

就在那天晚上，服務團的人們，大家都覺得別扭。天黑了，還沒有點燈；主任到桌上去摸洋火，磕同一响，一個飯碗掉到地下跌破了，原來吃過晚飯的碗筷還沒收去。這都是小鬼沒有盡責，小鬼不曉得到哪里去了。派人到處去找，後來發見他躲在院子里哭。爲什麼？爲什麼呢？經過很久的盤問，才知道他因爲講演的時候，人家笑了；不用說，是個大失敗呀。于是他哭了一個多鐘頭，晚飯也沒有吃。

小鬼是延安各機關和八路軍里頭的小勤務員們共同的別名，里頭含着不少的撫愛的意思。延安各機關和八路軍里頭的人們都很喜歡那些小鬼，小鬼們對於他們也很馴服地替他們作事，聽他們底指揮和教導，只是挨罵挨打是決不肯幹的。打不必說，誰要是無意中罵了小鬼一聲，他一定會得到嚴厲的質問：「你是軍閥？你是官僚？同志，八路軍里頭不作興罵人的。」

小鬼們都是從農村里出來的，有的參加過長征，有的就是西北附近的農民底子弟。農村的生活是辛苦的貧困的，這些年紀小的孩子們似乎并不懷念它。他們在延安，在八路軍里頭，得到衣食，也得到了教育，（他們認得字，懂得許多政治上的名詞，）同時也得到大人們給他們底撫愛，他們的生活是快樂的。

他們年紀青，面孔漂亮；衣著因爲自己勤快，總是洗得干干淨淨，談話又帶着許多嶄新的名詞，足以使平常對政治問題冷淡的人聽了驚歎他們底博雅。大概都知道，在延安，在八路軍里頭，想從服色上估計，判別一個人的地位是不可能的，從首長到小鬼，都完全一樣。雙十二事變以後，到延安去求學的女學生很多很多，以前那里幾乎是男人國，看成千成萬的單身的男人；不用說，那些女學生們在那里是很容易變成少婦的。可是那些成千成萬的男人中間，最容易找到配偶的，據說有一個時期，是那些剛到成年的小鬼。

一九三八、四、一八、漢口。

聽見了呀！

鹿地亘

東京市近郊的川崎千住荒川的出征兵士和他們底家族，當開船的時候舉行了反戰的示威，三十個在開了槍的軍警底槍子下面倒斃」，一千多個遭了逮捕。一看到這條新聞消息，我底血馬上奔湧上來，幾幾乎要大聲地叫了。這些地名正是在我底夢里也會出現的親密的靈魂底故鄉，是和京濱南葛並稱的日本革命運動底搖籃地，是控制軍事法西斯主義者底死命的重工業底心臟，是火和鐵底街市——勞動底堡壘！

哦哦，我底眼前出現了，那些暌別了許久的親切的面孔！在不能制止的懷念里面，我把噴湧出來的聲音拚命地移到了紙上。

聽見了呀！
我的的確確地聽見了呀！
兄弟呵，
母親們呵，
姊妹呵！
噴湧的血底怒號
絞裂心臟的絕叫
在我底心底里響着了呀！
不會錯的！
不會忘記的！

兄弟呵，
母親們呵，
姊妹呵！
搖撼了火和和鐵底街市·日本底心臟的
你們底
那個戰鬥底聲音，
現在還在響着，
在我底耳里拖着尾子。

哦哦，在悠長的時間底流里
我是怎樣地期待着，
怎樣地側着我底耳朵呀！
像待望寒夜底過去一樣
我是怎樣地因爲期待而壓住呼吸的呀！
浮在眼里的六鄉底河岸——
連續地站着的鋼骨水泥的堡壘——
張着巨人底手臂的起重機之羣——
伸向天空的大烟冲之林——
力底源泉——
火和鐵底街市呵！
你們——勞動者，
在民衆里面注入生命的
革命底動力呵！
然而，我知道

在黑暗的嶤間底流——現在，
在包着憤怒的胸膛前面
有刺刀在指着。

夜——防備天空的黑暗，
我描畫着遥遠的夢。
然而，我聽到了，痛苦的呻吟，
那是充溢在街路上的咀咒——
被餓，被凍，被損害了的生命，
小孩子們底，女人們底。
軟弱的我底心忍受不住了——閉上窗，
窗——哦哦，悲哀底堤防！

於是，早晨。
在早晨，陽光落到弄堂里面，
但是，潑力的多大的陽光射不進來。
玻璃昏暗了，染上了雨底痕跡，
像是淚乾了，失去了氣力的面孔一樣。
被蹂躙的幾百萬的血呵！
被侮辱的幾萬萬的靈魂呵！
忍耐罷！忍耐罷！石頭一樣地忍耐罷！
我抱着痛苦的胸膛。

向着晴朗的天空
投去恐怖底咀咒，
向着落雪的天空
投去暗淡的流亡的眼光——

想一想罷！在大陸
燃燒着憤怒底聖火！
哦哦，兄弟呵，
母親們呵，
姊妹呵！
舉起巨人底手臂罷！
伸過火線底這邊來罷！
扣住屠殺者底呼吸罷！
然而——
被兇烟遮斷了的祖國底消息，
悠長的冬眠日子向前流去，

起床罷——
同伴呵，起來喝點早茶罷——
我把疲乏的心傾到報紙上面。
今天是——
一九三八年二月二十三日。
啊！你看！你看！
你看這！
眼睛呵，沒有錯麼？
心臟呵，瘋狂的獸呵！
壓住要炸裂的怒吼，
哦哦，我要窒息了！
祖國！血的祖國！
無言的堰決開了——
不要哭，哦哦，同伴！
然而，眼淚馬上湧了上來，
流着，流着，流下了
哦哦，終於……我看見了。

那是黑潮底波浪麼？——不，
那是羣集向碼頭逼攏了。
那是鯨波底響聲麼？——不，
那是暗淡的，不吉的騷音。
兄弟呵，曾經響過
你們底鐵槌的巨體——船，
現在，深深地沉到了吃水線，
靜靜地昇着烟。
飄蕩的征旗，紙帶子底雲——
擠着鎗的滿載的勞動者——
敵人是誰？你們到哪里去？
哦哦，可親的兄弟呵！
看見了麼，注視你們的
皺紋深深的悲痛的眼睛？
青年人呵，那是你底母親，
在人叢里被推擠着伸着頭，在尋找你。
眼睛陷落，沒有了光，
舉着沒有乳的幼兒，
瘋狂似地喊着你！——
是你底愛兒！是你底妻！沒有聽見麼？
要被咀呪的，
人類之敵呵！
屠殺者呵，惡棍呵！

塞住耳朵，蒙住眼睛罷！
用血污的刺刀排成城墻罷！
你敢！——你敢把注視着你的
不穩的眼光抹去！
陰暗的呻吟，像從海底
湧上來的風一樣，
迸發了忍耐了又忍耐的涕泣，
刺進了兵士們底心底。
馬上壓下了羣集底騷音，
冲天的巨聲響了——
六鄉底勇士呵，把敵人忘記了麼？
下船來！攜起手臂！
掉轉你們底鎗口！
打倒法西斯們！
羣集底怒吼變成了暴風雨，
兵士們底胸口炸裂了。
哦哦，看罷！他們丟了搶！
從船沿跳下，潮水似地下來了！
歡呼聲轟然地騰起了，
兵士們被高高地舉了起來。
前進！向着我們底堡壘！
六鄉底勇士用手指着。
到工廠去！停止動力！
停止戰爭底呼吸！
監視的軍官失色了——
慌忙地命令守兵：

開槍開槍向他們！！！

然而，沒有開槍——軍官着慌了——

造反的東西！爲什麼不開槍！你們也……

他要拿手槍了——

大地搖動，海在叫喊。

守兵舉起了槍，

看罷，因苦惱而蒼白了——不要放呵！

哦哦，然而，轟然地，槍口噴出了火！

打開窗，我呼吸，

吐出了深深的深深的一口氣。

早春的陽光陡然射入了，

不知從什麼時候起，已帶有春天的氣味。

我看着房子被炸彈炸掉了

的墻壁。

[illegible]，骷髏沾着了親人的眼淚

就會滲出新鮮的血來。

哦哦，六鄉底勇士們呵！

兄弟呵！

母親們呵！

姊妹呵！

我底心臟發痛，

裂開了鮮紅的傷口，

血管跳動着——

像化雪期的河里的波浪一樣。

哦哦，染在碼頭上的血流——

那是流在世界上

一切民衆底心里的

戰鬥的血，是燃着的火！

看罷，看罷！法西斯們呵！

血汚的劊子手們呵！

火焰在你們底脚下跳着！

在烘烘地把你們包着！

（一九三八，三，七，在漢口）

附記——

寫這一首詩的時候，作者還在香港，但因爲不願受到日本特務機關底追踪，所以把他底生活環境移到了漢口。詩里面所說的天空，夜弄堂，被炸過了的墻壁，都是設想的漢口底情形。

高荒譯後記

給V.M.

閻田

中國的勝利是全亞洲甚至是全人類明天的一把鑰匙

——日本V.M.女士

V.M.同志！

把亞洲的命運從法西斯蒂的地獄裏

解放出來。

在你底故鄉，在你底祖國，

你聽到——

日本

和它底人民，

企圖自殺的

呼聲嗎？

而V M呵

你不能

站在悲劇裏，

隨着哭泣，

必需領導

兄弟們

起來，

戰爭………

——把亞洲的命運從法西斯蒂的地獄里

解放出來，

V M同志！

一九三八、三、二四、西安。

給鹿地亘

並無數的日本革命作家

鄒狄帆

鹿地亘
你曾被軍閥
誣爲叛逆的惡徒
囚在狹的籠裏
一次又一次地
…………

爲正義
你呼號
爲公理
你呼號
爲弱小民族
你呼號……
憤恨的火種啊
燒得你暴跳

你不願
讓火種燒死你自己
你更不願
看千百萬屈死底靈魂
出現在你底眼前……
你不願受「不屬於我們的權力下的苟安」(註一)
……
你說

『幾千萬人底生命
成問題的時候
我們
個人底生命
又算得什麼』(註二)……

是的
在你祖國底文壇上
我們知道
還有多少無恥的文士
懦怯的文士
像一隻狗
搖着尾
擺着頭
歌頌着法西斯
把千百萬的生命
當作兒戲
當作自己底食糧
像龜鼈
縮着頭
縮着足
不敢聽四周底呼籲
而你

鹿地亘
掙扎着
和那罍面上的
我們看着眼睛就發紅的
拿着牛耳尖刀
拖着木屐
青臉
多毛的膀子的軍閥掙扎
你衝開了鐵鎖
像海燕
冒着暴風雨
像天鳥
展翅在天郊
我們聽着了
你底呼嘯

鹿地亘
你流着滾滾的熱淚
離別了你底祖國
你是憐惜着
你祖國底弟兄們
今朝在軍閥底壓榨下
有多少呻吟
多少痛苦
然而你更咬緊了牙齒
你更堅決地握着手
在亞細亞底土地上
在赤紅的地球上

你爲着你祖國被壓迫的弟兄說話
你爲着全世界被壓迫的弟兄說話
鹿地亘
我將狂吻着
你熱情的詩句
九〇〇〇〇〇〇〇〇隻膀子
都舉起了
向你招手
向你歡呼
因爲
兄弟們底中國
今朝已認清楚了
　誰是朋友
　誰是仇敵
我知道
你祖國底弟兄們
也將認清楚了
　誰是朋友
　誰是仇敵
鹿地亘
有一天
九〇〇〇〇〇〇〇隻手
　將歡送你東歸
那時候你底祖國
將正如『七月的延安』
兩個五年計畫後的蘇聯
在你祖國底土地上啊
將『鏡開着生物底花朵
　機械底花朵
　新人類底花朵』（註三）……
你祖國底弟兄們
將招着手
唱着自由的歌
　歡迎着你
鹿地亘
你更堅決地走吧
……

（註一）見鹿地亘送北征
（註二）見七月九期鹿地亘選飢
（註三）見胡風詩敬禮

乞丐

艾青

在北方
乞丐徘徊在黃河的兩岸
徘徊在鐵道的兩旁
在北方
乞丐用最使人厭煩的聲音
吶喊着痛苦
說他們來自災區
　來自戰地
饑餓是可怕的
牠使年老的失去仁慈
年幼的學會憎恨
在北方
乞丐用固執的眼
凝視着你
看你在吃任何食物
和你用指甲剔牙齒的樣子
在北方
乞丐伸着永不縮回的手
烏黑的手
要求施捨一個銅子
向任何人
甚至那掏不出一個銅子的兵士

一九三八，春，隴海道上。

香烟的故事

梅志

楔子

香烟，又叫做紙烟，也叫做洋煙。叫洋烟，是因爲它來自外洋，我國一向沒有的原故後來我們自己也會製造了，才叫它紙烟或香烟的。

如果你只是看看它們，那你是不會感到它的魔力的。一枝只有二寸來長，一個小孩子手指那麼粗的傢伙，怎麼能够使人醉倒呢？可是，不管你富爲帝王，窮至乞丐，只要你和它弄親熱了，那就離它不得，日夜的讓你思念着。

它因此就有着許多可歌可泣的故事！

一筆好生意

時間是在年底，一個站在長江上游的小縣城里，忽然的開到了許多兵。兵這樣多，又都穿着灰呢的制服，一個個精神抖擻的。這樣的兵，在這縣城里還是初見。

這是什麼兵呢？學生軍吧？他們開到那里去呢？不會長住在這里吧？前方是不是打得不好？東洋鬼子會不會到我們這里來？……？……？一些奇離古怪的想頭，在每一個城里的人的腦中盤旋着。

這些兵在有着空大的屋子的老百姓家住了下來，他們揚言着明天不走後天一定走。因爲省得麻煩縣里去預備鋪草，所以才借住民房的。民房總比祠堂廟宇暖和些，可以冷得過。這理由實在很對，老百姓也就只有半疑半懼的歡迎着他們。

三個鐘頭後，老百姓的疑懼在下降着。這些軍隊是出他們意外的好。買東西肯給錢，並且還慷慨到不還價。不亂動老百姓家里的東西，對人又客氣。據說他們是開到長江下游去接防的，——馬上就要上火綫。對這些強健的可愛的青年的命運，全城的人不覺感慨嗟嘆起來了。

這城只有唯一的一條商業街。那街現在是全給灰色的動物擠滿了。他們是在添置他們旅行的用品。一些商店對於這年關時突來的一筆生意，感到十二分的喜悅。

在街首有一家紙烟雜貨鋪，那里是更擠滿了人，鄉下人來買油鹽雜貨回去過年，本城的也要來買瓜子花生一類的茶點。現在又加了兵士們來買香烟，這意外的生意使得店夥們忙得吐不出氣來。

「老板，買一盒香烟。」

「麼事呀？噢噢！就來了……」

「一包香烟，喂，快點！」

「先生，你要麼事牌子，我就拿來了！你看我在包着糖，實在忙不過來。」

「那麼金鼠幾多？」

這時是老板笑嘻嘻的從帳桌上走了下來，招呼着這些過多的顧客。

「金鼠呵！對不起，已經買完了，別樣牌子可不可以？金獅怎樣？一角錢一包，別家可要一角一分呢！」

「什麼！金獅買到這樣貴？從前不是五分嗎？眞長得太利害了！」

「是的，先生，長了價，金斧也買到七分了，橡棋是八分，強盜牌可長得更高，兩角多了！先生，我們可不是沒有法想，來貨又少，來價又貴，叫我們怎能不長。這價錢還是照本買一個不賺呢！你要那種？」

「兩盒橡棋吧？」

……

「喂！買香烟。」

「老板，拿兩盒聯珠來。」

「我要一盒，……」

香烟，香烟，伴着鎳幣打櫃台的聲音在鋪房里旋響着。櫃台里的店夥就像磨星一般，跟着聲音旋轉着，一盒一盒的香烟，像風吹落花似落了下來。

「老板，可怎麼？新橡棋買光了，金斧也只剩十幾盒……」

「去，快去樓上木箱里有一看，還有多少？快點拿來噢！」老板是火急的命令着小徒弟。

「老板，可也沒有了，不只有這多，我一齊拿來了。」

小徒弟把在手里堆得高高的紙烟向老板面前送去。

「你發昏了！沒有了就沒有了，送在我面前做什麼？我會變得出嗎？我變得出到好呢？還不快送到櫃台里去。快，快點擺好，同我去問一聲四老板，香烟到底今晚到得到不得？」然後又再自言自語的說「眞倒霉，看着一筆好生意，可會沒有貨！」

故事里的故事

是夜晚了，這家紙烟雜貨舖已經點上了汽燈，——這汽燈是只有在頂忙碌頂熱鬧快樂的時候才點的。它照着舖面和白天一樣的亮，舖板雖然上起了一半，可是買客仍牽線樣的不斷。

在舖里的堂屋里正放了三大箱紙烟，老板是起勁的在命令着大師傅，鉗下鐵釘開箱取烟，徒弟就不停的來回向櫃台里送，櫃台里的烟堆得如山一樣的高。

終於買客稀少了，連路人也不多出現。老板喜洋洋的結完了賬，打着呵欠去睡了。

現在是只剩徒弟和大師傅，上着還未上完的店板。大師傅在去熄燈的時候，忽然發見火盆里還有着很烈的火，一日的勞作和凍冷，身體一挨近火，就自然而然的起着對於火的難捨的戀愛。大師傅於是模仿着老板的樣子，躺在籐椅里烤火了。

大師傅是一個年近四十的單身漢。據說他從前是一個日子過得去的農民，有一個快樂的家庭。大約十年前，他弄什麽協會，後來給縣里捉去坐牢，在牢里的時候老婆給別人騙走了。三年後他從牢里出來，田地家屋荒得不成樣子，他把惟一的女兒嫁給人家做了寒門媳婦（註一）自己就更孤單了。於是不再種田，從此出外去打流。他在城里做脚夫，做店家的幫工，有時也跑到外縣去混一些時，一個人賺的錢一個人用，正如他自己說的，「我不是活神仙一樣，過得蠻好嗎？」他一點也不衰老，有着青年人所有的氣力。在這店里他就是從打開眼做到閉住眼的。挑貨，送貨，很遠的到河里去挑水，洗菜洗花生……總之不會有一時休息的做着。他可也從不怨苦，從不偷懶，只要是他份內事，他總是做得一清二楚；加之人又和氣，因此老板和同事們沒有一個不喜歡他的。

他望着跳躍的火呆住了，最後抽長的嘆了一口氣，像是有什麼東西在咬着他的心，他一時變得憂鬱起來了。他拒絕了徒弟叫他去睡的好意，重重的擺了一下頭，以後和氣的叫徒弟陪他一會兒，大家都慢點兒去睡。

「我不，今天累得腰都伸不直了！」

「年紀青青，怎麽就叫累！這成麽事人？慢點兒睡吧，我談故事你聽」

大師傅是有一張會說話的嘴的，在他空了下來而又正高興的時候，他可以談到天亮，自己不疲倦，叫對方也忘了睡覺。

全生是一個十五六歲的孩子，在他的淺薄的知識里，大師傅的故事，是驚奇得像說的是另一個世界里的事似的。他喜歡大師傅，更喜歡聽大師傅談天。現在這個引誘，就使他無法拒絕。他只好順從的坐在大師傅旁邊，盯着大師傅深沉的眼睛催促着：

「大師傅，講呀！」

「講麽事呢？」大師傅沉默了一會說．「我就講個眼前的事吧！」

「只要有味，我什麽都可以。」

「你看，我是不吃烟的吧？其實我十年前連鴉片煙都吃過的，現在我就把我不吃烟的道理說給你聽，蠻有味的。」

同你的年紀相上下的時候，我就愛含根煙管去田里做活，那時我父親還在世，他到並不罵我，僅只說：「你學會了一樣拖着你受苦的東西了！」他自己可在咳得幾乎死去的時候，仍要吃那生絲烟的。以後我又上城里買香煙吃，各種各樣的烟我都嘗到，烟對我成了同飯一樣重要的東西了。全生，你還不曉吃烟是多麽有味呵，邊同人談天，邊吃着烟，時間就不知不覺的過去了。在你心煩的時候，幾筒烟到肚，人也不煩了。可是我真應了父親的話，爲烟受苦了，

那時我正在去××的路上走着，給保衛團遇到了，下了監牢。我身邊所有的錢一起給團丁搜去了，使我在牢里無一文錢可化。別樣我都用壯健的身體抵擋住了，可是，當看見一個同牢的人吃烟的時候，我再無法忍受了。起先我向他討，盡力的想得到他的憐憫，誰知牢里是沒有憐憫的，他到反捉弄我取笑我，這使我更受不住了，我一把把他的烟搶了來，踏個粉碎。因此我挨了四十大板，還受着從來未有的恥辱。我這一次幾乎給氣死了！我才從此發個狠心，永世不吃烟。

記得在小的時候，我爺爺曾同我說了一個故事，他說長毛造反的時候，天王忽然下令不準吃烟，天王不曉得那個告訴他說烟是外洋來的。天王是主張滅洋的，因此下令不準吃，天王有令，那個敢不從。可憐一些兵士們都是愛吃烟的，就只好整天咬着手指過乾癮了。還有一些人，實在挨不過，就用棉花點火，塞在煙管里當作烟那麽的抽着。……

百把年了，我們沒有滅到半個「羊」，「羊」現在可要來滅我們了。你看南京殺了五六萬老百姓，戰場上

還不知死了多少的兵士呵！

一個從娘子關受了傷回來的傷兵告訴我，他們那一團兵就沒有留下活的！他又告訴我，在娘子關香煙買到一塊多錢一盒，店家可還不肯賣哩，他叫他們做奸商，說不該因爲他們要吃就狠命的長價。我覺得他也實在罵得對，其實那家烟公司不都有着存烟。四老板說一家什麼烟公司，就是今年賣去年的烟的。他賺的錢用庫房來裝，二四間同我們店面一樣大的庫，里面是裝滿了鈔票的。我們老板今天賣的烟，可還不是沒有長價時買進的嗎？他今天一天至少也得賺二十幾元呢，我×他娘，這……

他向全生一望，全生是那麼低着頭在出神，像並沒有聽他說話的樣子。這可傷了他的自尊心，他沒有談天的勁頭了。

「去睡吧，」他打了一個呵欠，「唉！等着看好了，日本人可在想用鴉片亡中國呢！鴉片可就更吃上不得呵！」

「嗯！」全生像聽過了教訓似的虔誠的回答。

香烟飛了

「香烟飛了，香烟飛了！像蝴蝶一般的飛着，飛到那些愛吃烟的口里去」，這可真多好呵！……」全生睡在牀上還這麼的胡思亂想着。

疲倦跑了，到反來了一身的勁，像應該去做點什麼事才好似的，他無論如何不能睡着。像是自己仍在櫃台里忙着，團團的轉着，轉呀轉，怎麼一來可又轉到隔壁王家去了。還在白天他曾送香烟瓜子去過的王家的前幢房子是住滿了兵，據說他家的老太太是嚇得連房門都不敢出來。他在奉了命要穿過軍隊去的時候也害怕得很。終于是怕吃栗子包（註二）比怕軍隊還要利害，只好大着胆去了。

在門外守衛的兵士到很和氣，只問了他幾句，就讓他進去了。里面的兵士可正在擦着鎗，他們只一心去注意擦鎗了，那麼仔細的又那麼感興味的擦着，就像一個小孩子在玩着自己心愛的玩具一般。他們對他毫不注意，沒有一個想到阻止他或爲難他的。他平安的從他們身邊溜過。在過道里，一個同他差不多大小的，——大約是勤務兵，從廚房里穿了出來。起先也並沒有意打擾他，後來眼睛打他手里的香烟上閃過，他可就跑去攔着他了。

「小傢伙，你是同爺們送香烟來的吧？那我可多謝你了。」他邊說邊做着要來拿的樣兒。

全生給這意外的一嚇，可嚇得只是往後退，半天答不出一句話來。

「你看，你簡直和沒見過生人的小娘兒一樣，臉部嚇青呢，你不送我，哪真能來搶，我也不過是說得玩玩呀！你去你的吧！呵，慢點，你可不是隔壁舖里的小徒弟？我昨天見過你，我到眞要拜託你，你回去叫你老板送一箱煙來慰勞我們，不，不是這樣說，你能送幾盒煙給我嗎？我巳經三天沒有抽烟了。媽的，錢給王得勝那狗×的騙了去，我身無一文，就只好看着人抽烟了。你不知道沒有烟抽多麼難受呢！你能够送點給我嗎？我就要上火綫去的，你們實在該來慰勞一下，這是爲國家呀！不該送幾盒烟？」

這小徒弟沒有去想這事他辦得到辦不到，只一味很順從很懂得似的點着頭。他是慣常用這法子去逃避目前的災難的。那小兵可高興的用手在他肩背直拍，表示着非常的親愛。

現在，全生躺在床上。

「是呀，『慰勞，』那些女學生可不是曾來店里買過香煙花生瓜子去慰勞傷兵的嗎？」全生這樣的想了：「我爲什麼不可以去慰勞他這就要上火綫的兵呢？」

閃耀在他眼前的，是那靑年兵士的貪饞的眼睛。再一變，他可受了傷躺在血水里了。手是向前直伸着，怎麼？是向他全生直伸着，在向他討烟吃呢！

一種迷信的恐懼，更堅決了他要了白天里許過的願心。他沒有再想下去，匆匆的摸下樓去，像是分配自己的家產一樣，他在櫃台的香烟堆里選擇了一下，幾大盒香烟就在他手里高舉起了。

當他騰出一個手去開門的時候，陡然發生了一件事情。一盒不聽話的香煙落了下來，「彭」的一聲在冷靜的夜空里旋響着。他給嚇得心只是卜卜卜的跳着，但還是專心的在想着怎樣完成這件事。

這時候近五更天了，有點微亮，隔壁的人聲很是嘈雜，人進人出的像是忙碌得很。他開始胆怯起來，想退回去，但另一種潛在心里的力起來拉住了他，他巳經站在那門前同衞兵說着話。他說這是他特意送來慰勞他們的。衞兵用一種懷疑的眼光望了他一望，接着才答應了同他去問一問連長。

衞兵出來了說：

「連長說叫你進去。」

像是從幻夢中給人喊醒了似的，他害怕去見連長，料着將和見法官一樣的受着審問。他不及再思索，把手里的香煙放在地上，就趕快的走了。

「我，我，我有事，請你告訴……那小小……同志，說是一個小徒弟送來的。」

跟著聲音，他慌張的隱在轉灣處了。

到店里時，心跳得似乎要走口里跳出，頭也昏眩得不能抬起，只有身上像放下千斤重担一般的輕快。一直上了樓，鑽進那還有着熱氣的被里沉沉的睡去了。

不是為你呵

「全生，全生，香烟不見了呀！全生，香烟少了！嘿，可真好睡呀，香烟少了！……」

全生給大師傅邊推邊叫弄醒了，但是人還是昏迷得很，沒有弄清大師傅的話。

「什麼？香烟飛了，那可不好？……」

「鬼打塗了你！好到好，可是老板問起來，請問，怎樣回答他？」

這句話給全生帶給了千斤重量，一下驚住了。

「發楞有麼事用？唉，還哭呢！不要這樣，起來吧！小鬼，莫着急。」他憐惜地用手把他拉起來。「事情我都曉得，你以為我睡着了嗎？其實我也心事重重睡不着，醒在牀上呢！放心好了，一切有我，由我去出頭擋過去就是了。」

他匆匆的走了。在走到樓門口時，又再回轉頭來說：

「你可要鎮定一點呀，做得一點也不曉得的樣兒，可千萬不要嚇得打抖，說錯話……」

他這才匆匆的去了。

他做着慌張的樣子，還用着驚慌的聲音跑去把老板叫醒。

「老板，老板！不好了呵！昨天進了賊，香烟偷了，香烟給賊偷了！……」

「吓！麼事？香烟給偷了！你快去看看有沒有不見掉別樣東西。……」

全店的人都起來了。老板在點着香烟的數目。金斧二大盒，船牌三大盒，金獅三大盒，在門外落下了一盒船牌，共不見了七大盒香烟。

「這可怎麼說法，一下子丟了我二三十元！全生，我問你，你昨天怎樣關的門？！嘿恐怕玩昏了，忘了閂吧？混帳東西！……」

老板是氣得在跳，一跳跳到全生的面前，用手做着老鷹要捉小鷄的姿勢想把全生一把抓了過來，扔個粉碎。

全生已經給嚇得胡塗了，不曉得想法子去抵擋這將到來的危險，沒有思想，也沒有了記憶，只定着眼張着口，像個泥塑木雕的菩薩，毫無反抗的等着老鷹來抓。

「昨夜是我叫全生先去睡，門是我關的。」

大師傅的回答使老板呆住了，他的預定了的事情，可給大師傅一言推翻了。

「那，那可不是你，是你忘了閂門的。」老板是氣勢弱了許多的問着。

「是我麼？我是沒有忘了閂門的，我閂門後還到處照了一照，賊是並不要你打開門他才會進來的呀！」

大師傅同老板這樣的爭執着，一個怪他沒有關好門，一個說我實在關好了，賊自己進來的。老板的東西是真的不見了，這不是爭執可以弄回來的。終於是老板瘋狂似的發着氣，忘了他其他的利益，大聲的罵着大師傅：

「混帳東西，同我滾，滾，滾，我×你娘，害得老子去了二三十，滾，滾，這個月的工錢是休想，我不要你賠就是開恩了，滾……」

腳步聲像擂鼓似的，大師傅跑上樓去了。他在理着他可憐的稀少的行李，正預備下樓的時候，全生可像一個鬼影一般，悄悄的跑了來，一把抱住了他，像兒子要離開娘一樣的痛哭着。過後他從口袋里拿出了一包東西塞在大師傅的手里，就仍然去哭他的去了。

「這是麼意思，我怎能要你的錢！」一張嶄新的一元票子在一個盒子里裝着，大師傅很感動的望着他，可反而哭得更加利害了。

「好孩子，你不要難過，我是早決定了要走的。你不要難過，不是為你呵！昨天我就已經弄好了，我將同這城里的軍隊上前線去，我已經報了名，本來要走的。全生，你同我想，做個小工累死了，同在戰場上打死了，那樣值得？我上了戰場，練好了槍，總能打死個把東洋鬼的呀！我是早已選了這條路的。全生，不要哭呵！我……——大師傅自已也流淚了——好吧，我收了你這盒子當做個紀念，紀念我在這城里也有一個同志，共同做了一件事情，好，全生，好好的過吧！我們或者還能見面……」大師傅將一元鈔票塞回了全生的口袋里，自已歡歡喜喜的收起了那盒子，下樓去了。

全生伏在牀上哭着，不久，聽到街上有大羣人的腳步聲，他趕到窗口去伸出了頭，激動地在人羣里面搜尋着大師傅的影子。

一九三八、三、十八日、完於鄉下。

（一）寒門媳婦即童養媳。

（二）吃栗子包，被人用手指節猛擊額頭，因為被打後就會腫起。

突擊

塞克 端木蕻良 蕭紅 聶紺弩 共作

第一幕

時間：一九三八年的初春，在黃昏後。

地點：太原的附近，在山坡上。

人物：石頭：三十多歲，忠厚淳樸的農民，背着大鐵鍋。

童先生：村公所的所長。四十多歲，忠實頑固，帶着一個包袱。

福生：十三四歲的男孩。活潑天眞，帶一把日本小刀。

田大爺：五十多歲，倔强，執拗，抗着扁担。

田雙銀：田大爺的孫女，十六歲，頑皮憨厚。

李二嫂：三十歲，拿着一件小孩的棉斗蓬。

幕開：一羣疲憊零亂的人影出現在左邊的山坡上，一會兒就走進山峽裏去了。福生突然在對面的石坪上出現。

福生：（大聲呼喊）童先生！童先生！（沒有回應，又招手）石頭！石頭！到這兒來呀！（仍無回應）

童先生：（疲倦地爬上石坪）你吵什麼！你這小鬼！不要命啦？叫日本鬼子聽見怎麼辦哪！

福生：我沒有喊，我招呼你呢！

（石頭，李二嫂上）

石頭：去你媽的，滾蛋！

童先生：這裏還好，就在這裏歇下吧！……哎呀，好冷，福生，你到那邊去揀點樹枝來燒火。

（李二嫂疲倦地偎坐一旁，福生去弄火，石頭拉過童先生的包袱往屁股底下一坐。）

童先生：哎，不能坐，不能坐，起來！

石頭：什麼坐不得？

童先生：不成，不成，你知道裏頭有什麼東西？

石頭：管他什麼東西，這年頭連命都不知道是誰的呢！

童先生：（搶過包袱，解開，愼重地，雙手捧出靈牌，找地方安放，無可奈何地搖頭，自言自語）唉，連祖宗的牌位都沒有放處了。（又拿出一個小包）嘿，這個也沒丟。

石頭：什麼？

童先生：這是村公所的官印。

石頭：他媽的，全村子的家財人命都沒有了，你還帶着這破印幹嗎？

童先生：（又拿出戶口冊來翻閱着，）高大東家的房子燒得片瓦不存了。（翻一頁手指停在一個名字上）他大年初一還給我拜年來着呢，還才幾天就死得這麼慘！……

（福生站在童先生背後看着，童先生正翻過一頁他立刻給翻回來。）

童先生：你翻什麼？

福生：李家豆腐房的那個小毛驢也死了。

石頭。你怎麼知道的？

福生：剛才我從破牆口鑽出來的時候，那李磨官正在倒豆腐渣呢。五個日本兵進去，問他要肉吃，他沒有，他說有豆腐，他們還說，還說，不要，不要，後來又說要說「八個，」李磨官他就拿來八塊豆腐，他們就踢他，李磨官就往後退一下子跌在小毛驢身上，小毛驢一抖蹶子，一蹶子沒踢着日本鬼……（証了）

童先生：後來又怎麼啦？

福生：那小日本一鎗就把小毛驢給打死了。……他們就在灶裏燒火，用刺刀來切肉，他們連毛也沒褪呀！……那李磨官抱着驢腦袋還哭呢，那驢的兩耳朶就不楞不楞的……

石頭：我說不出來，你非要我出來，我家的叫驢也不知怎麼樣了。你看，現在就隨便讓人家胡作非爲了。

童先生：你不出來，還不是跟驢一樣的下湯鍋？

石頭：出來又怎樣？跑到這兒荒山僻野的，吃什麼？喝什麼？慢慢的還不是得回去幹？

童先生：幹當然也得有個幹法。

石頭：什麼幹法，還不是他媽個打？今天不打明天也得打呀！要等明天打，何不今天就打呢？

童先生：要打，你也得合計合計呀！孔明用兵還得看看天時地利人和呢

石頭：你總有你那篇大道理，可是什麼也作不成。比方說那回抓漢奸吧，依着我就使小刀子統了，你還要問，還要審，還要具結、弄得五花八門，結果漢奸還不是跑了！

童先生：我是爲大家着想哪！我是爲了公義，我也不是成心放了他呀！要是誤殺了人命，是我來担不是哪……

石頭：你扭不是他媽的漢奸跑了，你又不扭不是啦！

童先生：那你要把事情弄清楚一點，那是看守的疏忽啊。……

石頭：我不管你什麼看守不看守、當初我們把漢奸交給你的，我不管你交給誰，漢奸跑了就跟你要。漢奸該宰，你把漢奸弄跑了我們就宰了你作替身！

童先生：你眞不講理，怎麼『跑了和尙抓禿子』呢？

石頭：你看，那漢奸跑了，他把日本人邀來了，弄得我們家破人亡，這都是你！都是你！

童先生：那是一回事，這又是一回事，一馬管一馬，你別胡攪蠻纏！

石頭：我胡攪蠻纏？誰胡攪蠻纏啦？不是他邀來的，是你邀來的？我告你去！是你通敵！你勾結敵人！

童先生：你告誰去？你上哪兒告去？

石頭：上哪兒告？……（舉起拳頭）認識嗎？就上這兒告你！

李二嫂：（急燥地）吵哇，吵哇，一路就吵，怎麼不叫日本鬼子打死呢？你們沒日子好吵啦？

石頭：我沒日子啦？我看是你！你男人死了，孩子死了，公公又死了，這回該輪到你啦！……孩子都死了，你還從日本人手裏把孩子的斗篷搶下來當寶貝哩！呸！

李二嫂：我要是死到好啦，可是又不死……死……

童先生：哎，你又跟她發火啦！

石頭：跟你也沒完呢！你以爲我就饒了你啦嗎？

（福生玩弄斗篷，被李二嫂搶下）

李二嫂：你不要動！

福生：小鴉活着的時候，我抱都抱過的，連斗篷都不讓我摸了，小氣鬼！

童先生：（向福生）你到山上去看看田大爺來了沒有，這半天還走不到……

福生：（唱着跳走了）日本鬼兒，喝涼水兒，來到中國吃炮子兒。日本鬼兒，摜到底兒，坐火車，翻了軌兒，坐輪船，沉了底兒……

童先生：（叫）福生你要早點回來，別跑丟了呀。

福生：知道啦！

童先生：這孩子這樣小年紀就死了爹娘，連個親人也沒有……

石頭：（沒好聲沒好氣的）親人，我們不是他親人嗎？

童先生：我們不過是一個村上住着，既不是他三叔，又不是他二大爺，我們不過是看他可憐……（沉默）我那一次看見他的刀子，我就痛心，媽媽讓日本鬼子給欺負了，從敵人手裏奪下來的刀子還天天拿着……

石頭：別嘮叨，嘮叨啦，霉氣！

（童先生坐下來向靈牌呆看）

石頭：（用石塊刮鍋底）媽的，你祖宗的墳都給日本鬼子刨了，你還把靈牌帶出來，『活時不孝死了亂叫，』他媽的假惺惺！

李二嫂：石頭！你少說兩句好不好！

石頭：臭女人，也來說我！我說我的，碍你什麼事？

童先生：（對李二嫂）哎，不要理他！『寧跟君子吵頓架，不跟小人說句話。』

石頭：我他媽是小人？我又不偷人摸人，到處揹黑鍋，我還是小人？我要是小人，天底下沒有好人啦！（刮鍋底）

童先生：商量點大事吧，弄個破鍋幹什麼？

石頭：幹什麼？不吃飯啦？

童先生：哎，我眞昏了，怎麼埋成一袋子頭號洋麵沒帶出來呢？

石頭：有十口袋，不帶出來也是沒用

童先生：那怎麼辦呢？

石頭：怎麼辦，想法子弄飯吃，怎麼辦？

童先生：鍋能當飯吃？

（石頭站起來搬石塊架鍋，只聽咕哆一聲，福生哭上）

童先生：怎麼回事？你怎麼啦？（孩子哭，不說）說呀！這孩子倒底是怎麼啦？你看見田大爺他們沒有？

福生：我，我走到那邊，看見樹上有個……有個大鳥窩，我就拿棍兒統統了半天够不着，我看那樹是個歪脖樹，我就爬上去啦，嗯，嗯，我爬到老刮窩邊，就聽見刮刮……一叫，翅膀一撲魯，我一哆嗦，就掉下來啦！……

石頭：摔壞那兒沒有？你這壞蛋！

福生：（換着屁股）屁股還痛呢！……

雙銀的聲音：爺爺你來，他們在這兒呢！

童先生：別吵啦聽着！小點聲！是他們來了吧？

雙銀的聲音：爺爺你上這邊來，那邊不好走！

（雙銀和田大爺爬上石坪）

福生：田大爺，我找你半天都沒找着，怎麼這末晚才來呀！

雙銀：李二嫂，小鴉呢？我出來時看見你抱着他的。（李二嫂不答）唉！誰把他抱走了，把斗蓬留下，這冷天的？

福生：（低聲）你別問啦，別問啦！

雙銀：（低聲）怎麼啦？怎麼啦？

（福生招手，雙銀過去，兩人在一旁悄悄地說話）

石頭：田大爺，你怎麼什麼也不帶，光帶着個扁担呢？

童先生：田大爺累了吧？到這邊來坐。

石頭：田大爺，你怎麼什麼也不帶，拿着扁担幹嗎？

田大爺：不，不是我從家裏出來，担了兩件行和雙銀的新作的棉襖，還有半口袋糧食……連飯勺子都帶出來啦……

雙銀：（突然的）哎呀！可惜了的小鴉，又精又靈的怎麼死了呢？

（摟着李的臂）李二嫂，李二嫂，小鴉不是都學話了嗎？我還聽見他說：『媽媽，媽媽，媽媽，』……

（李二嫂起來了，雙銀拿起衣服給他拭淚，福生溜走了）

田大爺：（看看他們，接下去說）後來什麼都跑丟了，就剩這一條扁担。

石頭：你什麼都丟了，拿着這扁担什麼用呢？

田大爺：辛苦了一輩子，就剩這條扁担了，還讓他丟下嗎？

童先生：老爺子，你的東西就是不跑丟，這樣的山路你也担不動啊！

田大爺：担不動也得担哪！

童先生：你的兒子呢？沒跑出來嗎？

田大爺：那孩子……我不叫他回，去他偏要回去他不放心地契，我一想，也對呀！我就說你去吧，我在外面給你望着，那時我們的房子已經燒起來了，我看太危險了，叫他不要去吧，他非要去，我攔也攔不住，看看他跑進去了，剛進去，那房子就塌下來了……

石頭：怎麼啦？

田大爺：我想他一定沒命了，可是他又跑出來，我打算招呼他，叫他快點，別的東西都不要了，拿出地契就够了，可是又聽見拍拍兩下，他就倒了，我還以爲是房梁砸下來了呢，呆一會兒兩個日本兵從我們院子走出來了，我再招呼他也不答應了……

石頭：你的兒子呢？

田大爺：唉，我就向前跑，反正兒子是死了，我也和他死在一道吧，我就往火裏跳，那知雙銀拉着我又哭又號的，我的心就軟了下來，想着她這末小年紀，怎麼活下去呢，就跟着她來了。我們就追你們，走過莊頭的時候，在馬家菜園子裏看見朱老萬的大兒子血淋淋的倒在地裏，脖子給砍了一半，他直叫：『田大爺你修修好吧，再給我一刀吧！』我一眼也不敢多看，心一狠就走過來了。

雙銀：那時爺爺直着眼往前走，東西都忘記了，我就喊：爺爺！挑東西呀！

田大爺；我就挑着東西跑，跑到壕溝沿上，就聽見後面劈利叭啦一排鎗，我們連爬帶滾的往前跑，攀着一棵小榆樹才爬上壕溝那邊，又跑了五六里，雙銀就問我：爺爺，你的東西呢？我一看，手裏就剩了一根扁担了，（太陽漸漸落下去了，舞台呈一種陰鬱沉重的氣氛）

李二嫂：唉！眞慘哪！

雙銀：哎，我們在路上看見的那那那個那個什麼，那才慘哪，那個小孩才有兩三歲，扒得光溜溜的掛在樹上，那小脚就一登一登的，我跑得老遠回頭看，他那紅兜兜還直飄呢！

（李二嫂突然大哭，大家都呆了。童先生想去勸，幾次欲言又止，老頭子坐着，陰沉沉地烤火。雙銀拉拉李二嫂，李不理她，石頭檢起一個石塊，狂吼一聲，把石塊扔出去，聲震山凹。靜默，只聽見女人抽氣聲，忽然聽見狗叫聲。）

童先生：哎呀！山底下有人來了！快把火熄了！（大家用脚踏火）

雙銀：我們往那兒逃呢？

石頭：往那兒逃？來吧！幫我檢石頭！（二人把石塊推起來）

童先生：恐怕是日本鬼子搜村子啊！這就是他們的獵狗，……別胡鬧！（大家向山前注視，不敢出氣，雙銀招呼田大爺）

童先生：不要動！（拿出手鎗，石頭舉起石塊，田大爺拿起扁担）有脚步聲了，你聽！越來越近了！

（福生先咯咯地笑，悄悄地出現在他們後面。）

童先生：誰？（大家掉過頭來，發現是他，放下武器。雙銀雙銀：過去抓他、石頭仍抓着石塊不放。）你這野東西！你這小死鬼兒！你這沒後腦勺的，你沒皮沒臉的，你還咯……的呢！……誰跟你笑！我打你！……你還笑什麼？

福生：（指石頭）你看，你看……他石頭還沒放下呢！

雙銀：（也笑了）哈哈哈！……

石頭：（莫明其妙地看看雙手，把石塊放下，難爲情地問福生）笑什麼？還不快把火點上！怪冷的。（福生不動，撅嘴）叫你哪！聽見沒有？

福生：你那麼大個子怎末不自己點？我不會點。

石頭：你點不點？

雙銀：這可怎麼說的呢！他那末點小要他點。嗤！『大懶支小懶，一支白瞪眼！』我來點！（瞪石頭一眼，過去把木柴堆好）

石頭：你放下，讓他點！

雙銀：瞧你那兒樣！活閻王似的！（劃火柴點火！福生不語，過來幫她弄火）

（隱隱聽見山風呼呼的響！大家圍火坐下，石頭坐在一邊。）

童先生：石頭過來，商量商量咱們以後怎末辦。

石頭：你們說吧，我聽着。

（福生用小刀刻樹玩）

田大爺：我們這老少三輩，要在平常不都是一家人一樣？到現在弄得睡也沒得睡，過了今天沒有明天，唉，這是什麼年頭啊！

李二嫂：唉，這倒霉的年頭，早死了也算了！

童先生：咱們算是都逃出火坑來了，總算是有緣分的，可是以後的日子怎末過還不知道，這個地方不過是離敵人稍稍遠一點兒，我們坐下喘喘氣之後，還得往前逃哪，或者……聽說王家甸子都幹起來了……所以我們大家得商量商量合計合計，想個萬全之策，逃不是事，不是也不行，所以哪……

田大爺：我們這一羣老弱殘兵，怎末着也得幹一場，說什麼也不能白饒了他。

童先生：哎，說的就是呢！我們合計就是想合計這件事情，日本鬼子佔了我們多少地方，殺了我們多少人，這先不說他，就說田大爺一家子，死的死，散的散，剩下他這末大年紀，帶着雙銀東奔西逃的，還有李二嫂的孩子，那末點小命也跟着遭劫。我們祖先三代留下的房產地業，平常我們省吃儉用，連一個小錢都不敢胡花，這回日本鬼子一來，弄得連個草棍兒都沒有了，這筆賬你說怎末算法？

雙銀：怎麼算法，他殺死我們多少人，我們就殺死多少小日本，怎麼算法！

李二嫂：一個抵一個？那太便宜他們了，我的孩子……他們這羣瘋狗！生擒活捉的把我的孩子搶去了！……一個連話也不會說的孩子，也招着他們了嗎？我的孩子……他們爲什麼非弄死他不可呀！……這些沒天良，沒心肝的野獸！……

（福生用刀猛戳樹幹，接三連二的幾下）……

田大爺：……我——我活了五六十歲了，連一個螞蟻都沒弄死過，我弄死過一個螞蟻嗎？可是這回我要殺人了！我要殺人了！我非——

童先生：對！要殺！憑着我們的力量，要跟他們算這筆賬！

石頭：（爆發地）俄們要活，要報仇！

大家一齊喊：我們要活，要報仇！

石頭：要殺！——

大家：要殺！——（用腳踢鍋，發出沉鬱鈍厚的聲音）

（閉幕）

第二幕

地點：郭村近邊

時間：夜月

人物：與第一幕同，壯丁：王林，趙仙。

下弦月照着一棵古樹，樹杈上掛着一個古色斑剝的大鐘，後側有石牌一座，露出嚴峻的顏色。

開始：童先生用五個制錢搖卦，口中唸唸有詞。雙銀站在他旁邊呆看着，李二嫂在一頭燒水，福生爲隱劈木塊，田大爺在遠方抽煙，望着他們的動作，石頭靠在樹幹上，抱膝低首假寐。童先生搖完卦，將制錢擺在地上，用手在地上劃，並且翻動卦本，參閱對照，靈牌仍然好好的擺在身旁。

童：（讀卦詞）……「目下如冬樹，枯落未開花，看看春色動，漸漸發萌芽。」

雙銀：童先生，你嚕唸半天，這一卦到是好不好哇？

童：好是好，不過——要走東方，東方是生門。（自語）金、六、[illegible]……[illegible]木，木克土，水生金，唔……這麼嗎……（[illegible]，[illegible]震動作響。）

雙銀：（急迫的搖他）倒是好卦壞卦呀，

童先生：別急呀，這還得看日子呢？「成開皆大用，逼迫不相當」你等我查查看，初七，嗯初八，……初九……

石頭：（打哈欠）什麼初八初九的？

童先生：用兵得看天數啊。從前出兵，欽天監還得觀星呢！這個兵書上都載着的。當初孔明用兵的時候，不也是借東風祭北斗嗎？要不然怎麼回回打勝仗呢？

石頭：我看人家日本兵進攻我們，也沒有看日子。

田大爺：你別不信，聽說日本人身上還帶着護身符呢？算卦也有點道理，不能全信也不能不信，過去多少英雄豪傑比我們聰明的多，人家也都信。

石頭：要是沒有一點道理，誰還弄這些玩意兒幹嗎？

童先生：還是田大爺上點兒歲數，比你多吃幾斤鹹鹽，他經驗的多，他知道這個。這不能小看了它，國家興亡都是有個氣數的，咱們這回出師，得往東打呀！往東打是暗中有人扶持，一定是百戰百勝，無攻不破，無堅不入。……

石頭：他媽的，日本鬼子由西邊抽你屁股，你他媽的往東打？（大家都笑了，福生一不當心，刀子劈在手上，哭了起來）

田大爺：怎麼啦！

福生：（哭）手……手……手，……

李二嫂：這孩子！誰叫你不當心呢！

童先生：（搔首歎氣）唉！

石頭：（望望星）三星晌午了，這些兎崽子還不來，簡直不是他媽的辦正經事兒的……（向童）你給我槍，讓我打兩下叫一叫。

童先生：這怎麼可以呢！半夜三更的打槍，人家不是都知道了嗎？唉，這些年輕的，什麼也不信。

石頭：那你說怎麼辦呢？我們就這樣死等吧？（回頭看福生）福生！你找找他們去！

童先生：你別去，福生！深更半夜的讓小孩子去跑。

田大爺：福生上這邊來睡吧！[illegible]衣服給你蓋上。（福生走過去）……你的手還痛不痛啦！

福生：痛！（睡下，田給他蓋衣服。）

田大爺：可不是，他們也該來了。（抽完一袋煙，磕磕烟袋）不會出什麼岔吧？

石頭：再等一會兒看。（大家昏昏欲睡，李二嫂吹火，過了一會兒，石頭不耐煩起來向後轉望。）

福生：（夢話）哎喲！不要打我！不要打我……媽媽？媽媽，你望抗稍上滾哪……那兒有把剪子你伸手哪，伸手啊……

童先生：這孩子總說夢話。

田大爺：（推福生）醒醒！你醒醒！

福生：（一翻身又睡了）……媽媽，你拿剪子……扎他，扎他，使勁扎他！（忽然坐起來四外一看，失望似的又倒下去了。稍停）

石頭：水還沒有開嗎？

李二嫂：就開。（石頭站起來向後走）你幹什麼？

（一排槍响，很遠，有狗咬聲，恐怖而深遠。除了福生，大家都站起來，小聲說話）

童先生：哎呀！一定是他們出毛病了。

石頭：我去看看（欲下）

田大爺：石頭！（當心的）

石頭：啊——

田大爺：你怎麼這末冒失，你知道前邊是什麼事情，就這樣冒冒失失的跑去。

石頭：管他什麼事，總得看看去呀！

李二嫂：別是日本鬼子吧！

童先生：要是日本鬼子的槍聲，絕不會這末近哪……好像就在耳朵邊上似的……先不要動，沉殭氣，我們聽聽看。

田老：（問石頭）你對他們說了，來的時候走那條小路啦嗎？

石頭：那還用說，他們又不是不認識路。

田老：他們一定是碰上日本鬼子了。

李二嫂：哎呀！那可怎麼辦啦！

（遠遠有口哨聲，石頭注意傾聽，也同樣的吹一聲，遠遠的再答一聲。）

李二嫂：是我們的人。

雙銀：哎呀！他們都來啦！……（叫）王大哥，王大哥，趙大哥！

趙：（遠遠的回答）唉！……雙銀！

（雙銀跑過去，王趙上，雙銀撲在他們身上歡跳。）

雙銀：王大哥王大哥，我們算卦啦！那才好玩呢，東方是生門，我們要往東走……福生還要我你們去大家夥不讓他去他就作夢啦！還叫呢！……我等你們，左等也不來，右等也不來！

王林：約一約多少斤，看長了沒有。（約了一下）長了多少？

雙銀：長啦半斤零八兩啦！

福生：（醒了過來，坐起來）趙大哥！招鏢！P=一（把小刀丟過去，趙用手一格，掉在地上。）

趙伍：你這小子，比日本人還利害！

（福生站起來笑着。提着褲子去檢刀，趙伍不動聲色地用脚踏着刀，福生彎下腰去，趙伍打他的屁股，他裝狗咬，趙伍跳開，福生拿了刀，看他一眼，大踏步回去。）

石頭：槍聲是怎末回事。

趙伍：哎！不用提啦，眞糟！（抬頭招呼大家）啊？田大爺，童先生，噢，李二嫂，你的孩子好嗎？睡着了？

李二嫂：（苦笑）嗯——（背過臉去。）

石頭：你們帶傢伙了沒有？

趙伍：（從袖裡掏出鉄尺）這個傢伙怎麼樣？

石頭：嗯，行！

童先生：怎麼，你們走錯了路了嗎！

趙伍：他媽，王林眞不是玩意兒，我說走小路吧，他說不要緊，好像很有把握似的，到了撞上啦！（王林摸摸頭，抽口氣）要不是那壕溝，恐怕我們的小命都沒有啦！

田大爺：我說是吧！（問石頭）年輕人就是這末不可靠，不管什麼事小心點好。

王林：我們出村子的時候，一個人都沒有，倒是很好的，我們就溜溜搭搭，指天劃地的越談越起勁，那鬼子要不放槍，說不定我們還走到他們跟前去了呢！

趙伍：你這小子眞不是玩意兒！

王林：得啦，別說啦吧！我要不拉你，你他媽還往前走呢！

童先生：來啦就得啦，我們談正經的吧，別說這些了。

李二嫂：水開了，過來喝水吧！誰喝水自己留好了。

（大家喝水。）

石頭：好了，你們都來了；咱們還是按着白天打算的，大家都出發到郭村去，那兒有十個日本鬼子十桿槍，童先生這兒留守……

童先生：不成，你們都去，我也得去。

雙銀：我也去。

王林：瞧你那個傻樣，你還去呢，沒作事先敲鑼，你要去，在十里開外人家就知道了。

雙銀：那我不講話不行嗎？

王林：不講話你還咳嗽呢！

田大爺：你們別吵啦！「嘴上無毛辦事不牢。」

石頭：我說啊，童先生留在這兒，雙銀，福生，李二嫂，你們四個人看家，我跟田大爺，王林，趙伍幾個人到郭村去，田大爺把風，我們分兩處，一齊下手，管保他成功。

福生：石頭，我也去。

石頭：去他媽的小鬼也去！

童先生：你年紀還小呢，等長大了再幹。

福生：童先生，我也會搶日本鬼子的槍。

石頭：你也會搶槍！

福生：我有刀，砍起鬼子來跟劊蘿蔔似的。

王林：好小子，有種！

趙伍：（突然）嗐，我想起來了，我們來的那條路上不是有兩個鬼子嗎？咱們先把他們幹掉再說！

石頭：別忙，讓我想想看……

趙伍：想什麼呀！先把槍弄來再說！

田大爺：（問石頭）讓他們去吧，他們兩個在這邊下手，我們幾個到郭村去。

王林：（抱拿田大爺的扁担）這是誰的扁担？

田大爺：這個傢伙給我，就憑這一條扁担，跟那一條鉄尺，就要小鬼子的命。

趙伍：走！（向雙銀）等着噢！我們打鬼子去！

福生：（追過去）趙大哥！我呢？

趙伍：你在家裏等着啊！這孩子眞乖！一會兒見啊！

石頭：（陰沉地）一會兒見！

田大爺：（走到王趙面前，像有話說似的看了半天）——當心啊！

趙伍：田大爺！你放心好了，保管沒有錯！

王林：（一手提扁担，一手拍胸，自信地）哼！走！

（王趙下，其餘的人呆望目送）

石頭：（很快地回身走向童前）童先生！

童先生：什麼？

石頭：把你的手槍給我。田大爺！咱們走吧！

童先生：（走過去問石頭）我一向沒說過你的短處，現在我要說了，我知道你性子粗暴，好出亂子，石頭：這次你可不得不當心啊！我們自己的死活不要緊，我們能不能打回家去全看你們了。童先生！你等着瞧吧！等我們回來的時候，起碼一個人一桿槍，你別看我斗大的字認識不幾個，我是粗中有細啦（笑）

李二嫂：噫，

石頭：（在童先生臂膀上打了兩下）再見啦！好！瞧你的！

童先生：（石頭和田大爺下）

（李二嫂坐在大石上，寂寞地哼着小調子，雙銀靠在她身旁發呆，福生玩弄小刀）

童：（坐在樹下看天上的星斗，停了一會兒）雙銀！怎麼發起呆來了哪？

雙銀：我在想石頭他們走到什麼地方了。

李二嫂：傻孩子！你怎麼能想得出呢？

童先生：（拿起卦本）我們還是算卦吧！

雙銀：童先生！我給你搖錢好不好？

童先生：好啊！你可別弄錯了。

雙銀：給我錢！

童先生：錢不在那邊嗎！

雙銀：（搖錢，擺好看）三個字兒，兩個滿兒。

童先生：別忙，別忙，讓我看看……三個字兒，兩個滿兒……這一卦是誰的？

雙銀：（瞪着兩眼想）……算趙大哥的吧！

童先生：（翻卦本）上中……上吉……（讀詞）「如人行暗夜，今已得天明，衆惡皆消滅，端然福氣生。」「謀事可成，尋人得見，出門見喜，馬到成功。」

李二嫂：他們一定成功！一定成功！讓我們再搖一卦看田大爺他們怎樣？

童先生：童先生！你給我搖！

李二嫂：你搖也好，只要心誠，誰搖都是一樣。

童先生：（搖錢，擺好）你看吧！

童先生：（翻完卦本搖頭）「什麼馬登程去，飢人走遠途，前程多阻碍，退後福無方。」哎呀……哎呀……

雙銀：（很急地）怎麼哪？怎麼哪？你快說呀！

（福生悄悄地爬起來，預備逃走，一不留神刀子落在地上，他吃驚的不敢動一動，見三人都未注意，便匆匆的拾起來溜走了。）

童先生：這一卦……這一卦……

李二嫂：不好嗎？

童先生：不好也不是的，不過有一種不吉之兆。

雙銀：瞧你，童先生！

李二嫂：你再念一遍給我們聽聽。

童先生；糟糕！我的康熙字典沒帶出來。

雙銀：什麼康七刺典哪

童先生：有一個字兒蹩住了。

李二嫂：你剛才不是念過了嗎？

童先生：我剛才是囫圇吞棗的把那個字給嚥下去了。

李二嫂：你就照樣再念一遍吧！到底是什麼意思？

童先生：田大爺這一趟是兇多吉少啊！

雙銀：你說我爺爺這一趟去不好嗎？

童先生：本來嗎？那末大年紀啦！唉！

雙銀：（不語，站起來就走）

李二嫂：雙銀！雙銀！你幹什麼去啊？

雙銀：（帶哭的聲音）我找我爺爺去！……

童先生：回來吧，傻孩子！深更半夜你到哪兒找去？

雙銀：那爺爺不回來怎末辦哪！

李二嫂：童先生的卦不一定靈的，這傻丫頭！他一會兒就回來啦！（把雙銀啦回來）

童先生：（突然）咦！福生到哪兒去了？

（大家找，叫喊）

童先生：他也許找石頭他們去了吧？

李二嫂：對啦！剛才他不是直鬧着要去嗎？說不定是跟他們走啦！

雙銀：那怎麼辦呢？

童先生：別急，讓我給他問一卦看看。（搖錢，一看就把手往膝上一拍。）好啊！我算了多少年的卦也沒見過這末好的！這，這孩子小狗命才旺呢！你看你看！你看（李二嫂湊過去）這……這，……一看就是那孩子有出息，將來一定成大事！

李二嫂：你快念哪！

童先生：（讀詞）「天兵誅賊寇，旌旗得勝回，功勳爲將帥，門第有光輝。」太歲星下界，這孩子的命才硬呢！將來大富大貴，從小就尅爹尅媽，……

李二嫂：唔，噢，……（坐下）

童先生：將來還要尅老婆呢！將來還要——尅老婆呢！

雙銀：那我可不會嫁給他。

（李，童都笑了）

李二嫂：羞啊！羞啊！

雙銀：嘿——（不好意思地向李懷中亂扎）

王林的聲音：（後有王林，趙伍的笑聲）我說的不錯吧，一個扁担一根鉄尺換來兩桿大槍來！

趙伍的聲音：媽的，一鉄尺就把鬼子的後腦勺子開了花啦！哈哈！……（上）

王林：（上）你別殺啦！我要是不給那一個小鬼子一扁担，你小子還不知道怎麼樣呢！

李二嫂，雙銀：（迎上去）怎末樣？怎末樣？

趙伍，王林：（一人手中一桿槍向前一舉）你們看！

雙銀（笑着把槍往懷中一抱）一二一！一二一！立正！……（一個人操着喊着）

李二嫂：哎呀！你們一個人搶了一桿槍回來啦？

童先生：你看我的卦靈不靈？我的錢呢？……（找錢來擺在臂上）你看！哎！你看，這……這……這卦簡直是……

趙伍：（拍童的臂，把錢打掉）什麼卦不卦的？

童先生：我給你們算的卦是「謀事可成，尋人得見，出門見喜，馬到成功！」是不是？果然不錯吧？

趙伍：我們走得離他們不遠，就在地下爬，看見兩個鬼子在那兒吉哩刮啦的說一會兒嘆一口氣，說一會兒嘆一口氣……

王林：看那樣子還很傷心的呢！

趙伍：他們正傷心呢，我們就爬到他們後面。看見一個傢伙還抹眼淚呢！我心想，你別傷心啦！回老家去吧一鉄尺就揍了個腦漿迸裂，連叫也沒叫一聲。

（大家笑了）

王林：旁邊那個小子眶了一眶，手裏抓着槍就要摟火，我就摟頭一扁担，我看他晃了兩晃就來了個狗吃屎

（大家又笑了）

童先生：他們一槍都沒開？

趙伍：他把槍子兒留給我們用了，他捨不得開。

（大家又都笑了）

王林：把槍拿過來吧！

雙銀：不！我還操操呢！二嫂！你也來！（給李一桿鎗）向後轉！向後轉！……（開步走）

李二嫂：（把槍給王）擱下吧！別把槍鼓動壞了！

雙銀：你不跟我練兵，回頭我跟那小沒後腦勺的練去。

趙伍：把鎗給我，回頭鼓動壞了！

雙銀：不！我給我爺爺！……

（遠處有狗咬）

童先生：你聽，老遠的狗叫了，別胡鬧啦！許是他們回來！

雙銀：（跳起來）可不是！又是小沒後腦勺的在那兒裝着玩呢！我去接他！

（跑過去）

趙伍：（攔着她）給我槍！

（雙銀把槍給他，叫着跑下去，王趙也下）

雙銀：小沒後腦勺的！操操來！

（石頭揹槍上）

趙伍：怎麼樣？（石不答）都回來了嗎？

石頭：（看看他沉重地低頭）都回來了。

田大爺的聲音：別吵！

（田大爺揹福生上，王趙隨在後面，雙銀跟在田大爺後面亂叫）

雙銀：小沒後腦勺的！剛才你怎麼跑啦？我們找啦你半天！我們給你算卦啦；咱們有槍啦！咱們操操玩好不好？你怎麼啦？爲麼不理我呀！小沒後腦勺的！別裝死嘍！

石頭：滾一邊去！

（田大爺把福生放在大石塊上）

李二嫂：這是怎末啦？

田大爺：這孩子怕是沒指望啦！

雙銀：（看福生）二嫂！你看！

（福生呻吟着）

李二嫂：福生！福生！（福生呻吟）孩子，你覺得怎麼樣？

童先生：石頭，他是怎麼傷的？

石頭：這孩子實在太好了，要沒有他，說不定我們都回不來啦！

趙伍：你怎麼搞的，怎麼不看着孩子呢？

石頭：不是，是這麼回事。我們走到郭村跟前，我就幹了一個哨兵，摸到他們營房外邊。原來是叫田大爺把風，一邊接槍。我進去剛從架上摘下來三桿槍；正往外遞，就聽見炕上一個鬼子醒了……

趙伍：怎麼了？

石頭：我想掏手槍，可是手裏拿着兩個大槍，正急得沒辦法，就聽見醒了的那個傢伙哎呀一聲……，

王林：怎麼？

石頭：我看見一個黑影提着刀子就往外跑了……

童先生：誰呀！

石頭：是福生，他把那鬼子一刀給通死了……

大家：是他

田大爺：（沉重地點頭）是他。

石頭：他先蹲在炕邊，鬼子一翻身他就給了一刀，就往外跑，他們不知道有多少人，也不敢出來，屋子裏直往外打槍，我也不敢招呼，拉着田大爺就在地下爬着走，跑到牆拐角的地方，就看見福生在那兒爬着呢！手裏還拿着這把刀。

（大家沉默，聽見風响。）

福生：（說囈語）鬼子……鬼子……殺啦！……（坐起來睜眼找我）

李二嫂：福生！福生！……你找誰？（福生作手勢）你要什麼啊！

福生：我的……

雙銀：你的什麼呀？

福生：刀……刀……（雜着呻吟）

石頭：給你刀……（把刀遞過去，田大爺接刀給福生）

田大爺：福生！你的刀在這兒呢！……拿着啊；

福生：把這血給擦下去……

田大爺：（用袖子擦了刀又遞給他）拿着吧，孩子，你看，已經擦好了。

福生：田大爺……（對着月光看刀）嘿嘿……（笑了）這是刀嗎？……這是我的……（舉起刀往上戳）就這一下！就這一下！（笑）爸爸！媽媽！（手在空中亂摸）

李二嫂：福生！福生！（扶他躺下）

福生：（掙扎着向前撲）爸爸！媽媽！媽媽！（躺下，大家圍過來）

李二嫂：福生，孩子，你看看我！（福生不答，李二嫂拿起他的手貼在臉上，手一鬆，他的手就掉了下來。）

雙銀：哎呀，他——（向後退）

（大家低着頭退開）

田大爺：（眼直望着前面，風sh——sh——的响）這孩子……這……這……這是怎麼……一個十幾歲的孩子……他的爸爸他的媽媽……他……這是怎麼的？……他應該活着，他正好活着，……我們，石頭，李二嫂，童先生，王林，趙伍……我們都活了幾十歲了，要怎麼都成，死就死，活就活……他，這孩子……孩子們……才十幾歲呀！……

（李二嫂和雙銀痛哭起來，雙銀投入童先生懷中，童先生扶她坐下，取出一柱香點着，用棒敲鐘，田大爺把孩子抱起來向後台走，大家沉默着，風仍在s——sh——的响，清寒的月光冷靜的照着石牌上突擊來的幾桿槍，幕隨着鐘聲慢慢的落下去了。）

第三幕

時間：黎明之前

地點：田大爺的家

人物：石頭，童先生，田大爺，李二嫂，雙銀，王林，趙伍，日本兵二名。

景物：鄉民多人

在村頭，塌了頂的房子，被砲火轟毀了的土牆，打折的樹木，死了的牲畜，男女的屍體，這一塊被蹂躪的痕跡，還都新鮮的存在着，穿紅兜肚的小孩掛在樹上搖動着，田大爺的地契零亂的掛在柴草上。

開幕時舞台靜寂，稍頃兩日本兵上。

甲：呃！香烟有？

乙：有，坐下歇歇腿吧！

（乙從口袋裏拿出五台山香烟二枝，乙擦着火柴照着香烟，甲看了香烟的牌子。）

甲：哦，五台山的牌子（吸一口後，夾在指間，沉吟的）五台……

乙：（輕經的推着甲）喂！想家了嗎

甲：（轉臉向乙）你聽說過五台的游擊隊嗎？

乙：別提這些吧！提起這個我的頭就痛。

甲：我們那次用幾個師團包圍他們。

乙：去，去，不管他幾個師團。

甲：聽說他們還自己開銀行，印郵票呢！

乙：他們也用我們大日本的郵票嗎？

甲：大概是不用吧！

乙：我就討厭游擊隊，來不知道他們從那裏來，去不知道他們從那裏去。

乙：好像地縫中都會鑽出來一樣。（急轉頭看，驚慌的尋找）你看什麼！

甲：（甲用手摸頭頂，很難爲情的笑了一笑。）聽說我們來到中國的隊伍都不能回國了。

乙：（深深的吸口烟，向天徐徐的吐出，從破牆上跳下來）走。

甲：休息，休息呀，我們好多天也沒得休息了，我的腰都痛了。

乙：腰痛啊！等回國後到皇軍醫院免費電撩吧！

甲：等我的骨灰送回國再電撩，電撩免費電撩！

乙：走吧，走吧！（焦燥的）

甲：（仍坐在那兒）媽媽的，我們的大隊都走開了，這村子裏就留下我們十幾個人，老百姓也逃光啦，我們用飛機送來的給養，都接濟不上，連香煙都沒得抽啦！

（懶洋洋的，二人起身走，乙踤倒在屍體上。）

乙：（摸了一手血，驚疑的）什麼玩藝搗霧搗霧！

甲：怎麼啦！

乙：怎麼鬧的，弄了一手，（拿起手來嗅了一下噁心。）

甲：血

乙：討厭，討厭，（兩手無處放）走吧！

甲：走吧！

（稍停，石頭，王林，從破牆壁後緊張的走過來各處查看了一遍。）

石頭：（爬上高處砰砰兩槍，即跳下，躲避起來，四面槍聲大起，牆旁退過日本兵二名，均被石頭擊死。在石頭身後牆壁上出其不意的跳下日本兵一名，抱住石頭的頭滾在地上，二人扭打。王林，抽空打了一槍，日兵死，王林轉到石頭身旁，不料牆後又來一日兵，彼石頭擊死在牆後，四面雜亂的槍聲中傳來喊殺的聲音，石頭，用口哨回答石頭喊着，）追呀，兒一個殺一個，衝呀！殺呀幹呀！

趙伍：石大哥，這邊怎麼樣？

石頭：從牆上翻下四五個，全解決了。（向五）王老弟，你走往這路口，我們衝過去，（石趙衝下）

田聲：（在幕後喊）雙銀！雙銀快呀！別去在後頭！

雙聲：爺爺，這回我們可回家了。

（田大爺，雙銀上）

田大爺：（木然的呆着向四下望，手扶着牆上）牆，房子，（走過去）雙銀！拿根臘來，（彎着腰在找什麼，忽然站起）還有，還有鍋台（强烈的）我到底回到我的家來了，（獰笑）哈哈……

雙銀：（從柴棍上拾起地契）爺爺，爺爺，你看這上頭有你的名字。

田大：拿來我看。

雙銀：爺爺，這是什麼東西？

田大爺：我們家的地契。雙銀！你幫我找……幫我找……

雙銀：爺爺，找什麼呀？

田大：你二叔，你二叔……

雙銀：二叔不是死了嗎？

田大爺：死了也要看看他的屍首。

雙銀：爺爺！拉倒吧，死了你還找他幹嗎？看見他你更要難過呢！

田大爺：我要找着他……一定得找着他，難過（苦笑）哼………

王林：誰（人聲）

雙銀：爺爺！爺爺有人，快把臘吹滅了。

田大爺：（吹滅了洋臘。）

童聲：我（幕後）

王林：哦！童先生嗎？你怎麼這時候才來？

雙銀：童先生，你可把我們等死了，哎呀，李二嫂怎末啦，怎麼這個樣子啦！

童先生：可把我急死啦！走在半路上李二嫂也不知道怎麼回事，一人亂跑，她喊着你別搶我的孩子；把它還給我，你別搶去他，他是我的，他離不開媽媽，他離不開……一邊喊着，一邊瘋了似的亂跑。起初上我還追得上，後來他越跑越快，把我一丟就丟得好遠，我連一個人影都看不見了。黑天半夜的我也沒辦法，人既然找不着了，只好回來找我們的隊伍，沒想到走到村外的小河溝裏我就聽見一個女人哭，起初我很奇怪，這時候那兒來的女人哭呢？後來越聽越像奎二嫂的聲音，我就大着胆子走去一看，果然是她，披頭散髮的，衣服也都撕開了，胳膊上還刺傷一塊，看這樣子一定是被鬼子糟塌了。

王林：快安排她坐下吧，童先生，（把李二嫂放下，李二嫂呻吟着。）

雙銀：李二嫂，李二嫂！

童先生：你不要動她，快找個東西來蓋蓋。

王林：媽的，這些活造孽的鬼子！

童先生：（歎息）唉！誰想得到李二嫂那末好的人，得這末個結果。

王林：男人都太沒有用了！那末多人在一道走，會讓他一個人跑開，誰會想得到呢！

童先生：誰會想得到啊……

雙銀：童先生，你看她胳膊上的血還直往外流呢！

童先生：我腦子都弄昏了，快找東西給他包紮起來。

雙銀：（四面看看，找不到東西，）

王林：來，來來，（把腰帶解下撕下一條）拿這個給她包上。

（雙銀給李二嫂包紮。）

李二嫂：（先是呻吟，後呼痛）唉，唉……哎喲（睜眼立起，）你們，你們還在這兒，還不給我滾開，你們這些骯髒，下賤惡心……你們這些鬼子你們以爲我就這樣好欺侮嗎？我不怕……（站起來。）

童先生：李二嫂，李二嫂，你不認識我們啦？李二嫂，你把眼睁開看看！

雙銀：哎，李二嫂！……這是童先生……我……我是雙銀。（扎着手，嚇得沒辦法）童先生！你快叫她坐下吧！

李二嫂：（把童先生一推，瘋狂的跑。喊叫）你們以爲我就不能報仇了嗎？我兒子終久要長大的，他終久會宰了你們的……嗯！……（狂笑坐在牆頭上）

田大爺：（站着，茫然地直起腰）嗯？嗯？（看看她又低下頭去找）

童先生：王林快來！我們架着她！

王林：她這様的人，你得順從她，不能強制她，越強制越利害

童先生：那怎麼辦呢？要不叫雙銀——

雙銀：我不去！我怕！

童先生：還是我來吧，你讓她跑怎麼辦呢！（向李那邊走去）

李二嫂：（看見童走來，拿起牆頭上的磚向他投去）你來！你敢，你這沒廉恥的狗！你敢動我一動！

童先生：這……這……這……眞糟心！……你這樣鬧下去怎末是個完啦！（自語）總得想個辦法！（叫）李二嫂！你這是幹什麼呀！你怎麼變成這個樣子啦！

李二嫂：哎（對着牆）你們別站在那兒不動哪！你們快來帮我的忙呀！快來呀！你們瞪着眼幹什麼？你笑？……你笑什麼？……嘿嘿……你們這些不中用的東西！

雙銀：童先生！你讓她別這樣啦！

童先生：你報仇也不是這麼個報法呀！人家前邊打得那末利害，你，你在這是什麼樣子？什麼樣子？你這樣就報仇了？

李二嫂．（向觀衆）你們來呀！鬼子在這兒呢！你們快來呀！你們跟我來呀！我們一道去呀！報仇！殺！殺——！（跑下去了）

童先生：（追去）李二嫂！李二嫂！……

王林：童先生！讓她去吧！（自語）唉！一個人糟塌得還末可憐！（田大爺由牆後揹個死屍出來，一不留神被日本兵的屍身絆倒，上氣不接下氣的呻吟。）

童先生：啊！田大爺！（回身向雙）雙銀快！

雙銀：（急轉身，跑到田面前）爺爺！你怎麼了？

田大爺：你二叔……你二叔……我的臘呢？我的臘呢？

雙銀：爺爺！不是在你手裏拿着嗎？……童先生！你給劃個火！（掏出火柴給童，童劃洋火點臘。）

田大爺：（用臘照死屍的臉，一手拿臘，一手撫死屍的臉）是他……這就是他……他……

雙銀：哎呀！爺爺！我怕！你不要照啦！我怕呀！

童先生！田大爺！田大爺！你太累了，到那邊休息休息吧！

田大爺：（揭開兒子的傷口）你看這傷口，這血還是鬼子的槍打的……

雙銀：爺！看你的眼，多怕人啦！你不要這個樣子了！

童先生：田大爺，反正他是死啦！你也就不要難過啦！

田大爺：難過嗎，沒有，我一點也不難過。

雙銀：爺爺，不難過，你爲什麼哭呢？

田大：沒有，我沒有哭！我……我……（抽氣）我兒子死得寃枉！他沒有殺着一個鬼子，他沒有殺着一個呀！……

趙伍的喊聲：弟兄們加勁兒呀！我們要使他斬草除根，一個不剩！

石頭的聲音：你們分三路搜索，檢查一下我們受傷的弟兄，我去看看童先生他們來了沒有。

童先生：石頭來啦！（喊）石頭！

石頭：哎！

雙銀：我們打勝了嗎？

石頭：（上）勝啦！哈哈！鬼子都收拾乾淨啦！——王家甸子的隊伍和我們會合了！

童先生：一個也沒留嗎？

石頭：留下了幾個都見閻王去啦哈哈！……

童先生：（向雙銀）你看我的卦靈不靈？眞靈呵！你不能不算天數！

雙銀：別說了吧！你把福生都算死了還靈呢！爺爺！爺爺！我們打勝啦！

田大爺：勝啦？我們打勝啦？眞的？

童先生：我們打勝啦！

田大爺：（向死屍）你聽見沒有？我們打勝啦！（向石）我們把鬼子都殺光啦？

大家：都殺光啦！

田大爺：殺光啦！……殺光啦！……（向死屍）都殺光啦！

童先生：雙銀！雙銀來扶你爺爺到那邊去。（二人扶出到牆邊坐下）

田大爺：（走時不住回頭看死屍，自言自語）可惜，他看不見了！

石頭：童先生，雙銀，你們去把槍給撿一撿……王林，來，把雙銀的工叔搭到後面去，……把這些死狗拐出去

（兩人抬撿死屍兩人撿戰利品）

雙銀：童先生！童先生你把這些都寫上！……（撿碗）……水……壺……五個！（童先生重複她的賬）……鐵帽子三個……（摘下童先生的帽子，把鋼盔給他戴上）……槍子兒……三大串！……（一抬頭看見牆頭穿日本大衣的王林，嚇得後退）鬼子！

（石頭舉槍要放）

王林：石頭！你也不剝皮認認襲！（大搖大擺地過來，拍拍胸脯，將大衣散開讓別人看。）

石頭：他媽的有你穿的沒我穿的？看我的！（下去找大衣）

童先生：還有我的印！

帶足……嘡了子彈乾……安……安糧，趕快上……安……戰場!!

（羣衆的歌聲漸近漸響。）

石頭：（招呼）哎咳唉！……

雙銀：（向童）你快……快……快！快人家都來啦！

游擊　王天基木刻

雙銀：你要什麼？快記你的賬去吧！

（鷄叫了，石頭披大衣上，打着呵欠。黎明的光輝往地平線上升起，遠處有羣衆的歌聲。田大爺扶牆起立，和着歌聲，斷斷續續的唱着。）

田大爺：打起火……呵把，拿……啊……起槍，都來啦！

（田大爺更大聲的唱，羣衆拿着火把，把槍唱着上……王林用手將槍鏇擺一樣的搖動，石頭猴子一樣的跳着舞着……羣衆的喜悅衝上了天穹。）

（幕下）

「稀爛路」上的生靈

森民

××兄：

離了你們多久多遠！是去年十一月八號離開的南京，隴海路上整整一天，西安住了五天，十五號才離開那裏。請你拿出地圖來看吧——第一夜住在乾縣，第二夜住涇川，第三夜住平涼，第四夜住靜寧。過了靜寧，得盤走六盤山，大雪，第五夜住華家嶺上。

那一夜冷得可眞厲害：熱坑，炭盆，棉被，大襖。滿屋子薰着燒坑的馬糞味，柴炭的烟把店主人的大烟味都浸沒了。青油燈半明不滅地照着店主人，一個四五十歲的老頭，姓郭，和我同行的，現在同住在一個坑上的山西客商，和他拉談着。

陝甘的原地上是不許種罌粟的了，烟得從涼州來，貴到二塊錢一兩。

那客商是上青海去做買賣的，說：

——官家禁得厲害，烟又貴得要命，戒了不好嗎？

那老頭說：

——我何嘗不想戒。戒烟藥西安賣二塊錢一付，這裏賣要八塊。一付兩付又管不了事。八塊錢，窮人一口氣哪裏拿得出？倒不如一天幾毛錢的度着。

他有着甘省人堅執誠愿的特質，我不懷疑他的話。

他們談到八路軍。他們對八路軍覺得奇怪，不壞人：住了屋子掃乾淨，用了鍋碗洗乾淨才走；開會做戲，教人家唱歌。那山西佬當場把學會的一支歌唱給我們聽。

他又談起閻先生的主張公道團和犧牲救國同盟。又談起第八路軍在晉北打勝仗，談起游擊戰。這是時代給予的教育啊！

第六天才到這裏——到這雅庫次克似的定西。水苦鹹，早晨夜晚常在十八度以下，大風，黃土瀰漫，單調而乾燥的山原。什麼東西都貴，而且買不到。飯錢貴到十五塊錢以上，米和菜蔬還是用汽車上省裏去帶的。我不是不能吃麵飯，但事實上麵飯也不便宜。

沒有報紙看。現在在我推動之下，訂了一份蘭州的西北日報，一份漢口的大公報，但前者要隔兩天才到，後者則要隔上十多天。

整天忙着「等因奉此」，沒一點兒空閒，無所謂辦公時間，辦公也是家長式的。

我們這機關，是西[illegible]西漢兩路工程處西蘭路第三總段。自從我到這裏，大招牌已換三次了：先是行營，隨後是全國經濟委員會，現在又改了交通部。

說起這路的前身，就是長江在中國的西北角裏提起過的「稀爛路」。那時主辦的是全經工會，工程人員都很年輕，肯苦幹，不過沒有錢的支配權，沒有貢獻意見的餘地，這「稀爛」的癥結，還不是政治上舊習慣的問題。

這條路，現在是我國防上的命脈，委員長也注意到這一點，所以會把牠隸屬于行營。工程人員，除了幹部是全經會的舊班底，又新添了一批武漢復旦等土木系的學生。

我們這三總段是從靜寧到蘭州，又劃成五個分段，整天就忙着催縣府征僱民夫車輛和料口來修舖路面。修路分三個階段：第一是採運了石子砂子打碎，第二是整理路基，第三才是舖築。舖路原限一年完成，大概應該是今年的七月吧，不過我想，到時候還不會結束。

現在讓我來說一說征工的情形。征工分兩種辦法：一種是吃年了縣裏要民工，採一方石子單價四角，不過還得按採石子的遠近，再定更詳細的辦法；一種是包工，和聯保主任或保長或工頭訂承攬包運，單價每方六角，限十天收方，不足得收押。舖保得要殷實商家，萬一到期不足數，延一天罰五十元或一百元，毫不客氣，不肯包也不成，而沒有舖保又不成。包工當然是承包人居中剝削，萬一哪一保不力，他還能報告，我們便立刻根據這報告抓人來打罰送縣。

民工更慘痛。征派情形不用說，一個人從家裏出來，得自己帶食糧草秣（而他們的工資，縣裏却早問我們預支去了），一旦口糧吃完，他們便得行乞做工，牲口眼睜睜看牠餓死，逃，得抓回來。

我們這第三總段工程最艱難：石子砂子太少，得上距離公路二十多里的地方去採取。採石子像採煤似地得挖洞去採，所以常有凍土坍塌，把人壓斃或打得殘廢的。一條命三十六元！

行政系統是這樣的：總段長——工程員——監工。民夫，保長和聯保主任叫監工作「委員」，「委員」最接近民衆，但最與民衆離隔。我們能拘押，或打保長和老百姓，那還不是牌子着硬的關係！

我親聽得民工說，修路比築碉堡還厲害。事實上，這二者的意義是完全不同的，但我們的黨政當局，爲什麼不向他們宣傳這路工與抗戰的連繫性呢？實際上怕也沒有用，因爲征派本身在他們是一種痛苦，而且當地的封建傳統勢力太濃厚。這裏有這樣一句俗語：「說服勸解沒有用，馬鞭子他就明白。」所以倘使政治機構不改進，不從老百姓生活痛苦的癥結來着眼，要是這條路完工後，老百姓得不到工資，而又不明白這條路對於抗日的作用，和抗日對於他們本身的意義，我怕會生出比沒造這條路反而更大的危險來的。

我們還有道工。十四個人一班，工資是十元到十五元，歸工頭管。工頭的工資是十六元到二十元，又歸監工管。

有一次，全班都不肯做。馬上由縣警（征工警）去傳了來。這是一場慘痛的對話。問完了其中之一的姓名年齡籍貫後，接着：

——你以前幹啥的？

——受苦的。（即：做苦力的。）

——那末，爲什麼不好好的做？

——小人受苦，反正什麼地方都是一樣；他（指監工）用洋鎬打我。

——爲什麼就打你不打別人？

——小人手爛了，還叫我挖土，我手指抓不住把，挖不了，他就說我搗亂，要開除我。開除就開除，小人才不幹嗯。

手，反綁着，轉過身來，大家都看到是爛的。

——你到底幹不幹？

——只要他不用洋鎬，棍子打我！不然他幹我不幹。

茶館聽訓記

謝挺宇

在茶館裏，除了一些滿纏着世故的痛苦和人情冷淡的綱紋的臉孔之外，其餘的就是幾位舒適地抽着旱煙，慢吞吞地喝着茶的老先生。

潮濕的氣息夾着雜亂的噪音，到處瀰滿着。火爐上的大水壺，伸着大嘴吧，傲慢地吐着熱騰騰的蒸氣。有股像鬱烟又不像烟的氣體，緩緩地在天井裏臭水陽溝上飄蕩着。

賣小花生的小販正佝僂着腰從走廊裏捱過去。在那邊台子的右側，一位頭髮剃得光光的小伙計，伸着右手的食指，指指着對面的中年人：

「你家，怎麼這樣說啥！」

形勢很嚴重，似乎有動武的姿勢，但是到底沒有打起來。——這一些，沒有引起我們的注意。我們五個人好容易今晚偷個閒，在這兒能夠說一點隨便可以說的話。老袁剛吃了一碗想了很久的酒釀丸子，肚子裏挺舒服，溜到舌尖上的話，就像浪花似的迸激出來。但老實出名的老王，他輕輕地告訴了一些可歌可泣的消息……：看着擺在面前的熱熱的紅茶，那紅色的液體，眞像那些可敬的人們的赤血似的！可是不知怎麼話一轉灣，老寶透出一個新的消息：×長官逃走了。這位長官是很能幹的，有一次爲了伙食問題，大家鬧起來的時候，他曾拍着胸脯說：

「勤務兵，特務長，那個扣錢，我說過的，就得槍斃他！我要是扣一個錢，不要你們說話，我有手槍，我自決！」

說過那樣慷慨的話，可是現在捲帶了一批現款不聲不響地跑了，跑得很高明，連追也追不上。大家正在發議論的時候，忽然全個茶館的噪音低下去了，甚至連咳嗽的聲音也沒有了。回過頭去一看，一位穿着黃呢軍服的年青軍官，帶着三個穿黑布大衣的學生，有一個學生手裏拿着一面小白旗，似乎想演講的樣子。

那位軍官立在正廳的當中，右手掌攤開來搖了搖，用着半官腔的濁音開口說話了：

「你們大家，大家各位，聽着！」

「今天我帶幾位××宣傳隊跟你們宣傳，他們都是從漢口，從宜昌回來的學生，我們派人查過了，他們是沒有背景的嘍，是的，這邊，他們由我管理；我的名字，我姓劉，叫做晨興，是早晨的晨，興是興起來的意思嘍，是的，他們是歸我管理的！」

「以後他們來宣傳，你們，嘍，他們是沒有學問，沒有經驗的，嘍，他們是學生，你們要聽的！」

他坐下去了，馬上把嘴唇送到那碗熱茶裏去。三個學生膽怯似的，站在他旁邊，躬着背跟他商量什麼似的，大約是聽他吩咐什麼。這時四週起了輕輕的細語聲，牆邊有一個頭上用圍巾繞成毒蛇似的圈形，當做帽子的中年人，很有把握的對他的同伴說：

「訓話哪，這是訓話。」

老王踮起脚來看一看，坐下來說：

「是個中校呢。」

可是劉中校又站起來說話了，把身子望左右旋了兩次，再伸出左手來平攤着：

「大家各位，聽着！」

「大家在座裏的各位，老的有在六十歲以上的，也有在四十歲以上的，也有做我的祖父的，也有做我的父親的，嗯，你們的孫子，你們的兒子，也有在前綫打倭奴的！以今日的國際政治情勢來觀察，中國能敗麼？他們到此地來宣傳你們——」

——什麼，他幹你不幹？你搗亂，煽動罷工？送縣政府辦去！

後來，究屬因爲手眞的爛，不能挖土而才「抗命」，才算「姑予不究以往」的仍叫他在那位監工的管理下做工而和平了結。

我們的同事年紀都很輕。看的書是沙樂美畫報，品花寶鑑，紅樓夢，西廂之類。一般地喜歡唱唱西皮二簧，打打牌，玩玩撲克，聊聊天；有幾個資格久一點的在蘭州時候還逛逛窰子。在這環境裏，我當然不能太落落的和一般人生活絕緣，但是隨和是有限度，有目的的。事實上，對于脾酒逍遙的人們，想推動他們吧，礙難；隨和吧，不成。我現環境大概也不輸你什麼，不過單爲了生活而生活在這窒息的原野上我是決定走了。我要同伙伴們一起去面對敵人，去在戰鬥生活中洗刷掉小所有者底空談，浮燥的習性。我沒有第二個念頭，第二條路。

至于甘肅的抗日報道，你看了大公報上徐盈的開話蘭州，已可見一斑，還定西自然更不用說——一句話：沉寂得很！

……

此致

民族革命戰爭的敬禮！

XX，二月十日子夜。

他猛的把身子朝到火爐那邊，用了一種可怕的高音叫着：

「那一個？那一個是茶館主人？」

那一個老是彎着腰的主人，慌忙地走到他的面前：

「我，我，我……」

「你，好，他們在這兒宣傳，你們要……你們要好好地保護他，讓他們宣傳！」

他再迴過身子來說下去：

「日本預備幾十年來打我們，我們不怕麼？他們有飛機，有坦克車，有大礮，很大的礮，我們以血肉之軀，怎能與之週旋呢？你們的兒子，你們的孫子都在前線拚命，怎能拚呢？……」

在旁的老王，輕聲地罵了出來：

「媽的，漢奸！」

我注視着在貼着「小心銀包」的紅紙條下，他的頭搖擺的很厲害，聲音可低了下去：

「世界上有許多強國，大約算起來有七八國，日本也是強國，中國可不是！其餘的法國，美國，德國，英國，土耳其都是。他們都有很多很多的飛機，俄國就有兩萬架，法國也很多，日本就有好幾千架，我們中國只有XX架，你們想想，我們怎能打呢？」

週圍是靜悄悄的，有幾個閉着眼抽煙，樣子似乎很妥帖，很寧靜。另有幾個是雙手捧着茶碗取暖，眼睛和嘴吧都茫然地張着。好容易訓話的人才接下一句：「我們要想辦法啊？」

可是聽衆不知道是根本聽不懂呢，或者波不下心來，空氣似乎還很嚴重。這時在門邊，一個抱在母親懷中的嬰孩突然哭了起來。這位中校就用聲震三軍的聲音喊着：

「抱過去！在此地胡鬧什麼？」

看着吃驚的母親狼狽地走開了，他才柔和地說下去：

「噯，大家各位，要想辦法，聽着！

「辦法是有的，……不要說話，聽我講！辦法有三個：唔，有三個，第一個是要有拚命的精神，拚命，你們的兒子孫子不是在前綫拚命麼？這就是拚命。第二，唔，噯，第二是有不怕死的精神，你們想想，既然命都肯拚了，還怕死麼？當然我們也不怕日本人了；還有，第三，第三是，唉，這才是要緊的東西，這個東西啊，唔，唉，對了，你們猜猜看是什麼東西？……」

他停了嘴，向四邊望望，週圍是寂然地。只有我們鄰桌，有一個翹起一隻腿，手裏夾着半枝香煙的中年婦人，悄聲地嘰咕着：

「猜什麼啊？猜！——知道你說什麼的！」

訓話的人自己說了出來：

「這個東西啊，就是心，人的心！各位大家，你們，噯，對了，這不是豺狼猩猩的心，也不是王八毛蟲的心，也不是麻雀的心，也不是我的心，不，不，不對，是我們大家的，對了，唔，是大家各位的人心！」

他停了一停，用力地結束着：

「所以，我們有了人心，再也不怕日本鬼子了，大家各位，你們要記住的，這是很要緊的！」

他再坐下去喝茶，週圍的人才舒了一口氣，安心地再抽煙的抽烟，喝茶的喝茶，雜亂的噪音又混沌地響起來了，賣花生的再轉來轉去的兜着，有一批人很快的離開茶館

我們一聲不響地走到街上，路上人很擠，炸油餅的攤頭擠滿了人。

街燈也很亮，似乎照得新貼的標語都睜不開眼來。一羣新來的專門以慰安別人爲職業的，同時又很妖豔的婦人，笑嘻嘻地吸住了許多閒人

我們沈默地轉到一條狹窄的胡同裏面去，把刺目的亮光扔在後面。

神經病，女人

辛人

四月二日，一個陰天的早晨。我因事從漢口過武昌去，趕到江漢關一碼頭時，那高聳的標準鐘正奏着幾聲簡單而明瞭的樂調，是十點鐘了。

搭客相當的稀疏，剛剛坐在渡船後半身艙裏的矮條櫈上，背靠着一根圓鉄柱，想鬆一口氣，忽然靠岸的右舷起了一陣騷亂，正想伸長頸子看個究竟時，已經有雜亂的軀體傾向我面前來。——一個穿着黑色制服的警察模樣的中年男子，正跟一個藍旗袍的婦人糾纏着廝打。男的口裏儘是「×你媽的，」伸着拳頭連打帶推，把女的衝掛在船中間機器間的壁上；女的可不示弱，瞧着旁人欄住那男警的一瞬機會，用着比「瓦爾茲」舞的節步還快的步法，右手起處給對手一個很清脆的巴掌。然而，這幕武劇鬥不到三四合，雙方都讓人格開了。男警摸着面頰，張大着眼睛，向調解的人解釋他的行爲的根據和條件：

「她出口就罵人……」

「那你就好好同她理論，怎樣動手打女人！」這是一個穿洋服的同胞高聲向那男警叱責的話。男警正想找尋另一些話來合理化他的行爲時，一個船上的水手把他叫開了：

「神經病，你干她做嗎？」

女的還恨恨地在叫罵着。她的臉孔是蒼黃的，鼻端上和右太陽穴上有兩抹紫紅色的淤血痕；然而臉型却是差強人意的蛋型臉。藍布旗袍上披着一件柑黃的花邊羊毛短掛，雖然不塗搽白粉紅膏，也不能說是醜陋。

「我報告諸位先生，諸位高陞的先生們，還××局的警察都是流氓和地痞……」她揮手，向觀衆演講似的說了。這時我站起來注意到那個男警有着××局的胸章，左臂上還有「傳令」的銅章，掛着一個公文盒在身上，他的面孔上找不出什麼特別的感覺與表現，他已經走進機器間裏站着，要不是他的眼睛還有一點狠狠的光芒，儘盯着外面這位女人的話，我簡直不曉得他剛才是武劇的主角。

那個水手和航警連叱帶勸的把女人推走了。我問水手說她究竟是幹末的。

「神經病，吊人家膀子，開旅館……她可有本領，過江總是不要買票的，收票員都認識她，我們這船上誰都認識她，講話是蠻明白，就是神經病。」

水手似乎怪我連他們那樣熟悉的事都不知道，也不跟我講明白就閉嘴蹓開去了。

不一會船開了，一個商人跑來對我旁邊的一個乘客說：

「她在上面演說了，講得蠻有理。」

我心裏很懊悔沒有去聽這「蠻有理」的演說，想到船頭去看看，但轉眼間那女人又悄悄的轉到右舷來，那兒停放着好幾隻脚踏車，女人灣着腰，把其中一隻所掛的藍底白字的「漢口××局」的鉛牌子，使勁地扯在地下，一面咒罵着「王八蛋××局！」隨後她馬上轉向船頭去。那裏的乘客比較的多，她就開始演說了：

「我報告諸位高陞的先生，諸位有希望的先生，這漢口××局的底下人都是流氓地痞。我的神經不好，他們說我是瘋子，我是瘋子，然而我搭船是規規矩矩的，這流氓地痞忽然打我一拳，踢我一脚……太不憑良心了！本來女人打男人是缺德的，但這個流氓我不容忍，太不憑良心了！」

她的報告引起人們很大的注意，但她沒有連續講話的技能，因此講了一段就停下來，一會兒又從「我報告諸位高陞的先生」開始，以「太不憑良心」爲結論。

「我報告諸位高陞的先生，這些××局的流氓地痞都是沒有良心的。在街上賣襪子的窮人，他要收他們的錢，不然就抓去罰三塊五塊。人家窮窮苦苦的難民在街頭賣鞋，他們也要錢，不然抓去罰一塊錢。」

「在北平有一個三十多歲的女人，她逃難到這裏，什麼東西都沒有了，只剩三百塊錢，開了一爿小客棧。這般××局的流氓就想法敲竹槓，借故拉去罰了一百五十塊錢。只要有錢，你什麼都可以幹，沒有錢就得做猪做狗，太不憑良心了！」

「我再報告諸位高陞的先生，」她專朝向一些軍官和士兵說話。「你們在前線拚命，打日本鬼子，爲國家出力，但是這些××局的流氓地痞，却在後方胡做胡爲。傷兵回來後方休養，這些流氓地痞纔不尊重優待他們。傷兵們要看戲，這些流氓們强迫他們一定要跟人家一樣買票。有一天來了許多傷兵，把這××局的地痞打死了兩個。這是活該的，這是他們無道理，太蠻横，太不客氣，太不憑良心了。」

「你們郵政局的差役，」她轉向着站在傍邊的兩個郵差：「你們冒着砲火到前線給將士們傳遞家書，前線的兵士對郵差像敬父親兄弟一樣誰都不敢碰他一下。但是，你們知道嗎？前幾天，你們郵政局一個十九歲的郵差，騎着自行車無意碰着一個××局的××隊，當場就被那××隊抓下來，毒打死了。我今天聽說那××隊要去職了，哼！殺人要償命，那有那麼容易，打死人一溜就算了事？我希望　蔣委員長把這些××局的流氓地痞，這些沒有心的狗東西，都送到前方去當砲灰，把好人調回來後方辦公事。」

出乎意外，這個神經病的女人的「報告，」竟打動了許多乘客——士兵，郵差，商人，學生，軍官——的心，我傍邊一個老太婆跟一個士兵說（他們都操着江蘇口音，大概是本家或親戚：）

「她講得不錯吓，中國人太沒有良心了。」

「是啦，中國人就是太沒有良心了。」

但是，這兩句話是應當加以改正的。講話的老太婆和士兵同志，既然批評中國人沒良心，但同時他們又是站在有良心的中國人的立場上，可見不是全部的中國人沒良心。

「你的老板呢？」

還是另一個老太婆，她特地站了起來，很憐憫地問這神經病的女人。

「我的老板是×××師的團長，但是我的神經不好，他現在不要我了，回四川去了，他是四川人。我的父親也當過×××的衛生官，我現在寄住在武昌朋友家裏，武昌的××局公事辦得還好，就是漢口的××局，這般流氓地痞！我希望　蔣委員長……」

「她從前的丈夫真的是×××師的團長嗎？」

傍邊一個武裝的粵漢路警衛隊班長，悄悄地問一個郵差。郵差認真地點着頭；

「是真的。」

「看來是個有知識的女人呢，神經病並不深。」

「她才有知識呢，講話蠻有道理。」郵差的話。

「她要再跟個好好的男人，一定會好起來，唔？」

這樣說了，班長和郵差都微微的笑着。

「我報告諸位高陞的先生，太太，你們有女兒姑娘小姐，最好是回鄉下去種田，你們不曉得這裏的黑暗。一個女人單人在路上走，這些流氓就來東挑西辱，不把女人看做人。

「許多可憐的姑娘，晚上在街上拉客，都要把錢給這般××局的流氓，不然就拉去罰錢。他們還自己常常去住旅館，睡她們的房間，要人好好的招待，可是一個銅板也不給。」

乘客都笑了；但這神經病的女人依然再來「報告。

「你們從上海南京逃難來的先生太太你們要小心吓，你們住小客棧，這般××局的狗類，看你可欺，就說你來歷不明，敲你們的竹槓，太不憑良心了。我是看不慣這些事情，我要把它表白。我希望　蔣委員長……」

船靠武昌的渡頭了。大家擠擁着上岸。

這個神經病的女人卻屹然站在那高斜的石階旁邊，翻身向人叢中檢閱着。她雙眼滿溢着怒氣，無疑地是在找那個一直躲在機器間裏的××局的警察。

四・三・漢口。

關於「文藝答問」

因爲幾位讀者底提議，我們感到了這工作底必要，從下一期起增設「文藝答問」一欄，質問者應注意的有幾點：

一・質問者請在信面上寫明「七月社文藝答問欄收，」至於回答者，或爲本社同人，或轉請其他的作家，學者，當由本欄負責人斟酌問題底性質決定。

二・提出的問題太空泛的（如文藝之使命是什麼）固然不好，太瑣碎的（如某某作家是男的還是女的）也沒有意義，頂好是在創作或讀書中間所碰到的最切實最具體的問題。字數也不宜太多，頂好在二百字左右，合上回答的不致超過一頁的篇幅。

三・是否有回答的必要，編者保留決定的自由，但如果附有回信的郵票，當編者認爲沒有公開解答的必要時，得直接寫信向質問者個人提出回答。

四・每人每次提出的質問，不得超過兩個以上。

血肉二章

S. M.

血肉

牛馬未嘗不『有血有肉』。

但是有一條繮繩，這個血肉就馴伏了，有了一些芻豆，這個血肉就投降了。

並且，這個血肉，還反過來被驅策，供耕作吧。

這樣，就『天下太平』了！

有的時候，雖然有『非我族類，』和『被侮辱與損害的。』之感那一類，斷繮而走，或者竟怒目橫角相向；但是不久牠卻又躲頭躲尾地折了回來，或者給幼小的一聲吆喝就用耳尖打打蒼蠅起來表示其恨在彼而不在此了。捨不得芻豆，因此也就是捨不得繮繩。

所以，開始雖然『有血有肉，』結果總是『天下太平。』

豬與羊更是『有血有肉』的。

但是也更不長進，沒有繮繩也馴伏，自己吃着自己嗅到的野草或者生活於汚泥裏也會感恩。

彷彿在說：「我們是『有血有肉』的呢！——不信，那末，看吧，我們底最後一天會告訴你，有最後的事實……」

最後的事實是什麼？最後一天怎樣？

從現象看，自然是流血與屠殺的通紅的唯一的對比了。

但是，從那卑賤的生活裏，也就是從那作爲主人的敵人不看一眼的藜藿裏吃得肥了，愈努力愈肥，使自己底目的適合與誘導敵人或者主人底貪慾，差不多是定命的，有歷史可以檢查的。做了主人或者敵人的美味與營養這樣，這算什麼『有血有肉』呢！

這樣地『有血有肉』麼！

雖然也有掙扎，並且這掙扎又頗有一點頭強；但是這掙扎目的並不在給敵人以打擊，也不能打擊敵人，祗不過是一種恐怖，死之抗拒；甚至是一種點綴，一種誇張『有血有肉』的點綴。雖然也有呼聲，並且這呼聲又頗有一點高亢，但是這呼聲並不是起來的巨吼，也不是刻毒的咒詛，更不是爲了正義的呼號；祗不過是過喧過大的呻吟，迫切而絕望的求援或者求救；自然也是珠寶之類，使『有血有肉』更斌媚的珠寶。

這樣，還是『天下太平！』

並且，愈是這樣『有血有肉，』愈是『天下太平。』

但是真正的血肉可不是這樣的東西！我說牠絕對不是這樣的東西！

血肉是既非奴隸，更非食料！

血肉是既非和平，更非死亡！

血肉，如暴風雨，是摧毀與洗滌底合流的那樣一條大力，對於敵人是叛逆的打擊與反攻的掃蕩，碎則俱碎，否則要吞食敵人而獨存！

一九三八，一，二二。南昌。

警惕

寫信報告槍傷差不多全好了。回想起來，這傷，血流得那樣多，止血針一無用處，那樣一直從上海流到杭州，到了衢州後鼻腔中還拉出來過如油畫顏色的紫血；打穿了左顴，打碎了上顎，左面上牙牀骨打斷了，並且打落五個牙齒，右面打斷與打碎的牙齒共是三個，並且下牙牀骨震傷；此外，右與左鼻腔也多少損壞了。一個醫官告訴我，這屬於一等傷。可是牠始終沒有痛過，始終沒有發燒。

牠沒有痛過，就是我沒有痛過，牠不發燒就是我體溫不變。

是我能夠忍痛到不覺得痛的程度麼？是我底溫度在損害裏也保持了正常麼？

這樣的流血應該痛的，血肉痛了，反應到意識上去才更痛，可是我卻沒有痛過。這樣的打擊應該發燒的，溫度升高了，即使是反常地升高了，到底是興奮的，可是我又沒有發燒。

我一點沒有感覺麼？我近於冷血動物麼？

但是我流過了血，受過了打擊，這可不是木頭與爬虫底境遇，這更不是木頭與爬虫所愛好的。

但是我到底沒有在血肉上有過痛癢之感，水銀柱到底沒有突過紅字去。

因此，我底傷且不要人給以什麼光榮，還是自己回過頭來憂愁吧，不，還是自己警惕吧！

一九三八，一，二二，南昌。

做買賣

蕭軍

中國人是很懂得做買賣的。不信，順便你扯一本什麼歷史之類的書瞧一瞧能，裏面所載的，大部就是這做買賣的記錄、不過這買賣是比較五個銅元買一包香烟要複雜一點，有時還要講價還價，似買不買，似賣不賣：：弄得旁人頭昏眼花了，他們才肯成交。也有的比較直截一點，這究屬少數。

從古以來我們的士大夫，總是看不起商人的，甚至連妓女嫁給商人全感到不甘心和侮辱。什麼「商人重利輕離別，」什麼「老大嫁作商人婦」等就是個明證。商人雖然多金，因爲他「重利，」他就不得不跑江湖，不然「利」一盡了，美人也就要席捲而去。雖然他也爲馬虎虎覺得這離別不大舒服，但是要爲了永久舒服，就不得不先顧利了，這每天在跑江湖，每天在顧「利」……當然要使美人怨艾了，覺得商人畢竟是商人，那是不如士大夫的風雅和重「情」……因爲我們的士大夫既憐風雅，又解人心，有官有棒……又有文名……這和商人比起來，就是我僥倖是個女人，——美麗的——那時候我也是不嫁商人的，僅就流傳我的美麗這一點，那也還是得懂得風雅的士大夫，僅僅是一個腳趾頭，如果他認爲美麗，那也能寫出二千五百首的詩篇。

寫到這裏，我要向商人們聲明一句，這不是在爲你們打抱不平，不過順便舉個見證，要證明我們那些重「情」的士大夫，却也是你們的貫同行，不過他們的經營的方法微微比你們不同一些，高妙一些就是。

『斗大黃金印，大高白玉堂，不讀書萬卷，怎得見君王？』

『學成文武藝，賣與帝王家。』

在前四句裏，還是恍兮惚兮道在其中，而後兩句裏却就爽快得多，甘脆地就把「賣」字叫出來了，並且要賣的是什麼？賣與誰？也說得一清二白，若拿文學眼光來批評，這後兩句確是好詩！乾淨利落。這和『張口三分利，不買也够本』兩句詩，可以先後媲美，並行不背。不過一個是說着「賣」的本質和目的，一個則是說到「賣」的方法了。

士大夫和商人雖然全是以「賣」爲生，但是士大夫却自己早把買主定好了是「帝王家」，自己儘應該預備什麼貨色也早已選妥。而商人則就不同，只要有錢的，就是乞丐他也得賣，他是不能限定買主的資格和數量的，關於這一點，商人就得要比士大夫們多一番聰明：要懂得經濟學，要懂得社會學，要懂得實用羣衆心理學：：從實踐中商人們自己也懂得了，從前那些以風雅自鳴，以滿腹經綸自詡的士大夫們的生意經，不實用了，於是商人一變竟做了士大夫的主人。商人變成了主子，起始是極力仇視破壞那些「風雅，」可是不久自己就學着「風雅」起來，於是我們底士大夫也就不得不變更了早先那套貨色，而從新預備一套貨色來做自己的買賣，奉承商人。

本來，做買賣本年也並不是壞事，壞的是明明是在做買賣，他却偏偏要尋出好些類似「風雅」或類似「正大」的籐牌來把自己遮包起來，這種壞法，是連那「取什五之利」的商人，也不能相提並論的。當然，我們知道這種「舉籐牌」的辦法，也是「買賣法」的一動不過……這也實在高明到有點可憐的程度！這同時也是證明了，士大夫們的賣底方法，已是一代不如一代！

七月社明信片

「七月」每六本（三個月）爲一集，本期止出滿了第二集，第十三期起就是第三集了。爲了使段落分明，計數法也重新改定，第十三期將改稱爲第三集第一期。

因爲編者下了一次鄉，回來又生了幾天小病，所以這一期脫得太久了。使熱心的讀者，不能不聽到一些謠言，這是應該抱歉的。

由第一至第六期的稿費，因爲通訊處變動或失掉，還有些無法致送，希望投過稿的先生們儘速在五月十日以內給我們一個通知。過了十日還沒有通知的，我們打算掃數捐出。

侯唯動先生：寄給你的信和稿費被郵局退回了，看來你已經搬家或走動了。望能給我們一個通知。

從下一期起，我們打算主辦兩件事情。一是增加「文藝答問」一欄，辦法我們擬了幾項規定，另條發表，一是發動讀者會，詳細辦法在下期發表，希望各地的讀者熱心地來參加這個工作。

新軍事學叢書五種出版

民族解放戰爭基本軍事講話

李鴻瓊著　實價四角五分

這本書分四章：第一章講民族解放戰爭的基本認識——說明民族解放戰爭所要的國家總動員，現代戰爭的形態，人是決定戰爭勝敗的重大因素；第二章講民族解放戰爭的大衆基本兵器——分別說明各樣大衆基本兵器的構造和特能；第三章講大衆基本兵器的使用法——分別說明各樣大衆基本兵器使用的方法；第四章講民族戰鬥員的各箇戰鬥要領——對戰鬥員怎樣利用地形地物，測量距離，判定方位，躲避敵眼，偵察敵情，選擇陣地，識別目標，閱讀與製作軍事地圖，戰場緊急應付等等，一一提供以新軍事學上最新的法則。在民族解放戰爭當中，加緊全國學生軍事訓練，以及發動廣大的民衆組織民族的大衆軍，訓練每箇民族戰鬥員都有「獨立判斷與獨立實行」的軍事學識，這本書是最簡要而又最完善的讀本。

民族解放戰爭的戰略和戰術

凌青編著　實價四角五分

中國民族解放戰爭已經發動了，這是長期的抗戰，每一箇中國人民，對於這次抗爭都應有明確的認識。本書就應這需要而著述。首章講論全國總動員，次章研究民族解放戰爭的戰略與戰術。三章講游擊戰爭，四章講抗敵戰爭經驗。實為最切實際的一部抗敵戰鬥術書，用為中學校特設軍事科學之讀物尤為適宜。

抗日游擊戰術

周靜園著

這本書是講游擊戰術各書最精純最良好的一本。它是陝北中國人民抗日軍政大學戰術研究會的一部分筆記，參加八路軍將領在抗戰中得來的寶貴的血肉經驗教訓，更增益以作者的研究心得而寫成。所以它的內容的充實與精當，是坊間任何一本游擊戰術書所不及的。

實價一角

被壓迫民族戰爭論

周安國著

本書是被壓迫民族解放戰爭的最好的新軍事學教本。共分做九章：第一章，被壓迫民族戰爭的必然性；第二章，現代被壓迫民族戰爭的意義；第三章，被壓迫民族對於現代戰爭應有的認識；第四章，被壓迫民族與游擊戰；第五章，被壓迫民族與夜間戰；第六章，被壓迫民族與巷街戰；第七章，被壓迫民族與空中戰；第八章，被壓迫民族與化學戰；第九章，被壓迫民族與宣傳戰。內容是非常精采而豐富的。

實價四角五分

國防基本兵器講話

李鴻瓊著

在民族解放戰爭中，中華民族四萬萬五千萬忠勇的兒女，地無分南北，年無分老幼，才無分文武，智無分賢愚，都有挺身而起實行武裝走上戰場，拿起現代兵器捍衛祖國的必要。可是現代的兵器不比古代的兵器那麼簡單，有氣力誰都能使用它們；必須要先懂得它們的性能與用法，方能使用它們以殺敵致果。氣力倒在其次。這本書，就是為每箇準備着參加這次偉大的民族解放戰爭之忠勇的中華民族兒女們尤其青年們而編著的；在書中，把現的國防基本兵器一一介紹出來，簡單而明白地說明它們一一的性能與用法，使對於現代國防基本兵器能一一認識而且懂得它們每一樣是怎樣的利器，選擇各人所愛的兵器去學習操練造就各人參戰的本領。這書的使命是重大的。

實價六角

上海雜誌公司刊行

總店・漢口交通路六十二號　支店・廣州漢民北路　重慶武庫街　梧州大中路　宜昌二馬路及各大都市

上海雜誌公司總發行

總店 漢口交通路第六十二號 ｜ 支店 上海 廣州 梧州 宜昌 重慶 ｜ 分店 武昌 長沙 成都 西安 昆明

列甯的一生

附：列甯論中國 全一冊・鐵冰譯

本書凡四萬餘言，用最簡潔而又最明白的文字，詳盡地活潑地把世界最敬愛的人——列寧的一生，敘述出來。在民族革命當中，我們的民族鬥士，要想學習世界革命導師的奮鬥精神，來磨礪自己，這本書是值得人手一編，不厭百回讀的。

實價三角

日本經濟與經濟制裁

趙洵・黃一然譯著

要明曉我們的敵人日本帝國主義的經濟力量是充實還是貧弱？國際用經濟制裁是不最確能制日本法西斯强盜的死命？在這本書中從各方面給予讀者很正確的回答了。

全一冊・實價五角

中蘇互助論

一冊・沈志遠著 大時代叢書十七

自從我們抗日的民族解放戰爭發動後，中蘇兩大民族進一步的合作，不但成爲我國朝野一致的呼聲，而且也是全世界和平民衆的希冀；故在目前，中蘇關係的演進，確已成爲遠東乃至世界政治的重心。本書把這問題明確的分析與論斷了。

一角五分

最佳抗戰劇選

適合各地救亡劇團最好的選集・馬彥祥編選・實價四角五分

最後的勝利

田漢著（抗戰獨幕劇）大時代文庫第五種・實價一角八分

這是田漢先生在抗戰中寫成的一個抗戰劇本。田先生的作風，是全國一致推崇的，而此劇更表現出田先生在抗戰中之進步的作風。曾在漢口公演，極著宣傳之效，獲得觀衆一致的好評。

民族萬歲

宋之的・陳白塵改編・（五幕劇）大時代文庫第六種・實價三角五分

這是宋之的陳白塵兩先生改編的一個五幕劇本。描寫日本帝國主義軍閥對待失地區域中國人民的慘酷獸行，失了祖國的人們就完全失掉了自由，要想做箇安分守己的善良百姓亦不可得；中國人民睡着的心覺醒了，明白了在虎口裏是討不出自由來，大家聯絡起來，爲了祖國，也爲了自己，一致跟日本法西斯强盜拚死鬥爭，偉大的中華民族的怒吼，果然把日本强盜驅逐出中國，收復失地，獲得解放與自由。這劇完全表現出民族團結禦侮的積極的力量，目前在成都重慶公演，備受觀衆的歡迎。

梁紅玉

歐陽予倩著・大時代文庫第七種（抗戰新歌劇）在排印中・即日出版

這劇本是歐陽予倩先生爲適合一般羣衆而編成的新歌劇。本事描寫南宋韓世忠梁紅玉夫婦實行「軍民一致」而抵抗金兵之侵略，予侵略者以大打擊。全劇有唱有白，兼有全武行，表演於舞台，眞是有聲有色，大可發揚民族意識增加民族抗戰情緒。

我相信中國

張申府著・（救亡文存之一）全一冊・實價每冊三角

西線抗戰經驗錄

亦華編 每冊實價三角

戰時文學論

王平陵著 全一冊・實價二角五分

本期零售・每冊一角二分

第二集
1

・目　錄・

七月

第三集　第一期
（總第十三期）

廿七年五月一日出版

編輯發行　七月社
漢口交通路六十二號

編輯人　胡　風

發行人　張鴻飛

發行所：上海雜誌公司總店
漢口交通路六十二號

經售處：上海雜誌公司支店
梧州・武昌・廣州・長沙・宜昌・西安・成都・昆明・重慶・

印刷者　新昌印書館
漢口小董家巷
電話二一〇四五

本期零售每冊一角二分

訂價　三個月……五角五分
六個月……乙圓

每月一日十六日出版

本刊已呈請主管機關登記中

五月的歌

袁勃

五月，照耀着
寬闊遼漠的原野。
原野裏，
到處披起
碧色的草茸……
明亮的鮮花
也招展在
蓊鬱蒼翠的大海里。
天空，
小燕在穿飛，
展開了翱翅，
像往年
把愉快的歌
唱給人間。
五月——
自由的歡悅的季節，
把柔和的手
伸給中華，
伸給世界……
啊，五月是到來了！
五月啊！

爲了歡迎你，
好多的日子，
我生息在砲火裏，
奔馳在正和暴寇血戰着的
原野。
而我們的原野呵，
哪裏都有餵養我們的山，
哪裏都有餵養我們的水，
任情的走東走西，
每一個脚印，
都刻着中華民族的
久遠的年紀。
有時候，
我也會閉着眼想起：
我們的祖先，
我們的兒女，
不都是抱有一顆善良的心
想永遠在和平的大氣裏呼吸？
可是我又不由的
伸出手指算計：
五月裏——
有多少血腥的日子，
有多少屈辱的日子，
……曾染汚了這美麗的土地。
……………
不管那些吧！
五月，是世界的
工人的日子
這一天，
煊染着——
殘暴的血，
鬥爭的血，
——但也是勝利的血！
這一天，
昭示着——
我們中華的兒女，
已經把身膊挺起，
向瘋狂的日本法西斯强盗
作生死的抗爭——
在今天，
我們抱着戰鬥的心，
守望着………
五月，
像一道流星
閃過昏黯的夜。
到明天
我們要歌唱：
光輝的勝利的五月！

宣傳·文學·舊形式的利用

——座談會紀錄

時間：四月二十六日下午

參加人（以發言先後爲序）

胡風　聶紺弩　吳組緗　歐陽凡海

鹿地亘　艾青　奚如　池田幸子

胡風　上一次的座談會，紺弩提議半個月開一次，但到現在已經三個多月了，第二次還沒有開過。所以今天約集了諸位，算是第二次的座談會了。——我們底談話應該怎樣進行的好？或者先提出一些問題來？

紺弩　是不是應該，把沒有開會的理由聲明一下呢？

胡風　理由很簡單，一個是那一次出席座談會的人差不多走光了，還有一個是我自己忙得喘不過氣來。

組緗　我們還是談一點小題目好不好？題目太大，一時往往不能討論的深入，具體。

凡海　這回討論的和上回討論的有沒有聯系？

胡風　不一定，可以討論上回提出過的問題，但如果有新的問題，就不必了。

鹿地　可不可以吹吹牛皮？

（大家笑）

胡風　可以的，有牛皮儘管吹罷。

鹿地　那麼，我們具體地吹起牛皮來好啦。

（又一次笑聲）

艾青　現在，利用舊形式弄得很熱鬧，我們可不可以談談？

組緗　就先談一談這個利用舊形式的問題罷。從這個問題展開，一定有許多的問題生出來，只怕今天的時間不够談的。不必列舉許多的題目，那樣，會散漫不能集中，時間也不允許。

紺弩　讓我先說一點好不好？——我覺得舊形式的利用，必須和實踐密切地聯系着才有效果。過去我們談到這個問題都是紙上談兵，談到許多應該不應該的問題，這樣作或那樣作的問題，可是很少人眞正地作過。而且就是有人作，效果也很小，因爲我們大家雖然口里說「接近大衆」「面向大衆」，可是那時候我們底足跡甚至於不能離開租界，想想看，租界上哪里找這多大衆來「接近」或「面向」呢？所以其實和那需要或等待着接受一種東西而又只能接受舊形式的東西的人們是遙隔遙遙的。抗戰以來，形勢完全變了；許多文化人不能不離開租界，跑到內地去了；各種各樣的宣傳團體或服務團體到戰線上農村里去了，這才多少眞正地接近或面向了大衆，這才有把要交給大衆的東西直接交給大衆的機會，於是利用舊形式的問題才格外感到迫切，也才眞正有人作，作了也可以從大衆那里看到反應。這回我到西北去跑過一趟，看見西北戰地服務團，救亡演劇第一隊用當地的小調大鼓之類的形式作出東西，馬上唱演給大衆看，很受大衆歡迎，反是新的歌調，像「起來不願走奴隸的人們！」之類，則不被了解，他們甚至稱之爲「洋歌。」還有，從這一個地方的小調脫化出來的東西，不一定適合於另一個地方，比如延安的小調，唱給臨汾的人聽，就不如唱給延安的人聽好。自然，那個用舊形式寫出來的東西，如果發表在刊物上，也許不値高明的讀者一笑，但對於那當地的大衆却是很有影響的，因此，我以爲利用舊形式，一定要和實踐聯系，否則意義是很少的。

奚如　我的意思分兩點，第一是目前可供利用的舊形式，我認爲最好的是小調，大鼓之類。京戲這一形式，利用起來就很成問題。據說在延安方面曾經有人將彭德懷將軍在山西作戰的情形寫成京戲，結果演出弄成不倫不類，近於戲謔，彭氏聽了大不以爲然。原因是京戲這形式到底是封建時代的玩意，比方情調之非古色古香不可，比方一定要走八字步法，開口的什麼「我乃××

人也，」「來將通名，」以及演出時只會看見一個缺乏人間性的英雄，看不見羣衆，就是小調大鼓，也祇能貫入相稱的較低的內容，重大的政治的意識，絕對不應也不能塡進去，因此利用舊形式，是選擇的採用，不是隨便亂抓。否則「內容與形式一致」的問題得不到解釋。第二，我們目前很應該利用章回小說體裁寫新的東西，這樣可以獲得廣大的讀者，但對於這點注意的人還太少。

艾青　從奚如剛才的話，我們就發生了利用怎樣的舊形式的問題。首先我要說我自己對於利用舊形式這一口號是取懷疑的態度的。如其爲了宣傳不得不利用舊形式，我們也應該有利用的界限。宣傳與文學是不能混在一起說的。我們的文學革命已這麼多年了，一開始它就否定了舊形式，現在如果又把舊形式肯定了，將來不是又要重新來一次否定麼？

紺弩　我補充一點，就我所知，用舊形式寫出的東西的內容，比之於新形式的作品，總要粗淺或低級一點。

組緗　我覺得今日整個的文藝工作，應該是多方面的，因爲事實上讀者層是多種多樣的不同。我以爲至少是有兩方面；一方面是繼續新文學所走的路發展邁進，這方面的口號應該是提高水準，因爲我們的作品在質上量上都單薄，有待努力。這方面工作的對象是知識分子或文化水準相當的讀者，自然我們還應當設法擴大範圍。另一方面的工作對象則是一般民衆，他們水準不够，文化落後，我們的新文學作品，事實上他們還看不懂。於是不得不有通俗的作品，讓他們可以閱讀，利用舊形式，就是寫作這種通俗作品的方法之一。所以我們的問題，應當放在這上面來談。有些人往往以爲寫作通俗作品，只要利用舊形式就行，讀者就可以接受。我覺得不然。思想，意識，也是要注意的。如文藝陣地上那篇老舍的京劇本忠烈圖，其中述一女子爲要鼓勵土匪抗日，不惜嫁了他。這種爲國家民族而犧牲貞操的觀念，在我們看來是極道德的，但一般民衆是否不起反感，就成問題。所以作者在序言裡說這是很大胆的寫法。可知我們寫通俗化的作品，在思想意識方面，都要相當的遷就讀者，否則，他們必不能接受。其次，技巧上也要降低。新文學作品的表現方法，在這種作品中往往不能適用，如今古奇觀中一篇小說，一上來先就直截了當的說他寫此作品的用意，或教孝，或教忠，敘述描寫中，時時還怕讀者不懂，作者摔出來說話，加以解釋。這種技巧在新文學作品看來是極低劣的，因此，這一方面的口號，甚至應該是「降低水準。」這兩方面的工作，不能混爲一談。艾青剛才說對利用舊形式表示懷疑，因爲舊文學早已爲新文學否定了，現在又重新拿起它，將來豈不又要再來一次文學革命。我覺得這話不然，我們並不是把整個的文學路綫拉回去，而只是一方面的工作。這不僅在今天抗戰中應該如此，抗戰以前，早就應當如此。因爲事實上讀者層不同，程度不同，我們的工作也就不能不分別開來。民衆的文化水準慢慢逐步提高，他們够得上看新文學的作品，那這通俗化的一方面自然就不復存在的了。還有一層，我並不贊成新文學工作者也去利用舊形式寫通俗作品，因爲儘有擅長此道者去寫的。統一戰綫的必要就在這裏。新文學工作者若寫通俗作品，是不必利用舊形式的。

凡海　講到舊形式的利用，像奚如所說的，把民族英雄用京戲來表現的確是可笑的。所以舊形式的利用這個問題實在值得考慮。依我底意見：中國新文學的發展，本來是趁着中國市民的發展而發展的，但中國市民的發展，並不在一種經常的狀態下。中國受着帝國主義的强姦，一方面有市民式的新文化，另一方面中國社會仍舊在一種封建狀態下，文化非常落後，因此，中國新文化與廣大讀者羣衆發生游離現象。因此，我覺得象艾青所說的，以前的新文化運動否定了舊形式，後來又回頭來說要利用舊形式，是必然的現象，而不是開倒車。不過，像有些人一樣，把利用舊形式看得太神聖化了也不對的，像奚如所說，有些人想利用京戲來表現現代的情形，必然招致失敗。現在我們又討論到舊形式的利用問題，我覺得既不應該 完全否定舊形式的利用，也不應該太崇拜舊形式的利用。我們應該批判地接受舊形式，把舊形式不適合於現代的加以改造，把適合于現代的加以利用。比方章回小說，有可以利用的成份，但利用得好不好，則要看作者能否批判地利用了。像魯迅，他是很能够利用舊文學的技術的，但他並沒有做了舊文學的奴隸，相反的，他底許多新的內容都利用着這些舊形式而益發光彩了。所以講到利用舊形式應該注意到利用的方法。

至於說新文學一方面照舊向前發展，一方面爲了文學通俗化，不妨部分地向後退而迎合舊形式一點的話，那恰巧是迎合新文學對廣大讀者羣衆游離現象的一種方法，却不是根本的解決。但我以爲這種游離現象是可以克服的。比方文學的大衆化，使文學容易爲大衆所接受。一方面也有使文學庸俗化的問題，但假使能够適當地去把握住中國民族的各種特性與文化的傳統來寫新文字，則不但不至庸俗化，相反的是提高了新文學。同時，由於新文學愈益進入大衆，一方面提高了大衆的文學修養與文化水準，同時，新文學也愈益能在大衆底扶養之下將舊文學的許多好處深化在新文學之中。這需要一個艱苦的實踐過程。所以眞正地批判地利用舊形式，是一件艱苦的工作。

鹿地　先讓我向諸位致意：從現在起請把我當作同人看待。（座中的聲音：太客氣了！）到現在爲止，我對於中國文學有很多的意見，但差不多沒有說過。那是因爲我注意到了我底看法和中國底文學界有些不同，感到了胆怯的原故。我想再不胆怯了。過去在日本國內，我造出了很多的敵人，也造出了不少的朋友，不過，我底意思是，有了敵人就是爲了組織有意義的工作而執行了鬥爭。爲了使工作開展下去，鬥爭是必要的。不過要聲明的是，希望總是用寬大的心懷戰鬥下去。

那麼，對於討論題目發表一點意見。現在討論的問題，爲什麼提得這樣高，我是不懂的。我覺得在諸君底討論里面也有些混亂。

我覺得奚如君把問題底性質說得很清楚，那就是從啓蒙宣傳底經驗，使用留在民衆里面的舊的形式，是便利的。那麼，是用藝術的形式來執行宣傳的問題了。

如果說，把舊的民族文化做我們底藝術文化發展底土壤，那就應該不是「形式」的問題，而是作爲「舊文化」全體的問題。把形式當作了問題，我想依然是「便利的形式底利用」問題。而且我想正是在這個意義上，地方、的民謠等等底利用也成了問題。我想，在像中國這樣廣大有幾個言語習慣完全不同的地方的國度里面，擁護並發展種族底文化也是一個文化問題。然而，就是在這樣的場合也罷，和想利用地方人民所親近的通俗的「形式」，以收得直接的效果的藝術的宣傳，也是應該區別的。

像奚如君所說的，通俗化也重要。但是，在通俗化里面也有兩個問題。一個是作爲敎育，啓蒙底手段而使用藝術形式，提高文化水準。在這方面，「舊形式」和「地方的形式」底利用也是必要的罷。但是，另一方面，是創造最優秀的藝術文化，提高到那個水準。在這個場合，是不應該取卑俗的「利用」的方法的。即使不能馬上得到效果，但除了冒着困難前進，沒有別的方法。而且，雖然創造的文化的組織事業和啓蒙的事業，是彼此相成的，但作爲一個文學者，却正是因爲知道它們中間的差別，才能使那效果配合的罷。

紺弩　我回到前面的歐陽的意見。他說：舊形式的東西淺薄，是作者的能力的問題，當然對的；不過，舊形式也可影響（拘束）內容。舊形式恐怕有不容易容納較高級的內容的地方。比如說，章回小說的形式是從說書來的，起初并非純粹的讀物，或者倒只是說書人的「脚本」，或說出來的紀錄，因爲最初是口頭的東西，常常在最緊張的時候來一個「要知後事如何，且聽下回分解」，最適宜的是傳奇故事之類，和現在的現實主義作品是有些距離的。又，章回小說帶着很濃厚的文言文的成分，作者常常需要舊文章的修養，例如題目的對仗之類，恐怕也難在今後的作者筆下保存下來，故意去學，也很難討好。不用說，能力也有關係。在作家底創造的努力里面，也可以從某種舊形式學得東西。然而，如果問題僅僅是這樣，爲什麼成了「利用舊形式」的大問題。

鹿地　我依然覺得在問題底理解里面有混亂。作爲藝術上的問題，開始使用了這說法的，我以爲是歐洲，尤其是蘇聯底新興文學發生的時候。我看，那是文學者爲了創造新的文學的型而作的各種摸索的努力之一。不過是種種摸索之一而已。結果是僅僅利用「形式」而成功了的文學，有一種麼？沒有藝術的宣傳是另一問題。應該大大地利用，沒有討論底餘地。

當十九世紀初，德國浪漫主義勃興的時候，有過高唱希臘藝術復活的事情，但就是在那時候，「形式」也沒有從希臘底自由精神而獨立地成爲問題。而且，法西斯們提倡國粹的舊文化的時候，也沒有把舊的藝術形式從他們底蒙昧的人種觀念分開。

總之，我以爲這是在新興文化底「摸索時代」里，被一部份人叫出來的片面的努力。但我們，不應該失於偏，應該把那當作種種的形式的努力里面的一個參考去理解的罷。

再，不應該機械地太把這個問題重視了。使人覺得這是一個非常大的問題的印象，如像把「反對帝國主義」這個理論應用到花草栽培的方法里面，想收得宣傳的效果，這是危險的。根本的問題不是「形式」，而應該是學習「舊文化底歷史遺產」這個更概括的問題。

艾青　剛才我說的利用的「界限」，也就是這個意思。

凡海　我所說的作家底能力，是這樣解釋的：原來，我們利用舊形式，既然站在批判的立場，那麼，我們利用舊形式的同時，不能不包含有對舊形式改造的一個側面。比方章回體小說，我們利用時，並不必一定要樣樣都照章回體舊形式，對某些地方，如「話說某某」「且聽下回分解」，可以删除的也可删除，可以改造的就可改造，而將其可以吸收的吸收起來。然而要將這些事在新文學的立場上做到成功的地步，並不容易。我所指的作家的能力，是這麼說的。

艾青　凡海說我們利用舊章回小說的形式，可以把章回小說每章前後的詩，以及「話說某某」「並聽下回分解」不要。我不曉得剔掉那些東西，章回小說可以利用的是些什麼？那些就是它的形式呀。

凡海　我已經說過，利用舊形式，並不是照原樣搬過來。當然，有必要照原樣搬過來的時候，也不妨照原樣搬過來；但吸收舊形式的某一部分，也不能否認是舊形式的利用。

奚如　從文學的觀點看，我們還是應該堅持新文學運動的主潮，只有革命的現實主義一條路，不過要更加使它民族化，——中國化，即首先理解中國人民大衆的實際生活，語言，感情，希望，如能做到這一步，寫出來的不再完全是節節巴巴的歐化句子，不再是完全脫離人民的口頭語，而眞正走向了大衆化，那末、則新文學就必然能爲識字的人民大衆所愛讀，能理解。至於利用舊形式所寫出的東西，我以爲看法不是從文學的見地上出發，而是從一定的政治宣傳的效果上出發，因爲一千個塡入新調的小調或大鼓，可以說能够達到政治宣傳上某種一定的任務，但不能就說是達到了文學上的進步。

關於章回小說體裁利用的問題，我以爲不是拘泥於開頭一定有兩句詩，以及到了緊張處就住筆，加以「欲知後事如何，且聽下回分解」，而是利用它的特點——（一）故事化，（二）敘述多於描寫，（三）有頭有尾，（四）非常詳細。

紺弩　第一、民族性問題，不一定與本題有關，新形式也好，舊形式也好，都應該注意民族性。不必特殊地提出。第二、固然有許多章回小說是敘述多于描寫，但特出的東西卻剛剛相反，紅樓夢也好，水滸也好，儒林外史也好，都是描寫的東西。有頭有尾也不一定是舊小說的特點，新的長篇也常常是有頭有尾的，例如「安娜克里林娜」，舊的短篇也無頭無尾，例如聊齋里頭許多只有小說形式的東西。[illegible]氏，所謂章回小說的規定，我比較同意艾青的說法。

鹿地　我贊成奚如君底意見。只是，「舊形式底利用是宣傳問題，在藝術底創造上面，只有革命的現實主義的一條路」，這說法，有被誤解的危險。爲什麼？因爲現實主義不是形式的問題，而是方法的問題。形式應該站在現實主義底方法上面，向多方面努力。舊形式也可以作爲參考的罷。

在凡海君底意見里面，我覺得問題底重點非常混亂。他說不是把形式照原地使用，而是改造地利用，終於還於從利用舊形式這個地方來提出問題。不是這樣的。問題是，我們應該有藝術創造底基本的努力，爲了這個努力底實現，如果必要，舊形式也可以做參考的。

艾青君底疑問，我以爲也不成問題。就是去掉了頭尾，章回體形式底小說依然是章回體的形式。然而，章回體的形式在現代底文學里也有，我覺得沒有特別作爲「舊形式底利用」而做成問題的必要。我以爲應該更把目光放寬一點，愼重地考慮一下問題底比重。就像「文化遺產」的問題，由於民族或國家底不同，它的重要性也就不同了。我們應該從古今東西去學習文化遺產是那里面的「古今」底部份。但是例如在法國「古今」也許比「東西」有更重要的意義，但在阿比西尼亞，倒是從「東西」的近代文化學習，是緊急的大問題。在中國，僅就新興文化說，應該從先進文化學習的部份是很多的，和在法國的兩者底比重不同，尤其是僅僅把形式問題里面的一個極小的問題大吹大擂地討論，是不好的。當面的重要問題應該很多。

組緗 我要求插進來說點意見，嚴格的說，文學本身就是宣傳的，文學和宣傳不必分開來說。問題是在所宣傳的對象。我們新文學作品所可宣傳的對象只是一般知識份子。廣大的知識落後的同胞，無法能被我們的作品所宣傳。因此我們不得不使文藝通俗化，以便能向他們宣傳。利用舊形式的問題，就在這上面產生的，因此這一問題，一不是像歐陽所說的改造舊文學的問題，二不是像鹿地所說的接受舊文學遺產的問題。

鹿地 吳君底意見是完全不對的。藝術文化，在廣義上也是宣傳。因為它提高，組織民族底精神，養成高的民族性。比方說，今天的抗戰時代，實際上產生出了卓絕的民族戰士人格的典型。文學者應該把這當作新的民族的典型，在藝術上完成它，把這創造成普遍的東西，但是，和有直接目的的宣傳應該區別的。例如說「打倒漢奸」的時候，藝術創造不成問題，只要直接地達到這個目的的效果就好了。這是狹義的宣傳

我對於關心大衆化，通俗化問題的吳君底小說家的良心，是佩服的。然而，為了這樣的關心，把高的藝術的努力降低為直接的宣傳事業，我以為只有把視野弄小的。

對於把一切集中到抗戰這意見，贊成得很。但是，把藝術創造解釋為為了「遠的目的」這意見也是錯誤的。是為了永遠，同時也是為了現在。創造在抗戰中出現的優秀的英雄的人格的典型，把中華民族全體提高到這種典型去的事業，是有現在的目的的。同時，也有為了民族底成長的永久的意義。事實上，這樣的人已經出現了。藝術家應該抓住它。直接的宣傳也應該誠實地執行，就是不要做「不擇手段的宣傳。」這樣一來，部份上這也會加强永久的意義罷。

總之，說「應該通俗化，」但到底能夠捉住大多數民衆底心的是什麼？不是舊形式，也不是新形式，而是真切地觸到人底心的真實。只要描寫真實就好了。創造出能夠最適切地表現那真實的形式。把可以參考的東西都拿來參考好了。

紺弩 除了文學和宣傳的分界問題以外許多地方我倒同意組湘的說法。舊形式利用問題，是從文學作品和接受者之間的距離或者說矛盾產生出來的。一方面要提高大衆文化水準，決不應該降低已經達到的水準去遷就落後的讀者；另一方面沒有適當的（有新內容的）東西去投合落後的讀者，他們底文化水準又不能無緣無故地自己提高來接受較高級的東西。所以這問題一開始就和通俗化或大衆化或啓蒙運動乃至語義改革運動，識字運動之類是一齊的。自然，它可以和接受文學遺產問題有關，也可以改造舊形式，可是並沒有血統關係。

艾青 很多寶貴的意見都被人家先說了。現在我要說的是，一，對於民族性的問題，同意鹿地的意見：民族性所包含的是一個民族的風俗，人情，習慣，思想，這些正是內容的問題。

二，對於利用舊形式問題，我的理解是依然把它看做為了宣傳作用。實在的，我從不曾看任何雜誌上所刊載的「鼓詞」「京戲」之類的作品，一提出利用舊形式，馬上到處是舊形式，熱鬧得不得了。甚至於有人想利用這種現象來威脅新形式，幾乎要把新文學運動一筆抅銷。實際上這些用舊形式寫的東西並不曾被大衆所接受——買那些刊物的依然是知識份子。所以他們既不曾創造了文學，也不曾達到宣傳的目的。總而言之，把利用舊形式問題，强調到比任何問題都重要，從文學的發展的歷史上看是得不到解答的。反之，我想，如果把利用舊形式的努力，用到創造新形式上去，把新形式大衆化，或大衆化了的新形式用到宣傳上去，大衆也不見得一定會拒絕。再呢，對宣傳和文學，我和鹿地的意見一樣：文學的作用應該更高，影響也更深刻，對於新的意志的揭發，新的性格的描寫……——都需要適當的新的形式，更高

組緗　風格的文學去担負。我就希望這樣的文學在抗戰中成長起來。

我不同意艾青的說法在目前，是抗戰高於一切，我們一切的力量都應當集中在這點上面。我懸空說句話：——文學和抗戰，假若萬一有相妨相礙的地方的話，我們寧願叫文學受點委屈，去服從抗戰。因爲若抗戰失敗，民族不能生存，那時日本帝國主義統治了中國，那里還說的上什麼培養高尙的人性。我們不承認有超時間空間的永恒的高尙人性。在現在說，只有努力抗戰的才是高尙的人性。我們就要培養這種人性。目前我不承認另外還有什麼高尙的人性。

問題是目前廣大的民衆都沒有抗戰的作品可讀。而他們對於抗戰的力量，我們萬不能漠視。因此我們要喚起我們的民族意識，加强他們對於抗戰的認識，提高他們對於抗戰的情緒。使他們能够有力量起來參加抗戰。這就比如他們都是飢餓的，沒有力氣起來抗戰。我們要給他們東西吃，使他們有力氣起來抗戰，這所給的東西，如果是滋養料極富的食品，那自然更好：但如果連這些東西沒有，都就粗劣的食品也行的。若說非給他們好東西不可，壞東西萬萬給不的，那好東西幾時才到他們手裏呢？我們目前民間流行的許多作品，如七字唱，大鼓詞，小調，京戲等，用我們的眼光看：都是很低劣的作品，但它們在民衆中所起的作用，所生的影响，我們却萬不能忽視。他們的人生觀，社會觀，世界觀，整個的人生哲學，往往就是那些東西給培養而成的。

紺弩　鹿地所說通俗化工作應該如何如何，似乎也和奚如說的民族性問題一樣，是一般的問題。又利用舊形式，并非放棄另外的形式，也非拿利用舊形式來代替一切。

鹿地　紺弩君似乎沒有懂我底意思。他說，文化遺産問題不能作爲「舊形式問題」底解決。我是說，在宣傳事業上當然別論，但在藝術上，「舊形式底利用」差不多是毫無意義的。在藝術的創造上面，不應該把「應時」的東西給大衆。不是時間的問題。我希望，一個月拿十篇無聊的東西給讀者，倒不如寫一篇力作。

列寧曾經用着憤怒這樣說，「這偉大的民衆是值得給與最高的藝術的，」我在這里面感到了眞理，

總之，我希望於理論家的是不要偏。把小的問題吹得很大，也會生出偏向來的。

凡海　在宣傳的立場上說，利用舊形式這問題是比較簡單的。若是站在文學的立場上說，形式里實際上不能與內容分離的。既然不能與內容分離，利用舊形式這問題便不能不與接受文學遺産的問題相關聯。現在問題已經弄得很混雜了，我現在還想把問題再加以轉移，那麼恐怕更加混雜了。不過現在可以不必討論我所提的問題。我只把我底意見說一說就是了。我以爲，假使把利用舊形式的問題關聯着內容問題，文學遺産問題，及通俗化問題等來想的話，可以在文學中國化這一個問題下包括起來。這就是說，將中華民族的許多特性，許多側面吸收在新文學裏面。這件事的實現。我認爲就是大衆化，通俗化，利用舊形式，接受文學遺産等等問題的實現。剛才有人提起文學的通俗化，是不應該做得使文學向後退的。我底意見也是這樣。但把中華民族的一切好的特性一切好的文化傳統吸收在新文學裏，並不是降低了文學，相反的，假使能够使文學更具體地實際地成爲中國的東西，是文學的提高與進步。不過這件事也有一定的界限，越過了一定的界限而勉强迎合的東西，結果當然變成文學的庸俗化，即文學的退步了。我們所追求的正是這一點：然而無論通俗化也好，利用舊形式也好，要使它與文學的進步與發展不發生矛盾。

至於在這個原則下所創造的中國化作品，能不能爲全國人民所接受，那是另一個問題。文學儘量使大衆接受，儘量接受大衆，是文學的當然任務。但文學儘量做到一定的地步而有許多大衆仍然還不能接受時，這責任不應該單叫文學負担。中國有許多人連方塊字也不認識，文學無論如何化來化去，他們還是接近不到的。這個責任是整個文化部門的責任，要從教育，人民生活，整個文化部門使大衆文化程度提高，而文學同時在自己底責任之內努力，才能湊到全功。

胡風　大體上，舊形式的利用，在文學上也成了問題，不外是因爲新文學不能普遍

地走進大衆里面還地方來的。和別的問題分開，抽象地把這問題提得過高，我看，就是在大衆啓蒙運動上面，也會發生危險的影响，那就是，會把根本的努力掩蔽了。第一，以爲寫一些，印一些舊形式的用品，便可以廣泛地賣到全國民衆里面，就可以達到大衆啓蒙運動底任務，而忘記了大衆啓蒙運動是大衆生活改造運動底內容之一，沒有大衆生活改造運動如「有錢的出錢有力的出力」的自動的廣泛開展，啓蒙運動不會收到提高民衆水準的結果。第二，以爲大衆啓蒙運動不過如此，只要多少弄進一些政治觀念就好了，以爲民衆只能接受低級的東西，因而把啓蒙運動卑俗化了，好像大衆啓蒙運動和眞理底普遍化不一定是一個東西。還是宣傳敎育工作上的，狹義的功利主義，它底危險，是往往不能成爲推進行動的眞正的動力。

至於從文化，文學的立場上說，鹿地君所提出的地方文化運動，我看是最根本的問題，不過，我們應該特別提出漢字拉丁化、方言文學底發展。……今天談得很久了，就到這里爲止罷，好在有未盡的意見可以根據今天談話的材料用文章來討論。

（幾個人底聲音：好了，上次座談會也是沒有結論的。）

胡風　（對池田）但是，你不是一句話也沒有說麼？

池田　幾次想說話的，但覺得論點很混亂，好像沒有進展似的。

鹿地　怎麼沒有進展？我看問題淸楚了不少。你覺得混亂，爲什麼不卽時整理一下呢？過後說風涼話！

池田　幾次要說的呀，但大家都搶着要說，我不好意思揷嘴。……

胡風　那麼，下次多說點罷，再不要客氣。

（笑聲中散會）

邊城夜月

張慧木刻

關於公式化的二三問題

辛人

問題一：怎樣區別公式化的結構和積極性的結構？

幾個對文藝有興趣的青年朋友，看過某鄉村宣傳隊自己編排的一兩個劇本之後，覺得那些劇本中的人物，無論是鄉紳和農民，都走上了積極抗日的道路；因而對我說出觀感道：「現在的小說劇本結構都是這樣，這太公式化了。」

這個觀感，我也有一部份同意。因爲那個劇本寫一個靠近前線的鄉村，這村裏有個優柔寡斷的村長，他根本是沒有什麼民族意識的動搖份子，兩三個土劣拉他參加「地方維持會」，他也毫無主見地參加了；但經過駐軍某團長的兩三句話，他又變成「比誰都積極的戰士」了。

但是，我們的批評這劇本爲公式化，絕不應該責備作品的結構使那村長變成了抗日戰士；相反地，這是一個眞實的可能性，是我們民族國家社會的歷史的必然之交叉點上的偶然。因爲：日本帝國主義者的瘋狂的武裝侵略，滅亡全中國的企圖，確確實實使中國社會上的每一個階層都遇到滅亡的危機，而這危機把各階層的中國人民都團結起來了。不錯，在部份的鄉村裏因爲被萬惡的封建傳統束縛了麻木了幾千年，而民國以來的政治教育也將其置之度外，即或有地方行政勢力伸張到那裏，也不是本着革命精神爲百姓謀福利，而是同樣給他們生活的痛苦與壓迫；這樣就造成了民衆對民族國家的無關心，加強鄉村中上下層的磨擦。日本帝國主義者就乘機威脅利誘，收買漢奸，例如它佔領了我們的鄉村時，起初總是揚言免租減稅，還要給高額的薪水給保長。這當然是一種陰毒的欺騙，事實上當敵人在那裏奠定武力的基礎後，馬上就是屠殺，奸淫，橫征，暴斂。然而我們也不能忽視這種欺騙在初時的作用：部份的受慣壓迫的人民，會存着一種幻想，以爲現在也是受壓迫，日本人來了也是同樣壓迫，我們是一無所有的窮人，誰來統治都是一樣，另外有錢的鄉紳地主，以爲只有順從日本人，就可以保住自己的身家財產，這是既有的現象。然而這些在困苦中，在欺騙中穿過來的人們，由於我們民族革命的政治影響與教育，由於他們本身的事實教訓，他們不但可能而且必然地要轉變成抗日的英勇將士，這也是既有的現實中的眞實。一個表現時代與社會的文藝工作者，就是要透過（不是割離或完全拋棄！）這一切的現象，反映和推動這歷史的必然的發展。所以上面的問題，不在於在結構時使一切人物都走上抗日的大道，這反而是一個應該和必然的歸結。

那末，爲什麼我們又說那作品是公式化呢？因爲作者沒有具體地表現出：或是由於革命政治的影響與推動，或是由於事實的教訓，使各種身份的人物都不能不走向抗日的路上。只有在這一點上，才是我們批評那劇本爲公式化的主要根據。例如你寫蘆溝橋事變時的張自忠將軍，又寫最近在臨沂擊退日本軍的張自忠將軍，如果你不把這中間的進展過程表現出來，那末由人物性格發展的中斷，作品的完整和魅力也完全喪失了。你不能以爲在蘆溝橋事變時在敵人佔領平津時，外間盛傳張自忠將任津市長等等，因而把張將軍在臨沂殺敵的這一幕斥爲「公式化」；因爲所謂公式化，是指的脫離或歪曲了眞實，而這却是一個千眞萬確的偉大壯烈的史實。

不要把歷史的必然規律也歸爲「公式化」。沒有這種「公式化」，歷史和社會的發展將變成毫無律規性的虛無，因爲有歷史社會也就有進化的規律，正如在光的下面，有形必有影一樣。莫理斯的虛無鄉消息（News from Nowhere）是一部烏託邦的空想小說，他幻想在大同的世界裏各盡所能，各取所需，人類社會是自由的樂園。然而他的幻想只有表面的一點是對的，此外全部是觀念化的虛造。這就是因爲莫理思不明確地理解社會進化的規律，如果洞悉這規律，那麼將來的大同世界，不但不像莫理思的幻想那樣，完全變成了農業化，小手工業化的莊園，而是一個機械化，電氣化的勞動世界。威爾斯的未來世界則又只是布爾喬亞知識份子對于科學技術的偶像崇拜。可見沒有貫穿着歷史的必然的作品，並不是眞正偉大的。

讓我再舉出一個貼近的事實來吧。胡風先生在一篇追悼魯迅先生的文章（悲痛的告別）裏記着下面這件事：

「在先生底最後的時間，是這樣沒有歡喜的環境，是這樣帶着鮮血的苦鬥。然而，幸而有一次，也許僅有這一次吧，先生感受到了大的歡喜。那是看了由普式庚底小說做成的影片杜勃洛夫斯基（復仇豔遇）好像那以後的幾天中間，先生逢人便要稱讚一番。後來聽見夫人景宋女士說，看了那以後的先生是高興得好像吃到了稱心的糖果的小孩子一樣。

「當聽着先生底高興的稱贊，我這樣說了：

「『杜勃洛夫斯基和却派也夫（夏伯陽）所說的人生雖然不同，但在影片製作手法上有一點却很相像：在結尾處，却派也夫用的是復仇的幾砲，杜勃洛夫斯基用的是復仇的一槍……』

「先生馬上接了下去——

「『是呀，我當初不曉得爲什麼那樣地覺得滿意，後來想了一想，發現了那最後的一槍大有關係。如果沒有那一槍，恐怕要不舒服的。可見惡有惡報的辦法有時候也非用不可……』」（中流，一卷五期。）

這個例子很明白地證明了：一件革命的進步的作品，它的積極的結構和普通所謂「公式化」的結構，是相離一萬八千里的。夏伯陽和復仇豔遇都是悲壯的歷史劇，這兩個片子的編者都把革命的理想，熱情，體現在作品裏，特別在結構上，更集中着革命的巨力和鬥爭的狂熱的感情，而昇華或昂揚爲特定的動作。而這結構的特定的偶然行爲，就像在那陰霾的黑夜裏，當舟子在狂風暴浪中悲壯地作生死的奮鬥，當怒濤毒礁驚心動魄地破壞了他的一切，就像在這時候突然劃破無邊的黑夜的探照燈光一樣，指示着這生死奮鬥的過程不是沒有結果的，不是沒有代價的，指示着這鬥爭的道路是達到正確的自由幸福的前程，而最重要的是指示着革命的必然的勝利，反動的必然的沒落，正義的必然的發展，僞善的必然的剷除。儘管這過程多麼複雜，曲折，迂迴，儘管那結構帶着各種各樣的偶然的形式，可是眞理只有一個，歷史的方向最終只在一面，必然的內容是單純而堅定地共通着的。

一切腐化的浸透着不合理制度所產生的惡傳統的人們，他們害怕這個必然的內容，不敢正視它，不敢觸及它，而是想出種種的辦法來破壞它，侵蝕它。因此，這些人們在「反公式主義」的烟幕下，企圖否定革命作家的這個最寶貴的信仰和熱情。他們會聳着肩膀嘲笑地說：「爲什麼沒有偉大的作品產生？都是因爲你們提倡什麼新寫實主義，革命文學，結果使一切年青的作品都公式化了，千篇一律，毫無生命。藝術應該眞實，既要眞實，就得讓它自然發生，絕不能橫加拘束……。」是的，先生們，我們的若干作品有過公式化，我們反對過公式化，然而我們不是斬殺革命的理想與幻想，不是抱怨革命理論對於一個作家的世界觀的領導與武裝，而恰恰相反地，是因爲革命的理論未能在各個社會實踐與創作實踐中被具體地執行起來，溶化起來。從好的方面說，你們是因噎廢食，從壞的方面說，你們是想藉此來否定革命的發展。你們高興革命力量的混亂，無組織，自然發生，因爲你們幻想着這樣一來，它就不能發展而沒落了。

然而，正是你們這種成見，才是藝術發展的最大障礙，不管你們形式上表示着怎樣爲藝術着想，而事實是如此的。你們很佩服莎士比亞，你們說羅密歐與朱麗葉是一個偉大的藝術劇本。然而，請想一想吧，你們在二十世紀的現在，可以自由自在地高談戀愛，然而在莎士比亞的時代，這還是封建制度裏的怒苗，它是衝破舊社會秩序的新生的力的體現。封建的制度造成了散漫的宗族主義，造成了宗族與宗族間不斷地械鬥的慘劇，羅密歐和朱麗葉正生在敵對的兩個宗族裏，他們爲了愛情——這在當時是對於舊制度的革命熱力——而奮鬥，而犧牲了。然而，莎士比亞不會這樣就收場的，進步的熱情使他提高了結構的昂揚：羅密歐和朱麗葉的犧牲終於使兩個敵對的宗族和好了。封建的傳統是必然地要被資本的新與所擊潰的。

我們的時代社會要求一切自覺的文學工作者，站在革命的立場上，表現民族前途的光明。我們是必然要得到民族解放的最後勝利的，因爲歷史的必然是這樣昭示着：我們是必然要達到社會解放的自由境地的，因爲社會的進化是這樣證明着。然而，這個理想和信念，必須在前綫的浴血苦鬥中，在後方的艱難工作中，在所有一切救亡行動的實踐中去具體地體現。政治是這樣，文學尤其是這樣。一個有革命認識和革命理想的人，和一個錯覺時代的夢想者，是全然無緣的。不同的地方，不但在於：前者是有科學的認識，後者只有虛幻的空想；而且在於：前者能積極地在實踐中吸收歷史和現實的一切經驗，糾正錯誤，不斷地爲共理想的實現而奮鬥，後者只能做牛個唐・吉珂德單憑自己幻覺的錯誤觀念來支配自已的行動，把新興的事物看做反動的要不得的存在。爲了補充我們的說明起見，我們再擧一個例子來吧。

水滸傳，這一部封建社會的革命農民文學，不管考據上的問題，——或者是施耐庵寫的，或者是他蒐集了當時的民間故事而成的。——不管它殘留着若干封建的色彩，它是一部偉大的小說。因爲這裏面幾百條好漢都是從各種農民階層，下層小吏，知識份子，在當時的腐敗的封建政治壓迫下，淪爲流氓無產者，被「逼上梁山」的。而小說中的他們，各有浮雕的個性，活躍如生。然而，續水滸的蕩寇誌，却是完全相反的作品，後者的作者只憑着一個尊皇的奴才觀念，憑空想出許多事件來誣蔑這些人們，把他們都在小說中殺死了，並加上個蓋棺定論：善惡到頭終有報。在這裏而我們再也看不見活的人們了，再也找不到眞的事件了。有的只是公式的循環。

這是由於反動的觀念化而來的公式主義化的一個例子。也是反動文學失掉具體的形象，因而失掉藝術的生命的例子。

問題二：利用舊形式是否要依照劇的臉譜化？是否要依照大團圓的結構？

舊戲和舊小說的人物臉譜化及結構大團圓，是最公式化的表現。當然，我們的新藝術（不論通俗化到最低的限度）不該去受它的拘束，以至於取消了新的內容及意義。

舊戲的臉譜是一定的。奸臣，忠臣，善人，惡人，都是一踏出戲台前，全部的農民婦孺，都一瞧就清楚。因爲舊戲中由語言、動作去表現人物的性格的，事差不多是沒有的，只有敲得極響亮的鑼鼓，壓過一切；因此它對於這一般被剝奪了求知的條件的下層大衆，更非藉這一種最簡單明瞭的臉譜來做他們的理解的基礎不可。

話劇的性質，則重在由言語、動作來表現人物的性格，更由這一切來表示事件的進展。所以它有比舊戲更縝密，眞切，具體，有力的表現方法。問題是在：一向被剝奪了求知條件的一般大衆，能夠接受這種表現方法嗎？我們的回答是可以的，只要這一切的表現，言語和題材，都能對他們親切，適應於他們的文化水準。

「一個進步的鬥士在他看來就是一個翻譯員——翻譯那些最博學的理論家所說的話的人。不過通譯的時候是適合着聽衆的頭腦和文化程度的。怎樣適合呢？就是利用具體的形象和活生生的例証。」（巴比塞：約瑟夫傳）

既然話劇有比舊戲更得力的表現手段，那麼它的通俗化以至利用舊形式的主要問題，乃是在於怎樣使它的表現手段，一面「適合着聽衆的頭腦和文化程度」而且「利用具體的形象和活生生的例證。」話劇的表現手段，是適當於負起這個任務的。它再不必借用舊戲的臉譜化，但它可以利用舊戲的插入民間小調，民間歌謠等等。

在高爾基的作品裏，所有的封建的資本的俗物，都被寫得使人一見就浮起厭惡憎恨的感情。莎士比亞的威尼斯商人中的塞洛克，就是一個萬人共棄的守財奴的形象。但他們都不是用一定的臉譜塗在人物的臉上就算，不如果這樣的話，那些人物的形象一定沒有活到現在吧。

必須從事實的當中抓取那些「活生生的例証」在巳失的土地上，在未失的戰區中，在所有的後方，民衆怎樣從蒙昧的狀態中進展到自覺的爲自己和民族國家的生存而奮鬥的狀態，敵人是怎樣的殘暴，有形無形的漢奸活動怎樣陰毒，中華的兒女怎樣英勇的戰鬥，這一切須要歸納得出許多具體的形象，還不是幾張臉譜就能表現得完盡的，也不是憑着幾張臉譜就能發揮教育大衆的效能的。

再談到大團圓的結構問題。

所謂「惡有惡報，善有善報。」這並不是不合理的。整個的歷史的發展，就證明着正義的長存，反動事物的沒落。客觀的發展是必然的。但是人是歷史的創造者，由於人類主觀活動程度的不同，客觀事物的發展與沒落並不是一成不變的公式，它是曲線的進行過程，不是直綫的生長。

這就是一切歷史的事件，這就是現實。舊戲及舊小說並不是知不道事實是這樣，但是它們爲着迎合觀衆的低級趣味，不想提高和教育這些趣味，它們爲着宣傳舊禮教舊傳統的道德觀念，使不管三七二十一的一定要來個大團圓的結局，爲了把事實、人物配合着這結局，便不能不求助於命運，求助於神仙，這樣，雖然使觀衆得到善惡到頭終有報的觀念，但却剝奪了他們對於善惡鬥爭的動力。

這種公式主義的害處非常大。我們知道只有在鬥爭中只有在鬥爭的經驗中，我們的民族大衆才能長成堅强的民族意識，才能鍛鍊成百折不撓的民族鬥士。如果不敎育民衆認識自己的力量，那他們依然不會組織不會團結起來的。現在我們的民族大衆，落後的部份正是受着定命論的「眞命天子」謠言所支配着，這才是最大的危機。要克服這一點，只有把民族革命的鬥爭經驗昭示他們，敎育他們，鼓動他們，把他們的定命論的迷信意識打破（即使不能肅清）只有這樣，才能談到民衆的起來。

舊戲及舊小說中的大團圓的結構，是和迷信的定命論不可分離地連結着的。這種公式化必須澈底的廢除，改造。這不但是只爲了眼前的功利（即爲了動員民衆）同時也是爲藝術的本身。藝術必須揚棄掉這種神秘主義的觀念的公式化，才能有强力的藝術力量。功利性絕對不會和藝術性衝突，反之它只是藝術必有的一種社會的機能。

從這裏我們可以得到一個很好的教訓，就是：如果不把所有的偶然的現象，加以洗鍊，和必然連結起來，那就有趨於舊戲的神祕主義的危險；如果單純爲着昭示必然的觀念，沒有血肉的人物與事實，沒有反映着現實的複雜的發展過程，那就有趨於舊戲的公式化的危險。

另外，還剩下一個問題：

大團圓的結構都是喜劇的，我們的時代是悲劇的，壯美的，那麼，一切的文藝作品，不是正如它們不該有大團圓的結構一樣，也不必有積極的結構嗎？

這在「問題一」中，已經解說過了。公式化的結構和積極性的結構是截然不同的。自然，那種神祕主義的大團圓的收場，更和我們所謂積極的結構不同了。

凡悲劇性的作品，不是一定不能有積極的結構；悲劇不是使人悲哀，絕望，消沉，而是提高人們的鬥爭精神和熱情。單是暴露黑暗，不給指示光明，還是不够的；單是道出日本强盜們的飛機大砲如何殘酷可怕，不給道出戰士們的鬥爭多麼英勇和有代價，這就反而是撒佈了相當的「恐日病」的細菌。

現在有些宣傳隊所排演的張家店，（尤兢作，收在漢奸的子孫裏，）就是一個沒有積極的結構的悲劇。情節是這樣的：一個老頭到外面買東西，在回家的路上，東西都給鬼子兵搶去了，只剩下一包準備毒死黃鼠狼的巴豆，還受了毒打。他剛回家對他女兒告訴剛才的情形，門外就闖進兩個鬼子兵來，搜尋搶刦，調弄他女兒，又迫老頭把家裏僅有的麵條煮給他們吃。老頭把毒死黃鼠狼的巴豆加煮在麵條裏，但這兩個鬼子兵也聰明得很，先迫老頭吃了一些，他們自己才吃了。等到吃完時，兩個鬼子兵都倒地死了，老頭和他女兒正在復仇地踢罵他們，但馬上老頭自己也因毒藥發作死了，在那女兒絕望的哀哭聲中閉幕。

這個劇本的成功，是在暴露寇軍的獸行。很可激勵觀衆對於敵人的憎恨。然而，由於結構上的缺乏積極性，它沒有把這憎恨昂揚到可能的行動性上。這不是我們故意要求多添一條公式化的尾巴，而是就那內容的發展上說，也應該如此的。悲劇不會反對積極結構的存在，反之，積極結構應當是悲劇發展的必然結果。最好的例子，就是放下你的鞭子這個街頭劇。這是利用舊形式，把悲劇完整地發展到積極的結構的成功作品。

問題三：那麼如實地描寫就可以避免公式化嗎？

爲着反對觀念化的公式化，强調感性的眞實的描寫，是必要的。

然而，倘若因此而把客觀主義和自然主義誤認做新現實主義的唯一要求，那就大錯而特錯了。客觀主義及自然主義，是極力要限制作者的世界觀公然在作品中的體現，然而我們的現實主義的要求，則但願我們的作者能獲得最高的世界觀，藉此加强藝術對於現實的眞實之表現。新現實主義內包着革命的浪漫主義，還是由對於現實之革命的實踐而來的革命認識及其必然結果的革命展望之統一的過程。

只要是社會中的一員，無論誰總有一個人生觀，如果這個作家對於現實的一切的事物，總是站在遠遠的地方來觀察，把所得毫不批判地原原本本的表現出來，還是對於現實的冷淡，對於民族利害的無關心。這是把藝術的推動現實的偉大機能殘殺了。而其最高的成果，就只能流爲樸素的現實主義。對於這，倍斯巴洛夫說過很尖刻的話：

「照這藥單所開，則人是有善點和惡點的。善人大抵也有惡的地方，把八分善和二分惡給主人公吧，於是便成爲活生生的人了。如果倒反過來的話，便產生了否定的活生生的人了。在善人中探求惡點，在惡人中探求善點，這才是卓拔的藝術家，現實主義者。

「不錯，善人也有惡的地方，惡人也有善的地方。但為什麼應該把善的降低，把惡的修飾呢？是為了把他們平等化麼？是為了客觀的公平麼？對於布爾喬亞的意識形態，這種方法是不變的；因為他們在訓育着客觀主義。然而，如果利用了這樣的方法，便絕對不能昇高到對於革命的現實之樂觀的讚嘆的感激。如果利用了這樣的方法，便絕對不能達到對於我們現實中的惡的東西之不相容的處罰。」

「……真正的現實主義，不是將活生生的人中之善惡平等視，而要把握和再現肯定的與否定的之尖銳化的鬥爭。」

我們的民族現實空前的偉大的善惡鬥爭的場所，五千年的古國將在鬥爭中光榮地新生，中國的民族解放將是世界和平的支柱。抗戰的烈火爭自由與解放的狂流，已澎湃着全國。中華民族的熱血已激起每一個兒女長成愛國的自覺，消極傍觀、逃避政治現實的不良現象，是大大地減少了。是存在決定意識！一切的存在，使每個中國文學工作者提高了政治的積極性。然而，為着對殘留的不良傳統作鬥爭，為着我們民族革命的藝術的發展，我們這樣的指摘，不會是無益的。

如果有人看到我們的漫畫儘是把日本強盜畫成青面獠牙的惡魔，而担心這是藝術的公式化；如果有人看到我們的小說，把漢奸的卑陋與沒落刻劃得淋漓盡緻，如果有人看到我們的一切藝術，都在為祖國社會的新生與光明而謳歌，因而担心「藝術價值」的低落；那末，讓他担心去吧。但我們得告訴他，這只是浪費的操心，正是在這種高度覺悟的革命意識的照射下，我們的藝術才能表現出舊中的新，死中的生。在這樣艱苦、豐富、繁忙的工作中，我們的藝術將創造出嶄新的形式，領有着空前充實的新鮮內容，成長着巨大的強力。

一九三八，四，十四。

春之歌

林稍

透過了黑暗的籠罩
與慘白的冰雪之封鎖
從阿爾卑斯山底那邊
你踱着悠徐的步子
帶着嘻笑地來了
——在我們新生的國土之上。

於是，原野上便披着一層
明豔的色彩，
從河流到山嶽
大地底每一個角落，
你用神奇的觸手
給宇宙以輝煌的裝飾。

在嚴冬之可怕的寒冷裹
生命是禁錮得太久了，
與死亡劇烈地搏鬥着
忍受了不能忍受的悲苦。
人們是如何焦灼地期望
你的迅速的降臨呢。

越過古老的墳塋，
與荒涼落寞的漠地，
江水狂嘯而追隨，
太陽亦輻射起牠底
無可比擬的熱力，
你畢竟如約地到了。

你使生命蘇醒，
把世界從酣睡中拉起，
樹木展臂舞蹈了，
連那草地上的小羔羊
也咩咩地叫出
對於你之撫慰的欣悅。

至於疲憊了的人羣，
承受了你的芬芳的噓息
解脫下憂鬱的面紗
睜開睡眠的眼睛
把絕望拋撇於昨宵
狂歌着再生之曲調。

北方詩草

艾青

驢子

你披滿沙土的身體
乾毛剝落的身體
拖着那
　無終止地奔走在原野上的
　人們的可憐的財物
你下垂的耳朵
無力的耳朵
聽慣了
　由輪軸傳向空闊去的悲哀的嘶叫
你灰色的眼睛
瞌睡的眼睛
映照着
　北方的廣漠的土地的憂鬱
你小小的脚蹄
疲乏的脚蹄
走着那
　廣漠的土地上的
　不平坦的荒涼的道路
你倦怠，你辛苦，你孤獨
在這永遠被風砂罩着的土地上
驢子啊，
　你是北國人民的最親切的朋友

臨潼

補衣婦

補衣婦坐在路旁
行人走過路
路揚起沙土
補衣婦頭巾上是沙土
衣服上是沙土
她的孩子哭了
眼淚又被太陽曬乾了
她不知道
只是無聲地想着她的家
她的被炮火毀掉的家
無聲地給人縫補
讓孩子的眼
可憐的眼
瞪着空了的籃子
補衣婦坐在路旁
路一直伸向無限
她給行路人補好襪子
行路人走上了路

平漢線某站

風陵渡

風吹　黃土層上的黃色的泥砂
風吹着黃河的汚濁的水
風吹着無數的古舊的渡船
風吹着無數渡船上的古舊的布帆
黃色的泥砂
使我們看不見遠方
黃河的水
激起險惡的浪
古舊的渡船
載着我們的命運
古舊的布帆
突破了風，要把我們
帶到彼岸
風陵渡是險惡的
黃河的浪是險惡的
聽呵
那野性的叫喊
牠沒有一刻不想扯碎我們的渡船
和鯨吞我們的生命
而那潼關啊
蹲踞在黃河的彼岸
牠莊嚴地
守衛着祖國的平安。

風陵渡

兒童節

——為兒童節大會的朗誦而作

田間

小兄弟！
你們，
早上，
走過哪條街？
——那裏，
有炸彈底
鐵片吧！
——那裏
有火藥底
氣味吧！
或者，
你們
看到
那畫着太陽徽的飛機，
從我們的
天空上，
往來？
或者，
你們
聽見
那轟炸的砲聲——日本帝國主義的砲聲，
對我們
開…………。
你們，
害怕着嗎？
小兄弟！

小兄弟！
向窗外望去——
中國底
軍隊，
—正走在
街上，
機關槍呵，
—正架在
肩上。
跑上去！
去
拿募捐品慰勞咱們中國底軍隊，
因為
他們
是——
去打仗，
去流血。
不要害怕，
小兄弟！
不要哭，
小兄弟！
小兄弟！
忍耐
一時吧……
忍耐
一時吧，
不久，爸爸會在戰場上

把强盜殺死，
從强盜的腰膀上取下
殺人的
刀劍，
把血擦乾，
交給你們，
小兄弟！
小兄弟！
以後的
日子，
中國人就笑着，就快活着，
舒服地
走在
街上，
——你們
走過的
那些街，
爸爸底
街，
媽媽底
街，
姐姐帶你們去買糖果的
街。
但是，
在今天，
要愛護祖國，
小兄弟！
小兄弟！
伸出你們結實的小手，
站起來——
喊吧：
——『中國萬歲』！
——『兒童節萬歲』！

金底故事

一文

龍告誰我金要來看他。我滿懷喜悅的等待着，我默無一言地坐在椅上，我是沉淪在深思中了。我想着這一個國籍不同的朝鮮朋友，我想着他底一切，我巴不得馬上就能够着見他，滿足我底近於飢餓似的渴望。……

一個陌生的人從房門外面走進來了，他慢慢地走到我底面前；用不着龍替我介紹，我便知道他是金。但龍還是爲我們介紹着，這時，金伸出手來，把我底手握在他寬大的手中，他底手是溫暖的，那溫暖通過了我底心：

龍擦燃了一根火柴替我們點着了香烟；當他捏着烟捲坐在椅上的時候，我便開始注視着他。他底發亮的眼如同兩顆光明的星星，他底臉上沒有一絲年青的烟色，兩個顴骨高聳着，兩頰是深陷下去了；一道道的皺紋，使他顯得很是蒼老。他露着溫和的笑容，他有着那樣一張溫和的臉子，那是友愛橫溢的可親的臉子啊！他穿着一件藍色的長袍，頸上圍着一條舊的圍巾，頭上戴着頂褪了顏色的泥帽，他慢吞吞地說着中國話，在相同的語言里，我覺得我們像一個國度的人一樣了。

他把泥帽取在桌上，於是，引人注目的一頭白髮跳進了我底眼里。頭髮不能說全是斑白的，只有少數的頭髮像雪白的銀子一樣，大部份却是灰白色。我望着一根根灰白的髮絲，髮的故事在記憶里復活了。「使他在這樣的年紀就有了白頭髮」的那個滲合着血淚的鬥爭的故事，我一點也沒有遺忘，我記得淸淸楚楚：……他們是五個人在農家開會被包圍的，五個人和許多人整整打了一個晚上；黎明到來了，就只剩下金，剩下一枝沒有子彈的鎗伴着他跑了很多路。伴着他躲在高粱林中，伴着他挨過了兩天兩夜。他底頭髮就在那種苦痛的深淵里變白了。……金底灰白的頭髮在我眼中生了根，我怎麼也拔不掉。我激動，好奇的望着他，他底溫和的臉子，溫和的笑容；我記得以前有過這樣痴呆的念頭，我想，我要是看見金，先要看看他底頭髮，看過髮的故事以後，我便紀念着那滿頭灰白的髮絲了。

關於金底故事，我聽到的不只一個。那些個故事比起髮的故事來還要感人。朝鮮底青年人都是非常熱烈的，他們時刻都在計劃着，行動着，追求着自由與正義；他們要把失去的自由與正義從日本帝國主義者手中奪回去。他們生活在鬥爭里面，他們都能夠說幾國的話，有時爲了活動起見，甚至跑幾國的土地，這在他們，是最平常不過的事。金就是這樣的一個人，他就能說幾國的話，并且還跑過了幾國的土地。他用疲稜稜的手拋過炸彈，在××炸死了日本的一個要人，在××住不下去了，便跑到外國去隱居着。在外國住久了，他又跑到中國來，他從沒有在一個地方好好的居住一個長久的時間。在朝鮮，在上海，在南京，日本偵探狗一樣的尾隨着他。他無論到什麼地方去，都受着監視。日本偵探是効忠的狗，這些御用的狗們尾隨着每個像金一樣的人。我淸楚這些事，像淸楚金底故事一樣。我讓一些熟悉的但也是苦惱的回憶折磨着我。

國府遷都重慶以後，金同着他底兄弟似的朝鮮友人來到了武漢。如今我望着他底發亮的瞳子，問着日本統治朝鮮的方法，他回答着日本統治朝鮮差不多完全是靠了警察的力量，除了警察以外，還有兩師團（現在增加的數目）的常備軍。然而警察和常備軍却不能制止革命的活動，它僅僅只能壓迫那少數不是不願意反抗而是不敢反抗的人民。大多數不願作奴隸的朝鮮人是在拚命的追求着自由和獨立，八・一三抗戰發動以後，朝鮮底革命的活動是益發活潑了。

我問着金，在東北北部的中韓聯軍的力量，問着朝鮮人是怎樣在受着奴役，問着日本底偵探機關，問着一切我不明瞭的事，他一一回答着，沒有露出一絲厭煩的顏色。他使我知道了在戰鬥中的中韓聯軍的實況，朝鮮人民底痛苦，和日本在各處設立的五個偵探機關的內容。最後，我大聲地說了：

「金，現在我以爲抗日是一個最神聖的任務。而我們，必須用共同的力量去消滅那個共同的敵人。」

他微笑着，他底眼睛更見明亮，更像兩顆星星了。那里面預言着一個光明的未來，預言着和平自由的將來。

啊，中國，忍受了六年的屈辱，屈辱，如今是到了淸算的一天了。啊，朝鮮，忍受了二十八年的奴役，二十八年的折磨，二十八年的痛苦的血債，血債也已到了淸算的一天了。

「在鬥爭中，金底故事將增多起來。」

我想着，望着金底灰白的髮絲。

0404號機

陶雄

八個油漆工人各捧著一只油漆碗，分站在一架精卓的驅逐機的兩側，全神貫注地工作著。抓在他們手中的那八支排筆拖帶著飽和的灰綠油漆，毫不顧惜地把那上面閃著烏光的八個數字一段一段地浸沒了。

只五分鐘，0404號機就變成爲一個歷史上的名詞了。

半個月前，當牠——0404號機被空軍少尉王心仁駕駛著，協同許多別的驅逐機，趕走了大批的敵機，獲了驚人的勝利之後，牠的駕駛人連飛行衣也沒有脫，就走到奚隊長面前去報告：

「報告隊長，我要求您給我調換一架飛機。」

「這架機有什麼地方不合你的手？」

「不。這架機我駕著很得手的。」

「那麼你爲什麼要這樣要求？」

「隊長會明白我的意思的，我想。」王心仁說。

奚隊長咬著嘴唇沉吟一會，點頭答應了王隊員的要求。

於是三天後，當二十七架敵機又來空襲××的警報傳到隊部時，這陷入問題中的鐵鷹就被撥歸新由別隊調來的李分隊長的駕駛之下了。

「嚇，二十七架都是驅逐機，這分明是要消滅我們警衛空軍的實力呵。我得給他一個嚴厲的敎訓。」他一壁奔赴機場，一壁喘息著說。

迨到攀上座艙，螺旋槳已經劇烈地震響起來時，他忽然把上身又從艙位裏傾伸出來，煞費周折地打開飛行衣，掏出一個五寸見方的小包裹遞給了機旁的機械士們。他說：

「請按照這地名替我把這帶回去，萬一我——那個了的話。」

他這決心殺身成仁的表示把全場的空氣登時濡染得肅穆起來了。一捲强勁悠長的疾風把這勇士和他的鐵鷹送上了雲際。機械士們鵠立在爲疾風擾動了的激盪空氣裏，低首看著那被遺留下來的小包裹，心裡惴惴地想：「以六架來和二十七架廝拚，這叫什麼戰爭呢。」

可是只二十分鐘，這小包裹就又回到了李分隊長的懷裏。原來敵人的雁陣飛到東鄉××圩剛被我們勇猛的鐵鷹阻住了去路，還沒有開始交綏的時候，那領隊的笨雁不知爲什麼就突然作了一個「失速轉彎」猛可地把他的航向改變了。可是他的動作是那樣慌張，他的技術是那樣拙劣，以至他左後方的另一隻雁的上翼爲他下翼所撲擦，轟然一聲巨響，緊接著一陣烈焰，兩隻懷著惡意出來掠食的拙鳥同時在空中化成了灰燼。另一隻和他們合組成一個 Formation 的雁，一見這慘象，登時慌了手脚，在失去均衡的情形下，頭部向下一垂，身體就迅疾地筆直墜落下去。其餘的一羣立刻倉皇無措地鳥獸散了。

李分隊長和五個隊員下了飛機，也顧不得填寫紀錄簿，馬上快步直向隊部休息室跑去。他們知道，如像每次毫無損失地勝利歸來一樣，那里正有著一個熱烈的慶祝會等著他們呢。

跑到休息室裏，狼吞虎嚥地把牛奶蛋糕飽餐了一頓，大家又兩兩相抱，和著那旋律常爲片面的坎坷所破壞的留聲機樂曲，狂跳了一陣狐步舞，興盡意足之後，這六個凱旋者纔和他們的慶祝者們高談起他們的戰蹟來。

「可是照你們這樣說來，日本飛行員豈不太幼稚得可憐了麼？」同樣是新由別隊調過來的一個隊員說。

「不罷？——戰爭不是兒戲。侵略者的武器如果是這樣不堪一擊，那這世界早就太平無事了。我看這裏邊一定有什麼蹊蹺。」

在盡忠職守時，李分隊長往往勇敢得如一頭猛虎，但在思考或分析一件人事時，他卻又深沈得如一個哲學家。這時他感情的波濤已經平伏，心房卻爲那對於「不堪一擊」的緣由的思索所纏擾住了。

「這完全是我們空軍的威力所致，」奚隊長說，「沒有什麼蹊蹺的。我希望你不要常用思索來苦惱自己。一個空中戰士是不應該常常消耗他的腦力的。」

李分隊長不說話，一個外號戲迷的隊員卻搭起腔來了：

「隊長的話真有理。提起咱們空軍來呵——（這里他唱了起來）

……………令人可敬！

保國土衛黎民協助陸軍。

內有個四〇四尤有欽佩。
連擊落十一機大顯英名。
遭不幸……………」

可是唱到這里，他突然爲李分隊長打斷了：

「戲迷，你唱些什麼？好像你在說四〇四……………」

那戲迷嘻嘻笑道：

「我在數噹們空軍的光榮史呢。四〇四是噹們的座機我自然要說牠。」

「哦……………」

李分隊長狐疑地對那游戲人間者看了一眼，感覺無法追問，就不再說什麼。過了一會，趁人不看見，他獨自溜出休息室，返回宿舍去了。

傍晚，當他聽到那自行墜落的敵機的駕駛員被解到了軍法機關的時候，他一個人也不告訴，悄悄奔往看守所去會晤他。關於那使他苦悶的「蹊蹺」，俘虜對他這樣解釋著：

如果九一八對於貴國可算一個重大的國恥，對於敝國便是一個海軍的軍辱。回憶去年——二十六年的那天夜晚，一個晶瑩玉潔的月夜，我們全體海軍官佐正在出雲旗艦上舉行慶祝狂歡會的時候，貴國一大隊的飛機突然在我們頭頂上出現了。這時我們的航空司令已經爛醉如泥，我們飛行軍官軍曹也大都東歪西倒，不能起飛作戰。（那時我們根本不會把貴國的空軍放在眼中呵！）所幸留守各艦的礮手們都還小心地守著他們的職務，於是數分鐘內，足有上萬發的高射礮和高射機關槍彈混在照明彈內被發射了出去。然而實不相瞞，這些子彈完全虛耗了。因爲事後調查，貴國飛機僅祇編成三隊，分沿敝國三隻巨型艦的周遭盤旋一匝之後就都隱沒了，可是我們的礮手却盡了他們最大的力量轟射了十分鐘，直到天空完全成了烟火的世界時才停止。

狂歡會很掃興地收束了。大家爲過度快樂和緊張後的疲困所擒捉，都不待命令地跑回各自的艙中去就寢。不想就在這時，貴國的飛機又去而復返了。那天貴國究竟派來了多少架飛機，倉皇中我們完全不能辨別。可是我們知道在高射砲彈還未來得及發出的時候，貴國的炸彈已經雨點般地降落下來；等我們高射砲集中火力毫無節制地射擊起來時，貴國的飛機又早已高飛遠颺了。

就這樣像蜻蜓戲水似的，貴國的飛機往返上下，和我們周旋了一小時。敝國的砲艦被轟沉了兩隻，巡洋艦被炸傷了一艘，而我們砲手們的精力也幾乎全被耗盡了。這時我們看見貴國的飛機得意洋洋地整隊返防了。只有其中最後的一架，像是還有些戀戀不捨似的，又獨自折轉回來。不顧我們還能充分發揮功能的高射砲火力，他對著敝國一艘砲艦的煙囪俯衝下去。一只二百公斤的炸彈不偏不倚地恰恰落進了煙囪裡，砲艦又完結了一艘！那勝利者立刻擡昇上去，在砲火交織成的網罟中安詳地游弋一會，掠過出雲艦時，又順帶把那高聳入雲的旗杆用機槍射斷，然後才飄然走了。

這時航空司令已經清醒過來。他親自把著探照燈，用光亮去追逐那可欽敬的仇敵：0404四個大字清晰地閃入了我們的眼簾。從此這一個偉大的號碼便登錄上敝國全體海軍官佐的手冊，同時也銘刻到全體的心版上了。

隨後時隔不久，便是九月重陽。這天，也許您還記得，正是久雨初晴，秋高氣爽，一個最宜乎我們空軍活動的日子。午後兩點多鐘，一個十八架轟炸機十二架驅逐機編成的梯隊便被派由上海出發向南京進襲來了。那時貴國空軍的實力也許太薄弱了罷，在燕子磯附近被我們遇到的只有那麼寥寥的八九架。在遭遇戰開始時，我們看得很清楚，貴國的飛機是在領隊機的指揮之下，一齊向著敝國的轟炸機掃擊的。當然敝國也不肯吃虧，領隊的坂本中佐把機翼搖擺數次，發出一個信號，十二架敝國的驅逐機立刻就一齊衝上前來，捉對兒把貴國的驅逐機抵住，以便讓敝國的轟炸機完成任務。

這時，我和川崎三郎隨着中佐三面圍住了你們（這里他說順了口完全免除貴國敝國的字樣了）的領隊機，一絲不放鬆地向他不斷攻擊著。真使人敬佩呵！他沒有一點慌亂，却那麼穩練地屢次利用「閃飛」使他自己逃出危境。搏鬥了足有二十分鐘之久，有一次他可真的陷入絕境了：那時他的左右後方都已被我們釘住，看著絕無逃脫的可能；可是他竟那麼出人意外地在極劣勢的危境中作了一個「翻觔斗」，陡地向上攢去，翻到「頂點」時，他改用「半側滾」，倏然把航向倒轉過來。他這特技的運用不但救了他的困厄，而且供給了他一個優勢的高度，使他能够從容對我們反攻過來。

川崎三郎就這樣犧牲在你們領隊機的槍彈之下了。我在慌亂中一時不及把航向調轉，只有中佐一人仍舊盤住他苦追不捨。等我有機會把自己的航向調轉過來時，他們離我已經很遠。我只得遙遙地在後面監視著這時，你們那領隊機的操縱系顯然受了損傷。因爲牠的速度愈來愈慢，高度也逐漸强迫地降低下來。不一會牠就被我們那架最精銳的「九六式」所追及，兩機相距只有四五百米達了。

「馬鹿川崎的仇恨得到伸張了！」我心裏面說。

可是想念未了，一個驚人的景象又在我眼前顯現出來，雖然機件已經損壞，你們那領隊機竟還有胆魄敢以九十度的小轉彎，突然掉轉機身對我們那緊追在後面的「九六式」加以迎擊。也許是爲過甚的意外所震驚的緣故罷，中佐纔然有點慌亂了。他雖努力向上攢昇，恢復了後方的控制權，可是他的攻擊力卻大大地削減了。嚇，我告訴你，你恐怕都不會相信罷：這時你們那傷兵似的領隊機又向上翻起觔斗來了！對於這樣一位天神，成出山的菩薩再沒有法力可施。中佐的油箱突地爆炸起來，他和我們長別了！

這時我驚駭得幾乎忘記操縱我的駕駛桿，哪里還敢向前追逐呢？可是我的好奇心鼓舞我，我深望知道一下這神機的番號，我就冒險仍然向前飛了一程，你知道牠是什麼號數麼？零四零四！又是那使我們感到過奇恥大辱的神機呵！

從此他的英名傳遍了我們海陸軍的航空部隊。雖不是命令，然而每個人心版上都刻下了一個嚴厲的訓條：遇到這神機時，立刻掉頭就跑！

第二天大早，李分隊長向奚隊長提出了一個要求。

聽完那要求的報告，奚隊長莞爾笑了。他說：

「你提要求和王隊員向我作過的要求正是一毅無二呢。在你來這里以前，這架機本來是由他駕駛著的。」

於是他就召集全體隊員訓話：

「劉隊長遺留給我們的這架逞過雄威的飛機已經第二次被同志們拒絕駕駛了。這種以藉別人的威名使自己獲得功績爲恥辱的觀念，我是很能體諒的。我現在不願再以軍令指派某人駕駛，希望諸位自動出來應承軍人的職志是盡忠國家。無論他採用怎樣的手段，只要他的行爲確與國家有利，便是做到盡忠的兩個字了。」

沒有一個人應聲走出。

兩分鐘後，奚隊長又繼續說：

「同志們，我更清晰一點地向你們解釋：派遣這架飛機出馬，雖然不是每次都能不戰而退敵兵，但至少藉了劉隊長的英威，我們可以在敵人的弱點中討得許多便宜，以報效國家，卻是鐵一般的事實。我要求諸位爲了國家的利益，有人肯出來答應駕駛它。」

「隊長，您錯了。」李分隊長說話了。「雖然處在這嚴重的軍事時期，我們應當極力爲國家的實利打算；但爲了抗戰久遠計，我們也不能忽略我們這纔在萌芽時期的空軍的精神訓練。……」

「是的。」王心仁接過話頭，搶上來說。「我們決不能以有一個確可佩服的劉隊長和他的0404號機就認爲滿足。我們要使我們所有的飛機都成爲0404號機才成。」

奚隊長還沒有找到適當的措辭來反駁他們，戲迷卻想出一句俏皮話來把隊長的語路從根阻斷了：

「這架飛機，我看最好是請隊長自己駕駛罷。」

「既然這樣——」考慮許久之後奚隊長說「我們另謀一個方法來解決這問題罷。」

一週後，奚隊長接到最高當局一通回電，立時召來八個油漆工人開始把那神機的號碼改變過。

十二個飛行員站成一行向那神機和它主人的不朽英靈致了一次最後的敬禮之後，0404號機就變成一個歷史上的名詞了。

二十七年、四月、十二日、成都。

一個連長的戰鬥遭遇

——我們構築的陣地，
我們自己守着！

東平

營長，高華吉少校，獰惡的面孔顯得衰落而毫無光彩，垂着頭，目光隱隱地流射着忿怒和暴戾，彷彿心里正懷下了一種異樣的巨重的痛苦，如果這時候只剩下他自己一個人，他也許要爲了孤獨而掉下眼淚。

但是他找到了林青史。

他鼓着那粗大的，起着脊稜的頸額，雷一樣的吼叫着。

——唐喬方面爲什麼忽然又發出了地雷聲，那又是爆破橋樑的麼？

林青史是第四連的連長，他穿一副新的黃色軍服，掛着短劍，年輕而漂亮，太陽光照在他的身上，叫他的軍帽的黑皮舌頭的邊和上衣的紐扣發出新鮮，潔淨的閃光，垂下着兩手，少女一樣的胆怯而莊嚴，在高華吉的面前靜穆地直站着。

從這里剛才所聽見的什麼爆破橋樑的地雷聲起，以至關于別的瑣碎紛什，難以歸類的突發事件的詢問，高華吉的忿忿不平的氣勢似乎始終不可遏止。——他又問了林青史家里的一些情形。

——這里有四十塊錢，都拿去吧！我接到你的家里從嘉定轉來的電報，說你的父親病重將死，叫你回去：……回去……我想……

他變得很和藹的樣子，情緒也似乎平靜了些，擦一枝火柴吸起煙來了，嘴里發出的聲音什亂而蒙糊。

林青史的直立不動的影子在鮮明的太陽光下整個地發射出令人目眩的光彩，直看鼻子，合着細小美麗的嘴唇，垂下着視線，長長的睫毛呈着金黃色，像一座石像一樣的靜穆。

——電報……電報……他用了莊重，良善的目光凝視着營長的兇惡而殘暴的面孔，低聲地這樣說；那是假的。我了解我的父親，他恐怕我要在火綫上戰死，所以叫我回去，他只有我這一個兒子。

——是的，我也這樣想——那麼，都拿去吧！把四十塊錢都拿去吧！你的家里這時候會得到一點錢用，是適當的。

說着，把四十元的鈔票放在林青史的手里，非常舒適地擺動着兩手，背脊變得有點駝，跨着闊步向左邊的小河流的岸邊去了。

他不斷的回轉頭來，高舉着的右手稍爲彎曲着，上身向前面傾斜，伸長着頸子，背脊更駝些也不要緊，還樣還了林青史的敬禮。

★

×××師第一線的陣地近在兩公里外，猛烈的砲火疲乏之地發出力竭聲嘶的音波，砲彈掠過了高空，把天幕撕裂着正如撕裂着一張綢子。

林青史的心里有點悲戚，他的潔淨的面孔略呈緋紅，黑色的靈活的眼珠在長長的睫毛下轉動着，胆怯而稚弱，簡直要對着那强暴的砲聲羞辱自己的無能，他踏着葫蘆草，在一條溼漉漉的田徑上走着，四邊沒有樹林，讓自己的身體在鮮麗的太陽光下完全顯露，——前面第四連的兄弟們，像忙碌螞蟻似的在淺褐色的土壤上工作着，田圃上的向日葵一排排以純淨坦然的笑臉對太陽作着禮拜。

新的土壤噴着熱的香氣，還未完成的散兵壕在弟兄們遲鈍而沉重的脚步下羞辱地發出煩膩的水影。散兵壕又狹又淺，鏟子和鐵鍬都變得鈍而無力，弟兄們疲困得像筐子里的赤蝦。

一個沙啞的聲音這樣唱，

——我們這些蠢貨，
要拚命地開掘呵，
今天我們把工事做好了，
明天我們開到他媽的什麼包家宅，
後天日本兵占領我們的陣地。

歌聲沒有節拍，好些地方完全像說白一樣的進行着。別的人沈默起來了，想要發出强大的呼叫，但是神經過敏地感到了絕望和空虛而歸于靜寂。

——有一天會到來的，我們構築的陣地，我們自己守着，……

——不，話應該這樣說，我們構築的陣地，要讓我們自己來守！

于是林青史和他們做了這麼一個結論，

——有一天會到來的，……

林青史在鬆而帶有溼氣的堀土上坐下來，把軍帽子推到腦後去，黃色的裹腿鬆脫了，一條蛇似的胡亂地纏着，也不去管它。他不但疲困，而且簡直是毫無把握的樣子，懶懈得要命。從營長的面前保留下來的端莊的體態像一件沈重的外衣似的從他的身上卸下了，他彷彿墜入了更深的疲困和憂愁。

他沈重地歎息着。

一顆砲彈飛來了，落在左側很近的河濱里，高高地濺起了滿空的爛泥。相隔不到五秒鐘又飛來了第二顆，落在陣地的右端，炸死了三個列兵。

★

這是一個時運不亨，命途多蹇的莫名其妙的隊伍，它常常接受了一個新的奇特的任務，這新的奇特的任務又常常中途從它的手里拋開，換上了更新更奇特的。

……誰也不知道。

特務長說是聯絡友軍。

連長在每一次的陣中講話中也不會提及。

營長是那樣的暴躁而忙亂，像一隻斷頭的油虫，東撞西碰，自已就有點搗攪不淸。

十一月十八日從崑山到劉河，二十日從劉河到嘉定，二十二日從嘉定到大橋頭，同日又從大橋頭到廣福。現在又從廣福到包家宅來了。

早上，天下着微雨，白色的霧氣一陣陣從土壤里噴射出來，壓着低空，竹葉子簌簌地低泣着，掛着白光閃爍的淚水。

這里的陣地前面有一座獨立家屋，它構成了射界里的兩百米達那麼大的死角，——凡是陣地前面的死角都把它消滅了吧！

十五個列兵，由班長作着帶領，携帶着鐵棍和斧子，唱着歌，排着行列，與其說是爲了戰鬥的利益倒不如說是爲了洩憤，在對那獨立家屋施行威猛的襲擊。

他們發揮了强大的威力，像一下子要把整個天地的容顏都加以改變似的，用了最大的決心和興趣在處理這個微小得近乎開玩笑的任務。六個列兵像最利害的强盗似的爬到屋頂上去了，强暴地揮動着沈重的鐵棍，屋頂的瓦片像强大的惡獸在磨動着牙齒似的响亮地叫鳴着，屋頂一角一角的很快地洞穿了，破壞了，年長月累地給緊封在屋子里的沈澱了的氣體，人的氣息和烟火混合的沈澱了的氣體直冲上來，發出一種刺鼻的令人噴嚏不止的奇臭。弟兄們的兇暴的獸性繼續發展着，他們快活了，這是戰地上常有的快活的日子，……

——酒呵！……火腿！……

屋子里叫出了濛糊的聲音，屋頂上的人鬨達地大笑了，瓦片和碎裂的木片像暴風雨似的倒瀉下來，在這樣的場合就是把屋子里的人壓死了也是一種娛樂，——

——另外，有八個列兵排成了齊整的一列，一，二，三，把那江南式的，單薄的，弱不勝風的墻壁的一幅推倒下去了，暴戾而奇怪的聲音高漲得簡直是一齊地在喝彩。失去了支撑的屋頂搖搖欲倒。互相間的凌辱和唾駡也繼之而起了，屋頂上的人和下面的人很快地構成了對峙的壁壘，爲了執行破壞的工作而發生的興趣迅急地在起着奇特的變化和轉移。

冒着碎瓦的暴風雨，從屋子里奔出來的是一個壯健，矯捷的上等兵，他彷彿在夜里獨斷獨行似的充分地發揮他爲了和人羣相隔絕而更加盛熾起來的狹窄，私有，獨占的根性，張開着强大的臂膊，低着腰，像饑狼的狼似的在搶奪他們俘獲的獵取物，新製的柑黃色的衣櫥的抽屜被撤出來了，這個有女人的裙子孩子的玩具眞美善書局發行黑皮銀字的「克魯泡特金全集」，席勒的「强盗，」小托爾斯泰的「丹東之死，」還有象牙製的叉小叉精緻的人體的骷髏標本，而最重要的還是酒和火腿。

所有的人們都被吸引着來了，女人的襪子套在鼻尖上，書籍在空中飛舞，衣櫥的抽屜成爲向敵對者攻擊的武器。

學生出身的班長遠遠地站立在旁邊，發暈了似的墜入了複什煩瑣的想象中去了。

他非常眞摯地歡迎這一切新穎的景象的到臨，對克魯泡特金，席勒，小托爾斯泰和對女人的裙子，孩子的玩具一樣的尊重和注意。他非常憐憫地對那被殘暴地圍攻下來的上等兵作着這樣的慰問。

——還有別的麼？你的酒呢？火腿呢？

在這樣的場合，把酒喝，把火腿吃也不會比把它們放在脚底下踩踏，把瓶子敲碎，或者全都拋進河濱里去更有意義。……

★

雨逐漸地加大了，未完成的散兵壕裝上了水，從消滅死角的事繼續下來的興趣早已失掉了，弟兄們廢弛地把鐵鏟和鍬子都拋開了，躲在近邊的竹林里，放縱地有意地空過這個時機，因爲雨的逐漸加大而使日本飛機不能活動的這個時機，——嚴重的任務還是暫時地在另一處所把它寄存着吧。……

——動工！動工！

學生出身的班長叫起來了，又吹着哨子。他的個子又矮又小，在陣地左端的未完成的掩蔽部的高高突起的頂上，木樁一樣的直站着；他要作爲一個眞實的頭目，一個標幟，驟雨在頭上淋着也不在乎。用他的毫不浮誇，毫不動怒的樣子在對着所有的弟兄們施行吸引，又像作着憐惜似的這樣說，

——慢些來吧！這兒的雨正下着呢！……

弟兄們彷彿非常抱歉地，非常和睦地回答他一個「不要緊」，于是高舉着腳跟，點着腳尖，散亂地離開那竹林，沈重的鐵鍬和鍬子像最難驅除的病魔似的侵蝕着他們每一個的強健的體格和姿勢，又像蛇似的死絆着他們，叫他們把鉛一樣沈重的頭顱倒掛在胸口，像一條條的奇異的毛虫似的死釘在那黯淡無光的土壤上面。

下午五時卅分，高華吉營長召集全營的官兵訓話。

他垂着頭，說話的聲音沒有抑揚，有時憂愁地望着遠方，目光嚴峻地發出痛楚的火燄，每當他說出了一句話，就皺着眉頭，像咽下了一口很苦的藥一樣。

——……一·二八的當日我們在楊行戰勝了敵人，——和我共同作戰的兄弟們，能忠心于我，忠心于軍令的，無論已否戰死，都成了我最親愛的朋友。因爲戰鬥需要勇猛，……我屢次要求你們奉出強盛的威力，——對于戰鬥軍紀，須以殉道者的潔淨，誠意，永不追悔的態度去遵守，我今日還是這樣的要求你們。……

★

……雨停了，天空一團漆黑。隊伍迴避着公路，在一條澀落落的田徑上走着，通過了×××師防線的側面。猛烈的砲火把整個的陣地掩蓋着。敵機在黑空里盤旋偵察不停，照明彈一顆顆由高空溜下，有如流星下隕，在那艷麗的亮光照耀之下，繁茂的灌木叢像碧綠的雲彩，一陣陣在前面湧現着。爲了防禦空襲，隊伍停止，掩蔽，竟至五六次之多。到達新陣地的時間在下半夜三時左右。

天還沒有亮，營長命令到張家堰陣地前方偵察地形。林青史匆匆地呼何排長集合全連到村子背後的竹林下舉行晨操，數週來忙于行軍和構築工事，一切應有的教練都無形中廢弛了。

五時卅分到達營部，各連長都已經齊集。——高華吉營長站立在門口吸煙，嚴峻，黯淡的樣子不稍變改，大約是爲了等待林青史一人而把時間就誤了吧。林青史的稚弱而漂亮的面孔略呈淺綠，——事實上，營長并不爲了林青史的遲到而有所介意，他看林青史來了，還遞給林青史一根煙捲。

陣地偵察完畢，陣地編成也大致決定了。第四連担任營左翼一排陣地之構築，眞是意外的事，這次的工作那樣微小，是出發到現在所不會有的。營長恐怕就誤了時間，再三吩咐林青史應于明天晚上把工事完成，還要在各個散兵壕加築強固的掩蓋，右邊和第五連所構築的陣地相連接的交通壕也歸由第四連開掘。雖然增加了這個工作，而時間卻還是充裕得很。

第二天早上五點鐘光景，敵機的強烈的馬達聲驚醒了弟兄們深濃的睡夢，從拂曉至天亮，落于×××師右翼陣地的重量炸彈不下兩百多枚，炸彈的爆裂使整個的地亮沈重地發出顫抖。機關槍聲也激烈地發作了，看來敵人的強大的攻擊已經開始，在火線上的中國軍究竟和敵人怎樣戰鬥的情景，量讓不明地被隔絕在一個神秘的砲火連天的世界里面。狂暴的戰鬥的情性使砲火的音響停滯在一種堅凝不散的狀態，而且逐漸的加重，至於使空氣疲乏地發出氣喘。

林青史下令各排推出警戒兵到駐地前方嚴密警戒，以防避第一線的潰退，但是直到午前十一時，前線的陣地還是屹然不動。

高華吉營長到連部來了。營長，林青史，首連長郭傑，三連長周明，還有上尉營附等等，爲了視察昨日構築的工事，他們匆匆地又離開了連部。正午十二時視察完畢，臨走的時候，營長吩咐林青史，限于今晚八時前把工事完成，因爲恐怕又有了新的任務。

正午以後，前線似乎比較平靜些了，但是砲火依然猛烈得很，間或有一二砲彈飛來，狂暴的爆炸聲中，可以聽得彈片落在水里，爲了驟然遇冷而叫出的向人追索的可怖的嘶聲。飛機還是在陣地的上空盤旋着，弟兄們永遠是那樣的一種愚蠢的樣子，一點也不懂得掩蔽，對那司空見慣的敵機保持着濃烈的興趣，百看不厭。這樣一來，陣地的目標完全暴露了。等到炸彈下降才知道危險，已經無濟于事。對着這可恨的蠢笨，林青史曾經屢次地加以斥責，卻還是沒有效果，只好處罰十多人在樹林里立正二十分鐘。對弟兄們施行暴力教練這還是最初第一次。

一點鐘光景，全連又出動了，爲了繼續那未完成的工事。

鐵鏟和鍬子殘害了整個的隊伍的姿容，弟兄們鐵青着面孔，瘦削的頸子在闊大的衣領上不由自主地勸盪着，臃腫的軍服使他們變成了無靈魂的傀儡。

一個沙啞的聲音開始這樣唱，

——我們這些蠢貨，……

——唱吧！第二個聲音接着這樣叫；兄弟們唱吧！我們都懂的！……

沙啞的聲音又開始這樣唱，——漸漸的得到了人們的附和。

——我們這些蠢貨，

要拚命地開掘呵，

今天把工事做好了，

明天開到他媽的……

喂，這又是一個什麼去處？張家堰！

他的媽什麼張家堰，

後天日本兵占領我們的陣地！……

刮了整整一夜的狂風，禾苗和樹林都顯出了枯乾的樣子，天氣驟然變冷了，前線的炮聲稍爲稀疎些，機關槍還是無時停止。……對于戰鬥的激發緊張的想象，爲穩定下來而毫無變化的現狀所擊碎；離開了幻夢歸返了原來的自己，英勇傑出的人物似乎也變成了平庸無奇。……

營長帶領着各連長在新陣地視察了一週，把所有的工事都加以分配。第四連担任營第一線右翼一排及營的前進陣地的構築，恐怕時短工多，特加派團担架排兵士十名協助搬運木料，陣地前面的障碍物和坦克車的陷阱，團部已另派工兵營前往開設去了。

回來後立即將隊伍移來新陣地後頭不遠的陳家舖，這里距張家堰只一華里，張家堰陣地定于明日移交十一師據守，未交代之前還是由第四連負責，這樣麻煩的事逐漸加多了，——九時卅分光景，林青史已經把屬于本連的工作區分完妥，第一二排築營之前進陣地，第二排築第一線右翼一排陣地，各排除了作土工之外還得採集木料，担架兵十名協助一三排工作；各排長隨即依着這分配各自動工，前進陣地則由林青史親自經始。

……一如戰士們所期待，兇惡的戰鬥場面終于在陣地前面展開了，——

從陣地望去相距約六百米遠遠，中國軍第一線左翼突然現出了一個缺口，潰敗下來了，像決堤之水似的潰敗下來了，——這里的砲火的猛烈是空前的，在那直衝天際的跟隨砲彈的炸裂而噴射的塊土和烟火中，潰敗的中國軍似乎把方向迷失了，只管在愚蠢地尋覓着，他們的戰鬥力完全爲日本的強大的砲火所攫奪，他們的服裝，他們的手中的武器，甚至他們整個的身體彷彿對于他們殘敗下來的靈魂都成爲可悲的贅累，——敵人的砲彈已經開始延伸射擊了，密集的砲彈依據着綜錯複什的綫作着舞蹈，它們帶來了一陣陣的威武的旋風，在迫臨着地面的低空里像有無數的鷂鳥在頭上飛過似的發出令人顫抖的叫鳴，然後一齊地猛擊下來，使整個的地殼發出驚愕，徐徐地把身受的痛苦向着別處傳播，卻默默地扼制了沈重的歎息和呻吟，……

第四連的陣地和第一線的距離突然縮短，敵人的砲火的延伸射擊使第四連的兄弟們在互相間的愕然的目光對視之下，竟然神會意達地把握到一個必須立即趕行的任務。——

班長，一個久經戰陣的湖南人，像尺蠖似的把鐵殼堅硬的背脊屈曲着，他握着槍桿，迅急地從一個散兵壕跳過又一個散兵壕，暗暗地在弟兄們的心里煽起了戰鬥的火燄，企圖着在自己的一舉手一動足之間給予弟兄們一個神聖的教範，全連的弟兄們最初就在壕溝里佈成了一個完整的陣容，他們什麼都預備好了，而所缺少的只是一聲前進的命令。

湖南人的班長低聲地呼叫着，

——衝呵……

一個年青的列兵，堅定的目光透過了炮火連天的田野，高大壯健的身軀比一個最成功的不動姿勢還要靜止，看來他的靈魂是早就已經和戰鬥合抱了，在戰鬥中沈醉了，落在後頭的只不過是一個死的身軀而已。

——衝呵！……

年青的列兵發出短促的語句像回聲似的應和着。

砲火更加猛烈了，潰敗的中國軍在紛亂中似乎已經取得了正確的方向，取得了失去的自尊和活力，他們彷彿并不貪圖獲得友軍的援助，雖然在極端危險的處境中還是以獲得友軍的援助爲恥辱；他們反攻了。不錯，從這里可以顯明地看出，他們在潰敗中還是把面孔對着仇敵，爲子彈所擊中的都是面對着仇敵倒仆下去，無疑地他們在畢命之前的千分之一秒的時間中還能够把握到非常充分的戰鬥的餘裕。

這之間，第一綫的戰局正起了急激的變轉，第一綫的屹立不動的正中和右翼的中國軍對于他們整個的陣綫還是負責到底的，——右翼的中國軍已經開始爲挽回這危殆的戰局而迅急地適時地反攻了：戰鬥的實況顯然是這樣說明着，第一線給沖破下來的缺口還是由第一線負責去塡補。要知道，戰鬥的力量正如珠寶一樣的珍貴，誰不愛惜自已的戰鬥力，誰就免不了要做出錯誤的徒然的舉動！

由于熱熾如火的戰鬥企圖所激發，第四連的兄弟們毫無多餘的偏情和私見，他們的態度是坦然的，無論在援助友軍或打擊仇敵的意義上，他們都以能痛快直截地執行戰鬥爲至高無上的光榮

他們于是一個個躍出了他們的壕溝；當然，這壕溝向來對于他們都是毫無用處的，爲了那些層出不窮的新的奇特的任務，他們已經屢次把構築完竣的漂亮的工事完全拋掉，……

現在，一切的責任都集中在林青史一人的身上了。

林青史的面孔在那黑色發亮的帽舌下嚴肅而縮小，顏色是青白的，在鮮明的太陽光照映之下，彷彿白臘一樣的透明，雙眼發射出潔淨而勇猛的光燄，他在表情和動作上都似乎是隔絕了所有的部屬而獨自存在的一個，——他藏身的地點是在陣地左側的營的前進陣地後方的最左端，對于這急激的場面他是一無所動地然而目不轉睛地在察看着，他知道，如果在不必要的場合，特別是沒有命令而使用兵力，在戰鬥軍紀上是一種有害的不合的行爲。……

——哥兒們，你們想蠢動麼？你們能够把戰鬥軍紀完全拋棄不顧麼？……林青史發出明亮的銳利的聲音這樣叫。

——不，我們要出擊！

——出擊吧！

——如果不出擊，我們是不是還預備開走？我們再不開走了，我們構築的陣地，我們自已守着！

——是呵，我們除了出擊再沒有更新的任務！

……

——不，不！林青史厲聲地作着怒吼；你們這樣說是錯悞的。我要你們絕對遵守戰鬥軍紀，誰想出亂子我就槍斃誰！

砲火太猛烈了，整個的陣地墮入于難以挽回的騷亂的危境。林青史的聲音顯得低微而無力。

弟兄們爬出了戰壕，一個個像駝鳥似的昂着頭，他們的殺敵的雄心依據着蠢笨的姿態而出現，他們一個個都像抱着最單純的意志而死去了的尸體，敵人的猛烈的砲火吸引着這尸體的行列，叫他們無靈魂地向着危險的陣地行進，什麼都不能動搖他們。

他們的强大的決心使林青史懷疑了自已發出的命令，——這個出擊是不對的麼？沈迷于戰鬥的兵士們已經發出了他們難以制止的瘋狂行爲，在這個神聖的行列中，林青史，一個優秀，漂亮的少年軍官，他是不是要做他所帶領的部屬的尾巴呢？他十二分地了解弟兄們這時候的心里，——他和所有弟兄們的强固的靈魂是合一的，對于戰鬥所懷抱的熱情，他要比所有的弟兄們都高些，……

他們行進了，——

第四連全連的兄弟們，成爲一個小小的隊伍，像一隊來自曠野的鬼魂似的，在孤單和悲苦中躍動着他們黯淡無光的影子，他們是愚蠢的，但是他們帶了無視一切的驚人的勇猛，在直衝天際的跟隨砲彈的炸裂而起的塵土和黑烟的林叢中，他們毫不紛亂地保持着完整，活躍的隊形，用第一排勇猛的影子領導着第二排勇猛的影子。

于是這里發現了一個奇蹟：林青史，那漂亮的少年軍官像蛇似的胆怯而精警地躍出了戰壕，青白的臉孔變成了灰暗，彷彿直到這一秒鐘止還不能解决他內心的痛苦和憂愁，他并沒有放棄他的「不准出擊」的命令，但是他只能發出一種濛糊不明的聲音，他一面叫着「停止」一面用銳利的目光注視着前頭的勁敵，——他的堅决的行動完全否定了自已發出的命令的內容。

……捨棄了自已構築的壕溝，越過了敵人的砲火延伸射擊的界綫，把握了戰鬥的時機，無視了敵火的威猛，——第四連的兄弟們，在第一線的殘破不堪的陣地上，像夜行的野獸似的，單薄地寂寞地踏上了他們的壯烈而可悲的行程，……

★

第一線的中國軍對敵人的前進部隊的襲擊已經遂行了他們的任務，——戰鬥從午前十時起一直繼續了八個鐘頭之久。中國軍在苦鬥中提高了自已的戰鬥效能。第四連的參戰從最初起就澄清了陣地的紛亂局面，澄清了敵火的强暴和汚濁。……

但是新的任務像詭譎的惡魔似的神秘地和不幸的第四連互相追逐，——這其間，營長高華吉接到了把隊伍移向小南翔方面去的命令，他要把全營的隊伍集中，却找不到第四連的影子；第四連失踪了，對於第四連的行動，營部始終沒有得到一字一紙的呈報

太陽在西方的地平綫落下，藍灰色的天空顯得鬆弛而疲乏，第一綫的槍砲聲還是繼續不斷，但是從這里聽來已經逐漸的疎遠了。營長駝着背，伸着頸頸，軍帽子放在後腦上，拚命地在吸他的烟捲。有時候從嘴上把煙捲摘開，瞇着雙眼，瘋狂地把煙捲注視了整半天，彷彿抓住了他的兇惡而珍貴的目的物，正預備着用全生的力氣來對付他一樣。

隊伍集合了。

營附，那高大壯健的浙江人用一種沈重的聲音報告已經到臨了出發的時間，……

高華吉少校有着他的奇怪的性格，他在發怒的時候變得良善而和靄，說話的聲音很低，很珍重，俯着頭，眼睛看着地上，一字，一句，非常淸楚地這樣說，

——如果第四連七時不歸隊，就宣佈林青史的死刑。

在這一次的戰鬥中，第四連全連戰死和失踪者二十七人，三個排長都戰死了。剩下來的戰鬥兵和官長一起算，得八十七人，收容的地點是在劉家宅，在張家堰的南方，距他們的本陣地約二十公里。失去和營部的聯絡，又找不到半個伙伕，伙伕造飯的地點和他們的本陣地本來就有五公里的距離，伙伕大概已經做了友軍的俘虜。

劉家宅這個村子是一個很小的，小到只有一家人的村子。老百姓都跑光了，屋子里發了霉，地雷虫在牆脚邊大肆活動，——八十七人空着肚子，有錢也買不到食物，連剩下來的一點炒米也吃完了，受傷的弟兄得不到醫藥，……

連部三次派出傳令兵去找尋他們的營部，都沒有着落。

早上五點二十分光景，連長林青史開始對弟兄們作這樣的講話。

——……我希望你們了解我是怎樣的一個人，我願意在今日的艱苦的處境中做你們一個最好的長官，他袒然地，非常堅定地這樣說，我們今日碰到這樣的難題，第一，我們要不要繼續戰鬥呢？……第二，我們沒有上官的指揮，沒有可靠的給養，我們和原來的隊伍完全斷絕了關係，但是我們的戰鬥力沒有失掉，至少我們的手里還存有着武器，——我們有沒有繼續參加戰鬥的可能呢？

爲了避免敵機的偵察，八十七人的隊伍全裝在那三丈見方的屋子里，擠得很緊，——弟兄們很嘈什，似乎並不會深切地了解林青史的意思，林青史的話只能够引起他們暗暗地互相發出疑問。一般的情緒陷于苦惱和疲乏，他們并不表明自己的意見，但是他們的意見卻是確定了的，這確定的意見絕對地不能遭受任何違反。

林青史于是把他的話繼續着，

——現在，我們眞的到達了我們的目的地了，我們的目的地就是戰場，我們再不受一些無謂的任務所牽累，我們的脚跟所站立的地方，我們自己守着，……我們今天餓肚，我們不相信明天也是餓肚，天一黑，敵機不來襲擊，我們有充分活動的時間和機會，——我們唯一的任務是堅决保持我們的有生力量，不要把自己的隊伍拆散，我們希望在最短的時間中恢復和營部的聯絡，但是我們不能在這個時間中躲在一邊，我們必須和敵人繼續作積極，艱苦的戰鬥。

十一月二十五日的晚上，天空佈滿着濃雲，四下里完全漆黑，隊伍離開了劉家宅，沿一條小河流的岸邊向南翔方面開動，——戰鬥的中心似乎從大塲轉移到眞如來了，前綫的砲火依然是那樣威猛。八點三十分光景，他們經過了一個村子，遇見了二十五個從大塲方面潰敗下來的友軍。

這二十五個在極度的疲勞和飢餓中遇到豐饒的食物，——他們在這個村子里得到了一隻猪，一缸藏在地底下的老酒，……這種情景實在令人難以想象，當第四連的兄弟們開進這村子來的時候，他們發見那二十五個像死尸似的在屋子里躺倒着，屋子里浮盪着一種沈重的奇怪的嘷音，二十五個無靈魂地成爲了腐爛而污濁的沈澱物，彷彿正在對着那戰場上的恐怖的重壓苦苦地發出令人憐憫的哀求，——但是有一件事必須注意，在這樣的風聲鶴唳的情景中，一切的人與人的關係都埋藏着暴烈的炸藥，殘酷的戰鬥將如鼠疫似的傳遍于全人類，可怕的殺戮行爲普遍地發生于人與人之間，有時候也不問仇敵和友人。

——我們要不要繳他們的械呢？特務長低聲地問。

兵士們也蠢動起來，作着躍躍欲試的樣子，他們想擁進那屋子里去，好幾枝電筒在門口亂射着，但是林青史立即加以制止。

林青史獨自個走進屋子里去，他輕輕地把一個醉得像爛泥一樣的「死尸」搖醒起來，——於是這里發生了很碰巧的事情，林青史遇見了他在廣州燕塘軍校的一位朋友，……（下期續完）

迎鹿地夫婦的出現

曹白

鹿地先生：

一切的話眞是無從說起的……去年八月十三日炮响了，我首先就投入炮火中忙了起來。但你就只得比先前更秘密。——但爲了記起你的安全，我很打聽了幾處，結果都對我搖着頭：不知道。在偶一閑靜中，我便想，鹿地先生不知怎樣了？不知他奔向那樣的運命了？被逼回國了罷？還是不呢？不不，流亡者是很容易斃了的……

突然在七月上讀到了你的「送北征」，知道你尙屹然生活於香港，我十分安心了！

無論從那一方面講，你的出現，在我是安心而且幸福的。在「送北征」裏，你照例鼓着正義的胸膛，將憤懣砍向那些來懲膺我們中國的「將軍們」，使我幸福而歡忭！而且也使屠殺者知道，被壓迫者總是站在一塊的。

當日俄戰爭之際，托爾斯泰翁曾斥責過日本，說「你改悔罷！」——但他並沒有改悔，此後倒格外壯大起來了。然而很可惜，他的壯大是中國人的頭顱和熱血所培植，所灌溉的。而你也並沒有改悔，向屠殺者的本土揭起被壓迫者的叛亂的旗幟了，這在我們是感到怎樣的安心而且幸福啊。

燕山別墅不知怎樣了？鐵門邊的可愛的烏翠的多青樹，該無恙罷？戰後，我很難走過蘇州河，但薩坡賽路是已經掛過人頭了，那是中國熱血青年的頭顱。最近兩月之內，租界內充滿了暗殺的恐怖，用縊力，用手槍來對付清醒的人們。尤其可怕的，是將婦女用誘騙，用綁架弄出租界，輪流洩慾。從前池田先生對我說過日本女學生是很怕本國的兵士的，這是怎樣的無恥和暴戾！但前幾天看報，知道你已經平安的到了漢口了，而且還在作無線電的廣播的演講，那末，你和池田的心無論如何再不會像從前那樣的惴惴了。

這幾天來，上海燥熱得很，簡直祇能穿單衫，而前日還會奇怪的飄過很密的雪花，至於積了三四寸。現在的上海也彷彿像「北京」一樣，冬去後，接着來的是炎夏，春天不在上海了。

但許多人叫上海爲「孤島」，我眞非常之反對。因爲，所謂「孤島」，它確能矗立於海洋，山、川、林、澤，怎樣經營，都出自己的，便在孤島上面，還留着原始的自由，是明明白白的。而惟有連於大陸的上海，忽而擲來人頭，忽而射來子彈，忽而飛來砍斷的手足，忽而送來有毒的果品，將生人當作死魚，任意的宰割，這是怎樣的原始的野蠻啊！——我稱上海爲「苗窟」，已經成了野蠻的苗子的巢穴了。也許又有別的人反對我，說苗子居在山隩裡，上海根本沒有山，那里來的「巢穴」呢？然而，那用人血築成的一座一座的高不可攀的摩天樓，在鄉下人看來就無異於那一座一座的高不可攀的山峯；而那些策士陰謀家，劊子手，特務機關，你們的權力者和我們的狗奴才——就正是蟠踞在那里計謀着，籌算着，指揮着，那還有什麼「不像」呢？嗚呼！

我現在仍然在苦惱的工作。新桂米珠，生活是日益艱難了。尤其時常很感到寂寞，因爲不見了許多從前在上海熟識的朋友們。但你的出現，眞使我安心而幸福，幸福而歡忭，便信筆寫了上面那些話。願你在漢口能够很好的生活，並致力於正義的號召。烽火連天，關山重隔，我們一時裏恐怕不能見面的了，那末，我們在夢中歡叙罷……握手。

康健！池田先生也康健！

曹白　四月七日

七月社明信片

周旋先生：謝謝你。你所校正的差不多都是對的，但因爲篇幅關係，不能登正誤表，只有希望讀者自己留心了。

賈植芳先生；第二次信收到時就回了信的，但到現在還沒有得到來信，不曉得是不是遺失了？稿費無法寄奉，且望知道你底近况，望通知確實通信處。

我們提出了組織讀者會的問題，這是爲了加強作者和讀者的接觸，一方面使文學的教育影響更深入讀者里面，從讀者里面養成新的文學幹部，如通訊員之類，一方面養成讀者底批判力量，使文學工作能因這而更加堅强前進。爲了達到這任務，我們特徵求讀者底意見：讀者底情形怎樣？讀者底要求怎樣？讀書會底組織應該怎樣……我們將綜合讀者底意見擬定一個具體的辦法，開始我們底工作。

合訂本第一集早已賣完了。有些讀者來信添買，無奈無法寄奉。是否添版一次，最近當可決定。

覆曹白

池田幸子

曹白大兄:

謝謝你,謝謝你!

我們常常念到你的。

在要動身到武漢來的前一晚,因爲希望和歡喜,我們睡不着。「曹白鑄到了,不曉得會怎樣高興呢,」我們甚至學着你在高興的時候,總是不能自制地搖着身子,格……格……地笑着的姿勢。然而,黑暗的上海——,一記起在你寄到「七月」的淪陷後的上海通信里面的掩藏不住的苦惱,就感到一陣黯然,笑不下去了。

活下去,活下去,掙扎下去呀!

想起你底因爲營養不足而衰瘦的身體,只好對於作爲戰士底靈魂底堅強寄託希望了。

在淪陷地上不做奴才地生活下去,那較之正面地對着鎗口的戰鬥,怎樣充滿了更大的痛苦和悲憤,這我們是知道的!我們是知道的!謹愼一點,不要取輕率的行動罷。不要跑到蘇州河那一邊,像狗一樣地死去……。

一切的懷念,不久將有會談的日子罷。

武漢現在充滿了活氣。切身地感覺着一切都在一天一天地好轉。在街邊,傷兵拄着枴杖,和老百姓底小孩子們玩着。每天早晨,我們被不知道從什麼地方送來的勇敢的救國歌底合唱喚醒。我唯一躭心的是一天天高了起來的長江底水。每年如此,也許地方的人們不大覺得罷。然而,在今天,如果有阻碍我們底戰鬥的東西,那不是敵人,也不是其它一切人爲的什麼,而只有擅水罷。

作爲侵略者們底所謂「新支那經營」底一個重要項目,提出了黃河治水,雖然這不過是他們底可憐的夢想。當治水不可能的時候,也許要向上帝祈求水災罷。因爲,他們底治水,並不是爲了人底幸福,而是料想可以作爲奴化的懷柔政策的。

長江江面的確寬起來了,不過,那是因爲到了春天。是防疫工作也逼到面前來了的季節。這正是可怕的時期。也想到了難民的問題。我們應該現在就準備起來的。這,也許是我底神經質,因爲這八個月的不斷的逃難,更加利害了。

恐怖的上海,但你把那叫做「苗窟,」我不贊成。我不覺得法西斯侵略者們是人,和人類里面的任何一個未開化的民族都不能相比。苗子不過是小孩子,精悍的小孩子,但這些混蛋却是文明底墮落者。他們是人類底墮落,是人類之敵。他們甚至拿出幾千年前的文化底傳統,誇耀人種底優越。把那當作侵略底盾牌。如像日爾曼民族底誇耀把中歐做成奴隸,羅馬帝國的舊夢使莫索里尼蹂躪了亞比西尼亞。日本也在這樣幹着。

關於這,我記了起來,在抗戰以後,常常看到了這樣的說法:「日本曾經承受了中國文化底大的恩惠,但現在却忘恩負義地來侵略了。」

可是,聽到這,我們感到有些爲難。

這個堂堂的道德的論調,使我不能緘默了。不錯,在過去,日本承受了大陸文化底恩惠。可是,在那文化底一面里所有的奴隸的屈從底精神,現在甚至反而成了法西斯底道德的精神底援助者。總之,在過去,文化底交流在隣接的民族中間是一直存在的,比方在日本,就是所謂倭寇,也帮助了海外文化底輸入。在這個場合,我們雖然如實地看倭寇,但並不能在倭寇底行爲里面找出什麼道德的根據。我底意思是,在這個「恩義說」里面,使我感到了和侵略者日本底倭寇道德論有相近的東西。

說是侵略者,不是很够了麼?說是人類之敵,不是很够了麼?像我們,不是並非爲了報恩,而是對於這人類之敵站在同一的位置上,因而伸出了同志的手的麼?

我很懂得上海底困難。在那里,並沒有苗族底年青的精神,連戰前的苟安都有了使年青的生命腐敗下去的危險,而不是養育人類生命的東西。這個條件,在鎗口底威嚇前面呈出了怎樣的相貌,大致想像得到。想到可親的市民們,想到難民底困苦。而且,在你們青年們底可怕的困難前面,我胸口作痛,然而,對於你們底神聖的任務,嚴肅地表示敬意。

千萬保重呵,親愛的曹白!

四月二十八日幸子拜

在王老婆山上

馮夷

一

整夜的行軍,在黎明時才好容易到達了目的地,那是在王老婆山麓上的一個村莊,在那裏,我們却意外地絕望了,——因爲約定在這兒會合的公安局的弟兄們失了約,他們沒有等待我們,却獨自趁敵人尚未佈好防線的當兒,偷偷地突圍北去了。

他們有二百多人,槍械子彈都是很齊備的,還有兩挺機關槍,而最重要的是在他們的隊伍中有濟縣長——縣長的口袋裏裝着錢!錢還是多麼需要着的東西呀!然而,現在一切都完了。胸前是百十個被鬼子趕出家來的襤褸的農夫,他們一個個都是那末熱情,然而又都是那末地缺乏軍事知識,以致有些時候就簡直顯得怯懦了。武器呢,則是八十來枝槍,十來把大刀,幾枝矛,還有一枝唯一的手槍,它蹻做地吊在我們隊長的左屁股上。

提起我們的隊長,那完全是一個急性鬼,他的暴燥的性格就像他的思想信仰一樣地堅定。他時常拿「槍斃你」這末一句話來訓斥他的隊員,甚至政治指導員。不過,他的這種性格終於會因爲沒有錢而不得不收歛了,誰都記得每當我們離開一個村莊時,我們的隊長向村中的閭鄰長們道着深深的歉意時的臉像

沒有錢的確是一樁大事,百十幾個人的伙食在鄉下人看來是一宗驚人的負担。尤其在這晉西一帶地方,因了山地的枯瘠,出產的不豐饒,風氣的閉塞,以及動員工作的不够,人們的性格竟給限制得可怕地吝嗇了。他們當眞會因爲你吃了三十斤小米或是一筐山藥蛋沒有給錢而去報告了敵人,使你遭受到一場意外的損失。

可是這一切又有什麼辦法呢?我們也只得在村里檢幾孔窰洞停下來,在村口的路邊上放幾個步哨,再派出幾個探子,就這樣地息下來了。

二

東方的炮聲已經平靜下去,這表示敵人已經佔領了縣城。這時節,密集的排炮跟手擲彈的炸裂聲從西南西北兩個方向傳了來,那分明表示敵人已經在向黃河的二大渡口——軍渡磧口——進攻了!

進攻軍渡是陷落離石後敵人必採的步驟,因爲離石、柳林、軍渡中間是一條平坦的汽車路——那直通陝北的孔道。可是在進攻軍渡時,同時也以同樣迅速的兵力去進攻磧口,這却是預先沒有揣測到的事。離石磧口中間是一條崎嶇萬分的小道,它在許多高山(例如王老婆山就是其中一座頂高的山)跟河岔子中間纏繞着。敵人這次却偏偏在這條崎嶇山道上的每一個村落裏安排幾個僞蒙騎兵跟幾個隨營的漢奸,彷彿故意要切斷我們跟北方八路軍百二十師或動委會遊擊支隊中間的聯繫。

我們是四面被圍了。然而頂糟糕的事,還是在於我們始終不能斷定敵人的這種包圍形勢,是專門爲了來對付我們,或是另有企圖。

在幾次的隊部會里,我們討論着目前的形勢跟應有的動向。關於目前形勢,是沒有逆議地肯定爲我們的遊擊隊隨時有被敵人襲擊的危險,而且如果一旦遭受襲擊,則潰散就會是必然的結果。關於動向,却有兩種勢均力敵的意見——一方面主張「誓死保衛離石,」他們堅决反對隊伍的突圍北去,理由則是我們的遊擊隊在這一帶山地中已成爲唯一的抗日武裝了,它有着它急迫的任務,像鎮壓漢奸活動,掩護地方工作人員使地方工作不至停滯……等。另一方面則主張「保全實力,」他們堅持要找一個敵人防綫上較弱的一點在夜里突破,把隊伍拉到北方去。理由是遊擊隊本身主觀條件太差,如果在這一帶山地中停留下來,不久就會被敵人發現,襲擊,而完全潰散,那時節不但不能保衛離石,反而給與每個新戰鬥員以失敗主義的影響,使遊擊戰爭一蹶不能復振。所以,他們主張把隊伍拉到北方臨縣苛嵐一帶去跟有豐富鬥爭經驗的隊伍取聯擊,配合着他們打幾次側面,使每個戰鬥員都獲得了堅定的勝利信心之後,再回來「誓死保衛離石,」亦未爲晚。

經過幾次熱烈的爭論,在日暮時終於决定了採納後者的意見。於是又派了幾個幹練的偵探子去探敵人防線上武力配備的虛實,之後,我們大家依然息下來,準備着今夜或是明夜的突圍。

三

突圍的命令下了。

那是第二天暮色四合的時光,厚厚的陰雲在天上佈滿着,又起了漫天的狂風,它挾着沙石向每個人的眼上臉上無情地投擲了來,然而我們每一個都肅靜地邁着步子,——這樣地,我們這百十來個人就爬上王老婆

山的崎嶇迤邐的山道了。

『今夜的行軍口令「攻擊!」——趕快向後傳聲音要放輕些。』

像這樣的夜晚，對於我們的行軍是很有好處的，因爲暴風跟嚴寒會替我們把敵人防綫上的哨兵關進了窰洞裏去，而減少互相遭遇的機會。它還有許多好處，例如它可以把我們隊員們的咳嗽聲吐痰聲以及每當我們走近一個村莊時不可避免地引起來的狗吠聲……都吹到跟敵人駐紮地相反的方向去。

山越爬越高，風也越吹越猛，即便是那魔鬼似的漆黑的夜也彷彿顯得越法廣茫了。等我們到了山的頂頭時，疲乏的腿才獲得了休息五分鐘的命令。於是我們坐下來，諦聽附近村莊裏偶爾傳來的狗吠，或是凝視着前面埋藏在山谷里的黝黑，從那里面每隔幾分鐘你就會看見我們派出去的尖兵的信號——一個電筒的亮光連續地明兩次，再劃一個圓圈圈，就又消逝去了。

這信號告訴我們的是「通行無阻」，於是我們又開始前進了。雖然在幾天不停的行軍中大家的腿子都顯得疲勞，可是每個人還依然好好地跟定前邊一個的足跟，在黑夜裏用驚人的速度一足闖高一足闖低地走着。這可詛咒的王老婆山的起伏的山脈呀，它彷彿永遠不會讓你走到它的盡頭！

在半夜以後，事情好像已到了最嚴重的階段，有人在小聲地耳語說，隔敵人的防線已經只有五里了。這就是說，如果我們的行軍再在平靜中繼續一點鐘，那麼我們就離開了敵人的防綫五里路，而敵人的包圍也就是被我們突過了。

然而，突然地，在前面黝黑的山谷里，尖兵的信號改了樣：神祕的電光不斷地在夜的畫板上塗着××，一連有十幾個。

命令又傳下來了：

『緣山頂小道散開，臥下去！——趕緊往後傳聲音要放輕些。』

等我們在山頂的小道上找好蔭避爬下時，一切都揭露在我們的眼前了。在我們前面約摸四五百米達的距離上，尖兵的電筒仍在不斷地做着××的信號，那信號慢慢地向我們的右手邊移動，這分明是想把後面追踪的敵人引到與大隊相錯的道路上去。果然，幾分鐘之後，在約有一千多米達距離的黝黯的山谷里，出現了五個明亮的火把，那熊熊的火迎着山風忽大忽小地燃燒着。根據他們的速度跟火把的距離推測起來，那一定是二十或二十五個馬隊在追蹤着我們的尖兵。

『他媽的！又是蒙古韃子！』一個隊員這麼低聲恨恨地罵着。

僞蒙騎兵受了我們尖兵的欺騙，當真向我們右手邊的山谷里岔去了，這兒那兒不時地引動起守夜狗的狂吠。失却了尖兵，我們的大隊只得暫時在這山頂上集合起，停下來，等候隊部會議的決定。

可是，僞蒙騎兵的火把又近來了。他們竟在我們四近的山谷里作着巡迴的搜索了。這使我們不得不再散開，重新找蔭避臥了下來。有一次當騎兵距離我們最近時，中間竟只有二百米達，不過他們是在谷底，我們是在山頂吧了。我們可以很清晰地聽到馬蹄子叩在冰凍了的小河上的聲音。那時候，因爲我們所據的地勢的優越，所以沒一個人害怕，相反地我們却都揑緊我們的手擲彈，等待命令，好給他們一陣致命的轟炸。

根據昨天探子的報告，在距離這兒八里路子的村莊里，駐紮着三百多敵人，附着四門鋼砲。這報告使我們隊部會議對山底下近在咫尺的敵騎不敢作攻擊的決定，一任他們遠去了。等那五個熊熊的火燄消逝在谿谷的拐灣處之後，大家這才集合起來，在即近黎明的奇寒中，順着夜來的原路向回撤去。

四

依然是在王老婆山麓上覓定一個偏僻的村莊。在那兒我們一直停息了兩天。

這時節，因了敵人突然地進襲而遊離失散了的地方工作幹部都絡續地聚攏來了。他們的離奇的化裝術會使你笑得窒息，那些灰色的整齊的軍裝都不曉得哪兒去了，代替了它們的是油膩的笨襖褲、銅烟袋跟一些別的鄉下的裝飾。他們給我們帶來許多消息：敵人已在距城三里的馬茂莊建築飛機場，看樣子像要把離石作爲它們重要的根據地了；磧口方面在被佔領的當天就有二十幾條生命遭到了屠殺，其中有鐵匠，內戰時代殘廢了的兵士，退伍了的老火夫，還有青年婦女，據說有一位五十多歲的老太婆也遭到了姦汚，并在姦汚之後，還被敵人用一條紅蘿蔔戳進了陰戶，因而一命嗚呼了。在柳林，則據說是因爲商會主席趕緊組織了維持會，所以屠殺較少些。近黃河一帶的居民有好多被雙雙地背着面綑做一堆給丟到河裏去的。……

聽到了在自己出生成長或是工作過一度的地面上遭到了這種難以令人相信的摧殘，我們每一個本地的戰鬥員或是外來的工作員的心裏都深深地埋藏下仇恨的種子，隊伍里情緒在猛烈地高躍着。

可是，不曉得從哪兒傳來一種帶有甚深的恐怖性的謠言傳遍了我們駐紮的村莊跟隊伍中的每一個人。那謠言是：敵人不久就要大舉搜山了！

屠殺的故事增强了我們的仇恨心，恐怖性的謠言又增强了我們生活跟工作的警覺性和規律性。在比往常加倍的緊張努力而且愉快的狀態下，我們生活着工作着。

兩天過去了。

代替了搜山的謠傳，人們又在耳語着一個新的祕密了。等那祕密變成了遍人皆知的消息時，却是在距我們駐紮村莊五里的村子里，新近駐紮了一連剛從河西開過來的八路軍。

這消息在最初是被我們像對待搜山的謠傳一樣地不相信，可是等到傍晚我們的探子歸來做了類似的報告時，我們不但相信，而且簡直是全軍雀躍了！

經過正式的接洽，八路軍弟兄們答應了跟我們取得緊密的聯繫。在共同生活，共同學習，共同戰鬥，共同工作的過程中，我們可以從他們那兒學習到豐富的戰鬥經驗跟良好的生活習慣：而他們也可以在地理，道路以及軍民聯絡的工作上得到我們大家的幫忙。

主觀的條件一旦增强，大家簡直是躍躍欲動了。人們隨時都在期望着一個襲擊敵人的命令。

我相信，這命令不會遲得很久了。

一九三八、二月、軍中。

木廠夜話

鄒荻帆

離開武漢將近半月了，從此地民鋒報及路人的談話，好像武漢已被敵機轟炸得不成形像。現在武漢情形究竟怎樣？我，還無從得知一寸遠一個，謠這我也是聽慣了看慣了的，此地情形的確不如往昔，趕集的人少了，到黃昏就都閉起了門。

前幾天的夜間，我同木廠裏的工人們坐在一起談話，他們很關心的問著前綫情況。當我告訴他們失去土地上的人民如何受着荼毒，逃難同胞生活如何悽酸，以及現在武漢等大都市的人口正在疏散的時候，忽然我聽着姓宋的發着感慨：

「唉，『該死，該死，』眞是叫應了的。」

我詫異極了——

「誰該死呢？」

「漢口武昌不是大街嗎？往日是『鄉（想）死，』現在可臨到『街死』了。」

我聽着笑起來，但他還繼續說着：

「可不是，漢口武昌的人都搬到了鄉下，天門城內都擠滿了人，這才眞是享『天福』哩！」

我眞想看到他說這幾句話的表情，我注意着他的面部，灰黃的燈光勾出一幅天眞的陰影。由於燈光的不能使我很明晰的看到他的面部，我注意力的重心又轉到了那盞古燈：

『這盞燈簡直是鬼火，』我咒罵了。

『這是豆油燈哩。』

「豆油燈，」我縐起了眉頭，「怎麼點起豆油燈來了呢？」

「洋油太貴了，四角多錢一斤，橫直生意不好，沒有夜活做，亮燈也是沒有用處。」

他又談着鎮上最近所發生的事情：

「是前一二十天吧，在晚上十二點鐘的時候，白正興的榨坊就被搶了，當時衝進了五個夥子。一個守着前門，那是預備探聽鎮上的動靜，抵禦捕拘的人的。後來巡查隊來了，守大門的人被捉着，其餘四個劫去了洋錢一百二三十元，從後門逃走，在守大門的夥子的身上，搜出了一個用灰磚磨成的盒子礮。經縣長審查以後，才知道就是對河窰上燒窰的工人。逃去的四個，雖未捕着，然而他們的家人都被捉來了。」

我更沉默了，望着豆油燈出神。

他又問我：

「聽說同你一塊玩的那個姓X的，要到民衆教育館幹事去了，對嗎？」

「唔，我還不大知道，你常到民衆教育館去聽講嗎？」

他搖着頭。

「怎麼？……」

「我就是到張豁然那里去聽講生庚八字，也不願到那里去。」

「那眞是太，……」

「你不知道嘛，前個把月，天天夜間我們也是去的，那時候是龍先生在講，講得挺起勁，又明白。後來館長的一位親戚來了，館長就把姓龍的撤走了。那位親戚簡直是白日鬼，講話講到肚子裏去了，講時事就是照着民鋒報唸。三歲的小孩也會記着幾句書唸給先生聽，他媽的，竟是這樣不中用，不曉得他是講些什麼！聽了幾回，都聽不慣了，聽到下面咳嗽起來，他還說老子們搗亂秩序，後來還貼了一張縣長的佈告，說是聽講就要守館規。憑你說，總是出一張佈告不要我們去聽講，把民衆教育館不辦，那不更省事嗎？」

我更沉默了，望着豆油燈出神。當你在電燈光下或煤油燈下看了我的信，不知你作何感想。

——

我們十四個

天藍

今年二月十一日，由瀋陽車站鎖着的鉄篷車運輸到太原來：我們十四個。

路上的途程花了十天的工夫。剛到太原，那半夜三點鐘的時候，中國兵來了：於是，重見到我們祖國自由的兄弟，重踏上我們祖國自由的土地——被解放了：我們十四個。

★

幾個月前，半年前，我們都是工農——我姓孟：原先是印字工人，能掙上十幾塊錢一個月，養活我一家仔。我一家子七口人。當我父親在「九・一八」事變給日本人牽走的時候，他將這老老少少的一家人交給我，那時我還是一個在印刷所剛滿藝的學徒呢。沒法，我忍着淚担負這一個重任——現在已經是七年了！……

他姓趙，是一個木匠，在我們那村子裏做零工的。總還是可以過得過去吧！他家裏九口人唉，兒女都還小呢。

……

那個老頭姓張，種莊稼的。去年他還和他年青的兒子在一塊兒替人做莊稼，一年能掙上一個上十担糧食吧。也是二月這個時候，去年裏，他兒子給日本徵工徵去了。……

他姓李，做莊稼的；他姓劉，做工的……

——去年下半年，我們陸陸續續地被日本人徵發到鐵路上來，做鉄路工人。

★

你以為我們能逃走一個不來嗎？那不成！你知道，我們的名單：從我們年老的祖父母一直到我們剛生下來的小孩，都在他們的手裏——他們，日本人手裏呀！眞的，他媽的，那東洋人明白你，知道你，使用你，宰殺你，就如同他們的牲口一樣。

就是從去年七八月裏起吧？報紙上老是報道（我們是誰也不看報紙呵，聽人說）中國的土匪多呀，又是這兒的鉄路破壞哪，那兒的公路打斷了呀，又是在那兒殺了人哪！……

他媽的，誰聽見這個消息不樂呀（當然，是沒有人敢公開談論的）？什麼土匪！日本人叫咱們有武器的中國人都是土匪！儘管殺人吧，儘管拆鉄道吧，愈多愈妙，愈兒愈好，咱們私自個兒想。

嗬，他，日本鬼，瞧見你樂哪：他就到各處去宣傳，說：

「你們緊緊的防備着吧，要是中國的土匪打來了，你們都沒想活命，他們會說你是滿洲國人造反的呀：……」

誰不在心裏說：「滾你媽的蛋，蠅子你也別想騙！」嗬，他，日本人，瞧見你樂哪：他一方面抽人去起團練；一方面又征人到鉄路上去做工，鐵路給中國軍隊破壞了，要人去修理呀。

我們，十四個，就是這樣在今年二月裏輪派到關內來修補鐵路的。

★

一到了山西，誰知道咱們中國的老百姓和軍隊已經跟他打起來了，而且打的這樣的好！

你知道，我們東北同胞那天那夜不望中國軍隊打去呀？

可憐，怪凄慘的：只要誰有一點好消息，老是等到天黑，院子外面派一個人看守，然後三五個人藏到屋子裏去談論這個消息。

……咱們中國的軍隊打來了嗎？……不來，咱們怎麼活下去呀？……中央政府忘了我們吧？怎麼說來，來，老是不見他們來呢？……

一千次我們拿起了鐮刀鋤頭，想把那日本鬼幹掉，一千次又放下了。誰知道中央的軍隊幾時來呢？沒有國家的援助，我們殺他一個，他得殺我們一千個。

況且，沒有人領導，我這一村要打日本，別個村子可不見得齊心打日本，我們的胆子雄，可不見得別人的胆子也像我們一般雄。要是有政府的人到村村保保一宣傳，一領導，那還有誰不願意起來打日本的？都在等着呢！當然，要是日本鬼壓迫的太厲害了，那咱們也得給他拚拚命。

去年上半年，四平街，去瀋陽不遠的一個地方，不知爲了什麼事，給日本人殺了好些個人，他們要報復了。有一天，打聽到有一列日本兵車要打那橋上過，他們便很快的臨時把橋弄壞了。果然，兵車到了，轟的一下，像山崩一樣，馬上都掉在山溝裏。

那一下子管二千多個，二千多個日本人！消息傳來，幾乎都把人樂死了。

★

唉，我們眞的天天等着我們自己的軍隊去呀！

就說去年過年的時節吧，瀋陽傳遍着紅軍，就是東北義勇軍啦，會上我們那兒去過年的消息。你看，我們聽着這個消息這麼樣，沒有那家那戶不把他們所有的豬都宰了的，有的連老豬婆都宰了。宰那麼些豬幹什麼？等義勇軍，等義勇軍來過年呀！

日本人很稀奇的問我們，我們回答他們說：過年樂呀，吃呀，難道你日本國過年不是這個樣子的？……紅軍，就是你們說的東北義勇軍，沒有來，我們落了空。

唉，我們家鄉的小孩天天唱着（大人們可不能哼）說日本人「生在東洋，死在中央！」或是「中國人修道鬼子走，鬼子死在中國人的手！」

誰知道那年那月有那麼一天呢？

★

……嘿，現在我們知道了：是有那麼一天的，那麼一天是要靠我們的力量幹出來的。

到此地，我們都學聰明了。實在，在山西，我們看見那些事實也就會知道，只要老百姓大夥的組織的好，宣傳的好，大夥都下個決心，幹就別怕死，要怕死你也是死，日本鬼子不會讓活路給你走的，千千萬萬年你也別想翻身。

★

我們十四個，十四個鐵路工人，在關外既沒有死在日本人手裏，在山西又沒有死在火線上，那我們總得有一天回去叫咱們東北同胞翻翻身！

…………

——呵，你問我們這一次怎麼從火綫上下來的嗎？那我們眞幸運極了，同時也有趣極了。

我們不是二月二十二日到的太原嗎？晚上咱們就睡在一個火車上煤的院子裏：一個小破屋子。外面是鎖着的，日本兵在那兒看守。約摸三點鐘的樣子，這時候，我們有的在打磕睡，有的在烤火，互相嘆息的談說着，正不知道明天的命運怎麼樣。

「砰！」外面一聲槍響。我們抖然的驚慌起來，不知道怎麼一回事；一會兒，大家又樂起來，猜想，莫非是咱們中國的弟兄來了？

接着「砰！……砰！……砰！……」槍聲密起來了，機關槍也「咯……咯……咯……」響起來。我們大家馬上伏在地下。

接着「轟！轟！」兩個手榴彈，好像震倒了屋子似的，光像閃電一般，打進屋子來。此刻，誰也不知道誰死了，誰也不知道自己的腦袋打碎了沒有，胳膊斷了沒有。

「嘿！……嘿！別亂打，看看屋子裏是什麼人！」外面有人嚷着。火力也立刻停止。

「中國人不打中國人呀！同志，我們都是中國弟兄呀！……」

我們十四個，沒有一個破了腦袋，斷了胳膊的，都站起來，迎接着他們。

「呵，原來都是自己同胞：受驚了，辛苦了！……」

一片熱情的回答，我們感動的幾乎掉下淚來。

以後，我們見過×旅長，見過賀師長，他們都很熱忱的安慰我們，指教我們，叫我們上後方來習學一個時期，再回到我們家鄉去工作。當我們要求立時參加隊伍時，他們說：東北的同胞在仰着頭等人去指導他們反抗日本呢！

★

這個月初頭我們到了延安。

你看，我們十四個，個個人的臉上都不憔悴了吧？哈哈，在這兒還常常吃肉呢！……每天都有同志來跟我們講話：我們明白了：爲了要打倒日本帝國主義，中華民族，漢滿蒙回藏，必得要團結的像一塊鐵一樣。還有那一個民族要欺壓管服那一個民族嗎？那都是日本強盜騙子想滅亡中國的鬼話，其實，我們誰不知道，你看，我們在家鄉都叫「滿洲國」做「饅頭國」呀！那不過是給東洋鬼子吃的東西。……

現在打日本打的這樣的好，也就是國民黨共產黨合作的力量……

報上說：河北省大部份的軍民已經打成一片，刻正在向北平打呢！這個消息多美！……

我想：只要我們回去跟大家同胞把這種情形，這些個道理一講，密密地連絡起來，死也得幹，不幹也總是死，那時，還有誰不樂意殺日本鬼子的？……

★

等我們學習好了，再回去報仇，殺日本鬼子，終有那麼一天，我們幸運地沒有白死，總得要做點道理出來！

同志，等着看吧！等着看再出關去，我們還十四個！

——一九三八年、四月、六日。

列寧的一生

附：列甯論中國
全一冊・鐵冰譯

本書凡四萬餘言，用最簡潔而又最明白的文字，詳盡地活潑地把世界最敬愛的人——列寧的一生，敘述出來。在民族革命當中，我們的民族鬥士，要想學習世界革命導師的奮鬥精神，來磨礪自己，這本書是值得人手一編，不厭百回讀的。

實價三角

上海雜誌公司總發行

總店 漢口交通路第六十二號
支店 上海 廣州 梧州 宜昌 重慶
分店 武昌 長沙 成都 西安 昆明

日本經濟與經濟制裁

趙洵、黃一然譯著

要明曉我們的敵人日本帝國主義的經濟力量是充實還是貧弱？國際用經濟制裁是不是確能制日本法西斯強盜的死命？在這本書中從各方面給予讀者很正確的回答了。

全一冊・實價五角

中蘇互助論

一冊・沈志遠著
大時代叢書十七

自從我們抗日的民族解放戰爭發動後，中蘇兩大民族進一步的合作，不但成為我國朝野一致的呼聲，而且也是全世界和平民衆的希冀；故在目前，中蘇關係的演進，確已成為遠東乃至世界政治的重心。本書把這問題明確的分析與論斷了。

一角五分

最佳抗戰劇選

適合各地救亡劇團最好的選集・馬彥祥編選・實價四角五分

最後的勝利

田漢著・大時代文庫第五種・（抗戰獨幕劇）實價一角八分

這是田漢先生在抗戰中寫成的一個抗戰劇本。田先生的作風，是全國一致推崇的，而此劇更表現出田先生在抗戰中之進步的作風。曾在漢口公演，極著宣傳之效，獲得觀衆一致的好評。

民族萬歲

宋之的、陳白塵改編・（五幕劇）
大時代文庫第六種・實價三角五分

這是宋之的陳白塵兩先生改編的一個五幕劇本。描寫日本帝國主義軍閥對待失地區域中國人民的慘酷獸行，失了祖國的人們就完全失掉了自由，要想做箇安分守己的善良百姓亦不可得；中國人民睡着的心覺醒了，明白了在虎口裏是討不出自由來，大家聯絡起來，為了祖國，也為了自己，一致跟日本法西斯強盜拌死鬥爭，偉大的中華民族的怒吼，果然把日本強盜驅逐出中國，收復失地，獲得解放與自由。這劇完全表現出民族團結禦侮的積極的力量，它曾在成都重慶公演，備受觀衆的歡迎。

梁紅玉

歐陽予倩著・大時代文庫第七種
（抗戰新歌劇）每冊實價一角八分

這劇本是歐陽予倩先生為適合一般羣衆而編成的新歌劇。本事描寫南宋韓世忠梁紅玉夫婦實行「軍民一致」而抵抗金兵之侵略，予侵略者以大打擊。全劇有唱有白，兼有全武行，表演於舞台，真是有聲有色，大可發揚民族意識增加民族抗戰情緒。

我相信中國

張申府著・〔抗戰文存之一〕
全一冊・每冊實價三角

西線抗戰經驗錄

亦華編
每冊實價三角

戰時文學論

王平陵著
全一冊・實價二角五分

戰地生活叢刊·第一集

這一部叢刊，是由戰地最活躍的作家們，用成功的技術描寫戰地上的實生活。是戰時最充實的文藝作品，同時也是戰時文藝作品的總匯。

八路軍七將領 劉白羽・王余杞合著 全一冊實價二角五分

兩個俘虜 張天虛著 一全冊實價一角五分

游擊中間 劉白羽著 全一冊每冊實價二角

陽明堡的火戰 奚如著 即出

征途上 天虛著 即出

西線隨軍記 舒羣著 即出

八路軍學兵隊 陳克寒著 即出

莫雲與韓爾謨少尉 羅烽著 即出

游擊小隊叢書

到處需要人去打游擊，也到處有人設立游擊戰訓練班訓練打游擊的人材。但最感苦悶的，是缺乏游擊戰的教材，和實際指導的書籍。從這個要求出發我們正在担負着訓練組織游擊隊幹部人材這個任務的幾個朋友們，深深地感到與其臨時編講義上訓練班，不如一勞永逸地編出一套叢書來，可以供給廣泛的需要。這就是這套叢書產生的理由了。我們不敢自誇這套叢書編得怎麼好，但是比坊間各種關於游擊戰的書，更為完備，更為實際，這是我們自信的。

游擊隊的政治工作 曾霞著 一角六分

游擊隊的警戒與偵察 明凡著 一角八分

游擊隊的射擊訓練與爆破技術 李念慈著 實價二角

游擊隊的交通與通信 希明著 一角八分

游擊隊與羣眾工作 个霞著 即出

總發行所

上海雜誌公司

總店：漢口交通路六十二號

支店：廣州漢民北路　梧州・大中路　宜昌・二馬路　重慶・武庫街　上海・四馬路

分店：武昌胡林翼路　長沙・東長街　成都・祠堂街　西安・南院門　漢中・府街　許昌・中山街　洛陽中山大街　昆明・西華路　桂林・西華路

七月

第三集

上海雜誌公司總經售

·目錄·

二十七年四月十七日
湖北省政府批准轉請登記

七月
第三集　第二期
（總第十四期）
廿七年五月十六日出版

編輯兼發行　七月社　漢口交通路六十二號
編輯人　胡風
發行人　張鴻飛
發行所：上海雜誌公司總店　漢口交通路六十二號
經售處：上海雜誌公司支店　梧州·武昌·廣州·長沙·宜昌·西安·成都·昆明·重慶·
印刷者　新昌印書館　漢口小董家巷　電話二一〇四五

本期零售每冊一角二分
訂價　三個月……五角五分　六個月………乙圓
每月一日十六日出版

藝術與行動：論列寧

羅曼·羅蘭

列寧，終其一生的任何時機却在戰鬥里面，而且是用他的全副生命力去從事戰鬥的。充滿着他的思想的，完全是他那有如站在一個軍事領袖的地位上面，在戰爭中和爲了戰爭而觀察得來的物事。他秉賦着旁人所沒有的作爲人類行動的普洛革命的歷史指針。沒有任何別的事物能使他分心。沒有個人的偏見。沒有精神上的休息。沒有思想上的浮誇，沒有躊躇不決，也沒有懷疑。就正是這，才給他的力量，才替那不啻是他的化身的正義帶來勝利。

所有精神的活力：藝術，文學，科學等——他都完全爲了行動而動員了——甚至自然力的潮汐，潛意識的靈魂深處，——甚至夢。

列寧談夢

「我們必須夢想！我因爲寫過這些話而遂變爲可怕的了，」列寧說「記得似乎是在『統一會議』席上，在我的對面坐着許多同志……於是某同志站起來威脅地向我說道：『但是，請允許我反問，如果有自立權的編輯部沒有向黨務委員會作初步的請求，是否也有夢想的權利呢？』跟着他，另外一個同志又站了起來，……仍然用着更爲逼人的聲調接讀着：『我要更進一步，我請問，甬當一個馬克思主義者，是不是有任何權利做夢呢，如果他還記得按照馬克思的學說……』，等等。只要一想到這些威脅的質問，一種冷的戰慄便通過了我的背脊，我所能想到得只是找一個什麼地方來藏住自己。我只有竭力從皮沙勒夫(Pisarev)那兒去找來掩護：

「『在夢與現實之間存在着兩種的不一致。我的夢想可以超越過事件的自然的演進，或者飛躍到一個事件的自然演進所不能到達的階段去。在第一種情況之下，夢想是無害的，他們甚至可以支持或者增强人類實踐的力量。這一類的夢想是不致妄用或者麻醉了工作能力的。但那是何等的矛盾喲！如果人們完全被剝奪掉了這一類夢想的能力，如果他不能時時走在前頭並且想像地計慮着嶄然而完全的情景，而「創造」在他的手頭還不過剛剛形成開始，——那麼，我簡直不能想像究竟是一種什麼强制的力量能够驅遣着一個人去從事廣大而困倦的勞作，以至達成一個結論的。……讓我們夢想罷，但却有條件，就是我們必須眞誠地相信我們的夢想，我們要留心地觀察着人生，而把這些觀察和我們在西班牙所樹立起來的堡壘作着比較，並且在大體上講，我們還要本着良心爲實現我們的理想與工作。』」

「我們必須夢想，」（現在列寧又還麼說了。）「但不幸的是，這一類的夢想在我們的運動裏却太稀少了……在這方面表現得最爲明顯的便是那些用他們的艱苦的頭腦和對於『眞實』的『忠貞』來炫耀他們自已的人。」

因此列寧在三十年前沙皇統治下的最黑暗的日子裏，勞動運動還不過剛剛萌芽的時候就夢想着了。而他所曾夢想的就是——行動。

行動與思想

我們知道歷史上的許多行動的主角，人民的領袖，他們把他們的生活分成兩部分，一者奉給行動，一者則留給思想的遊息。而這後者正是行動的一種飛躍。舉個例罷，這種人里面的最偉大者或許要算J·凱撒(Julius Caesar)了。當他專注於行動的時候（但那是怎樣的行動呵！）他是完全被它所吸引去了。但他也像英國的政治家，也必須有他的週末(Weekends)，而在那時候，他可以追尋高度的思想上的享樂與淸客們的典雅的會談，其實這位羅馬與加利克大陸(Gallic Lands)的征服者不過是一個還停滯于底層的藝文淺嘗者，行動本身之于他不過是一場遊

頌徐州

莊湧

徐州，你中國的凡爾登，
連防山頭
用礮火
叱止敵人的進攻；
不准他過去(Not Has He Pass)呀！
讓機關槍
對準他們演說吧——
　「向後轉，
　回老家，
　三島的櫻花盛開啦」！

徐州，你是一條鋼鐵的撑牙棒，
撑得猛虎淚眼向上；
北上者
厮守着淮河待它乾枯，
南下的
十萬精甲送進了
「小諸葛」的「八陣圖」。
不要咬牙切齒呵，
梅津先生，
慢慢的「切磋琢磨」吧！
在中國
曾流傳着鉄杆磨成針的故事。

徐州，你中原的咽喉，
　放開嗓子呵，
誰要扼住你
你就咬斷他的手，
敵人的手爪曾撕食了千萬人的血肉，
你如今當爲千萬個死者作復仇的怒吼：
用敵人的頭塡滿礮坑，
用敵人的血肥我田隴，
讓加藤少佐們的骨灰
在你的天空隨風飄散罷！

徐州，你英勇而年青，
你的名字表示「戰鬥」，
你製作一串磊落的詩句，
你縱筆揮成壯麗的油畫，
九萬萬隻眼睛
向你閃着
希望的光，
你不能退縮的活，
你不能卑汚的死——
徐州，
在祖國的最前線，
你英勇的站住罷，
要不然，
爲了再生
你就英勇的死去！

五，七鄒城血戰時。

戲；自然，那是遊戲里的最偉大者，而這也就是這個眞正的人，眞正的羅馬人的最有價値的地方——但這却無關于遊戲，即是說，結局不過是一場幻像（Illusion）而已。

列寧却毫無幻像，也不從幻像逃避。他有一種强力的，永恆的，不可侵入的現實底感覺。對於那些沒有具備這種感覺以及與行動脫節的人，在他的心裏便泛起一種由嘲諷，譏刺，善意的憐憫，和輕微的蔑視所組成的無言的嘲笑——正如一個健康的人嘲笑着那些笨重，年長，而却幼稚的紳士們一樣。

他把這種現實的感覺帶進藝術的夢想裏去。他愛着藝術，如有人所說，他對這是非常熱中的。「他熟習一切文學名著而且愛着牠們。」他反復地讀着托爾斯太，從這里面取得娛樂，并由于種族與思想的相似而引以爲榮。雖然他自己聲稱不適宜于批評新詩，但却有着理解馬耶可夫斯基（A.V.mayakovski）的充分的直感，而讚揚着他那爽利的政治諷刺詩。同時，音樂又是怎樣地使他着迷呵！他是用了怎樣的熱情來傾聽着它呵！誰能忘記那些當他談及悲多汶（Beethoven）的 Appasi onata 時的燃燒似的句子呢！他愛它愛得至于如此的强烈，他必須抑制着他自己才能逃出它的掌握。……他的確是非常熟習那藝術的夢想的。不過，在戰鬥中，這戰鬥是他的法律與命運，他却希望着那藝術的夢想，應該如他自己的夢想一樣，成爲支持戰鬥的力量，同時應該常常參加在行動里面。

藝術與中立

的確，藝術是常常與當代的鬥爭相連接的，甚至當它佯裝着要退出鬥爭，甚至當它用那幼稚的口號：「爲藝術而藝術」來掩飾自己的時候也都如此，因爲實際上這口號不過是一種說謊。退出戰鬥的唯一結果，不管人們認知與否，是祗有洗手不幹。這正將如皮勒（Pilate）之對社會的罪惡一樣，對壓迫者忍讓而却默默地置自己于被壓迫者的粉碎之上。關于這，從前克萊侖科（Krylenko）曾在十一月九日反革命進攻彼得格勒的前夜，時向集合的各裝甲車分遣隊指出過：「別人要求你們保持中立，而這時有產者的反動派和敢死隊呢，他們可是決不中立的，却在街心向着我們射擊。」……所以要保守中立就勿異向他們說：「那麼請罷，老爺們，請射擊！」坦白是必須的。大部分的布爾喬亞作家曾自稱是非政治的(apolitical)，事實却並非如此，因爲他們并沒有要推翻布爾喬亞秩序和特權的任何意圖，而這些特權，照他們自己估價起來，即使不屬于金錢上的，在他們的心底也是極力希冀保持的，——這些特權很狡猾地承認了他們，同時也就馴服了他們。他們自然不會用武力來維護這秩序的，因爲勇武并不是他們的職能，何况他們還要保持他們那百合花似的手的潔白呢。但還等不到他們自己的允許，他們就已站在大砲的旁邊了。這從巴黎公社後所表現的史實裏，就可以明顯地看出來，那時小仲馬（Dumas Fils）和撒爾賽（Francisque Sarcey）——比他們這偉大的人更不必說了！——都力竭聲嘶地爭吵着那狄耶爾先生(monsieurs Thiers)和加里佛侯爵(marquis de Gallifet)所追求得的渴望已久的俘獲物。（註此處事實不詳）

文學與社會鬥爭

有如列寧在他一九〇五年內的著作所昭示，我們既生活在一個階級的社會裏，則在所有我們精神的顯露中，就沒有也不能有一種非階級觀點（觀）的點。不管文學高興與否，它總是從屬于社會鬥爭的利益和情緒的，它不會也不能脫離階級的影響；而且一切事物都是受着那在鬥爭中的階級的影響，特別是受那個佔優勢的，安排着最完整而又繁複的說服或者强制方式的階級的影響。甚至那些最偉大的作家，那些個性能够從支配當世社會的意見的偏弘與專制中間獨立的稀有的靈魂們，——甚至那些有才能的創作家與批評家，他們都不能，而且永遠不能離開當前的時代氛圍。他們常是Dionysian的耳管，能回應出時代的地底的鳴響，也有如那地震計能指示出那使他們周遭的山河異色的最秘奥的運動。如果他們的思想之流愈深廣，則他們愈能明見那過去與將來的常是相互矛盾的潮思，無論其爲混合或衝突。他們正是他們那個時代的鏡子。

有兩三次，列寧便曾把這意見寫在他那研研托爾斯太的透闢的文章裏：「托爾斯太，俄國革命的鏡子。」（一九〇八）

「把這大藝術家的名字和他所顯然避開的革命放在一起，」列寧寫道，「初看起來是顯得奇怪而且勉强的。……但是，我們的革命却是一個非常繁複的現象，在它的直接行動者與參加者之間，還有着許多社會成份，他們顯然沒有了解這正在發生着的事情，同時且避開那由事件的演變而在他們面前所提出的眞正的歷史任務。……這樣看來，托爾斯太觀點裏的矛盾，實在是我們的革命里面農民所處的矛盾條件的一面眞實（子）鏡。……托爾斯太的觀點的總合，便形成他的特色；整個地看來雖是有害的，但却表現出我們的農民資產階級革命的特質。……一方面是對于資本主義剝削制度的嚴厲的指摘，政府暴行與法庭的趣劇的揭露……對于財富的積聚、文明的成功、與勞苦大衆的貧窮、犧牲、苦難的增加之間的深刻的矛盾的暴露；而別一方面——却傳播着昏庸的『對于罪惡的不抗抵』的說教……。托爾斯太便反映着那熾烈的增恨，那趨向更好的東西的成熟的想望，那避開『過去』的念頭——但也反映出不成熟的夢想，政治的愚蠢，革命的軟弱。歷史與經濟的條件說明了羣衆革命鬥爭的爆發的不可避免，也說明了他們對于鬥爭的沒有準備，而他們的托爾斯太式的對于罪惡的不抵抗，乃是第一次革命鬥爭失敗的最嚴重的原因。……」

思想與社會的進化

列寧的關于這個偉大的藝術家及其特定時代的論斷，也可以用旁的大作家和旁的時期來證明——特別是我們法國十八世紀大革命以前的那些時期。這就正是Sorbonne的莫納教授(Daniel mornet)在他那本積三十年的研究而著成的「法國革命之知識階層的原因」的大著里所表現的（他的確証實了列寧的思想。）他指出孟德斯旭(montes Quieu)，服爾泰(Voltaire)，盧梭(Rousseau)，狄德羅(Diderot)以及百科全書派等(Encyclopedists)對於未來的了解都沒有超過托爾斯太，雖然他們是那個時代的先驅者。也如像托爾斯太一樣，他們也不過是一些「鏡子」，因爲他們并沒有把握着所有那個時代的精神的矛盾勞動和那些在其中互相衝突着的思潮。

「如果他們不生在那時的話，」莫納寫道，「顯然的，那些理論的運動就不會如此地紛歧，也會減少那緊張的程度，而且也不會顯得那麼熱烈。」他們不過作了那些理論的運動的繙譯（自然也難免錯誤或走樣）不過把它繙成更爲驚人的形式罷了，謝謝那使得他們成名的智力與辯才，罷作家們慣於從「鏡子」裏觀察他們自已，還在某種程度上說起來簡直是成爲事業似的了。在觀察他們自已的時候，他們就看出他們所追隨的當代的人物來，同時也模糊地看出那整個十八世紀所業已到達的階梯。但是，他們毫不懷疑這階梯會把他們帶向何處；如果他們已看清了前途的命運，或許會全都往回走的（也許慣于冒險的狄德羅是例外。）十八世紀的法國并沒有一個作爲革命的引導的人，能够在前進當中清晰地看出而且期望着那個成功的時代，爲一切的歷史發展所定命地引導着的時代，如像列寧所看見和所期望的一樣。

文學史家的興趣，完全是在于從盧梭，狄德羅，服爾泰，以及所有偉大的先驅的藝術家們里面去分辨出那比他們本身更爲前進的物事來，那爲他們所賦有——但他們并沒有猜想到！——而在某一時期即將到來的物事，對于這物事，要是他們有先見之明的話，他們是會得拒絕的。這就是列寧用他那顯明而透徹的坦白公允把一個他所最爲敬愛的作家描繪了出來的工作，他指示出託爾斯太的天才怎樣宣告了社會制度的欺騙與罪惡，而且他的批評本身就正是對于革命的一種呼籲，但當他面對着那革命行動——這正是那批評的必要的結果——的時候，却又怎樣又驚又怒地跳起來連聲反對而逃到「東方式的清淨無爲」的神祕主義里面去，並且藉此否認現實以阻止太陽的行進。

這個偉大的良心的這種毫不合理的引退，在極大多數的藝術家里面，是與那些缺乏矛盾底真實與感動力的許多作家站在同樣的較低的地位上面的；本來，事件的振動，在他們出面是應該會發出較他人更爲緊張的回響，但好像連他們還在一種恍惚的狀態中所覺得的這些振動都使得他們要氣一樣，他們却逃避開那應有的結果，而十有九回地寬恕了反動派。他們明明瞧見了那應該跨越的壕塹與陷阱，但這種探視却使他們目眩腿搖。他們想要重新建立起那已被摧毀的，脆弱的均勢，因而抽身轉去，離開那時代，隨之以流轉的潮汐，回到「事件的常態」去，回到那再使他們安心的，他們所曾經看出而不願再見的布爾喬亞秩序去。回到傳統和那僵硬了的生活去。

思想與行動的統一

一個行動的主角如像列寧所具有的那樣的智慧，便運用了它的非凡的使思想與行動統一的邏輯，猛烈地排擊着上面說過的那些人們的智慧——這統一并不是那種化石似的冷酷的塊狀物，而却是一道生命的泉流，它與那按照着它的本質的規律向前邁進的時代底生命是一致的。

沒有比史太斯更妙的人了，他在他的「列寧回憶錄」(Recollectoinsof Lenin)裏，對於這種特質賦以光輝，而使得列寧燄然不同于那般極大多數的理論家與諸革命黨的領袖們；他是永遠和由羣衆所發出的那種基本力量相密接的，他決不會中止這種密接的持續，也沒有東西能使他失掉對羣衆的創造力的强烈的信仰。斯太林摘錄過一句列寧的出色的評語，那是在他會見過一個懷疑「革命的混亂」而聲言着「革命之後應該建立正常的秩序」的同志時所說的。列寧這樣諷刺地駁復着說：

「要想成爲革命者的人，却忘記了歷史中的最正常的秩序乃是革命的秩序。這真是一樁憾事。」

斯太林也附加說：

「對於羣衆的創造力的信賴，是列寧底活動所具有的非常的特性，這幫助了他去了解羣衆的基本力量，并把他們的路向引導到普羅列塔利亞革命的途徑上去。」

從這里，你便獲得了行動底人(The Man of action)所應有的最高才能，同時那也就是科學底人(The man of Science)所有的目的：要能支配羣衆，就要洞悉一切要素的本質，他們的潛在的力量，他們的法規與運動，等等。

讓這也同樣地成爲藝術的最高典則罷！如果大部分的藝術家都難于接受的話，那里面的最偉大者當會本能地應用它的。在那些不朽的繪畫之王里面，作爲其一的文西(Leonardo da Vinci)曾把如下的話作爲他的箴銘：「人要與自然力同化，并在此等力量的精湛處變革他自已。」

因此，那些偉大的藝術家們，那些文西們(Vincis)和託爾斯太們(Tol tois)，便採取着自然的生動潑刺的種種形式，而那些行動的主人公們，列寧們，便採取着社會生活的種種法規及其律動，以及那鼓舞并支持人類不斷的向上行進的生命能力。

（張元松譯）

從黑暗的海里來

曹白

風兄：

上次托友人寄來給你的信和鹿地先生的信，不知有沒有收到？實在非常之懷念！你托費老板帶給我的十期并十一期的七月，及合訂本都收到；你給柏山的和路丁的也都由我轉去了。把全部的七月我心愛的翻着，近兩期你似乎編得越發起勁，越發賣力了，但身體既胖，力氣一出你會弄得喘吁吁的，何況現在又將臨炎夏呢。

上海也日見其熱了，而我的夏衣還沒有。去年的今日，我是沒有什麼的，因爲除了躲在那狹隘的貝殼里餵臭虫外，不再向外面去亂鑽，沒有夏衣，是沒有什麼的。但今年却不行，我得走出貝殼，一天到晚廝混在「上流社會」裏，想起來，眞是「媽媽的」的事。但這又並非是託辭向你討稿費，哎呀，講到稿費，我已經收到了。然而就從此一直沒有寫。對你，對七月，我眞是深深的抱愧。

但是實在的說，自己也的確沒有什麼可以寫的。腦子裏，肚皮裏，都是囫圇的一團，我幾乎難於消化，弄得日漸荒蕪了。

每天的每天的晚上，回到，所謂「家」里的時候，還只有十點多鐘呢，但全幢屋子里的人都睡着了，只聽到那濃重的鼾聲和那窒息的呼吸。可是那前樓的鐘擺却在清澈的滴答，合着我的疲勞之中的心聲，使覺得掛在頭頂上面的電燈分外的明亮，尤其覺得自已的分明的存在了。這時，我是曾經想到要寫的，於是乎攝起了筆來。但樓下的灶披間里的一對青年夫妻忽然打起架來了，男的吼着，女的哭着，嚇人的聲音，全幢屋子里充滿了恐怖而且混亂的空氣。我是毫無涵養的，我騷動了，自然不再寫文章，倒是改變宗旨，推窗觀看，然而物體都沒在夜的黑暗的海里，灶披間也沒在夜的黑暗的海里，什麼也看不見。這回，是祗有點起香烟，坐聽着那混亂和那恐怖了。

「混亂」和「恐怖」有什麼好聽呢？我明明知道，這是中國人的卑劣點，也是小有產者的壞脾氣，然而我又想，「慣於長夜過春時，」連「長夜」都有人習慣，小小的「混亂」和「恐怖」又能算是什麼呢？我體味着，我咀嚼省，我聽着：所以聽者，習慣之故也。

光明，我自然喜愛的；然而黑暗，我更喜愛。爲什麼呢？因爲他能鼓舞我前進。澄清和喜悅固然能够織成一幅美麗的畫面，然而，混亂和恐怖也能作爲圖畫的背景的。

夜是逐漸的深了，灶披間里的一對寃家業已歇手，男的早已不吼，女的力氣也已哭完，變成低幽啜泣的了。但他倆的「和平，」並非是第三者的居間調解，倒是第三者的威嚇——我聽得房東太太大呼曰：「你們再打，要打出人性命來的！」兩個人就漸漸和平下去了。但我想，他倆無論如何不是懂得法律的大人物。

人總是有生之留戀的，何況他們又欠了房東太太的房金呢！那房東太太的威力，就是從「欠」字上面發出的。然而惟其如此，這才使灶披間里的知道了自己們的可憐的存在，爲免遭因欠租而被逐的危險起見，還是少安毋燥罷。……

這自然是屈辱，是哀愁，然而這也是灶披間的，房東太太的和我的生活之一面，是生活的小小的脈搏。

所謂生活這東西，它如一大塊未被磨琢的水晶，具有無數的面，各自照見，而且是動的。論者講到戰士只見到戰士的衝鋒肉搏；講到作品，只見到名家的傑作；講到戰鬥，便只見到爲了那光明。自然，衝鋒肉搏是驚心動魄的，然而這只是戰士生活的一面；傑作是好的，但我們也不能忽略了那作家的「傑作」之外的許多「作」，而戰鬥的別一面，也未始不是搗亂那黑暗。我們要瞭解戰士，作家，戰鬥，一定要透過戰士，作家，戰鬥的多種或全部的生活，和他們生活的周圍的關係，而且要能够感到那生活的脈搏的跳動，這才能够得到眞確，得到把握。

僅將生活的一面砍下頭來，忘其所以的描着刻着，結果，僅僅是一個概念的東西，離開實際，沒有生命，不會生動的。將戰士描寫得只會衝鋒肉搏，正如京劇的戲子只會把奸賊曹操畫個白臉一樣。其實，奸賊的臉，何嘗個個都是粉白的呢？那最好的証據，便是那些「臨時政府」的新貴們的「尊容」，看可是的，否則，他們就另有許多別的黑暗的面目在。

筆一滑，滑得很遠了，夜正深，此刻就連低幽的啜泣也沒有。靜聽着前樓的鐘擺的聲音，一隻未睡的蒼蠅又忽而盤旋着我歌唱了，我準備撲死它，但在未撲之先，我對於七月所企望的，就是能在這戰爭中揭發黑暗和疾苦。這樣，庶幾不背我們的「樸素」的原則。至於對於光明的謳歌，我的意思是：暫且還是最好慢一慢，或者就讓給那些善於歌唱的人們罷。完了。

平安！平安！

小弟×上

五一節前夜於貝介廬

向太陽

艾青

從遠古的墓塋
從黑暗的年代
從人類死亡之流的那邊
震驚沉睡的山脈
若火輪飛旋于沙坵之上
太陽向我滾來……

——引自舊作「太陽」

一　我起來

我起來——
像一隻困倦的野獸
受過傷的野獸
從狼藉着敗葉的林藪裏
從冰冷的岩石上
掙扎了很久
才支撐着上身
睜開眼睛
向天邊尋覓……

我——
是一個
從遙遠的山地
從未經開墾的山地
到這幾千萬人
用他們的手勞作着
用他們的嘴呼嚷着
用他們的脚走着的城市來的
旅客，
我的身上

酸痛的身上
深刻的留着
風雨的昨夜的
長途奔走的疲勞

但
我終於起來了

我打開窗
用囚犯第一次看見光明的眼
看見了黎明
——這眞實的黎明啊

（遠方
似乎傳來了羣衆的歌聲）

於是　我想到街上去

二　街上

早安呵
你站在十字街頭
車輛過去時
舉着白袖子的手的警察
早安呵
你來自城外的
挑着滿籮綠色的菜販
早安呵
你打掃着馬路的
穿着紅色背心的淸道夫

早安呵
你提了籃子，第一個到菜場去的
棕色皮膚的年輕的主婦
我相信
昨夜
你們决不像我一樣
被不停的風雨所追蹤
被無止的惡夢所糾纏
你們都比我睡得好啊！

三　昨天

昨天
我在世界上
用可憐的期望
餵養我的日子
像那些未亡人
披着縗縷
用可憐的回憶
餵養她們的日子一樣

昨天
我把自己的國土
當做病院
——而我是患了難于醫治的病的
沒有那一天
我不是用遲滯的眼睛
看着這國土的
沒有邊際的悽慘的生命……
沒有那一天
我不是用呆鈍的耳朶
聽着這國土的
沒有止息的痛苦的呻吟……

昨天
我把自己關在
精神的牢房裏
四面是灰色的高牆
沒有聲音，
我沿着高牆
走着又走着
我的靈魂
不論白日和黑夜
永遠的唱着
一曲人類命運的悲歌

昨天
我曾狂奔在
陰暗而低沉的天幕下
沒有太陽的原野
到山巔上去
伏倒在紫色的岩石上
流着溫熱的眼淚
哭泣我們的世紀
現在好了
一切都過去了

四　日出

太陽出來了……
當他來時……
城市從遠方
用電力與鋼鐵召喚他
——引自舊作「太陽」

太陽
從遠處的高層建築
——那些水門汀與鋼鐵所砌成的山
和那成百的煙突
成千的電線桿子
成萬的屋頂
所構成的
叢密的森林裏
出來了……
在太平洋
在印度洋
在紅海
在地中海
在我最初對世界懷着熱望
而航行于無邊藍色的海水上的少年時代
我都曾看見美麗的日出
但此刻
在我所呼吸的城市
噴發着煤油的氣息
柏油的氣息
混雜的氣息的城市
敞開着金屬的胴體
礦石的胴體
電火的胴體的城市
寬闊地
承受黎明的愛撫的城市
我看見日出
比所有的日出更美麗

五　太陽之歌

是的
太陽比一切都美麗
比處女
比含露的花朵
比白雪
比藍的海水
太陽是金紅色的圓體
是發光的圓體
是在擴大着的圓體
灰鐵曼
從太陽得到啓示
用海洋一樣開闊的胸襟
寫出海洋一樣開闊的詩篇
凡谷
從太陽得到啓示
用燃燒的筆
蘸着燃燒的顏色
畫着農夫耕犁大地
畫着向日葵
鄧肯
從太陽得到啓示
用崇高的姿態
披示給我們以自然的旋律
太陽
牠更高了
牠更亮了
牠紅得像血
太陽
牠使我想起 法蘭西 美利堅的革命
想起 博愛 平等 自由

想起　德謨克拉西
想起　馬賽曲　國際歌
想起　華盛頓　列寧
和一切把人類從苦難裡拯救出來的人物
的名字
是的
太陽是美的
且是永生的

六　太陽照在

初昇的太陽
照在我們的頭上
照在我們的久久地低垂着
不曾抬起過的頭上
太陽照着我們的城市和村莊
照着我們的久久地住着
屈服在不正的權力下的城市和村莊
太陽照着我們的田野，河流和山巒
照着我們的從很久以來
到處都蠕動着痛苦的靈魂的
田野，河流和山巒……
今天
太陽的眩目的光芒
把我們從絕望的睡眠裏刺醒了
也從那遮掩着無限痛苦的迷霧裏
刺醒了我們的城市和村莊
也從那隱蔽着無邊憂鬱的烟霧裏
刺醒了我們的田野，河流和山巒
我們仰起了沉重的頭顱
從濕濕的地面
一致地
向高空呼嚷
「看我們
我們
笑得像太陽！」

七　在太陽下

「看我們
我們
笑得像太陽！」
那邊
一個傷兵
支撑着木製的拐杖
沿着長長的牆壁
跨着寬闊的步伐
太陽照在他的臉上
照在他純樸地笑着的臉上
他一步一步地走着
他不知道我在遠處看着他
當他的披着繡有紅十字的灰色衣服的
高大的身體
走近我的時候
這太陽下的眞實的姿態
我覺得
比拿坡崙的銅像更崇高
太陽照在
城市的上空
街上的人
這末多，這末多
他們並不會向我打招呼
但我向他們走去
我看着每一個從我身邊走過的人
對他們
我不再感到陌生
太陽照着他們的臉
照着他們的
光潔的，年輕的臉
發縐的，老年的臉
紅潤的，少女的臉
善良的，老婦的臉
和那一切的
昨天還在慘愁着今天却笑着的臉
他們都匆忙地
擺動着四肢
在太陽光下
來來去去地走着
——好像他們被同一的意欲所驅使似的
他們含着微笑的臉
也好像在一致地說着
「我們愛這日子
不是因爲我們
看不見自己的苦難
不是因爲我們
看不見飢餓與死亡
我們愛這日子
是因爲這日子給我們
帶來了燦爛的明天的
最可信的音訊。」
太陽光，
閃爍在古舊的石橋上……
幾個少女
——那些幸福的象徵啊

背着募捐袋
在石橋上
在太陽下
唱着新的歌
「我們是天使
健康而純潔
我們的愛人
年輕而勇敢
有的騎戰馬
有的駕飛機
馳騁在曠野
飛翔在天空……」
（歌聲中斷了她們在向行人募捐）
現在
她們又唱了
「他們上戰場
奮勇殺敵人
我們在後方
慰勞與宣傳
一天勝利了
歡聚在一堂……」
她們的歌聲
是如此悠揚
太陽照着她們的
驕傲地突起的胸脯
和袒露着的兩臂
和發出尊嚴的光輝的前額
她們的歌
飄到橋的那邊去了……
太陽的光
汎濫在街上

浴在太陽光裏的
街的那邊
一羣穿着被煤烟弄髒了的衣服的工人
扛抬着一架機器
——金屬的棱角閃着白光
太陽照在
他們流汗的臉上
當他們每一步前進時
他們發出緩慢而沉洪的呼聲
「杭——唷
杭——唷
我們是工人
工人最可憐
貧窮中誕生
勞動裏成長
一年忙到頭
爲了吃與穿
吃又吃不飽
穿又穿不暖
杭——唷
杭——唷
自從八一三
敵人來進攻
工廠被炸掉
東西被搶光
幾千萬工友
飢餓與流亡
我們在後方
要加緊勞動
爲國家生產
爲抗戰流汗
一天勝利了
生活才飽暖
杭——唷
杭——唷……」
他們帶着不止的杭唷聲
轉彎了……
太陽光
汎濫在曠場上

曠場上
成千的穿草黃色制服的士兵
在操演
他們頭上的鋼盔
和槍上的刺刀
閃着白光
他們以嚴肅的靜默
等待着
那及時的號令
現在
他們闊步了
從那整齊的步伐聲裏
我聽見
「一—二—三—四！
一—二—三—四！
我們是從田野來的
我們是從山村來的
我們生活在茅屋
我們呼吸在畜棚
我們耕犂着田地
田地是我們的生命
但今天
敵人來到我們的家鄉
我們的茅屋被燒掉

我們的糧口被吃光
我們的父母被殺死
我們的妻女被強姦
我們沒有了鐮刀與鋤頭
只有背上了子彈與槍炮
我們要用閃光的刺刀
搶回我們的田地
回到我們的家鄉
消滅我們的敵人
敵人的脚踏到那裏
敵人的血流到那裏……
……
一—二—三—四！
一—二—三—四！
……………」
這眞是何等的奇遇啊……

八　羣衆

我的心呀，把你沉浸到那
用他們的恐怖與勝利的熱鬧
拚彈着都市的羣衆裏去吧。
——凡爾哈侖

看——
那從各個無光的門口
　各個陰暗的角落
　各個狹窄的小巷，
速接地出來
　匯合成巨流的
羣衆的行列，
在閃着白光的
　寬闊的街道的那邊
攏蕩地出現了……

那些商店
那些公司
那些機關
和那些居家的門前，
都呆立着無數的人
向那前進着的行列觀望，
在那行列的最前面
高舉着幾面大旗
——標幟着各個團體的名字，
後面，成千成萬的小旗
搖動在成千成萬人的手上
——每一面小旗上的每一句
都宣佈了
今天的，萬衆一致的信念；
他們在驕傲與自信的道上
邁步前進着，
太陽照在他們的頭上，
他們昂着上身
一邊走
一邊喊着口號……
我歡喜那些簡單而又眞率的話語啊
——那些正是
久久地積壓在大家心底裡的話語
正是被凌壓者的抗議
正是解放了的人們的
狂暴的憤怒的呼嚷
——多少年了
憑着童年時的漠糊的記憶
我站立在天邊
等待這日子的到來！
如今
啊　這無限長的行列
已逼近我的身旁了

他們的
　響亮而整齊的口號聲
像來自夏天高原上的暴風雨
激劇地搖撼着我的身體
我，
終於被那不可抗的情感所牽引
不自主地
也昂起了頭
移動着脚步
跟隨着那廣大的行列走去……

九　今天

今天
奔走在太陽的路上
我不再垂着頭
　把手插在褲袋裏了
嘴也不再吹那寂寞的口哨
不看天邊的流雲
不彷徨在人行道
今天
在太陽照着的人羣當中
我決不專心尋覓
那些像我自己一樣慘愁的臉孔了
今天
太陽吻着我昨夜流過淚的臉頰
吻着我被人間世的醜惡厭倦了的眼睛
吻着我爲正義喊啞了聲音的嘴唇
吻着我還未老先衰的
啊！快要佝僂了的背脊
今天
我聽見

太陽對我說
「向我來
從今天
你應該快樂些呵……」

於是
被這新生的日子所蠱惑
我歡喜清晨郊外的
　軍號的悠遠的聲音
我歡喜擁擠在忙亂的人叢裏
我歡喜從街頭敲打過去的鑼鼓的聲音
我歡喜馬戲班的演技
當我看見了那些原始的，粗暴的，健康的運
動　我會深深地愛着它們
——像我深深地愛着太陽一樣

今天
我感謝太陽
太陽召回了我的童年了

十　我向太陽

我奔馳
依舊乘着熱情的輪子
太陽在我的頭上
用不能再比這更強烈的光芒
燃灼着我的肉體
由於它的熱力的鼓舞
我用嘶啞的聲音
歌唱了：
「於是，我的心胸
被火焰之手撕開
陳腐的靈魂
擱棄在河畔……」

這時候
我對我所看見　所聽見　所觸到的一切
感到了從未有過的寬懷與熱愛
我甚至想在這光明的際會中死去……

迎着初夏

孫鈿

牛車載着米粮，
轆轆地過了。
濕的泥地，
送來了暮春。

×

昨天，
我們的影子遍躍躂
　在那沙灘上；
昨天，
我們的歌聲還飄揚
　在這古老的城垣，
可是今天呀，
我們分散了。

×

每夜，脫下衣服，
在油燈火下，
搜剿那些虱子時，
我就記起你。
踏着濕的泥地，
你走向什麼地方了呢？
回答我吧，
要像槍聲一樣堅實地。

×

不要忘記了
日本帝國主義的殘忍，
不要忘記了
鬥爭！
愛祖國，
像愛你們躍動着的心；
這樣，
你去吧，
無論在哪裏，
你將接近光明。

×

今天，
我們要踏着桃紅的野花，
在山峽裏，
行走。
我們的槍裏，
是滿裝的彈藥。
勝利呵，
在今天，
在中國！

——四月八日在竹溝寫。

一個連長的戰鬥遭遇

東平

他名叫高峰，原是一個高大壯健的少年人，現在帶了花，面孔黃得像一個香瓜。他的左手的掌心在戰鬥的時候給擊穿了，用自已帶來的紗布包紮着，包紮得并不妥當，有時候突然有多量的血從創口湧出來，叫他全身像患了瘧疾似的冷得發抖，他用一種微弱的聲音對林青史這樣說：

——……我覺得所有的軍人大抵都是悲苦的，一個人從軍校中畢業出來、掛着短劍，穿着軍服，看樣子也和別的所有的同學一樣，都是英勇的，壯健的，有時候在馬路上走過，也引起了許多人的羨慕，……一上了戰陣，戰死和受傷都不關重要，不能達到任務是一件最痛苦的事情，——我的理想是很高的，我有我自已的不能告人的簡直可以說是虛妄的一種很大的抱負，從這一點我曾經長時間地尊重自已，同時也曾經對別的人驕傲過。我似乎無形中得到一種暗示，我覺得世界上不幸的人太多了，也許是到處皆是，但是這里面決不會有一個我，——這個幻夢薄得像一重薄紙，但是我決意用盡心力來保全它，我相信我有自已的聰明，我能够清楚地辨別我所走的路程，這路程既大又遠，我幾乎無時無刻不在這里保持着一個偉大的長征者的身份，……

這是第二天的晚上。通過了高峯和林青史的友誼的關係，二十五個和八十七個從最初起就存立了和好。屋子里還剩下好些米，好些大頭菜，勉强療治了第四連的兄弟們的飢餓。——林青史坐在門檻上，把軍帽子脫下來，垂着頭，蕪長的頭髮發出着光，像一個怕羞的小孩子。高峰躺在林青史對面的一張竹椅上，說話的聲音逐漸的變得壯健而宏亮，他彷彿非常滿足于自已所能叙述的一切，特別是關於一個沈痛的悲劇的叙述。

——三月前，他接着說：我在廣東××ㄨ的部隊里當一個少尉副官，我的老婆和所有的朋友都寫信來對我慶賀，我并不認爲這就是我的榮耀。我覺得自已好像在濃霧中行進，踪跡是秘密的，沒有人了解我的來路和去處，有時又覺得自已好像一個海島，這潛伏在海里的是一個大山脈，但是露出海面的只是一個很小的黑點，正爲了這緣故，所以無論怎樣大的風浪都不能把它動搖分毫，……這個幻想確實是可笑得很，但是我需要這樣的幻想，我甚至願意接受這個幻想的欺騙。——不久我們的隊伍開到前線來了，我做了一個排長，我知道我也許能够在戰鬥中培養成一個傑出的人材，……十一月十八日的夜里，我們一排人在劉行前方放軍士哨，遭遇了一隊强大的敵人的襲擊，三十五人（除了我自已）在頃刻中全都死盡了。——這個現象十分地使我驚愕，我認不清戰鬥是怎麼一回事，戰鬥像一個强盜，一個暴徒，當稍一鬆懈的時候，它突然的在前面出現了，而最使我痛苦的是，當戰鬥一開始，我們就給限制在被襲擊的地位，——我們的槍是在手里拿着的，但是我們始終找不到戰鬥的對手，……

林青史困惑地沉默着。他的睫毛很長，眼睛格外烏黑，青白的面孔顯得有點憔悴。高峯的聲音倦怠地濛糊下去了，他發出了輕微的歎息和嗆咳。

——那天夜里我從陣地逃了出來，他的話繼續着；我混在一隊敗兵的里面，……有三天的時間我幾乎完全失去了知覺，失去了理智，我不知道那時候是否應該活着；我對不起我的職務，對不起我的長官和朋友。

前線的砲聲漸漸的又接近着來了。這屋子里的空氣是黯談而堅凝的，林青史用一種很低的聲音非常鄭重地這樣說，

——戰鬥是嚴重的，我彷彿認識了它既莊嚴又殘酷的面貌，這面貌每每使我胆寒，我眞的不敢對着它正視，我承認我直到今日還是弄不清楚，正好比沉迷在夢中，……這些現在都且擱開不管吧，只要能够恢復我們的戰鬥的勇氣，我們用不着處處用嚴厲的辭句來追問自己，我們有什麼需要向自己追問的呢？我們，我們已經站牢在火線上了，我們正在和敵人戰鬥着，是的，……戰鬥着——什麼時候我們戰死了，我們個人的任務也盡了，——兄弟，這是很簡單的一件事，很簡單的……一件事……

黃昏的時候，據村子南面的瞭望哨的報告，有一隊日本兵從南面不遠的一個村子里沿着左邊的一條公路開出了。——這個消息立刻使屋子里的人起了很大的騷動，墮失了戰鬥意志的敗北鬼們，像鼠子似的，眼睛閃耀着火，在屋子里切切地私語着，狼狽地作着逃竄，……高峯從地舖上爬起來，面孔痛苦而灰暗，鼻樑的中

段綳得過分的闆板，這過分闆板的鼻樑幾乎要把他作為一個人的表情完全毀壞。他沉默着像一個木偶似的站立在林青史的面前。

——我們是不是要避免這個戰鬥？

——我們逃吧！……

——我們還能够作戰麼？

許多人都急急惶惶的暗暗的在這樣慮驗着自己，追問着自己，彷彿各人都有不同的意見和主張，但是都沒有晌出半聲，提心吊胆的騷亂的情緒完全為一種可怕的沉默所掩蓋，而所有的眼睛都集中在林青史一人身的上。

林青史站在他們八十七個的隊伍的中間，——這八十七個雖然也是殘敗的一羣，卻還能够保持他們的嚴緊的陣容，至少他們還存有着堅定的信心，到了日暮途窮的絕境還能够不辭一戰……

林青史堅定地，非常簡短地這樣說了，

——同志們，跟着來吧！能够走得動的都跟着來吧！不能够走得動的我們也幷不拋棄你們，……因為現在戰鬥的地點就在這村子的圈子里，一個鐘頭之內一切都清楚了，如果我們能够戰勝敵人，我們總有一個新的轉機，不然我們失敗了，我們也只好同歸于盡！

于是這里發生了神奇的事蹟，少數的傷兵靜靜地躺在屋子里，大多數的戰鬥員，不分來歷的不同，不管所屬的部隊的各異，他們默默地排列起來，默默地跟隨在林青史的背後，雖然有些人的心里還是疑惑不定，不能很快地立下戰鬥的決心，……

整個的隊伍都沉下來，聽不見一點聲息，鬱鬱的原野顯得空洞而遼闊，一百多個在村子前後左右的樹林里，罅隙地，小河邊，田徑下，像田鼠似的把自己掩藏得沒影沒踪。

從南面來的敵人是一個頗為强大的隊伍，黃色的，默默地閃動着的影子溶化在黃昏的黯灰色的氣體里面，在陣地上，像這樣漂亮而整齊的敵人的隊伍是不常見的，這個隊伍像一條出穴的兇惡而美麗的蟒蛇，使所有懼怕它的和不懼怕它的人們都十分地被它所吸引。

——這一隊敵人大概是從江橋方面來的。看來江橋是毫無聲息的落陷了，而凡誰也不能斷定南翔是否還在中國軍的手里。

蘇州河北岸的戰鬥也許全都結束了，失去了戰鬥力的中國軍看來已經撤退完了，不然日本軍不會這樣驕傲，他們挺着胸，排着整齊的行列，戰鬥斥候也不放出半個，槍桿，刺刀，以及身上的軍服看來都是簇新的，他們的體格看來都十分壯健，肩膀張得很闊，雖然有些矮得不成樣子。他們這樣舒舒服服的在闊路上走着，彷彿來的時候既然和戰鬥沒有關係，如今走向那里去也絕對地不會遇到戰鬥，……

黃色的行列在公路上行進，雪亮的刺刀在暮景中發射出瘖白色的光燄，——掩藏在小河邊的十五個挺着槍尖面對着近在二十米達外的公路橋樑，——這是預定了的，他們一定是從公路上過橋的日本兵最初發現的第一批敵手，驕縱的日本兵在這里最初發現的第一批敵手便是他們。

十五個戰鬥兵依托着小河邊的湖濘而發鬆的泥土，沉毅地發出了猛烈的排槍，槍聲震撼了四週的原野，彷彿有一陣暴烈的狂風在這里吹過，空間里久久不斷地起着劇烈的騷動，——這里相隔約有千分之一秒鐘的靜默，這是一個痛苦的令人顫抖的時間，在這千分之一秒的時間中，十五個這最初把身軀投入戰鬥的勇士們，必須寫完這個慘淡的課題：他們必須把自己從膽怯與柔弱中救出，一再的使自己的惶惑的靈魂得到堅定，從而站牢着脚跟，在胸腔里燃燒起炎熱的戰鬥的烈火，用獅子一樣的獰惡可怖的面目去注視當前的敵人，……

水門汀的灰白色的橋樑像一隻發怒的野獸似的抖動那龐大的身軀，彷彿在那上面發出了一重濃霧，那抖動的橋樑倏在忽之間完全濛糊了自己的影子。排列在公路上的日本兵的整齊的隊伍像一列美麗精緻的玩偶，他們在那神秘的千分之一秒的時間中絲毫不能使自己的隊形有所變動，只聽見一聲聲的狂叫的粗暴的聲音從那怪異的隊伍中發出，而埋伏的中國軍正也在這里把握到非常充分的戰鬥的餘裕。

有二十七個中國軍用猛烈的火力作着前導，從一個稀疏的樹林里閃出了他們的藍灰色的姿影，他們在戰鬥中完全捨絕了所有一切的掩蔽，一個個走過那青綠色的田圃，把自己的藍灰色的影子完全顯露在那灰暗的晚色中，可以清楚地瞧見二十七個的躍進的姿影說明了這急不容緩的戰鬥時機，他們躍進了，他們交出了一切，把一切都給與了戰鬥，——猛烈的槍聲震盪着耳鼓，震盪着四週的靜默的原野，沉重地緊壓着低空。地面上突然昇起了一陣陣的厚厚的塵土，塵土幾乎[illegible]把低空里的一切全都掩蔽。

有三個年少的中國軍從村子的背面走上了村子與公路之間的高高的土墩，他們急激地放射了排槍，這暴烈的戰鬥場面叫他們如夢初醒似的發出了驚愕，他、們用全生的力量去凝視當前的勁敵，卻似乎還不能夠把射擊的目標把握得更準些。

二十七個的躍進的姿影說明了這急不容緩的戰鬥時機……他們跟隨着夜陰的來臨而澿糊了光輝煥發的面目，他們對敵人的攻擊有如雷電的迅急，而他們這時候所戰取的卻僅僅是從田圃到公路間的三十米達的行程，……

在村子西側的一間小屋子的門口，林青史碰見了高峯和八個帶匣子槍的戰鬥兵，……

——上屋頂！……上屋頂！……林青史厲聲地這樣叫，嚴峻的目光在高峯的慘淡的面孔上碰出了火燄。

由兩個兵士的肩膀作爲扶梯，第一個兵士攀登上去了。

於是第二個。

第三個。

高峯的受傷的左手劇烈地發出顫抖，他頻頻地向着林青史點頭，一如恍然地有所領悟，對于自己身受的巨重的任務毫無異言，——他是攀登上去的第四個，他的矯捷和機警使林青史暗暗地發出驚愕，……在狂噪的槍聲中可以淸楚地聽見，高峯那恢復了戰鬥力的勇敢的戰士，用非常洪亮的聲音這樣叫，

——上！——上！——還要高些，要爬上屋頂的脊樑！望得見麼？敵人在那里望得見麼？放猛烈的放！……

敵人的猛烈的火力集注在這屋頂的上面，機關槍的子彈依據着縱橫交錯的線在屋頂上往來馳驟，破碎的飛舞的瓦片發出巨獸一樣的兇的惡叫鳴。

于是有三個戰鬥兵在同一個時候中從屋頂上滾下了，殘破的屋頂在敵火的攻擊之下發顫地彷彿要從地面上昇起，敵人的機關槍的子彈有時候集中傾注在屋角上，屋角崩陷了，石灰的濃烈的氣味和血腥混合搆成了一種沉重難聞的氣體。

當戰鬥結束下來的時候，林青史像一匹疲累的馬似的垂下頭來，高聳着肩膀，腳脛變得有點跛，上身在空間里劇烈地作着抖動，他默默地走出了村子的東邊，和他的部下相見的時候，把高舉着的手輕輕的稍爲擺動了一擺動彷彿有意地要對他的部下實行躲閃，至少他這時候不高興和他的部下交談，一和他的部下碰頭的時候總是匆匆地從這邊跑到那邊去。

從這公路上開過的日本兵至少有一個營以上的兵力，這里有七個步兵的野戰排，一個附屬的通訊分隊，七個野戰排除了一小部份給逃脫了之外，其餘的和那附屬的通訊分隊在中國軍的襲擊之下完全殲滅了。橋以南一里多的公路上以及公路的兩邊堆滿了尸體，被擊倒下來的馬匹，槍械，彈藥，通訊器材，——中國軍冷落地從激烈的戰鬥中突然走進了這個悲慘，可怕的地區，像行動在曠野上的狼羣似的，顯得寂寞，疏散而鬆懈，然而野蠻地作着貪婪的追尋。

★

細雨好像濃霧，天上的雲層染着淡黑色，——砲聲在人們的暈濛的耳朵里成爲沉重而陰暗，……纏着一條小河流的岸邊，有着一個很小的古舊，破落的市鎮，小河流從南到北，黑的爛泥，黑的汚水，像一條骨腐肉落的死蛇似的靜靜地躺着，無限止地發散着令人窒息的奇臭。巨重的炸彈落在一層橋樑的上面，橋樑翻倒下去了，不知從那里來的一堆新的泥土像山丘似的填滿了小河流，靠近着橋樑的碎石築成的街道——這小市鎮唯一的街道裂開了很寬的縫隙，而令人觸目驚心的是，用這道縫隙作界線，靠近着小河流的這一邊的地面和房子全部落陷下去了，這里一連有八座房子在炸彈的可怖的威力之下變成了斷壁碎瓦，——從這里向東走不到十五米達，有一匹馬和五個兵士的腐爛的尸體在橫陳着，……

——……餓得很呵！一個黑面孔的兵士這樣叫，他坐在一個很大的木製的車輪上，一隻手用力地挖着深深地凹陷着的肚皮。

在他的左邊站立着的是一個瘦小的湖南人，他的軍帽子低低地壓着額頭，一副沉鬱的面孔總是過分的向上仰，他把身上背着的一枝日本的十一年式的手提機關槍擱在腳邊，默默地對那黑面孔的兵士點了點頭。

隊伍暫時地在這死的市鎮里歇息下了，他們帶來了勝利，帶來了疲困和飢餓。他們散亂地在街上躺下了，疲困和飢餓給予了他們不能忍耐的嚴重的折磨，……

細雨逐漸的加大了，兵士們有一半躺倒在爛泥上面，許多人失去了草鞋，失去了襪子。

——餓得很呵！

——這里一點水也沒有！

——同志們，我們得轉回嘉定去，我們在這里兜圈子有什麼用呢？

——不，嘉定太遠了，到南翔去吧，到南翔去要近得多！

——喂，你們在日本兵的身上檢到酒麼？

一提到這個，人們哈哈地笑起來了。

——是呵，我檢到了一瓶威士忌。

——不要互相隱瞞吧！還有麵包和火腿，……

於是有人在「麵包」和「火腿」這香噴噴的名辭下本能地伸出了乞討的手。

——分點來吧！分點來吧！

——都吃下了……

——那麼再不准叫餓了！

——同志們，一樣的，吃了也是一樣的，……

這時候，有兩個兵士抬過了高峯的尸體，——他在這次的戰鬥中受了重傷，在路上死去了，——在他們的後面，有林青史，特務長，還有八個戰鬥兵，那光榮的犧牲者的同志和友人們，在背後跟隨着。林青史揮着臂膊，他低聲地這樣叫，

——同志們，都起來吧！立正吧！……要的，要立正的。

……

兵士們踉蹌地從地上爬起來，新的漂亮的武器拋擲在地上，鬆解了的彈藥帶像蛇似的胡亂地在腰背上蹣跚着，有的一隻手拉着解散了的綁腿，彷彿在陡險的山嶺上爬行似的傴僂着身子。血的氣味更重地壓迫着他們，使他們不敢對那英勇的戰士的尸體作仰視，

於是人類進入了一個莊嚴而寧靜的世界，他們的靈魂和肉體都靜默下來，赤裸裸地浸浴在一種凜肅的氣氛里面，摒除了平日的偏私，邪慾，不可告人的意念，好像說，

——同志，在你的身邊，我們把自己交出了，看呵，就這樣，赤裸裸地！

兩個兵士穩定地，慢慢地走着，屏着氣息，彷佛注意着已死的鬥士的靈魂和他的遺骸的結合點，不要使他受了驚動，要和原來一樣的保存他的一個意念，一個動作，一個姿勢，……

殘酷的戰神奪去了英勇的鬥士的身軀。他是這麼年輕，他默默地躺在那用竹椅做成的担架牀上，血的頭髮，血的耳朵，血的鼻子，未死的戰士們會永遠熟悉他的相貌，永遠熟悉他存于胸臆間的靈魂和意志。

兩邊的兵士都低下頭來，——兩個兵士越發變得遲鈍起來，沉重的尸體在自造的担架牀上劇烈地抖動着。然而一切都更加靜默了，凜然地站立着的弟兄們彷佛一致的對他們的鬥士的靈魂作着最親摯的問訊。

——同志，安息吧！安息在我們的心中，只要你能够獲得一點安慰，凡是你所需要的我們都無條件的交給你！在這殘酷的戰鬥中我們要鍛鍊出鋼鐵般堅硬的肩背，用這肩背來荷載你以及所有的戰死者們的骷髏！……

★

猛烈的砲聲震撼着上空，蘇州河以北的地區始終不曾停止過戰鬥。可怕的變動又開始了，——三十七架的日本飛機帶着震撼一切的威武掠過了上空，在北面相距約兩公里外的地區，施行了瘋狂的爆炸，在溟濛的天色中可以清楚地望見，三十七架的日本飛機在北面相距約兩公里外的地區的上空，像春天的燕子，非常活躍地在舞動那黑灰色的影子，巨量的炸彈的爆炸聲和砲聲混在一道，構成了一種巨大的驚人的音響，四週的田野間有無數的老百姓像打破了巢穴的螞蟻似的在奔竄，……

二十分鐘之後，一切的情況都清楚地判明了。

林青史非常靜穆地喃喃的說，

——如果奮勇地再幹一次……怎麼樣呢？

弟兄們非常吃力地在聽取着，一個個像神經麻木的老頭子似的十分地不容易領悟，但是他們的態度是忠誠的，懇切的，對於林青史的話他們幾乎用了整個的靈魂去接受。

林青史于是下了急行進的命令，他告訴所有的弟兄們，現在唯一的目的是如何迅速地去接近正在和友軍戰鬥中的敵人。

如果中途遇到了空襲呢？

如果中途遇到了敵人的截擊呢？

是的，這些都是可慮的，——但是還是迅速地行進吧！迅速地行進，……迅速地……因爲在這里，隊伍可以忍受任何巨重的意外的損害，卻絕對地不能空過這戰鬥的時機！

隊伍成爲散亂而不完整的連縱隊，嚴重的疲困和飢餓繼續折磨着每一個的靈魂和體力，他們遲鈍地踏着沉重的步子，這行列有一個特徵，就是，堅定，沉着，一點

也不暴躁，然而這是危險的，要是再進一步，那就近乎鬆懈了，甚至墮失了戰鬥的熱烈的意圖。

意外地，隊伍剛剛通過了一個村子，很快地就加入了戰鬥，——他們是不會把自己隱藏起來的，停止和掩蔽在這里都絕對地成爲不可能，敵人的廣大的散兵羣在兩邊瘋狂地襲擊這個隊伍，從四面發出的可怕的吶喊聲企圖着動搖他們的意志，但是他們只是來一個澈底的不理會，他們的路綫是要像一把刀似的直入敵人的陣地的臟腑，這個路線決不爲了其他的突發事件而改變分毫，……他們于是造成了一個戰鬥的險境，并且把自己驅入于這個戰鬥的險境里面，敵人的四方八面的攻擊使他們陷進了絕望的重圍。從最初起，戰鬥就走了上肉搏的階段，——他們一個個挨近着身子，淸楚地目擊着彼此所遭受的運命，……

在一幅長滿着扁柏的坟地上，五個中國軍占據了一個優良的據點，他們步槍發射了非常單薄的火力，卻非常準確地使每一顆子彈都能够擊倒一個敵人。有三架機關槍在一座高拱的橋樑上以十五米達的短距離對準那坟地射擊，扁柏的扁葉子紛紛地斷成了碎片，像蝗虫似的在空中作着飛舞，但是一瞬的時間過後，那三架機關槍立即黯然地停止了呼吸，——這里有三個中國軍在對那橋樑施行威猛的逆襲，他們所用的是手榴彈，三架機關槍唱出的顫動的調子在手榴彈的爆炸聲中突然中斷，橋樑上的八個日本兵有五個倒下了，繼着是用白兵戰來完結了其餘三個的可悲的運命。從　里向南望，近在二十米達外，從西到東，流着一條很小的小河流，燈心草和水蓮的焦紅色的殘骸掩蓋了流水，小河流的彼岸是一列新建的白牆壁的小屋子，有一排左右的中國軍沿着那白牆壁的脚下作着躍進，另外，在那一列小屋子的背面有又一排的中國軍，用一幅棉田作着掩護；向着同一的方向在尋覓他們的對手。他們的樣子看來大概都差不多，彎着腰，曲着兩股，上身過分地突向前面，沒有綳得很緊的彈藥帶和乾糧袋在凹陷着的肚皮下劇烈地作着抖動，疲困和飢餓又阻撓着他們的行進，有的身上帶了兩桿槍，還有別的戰利品，那麼在這樣的行程中他們只好顯得更加沒有把握，簡直隨時隨地都有被擊倒下來，或者像一塊大石塊似的暈濛地撞進河濱里去的可能，……

于是戰士們的眼前映出了一幅巨大的，美麗而莊嚴的畫景，在一個沿着水池的岸邊長起來的竹林下，散亂地擺列着七尊敵人的被炸毀了的重炮，這是一個驚人的耀眼的發現，躍進的中國軍不能不呆住了，——這里只有一堆堆橫陳着的敵軍的死尸，能够留存了性命的敵軍都逃去了，能够堅定地繼續作戰的砲兵一個也沒有，中國軍非常驚愕地否認這個突發的意外的情景，他們幾乎要停歇下來，向着所有敗走的敵軍退還這個偶然的勝利。

★

這次和敵人正面作戰的是××師三十六團，——當戰鬥結束之後，林青史帶同了他們殘存的隊伍，下午七點鐘光景，在陸家池找到了三十六團的團部。

三十六團的團長，一個高大壯健的雲南人，他對林青史這樣說，

——你們這一次打得好極了，——但是你知道麼，這一次的勝利，對于我們整個陣線可以說毫無意義，我們要撤退了，我們是一個掩護撤退的隊伍，任務是無論在勝利或失敗的局面下都必須把它完成的，……

林青史請求他幫助他們三日的糧食，但一點也沒有得到答應。

林青史從三十六團的團部回來後不到十分鐘，三十六團開始撤退了。但是在撤退之前，他們還有附帶必須要幹的一件事，就是迫使林青史的隊伍立即繳械。

一個營長這樣轉達了他們的團長的意見，林青史質問他爲什麼要繳械的理由，他說是「你們的來歷不明。」

就這樣，三十六團的兄弟們開槍了。他們用了五個連的雄厚的兵力來參與這個富于娛樂性的戰鬥。

林青史決定給他們來一個猛烈的逆襲，但是不好，他們的隊伍太疲勞了，他們在這次戰鬥中剩下來的只有五十多人，他們再也不能担任這個最後一擊的任務。

于是像一簇燦爛輝煌的篝火的熄滅，英勇的第四連就在這個陰鷙的晚上宣告完全解體了，而可惜的是，他們不失敗于日本軍猛烈的砲火下，卻消滅於自己的友軍的手里。

★

一如以上所述的情形，林青史，那漂亮而稚弱的少年軍官，在這一次偉大的戰鬥中是這樣的完成了自己的任務。

但是他并沒有完結了他的性命，他竟能够從那險惡的處境中安然逃出，他像一隻駱駝，必須負載着這巨重的担子走盡了他的壯烈而痛楚的路程。

他獨自一個人在黑夜中摸索，好幾次猛撲在積滿着污泥的罅地里，身上的衣服全溼了，這里是飢餓，疲困和寒冷。天色微明的時候，他發現自己像一隻被擊傷的狗似的躺倒在一條潮溼的泥濘的公路邊，——他聽見有一隊中國軍在公路邊開過，而在這個中國軍的隊伍中，他發現了一個熟人所發出的聲音。他是第三營——和林青史同一團的第三營營部的特務長。他知道林青史的直屬營部的所在地。

細雨還在下着，砲聲疎落而遼遠。過度的喜悅使林青史恢復了體力，他非常激動地對他的朋友述說了數日來在火綫上苦鬥的情形，——特務長，那和藹的中年人深深地被感動了。

——中國的新軍人果然在舊的隊伍中產生了！他這樣讚歎着。

但是他又告訴林青史，營長高華吉已經對上峯呈報了林青史的罪狀，林青史如果回到他們的營部，恐怕要被處決，為了保持林青史的寶貴的戰鬥歷史，為了保持抗日的有生力量，他勸林青史對那嚴峻的軍法實行逃遁。

林青史在數日來的戰鬥中有着慷慨激昂的神精生活，以至忘記了自己行動上的錯誤，聽了他的朋友的報告之後，知道自己犯了極大的罪過，——他完全轉變了一個人，數日來的英勇的戰績完全地被否定了，除了譴責自己之外，他再沒有新的認識可以叫他從一個死的囚徒的地位獲救。他雖然知道自己的運命的危險，但是為了成全自己的人格，他決不逃遁，——他堅決地回到營部去，在營長的面前告了罪。

自然，營長是不會饒恕他的，一見面就立即把他槍決了，而林青史對這嚴峻的刑罰卻一點也不為自己辯護。

一九三八、四、十二、于建德。

銀地上

黃既

雪洗乾淨了破落荒蕪的村郊。房屋和枯林穿起白潔的衣裳，把刺蓬蓬的外貌隱蔽起來了，變得那麼柔和而又清淅。在天地間，祇有黑的和白的兩個顏色；黑白之間劃着絲毫沒有經過塗改的自然的線條。雪還在下，掩蓋了泥灘。溪流顯得狹窄起來，水面像一塊熨平的染黑的布，像被沈重的空氣壓得凝固了似的。雪自由自在地下，絮塊輕輕地打在樹枝上，鳥巢上，堤道的足跡上，沒有一點聲音，彷彿牠們根本不是物體。天空佈着濃厚的雲。從堤道望下去，在閃閃刺目的雪地裏，橫豎地蹲伏着聚散的村舍，牠們靜得像睡，但那久經風雪的門窗却顯得格外地清醒。出地是完全分不出界限了，祇有水和陸的界限，祇有經人走過的小路，可以看得出蔓延到遠處。小路中間，架起一塊圓圓的磨盤石，暗色的溪流從下面穿過。鼓脹了枝梢的枯樹分到在小路兩旁，隱沒到房屋後面去，又從山坡上升上來。沒有再多的點綴了，沒有高大的圈着圍牆的房屋，沒有高出在山頂上的茅亭，沒有點綴獷場的灌木，在壙場裏，有的祇是擁擠着的矮小的坟堆。

王德山頭上紮了一塊觀音斗式的白布，一雙拐杖架在胳下，用他僅有的一隻脚踏在雪地裏走。衣服的摺紋處已經被雪的絮塊塡滿了。當他轉頭四下裏張望時，通紅多皺的臉上便浮起一層漠然的微笑。他寬大壯實的身體不搖不擺地往前跳動，一點也沒有懼怕風寒的樣子。不久，他在磨盤石上停下來，把拐杖從腋下移開，放在前面撐住，挺直了身體。

他無意中注意到，距他前面幾丈遠的地方，有一個便裝的瘦小的人在那裏除雪。在那個人的身後，一條黑色的人行道一直伸展到一間低矮的房屋門前，那是已經除過雪的地方，而一層薄薄的雪絮又已經舖上去了。但是，當那個人抬起頭來而且馬上急速地背過身子去的時候，王德山很快地認出他來了。

「這小子躲在這兒啦！」他想。並且為了這個偶然的發現的原故，他很想大笑一陣。

而和這同時，一個矮小的女人從房子裏面踱了出來。她頭上纏着一條毛圍巾，一隻手藏在衣服的底襟下面，另一隻手揑着一隻香烟在吸。她兩脚躲着雪走，當雪花打在她的臉上時，她的兩肩聳起來了。

「凍死人的天哪！」她叫：「該死的……」

那個人有意地朝着她走去。王德山再也忍不住，笑已經衝到了他的喉嚨，他放聲地笑開了，叫住了他。

「呵哈，你躲着我麼，李小鬼！」

隨着一聲莫名其妙的不自然的聲調，那個人猛然轉過身來，像是突然被細縛住般地，很躊躇了一下；而且來不及撤却手裡的鉄鍬，向王德山走來了。

「哦，我說是誰呢，嘻嘻，王班長……」當他走近前時，才還嬰窘迫地笑道。他試着把鐵鍬插在雪地上，但是才一搔脖子的工夫，它倒下去了。他重又拾起它來。

王德山由上到下地打量着他，又抬頭看了看那個女人。

「怎麼看，你靠上個姘頭？」——

「咳咳咳！」那個的臉紅了：「班長，你開我的玩笑！不瞞你說，那個癆病鬼就是我的女人。沒意思，一點意思也沒有。班長你不知道……說實話，我早就看見你一拐一拐地來了，我眞有點不好意思，難爲情！——噎，家裏坐吧？」他說了這麼許多，但好像並沒有解釋淸楚自己。他惶然地東西張望着，打了一個冷戰。

「你嫌冷嗎？」

「不……」

「那麼咱們轉轉！」

「不聽從他是不行的。有事做事吧！」李小鬼心裏想着，就把鐵鍬向方才除雪的地方投去。

「喂！拾進去！」他吩咐他的女人。

★

李小鬼搓着他的垂在腹前的雙手，兩肩縮攏，脚踏得雪地發響，用一種勉强到使人憤怒的聲氣說話。

「我把兩個金戒指都變賣了！」

「怎麼來的還怎麼去。」王德山漠然地說。

「不要說那個！誰瞞得過誰呀！一點意思也沒有！我是這麼打算着：娶個老婆，人留後世草留根，總像那麼回事。可是，糟糕得很！她們這種東西簡直是喫人的害病，害得要死，跟你哭……唉唉，糟糕得很！你看見了的，那不像個鬼嗎？我天天和鬼睡覺。急起來我就搯她，搖得她嗽嗽地叫。王班長，那個不是爹娘養的，要說假話，我一回也沒有荒唐過，我滿想成個家項，像個樣……」

「該打耳光子不害臊！」

「害什麼臊呢。比如我是幹什麼小生意的，每月有個七八塊錢的進項，那我娶個老婆，家成業就；可是這就不成了，人家都說：『李小鬼靠了個姘頭！』你看見了，那個癆病鬼？好人也不會嫁給我！」

李小鬼長長的噓了一口氣，無助地掄着兩隻手，從王德山走開兩步。

王德山的過度的沉着使他驚疑，當他重又靠近攏來，觸到那隻握着拐杖的粗壯的膀臂時，他幾次想抓住班長的手，跪下去，哀求地問：「你打算把我怎麼樣？把我？」但是，他終於改變了口鋒：

「如果我像你也好了！」聲音低得幾乎聽不到。

「像我？」

「你不必發愁後半世的生活了！國家一定要單另爲你們立一個工廠……」

王德山那麼淸脆地大聲笑了，在野地裏傳着一種莫名其妙的恐怖。李小鬼想像得到他的笑容，不敢轉過頭去看。

「好沒出息！怎麼不叫你爛掉一隻腿！小伙子，虧你說得出口！我不是小看你！你看我殘廢了嗎？你還不及一個殘廢的人！如果有一天日本人打到這個村子，我殘廢人還能幹一氣，你不成！」他輕輕一笑，然後變得異常鄭重地說：「告訴你，我在軍隊裏混了整整十五年，可以說是老兵油子吧，苦頭可比你喫多了。中國的內戰，那是糟塌了多少人哪，今天打反革命軍，明天又打革命軍，我全打過，我算是把中國的事都看到了。——十五年，我第一次受這麼重的傷！……要不是我歇了歇脚還不會。」王德山站住了，用兩隻手比着地形：「那兒是一座橋，那頭又是一座橋。我剛和砲八連通電話，放下耳機子，槍響了，我想着是不行了，拔下電話機來挾着——不能留給他們！——後來是扔到河裏了。我沿着河邊走。橋那裏有一隊人放槍，我喊：『老鄉，別打自己人啊！』他們果然不打了。我走近去一看，不好，不是老鄉，回過頭來跑吧，這一跑可再也找不到路了。我心裏想：叫他們逮了去再來打自己人，可不如趁早拚命跑掉，緩過這口氣再說。那邊有一口棺材，我着實累了，蹲在棺材後面歇了歇脚，祗不大的工夫，得，這一歇歇壞了！再站起來，砰，一槍打在腿上了。又接着跑。田裏的水沒過人腿根——要不怎麼我的傷口壞了呢！——咬牙！！跑不知怎麼到了河邊上了。過不去呀，看見一隻船，我喊：『老鄉，撐過來！』嘿，那傢伙朝着我舉起了槍，叫我回去，說是要不就打死我。我當時是沒有槍，有槍，就先打死他再說了！」他用袖子拭淨額前的雪，像拭汗一樣。

「那是漢奸！那是漢奸！」李小鬼連聲解釋。

「告訴你，」王德山依舊說他自己的，「腿沒有了，氣還長着呢！」

風愈發尖利了。王德山却挺直了身子，精氣十足地大聲地叫：「活着，爲中國！死了，爲中國！養兵千日，用兵一時。」然後，故意裝腔做調地：「小伙子，你要再思再想啊！」

這時候，李小鬼正在注視不遠排列着的墳堆，他們倆一同默默地走近前去。小鬼用脚踢散了豎在一個墳堆前面的木牌上的積雪，那上面寫着：「陸軍第×師第×團第×連上等兵景珍如，歿於民國廿六年十二月廿七日。」他又去踢另外一塊：「陸軍第×師第×團第×連下士劉金山，歿於民國廿六年十二月十九日。」當他立定脚時，他低頭喃喃地說：

『這就是他們死了的景珍如，你還記得嗎，從病牀上蹿下來……』

「喂，你知道郭宗善嗎？」王德山突然地問。

「怎麼不知道。」

「死了，槍斃了！」

「爲什麼？」李小鬼沒有動一動，但是打了個冷戰。

「逃兵！跟你一樣！」

立刻，李小鬼像陷在冰窟裏般地覺得兩隻手冷卻了，不能動轉了，一個悚然的感覺爬過他的脊骨他似乎看到有那麼一個可怕的臉，淸淸楚楚的。他心裏想：「天啊，糟了！……」

天地間發着沉重的灰色，愈遠去愈是濃得近乎黑色了，在這黑色中間，閃動着銀白點樣的飛絮，攤開着一片漫漫的銀白色的郊野。刮着冷風，雪花已不是那麼輕飄飄地了，凝結成了顆粒，沙沙地有聲。

見了酒，李小鬼的女人好像忽然壯實起來了。她先解掉頭上的圍巾，然後挽起了一隻袖子，然後開始斜眼望着新到的客人，一面調笑着她的丈夫。李小鬼幾次把拳頭向她揮過去，她縮做一團，嘰嘰地發笑，而且銳聲叫道：「沒有打着！你輸了！」喝酒的時候，最先她咳嗆着，找了一塊什麼汚髒的布揍着嘴，把一口酒嚥下去的時候，故意鎖緊了眉毛。喝過幾杯之後，一陣陣地發着莫名其妙的笑，把下嘴唇咧向兩旁去，把小眼睛細迷到像兩根鬚鬚。她先是叫王德山做班長，漸漸地改稱王老總，最後竟稱起大哥來了。

「你們拜把子吧！你們！」她高興地叫。

「我娶了個瘋子」！

李小鬼給客人滿了酒，要求猜拳。當他們吆喝起來的時候，那女人笑得臾攣了，好像貓頭鷹。

「大哥，你看我病得這麼個樣，可是喫得滿多呢。我一淸早要吃九根油條，還沒有鑽出被窩就餓了。他就不行！——是不是你不行，小鬼？怎麼人都管你叫小鬼呢？短命鬼！」

李小鬼不理她，他和王德山對望着一杯杯地灌起來。

「我斷不了酒。在醫院的時候，頭一天開刀，第二天我就喝起來了！——老哥，不要裝傻啊，你很能喝！」

王德山搖着手，打了一個嗝。

「再來！」李小鬼給他滿上。

「沉一會！」

「大哥，你們將來有殘廢院吧？」

王德山望着她笑了一陣，拍了拍那隻已經截斷了的大腿，膝蓋下面那一節餘肉隨着動了兩下。

「我父親當初在義和團，腿早就廢了的，他騎着馬，指揮一隊人，一點不碍事，我們那地方都知道他。腿廢了，一樣的騎馬。別看我幹炮兵，我會騎馬的。我沒有殘廢。你看見了嗎，街上的叫花子：『可憐可憐我殘廢人吧！』我能餓死也……是吧？」

「對啦！你心裏沒有病，你看你多壯實啊！小鬼不行，他心裏有病！」

王德山笑得使李小鬼困惑起來，她罵那女人：

「不要臉！」

「你！你！你你你——大哥，我不叫他再去了，我們報戶口報的是商人，我們也許眞花個小本錢，做個……」

「不害臊的娘們！」

「你！你！你！」

「不害臊！我要揍你！」

李小鬼站起來，向那女人撲去。在一陣尖叫聲中，拳頭碰在那女人的肉上了，那尖叫聲被這一陣打，斷成了幾截。

「大哥！——你——看他——成——天就——那麼——打——我！——打——打——打吧！——打！——使勁！」

終於，那女人哭起來了。王德山隔着桌子用拐杖阻止不住這一場好打，便站起身來。那女人縮着身子向牀的地方跑去。「王班長，你不要管，她是不打不行的」李小鬼叫着跟追了她去，他們在牀上攪做一團。王德山還沒等趕過去，不知道怎麼一來，那女人發了一聲短嘶，李小鬼鬆開手走回來了，喘着氣。

「這行了，她老實了！」

那女人一定是醉了，當李小鬼送客人走出去的時候，她在牀上朦朧地說：「大哥，別叫他去，他有病，胆子又小！」

雪已經停止了，風卻愈大。風掀起了凍結了的雪粒，圍繞着人腿飛舞。來時的一條窄道已經被埋沒了，他們陷在雪裏走。道旁的枯樹好像巨人的守衛似地向行人搖幌着身體。甚至把釘子般的雪粒射擊過來。李小鬼走在王德山的後面。

「你眞是——你眞是——」王德山隨着他的拐

杖扣在地上的節奏叫着：「我說你什麼好！」他吃了風，打了一個酒臭的噎嗝。

李小鬼一聲不響，他在雪裏走得很慌亂，深一腳淺一腳地陷下去。他們走過架在溪水中間的小道，溪水沖洗着淺灘的積雪，發出吞飲似的聲音。

「慢着慢着！」李小鬼說。

「不要緊！走過一遍的路，我就不會上它的當的。一一這個磨盤石倒是有點討厭！」

他又打了一個酒臭的噎嗝，覺得肩膀的地方有些酸痛。他在磨盤石前面好好地站住，李小鬼說「我扶你一把吧！」他說「不用！」他輕輕地把兩隻拐杖送上了磨盤石，開始兩肩用力。他覺得後面李小鬼扶了他一把，同時左邊的拐杖又被踢了一腳，他向右邊陷下去了。當他突然感到沒有什麼幫助的時候，他抓住了李小鬼的腿，而他的腿已經在水裏面了。

「放開！」李小鬼說。

「入你奶奶喲！」

出乎李小鬼意料之外地，王德山竟爬上岸來了，他的一隻手還在抱着李小鬼的腿。李小鬼伏下身子去攙他。

「敢動！」他粗聲地喊。

李小鬼感到他膝窩的地方受了那麼有力的一撥，感到一陣劇痛，他跪下來了，他沒有來得及掏出他的武器。王德山很快地把他按在自己的下面，很快地從那便衣的腰帶間抽出一把刺刀來。

「你還藏着這東西啊！」王德山冷得牙在打戰，做着怪笑。他的全身沾滿了雪。

「班長，我是想扶你。」

「好！」王德山拖長了聲調說道。

他重新拾起兩隻拐杖，把那隻健康的腿登在李小鬼的腿上，站起來，使得那小鬼發了一聲短嘶。

「你怕我給你告秘？」

「不是，王班長！」

王德山拿了刺刀威嚇着，叫他站起來，什麼也不說，祇一舉手叫他走在前面。

「哎——我——！」

「走你的吧！我不像你，我要安心再回給你那麼一手，我不是人！——現在沒有別的，我跟你回去，你得給我烤烤衣裳！」

「班長，我要存心害你，我是王八蛋！」

「嗯！走吧！」

他們都打撲了身上的雪，一路走回去。李小鬼好像是傷了風，不住地抽鼻涕。王德山覺得酒像要吐出來似的。

他們回到屋裏，王德山早把刺刀藏在自己褲兜裏面了。那女人從牀上翻起身來，朝他們望了望，朦朧地說道：

「你們都滑倒啦？對了，大哥，你回來吧，牀上坐！腿腳不好，晚上走不得。」

「加炭！加炭！」王德山叫。

「起來加炭！」李小鬼吩咐他的女人，但是她不聽，反而說，「怎麼不蹿死你呢！」他祇好自己動手。那女人抽了一條被子蓋在身上，又睡下了。或者她根本就沒有十分清醒。

「班長，你換一身吧！」

「不必！」

「唉！我實在是——倒霉！我真沒有——」

王德山狠力地瞪他一眼，命令他不要脫下去，同時鬆開了褲腿和襪子，脫掉上衣，開始烘火。

他們不響，一直到那女人發着夢囈，她說「大哥，你是好人，你別帶他去打仗！」

「你看你們這屋裏簡直是鬼氣啊！」王德山說，冷笑了一聲。「我跟你們搗什麼鬼呢？你是你，我是我！我把你當做逃兵報告上去，叫上面把你槍斃，那有什麼好處呢？橫豎你算完了！」

李小鬼抱着頭，好像要藏到火裏面去似地。王德山抖了抖褲腳，水濺在火上，喇喇發響。他脫掉了鞋子。

「你算完了，知道嗎？」

李小鬼抬起頭，臉上通紅，太陽穴的血管爆漲起來，他想要這麼聲訴：「我打仗，我受傷，可是我過的是什麼生活啊？」——但是他已經失去了說話的力量，他急得哭起來了。

「哎哎？為什麼？小伙子，不好看哪！」

王德山在火上搖着他的鞋子，一時兩人都沉默起來。待到李小鬼更深地埋下頭去沾眼淚時，他繼續低聲地說：

「打過這一仗之後，中國會有辦法的。」

「不要再打你的老婆了，她很可憐的。」

早晨太陽才一出現，王德山就告辭走了，在門口，他叮囑了他的小伙子這麼句話，又加上說：「你總要記着王德山不是小氣的人！」

李小鬼沒有送他，站在門前望着他的後影。朝陽照在雪地上，反射着金黃耀眼的星花。朝陽射在王德山的背後，經過墳堆的時候，王德山住了一下腳，但是，立刻依然不搖不擺地向前走去了。

三八，三，二十二 西口。

三等射手

S. M.

有一次看見他走過來那樣提着槍還留戀地用一塊油布抹着槍口。大家不約而同地一下笑出聲音來，像一羣在地上啄食什麼的麻雀突然給跑來的野狗嚇得全飛了起來一樣。

「笑什麼！」

連長怪叫着金魚一樣凸了一雙眼。但是他一回過頭去，他那凸着的眼立刻變成一條縫，變成一條縫一樣的瞇着的眼自己也十分好笑：

「嚇嚇嚇嚇！——」

胡得勝這樣說過他：「別人說『瞎貓碰死耗子。』他嗎，瞎子捉泥鰍一世也撈不到半個。」

他底名字叫李什麼，可是大家都不叫他底名字，他叫三等射手。

每一次實彈射擊的時候，人就對他說：

「喂，三等射手！你今天吃了幾碗稀飯？」

「不多，兩碗多一點。」

「爲什麼吃得這樣多，等一會還有『麵包』『麵包』『麵包』呢，還說不多。」

軍隊裏面祗有一等射手與二等射手，並沒有什麼「三等射手」的，才入伍的新兵就是二等射手。可是他入伍已經八年，連長、排長換過二十多個，比他後入伍的有很多已經做了班長，或者做輕機關槍兵，做狙擊手，有的左襟上還掛着好看的射擊獎章，他却始終叫做三等射手。每次射擊，即使不是三個「麵包！」頂多也只偶然有個把了不起的「紀念週」——在射擊上，完全沒有命中，用搖擺指靶竿來表示，指靶竿並不十分像「麵包，」但是大家都叫牠「麵包」，因此，「麵包」就是完全沒有命中；中靶不中圓，用紅，白兩旗交叉着來表示，這使人想到紀念週上的國旗、黨旗，因此，「紀念週」就是中靶不中圓。

開始，每一次射擊教練和實彈射擊的時候，就是他受罪的時候。這時期經過了很久。官長們特別注意教育他，給他下特別操，處罰，誘導，什麼方法全用盡，他還是老是吃「麵包。」這個說，這是他握槍把不得要領。於是拿過一枝槍來，做樣子給他看，手掌緊貼着槍托，那樣緩慢地向托鼻部移動，磨擦得「咯咯」發響。可是槍一到他手中，總弄不出這種好聽的聲音來，不是隨隨便便地鬆鬆地捏着，就是緊得滑動也不可能。官長們發怒了，「拍！」清脆地一個巴掌，或者在乳腺部沉重地打那麼一拳，「突！」

那個說，那是由於他射擊姿勢不穩固之故。於是要他据槍，半分鐘，一分鐘。他底鎗口漸漸地向下沉，官長們就從旁邊走過來，給他一拳。或者，他底肚子向前凸出了，官長們走來給他改正，用手一推，把他底肚子推了回去，可是他底臀部因此又蹺着了。發現了他底不合規則的屁股，官長們用腳尖輕輕一踢，這樣肚子又凸了出來。官長們發了怒，在他屁股上重重一踢腳，被踢得轉掠地好痛。或者，官長們吼叫起來：「重來！」那他就得重新据鎗，半分鐘，一分鐘，弄得兩臂又酸又痛，甚至發頸，臉發熱，呼吸艱難，肚子又凸出了。官長們又吼叫起來：「你看！你這你這樣子！姿勢這樣不穩固，你看你看！你自己看你底槍口搖呀搖的！」剛說到這裏，他氣一鬆，槍口一倒「拍，搭，」槍跌在地上。了得，官長們跳着腳，損壞武器！一個巴掌，一腳，又是一個巴掌。一星期一碗白飯一碗鹽湯的重禁閉。

這個說，這是他沒有停止呼吸弄壞的。於是，把他聽過五百遍的話撒出來，噴着細沫再給他解釋四遍「吸氣；嗤！嘸……：吐出三分之一；停止呼吸，停止呼吸！」他照樣做了又做，吸氣吐出三分之一，停止呼吸。官長們點點頭，說道：「嘸，這次不錯。要記住，這次不錯。」可是一到靶場裏，他底成績又是個「麵包。」

那個說，這必須他擊發的時候不眨眼。於是要他眼像一張畫上的鍾馗底眼一樣一動也不動。可是他一聽到槍口音，他底眼聰敏感地一眨。「豬！豬！豬！罰你擦槍！」回去，命中二十圓的兵底槍由他代擦，四枝槍，一手油，弄了半天。

此外，這個說他扣扳機不分段落，那個說他底眼有缺陷，這個說他沒有找到槍底性能，那個說他不沉着，這個說他瞄準不行，那個說他沒有把槍托和肩頭抵緊，又是這個，又是那個……

有一次，一個連長罵他道：「你這樣的貨也算得二等射手麼！我說你是『三等射手！』」

以後，大家就都叫他三等射手。

漸漸地大家拿他來開玩笑，漸漸地官長們不再打、罵他了，看了他也要好笑了。當實彈射擊的時候，弟兄們總故意說起「麵包」來。官長們有歎息的說：「『拍』一聲響，你知道國家多少錢啊！」他最初窘迫、怕羞和憤怒漸漸地也就不管這些，末後人叫他三等射手，他總響亮地答應，像稱兄道弟一個樣。

「沒辦法的是，」出發的時候，排長找了他來，搖搖頭，對他說道：「現在又不是實彈射擊，又不是射擊教練；現在是要打敵人了。我看你怎麼好呢？你知道，我們底子彈是很艱難的，幾個兵工廠，可憐、一天能够出多少？够用不够用？海口一封鎖，完結，外國也沒法去買！你怎樣呢？我看你還是當火伕好——」

一出發，他當了炊事兵。

可是不久他又是戰鬥兵了。補充來的新兵，鎗捏在手裏怎麼放法全不知道。那他是好得多了。但是，這些新兵和他熟習了以後，一樣叫他三等射手，一樣嘲笑他。他呢，他卻教他們槍底各部名稱和作用，拆卸和結合，瞄準、瞄準點底選定，諸如此類。經過一個多月，大大小小十一次接觸，他沒有打到過一個敵人，反是那些新兵在盲目的射擊裏有了一種出於意外的進步。他常常自己歎起氣來：「我是，我是個老兵，說起來，可是你看——這眞叫做沒辦法，不個如『老百姓！』父、母白養了我。我也眞白拿了這麼一枝槍。」

有一次，他，胡得勝，還有一個叫做王大姊的王九龍，三個人，兩個老兵和一個新兵，到陣地前面一個村落裏去搜索。才翻過一個紅土小山頭，他還沒有看見什麼東西，胡得勝向他擺一擺手，立刻躲到一棵大樹後面去，身體貼緊了那粗大的樹幹，据槍，瞄準，「叭！——」一陣鎗烟，那麼在槍口搖曳了棧下，騰空而散，散在濃密的綠葉裏。

他看見一個敵人在那蜿蜒而來的黃土小徑上倒了下去。還有十多個，像一腳向草中踢去被驚動的蚱蜢一樣，四面亂跑。但是他們立刻回過頭來，有的躲在柴堆後面，有的躲在路邊地隙裏，有幾個在一個土堆後面，一齊向這邊回擊，槍聲與槍烟瀰漫着，子彈拉着細長的聲音從頭上飛過：「嗚……！」「嗚……」「句句句……」

他連忙臥倒了，向前蛙一樣爬着。有一點隆起的地面做依托。他看見一個敵人從土堆後面向一條土堤跑過去，他瞄準了，扣了扳機，「叭！……」

敵人逃了轉去，沒有命中。

王大姊跪在一個墳墓後面，向敵人興奮地射擊着。

他看見一個敵人才露出個鋼盔來，立刻把槍向空中一抛，倒在柴堆旁邊。又看見一個躍進的敵人給打倒在草地上，那麼三角形一樣豎立着一條彎腿。再是一個，再是一個……

他射擊着：精密地瞄準，輕輕地扣扳機，吸氣又停止呼吸，右頰緊緊地貼住鎗托，但是他始終沒有命中，很好的目標也不能命中。手心出了黏膩的慌汗了。一個受了傷的敵人，那麼在草地上爬着，緩慢得像壁上的蝸牛，他一連放了四鎗，一槍也沒有打在他身上，眼看着他爬着爬着爬到土堤下回去，不見了。他也看見了一些彈着點，一陣烟一樣的黃土，一個樹枝「擦！」地倒了下來。

結果，胡得勝打死了五個敵人，打傷了一個，王大姊打死了兩個，他一隻麻雀也沒有打到。

「咯咯咯咯！他媽底你眞是個『麵包，』『麵包』……』胡得勝愈得意，他愈抬不起頭來了。

「『麵包，』『麵包，』哈！」王大姊附和着胡得勝。

胡得勝一遍又一遍地這麼說了二十三遍。

他那樣狼狽地低着頭，不笑也不說話。

「哈哈哈！『麵包！麵包！』」

「三等射手！手！呔！回去少吃一碗吧？仍舊四碗麼？咯咯咯咯！」

他忽然發起怒來，那麼睜大了眼，這是平時看不到的樣子。他那樣用低沉的但是卻是異常有力的聲音責備胡得勝說道：「你這算什麼呢！算什麼呢！我打不到敵人，你有什麼可以歡喜的呢！打我不到一個敵人，就是我們還多留着一個敵人，也就是你多了這麼一個敵人哪，那你閙什麼卵心呢！我一鎗也打不中，白白地打了子彈，那你也就要少一顆子彈用，國家也就白白化了錢，你有什麼卵心可開呢！現在不是靶場上操場上，你這樣到底算個什麼呢！」停了一下，「我眞想不幹，像我這樣的『三等射手，』你們都叫我『三等射手，』多一個，眞不如少一個。可是你倒給我想想，大家抗日，我怎麼獨自下去？大家抗日我到那裏去？你們老是這樣，你想我難受不難受？我又不是故意打不到，吃『麵包。』我是想，平時我倒了霉，沒辦法；我倒想在這次抗日裏收轉名譽來，看我到底是『三等射手，』不是『三等射手，』我很想一槍就是個敵人！給大家做一個榜樣……」

「『榜樣！』」胡得勝用諷刺的加强的聲調把這兩個字學說了一遍。

「你們不說我就不好過，」他說了下去：「有的時候我咬過自己底手指。有的時候發脾氣，想把槍摔在地上，搾個粉碎的。你想我好受麼？你們還笑我！拿我開胃！你有什麼卵心可開？像你槍打得好，平時我就贊成你，給你擦槍也願意，想學你，學不到，又有什麼屌毛辦法？到了上了火線，你打死一個敵人自然不是我打的，我也替你歡喜，你打我打都一樣，你多打一個我就多一點歡喜，你那裏知道？你却笑我？祇是敵人才配笑，我我是天生的沒辦法！唉！……」

胡得勝紅了臉，不再開口說話。王大姊也覺得沒味，低着頭跟在後面走，後來，忽然唱起歌來：「大刀向鬼子們底頭上砍去！——」

胡得勝和他翻了臉，從此不理他，也不再叫他三等射手。但是在這次以後，三等射手這聲音在一連人裡特別叫得響亮，叫得他祇有默默地躲到陣地底一角去。他要求了排長，他願意去做潛伏斥候，爲了可以聽不到這個聲音，看不到胡得勝寡婦一樣的臉嘴。

這裏有一條小河，河上有一座已經拆斷了的小木橋，橋那面有一個大竹林，竹林以外是一條汽車路。這裏離開陣地有一里多路，已經在陣地底末端了。沒有依托。但是也沒有敵人，祇不過是警戒而已。他到這裏來，他想，他可以用不着什麼射擊了，因此也就不會再有什麼「麵包」可吃了。但是他總有一種希望，或者也會打死一個吧「瞎貓碰死耗子。」

他在一株小樹下面的一個散兵坑裏看看想想，靠在胸牆上睡了一覺，到醒來，忽然聽到有人在說話，誰呢？一看，這樣近，兩個敵人底軍官穿了綠色的衣服立在竹林邊，那麼指指點點地，點點頭又笑笑，在一張紙上寫什麼。

無題

蕭紅

早晨一起來我就曉得我是住在湖邊上了。

我對於這在雨天裏的湖的感覺，雖然生疏，但並不像南方的朋友們到了北方，對於北方的風沙的迷漫，空氣的乾燥，大地的曠蕩所起的那麼不可動搖的厭惡和恐懼。由之於厭惡和恐懼，他們對於北方反而謳歌起來了。

沙土迷了他們的眼睛的時候，他們說：『偉大的風沙啊！』黃河地帶的土層遮漫了他們的視野的時候，他們說那是無邊的，使他們不能相信那也是大地。迎着風走去，大風塞住他們的呼吸的時候，他們說：『這……這……這……』他們說不出來了，北方對於他們的謳歌也偉大到不能够容許了。

但，風一停住，他們的眼睛能够睜開的時候，他們仍舊是看，而嘴也就仍舊是說

有一次我忽然感到是被侮辱着了，那位一路上對大風謳歌的朋友一邊擦着被風沙傷痛了的眼睛一邊問着我：

『你們家鄉那邊就終年這樣？』

『那裏！那裏！我們那邊冬天是白雪，夏天是雲雨，藍天和綠樹……只是春天有幾次大風，因爲大風是季節的症候，所以人們也愛它。』是往山西去的路上，我就指着火車外邊所有的黃土層：『這在我們家鄉那邊都是平原，夏天是青的，冬天是白的，春天大地被太陽蒸發着，好像冒着煙一樣從冬天活過來了。而秋天收割。』

而我看他似乎不很注意聽的樣子。

『東北還有不被採伐的煤礦，還有大森林……所以日本人……』

『唔唔！』他完全沒有注意聽，他的拜佩完全是對着風沙和黃土。

我想這對於北方的謳歌就像對於原始的大獸的謳歌一樣。

在西安和八路軍殘廢兵是同院住着，所以朝夕所看到的都是他們，有一天我看到一個殘廢的女兵，我就向別人問：

『也是戰鬥員嗎？』

那回答我的人也非常含混，他說也許是戰鬥員，也許是女救護員，也說不定。

等我再看那腋下支着兩根木棍，同時擺蕩着一隻空褲管的女人的時候，但是看不見了，她被一堵牆遮沒住，留給我的只是那兩根使她每走一步那兩肩不得安寧的新從木匠手裏製作出來的白白的木棍。

我而向着日本帝國主義，我要謳歌了！就像南方的朋友們去到了北方，對於那終年走在風沙裏的瘦驢子，由於同情而要謳歌她了。

但這只是一刻的心情，對於蠻的東西所遺留下來

「這不是個夢!」他想，遲疑地把靠在胸牆上的槍拿到手中來。「今天我！——這大的太陽呀!」

他底心跳躍着像一個蛙，手發顫，瞄準線看不眞，左右搖動着，握槍把握了兩次呼吸怎樣也弄不平靜。想還次，一定還是個『麵包』。忽然心一橫，「管牠!」他那麽就隨便地扣了扳機：「叭!——」

那個有仁丹鬍子的向前衝了幾步搖搖擺擺，倒下了，動也不動。他驚喜得叫了起來：「噻!……」但是他立刻退出了子彈殼，裝上了第二發子彈。那一個受驚的呆了一呆，開始奔跑起來，想鑽進竹林去，却給一個樹根絆倒了。「叭!——」打中了他底蹺着的屁股，他還想立起來。「叭!——」第三發子彈又使他睡下了。

聽見鎗聲，排長派了人來。

把兩個漂亮的屍體弄過河來。把一些文件一些武器全帶走了。

剛好，這夜別的部隊來換防。

住在一個村落裏，連長請他們吃酒。弟兄們五呀六呀地猜拳，一臉喜悅的紅色，一嘴巴的油光。胡得勝特別和他親密，重重地在他肩上拍一掌，笑着，豎起了個大拇指給他誇耀着，一會又拍一掌。

「我說我說!哎哎，各位弟兄!哎哎，我說，以後我們不叫三等射手，要叫他『特等射手!』」

「贊成!」一羣紛亂的聲音。

「通過!」另一羣紛亂的聲音。

「我們打十個，不及他打一個，不及他一根毛!」胡得勝興奮地吼叫着，向大家擧着一碗閃光的酒。「我們弟兄大家敬他，敬『特等射手』一杯!」

一九三八，四，三〇。衡山，師古橋。

的痕跡，憎惡在我是會破壞了我的藝術的心意的。

那女兵將來也要作母親的，孩子若問她：

『媽媽爲什麼你少了一條腿呢?』

媽媽回答是日本帝國主義給切斷的。

成爲一個母親，當孩子指問到她的殘缺點的時候，無管這殘缺是光榮過，還是恥辱過，對於作母親的都一齊會成爲灼傷的。

被合理所影響的事物，人們認爲是沒有力量的——弱的——或者也就被說成生命力已經被損害了的——所謂生命力不強的——比方屠介涅夫，在作家裏面，人們一提到他：好是好的，但，但……但怎麼樣呢?我就看到過很多對屠介涅夫搖頭的人。這搖頭是爲什麼呢?不能無所因。久了，同時也因爲我對搖頭的人過於捉摸的緣故，默默也中感到了，並且在我的靈感達到最高潮的時候，也就無恐懼起來，我就替搖頭者們顫着說：

『他的生命力不強!』

屠介涅夫是合理的，幽美的，寧靜的，正路的，他是從靈魂而後走到本能的作家。和他走同一道路的還有法國的羅曼羅蘭。

別的作家們他們則不同，他們暴亂，邪狂，破碎，他們是先從本能出發——或者一切從本能出發——而後走到靈魂。有慢慢走到才靈魂的、也有永久走不到靈魂的。那永久走不到靈魂的他就永久站在他的本能上喊着：

『我的生命力強啊!我的生命力強啊!』

但不要聽錯了，還可並不是他自已對於自己的惋惜，一方面是在驕傲着生命力弱的，另一面是在招呼那些尙在向靈魂出發的在半途上感到吃力正停在欄臨下冒汗的朋友們。

聽他這一招呼，可見生命強也是孤獨的。於是我還佩服之感也就不完整了。

偏偏給我看到的生命力頂強的是日本帝國主義。人家都說日本帝國主義野蠻，是獸類，是爬虫類，是沒有血液的東西。完全荒毛的呀!

所以這南方湖上的風景看起來是比北方的風沙愉快的。

同時那位南方的朋友對於北方的諷謗，我也並不是諷刺他。去把捉完全隔離的東西，不管誰，大概都要被嚇住的。我對南方的鑑賞，因爲我已經住了幾年的緣故，初來到南方也是不可能。

一九三八，五，十五。

烽火第十三期有「艾清」的作品一篇，那個艾清先生不是我，不敢掠美，特此聲明。

艾青

燃燒

——記池田幸子

端木蕻良

鹿地說：

「蕭紅和曹白都是先天的文學家」

這是對的，他們的走向藝術的出發，是從內心裏迫近的，並不是從知識出發的。在過去的一般歐洲的心理學家們，把這個用Sence和Knowlege兩個字來區分。

從本能裏發揮出來的人類的向善性，有一種不可抗拒的力，使他無須思索，便理直氣壯的去承認，我們人類本來是好的，必須是好的，而且一定好。

而用耳，目，口，鼻來體味社會生活的人生觀察家們則以爲未來的合理的社會法則，將要是人類應該是好的，可能是好的，而且將來就要好起來了。

從本能發揮出來的任何種力是需要控制的，但本能的向善性的擴大和渴求，是比一切從智識從經典裏摘錄的結論來驅使自己來迫令服從，都好到一萬倍，因爲他本身不含有叛變性和强制性。

據說從前有一個人，曾經把自己的心捧出來照亮地面，使同行的夥伴們走過了崎嶇的路。知道用燈來照亮路的人是舉世周知的事，但是，知道用心來照路的，却祇有他一個……因爲他的心的本能是在時時刻刻呼喚着他的原故。

而池田也是屬於這一類型的人，她在燃燒着。她的熱情是滲透性的，帶點冷豔，而曹白的，是跳蕩的，老實講，帶點無知。

我們是用澱粉質來作薪炭，來供給體腔內應有的溫度，我們再用生命來作薪炭，供給社會內應有的溫度。不管如詩人所說，世界上有多少種煤炭，綠色的炭，紅色的炭，金色的炭，白色的炭，青色的炭，不管把什麼海水，風，雨，雲都加上，支持這個巨大的洪爐的，却是以一根脊椎骨來支撑着的一支生命。

有一種人則用釜底抽薪的機智去攫取別人的生命來肥養自己的生命。他是個大胖子，在胖子裏他又是頂偉大的一個胖子。看吧，他舉起充滿生命力的右脚來了，他一路踏過去。看吧，他舉起强大的左脚來了，眞理礙了他的路，他也踢開眞理去。他的感情領域是寬闊的，有白蟻一樣可欽佩的好口胃，凡是足以肥養他的，都是屬於他的。

而另外一種人，和他們對稱的，因爲他們既然是偉大的一羣了，那麼則這一種將是渺小的一羣吧。他們將自已生命裏所含有的最後一粒細胞，也塡到爐火裏去。

池田，曹白的這一代，是超越的一代。他們的作爲戰士的靈魂的堅强，不是從年齡開始的，而是從生活開始的。幸子，這個小波希米亞人，她的沒有胖子那麼寬闊的肩膀，也承擔了兩個國度民衆的呼求和願望，而她在用燃燒的力，使這呼求這願望沸煮着蒸騰着，隨伴着中華民族自衛的喊聲傳播到更遠。

在法蘭西的疆土上被暴戾的權力主義者殘踏着的時候，聖女貞德以一個農夫的女兒的姿態出現了，她用耿直的愛國心說服了她的同行者。而我們的池田，則是以一個工人的女兒的姿態出現（她的感情常常是非東方的，而是都市的，現代的，工業時代的。）在長江和黃河流灌過的原野上，她訴說着「爲了人類！」

她曾經給她一個女友寫過：「這封信恐怕祇有你一個人會知道的。別人看，意思不曉得。記住吧，只有我們兩個有特別的言語！」

「那時候我常常心裏叫喚着你。」

對待中國朋友，她常常爲了那破碎的中國話不能傳達着自己完整的感情而苦悶着，我常常看見，

「我有許多話想說，你的聲啞的妹妹，不能傳達出來，重要的是快見面！」

穿着一身的麻花布的藍衫子，帶着一串紅豆子，他的女友說：「你無休止的熱情，你應該休息幾天」

而另一次，在一家餐室裏的時候，她眸子裏閃着痛心的光輝，帶着孩子氣的人道主義者的口吻說：「我討厭槍，它是殺人的！」

「但是，別人要殺你的呀，爾且現在還在追踪着你！」——同席的說。

她在悲憫着別人。

春在嘉山

羽田

嘉山的春天特別來得遲，四月尾啦，楊柳才突出些嫩芽，山嶺也剛換上春裝。要是在南方，這時節，早就草木葱籠了。

過去的兩三個月中，我們正苦着沒樹木做掩蔽，除了山地好埋伏以外，在平地就簡直不好用武。

今天——四月廿二，我帶第三分隊負責出擊由嘉山到池河的敵人。上午九點鐘的光景，我們到達了劉莊——這里離嘉山車站只五六里。

劉莊是遭過敵人的惡運了的，房子給燒得七零八落，莊前有一條小溪，白眼魚在淺水中溜來溜去，溪邊的新柳也現得太不相稱了！

弟兄們全伏在莊外的田間，我跟翁分隊長到莊子去看地形。莊子是靜悄悄的，連螞蟻都沒一個似的。可是，意外地在一家破爛的茅房里發現了一位老太婆，她臉向里邊坐看。我想，也許是死屍罷，好奇心跟任務驅使我走到她的跟前。

啊！她並沒死！她突然地站了起來，把我嚇了一跳。我看見她在哆嗦，眼睛凝視着我。

「老人家，您好嗎？」像看見我祖母提起我伯父慘死而哭泣的情形，我心酸得難過。

「……」她沒答我，週身哆嗦得更利害。

「我，我……老總！」卜通，她跪了下去。

「怎麼，老人家！什麼事？」我不知怎樣辦，翁分隊長又不在身邊。

「老總，請你饒我！我，我……」她跪着不肯起來。

「您有毛病麼？」我俯下去對着她的耳朶說。

「不，不，我是本分的，不過他，老總，請你開恩饒了我吧！」說着她抽咽起來了。

這可把我氣急起來了，到底饒的什麼，「他」又是誰呢？我急急地問：「他怎麼樣？死了麼？是不是妳的兒子？」

「老總，是鎭上的吳老爺逼他去的，我的老四，請你饒了我吧，我寧願叫他逃走，叫他逃走，不要殺他啊！」她更加哭得大聲了。

鎭上的吳老爺，啊，恐怕就是吳克金——嘉山縣的維持會會長罷。我跟着這條線索去試探：

「你的兒子到鎭上去跟吳老爺是不是？不要緊，請你說出來，我就饒了你們罷！」

她聽到我「饒」了她，深鎖的眉頭才開鬆了些兒。臉上的驚懼，也給「饒」字揩去了不少。

「是吳老爺逼他去報名的，我求了幾次，都不得回來，說是吃了他的飯……回來要殺頭！」

「報名當鬼子兵麼？」我抓着這重心逼她。

「不，不，說是發搶保地方的。」她的眉頭又鎖起來，驚慌的樣子全在暗濕的眼光里表現出來了。

——啊！讓他們來武裝我們的民衆了！我的心突的跳了起來

「我不給他去也沒法，吳老爺派槍來，說是爲了地方，日本人給槍我們，年壯的都要去，一天還有五斤米……可是……」

「可是什麼？」我急於要聽下文。

「可是……哦，老總，你可要茶喝？」她想走向水缸去，我曉得她要避免她的話了，我就只得詐問一下：

「聽說鬼子天天由這里到池河去，可是？」

「一天去一天回，由這個山崗往西南去。」她遙指着門外那一排起伏的山。

「人不多麼？」

「不多，連牲口有兩三百，多是運東西的，在太陽正的時候（她望望簷下太陽影還蔭着路邊那石井）啊。現在差不多了，昨天由池河來，今天就往那邊去了。」

我急着要到外邊去選擇地形佈置陣地，說了聲「討擾您老人家了！」就走了出來。

「老總，老總，請你千萬饒我，我叫他逃走，我們都不願幫鬼子幹那些沒天良的事，老總，求求你！」她追出來拉着我的衣袖。

「我們都是中國人，老人家，我不願殺害你們，但也不願你們幫鬼子來殺害我們中國人！看，妳們不是受過鬼子的氣麼，幹麼還不懂事呢？」

「是，老總，我們還忍心來害自己人麼？我受鬼子的氣够了，我恨他透骨，還想幫他麼？老總，請你饒饒我，這都是那該殺的吳克金害的人！」她又哭了起來，似乎還沒得到我的諒解，而怕我殺害她似的。

「老納，請你等等！」她突然止了哭，轉身進房去。

木板什麼的砰砰彭彭嚮了一下，她出來了。

什麼？這可把我怔住了；她兩手拖着一枝槍，還有兩只彈藥盒擺來擺去。

「老總這是張壽走時留下的，請你拿去！」她週身都在打抖，槍也抖得一搖一搖的。

我心里燃燒着民族的熱情，血液在奔騰着。我接過她的槍——一枝六五式的日本槍，就朝山崗上跑。

我們發生接觸的開始，是在太陽偏西一點的時候。敵人是幾十個騎兵，百把步兵，加上些牛牛馬馬。我們是打他的前頭部隊——騎兵。打了十個多鐘頭，我感到我們已暴露了弱點：我們步手槍合起才十五枝，火力太小！而且利用地形的不好——敵人走的是高崗，跟我們成爲平射。

敵人尾後的步兵，已向我們的右翼包抄過來，側射我們的右後方。我決定要退，叫黃班長帶四枝步槍留着做掩護「部隊，」我們向南退却。

剛脫離火線一百米達，翁隊長來說，在蠻山脚發現了敵人步兵四五十名，正在向我挺進中。——斷絕歸路，是敵人的慣技。

這時唯一的退路就是向西突出，靠着山冲走。可是剛下了山脚，右翼的敵人已佔領了高坡做据點，直射山冲，我們沒法溜出去。

我想，再派兩枝手槍兵從側面去射那高坡，以牽敵爲目的，牽取後再會同正面的黃班長所部掩護部隊安全退却。

手槍兵剛出動，高坡上的敵人已開始動搖，而且蠻山脚的敵人也向高坡方面撤去，在高坡的後方，槍聲密了起來。我想還是土匪來算鬼子的命了。把握着這一點，我決定「反攻！」

這時敵人的主力已集中在高坡後面，剛才的正面成了他們的側衛，我們的「主力」就向他們這弱點進攻。

沒化多大功夫，敵人全部向鉄路方面退却了。

意外地，我在山坡上看見了那老太婆，她喘着氣好久沒說出話來。她身邊躺着兩個「土匪。」一個傷了左額，一個傷了左手，另外一個「土匪」却來給我介紹：「這個是劉福，這個是老四——劉大媽的兒子。」

啊，老四，劉大媽的兒子！……他不是跟吳克全去了嗎？怎麼……我恐怕自己聽錯，指着傷頭部的那個「土匪」——不，現在我已曉得他不是土匪了。問老太婆：

「劉大媽，這是你的兒子嗎？」

「是，就是他！」笑容從她的臉上閃過，像博鬥者得到了最後勝利似的。

這微笑，掀起了我已經疲倦了的精神，使我自然而然的對她敬禮而且高呼了：

「中華民族萬歲！」

四，廿三、于嘉山前綫。

七月社明信片

「一個連長的戰鬥遭遇」戰爭以來的小說形式上的最英雄的突擊，這一期算是完全送給了讀者。和這同時，作者已參加在××軍先遣隊里而繞到了敵人底後方。我們祝他底平安，更等待他底更偉大的收穫。

奇沃先生：尹庚先生所說的啞劇和幕表戲的劇本，我們還沒有看到過，只最近看了一個啞劇的表演。如得到了好的劇本，當然要發表出來的。

孫鈿先生：請示知通信處。劉增先生寄給你的郵件退回來了。

吳賀先生：你底提議是好的，但爲了篇幅以及讀者底精力和時間，我們想能節省一點還是節省一點。但投稿字數的限制並不那麼嚴格，一萬多字的稿子也發表的，雖然希望多得些三四千字左右的精鍊潑刺的文章。

「藝術與行動論列寧」，譯者張元松先生寄來的時候只題爲「論列寧」，但編者曾讀過日譯內那是題作「藝術與行動」的，爲了較顯地照出內容，就這樣把題目加長了。這是一篇雄大的戰鬥宣言和造小謠言弄小挑撥的文[illegible]遺傳病是對照得鮮明的。

徐中玉先生：這一期長稿較多，你底「爲爭取文學的技術武裝而爭鬥」雖已排好，也不得不移到下一期了。

寂寞的故鄉

聲紺

一　遺念

大概因爲是國難期間，許多人都覺得生和死的只隔着一層紙吧，朋友們底談話很容易地轉到死的問題上去。在吳先生發表了一通「死生有命論」之後，黎先生接着說

「人底死活眞料不到，比如說史麻子，先一天我還到過他家里，他正端起杯子在喝酒，爐子上炖着開得豆豆豆地響着的熱菜，他底老婆還從廚房里給他送來一碗小炒，樣子蠻享福的。看見我去了，他笑着說：黎先生，喝杯酒吧，您駕府上要請客麼？我看哪，初三，初四，好的好的，初五里一定有功夫。」可是第二天早晨聽見說他死了，你說有鬼不？」

史麻子是這城里手藝頂好的廚子，稍微講究一點的人家請客，總是請他燒火的。可是我沒有見過他，要不是這回談起，謝晰得很，我還不知道世上有過這樣一個人咧。

有一天，我在人家里做客，酒席的豐盛，就是在外面也不很容易碰到；可是主人不知是客氣呢還是眞的，在席上陪小心似地說：

「這眞對不起呀！沒有菜，味道又不好！有什麼法子呢？史麻子死了，通城里找不去一個像樣的廚子，這些菜還是到西城外頭德興居去選的咧……！」

說到這里，還特別望着我

「您駕在外頭吃好東西吃慣了的，這樣菜恐怕吃不來吧？」

我第二次聽見談到史麻子。

無論什麼地方的人，如果在外面過久了，都對於故鄉的飲食常常感到一種特殊的興味，甚至於以爲除了故鄉的東西，縱然也一樣吃着喝着，總好像很勉强似的，比如說，小米飯，窩窩頭，總不能說是人間的至味吧；可是有的人却從幾千里之外，帶着小米和棒子來送人情，有的人如果看見了小米，就決不肯吃另外的東西，聽說北平有些館子，還專靠窩窩頭吸引顧客，都會里之所以有什麼廣東館子，四川館子，與其說是爲了讓別處的人們嘗嘗異味，恐怕更多的還是爲了投合在外面的同鄉們嘗家鄉風味的需要。

我底故鄉，也有一些特別的菜，其中的一種，是鱔魚。鱔魚自然沒有什麼稀奇，特別的是弄法，就是把鱔魚底刺除了，拍成一片一片的，然後用小粉輕微地拖一下，蒸熟，末了用飛滾飛滾的猪油一淋，淋得那魚片滿處都是極小極密的痱子，吃起來又嫩又鮮。這弄法我們叫做「炖，」的確是和別處的什麼燒炒蒸之類，有些兩樣。也許在別處人看來，一個錢也不值，但我們——我和我的故鄉的人們，却一直認爲是菜中間頂名貴的東西，雖然我在外頭并不少吃鱔魚的機會。

隔了十幾年才回家，想在這一次把家鄉的特殊的東西都嘗嘗的心事，多少總有一點兒。親朋們請客，自然也很能迎合這種心理，遺憾的是，偏偏沒有吃到炖鱔魚，因爲我回家的時候時會不對，鱔魚已經絕跡了。

還遺憾，不止我個人覺得，似乎別人也有點感到，有一回就有人和我談起：

「這時候沒有鱔魚吃，眞是……您駕以爲怎樣，我覺得鱔魚總是我們這里的好，別處的，大概是堰塘里的渾水里的，那要不得！而且都是又粗又大的一條，肉粗，老，不像我們底……不過，也看怎樣弄，誰弄。恐怕您駕不知道，鱔魚一定要史麻子弄，史麻子您駕該聽見說過，那眞巧，不拘什麼，一經他底手，說也不該的的確確是不同。可惜前幾天，只幾天兒啊，他死了！」

我第三次聽人說史麻子

在家里過了差不多一個月，會見過各種各樣的從前認識和不認識的人。那些人，儘管各種各樣，却有一個共同點。容易談到史麻子。我在二十幾天中間，我如果沒有聽見過二十回，至少也該有十五回。這是我從前所不理解的：在不久的過去，支配着這小小的城廂的人，不是那從別處來的縣長，也不是那有百把頃田的喻大老爺，更不是那官做得最大的皮參議；却是一個說起來卑微又卑微的人物，史麻子！我相信全世界的無論什麼人死了，決不能在我的故鄉的人們中間留下這樣深刻，普遍而又長時期的遺念。

二　師

同到故鄉，我才發見我是個很有面子的人，爲什麼呢？因爲這城里的有面子的人，實在不知爲什麼，好像全和我有來往。反過來說，我所來往的人，幾乎全是有面子的。比如，民衆教員館館長，西區小學校長，郵政局局長，前教育會會長，還有別的什麼長乃至雖然不是什麼長却不是地方上的要人之類，我差不多每天都要會着他們，

每天都和他們在一塊兒吃酒打牌，有時候還抽鴉片烟

可是忽然一天，這些要人都不見了。沒有人來找我，我也找不着他們。我馬上感覺得這城里起了什麼非常嚴重的變化，而且自己覺得是這樣寂寞孤獨，無事可做。好容易挨過了一天，以爲第二天一定可碰見，誰知……！第三天，第四天，天哪，一連四天，沒有看見他們，我實在不知那日子怎樣熬過來了的。我不光是爲了我個人底寂寞，同時也替這整個城里担憂；打個比如吧比如日本帝國，忽然不見了首相，同時藏相，陸相，文相也失了踪，日本人民失掉了這一般領導者，如果眞是像幼稚園里失掉了褓姆和別的什麼職員一樣，他們會不馬上感到恐慌麼？他們的兵士還有心情來淫汚中國的女同胞麼？雖然在有些日本丘八老爺看來，也許中國女人是世界上最能引起性感的。不過還好，第五天里頭，我又碰見了他們，依然在一塊兒吃酒，打牌，乃至抽鴉片煙。於是城里至少是我，覺得馬上恢復了原狀。

「你們到哪里去了呢？」應該想得到我一定會這樣一句問話。

起初他們不肯說，經過再三盤問，才有人告訴我，里師尊來了，第一天接師尊；第二天在白谷洞（城外風景最好的地方）歡宴師尊；第三天引師尊到鄉下去看田，師尊想在我們縣里置點產業；第四天看了一天，以後是第五天，回來了。

要不要解釋一下：「師尊，」就是宗教哲學研究社的首領，好像基督教會里的主教。原來他們都是宗教哲學研究社社員。

「宗教哲學研究社」這名目，最初是是從母親那里聽來的。聽見的時候我，還以爲是學術團體之類，馬上爲了故鄉底這長足的進步而欣慰。關於宗教哲學，我自然是一竅不通，不過也很有興趣。江紹原先生底「髮鬚爪」。江先生就是研究宗教哲學的。那末在一向閉塞故鄉，居然有好多江先生，無論如何，是一種進步。後來一說，才知道并不是那們一回事，却是同善社乃至義和團之類。

母親說的時候，很帶勁兒。大概當時我表示過什麽不同的意見吧，母親憤憤不平地說：

「你曉得什麼，聽說漢口都有哇，他們底師尊就常常在漢口。并且像隨館長他們都加入了！……」

意思是足見那了不得呀，難道他們還沒有你知道的事情多麽？

以後，我就有幾回聽見別人提到宗教哲學研究社：聽見說他們能够用一符咒給人醫病，能够把破布燒成灰當藥方，他們底指甲殼里頭看得見陰司地府；聽見說，他們說，眞命天子出了世，現在人民要過大刼，只有加入研究社才能逃掉；還聽見說，他們對於師尊是很恭敬的，師尊來了，像郭子儀上壽一樣，令公令婆南面高坐在太師椅上，七子八媳在下面三跪九叩，不過師尊夫婦，據說，也很謙和，在孝子賢孫們磕頭的時候還含着笑點着頭咧。

終於，師尊又來了。可惜無緣，一直到我出來，沒有機會看見他。

雖然沒有看見，却也常常聽見說。俗話說得好：「道高一尺，魔高一丈，」哪怕要人們都在研究宗教哲學，另外對於這門學問不感興趣乃至抱反感的人也不能說沒有，據說，那師尊就碰見過這這一次似乎不含什麼新意的詢問。

「既然您駕道行高妙，日本飛機來了，能不能够唸唸有詞，喝聲道：「疾疾！」飛機就掉下來呢？能不能够口吐一道白光，到千里之外去殺掉日本鬼子呢？」

「能够，當然能够，那算什麼呢？」

「那末，您駕爲什麼到現在還不顯顯神通呢？」

「第一，」師尊行所無事地回答，「第一，這是天數，天數不可違，中國人心太壞，一定會有大刼的。第二，人定也可以勝天，但那要大富大貴的人，比如說，像老蔣那樣的人，如果老蔣來求我，什麼我都可以做，可是他不哇！」

「恐怕委員長不知道您駕，不是，我是說，不知道您駕有這樣大的神通，您駕何不點化他一下呢？」

「他怎麼不知道，我怎麼不點化他？你去問問，你說從西安事變前三天起，一連三夜，當他在街上走的時候，總有一個大燈籠，在他前面三丈三尺遠，再不遠也不近，燈籠上有一個斗大的「蕭」字，問他看見過沒有。

這一場舌戰，勝利完全歸那位蕭師尊所有。因爲那個人，想他似乎一輩子也不會去晉謁委員長，就是晉謁，也不能這樣問他。

過了些時，我離開了故鄉，就很少聽見談起蕭師尊。只有一回，故鄉有人來說：一個卜君家里的幾頃出差不少完全賣給他了，他并且招了很多農民去給他種田。大有蘇聯的集體農塲的作風。漢口不是有一次打下了十二架日本飛機麼？據蕭師尊說，是他用雷打下來的。雷爲什麼沒有聲音呢？他說：他用的是「啞雷」。另外一回是在什麼地方看見一個「全國各界追悼陣亡將士暨死

雞民衆覺世弭刼法會」底通知，里頭有一句：「恭請。禤昌明先生……賁臨說法。」

三 疤

在麻將桌子上，丁先生和鄭政局長坐在對面。

鄭政局長，前面已經提起過，也許您們已經曉得一點兒了。有一句老話：「白面書生，」好像是形容文弱的人的。鄭政局長和這話很相稱，面目白淨，滂白的肌膚里頭，多少透出一點青色，人不高，也不胖，什麼時候也是還麼溫文爾雅的。他是鄰縣的人，我從前不認識他，不知他是什麼鄉務學校畢業；只曉得他是宗教哲學研究社社友，對於「學問」很用功，每天晚上總要唸多少遍什麼經了才鑽進太太底被窩里去。

丁先生和鄭政局長一比，那應該說是前輩先生，他有五十來往歲，身體却還很茁壯。前些年，也當過區長什麼的，管過地方上的事情，近來大概因爲兒子也大了，地方上的年青人都出了馬，自己幾十歲，和孩子們，兒子底朋友們在一塊兒混，不很划得來，就把什麼担子都卸下了。年青的時候，喜歡賭博，對於這一道是很精通的；祖上的產業，曾經在他手上打過好幾次翻轉，如今那樣的雄心也有點寒了吧，不肯冒多大的兇險，所以只時常打打牌；至於賭博，不過過年過節，逢場作戲，偶一爲之罷了。此外呢，年青的時候還喜歡講講戀愛；聽說就是現在，街上鄉下都還有年貌相當，長來長往的女朋友。

麻將打到中途，各人都在注意手里的牌的時候，丁先生忽然對局長說。

「瞧你底頭髮怎麼掉了一塊去了？」

「什麼？」

丁先生底話太使人吃驚了。別的人不由自主地朝局長底頭上望，局長也自然而然地用手向頭上去摸。可是頭髮還是好好的。

「那不是；那不是，」丁先生用手指局長底右旁邊的頭髮說，「一個疤，一錢大。」

真的，「一個疤，一錢大，」現在別人也看見了，局長自己也摸着了。以前，給長頭髮遮蓋着，不顯。

「真奇怪，我自己還不曉得咧！」局長說。

「啊哈！」丁先生說，「這里頭有點道理。」

「什麼道理呢？」別人問，局長也問。

「我曉得，我曉得。我問你，你怕不怕？……」他問局長。

「怕什麼呢？」

局長不明白他的意思，別人也一樣。

「比如說，日本的飛機一來，把漢陽炸死了千把人；現在，上海失守了，蘇州，無錫，南京恐怕馬上就要到武漢來；你聽見這消息，怕不怕？你說真話，你……」

「那……」局長忸怩地說，「那怎不有點兒……？」

「却有來，就是這道理。」

「爲什麼呢？爲什麼怕就……」

還反問，是異口同聲地搶着說的。

「我也不懂得。我有一個經驗：那年賀龍來圍城的時候，我一聽見鎗響，身上就發顫，像打擺疾的一樣。我說，我活了五十歲了，死就死吧，也不算短命。可是不行；媽底，它硬要發顫。有一天偶然照照鏡子，看見旁邊少了一塊頭髮，一個疤，一錢大，不知是什麼時候掉的。後來看一本什麼書，說這是受了駭。今天看見他底正跟我底一樣……不過，不過不要緊，還會長好的，瞧，我底疤，不是已經沒有了麼。」

不知爲什麼，我覺得有點凜然。我想：死生亦大矣，豈不怕哉！

「不說咧，那真也有點駭人，」另外一個人說，「瞧城的那回，洪先生不是就尋了短見麼？」

「莫談他，」丁先生說，「莫談他，那是神經病，神經病！」

洪先生也是城里的閒人，前清的秀才，在教育界作了很多年事，祖上留的，自己掙的，手里相當有點產業：大太太，二太太，各立門戶，洪先生這邊過幾天，那邊過幾天，本來很優哉游哉的。可是，突然之間，「赤匪」來圍城了，洪先生也和丁先生一樣，聽見槍聲就發顫；不，那比丁先生厲害得多，簡直急瘋了。常常自言自語地說：「還該怎樣呢？這該……？我底名字叫 xunggyn」（洪鈞）他們也叫「xunggyn」（紅軍），他們來了，如果問，你爲什麼敢叫 xunggyn 呢？我怎樣回答呢？回答不出，於是「擦！」一刀！我底天哪？我，我……」上了一回吊，吞了一回鴉片烟，都被救活了；末了，一次投在井里，就沒有活轉起來。然而，那却是死得冤枉的，因爲賀龍雖說來圍了兩回城，却一回也沒有把城攻破。不過，那却是過去的話了。」

我在家里住了幾天，差不多天天都有人請我，我天天和要人們在一塊兒打牌，有時候還抽鴉片烟。我想：中國的土地真是廣大，日本兵雖然攻到了南京，離這里可不還很遙遠，三兩個月總不會到；飛機自然可以來，恐怕不肯爲了這樣一個小小的城，耗費一兩顆炸彈。至少，暫時之間，我底故鄉，總還是個世外桃源吧。而且故鄉的父老們，兄弟們，多麼鎮靜嚟，吃酒，打牌……悠閒自在地過着太平盛世的日子。這戰爭和他們有什麼關係呢？

然而我底觀察是錯誤的。戰爭底影響已經深入到故鄉的人們底心里去了，縱然真是飛機大砲所不能到的桃源，他們也未必能够安安靜靜地活下去。鄭政局長頭上的疤，正給我以這樣的啓示。雖然我不知道丁先生底話是不是真有科學的根據。

一九三八 八 侍親舘

兩個劇本的讀後感

凡海

飛將軍裏面描寫富人不合理地承捧飛行將士，用酒去傷害飛行將士算是慰勞，用賣淫式的戀愛，跳舞去麻醉，墮落飛行將士也算是慰勞。這些富人的醉生夢死，沈於酒淫，並且相信酒淫，發揮酒淫之惡以爲善，致直接間接遺誤國家大事，削弱民族解放戰爭的力量，固然可恨，但因此便在舞台上宣佈這種人爲漢奸，却未免過甚。他們底罪惡固足令人齒冷，但他們底愚蠢，也着實可憫，作者應該用深切懇摯的態度無情地揭穿他們，也不妨加以毒刑斥責與拷問，但歸根結底作者所持的態度還是爲的要救他們，切不可以把他們推入敵人營壘里去。

最近新演劇這本雜誌裏有一篇劇本叫作上前線去，的裏面有一個鄉民替人雇傭壯丁頂替兵役，從中受酬得利，作者也在最後把這種人判爲漢奸了。但這種人底目的也並非幫助日寇，他不過愛財如命，無孔不入罷了，把他判爲漢奸，也不對。

在現在這兩種人還確實不少，都市中，鄉村中，儘如此類醉生夢死，只知目前利益的人普遍皆是。作爲一個作家，見了這類現象要痛心，要憤恨，而最後要加以揭發，也是應有的天職，是作爲一個作家底良心所必不能容忍的自然的呼聲。我們應該贊助，但若憤恨過度，把這許多到處存在，起馬在目今普遍地還不會覺醒的同胞，置於漢奸之列，而不予他們以自新之路，也一定削弱了抗戰的力量，對敵人有益，對我們是有害的。

我過目的劇本很少，但僅僅看了幾個劇本，便發覺此種誤置大多數不覺醒的同胞於漢奸之列的不良傾向有兩起之多，可見這種傾向也許並非偶然。作家且不免如此，則此種傾向之普遍存在於一般人底口頭心邊，自在意料之內。所以是不可忽視的一件事。

但我們儘管反對這種傾向，還有一種政治目的在於使中國抗戰失敗的人，却竭力要助長這種傾向，意在削弱統一戰綫，故意把許多落後同胞當作敵人看待，使他們不成爲抗戰的一份力量。如像托洛斯基在中國的那些信仰者所辦的刊物上鼓吹的廣義漢奸，就是這個用意。作家們應該首先不要上當才好。

何處是家

江烽木刻

太原西郊的碉堡

力羣

近來我時常念憶起太原，——這悲哀的古城，現在是喘息在敵人的鐵掌下面了。

但也奇怪，當這古城的灰黯的面影浮現在我底腦際的時候，我沒有想到在大那樁上染紅了的同胞的血，那在敵人的跨下蠕動着的無恥的奸類，甚至沒有想到那在城頭上飄動着的敵人的太陽旗。我所放心不下的却是那些蹲在西郊外的像墳墓似的一塚一塚的碉堡。

我爲什麼要想到這些碉堡呢？因爲這些碉堡是內戰時代，老閻爲了準備迎擊進攻太原的紅軍而建造的。但當時的紅軍並沒有進攻太原就回去，因此這些碉堡也就沒趣地像古跡似的遺留在古城郊外的汾河邊上了。一直到我當年夏天離開太原，那些墳墓似的碉堡還靜靜地蹲在西郊的汾河岸上。

如果太原被陷時，那些失魂似的官長們並沒毀掉呢？（還是完全可能的）那麼，敵人不是要鑽在我們手造的碉堡里面迎擊我們從汾河西岸進攻太原的游擊隊嗎？——我想。如果眞的竟然是這樣，那可就使我太心痛了。

對于這些碉堡，我是親眼見過的：那時是一九三六年的春天，當春的消息透露在古城時，紅軍要進攻太原的消息也就襲擊了古城了。紛亂了一陣之後，就聽說汾河岸上已造起碉堡來，但僅僅是聽說而已，因爲那些探頭探腦的人們連城門都不敢出，誰還能親眼看到呢？

終于紅軍渡過黃河回去了，那些要求太平的小市民終於得到了太平。於是古城開始了往昔的熙熙嚷嚷，人們不再是提起心來過日子了。因此也就開始準許出城，不再是悶窒地被人家鎖關在鐵柵似的古城里。

在當時，長久禁錮在城里的我，居然能出到春天的郊外呼吸點新清的空氣，眞是一種莫大的享樂。

我記得非常清楚，在一個明朗的日子里，我和杜妹出城了。我們在碧綠的草地上邁着步，田野間不時送來了馬蘭的幽香——這種花有一種紫藍的美麗的顏色，路邊也點綴着黃花。我們明知道這里是沒有作過戰的，但當時的心情，却總覺得自己是踏步在戰後的田野上，有一種無名的感奮了。待到我們走近汾河岸邊，在我們的前面出現了灰白色的碉堡時，這種感奮就更加强烈起來。

那些碉堡並不高，是圓椎形的，砲眼很多，在它的足下插着木樁，在木樁的行列上繞纏着鐵絲網，帶着鐵刺，像棘木的刺牙。當我們走近它的身邊時，就從我底心底湧起了憎惡了。但在碉堡的附近[illegible]開着[illegible]大的花。在汾河的西岸是靜靜的一片田野，春風吹掀起麥波，也吹拂着杜妹的髮絲，這使我感到愉快。

在汾河堤上的戰壕邊，有發芽的樹林，在樹林上有歌唱着小曲的野鳥。………

如今，這些祖國的土地已經被敵人所侵汚，這些祖國的田野也已被鐵蹄所踐踏，現在殘存在我腦海里的，就只有這些空漠的綠色的草地，馬蘭的幽香，灰白色的碉堡，交織着的鐵絲網………了。

但綠色的草地，馬蘭的幽香………我都不懷念，我所放心不下的是那些蹲在太原西郊的汾河岸邊的一塚一塚的碉堡。如果眞的敵人竟利用了我們內戰時代的手造的碉堡，從那些砲眼里迎擊起收復失城的游擊隊來，我們將會怎樣的心痛呢！

可是，單單心痛是無補于我們的抗戰的。我願這些被敵人利用了的內戰時代的碉堡像碑石似的永立在國共兩黨的中間，因爲這碑石將會嚴厲地作證：兩黨的分裂，不但自相殘殺了自己的兄弟，耗費了民族的精力，更不幸的是替敵人造下利刀來屠殺自己的軍民。

此刻如果有人反對以國共兩黨爲基礎的統一戰線，無疑的，要不是拿了敵人的津貼，那他一定是瞎眼，因爲他的眼睛竟不能看到存立在於國共兩黨之間的那巨大的痛心的碑石。

上海雜誌公司總發行

總店 漢口交通路第六十二號
支店 上海 廣州 梧州 宜昌 重慶
分店 武昌 長沙 成都 西安 昆明

列寧的一生

附：列寧論中國 全一册·鐵冰譯

本書凡四萬餘言，用最簡潔而又最明白的文字，詳盡地活潑地把世界最敬愛的人——列寧的一生，敘述出來。在民族革命當中，我們的民族鬥士，要想學習世界革命導師的奮鬥精神，來磨礪自己，這本書是值得人手一編，不厭百回讀的。

實價三角

日本經濟與經濟制裁

趙洵·黃一然譯著

要明曉我們的敵人日本帝國主義的經濟力量是充實還是貧弱？國際用經濟制裁是不最確能制日本法西斯强盜的死命？在這本書中從各方面給予讀者很正確的回答了。

全一册·實價五角

中蘇互助論

一册·沈志遠著 大時代叢書十七

自從我們抗日的民族解放戰爭發動後，中蘇兩大民族進一步的合作，不但成爲我國朝野一致的呼聲，而且也是全世界和平民衆的希冀；故在目前，中蘇關係的演進，確已成爲遠東乃至世界政治的重心。本書把這問題明確的分析與論斷了。

一角五分

最佳抗戰劇選

適合各地救亡劇團最好的選集·馬彥祥編選·實價四角五分

最後的勝利

田漢著 大時代文庫第五種·（抗戰獨幕劇）實價一角八分

這是田漢先生在抗戰中寫成的一個抗戰劇本。田先生的作風，是全國一致推崇的，而此劇更表現出田先生在抗戰中之進步的作風。曾在漢口公演，極著宣傳之效，獲得觀衆一致的好評。

民族萬歲

宋之的·陳白塵改編·（五幕劇）大時代文庫第六種·實價三角五分

這是宋之的陳白塵兩先生改編的一個五幕劇本。描寫日本帝國主義軍閥對於失地區域中國人民的慘酷獸行，失了祖國的人們就完全失掉了自由，要想做箇安分守己的善良百姓亦不可得；中國人民睡着的心覺醒了，明白了在虎口裏是討不出自由來，大家聯絡起來，爲了祖國，也爲了自己，一致跟日本法西斯强盜拌死鬥爭，偉大的中華民族的怒吼，果然把日本强盜驅逐出中國，收復失地，獲得解放與自由。這劇完全表現出民族團結禦侮的積極的力量，目前在成都重慶公演，備受觀衆的歡迎。

梁紅玉

歐陽予倩著·大時代文庫第七種（抗戰新歌劇）在排印中·即日出版

這劇本是歐陽予倩先生爲適合一般羣衆而編成的新歌劇。本事描寫南宋韓世忠梁紅玉夫婦實行「軍民一致」而抵抗金兵之侵略，予侵略者以大打擊。全劇有唱有白，兼有全武行，表演於舞台，眞是有聲有色，大可發揚民族意識增加民族抗戰情緒。

我相信中國

張申府著·（救亡文存之一）全一册·實價每册三角

西線抗戰經驗錄

亦華編 每册實價三角

戰時文學論

王平陵著 全一册·實價二角五分

本刊已奉湖北省政府秘字三〇九三三號令核准登記

戰地生活叢刊

本叢刊係特約參加西綫抗戰的作家們所撰述的報告文學或創作，隨筆，通信，戲劇。是戰地生活的忠實報告，是前綫實際工作的寫實，是偉大時代的活文學，是槍桿與筆桿同舉的，血和淚交織的文藝作品。本叢刊各書都有著作權，任何人不許割裂改竄，偷竊編印類似的書。倘有發現，希望讀者給我們報告以便追究，茲將第一輯已出版各書要目列後：

八路軍七將領

劉白羽 王余杞 著

二角五分

本書的作者曾經率領了救亡流動演劇第一隊，於「八一三」後從上海到山西，在八路軍的總部和各師部駐在地各村莊演了二十多天救亡戲劇。在西綫上，他們謁見了八路軍各將領，同他們談過很多的話。本書中的七將領——朱德，任弼時，林彪，彭德懷，彭雪楓，賀龍，蕭克——特寫，就在那時寫下來的，文筆生動，如見其人，讀了好像浸浴在溫和的陽光中。

兩個俘虜

天虛 著

一角五分

在西綫上有兩個俘虜，是日本忠實的農民，他們也同樣的反對戰爭，反對法西斯軍閥；但是他們沒有以力來反抗戰爭，相反的他們不得不加入這違心的侵略戰爭，這是多麼的矛盾啊！他們精神上的痛苦，我們是值得同情的。本書作者曾親自陪伴這兩個俘虜，教育他們，說服他們，加入我們的反侵略戰綫裡，一同爲打倒日本法西斯軍閥而鬥爭。

游擊中間

劉白羽 著

二角

本書以生動的筆，描寫英勇抗戰的姿態：內多爲戰時最前綫實地寫照，和著者在西綫的經歷；如一搶槍」一襲擊」「一個俘虜來的東北人」「在×村」……等均是活躍的游擊實事記錄，讀本書，即如親自參加游擊戰爭一樣。

莫雲與韓爾謨少尉

羅烽 著

一角八分

用文藝小說的筆法，寫抗戰時二種不同的人格。莫雲與韓爾謨少尉，本是對愛情融洽的青年未婚夫婦，因韓爾謨身爲少尉，畏縮不前，臨陣脫逃，而爲國服務，爲國効忠的愛人莫雲所不齒，所屏棄。莫雲之偉大之人格及態度，能使一般人爲之感化。

預告

陽明堡底火戰 奚如著 二角二分

征途上 張天虛著 （印刷中）

西線隨征記 舒羣著 （印刷中）

八路軍學兵隊 陳克寒著 （印刷中）

西北戰地服務團 戰地通訊錄 丁玲·奚如編

西北戰地服務團 戰地戲劇集 （印刷中）

上海雜誌公司刊行

漢口交通路六二號

支店 廣州 梧州 宜昌 重慶 上海

分店 武昌 長沙 昆明 西安 成都

本期零售·每冊一角二分

七月

第三集

3

上海雜誌公司總經售

・目錄・

七月

第三集　第三期
（總第十五期）

廿七年六月一日出版

編輯兼發行　七月社
漢口交通路六十二號

編輯人　胡風
發行人　張鴻飛
發行所：上海雜誌公司總店
漢口交通路六十三號

經售處：上海雜誌公司支店
梧州・武昌・廣州・長沙・宜昌・西安・成都・昆明・重慶・

印刷者　新昌印書館
漢口小董家巷
電話二一〇四五

本期零售每册一角二分

訂價
三個月……五角五分
六個月……乙圓

每月一日十七日出版

閘北打了起來（上）

S. M.

從東亭到安鎮是十公里。因爲愛惜皮鞋，我脚上穿了一雙破舊的；不時有沙子之類從鞋底磨穿處鑽進來，瓜絡的鞋墊也碎成一片一片刺脚的東西，不怕走路的人到了這裏也祇有一肚子的咕嚕了。課目是靜肅行進，連絡法，受敵探照時之處置……。遠處有乳白色的手燈光緩慢地移動着，反覆探照着馬路底彎曲處，一下給馬路左側高大的屋影擋住了，一下又從濃黑的樹林中透出來，滿天的星，滿田的螢火，滿耳的蛙聲，反襯着這無光無聲的人流。停一下，又走一下，一個個蹣跚的背影。偶然，也有人咳嗽一聲，兩聲的。人全疲勞了，疲勞得不願意再說一個抱怨的字，祇是半意識地隨性地走着路了。忽然，有人從後面那樣緊急地趕了上來，脚踏車差不多是從隊伍中衝過去的，這裏人一下滑醒起來，連忙回過頭來看，可是脚踏車早已飛了過去，星與螢火以外看不到別的東西。隊伍如夏天黃昏的蚊羣，由低聲底集結，變做咆哮的夜潮，開始彼此探問，雖然有軍官們叱罵着壓制着，聲音仍舊是浩蕩的；並且就是軍官們也一樣在說着話，甚至有反向士兵探問什麼的。

「什麼事？」

「來了麼？——」

前面起了一陣急促的馬蹄聲，隊伍剛開始避在路邊，營長底跳躍着的連人帶馬的影子立刻飛到背後去了。脚踏車也在這個瞬間過去，那是團部底一個傳令兵，認出來的人連忙大聲問他：

「他媽底小舅子——有什麼事？……」

「你他媽的小舅子！」遠遠地擲回來一句給風把尾巴吹得不怎麼完整的話，「團長才……一個人知道！——」

一營人立刻往回帶，課目：急行軍。

人又不說話了，低着頭走，蛙聲以外，祇有一片沉重，急促，混亂的脚步聲，有節拍的刺刀在鞘中的轉側聲，不容易聽出來的皮帶磨擦的「喫咕」聲。可是，這次人卻是在沉思，全不是睡眼狀態，我也一樣，喜悅的興奮與不可知的惶惑把我底思想引得很遠。但是我底小腿是在那裏粗大起來，笨重起來，沙子與石子更多地鑽進鞋子來，我痛苦得出了熱汗，變做小步子落在後面，還打算一到家裏就洗脚呢。心比脚走得更快，路卻在急行軍中反更修長，到我們這一營人回到東亭，有幾連人已經在那裏搬運東西了。滿街是兵，幾個挑了子彈過去，幾個又抬了蚊帳過來，團部門前堆滿了東西，擠滿了人，河邊的幾隻船上裝卸着什麼，還有牽着驢馬的。那時候是剛十點以後。

營長穿着汗還沒有乾的襯衣立在營部門口，看見了我，立刻止住我。

「陳排長，陳排長……」

到我走到了他底面前，他低低地告訴我：

「今晚我們就要出發到上海去，十一點鐘登車完畢。你回去要他們趕快準備好——東西用不着的全不帶，祇帶槍枝、子彈、背包——上海今天情形很緊張，我們已經下了決心的，不過這個，這個，可以不要對士兵說什麼，嘿嘿，只說動員演習就是，嘿。還有：你們人到齊了沒有？有落伍的沒有？」

「全回來了，沒有落伍的。」

「那好。」

在淡黃色的電燈光下，他薄薄的嘴唇變做了一個微笑。我一面把右手舉起來行禮，一面也答以微笑。因爲我太歡喜了，雖然我仍舊不相信這一次眞會發動什麼戰爭，聽了這樣的話，如夢裏看見了什麼渴望的東西，也就當作眞看見了這個東西一樣。我立刻跑着回去，才休息了一下的脚，一走起來特別艱難，路上來來往往的人又阻擋着我。兩個兵抬着一個軍衣對面跑過來，前面的一個，那樣通紅的臉色，張着口，大步大步地，把我底右肩猛撞一下，可是他頭也沒有回過來。對長官微笑，一個兵撞了長官，敢不立正，這在平時都是不合「紀律」的，可是，到了抗戰底前夜都成了沒有意義的小玩意兒。我不由自主地後退了幾步，揉了一揉右肩，又跑了起來。

從東亭到無錫車站有六公里，一切事又都得開始做，短短的半個至一個小時怎麼對付？我還洗脚？

一回到華家墳我就去找連長，連長也正在找我呢。我還沒有開口報告他營長底話，第九班班長中士鄭得標來找我。

「報告班長！這個，我班裏有兩個病的，這個，喏，多一棵槍，喏，祇能挑一担子彈，……」

不等鄭得標說下去，連長拍了一下桌子，把茶杯都震得跳了一下，咆哮着，一下跳了起來。

「多一粿槍也要你帶，少一粿槍也要你帶，——挑一担子彈？我連長，排長給你挑一担好嗎，——有病？放屁！還個時候來有病，有病也要去，就是死，也要去報告你媽啦個臭屄！還個報告那個報告！……」

應得標，面向連長，給罵得臉色發青發黑，嘴唇動着動着說不出一句話。我給連長這一罵也弄得沒有辦法，祇得把營長底話來支吾。我不好過。可是連長還是「渾蛋，」「渾蛋，」「媽啦個臭屄」地罵個不止。應得標遲疑了一下，白着眼轉過身子去就走，並不鞠躬，一面走一面喃喃地在說什麼。

準備的事連長已經知道，他還給我看了命令。他告訴我規定携帶的東西，集合的時間。照規定，排長每人祇能够帶三十斤的行李，這是沒問題的，不能够帶的東西我存放在什麼地方就是，或者簡直送人也可以，但是我想到了應得標底報告心就發愁，一班人裏有一枝捷克式的輕機關槍與八枝中正式的步槍，每人携帶二百發子彈以外還有那麼兩担，彈藥手還有特別的五、六百發，預備槍管與零件也需要一個人，這樣，一班裏得有十三名兵才够對付，可是我這一排裏每班總祇有這麼十一、二個人，還有害病的，如第九班，十二個大兵，高得勝昨天吐了血，關士邦有幾天沒吃飯了。

「報告連長！東西帶不完却是個事實問題吒。」我抑止着憤怒，小心地用商討的聲調說。

「唉！陳班長你眞是！」連長不以為然的樣子，揮一下手，惡毒地望了我一眼。「像你這樣帶兵是沒辦法的。兵依得的麼？兵是狗，猪，非壓迫不可！你看他們會帶完的。你一依他，他就爬上頭來拉屎。你老依他！」

「照編制每班是有十六個人的。」我還是抑止着憤怒。自從到了軍隊裏，青年的憤怒在我是無從發洩的。但是我現在却繞一個圈子向連長進攻了。「可是師部在我們這一連上的『記名』就有十個之多。還對於國家說，戰鬥力上是有不小的損失的。帶不完東西還是小事。」

連長底臉紅了一下，頭低下去，手掌拍了一下左膝。我底話刺傷了他了，因為他也有『吃空名字』的事。可是他却裝做不勝感慨的樣子，大聲叫了起來：

「中國軍隊眞黑暗！我說，非殺不可，我說！——陳排長！你回去看一看，第三班準備好了沒有？——那末，那末，每班最多可以繳一枝槍到連部來，假使人眞不够的話。好，你看吧。……」

一個營部底傳令兵走進門來，鞠躬，立正。

「報告連長！去領手榴彈，一連六箱。」

「哦，那末，陳排長！你排上派兩個勤務來。」

大殿二殿裏全是蠟燭光，電線有人在拆收，巨大的人影在牆壁上神像上移動，震動，被比重疊，擴大與縮小，結合與分離，側面變做正面。有幾個兵狗一樣爬在地上摸索他底什麼東西，有幾個在那裏捆背包，拍打着軍毯，還有一個翹着的屁股在看不淸楚的黑影裏幾乎絆倒了人。地上亂七八糟地全是東西：稻草、「叮噹」發响的圓鍬、「不要踏哪」的手榴彈、「我底鉄帽子肏媽那一個拿了」却一脚給人踢了出來的鋼盔、背包、散開的子彈帶、衣服、扁挑……，人來往奔跑着，進進出出，口裏叫着什麼，也有彼此高聲大罵的。各種東西相觸的雜亂的聲音，拖過子彈箱來的磨擦的聲音，水壺落在地上的空洞的聲音。

我走進了自己的臥室，傳令兵胡春樵已經把我底行李弄好了，桌上有一些廢紙，第一排排長底行李也整齊地放好在門邊了。

「排長！九班班長來過，段排附也來過。」

「嗯。」我從袋子裏挖出表來一看，剛好，十點半。「傳各班，快一點把東西都弄好。七八班，每班派一個勤務，到連部集合。」

胡春樵走了以後，我用手一推把床板上的稻草推開了一部分，懶懶地坐了下去。但是我立刻又立了起來，脫下帽子，換了鋼盔，解開了皮帶，把『快慢機』掛在身上，又掛了圖囊，又扣上了子彈帶——想，還洗脚麼？

第七班班長上士段其祥走進門來，鞠躬，含笑地後面跟着胡春樵。

「排長！排長是開差麼？」

「營長對我說是動員演習。」我忸怩地說了一句曖昧的話。

「排長！」段其祥笑出聲音來。「這瞞什麼呢。打日本，誰不喜歡？誰不巴望這一天？我保險打日本當兵的沒有一個開小差的。那一個當兵的不樂意不喜歡呢？」

「段排附早已知道了。」胡春樵也笑起來了。那笑，像操作中讚許他底動作好的時候的一樣，那樣發着光輝。

我完全窘了，我說了眞話。營長底囑咐給我拋棄了。

這個時候，應得標搖搖擺擺地去了進來，臉色是灰黑的，塗過油一樣閃亮，鋼盔歪戴着，腰上笨重地纏着三條彈子帶，如彌勒佛底肚子儘往下沉。在他後面的是第八班班長中士何勝榮，也着好了裝，並且自己背着預備槍管。再後面是第八班底副班長下士姚榮安，全副武裝的一等兵陳中元。

「排長！這次要打倒日本帝國主義了。我們中國人也要出一口氣了。」

不讓陳中元試探的話說下去，應得標沉着臉叫起苦來。

「排長！我又去報告了連長。我自己出錢，雇一部車，還許多東西，噠，高得勝又走不得——連長又不答應，這個……」

「你多多少東西？」

「十二個人，兩個實在有噠病，又不是喜歡害病！又不是我教他害病！——我一個人背兩棵槍，一把斧頭，一個十字鎬，兩袋子子彈，噠，這個，噠，這個，還少一個人背槍。輕機關槍零件，這個，噠，我已經分開，噠，噠……」

「排長！我班裏東西也帶不掉。」

「我也多很多東西。排長！你可以報告一下連長。」

做排長的苦笑起來。「好，每班送一枝槍到連部去。別的，想法帶吧，為了抗日，就吃這一次苦算了吧。」

「排長！」應得標槍着叫了起來：「這樣就好。又不是吃的東西，可以，這個吃到肚子裏去的，又不可以丟掉，國家底東西。不過，排長！高得勝，噠，這個高得勝，關士邦兩個人這個這個我可沒有辦法，我又不能够替他害病。」

「我這一班人最少，多一枝槍。」何勝榮說。

「我東西能帶。這樣一來一去，脚都磨起泡，我怕走不了路。」段其辭說。

「好在路近。」又轉過臉去對何勝榮說道：「我已經跟連長說好，把槍繳一枝到連部走就是。」

「繳一枝槍以後還多一枝。」

「那末……」很沉吟了一下。「好！你去拿一枝槍來，我來背一枝！」

「怎麼好叫排長……」

「排長也不過是一個人——你們還有別的問題麼？」

「排長！」應得標說了半句話就停住了。「高得勝……」

「要副班長陪了他先慢慢地走。」

「這個，這個他底東西？」

「把背包交給胡春樵挑。」

何勝榮，段其辭都笑了起來，弄得應得標也不好意思地在陰鬱的臉上有了笑容。陳中元底笑聲最高。胡春樵把行李用扁挑試了一試。

「大家快一點去準備，好時候已經超過了。」

大家退了出去。我望着『薛大元帥』底塑像，望着那神幔上的『威震天山』四個大字，想着一二八，想着一片瓦礫的閘北，不自覺地輕輕地歎了一口氣。自己並沒有『征東』的野心，祇是不願意做奴隸罷了。自己入伍是一二八以後的事，第一次作戰就是對日本的叛逆，假使戰爭果然發動了，這真是自己底幸福。但是又担憂着軍隊底紀律與自己底經驗和指揮能力，這要從血裏去試驗，這要從血裏去學習。『征東』的勝利一樣是可以有的，只要能够堅持這個戰爭，不再像一·二八，每一個二等兵都會變做薛仁貴的。可是戰爭眞會這樣起來麼？

走出去一看，人仍舊叫嚷着，奔跑着，忙亂着。但是多數人已經着好了裝了。看一看表，十點四十五分，還沒有集合。還有人在地上摸索。一地的亂草，沒有人掃地。

「各班把地掃乾淨！」

回到寢室裏，自己拿起掃帚來掃地。——尹樹民送了一枝槍來。

到十一點零三分，外面才吹起哨子來。可是事情還沒有全部做了，仍就有人來往奔跑，還裏那裏叫嚷。遠處飄過來使人緊張的集合號聲。

連長底叫罵像一串邊爆一樣，在燈光裡跳來跳去沒有完結的時候。「領子彈怎麼還沒有回來？他媽的個臭屄！——你跑什麼！跑什麼！你看我揍你個龜孫！——誰嘀咕？誰嘀咕？嘀咕的就是他媽啦個臭屄的龜孫漢奸！——集合！集合集合！集合不來不等老子要槍斃幾個狗鷄巴的！」……

好容易隊伍才帶一。路上的散兵走。團部門前仍舊忙亂着，一個綽號瞎子的副官也在那裏跳脚罵人。隊伍才走到大橋邊，就給別的隊伍擠住了。

從東亭到火車站這短短幾里路却是如此難走的：人都沒有洗過脚呢。每一個步槍兵有一枝槍、二百發子彈、四個手榴彈、刺刀、鋼盔、工作器具、一個水壺、一個裝滿了雜物的乾糧袋、一個背包、飯碗與洗臉用具，有的還帶着防毒面具，這些東西在極度疲勞以後的人是並不輕鬆的。走不到一公里，距離間隔就沒法保持了，有人開始呻吟了，有人開始落伍了。我底脚像兩根木頭，祗有一半的和覺並且是異樣不痛快的知覺。沙子愈來愈多。

一個黑影落到我後面去，我一看原來是有脚氣病的何凱。

「怎樣」？

「報告排長！實在走不得。」

「努力一點趕上來。」

「是，排長！」

一第兵熊延華也落在後面，來離開前面一個人大約有七八公尺的樣子，他那樣歪了頭，一下槍上肩，一下托槍，一下又把槍掛在頸子上像一根扁挑，一下又是一個特別的花樣，把槍背着了。關士邦底步子像『改組派』的脚，又穿了緊鞋子，應得標跟在他底背後，一面走一面威嚇着他：「我看你是想死，你要我打你麼！」陳中元因爲醫院解散才歸隊的，病還沒有十分好，也剩在後面了。梅小龍不聲不响忍耐地走他底，看起來像一個獨行者，那樣與人無關的樣子。這樣又走了一段路，我看見了高得勝與任友泉。我招呼任友泉：

「你看有車就給他叫一部車，怕火車馬上要開。」

「那裏有錢呢！」

「錢我有……啊唷排長！嗯，我眞走不了啊！」

「慢慢地跟上來——後面還有個『何凱』。」

漸漸地有人偷偷地到路邊去休息了，繼續走來的人可以看見有人坐着或者蹲着，有的把槍橫在路上，人一不小心就會給絆痛脚和挨駡，因此大家都走到路中去。還有點起紙烟來吃的，一點紅火突然從深黑中發光，隨卽又暗淡了下去。一連人底長徑沒法計算，行列也失了形像，一定像一個擴大的散兵行了。有軍官們與班長們叱駡什麼的聲音。我自已走在一連人底後面，無形中有一種責任，我得注意落伍的人，尤其是帶着槍的。可是夜是這樣黑暗，人又疲勞與緩慢得像一隻耕種了一天走回家來的水牛，並且，自已也很想這樣坐一坐，或者立一立也好。附近有貪婪地吃水的聲音，黑看不見。

終於走到城市附近。疏疏的電燈照着人影，馬路這邊有三個，那邊有五個，但是多數人仍舊集結着，不過已經不是什麼行軍縱隊底整齊的三路，而是那樣彗星尾巴一樣的東西。有立下來小便的，弧形的尿給電燈光照得發出白銅色的光輝來，有把背包解下來做枕頭。死了一樣躺在路邊的，有一面走一面仰着頸子灌水吃的。軍官們走過，看一眼，因爲不是本連的，就像不看見地一樣過去了。第一連一直向前走，第二連、第三連、第二營第三營落在後面落得很遠。有駡着人一直趕到前面來的有背兩三枝槍的，有用槍托挑背包的，有完全徒手了還是那樣一蹺一擺的。街道完全靜寂，祗有一隻狗吃驚地大叫了幾聲，叫過以後又倒着尾巴在喉頭低聲咆哮着閃入黑影中去。以外全是脚步聲：那樣沉重，那樣雜亂，把整個街道都震動了。

到火車站是十二點二十七分。

機關車吼叫着，匆匆地開過來又匆匆地倒回去，這一節車箱拉了過去，那幾個車箱又推了回來，這幾個車箱剛結合好，那幾個又分解開了。强烈的燈光發紅的烟，軌道上還落下來一些紅熱的煤屑來，那樣黯淡下去。月臺上這裏那裏不是高高地堆着東西，就是把東西攤個滿地，有行軍鍋灶，有子彈箱，有山砲有幾關槍。又是來往奔跑的、人叫嚷着的人，有的已經登車，脫下了衣服閒看人，也有咬吃什麼東西，把皮、核之類向車窗外面亂吐的。有一輛敞車上全是紅馬。機關車又沉重地喘息着疾馳過去，電燈光中留下了一捲銀白色的表裏通明的水蒸汽。

隊伍還沒有立住脚，就帶到別的地方去了，但是又莫名其妙地停止在一個地方。沒有登車的時間，車還沒有預備好呢。剛剛連長集合過，又是官長集合，營長又有話說了。

第一列車開出去了，火車上吹着前進號，有一個兵追着開走的火車跳了上去。時間是一點以後了。

本來我們這一團是第一列車的，可是結果却變做第二列車了。始終沒有登車的時間，機關車始終奔跑着，大吼着。說天明以前得到閘北，那怎麼成？

弟兄們有的去買了東西來吃，有的坐下了默默地吸烟，也有彼此談話的。軍官們全忙亂着。我給連長請去三次。最後一次要我跟了營部副官周克雄去分配車箱，一列車已經編成了。一根橫在地上的木頭絆倒了我，我底左膝上出血了，褲子在膝頭上裂開了，傷處嵌入黑色的煤屑去，我祇得用嘴去吮，吮了好久弄不淸潔，一面走一面發痛，結果別的連上都分配到了車箱，我這一連却還等着。營長發怒了，不說話，兩眼威脅着人。原來那一個箱車，團部副官一面分給了第一營，一面又弄錯了分給別的單位，上面已經塞滿了人了。到吹起預備號來的時候，這問題還沒有解決我走了回來，弟兄們都在等我底信，有咕嚕的隊伍早已整理好了。我把情形報告過連長以後，又跑去跟在營長與書記官邱麻子底後面，總算弄到了一輛漂亮的三等客車。於是我去引了人來，人像蜂一樣，擠着向蜂房裏鑽，槍托撞在車箱上發出大聲，也有踏痛了人底脚使後面的人叫駡起來的。

一到車箱裏第一我就卸下身上那些討厭的東西來。但是我衹在門邊找到了一個位置，人坐滿了，不，人擠滿了。末後我走到平時車上的小販們在那裏煮牛肉，燒開水，安放香蕉麵包之類的小室裏去，傳令兵胡春樵要把我底行李打開來，說我還是躺一躺好，那裏已經有了兩個人，二等兵彭輝與孙樹民。我不願意一個人享福，制止了胡春樵。我輕鬆了，事情已經弄好了，我點了名。

車箱裏嘈雜地講起話來，還有高聲大笑的。

「日本壓迫我們，今個兒我們可要壓迫日本嘞。」

說話的是第一班的中士班長白洪有，聲音雖然不是最大的，却是最清楚的。我想想笑了起來，那時候，我還是不相信抗戰眞會起來的。可是我聽了白洪有底話，心很痛快，我擠着走了過去，問道：

「怎樣，這一次打仗，你們心裏想？——」

「排長，你看這一次打仗那一個最勇敢！」一個兵連忙搶着這樣說，聲音是特別剛強的，也是驕傲的，暗示着他所說的正是他自己。

「那一個還怕死嗎！」另一個不以爲然的神情。

一個兵把位置讓給我坐。

「排長」，白洪有問道，「你看中國勝呢還是日本勝呢？」

大家附和着。

「還要看你們，你們要勝還是要敗。」

段淸生大笑起來，笑得像驢鳴。另一個最會笑的兵上等兵郭少玉也那樣大笑着，笑得像一隻母鴨子。

前進號起來，車身漸漸移動起來，電燈光一明一暗地。人點起蠟燭來。不久火車就奔馳在深黑的原野中了。天上星已經變過位置，又聽見了蛙聲。

談話繼續着。

「我一定要多殺幾個，殺他老子一個痛快。」

「我衹要够本。」

「不我還要利息哩。」

火車速度增加了，聲音龐大而嘈雜，從車窗外飛進冷而新鮮的空氣來，震動均勻，有人打着呵欠，有人歪着頸子張開着口睡熟了。火車走過一座鉄橋發出空洞的大聲。

「抗過日我就不當兵了，我就回家去種田了。」

「抗了日我死也就甘心了，也樂意，總算當兵也當出了這樣一個好結果來。」

「假使不是打日本，又是自己打自己老子不開他媽底小差眞不是個人！」

「眞的，在江陰營房我倒眞想過開小差的，哈！」

火車底煤烟吹進窗來，有嗅了不好受的煤氣，窗外不時有幾點火星很快地一直線地飛到後面去，蠟燭焰一下歪了過去，光收歛得很小要滅的樣子，「猝」幾個人不約而同地關上了車窗，蠟燭重明了。一個人用兩隻手擦着眼皮，擦得那麼發紅，一粒煤屑吹入了眼裏，哭一樣流了淚，口中痛駡着。後來對面的人那樣捧住他底頭又用手指撥開他底眼皮，吹一口氣又吹一口氣，火車連續馳過了兩座小鉄橋。

「排長！你怕不怕？第一次上火綫是有點怕的。」

白洪有忽然這樣問我，幾個人都笑了起來。我到這部隊來連六個月兒，暂期間在內，正好才一年。他們知道我沒有上過火綫。他們常常有這樣的表示：如我們這樣的人，『一張嘴』是最行，就是上講堂是沒法和我們相比的，野外與操場也不得不輸給他們；可是他們有他們底最後一着，行伍的有的是豐富的經驗，作戰的時候，能够『沉住氣，』不怕死，反之，如我們這樣的人，聽到第一聲砲聲就沒有腦子了，事實上也往往有臨陣脫逃的對我，他們倒不是惡意的，我和他們相處得很好，彼此互相了解，到如看一潭淸水一樣，不但建立了親切的感情，雖然有一次他們在火夫房裏也議論過，我給倒熱水去的胡春樵聽見了，但是白洪有說這話却是開玩笑的成份多，因爲我正和他們一起在向我們的大上海前進，他們是不必再懷疑我的。自然，他們有一個很深的觀念，『××的』總難免如此這般，我是一個軍校學生，因此我雖然有許多地方很與衆不同，在砲火之前，這樣嚴重的問題之前，我終於也會像一個『××的』底樣子的，正像狗總是狗，即使顏色有黃有白，形狀有大有小，性格有猛種的與有討人喜歡的哈叭之分，遇一隻狗決不能够跳全不像那一羣狗，而像獅子或者兎子。在他們底哄笑中，我倒有些窘了。我沒有想過這個問題，也沒有想到過，眞的，我衹憂慮着我底指揮能力，以及他們底『發洋財』的習慣，別的，我什麼也沒有想到。現在這問題突然提出在我底面前，並且正好是必須解答的時候，我眞有點茫然了。我衹是如平常一樣。我並沒有什麼感覺，還不過我自己知道，但是我將怎樣答覆白洪有和那些含着譏意的微笑那樣迫切地期待着我底回答的盯住我的眼睛呢？我不知道。我不愛『吹，』也不敢『吹，』雖然這是最容易的也是最討好的。我這樣的意識，使我們這樣一羣把死看成個自然的結束與戰鬥的必然，怕麽？不知道。不抬麽？也不知道。我沒有感覺到怕，也沒有感覺到不怕，我祇是如吃飯、穿衣一樣，不覺得有什麽新鮮氣味在裏面。我又不能够實預約，在火車中我是平常常的樣子，砲聲响了以後會怎樣，心理上會有怎樣的反應與改變，我完全不知道，也沒有把握。

「我說老實話，」我想了一想，這樣緩慢回地答他們道：「或者我最怕死，一聽見砲聲就抖得像一個落水鬼。但是誰知道呢。我們大家看吧：誰最怕，誰最勇敢。不過我想呢到了那個時候，怕也是要死的，不怕倒未必會死，那怕跟不怕還會有什麽問題呢。連最『窩囊』的恐怕也會變成最勇敢的吧？我們，大家都是平常人，血肉做的人；黃天霸戲裏才有。我們總勉強自已向勇敢的路走吧。怕麽，怕就是滅亡。譬如中國怕了日本，現在是多少危險呢，丟了東北平津，假使再怕下去，就整個全完了，是不是呢。」我停了一停。大家都在聽着我呢。「最後一句話：我們要彼此監督，彼此幫助。不要因爲我是個排長，不勇敢，怕死，把事情弄壞了，你們也不好意思說話；也不要笑一個怕死的人，要幫助他。眞的，我們這個時代，正是要不勇敢的人也勇敢起來，怕死的人也要咬着牙齒向死路大步大步走過去的時代，活或者活不成的時代。」

「排長！」二等兵關士邦說起話來。他是那樣可憐的樣子，面色白而微青。他原來是在南京拉人力車過日子的。因爲車租欠得太多才當了兵，他底綽號就是洋車。他底胆是最小的，班長聲音一大他就像一隻老鼠躲到黑暗的屋角中去了，因爲這樣，這次行軍，雖然他正害着瘧疾，他還勉強帶着不少子彈走了來，那麽狼狽。從江陰到無錫來的時候，他聽說就要對日本作戰，開始還幾天連飯也不吃，祇是呆坐着想他底心事，夜裏别的人醒來總聽到他翻來覆去的使軍毯下面的稻草發出不斷的綷縩聲來。他一說話，薄嘴唇那樣抖着，眼那樣不安地活動着。「排長！我就是怕，我老是怕呢，排長！我要不怕也沒有用。排長！我要不怕，我總要不怕！我恨日本人，可是我又怕。怎麽，排長！我怎樣才能够不怕呢？」

我與關士邦底話，引起了大家底爭論。我底開始的幾句話使大家失笑。關士邦底話引起的反應却是複雜的，有的白了他一眼，有的駡他不應該當兵，有的紅着臉望着他不作聲。

「初上火線是有一點怕的，怕過就好了。」

「可是，」另一個兵提出了反對的論調。「新兵才勇敢呐！他什麽都不曉得，他不曉得利用地形，不曉得敵人在那裡，不曉得危險不曉得死，祇是拚命放槍，那裏有槍聲過來，他就祇曉得向那裏放槍。」

結論是：第一次上火綫不免有一點怕，槍聲響了以後，就沒事了。

關於我，以後在閘北的七十日中使他們信任了我，開始的時候還使他們用一雙新鮮的眼來看我。關士邦在接觸一開始的時候就病得走路都脚軟，但是一個鄉易的命令他還照樣做成，漸漸地，在鐵與火中他終於也變得堅強了。

「排長！」關士邦因爲被幾個人駡了，更不好意思，那樣心虛地望着這個望着那個。「我就是怕，我就是要打日本，我，就是不開小差——他媽底心要怕！這樣怕，現在還怕，我眞不知道怎樣才好。我不開小差，我要打日本鬼子，他媽底他坐我底洋車我就不舒服，一面拉一面想幹他，可是我又怕他底棍子。我祇是怕，並不是不願意死。」他那樣嘮叨着，却興奮了，也特别顯得痛苦。

我陷入沉思裏，到這裏我又說道：

「誰不要活？誰不要活而且要活得享福，住在花園裏，天天吃魚翅，海參，穿綢穿羅？」我望着大家，我忽然想起，這是一個最好做政治工作的時候，自然我沒有黨派關係，我祇是根據了事實來說話。「可是日本帝國主義牠者都不許我們享福，甚至不許我們活在世界上，活在我們中國這塊土地上，我們自已底土地上……」

「嘔！眞他媽底氣人！——」一個兵在旁邊低低地却是那麽用力地說了這麽一句話。

「說，這是他們底『生命線』呢。他媽啦屄！」我到了軍隊裏不久，就會隨口駡人了。「是什麽『生命線』呢？是他們底軍閥要想升官，有功，他們底資本家更能够多刮中國底錢，要中國底煤礦，鐵礦，就是搶我們底飯碗！他媽啦屄！我又駡了。「他們本來已經享福的，連我們這可憐一碗黃米飯，也要奪過去，爲了他們可以更享福——」

「排長！這一次我一定做奮勇隊，排長，你挑猛勇隊有我一個。」

一個兵不等我說完，也不給我說完，就情急地要求我。

「我也算一個，排長，……」另一個兵遙遠地叫着，把旁邊一個睡熟的人叫醒了，憤怒地用發紅的眼睛着他。

「老子肏你姊！老子到上海不殺他個『雞犬不留』

」

「我們這一次一定要打倒小日本！」

「我要捉活的，捉了來挖心炒韭菜吃怪香的呢！哈哈哈！」

我底結論沒法做了，問題轉到俘虜上去了。我本來打算說下去，我們假便要活就得先去死，至少不迴避死，與我們有抗日必要的理論以及說明抗日底結果將是什麼與必須是什麼。可是一牽涉到俘虜問題，大家底心就更緊張了，更激動了。那樣的話我沒法再在一片叫囂中說下去；並且過分的情感也得糾正，這也是有必要的。

「你爲什麼要吃日本人底心呢？」我問那一個有一張紅面扁的臉的人。

「爲了他媽底太心狠！」

「你吃人底心不也太心狠麼？」

「不，排長！我不吃好人底心的。我心不狠。」

「日本人個個都狠麼？」

「都狠，當兵的到中國來的不狠也狠！」

「你知道這一次有一個日本議員，叫什麼名字的，要逃到中國來，反給他們底憲兵捉了去，爲了中國，現在不知道是死是活，報紙上登過，你知道這樣的事麼？」

他完全驚異了，出乎意外。他那樣瞪眼張口的。但是立刻又搖搖頭，做了一個不相信的神氣，撫摩着他手中槍說道；

「那是假的。」

火車又走在一座頗長的鐵橋上，「空隆」的聲音使說話費力。

「那末我反問你，中國人個個都是要打日本的麼？」

「當然是！」他毅然回答。

「那一個不想打日本！」另一個聲音。

「你知道有漢奸麼？」

「漢奸！殺他全家！——」

「問題是在這裏：中國人個個要打日本，但是也有這麼幾個漢奸，日本軍閥，資本家要滅中國，也有很多想同中國做兄弟的人。」

「排長！不是你說這話，我就當你是漢奸」

「陳排長！日本有好人，爲什麼個個當兵到中國來打中國呢？」

「譬如內戰的時候，你們願意自己人打自己人麼？」

「不願意！」

「不願不願！」

「那末，爲什麼會有內戰呢？這就是說，你們在壓迫下，在欺騙下，或者爲了生活問題，你們也祇得到火線上去，去送死，去做砲灰，也去殺人了。他們也一樣。所以，你們假使殺俘虜，吃心，不但不應該，正好中了日本軍閥底計，他們可以向外宣傳說中國野蠻，使他們不同情我們：尤其，日本兵左右都是死，繳槍給我們也是死，他們就要打硬仗了，我們底抗戰就要多一年兩年了，日本軍閥又可以向他們底兵，他們底老百姓宣傳了——這樣，他們捉了我們底人去也會一刀殺掉的——」

「假使我倒霉給他們捉了去，我倒願意給他殺了好！」

幾個人在嘅歎着。說到了這裏，問題又改樣了。火車一下駛入了燈光輝煌的月臺，「嗤——」放了一下氣就停住了。賣荸薺的小販們走近車窗來，口中兜售着。有下車到月臺去活動活動的，有去大便的，有去問小販們買物或者和他們開玩笑的，有問到上海還有多少路的，有跑過自來水管那裏去接了流出來的水來洗臉的。

在車站上停了有二十分鐘，一列客車到了。

開車以後談話又回到怕不怕上去，我這次沒有參加，我祇聽到了一句話：「老兵怕機關槍，新兵怕大砲。」

「死了算雄去屌！」

我靠在車窗上。火車完全在黑暗中前進。夜是如此黑的，可是也更接近明朝了。從黑色中我辨認出灰白色的小路來，也看出來更濃的一團一團的樹影向左肩後面飛。又是落在地上的火星。微冷的空氣與不小的風帶去了我底夢，我更淸理了。回頭看看車箱裏的人，有一半入睡了，有抱着槍的，有把頭靠在別人肩上的，有伏在自己膝上的，有半個屁股滑下了坐位，那樣歪在別人腿上的，有口角拖着十多公分長的口涎的，有給人壓得在夢裏叫了起來的。談話不知道是什麼時候終止的。他們需要休息。蠟燭熄了幾支，剩下來的也已經不多，那樣堆積着燭淚，燭燄搖擺着，車箱裡光與影也不斷搖擺着。火車不停地駛過了一個無光的小站。

天漸漸地朦朧起來，還是漸漸地明亮起來的朦朧。火車前進，又前進，不停止，也不疲勞。烏鴉飛起來了，喜鵲也叫起來了。原野裏流動着冷風與白霧。水塘與小河特別反射明亮的光彩。火車底煤煙像鬱積的怒氣，拂着天，拂着房屋，又低低地拂着田野，末後却擴散在空中。這樣駛過了黃渡，駛過了南翔。人都醒來，不再疲勞了，洋溢着一身精力，伸一伸腰，伸一下手臂，「嗄！」一聲朧總。天全亮了，是八月十二日了。經過的村落裏的農人們睜了好奇的詢問的眼向這一列車立着看。這樣，火車不久就到了眞茹車站，停止了，機關車脫離了「嗚嗚，嗚——」地叫着到別的什麼地方去了。

下車。

（下期續完）

向敵人的腹背進軍

東平

四月××日，我們新四軍受點驗的日子，在岩寺，我們熱烈地歡迎司令長官公署點驗委員的到臨。點驗進行得很順利——在全民族一致抗敵的旗幟下，在蔣委員長正確英勇的領導下，由過去被目爲「暴民」「土匪(?)」的地位變爲堂堂的民族革命的戰鬥員，由游擊隊變爲正式的國防軍，今天，新四軍正式完成了這一段艱苦的然而很可寶貴的歷史而負担起新的更偉大的任務，我們有着無上的快樂和光榮。

新四軍着手進行改編到現在已將近半年了。新四軍的指戰員埋頭于如何使游擊隊正規化這一課題，埋頭于隊伍本身的教育訓練，成爲新四軍出動前夜的準備工作中最緊張的一環。我們的首長葉挺，項英，各支隊的司令員以至全軍所有的指戰員，我們全體一致以最高度的抗敵情緒工作着，生活着，把自己的全生命投入于大時代的痛苦，大時代的興奮里面，忘記了日子在一天天的過去，忘記了時間，爲了充實我們的準備工作，爲了完成我們新四軍在東戰場的偉大任務，我們要求有更多這樣的讓我們進行教育訓練的緊張的日子，我們也確實地正在這樣的日子中沈迷着。但日益嚴重的戰局使我們時刻地在這沈迷中猛然甦醒；我們要等到什麼時候才出動呢？人家這樣迫切地質問着我們，我們也這樣迫切地質問着自己。

我們不能充當一下無靈魂的，失去了機動性的準備論者。——中國人以窳敗的武器，落後的戰鬥技術反抗日本帝國主義海，陸，空全副武裝的「遠征軍，」中國人依着這艱苦，壯烈的運命一步步向着前面嚴重的陣地行進。——在我們最高統帥蔣委員長的指令之下，我們出動了，我們向敵人的腹背進軍！

我們是新四軍先遣支隊。我們先遣支隊的產生和出動曾經深深地震撼了新四軍全體將士的靈魂。在點驗前後，軍部動員了全體同志在所有的集會中用最充分的時間，精力來思考，研究和先遣支隊有關的一切問題。先遣支隊的產生是我們新四軍的一個尖端的富于刺激性的戰鬥意志的表現，先遣支隊的出動更象徵着我們新四軍英勇的姿態以及它的熱熾如火的戰鬥企圖，沒有一個同志不願意加入先遣支隊，沒有一個同志不以加入先遣支隊爲至高無上的光榮。

我永遠不會忘記，四月××日的晚上，我們戰地服務團開了一個空前的盛大的歡送會歡送我們隨先遣支隊出發的少數同志，平時最不喜歡說話的同志在這里作了非常生動的演講，平時最不喜歡唱歌的同志在這里唱了歌，爲熱情所激發的女同志爲了惜別，爲了感慨自己不能加入先遣支隊，慷慨激昂地在這里流了英勇的熱淚。

我們戰地服務團的同志參加先遣支隊的有二十四人，我便是其中的一個，在名單宣佈的那一天，我們二十四人立即成爲全團的寵兒。平時爲了工作關係比較不十分接近的同志也成爲了最投契的朋友。我的房子里經常有不少的同志堆着在對我問訊，握手，要求在本子上題字，和我討論問題，問我的身上還缺少些什麼東西。這個熱烈的日子幾乎改變了我的沈鬱，寡言的性格，我竟然成爲了他們之中和藹可親，爲他們所深深地愛好的一個同志，一個朋友。

那天晚上，白丁同志在我們二十四人的首次集會中對我們作了嚴肅的令人深深地感動的講話，他勉勵我們要堅決，沉着，和皮革一樣的韌，他預言我們以後在戰鬥中所必將遭遇到的艱苦的情景，他要求我們如果一旦落在敵人的手里要如何的拿出從容，剛果的態度，如何至死不變的保持我們中華民族兒女的姿容……

我們從岩寺出發是在廿七日的早上，一聲哨子使我們離開了團部，團部的門口老早就給歡送的同志擁擠着，我們從那里走出，一個偎和他們挨着身子。熱烈的歌聲像火似的從女同志的隊伍中點燃起，迅速地燒遍了整個的歡送隊伍，第五隊（兒童隊）放起爆竹來了。歌聲跟着爆竹的燃放而逐漸昇高，同志們的高漲的情緒再不能低抑了，這是從生命中迸發出來的歌聲，這歌聲緊壓着我，叫我的靈魂屢次的從這緊張的行列中狼狽地逃出，我彷彿還時候正要求着獲得一點寧靜，好讓我慢慢地思索，因爲我實在太受感動了，我有許多話要告訴我不能一一握手道別的朋友，我需要說得更正確些，更標準些，使他們更相信些，……

我們二十四人從岩寺出發到××，和先遣支隊的隊伍滙合，那天下午，項英同志對我們先遣支隊全體作了最後一次的訓話，又和我們拍照。——我們先遣支隊終于健全地產生出來了，而且就要出動了，項英同志在他的籌劃的工作上應該已經告一段落，在猛烈的太陽光下，用了兩個多鐘頭的長時間，流着滿臉的汗，他勝利地完畢了他的博文有力的訓話。

陳毅同志把先遣支隊的司令員粟裕同志和政治主任鍾期光同志介紹給我們。——這位司令員是一個壯健，矯捷，三十歲左右的漢子，過去游擊隊的一個很出色的幹部。他生長在湖南。十五歲離開了家鄉，參加革命直至現在，新四軍成立後，被任爲×支隊副司令，現在被選拔爲我們先遣支隊的司令員。

鍾期光同志也是一個湖南佬，他生長在平江。學生出身，在中學畢業，十五年參加了革命，直至現在。現任本軍×團政治主任，這次軍部把他調充爲先遣支隊的政治主任。他中等身材，態度眞摯，常常對人家點頭行禮，不脫學生的故態，是一位結實，勇猛的少年人。

這一天的晚上，軍部突然有命令下來了，爲了適應戰鬥的環境，我們服務團只能以八個人參加先遣支隊，這八個人所必具的條件是：要懂得江浙的土話，要熟悉江浙的地理，要有壯健的能够刻苦耐勞的體格。我們的隊長和司令部商量的結果，指出了八個人，除去了十六個人。我的名字被除去了。我質問我們的隊長我所以被除名的原因，他說，團長已經答應我參加先遣支隊組織部長也允許了我，但政治部主任却不肯我走，要把我留下來。這里我得謝謝第×支隊司令員陳毅同志，因爲他幫助我達到了我的志願，這天晚上我到第×支隊司令部找陳司令員，兩次都碰不着，我只好留一封信給他，說明我的志願，我正式地辯明我是一個通訊員，我負有「重要」的任務；有偉大的歷史使命的先遣支隊的出動以及它以後如何在敵人的前後左右進行工作的情形，我非常迫切地要求着了解。我又提出我的另一個工作條件，我懂得一點日語（不管我的日語如何蹩脚，我這時候必須同樣提出，）可以做一點敵軍的宣傳工作。第二天我和陳毅同志見面了。他微笑地對我說，「不錯，你這個通訊員實在非跟着走不可，……」他于是爲我寫了一封信給政治部主任說明我不能回去的理由，我終于勝利地從十六個人的隊伍中轉入八個人的隊伍里面，八個人變成了九個人。

我們出發到現在已經有三天了。第一天我們趁汽車，昨天開始了步行，從昨天起兩天中我們一共走了一百三十五里，爲了防禦空襲，隊伍停止掩蔽共五次，一路上和我同行作長途送別的陳毅同志對我們訓話兩次，粟裕司令訓話三次，內容包含先遣支隊的任務，戰術，統一戰線的實踐，行軍間的衛生，防空，紀律，八項注意以及一點一滴的小問題，（此外還有我担任的日語）訓話中一大半採用了所有當時當地發生的現實材料，這無微不至的教育和學習幾乎占據了我們生活的全部（即使在行軍中也是如此，）一點不正確，不純淨的觀念和行爲都不能在我們的隊伍中留存，高度的抗戰情緒和英勇，犧牲，堅苦，奮鬥的精神在我們的隊伍中洋溢着。我被挾在這樣的一個隊伍的中間，每天面對着太陽，踏着赭紅色的美麗的土壤，陪伴着杜鵑悲鳴，鮮花遍野的深春的景色，向東邁進。我現在成爲了怎樣的一個人呢？我用着最高的喜悅告達我所有遠隔在異地的同志，朋友，我非常光榮地充當了新四軍先遣支隊的一員，身上和所有全軍的同志一樣非常摩登地用綠色的樹枝作着防空的僞裝，有時候我像小孩子似的唱着歌，有時候却爲嚴肅，凛然的氣氛所籠罩，使我堅實地歛束着身軀，由于一種堅不可破的自信心和自尊心所激發，我深深地體會到自己對于祖國的忠誠和虔敬，在這時候，我獨自個沉默下來了，在這獻身于戰鬥的神聖的大道上，我微笑地，偷偷地獨自個昂頭挺胸的走起了規規矩矩的正步，……

（一九三八，四，卅晚上、離火綫還七十里。）

代聲明

雪葦來信

（五月九日）

……近來聽了些謠言，說「七月已經不出了」云云，不知這是誰說的！我以爲「七月」無論如何要繼續下去！眞如你所說，「七月」是「保有最可愛的地位」的！我只因改了「業」不能在實際上多幫忙「七月」，所以看去似乎疏遠一點，但是，衷心裏我是非常愛護它的！……

田間來信

（五月十五）

我給你的信，剛給端木兄帶走了，却接着你的來信，未即覆。還稿子（註：即本期序一呈在大風砂里奔走的崗衞們」）由他們轉給你，丁玲願意拿到「七月」上發表。至於我那書就由丁玲交到「生活」去。

「在大風砂裏」恐怕一時難改成了，我想加長擴大爲長篇，如果能修理好，當先寄你看。匆匆祝

康健！

弟田間

最後消息：聽說「七月」停了，我想或者是有用心者的謠言或者是上次遲出的原因吧！

現時文藝活動與「七月」

——座談會紀錄

時間：四月二十九日下午

參加人（以發言先後爲序）：

胡風　端木蕻良　鹿地亘　馮乃超　適夷

奚如　辛人　蕭紅　宋之的　艾青

胡風　今天是第三次座談會，現在就開始罷。

「不肯讓位」的精神

首先要說明的，前些時和鹿地談天的時候，談到這次座談會應該討論什麼，他提議批評一下「七月」。他以爲如果談得生動可以成爲一篇很好的文藝批評。我想了一想覺得也可以，除了「七月」的工作需要得到批評以外，有些朋友還不明白「七月」的態度，我們也可以藉這機會作一點說明。但不曉諸位的意見怎樣？如果覺得這太仄狹，另換一個題目談談也好。

端木　就是這個罷。

（座談的聲音：好的，就這個罷！）

鹿地　關於今天的討論題目，我有一點說明。實際上，這是我向胡風君提議的。作爲一個外來者，這未免過於冒昧，但請原諒罷。我是這麼想就這麼說了的。抗戰以來已經十個月了，在那中間，中國文學界急速地造成了新的氣運。那里面，「七月」有了大的功績。現在最要緊的工作是：把這個氣運的特質明白地指出，把那成果集中並且展開，使它成爲今天的文學界的普遍的東西，對於將來的發展給以根據。好容易得到了的成果，如果分散或者埋沒了，那實在是可惜的事情。我曾經用了實在不客氣的態度把這寫了一封信給適夷君。我以爲現在是應該這麼做的時期，就是，把到現在爲止的工作總決算一下，準備走向更高的一步。只要指出問題在什麼地方就夠了。從那問題出發，我們可以探求解決並且展開工作。這是我提議的理由。

端木　這樣說來，是應該先抑後揚呢，還是後抑先揚呢？大概總應該捧一捧囉。（笑）

胡風　不管是抑是揚，只要恰如其分，都是好的，——那麼，請諸位發表意見。但這之前我要聲明一下：我不想作什麼報告，大家從自己的印象或者感想說起好了，碰着有說明的必要的時候，再隨時補加說明。

乃超　這麼辦，對我個人相當的不方便，因爲我對於最近的文藝活動的情形十分隔膜，沒有一個整個的報告就摸不着頭腦。

胡風　那倒不要緊。我們說現在的文藝活動，是只指和「七月」的關聯說的，並不是作鳥瞰或概論。主意是檢討「七月」的工作，大家就自己見到的不客氣地提出意見來就行了。

適夷　在「七月」的座談會上，似乎不好說「七月」的壞話（笑）

鹿地　胡風聽到壞話就要生氣，但是，請說些壞話罷。我也是聽到壞話就會生氣的，但也請不客氣地說壞話罷。

胡風　不，反而是希望多說些「壞話」的。因爲，好的地方被說壞了，事實上不會壞，但如果壞的地方被指了出來，那是有希望變好的。那麼（對適夷），就請你說些壞話罷。（座中發出笑聲）

適夷　最近在宇宙風上看見一位曾經宣言死抱住文學不放的先生的短文，題目叫做「純文藝應該讓位了」，說現在這個時代，不應再談文學。我覺「七月」的一貫的態度正表現了文學不肯讓位。當東戰場敗退「烽火」停刊的時候，幾乎沒有一本文藝的刊物，表面上顯出了文藝活動的極度的落退，而「七月」能在最艱苦的處境凜然屹立，這正是「七月」最大的功績。

（座中的聲音，還不是壞話呀！）。

鹿地——適夷君所說的「不肯讓位」，是名言。對於抗戰工作里面的文學地位的確立，「七月」實在有了功勞。所以，通過這個工作，「七月」送出了一些非常好的工作家。例如曹白和東平。他們衝破了既成的型。尤其是曹白的工作暗示着作家對現實生活的態度，而且顯示着那成果。東平的近作，對於作家在現在非到達不可的東西，以及作家爲那而努力的態度和方法，都會有很多的示唆。這樣的作家當然還有，大家把自己注意到了的列舉出來說一說意見好了。他們才能够把今天討論的題目的內容——這個期間的文學的成果明白地解答。

組織者和作家態度的形成

胡風　在這里，我想插進一點說明。「七月」在上海出過三期旬刊，那內容主要的是「報告」或「報告文學」。上海戰爭爆發了以後，不久文藝工作也復活了，但據我看，似乎作者們有些被既成的形式所拘束。舉例說，在不能寫成小說的條件下勉强寫小說，於是寫成了空虛的概念的東西；應該直接地寫出對象的時候却不會想到動筆，例是拚命地來些浮淺的情緒的叫喊。所以，「七月」創刊的時候就提倡「民衆活動特寫」「抗戰英雄特寫」「漢奸特寫」，「戰地生活特寫」「通訊」……等，被包括在「報告」或「報告文學」這個說法里面的一些寫作形式，而且鼓動一些朋友寫，號召讀者寫，使作家的活動更直接地更具體地和對象結合。因爲，在那樣火熱的空氣下面，除了詩歌，這應該是最適宜於作家的工作方式。後來「七月」移到武漢來了，但在上海的最後一期上登了啓事，說是將擴大篇輻，容納較長的創作，「誘發在血泊里含苞的花朵。」這就是說，我們原來就是努力想從「報告」發展或提高到創作的。剛才鹿地提到曹白和東平，他們寫的那些報告本身

實際上就是很好的作品，而最近的東平的小說，更建立了創作的一個到達點。所以，也許可以說罷。東平和曹白在某一意義上是說明了「七月」工作目標的實現路徑的。

端木　方才胡風說到「七月」在開初雖然祇容納報告形式的作品，但在移到漢口以後便竭力的想來容納創作了。這個傾向是時時的向外面號召着，雖然並沒有怎樣的宣言。但是，創作不止是要求的問題而是應該和客觀的情形來配和。因爲在開初，創作的投稿似乎很少，到後來才比較多了。所以像「嚴玉邦」那樣的作品也收進來了。那不啻是向讀者說：「我們的要求創作，並不是十分苛求的！」所以我們的路子是想更向深沈的廣泛的方面作。——去的曹白和東平的出現，倘若如鹿地方才所說，由「七月」養育出來的，那麼，應該說是「七月」主觀力量的一個光榮的確定。但是，這樣的工作，才是一個開始，中國人是慣會在一開始就萎落下去了的。屠格涅夫說：「剛一開始就結束了，」那是一句描寫感情的警句，希望「七月」不作到這樣，那些被養育出來的作家也不作到這樣。

鹿地　端木君的耽心是多餘的。「是誰產生了曹白們的？」這，我也曉得。是誰產生了的呢？我敢說，是時代。我想談一談開始看到曹白的文章的時候的記憶。當我們在上海繼續着逃來逃去的生活的時候，看到了文學界的絕望的貧困狀態。「最後的勝利是我們的，」「打倒東洋鬼子」等等鼓勵，是好的，但作爲兩足懸空了的無內容的結語，無論什麼場合一定拖着這樣的口號，那恰恰像是說明了作品的沒有內容似的。這樣的作品氾濫了一時。那時候我在「七月」上面發現了曹白的「報告文學」，高興得很。抗戰以後，他馬上在難民收容所里開始了堅實的工作，在非常困難和悲慘當中用大的忍耐心工作着。從那里，代替「最後勝利……」他把「困難將把這些幼兒們造成堅强的中國人罷」這一類的，他的生活所觸到的一個一個活的問題寫成了卓越的報告文學。充滿了悲痛，但也充滿了戰鬥着的中國的力量和內容。

然而，如果沒有給他以活動的地盤，把這樣的作家介紹給社會的「組織者，」這樣的作家也會被埋沒的。當時正是充滿了這樣的危險的困難時期。那時候，「七月」是盡了組織者的任務的。發現了他，而且養育了他。「七月，」把當時的風氣置之不理，在一貫的編輯態度下面努力地發現這樣的作家，正是沒有忘記組織者的任務。把「定期刊物」叫做組織者的原因就在這里。換句話說，重視而且撫育這樣的作家，就可以把這普遍化為一種作家的態度。最近，寫了「頌徐州」的，素質很好的詩人莊湧，被誘發出來了。不僅是在「七月」上面，也可以在一般文學界誘發好的作家的風氣、

胡風　到這里，我再插一點說明罷。當開始工作的時候，不能不考慮到由文壇傳統風氣來的一些困難條件，這里可以提到兩點、第一，新文學為了開拓道路，不能不在觀念形態上作堅強的鬥爭，然而由於一些原因，對於具體作品的評價——引伸優點指摘弱點的工作，反而有忽視的傾向，這就使得文壇風氣常常被不成熟的理論觀點所困惑，使我感到倒不如優秀的作品反而能實際地生出的影響。第二，我自己做了一些所謂「批評」工作的，但經驗使我積成了一個苦惱，那就是：如果用論理的的言語說話，就是一個單純的創作現象的理論的追求，也常常會遇到意外的麻煩和意外的誤解。由於這，「七月」採取了用編輯態度和具體作品去誘發作者的方針。而且，在戰爭剛剛爆發後的那種火熱的空氣里面，作家都被生活的激流沖盪着，只要編輯態度和具體作品給以刺激，給以暗示，就會從他們和生活的搏擊里面生出創作的慾求和創作的形式，抽象的理論指示，也許反而會現得不够力量。——現在看來，這方針可以說是收了一些成果的。……（對乃超）你說一點罷。

乃超　我的話也許不中聽，你們要生氣的話，儘量生氣好了「七月」在抗戰中的文藝活動是有成績的，但是不够。我同意鹿地先生的說法，曹白東平是時代養育的。的確，我們的民族解放戰爭激發着豐富的民族感情，引誘了許多人提起筆來，即使是極生疏的筆，這是因為該寫的題目太多了。實際上，如八百壯士，大戰平型關，死守南口等等，「七月」並沒有反映，但未熟的作品卻大量產生了，這說明許多青年在寫作着。這些人是需要指導誘發的。過去，有人以為我們只抓住時代忘了藝術，現在又有人立張抗戰時期文藝應該讓位，我們的意見倒不會這麼動搖不定，始終有一貫恰如其份的理解。「七月」對於取消文藝的偏向作了鬥爭，這是對的。但二三同人似乎有急於要求偉大作品而忘了抗戰的另一偏向。以前我們幾個朋友和胡風談過，說「七月」應該成為抗戰中文藝運動的指導雜誌，他以「七月」為同人雜誌，說不可能，但實際上不但是可能的，而且應該這樣。我說忘了抗戰，當然並不是說曹白東平不在戰鬥中，相反的，他們一個在難民收容所裏，另一個在前線。正因為如此，才有這樣好的作品。但偉大作品的要求，在第一次座談會中，使我感到有逃避抗戰，關起門來寫作的慾望，這是一種偏向，雖則只發現為言論，但「七月」對此是應該負責的。

一個歷史轉換期的速寫

鹿地　奚如君先說罷。

奚如　我就對這些問題來發表一點兒意見。首先我要聲明的，是我的意見並非自己的創舉，而是剛才各位所接觸到了的問題的調整或者引伸。為了發言的便利，我將我的意見分作四點來說：第一點，是關于「七月」的「七月」這刊物是在什麼樣的情形之下產生的呢？是在許多作家放下了筆不寫與許多文學刊物紛紛停刊的情形之下產生的。為什麼許多作家——這里所指的是過去的左翼作家——放下了筆不寫或寫不出來呢？我以為應該從歷史的演變上去求解釋。我們都知道，過去我們許多有名氣的作家所寫出來的東西都是根據當時國內戰爭，階級對立的觀點出發的，但自從國內的和平統一告成，盧溝橋事變爆發以後，全中國起了空前的變化，那特點，就在于各階級的妥協，聯合一致去反對共同的外來的敵人——日本帝國主義！因此，各階級之間的關係起了大的變化，也就是說人與人之間的關係起了大

的變化，過去熟悉階級對立的社會生活的作家們，一下子還不能了解這新的時代，當然更不熟識這新的時代，于是，要繼續過去的作風既不可以，要描寫現在的事實又不可能。因此，大部份人都寫不出東西來了。而另外有些作家，爲了攝取新的文學滋養，跑上了前線，自然一時也還拿不出東西來。還有的簡直認爲在此抗戰時期，大家去打仗好了，用不着了文學，機械地理解了「把一切都交給戰爭」的原則。有了這許多原因作家們必然會把筆擱下，沒有什麼作品了，這是第一。第二，爲什麼許多文學刊物都紛紛停刊了呢？理由很簡單，就是沒有了文章，編者不能像過去那樣集合一部份在亭子間或前樓里安心寫得出稿子來的基本撰稿人。自然，當時書店老板在飛機炸彈之前受到恐怖，不敢再拿本錢出來辦「文化事業」，與本問題也有着很大的關係。

但正在這樣苦悶的情況之下，「七月」却出而問世了。我不想作文學史家來評判「七月」，祇認爲「七月」的出現，實在是有着頗大的意義的。因爲它的同人如胡風、東平、端木、蕭軍、蕭紅、紺弩、艾青、田間、曹白、……柏山等，大約都感到了應該克服這苦悶，應該把新文學運動從過去迎接到現在，推進到（偉大的）將來，因而致了優秀與艱苦的努力的吧。他們本着革命的現實主義的立場，既未被新的時代所壓倒，也未被「文學家可以散會了」的意見所嚇退，反而大胆地接觸了實生活，有的簡直豪勇地透入了實生活，于是，寫出了實在不壞的作品放在「七月」上面安慰了讀者的要求，多少盡了新時代的任務。因此，我或者可以放大一點兒胆子說：「七月」的作用，在于它給綳要離散的新文學搭了一道橋梁，使它平安而陣容不亂地走了過來，雖然這道橋梁並非石砌鐵鑄的，還不能通過像裝甲汽車或坦克車那樣重量的東西，但是，它終于讓文學的步兵一個一個地走了過來，却是真的。

第二點，是關于大家剛才所說到的，而我要以這樣的小標題來發言的問題——爲什麼現在才有象東平的近作：「一個連長的戰鬥遭遇」這樣完整的佳作，而過去則沒有呢？我的回答是：因爲過去的客觀形勢比現在混亂，不可能產生大的好的作品。當時是在第一期抗戰的階段，由於政治上軍事上的缺點與錯誤，朋友們我們實在打了些很悲慘的敗仗！因此，當時社會一般人的心理狀態，是頗爲混亂的，因此，作家的主觀也是頗爲混亂的；因此也就不能產生像東平的「一個連長的戰鬥遭遇」，因此只能有一些非常片斷的報告文學之類，而且還是帶着觀點不正確的報告文學之類，即過份的用了絕望，與無意的用了敵視的態度去暴露了各方面的黑暗。黑暗固然還是要暴露的，但應該抱着善意希望和鼓勵的心啊！自然，作家從過去那樣階級對立的觀點寫慣了文章，還難得一傢伙就克服過來，于是就有了過去那現象。實在抗戰後中國內部的情形，是非常曲折而不單純的，因爲既不是階級對立，也不是階級消滅，而主要的是各階級要融洽而聯合一致地抗戰，但各階級間却又還存在着矛盾。作家怎樣從這里適當地去安置他的觀點去處理他的題材，那非從政治上進一步的學習與體驗不可。

「七月」在開始時只能登載許多短小的報告通信之類，那是必然的事，也可算是客觀要求的嚴肅的工作。

然而，現在却不同了，現在登出了像東平的「一個連長的戰鬥遭遇」，爲什麼呢？因爲現在各方面的情形都有了進步，因而使作家的心從混亂里解放了出來，一切都是如此的樂觀，如此的興奮，如此的健康，作家的創作力滿踊了，完整了，因此才有了進一步的收穫。

第三點，是怎樣鼓勵東平再前進與鼓勵其他的作家趕上東平而且超過東平的成績呢？我以爲，第一，必須鼓勵東平再進一步地滲入壯烈的民族革命戰爭里去！從東平最近的來信上看，他是已經自覺自動地做到了，他已經參加了新四軍的先遣隊，到敵人的後方打游擊戰去了！祝福他，如他的來信上所表示的願望「能够不死，那就有更偉大的材料來寫小說」！他的工作方向是一個好的模範。第二，必須鼓勵別的作家去參加一下實生活，作品固然是經過想像而創造出來的，但不能說完全不走近實生活就可以創作出好的真實的作品。當然，我不是在主張着作家去打仗好了，放棄文學了，不。作家到前線去，社會上對于他的要求，決不是光爲了打仗，而是爲了解理戰爭，搜集戰爭的材料，有計劃的寫出作品來！

第四點，是想說一說「七月」的缺點。「七月」雖然表現了成績和戰鬥的務任，但我還以爲不够，主要的是未能明朗地提出自己的主張來，明朗地批判文壇的缺點。同時也還未將眼睛注意到「七月」以外的文藝活動上去，謙虛一點兒是好的，但不可縱容錯誤，需要鬥爭！當然，現在我們需要的是站在統一戰線的立場上的理論的鬥爭，不是對立與仇視的打倒的鬥爭！與一切錯誤的傾向作鬥爭，還是過去新文學運動的優秀的歷史傳統，尤其是魯迅偉大精神的所在，不可放棄的，因爲既在還有矛盾根據的現社會里，文壇上一定還有進步與落後，正直與詭詐的現象，怎樣從極其紛縻複雜的光波里，射出一道鮮明强烈確立不移的新文學的光來呢？那是今後「七月」所應該努力的方向！尤其是理論家如胡風等，更應該拿出勇氣來啊！好，許多朋友要搶着發言了，我的話就此結束。

同人雜誌一席談

胡風　但是，對不起，讓我先對乃超的意見解釋幾句。我所說的「同人雜誌」是指編輯上有一定的態度，基本撰稿人在大體上傾向一致說的，這和網羅各方面作家的指導機關雜誌不同。第一，我以爲，用一個文藝態度號召作者讀者，由這追求發展的雜誌，對於文學運動是有用的，第二「七月」的工作如果不是採取這個方向，恐怕很難得開始，第三「七月」也並不是少數人佔領的雜誌，相反地，它倒是儘量地團結而且號召傾向上能够共鳴的作家，儘量地尋求新的作家，例如開始沒有寫稿的作家現在寫得很多，如東平艾青等；許多新作家的出現更不必說了。這是一個方針或方向問題，我平常談話的時候，是使用「半同人雜誌」這個說法的。

端木　所以，由此觀之，方才假設有人說「七月」是坐在屋子裏寫偉大的作品的一個同人的機關，那麼，又怎樣會養育出接觸現實生活的作家了呢？這一個無可置辯的事實，便可回答這個矛盾的質問。可見倘是在行動裏學習了的作家是「七月」養育出來的，那麼，「七月」也必然是行動的藝術。否則，方才所到達的的結論就有被推翻的危險。

胡風　是的，東平提出過要求偉大的作品的意見。但他的意思並不是像乃超所說的，關在房子里寫偉大的作品。第一，東平本人始終是戰鬥的，對於他的戰鬥行動，我們一向是取的對他自己鼓勵，對一般作家和讀者宣揚的態度。第二，在東平提出要求偉大作品的論點里面的確有許多不正確和混亂的地方，但有一點我們應該注意：他對於在十多年苦鬥中培養出來的青年文學幹部在抗戰里面沒有成績表現的現象，表示了很大的不滿，所以他「要求成熟的老作家不要腐化，幼稚的青年作家加緊努力。」從這個心境要求偉大的作品，我以爲反而是值得同情的。第三，乃超說「七月」對於東平的意見應該負責，但其實，「七月」的工作態度當不會給人一個離開鬥爭去創造作品的印象罷，因爲「七月」上的作品，絕對的大多數是從戰鬥的意志戰鬥的生活產出來的。乃超之所以有了這樣的意見，或者因爲我們太熟了，看見我成天做着文字的工作，因而覺得我也許是主張閉門創作的罷。其實，只要能够，我倒很希望到戰場上去跑跑，那一定比現在的工作活潑得多，有趣得多。

（追注：關於東平底以及類似的意見，雖然不完全，周行和我曾經作過批判，就是在東平提出這意見的那次座談會上，當時大家就批判過，乃超自己也是參加這批判的一人。東平後來還自己糾正了自己的論點的。——胡風）

鹿地　似乎提出了許多重要問題，先把「同人雜誌」這個問題解決了再說罷。

乃超　同人雜誌的問題是我引起的。我先加以說明，免得發生枝節。記得我們從前和胡風談到「七月」的問題時，希望「七月」成爲抗戰文藝活動的組織者，但胡風以爲「七月」是同人雜誌，負不起這個責任，所以我今天才提起這個問題。我今天的用語，不說同人雜誌而用「同人雜誌的姿態」，以前的我所理解的的和今天胡風所說的「半同人雜誌」是一樣的。就是說，「七月」不該建立在少數同人身上，應該誘發多數的青年作家，並指導整個文學運動。

鹿地　胡風君說開始的時候不得不採取同人雜誌的形態，這情形我是懂的。然而，文學雜誌爲了守衛「立場」，半同人雜誌的形態是必要的，對於這說法我不贊成。

事實上，「七月」不是一開始就不是同人雜誌的性質麼？說是同人雜誌，是指的什麼呢？是不是說那不是某文學團體的機關誌？如果是這個意思，那我以爲不能也不應該把「七月」做成什麼機關雜誌。因爲，像蘇聯那樣的被一個文學方針所貫串的統一的文學團體都在中國並沒有。統一的團體是有的，文藝界抗敵協會就是。然而，那不是被文學的方法所統一，而是在「抗敵」這個政治目的的一點上把種種傾向的作家羣都團結起來了的團體。作爲在那個意義上的團結的中心組織者有雜誌「抗敵文藝」。不用說，全國的文學工作在正確的方法下面得到統一和組織，是希望的。然而那要怎樣才能够達到？第一，應該以「抗戰文藝」爲中心，發動討論和研究，例如：作家在抗戰里面應該怎樣活動，在哪一點上有了成功或失敗，哪個作家的工作，哪個地方分會的做法是正確的等等，使得不但是政治的意見，連關於文學方法的意見都逐漸統一下去。另一方面，爲了充份發揮各自的特質，使優秀的現實主義成長，以至克服壞的傾向，現在帶有不同傾向的雜誌應該互相競爭，鬥爭的。在這個競爭的過程上面，正確的傾向或爲支配的，統一的氣運就會漸漸地成熟罷。在各雜誌的編輯者或代表者一類的會議席上，意見的交換和鬥爭也是必要的。我想，應該準備，急忙地機械地去做，可不會成功。現在是向着那個統一方向進行組織的鬥爭過程。

同人雜誌是什麼？我把這解釋爲小集團體主義的雜誌。僅僅是一定的同人的發表機關，是宗派性質的雜誌「七月」一開始就有一定的編輯同人，然而，那是撰稿者，並不是表示執筆者的限度。不僅如此，「七月」是爲了好的工作而開放，努力地發現了那樣的工作者。因此，現在逐漸開始和大衆結合了。和這相反，甚至某團一體的機關誌都有顯出同人雜誌的危險。僅僅被大作家或經常執筆者所獨佔，沒有發展的雜誌就是的。其次，以後編輯同人應該有的。那應該由少數的比方三四個有權威的人構成。太多了不行，太多了只會使工作混亂而已。只是，爲了批評編輯上的成績，和採取對於將來的意見，有一個把人數擴大的批判會議也好。雜誌一出來應該馬上在那會議席上求得關於那結果的意見。

端木　我以爲這是個名實的問題，比如乃超說「七月」是同人什誌，而一般廣泛的讀者也承認「七月」是同人什誌，而後來如胡風所說，是作到了半同人什志的地位，而現在好像又有判定「七月」爲非同人什誌的傾向。其實，這還是個名實之爭，「七月」的姿態不管是同人什志也好，非同人什志也好，他却是以同人的主觀的力量來奠定的，因爲有的人對於「七月」的要求不同，所以看法就有差異。

鹿地　絕對不是名詞的問題。名詞雖然沒有被鮮明地提出，但實際上做了卓越的組織者。如果不是這樣，「七月」就不會有今天的發展，也沒有能够成好的作家罷。我希望現在確認這個意義，使作好文學組織者的機能更加成長下去。

（附注：端木說的是名實之爭，當時聾者錯聽成名詞之爭，所以彼此的用語有一點不同。——紀錄整理者）

端木　我以爲這是個名實之事，從前王安石和司馬君實爭論的時候，他們有的說是名實之爭，有的說不是，可是別人看得明白，而且可以指出實是屬於那方面的。我以爲「七月」無論如何，以後仍然要以「七月」同人爲基礎，但是要更廣泛的號召全國作家和養育更成熟的作品。而且「七月」從前作的自然有不够的地方，就是在主觀上我們也承認還隱藏一部分力量沒有發揮出來。當然，如鹿地所說；「七月」倘要不吸收更廣泛的角度，祇有滅亡。是的，因爲一個有方向的什志必須要和客觀現實來配合。「七月」知道這一點，並不機械，所以他不會和現實背馳開去。

適夷　「七月」雖然不是同人雜誌，但乃超所說的有同人什誌的姿態，卻是事實，這表示在作品傾向的一致上面。我想，作爲整個文藝運動的一個崗位，這一種集合是必要的。但是，對於自己這一傾向，必須負起宣揚的責任，此方「七月」中所特別推薦的作品，事實上有很多還沒有引起注意，這一介紹的工作還做得不充分。其次，對于「七月」以外的整個文藝的作品的活動也不應該放棄批判的任務。對於不正確的傾向，仍應取鬥爭的態度，使「七月」和整個文運息息相關地配合，是必要的。這樣的工作過去太缺乏了。

胡風　我再聲明幾句罷。「七月」從開始到現在，態度並沒有改變，因爲最初就是希望能够像現在這樣廣泛地和讀者大衆結合的。在漢口出版的第一期上面，我們聲明了願意和讀者在戰爭裏面一同成長，希望讀者來參加我們的工作。不過，爲了保持基本的態度，第一，創作態度不同的作家我們不請他來參加，第二，即令創作態度我們是共鳴的，但如果彼此不熟悉也不勉强地請他來參加，因爲不熟悉就不能够不客氣地決定稿子。所以，「七月」決不拉成名作家的稿子，從這方面恐怕受到了不少的誤解，但是，「七月」決不是被少數人所獨佔，第一，它對於投稿者完全公開，許多新的作者在這上面出現了，第二，基本的撰稿者也是來來去去，經常流動的，有從前寫得多的現在少寫或者不寫了，有從前少寫或者沒有寫的現在却寫得很多，所以「七月」的基本撰稿者實際上並沒一個明確的界限。耽心「七月」會建立在少數同人身上，是不必的。

鹿地　的確，我以爲「七月」在發展的過程上並沒有改變它的姿態。看起來好像改變了，那是因爲開始還沒有和大衆結合好的時候，給了人一個只是編輯同人的作品的印象。所以我說過問題是在於「方針」，非難說只是團集了某種傾向的作家，那也不當。不是傾向，應該說是守住了文學的方向。在這個意義上，雜誌是應該明白地拿住方向的。

因爲，這沒有把成名作家和新作家區別的必要，沒有特別去拉成名作家，這是對的。如果因爲這理由，一部份成名作家說「七月」是「同人雜誌的，」那是錯的；這反而恰恰是非「同人雜誌的」的證據。不應該拒絕誰，但也用不着特別地去拉誰。就是編輯同人，也應該時常由更適當的人來補充，代替。總之，用不着拉個人，應該拉的是工作。談到「七月」的現狀，是好到不能說什麼壞話的雜誌。可以說是到了國際的水準。

但是，爲了更大的成長，下面略略說點意見。要說不够的地方，那也是反映了現在中國文學界不够的地方。那就是，雖然「七月」正走向正確的現實主義的軌道，但一般地說，作品還現得狹小。打破了紀述的文學的限度的，有分拆的努力的作品，還沒有見到。因而沒有從分拆產生的各種各樣的現實主義的多面性。那原因是由於「還沒有那樣的作家，」現在不能馬上有什麼辦法，但應該有奬勵這樣努力的理論的工作。

馮君說沒有從文學上反映「八百壯士」，「南口之戰」等等英雄的事件，但我却不希望有太草率的反映。大的紀錄文學是應該努力的，但那不是一朝一夕可以得到結果的罷。如果說的不是紀錄文學，而是報告的意思，那就頂好把「通信」更組織化。爲了時時刻刻把那些事實的姿態正確地普及，「七月社」應該逐漸地在各戰區各地方尋求定期制的負責的通信員。從到現在爲止的受動性更進一步，把通信計劃化，有機會能在漢口舉行通信員會議，那就更好了。

其次，多關心到好的宣傳藝術，請介紹一些正確的宣傳劇本，好的漫畫諷刺詩……罷。

還有最重要的是在文學界扇起批評精神，如像奚如君所說的，到現在爲止，過於沉默地工作了。不僅「七月」，把注意擴大到一般文學界，多來些文學評論。這正是分析文學界的成績，把到達點集中展開的工作。

奚如君剛才說的意見已經是很好的「現狀鳥瞰」的論文，指出了重要的問題。例如說停止了階級鬥爭，進入到民族抗戰期以後，對階級文學努力了的作家們迷惑了。像這樣的事實，正暗示了過去的所謂「階級文學」的方法本身應該加以反省的重要問題。希望奚如君馬上把這寫成文章。

東平斷片

端木　我現在提出一點疑問，是方才怕擾亂了論點沒有提出來的。奚如說東平創作中所指出的方向，大概他是這樣說的吧，希望「七月」的創作將來也按照這方向來發展，我認爲這裏應該先說明東平的作品所代表的方向的必要。

奚如　我的意思是，東平現在獲得的成績，決不是偶然的。他是從不間斷的實踐生活里培養出來的。過去，他曾直接參加過海陸豐的土地革命，現在，他是直接參加了抗日戰爭，他的生活就是戰鬥着的，所以才能寫出這樣好的作品來。我是說，他對於生活的戰鬥的態度，可以作我們的模範，而且，他對於創作的不肯隨便的態度也是可寶貴的。

鹿地　對于奚如君的意見完全同意，在東平里面被我們看到的最好的地方是對於現實的拚命的肉搏。沒有所謂小說家的隨便的地方。他和作品里面的人物、自然、戰爭拚命地格鬥。這是從什麼地方產生的？是從作家對於生活的嚴肅的態度。

辛人　東平的創作能够達到現在這樣的水準，一方面固然是他的對于現實生活體驗的豐富，因爲他是很小的時候就不得不離鄉背井，獨個兒到外面流浪過活；另一方面，他對于藝術的執着的努力，也大有關係。他是連小學都沒有讀完的，六七年以前他做的文章，句子還要修改。但他此後一直的專心創作，在藝術的修養上用了很大的苦心。

抗戰爆發以後，不單是文壇，就是社會上一切現象，都起了一種突然的變動與混亂。一般的青年們開始都有「報國無門」之感。當時東平氣憤憤的要埋頭創作，不管外事。這種態度很引起朋友們的指摘。其實，他是一個無論在文字在行動上都愛用誇大的線條去表現一切的。他的本意仍然把實踐和修養並重地列在一起。

去年十月他從濟南回來時，談起當時在韓復渠統治下的山東的政治與軍隊的黑暗腐敗情形。對于這種情形，他不大敢下筆寫出，因爲怕被人說是「漢奸文學。」這証明我們的文藝批評對于創作的指導的不够。不過，看了「一個連長的戰鬥遭遇」後，我們覺得他是正確地站在動的新寫實主義的立場上，能够批判地表現現實了。

胡風　關於東平，我也說一點。他除了認眞的一面之外，還有天眞的一面。「七月」在漢口出版了以後，他從南京寄來了一篇文章，在附寄來的信上說，你大概不願採用我的文章罷，我在回信里說，我願意用你的文章，不過這一篇並不好，因爲，雖然寫的是抗日戰爭，但人物的感情和環境都是內戰時代的情形，不過把內戰時代的材料換上了些抗日的字面罷了。他回信承認了這事實，並且敘述他捨不得把過去的材料丟掉的心境。這以後，發表了我們都知道的那三篇有名的「陣地特寫，」這次到東戰場去在南昌停了很久，中間又寄來了兩萬字左右的小說，信上說他自己非常滿意，——他有一個有趣的癖氣，當他把不能十分自信的文章寄給你的時候，往往反而說自己如何如何滿意，恐嚇一通，以爲這樣就會一定發表的。——但一看就曉得那依然是內戰時期的材料，雖然他自己寫得很用力，但人物的性格和環境依然是把握不定的。於是回信指出，勸他不要發表。他回信說，原來以爲可以混過去的，但既是這樣不能馬虎一點，那就不要發表；希望以後一直對他保持這種態度云。從這里可以看到他的天眞的一面。我想，這天眞也可以作爲他的認眞的一面的說明。——好，關於東平，到這里爲止罷。（對蕭紅）你早想發話的，現在輪到你了。

其它

蕭紅　胡風對於他自己沒有到戰場上去的解釋，是不是矛盾的？你的七月編的很好，而且養育了曹白和東平這樣的作家，並且還希望再接着更多的養育下去。那麼，你也丟下七月上戰場，這樣是不是說戰場高於一切？還是爲着應付抗戰以來所聽慣了的普遍的口號，不得不說也要上戰場呢？

關於奚如對於作家在抗戰中的理解，我有意見的：他說抗戰一發生，因爲沒有階級存在了。他的意思或是說階級的意識不鮮明了，寫慣了階級題材的作家們，對於這剛一開頭的戰爭不能把握，所以在這期間沒有好的作品產出來。也都成了一種逃難的形勢。作家不是屬於某個階級的，作家是屬於人類的現在或是過去作家們寫作的出發點是對着人類的愚昧！那麼，爲什麼在抗戰之前寫了很多文章的人而現在不寫呢？我的解釋是：一個題材必須要跟作者的情感熟習起來，或者跟作者起着一種思戀的情緒。但這多少是需要一點時間才能够把握住的。

胡風 還有，下次座談會一定要請記錄人，這種不能成爲座談會。談話是跟着聲音繼續的，這樣的間隔法，只能客少數的人，或是完全莊嚴的理論和一篇文章一樣的談話才能够被發表，比方今天，有半數的人只得到了坐着的機會，而沒聽到他們的聲音，我看他們感到寂寞的樣子。這是對於同坐的人的不敬。是的，艾靑和宋之的完全沒有開口，幾次想說話都被我們搶先了。這很不好。

（宋之的和艾靑笑）

奚如 我還要搶先說幾句。蕭紅完全聽錯了我的意見，我並未說過去有階級存在，現在沒有了。現在階級還是存在，不過階級間的關係起了變化，即不是對立，而是協調，一致去反抗日本帝國主義。蕭紅所說的作家暫時不能把握這新的變化，以後能把握住了就可以寫出作品來，這是對的，跟我的意見也是一致的，並不衝突。

胡風 好了，兩人的意見在這一點並不相差太遠，不必延長下去了。——是再換一個項目談下去呢，還是就此結束？

（座中的聲音：不少了，可以結束罷！）

乃超 恰好把今天的題目所要談的幾點談到了。

胡風 那麼，今天的座談會就此結束了。但我有幾句最後的話。第一，今天着重地提出了曹白和東平，這是好的，但可不能給人一個「七月」只他們做了工作的印象，因爲，「七月」上面還有一些作家努力寫了優秀的作品，另外還出現了一些有希望的新的作者，只不過並沒有他們兩個的印象那麼有力和鮮明罷了。其次，一向就希望朋友們對「七月」不客氣地發表意見，使工作能够改進，但大家都是很客氣，今天特別開座談會，而且開始的時候還聲明了請多說壞話，但結果還是過於客氣。希望以後隨時 意見就不客氣地告訴我們。最後，希望能够盡力從今天的談話里使工作更加改進。

（座中的聲音「外交辭令來了！……」接着是一片笑聲）

端木 你又可以在紀錄後面寫上「在笑聲中散會」了！

胡風 不，你一說破我就不寫了。

（又一片笑聲）

這也是戰士的生活 力羣木刻

給十四萬八千大百七十九

莊湧

一個中國恰當整個歐州大，
但十個月就給佔領了：3/7
十個月，在中國3/7土地上，
皇軍才戰死了十四萬八千六百七十九——
將軍的報告輕易而旋轉，
彷彿給支那一個諷刺：
「你看……你看！
然而我們的損失才這麼一點點！」

十四萬八千六百七十九！
光榮呀，
當你們的血洒遍在
中國土地的時候。
你們沒有死呀！
你們永遠生存在活人記憶裏：
——日本人記憶着呢！
中國人記憶着呢！
全人類都記憶着呀！
活人死掉
也要把這「光榮的記憶」
傳給子孫的。
1 4 8 6 7 9
才六位數字呀！
在算術上你們的價值很渺小，
但你們的「英勇」動作

震撼了中國的四萬萬五千萬
震撼了日本台韓的一萬萬，
十三萬萬旁觀者
也爲你們的砲烟迷眩了眼。
十四萬八千六百七十九呀！
當踏上中國戰場的時候，
還記得「祈戰死」的歌嗎？
倘然，你們是如願以償了，
然而，罷喲！
讓上帝主持公正吧，
當昭和陛下再送來 148679 顆「武士」頭顱的
時候，
中國人民願再謬出中國土地的另一個3/7，
剩下1/3的帕米爾高原，
我們到山上啃草去了——
我們再不敢和皇軍抗戰。
十四萬八千六百七十九呵！
天堂和地獄你們生前可曾幻想，
歌頌或詛咒你們死後也無法較量，
當你殺人的時候，你是英雄、你是天神、
當你被殺的時候你也鳥獸似地哀吟；
假若沒有這一灣海水阻住歸路，
你的魂魄仍是「深閨夢裏人」
在櫻花影裏

她將突然驚覺你的存在：
「呵歡迎呀，凱旋的將軍！」
那時你將如何？
還要囑咐她把兒子送入皇軍的行列嗎？！
一個148679，
兩個148679，
再來一個148679，
又是一個148679！
像狂醉的瘋漢，
乾一杯，兩杯，
再來乾一杯，
傾壺而盡吧！
索性覆變還要爽快呢！
當無數的「148679」
在中國與死亡掙扎的時候，
當148679的父母姊妹在日本
向貧窮哀吟的時候
中國軍民作一致的呼吼：
替中國死難同胞復仇！
替日本148679弟兄復仇！
未死的148679弟兄轉過槍頭罷，
用大砲，
用炸彈，
向昭和，
向近衛、荒木、
向梅津松井……
看他們和「人」的分別在那裏？
看他們在死亡的前面恐懼也否？

五、廿五、臨海大戰時。

「拉着了中國華盛頓底耳朵」

奚如

在C先生的寫字檯上，經常放着一張從上海友人帶給他的照片，彷彿那照片有着與座右銘相同的警惕意義，他是鄭重地放在那兒，已經有三個月之久了。

爲了工作上的問題，我每天總得有幾次到他的房里，等着他給予一些處理各種事件的解答。在永遠是匆忙緊張的談問，以及紅鉛筆的批記裏，有時直弄到深夜一二點鐘。雖然那張被鄭重嚴肅地放在寫字檯上的照片老是很親切地浮在我的眼前，但因整個注意力都浸沉在繁多而立待解決的事件上面，總無暇靠近那張照片近去詳細地看一看。

不過，那浮影留在我底印象里，終於成爲定型了——祇覺正當中有一個巨人在地上歪立欲倒，左邊有一個猿猴似的小人物，嬉皮笑臉地用手扯着巨人底耳朵，右邊有一個爛醉漢似的傢伙正兇兇地擧起了拳擊巨人面頰的手。在巨人底背後，有一個張牙舞爪的暴漢，正高高抬起一隻脚，似乎馬上要踏到巨人底頭上去。此外，一羣全副武裝的脚色，都現着十分獰惡的歡呼狂笑的姿態，有的高擧着槍尖和帽子，有的用脚尖跳着舞……

似乎[illegible]沉的技術都祇能那顏色，頗有點「天昏地暗，日月無光」的神氣。

許久許久，當我一想起那印象時，很快地就聯想到別一個印象了。

所謂別一個印象，是從讀莎氏比亞底名劇——哈孟雷特時所留下的：

我記得當哈孟雷特爲了報殺父之仇，當他的父親——前王底精靈顯現的時候，他說過如下的話：

「聽說當古羅馬帝國潰崩時，在羅馬京城里，一切往昔的鬼魂精靈都從地里走了出來，在街頭逡巡着，跳喊着。……」（大意如此，原文已忘。）

這兩個印象之所以能相聯貫，是因爲放在C先生寫字檯上的那張照片底顏色和情調，實有在和哈孟雷特所說的相似之處。

一星期前，C先生由于經常地工作時間過多，睡眠太少，以致於生病了，房門口巴着一張小小的字條，大約出自C先生底夫人小C同志底手筆。——

親愛的同志們：EN同志病了，請不要進去攪擾他，使他能好好地休養幾天，早復健康，這樣對於我們整個的工作和對EN同志個人都是有益的啊！……

……

遵着囑咐，我有幾天沒有到C先生底房里去。一天，小C同志喊我去，一進門，就聽到她在憤慨地說：

「好吧，以後不論你什麼事我都不管了！……」

C先生這時靠在籐椅上，不置可否地微笑着。同時，旁邊那位也是生病才好的WM同志在親暱含笑地勸說着：

「呃，伙計！……病倒了不是好玩的啊！……還是聽小C同志的話，找個地方去休息幾天吧！……這里怎末能養病呢？……有什麼事，非得過問不可！……」

小C同志看見了我，立即揮手緊張地說：

「奚如同志！……EN同志病了，這幾天瞧——那寫字檯上就堆滿了好多好多的信件，你去幫他整理一下，要回的就趕快拿去回吧！……」

說時，她是頗爲焦灼的，這和她剛才說話時的本意和情緒顯然又不同。

我就走去開始清理寫字檯上那一堆文稿信件。在這不須急迫的工作里，我對於那張端正放着的相片，才有了逼視的機會。然而從最初的一瞬裏，它就飛快地激起了我狂亂的難忍的憤怒。

原來這張相片是日本法西斯軍閥佔領上海市政府時所攝的，那正當中歪立着的巨人，是被推倒下來的孫中山先生底銅像，旁邊一羣圍繞作惡的魔鬼似的人物，是一些日本兵！

顯然，敵人有意用這當作宣傳的資料，所以在相片下端，還鮮明地標着一行字——

「扯住了中國華盛頓的耳朵！」

憤怒使我底手打顫。

半响，我才勃然地說：

「那狂暴的野獸們是怎樣的在侮辱着孫中山先生底人格啊！……」

房里的空氣頓時沉靜了。

C先生底臉上更加顯着病色，長黑的眉毛更加伸出了，眼睛迸射着炯炯的光，那嘴角上每在情緒緊張時的紋路更加深縱了。突然，他憤憤拍着籐椅底「手靠」，用着病人生氣的高音說了：

「那不但是在侮辱孫先生，侮辱國民黨同志，而且也是在侮辱我們全中國的革命者，全中國的人民呀！……」

彷彿有一顆炸彈就要在我底胸膛內爆發，我呼吸緊張地走了出來。許久，我在我底房里走去走來，心情不能平靜下去。

我想：一切中國的革命者，是決不會忘掉這恥辱的。除了大家站得更近些，團結得更緊些，共同一致的去戰勝敵人，用敵人的血去洗滌這恥辱——是孫中山先生靈魂底受難啊！——之外，還有什麼別的話好說呢？

一九三八年、五、二十三、深夜。

寄民族革命大學同學

端木蕻良

五千個民族革命大學的同學們，

我離開你們已經是很久的事了，這期間我們經過了臨汾的混亂，風陵渡的失守，也經過了台兒莊的勝利，魯南第二次大會戰的莊嚴的開始。

五千個，當我們中華民族的國徽最後輝耀在那倒懸的「孤島」上時，衛護着那一面飄揚的旗幟的，是八百壯士，當江東的父老站起來向秦始皇要求公允和和平的，是子弟三千人，而你們却是五千個，田橫的夥伴是五百，死難在黃花崗上，爲我們奠定民主的路的是七十二個。

而你們又何止是五千呢？據說還有許多同學，從四川啓程徒步走在半路上的，還有從明媚的南方來，準備到大風砂裏來上學，還有正在將往流行刊物上掠取來的知識，用着雄辯的口吻轉述出來，想去說服自己頑固的爸爸，拿出一點可以搭到山西的路費來，因爲開學的日子已經過了好久了，而用這個學校的名字來號召的青年的心靈，又何止這個有定的數目呢？從平津，從南洋，從江浙，從武漢，從長沙，從綏遠，從黃河兩岸，從與王寶川相鄰的土窰裏，從地主的家庭，豪紳的家庭，買辦的家庭，甚至漢奸的家庭，從小商人的家庭，小市民的家庭，小農的家庭……號召了全國最優秀的青年，各階層的青年，各角落，各個不同的生活單位，知識領域的卓超的青年們，走向了遙遠的風砂去，穿起了灰色的棉衣，像一股渾濁的水流，在湫仄的臨汾城廂裏游來游去，這一個不知屬於什麼世界的古城，便從最低的一塊城磚起到最高的一塊屋瓦止，都成了你們的學校了，而你們是五千個！

我用這個奇怪的名稱來稱呼着你們的時候，我是痛苦的，但是我想不起更好的名字能概括了你們，讓這一個數目就作爲我發言的對象罷，因爲這個數目它本身就含有一種强烈的權利。

但是，似曾相識的山西民大同學們，當你們看到我這信時，你們有的正在五台幹着開闢和建設的工作，有的也許正在用手對付一段撇扭的酸棗枝，想把它弄斷了回家燒火去，也許有的正在印刷着自己製作的郵票吧！你們有的這時已經回到離石去，看見自己親手寫的標語，還沒有爲匆促退出去的日本皇軍擦洗下去。於是你們又從老百姓的破鍋上面刮下了厚厚的煤烟子，把它們重新塗濃起來，你們有的結合了潰兵和老百姓，正在學習怎樣把鎗運轉得也像使用一支粉筆一樣，你們有的便加了機械化兵團，把自已武裝成爲一個高明的高射砲機關手，你們有的遣返了故鄉，做了從前在理想的前提之下完全否定過的任務。但你們有的就在向山裏移動的行列裏，便被敵人給掌握住了，你們有的把兩手牢牢的扯在船板上，而終於被急急的水流輕輕的淵了去，你們有的竟在七天七宿的凍與餓裏，悄悄的死亡，像古代的象似的，沒有人曉得它到那裏去了，便沒有了。沒有統計，也沒有報告，有一批女同學被敵人給俘虜去了。

而你們曾對我說，你們到這裏來是爲了一些名流學者，大作家之類而來的，甚且有的就是爲了某一個教授而來的，而也正如你們自已所記載，『廿五日』『當天下午，李××先生還來跟同學們上「最後一課」，他對山西的戰局很樂觀，並且很激昂的表示要和同學們一起留在山西打游擊，同學們都很感動，但就在這天晚上，李先生搭了南下的同浦車，向西安去了。』

民族革命大學掛的是作家學者的招牌，而作家學者却保護不了你們，而你們也不需要保護，在你們覺得被保護是一個可恥的字眼。

當你們被派出到決死隊的當兒，你們問我，『有一條路是到正規軍作決死隊，有一條是到五台打游擊，是在那一調路才適合於我們呢！』事先曾有幾位大教授已經向你們演說了一通，說是決死隊好。當然在我，我也明白勸人家幹決死隊是更其民族革命底地了，但是却替你們選描了後者。你們決定了，並且第二天出發到五台。

而那位大教授還跟蹤在我屁股後邊，追問你爲什麼這樣不提高他們的情緒！

我以爲幹決死隊，用不着是有他們這樣複雜的頭腦的人去作。而且，老實說，那些複雜的頭腦本身就是決死的一個大障碍。

我以爲我們的求生的死亡，應該是有計劃的，有考慮的，把死放在最大的估計上，野獸也有這樣權利。虎有時受了傷並不馬上就英雄就義的死去，反倒會拳曲在一起，保有最後一點精力，出其不意的，將敵人博噬之後，再去死。還是老鼠的行徑，在一些大教授們眼裏看來並不算，作光明磊落的，以爲它對於死，簡直沒有直線的熱情！但這種死是有着求生的意義的。人類沒有過一次單純的死亡，即使是病死，也是和病菌戰鬥過了以後的事。

但是那位教授說，「儲水池」和「後備軍」都是不好的，應該直接了當的煽惑起知識青年的熱情，爲上去死。

我們這次戰爭，是一種生命競賽，我們把我們的生命不一次花光，而在這一個戰鬥過程中把生命裝上鋼鐵，裝上機械，使它會煥發出更大的爆炸力，這並不失爲最好的戰略之一，青年們應該加入到機械化兵團裏去，那是好的，是無可置疑的，因爲那裏有常識以上的機械需要你們有常識以上的運用。

而你們不死於決死隊，不死於游擊戰爭中，却在牢牢扭住了一塊船板的當兒，被水輕輕的剟了去。

我們的命運因爲是次殖民地的命運，所以生命總是相當於蒼蠅拍子底下的蒼蠅，我們向來把生命看得很輕，所以如有一次自已私心的想把生死看得嚴重一點兒，便覺得自已也對自已不起。所以就是在火線上的革命的民族革命大學裏，生命也還是由「四五個人共用一枝空筒槍」來保衛，到一旦實在沒有辦法的時候，則把空槍丟開去，凍死，餓死，跳水死。

幾個月以來，你們學了些「一會兒唯物論，一會兒唯心論，一會兒又是一套什麼唯中論」恐怕還有什麼頂高明的一套「唯實論」吧，也就隨着跳水死了，

沒有人能來嘲笑你們刻苦的學習和嚴肅的心境，但是却有人可以有權利指出，你們已經看清了所謂的學者，教授，作者們，所具有的是什麼樣一副嘴臉！

有一個偉大的聲音說過：『我要騙人！』

但是我不願作這聲音的呼應，我要說。「我要告訴人！」

假設你們是在眞變戲法的話，便看穿吧。這是索然的，並且殺戮了你們的興趣。但是這是好的，它使你知道了什麼是戲法。

假設，當前有祥林嫂面對着我問。「死後的靈魂是否可以走入天堂？」

我會告訴她，『天堂是沒有的！』我須毫不遲疑。

我不願人「解脫，」我願人「報應，」我將永遠是「淨土宗」的敵人！

民大的同學們，據你們自已的記載「將在不同的地域裏，各守着自己的哨崗，展開他們的工作。」

那是再好不過的事，但是要記住一件事，先看穿它！

把工作的對象看穿了，再去作穿！它你們努力的作去吧；我們的路就是這樣的一條路！是一條需要看穿而且作穿的路！

五月在武昌

七月社明信片

「閘北打了起來」，下期可以登完。我們相信這是抗日民族戰爭底可寶貴的紀錄之一，即使像作者自已所說，這不過是「粗線條」。但讀者當能讀到我們民族底舊的死亡，和新成長，罷還面里的排長，就是作者自已，獻出了多量的血以後才退到了後方，現在只能靠稿費來補好他被敵人底子彈打掉了的牙齒，再上前線。下期還有他底我寫「閘北打了起來」，并寫他爲什麼寫了這篇報告的切切的眞情。

本期的坐談會是關於「七月」的，是想過去的工作得到一個批判。但這不過是作家朋友們，而且是一部份朋友們底意見，希望各位讀者也能把意見告訴我們，使我們知道讀者滿意的和不滿意的到底是什麼。

關於來稿，用的和不用的，附有郵票的都能够較快地通知作者，但有許多却不能馬上決定下來，得留一些時「待定」，有許多稿子退得遲，就是因爲這個原故。

田奇先生，你底問題已請艾青先生答覆，但本期稿子擁擠，要下期才能發表了。

還有幾位作者投來的文章發表了，但通訊處變動，我們找不着，希望能够寄來最近的通訊處。

序「呈在大風砂裏奔走的崗衛們」

丁玲

老早就聽到過田間的名字，說是一個「牧歌詩人。」既然已經說是詩人了，我就不特連做詩的人不想見，縱是詩也願意暫緩拜讀。因此，田間在我始終是生疏的。當然這是因爲我對他有成見。成見是要不得的東西，却不是無來由的東西，我並非對「田間」有成見，也並不是對年紀青寫詩的人有成見，是因爲有過一些不知怎麽就出了一點名的人，這些所謂詩人的，小說家的，就頂上了那玹人的桂冠，滿身也不忘記時時放射着藝術風味，實際還是「司丹康」和法蘭絨西裝，於是趾高氣揚，徜徉過市。但不久之後，這些所謂詩人藝術家也者的，又不知到什麽地方去了。這樣經過幾次之後，無形之中我便有了成見。凡是無名者的作品和人，我都願意在那裏發現一些好的，有希望的，我願意在那裏得到一點東西和貢獻一點微力，至于太駭人的詩人藝術家，我就不免有意躲避。但這種成見，田間却用了他對生活和對工作的嚴肅努力以及學習的勇敢虛心打破了。現在田間在我不特是不生疏，而且我還時時把這名字在一些同志面前提到，願大家學習他的誠懇；特爲在他的這本詩集前邊說幾句話，也是這個意思。

他是在臨汾參加西北戰地服務團的。不過當我們住在洪洞的萬安鎭時，他就來住過幾天。他來的時候，我已去離十里路遠的馬牧村了。幾個國際參觀團的朋友在那裏須要我多談一些話。後來我回來了，一到房子裏就有同志來告訴我，說田間已在這裏住了兩天了，是特意從臨汾走來的，並說彷彿是要參加到我們這個隊伍裏來。我是希望所有的作家們都能不放過這一個抗戰階段的生活，如果能四方八面跑到一些實際的工作團體，或是部隊中去，不特是在抗戰的宣傳上，即使是對文藝建設上，都能盡很多力量，所以我是非常歡迎的。然而却常常顧忌着對于我們這末一個紀律嚴謹，生活勞苦的集團，這些在上海逍遙過的文化人是否可能勉强一陣。舊有的大部份的團員都是熱情認眞，已經習慣了思想鬥爭和生活的檢討，而作家們的工作和生活的自由性似乎總要範圍大一點。那末，如果他們不能過的時候，是否可以因爲寫過了一點詩或小說而就須要不同的待遇呢？這話自然是難成立的。與田間見過之後，他的溫良純厚，又使我對他工作能力起了懷疑。不消說，一切演戲唱歌作畫，他是不會了，演講，接頭，以及組織民衆工作等等，也將以他的沉默而不能得到好的成效。管理一些總務上的事吧，不成，他也並不見得能處理對外對內的一切事務。那末，參加通訊股的工作，多寫點通訊吧，然而做記者不是容易的事，他必須會找材料，會發問題，有政治的頭腦，分析清楚，權衡輕重，以及如何使文字經濟動人。我對田間一切都不大能信任，我很願意幫助他，使他能更多的與大衆接近，但吸收到服務團來，却不敢一下就決定。於是在幾次談話之後，我便把問題答應到了臨汾再解決。而四天的勾留，三個會，（一個托派理論討論會，一個與萬安鎭民衆慶祝元宵及春耕運動大會，一個是彭、副指揮來講戰略與策略的問題）更堅定了他的決心。後來經過了一番考慮，在臨汾就讓他參加了。很多同志對他都有一點另眼看待，似乎是客氣一點，我便再三叮嚀他，一切都應該與全體一樣勞苦吃力的工作，要搶着去做，要留心政治，留心整個團內的工作，這樣你才有意見：……他很高興，忙着去買了一套灰布軍裝，在行列中走着，在車站時他用了大的力量幫着抬道具箱子，羞澀的偏過頭去悄悄拭汗。開大會的時候，他站起來了，洋燭光在他臉上跳躍着。他出發採訪運城的鹽池，是他第一篇的通訊，用了西北戰地服務團記者田間的名字，在團結上發表了。當幾次公演的時候，他整天坐在印刷廠，印說明書，印特刊，而且他在戲院的門口賣着。他同我去參加文學座談會，發言很多，同我到學校去演講，講中日問題。他克制着自己，同許多個性並不相同的人相處得很好。一有了空的時候，他便伏在小桌子邊，寫稿詩。有兩次他將他寫好的通訊稿給我看，我貢獻了他許多意見，如果要把我的意見採納時，那這一篇稿子得重新做，我想他一定是不願意的。剛剛頭一天就發生過這樣的事。但田間却說，重新做吧。他對工作是不憚煩瑣的認眞，虛心無驕氣。田間腦子雖說很活潑，人却不活潑，於是有了同志給他的批評，說他不接近羣衆，不求健康。現在田間他在球場上出現了，有時也站在歌詠班後邊唱歌。田間當然還有許多缺點，尤其對于別人的壞傾向的傚容，對於政治問題探討的熱心不够，但我相信在田間的努力求取上進的途程中，將逐漸的糾正過來。

至於詩，我實在是外行，我說我很願意讀他的詩，因爲那裏面，每篇都有一點感情。詩要能寫得有感情，在中國還不很多吧。

從「我愛」想起

凡海

我一向是愛看俄國小說的蘇聯出版的小說，我也一樣愛但不知從什麼時候起，是最近吧，我似乎有意在閃避蘇聯最新出版的小說，我好像很駭怕那些小說裏老是告訴我一些社會主義建設成功的幸福。那些幸福，對我們實在太遙遠太渺茫太多，太大得逼人了。我不喜歡。那對我們漸漸覺得似乎有點不能親近的樣子。我還是喜歡黑暗吧！我愛黑暗。

他們跑得那樣快，我們却依然落在後面，並且一面地，一直地落下去。——不吧，我們似乎也在掙扎着，掙扎着向前走，如同一個逃監的死刑犯，脚上有雙層的鐐銬，在拖着他，不肯讓他從死刑掙脫。

「改善人民生活」，這僅僅是因爲戰爭才擠了出來的一句合法文章。但有些人一聽見這話便駭得魂不附體，拚命反對了，他們却忘記了日本人正趁中國人民在水深火熱的痛苦中用種種改善生活的欺騙手段來種取中國人民去當順民呢。改善人民生活者，只不過是一則要人民安心上前綫，二則減少幾個餓殍，增加幾個抗戰的人口，對誰的家產也不會有危險的。但只是這樣的小小一步也難向前輕舉，想到那自由幸福的新中國的憧憬來，怎樣能不令人覺得茫然！

而且要把日本軍閥打倒在地上，還只是開頭呢；於是望見那金光燦爛的蘇聯便更要喘起氣來了。

「我曾經用全心靈去希望蘇聯第一個五年計劃的成功，我曾經睜大兩隻眼睛去仔細研究雜誌報章上關於第一個五年計劃的那些報告，那些一長串一長串的數字。我沒有煩厭過那些眩目數字，還耐心地把它們拿來和資本主義各國的生產統計相對比，並且用心讀那證實蘇聯那些統計數字的論文。但現在我再不要看這些數字和論文了，我會頭昏眼花的。我心裏想他們橫豎是進步得那樣快的了，不但是眞的，而且永遠是一定的，駭人的。讓他們由跑而飛吧。

不要管他們了，要管自己呢。我們正忙着掙扎，讓黑暗把我們浸蝕吞沒吧。這是我寸步不離的老友；它雖然可怕，但到底是親暱的。

我就這樣，怕看蘇聯的小說了。

但是，我愛我愛，還也是一本蘇聯的小說。看着這本小說，我馬上責備我自己不該疏遠蘇聯的小說了。我曾經拿到一本美國短篇小說集來看，並不是我愛那些罪惡的大廈和該死的浮華，我是想從美國那龐大的壓榨機中去聽一些痛苦的呻吟，如同在哥爾德底書中所能聽見的那樣。我愛讀七月有一個很簡單的理由，因爲它沒有粉飾黑暗，在那裏找得到我底老朋友，可是這本美國短篇小說集，給了我一個在我是平生第一次的啓示，只有一個馬克吐溫我是歡喜的，他有毒辣的筆替我們吐點小氣。華盛頓歐文，納桑來霍桑，愛倫坡（Edgar A. Poe.）這一些作家，他們纖細地分析人們底怪僻行逕，神經質地織造一些美麗的，我們是再也想不出來的說話。我佩服他們，也同時感覺到這種人討厭。這是最明顯感覺到的一次的討厭。記得我曾經喜歡過安斯托也夫斯基，也愛談過莫伯桑，那些美麗的字句，現在我都不喜歡起來了，而且生了厭惡心。這些人慣在黑暗裏面，或是低頭哀哭，或是昏迷錯亂，或是像小鳥兒一樣溫宛巧叫或是把手和脚塞在自己嘴吧裏大嚼，以爲是人生的珍味。我在黑暗裏却不愛他們。

他們能像高爾基一樣不垂頭喪氣，也不討好賣乖，却舉起拳頭來對着黑暗麼？

這使我拋掉了美國短篇小說集，便看起我愛來了。

我曾經寃枉過許多中國作家，說中國作品都不及外國的細膩和精緻。這種成見，及到我近年來耐心看了許多中國作品才得了糾正。原來，生在半殖民地上的中國青年，在這帝國主義行將垂死的時代，他們却是健全而充滿生氣的，他們要解放自己，於是大踏步地前進，沒有徘徊，沒有猶豫，便也沒有苦悶；玲瓏巧叫，他們自然是不會的，而發狂的神經病也似的心理分析，在他們也是無從發生的了。他們底出身和全世界的工人雖然不同，却和全世界底工人一樣年輕，所以他們有爽利的文章，明快的手筆，正和在蘇聯的青年所寫的文章一樣。那種堆堆砌砌的細膩，那種病也似的心理分析，我開始把它們堆在一邊，讓它們和那些對黑暗眼睛也不敢橫一下的人們一道葬送在黑暗中吧！

我愛裏的黑暗；正是用這種大踏步前進的態度寫的，因此，我立刻就喜歡我愛了。我愛看那駭人的沙皇治下的痛苦與死亡。

這樣，我便想起來了。我以前所看的蘇聯的小說確是沒有一本是單純描寫幸福的，那些書裏，都有痛苦的掙扎，拚命的爭鬥，死的慘叫，但終於却寫到目今的幸福的蘇聯世界。他們已經解放了。那幸福，自由博愛平等，並不是騙人的。他們寫出來，毫不矯揉造作，因爲是實在的緣故。

不要怕黑暗！我愛黑暗，來面對着黑暗，我愛裏所描寫的是一個地獄，不是人的世界。那苦痛與悲慘，連高爾基底小說裏也找不到，連世界上所有的作家所描寫的悲慘，都沒有超過我愛裏所描寫的悲慘以上吧？有些人在我愛底悲慘生活裏迷了路，神經失了常，被吞沒了，但總還有些人努力想改變這悲慘的生活，想翻轉這個地獄，他們在地獄裏微光閃閃，却比螢火在無邊的深夜中還可憐，然而他們始終閃着，堅持不屈。暴風雨終究來了。呵！我們雖然還才開始抗戰不久，或者也不遠了呢？

這樣想，蘇聯便和我們親切起來了。我喜歡我愛。

六・二・三八

微山湖

力羣

微山湖是艷麗的，無情的……，

而今當着她那殘留在我底記憶中的面影漸次地褪色了的當兒，微山湖陷落在敵人的鐵掌中了，她從此被惡霸們所姦汚，像惡霸們姦汚着祖國的純潔而質樸的村女一樣。

我可以想像得到，在今天，微山湖上一定橫行着敵人的汽艇，里面裝載着兇狠的惡霸。在微山湖的岸邊，倒斃着罹難的漁夫和農民血跡染紅了泥路，散發着屍臭的氣息，……

可是也一定有年青的小伙子，自他們的被慘害了的妻子和姊妹們的屍體間站起來，拭乾了眼淚，別了他們的殘破的家室，從此佩上一枝洋槍出沒在林叢和青紗帳中去了的。

那些以船爲家，整年靠給地主們做做短工，流浪在湖面的「毛子」和那些勇毅的漁夫給我的印象是如何的深呀！他們那鋼鐵的身幹，沉默而原始的性格，撇山掀海的氣力，將永久和微山湖的貪婪的黃水混織在一起，使我不能忘記。

當一九三一年的夏間，我離開了父親經商的夏鎮跳上津浦車，向江南求學的時候，車一離開臨城站，沒有幾多路，我就從車窗中看到了一個奇景。——眞是奇景呀：在暮色中，夕陽淺在西天的燦爛的紅霞里，映照着原野上的湖面，那緋紅而艷麗的景色，活像壁爐里的火光照耀着一個少女的面龐，湖上還漂動着海鷗似的帆船。

……

這樣美麗的湖景，給與一個初次南行的北方的少年的歡愉是如何的大呢！那在我那悲哀的北方的家鄉，是永世也看不到的。我急急地翻開地圖一看——

呵，是微山湖！

從此微山湖在我的記憶里遺留下一副永深的緋紅的少女的臉龐似的艷麗的面影。

次年的暑假，我自杭州再回到父親經商的夏鎮，就時常吃到微山湖出產的銀魚，蓮子，嫩菱……。這比起現在同樣失陷在敵人鐵掌中的西湖的蓮子和嫩菱來，是帶着一種野味的。

呵，微山湖是和我這樣的接近起來了。

但此後我就再沒有能看到微山湖，正如再沒能會到我底父親一樣，我被陷到牢獄中了。

一直到一九三五年出獄——可是這時我的父親已被東家辭退，不在夏鎮經商了。但我爲了替父親向一個住在微山湖畔的地主討債，又重到這久別的魯南了。

在微山湖畔的地主家里我住了半個多月，站在地主家里的炮樓上就可以掠過高粱的叢林看到微山湖。但這時的微山湖不再是當年的艷麗的了，她帶着黃色的水頭，帶着恐怖與災難，開始向農民襲來了。那水頭像一匹報警的螞蟻似的爬蜒着，眼看着它一步一步地穿過青紗帳向豆田，向打粮場，向農民的家門，向農民的心窩爬來了。

這是水災呀！五天之內微山湖的漲水吞沒了岸邊所有的幾萬傾的高粱，七天之內它把豆田和菜田也吞去——胡瓜和絲瓜從架上像鸚哥飲水似的把頭插在水面了。那些銅鐵身幹的『毛子』們撥着船在青紗帳中摘穗子。牛拉着滿載穗子的車在水里艱苦地走着。牛的肚子和車輪都浸在水里面。人是連褲子都脫丟了，光着屁股在黃水里打撈那些用他們的心血所栽培的高粱。他們嘆息着：

「你瞧他奶奶的，血青只要再等七八天！只要七八天！……」

但微山湖是無情的。那黃色的洪水在不斷的增漲着，終于用它那無情的水頭像鱷足似的爬上了農民的家門了。場里的粮食掃蕩個精光，女人們哭泣着，男人們搜拾着能帶的存物，準備逃難，小孩子們無知地立在門欄上釣小魚……

我沒有討到債，掃興地離去了，走的時候是蹈着門欄跳上一隻破船。

當我走上津浦車時，還可以看到微山湖，但那貪婪的水頭却把微山湖的面積擴得太大了，我看着她那貪婪的惡意的姿態，就聯想到她那往年的艷麗的面影。

『呵！微山湖是太無情了……』

而今，微山湖陷落在敵人的鐵掌中了，人們將不再消閑地吃她所出產的蓮子和嫩菱……「毛子」們也不再是替地主們做短工了吧？那些新長起的青紗帳也將不再是被黃水所浸沒，而是埋藏着祖國的憤怒了的人民，埋藏着襲擊惡霸們的槍枝和彈箱了吧？

偽裝三日

蕤民

幾天的焦燥的等待，終於在四月二十一號的上午出發了。

全電台的人——四位官長，九位士兵——携帶着機器和材料上旅部去，備旅長檢閱。

我和六位同志押送行李先上車站去，行李安放在洋車上，我們隨着車步行。在大街上，我雄視闊步，氣概昂昂，不時地偷眼瞧瞧馬路兩旁的人，如果發現在注意我，臉就馬上緋紅起來；沒人注意，又高興得不得了。

兩個女生在熱烈地爭辯，一個說我是男性，一個說是女性，甚至回轉身來再瞧瞧我，我爲這爭辯滿意地微笑了。

車站上，人，車，馬，擠成一堆。

我們將行李安頓了在站外，找了一個小茶館歇歇脚。

一排排，一隊隊，人過去了，馬過去了，槍砲子彈過去了，威武地誇耀地。

終於政老遠地擠來了。

高級官長們也乘着汽車趕到了。

午後兩點了，集合號響亮地吹着了，人像潮水樣地湧進車廂。

我們電台和直屬旅部的官長——參謀啦，書記啦，副官啦——合佔一節車箱，舒服是不很舒服，然而要是和塞在三等車廂裏的難民比，和雨淋日晒坐敞篷車的衝前鋒的弟兄們比，那就該知足了。

李參謀認識我，張書記也認識我，而且還來過我們家，爲了怕破露我的偽裝，我竭力避免他們的視線，然而他們却偏偏格外注意我，我眞覺得不好意思。

地上舖着稻草，一起三四十人，坐着的，睡倒的，吃，喝，談，笑，老粗有老粗的風味，官長是官長的格調。

開始我還有點拘謹，隨後就自在了。餓了冷饅，渴了涼水，吃飽了睡，睡醒了坐——生活在小小的舖位上，四周就只有黝黑的鐵皮，和有着黃色衣帽的同志們，弟兄們。

車，無晝無夜地咕隆，咕隆。白天，車廂內很悶熱。入晚，涼風颼颼，肌肉貼着鐵皮，不勝陰寒之感，夜半起雨，想到弟兄們無遮無蓋地挨澆的情形，從心底裡泛起了愧恧和不安。

無聊吧，看書，但是車顛動得叫你沒法抓住每一個字，

然而也有例外的高興。

車停在幾個主要的站頭時，我也時常擠出半個頭去，看一看騷動的人羣和野外的景色。青青的麥葉整齊地分佈在田地里，順着風一搖一擺的。三五個農夫村婦的黑影，一望無垠的連綿不絕的山，白的花球，翠綠的樹，嘣，可讚美的中原的土地啊，我們一定要用血和肉來保衞你！

此外就是那些忠勇的弟兄們，引起我極大的興趣——他們每一個動作，每一個表情，都是那麼可愛地單純和憨蠢，我自恨不是一個畫家，不能把牠們如實地描出，要不然，瞧到了你也會發生興趣的。

離徐州還有三里地，敵機來襲，大夥兒伏在田地裏。但是一點也沒感到恐怖的威脅。

去年九月過了一趟徐州，那時的景象是一幅恐慌，緊張，而又熱鬧流離圖。現在則是冷冷清清的月台，月台上冷冷清清的三五個武裝同志，路警和拿着紅綠旗的鐵路工人。此外就是很大的幾處炸彈洞，在站台上，在疏落的屋瓦上。

過後的幾站，人烟漸稀，極目荒涼。有一處竟至沒有一個老百姓，一頭牲口，車站上也只有一個老路工在代理着站長及一切工作人員的職務。寸許長的麥穗，疲憊地垂倒着。狂風捲着沙石，在呼嘯地飛走，好像一下子到了塞北似的，每個人的心都感得陰鬱，身子也寒顫起來了。我們後悔着衣服不該帶得那麼少，我同政把所有四五件單衣全裹在了身上，但仍然感不到一絲暖意，我擁在被窩裏，呆呆地望着天發愁——我寧願在砲火連天，人喊馬嘶的火綫上被擊斃，炸毀，却不願在這荒涼的沙漠裏凍出病來。

預定是到宿遷，但下午的命令又改爲到海州，估計今夜可到，就煩悶地睡去。

夢中爲人馬聲驚醒，到海州了。時間是午夜十一點。星閃耀在天空，風清涼地吹着。

人，物，行李，堆擠在站台上。一批批人馬過去了。我們落在最後，一位同志，兩位弟兄，押着機器，行李，跟着旅部的汽車走，我們則隨着旅部的小隊人馬步行。昏濛濛的夜色，崎嶇的山坡，溪溝。我排列在隊伍中，背着自已的行囊，非常起勁地走着。仰望天空星斗，心中說不出的快活：自已是個十足的武裝同志了。

還沒完成的行軍，暫告停止了。找到房子，安好行李，已是深夜三點。是海州的一個大鎭——新浦，住處是一家皮料行，相當地闊綽。三天兩夜的行軍，彷彿到了家一樣地舒適。

同政討論了一下今後的工作計劃：辦壁報，寫通信，民間宣傳，軍民聯絡，座談會，士兵教育——由各同志分担。

偽裝終究掩不住眞相：全旅中已經喧傳着我這個唯一的女性了。

夜攻舊關

尹休

一

我們在平定的娘娘廟休息下來。

「休息半天，十一點鐘吃飯，十二點鐘出發。」誰知來了，一個屋裏有幾個人輕輕的商量着，在組織今夜的行動。戰士們擦槍擦刀，街道上那些小同志們向着一堆一堆的蘩柴講話，每一垛墻壁站着一個人寫着標語，半天的日子這樣的過去了，揹上槍帶上乾粮，山頭上又推動一條奔騰怒放的長蛇。

前面的山重重的羅列在我們的眼前，山坡來得高而陡，每個人透濕了一身大汗，每一個的脚步走得那樣的急忙，好像幾步便能上戰場一樣，我們有好幾天沒有作戰了，戰爭是我們的生活，是我們經常要上的課一樣，是離開戰場的日子遠一點，便覺得寂寞無聊。行列里，戰士們談着這次怎樣多多消滅敵人，多多繳敵人的槍來作一個漂亮的模範戰士；有些在怎樣打算弄一件日本大衣穿，或者一套嗶嘰呢軍裝，一雙透亮的皮鞋；有些想弄一支殺人的手槍，格外還弄點東洋罐頭吃，有些互相商量着怎樣去活捉敵人。大家都忘去了身上流着的大汗，忘了他爬過多少高山，走了多少山谷，更忘記了太陽快快要下山坡了。

欲圓的月慢慢的爬上山頭，重重的山崗蒙上一層朦朧的月色，月色抹在發亮的刺刀上發出一層嚴霜的寒光，山風由山谷中吹來，刺骨的打在每一個人的臉上。大家沉着心，埋着頭，默默的踏着月色前進，山谷里展着異樣寂靜的夜，山道上除了每人的足步聲外，偶而有幾聲咳嗽聲擊破了這沉靜的夜。經過那些稀落的村莊時，山谷里散佈着嘹曉的犬吠聲。月，慢慢的爬到天空當中了，這時我們到了駱駝堰村。大家休息下來，吃了飯再前行，不遠便是敵人的陣地了。

在一個石窰洞里的人家，一共有三個房子，只留一個老漢。大家問他家裏的人那兒去了，他沒有答應我們，却深深的嘆了一口長氣。我們再問他，他才慢慢的悲慘的說道：「我大的兩個兒給日本鬼子殺死了。」突然淚珠在他的眼邊一夥夥的滾下，喉里發出悲痛的哭聲。這時我們竭力的安慰他，叫他不要悲傷，我們到火線上去多多的殺敵人為他的兒子報仇。這樣他才慢慢的同我們談起來，他說他姓陳，一共四個兒子，給日本鬼子殺死兩個，還有兩個不知跑到甚麼地方去了，他的媳婦也跑到安全的地方去了，現在只留下他一個人。他又說他們這個村子一共被日本鬼子殺死十來個人，在長川村（離駱駝堰八里路）殺死得更多，許多青年婦女多被奸了，還奸死了幾個。他說他們白天少有在家裏，多在后面山裏去藏着，夜晚才回來，有時夜晚多不能回來，只得在山裏受冷，現在他們這村里許多病了的人，就是在山里凍了的原故。后來我們又問他兒子受害的詳情，他一聽說他的兒子，不覺又哭起來了。我們沒有再問他，我們的飯好了，把老漢拉來一塊忙忙的吃着。

「同志們吃飯吃飽點呵，今夜晚要打冲鋒。」有些人在輕聲對着人說。匆忙的把飯吃完了，大家躺在炕上地下的草上睡着，靜靜的休息。約莫有一個鐘頭的時候，「起來，走了。」的聲音在催着了，大家聽着說「走了」一翻身帶上自已的東西，走出村外，月光很寒冷的照着每個的臉上，大家輕聲的走着，連一點咳嗽的聲音都沒有，除了一陣陣的風聲外，整個的世界像池水那樣的靜，這一長串的人心裏燃着奔騰的熱血，輕輕的向前走着，輕輕的把隊伍部署在敵人前面的各個山頭。

二

首先是工兵連分散在汽車道上，把電綫割了，電桿砍了。車道給破壞了一共有數十里路。我們對日本士兵與偽軍的傳單散滿了汽車道，壁上的標語也寫滿了。接着起了一陣槍聲，山頭上的敵人班哨聽着我們冲上去，一翻身便跑了，幾個戰士趕到這班哨的屋裏，夫柴火正燒得紅紅的，留下三件皮大衣，一些皮包，水壺等物，皮包裏正有一捲日本票子，信件，兩支很漂亮的自來水筆；乘着這個時候，一班人的便衣隊冲到舊關去，哨兵見着我們的便衣隊，回身便跑，一個戰士很快丟了一個手榴彈，却沒有響，便衣隊乘勢趕到敵人住的屋外。屋外堅固的圍着一層鐵絲網，便衣隊一面向屋裏打槍，一面撤去鐵絲網。敵人這時却沒有還我們一槍，死死的守在屋裏，戰士們用手榴彈從窗上甩進去，頓時屋裏發生一片慘痛悲哀的叫聲，可是還有幾個屋子是石頭建築的，異樣堅固，敵人又死死的守在房子裏，便衣隊這時退去，舊關我們各個山頭的機槍，步槍，大砲集中向舊關的房屋上射擊。房子被我們打壞許多，敵人還是死死的守在屋裏，我們等待敵人出來，好給他一個迎頭痛擊。可是，舊關的數百敵人不知道我們有多少人，同時又在夜晚，阻塞的情

出來。

一片槍炮聲，聲音那樣的密而猛，震動了太行山附近幾十里的山谷，震動了各個山頭的每個戰士。東方隱隱發着魚肚白色，每一個戰士上好刺刀，預備好手榴彈，等着敵人出來，等着敵人的援兵來給他們一擊，然而這一個期待，這一個希望，只是一個期待一個希望。「讓這羣鬼子們多活兩天，第二次再見時，我們看一看手段吧，」許多人的心中這樣的說着。

天漸漸的明了，槍聲漸漸的稀了，太陽也慢慢的爬了上來。敵人這時密密的亂射着鋼炮，他的槍聲也來得更密，可是我們已離開山頭，走到很深的山谷裏。大家休息着，有些吃着乾糧，有些懶懶的躺着。有些講着昨夜的戰鬥情況，有些在討論昨夜晚的戰鬥部署。我們在一個村子裏隨便的吃了沒有菜的飯。在這村子前面帶來了十幾個人，每一個人都扭着一些鹽菜，大蒜粉條，身上多佩着「平定縣維持會」的黃色布條，上面還蓋上一個長方形的印。一見我們便跪下去要求我們放他們回去。我們問他們爲什麼給維持會送東西去，他們說這是維持會叫他們出來到河北去買的，因爲他們很缺乏這些東西。他們是給維持會當差的，告訴我們平定城一般情形。我們問：你爲什麼給維持會當差？他們都說，老鄉，這是沒有法子的呵！他們在敵人壓迫之下，漢奸誘引之下被迫地做危害民族的罪惡工作。

離開村子時，敵人的飛機來了三架，沿着汽車道往西去了。這時敵人的鋼砲正是一砲一砲的放着，不久才漸漸的稀了。有人叫歡迎再來一個。有人問：日本鬼子的一個砲彈能値五塊錢吧？誰也沒有答覆。有人說一個砲彈至少够日本老百姓一月的火食吧？大家又說說笑笑的離開戰場了。

三

沿着來路退下去，經路駝堰分手向馬山村前行。爬了幾個山崗，在傍午的時候了。馬山在數日前曾經作過戰，這個村子已給敵人蹂躪過，現在村里的人依然過着安靜的生活，可是許多的房屋上還留着敵人燒毀的傷痕，墻上寫的標語多塗去了。問村民，大家都說不知道，自然，他們一見我們軍隊，當然不說實話。在戰線下的各個村莊，以前我們寫的標語，多被塗去了。因爲這一帶有漢奸，常常來活動，一來便宣傳着「大日本軍隊一來。見你們的壁上寫得有標語便要燒你們房子。」村民在這種情況之下，只得每人多塗去自己壁上的標語。而且，這一帶的村莊，落后的居民們爲了保全自己的生命，不得不出賣自己的良心，每一家大半多預備得有日本旗子，聽說日本軍隊一來，便把旗子掛出來了。而且，維持會常常來要各種東西，他們也忍着給了。

休息一刻，吃了些乾粮，又前行了。經過幾個村莊，到了孱春村天已晚了，就在這個村子里住下來，並且要休息兩天。休息的當中，進行宣傳的工作，可是，當我們向羣衆談話，他們聽到半途就一個個溜了。這是什麼原故呢？又是什麼原故呢？我們在他們的墻壁上寫着標語，他們非常的不高興，這又是什麼原故呢？我們個別的向他們談話中，他們很懷，疑我們一片抗日的話，並且他們有許多說話非常的支吾，比如問他們有自衛隊游擊隊沒有，他們有些說完全沒有，有些說快要組織，有些說已經組織好了，並且每天還在訓練放哨，而我們却沒有看到他們放哨的人和有訓練的壯丁。其次，我們向村民買糧食等物，老是說沒有，我們在幾個兒童的口中聽到他們家里還有太陽旗呢，戰區里的民衆，若是我們忽略他們，便會走出抗日門外，而且給漢奸敵人作了很好的幫手，這是多麼嚴重的問題呵！這一帶的民衆，也可以說受盡了敵人殘酷的痛苦了，敵人所到過的地方都有民衆受屠殺。比如在雙橋村里，二百多民衆被殺了。年靑的婦女沒有法子跑便投井，一個井里曾經淹死十七個婦女。敵人殘惡手段已做到底了，這一帶的民衆已受盡所有的痛苦了，爲什麼還沒有走入抗日的門里去呢？這是因爲敵人用着「剿撫兼施」的手段，先給一個慘殺來壓迫你，繼而漢奸出來引誘你，于是這些民衆生了極端的「恐日病」。雖然敵人拚命的殺他們，奸淫他們的婦女，燒他們的房子，他們也沒有仇恨和想報復的心，作了日本的「良民」了。

我們的便衣偵探由平定縣回來，平定城中的一般情況我們也知道了，並且從那一帶的民衆口中聽到前夜舊關戰鬥里面（從維持會的調査）傷亡敵人六七十，死了十幾匹馬。這是舊關戰鬥中的一點收獲。

從敵人的皮包里得到一封信，是値得我們注意的。這封信是致故鄉的靜子和她的三叔，大意說出征以來年多了，他異樣的懷念鄉土與他的靜子，他住的地點在舊關，這一帶多是最難行的山地，常常有匪賊潰兵給他們的打擊，使他們忙着對付他們。在戰門當中，春天來了，他們還有更苦的戰爭，從這一封信可以看到敵人士兵一般的情況了。

又要出發了，在山頭上開了一個大會，檢討這次戰爭的缺點和經驗，我們高呼着爭取第二次大的勝利。

……完……

一九三八・三・五・于晉東軍次。

討論

為爭取「文學的技術武裝」而奮鬥

——論我們時代文學的語言

徐中玉

一、為提高文學品質而鬥爭

蘇聯作家革拉特珂夫在他那篇《我怎樣寫士敏土》的文章中，給新時代的作家們課下了一種艱巨的任務，他說：「工人作家必須能把藝術工具操縱自如。作家絕不能降到當代文化水準之下去。他不應作一個小巧的工匠，而應作一個技術的支配者。這必得一直鑽研到老才成。從來沒有，也不當有不學無識的作家。不修邊幅的作品，蹩腳的著作，貧弱的技巧，與工廠中蹩腳的工作是同樣要不得的。這是損壞了的作品。為品質而奮鬥！為訓練完好的預備軍而奮鬥！是我們當前的基本問題之一，而這首先出現於我們這時代的文學運動中。」

革拉特珂夫提出文學與時代及生活並駕齊驅的條件有三項，即內容充實，典型完整和風格完整。他以為作家們必須作到有概括性，能綜合人民典型的特點，及我們時代的風俗和精神；作家們必須把這步工作做到最頂點，而作為達成這種目的的手段和方法，只賴天賦和對人民及生活的理解是不够的，作家們必須還要具備至高的，圓熟的文學的技巧。他說：「我們必須使我們這種文學型(Literauy Type)含有可以長存的品質，不單對我們，而且要對將來含有重大意義。」

接着他就用蒲列哈諾夫的話來解釋藝術，說藝術品乃是「今日的生活超越了它的圈限，伸長出去，作成將來的基礎」他認為假若作品只在今日才有生命，才有存在的價值，假若作品不能超越了它的圈限，而只落在社會主義建設運動的後面，那麼新時代文學的根本問題就不能解決。

革拉特珂夫這種熱情的呼籲是完全正確的。新時代的文學要求着所有的眞實，精緻和美好。粗製的作品決不能使大衆感動，偉大的藝術必須是內外一致地完美的。和歷史的高揚的發展相照應，我們的作家們必須果敢地担負起這項任務：為提高文學品質而鬥爭！也就是：為實現及建設新時代而鬥爭！

二、我們文學裏的語言

作為文學的勞動的技術的語言，它的歷史在我們文學史上是一段幾乎等於空白的被壓抑的貧窮的歷史。它一方在客觀上長遠受着傳統的社會的和方塊字的限制，不能充分地豐富地發展，同時在傳統的封建時代的文學作品里，封建專制的思想也阻遏了語言走向明確之境的努力；另一方面，過去時代的作家們根本就沒有能清醒地瞭視到使語言趨向豐富的大道，他們之主觀的努力是非常地貧薄的。

在新文學運動興起的三十年間，我們年輕的文學開始從腐爛的舊桎梏中脫出，它的努力是十分可驚的。從舊時代的否定一直到新時代的創建，這里面經過了多少次血與肉的迸流，多少次慘烈的犧牲和鬥爭，才獲得了目前的一頁光榮歷史。然而，這頁光榮的歷史却並不能掩飾我們的文學工作迄今還只能算是在正式開始的時期，我們年輕的文學，在過去因為時代的需要和它本身發展的歷史的限制，它的精力的大部分是傾注在內容的本質的方面的。它沒有能够在文學的語言形式一方面多多着力。我們文學里的語言雖然經過一次革命而增加了若干豐富，但比之時代社會的需要，——尤其在當前民族命革戰爭起來以後的需要，仍是相差極遠的。我們文學里的語言，一般地呈現出怎樣的缺陷呢？

我們文學里的語言，除掉少數比較有點修養的作家以外，一般地說來，都是不很正確的。所謂正確，就是指適合言語的意義。作家們都缺少着一種應有的誠摯和耐心，去找尋，發現，選擇，創造豐富的語彙。他們常常隨便地成就篇幅。他們沒有能從自身的鬥爭實踐中，從過去的文化遺產中獲到什麼，他們沒有能够從現成的那些豐富的語彙實庫中選擇出最正確，最明晰，最强有力的語彙來。這使他們所欲表現的思想現出了瑕隙和不眞實，破壞了作品的形象，低減了藝術的效果。而最大的缺陷，是在於他們那種言語並不能爲勤勞大衆們所接受，所理解。

我們文學里的關於語言的問題向來是被漠視和被不正當地理解着的。我們的作家們必須對這問題有清楚的認識，在促使新時代的實現的見地上，對於文學里的語言的怠工的態度是已經到了必須加以克服的時候了。

三・內容和形式之統一的評價

關於文學里的語言的問題，我們的作家們是一向形式的地理解着的。他們機械地把語言從文學的內容中切離，僅僅把它當作一種不重要的形式看待，他們是輕蔑形式的，於是他們便連帶輕蔑了語言。但這種見解是不是正確呢？

曾經不止一次地提醒蘇聯作家們對語言問題應該採取正當觀點的高爾基，他是十二分地用着所有的熱誠肯定語言之重要的。在論戲曲一文里他說：「作家一面從事着工作，便一面把工作變化爲言語，同時也把言語變化爲工作。作家的工作的基本材料——便是語言。」在論創作技術一文里，他又說：「要文藝作品够得上藝術的稱號，應當在該作品上賦予完全的語言形式。」

偉大的高爾基以爲使那「情緒的才能」活起來，使那創造優秀作品的潛在的可能性轉化爲現實的，便是語言。語言就是他，第一個給語言起了一個光輝的切當的外號——「文化活動上的技術武裝」，或「文學的技術武裝」。

藝術作品的思想內容是借形像而具體化了的內容，沒有人會否認這一點。文字是文學的基本材料；文學沒有文字就沒有形象，沒有形象就不能表現思想，就沒有藝術。所以進步的批評家對於藝術作品的評價，他不但取決於作者反映了怎樣的現實，而且還取決於那現實的描寫是否完全被表現在形象中，作品的形式是否和那思想融合。換言之，就是他對於作品之社會的分析和美學的分析是統一的。也應該是統一的。文學的語言難道果然只是不重要的形式？我們的作家們究竟憑了什麼理由而能鄙棄語言的重要性呢。

高爾基曾經說過，僅作作品之言語分析的批評是形式主義的，但不作作品的形式的分析的批評，也是無價值的。爲什麼呢？因爲內容被形式化了的時候，我們纔能去理解它。他說：「拔去了形式的內容分析，是抽象的會使我們的知識變成貧弱。」

我們的作家們必須記住和認淸，文學里的語言問題，實不僅僅是技術的問題，更是關乎文學之本質的問題。我們的作家們平常談到文學之質的問題時，往往只緊握着內容而全然疏忽了語言的形式，這是非常地不正確的。正確的理解，應該是：文學之質的問題，不特不能和內容分離，而且也不能和形式分離。

正確，明晰，有力的語言形式的作用，是和藝術作品的內容之深邃相照應的。它不僅能形象化地完全作家的思想，賦予鮮明的情景，把作家所描寫的人物，活生生地刻劃在讀者大衆的面前，使他們接受感動和理解。它還能作爲喚起人類對於無比的創造偉力之驚異，誇耀，歡喜的力之感情和理性而生出作用。

當前偉大的民族革命戰爭要求着每一個國民意識地堅强地武裝起來，去保衛祖國，去爭取我們民族的獨立自由和幸福；在文學的崗位上，我們同樣地要求與一個有血性的作家意識地把文學的武裝加强起來。我們的文學必須要有最完美的武裝的配備，才可能勝利地去打擊殘暴的敵人。

四・語言的藝術和欺詐的藝術

重視語言的形式，呼喊語言的重要，催起作家們對於語言的注意，這決不是意味着導使文學回歸到技巧主義的泥沼中去；這也決不如少數人所想的是一種形式主義者的提倡。我們深信，無論怎樣高妙的形式和技巧，如果它缺少了藝術作品應有的一份眞實內容，它是永遠也克服不了創作問題上的根本的矛盾的。

形式主義者對於美學的見解，認爲美是在音調，色彩，線條的和諧結合中歸結着和表現着的，它們本身，對視覺和聽覺的愉快，是不問它們用什麼方法來表現的。

高爾基在論形式主義一文中說道：「建築上綫條的相稱，裝飾上線條的玩弄，我們衣料上色彩的配合，食具和家庭各種用品的整齊，雅緻，方便，有時也像在音樂里面的節奏一樣美妙。文學上過分的裝飾和細膩，却必然要使事實和形態的意義曖昧。……」

「形式主義是一種手法，是一種文學的風格，常時用來掩飾精神的空虛和貧乏。用形式主義，在害怕簡潔的，顯明的，有時粗魯的詞句，怕對這種詞句負責才採用的。有些作家利用形式主義，作爲飾掩自己思想的工具，要使他們對現實的醜惡仇恨的關係，要使他們曲解事實現象的意義的企圖，不致立刻顯然。然而，這已經不是屬於語言的藝術，而是欺詐的藝術了」。

盧那卡爾思基在杜思退益夫斯基論中說：「某藝術家為了作品用上最華麗最優美的色彩和形式，然而也在把豪華的衣裳披到人體模型上去的自然，那樣的作品雖然有外面的美，外面的裝飾，然而終於是人體的模型。那祇是穿着靈巧的裁縫手里刺繡的禮物的人體模型，或者說，那不過是除了會刺繡那樣美麗的禮物之外，什麼也不會的裁縫而已。簡單說：那是沒有將軍的制服。」

這所謂將軍和制服，乃是馬耶珂夫斯基說過的一個名句，那句子是，「在某個人身上，藝術上的形式和內容，是制服和將軍那樣的東西」沒有將軍的制服，那不是空虛的形式是什麼呢？

在語言的藝術和欺詐的藝術之間，是有着顯明的差別的。我們所要起作促家們注意的，乃是語言的藝術，而決不是欺詐的藝術。空虛的形式不啻一具架空的枯骨，借用馬耶珂夫斯基的比喻，我們所需要的却是一個穿着制服的將軍。

五・我們時代文學需要的語言

俄國文學上有句流行的格言：「莫將大地方給語言，却將寬座位給思想，」在藝術的創作上，要尋出一切適當的語言來，加以選擇，安排，和運用。要用很少的語言來講許多事情，描出鮮明的情景，活活的形象，又要把那所描出的形象的基本特徵，簡潔地幷得明明白白，使人物和動作的對話，一下子便在讀者的記憶里站住。這是一件非常艱難，非要特別努力不可的工作，也是一件非常必要的工作。

新時代的文學需要着怎樣的語言呢？

新時代的文學需要着最精確，最明晰，最有力，最簡潔，音響最好，最富生彩的語言。通過這些原素的有機的結合，新時代的文學將格外健壯起來，更有助於新時代的實現和建設。誠實的熱情的我們的作家們，必須貢獻其最大的努力在這椿工作上面。

這種新的語言而且應該是適合於勤勞大衆的理解的。

蘇聯批評家倍斯巴洛夫在批評論中這樣說道：「從事於自己的作品的作家，不但要考慮到由於選擇特殊的言語而怎樣正確地傳達了所與的性格，還不能不考慮到他的作品，是應該把明確的，富於生產的語言，教給勤勞者的。」

倍斯巴洛夫的意見是完全正確合理的。勤勞大衆是建設新時代新社會的中堅，文學如果脫離了這羣有希望的人類，並不意識地趕快變革它的語言形式，將不僅是一種錯誤，一種損失，而且還是一種罪惡。由這而來的結果，是它自身的死滅。

有些理論家們把人類的語言分成了文學的語言和民衆的語言兩種，以為文學的語言和民衆的語言是宿命的地對立着的，這不僅是一種錯誤的看法，而且還具有麻醉大衆的政治上的作用。他們的最終目的是要使文學失去了它的宣傳鼓動的武器的功用，換句話說，就是要使反對他們繼續掠奪壓榨大衆的重要武器之一的藝術，陷於破滅。

高爾基說：「言語是由民衆創造的，將言語分爲文學的和民衆的兩種，只不過是毛胚的言語和藝術家加過工的言語的區別；分明懂得這點的是普式庚。」

倍斯巴洛夫也淸淸楚楚地寫着：「如果在布爾喬亞社會里，有着作為支配者羣的言語的文學言語，和作為民衆的言語的各種訛誤之間的分裂，那麼我們的任務，就是把文學的言語造成大衆的財產，使文學的言語代替生生的民衆的言語而豐富，」

他們兩人的意見是可以聯接起來理解的。所謂文學的語言和民衆的語言之界限，結局必須要歸於消泯，不得不消泯，而且也可能消泯的。

我們的理論家們現在又在說着什麼通俗化的話了，這若作為對於作家們的語言的根本的要求，倒是正確的，若是認為這僅為了目前的抗戰，文學有使民衆接受理解的必要，而乞求作家們暫時遷就一下，在這種見地上則是完全錯誤的。我們的文學已經到了它永遠離不開大多數民衆的時代了。它要求的是日日增多的接近來的民衆。為此，它首先要求着合適的語言。能使大衆接受理解，並隨着大衆的接受理解而逐漸向高的水準發展的語言。也就是：「使文學的語言代替民衆的語言而豐富。」

六・怎樣去取得合適的語言

高爾基是教給了世界一切作家以洗煉語言，取得語言之正確的方法的。在我的文學修養一文里他教導着作家們趕快去親近那些童話，口碑傳說和俚諺，這一方面可以由此學取農民大衆們的思想，另一方面對於語言的學習也極有益處。他說：「藝術家是自己的國度，自己的階級的耳朵，的眼睛，的心臟。他是時代的聲音。他對於過去知道得愈多，就愈能多懂得現在，愈加多覺得現在的複雜的鬥爭，和那任務的廣的深的。必須知道國民的歷史，那社會的政治的思想。這思想有許多被表現在童話，口碑，傳說，俚諺中。而俚諺，尤其明白地，整個地，表現着人民大衆的思想。年青的作家們倘和這些材料相親近，是極其有益的。他不但由此學好了語言的節省，會話的簡潔和寫實性，還能知道民衆的大多數的農民的思想。」

從童話，口碑，傳說和俚諺中學取到了適合的語言的例子是很多的，我們可以舉出普式庚來一說。世界的一切文學史家都稱道普式庚是第一個奠定了俄羅斯民衆語言之基礎的作家，這種才能，普式庚是從那里得來的呢？我們不會忘記：童年的普式庚是由一個不識字的保姆阿力娜·羅迭奧諾芙娜養育着的，而這保姆卻是一位很會講故事的人。她常在夜間向普式庚講故事，唱民間的歌曲。這些故事與歌曲後來就使普式庚學會了活的俄新斯語言。盧那卡爾斯基稱道他的作品有「輝煌而少壯的語言和風格的均衡的非常勻稱和非常和諧。」這決不是倖致的。

在關於社會主義的現實主義一文中，高爾基又指示着作家們必須深刻地洞悉過去的歷史和現在的社會現象，而盡着產婆和掘墓人兩種任務。他說：「作家在仔細研究語言的必要之外，在發展着從那些語言中以非常簡潔洗煉了的確切和明快來選擇優美的語言的才能，和提高文章的效果之外，作家不能不同時盡着產婆和掘墓人這兩種任務。並且必須深刻地洞悉過去的歷史和現在的社會現象。叫做掘墓人這言語，雖有陰鬱之感，但是充分確切的言語。若要把勇敢和活潑的內容，充滿在這語言，這是要看青年作家們的意志和能力了。」

說到歸根。我們的作家們所最需要的還是生活。作家們必須向生活採取一種深深的，妬忌的，情熱的態度，積極地在生活的改革的見地上研究生活，突進生活的內層去。過去的作家們對於生活所抱的態度是不够熱誠，不够嚴肅的。現在必須要立即加以克服。只有在生活的鬥爭和實踐里，作家們才有完全的可能，去獲取創造新時代的語言。使新時代的產生的可能性迅速轉化為現實。

七·為爭取『文學的技術武裝』而奮鬥

在johnmacy的世界文學史話里引有詹姆士·哈維·魯濱孫的一段話，是意味着歐洲文學史上從拉丁、語言轉化到國民語言之革命的重要的，他說：「歐羅巴諸國民的種種語言逐漸推開了古代語而奪其地位，遂致連學者們現在也幾乎沒有想到以拉丁語寫書的事，比這一種革命更有味更重要的革命是沒有的了。」

語言的革命為什麼是重要的呢？因為這是相應着社會的革命，為創造新時代和新人類新生活的必要的步驟之一。

我們歷史上的方塊字的傳統是一種醜惡的傳統，現在已經到了必須揚棄它的時候了，但在揚棄工作還沒有完成，剛剛開始的此刻，對於方塊字必須加以利用的此刻，在它的範圍之內發動一種無情的鬥爭是必需的。為了言語的正確明瞭性，為了簡潔有力的技術而鬥爭是必要的。

高爾基曾經說過，語言的無教養是低級文化的徵徵，而且常與意識形態的無教養相結合。這是正確的；沒有適合的語言的形式，便不會有透澈的意識形態。

請學習一下外國偉大作家們那種工作的精神吧。福樓拜為努力尋求正確的語言，在僅僅一頁上，工作了達一星期之久；這是文學史上一個有名的佳話。莫泊桑的故事也是跟這同樣的。他們的語言倒並不是修飾的，誇張的，人工的，卻是精確，遒勁，明晰，而且自然的。

我們的作家們必須好好地利用目前的環境。平常你們跟生活的關係是虛偽而不密切的，現在你們都已英勇地投身在戰爭的烽火里了，你們將能接觸到無數多的真正的民衆，以及他們的生活和他們的語言。記住這句話：「語言是民衆創造的。」僅僅在語言改革的立場上說，如果你們能仔細地對他們的語言加以研究，即考察，你們是不難獲到一種嶄新的見解的。

新的時代需要着新的語言，新的人類生活需要着新的語言，目前應該是在由量到質的漸變過程中，我們的作家們如果願意以非常的努力對付這個問題，不僅我們的新的文學，就是我們的新的時代，也將更加快地飛迎而來吧。

一九三八年五月在沙坪壩

軍事技術

上海雜誌公司刊行

新軍事學叢書：（已出五種）

凌　青著：民族解放戰爭的戰略和戰術（四角五分）

周安國著：被壓迫民族戰爭論（四角五分）

李鴻瓊著：國防基本兵器講話（六　角）

李鴻瓊著：民族解放戰爭基本軍事講話（四角五分）

周靜園著：抗日游擊戰術（二　角）

*

推荐一部通俗化故事化的科學讀物

國防物理學

蘇聯・皮萊曼原著

崔尚辛譯

本書分力學，熱學，光學，音學及電學，均係戰時各項機械原理說明，以及普通機械之用途，功能及使用法。近代戰爭完全機械化，本書用極通俗，極大衆化的小說筆調，一一加以解釋，令人有讀小說似的感覺，有趣而使之引入眞理，以解說之淺近，雖對於物理學毫無根基者，均能深深瞭解也。

游擊隊小叢書

到處有人打游擊，也到處有人設立游擊隊訓練班，最感苦悶的就是缺乏游擊戰的教科和實際指導的書籍。從這要求出發，我們正在担負着訓練游擊幹部人才的幾個朋友們，深深的感到臨時編講義上訓練班，不如一勞永逸地編出這套叢書來，可以供給廣大的需要，這就是這套叢書產生的理由了。我們不敢自誇，但覺得比坊間各種關於游擊的書籍更完備更實際，這是我們可以自信的。

游擊隊的政治工作　曾霞　.16

游擊隊的交通與通訊　希明　.18

游擊隊的警戒與偵察　明凡　.18

游擊隊的射擊訓練與爆破技術　李念慈　.20

游擊隊與群衆工作　曾霞　.16

實用游擊戰術讀本

少年先鋒社編　.12

本書是用極簡明通俗的文字分課說明游擊戰的政治綱領與游擊戰術原本用爲教授山西少年先鋒隊的教本如用作開始訓練農民工人婦女等極爲適宜

戲劇 (2)

凌鶴著：上前線（獨幕劇）

這是凌鶴先生自己將抗戰以來所作的而曾經演出的許多獨幕劇中選輯而成。除一部份加以修改外，更于每一劇本後面附上新寫的演劇說明。使劇團依據他的說明在前線在後方得到演出上的許多便利。這與隨便編集的完全不同。

尤兢著：「皇軍的偉績」 ·30

這是國防宣傳三幕劇，說明侵略者的暴行和同胞流亡的痛苦，極宜於內地小劇團演出。

尤兢著：浮屍 ·15

這是以天津白河淌來了無名浮屍做題材，說明驚人的國際陰謀，寫成三幕劇，是全面抗戰中很適宜的宣傳劇。

王家齊著：鴿子姑娘 —又名紅武士—

本劇是描寫中國的空軍將士與日本女間諜鴿子姑娘的熱戀史。因為熱愛，因為責任，但他們不願拋去眞情的愛去幹工作，又不願離開工作去專求愛情，結果由於我空軍的最大毅力，親手殺死愛人，而追求應做的工作，謀民族之自由解放。

◆馬彥祥編著：

最佳抗戰劇選（一） ·45

本輯是專為內地做救亡工作的劇團編的。對於演員的支配，適合流動性劇團；且與觀衆生活接觸；在每劇後面加有『導演說明』，予演出者不少便利。

◆尤兢編著：

抗戰報告劇 ·20

在本劇內，也是寫抗戰中各種實地生活，各劇後亦附有說明，為報告劇之最優者。

◆尤兢編著：

大衆劇選 第一輯 ·45 第二輯 ·35

為通俗化大衆化的劇本的彙刊；有演劇經驗者可作參考，無經驗者，可為範本，初學寫劇者，可供研究。

◆劉斐章編著：

抗敵獨幕劇 ·45

是最基本，最通俗的劇本，為初次從事戲劇運動者最適宜之劇選。

◆王鋒編

抗戰獨幕劇 ·30

這是獨幕的精選，在各種劇本中，要以獨幕劇最有力，最能感人。這裏還有一部份的報告劇，均是極有生氣而有意義的宣傳抗戰的良好戲劇。

出版預告

西北戰地服務團 **戰地戲劇集** 丁玲 奚如 編

西北戰地服務團在西北前線，各村莊等做着組織民衆和宣傳抗戰的工作，在軍隊中做着政治訓練的工作。他們的宣傳方法以演劇獲得最大之効果。這裏將他們自己在各處演出的劇本加以修改，這是他們的經驗的結晶。丁玲女士的「重逢」最近又經修改，在劇情上有很大的更變，在辭句上也改得更為有力，與外界胡亂翻印舊的「重逢」大不相同，是從事戲劇運動的人是不可不讀的劇集。

七月

第三集

4

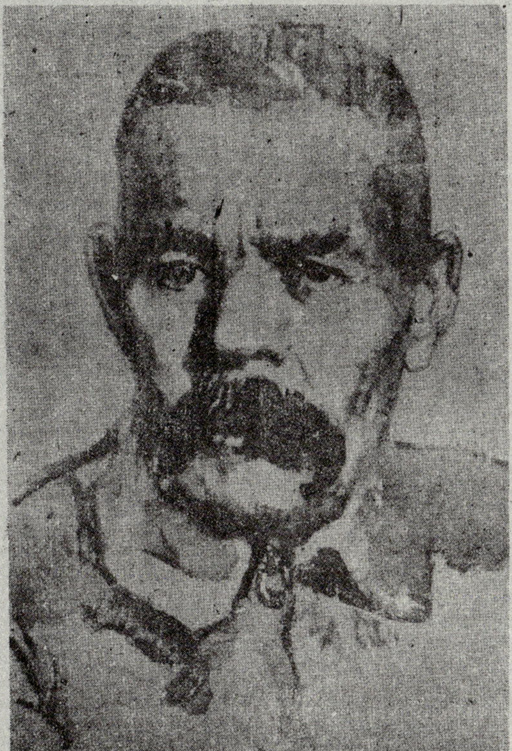

上海雜誌公司總經售

・目錄・

七月

第三集第四期（總第十六期）

廿七年六月十六日出版

編輯兼發行 七月社 漢口交通路六十二號

編輯人 胡風

發行人 張鴻飛

發行所：上海雜誌公司總店 漢口交通路六十三號

經售處：上海雜誌公司支店 梧州・武昌・廣州・長沙・宜昌・西安・成都・昆明・重慶・

印刷者 新昌印書館 漢口小董家巷 電話二一〇五

本期零售每冊一角二分

訂價 三個月……五角五分 六個月……乙圓

每月一日十七日出版

高爾基底殉道與我們

胡風

當高爾基逝世的時候，我曾在悼文里寫下了這樣的話：

高爾基底「大」，在死前就已被証明了，那表現在新社會底創造里面，表現在新人底出現里面表現在蘇聯文學底成功和世界革命文學底生長里面。……和這以前的別的偉大的文學家不同，高爾基底勝利，底「大」，不僅僅是由於思想底完成藝術底完成，尤其是由於表現在藝術行動里面的作者底意欲已經化成了客觀的現實。……

所以，高爾基底死是一個勝利的完成，並不含有慘傷的意味；但同時卻是一個巨大的損失，因爲他四十餘年所積蓄起來的戰鬥的智慧，是蘇聯以及全世界勞動人民底集體靈魂之一，多活一年甚至多活一月都能留下偉大的意義。——對於他的沉痛的哀悼，不是僅僅由於對於這個至高的「純潔的人」的愛慕之心。

然而，不知道是幸還是不幸，一年多以後，我們知道了他底死原來是「右派與托洛斯基派同盟」所下的毒手！劊子手們爲什麼要這樣做呢？無論他們蠢得怎樣瘋狂，當也不會以爲能够用「死」毀去人類精神陣線上的巨像高爾基底存在罷；我想，那不外是他們害怕了這個集體靈魂即使多活一年一月的偉大的意義，妄想用「釜底抽薪」的辦法削弱那和高爾基底生命結合着的眞理底力量。

劊子手們成功了麼？——沒有！如同高爾基自己在列寧逝世後所說的：「繼承他底智性和意志的人在活着！」這個活着的意志終於把劊子手們底罪狀向全世界告發了。

在這里，我記起了右派的布哈林。記不淸是高爾基六十歲的生日還是創作活動三十年紀念，布哈林寫了一篇我們從高爾基期待什麼。內容完全忘記了，但卻是最初地使我不得不知道文學是和政治有關聯的刺激之一。後來，均衡論使他從眞理底大路上滑落了，他也就成了暗淡的影子。然而，到蘇聯第一次作家大會的時候，他出現了，和高爾基底那一篇描寫人類文學發展史的，氣吞今古的大講演一同，他作了關於詩的報告。雖然是方法論的混亂，學究派的冗晦，但我們還是把他當作一個在錯誤的泥沼里拚命向上的人物看待。

我還得記起托洛斯基派的拉迪克。當葉賽寧自殺了的時候，他寫了一篇無家可歸的藝術家，那里面所說的「他離開了鄉村，但又走不進都市」的一段話，也是最初地使我不得不知道文學是和政治有關聯的，刺激了我的問題。後來，他跟着托洛斯基從眞理底大路上滑落了，但不久倒又爬了回來，到蘇聯第一次作家大會的時候，和高爾基底那一篇描寫人類文學發展史的，氣吞今古的大講演一同，他報告了現代世界文學底鳥瞰，而且還告白了他陷入了托洛斯基主義泥沼時期的罪過。雖然粗雜，沒有貫的追求力，但我們也以爲他是盡了一個政治家所有的力氣的。

當時有一幅漫畫，畫着高爾基檢閱文學軍的場面。在作家底行列前面走着碩長的抬起手來同禮的高爾基，跟隨在他底兩旁的，只有他一半長的正是布哈林和拉迪克這兩位。看看這，我當時曾閃過了一個感念：在神聖的革命面前，只要眞誠懺悔，一切都是能够取得赦免的。

然而，又誰知道，就是在這樣的時候，當高爾基爲了祖國底光明而顫動着年老的身子高喊萬歲，全場的作家爲了高爾基底四十餘年的苦鬥而給以海濤似的歡呼的時候，夾在那里面的布哈林拉迪克們卻正在計劃着怎樣把人類底這最美麗的花朵（高爾基）殺死！

這是最卑汚的「兩面派」底標本，這是人類文化史底最不潔的一章。

紀念高爾基，最好的方法不用說是繼承他底戰鬥意志，學習他底戰鬥方法，開拓他底文學道路，那內容實在是海樣的深海樣的廣，但今天，我們最迫切的工作程序上，不得不寫下對於這些意識的或不意識的「兩面派和」它底基礎的鬥爭。因爲，在中國，他們用着支離滅裂的辭藻裝着唯有他們才是眞正抗日的面孔，但實際上卻瘋狂地拆散抗日的民族力量，瘋狂地中傷抗日的先鋒隊伍，而養成並且團結民族革命的鋒先隊卻正是今天爭取勝利的唯一道路，戰鬥程序上的主要任務。

我相信，存文學上，社會主義的現實主義的路，高爾基的路，將從不由現實深處出發，不和現實要害格鬥的，用說謊的心玩弄熱烈的字句或「英雄」的故事遺彩樂防衛自己，防衛大衆，減弱甚至摧滅「兩面派」底基礎……

今天我們應該向高爾基學習什麼

徐中玉

「高爾基是偉大的天才的藝術家，他的這種偉大的藝術天才，在過去和現在，對全世界的普羅列塔利亞運動都有絕大的幫助。」——伊里奇

一九三六年六月十八日，在這個不幸的日子，我們——以及全世界的苦難的弟兄姊妹們，失去了一位最好的教師——瑪克西姆・高爾基。

兩年了。是多麼艱苦的兩年，又是多麼興奮的兩年呵……

今天，我們欣幸又悲感地重新來向這個偉大的名字敬致哀悼和記憶。鬥爭與革命的火焰遍照着我們壯麗的祖國原野，奴隸的鎖鍊將要爲我們的堅决和勇敢挨成粉碎。巨人教導着我們的光明，已經在望了。然而巨人已經安息！正在我們百倍地需要着他的領導的時候，巨人的沈默，使我們具有了格外傷痛的想念。

但是，巨人果然已經沈默了麼？不會！而且也永不！

他像一片海，永遠汲不完；他像一張琴，永遠彈得出新鮮的聲音。

我們要記念他麼？那麼，我們的紀念應該是向他學習，深深地學習。

只有向他學習，跟隨着他的脚印前進，爲人類大衆的永遠的自由幸福而奮鬥。這纔能無愧於做他的學生。只有這樣，纔能算是眞正在紀念這位巨人——永遠地新鮮名的字，瑪克西姆・高爾基，眞正人類社會的最優良的教師。

最英勇的鬥士

沒有一個人不知道這件事實，偉大的高爾基乃是普羅藝術最出色的代表。也沒有一個人不知道，他的所有著作都向我們指明着一件事，就是引起我們憎惡資本主義組織，憎惡私利和榨取，憎惡黑暗和奴隸化的感情，並鼓勵我們去改造舊的腐敗的生活，去創造光明燦爛的新生。

他暴露虛偽的人道主義和自由主義，他鞭笞市儈的個人主義，不可藥救的利已主義，他大聲疾呼地反對一切剝削的制度，一切屠殺，暴虐的戰爭——僅僅那爲了要消滅一切剝削階級的神聖的戰爭是例外。他歌頌勞動民衆的理智的力量——工人階級的領導和創造。他非常猛烈地揭破了小私有者的惰性，和那些堅持「資本家與工人之間」的中間立場的市儈——「機械的公民」們的卑鄙與無恥。

所有他的作品都反映着全國以至全世界的偉大戰鬥的各方面，反映着新的社會建設的全過程。他不躲避人生的種種黑暗方面，他對於一切現象都有透闢的見解和深刻的考察。他不僅看見了戰壕里的生活，而且還格外豐富地見到了整個的戰鬥。

那麼請問：他爲什麼能够把這一切工作都做得這樣巧妙，這樣合適的呢？這是爲了什麼呢？很多人便不知道應該怎樣回答了。

然而這却决不是一樁奇蹟。這是因爲他是一個眞實生活的戰士，一個最英勇的實踐的戰士。

新時代的藝術家必然是一個生活的最勇敢的鬥士。只有這樣，他纔能對人類社會作最有價值的貢獻，只有這樣，他纔能創出眞有價值的偉大藝術，而高爾基，恰恰就是一個最好的代表者和模範人物。

「從他的文學生活的最初的日子起，高爾基就和革命運動緊緊地聯繫着，他和它聯繫着，並不是作爲無產階級革命鬥爭中的一個旁觀者，而是作爲一個積極的參加者。」——V.O.K.S.

很明顯的，因爲他是一個積極的參加者，一個最英雄的鬥士，所以他做了而且

纔能够做了他已經做下的一切。所以他做得而且纔能够做得那樣巧妙，那樣合適，那樣地深刻透闢鋒利，有力。

否則是不可能的。

毫無倦怠的勞動熱誠的社會活動，爲着獲得文化的鬥爭戰士的高爾基的生涯正是新時代藝術家們一個理想的典型。

平民的號筒

新時代的一切藝術家都是十足的政治家。盧那卡爾斯基解釋這種必然性說道：「我們知道藝術是意識形態的强有力的方式，這種意識形態反映某一階級的實質，同時，這是替階級服務去組織自己組織附屬階級的一個工具，而且這又是瓦解敵人的一個工具。」因之他主張：「我們的藝術家在藝術作品之中一點也不要害怕做政論家或者他們所描寫人物的本身充滿着一定的思想或者他們的思想不摻進在描寫的人物之中而在形象的叙述的結構之外給讀者以熱烈的鼓動的演說或者作者有時候以藝術家的資格出來說話，寫信給社會，彷彿是一個政論家彷彿是平民的號筒。」

高爾基藝術家又是政治家，恰恰就成了平民們一支最好的號筒。

平民們藉了這支出色的號筒喊出了他們的被壓抑被剝削被侮辱與被損害的眞相和苦痛喊出了他們的憤怒和反抗，並喊出了他們對於鬥爭與革命前途的確信的勝利和希望。

他曾經自己說：「我們生存在意氣消沈的時代，我們被封鎖在懷疑之中在冷靜的薄光之中過日子，把這些東西一掃而空之後，我們須要用希望來修飾人生，用活動來推進人生，用思想來提高人生，把我們的生活改造成更合理的生動的複雜的東西，這正是我們的義務。」

正因爲他想推進人生，提高人生，所以他憎惡憂鬱的懦弱者，凡俗卑怯的人羣，灰色的日常生活者，草一樣卑微而又自卑的人物，啾啾唧唧的命運的奴隸，軟弱無能的傢伙，使他感到可憐，他想把强烈的生活慾鼓吹到這些可憐虫的靈魂里而去。

同樣的原因，所以他愛人類的眞正的勇士，光明與自由的無厭無倦的追求者，貧窮人和貧窮的反叛者，擺脫一切俗念的放浪的人羣，以及那些爲革命作壯烈的獻身，情愿犧牲一已的自由健康和生命的人物。

然而無論是嘲笑，揶揄，或者痛斥，這一切也都是爲了愛，爲了愛人類，爲了維護全體平民的利益事業和爲了革命的勝利和幸福。

他是永遠爲平民說話，爲平民做事的。他的愛，是爲了平民，他的憎也是爲了平民。他和平民有相同的感情，跟他們一同悲戚一同歡喜。平民們離不開他，他更離不開平民，他永在了。

只有跟平民們站在一道的藝術家，纔能够永在呵！

可驚的堅定

發覺了伊里奇的偉大天才，高爾基他這樣寫着：「他知道預測他以前什麼人都不知道的，必須發生的事情，他知道這事而且知道怎樣去做這事，我覺得這是因爲他用的他偉大的靈魂的半個生活在未來，因爲他的冷酷而正確的邏輯用完全地具體的眞實的形式爲他指出遙遠的前途。」

這意義是說明着伊里奇對於現實的那種可驚的堅定。現實從不會使他喫驚，不管它是怎樣困難和複雜，現實從不曾動搖他，他相信總有一天工人階級和農民會成爲全世界的主人的那堅決的信仰。

其實這些話對於高爾基他自己也含有着同樣的眞實。

他整整一生就是一個長時期的艱苦的鬥爭。苦工勞役，貧窮，壓迫，毒害，監獄生活……這些都是他生命中的家常便飯，然而痛苦，黑暗，窒息的現實却絲毫也不曾使他動搖過懷疑過，而相反地正是這種可恥的罪惡的現實生活的圖景逐使他的信仰格外變成了捶擊不破的堅實。

在反動的時代——頹廢和轉變的時代，大部分作家和一般知識份子都受不住威脅和利誘，都變得懷疑，動搖，畏葸退縮而放棄了革命而做了革命和平民叛徒的時候的他也只有他却還是那樣忠實於勞動大衆和勞動層的革命，他屹然地站立，像一座雄巍的山峯。

他確信「人生的確不是憂鬱的人生並非除了創傷，呻吟苦痛，眼淚之外一無所有的。不但有瑣細的，同時也有偉大的；有卑汚的，也有美麗而且燦爛的，有一切人類所欲找得的，有一切現世沒有而人類有力量能尋求的。」

不僅確信，他並爲實現及完成這種確信而英勇地參加了鬥爭。他參加鬥爭，是那樣地勇敢，頑強；一直到老，一直到他離開世界。

他不會鬆過氣。他的鬥爭是有了結果的。「陰雲遮不住太陽，」在暴風雨的時代中，他——以及他的千百萬勞動弟兄姊妹們，終於勝利了。

這是一定的。

我們的上代先知也曾經這樣地訓誡我們：「人而無恆，不可以作巫醫。」可知作爲荒謬的巫醫也還需要「有恆，」而當參加一個偉大的鬥爭，我們如果沒有了高爾基那種堅決，勇敢和持久的精神，不消說，那我們是要失敗的。

在困難面前，記起高爾基來吧！比起他，我們的困難又算得什麼。只怕我們不努力，只怕我們不會努力；困難之後，一定有我們的快樂在呵！

豐富的知識

沒有一個人會比高爾基更爲重視藝術家本身的修養，重視知識。而知識的基礎，是勞動。他這樣說。

在全國人民慶祝他創作四十年的紀念大會上，作爲答謝的演說，他這樣說道：

「……還有一件我所希望於青年的事情，那就是信仰，一種對於理性的全能的不可動搖的信仰。這就是給你衣服，居住，和溫暖的力量。而我們必須信仰這種力量，堅定地相信它能够達到未來的無限的進化；我們應該把這種信仰灌輸到我們的腦子里面，而這就非勞動不可，這就非獲得知識不可；而知識的基礎就是勞動；這就非對於理性所給予個人和人類的東西有明確的認識不可。我要求我的年青的作家同伴去學習又學習，去知道他們的國家，去找出它有什麼以及它缺乏什麼，去知道它的現在，它的過去和它的將來，爲了要知道將來應該做些什麼。努力學習並不是壞的遺訓，知識正是我們大家最缺乏的武器……」

這遺訓對於我們，尤其在今天，眞是一點也不會說錯。知識正是我們大家最缺乏的武器。我們還沒有能够從件事之皮毛的粗略的理解中完全脫出，我們還沒有能力向民衆們，從所遭遇到的任何事情，系統地給以分析和解答，從中宣揚出新時代的全部的眞理。而這不快補救的話，要成爲我們的致命傷的。

向鬥爭與革命的密切的實踐，向面前的現實，向先知者們所寫下來的書籍，去要求知識，去學習知識吧。必須這樣，纔能够，而且一定能够得到知識。

書籍是曾向高爾基指示了另一種更合理，更有意義的生活的。它曾經漸漸的加強了他對於自己周圍的生活的反抗心，並培植起了他的堅固的信心。看他這樣自白：「書本在我內心里敎養了關於生活的惡劣的一種個人責任的感覺，而且在人類的理智的創造力之前，喚起了我的崇敬。請愛好書本吧：它將使你的生活容易化，它將友愛地幫助你了解感情思想事變的各方面的和複雜的混合，它將教你尊重別人和你自己，它將帶着對於世界和人類的愛的感情，給予知慧和心靈以羽翼。一切知識都是有用的，就是關於心靈錯誤，感情錯誤的知識，也是有用的。請愛書吧——這知識的泉源。只有知識才有救人的能力，只有它可以使我們在精神上成爲強壯的，忠誠的，有意義的人。這樣的人方能忠誠地愛着人類，尊崇他的工作，衷心地注意到他那不會中止的偉大工作的極美麗的結果。」（我怎樣學習的？）

在猛烈的鬥爭與革命的段階中，沒有知識是不行的，沒有豐富的知識是不行的。勝利決不是熱情澎湃的結果，而是豐富的冷雋的理智操縱，熱情的結果，沒有知識，也就沒有成功和勝利。

紀念高爾基，讓我們向他深深地學習，再學習！

高爾基是不需要我們空空的讚美，揄揚，哀悼和憶念的。他需要我們踏實地追踪着他的精神向解放人類的大道上邁進。

時代和苦難中的弟兄姊妹們，都需要着，期待着我們這樣去努力。

我們要對得起烽火燎原的苦難中的祖國，苦難中的人類和世界。

同志們，前進，努力！

一九三八年六月在沙坪壩

抗戰後的中國文藝運動及其現狀

歐陽凡海

抗戰爆發以來，到現在，文藝顯然已經在戰爭的總的動態中站穩它底戰鬥地位了。在我們敘述別的問題以前，關於這段過程有加以說明的必要。

書商服務於文化事業，一般的說，是取着妓女的方式。在內戰時代，支持中國文化命脈的殉道者們，是一定要——不但以他們底血汗去充實書商底錢櫃，並且要以生命的鬥爭去延續文化於不死，才能得到書商半隻青眼。到現在爲止，誰也不能否認，中國文藝還超不出市場文藝以外吧？就是說，中國文藝和廣大羣衆的接觸，到現在爲止，一般的講，還是要通過市場的；這雖然是資本制度下一般的現象，可是在中國卻特別厲害。因此，市場也就籍書商底心以爲鏡子，將它底威權反映到中國文藝運動上來。八·一三戰爭爆發以後有相當的長久，或者再說得比較寬放一點，就是從那時起一直到現在，中國文藝界確實不會發生過根本的或者全面的動搖。大家總還沒有忘記，那時候「報國無門」的哀號在青年，特別是文藝青年之間是多麼普遍吧？有許多青年，甚至有許多知名的作家徘徊在街頭，沒有工作。難道還許多文藝青年與作家是個個都被砲聲震昏，既沒有旁的工作，又願意把原在工作着的文學事業放棄，寧願遊手好閒，聽着炮聲過空日子麼？他們裏面或者有一部分抱着錯誤觀念，以爲大家都只要跑到戰場上去，再也不需要文化，更其是文藝了；但歷史是不重復的，一九三七比起一九二五，明明白白已經相隔了十二年，那時候在青年間，在文化界普遍存在的認識上的混亂，無知與盲目，在十二年後的文藝界上已經不再可能普遍存在，所以在戰爭開始時，認識上犯了否定文藝的根本錯誤的，在作家方面說，沒有疑問只有極少數的一部分。這一點，我們應該首先認清，在理解中國文藝運動到抗戰十一個月之後的今日就能夠很快地在抗戰的整個動態上站穩它底腳跟這一點上，有很大的幫助。我們試一回想一九二五年的大革命，文藝家們一直到大革命失敗之後才猛然回到文藝底身邊來，就知道今日我們文藝界底盛況並不是偶然的了。

由於這「報國無門」的當時的客觀事實和文藝界在認識上的進步性，在當初，文藝界確實沒有發生根本的動搖的。

而在外表上，使文藝界呈現一時的近于崩陷一般的貧困的，是交通的被毀壞阻斷，與一般民衆的慌亂蜂嘩。這時候，文藝界與他們底廣大支持者一時相互不通聲氣，於是便好像一個浮華少年破了產，立刻便被妓女拋棄了。讀者只知道當時在上海的文藝出版物如何可憐，恐怕不會知道就是那一點點可憐的出版物都是由當時既無工作，也無稿費收入的作家自已湊起來的錢出版的吧！這正是說明中國文藝界在那樣被放逐到街頭的堅苦情形下，並沒有因爲砲聲放棄了自已底崗位。我還記得，那時候他們還在理論上和文化否定論者發生過有意識性的鬥爭。

在平時，書商們底個別行動，對文化不一定發生直接的影響，但在戰時，當日的作家正陷在四面楚歌中，又突然遇到他們底全面的罷工，一時之間是不能不呈現出崩陷狀態的。

接着中國在軍事上接二連三失利，社會的秩序一時愈形混亂，而抗戰的政治環境卻相反的一天天改好，這便是說，在軍事一方面，使呈現崩陷狀態的當時文藝界不能立刻翻身，這件事一時的發生強制力，使一部分的文藝界人對自已底工作失了自信，而另一部分人也不得不向別方面求暫時的或當作生活形式之某種轉換的出路。質言之，到那時，文藝界本身才被強制着開始渙散了。而另一方面在政治上的進步，恰好迎合這種情形，使許多作家及文藝青年漸漸從前者的「報國無門」的哀痛中解放出來，一批一批走上各色各樣的非文藝的抗戰分野上去了。於是文藝運動的命脈一時竟大有岌岌不可終日的樣子。

那時候，堅決地意識地從事這條命脈之延續的是七月。七月的存在，在當時對明三個事實：第一，「報國無門」的現象並沒有消滅作家並沒有能夠完全走上抗戰的非文藝性的分野；第二，七月既然是個雜誌，就代表一部分作家，這些作家底態度反映在七月上，表明了他們孤軍獨戰的精神，就是在最危急，一般的社會騷動最混亂的時候，他們始終是確實認明了他們底任務與職責的，沒有動搖文藝底立場點；第三最重要的是，他們不但沒有動搖文藝的立足點，並且不因社會對文藝的一時的無視而降低了文藝在國際與中國的全分野上戰鬥了幾世紀才獲得的寶貴的據點——戰鬥的現實主義。這三點結合成爲一體，以其全貌出現在七月上，便作爲超度中國文藝從困難中走到今日來的一條橋梁。要問這條橋梁之所以這樣小，卻結實得任千兵萬馬從它上面通過，終究沒有折斷的緣故，那就在於第三個側面，即——那寶貴的據點，始終由他們保持住的緣故。因此我們就緊跟着這一點，在下面繼續展開我們底討論。

在這裏，我們首先要簡單地給中國文藝十年來的鬥爭成果一個確定的認識。誠如吳奚如先生在七月三集三期座談會上所說的，作家一向是在「階級對立的觀點」寫着文章的，但作家也在這觀點上做過長期的殘酷的自我鬥爭。他們在開始的時候是把握不住各階級間的關係的，所以常常機械地送出一些觀念的階級代表，爲了這件事，中國文藝界走了很艱苦的一段行程，它所經過的那些反覆再三的創作方法，主題，題材的論爭，那些關於語言文字與形式內容的論爭，那些關於文學遺產與一般文藝理論的論爭，都是爲的要把這個所謂「階級對立的觀點」從複雜的矛盾中去把握；而經過了長期的艱苦鬥爭與作家們在創作實踐，的努力，中國文藝界已經走到了能够處理與觀察社會諸勢力關係的地步了。要不然，七月能够固守戰鬥的現實主義的據點而孤軍獨戰，就是一件不能理解的奇蹟。我自然不是說，中國文藝界已經能够十全十美，十分有把握地捉得住社會諸勢力之間的矛盾了，但以抗戰以前而論，我們確實可以如此評斷，就是，社會諸勢力之間的關係，縱使因戰爭而曝露出劇激的改變了，但他們已經不至於驚惶失措；對於複雜的社會諸關係的劇烈的變動，因爲實際上並不是突如其來的，在悠久的過去他們已經努力跟從着這種變動的緣故，所以他們縱使不能十分正確地一下就在戰爭曝發時捉住了這種表面化的變動，他們決不致於嚇得無從下筆或不敢下筆，是可以斷言的。抗戰以後，客觀的現實愈益曲折了，然而在作家面前只不過是增加了一定的困難，抑並沒有任何根據要求作家改變一貫的創作方法，相反的這只不過是給作家一個更廣泛的視野，使他們能够更深刻的去發展他們一貫的創作方法。

這一點，現在看起來好像是比較清楚些了。不過在抗戰開始的當時，中國新文藝運動的這一種貫的創作精神實在遭遇到了一個强大的阻力。原來那時候發出了一種不可避免的趨向，就是爲了統一戰線底基礎尚未穩固，爲了阻止左傾幼稚病發生，對社會諸勢力的批判，是嚴厲地防止發生毛病的，這當然是應該的，但對政治認識比較不充分的一般社會輿論，便走向極端了，他們忘記了從矛盾與發展上去理解統一戰線與抗戰，而把這二者當作一種不可侵犯，不可批判的東西。於是戰鬥的現實主義這中國文藝底寫作精神，便在這裏遇到了很大的阻力，大有不敢舉步向前之概了。丘東平怕被人冠以「漢奸文學」的帽子而不敢寫韓復榘統治下的軍事與政治的黑暗腐敗，就是一個明顯的例子。不屈服在這種阻力之下，使中國文藝能度過這阻力而到達更新鞏固陣脚的今日的，是七月這條橋梁，說得更嚴格點，就是七月底戰鬥現的實主義這個據點。我前面說七月這條橋梁雖然小，卻結實得任千兵萬馬從它上面度過，終究沒有折斷的，是在於那戰鬥的現實主義始終保持住的說法，到這裏我們就可以知道：假使七月不能負担起中國文藝那一貫的創作精神，將它從危殆中度過來，那其他的一切努力都不會發生決定作用的。因此我們也可以反轉來知道，七月的存在，並不是偶然的了。中國文藝的發展，伸過七月這條橋梁，實在是一系列的展開。鹿地先生說中國「抗戰前的作家與今日的作家之間，甚至已開始發生了明顯的分歧點」這話，如果是說抗戰前的作家與抗戰後的作家已經方向不同了，那是可以被指摘爲對中國抗戰前的文藝確實相當隔膜的。

因爲中國今日的文藝，是過去的一貫的系列的發展，是有過去的歷史基礎的，所以抗戰後的中國文藝雖然遇到相當困難，但一越過了這個困難，它便恢復它過去的那種優越的原氣，趁着這生氣四溢的現實潮浪，蓬蓬勃勃向前發展了。所以抗戰後的中國文藝，到今日不過經過了很短的幾個月的時間，就能在批評上，利用那過去是經過幾年才能從混雜之極的論爭中得出來的教訓，來阻止文學上的單純的抗戰情緒的舒發與浮面的鼓勵了。關於這一點，我們可以舉得出抗戰文藝上楊雲堠先生底主題組織性與教育性的强調，和通俗讀物編刊社底自我批判等。其中尤其是通俗讀物編刊社底自我批判中關於作品內容一方面的指摘，一方面表明了中國文藝在過去的十年鬥爭中所留下的優秀成績，而另一方面，表明中國批評工作的廣泛的展開與深入，從而這篇自我批判中關於內容一方面的話，竟然值得抄錄出來正式加以確定，作爲今日文藝批評上的一個値得歡喜的存在。就抄錄在下面吧：

「自盧變發生後，本社即以現實的抗戰故事爲創作主題。但此時期編刊的讀物內容幾乎全爲抗戰情緒的鼓動，至于抗戰以來的經驗教訓，則甚少乃至沒有反映到讀物中來……」

「第一是缺乏敵人國內危機的分析，與敵軍政治工作的提倡，新刊讀物中，凡是提到敵人侵略我國原因的時候，照例是『日本軍閥無人性』或『東洋小鬼太兇殘』等空洞而錯誤的抽象詞句，除了好洋鬼子一種外，均未能將敵國法西斯軍閥統治的本質——由對外發展和緩內部政治危機的基因，加以具體而深刻的描寫。而且敵人此次侵略我國，雖一面利用着强制的徵調，一面施行了軍國民教育的麻醉，將士兵驅到了前線，但是，不惟在國內引起了巨大的反戰運動，即其來華的士兵，也形成了厭戰悲觀乃至生趣斲喪的趨勢，因而便表現了獸性的姦淫擄殺與戰鬥力的削弱。在客觀上，不惟敵人國內的反戰運動，爲中國抗戰的友軍，即深入我國腹地的敵軍士兵，也有用政治宣傳使之從速覺悟，共同打擊敵人的可能的必要。……

「第二是缺乏民權主義與民生主義的宣傳。本社自成立迄今，即以宣傳民族主義爲主要任務，這一點本來沒有什麽不對；尤其是在抗戰期中，抗日高于一切已成爲國人共同遵守的最高原則，着重民族主義的宣傳，更屬必要。不過我們應該瞭解，三民主義是一個連環性的體系，八九個月以來抗戰的教訓，在在證明必須使民族主義在民權主義與民生主義的規定之中，然後才能順利的達到目的，即必須以民權與民生的同時實現爲條件，然後才能保證抗戰的最後勝利，才能使抗戰與建國獲得合理的連繫，才能在抗戰的過程中建立起獨立自由幸福的三民主義的新中國。這雖是簡單明白的眞理，而國人對于此點，却正缺乏着正確的認識。觀夫一般文化界關于民主民生與抗戰的關係問題的爭論，即可瞭然，知識份子，尙且如此，一般國民對此問題認識的不足，更何待言。……」

「上述這兩種缺陷，同時存在在我們的讀物之中，實在不是偶然的現象。因爲抗日而注重與日本民衆聯合，及求民族主義實現而同時宣揚民權主義與民生主義，正是三民主義的民族主義一貫的中心思想，只是我們對于這種中心思想缺乏全面性的正確理解，必然要在讀物內容上同時產生上述兩種缺陷。這種缺陷，用文藝學來說，就是創作方法論的把握的不足；用政治的術語表現，就是對于抗戰基本形式缺乏科學的認識。」

中國批評界並沒有放棄了或有意地忽視了這方面的工作，事實上，中國文藝無論在創作方面，在理論方面，現在正趁着大時代的浪潮，繼承以往的努力，開始了向前的更深一步的廣大的展開，不過中國文藝運動底實際情況，有它底不同於他國的複雜的特殊性，這一點，在我們說明了今日中國文藝底歷史的根基及其發展傾向以後，要再走前一步，是不能避免的，而且就在此地，和目今中國文藝界的主要問題做進一步的接觸了。

中國新文藝運動的發展，自開始到現在，取着一種集中的與正軌的形式向前演進，這事在歷史上出現的回數，只有非常寬泛地說，才能指出五四運動中一短段時間和一九二八到九·一八前後的一短段時間，而嚴格地說，這兩段時期都是很勉强的。因爲中國是一個半殖民地的國家，它底內部問題本來是够複雜的了，又常常在非常複雜錯綜的外來壓力下變得更複雜，它常常在你還沒有好好解決這個問題的時候，突然擁來十個急不容緩的新問題，有時候，一個問題還才被提起，又要被迫着幾乎要放棄了。另一方面，中國社會條件在內與外的桎梏下，不能容許它本身產生的問題循着經常的社會條件的發展去發展。只要懂得中國情形的人，都知道中國的各方面的問題都是最容易過時的，然而實際上過了時而已經解決的問題却非常少，在文藝上也是這樣，舊形式與大衆化的問題，就是最明顯的例子。單這兩個問題，再四再三，提而又提了，這都是因爲當時遇到新問題，妨碍了這問題的成熟，放棄了，以後又提起，又放棄或擱淺，又提起的緣故。現在的舊形式的問題就是在社會條件的桎梏下，以前屢次都沒有解決，到現在需要解決，所以居然又拿出來擺在最新的許多問題一道了，同時也就是因爲這種社會條件的桎梏，就文藝方面說，從事於解決那許多潮湧般的問題的主觀力量，簡直不能與客觀問題相對比。文藝理論與批評的崗位，常常因爲一力量的不够分配而呈現出單弱，一受文藝以外的力量的衝動，而失去強有力的戰鬥表現。這種種情形在抗戰以後到最近的期間，表現得撥爲露骨，表面一看確實是近似落後得可怕的。然而事實却並不如此簡單。中國文藝界的單薄的戰鬥力面對着他們那些潮水般擁來的問題，却自有其獨特的戰鬥方式的表現：他們再三再四的兜回舊問題上去，不但是每兜回一次，總把問題推進一步，並且一定是用運動戰的方式，無論這些舊問題討論得如何掩過一切，抑總是脚踏着一貫的中心理論發展的體系，脚接着當面最重要的任務與課題，而最後溶化進理論發展的全體系中去的。它有它堅苦鬥爭的歷史，學會了長期的塹壕戰法與獨當一面的游擊戰法，魯迅底一生便是這些獨特的戰鬥形式的一部歷史。抗戰以後，中國因爲幾個大文化城市的陷落，一時失去了文化中心地，這種情形更表現得明白，以七月而說，它雖然是沒有建立形式上的理論的陣地，可是它本身的編輯，作爲一部實際理論的具體化而出現，這是只要從頭至尾細讀過七月便可知道的。而最近胡風先生如下的一篇談話，更如實地說明了這點。他說：

「當開始工作的時候，不能不考慮到由文壇傳統風氣來的一些困難條件，這里可以提到兩點：第一，新文學爲了開拓道路，不能不在觀念形態上做堅強的鬥爭，然而，由於一些原因對於具體作品的評價——引伸優點指摘弱點的工作，反而有忽視的傾向，這就使得文壇風氣常常被不成熟的理論觀點所困惑，使我感到倒不如優秀的作品反而能實際地生出影響。第二，我自己做了一些所謂『批評』工作的經驗使我積成了一個苦悶，那就是如果用論理的嘗試說話，就是一個單純的創作現象的理論的追求，也常常會遇到意外的麻煩和意外的誤解。由於這，『七月』採取了用編輯態度和具體作品去誘發作者的方針。」

這樣的一種獨特的戰鬥方式，既然是和「文壇傳統風氣來的一些困難條件，」和「經驗」緊相結合的，就知道並不是偶然發生的了。再回頭想一想前面我所說的七月底戰鬥的現實主義精神不過是中國文藝的整個發展中的一條橋梁，就知道像鹿地先生所說的七月「到了國際的水準」並不是離開中國文藝底理論批評，及其整個的體系而超然存在於空中的了。它只是用獨特的戰鬥方式向前發展的中國文藝底一面。

文學批評上，具體地分析作品，揭示它底特點，抽出教訓而予以體系化，只可以說是文學批評上的作爲重心的工作，而實現這工作的方法與形式是複雜而多種多樣的。在中國，這情形尤其不能避免。中國報告文學的批評工作，一方面出現在七月底編輯態度上，一方面却又出現在通俗讀物編刊社底自我批判上，而在其他方面，則採取一種完全不同的形態，發動舊形式利用與通俗化的討論，凸出來，而且顯得很膨大，近於把重心的批評與理論工作丟開了。然而我們試一回想，這利用舊形式與通俗化的問題，直接導源於文藝大衆化，而文藝大衆化的問題則實際是中國文藝批評家當面的建設中國新文藝的主要課題之一。過去在這主要課題上，不但曾經派生過了大衆語與舊形式的問題，而且還派生過了拉丁化，連環圖畫木刻畫的這許多在當時看起來簡直是鬧不清的問題。但這些枝枝節節，複雜多端的問題現在怎樣呢，它們經過了長久的彎彎曲曲的行程，互相激蕩，互相溶解，雖然前後不齊，却一步步推進了，而終究溶入於中國文藝運動發展的全體系中，團結在那基本理論的四週，在我們現在看起來，好像是並不奇怪的了。現在的舊形式利用與通俗化的問題，也正是一樣不足奇怪的，不過，我們儘管指明這種情形，若是把這種情形引爲滿足，却是絕頂的錯誤。這種複雜多端而近於畸形的離心力發展之所以到今天還沒有離去正軌，我們不能不承認中國文藝界在理論批評與創作實踐上，過去的那些不斷糾正，堅決地守緊原則的艱苦的長期的努力。倘是沒有這種努力，那這複雜多端的發展，足以產生很大的危險。

鹿地先生在七月三集一期座談會上的意見和最近給適夷先生的公開信都是這種努力的表現。他爲的要防止中國文藝運動從根本的原則上跌開，爲的要防止偉大的先輩們所努力下來的一貫的發展受到阻滯而極力主張政治的應急手段與「民族文化的向上」的本質問題的差別，我以爲是沒有可以非難的理由的。這裏所說的政治的應急手段，如果所指的並不是單純的宣傳而是藝術的大衆化，那麼這兩方面工作的性質倒不必有什麼根本的不同。因爲中國的藝術創造物要想從質上去提高，不通過各色各樣的大衆化運動去豐富它底大衆性是找不出更好的路子來推進文藝底內容與形式的發展的。我在七月三集一期座談會中說：「把中華民族底一切好的特性，一切好的文化傳統吸收在新文學裏，並不是降低了文學，相反的，假使能够使文學更具體地實際地成爲中國的東西，是文學的提高與進步」換言之，即其發展。這裏，我們所賴以自信的是大衆有豐富的創造力。

但不管我們底工作一向來而且以後也要通過怎樣曲折的路，對於這種遙遠而艱苦的行程，時時採取警戒的態度，防止其跌開或甚至阻滯了中國新文化一貫發展下來的中心體系，是十分正當的。依照以前的，我對於中國文藝的縱斷面與橫斷面的檢討，我們知道中國批評界雖然並不如鹿地先生所形容的那麼落後，得可怕，但比起這四面八方野馬一般的客觀現實與文藝問題的展開，中國批評界的貧乏，實在不能否認，而這種貧乏，正使中國文藝有很大的可能從我們偉大的先輩們所建設的新文學的一貫發展中跌開。中國底批評家們是不能不在這抗戰後中國文藝剛開始躍進的今後充分注意於這件工作的。

閘北打了起來（下）

S. M.

我們一團人在大夏大學前架槍卸裝休息，停止待命。

在車上，我已經看見過了命令與要圖。我們第一營底行進目標是閘北底宋公園路，『正圓路，』正面右翼從青雲路起左翼到『洛陽橋』止。因爲我在上海住過，連長就要我做嚮導的樣子，可是閘北對於我是十分生疏的，這樣也就算了。但是我一下車就問當地的人，什麼地方是宋公園路，『正圓路，』與青雲路，『洛陽橋？』怎樣走法？雖然上海市底保安隊裡已經有嚮導派來，我們還找了一個『老百姓』來。『正圓路』與『洛陽橋』是弄錯的，那是止園路與濟陽橋，眞要命！

上海底姿態在我是這樣熟習的，大夏大學前的商店與飯館子更使我想起被燬的中國公學與吳淞鎭來，我在那裏曾經住過一些時候。我們望着那些人，店伙，學生，車夫，覺得他們也正在那裏望着我們。事實上他們也眞在談論着我們。幾個大胆的，還跑近來要看我們底捷克式輕機關槍，問東問西，我們底弟兄也問他們，譬如上海最近的情形之類。我從來沒有看見過，從十六年國民革命軍北伐克復杭州以後，人民與軍隊有這樣親切，我眞感動與喜歡。有人提了一桶熱開水來，弟兄們一下就一人一碗舀完了，他們馬上又弄了更多的來。弟兄們也有說這樣的話的：「我們得對得住上海底老百姓。」小販們賣東西也隨便，不像做買賣，而是半送半賣的請客的樣子。可是弟兄們都太窮，連長有三個火食尾、一個草鞋費沒有發，能够有錢買東西吃的是很少的，即使有錢，他們也早已吃完了，士兵們是有錢就吃，一吃就光的，因此沒錢的弟兄祇有向小販們看看或者微笑。那時候我想，要士兵與人民融合在一起是容易的事，第一他們祇要發動抗日的戰爭或者參加到抗日的戰爭中去，第二祇要使他們有與人民接觸的機會就是了，並不是什麼艱難的事，過去我是陷在錯誤的大霧裏了。我又看見第五連底一個兵，吃了兩根油條，從身邊摸着摸着摸出來的卻祇是那麼一分多錢，他要去找別的兵借，賣油條的老頭子卻笑着躲了開去，不要他底餘價，口中囔着「你別別——你班長眞是……」

那時候是十點鐘左右，太陽有點燒人。我們底命令才來；我們向閘北進軍。

這又是一個艱難的路程：舊的疲勞並沒有全除去，沒有吃什麼東西，天氣熱，水又沒有喝够，道路上裏着塵土的日光直曬着人。終於，害病的人與脚上起了水泡的走路顯得爲難起來。陳中元，高得勝都落伍了，別的排上也有落伍的。我不管連長底禁令，給他們雇人力車，可是好久找不到一輛車。我要强壯的人帶走了他們底東西，我和他們慢慢地跟在後面。他們都是一頭的汗，歎着氣，實罵着自已和病。

「噯，倒霉到這個抗日的時候來害病！——」

「人家不要說我怕死，懣，懣自已也覺得對不住人。懣……」

陳中元是從軍醫院裏回來的，高得勝在這個時候害病眞太糟，軍隊裏有好多不合理的事，階級小的更不許說理由，有病就是活該，我雖然給他向連長說了幾次，要他住院去，連長卻拒絕了，理由是抗日底戰鬥力要緊，他把害病到要人服侍的人都算做戰鬥力了，其實那也有一部份眞情，因爲連上名額是如此不足，爲了戰鬥力與好看，他是不能够讓一個人下去的，這樣，他祇有跟在隊伍後面，像一隻牛跟着一羣馬。我很痛苦與憤怒，但是我底顏色與聲音都變了，我像一隻獸，無處發洩，因爲他們累我，我就十分懷恨他們。我假使有權，我眞會把他們放走的，即使他們也要抗日，即使他們不肯離開隊伍。他們常常停止下來換一口氣，或者喝一點水。他們一停住，我就不得不停住，看他們那種狼狽樣子，像洩了氣的車輪，心眞焦灼。望望隊伍，已經去得更遠，尾巴上祇是一片朦朧的塵土，祇看見一些影子，和幾個半落伍的人，我認出來一個是熊廷華，一個是第一排的。不看見關十郭，大概他又給應得標趕猪一樣趕走了。

有一輛人力車過來，卻是有人的。

又是一輛，不願意拉，膽小，我又發怒，但是我又放他走了。

又是一輛。

結果有一輛願意拉，十分願意，差不多到自動的程度，於是，高得勝坐車走了。後來陳中元也得到了一輛，他沒有錢，我給他付了。

這樣，我就竭力趕上隊伍去。我始終沒有洗脚，也沒有換過鞋襪，甚至皮鞋裏的沙子、小石子都沒有脫下來倒去過，一開始走路就十分受罪，到現在新沙子新小石了，又餓到腳底來了。天熱，我解開了風紀扣。汗打濕了一身，褲管給汗黏住了，很牽制兩腿底運動。我又如此口渴啊，那裏有水？

我趕上了隊伍。看見了陳中元與高得勝底人力車，上面高高地堆着東西，這個，那個底背包幾枝槍，面盆，預備桶，管，堆得車夫走不動路，一面彎着腰走，一面不斷揩汗。

漸漸地走到了有人家的地方。人停止做事，都到門口來看我們。我發現了一件奇事，差不多每家人家門口都擺着茶水：有碗，有壺，有桶，有缸。弟兄們一面走，一面停下來擦汗吃水。有一個額上發亮的汗真有黃豆大，那麼拿起一碗水來，仰着下巴很快地灌了下去，接着是第二碗，第三碗……弟兄們都這樣，喝了就走，不給錢，也不道謝。自然他們多數連個銅子也沒有，可是我又發怒了，並且大怒了，我走到一個剛把濕淋淋的碗摔在桌上的兵面前，責問他：

「這樣就走了嗎？」

那個兵立正了。

「為什麼不給錢？」

「我，我沒錢。」

幾個兵看了樣子，給了錢，要走，可是人卻攔住了他們，把錢從桌上檢起來塞到他們手中去，他們不肯收回，人也一定不要，結果「嘩啦」錢摔在地上。幾個兵走掉了，可是人還追了幾步，口中叫着：

「還不要，還不要……」

「沒錢喝什麼水！」我喝着。我輕輕地在那個丘肩上打了一拳。我從來不要打兵的，曾經發生過連長要我打兵，而我終於沒有打，給連長申斥的事，我僅僅打過兩兵次，但是我看了這樣的情形，我卻第三次用了我底拳頭。

一個人走過來，攔開了我，說道：

「你排長，排長，你不要生氣。你們吃一碗水算什麼。道是應該的。不要打弟兄，是我們送給你們吃的。」

「唉！你們底紀律真嚴。」另一個人插上來。

「你們要打東洋人了，我們沒什麼可以表示，一點水……」

「不要生氣。」

那個兵還立正在那裏。聽了人底話，心更不好過，我異常感動，像觸電的瞬間一樣。我把下巴一歪，那個兵才走。

一個人遞了一大碗涼茶給我，又給我絞了一把熱手巾來。我謝着，揩了汗，也喝了水。但是當我從身邊拿出幾分錢來的時候，他們卻機警地按住了我底手。

「你官長！你真正！……」

「那個弟兄底錢和我自己底，我都得付，我們不能白吃你們一杯水，白拿你們一根草。」

「你真正！你排長，嘖嘖！——」

「那個弟兄我們送他吃。」

「那末，我也得付自己底錢。」

一個中年婦人去拿了一把大芭蕉扇出來，就立在我旁邊給我扇了起來。我連忙止住。她那底半大的腳退了幾步避開，以後又立在較遠的地方用大力氣向我這面搧她底扇子。

「不要！不要！一定不要！」

可是我留下了錢，跑了。

以後我又給幾個弟兄付了茶水錢。

以後我又給一個弟兄付了燒餅錢，他含着一個餅走了，可是並沒有付錢，賣燒餅的也不肯收我底錢，他底樣子一點沒有被搶刦或者受損失的憎惡或者不愉快的地方，反是那樣天真地張着嘴吧笑，用愛憐的眼着那個兵底背影。

在下午兩點多鐘的時候，我們到達了宋公園路止園路那裏，休息下來。人全疲勞不堪，飢餓。連長到營長那裏去了。有人送了開水與燒餅來，一下全完了。人把隊伍密密地圍住，和弟兄們談着。據說，搬走的人已經太多，差不多祇留了個餘數來，可是店都開着，我們經過的地方都還有市面，就是在附近一家老虎灶還冒着一圍一圍的水蒸汽，熱開水就是從那裏來的。此外，還有鉄店，剃頭店，紙烟店……

第一排附屬在第二連到民生路去，第二排到天路與青雲路去，我這一排位置在中山路與宋公園路交點底附近一個小廟裏，作為預備隊。後來才知道，在中央的中山路上的是第三連，

一休息下來，人不是睡覺就是想弄吃的。肚子也餓，沒有什麼東西填進去，所吃的東西又太少，還有完沒有吃過東西的人。我也沒有吃什麼。到想到買吃的東西的時候，才發現附近的人真全搬走了，買不出可以吃的東西。上午還在的一家燒餅店也去了，雖然附近看還像有許多人。怎麼辦！我身邊還有一塊錢，我找到了一個人，請他給我們去買一點米來燒粥吃，可是沒有粥燒成我就走掉了。

我跑到前面去。

在青雲路那裏，有幾道簡單工事：一堆木材，木材後面三十公尺的地方有有刺鐵絲疏疏地牽在兩邊的電桿上，再後面是兩個拒馬。有兩個黃衣的保安隊底兵和幾個黑衣白褲的警察警戒着，不許人通過，但是仍舊有人挑着扛着箱子，行李，鍋子之類來往走。還有一個巡官。

我想到前面去，到西寶興路上去，可是巡官却阻止了我，說日本兵正在那裏挑釁，常常到河這邊來，假使遇到了他們，那就有問題了，有人給日本兵捉了去，捉去以後就不再有消息，有日本兵來繳去過保安隊底槍，因爲有命令不許抵抗，搶奪去也就完了，人給侮辱了也就算了。可是這裏却有一點小故事，一天一個日本軍官騎了馬跑過來，看見了我們底保安隊，下馬來，來奪他底槍。這個保安隊底兵既要服從命令，又止不住憤怒，因此他祇得扭開了他底手榴彈底護綫蓋，預備拉拉火綫。那個日本軍官看了，馬上放下了槍，嚇黃了臉，跳上馬，逃了回去。以後就沒人敢來奪槍。

從這裏，我知道了敵人全是海軍陸戰隊，有一小部的在鄉軍人，商人，總數在八千左右。

我很失望，我不能够到前面去，我懶懶地走了回來。人已經吃過粥，差不多吃完了。胡春樵給我留了一碗，有紅腐乳，我拿起筷子來吃了幾口，就放下了。人有在那裏洗脚的，換衣服的，還有一個洗衣服的。屋子裏全是睡覺的人，背包全打開了，我也不管。

我也洗了脚，換了皮鞋。

忽然我想，我爲什麼不找一些便衣來穿呢。

我去報告了連長，說我要到前面去，隊伍歸段其祥指揮，連長答應了。

我換起衣服來，一件黑短衣，一條帶一點紫色的灰色褲子，穿起來衣袖太長，褲子太緊。弟兄們都望着我笑，指指點點。我自已也覺得好笑。不知道是興奮呢，還是覺得好玩，我當時的情緒是很難寫的。我並不把鈕扣扣得整齊，喉頭的兩個我讓牠那樣散着；衣袖捲起一點來，但是也不弄整齊，那樣隨便地因爲我竭力摩擬上海作風，使自已像個『白相人』。

「哈哈哈哈！你看排長底樣子。」

「倒怪好看呢！」

可是我弄不到一雙適合的鞋子，因爲這一雙脚有一點小，因此還是仍舊穿着皮鞋吧。這皮鞋是軍隊中用的，有兩個特徵：帶繫緊的鞋跟上有一個插馬刺用的彈簧小孔。弟兄們跑來跑去給我找鞋子，要我換一雙，尤其是胡春樵他，堅持着我非換過鞋子不能够去。我看看自已，這褲管是如此長，脚背全給蓋住，那還有什麼問題呢？皮鞋又如此污穢了，鞋跟上甚至鞋面上都結着泥與厚厚的灰塵。我不相信日本人如此精細。

我走了。

但是我又回來一次。因爲，由我一開始，以後弟兄們將更大胆到前面去，那就容易鬧事。最使我憂慮的，倒不是由此可以引起衝突，我倒是喜歡由我底弟兄首先開槍的；祇是我怕這將暴露我們底企圖與位置，而給他們捉了人去也十分不值。他們又和我不同，沒有細心，不會說上海話，更不會換上便衣的。我走回來，他們正在那裏和鄰近的人閑談。有的悠閑地吸着烟，好像戰爭是不值得大驚小怪的。多數人底聲音是愉快而活潑的。

他們看見我這樣快就走了回來都驚異了，有幾個立起身來，有幾個迎了上來熱烈地問前面的情形怎樣。

「你們也想去嗎？」我問他們。

「排長！我跟你一陣走。」

「排長！我，我也——」

「噂」我笑了起來，「我知道我走以後你們會有人跟了走的。你們不會說上海話呀。你看，我爲什麼換了這樣的衣服弄得這個樣子？」

他們又笑起來，新奇地望着我。有的有點失望，或者那樣不以爲然的神氣。人民也望着我笑，圍住了我。

我把他們不能够去的理由說明了，接着下了命令：弟兄們一律不許到前面去。

我又到關裏去拿了鋼筆與筆記本。出來的時候，我看見有二十多人搬東西走過。我立下了，聽弟兄們和人民在那裏說話。

「你們不走嗎？！你們還捨不得這個家嗎？」

一個一臉灰黑，把一張麻袋做圍裙捆在腰上的青年人，那樣把一隻全黑的手舉起來，做着各種手式，反覆地說着話，牙齒在黑臉裏特別白得可愛。

「不是，不是——不過不打起來的時候我們是不走的，不走的。」

「打起來你們就走不了啦。」一個兵勸說他們。

「打死也不要緊，」那個鐵匠堅決地說道：「你們不怕死我們怕死嗎！——不走的！」

「我們是兵！——」上等兵羅克有向他解釋。

「我們是中國底老百姓！——」那個鐵匠始終堅持。

「怎麼辦哪！怎麼好哪！……」一個老太婆攤着一

雙手，預愈得很彷彿要求了我們戰爭就不會起來了的的樣子「我祇有這個屋子呀我祇有……我搬，我我搬不了呀！……」

「老太太！」說話的是陳中元，旁邊立着的是上等兵楊錫鑾。「不要緊。你搬了好，這屋子我們給你看住，有我們一天就有你底屋子一天。我們在這裏東洋人是不敢來的。仗打完了我們把牠再還你，好好的，一塊瓦一塊泥巴也不缺。」

另外，一個中年人吼叫着，他赤着的大脚走着小步子，走來又走去，演說的樣子。

「那一個走得了？有那一個？我們也不願意走。我們怎麼走？東西全在這裏！全在這個地方！我們走到那裏去？走了也做不了人，還是，還是死好！還是拼好！我是不走的！東洋人來中國人就走，這是什麼道理？中國人統統走，你走，我走，他走，東洋人就再好沒有地走過來了！——」

「你們還是走，有我們在這裏。」

「你們一定打嗎？」一個十二三歲的女孩子問。

「不打！不打我們來『白相』！」說話的兵憎惡地瞥了那女孩子一眼。

女孩子笑了起來，捧着嘴，躲到大人底背後去。

「你們還是走！」姚榮安口中吐出短短的烟管底銅嘴子來，揮着一隻手。「你們底房屋什麼的，一打起來就全完了，一定完的。你們在這裏幹什麼呢！」

「我們沒有錢走呀。」一個女人小聲地不好意思地說了這一句話，也就躲到別人背後去了。

「有錢我也不到租界去，給外國人笑。」

「逃到法蘭西，大英地界也一樣靠不住，逃不過的。「逃的是亡國奴。」

「對了！我們一打起來，租界也沒用，一定。」

人民與士兵都使我喜歡，他們在抗戰之前多數都有進步，一直趕上時代前面去的飛躍的進步，慢慢的恐怕落後的人也要給抗戰底槍聲驚醒的。我不再多聽下去，陶醉在旁觀的地位，我要第一個到前面去看看，看敵人到底怎樣。雖然我還不敢相信這樣就真會打起來，這不過是一個美麗的夢，可是我不管夢不夢，我要抓住現實，我要做一步近一步，假戲也得真做。我還樣又到前面去了，懷着最大的熱情。

一個警察攔住了我，那個時候我已經走過幾道障礙物了。他們有命令，祇許人過來，不許人過去。

「我是八十八師底一個排長，我要到前面去看看敵人。」因爲被阻，我的聲調是煩惱的。

那個警察十分吃驚的樣子，吃驚到要擦一擦乾淨眼再看個明白的樣子。我底壓低聲音的幾句話簡直是突然駛來的紅色救火車底銅鐘。他上下打量着，遲疑地問道：

「你是……」

「我是八十八師底一個排長。」我重說一遍。

他畏縮地眨着眼

「你排長！有什麼證……」

我把夾在筆記本裏的符號拿出來給他看。他相信了，說話也流利了，樣子特別恭敬，近於諂媚了。他把我聽見過的情形告訴了我一遍，末後說，最好我能够去找他們底警官，那可以有許多方便。我依從了他，跟着他到一個公安局去，那是在西寶興路上的。當我們走到西寶興路口的時候，那裏有兩個保安隊底兵，警察跑過去和右面的一個耳語幾句。那個兵望着我，點了一下頭。我看見他身上掛着兩個木柄手榴彈，手中的槍是粗大的套筒毛瑟，但是擦拭得很乾淨，槍機在日光中特別光鮮刺眼。他們還沒有交代，我們還沒有接防。西寶興路上全是人，全是搬東西的，但是全關了門的商店卻沒有超過三分之一，一家鐘表店裏還開着唱機。

我跟着那個警察走進了公安局，屋子裏的人全騷動起來，彼此低聲詢問。那個警察請我坐一坐，一隻手一掀白色的門窗鑽進另一間屋子去。另一個警察給我倒了一杯茶來，幾個警察並立着看我，低聲說着，有電話鈴聲，說話的是一個廣東人。

門窗一動，走出一個人來，也是黑衣，白褲，衣袖上有幾條白色條子，褲管燙得很挺，不打綁腿。頭上是黑而有光的長髮，有點凌亂，大概有過什麼爲難的事；眼是紅的，大概有幾夜沒有好好睡過了。後面跟着帶我來的警察。

從這個警官口裏，我知道得更多。敵人常常到橫浜河這邊來搜索示威。剛才的電話，就是報告有四個日本兵到青雲橋上來瞭望的事的。他告訴我敵人底兵力，位置：那裏是司令部，那裏是日本墳山，距離這裡有多少路，什麼方向。他又告訴我橫浜河在那裏；河上有幾座橋，那一座橋大，那一座橋小，那橋是什麼材料建築的，強度怎樣，載重力多大；他們與保安隊底警戒情形經驗。他和我又定好了連絡辦法。他告訴我他們底任務。這個時候電話鈴忽然響起來，這樣，他一下接到了三個電話，又打了兩個電話出去。到一放下聽筒，他又匆忙地和我說話，告訴我那一個地方，那一條道路是重要的：……

我告訴他，我要到橫浜河對岸去，到敵人底司令部附近去看看。他稍稍沉吟了一下，點一下頭，說他陪我去。

我扮了一個警察。

橫浜河、對岸底情形就大不相同，十家九家底門全嚴關着，人也看不到。

橫浜河河幅並不大，不過十公尺左右。渾濁的河水緩慢地流着，水深雖然看不出，却可以判斷這是潮汐河，有相當障礙的深度，泥沙也很能够發生障礙作用的。

我們立在倫敦橋上，這是狹窄的木橋，最大限度祗能够通過二列縱隊的步兵，强度不到六噸，是沒法通過戰車的。這樣的橋在這條河上很不少，左面的玫山橋也是一樣的。玫山橋那裏有一道短短的紅牆，裏面樹木綠得可愛，密密地把一片土地籠罩着，他告訴我，這裏面有工事，情勢一緊張，就有日本兵來駐守，據他底判斷，那大概是一排人的排哨。可是我們一點看不出徵候來，靜靜地，最多有一羣鳥的樣子。戰事開始以後，我們才知道，那是日軍底一個砲兵陣地，向柳營路、八字橋西八字橋等地方射擊的砲就在這裏。我們又向右面看，他指點着，再過去是靑雲橋與天通庵橋，那是强度六噸的大橋，我們得特別注意的。我們蹚過橋去，所有的街道都已經死去。我們走到了一個空隙的地方，看見了敵人底司令部，驕傲的太陽旗高高地飄在天上。那司令部簡直是陸上的無畏艦，龐大的侵略大本營。

我沉吟起來。

「——建築得太堅固，你看！這全是水泥的……上面還有很厚很厚的鋼板，鋼板上面還有很厚很厚的橡皮，瞭望臺上還有六門高射砲。飛機要炸這個東西，是很困難的。」

眞的，八月十四日、十五日我是看着我們底空軍怎樣英勇地向這個怪物進攻的：在由雲團一樣的高射炮烟靄成的圓周裡，在如爆鼓聲一樣喧嘩的高射機關槍底吼叫裏，我在中山路上一家玻璃公司底樓上用望遠鏡細看，我們底空軍並沒有把這個怪物毀滅，相反，牠還是那麼平靜地睡着，彷彿皮毛也沒有一點損傷；而我們空軍底隊形，却終於分散了，我還看見一架飛機突然發火，拖着黑烟的尾巴向敵人底陣地沉下。

．他底話使我注意了周圍的情形，全是靜寂的街道與關閉的門窗。敵人並沒有構築什麼工事，我假使高興散步，我可以一直走到那司令部底門口去的，路上不會有一個小指大的阻擋。

我又想起師長底話來。一次，我們這一師在無錫底教育學院裏舉行了總理紀念週以後，師長又把我們集合在一個籃球場上，對我們訓話：「我們要不依賴飛機，大砲，用我們步兵自己底兵器，就是輕機關槍，步槍，用我們血肉的身體，把敵人底司令部佔領起來！」

師長底話使軍官們都呆住了。一回到東亭，連長默默地在一張竹椅上坐着，有點憂愁的樣子，我是看得出來的。第一排排長孫廣山一解開皮帶，用祗有自己聽得到的音聲一連駡了七八句「媽得厌！」我呢，我很憤怒。我恨着那些好大喜功的高級軍官，爲了他底一個莫名其妙的小衝動與小動作，將斷送多少戰鬥力呢。有些人是以人死得多爲成功，爲盡責，爲有能力的。我一進門就大駡：「我是死定了！不客氣，可是高級指揮官也得有胆量到第一線來走走，打打！」我寫信給幾個朋友，告訴他們，我們將有什麼任務，戰術若何，結尾說：「我自然不惜一死。可是我却死得有點寃枉，假使我是死了。看起來我是死定了的，任務如此，而我又夾在上下之間：在上者是『既不能令，』在下者是『又不受命』……」第二排長顔景愛紅着担憂的臉，用俏皮話勸解我。

可是看了這樣的情形，敵人一點工事也沒有，以爲這司令部够堅固了，一點不把中國兵放在眼裏，若無其事，在這樣的條件下，我們假使給他一個奇襲或者強襲，那司令部是可以唾手而得的。

並且，看樣子，他們底兵力恐怕也沒有十分展開呢。這使我好笑，敵人三個、五個常常來挑釁，與這樣沒有戒備，眞有些小孩子樣子，好玩。

我沉吟着。

我們又蹚過去，沿河而走，到了靑雲橋，又到了天通庵路附近。

「我們得向去了。日本人對於警察雖然沒有什麼，給他們看見了也不很好。並且，我還有些事要做呢。」

我同意了他底話，我們走了回來。我底步子這樣快，他有點費力地趕着我。我忽然想起，我應該走得更快些，去報告連長，要他轉報上去，我們最好能够馬上開始攻擊。

我見了連長，報告了他敵情與地形，並且用鉛筆畫了一張要圖。連長很高興，不等我說完我底話就打電話報告營長，帶着得意的調子，第一連做了一件漂亮的事。

在電話裏，營長要我馬上到營部去。

我說完了話才走，說，最好我們馬上能够開始攻擊。

連長得意地但是含胡地「嗯嗯，」地答應着，點着頭，「

味要我直接去報告營長。

見了營長，我說了我底意見。營長，溫和地微笑着。這樣的大事，他底權力決定不了；並且司令部裏是早已有了決定的。我失望了。但是我還希望師長能够照他說過的話來做。我憂慮着，時間是不等人的。我沒有辦法，向營長提出第二個計劃來：我們現在就去佔領橫浜河一綫，馬上構築工事，控制橫浜河。並且把天通庵橋與青雲橋先破壞了。那樣，就祇有我們攻擊的時候，敵人沒有攻擊我們的餘地。

營長又用溫和的微笑拒絕了。

我走了回來，一脚跨進門就一聲長歎，倒在胡春樵給我鋪好的臥具上。弟兄們吃了一驚，不敢問我，我走路輕得像貓。遠遠地有人私議着我。

我們底人已經接了防了。

天黑下來。

忽然我想起，從青雲橋回來的時候，我看見有幾個兵在橋上，看見我們就跑掉了。我問道：

「今天誰到青雲橋去過？」

「沒有，沒有，排長！我們沒有。」段其祥回答。

「那一個去。」中士副班長蔣光錫說。

「我看見有幾個人的。」

「那不是我們，大概是別連底。」

「別連底怎麼到我們底正面上來？」

「那不知道。」

「排長！大概你看錯了。嚇嚇嚇哈！」應得標敲去了吸殘的紅烟灰，扁闊地乾笑着。

我實在看見過有人在青雲橋上的。

有人在角落裏發出酣暢的鼾聲。

是濃黑的夜，星也看不到一點。人全睡得好好地，有在夢裏含胡地說話的。忽然連長有命令來，把幾個人驚醒了。那命令上說：把第七班調到嚴家閣路上去，向敵人警戒。接着又補充了一條，把第九班也控置在嚴家閣路上。我擦了擦眼，還想睡。但是我下了命令：七、九兩班集合。

黑夜中的電燈特別明亮，如中秋底皓月，把柏油馬路也照得發白。人分在道路兩邊，謹慎地提着槍，選擇了黑影裏走。前面兩個預備做哨兵去，搶上上了刺刀，走過電燈下面，有的時候有一陣刺刀底銳光。段其祥率領兩個哨兵到前面去。我把第九班底人安置在一家紙店裏。第七班底人全在道路邊，坐着，或者抱着槍立着。人並不想睡覺，期待着槍聲與敵人，緊張，但是平靜，愉快，但是焦灼。段其祥不久走了回來。

我走到步哨綫上去。

閘北是小靜的。道路橫在刺眼的電燈光裏，沒有一人，沒有一輛車；祇有一隻狗悠閒地走了過去，遠處偶然有一聲、兩聲的狗吠。

步哨躲在電桿底影子裏，兩眼向綴着電燈的幽黑的無盡的前面看，偶然不耐煩地跺一下脚，地上勃發出一聲悶響。

「注意一點。」

「是！」

我走到嚴家閣路口西寶興路上去，一樣是燈光耀眼與無人的街道。

我走回來。

第七班底弟兄今天沒有時間睡覺了。我走到第九班去，一看，應得標在昏黑裏吸煙，由他底多痰的串聯的一聲低咳我知道了那坐着的黑影是他。一個人舖一張白紙睡在簷前，我望進去，看不出是誰來。

「誰！」一聲短而有力的詢問，從門邊閃出一個哨兵來，迎着我，挺着他底刺刀。

「排長。」

聽見是我，應得標立起來，走到我面前來，口中仍舊含着烟管，一明一暗吸着。

「排長！」低而仍舊多痰的聲音。「怎麼樣」

接着又從昏黑裏鑽出幾個人來，包圍了我。睡在地上的人也繼續着爬起來，緩慢地走過來。他們向我提出了一些問題，迫切而碎瑣。

「沒有什麼，一點什麼也沒有。睡你們底去吧。」

有的又走回去坐下了，有的又躺下來，醞釀了一會。應得標把烟管交給熊甦華，熊甦華立在門檻上把烟灰在牆上敲去了，裝上新烟，擦燃一枝火柴，把臉照得黃亮了。那樣吸起來。

「爲什麼我們還不打呢？」

突然，彭輝提出了還不是一句話所能够答覆的問題。他底聲音是還沒有淸醒的。

「不知道。」我心中空虛。

「排長！這個時候不打什麼時候打啊？」

「我也不知道。」我眞無味。我不高興說話。「唉！或者，還是他們來打我們吧。」

「自然，你不打人，人不打你嗎？」

我在一塊大石頭上坐下來休息，閉了眼。

忽然，一種龐大的聲音連續起來，像巨大的空汽油桶子在馬路上滾着滾着，一個還沒有過去，一個就跟着過來，滾着滾着滾着……

夜驚醒了。士兵們都走到道路中央來，向前看。各處的狗大聲叫起來，雜亂，驚嚇。夜驚醒了。

三分鐘，五分鐘，十分鐘，汽油桶子滾着滾着滾着滾着……

……

人都從夢裏醒來，從黑影中鑽出來集結到一處，驚疑不定，彼此探問。有人開了窗子在樓上說話，有一個人開了門拖着拖鞋「拍搭拍搭」地走到路上來，後面的人擠在大門口。

「什麼事！」

「我正想問你這個小舅子呢。」

「排長！這是……」

我也聽不懂。

這聲音是從敵人方面來的。這一定是敵人在那裏弄什麼東西。自然這對於不懂的我們正是有絕大的關係的。

哨兵跑回來報告，喘着氣。「排長！排長！排長！敵人那裏不！那裏不不知道……什麼怪響的——你聽！——我們聽了很久……」

「知道了。原地監視去吧。」

回過頭來，我派了彭輝與一等兵陳龍飛，要他們到前面去偵察一下，看到底是什麼事。彭輝是一個最年青的兵，是廣東人，有亞熱帶人特有的熱情，機警。陳龍飛和一般四川人一樣，會說話，他更特別愛『吹』，但是他結實勇敢，並且也有一手可愛的鬼聰明。他們向我扶槍敬禮，上了刺刀，裝好子彈，和出籠的雞一樣快樂地拍拍翼子半飛半跳，一下就不見了。我跟着，跟在他們後面。到了西賓興路上，那聲音特別響亮，像就在前面；並且裏面可以聽出來夾着一些低低的「釘釘鐺鐺」的聲音，我聽了好久，那一定是工作器具尤其是十字鎬底聲音後來，我又聽到了一種鋸木頭的聲音。顯然的，那是敵人在那裏做工事。偵探回來，報告說橫浜河那邊敵人開始做工事了。一點也沒有錯。我們回來。當我們走到步哨線上的時候，哨兵一等兵何凱對我說，他也聽到了十字鎬與鋸子底聲音，問我是不是敵人在那裏做防禦工事。

汽油桶子滾着！十分鐘，二十分鐘，三十分鐘……

我一點精神也沒有，一坐下來就低了頭。弟兄們問我我，我也不答應，問得急了我就發怒。

「你問我幹什麼！」

我們沒有機會再攻擊敵人了，橫浜河已經被敵人控制了。活的情況與死的戰術，現實的形勢與空想的軍事計劃，我們怎麼不失敗呢？以後橫浜河底爭奪，我們要流多少血呢？橫浜河底泥水將換過熱血了，但是假使我們能夠在兩小時以前開始攻擊，是一定可以佔領敵人底司令部的。假使那樣，敵人失去了首腦部，失去了陸上最有價值的根據地，甚至是全部根據地，那黃浦江裏的海軍，因爲要脫離陸上的威脅就得逃到吳淞口外去，那日本在上海就完了。可是現在他們却沿橫浜河佈防起來，而我們老是等，雖然我們底兵力在三師以上，敵人不過是總數一萬名的陸戰隊與在鄉軍人。我們底將官們已經給我們決定了命運。

「決定！決定他媽啦屄！」

我本來默默地坐着，弟兄們也都睡的睡，想心事的想心事，我突然罵了這樣一句，有幾個人睜大了眼來看我。我立了起來，拍拍屁股上的灰塵，走進屋子去，嘴吧裏牢騷地咕嚕着

「關我小排長屁事，老子也睡一睡去。」

醒着的弟兄不懂地望着我。我雖然看不見，從他們影子底姿態我看得出來。

八月十三日。

天一亮，我就下命令開始做工。

人正忘碌着，有的在一家工廠裏背出大木箱來，有的在什麼地方搜索了鐵鍬之類出來，有幾個人在挖土，有幾個人攔住了過路的人，要求他們幫助我們做工，有幾個商人樣子的眞走來給我們裝蔴包……忽然連長來了命令：第三排仍舊回到宋公園路去做連底預備隊；把陣地交給第二排。第二排排長顏景愛已經帶着他底一排人來了，黑着臉，脚給釘子刺傷了，拐着。

回到了小廟裏，沒有事，我走了出去。工兵們在中山路邊的草地上做工事，脫下了草綠色軍衣，全穿着白襯衣，袖管高捲着，露着精壯的兩臂，大圓鍬一下去，拋出一大塊黃黑的土來。附近的小土堆，都做成了掩蔽部。道路右邊空地上，蹲着兩門戰車防禦砲，僞裝着，遠看過來祇是一些樹枝。立在這裏，向右前方看，敵人司令部上的瞭望臺那樣高踞在一叢屋頂上，太陽旗底飄動也看得清楚。那末，我們在這裏做工事，敵人是能夠看個清清楚楚的。有人抬着有刺鐵絲到前面去，大胆地走在道路中央。

還有很多人民留着。他們新鮮而又緊張地看過路的兵，看我們做工事，大胆地走近戰車防禦砲去，給哨兵一喝，又慌忙地退了回來。人仍舊在那裏搬東西，連板桌

也裝在小車上推了走。有一担東西，一頭是鍋灶，碗，碗厨，醬脚盆，一頭是一張棕綳，一個半新的馬桶，幾把松柴……

……後面跟着一個蓬頭女人，左脇下夾着一大包衣服，右手提着一籃雜物，裏面還有一些小菜。

說是戰時狀態呢，是說不是戰時狀態呢，也是。

我又走回來睡覺。

「槍聲！」一個睡在神龕邊的人坐了起來，雙手抱住膝頭，看天的鵝一樣側了頭諦聽。

「槍聲！槍聲！——」

人一下全爬了起來，有幾個連忙着裝子彈帶，「嗶啦」地綁，工作器具「釘鐺」着，有幾個丟下了屋子裏的東西，一下衝到門外去。滿屋子的混亂，混亂的人影，混亂的脚步聲。

我戴了鋼盔，扣好了子彈帶，把『快慢機』從木盒中抽出來，裝了子彈，我也衝出門去。

各處的人像一陣大風裏的灰沙一樣奔跑着，一羣跑過來，又一羣跑過去，跑落了一隻鞋子，慌忙地拾起了，一面跳着走一面穿上脚去，有一個小女孩子哭了起來。一個女人艱難地用一雙穿着半高跟鞋的脚跳躍着走路。又有一個女人歇斯特里地高叫着向嚴家閣路奔跑而去。

「拍！——」

「拍！拍！——」

「嗒，嗒！——」

「嗒，嗒嗒嗒！嗒嗒！——」

「拍！——」

「嗒，嗒！——」

槍聲從左前方來，密密地像一陣邊爆神在祭酒前。

「排長！排長！怎麼啦？……」

「眞打起來了啊！」我興奮得心跳得發出大聲，喜悅得像過年的樣子。

「排長！我們衝上去！」

「餓子！——我也想呢，可是我們得等連長底命令。」

人不是瘋狂地奔跑着，就是半傻地立着，向槍聲來處伸着頸子，睜大了眼。各處的人都從屋子裏出來，擠在道路上或者屋簷下。

「拍！——」我們底中正式槍聲。

「嗒，哆！——」敵人底三八式槍聲。

「咕咕咕咕咕咕咕……」這聲音從更遠的地方傳來，我們底重機關槍終於也向F才法西斯蒂射擊了。

「噶噶噶！——」敵人底機關槍吼叫着，聲音特別尖銳，聽起來十分切近，象就在頭上一樣「的！的的的！……」後來我們知道了，這是慘無人道的『炸子！』就是國際上所咒詛的達姆達姆彈！自然，第一次聽見這聲音是不免有些惶感的，但是就是再毒辣的兵器也動搖不了我們抗戰的意志。

「打了打了！」

「好了，我們有幹的了。」

「幹幹他奶奶底雄！」

「排長！？怎麼連長底命令還……」

「總有我們打的。」

「我沒有第一個開槍，唉！」

「我也想由我這一排第一個開槍呢。」

「排長！何忠祥找你。」

「鐺！鐺嗚～～轟啦！」

敵人底砲也開始了射擊，一個砲彈嘶叫着從我們底頭上飛過，落到後面什麼地方去了，大聲爆炸了。

「鐺！鐺！鐺～～噹嗚～～」

又飛過了幾個砲彈。可是我們並沒有聽到爆炸聲，不知道由於來了連部底傳令兵分散了我們底注意力，還是由於別的原因。

「報告排長！」何忠祥一面說話一面舉起祗有三個手指的右手來觸在遮陽角上向我行禮，「連長命令，第三排趕快準備好。」

「是！」

和我同時，一個兵叫道：「還等這個時候來準備嗎！我們第三排命令沒來就準備好了。」

何忠祥匆匆地跑步回去。

「怎樣，不是也有我們底麼？」

「是我，我一下就把日本人衝『跨！』」

「吹什麼嚇！我才——」

「怎樣咱們等一會看！」

上等兵俞仁義和陳龍飛各自逞能。

「鐺嚇～～嗚嗚嗚～～轟啷！」

右後方大約二百公尺的一座紅色樓屋中了一炮，空中冒起一陣紅烟。

我看看我底兵，一個個都緊緊地握住了他底槍，有一臉的光鄉；含着笑，有的咬嚼着嘴唇沉默地望着遠方。我又看見了害病的高得勝，他底臉色黃得像一種泥土，可是他底腰也那樣挺着，手裏也那樣緊握着槍，口中還悠閒地叨着一枝紙烟，這是槍聲起來以前我沒有看見過的，我本來看了他們就發愁，抱歉，有的時候還悄恨，現在看了，卻喜悅。我祇看看陳中元，梅小龍，關士邦，他們也喜悅與興奮，一下全沒有了什麼病容，最奇怪的是關士邦，他平時那樣害怕、在火車上還十分憂愁，到了這個時候也不過如此，不過臉色有點發青就是。

在槍聲沒有起來以前，我還不敢相信這次眞會發動什麼抗戰的，過去的屈辱與他們底政治態度使我懷恨這些人，更談不到信賴，可是，現在，這已經由從我們這邊發射出去的子彈給我證明，中國眞正抗戰了！雖然第一發子彈並不是由我發射的，其實，祇要有人發射第一發子彈，祇要有人發動抗戰，這在我是同樣值得喜歡的，我都有最大的喜悅。

「拍！拍！——」

「嗒，嗒！——」

雙方不斷地互相射擊着。

一個兵口中興奮地叫着「幹起來了啊！幹起來了啊！好啊！」跑進門去，把一個舞着兩手的兵撞了一下，把那快樂地喧笑着的唇角撞出血來。但是他們並沒有起衝突，和好地，祇和平地罵了一句：「你媽底高興得眼也爲瞎了。」

幾個兵拉着手在門邊跳躍着，像一羣天眞的遊戲着的孩子。

一個兵走着臺步用打嚴嵩的調子唱着「忽聽得槍砲嚮一聲，在閘北來了我這革命軍！——」

總之，如鬱悶的雲層裏逼出了暴風雨，閘北打了起來！

我寫「閘北打了起來」

S. M.

第一，八・一三我是看牠怎樣起來的。自然，我有足够的理由來寫牠，也有這個義務。粗線條是不會錯誤的。但是，因爲是在記憶中摸索，小小的移動是難免的，那也不會有什麼妨害。和畫一樣，顏色或者美麗了些，取景也有一定的角度，於寫生上這樣反更活。『眞』就在這裏。要『眞，』並且是要痛癢相關的『眞，』有別於一些隔靴搔癢的近似値的『眞，』就得由我這樣的人來寫。

第二，在南昌聖類思醫院遇到唐讚勝，在長沙遇到段濤生，竇凋，此外還有於雲龍和鄧忠。他們都是我那一連底人，有的還屬於我這一排，他們都是負了傷的。從他們底口中，我才知道，經過了閘北，青暘港，雨花臺諸役，和我一起上火線的一連人，活着的也沒有受什麼傷的，還在原部隊裏，還在抗戰裏，僅僅祇有七個人了。那七個人是！上等兵，劉慶恒，郭少玉，薛蘭雲，一等兵胡春樵，鍾叙羣，王永昌，孫才仁，劉慶恒，是經過兩次飢寒的草地在義勇軍中混過的遊擊人，他和郭少玉現在已經升爲排長了，胡春樵名爲我底傳令兵，實在是我底勤務兵，現在已經升爲中士班長。鍾叙羣原來是個火伕，也是我這排底。祇有他受過一點輕傷，孫才仁是著名的『傻屌，』我所想着想着的倒還是那些陣亡的，受傷的和逃亡的，雖然我也記念這七個人。

我這一排裏，陣亡的有：上等兵楊錫雲，他是在我下來第二天陣亡的，和一枝捷克式輕機關槍一起，給敵人底平射砲打作兩段，一等兵陳欽山，他本來是一個小老闆，卻逃出來當了兵，也死在敵人底平射砲下。一等兵梅小龍，頸子上中了一槍。下士彭大義，年青，倔强，和另一個年青而機警的人一等兵彭輝，二等兵孫希文，在吃早餐的時候給敵人底投下彈炸得血肉橫飛，上等兵楊金山，也一樣，但是我記得，有一次挑奮勇隊，第一個報名的就是他。我很奇怪，問他：「你不是有病嗎？」他底答覆使我不得不寫下他底名字來，雖然我不應該讓一個有病的人去做責任最大危險最大的事，他那樣回答我：「我有病，我才想找一個機會報答國家，報答排長。假使命大，達到了任務，我心也可以安了。否則，人總要死的，不如在這樣的時候死。」這樣的人，也開小差。我簡直怕相信！自然，逃亡並不一定是退却，或許是到更多積極性更富刺激性的地方去，那也很難說。但是我怎麼能够相信呢？怎麼能够不難過呢？陳中元也開小差麼？上等兵杜得明也是很好的，一等兵尹樹民更特別勇敢，每次冒險的事我都要他去做，他如孩子愛吃糖果一樣愛做這一類事，有一次，向敵人搜索，距離敵人不過是那麼一條橫濱河，杜得明是眼力最壞的人。上等兵韋克有，他到南京，已經升爲班長，肚子上給敵人打了一槍。一等兵張鳳祥，工作力最强，灌滿了土的麻包他能够掮一個，他原來是個碼頭伕，上士班長段其祥，他第一次受傷下去，回來以後代理排長，又給打死了。一等兵王鴻鈞，生死不明。

受傷的有：一等兵唐讀勝，上等兵段淸生，一等兵何凱，上等兵于仁義和彭有富，一等兵夏廣裕鍾叙璋，中士代理班長蔣光錫，他是給自己所投出去的手榴彈炸傷的，二等兵張萬盛。

逃亡的——唉！寫到這裏我祇有歎氣。假使指揮部所決定的戰術能够高明一點，假使我是在前線，假使連長龍義與我代理連長的第一排排長孫廣山能够不先後捲款潛逃，我相信他們是決不會開小差的，尤其是在火綫上開小差。譬如一等兵陳中元，我們向閘北進軍的時候他才從醫院回來，軟脚病還狼狽得走不得路，以後寬，一個日本兵看見他，跑回去報告，他却立在河邊高聲大笑，並不想到敵人可以射擊他。中士何勝榮是我最得力的一個班長，胆也並不小。我下來以後他就代理排長了。二等兵關士邦自然胆小，但是我在前線的七十日中，沒有看見他有什麼太不成樣子的地方，我下了命令，他還是照樣做的，一等兵熊建華，能幹，有知識，抗戰底意義他比一般人明白，他也是一個不應該走的人，二等兵陳炳泉是從後方的部隊開了小差到閘北來的，從湖南一直趕到上海，爲了到第一線來抗日。此外，還有上等兵陳九弟，一等兵賀見喜，謝子青，黃成童，還有一個姓張的，名字我忘掉了。

並且看起來，還是逃亡的最多呢。

我在閘北的時候，連逃亡的影子也嗅不出來。這裏，我還得特別提出來就是，閘北在某一觀點上說，自然的最平靜的一線。可是飛機，大砲底粲爛，至少不會比別的地方好什麼，在這些飛機，大砲下，我們平靜地活動着，生活着，如酒後的人躺在沙發中一樣，他們並沒有發抖，離發抖很遠很遠。

爲了紀念陣亡的弟兄，爲了紀念受傷的同志，爲了把逃亡者底影子也描畫一些下來，我寫這個。

第三，自己能够參加第一期抗戰，眞是最大的幸福，並且、我從這裏向日本帝國主義發出去的子彈，是我底第一粒子彈，我在閘北所流的血，是第一滴染紅祖國土地的血，而且我在閘北的七十日，從二十六年八月十二日到十月二十三日，可以說是從八・一三開始的，在這裏，有我底喜悅，也有我底憤怒，爲了爲自己留個紀念，我寫這個。

第四，我現在雖然是在後方，我還想着前綫。在後方在這麼等於休養的時間，假使不寫，如我們這些死亡線上的人，眞不知道還有什麼寫出的時候。

第五，牙齒的事，醫院方面全不管，彷彿打落了牙齒祇有和血往肚子裏吞的樣子，沒奈何。杭州一丟，我沒有了家，上海南京一失，我找不到朋友，因此，貴族的牙科醫生要我自己一個人去交涉了。餉呢，一月份以來我全沒領到，我也不打算求乞了。自然我不能够沒有牙齒，不但要吃飯，並且還打算到前面去咬吃硬麵包之類。而我僅有一枝之長，寫文章，那我就祇有盼望稿費之類了。

並且，我望着遙遠的西北，我得準備一些路上吃用的像一個要離開古廟到聖地去朝拜的和尙。

這裏，我還有附帶的幾句話。看起來，我底筆下有許多不滿。自然，對於抗戰我是祇有滿意的。我底不滿，雖然看起來那也正是構成抗戰的東西吧。我得說明，重復也不妨，我滿意抗戰，滿意到無條件到崇拜地步；假使我連抗戰底因素也有不滿處，那我是爲了抗戰才不滿的，我熱望抗戰，求其完全反嚴格了。這，我希望抗戰過程會揚棄牠，會有一朵色香並絕的花。

說起我們底隊伍，可歎的地方眞多。前前後後，我什麼都不担憂，我祇担憂弟兄們底軍紀。原來，這還是『雇傭軍隊』，至少脫不了『雇傭軍隊』底遺風，習俗的軍隊。政治工作一點也沒有，『等因奉此』算不了政治工作的。但是，我還得指出，這樣的軍隊，這沒有政治工作的軍隊，却在閘北整整打了七十三天，這完全是外部影響的結果，小部分才是『等因奉此』也起了這樣好的意外的作用。

關於戰術，我始終認定是一個最大的遺憾。並且，從這裏，更可以看出來『準備論』者底幻想終於原封不動，永遠是幻想；揭竿而起底勝利是從倉猝中得到的。

我要說得『眞』；說得完全。我才指出不很美麗的東西來——從這裏，也可以看出來抗戰是生長在艱難複雜中的。但是我底目的，是在引起反省，不祇是抱怨。

我爲什麼，寫閘北打了起來呢——？

一九三八．四，二九。衡山師古橋

我在「五・九」

曹白

在這一天和別一天一樣，早晨我朦朧的醒來了。雖則隔夜的疲憊仍然擊襲我，但却照例的伸手到枕邊去摸錶。可是又突然縮回，立刻想，錶已在昨天的公共汽車上被霹手霹去了，還摸什麼呢？便又一次的感到了不幸。這錶是愛而在『八・一三』之後送我的。它曾經跟着我到前線去，進防空壕，入『地下室』；它代我計算着敵人轟炸的時刻，放火的時刻；它促我睡眠，催我起身，而且代我計算一天的生活的路程，但現在這錶也被霹手霹去了，豈不可惜!!

所以，當我發覺失竊的瞬間，是很感到不幸的，自然，我現在已失去前線，失去了防空的壕塹了，但我的生活却仍然是匆忙和混亂，我需要一只計時的時計，讓我知道，自己在匆忙和混亂中奔逐得有多久了？難道讓我儘在奔逐中而永無底止嗎？……

但這是牢騷，過一回也就忘記了。誰知第二天在朦朧里，又忽地記起了錶來，『照例的』去摸了呢？

我『又一次的感到了不幸』畢，倒反而清醒了。人是狂狂在不幸之中『倒反而清醒』的。爬起身來，搔着被臭虫咬過的餘癢，便覺得臭虫之可惡。向窗外一瞥，天上沒有陽光但也沒有雨，是晦的。日曆上的一個『四』字，倔强的彎在的紙片上。我不要看它，無聊賴的把眼光移到地圖上去。那上面釘着密密的細釘，凡是釘着的區處，就是敵我兩方的交鋒之地。我冷冷的看一看那些散佈在中國的東方和北方裯的强的釘們。

十點鐘了，我便上工，去照例的『等因奉此』了。恭喜『八・一三』的炮火，它也把我轟進所謂『上流社會』裏去，眞切的嘗嘗『今天天氣，哈哈哈』的味道。許多人都認爲這『天氣，哈』是百無聊賴的，其實它是一個渾圓的東西，在那渾圓之中實在包有無數的稜和角，即所謂鈎心鬥角，那味道其實是辛辣之至的。剛入社會的老實的青年，碰到這渾圓的傢伙，也許不勝吐棄的罷。但我慣了，『入鮑魚之肆』，尚且『久而不聞其臭』，何況他還口啣雪茄呢：——只要長久，總是會慢慢習慣的。

但從這里，我又想，時間這東西，委實很可怕。在時間的流逝中，即使是辛辣的罷，也會自然而習慣，磨盡了年青的銳氣。人們的往昔的悲愁，慘苦，砲和火，血和淚，屠殺和恐怖，在記憶裏已經早已無影無踪，就是這緣故。但從這里，我便又想到了我的錶。……

在上工的途中，爲了節省一些湊成可以買米的車錢，便只得照例的走。頭上罩着沉重的晦色的鉛雲，很像落雪的天氣，然而現在是初夏。悶熱開始了，心裏便非常的悒鬱。屋頂上的國旗倒還多，鮮艷而奪目，我還看見有一個小孩，立在屋頂上，手執國旗，揮舞着，心中爲之清朗了不少。

『唔，五九呢！』我在肚裏說，悄悄的。

但我接着又悄悄的憤懣了。這並非像許多人一樣，痛感二十三年前的二十一條之可惡，洪憲皇帝老衰之無恥；自然，這些也實在是可以憤懣的，然我更不高興的是國恥太多，凡乎令人紀不勝紀，念不勝念，尤其是那些國恥之來，又大抵不是我們老百姓所甘願的。但又不許我們有反對的聲音，就連悄悄的反對也得不到。把苦痛壓在民衆的心裏，霉着，爛着，這樣就麻木，最後是忘却了戰鬥，終于是國家和民衆一同踏上『完結』的末路。

我就住在這已經完結了的海邊，『倖虧』有租界，還能和三百萬的老百姓一同苟延着殘喘。但又看見『小百姓』的揮舞國旗了。這是對的。想，我們要洗去國家的恥辱，首先第一，是不要再叫老百姓麻木，忘却戰鬥。倒應該胆大的放任他們，奔上戰線去。至於灑給深沉和勇毅，自然也是必需的。

想到這里，自己彷彿將一個煩難的算術題，做對（？）了一樣？便因此很覺得輕鬆。馬路兩旁的嘈雜的事物也彷彿格外活潑起來。我搖搖擺擺走的到了作工的地方。而且坐上自己的位子了。向旁邊的日曆一瞥，一個觸然的『9』字倔强的立在我的眼門前。

『唔，是五九呢？』我又在肚裏說，悄悄的。

工作開始了。

……在晚飯之前我批了好幾件公事，跑了兩處。一處是接洽租賃一個難民所的房屋的事情，這接洽是在『哈哈……天氣』之中完成的。還有一處是訪問了一個朋友，這朋友一別兩年，他几乎更瘦更弱，同他的曾經維新過的老貢生的父親一同逃到這租界來避難。這里一連串的他們的逃難的故事，不在話下。總之，穆總說，在奔波之際，竟沒有遇到空中掉下的炸彈和橫裡襲來的强盜，還總算是不幸之中的大幸。但談話總是不投機的了。我匆匆的道別，走到一家點心店，照例的吃一碗炒年糕，算是用過晚飯了。

》待得上完學校的課，而在回家的路上又總要和B和H漫天的閒談，但有時也難免是正經的的計劃，而等到走進衖堂時，時間總在十點半鐘的光景了。我便從口袋摸出鑰匙來，開開了大門。門裏面——屋子裏面是漆黑的，我向前伸着一只左手，作爲一隻蝸牛的觸角，在黑暗中摸到了樋子，又摸到了重門，再摸到樓梯的『扶手，』然後用脚尖觸觸這樓梯的第一級。我登樓去了。爲避免房東的煩厭和怒叱起見，把脚步放得極力的低，讓濃厚的黑暗包圍着我，而且我小心得几乎能聽到黑暗的低語：他們似乎在切切的嘲笑我像一個熟練的偷兒在登樓入室之際，竟會這樣的毫無細微的聲息！

在樓梯中我照例的聽着人們的昏沉的呼鼾，但被我摸到三樓了。於是再照例的摸三樓的樓門，再摸門扭，拉開自己的疊門，這才總算到了我的家。等到照例的摸到電燈開關，一揑，全室通明了。然而我又照例的立刻看到了白日的奔波，匆忙和混亂，照例的覺得極度的疲乏了。就這樣，月月如此，天天如此。我在這樣的生活。

但在全室通明之際，無論如何是要算是我的幸福的時間的。點一支烟，呼着，吐出，讓團團的烟霧擁入黑暗去；將頭和四肢放在適宜的地方，享着天下未曾有過的大舒服。然後拉出什麼來看看，書籍，報章，拙劣的印刷品，都好。目的却並不在閱讀，表示我自己的用功，說起來眞要討人唾罵的，我僅是想法如何來享受這一個幸福的時間而已。

我的享受最早要到十二點，然後橫到床上去。餵臭虫。然而可憐，當臭虫們將我的血液當作盛饌的時候，我在做着甜蜜的好夢，但有時也是可怕的惡夢。但總之，所有的白天的奔波，睡前的幸福，我都將它們統統忘却得滑脫精光了。難道人的最幸福的時候眞的是睡着的時候，淸醒的時候倒反而眞的是苦痛的嗎？

五月九晚——十二晨於貝介廬。

我們在前進

孫鈿

山——緊依着。
輕淸的月光下，
大地
蒙上了皎藍的紗。
我們的脚音，
噝噝，噝噝，
有人忍住了咳嗽，
也有人側着臉，
在讀着字條——
帶了無限的歡欣，
但却沒有笑出聲音。

袋子裏：
盛着的是白米，
　　麵餚。
每顆心
都暗禱着：
敵人，快來吧！
我們的槍不慣用了，
需要一支——
打你們那裏奪來的
好槍——光榮的槍！
我們許久沒有暢食了，
需要一些——
打你們那裏奪來的
牛肉魚乾——豐盛的食物！

………夜晚快完了，
找不到肥腴的敵人，
我們像獵犬找不到野兎
那樣掃興。
但是，我們都有一個信念：
一天天地下去，
總會臨到滿載着的敵軍，
那時，
將英勇地
開始一個痛快的打擊。

山——緊依着。
我們，一條蟒蛇似的
盤旋，
盤旋。
噝噝地，
我們呵，
在前進！

四月十二日在竹溝。

蚊叢雜草

辛人

「文化人到後方去」

八·一三抗戰的砲聲震破了大上海的沉悶的空氣後，許多平時還自由自在地生活着的文化人，馬上變成高等難民了。看看戰爭眞的要展開爲全民族的生死決戰了，於是有的就決心到軍隊戰區服務，有的在作難民教育，有的組織宣傳隊到內地去，也有的人實在是可驚地敏感，似乎預先知道原稿紙的價格要從一百張二角五分錢發展到現在的五十張四角錢，因此預買下大批的稿紙，不辭艱難跋涉地跑到喜馬拉稚山創作去了。

文化人到內地去，到後方去！

這種口號在當時特別被强調地提出來了，而實際上，這也是正確的；因爲持久抗戰的最後勝利的保障，不但在前綫的戰士，而且在總動員後方的人力物力。向來就是一片荒蕪，一片散沙的後方民衆，正急須加以宣傳、教育、和組織，而這任務，就落在負有時代的啓蒙使命的知識階層文化人的雙肩上。

可是這個口號在第一期抗戰中雖然那樣正確和有價值，到了現在抗戰踏上第二期的當兒，却不能不再加以充實了。

目前敵人已打通津浦綫，切斷隴海線，將沿平漢線南下，沿長江西進，並或將進攻廣州，截斷粵漢路，以達到會師中原奪取大武漢的企圖。

在這樣的形勢下，我們的戰鬥方式不能不來一個新的佈置。首先，就是各戰區各戰場要逐漸鍜鍊成有獨立作戰能力的單位。因爲中原的會戰只是決戰的開始，並不是最後的決戰，只要我們在軍事上達到消耗敵人，打擊敵人，牽制敵人的目的，我們不能拘束於某城市的得失爲最後勝敗的標準。因此在中原初期決戰之後，我們各戰場的交通將更少有鉄路公路的便利，各個戰場要更進一步養成相當獨立的作戰基地；其次就是游擊支隊的增長和游擊區域的分佈擴大，在敵人的佔據的點和線以外，將有無數的面積爲我們游擊武裝的根據地。這些地區，也更將是一種獨立的區域，對外的聯繫將更困難，甚至不能不進到自給自足的狀態。現在在冀察晉邊區已經有許多實例了。

如果這樣的形勢是可能的必然的，那就是說，在第二期抗戰中，我們將用更多的主力在敵人的前後左右，一句話，是敵人的所謂「後方」，去打擊敵人。我們要使敵人的所謂「後方」時時變成「前線」。我們已經而且更要在深入我們國土的敵人的腹背建立青天白日滿地紅的領域，發動各戰區各被佔土地的中國國民，達到最後總擊潰暴敵的侵略勢力，中華民族自由解放的境地。

那麼，顯然地，跟着敵人的深入，我們再不能仍舊呆板地叫着「文化人到後方去！」我們不要求文化人到前線拋炸彈，我們只要求文化人不要儘向後跑，不要敵人佔領上海南京向武漢跑，敵人來到武漢又向重慶跑，應該理解：在第二期抗戰的今天，「文化人到後方內地去」這個口號，應該是主要的指在敵人的所謂「後方」指在敵人所佔奪的鐵路與主要城市的周圍的「內地。」事實上，倘若在第一期抗戰中眞正地在後方內地建立有救亡工作基礎的文化人，他在這第二期抗戰中一定不會再向後方逃難，而會依據這基礎，配合客觀的條件，從宣傳教育而進到立即武裝民衆在敵人佔據點的各處內地，從事抗戰的神聖工作的。

到過前方的人們，都知道各地幾十萬戰士完全失掉了文化的食糧的，有時在送到前方戰地去的物品東西上，看到一兩個月以前的破爛的報紙包皮，都至如獲寶似地搶着一字不漏的讀了。精神的粮食和物質的粮食是同樣的重要的，忽視了這，就無從鼓勵和提高他們的抗戰的自信心、同樣地，在[illegible]游擊區域中，對于民衆的精神教育也迫切地需要着。這一切，都是文化人應努力負担起來的責任，特別在第二期抗戰的特殊情勢下，這任務更加倍重要。

我們希望一切文化人，一切文化出版機關，同樣地注意這種迫切的任務，把一切的力量和工具多多地向戰區，游擊根據地疎散，不要儘是一蜂窩地又是向後方簇集。

六，十一。

「缺陷的美」

老早就聽說過有所謂「缺陷的美」了。

有個青年朋友，當我被這個名辭困惑得非常煩惱時，會給我作如下的解釋：

——所謂美，有人以爲是白璧無瑕，十足完全的東西然而這只是人類的幻想，在實際上，完完全全的，毫無缺陷的美是沒有的，不但過去和現在未曾有過，而且將來也永遠不會有的。

——美的東西是現實的。在我們的現實裏，有完完全全百無一弊的東西麼？除了人類的最高理想或幻想，譬如上帝以外，從來是沒有的。例如一個最善的人，在其中也會有千分之幾的惡。朋友，不要困惑喲，這是像喝一杯開水那樣地簡單而明瞭。這是新興哲學的ＡＢＣ。在「正」中包含着「反，」這兩者的矛盾的統一「合，」似乎是十足完全的美了，然而，在「合」中依然分裂成「正」及「反，」就是說，在這個完全的美中依然有新的缺陷。因此，一切的美都是缺陷的，在現實中從來沒有「完全的」東西；如果有了，社會就將停止了進化的推進，一切都變成靜止的死物。

對于這個聰明的解釋，我是啞口無言了。但是懷疑的不安和苦悶，却像瘧疾一樣地攻襲着我。

倘若所有的美都是缺陷的，或者，照上面那種意見，還應該承認美是存在缺陷之中，倘若是這樣的話，一切爲眞、爲美、爲善的努力，不都是白費的嗎？我們今天的一切流血，把生命當鴻毛一樣的犧牲，豈不是多餘的舉動？豈不，倘若要承認這個「缺陷的美」的人生觀，在缺陷中看見美，我非扼殺我的美的理想不可；但這是還能呼吸的我所能辦得到的事嗎？

謝謝高爾基，他終於給我解决了這個困惑的煩惱的結。呵，當我讀到他對于杜斯退益夫斯基的下面這一段批判，我是興奮到戰顫了。

『人們說，杜斯退益夫斯基是尋求眞理者。即使如此，杜氏也是在人類的動物端緒中尋求眞理，而且他的尋求，不是爲了駁擊，而是爲了辯護。何况當資產階級的社會裏存在着大宗激勵人的獸性的勢力的時候，人類的動物端緒是不能消滅的呢？

『杜斯退益夫斯基究竟尋求的是什麼，很難明白，不過他在晚年認爲，有才能而最眞正的俄人倍林斯基是「俄國生活中最惡臭最愚鈍最可恥的現象，」以爲有奪取土耳其斯丹布的必要，以爲農奴權促了進「地主與農民的理想上的道德關係。」其次他並承認十九世紀初期俄國生活中最朦朧的一個人物——樸柏多諾柴夫是他的「信仰導師。」杜斯退益夫斯基的天才是不可爭辯的，就描寫者言，他的天才，可與莎士比亞並列。但是在人格上，在「世界與人類」的裁判上，很容易把他比作中世紀的審判官。』

杜斯退益夫斯基的藝術，恐怕是最典型的最標準的「缺陷之美」吧，他在體現這「缺陷之美」的事上，實在是堪與莎士比亞媲美的。尼采，紀德，以及一串的歐洲作家們，都莫不受着他的影響。倘若我的記憶不會錯誤，那末，好像日本作家的立野信之氏曾在讀賣新聞上提到日本的若干作家，像那個被日本統治階級活活打死的，蟹工船的著者小林多喜二，以及像那個長期間地被日本統治階級拋埋在黑暗的地牢裏的，瘋的作者島木健作，都曾受到杜氏的影響；而且立野好像說過：這恐怕是因爲在杜氏的作品中，有「社會主義的現實主義」的要素。

但現在，我以爲這個觀點是必需再加伸說的了。

高爾基說：「在地下室手記的主人公身上，非常生動地描寫出自我中心主義者和社會的變質者的典型，這榮譽是杜斯退益夫斯基的所有。」這些人物，是和尼采，王爾德，阿爾志巴綏夫的作品的主人公有同樣的特徵的。「這些人物，都是受資本主義國家的悲慘條件的無政府的影響而造成的人們。」

正因爲同是處在「悲慘的條件的無政府的影響」下，若干作家在表現這種缺陷的成果上，才和杜斯退益夫斯基有因緣。這並沒有什麼希罕，因爲新興的文化本就是人類文化精華的結晶和滋養者。在這個意義上，可以說在德國的古典哲學，在法蘭西的唯物論，在英國的古典經濟學中，有馬克斯主義的「要素，」但是這些要素在馬克斯主義的世界觀的溶冶下，却已經和它們原來的本身異質，而且是更卓越的否定過去它們本身的東西了。

高爾基的批判杜斯退益夫斯基，正是這樣的站在科學的革命的立場上對杜氏的否定。高爾基啓示我們：現實的缺陷，「人類的動物端緒」是可以而且應該消滅的；這就要把握住科學的社會主義的「消毒劑。」然而杜斯退益夫斯基在表現這缺陷中，沒有對它加以「駁擊，」反而好像是爲着「辯護」它一樣。杜斯退益夫斯基正如他的作品的主人公一樣，在悲慘的現實中找不到出口。

那麼，被自然主義者所提出的這個「缺陷之美，」我們是不能加以承認的了。如果要用「缺陷的美」這個名詞我們必需這樣的理解：不是在缺陷中有美，而是在克服缺陷的過程中有美的存在。

我承認絕對完全的美，善，眞是沒有的，但我們不能因爲人類認識眞理的相對性，而否定了人類接近絕對眞理的必然性。一切市儈哲學都是在安於現狀，安于「缺陷的美」中兜圈子，不要把阻碍人類進化的缺陷和推動人類進化的動力混爲一談。要知道，在大同的世界卽階級消滅的社會裏，雖然生產力和生產關係的矛盾依然永遠的存在着，（沒有這矛盾就沒有社會的進化）但那時沒有阻碍這矛盾的統一的人爲的桎梏，人與人間的鬥爭，是被人類全體與自然的鬥爭征服自然的努力所代替了。那麼，我們能把這種情形，跟人吃人的現代的情形，毫無區別的都以爲是缺陷的美嗎？那麼，還處在人吃人的時代的我們，不應該以未來的社會爲完全的美，朝這目的來征服現代社會的缺陷嗎？那麼，不是只有在這個征服的過程中，才有「美」可言嗎？

親愛的朋友，如果你嫌我以上的解釋過於煩瑣哲學化了，那麼我也來「簡單而明瞭」一下吧。

比方說，在抗戰以後，廣東潮汕地方的糧食，一塊錢只能買七斤米，就是說一斤米差不多要一角五分錢，可是在湖北的施鶴來鳳地方，二白石穀子賣一百塊錢沒人要，二分錢可買一斤米。這是一個現實的缺陷，它裏面只有民衆的血與痛苦，一點也沒有美的影子；美是存在克服這缺陷的行動過程和表現這過程中。

比方說，在抗戰以後，政府根據「抗戰建國綱領，」規定在不背三民主義最高原則下，一切出版言論的享有自由，可是各地却有杳禁抗日救亡刊物書報的衆多的現象。這也是缺陷，它本身不是美，美是存在這現象的克服過程中。

請想想吧，如果有人把我們的現實中的惡的缺陷，看作必然的缺陷之美，或者掩飾這缺陷的本質，不爲了克服它而行動，那樣的人，一定是愛梅毒者的健美，樂亡國奴之幸福的白癡了。

而且這克服缺陷的過程中所生的美，的確不是像喝一杯白開水那樣的單純。

帝國主義者的「懺悔」

剛寫下這個題目，就追來一個問題，帝國主義者也有「懺悔」嗎？

遠在九・一八前後，我在東京是親眼看見日本的許多法西斯軍閥御用的所謂理論家，不斷地在懺悔着，我起初非常之驚異，但過後就坦然了。原來他們的懺悔是這樣的：

明治維新以來，日本都是一貫地學習西洋的科學和技術，這是歐洲熱的時代。可是，日本的社會所以一天不如一天，也是學習西洋的結果。現在，應該是懺悔的時候了，再不能盲目地學習西洋，應該是「日本的東西，」「日本精神，」總之，是日本的「國粹」等等了。

但是，這「懺悔」一半是眞的，一半是假的。

日本的資產階級的確把歐洲的資本主義文明移植到三島上了，也把恐慌，失業，社會的不安同時接受過來了。但是，日本的法西斯們口口聲聲捧爲至上神聖的「日本的東西，」「日本精神，」等等，可也不是眞像他們所說似的是日本法西斯的特產，依然還是從意大利，從德國的法西斯學習的。但自然，一定是在社會的某種條件下，這種學習才能成功。

湊巧得很，高爾基曾告訴我們：西洋人也在懺悔着呢，這是一封寫給幾個美國人的回信裏的話：

「在日本帝國主義進攻中國之前，德國的斯賓格拉(Sdengler)在他的著作人與技術里面就在胡謅了，說是十九世紀的時候，歐洲人犯了個極大的錯誤，把他們的知識與技術的經驗傳授給了『有色人種』。斯賓格拉這個高見曾經被你們美國自己的歷史學者房龍(H.Vanloon)學了去的。他也認爲把歐洲文化的經驗給黑種人和黃種人武裝起來，是歐洲的資產階級所犯的『七大歷史錯誤』之一。」

把上面這兩種懊悔並列起來看，是很有趣的一件事情。在高等學院的實驗室出來的，讀遍了滿肚子科學知識的這些理論者，忽然會像全然無知的初生小孩一樣，抱怨天空爲什麼要下雨，冬天爲什麼要下雪。歐洲人後悔把資本主義技術輸入日本，日本人後悔從歐洲學到了資本主義的文明，但是這種後悔和懺悔都是虛僞的；主要的事實，就是歐洲的若干大財閥，儘管世界各國及其本國政府怎樣高呼和平；他們却大批地輸送軍火到德國，意大利，和日本。儘管西班牙和中國地上血海屍山，軍需工業的主人却還覺得戰爭打得不大規模。

這種「懺悔」是大可節省起來的。眞正愛好和平的世界大衆，應該在實際上抵制侵略國和幫助弱小民族，被侵略國家。一切的虛僞只能招來自己的毀滅。

一九三八・六，十三。

堪察加上的昆明

李喬

朋友，你問我昆明的情形嗎？

那麼，讓我告訴你：現在的昆明已同從前有些兩樣了。你不要奇怪，我說兩樣，并非就是同從前完全不同。我是說自民族革命的戰爭爆發以來，昆明的情形有些同從前不同了。你知道：滇川黔是被稱為中國的堪察加的，因為多山，地勢很高的緣故，雲南比較更安全，那裏，日本帝國主義的飛機從來還沒有光顧過——雲南人雖然常常聽得空襲這個名詞，但因沒有實際嘗到空襲的滋味，所以他們還不大認識敵人的殘暴。有些偏僻地方的人，連飛機的影子也沒有見過，這樣的一個地方，在現在許多地方被敵人强佔去，天堂的江南淪為地獄，華南各大市鎭常遭轟炸的今日，江南一帶的一般闊老們，雖不把它同他們江南一樣的看為天堂，但至少也看作一個安全的避難的地方了。在抗戰發生後，於是大批大批的有錢的人，便離開了他們的家鄉，跑到雲南來了。

到雲南，自然是得在昆明，因為那裏有近代都市的一切設備，可以飽享物質文明的生活。我們的流亡的闊老們，有的是錢，并且還是法票，一圓法票，是可以換得十元滇票的，他們化錢，不用說，比雲南人要慷慨得多。自抗戰發生到現在，聽說昆明市增加了四五萬人，從來沒有人住的屋子也給人重價租去了，有些人不惜犧牲的情願多出錢租房子也租不到，於是只好住在得意春那樣高貴的旅館去。

因為這般人的影響，昆明市的生活程度突然提高了，各色各類的有錢人的娛樂場所，也應時開設了不少。街道在上走着的，多是一些奇裝異服，使你看了有點不順眼的，帶着南腔北調的口音的男女。汽車也比以前多起來了，一輛跟一輛的在街道上奔馳着，昆明市的那熱鬧，實不是往日可比！

從來被人輕視，害怕，以為那裏的瘴氣非常厲害，一去便會死的山國，不料現在竟走了紅運！

因為氣候很好，——那裏有一句俗諺：「四季無寒暑，一雨變成冬。」——並且生活程度比起淪亡了的江南還要低，可以好好的過一過日子的緣故，流亡到那裏去的同胞們，早已把他們的那種害怕的陳見打消了，他們稱昆明為「小巴黎」，「小瑞士。」從這稱呼裏，朋友，你可想到江南人已把雲南代替着他們天堂的江南了。

這被人稱做「小巴黎」和「小瑞士」的地方，若不是每天還有一兩張報紙在報告着一點戰事的消息，恐怕人們也要「不知有漢」了。在這裏，你嗅不到一點民族革命戰爭的火藥氣味一切是太平景象，彷彿這裏另外是一國似的，人們都是熙熙攘攘的；戲院，電影院裏，天天都是那末塞滿了人。大菜館，咖啡館，也來得更興旺！但這沒有多少人能有資格享受，這裏的公務人員的薪水，從二十七年一月起，已一律八折，一個小書記每月只是七八十元滇票的薪水，打下八折來，一月只是五六十塊錢，以法票計算，只合五六元法票，這微薄的收入，在生活程度突然增高了的昆明，自已供自已都還不够（在昆明包伙食，每月要七八十元，）這怎麼够供養家裏的人呢？可是，這還算是好一點的，那些士兵，校工，聽差之類的人，他們的待遇還不如一個小書記，你想，這也會生活嗎？

因為由上海到雲南的貨物，來源已斷絕的緣故，一切貨物價錢很高漲，一方面雲南的土產又運不出去賣，現在大多數雲南人的生活，實在弄得很苦！譬如箇舊的大錫，從前賣到二萬多滇票一千斤，現在只賣到一萬元，也沒有人要！弄得箇舊的那些廠老板叫苦連天，只好把工人減少，或根本把廠停了。可是那些失業的工人呢？

從前，蔣委員長說，雲南是復興民族的根據地。這根據地上的人民，自然是特別負着復興民族的使命的。他們的負担很大，然而大多數人民的生活，弄到沒有辦法時候，這怎麼能盡他們的使命呢？

我說這話，并沒有什麼作用，朋友，你不要懷疑！我是在老老實實的告訴你：有一部分人在雲南過着他們的天堂生活，也有一部分人在那裏過着地獄的生活。

瑪德里在笑着

黑人：L休士

　這些日子住在瑪德里，砲彈時時會出你的不意從空中掉落下來的。佛朗哥正在那裏不分晝夜的轟擊着。你假想你是悠閑地坐在三樓公寓的前樓，正仔細地擦着你的眼鏡，突然間炮彈會悄悄的從樓牆直穿進來，迅雷似地砰然一聲，可就炸壞了沙發椅，如果你恰好正躺在那裡，那你才是倒霉。要是你剛在別的房子裏，那你總算躲開彈片，死裏逃生了，自然旅客們不會那末湊巧被炸傷的，也許炮彈會穿透地板，住在樓下二十七號的人們，或許會被炸死（客廳裏曾被炸死幾個人。）

　現在不論什末地方，什末時候，炮彈都會光臨的。明天，佛朗哥的大炮在瑪德里附近的山野，準備移動他們的遠測機，對準這個城市的四周作個扇形的轟擊哩。就是你住在不大緊要的市區，砲彈也會打穿六層樓上的廚房，扶梯毀壞了幾重地板，從三樓你底前樓上飛到市街去的。

　在瑪德里的人們，常聽到隆隆的炮聲，全都當做沒有這回事一樣的在街上走，這沒有法子解釋呢。假使你在走路，你一定不會亂竄的。前些日子，有四顆砲彈打穿了福魯利達旅館的圍牆，壓傷了二十個人。那家旅館的進口處趕緊就用沙袋堵住，但都沒有堵住那些悲劇啊！賬房們對旅客們都不憚煩地解釋着這場悲劇。許許多多的旅館都被毀壞了，附近的一帶只留着一家完好的。

　阿爾方莎旅館的四周底樓牆被砲彈炸開了幾個很大的洞口，然而卻照常招待旅客。一個客廳的地板通通都炸光，門窗與陽台也被炸掉，有一間古舊的寢室裏，你可以由砲彈貫穿的洞口，斜望到街頭，天花板打壞了，傾了下來。從樓牆的洞口可以直通到外面的街道呢。進你的房子去要經過的一道大理石嵌着的扶梯也被打碎，壁上彈痕纍纍，這裏曾炸斃兩個旅客。然而阿爾莎方旅館仍是照常營業。沒有炸掉的房子，仍有旅客住着。

　那一座聞名的電話局依然傲慢地聳立在瑪德里城的中間，只顯得殘破些罷了。司機的姑娘們仍然在那裏工作。瑪德里郵局的門窗早就沒有了，而郵件仍在遞送着。郵局前面的塞比利司山嶺那裏，汽車還在往來奔馳，雖然還一脈可愛的青山如今是給沙袋和磚石砌成的建築物遮掩住，而天眞的瑪德里人卻稱她是「美麗的屏風」。他們說罷還露着會心的微笑哩。

　眞的，瑪德里的人們仍在觀笑着在這一座表示英勇的危城裏，許許多多的房屋都充做堡壘，通街都佈滿阻碍物，而人們仍在歡笑，小孩子仍在街頭玩，人們買着小報，看着戰爭的消息。夜裏被砲彈拆穿的洞口，往往第二天就趕着修補好了。瑪德里人都很英勇地爲着他們的城市而奮鬥着。

　當國家戰爭的時候，在前綫竟住着這一百萬人。這些瑪德里的居民倒底怎樣呢？不久以前，有一位滿面鬍子的，研究古言語學的教授底書齋裏，落了一顆小型砲彈。他的老婆和女兒以爲事情弄糟了，她們慌慌張張的到處找他。而這位老頭兒卻站在房裡，手捻着砲彈，又很幽默地摩着頭頂「這小東西」他說，「這沒有生命的傢伙，還好沒有給我們什末損害，可是這個一定有道理的，喂，這一定有道理的呀」

　靠近叛軍前線的厄格來斯北區——居民都感受到轟炸與空襲的痛苦——許多標的顯著的高樓大廈都已經放棄了。但是幾間小屋子還住着幾個文藝作家，而且在工作着。古巴詩人卡朋悌（Alejo Carpentier）曾經告訴我說，有一天的早晨，他沿着院子的牆邊剛走過去，一顆重量的砲彈便飛落在庭院裏。又有一顆砲彈拆穿地板，炸開牆壁，一架鋼琴的蓋子被掀走了，然而鋼琴的前面還坐着一位年輕的姑娘呢，她穿得眞是雅潔，打着辮子，頭髮怪好看，面容露着光彩。她還很起勁的彈着華爾茲曲。那鋼琴的蓋子是昨晚掀走的，卻沒有影響到和偕的聲調。人們經過那個洞口，詢問她的時候，她便答道：「是呀！那顆砲彈是昨天晚上打下來的。我剛才在庭院裏打掃了一下。我現在又忙着練習功課啦，因爲我們的老師十一點鐘就會來的。」

　在瑪德里竟會有這末歡笑的生活，這時時會使一個陌生者感到驚奇的。我住的地方有時開來的飯菜全是麵包，湯也是麵包做的。沒有一個人會喫得飽的，但卻都很高興，有幾個傢伙說着典雅的西班穿俗語：「麵包拌着麵包，傻瓜才添菜咧！」於是大家哄然大笑。

　佛朗哥的軍隊在不耳格斯城與塞維里城的無線電台，上每日廣播着大酒吧間的晚飯和午餐的菜單。法西斯們喫着豐美的飯菜，喝着上等的酒（里約查城以及美酒產地都在法西斯們的掌握里。）但在瑪德里還能夠從法西斯們那裏得到酒的。摩拉將軍這酒吧間的記者曾經說過，戰爭一開始，他就要到瑪德里來喝咖啡的！他顯然是失算了。於是他接着說十一月初頭一定要攻入瑪德里。他也沒有能够做到。於是他又發誓在十二月八日總要攻進這個城市，他又沒有能够做到啦。記得就在那八日的夜晚罷，人們很開心的在瑪德里的街道中間，擺着一張方桌子，一個坐位，桌上斟滿一杯咖啡，很清潔的桌布上刺着三個大字「請摩拉」。那夜里昏黑的大地上鋪滿着月光呢。

麵包與咖啡在瑪德里是很缺乏的，但香烟却是有的。香煙價錢比較便宜，但大概都很小，很硬，而且很壞。在戰前每包是二十個西蒂姆（西班牙輔幣名）至戰後却售三十個西蒂姆。士兵們很詼諧地叫這般商人是「新兵的劊子手。」這給予新兵們的危險比炸彈子彈都要厲害些。

蹩脚的香煙，劣等的酒，少許的麵包，沒有肥皂，也沒有衛！而瑪德里却披着英勇而歡笑的外衣。困在晝夜不絕的槍聲裏，可是還在活着。

戲院裏的電影是放映着，從下午至夜晚九時，只演二場。有一個夜裏，觀衆們正在看着一本美國片子，突然地一顆砲彈落在市街上來了。那是一種非常可怕的爆炸聲音，然而沒有一個人離開他們的坐位，電影仍在繼續放映。後來又一顆炮彈拆穿電影院的屋頂，爆炸的聲音更大更洪亮了。那個經理跑到甬道來看，他聽到頭頂上的隆隆的炮聲，又連忙跑進去，并且爬上戲台去報告炮聲的情形，依他的意思，最好把電影停映。然而，正當他要開口說話的當兒，台下起了噓噓噓的聲音，是觀衆們要求繼續開映下去。於是他只得聳聳肩膀，跑下了戲台。院裡重又昏黑下來，好萊塢的片子重又映上了銀幕。當這些佛朗哥的炮彈那末危險地在戲院頂呼嘯的時候，那電影正演到動人的結局。這片子叫做「支加哥在恐怖中」

（張白山譯）

文藝問答

怎樣才能讀懂新詩？

問：我總覺得新詩的作者都是些口吃先生，不然，為什麼把一句話斷斷續續地寫成好幾行，而不連在一齊呢？如七月十二期田間先生的給V.M.二三行是一句，分佔了兩行，四行是兩句，却合成一行，五一九是整一句竟佔了五行，完全連起來寫不行嗎？為什麼？

其次，有好些詩，像軍隊在編隊似地，排列得很整齊，讀起來沒有生字，沒有解不開的句子，但都好像是些不相干的碎片，攝不出完整的形像來。這原因在什麼地方？

中國人識字的本來很少，作品的效果，因之大打折扣，而新詩恐怕在扣折中還要來一個很大的折扣的。中國新文藝界新詩據說是最落後的一個部門，它的難讀難懂，大概也是原因之一吧。所以一面希望詩作家們能够寫得通俗點，一面經常的有些討論新詩的讀法及作法，以至講解新詩的文字發表，總不是毫無意義的吧，不論在便利初學的讀者上或新詩本身的發展上。

（田奇）

答：一句詩分成兩行，甚至於三行四行，還不會是沒有理由的：有的為了行文的有力，有的為指明音節或音韻，有的為表示語氣的轉折……

例如：

小電燈
在車杠前面……
（勃洛克：十二個）

這兩行其實是一句，但分開來寫顯然要有力些。

例如：

惡念憂愁，的惡念
騰沸在胸間……
（同上）

這也是一句分成兩行，為的是音節或音韻。

例如：

彼得路哈把急切的步驟
走得慢了
（同上）

這是為了語氣的轉折。

依此，我以為，我們讀一首詩不要看它的形式是不是我們看慣了的，要看它本身是不是表現了真實的東西。至於先生所指的關於田間先生的詩的那些例子，那只能請先生自己去評判了。

詩的形式很整齊，四句或六句一節，甚至於每句的字數相等，但讀起來只感到是些「不相干的碎片」，原因不外是作者對於事物的觀察不能站在適當的距離，或是處理材料不能保持統一的態度，以致只有各不相關的「碎片」，得不到完整的，相貫通的印象。這是光在形式的整齊上用功夫所得的失敗的結果。

先生所說中國的新文藝，以新詩最落後，這是我所不能苟同的意見。中國的新詩雖免有許多缺點，而且詩壇上也的確有些混亂的現象，但依然可以看見許多表現了豐富的現實生活的作品，這些作品無論從那方面說，並不比文藝的任何其他部門落後。

把詩寫得「通俗點」，當然，這不僅是讀者的要求，同樣也是作者的努力的一個方面。但是，這裏也牽涉了大衆啟蒙運動，新文化運動的整個問題，不能歸咎於詩歌作者的單方面的。

（艾青）

重慶到成都

宋之的

一、

重慶看不見天，天天被霧遮着。

一個老重慶這樣告訴我：「要是重慶人不爬山，一定會早夭十年！」這話，我是相信的。

到重慶，先認識了某經理，經理先生說：『打牌，玩姑娘，吸大烟，是清高的！別的，都是俗務！」聽口氣，就是個才子。可惜生在近代，倘在往昔，定會來個自傳，自擬風流，博得後人懷慕的。

二、

除夕那一天，人們都在茶館喝茶，脚蹺在另一椅子上，吸兩口，談幾句，舒服自在。

忽然，有一種怪聲音響起來了。像工廠的汽笛，不過更尖銳一點。

喝茶的朋友們起初不在意，仍舊端起了茶杯；突的意識到，「這不是什麼警報吧！」乃不自然的把眼角往四外斜，手可還是故作鎭靜的去抓瓜子，却抓到了一件冷冰冰的東西：一位胖太太的手。

兩人同時都打了個冷戰；於是乎逃吧！

逃到那兒去呢?!

胖太太逃到了某經理的門前，一屁股跌在台階上，用自已那冷冰冰的手拉住經理先生的，小夥計的，以及別的什麼人的：「來，摸摸，這兒，心，跳到腔子外頭來了！哎喲，可了不得嘍！」

那神氣，使得舞台上的顧八奶奶也不能專美於前！

當天，長江裏的船夫都發了横財，多少太太，小姐，老爺，少爺都携帶了細軟箱籠逃難過江，船價從六百錢漲到了五毛，還是擁擠不堪。以致于船在江心翻了一條——敵機雖沒有來，却溺死了幾十條命。

之後不幾天，一位蓬頭汚面的老者，便一手持鑼，一手持鎚，敲打着在街上喊了：「諸位高隣聽着：…」鑼鑼鑼！急忙在鑼背後看一眼——那兒貼着張紅紙，紙上寫着字：「敵機要來空襲…」鑼鑼鑼，又看一眼，再唸下去，大致是勸人不要點燈，把晒的衣服收進去之類。

而另一位星相家他在報上登了啓事，預卜敵機的踪跡了：「敵機今日不來」！啓事的標題這樣寫着。果然，沒有來。星相家的神算於是乎傳誦遐邇了！

三、

重慶街上，甜食店特別的多，特別特別的多。

「這不是偶然的現象：」老重慶說「還是——爲了穩君子的需要！」

一天，我和經理先生對坐在甜食店裏。門外，靠近玻璃窗，一個孩子立在那兒：三四寸長的頭髮像蓬亂的草一樣直立在頭上，眼睛失神的望着我們的手，調羹，跟口。只偶然的用髒汚的手抹一下髒汚的鼻涕。走了一個，又來一個。倘前一個還沒有走，而後一個想擠上來的時候，前一個便要駡：

「先人哪！…」

因而打個頭破血出也不一定的，雖然據我的感覺，這些孩子的血，怕也難得有一兩滴可流了！

「格雜——」經理先生笑了，一面把手伸進胸膛摸索着：「這兒有近作數首——」於是乎就呈政在我的面前。詩是濃艷的，不外軟玉溫香滿什麼懷之類。

「人家都說我是渾身風流，我也覺得嘛——嘿嘿！」

「妙在『渾』字！」我咕嚕着。

是夜了，夜半十二時以後，因爲工作，我獨自在街上走着。

街很靜；彼此追逐的野狗而外，是滿街亂竄的老鼠，跟擠在一道睡着了的野孩子！

這些孩子跟老鼠在我心裏構成了一種奇妙的聯想，他們在某幾點上幾乎是相同的。我分明看了一輛汽車衝過，幾隻老鼠便被輾斃，而孩子們也便嚅動起來了！

我感到窒息——因爲街上的煤氣衝過了我的鼻子！

四、

一個努力救亡工作的朋友告訴我：「救國——女孩子是要比男孩子熱情些！」

這是重慶的一個特殊現象，在街頭講演，以及各種集會上女孩子確實是較爲熱烈些。——雖然她們表達這種熱情的機會也很少。

確實是機會很少，因爲即使是反侵略宣傳週的民衆大會裏，沒有徽章或是請東或是入門證一類的東西，也要被拒絕參加的。但機會少，卻「找」常常有宜傳隊下鄉；較之機會多，卻「躲」的，自是不能同日語的。

說「躲」一點也不誇張，某校長就因爲接連來了幾次空襲警報而害怕起來，屢次三番的上呈文給省府，要求撥遷移費，預備把學校遷往遠處，以圖安全。那最後的一着，是動員了學生的家長，聯名呈請，說是「在這樣危險的地方唸書，殊不放心」云云。

另一種「躲」法，是躲在街角向摩登士女洒硝磺水，據說是要予一些喪心病狂者以警告。有個名目曰：摩登破壞團。

我非常憂鬱，決定走了！

走之前，某經理對我說：——細聲，很神秘的：「我決定戒煙了！有煞道理呢！朱德先生是四十歲戒的烟，我呢，[illegible]兒子今年四十二了！」

我嘆了口氣。

五、

於是我顚簸在成渝公路上。

有一種神話說：「在四川，把桌子上舖一尺土，就可以種菜吃！」在這次的旅行裏，我相信了這話。

雖在春末，天已竟很暖了。田野裏洋溢着蠶豆花香、迎風搖擺着肥大的麥穗。石崖裏茁出一片片的禾苗，山頂上盡是豐沃的稻畦。惜乎我沒有到過金沙礦，說是那地方石縫裏都夾着金子的！

汽車很壞，常常拋錨。公路兩邊頗多村鎮，車一停，就有小販携土產的甘蔗橘柑來賣，倘吃甘蔗，是非常便宜的。便宜而且還能够做好事，因爲從嘴裏噴吐出來的渣滓，也會被窮孩子搶去，作爲午餐，嚥下肚裏去。

窮孩子也和重慶一樣特別的多。不僅孩子，也有老人，青年男子，跟老太婆。這些人大抵都難得在哀求裏得到好處的。那唯一生存的法子就是搶！倘在路邊的小飯館裏打尖，就得時刻留神，要一疏忽，碗裏的菜跟籃裏的飯就被搶光的——迅速得連說一聲「做煞仔」都來不及，那人就已經劈啦吧啦的跑遠了！

這——是强者！

弱一點的，便睜着兩隻空洞的大眼在馬路上拖拖一步，算一步，到一步也拖不動的時候，便跌在路上，死了！以後，過一兩天，便一人扯脚，一人扯手，被扯到什麼坑裏去。

報紙上有一個消息說：在重慶，這類倒斃的人，在一月內就有四百多！……

四川土壤之肥，人民生活之慘，恰巧是一個鮮明的對比！

越過了一片尚山，我望見那蒼鬱的成都了！

路上的牆壁，也寫着標語，但多半是「剿滅殺人放火的共匪」之類，有關抗戰救國的似乎還很少。

六、

到成都，恰巧是兒童節。

兒童，是幸福的，臨到兒童節，就更幸福，雖當國難，盛大的集會也舉行了！

但不知怎樣一來，卻在兒童間有了一種謠言，說是在兒童節電影院都免費歡迎兒童看電影。更不知怎樣一來，這消息竟傳播得很快！於是電影院門前就集聚了千百兒童：要看電影。

自然，電影院都如臨大敵一樣地鉄門關起來了，因爲這不過是謠言。兒童們都失望了，失望而後繼之以憤鬧，繼之以搗毀！

熟習成都的人，大抵都知道，凡電影院，背後都有一個什麼長之類做後台的。搗毀的結果，一個什麼長之類便伸出了巨掌，獲去了據說是爲首的九個兒童。罪名擾亂後方，處罰的方法是皮鞭子沾涼水！

第二天，關於這事，某新聞紙上就有了短評，評之曰：「與其在後方搗電影院，爲什麼不掘起槍到風陵渡去打日本人！」（大意）

原來那正是潼關隔河砲戰的時候！

因此，我認識了成都。

七、

成都馬路很整潔，人也似乎很閑散。喝茶，在這地方乃是第一要事。大街小巷，三步一「館」，五步一「樓」，不論樓館，日必滿堂，且有流連終日者！

「搶」在成都也很盛行，但多半是搶小孩手裏的麵包。或小姐手裏的糖果，這風氣較之重慶的「偷」，卻來得堂皇。畏縮的在你身邊兜賣鋼筆的人，成都是少見的，那是重慶的特色。

市面很繁榮，雖說防空協會的會長也曾經受過一番驚嚇。——事情是這樣的：某區長在境內拾得了一個未炸的炸彈，於是便設法運到成都，安置在防空協會的門前，供人參觀。某會長便因此很受了驚嚇。據他的意見：炸彈既已成形，就有爆炸的可能，而倘從眼前走過，難保不一命嗚呼。於是會長有一禮拜沒敢到會辦公，到底是把炸彈移到別處，才算安了心。

這樣看來，因爲重慶警報，成都的闊人都早作安排，躲到鄉下去也不算過份了。

八.

在五月，成都的街上貼滿了標語。其中，最有實効的，是大衆壁報。據說，這個壁報有一百多個街頭流浪漢作義務張貼員，他們對這種貼報工作都異常熱情和。

也有宣傳團下鄉，但却常受阻礙。地方當局喜歡把他們作漢奸辦，加以驅逐。

這也難怪，因爲確有漢奸組織在鄉下宣傳。這組織活動于成都四郊，甚且少城公園的門前。那多半是扮做街頭賣唱者，藉唱鼓詞叫賣漢奸理論。「詞」自然是通俗，內容都有關抗戰。不僅是唱，且印成了書。賣價是兩百錢一本。我曾看過兩本，其一：宣傳失敗主義，如中國軍隊死得如何慘之類，其二：侮蔑抗戰領袖，藉以分化團結。

唯一的掩護是在書裏故意印錯字，如把「無」寫作「吳」，「相」寫作「先」，「有」寫作「又」等等，好在讀慣了白字的老百姓，是可以懂得那意思的。

敵人用心之毒，可以說到了極致了！

九.

我那老朋友，——某經理忽的有一封信給我，信內且附了他的近作一絕，題目並沒有定，詩是送給他的兒子的。他的兒子徒步到陝北去進「抗大」，他送他一首詩，以資鼓勵。

讀了這首詩，我多少有點駭異。

「現在比北伐時代更進一步了，多少青年都在往外跑！」

另一個朋友這樣說。這也許是眞的罷。

六，五 漢口。

從廣豐寄到武漢

尹庚

胡風兄：

啞劇此刻只能寄上一個。這是爲了發動人民組織游擊隊寫的。第一次演出在浙江義烏屏山一路來已經演了二十多次，效果還不壞。

我想試試看百忙中偷空的再寫幾個啞劇，把牠認爲非薄的人情貢獻給各處的救亡團體和深入農村去做救亡工作的朋友，寫的手法我以爲毋須千篇一律，此刻寄上的顯然偏乎事理情感的組織發展，第二個也許單單只寫動作和表情，第三個又變一種花樣也不一定。

到內地來簡直是走到外國來的樣子！爲什麼有這種感觸呢？第一是言語不通用的緣故。

國語，普通話，也僅僅通用於知識份子和某一部分人的對談，各地的農民却保守的在通用他們各自的方言。我此刻在江西廣豐，下了鄉還會到許多祖籍福建南平的農民，他們說的話，竟連鄰居的本地農民也不大懂得，我這又是一個省份來的人，當然在他們面前變成在着說話的啞巴，他們在我面前也變成耳朶明亮的聾子了。

廣豐農民說：「吃。飯。吧。」

我心裏納罕的答道：「爲什麼要跌翻？」

南平農民說：「吸。烟。嗎？」

我又聽錯了，牛頭不對馬嘴的答道：「唔，。結。婚。了。」

說方言是講笑話！然而一說多，就不好笑，越說越不明白，極傷腦經，言語的彼此完全了解，並非一個短短的時間所能達到的。

演劇的場合怎麼好呢？所以效果一等的是演啞劇。

啞劇，是一種特殊的東西，好像無聲電影也是啞劇，不過那也不，那是每幕每段都有文字註解的。啞劇的寫與演在我看來，彷彿比寫話劇（有聲電影）歌劇（舊劇）還要爲難，故事結構既不容易，許多方便的工具（言語，歌曲等等，）也均受節制。關於製作啞劇的事，我只想到以下四點。一，啞劇的要素是動作和表情，要以動作和表情發揮人物的理想，希望，意志，情感，性格，一切。二，所謂啞，並未機械的以爲不論什麼都不作聲，於任何地方任何人都聽得懂的槍砲聲，飛機聲，鑼聲鼓聲，怒吼聲，慘叫聲，啼哭聲，哄笑聲，雷雨聲……仍然應該充分利用的。三，藝術一定要使觀衆感到眞實，那麼，劇情和演員之所以啞，應該是的確不被許可說話的局面或者他們是喉嚨沙啞不能說話的人物，或者彼此的言語無法說得明白的時候，要這樣的在觀衆前面演出。萬不得已才求其次。（即可以說話，能够說話，而硬不說話。）四，在內地，一般農民觀衆，他們未曾有過團體生活，會場不是擠來擠去，就是喚哩嘩啦，他們總不能够守秩序，上戲台說話的，如果聲浪不大，技術不够，他們不但聽不到，甚至於根本就不聽，對他們發脾氣也枉然，立刻演啞劇吧，却很快的可以敎他們平靜下來，可見啞劇非常容易抓住他們，千百個農民的注意。

我還沒讀過論啞劇的文章，也沒看過啞劇的作品，我揣想經典中有是有的，大概一向被大家忽視了，我可以向理論家和劇作者提出滿足我的要求嗎？爲了鼓舞千千萬萬的農民，爲了千千萬萬農民的歡迎！

有暇望你給我意見。

弟尹庚上，六月四日。

從成都寄到武漢

周文

風兄：

……………

最後我要談一談關於「七月」第三集一期上你們座談會的問題了。這一期是在我的痔瘡脫落後的第三天收到的，看了你們關於「宣傳·文學·舊形式的利用」的談話，我當時覺得有許多話想說，可是總沒有精神提筆。到現在恐怕我的意見已忘了不少了。不過還是拉雜的寫一點。

從這記錄看來，你們的發表意見彷彿一個釘子一個眼，看來是非常熱烈，似乎比第一次座談記錄熱烈得多了。不過對於那些各人所發表的意見，總覺得與第一次有着相反的感覺。第一次似乎有條理得多，而這一次比較的混亂。

關於目前舊形式利用的問題，鹿地的意見以爲不必提得這樣高，這所謂的「高，」大概是如艾青所說的「甚至於有人想利用這種現象來威脅新形式，似乎要把新文學運動一筆抅銷」的危險吧。這我是同意的，但我以爲今天對於這問題並不是要把它提得這樣高，而是客觀的情勢，——也就是對於舊形式的利用在普遍的要求和實踐着，對於每個新文學運動者勢不能不拿出對新文學的同等注意來注意它了。我想這「同等注意」並不是要把舊形式和新文學「同等，」而是應注意到所謂舊形式的「利用」者並不是舊形式的「濫用，」要使它得到正確的解決，使從事舊形式利用的工作者不致浪費許多精力去摸索，或者不正當地走向「卑俗」與「庸俗」。今天事實上也確是這樣要求着，最近外邊的通俗作品我看得很少，我還不敢妄說，可是我看見的在四川的通俗作品就有許多毛病，他們對於開荒的努力，是不能抹殺的，然而今天正因爲還沒有明確的對於舊形式利用的問題產生出有力的指導理論，所以他們不免於「盲幹」的危險。所以我以爲今天對於這問題是到了非大大注意不可的時候了，以很希望有這樣的理論出現：從整個文學部門全面地把各個分野來加以考察，扶剔，闡明；自然重要的是把這各個分野在配合了當前的抗戰中所發展的形勢給它們畫出應有的前途和遠景，那麼，今天對於舊形式利用的問題在整個文學中的地位，限度是如何，是不難解決的了。所以，我以爲今天把這問題提得「重，」是不必的。

從你們每個人的談話看來，我覺得都大部份是對的，然而因爲都只執着問題的一面，所以那討論似乎顯得很混亂了。我同意鹿地的高的藝術的創造的意見「不要做『不擇手段的宣傳；』」我也同意組湘的「抗戰高於一切，我們一切的力量都應當集中在這一點上面」的意見。然而我想這些話都是不成問題的問題。問題是在今天對於舊形式利用的看法和方法

從一般民衆對於新文學的關係看來，那距離的確是遠得很的。實際考察起來，除了知識份子之外，最大多數的民衆是沒法看懂的。這是一個非常迫切的問題。我們的新文學自始也就民衆的文學。而許許多多作品也的確是充滿了血肉的內容，是民衆的的東西。然而民衆還是看不懂，那麼這問題在甚麼地方是可以想見的了。今天無論是說宣傳也好，教育也好，或者甚至影響也好，這問題不能不迫使我們每個文學工作者切切實實的來考慮。胡風說，「我們應該特別提出漢字拉丁化，方言文學底發展」我以爲這才是觸着了問題的中心的。不過，漢字拉丁化雖然是當前啓蒙運動最迫切的問題，但卻是一般的文化的問題；從文學的本身說來，我贊成方言文學的提出

不過單單提出方言文學，問題還是沒有解決的。因爲方言文學隨之而來的還是形式問題。方言文學可以創造新形式，然而也還是而且一定要接觸到舊形式利用的問題的。而事實上許多種既成的地方文學原來也就是方言文學。它和廣大民衆發生着血緣的關係的。這些方言的地方文學是不是全都不能達到藝術的創造呢？我以爲：能的。在四川，最能抓住廣大民衆的是七字句或十字句的故事唱本，和高腔戲。在唱本中我還不曾發現過最好的東西。然而高腔戲中我卻見過召折不一定憑藉於譜而畫出有血有肉的典型性格的作品。四川戲很久已不大唱全本的本頭戲了，在戲園中唱的大都是截取一本中的一段來唱。我曾經看過一折戲叫「三孝記」（又名「安安送米」）這戲如果唱全是很討厭的，它拖的尾巴照例是神仙打救，大團圓。然而我看的卻是一段那一般描寫的是婆婆，對於媳婦嫉豚，逼着兒子休她。這是一個很單純的題材，然而對於人物的描寫卻非常逼眞，心理的刻劃也相當複雜。婆婆的專橫固然只表現了一個片面，然而那兒子和媳婦卻表現得很好。兒

子是一個書生,對自己的女人是相當愛的,但母親的命令,以及恐怕社會的指責,為了獲得一個「孝」的名聲,終於把她休掉。暴露出一個猶豫懦怯的僞君子。而那媳婦則是經過種種哀求婉勸,替自己的丈夫着想,替自己所生的孩子着想,看見終無効果時,終於挺起胸膛堅決的出走了。後文大概是走到尼姑庵裏。這戲是非常動人的。我以為這戲單是這一段就好。這是很現實的,到現在農村裏還普遍的存在着。如果就這一段看,我以為是一篇對封建社會家長制的控訴,是被壓迫的「媳婦」們的吶喊。還有一折戲是「情探」。這是根據「聊齋誌異」上的一篇「王魁」改編的,舊本子相當長,名叫「活捉王魁」。但「情探」只是截取當中的一段來改編。那是描寫中了狀元入贅相府後的王魁拋棄他從前曾經海誓山盟的「姘頭」焦桂英,焦桂英死了後以魂來找他。這故事固然是帶了非常強烈的迷信,不足稱道,然而那兩個人物却描寫得非常逼眞,人物關係的發展非常自然,早已成為全川人心目中的兩個典型。誰一提起王魁型的人就非常痛恨,而對焦桂英的非常同情。無疑地這折戲對於這兩個人物的描寫上是相當成功的。不過「三孝記」用的完全是方言土話;而「情探」雖也有方言,然而詞章氣味太重。因為它是出於一位「詞章家」的手的緣故

●我之所以不怕嚕囌地舉出這些例子,並不是肯定舊形式的東西已經很好,而只想因此引証出舊形式中也可能達到藝術的創造罷了。它有着否定的一面,然而也有着可以發展的一面。只在看我們怎樣去發展,在這過程中去揚棄它否定的一面。如果經過「與伏赫變」的過程,我以為是可能而且必然變成新的民衆的的東西的。所以我認為今天對舊形式利用的問題,不是天馬行空的脫離地方的,不是無批判無選擇的濫用,而應該切切實實地和民衆生活起着最密切的關係的。因此對於這問題莫如稱之為「地方文學的革新」問題。如果各地方的方言的地方文學,在經過一番革新之後,它是決不會和我們所要求的新文學相背,倒是相輔相成的。在這樣相輔相成中,那未來的發展會呈出怎樣的形式,雖然我們還不能預言,但敢相信只有那樣才是眞正的現代的然而又是民族的,的東西。

這裏還應補充說明的,所謂「地方文學的革新」當然就不是純然對舊形式利用,而是對舊形式的改造的問題了。而且也不僅是舊形式的改造,也包含內容的問題——也就是文學工作者的思想,對於藝術的見解,能力的問題了。因此討論這一問題時,我認為應該加強着重要的提到文學工作者應該不斷的加強自我教育,提高自己的藝術水準,自然不是把自己關在屋門裏,而是要投身在民衆的戰鬥生活中,只有眞正具備高度的藝術眼光和熱情,那對於地方文學的形式和內容的革新才有可能的。

依據上面的理由,我提議:「舊形式利用」這句口號既然容易被誤解,或不自覺的陷於「庸俗」,莫如改為「地方文學的革新」

附帶還有一點向你們提議的——開座談會討論問題,要想立刻作出一個絕論固然不是容易的,而且有時也不可能,可是就我這次讀你們的記錄的感覺說來。本來你們在討論時就不免有些混亂,讀過後得的印象也就混亂,我相信這樣的記錄對於大多數讀者——尤其是對於初初關心文學的讀者不會有很好的影響的,因為他會弄得無所適從了。我希望以後的座談,能夠作結論還是作結論好,如果萬一不可能,至少在末尾也應該作一次歸納,把各種不同的意見的要點列舉出來,眉目一清,讀起來也容易,後來者討論起來也容易。不知你們以為如何?

給你們熱烈的握手。

弟　文

七月社明信片

本期特載「魯迅全集發刊緣起」,這對於中國思想界文藝界是一件大事,我們相信一定能夠得到讀者底廣大支持。全部共裝二十巨冊,平裝預約價連郵運費只十六元,詳細辦法請向各地生活書店索閱簡章。

第一次公開發表了「文藝答問」,但這只是回答者個人提出的意見,並不是作為定論強問者完全同意。有意見還可以繼續討論的。

李萌先生你誤解了。編輯者能做的只是拿住主要的方向,基本的態度,至於內容上部份的缺陷,甚至部份的錯誤,那是不必干涉的,作者底責任。如果一一改正了,那就成了編者個人雜誌,將弄得沒有生命了。事實上,有一部份稿子,編者是在付印之前清楚地知道那缺陷那錯誤的,却故意地留下「空隙,」作為批評家和讀者底批判精神活動的餘地。沒有特別設法誘起批評活動,那倒是我們工作上的弱點。

以前的「七月,」沒有存書,書店又因為交通受戰局影響,不能馬上添印。許多讀者寫信來要求添買,甚至要求編者個人設法,但因為這種情形,無法報命。現在只有催合訂本早些出來了。

預告:胡風底批評論文集「密雲期風習小紀,」在排印中,不日出書出版者「海燕出版社,」「讀書生活出版社」總經售

魯迅全集發刊緣起

魯迅先生離開了我們已經一年半了，魯迅先生紀念委員會早就決定進行刊印全集的工作。中間因種種人事的波折和意外的困難，直到目前，纔整理完畢付刊。這是紀念委員會所深爲抱歉的。

魯迅先生一生著述，浩如煙海，編定全集，不是一件輕易的事情。幸而魯迅先生去世之前，曾手擬『三十年集』總目，把生平著作及述作，依照年代先後，分作十卷。這次紀念委員會刊印全集，是以這一目錄作爲基礎，再加上翻譯作品，依照翻譯年代先後，分作十卷。都爲二十卷。中有不少未刊稿，如古小說拘沉，漢文學史綱要等，都是許多讀者所久欲一讀的。又有不少業已絕版的譯著，如會稽郡故書雜集。月界旅行，集外集拾遺中諸作，及望海等，是一般讀者所不易蒐求得到的。魯迅先生一生的著譯，已略盡於此。此外還有已計劃，六朝造象目錄，六朝墓志目錄，漢碑帖，漢畫像等，因影印工程浩大，一時不易問世；輯錄之劉恂嶺表錄異，謝承後漢書輯本二種，因原稿尚未覓得，都只好有待於續編了。

魯迅先生一生致力於「著」與「譯」，直到最後，未嘗稍懈。他那博大精微的學識，勤勉審慎的態度，使他在所從事的工作部門裏，都有偉大的成就。他不僅是一位現代最偉大的作者，他也是現代最偉大的一位學者，一位思想家。他結束了一個「樸學」的舊時代，他開闢了一個「戰鬥」的新時代，他的學術是承前啓後的；他的思想，是貫通中外的。

魯迅先生從學醫轉變到研究文藝，一貫是站在改造社會的決心上。他相信科學力量的偉大，但他也痛感當時社會的黑暗。他早年翻譯地底旅行和月界旅行兩部科學小說，並選譯俄國安特列夫的短篇，（見域外小說集）便是從這兩個動機出發的。但他是章太炎先生的弟子，他接受了清代樸學家謹嚴的治學精神。這一時期，他遺留給我們的，便是會稽郡故書雜集，中國小說史略，小說舊聞鈔，古小說拘沉，嵇康集，劉恂的嶺表錄異，謝承的後漢書。他的校輯工作，極其精密深刻，一字一句的異同，都不肯輕易放過，遠勝於干讀的漢魏遺書鈔，馬國翰的玉函山房輯逸書，甘泉黃氏的漢學堂叢書。

正和這治學精神一樣，他又非常精密深刻的觀察着現實社會。新青年的刊行，使他嚴謹的筆向另一方面發展。他寫下許多小說和雜感，刊行了吶喊，野草，墳，熱風，華蓋集及徬徨諸書。大都是黑暗的暴露與熱辣的諷刺之作，尤其是阿Q正傳一篇，不但已爲全世界人士所諷誦，且將舊中國的民族性，予以典型的描出。

舊的憎惡，培養了新的憧憬，在這時，魯迅先生他翻譯了苦悶的象徵，出了象牙之塔，愛羅先珂童話集，桃色的雲，一個青年的夢和工人綏惠略夫。

然而，時代進展着，他那熱愛青年世代的本性，和强韌的戰鬥精神，隨着一九二五年的五卅運動和第二年的三一八的屠殺，更極積的發皐起來。他和殘酷的軍閥政客衝突着，他和托庇權門爲自由主義思想學者搏鬥着。他終於被迫離開北京，到廈門大學和中山大學講學。但他又非常敏銳地看出光明背後的黑暗鮮血中間的毒汚。會後定居於上海，他悼惜革命的夭亡，前進者的虛弱，他寫下不少的雜文作着兩面的鬥爭。而已集，三閒集，二心集諸書中文字，便是那時寫的。壁下譯叢，盧那卡爾斯基的藝術論和文藝批評，蒲力汗諾夫的藝術論和蘇聯的文藝政策等書，便是那時譯的。

之後，是新哲學運動的展開。魯迅先生更堅決的爲年青的世代，作更壯烈的奮鬥。他的工作向積極的破壞和積極的建設兩方面發展。他寫着僞自由書，准風月談，南腔北調集，花邊文學諸作，他譯着雅谷武萊武的十月，法捷耶夫的毀滅及兩部蘇聯短篇小說選竪琴和一天的工作。最後，他還爲青年世代中若干分子的徬徨與混亂，寫下且介亭雜文集中某些極重要的文字，爲樹立產生偉大作品之基礎，翻譯了空前遒勁與瑰偉的果戈理的死魂靈，直到他死前的最後一刻，他還爲譯死魂靈第二部翻譯而執筆。

魯迅先生對於藝術有特殊的愛好。很早時候，便在搜輯六朝造象和漢畫象。這些都是非常名貴的作品。可惜散藏各地，一時無法整理。他譯了板垣鷹穗的近代美術思潮論，印行了引玉集，北平箋譜，木刻紀程，死魂靈百圖等書，他開了中國木刻的創作風氣，帶青年們到另一條路上去。但在全集裏，除近代美術思潮論，其他均未能編入。

然而，在研究魯迅先生著述的發展過程上，這全集已足够了。這是一個火炬，照耀着中國未來的偉大前途，也是一個指針，指示着我們怎樣向這前途走去。在這個民族抗爭的期間內，這全集的出版，將發生怎樣的作用，是可以想象得到的。

魯迅先生紀念委員會

戰地報告叢刊

上海雜誌公司刊行

在西戰場 張慶泰著 二角

作者在西戰場參加軍隊抗戰的實紀，有游擊隊的成長，還有使人不滿的黑暗面的反映。

戰地書簡 姚雪垠著 二角

作者以書簡式的體裁，來報告戰地種種情形，敍述游擊隊的成敗和其原因。

軍民之間 李輝英著 二角

軍民之間，在抗戰發動後已融合爲一體了，尤其是在戰場上，游擊隊中，根本分不出軍和民的。

中華女兒 張　周著 二角

中華女兒，已能如男兒一樣的担負起她們的任務，本書作者以中華現代女兒的姿態出現在山東軍隊中的鄉村工作者。

北方的原野 田　濤著 一角八分

本書內容是描寫平漢綫北段的游擊隊的艱苦而英勇的作戰情形和農民對游擊隊的援助。

黃河北岸 碧　野著 二角

這是「黃河北岸」一些眞實的與抗戰有關的故事，學生，民衆，難民游擊隊等合作的事績。

在湯陰火綫 曾　克著 二角

湯陰火線上不僅有激烈的戰爭，還有敏捷的追擊和戰略上的退却，同時還有潛入敵人後方，混入敵軍軍營發散傳單的驚奇實事。

背叛祖國的罪人 師田手著 二角

同浦路工人現在已組織自衞隊，參加神聖的抗戰了。在過去他們怎樣和郱班背叛祖國的罪人抗爭，這書給大家詳細的報告。

沁河岸上 黑　丁著 二角

一八一師在沁河岸上行軍的故事，和石友三將軍的英勇堅苦的史實，在這裏用文藝的筆報告大衆。

魯北烟塵 石　光著 二角

作者在魯北作民運工作，同時遭到很多的困難，韓復渠的撤退以及民運工作自身的教育的不夠，使他們的工作受到阻礙，但後來終究給克復了。這裏是他們艱苦工作的經驗報告。

在出版界二十年

張靜廬自傳

本書作者是五四運動後第一個從事推進新文化運動的實行者，。在新出版業中有了二十年悠長的歷史和豐富的經驗。他曾經手創光華書局，現代書局，和上海聯合書店；現在是上海雜誌公司的創辦人兼總經理。在本書裏極坦白的忠實的記述他三十年來的流浪生活：十年的記者生活，二十年的出版生活。在這裏，縱的方面記錄他一生的事業的興衰成敗，橫的方面描述廿年來出版界每一時代的輪廓，和文壇的一角。這顯然不僅是一個人的自述，而是可以作爲新文化運動的史料看的。末更附有「雜誌發行經驗談」，以事實的經驗說明發行雜誌的技巧和秘訣。

〔每册四角五分〕

自由魂

.25

趙慧深女士根據「夜未央」改編

這是趙慧深女士的新作，用中國的人情風俗，將「夜未央」改編的劇本，劇中所撰劇詞，均生動有力。該劇曾由趙女士親自主演，在漢湘川……各地演出獲得一致好評。本劇附有「舞台設計」，「導演說明」等，予排演者莫大之便利。

陽明堡底火戰

奚如著：

〔二角二分〕

戰地生活叢刊之五

八路軍出征後，除平型關大捷外，要推陽明堡火襲敵軍飛機場，最使國人興奮。這次夜襲的經過，外間多未詳細知道，作者是西北戰地服務團的副主任，正在前綫，特將這故事加以忠實的記述，給抗戰史上留一件英勇的佳話。

戰地生活叢刊

八路軍七將領	劉白羽 王余杞著	.25
兩個俘虜	天虛著	.15
游擊中間	劉白羽著	.20
莫雲與韓爾謨少尉	羅烽著	.18
征途上	天虛著	.25
西綫隨征記	舒羣著	.20
八路軍學兵隊	陳克寒著	.22
西北戰地服務團「戰地通信錄」「戰地戲劇集」	丁玲 奚如編	

抗戰短劇 凌鶴著

信號鎗 史行著

新雁門關 田漢著

鴿子姑娘 王家齊著 .25

上海雜誌公司刊行

漢口·廣州·梧州·宜昌·重慶·長沙·成都·西安·

本刊已奉湖北省政府秘字三二〇九三三號令核准登記

本期零售：每册一角二分

七月

第三集

5

上海雜誌公司總經售

紀念七月七日：

·目錄·

七月
第三集 第五期
（總第十七期）
廿七年七月一日出版
編輯兼發行 七月社 漢口交通路六十二號
編輯人 胡風
發行人 張鴻飛
發行所： 漢口交通路六十三號 上海雜誌公司總店
經售處： 上海雜誌公司支店 梧州·武昌 廣州·長沙 宜昌·西安 成都·昆明 重慶
印刷者 漢口小董家巷 新昌印書館 電話二一〇四五
本期零售每冊一角二分
訂價 三個月……五角五分 六個月……乙圓
每月一日十七日出版

在七月七日

七月社

在今天，我們默念
　那些英勇地爲祖國獻出了生命的將士
　那些在敵人底獸性下被虐殺了的老弱
　　　　　　　　　　被擄去了的兒童
　　　　　　　　　　被奸害了的婦女

在今天，我們慰問
　那些被殘廢了身體的負傷者
　那些被逐出了家園的流亡者

在今天，我們敬禮
　在阻力里面强固起來的團結精神
　在災難里面鍛鍊成功的吃苦意志
　在前線浴血苦戰的
　在後方心力交瘁的
　在敵人暴力下潛伏活動的
　　由最高統帥到一切的英雄
　　　　　　　　　　　志士

還有
　西方的
　東方的
　敵人國內的
　　爲中國解放、人類幸福而鬥爭的
　　　　　　　　　　　一切友人
　　　　　　　　　　　　　同志

在今天，我們記住：
　這一切犧牲，一切痛苦，一切戰爭、
　只爲的是——
　　團結、持久、勝利！

祝中原大戰

莊湧

爲了要慶祝七月的週年紀念，
在千里山川的包圍下，
籌備了一場大戰！

一條栽倒的黃河又一道滾滾的長江，
他們是同母的弟兄倆，
自幼兒分别在巴顏克拉山旁，
手足的離情無法彌補，
兩道大堤規定了各自的去路！
天上的鳥雀一年搭一次七夕橋，
人間的走獸如今
在江河之間挖開了缺口無數道！
炸破了河堤像虎檻斷了鎖，
豫皖平原，
兩弟兄抱頭哭嚎啕，

頭枕着崤函，尾浴鄱陽，
一脈山像一道「萬仭」牆，
　佳隴海又跨過平漢，
捍衛着內中國的心臟！

這樣子前阻大山後遭洪水，
雄山大水圍成了四方牢，
四方牢裏一場龍虎門，
七千發大砲，三百磅炸彈．
三百磅硫礦彈觸怒了地雷：

紅的火，綠的巴園……
黑的，烟白的雲……
把天地織成一個混亂。

呵，誰見過天不柱山的傾倒！
呵，誰聽過維蘇威火山的咆哮！
還兒是沉默的死亡的原野，
——沒有呻吟或嘆息，
在粉碎鐐銬的奴隸面前
誰會戰慄！
一千個蘇非亞……
一萬個陳懷民……
用生命解釋自由的意義。

到前線去吧！
到前線去我們將要「死」，
但過去的日子再也不值得記憶，
一個勇士只能死一回，
然而我們有明天，
明天——
　有鷄啼、
　有黎明號，
　有太陽，
　有風，
　有自由，
　有勝利！

回想七·七一週年，同時談到現在的問題

歐陽凡海

一、抗戰一年來的味道

蘆溝橋的礮聲，可說是中國民族復興的礮聲。到現在是一週年了。回想這一年中的經過，又看到現在來，如果有什麼愉快，是從辛辣中得來的。

光這一年的經過，只要寫得成一部粗製品的小說大綱，也足以使人流淚。這眼淚，不是慷慨激昂的悲憤的眼淚，而是廚房裏炒起辣椒來，使我們發嗆的眼淚。我們嗆着，苦痛的流着淚，但渴望把辣椒吃下去的心却也愈益迫切。這就是一年來的滋味。

還記得北平失陷前一天發瘋一般的放爆竹慶祝豐台的收復麼？

還記得地方將領爲了保存一已實力，屯兵不動，坐視南口失守，以致失了綏東察北，而因此送掉華北的屏障晉北麼？

還記得南京失陷時的混亂與失陷前的悲劇麼？

我還記得，上海那時候的救國青年，常有被什麼隊當作漢奸打死的危險。

和這些玩意兒同時產生的有姚營的孤守寶山，有聲震中外的八百壯士。

這是辣的。

跟着全國一致的持久抗戰的推進，跟着中國人爲了日本人而流的血日益加多，但願中國人爲中國人而流的血日益減少。比起過去的一年，現在確實是減少得多了。但還願以後減少到於無。

可是無遼沒有無湖南半江還在槍斃政治犯呢。徐州的失陷，也並不是單純的軍事問題。

到現在爲止，中國那一次的失利，是表現了日本兵能硬碰硬的擊破中國兵？都是因爲「團結」兩個字還做得不够。內爭的惡習，還沒有完全改掉。

這個味道是頗辣的。聽說日本兵只要一聽到中國兵底槍聲，就能辨別那部分中國兵是屬於什麼部隊呢。這味道也頗有辣的原由。可是到現在，情形漸漸兩樣了。許多政治上的問題已經漸漸辨決，軍隊的指揮漸漸能够統一，要把一切困難克服，所以就從火與血，就從辣中鍛鍊到了現在，就越希望把辣椒吃下去。因爲日本人屢次戰勝中國兵既然都不是硬碰硬的結果，而是中國內部的政治問題所給予他們的多半帶有僥倖性的成功，則中國人爲中國人而內爭的問題，假使此後能減少到無，日本人戰勝中國的可能性也就可以減少到無了。那時候中國的軍隊只要一有改進，便能擊破他們。到那時候，是我們把辣椒吃下去的時候了。

二、節約一點

日本實行節約運動，連警察都弄得沒有皮鞋穿了。德國是連頭上剪下來的頭髮都要拾去做毛毯的。日本是我們底敵國，他們是爲了來滅亡我們的强者，尙且如此，拒絕滅亡的弱者的我們，又作如何感想呢？法國在中國也有許多人崇拜，偏是節約這一點，似乎很少看見有人效法。爲什麼對中國有好處的東西，却反而丟掉了？

且不說別的，香紙錫箔可以省掉。動不動數十數百的安席不妨用茶葉代替。個人底薪水三五十元够生活了，最好還是不要多拿，大家吃苦點，只這三項，再加上中飽舞弊的浪費，那麼抗戰建國，國計民生的經費都大可有辦法了。

三、文藝上的同一錯誤所發生的兩種相反的論調

有些朋友說抗戰後的文藝，比起抗戰前的降低許多了。這話不是沒有來由的。原來目今的市場上，滿目都是報端剪下來的投機的小冊子，和應時的讀物，擺出文藝創作的架子來的文藝作品似乎很少見了。此種現象底表面的人，自然不免要說現在的文藝水準比抗戰前降低了。可是將目今所發表的各種作品底內容檢閱一下，就知道事實並不是這樣的。以現在發表的許多近似應時的文藝讀物而說，內容空洞的實在並不多。雖然這些讀物大多數是片斷的報告，大多數不能深刻地分析那些壯烈的題材而給它以有生命的宣發，然而比之抗戰前那許許多多擺着莊嚴的文藝架子而其實外强中乾的勉力用技巧來引伸概念的作品，要健康得多了。這不恰巧是一種進步麼？抗戰後的現在的文藝，獲得更多的讀者，內容充滿着生氣與原始的力。抗戰前的文藝如果說免不了有點神經衰弱，那麼抗戰後的文藝底腳步是堅實的，只是頭腦還免不了簡單一點。爲什麼頭腦免不了簡單一點呢？這是不是退步呢？不是，這是爲事實的時間所限制的不得已的過程。我們週圍的悲壯劇，喜劇太多，發生得太快，太高，太廣，太深了，能够將這個野馬似的主體，不說一口吞下，只要抓住它底任何那個本質的側面，就是在一個幾世紀中不可多得的天才，也非經過一定時期的克苦的工夫不可。現在，這匹野馬正在奔騰，

我們對它還不能取得一定的時間上的距離，而且它一方面有事實上的秘密不容許我們知道，另一方面，憑着我們底肉眼它底各方面的極其豐富的無邊際的變化我們也不可能一下子全都知道。所以現在我們只能將我們底肉眼所能攝取的一些斷片報告出來，絲毫無足奇怪，而這些斷片是會將偉大作品營養出來的。

抗戰後的文藝並沒有退步，而且是有了今日，偉大的文藝時代的前景才更清朗起來的。

說是抗戰後的文藝在技術上到底比不上從前了麼？那是因爲他們只把沙陀布里昂(François-René de Chateaubriand)一類的神祕的彫琢和神經質的心理追求當作技術的緣故。我們呢，只要具體單純而生動，不要裝腔作勢，便是技術了。抗戰後的文藝具有這種樸素的單純的美。

另外有一些人說文藝的作品大衆不太看得懂，大有要救大衆非請文藝委屈一點不可的樣子。這也是因爲他們誤把沙陀布里昂一類的神秘的深奧和中學教員專心致力的美麗句子的堆賦當作文藝的緣故。那種文藝，大衆確實是看不懂的。但眞正的文藝並非如此。眞正的文藝，不但有具體的形象，而且這形象一定是逼眞的人人所熟知的，大衆所日常親近的。眞正的文藝不但必須俱備着大衆一聽一見就明瞭就有深刻印象的條件，而且還須到大衆中去學習。這已經是常識的見解了。把大衆化，通俗化與文藝對立起來的人，是沒有常識的人。

不識字的，不能看書報的人且不必說。能看書報的人，若是說看不懂有大衆內容，有明快簡樸形式的文藝作品，而只能看得懂些夾文言的新聞記事剪湊成功的

從再建蘇聯文學的介紹工作說起

辛　人

神聖的抗日民族革命戰爭，已經到了光榮的第一週年了。這一年來中國的文學藝術對于抗戰究竟盡了若干的效用，雖然還沒有一個很週密的評價，但單從一般抗戰的文藝、電影、歌曲、戲劇的獲得比戰前更多數倍的讀者，聽衆，觀衆這一點看來，則文學藝術的影響的加强和擴大，對于抗日民族革命政治任務的相互密切的關連，是任何人都不能否認的具體事實。

然而，當着這偉大的抗戰一週年，當着第三期抗戰開始的現在，我們的文學藝術的面前，是擺着更巨大的政治任務的。我們不能否認我們的文學藝術的工作還是常常採取一種散漫的跟在現實後面的方式。這裏我不想談到藝術創造底本身問題，我只想就文藝工作上的一兩件具體工作提出來說一說。

首先隨着抗日的民族革命政治的進展，最近中蘇兩國的友誼關係是更形密切了。蘇聯是世界和平的支柱；我們的抵抗暴日也是爲着維護世界和平。蘇聯是一個社會主義國家努力於萬人的自由平等和幸福，因此也是弱小民族國家的最可靠的朋友。爲着抗戰的與民族的前途，我們任誰都慶幸和寶貴這純潔友的誼。這種友誼不是像普通的商業式的交往，只要政府和政府間有款項軍火的進出就完事，而且需要在經濟文化的領域上有更進的聯繫，保証軍事政治的合作。這是爲了增進中蘇兩國國民的相互了解，只有這才是最決定的最巨力的基礎要素。

有些人對這種重要工作還抱着懷疑的態度，以爲蘇聯和中國是兩個社會制度不同的國家，要溝通文化是不可以的；如果做了，就會變成「赤化蔓延」，給敵人以口實，云云。這完全是因噎廢食的短見。因爲共產主義並不是只要「宣傳」就能發生和發展的，中國現實的客觀的發展將趨向自由平等的民主共和國，中共不止一再的聲明抗日民族統一戰線不是一時的「政治手段」或暫時的戰術，而是整個中國革命的戰略。這已在抗戰一年來的鐵的事實上被全國同胞所認識了。上面的那種担心，如果不是另有作用，便是「杞人憂天」。

中蘇文化的溝通既然這樣迫切和重要，則文化工作者必須把這作爲現階段一件重要的工作，是無疑的。這里我單說藝術方面吧。

我國的批判的現實主義諸作品在以「爲人生的藝術」爲口號的文學研究會時代就介紹了不少了。蘇聯的新興文學也有了若干的介紹。反映革命時代的幾部名著是有了，反映社會主義建設的英雄的鬥爭也介紹了三兩部。但是這還是貧乏得很。而自抗戰爆發以來，連這種工作也突然中斷了。一年來差不多沒有介紹過一篇蘇聯的作品。

從藝術的性質說來，文藝、電影、歌曲的力量，對于增進各民族國家間的人民大衆的相互理解，恐怕要比其他的意識形態部門要超過許多倍的。這沒有什麼秘密，因爲藝術是現實的具體的形象性的東西。梁實秋先生

小冊子與「以詩爲證」的舊小說,那不是說這話的人有意利用大衆底保守性的弱點,便是被投機商人所利用。——但須聲明,這辯護,決不適用於那些高超的,象牙之塔內的文藝作品。現在這類作品還是有的。現在,對抗戰取着無關的態度,照樣寫他自己能欣賞而大衆却不懂的作品的,還多少有一些人。這種文藝,是沒有前途的,不是眞正的文藝。

不要被投機的書商所慫恿,他們是盲目的,而且肆意欺騙讀者,不負任何責任。利用舊形式被提得很高的時候,便用京劇來寫現代的題材,稿子是容易被書商接受些的。集體創作被推崇的時候便隨便約幾個人一談,結果還是一個人寫,署了幾個人的名字,再不然,就每人湊上一段,算是集體創作,稿子自然也容易有出路。然而這是歪曲了舊形式的利用,是侮蔑了集體創作。有良心的作家心甘情愿麼?可是投機書商又負什麼責任呢?

四、反對文化的失敗主義

八·一三戰事暴發之後,有一部分文化人對文化很抱悲觀。他們以爲抗戰一長久,爲了經濟關係,再不會有人買書,爲了出版費的浩大與交通的困難,或許就不會有書了。可是抗戰到現在,書底銷路反而比從前好,文化也並沒有死滅。

徐州失守以後,八·一三戰後的悲歎情調,雖然沒有到現在來照樣的舊夢重溫,但也並不是完全沒有。當然此後的文化一定還有困難,但文化卽使在肌餓中也還要生存下去的。抗戰眞正到了困難地步,任何其他部門都一樣困難,文化決不是單獨受罪。文化應該和其他的一切部門一道堅持着戰鬥下去,從困難中度過,和戰爭一道去爭取最後的勝利。

當敵人正瘋狂地來進攻抗戰後的中國文化中心地武漢的今年的七·七,我們反對文化的失敗主義。

把這稱爲「文學的永久性」,日本和我國的新舊寫實主義時代的文藝理論,則完全否定這「永久性」的說法,以爲是因爲藝術是具體地形象地反映社會的現實,所以能夠不朽。高爾基老先生却乾脆地叫做「文學的世界性」。

這一切只是證明文藝的在縱的和橫的方面,它的力量的巨大普遍而已。人類(社會的人類)的感情,就像肺結核菌一樣,牠的外皮是一重臘質的什麼撈什子,現代的醫學還沒有發明一種妥當的藥力可以溶解牠。文藝這種藥却有一種具體的感性的特殊力,能夠溶解這一重感情的臘質。

蘇聯的文學,因爲生長牠的國土社會,有許多條件跟中國是類似的,那種戰鬥的精神,集體的魄力,正是現在全世界被壓迫者的集中的表現過程。我希望在這個時候,文藝界有組織地恢復抗戰以來就斷絕了的蘇聯文學的介紹工作。已經有的,如毀滅,鐵流,十月,鐵甲車第四十一等等,應該再行翻印,我知道有許多人要求這些書而不得。至于現在,也許馬上介紹鴻篇巨著是不可能的,但短篇,中篇,報告文學,還是介紹不完的,自然,我們也要把我們的文學介紹到蘇聯,但那主要的還是蘇聯的和我們在蘇聯的作家的工作。

在電影方面,蘇聯電影的技術和內容,實在是當代電影藝術的最高峯。但是,若干片子落到戲院手裏,票價常常很貴。我在四五年前,爲了有新到北平的「人生大道」,還是和一位後來一直就「失蹤」到無聲無息的朋友當盡了兩人的服裝才有兩塊半錢去看。我覺得電影的觀者比文藝的讀者還多,應該計劃怎樣減低片子的運費,降低票價,使那些比我還窮的同胞們也有看它的機會。

和這同時,對於日本的反帝反戰的作品的介紹,也應該繼續起來。雖然日本現在沒有這類作品發表的機會,但過去已有的,我們還介紹得不多。像蟹工船,山靈(朝鮮台灣,)沒有太陽的街等等。我們必要介紹這些作品,使中國的大衆知道他們的兄弟怎樣在和日本軍閥財閥作生死的鬥爭,由此增進中日兩國大衆的加緊團結,加速日本帝國主義的崩潰。這種工作,我想比大叫「殺到東京去」「喝盡倭奴血」的宣傳,還要有効果,還要正確。

最後,關於開展這些工作和別的重要工作,我們文藝界時常說因爲出版家的賺錢投機的黑心腸,許多有意義的工作不能做云云。這似乎也有一部份理由。記得八·一三直後,在上海弘租界外灘中滙大樓的一個編輯人會議上,許多著作家憤氣填胸的攻擊出版家和書店的投機,壓殺著作家和文化,並且要警告和予以輿論的裁制。其實現代社會的商業書店,一般的都是爲了格殺文化才來做文化出版事業的。問題是出版者賺錢的來源,是從讀者得來的,著作者有最高的權利可以領導讀者,而實際上這權利却給投機的書賈估去了。這是文化界自己的活該!譬如抗戰以來,投機書商爭着印行和翻印小冊子,造成數量上空前的衆多,而內容却大都是大同小異,東抄西剪,客氣一點的說是「偏」。這種浪費紙張,浪費讀者金錢的事是很重大的損失,然而這又怪誰呢?如果著作家作家,批評者能執行嚴厲的批評工作,指導讀者,使讀者的趣味走上正確深刻的道路,書賈又從何能壟斷文壇?因爲我們的批評薄弱,書評則差不多只像特定書店的變相廣告,所以著作者是自動地把領導讀者的責任交給了莫名其妙的商人,這種商人却毫不客氣地除支配讀者外還反過來「指導」著作者。還是文化工作者自己活該,「夫復何言」呢?

七月一日出發前。

舟車一年

徐盈

這一年，職務使我走了將近半個的中國，使我認識了抗戰中的中國的實態。

我是看着「古城」怎樣陷落的一個，到如今，彷彿還能聽到那裏面稱作「第二次庚子」的唏噓。嚴酷的檢查下，無心地在明媚的內海裏作了一段航行，到了堆集着大蘋果的烟台。膠濟線，津浦線，隴海綫，平漢線，每條線上都給我多少感觸和回憶，抗戰的巨响震得每一個角落裏都發出不等的迴響。我試把這些迴聲變爲文字。後來，我到了漢口。

當第一期的抗戰將結束時，我正在西北。飽受了晉北高地奇寒訓練過的人，深入西北也並不覺得太冷。廣大的黃土地帶，看不到一星兒帶綠色的東西，太寂寞了。

蘭州是我逗留最久的地方，後方沒有像山西戰地，尤其是第八路軍那些刺激人的消息，但是，我還算運氣，正遇到是一個轉換時期，西北的局面在向更好的方面開展。賀耀組先生的調京，朱紹良先生的到甘，敵人飛機一再地轟炸蘭州，這些事情都使一個遠迢迢到這里來的新聞記者並不感到寂寞。

我更注意到農村，留了一個充分的時間來認識大災後的實況。事實告訴我說：「天災不如人災利害，」天災也是人爲的。「飢荒的中國」的作者馬羅立氏眞是一個刻薄傢伙，他在書中大駡中國低能聽命天然，災前毫無抵抗能力，災後也沒有恢復能力。他指出西北變乾是人爲的旱災；四個江河流域裏面，有水害；沒有水利，是人爲的水災。從唐末到明末，他統計我們共有一一五○次災荒，可以稱作災國。他的話部份是對的，爲什麼我們有這麼許多的「人爲災荒」？誰造成的「人爲災荒？」西北一帶留有極生動的圖畫，一方面是限於事實，一方面是我的筆太拙笨，我僅能描繪出一部份來發表，到如今，我還感到對不起那些忠實遜良的西北農友，他們希望我能用一隻筆來掃除「老機構」，但爲了抗戰，我只有勸他們相當的忍耐。

西北，敵人遲早要作軍事上的進攻，但是，那時候威脅到中蘇國際綫時，他們不僅是對中國，已經是公開地對於蘇聯挑戰。有人相信，日本受到打擊不一定要在黑龍江，也許就在這一片廣袤的西北大漠上。

春天了，西北還在落雪，職務又使我回到東南，重逢到草綠花香。而且，隨着逐漸增加的春暖，我們的抗戰的局面更加堅定。我在這時，得到的新任務，是到四川去。

這次到四川，又使我認識了後方的西南。西北和西南本是支持抗戰的兩大後方，西北的津梁在甘肅，西南的中心點，就在四川。但前者不能與後者比，貧瘠的甘肅支出不過九百萬，而四川却是一個令人吃驚的數字——一九千萬。

入蜀道中，山青水綠。只看成渝沿線，不論地上地下，就是滿佈了無限的寶藏。至於風景的綺麗，與黃土大漠的西北對照，簡直不能作比較。這個所謂「天府之國」的這一般農民生活却並不因着天產的豐富而愉快，相反的，他們的窮苦正和西北的農民無大差別。

四川的大災也是人爲的嗎？四川的農民的窮困也是人爲的嗎？這不必解釋，我們只舉一例：民元以後大小戰爭共有四百七十九次之多，平均每月二次。這樣怎不使農民陷於水深火熱里面？

抗戰以後，由於老機構之不能調整，執行「徵兵」「派款」的人員的不合理，使農村中有更多的不良現象。優待抗戰軍人家屬條例的實施，反給與了土劣們以發財的機會。這是一般的情況。我們不願意每一個地方非用一次「淪陷」作刷洗不可。當前的辦法，是要求政治當局的果敢的革新，同時，民衆運動要有盡可能的開放。

從西南回來，第二期的抗戰又告一段落。漢口依然是車龍水馬，酒綠燈紅。這是我們的政治中心，我們要求她發揮威力，從速地鞏固西南、西北兩大支柱，同時更爲了積極的「保衛大武漢」，使極富於潛勢力的鄂、湘、贛、廣泛的發動起保衛民族的游擊戰。

一切榮譽歸於抗戰，籍這次抗戰來洗刷我們的一切不合理的制度。沒有這次抗戰，我們便不能這樣精滿的認識中國，也不會有那麼果敢的來作改革。這一年中，第一期抗戰的動搖性在第二期抗戰裏絕對找不到，而第二期的鎮靜正是預示第三期抗戰的必能成功。我們要獲得最後勝利，一定要揚棄過去的一切缺點。

敵人的後方是我們的前方，我們的北方英勇隊伍已經在太行山，燕山，泰山，蒙山樹立起了堅強的根據地，南方的新軍也正在利用湖、沼、港、汊、各種天然地形漸向京滬實擊了。

艱苦的大時代，使人哭，使人笑。

南京潰敗時的一斷片

我怎樣退出南京的？

——記排長武××的談話

倪受乾

我與我的弟兄們都有一個堅確的信念：死守南京！

兩年前，當我們擔任南京防務的時候，這新興首都給了我們不少難得泯滅的回憶，現在那些溫暖的回憶都一一變成失望和懺悔的酸果了，因爲，那恥辱的日子來得太快，——一九三七年的十二月十二日！

我們辜負了一切已失和未失的土地上底人民底期望，一切爲祖國犧牲了的靈魂都將感覺不安，而最可痛恨的是在毫無計劃的撤退中，損失了無算的財產（軍火和給養，）成萬的未發一彈的弟兄們都成了甕中物！

從中央路、中山東路、丁家橋……湧來的人羣匯集成一條泛濫的洪流，隨着暮色的漸深，這洪流是逐漸逐漸的在汹湧起來，督戰隊的鎗聲阻止着這條洪流的推進，硫磺味的火花、在凝固的騷亂的夜色中閃着光彩。龐大的軍用卡車，流綫型的私人汽車……湧集着，減少了道路的寬度，公文箱、軍毯、自行車、鎗枝……在人們的脚下阻碍着每一步的移動。

空際交織着一切人類所製造的器物發出的繁響；震動着人們刺耳的忘形的叫喊、叱喝、嘆息和謾罵……。

戰爭還在城外進行着。

一個大得出奇的腦袋，在我的眼前晃動，這個腦袋上沒有帽子。他背負的小木箱，抵着我的胸口，同時我的頸項上正接受着另一個人的急促的呼吸。我每移動一步，必得把腿抬得高高的，否則便不能前進。有一次，當我把腿抬高而又放下去的時候，踩在一個圓圓的東西上，幾乎滑跌下去，用脚仔細一探摸，竟是一個人頭！要不是迅速的抓住大腦袋的小木箱，不久，別人也許會踩上我的頭了。想着想着，我閉上了眼睛。

這時，我們是在挹江門的城樓下。

睜開眼睛，已經在城外了。大腦袋在我的眼前消失了。撫拍着疼痛的胸部，我把一股淡淡的哀愁，吐向寒冷的空氣。我不知道自已和一切旁的似乎着了魔的人們，正在進行着一件甚麼事。如果說這就是退却，這退却未免太突兀，太離奇！

遠天的炮聲沉寂了，然而那緩慢的點射的機關鎗的鳴響，這一忽反而更爲清晰。

我未曾注意到身旁雜踏的步聲，或是慌急的招呼。一道紅色的光芒迷惑了我的雙眼，紫金山的半腰正蜿蜒着一條燦爛的火龍，敵人在開始破壞我們的障碍物。同時，在城垣裏外的各處，騰起了可怕的火焰與濃烟，那些用血和汗凝成的我們人民底財產，都在貪婪的火舌的吞噬中毁滅了，消失了。

在碼頭上，在寬闊的江邊馬路上，人流像沸騰的水一樣激蕩着。天上滿佈雲翳，淡淡的月色透過雲層撫拂着嗚咽長流的江水。平時熙來攘往的江面，這會兒變得如此的冷寂了，該有千萬隻貪婪的求生的眼，在這冷寂的江面上搜索着吧。

偶然的一瞥裏，看見了我們的團長。特務排跟下二十人左右跟在他的後面。特務排的後面，就是我的那些純朴的，憨態可掬的弟兄們。他們熱烈而高興的招呼我，似乎當前的情況並不足以使牠們躊躇或驚駭，大約是祇要不離開團長，每個人都有一份燃燒著的希望。

團長派出一部分人去分頭搜尋民船和本師專備的小汽船，剩下的人便焦急的期待着。當然，很快的大家便失望了，民船沒有了，小汽船因爲江水低落的原故，在江邊擱住淺。雖然是擱住淺的船，竟也擠滿了人，恰似一羣螞蟻聚附着一隻死蠅一樣，因而船也就越法難以入水了。這是一個嚴重的場面，團長沉默的聽取了各人的報告，揚起了憂鬱的眼，向江邊眺望了一下，忽然大聲的吼着：「每個人都去找船，不然，我們祇有向回衝！」而他自已呢？就在羣衆擾攘紛紜中，悄悄的帶着兩個衞士走了，我看得很清楚，然而我沒有轉告任何別的人。

從城里湧出的人流，繼續不斷的增漲着，碼頭上有承受不了的樣子。各種聲調的方言啊，各種情緒的呼喊啊，而鎗聲又到處毫無忌憚的嚮着，黏附着纏擾的大城市的一切，喧雜而綜合的響聲，散佈得遼遠而廣闊，好像某些野獸羣的可怕的怒吼。人們都丟棄了一切其它的意念和良心，——祇掙扎着力求把自己的生命帶向揚子的彼岸去！

當弟兄們看見團長已經獨自離去，便像斷線之珠似的爆開了。他們狂喊，叫囂，埋怨，甚至我還聽到低聲的嗚泣。羞愧和悲憤咬嚙着我的心，使我禁不住吼叫起來。

「跟我來，要活命的跟我來！」

海軍碼頭左二百公尺的地方，我們散亂的行列停止下來。一些廣東弟兄們正從別的地方肩來些木板，整齊而嶄新的，破碎而發霉的。解除了身上的負載，抱起他們唯一的生命的寄托，從沙岸上緩慢的滑向遼闊的江流裏去。

一座燃燒起來的汽油庫底燭天的火光，映照着江面上起伏的人頭，哀惋的呼救聲，刺心的飄送到岸上人們的耳邊來，而湍急的江流貪婪的將那些起伏的人頭和呼聲一個個的吞滅了。

「現在船隻是沒有的了，一定要過江的話，我們得趕快找木板，找木板！」

環繞着我的弟兄們沉寂着。爲眼前的情景所懾，沒有一個人敢于回答，更沒有一個人移動。

「既然不顧這樣幹，那我們祇有衝，衝出去！」

手臂如林似的豎立起來。

於是開始點驗人數和槍枝：人四十八個，步槍三十二枝，駁殼三十二枝，輕機槍一挺。整齊了行列，沿着江岸，穿過人叢，一直向西去。我們的企圖是突破敵人最弱的一環，把蕪湖作爲我們的目的地（我們不知道蕪湖先南京失陷。）

當嘈雜的人聲在我們的耳裏變成了一片模糊的海嘯的時候，這四十八個的行列便停止下來，我鎮靜而嚴厲的發出最後的命令：

「把刺刀上起來，子彈壓上膛！」

出乎我的意料之外，回答我的是一片沉默。四十八雙可恥而儒怯的膝頭零零落落的屈向地面。

他們中的一個顫抖着嗓子：

「報告排長，爲甚麼我們要衝出去呢，多少萬人並不……！」

好像一個響雷振破了我的耳膜，全身的血液無節制的奔騰起來。

退後幾步，我顫抖的手卸下肩上的輕機鎗，將它架放在地面上，描向那屈膝的四十八個：

「解決了你們這四十八個不要臉的狗禽的！」

像觸了電似的，那四十八個歇斯迭里的齊聲嘩叫起來：

「呀，啊，排長，請……請……」

……………

一個意念倏地刺到我的腦海里，「啊，訓練不够，中國人！」

我的按着扳機的手鬆落下來了！

現在，我置身于一個牛屺的擱樓上。破碎的窗門面對着一條寬闊的馬路。遠處的火光和沸騰的人聲從窗口撲進來，不時的把我從牛睡的狀態帶回到一種極度不安的情緒中。

疲乏了，可是我不能靜靜的睡一下。

坐在窗下的地板上，將頭埋在雙膝中，完全成了一個臨命待決的人。

「呵，我的寄托給兄弟，姊妹，友朋，伴侶與祖國的熱情什麼地方去了？」

回答我的是這死去了的樓房底空洞的回聲。

在微光中，看到手錶上的短針正指着三點三分。

一九三七年的十二月十二日的夜快要完結了。

一陣連續的手榴彈的爆烈聲，把我從朦朧中驚醒過來。

殺戮和流血正迎接着十三日黎明的到來！

人羣如水似的從街道的南端向北傾瀉下去，又從北端衝激回來。敵人的輕騎兵昂然的躍過障礙物，把子彈毫無標的的從短短的馬槍中放射出去。七五的榴霰彈在空中炸烈，鉛片如雨似的散落下來。從各個角落里，子彈飛躍出來，在人們的頭上呼嘯着，織成一道緊密的火網……。

敵人的彈丸穿過敵人的胸膛！

我們的彈丸穿過我們的胸膛！

一個永世未有的混亂的巷戰！

這一切沒有給我以絲毫恐怖。我希望一顆無情的子彈來了結我的生命，或是讓火焰把我的軀體整個吞捲去！

當我正將駁壳向一個佩着指揮刀的野獸描射着的時候，街道對面的樓房下湧出一羣我們的弟兄，三個人迎接着彈雨倒了下去，其餘的便與南來的敵人肉博相遇了。

不知從什麼地方，手榴彈拋擲出來，擾亂着敵人的尾端，刺刀上的血滴向四下裏飛濺開去，我的注意力全盤給一個年青而紅黑的臉龐吸收了去。在極短暫的時間裏，這年青的臉龐解決了八個。八個！

但是最後顯然的他受傷了，痛苦的蹣跚著沒入一條小巷裏去。

爲一股同情和興奮所激動，我從狹窄的扶梯上衝跌下去，在那小巷中的垃圾桶旁，我發見了他。手撫着創口，大而明敏的眼，向遠天凝望着。

「同志，讓我扶着你走吧，這兒可不能久留！」

「不，我自已能走，祇要休息一會，你還可以去拚一下，拚一下啊！」

他的堅決的拒絕，使我感到悲憤和自慚，淚水沿着兩頰流下來了。

我回到江邊。

江邊依舊是慘淡而擾攘的，仍然有些貪求着生命的人抱着木板滑向江流中去，好像他們情願將生命埋藏在波濤里面。

從脚邊拾起一枝配有刺刀的中正式步槍，加入到一股向前衝擊的散亂的行列裏去。現在，付出我的生命的時機已經來到了。

敵機在低低的黯空中怪聲的上下翻飛，可是始終沒有一隻炸彈傷害及我們。輕機鎗子彈底尖聲的鳴叫，迫得每一個人屈着腰前進。

這不是一場戰爭，而是仇讐相遇的惡鬥。

祇要發見敵人，我們就不顧一切的把他們撲滅，同時，敵人對於我們也是一樣。

我們散亂的行列，忽而急疾的躍進，忽而又停止下來。

在市輪渡碼頭的近邊，我和另外一個人爬進一輛小型的坦克車里，企圖利用它衝向城里去，而讓它成爲我們的墳墓。

但是卽刻我們便失望了。機關鎗的子彈沒有了，同時我們又不知道怎樣才能使這怪物前進一步，原來我的陌生的同伴也祇是一個步兵上士啊！

步兵上士徐金奎同我默默的坐在一間寬敞而暗黑的店堂裏，兩人拚命的抽着烟捲，時而用指頭在滿佈灰塵的矮桌上劃一個數目字——計算結局在我們刀尖上的敵人，時而傾聽着屋外底戰鬥的音響

數目字一個個的增加起來，八小時的格鬥，完全在我們的記憶中重現了一次，最後，我們相互來一個總結：37——41，兩人相對會心的笑了。

這時疲乏和飢餓開始緊緊的糾纏着我們。可是誰也沒有起意去找一點食物。在甚麼地方可以找到我們的食物呢，世界是整個的陷在恐怖和死亡之中！

徐金奎現在顯然爲某種情緒苦惱着他，坐一會又站起來走幾步，然後又重新坐下。在垂暮的微光中，我看到他的眼中閃着一種光芒，那光芒透示了無盡的仇恨和憤怒。

「現在我們祇有兩件事：吃飯和殺人！」

抓起塗血的槍枝，一陣捲風樣的他竄出去了。

于是，我沉入了更深的孤獨。

一小時以後，徐金奎帶着新的血跡回來了。

當我迎過去的時候，他遞給我一包米和一罐已經打開的鳳尾魚。

他獨個兒守在門邊，我在黑暗中摸索着走進店堂後身的骯髒的廚房，開始做我們的晚飧。

就着餘燼的微光，我們兩人貪饕的將半熟的米飯一碗一碗的填進轆轆的肚腸裏，當我說：「這恐怕是我們最後一次的晚飧了：」徐金奎苦笑着。

將筷子放下的時候，他抬起右脚給我看，腥血侵透了他底鞋底。

「生平第一次看到成渠的血，嘿嘿，血的南京，南京的血！」

十四日的早晨，我同徐金奎坐在棲霞山的一棵樹下。現在我們已經換上便衣了

山後一千呎的高空中，升起敵人的觀測氣球，敵艦在江中來回逡巡着，機關鎗如沸水似的向岸邊掃射。

某些地方飄展着血色的太陽旗！血的色彩給予我們不可忍受的刺激，我們站起身來。

朝南的山腰裡，三個敵人縱情的談笑着，循山徑向我們走來。我們兩人迅速的掩蔽起來，同時從身後拔出我們的駁殼鎗。

「左邊的一個你幹，其餘的讓我來！」

我的話聲未落，徐金奎的槍聲响了，同時我的十顆子彈也迅速的噴射出去。敵人應聲翻下山去。五分鐘內我們越過了三個山頭！

收容着一萬餘難民的棲霞寺（？），顯得異常喧雜而份亂。難民們聽到敵人已經入城的消息，急得如熱鍋上的螞蟻，各處飛來的關于日軍暴行的傳言，使得寺僧們的安慰和飾詞，不復能解除他們的焦急和恐懼了。

我和徐金奎現在也同其他難民一樣，接受每天三

飡稀飯的施與，晚上我們便宿在山頂上一個小小的破廟裏。

日子在明待和焦急中一天天飛了過去。

十七日的夜晚，寒冷而淒涼，天上朦朧的月色，從破碎的瓦片中篩落在滿佈灰塵的神龕上，小廟底破碎的墻，透進來尖利的風，並且斷續的吹進棲震寺底夜深的鐘聲。這淒涼的景象使得偎依在乾草中的我和徐金奎久久不能入睡。

一個黑影，倏地從門外闖進來，他手上執着一柄閃光的刀：

「喂，拿出你們的鈔票來，奉大日本皇軍司令的命令，中國的鈔票現在一概不准通用，要調換大日本的！」

對面墻角裏的幾個難民，都被這個夜半的不速之客底威脅嚇呆了，相率從草叢中坐起來。

「快，不拿出來的，看傢伙！」

這威脅的吼聲，激起了另外幾個扮作難民的傷兵底不平，而低聲的竊罵着。徐金奎悄悄的從我的身邊爬向前去，把駁殼猛的舉起，描對着那不速客的胸膛；

「把刀放下來！」

那傢伙受了這意外的反擊，瘋狂似的大聲號叫求救起來，但是一次、二次、三次他總不願丟開他的刀，這過制不住我的同伴的惱怒，而將扳機扣動了，震耳的槍聲，驚哭了母親懷里的孩子們，這古怪而頑强的傢伙應着鎗聲，尖嚎着蹲下地去，終于在地上痛苦的游動着，而不聲不響了。

所有的人們似乎都爲這痛苦的轉變感激着。

「打死個把趁火打劫的漢奸，不算什麼！」

「幹得好，幹得好！」

第二天早晨，我和徐金奎把那個漢奸的屍體拖出去掩埋了，一個老者猶豫的走近我們的身邊，向四下里瞭看了一週，低聲的說：

「要過江嗎，五隻洋一個人？」

「過江，在甚麼地方？」

「過去兩里路。」他指着偏東的方向。

于是我們走回夜宿的破廟裏，將兩隻手鎗埋入盛米的鍋中，繫在老者的扁担上，跟着他走下山去。

敵艦傲岸的在江面上來來去去，顯得很匆忙。遠處有幾隻小小的木船搖盪着，大約也是裝載着與我們同樣命運的人。有時，敵艦上的機關鎗會對這些木船來一陣突然的掃射，甚至迫令停止檢查，或不准通過。當我們的船渡過二分之一的航程的時候，正有一隻小型巡洋艦從西向東去，艦上的敵人用望遠鏡向我們瞭望，急得搖船的老人直跺脚叫我們把身子縮到船舷的下面去，好讓敵人以爲這是一隻空船。焦急和恐懼就這樣壓抑着每個人的心……。

終于，小船一步步的挨近北岸了，全船人的臉色也開始變得明朗起來。

愈近北岸，血的國都，被蹂躪的國都也就離我們愈遠了。我們胸中蓄着一腔急待發洩的羞辱，憤怒，和仇恨……。

踏上北岸的土地，回首遙望早晨的南京，籠在一片茫茫的濃霧里面。

二七，四，九日重抄。

七月社明信片

爲了紀念神聖的七月七日，這一期約集了幾篇自己砥礪的文章。另外還發表了第一期戰爭和第二期戰爭底兩個斷片，雖然不過是一端，但也可以多少看到由潰亂到進步，由動搖到堅定罷。

由外面寄來的信件，有失掉的情形，退回作者的稿件，也有失掉的情形，這大概是由於有時交通發生了障礙，有時受信者遷移了的原故。最近有兩三位讀者來信查問稿件，但查考起來，不是沒有收到就是早已退還了的。對於這，希望諸君能够原諒。

馮餘聲先生：等寫信奉約的時候，你沒有來，好像你已經離開了武漢。未能把晤，非常抱歉！

何經先生：曹白在上海的敵人包圍里工作，東平却隨着新四軍的先遣支隊迂迴到南京附近和敵人搏戰去了。謝謝你對於他們的關懷。

陝西延安魯迅藝術學院是在極艱苦的條件下面培養爭取民族解放的藝術幹部的。因爲經濟困難，所以不能多買圖書，這就使得他們底工作更加艱苦。在那里工作的朋友們囑我們向文化界著作家傳達一個要求，要求諸位寄贈一些書籍，雜誌。關於藝術部門的（文學，音樂，戲劇，美術，舞蹈……）固然好，非藝術部門的也一樣需要。直寄「陝西延安魯迅藝術學院」就可以收到。

·徐州突圍時的一斷片·

四個雞蛋

王西彥

……這回的宿營地是一個被埋在白楊叢中的小庄子。昨夜，我們從高板橋退下來，用急行軍的速度走了九十多里地，黎明前過了岔河，在迷濛的曙光裏走進這個庄子。弟兄們都壞累了，大家青灰着臉，亂散地倒在麥地裏，樹蔭下，騰着糞土氣味的驢廐邊，結有露水的麥稭堆裏……把核巴子枕着頭，很快的打起了呼嚕，

幸運得很！……我却攢進了一間小泥屋，裏面有一張北方鄉間所特有的那種簡單的草繩床，把身子一倒便躺了上去。床是太短了，一雙脚在小腿肚子下面那一截就得掛在外面。但是過度的疲乏使我無暇在計較，這些僅僅一會兒工夫就沉入那無比地甜密的夢境裏了。

醒過來時已經過了午。天很陰沉，烏雲的濃厚的雲塊在晦澀的天壁上遲滯地移動。在西北角，在山的那邊，炮長吼着，劃開了這悶窒的空氣；彷彿答酬着似的，機關槍的咕咕——咕咕的聲音，一時停歇了，一時又無節制地嗚叫起來。

一坐起身，就看見我的門口——這裏說是「門」，實際上不過是一排遮風也可以把它括散了的用高粱桿串紮成功的籬子罷了——站着一個老太婆，她顫動着額面上過多的皺摺不住的咒咀一般的喃喃着。

她幹嗎這樣呢？最初我想：——大概她是在咒罵我吧，我佔了她的屋子了！……

於是我馬上站起身來，裝着笑臉和氣地跟她說：

「對不起，老太太，你自己來躺躺吧。……」

但她搖了搖頭，多皺的臉上浮起了一層笑影。她走進來，如同對待着一個小孩子，她把抖震震的手拍拍我肩膀。

「這不是俺的床……是俺兒子的……」

「那麼你兒子人呢？」

「俺兒子不在屋……不碍事，你睡着，……，過隔壁去給老總燒水……」

我阻止了她……她給我燒水？那樣老了，已經到了需要人服侍的年紀了！……突然間使我起了跟她談談的心思，便跟着她走過隔壁屋裏去。

屋子是同樣的低矮而且窒悶，進門時要彎着腰。那樣狹小的一間屋，却擠着一張床，還有一個大灶子，高粱桿和麥稭便得沒有餘裕的空隙來讓人站脚了。老太婆便坐在灶門前的一條小凳子上，拉着我要我蹲在她前面，說她有話跟我講。

我順從地做了。然後她湊近我的耳朵邊，如同商談什麼機密一樣：

「俺問問官長……會不會拉夫……俺兒子……」

驀地使我聽到她兒子「不在屋」的原因了，一種受委屈的情緒擾繫着我，便大聲地咒詛一般的告訴她：

「老太太你放心，我們的軍隊是給老百姓打鬼子來的，不是拉民夫來的！……」

彷彿對我的說話不能完全了解，或許是耳朵不大管事了，聽不清我的話呢？她茫然地期待地問：

「不會？……是說不會嗎？……」

「是的，不會，」我帶着幾分厭怪的神情點點頭，並且重覆着大聲地說明，「我們的軍隊是給老百姓打鬼子來的，……你聽，這不是大砲響嗎，還有槍聲……這便是咱們的軍隊在打鬼子！……」

「鬼子？你說的是『日丙』（本）嗎？……作孽啊，那些『日丙』——」她抬起那乾薑一樣的右手來，在我面前哆哆嗦嗦的指劃着。

我想，——故事來了！……便靜靜的聽着。

「官長，你聽俺講……半個月前，說是『日丙』打到台兒莊了，看的大砲比這些個日子響得多，打雷一樣！……這裏成千成萬的難民，都是打嶧縣那邊逃來的，軍呀，牲口呀，人呀——連像俺這樣六七十歲的老太婆也怕死，也逃來了，帶着雞，鴨，狗，糧食……都歇在那些個樹底下，就做起飯來，吃了再趕路……剛剛一大羣走出俺庄子，飛機來了，轟啦轟啦的炸下來了，還咯咯咯的打着槍哩——看作孽啊，炸死了幾十個！……」

她用一種斷斷續續的重覆的語調講這些話，微微喘累着，——借着這個機會，我在很黯淡的光綫裏細細的察視着她那多皺的臉，頭髮幾乎是完全白了，眼睛是紅瘤的，不時淌着淚水，眉目的位置被重疊的皺紋擠得歪曲了，而乾澀的嘴唇是不住的顫抖着的。

「多作孽的『日丙』啊！……」

歎息着。

這會，突然一個精瘦的黑貓從屋外跳進來，用爪子在高粱桿上爬着——咯，咯咯，咯……高粱桿裏面發出了雞的驚叫和拍動翅膀的聲音。

怎麼回事呢？……

老太婆，彷彿整個身子都要撲擊過去，她趕跑了那個黑貓，抖震震的從高粱桿裏面拉出三隻雞來，兩隻是雌的，一隻却是高冠公雞，——却已經給拴上了脚，這會在老太婆手裏掙扎着，叫着，拍着翅膀。

「幹嗎把它們拴住了？」我奇異地問。

但是很顯然的，我這詢問增加了她的不安，她把雞放在自己的脚下，又抖震震的把它們塞到床下去——一邊慌亂的喃喃着：

「俺只有這三隻雞……只有這三隻雞……」

我望着老太婆這種奇怪的舉動發怔。

、

天越來越陰沉，厚的重疊而多變的烏雲在天壁上擠過來，推過去，彷彿要下雨的樣子。

炮的鳴吼似乎更緊了些，也更近了些。咕咕咕的機關槍聲無休止地響着——這種聲音已經變成令人厭煩的了，一點驚奇的感覺也沒有，而陰雨天在這北方的帶有大陸性的氣候的原野上却是難得的。

我出神地從高粱桿的門縫裏望着那低壓的天。

我的門被習熟地拉開了，那老太婆走進來，暴着那輕緊的沒有了牙齒的牙床肉笑着——輕聲地對我說：

「官長，俺來告訴你……俺說，俺那三隻雞，俺不是怕你官長……俺怕的是他們……」

媳詬謫地捐着我隔壁，聲音轉到幾乎聽不到。

我隔壁的院子裏住着工兵連的弟兄，這時還沒有要在庄子邊掘防禦壕，整天鬧着，用鉄鏟子打架，唱不三不四的歌，喝酒，笑和罵。

這會，便有一個傢伙在鴨子叫般的唱「甘露寺：」

「——這一般虎將那國有，

還有那諸葛愳運機謀……」

還有的在細着嗓門哼青衣的。

我告訴老太婆：

「不要緊的，他們不敢！……誰都不能拏老百姓的東西，卽使是一條線，一根針……你老人家放心好了，他們不敢打你的鷄吃！……」

大概她聽懂了，點點頭，喃喃着走掉了。

我看見她進屋去，把那幾隻鷄鼓鼓的籠在衣服下面，却露出了一大半，匆匆的蹣跚着走到對面屋裏去，那裏面住着兩個中年婦人，後來我才知道那是她的媳婦。但是一會兒，我還沒有離開高粱桿的門，她又回來了，依然帶着她的鷄，如同她在進行着一件什麼陰私。

這到底是什麼一回事呢？……

我並沒有怎樣多費心思去想它，我只知道她正在沒法保全自已的那幾隻鷄就是了。而且我還感覺到睡眠不大充足，又沒有事做，打了個大大的呵欠，便躺到床上去。

可是隔壁院子裏的聲音很鬧，——這班傢伙總是這樣不安閒的，如同是臘月天的牛，喜歡在牛廐裡面「打虎跳！」……

剛才唱「甘露寺」的那弟兄這會又在唱「四郎探母」了，完全走了腔，咬音又不準確，聽了眞禁不住好笑。

「我好比——

南來雁嘿嘿～～～」

倒了嗓子了。

「沒有油了，趕快加油！」

「加油加油，——」「徐得奎，快拏水去！」

哄笑聲裏夾雜着拍手聲，咳嗽聲，你椎我一拳我又還你一掌的聲音，叫乖乖的聲音……亂七八糟地鬧了起來。

「徐得奎，快拏水去呀！」

「他懶死了，我去拏，」——聽了半天，我只聽出這是宋志彬的聲音。

另一個又說，「我陪你去！」

「好，你當我的勤務兵！」

這就樣，兩個人過來了，響着沉重得連地也給震動了的脚步聲。一走進我這院子，便大聲喊着：

「老鄉，有茶沒有？」

一面喊着一面便走到老太婆那邊去。

我聽得很清楚，這時那老太婆彷彿正在安放她的鷄，高粱桿子嗦嗦嗦嗦的響動着。聽到外面的叫喊，她慌慌張張的答應：

「有……老總，俺媳婦那邊有……」

可是不凑巧，那幾隻倒霉的雞却咯咯咯咯的叫了起來。

「什麼東西？」

「是鷄叫，」宋志彬接着說，「老太太，是鷄吧？」

「不，不是，……」她囁嚅地回答，「老總茶俺媳婦那邊有……」

「老太太你的鷄賣給我們吃吧，給你錢。」

「不，不是是鷄……老總，茶，茶在俺媳婦那邊……」

兩個弟兄咕嚕着到了對面，拏了茶又咕噥着走了。立刻，隔壁院子裏在「好了，油來了，」「快加油，快加油」的聲音裏又揚起了「四郎探母，」嘈雜靜下來了，一個粗大的可笑的喉嚨在吹號一樣的抖響着。

那個老太婆又溜來了，却帶着她的鷄。

「官長，」她哆嗦着聲音，祈求地說，「俺說俺這三隻鷄……他們要，俺這鷄是留的鷄種，今年鷄瘟，俺原有九隻……官長，俺說俺這三隻鷄就放到你的床底下，放在俺那邊怕他們老總來要……」

放在我的床底下，這怎麼行呢？

但是說着他便要把鷄塞到我的床底下去，鷄受了驚，咯咯咯的叫着。

我阻止她這樣做，又告訴她，弟兄們決不敢要她的雞，也不會拉夫，誰犯了這軍法就要槍斃，誰有弟兄來要便告訴我，叫她放心好了。

「眞的不會嗎？……官長，愁他們眼睛骨碌碌的找俺的鷄呢……俺只有這三隻雞啊！……」

「老太太你放心好了。」

她遲疑了一下，不敢信任似的看看我，又向我說道，

「官長，俺叫俺媳婦去叫兒子回來了，不會拉夫嗎」

「好的，去叫回來，不會硬拉……要是有弟兄或是官長叫他買點什麼，挑點什麼，近路的大胆去做好了，他們會給他錢的。」

「錢是不要的，不拉夫就好了。」

一縷滿意的微笑浮上她多皺的臉，她走了。

×

晚上，她兒子果然回來了。我正躺在床上作假寐，高粱桿的門嚦嚓一響，我瞧見了那老太婆，——後面跟着個中年的莊稼漢。

「這是俺兒子……」

那莊稼漢從那老太婆背後閃出，很畏縮的向我作了一個揖，卑屈地說道：

「官長……多包涵點兒，嘿嘿……」

臘燭光太昏黯了，我簡直看不清他的面容。他的年紀大概在四十左右了，唇蓄着短鬍子，有着一張刻劃着愁苦的善良的莊稼人的臉。或許因爲我是一個「官長」吧，他的態度顯得又畏縮又羞澀，一根緊着一個小烟袋的旱烟管，一會兒插在腰間，一會兒又拏在手裏。

他不住的這樣不得體地說着：

「官長……待慢了，眞是……嘿，嘿嘿……」

就在這時候，一個弟兄急急忙忙的跑進院子來，嘴裏喊着：

「老鄉，有沒有高粱桿出賣？……乾麥稻也行……」

並且很莽撞地一下子推開了我的門，看見是我，便嘟噥着「錯了，」退了出去。

「老鄉，有沒有高粱桿？……」

老子兩人馬上跑出去了，「老總，有，有，有高粱桿！」

「怎麼買的？」

「嘸，班長，你眞是——幾根高粱桿，算什麼錢啊。」

「不，不一定要錢，說，論斤還是怎麼？」

「你眞是，眞是班長……」

「我們不能白要老百姓的東西，」那個弟兄很自負的說，「我們是抗日革命軍！……知道嗎，抗日革命軍！……」

「只要有，班長，幾根高粱桿……」

「不行！不要錢就不要你的高粱桿！」

那弟兄還是拏了他們的高粱桿，但一定要把錢留下，推辭了半天，沒有個結果。到後來，那弟兄抱着高粱桿走了。

我想：

——難道他就沒有留下錢？……

可是立刻母子兩人又過我這邊來了，老太婆手裏拏着一張舊的單毛中央票。

「官長，俺說這班長眞是，俺怎好收這個錢呢？……俺把這個錢給你官長，你官長給還那個班長……」

「這錢是買高粱桿的，收下來好了。」

「幾根高粱桿……也值不得一毛錢呀！……」

經我說明白了，做兒子的把已經放在我床上的毛票拏起塞回老太婆的手裏，說：

「媽，官長這樣說，就收下好了。」

老太婆望了望我，猶豫了一會，很小心的把毛票摺疊好，塞到裏衣的口袋裏，出去的時候，還一路的嘟囔着：

「幾根高粱桿……值不得一毛錢啊！……」

老太婆一走，她兒子便從屋角邊拖出一條蘆席，又到前面房去裏拏來一條滿是補綻的棉被，打算睡到我床前的地上。

「老鄉，你自己來睡這個床吧！」

像我所預想到的一樣，他無論如何也不肯。我知道這是不可勉强的，便讓他就那樣睡着，熄了火。

「你叫什麼名字？」我試探着企圖跟他談話。

「官長……，俺俺叫張老二，俺哥哥是三年前過世的……對面那一個便是俺大嫂……」

「是種地的嗎？」

他告訴我，難啊，自己沒有地，是做地主的佃農的。但是租太重，七捐八稅的名目太多，收成又不濟，家口又重，自己又不很健壯，年歲又不平靖……他的牢騷多極了，重重覆覆地訴述着，不幸和艱苦把他折磨得像老人一樣的嘮叨。後來大概是忘記了床上睡着的是一個「官長」了吧？罵完了「日丙」，又罵起中國軍隊來了：

「軍隊壞的多，打雞殺狗，不把老百姓當人看待……」

「是的，」我答應着。

「像你們這樣規矩的軍隊，真少有，真是……官長，俺說這是良心話！……」

入夜後，炮聲疏了些，但聽得更加清晰了，有時機關槍的咕咕聲彷彿就在莊子後面一樣。張老二不安寧地轉側着身子：

「大砲不遠了呢……機關槍也聽見了呢……」

於是又把從難民嘴裏聽來的關於「日丙」對鄉民蹂躪屠戮的消息誇張地訴說起來了——這樣，我們談得很多，也談得很久。夜半醒來，我聽見他在夢中囈語着：

「嘆唔……飛機來啊……三狗子，快跑，嘆唔……」

×

第二天，張老二在我未起身前就出去了。想到他昨夜的說話和夢囈，我的心口彷彿被重壓着，對這良善的莊稼漢懷着不可言說的同情和憐憫！這時，我聽到門外的雞叫，拉開門看，那三隻被解放了的雞正在院子裏趴麥楷覓食呢，我心口的重壓驀地又給揭去一層了。……

老太婆跑來告訴我，說是她兒子給軍隊叫去做便衣偵探的嚮道了。他關切的問：

「官長，不要緊嗎？」

「不要緊——就會回來的。」

到了下午，他回來了，跑得滿頭是汗，很興奮的來告訴我，說老總對他很好，還賞給他一塊錢，不要也得要。

「只半天工夫，又不挑扭……怎麼好意思拏一塊錢呢？」

他很快意地吸着菸，走開去了。

半晌後，母子倆又進門來了，還有那兩個頭上包着藍布的媳婦也站在門外遠遠地張望着。

張老二，這莊稼漢，他滿臉堆着笑，對我作了揖，旱烟桿斜咬在嘴裏，雙手從棉襖口袋裏面摸出四個雞蛋，很鄭重地放到我床上，母子同時這樣說：

「官長，一點小意思，剛煮得的……不要見笑，嘿嘿嘿……」

暈着手妮妞地微笑着。

我要把它還給他，不然得給他錢，是我自己說的話，不能白要老百姓的東西，即使一條線，一根針……——

於是我也摸出一張毛票來。

「那裏話，官長，你真是……」

他沒有收受我的錢，馬上逃一般的出門去了。

我望望床上的四個雞蛋，還會正冒着淡淡的熱氣。

三八——七，一。

·討論·

文學雜論

——答張秀中·樓適夷諸先生

鹿地亘

我在七月第三集第一期的座談會上短的談話引起了意想以外的討論，對於這，我惶恐了。因爲感到了我自己在這個談話里面的說明不够，當看到最初的反對者樓適夷君底意見的時候，就馬上寫了一封公開信，在抗敵文藝第六期上發表了。好像問題反而更加闊大了。諸位友人忠告我，說那原因之一是由於我底態度底粗暴，這就使我更加惶恐。所以，首先我想對於由於我自己底不充分的用語，尤其是我底習慣的粗暴的討論態度所惹起的沒有料到的混亂，向諸君深深地抱歉。同時還得感謝一件事，那就是，即使諸君底大多數的反對論點是從對於我底意見的誤解出發的，但由于那熱心而旺盛的討論，使我痛感到了「問題」底現實根據底深度。

諸君里面有許多位忠告我，說我還不懂中國文學運動底實際環境。例如張秀中先生在螞蟻月刊創刊號上說：「首先，要清楚地認識，利用舊形式寫作被提到今天的通俗文藝運動的議程上來，是有着它底社會根據的，主要的是因爲半封建半殖民地的經濟落後的中國，下層大衆文化水準低落……，」樓適夷君很坦白地指出了「因爲鹿地君對於中國文壇的理解，是足以引起問題的。」但在我自己，自以爲並不是完全不知道中國底現實狀態。然而，因爲外來者的我底理解當然不及諸君，在我底見解里面也許有許多「隔膜」的地方。「隔膜」又加以「大胆，」那就當然會在諸君里面惹起許多人底反感。關於這，我再表示抱歉，而且約定這以後要努力地更了解中國底現實，我相信諸君會帮助我實現這個希望。總之，在某一意義上，這個混亂了的討論也就是我自己「被現實踢開了。」

在這里，我有一個辯解。這以後，也許我還要常常「被現實踢開」的。因爲，與其從現實退却，我打算更加和現實格鬥。那就是因爲我熱愛中國以及它底正在成長着的文化。在外來者底片面的觀察里面，當然難免有理解不够的地方，但同時，也許會注意到埋頭在那里面的本國人所看掉之點。我底意見並沒有特別重大的意識，只僅僅希望在上述的意義上能够供諸君底參考。而且，既然用不充分的用語煩擾了諸君，爲了責任感，我想一面補充我底意見，對於諸君底論點比較詳細地說一點感想。

一·「黑麵包」和「糖果」

張秀中先生在螞蟻月刊上發表了關於通俗文藝的幾個根本問題，批評了我。我衷心地佩服了，覺得是很好的論文。恐怕在對於我的反駁里面，這是最理論的，最成體系文章的。然而，正因爲是理論的，我以爲是錯誤的地方反而更容易看到。所以，爲了方便，我想把對於張先生底論文的感想作爲我底意見底發端。

張先生底結論是在這一點：對於在我底談話里所引用的列甯底「這偉大的民衆是值得給與最高的藝術的」這句話，用同樣是列甯底話「當大衆喊着沒有黑麵包吃的時候，給他們一塊糖果行嗎？」來對立。完全不錯，大衆連黑麵包都沒有的時候，却給他一塊糖果，當然是滑稽的。對於張先生底首先要給民衆以黑麵包的意見，我完全贊成，表示敬意。

但是，具體地把問題推進罷。首先要看一看張先生手里的黑麵包眞是「黑麵包」呢？還是既非「黑麵包」也非「糖果」的奇妙的東西？爲了檢查這個問題，我要請求張先生把他所引用的列甯底話再反省一次。那和我所引用的話同樣是在這個大政治家和蔡特金的談話里面。

列甯是這樣說的：青年革命藝術家們創作着實在莫明其妙的革命藝術，這樣低級而莫明其妙的藝術，和偉大的人民是不相稱的。這個民衆，値得給與最高的藝術。但是，另一方面，到現在爲止，民衆被强制在連文字都不認識的文化的貧困里面。對於這樣的民衆馬上談藝術，毋寧是對於他們的侮辱。較之藝術，先改善他們底文化狀態，使他們能够享受最高的藝術，才是急務。（我手頭沒有原文，請原諒只能說出大意。）在這樣的意義上，列甯才用激烈的口氣質問了：「大衆喊着連黑麵包也沒有的時候，却給他們一塊糖果麼？」

那麼，張先生手里所拿着的，和列寧底黑麵包不是有點不同麼？

對於我底引用了列寧底話，張先生也引用了那個同一談話裏的列寧底話反駁了。但是在這裏，張先生如果更深地注意一下就好了。列寧那樣的大政治家，會在同一個談話裏面自相矛盾麼？那是可笑的。——那麼，「黑麵包」底理解或者不對罷？——是應該發生了這個疑問的、

照我看，關於這一點，的確理解錯了。這個大政治說，給民衆高級的藝術。却絕對沒有說用低級的藝術代替高級的藝術。然而他說，比較這些藝術更急迫的是需要給他們文化的教養，使民衆能够享受藝術。列寧底話沒有矛盾，使他矛盾了的好像是張先生自己。

當然，我並不是說張先生把列寧底話底全部內容無視了。列甯顧到大衆，張先生也把藝術當作「大衆」底啓蒙教育問題提示了。然而，重大的差異依然是從張先生底注意不足產生的。張先生想把「大衆和藝術」的關係在「通俗形式」這個藝術上的問題範圍內解決，列寧却是要完全在藝術之外去解決。就是他暗示了只有從大衆底政治的文化的教育（黑麵包）的關係裏面，才能够根本地解決術術大衆化問題。由這就生出了差異：在張先生底意見裏面，大衆啓蒙教育之必要和藝術的創造彼此仇視地對立，但在列寧底談話裏面，却是互相援助的。

這是文化以及藝術政策上的根本問題。有把視野放大的必要。「黑麵包」也者，決不是單純的藝術上的問題。是在大衆底生活裏必需的生命底食糧。從文化方面說，什麼是生命底食糧？那不是高級藝術，也不是低級藝術，是用來對付世界和環境的必需的文化的常識，是用來把自己正確保持下去的政治的社會的教養。大衆要求着那，而且那才是緊急的需要。在連那都被剝奪了的時期，就是大衆在生活裏面沒有要求藝術的餘裕和條件的時期，無論試把藝術弄得怎樣低，「大衆化」底限度是明明白白的。

試看一看張先生底「有着它的社會的根據的，主要地是因爲半封建半殖民地的經濟落後的中國，下層大衆文化水準低落……」那一節罷。這，我並不是不知道。諸君底主張有根據。關於這最近有一位朋友爲了說明那根據底深，告訴我「所以這五六年來，舊形式（通俗形式）文學的問題甚至不斷地被叫喊着。」但我有一個疑問：那結果得到了怎樣的成績呢？和不認得字幾萬萬人民相對比，新內容的「舊形式文學」底愛好者底百分數是什麼？照我底推測，「五六年來」的努力底結果，未必不是發現了，較之藝術，民衆倒是饑餓於直接的生命底食糧麼？

張先生非難我滑開了問題底焦點麼？再反駁我說，「正是作爲輸入這個生命食糧的便利方法，我才提倡了通俗形式」麼？好的。爲了避免這樣的循環理論，我們原則地把大衆和文化、藝術的關係個別地檢討一下看看罷。

二・關於大衆底「可能性」

總之，爲了解決藝術大衆化問題，我以爲應該首先檢討一下，在大衆方面，爲了能够享受藝術，應該有什麼條件。關於這一點，我想張先生底意見不會和我不同的。

在大衆方面的條件是什麼呢？

第一是改善大衆底生活，創造有能够享受藝術的餘裕的社會生活（在政治上和經濟上。）這是革命底根本問題，不是直接的藝術上的問題。但我敢於在這裏提到了的理由，是因爲看到了一個事實，那就是，談「藝術大衆化」的人們往往看掉了在獲得權力以前的「大衆藝術底可能性底限制」，徒徒地把「不大衆化」的責任僅僅加到藝術身上，焦燥底結果，甚至阻害了藝術本身底健康的成長。不用說，這裏所說的「藝術底可能性底限制」，如果看作絕對的東西，那就是大大的錯誤。由於這個錯誤，托洛斯基和他底門徒們陷進了完全否認革命以前的大衆底藝術的可能。這個敗北主義裏面。我相信是有可能的，因爲正在鬥爭着的大衆底創造性，我們在藝術上面也是評價得高的。但不知道張先生記不記得一九三〇年末在蘇聯哈爾珂夫市舉行的世界革命作家會議底議決案裏有這樣的結論：「雖然受着大的限制，但確認階級藝術是可能的。」

如果承認這意見底眞實，那麼，在我們，不是應該抱着對於我們底工作的不可

動搖的自信和困難的「限制」鬥爭，爲了可能性底實現而繼續不屈的努力麼？想由於單純地把藝術降低到通俗主義，從這個困難旁邊迂迴過去的便宜主義，不是反而是和不相信在這里所說的「可能性」的托洛斯基的理想相類似的東西麼？

所以，我希望不要以爲四萬萬五千萬的人民不能够一舉享受藝術，就從這里結論到悲觀論的便宜主義。不用說，在今天的新文學本身里面，也有妨碍大衆化的許多弱點，然而爲了克服那的困難的努力才是必要。正是因爲這個原故，作爲一個手段，我希望了批評活動底旺盛。

第二，雖然在大衆底生活條件里面有許多限界，但那里也依然有初步的藝術的欲求。非把那捉住不可。例如在民間流行的歌謠，採茶戲之類。樓適夷先生也說過「爲大衆所熟悉，在到現在還活在大衆的口頭，浸透着大衆的文化生活，它的確是『舊』的，然而已經不是那原來的東西，而是反覆地在大衆的流傳過程中吸收了許多新生命的。那些東西還殘留着不少封建毒素，然而也透露着大衆的生活和願望。」張先生也同樣地提到這一點。這，我不知道麼？反對了麼？我希望樓張諸先生再注意地讀一讀我底文章。我也知道它底重要性。不是正是因然這個原故，才申說了需要擁護民間的以及「地方的」的文化麼？（請照七月座談會）

這些藝術實在值得研究。不僅是因爲廣泛地浸透在民衆中間，而且還因爲那里面實在包含有梅凌所說的值得「批判的利用」的優秀的民間藝術，而且，正是在這種形式里面，大衆現在還在發揮着雖然素朴然而是非常獨創的創造力。

諸君也說過，這是大衆底藝術創造性底出發點。在這個意義上面，數年前，作爲國際革命文學運動底方針，從大衆底這些初步的藝術的欲求的事實引出了兩個重要的結論。一個是「大衆底藝術欲求底滿足，」還有一個，是以這個欲求底滿足爲手段的「大衆底政治的文化的教育。」還指出了，如果爲了這個結論底實現，在大衆里面廣泛地組組文化集團(Circle)，那麼，這種集團一方面能够完成在革命里的大衆底政治教育和養成幹部的任務，另一方面可以成爲從大衆里面產生藝術創造者的「藝術運動底大衆底母胎。」

但是，在這里要促請張先生們注意的，在這個國際方針里面雖然指出了藝術家以及藝術團體對於這些大衆的集團應該結成有機的關係，但決沒有說應該把文學運動解消在這些大衆文化啓蒙運動里面。

爲什麼？諸君把那想過沒有？——那理由是，兩方面底運動雖然有密接的關係，但各個里面依然有獨自的機能。

那里面有大衆底初步的藝術的創造性，但另一方面也還有作爲社會底文化先鋒隊的藝術家們底創造過程和它底任務。這些藝術家們底基本努力應該是什麼，雖然簡單，我已經在談話里面說過了，這里不再重複。簡言之，這工作也應該努力使大衆容易理解，然而分析而且雕刻時代和社會底複雜的諸性格，造出一個活生生的典型。這工作，對於目前有限度的大衆底理解力，在內容上是不免困難的。同時，要用舊的民間藝術形式（大衆底單純思惟底露出形式）表現這個複雜的社會的性格，差不多是完全不可能的。所以產生了兩種各具機能的工作，在藝術也產了各種樣式(Genre)。

張先生說「一切的藝術上的努力均須以適當的形式言語來表現，才能深入到大衆生活中去，」我非常贊成。只是，我和張先生有這個差別；張先生結論到這個必要的解決——（等於）通俗形式或舊形式，我是說爲了容易懂地切實地表現那內容，要有「適當的形式底創造。」這沒有被張先生理解，因爲在張先生底腦子里面，什麼都是混在一起的。

第三，我說過以複雜的思惟爲內容的藝術，對於大衆底理解是困難的，但我並不以爲這困難是絕對的東西。不但如此，理解是大有可能的。正因爲這個原故，再說一遍罷，和托洛斯基的悲觀論相對，國際革命文學運動確認了新時代藝術底可能性。怎樣才可能？問題很單純，確適地知道大衆在要求什麼。對於現實生活里的活生生的問題，他們要求着解答。在目前：戰爭會怎樣？怎樣才能够打勝？他們自己底生活會怎樣？敵人是誰？爲了消滅敵人，創造幸福的新中國，他們應該怎樣辦？通過抗戰創造新中國和新時代的民族，是什麼一回事？……等等，就是的。這些問題才是我所說的觸到「人的心」的眞實（張先生把我底話誤讀成觸到「人心底眞實」）在解答里面，也有兩個方法。爲了滿足急迫的必要，單純確切地回答是一個，還有一個是，把複雜的社會的實相在它底內在的諸關聯上使大衆認識的高度的方法。後面這個方法也是可能的。因爲，對自己切近的問題，大衆一定注意。這個注意正是使大衆走進高的思考生活里面來的有力的契機。當然，單獨靠大衆自己底力量，困難就大了。在這里批評家幫助他「應該怎樣讀」是必要的，而且還不得不依靠在文化集團運動一類的啓蒙運動里面的教育者底援助。不然的話，經過五四而成長起來了的新時代文學就弄到非再一次地從大衆底初步階段重新來過不可。不是把兩種工作解消在一種里面，產生使兩種工作接近的有機的關係，互相補足，才是必要的。我說過，須要像「重炮和機關槍」一樣地配合。改設成應該像「大刀和步槍和大炮」一樣地配合，也可以。對於我所說的意思沒有變。但是，看抗戰文藝第八期，蓬子先生說，「正像搬　輛坦克車之類的新式重兵器送給一羣農民游擊隊，反而會使他們手足無措的對着發呆，而且實用起來，在他們，實在也沒有一把大刀，一枝土槍來得便當有用。但是，倘能經過一個長時期的血腥的戰爭……自發的生出一種要求學習重兵器施用的強烈的欲望……」把我底話漫畫化了。怎麼一回事呀！先生未必主張到大衆「自發的」要求重兵器爲止，應該發呆地等着麼？當大衆有「戰鬥意志」的時候，爲什麼把新兵器底使用教給他們就要不得，爲什麼那不可能？當然，因爲連大刀都沒有，趕快把他們便於使用的大刀和步槍交給他們，是必要的。然而，馬上把機關槍和大砲底用法教給他們，不也好麼？不錯，只是把新兵器放在他們前面，他們會「對着發呆」的罷。爲什麼不應該教他們學？這是可能的。由於「戰鬥意志」，他們會學習起來。等待自發的意志起來的這種階段論，不是徒徒地加重大衆底犧牲麼？這種階段論，一方面不就是從諸先生底對於「大衆底可能」的過低評價里面產生出來出來的麼？而且，不就是由於這而陷入了大衆尾巴主義麼？

爲了討論底便利，再把我底論點簡單地概括一下。

（一）較之藝術，大衆要求着直接的「生命食糧」。在連這都還沒有被滿足的時期，「藝術底大衆化」難免有限制。

（二）有限制，然而是可能的。當大衆底「生命食糧」的要求和藝術結合起來的時候，就找得出可能來。這才是一方面把過去從大衆底生活游離了的藝術提高到生活底藝術的契機，因爲這同時也就是使藝術家成爲「時代底藝術家」的原因。

（三）再就大衆方面看，他們有初步的藝術的欲求。滿足這個欲求，同時利用這個欲求使他們在政治上文化上啓蒙，是必要的，可能的。由於這，大衆自身底藝術底創造性也就提高了。

（四然）而從藝術家（作爲社會底文化先鋒隊的）底創造的任務看，有創造「時代」典型」這個複雜的問題。對於被放任在自然性里面的大衆底頭腦，這自然不容易理解，但使他們理解是必要的，而且也是可能的。爲了這，應該和前項所說的啓蒙運動密切地協力，執行教育活動。

三　藝術形式底形成問題

但是，還有一個問題。那就是關於藝術形式的形成本身問題。再看一看張先生底說法罷，「一切的藝術的努力均須以適當的形式言語來表現，才能深入到大衆生活中去。」張先生們把這用等號（＝）和形式舊或通俗形式連在一起了。

好的。那麼，把這個問題檢討一下罷。舊形式也者，指的是什麼？諸君指的是向來在大衆中間流行的民間藝術底形式。我們看一看這個形式所有的通俗性是從什麼地方產生的，何如？

在我看，這個通俗性是和通俗形式或舊形式底「限界」有切不斷的關係。一般地，藝術形式底形成是由藝術方法規定的。所以，過去所產生的藝術形式和具有過去的人們底思考和觀察底限界的藝術方法恰恰合致了。不能超過那限界。所以過去沒有產生出分析深的人間生活和社會生活的現實主義底藝術。例如民謠，那都是素朴而單純的敘情的形式，或者追逐一個故事底大要的單純敘事形式。只能夠取單純的敘情或單純的敘事方法的思考能力產生了這個單純的藝術形式。如果是這樣（實際上眞是這樣，）那麼，到今天爲止還被強制在單純的文化生活里的大衆，在他們底思考能力里面找出了和這種藝術形式的合致，是當然的。大衆對這感到親切。這個親切正是所謂「通俗性。」就是說，有限界的思考能力對於具有思考內容底限界的形式合致了。

但試想一想罷，要在這種頭腦的形式底限界里面全面地把握現代的複雜社會生活和在那里面生活着而且開拓着道路的人格的典型，以及豐富的政治的思想的生活諸相，做得到麼？在從這種頭腦生產的藝術形式里面，能夠充分表現從現代的頭腦產生的複雜的思考內容麽？這是用不着回答的，文學史上常常提到過在法國浪漫主義底勃興期，許多人努力想把荷馬底敘事詩的形式在十九世紀復活。這個努力在失敗里完結了，而且產生了到今天爲止的小說文學的形式，從這個事實我們不可以找出敎訓來麽？馬克思在經濟學批判序說里面批評但丁底神曲底卓越性，說「在某一意義上說，連現代作家都不能及的這美麗，是成人對於看到了健全的少年而感到了的，再也不能够得到的優點的憧憬。」從這段話，我們不是可以找出關於藝術里面的頭腦和它底表露了的形態間的關係的敎訓麽？

當然，在這個單純的形式底限界里面，也有新內容底表現可能底部份。例如用民間歌謠底形式歌頌朱德總司令：

東洋鬼子燒了我們底村莊。男子死了，女孩子受了侮辱。我們底將軍一來，鬼子們就逃掉了。將軍從來沒有打過敗仗呀。我們也和將軍一起奪回我們底村莊和山嶺罷，

這種程度的表現是可能的。不僅可能，而且必要。應該在有限度的理解力底範圍里面，把朱德總司令和他底事業和大衆親近。應該把這個大衆底歌頌作成震動山野的聲音。「陝北小調」也好，其它的一切民衆的形式底利用也好。不僅如此，在這種形式里面，有從民衆底生活本身流出的心底階調和言語，就這一點說，藝術家本身也是能够從這學得「言語」的。我不但不反對，而且大大地贊成。我們應該從那學習，向那着眼，從事必要的藝術的敎育的事業。

然而，藝術家底任務就只有這麽？僅僅因爲有了那些單純的藝術，就可以把從朱德這個現代的人格引伸出來的，軍事的政治的思想的全面敎訓拋開不要麽？而且是由於不能和一向被放棄在自然性里面的大衆底理解力相適應這個理由：……當然，不可以的。怎樣戰鬥了的？怎樣組織了的？和民衆是怎樣結合了的？怎樣把捉來的敵人變成了友軍的？在這些事業底全過程里面，英雄底人格是怎樣在兵士和民衆中間普及了的？而且，那是怎樣顯現了作爲舊的東西和新的東西的鬥爭，在活生生的戰爭中發現的，新中國底形成底特質？等等……藝術家應該深深地洞察這些，創造成活生生的時代的典型。對於這，殊的現代的頭腦是必要的，而且爲了把那表現出來，能够和那合致的豐富的藝術形式當然是必要的罷。舊頭腦底形骸只徒徒是它底桎梏罷，

張先生們常常犯了把藝術形式從內容分離開𢶍出問題的單純的藝術科學上的錯誤。老實說，這錯誤是從諸位先生對於大衆的關心的自己反省不够來的。說「利用舊形式，」但沒有注意到這樣說的時候同時也接 了落後大衆底理解限界內的「內容。」所以，反轉來，對於用「形式底利用」不能表現的「限界外」的內容也毫不遲疑地說着「形式底利用。」這是做不到的——一定要碰釘子。

因爲這個原故，我贊成諸位先生底主張「利用，」只是和「利用」同時，還應該明瞭地知道那是受着「內容的限制，」那以外也還有範疇不同的工作罷。

「利用」的確是可以的。民間形式也好，在舊的東西里面也有可以利用的優秀的民族藝術罷。即便不是這樣，也可以把舊的毒素洗刷悼。只是，洗刷決不是形式底問題而是變更內容。在這個場合，必要的是大衆所「感到親切的形式，」如果那形式被破壞了，「利用」底意義也就沒有。有人說，形式會因內容底發展而發生變化，把那比作蛇底脫皮現象。不過，在長期的文學史的過程上面，這樣說是不錯的，但應該弄明白，我們現在把舊形式當作問題，決不是促進舊形式底脫皮作用，這種「慢慢地」的文學史的事業，而實際上是作爲對於緊急的現代的政治文化生活的橋樑工作，對大衆實施初步的文化敎育。

總之，我們不應該從「通俗形式是大衆感到親切的」這一點來展開問題。應該從現代的文化藝術工作底必要，和大衆的關係——它底必要和可能底全面的視野來引出合理的結論。這樣一來，容易和單純的原理相違背的「民族底特殊狀態底」也可以在「以新現實主義的方法爲基礎的藝術創造，」「大衆底藝術欲求滿足，」「大衆底政治的文化的敎育」等基本的文學綱領底配合里面找出解決底途徑罷。而且也可以明白，過去作爲國際文學運動底綱領而被提示了的這些工作，決不是單一的東西，而是有機地彼此相成的，各有特殊面的工作。

四．關於文化發展底不平衡

理論上的問題好像大體上解決了，但是，到這里，我覺得奇怪的是，在這樣的問題上，爲什麽我們之間生出了意見底不同。成了這分岐點的是什麽？那就看一看這踩錯了的一步底痕跡罷。這樣一來，不是更可以得到我們彼此間的了解麽？

第一是七月底座談會舊形式底問題被提出了。艾青君說要從「新藝術形式底創造」這一面來討論。我們說，「後這一方面說那意義是很少的。」好像是一看到那紀錄，對於大衆啓蒙事業抱着大的關心的張樓諸先生就馬上把我底意見誤解成對於這個「啓蒙教育運動」的反對論了。

第二，所以樓張諸先生反駁了我。但是，在諸位先生底性急的論調里面，我看出了藝術科學上的種種錯誤。我不客氣地把那指了出來，却沒有尊重諸位先生底對於大衆文化的誠實的意志。從這里，誤解就更大了。

例如適夷君底一目前的需要和永久的基礎。」我原就曉得他是反對口里說爲了「永久的基礎」而抹殺着「現在的意義」的那種文學的。也知道：在這個意義上，不爲現在戰鬥的藝術不會有「永久的意義，」因而這種藝術底「永久的基礎」是平空建設。這個指明是重要的。然而，說實話，適夷君底曖昧的表現依然造成了使他自己陷入和他底意志相反的錯誤里面去的陷阱。我把那指出了，指出了他把前面說過的想深刻地洞察現在的諸現實，冒着困難去表現的藝術的努力也一概地當作「平空建設」而攻擊了的事實。然而，雖然在我底公開信發表了以後，張先生還在給我的信里面說「我同意適夷先生底形式底平空建設是不可能的這意見，」我感到了我底說法一點也沒有幫助問題底解決。總之，諸君誤解了我是贊成叫着「文學是永遠的，」而忘紀了現代的，高蹈派底意見罷，現在，爲了究明這一點，想稍稍加上一點從別方面的觀察。就是看一看把我們這里的藝術文化工作做成更更新的東西的現實的條件——我們這時代的文化狀態底可怕的不平衡性。

在現代史上，各民族之間是有文化發展底可怕的不平衡性的。這不平衡性，民族本身內部也是有的。在過去的時代里面並不是沒有，但沒有表現在現代史上的那麼强，原因是這些民族或民族內的諸要素走進了有激烈的接觸這個歷史時代。

先就民族間看，和進步的西歐的接觸，把睡在中世紀的黑暗里面的遠東諸民族威嚇了。我們底民族先覺者們敲着警鐘，號招自己底民族起來對抗外力，防禦外力開始是單純的「攘夷，」但後來發現了除開明確地認識西歐文化底卓越性，借這個文化力量底幫助掃除自己底亞細亞的落後使自己變强以外，再沒有其他的防禦這路。這樣地，遠東底革命史開始了。

在這里應該注意的是，由於這個歷史的條件，在我們底革命底推進力里面，有了本不是以遠東爲發生母體的先進國家底革命經驗以及思想方法。看一看魯迅先生們底事業，就很可以明白：爲了把民族提高到高的現代的思惟生活里面，他是怎樣地突破了舊的遠東底黑暗以及它底停滯的思想文化底障壁，採用了先進文化，而且强調了那意義底特別重要性。看看這，是必要的。用文學做例子罷。不用說在他底工作里面，舊文化底深的研究是被放在基礎上面的，然而所採用的形式是外來物。爲什麼採用了？因爲這個外來的形式是用十八世紀以來的大約一百五十年的歷史上的歐洲先進國家底民主主義革命以及無產階級革命爲背景，把那反映出來了高的思惟形式。在小說文學里面，那特質表現得最强。把那和前時代底傳奇文學，叙事詩等一比較，就曉得它怎樣地具有對於社會和人的觀察的分析的構成的批判的特質。正是被這個高的批判的形式照了出來的遼東，使得我們能够明瞭地自覺到在那里面睡着的我們自身底狀態。如果我們執着於舊頭腦所發露的形式，那我們依然沒有被打開批判現代的我們自身的眼睛罷。在落後的民族間的現代文化發展，就從這里產生了一個特質。

總之，在先進國家，自己底批判的改造是主要的，但在遠東，需要爲了趕上他們的急行軍，爲了批判自己，得假借外來文化底有力的援助和歷史的遺產一同新的文化時代非得用外來文化做基礎不可。

所以，如果有人以爲外來物在民族里面沒有基礎，那是完全錯誤的。當初是外來物，但現在已經不是，我們底民族已經走進了遠東底革命時代，這個革命時代正是被和這個外來的文化形式相適應的高的思想所引導的。所以，不是日本軍事法西斯蒂們爲了再把人民趕回到亞細亞的黑暗里面，所以提倡着「排斥外來思想，擁護固有民族文化」麼？我們可以陷進和那相似的見解里面去麼？高的文化現在成了我們底東西。

不僅如此，在我們底這新文化里面，舊文化遺產也在活着。悔淩說，「不織進它底初期時代底各種各樣的絲的文學時代，是沒有的。」沒有這樣意義的遺產，新文化是依然不會成立的罷。然而，關於文化遺產底採用方法，先進國家和我們也有不同的特質。前面已經說過，前者是自已底批判的改造，而後者，因了「應該實現的東西」和「舊的立腳地」的可怕的距離，不得不生出了想從表現着後者（舊的立腳地）底思想限界的形式底障害脫離的，激烈的破壞的磨擦。正是通過這個鬥爭，舊遺產底死了的形骸才得被粉碎，被淨化了。因之，從形態上看，和新文化之間有了飛躍。然而，我們不是應該在魯迅先生們通過這個「破壞的」鬥爭而附着在身子里面了的光耀的細片底再構成中間找出遺產的麼？

那麼，張楔諸先生底反「平空建設」論就失了根據。新文學不是平空建設的，它在從西歐來的新時代形式和舊文化這兩方面具有基礎。

但我並不是不知道諸先生底主張底理由。我知道的。大概諸先生是指摘着由急行軍產生的種種弊害。

例如「洋歌。」民衆朝笑「洋歌，」是有理由的。那就是，在外來的文化里面，除了國際共同的思想和形式以外，還有以那個民族底歷史的和生活的條件爲根基而成長了的種種東西。往往對這些不加取捨地採用了。在急行軍（爲了恢復現代史底落伍的）的時候，這是不可免的，但問題是，除了使批判活動旺盛以外，沒有辦法。從實際上說，這一部份和我們底民族不會發生什麼血緣，大衆一定嘲笑它的。作爲不必要的「牛油臭，」只僅僅流進比較是從生活游離了的小資產階級份子中間。也許會產生出一部份把這個牛油臭本身錯覺地當作「高級」的人們罷。在日本，這種人也很多。他們不斷地把法國式的象徵詩底假造品和我們也不懂的超現實主義搬弄。中國底事情我不大知道，但看六月十八日新華日報上凱豐先生底大論，說是「我們不要固持文學上所謂一定水準的成見。所謂文學上的一定水準當然是有的，但它的水準必須是以那個民族和國家的一般政治經濟和文化發展的程度爲標準，如果離開這個標準去找一定水準，當然是沒有的。」那麼，中國大概也和日本同樣，有莫明其妙的牛油臭的「高級」罵不能理解它的大衆是「水準」以下罷。凱豐先生決不是把我們底「民族獨自的水準」理解做落後大衆底「自然性，」想用通俗主義來裁斷我們底文化先驅者底偉業罷。然而，說實話，這里所說的牛油臭的「高級，」正大抵是西歐文學底「舊形式。」

其次是民族自身內部的文化發展底不平衡性。這在現代史上落後了的民族，尤其大。簡單地說，是作爲文化先鋒隊的知識階級和還睡在亞細亞的停滯里的大衆之間的距離。他們知道「牛油臭」底混入底危險。也知道使睡着的黑暗的大衆把那消化的困難。然而，在遠東現代史被安置的激動的時代里面，作爲社會底觸角的知識份子，馬上在民族底危機里面受到刺激。先覺者底工作是首先在這里面找出反應，急速地開始創造文化的先鋒隊。而且非重視這個先鋒隊底活動底意義不可。再看一看魯迅先生罷，看一看魯迅先生們罷，看一看他們觸發了的創造了的先鋒隊底活動罷。那怎樣創造了作爲革命底推進力的許多幹部呀？魯迅先生底阿Q，四萬萬五千萬的大衆讀得懂麼？四萬萬五千萬的大衆里面；有百分之幾知道魯迅底名字？但是，由於以他們爲中心而形成了的文化的先鋒隊底行動，民族全體底新時代不是在動着麼？

不用說，隨着大衆自身取得對於這個「動」底意義的高的理解，這個「動」就更加充實。爲了這，非把移植來的外來物轉成更民族的內容和形式，排除「牛油臭，」民族的地純化不可。像魯迅先生沒有忘記過的一樣（張先生也指出過，）應該學習民衆底言語，務須用容易理解的，確切而單純的表現。尤其重要的，是應該在內容上適當地去把握民族底現實。只有，在這里也得先把誤解底種子弄明白，那就是，張先生們把這些言語和內容上的民族的特性都用「藝術形式」這一個名詞包括了，我却從方法論的意義上明瞭地區別了。有區別的必要。因爲，像在張先生們底意見里所看到的一樣，由於這個曖昧性，甚至動不動就把那和舊的思考形式相對應的「舊形式」搬引出來。

然而，雖然如此，民族內的文化的平衡性不是一天能够被克服的。怎樣解决呢？用一個比喻罷：世界上不是有大學也有中學和小學麽？僅僅靠小學民族文化不能提高。和小學底普及同時，把大學辦成啞瓜叫的大學，好不好！

應該把在現代史里面有着它本身底發生和成長的根據的文化先鋒隊底工作在民衆里面普及。正是因爲，這從民衆方面也需要同時發動能够和那接近的初步教育。

這以外，還有許多藝術科學上的曖昧。再舉一個例子。例如有人說過「結合了社會主義的現實主義和革命的浪漫主義的方法。」這說法也是錯誤的。在我們去法只有社會主義的現實主義。至於革命的浪漫主義，吉爾波丁也明確地說過，「只要不離開現實主義底基礎，革命的浪漫主義不是和社會主義的現實主義對立的東西。」什麽結合了的方法，不是毫無意義麽？

還有許多。但是，趕快結束罷。

最後是討論底態度。我底粗暴是要不得的。因爲，這好像我是罵了「中國文化界」，甚至引得適夷先生要說出「中國有魯迅，日本不是沒有麽？」的話來。我道歉，但我沒有弄「我們國里有富士山，外國有麽？」這種討論的勇氣。我說中國底文學理論落後於時代和現實的中國文學，但是，在這個意義上的不平衡，日本也在相反的形式上表現着。例如，因爲生活的貧困，現實從理論本路落後了，結果是有了把理論非現實化了的傾向。

問題，是承認，那而且講求克服的手段。

我要說的是這些。還有「隔膜」的地方麽？如果有，請只把我底話當作關於一般原理的東西，希望諸君不要過於重視。

一九三八，六，二六。

附記：

在救亡日報（六月五日）上，陳誠將軍談到了戰時文化。我佩服得很。有這樣的話：「在鄉村生活過的人都知道，佈告或是報紙貼在鄉村地方上，祗要有一個人認識字，鄉下人是可以以耳代目，經過一個認識字的人講說之後，不認識字的人，也可以互相傳說，都知道了。所以工作祗怕不做，祗要做，一定能使士兵和人民知道的。」

這是大政治家底卓見。我想像了這樣的情形。——如果由一個人做中心，在村子里面組織起了文化教育的經常的集團，怎麽樣？對於那，未必我們底文化的藝術的宣傳隊不能够帮助麽？也許正在這樣做。那麽，這些人，不僅僅是從經驗去供給宣傳藝術，和集團的繼續的教育活動一起，不是在漸漸發現了把能够供給的東西底程度提高起來的可能性麽？在民衆本身方面沒有經常的啓蒙教育底組織的場合，宣傳隊除了「追隨」被放置在自然性里面的大衆以外，沒有辦法。也許已經感到了這個「追隨主義」有克服的必要罷。

（蔡　成譯）

詩論掇拾

艾青

有人寫了很美的散文，却不知道那就是詩；也有人寫了很醜的詩，却不知道那是最壞的散文

怎樣才能把「詩人」和「寫詩的人」來劃分呢？——

前者是忠實於自己的體驗的，不寫自己所曾感受的悲歡以外的東西（却不是專寫個人的悲鬱）；而後者呢，則只是在寫着分行的句子而已。

有一些「寫詩的人」說：「我們是新現實主義者，」等我們破費時間讀了他們的東西，才知道那些東西從不曾稍稍接觸到現實，更不知如何是「新現實」了。

一首詩裡面沒有新鮮，沒有色調，沒有光采，沒有形象——

生命在那裏呢？

應該把形式看做敵對的東西——

只有和所有的形式搏鬥過來的，才能支配所有的形式。

「愈是詩的，愈是創造的。」托翁的這話是名言。

那末，所有的低能的摹倣，無恥的抄襲，毫不消化的剽竊，滾牠們的蛋吧！

所謂「庸俗」是這樣的一種東西：是從情感的過度的浪費所引起的嫌惡，是對心理只能起消極作用的感官的倦怠，是被拋撇於審美者的美的渣滓。

翻開我國今日的詩雜誌，充滿着的是：空虛的夢囈，不經濟的語言，可厭的乾咳聲，粗俗的概念的排列。……

把寫詩當作了不得的榮耀的事是完全昏庸的。

這實在是一種痛苦的勞役：把時代打擊在我們的心上的創痕紀錄給人家看。

因爲我們的控訴既不希求同情，更不接受撫慰。

不對人類命運發空洞的預言，不以先知者的口吻說：「你們都跟我來；」而是置身在探求出路的人類當中，共呼吸，共悲歡，共思慮，共生死，那樣才能使自己的歌成爲發自人類的最眞實的呼聲。

必須說老實話——

你是被凌辱的，或是凌辱人的；
你是生活得悲慘的，或是生活得歡愉的；
以及你對於你的遭遇是蔑視的，或是感到和諧的，等等。

在我們生活着的些月，應該勇猛的向自私，僞善，謙卑，狡猾射擊。

——因爲這些東西存在着一天，人類就受難着一天。

要把敵人看作難於對付的東西——

這樣，才能使自己沉着射擊，而且才能命中。

「攝影主義」是一個好名詞，這大概是由想像的貧弱，對於題材的取捨的沒有能力所造成的現象。

浮面的描寫，失去作者的主觀；事象的推移，不伴隨着作者心理的推移，這樣的詩也就被算在新寫實主義的作品裏，該是令人費解的吧。

對於這民族解放的戰爭，詩人是應該交付出最眞摯的愛和最大的創作的雄心的。爲了這樣，我們應該羞愧於浮泛的叫喊，無力的叫喊。

有從戰地來的寫詩的友人，說不曉得寫詩有什麼用處。也有從昆明的來信說有人在那邊大發其文學無用的議論。這兩種現象對照起來看是很有趣味的。

前者大概是由於被激變着的現象眩迷了，無能別選題材，過於激動的心靜不下來寫作，索性說「寫詩沒有用處」來安慰自己，還是善良的。

而後者呢，是狐狸說葡萄是酸的，遙遠地擲出無賴的冷嘲——依然是阿Q精神的暴露。還是無恥的。

喘息

曹白

早上，出門去了。馬路裏的行人是那樣的熙攘。但就在這行人的熙攘中，旁邊的商店的無線電裏却常常蹦出一支少女的尖利的曲子，咿咿呀呀的，我不曉得她在唱的是什麼。但有幾個字我確聽得清楚的，那便是：「何日君再來？……」

夜間，回家來了。現在正當黃霉，連落了七天的雨，還依然沒有停止的意思；街中積水沒踁，水波漾漾，街燈的光亮便顯得異樣的幽綠；而四邊就看不見一個人影子，只有我的影子孤單的橫在這幽綠的光波下，倒在這沒踁的積水裏。但就在這百無聊賴中，遠處的無綫電裏又隱約着少女的尖利的嗓子，而我也似乎仍然可以隱約地聽得清楚的，是「何日君再來？……」

『何日君再來』這一句，如其摩登的說，那就是「親愛的，您什麼時候再來呢？」如其還要通俗些，——我就索性用蘇州話來翻譯罷：「倷啥格辰光再來嘅？」但兩湖的民衆恐怕聽不懂：我不懂兩湖的話，譯不出了。

上海未曾陷落之前所流行的歌曲是「起來！起來！」已經陷落後所流行的歌曲是「何日君再來？」但你們慢一點笑，以爲淪陷之後的上海的少男少女們眞孱，只會唱「何日君再來」了。

但說起來呢，上海的陷前和陷後的，確是變得兩樣的。當然啦，我們是做了更苦的奴隸了。單以「衣、食、住、行」的「食」字而論，則買全柴、米、油、鹽、糖、醬、醋，然後烹煮，然後飽腹。那還是踱進飯店胡亂的叫一點來打發肚子，不但省事便利，而且也未必就比自己的開火會吃虧了多少。這樣，吃食店的生意自然「天下第一」了。茶室的營業也興隆；玩耍場所而以一種新的姿態出現的，就是人造的溜冰場。論者對於茶室及其主顧們常常不惜加以攻擊，說自己要是沒有租界，便會做了亡國奴，國家到了如此地步，而還一天到晚的閒閒溜溜，眞是萬不應該的。我也常爲這種言論所貫穿，心頭覺得很沉痛。但又一面想，「租界」這東西，也眞是「有一弊必有一利」似的，它的成爲「流亡者」的暫時的搖藍，有時確使我很感激。四郊既然封鎖，出入是這樣的艱難；認眞做個良民，心頭又是這樣的苦。要不難不苦，還是在租界裏面閒閒溜溜，唱唱「何日君再來罷」：這倒還是屬於可以藥救的，我想。

興盛已久的跳舞場的生意，自然更不壞。這原先就是我們的紳士淑女，次紳士次淑女的互相賣買的地方，現在更來得「人肉市場」了，那是不必說的。有一回遇到一個大公司的經理，他指夾雪茄，愁眉苦臉的對我搖頭嘆氣道，「進跳舞場的大學生眞多啊咳咳咳！」但這可見他自已也進去過，不然，他又怎會知道『眞多』的『大學生』。對於經理先生的「不恥下嘆，」我答不出什麼；而且我們原先也似乎對他們並沒多大的希冀；池田先生說得好，在上海「連戰前的苟安都有了使年青的生命腐敗下去的危險，而不是養育人類生命的東西。」既然如此，他們（她們）也大概只有這樣的才能打發了這一連串的可憐的日子，至於連「何日君再來」也不願唱，因爲嫌它的「味道」太淡薄了。

但我愛「何日君再來。」

請你們慢一點笑，我說我已經生了「想思病，」鴛鴦蝴蝶了，肉麻肉麻了。不的。我的愛它，僅僅因爲它裏面，包含了年青的「期待。」

「何日君再來：」什麼時候再來呢？——不知道。……

……

橫在上海的全體市民頭上的，幾乎永遠是黃霉季節的怨憤而抑鬱的晦黯的天空，在呼吸的窒澀裏，在生活的掙扎裏，在精神的苦刑裏，我們時時刻刻，時時刻刻「期待」着一個東西的再來。但什麼時候再來呢？却一點不知道。……

「期待，」你這奴隸的未死的心腸。

但論者往往以爲「期待」是蛹虫們幹的，其實不，戰鬥者也「期待」的：他期待未來的黃金世界的到來。一個跋涉於沙漠裏的寂寞的旅者，口渴得要死，作爲活命的掙扎，的他做着清泉的飛來的「期待；」「大旱，」稻禾枯巴巴的焦了，農夫們便「期待」着將雨的「雲霓；」而被毒死了兩年的高爾基，他就曾經化爲海燕「期待」過行將襲來的暴風雨。

陷前的上海的歌聲，「起來！起來！」那是年青的胸膛的鼓動；陷後的歌聲，「何日君再來？」應該作爲年青的滿懷的哀訴；雖然嫌孱弱，然而是眞的。

但什麼時候再來呢？——不知道！……

「期待，」你這奴隸的未死的心腸！

「克復上海！萬歲！」我夢裏也在喊……

六月二十二夜於雨中。

賀綠芸君的脫險

柏山

芸兄：

我們停止寫信，已經兩年半了。

在這之間，我所得到的結論是：我們被空間和時間隔絕得愈長遠，則在精神上的親近，愈是密切。也許你以爲這話是違乎人情的，但我却在這反常的心理下發現了自己的感情的眞實。所以今天一在報紙上發見紀載關於你的生活的消息，不禁從內心的深處，發生某種驚異。那驚異的是：我還活着；而你也在戰場的最前綫奔馳。因此，我想我們彷彿是迷失在生活的海洋中的兩隻魚雷艇——尤其是我，已經達到危險的關頭，畢竟衝破水的壓力，浮現在海面了。從這偶然的瞥見中，我的心，好像在晨曦之前，看見太陽湧上地平線的刹那，不禁豁然開朗起來。

、這里，我告訴你：我離開那地獄的世界，是在去年八月。當我踏進上海租界的鐵門，除了奔赴我的家，此外，就希望看見你。而且還希望的深度，說起來自己都有點不敢置信。那就是明知道你已不在原來的地方，我還是很興奮地跑去。結果，那門房的回答是：兩年前有這個人。我再問他，現在呢？他用手一搖：走了！我回轉頭來，感覺得異常的空虛。在空虛的歸途上我還幻想你在半路上出現。但路於從幻想落在了現實上面。我的心，是怪沉重的了。現在那地方，已經成了惡魔的巢穴，而我每一憶及你，就由那地方聯想到你的命運，雖則我知道你不會那樣呆，笨落在敵人的手上。但，是十個月來的生生死死，已經是很不希奇的事實，那麽，怎又能担保你不會發生意外呢？因此，你的影子，在我心裏，就像成了一個疑問。

現在，這疑問，算是得到一個初步的回答；而我還懸望着的心，也算是得到一個著落了。那就是：你已在前線迎接戰區的兒童。本來，在這大難當前，千千萬萬的壯者，強者，一批批的死下去了。救着這些小者，幼老，又濟什麽事呢？如果眞有人這麽想，那正是中了日本軍閥的毒計：滅亡中華民族。是的，我們不惜犧牲，然而我們所企望的，是最後的勝利，所以無論那一顆砲彈所光顧的處所，都是悽慘，荒涼。但在那悽慘與荒涼的土地的本質上，却是更加肥沃的了。用着這無數萬人的血，養育了這廣闊的土地，重新在這肥沃的土地上培植起花木來，那世界，是美麗的，屬於那美麗的世界的創造者，便是你今日去迎接的兒童。

也許你是在含着眼淚，執行這一份任務的。的確，像我們，都是培植那些新的花木的肥料；而欣賞這花木，却不一是我們自己了。要是這樣想，那是太悲哀了。可是，我們萬一眞正做了肥料，那長大的孩子們，一定會想起爸爸是怎樣死去的。那時，今日的犧牲又復活在每一個孩字的心里。所以我常常這樣感覺：最幸福的，固然不是我們，可是，最悲哀的也不是我們。眞正難於忍受的，是我們的母親。比方，萬一你此次隨同徐州的失陷一同失陷了，都麽請想想：你的母親所得到的是什麽呢？……

所以在今天，爲中國人的母親，是艱苦的。從艱苦中把自己的血肉培養起來，又從艱苦中把自己的血肉拋出去。如果要說人類最大的殘酷，恐怕沒有比這個更甚的吧。然而，製造這殘酷的，是人類的公敵——法西斯。爲了愛，我們祇有反抗。這是最平凡的事實，也是人生最高的哲理。

現你在是安然的脫險了。反映在我的心理，却是上面這般的滋味。可是，全個上海，却還是平平靜靜的。舞場的爵士音樂，比任何年頭嚮得嘹亮，而且普遍。不過其中有一點不同的：就是充滿內在的悲哀。尤其一到夜來，四郊的機關槍，幾乎和這音樂成了一個相反的對照。因此，我感覺自己好像坐在行入海洋中的巨船上。無論風浪怎樣在四周襲擊，而生活在船上的人，還像是安安靜靜。可是我很耽心這船有一天會在風浪中沉落下去。所以我就在這沉落之前，盡自己的力，救救人們，救救自己。還比起你在前方的生活，眞是一個在炎夏，一個是在冰天里納涼。然而正因此，我想望着你的生活，正如看見太陽湧上地平線似的，心裏豁然開朗起來。

你不會因爲我的想望回到上海來，而我也不能因爲你的生活而興奮地奔赴前方去。因爲我們需要的，是工作；同時，需要我們的也是工作。那麽，讓我們在工作上做一次精神上的親吻罷。

敬愛的朋友，再見！

五卅紀念日，友生拜。

人皮

艾青

敵人已敗退了——
剩下的是亂石與頹垣
是焚燒過的一片
沒有草，沒有野花
村野已極荒涼了，……
只有那無人走的路邊
還留着幾顆小樹，
風吹動着牠們
在牠們的枝葉間
發出幽微的哀嘆的聲響……
在一顆小樹上
在閃着灰光的葉子的樹枝上
倒懸着一張破爛的人皮
塗滿了汚血的人皮
這人皮
像一件血染的破衣
向還荒涼的土地
披露着無比深長的痛苦……

……這是從中國女人身上剝下的
一張人皮……
不幸的女子啊！
砲火已轟燬了她的家，
轟燬了她的孩子，她的親人
轟燬了牠賴以維繫生命的一切
不知是爲了不馴從羞辱的戲弄呢
還是爲了尊嚴的倔强的反抗呢

敵人把牠處死了——
剝下了牠的皮
剝下了無助的中國女人的皮
在樹上懸掛着
懸掛着
爲的是恫嚇英勇的中國人民

無數的蒼蠅
就在這人皮上麕集
人皮的下面
是腐爛發臭的一堆
血，肉，泥土，已混和在一起……
而挾着灰色塵埃的風，
在把這腐臭的氣息
吹送到遙遠的，遙遠的四方去……

中國人呵，
今天你必須
把這人皮
當作旗幟，
懸掛着
懸掛着
永遠地在你最鮮明的記憶裏
讓牠喚醒你——
你必須記住這是中國的土地
這是中國人用憎與愛，
血與淚，生存與死亡所墾植着的土地；
你更須記住日本軍隊
法西斯强盜曾在這裏經過，
曾佔領過這片土地，
曾在這土地上
給中國人民以亘古未有的
刼掠，焚燒，姦淫與殺戮！

一九三八、七月二日。

在小棗莊的幾顆樹上掛着七八張人皮，五十一軍開到後發現的，士兵覺得太慘，將它收拾起來了，只剩下一張，用放大鏡一看，知道是女人的。照片得自五十一軍呂崇周先生。

血戰宣店子

羽田

從三月二十八號起，幾天來蚌埠懷遠間大概很吃緊，要不然怎麼敵人從浦口天天運兵北上呢？

因爲鉄路的地形不好下手，而且不易破壞，收效一定較小，所以我很迅速地決定先襲擊津浦線的側衛——浦定公路，完成牽制的任務。

浦定公路像條剛出洞的蛟蛇，兇很很地盤旋在羣山間，轉折向定遠爬去。

宣店子，它焦頭爛額的擱在磨盤山脚的公路邊。冷清清的表現着浩刼後的凄涼。

我們靜悄悄的隔條公路躺在山腰間。新南風不住地把那焦臭的味兒送進鼻子來。

「報告指導員，收隊了。」一個弟兄來報告，我不信——太陽還半天高，昨天太陽落到山頂那邊才收隊。拿錶來看：兩點二十分。

「看，磨盤山的指揮部隊不是移動了麼？……」

眞的，磨盤山的部隊移動了，但不是撤收，而是散開。

「注意！不要暴露目標，機關槍拿到山頂來。」

我恐怕左側的李班長那幾枝步槍不知道，等機關槍安好陣地後，又親自過去看。這時，前面嶺上的部隊也蠕動了。

像是氣壓加重呀什麼的，大家的呼吸都有些屏促什麼春虫春蛙春鳥的聲音全聽不到，開在下巴尖的野花啦，引人注意的野鷄啦，穿挿青天的白肚黑燕啦，也全看不見。世界上好像就只有自己的心在蹦跳。眼睜睜的望着薛黃色的公路。

我想久候三天三夜的敵人，總不辜負我們一場的辛苦罷！

敵人來了，是裝甲汽車，從大柳方面駛來的。快到宣店子的地方，車停下了，幾個人從車上跳下，拿着些什麼東西。好久，我才想起他是架帆布橋。

「嗶唏——嗶唏——」

子彈在我的頭頂飛過。可是我們不動，因爲我們早懂得敵人的味道：每經過複雜地形時、先用威力搜索前進，這是所謂做賊心虛。

第一輛車通過了帆布橋，進行得很慢，第二輛也過了，第三、第四……廿三、廿四剛過了，轟隆——」第一輛車給地雷炸個正着，貼貼服服的躺在公路邊。後邊的像成了化石——不動，沒過橋的四輛掉轉頭就跑。

跟着地雷的尾聲，是機關槍自動手槍和步槍的密集射擊聲。槍聲密得像舊歷新年的鞭炮響。叫你興奮得跳起來。

車廂里的人像掉出瓶口的鷄蛋——一跳出就跌下去，手一抽，脚一挺，完了。

「殺呀——丟那媽，殺呀——」

我們一百人從兩面山衝下，集中火力夾攻正面。

四個敵人從第四輛車跳下，一排手槍跟着他們的影子掃去，兩個躺下不動了；一個跑了兩步，倒豎着挿進山溝去；一個脚還沒着地，頭也往下衝，脚朝天一抖，沒了動靜，

「丟那媽，殺呀——」

黃分隊長帶着五個弟兄往前衝，「嗒嗒嗒……」一輪火從爛車里射出，六個人全倒了下去。

我急得暴燥起來，幹嗎他們不先擲手榴彈才衝上去呢？一味死勇只有上當，這在戰鬥上是最忌的。

「傳令兵！」我恐怕戰得發狂的弟兄，不免再上當的。「趕快請翁分隊長到爛車前二十米達處搶救黃分隊長，同時命令不得命令不准衝上。」

這時敵人正面已沒火力，在爛車那里也不過是個把傷兵，其餘的部隊全躲到宣店子去側射我們。

我剛忙了那邊，回頭看，敵人已登上了宣店子斜對出來的高嶺。這個嶺，關係着我們這百人的生死，要是給敵人佔領了去，他可側射我們主力的左側背，給我們以極大的威脅，同時他可直射我們唯一的退却路綫——一條五百米達長的山冲，教我們沒一個能從這火力下生還。

「幹嗎，你這還不射，那嶺上不是敵人麼？」我催促着那機槍射手。

「我看不清楚。」他的聲音分明在顫動。恐怕是槍壞了，扳不動機，打得有一聲沒一聲的。我問他：

「槍發生固障嗎？瞄準點，射呀！我們的任務就是射這嶺和下邊的缺口，不是指給你看過了嗎？」

「是，不過草長，我不着目標。」他始終在打抖。

我判斷是人發生毛病，而不是槍有固障，決定換掉他，叫班長來射。

果然，數發點射，兩個人爛就滾到山脚下去了。

「報告指導員：我們五枝搶只有拾五顆彈藥了」。

這報告可把我赫了一大跳，剛打兩個鐘頭，彈藥就消耗這麼大，還有三個鐘頭天才黑，我原定黃昏後的總攻計劃，馬上起了動搖。

「好，你在機關槍彈藥箱拿五十顆去，留心瞄準！」

這里剛吩咐下李班長，跨麻子——北方土匪帶着五個弟兄上來，氣喘喘的：

「報告指導員，我的傅班長完了。」

「你在什麼地方打的？」我記得十二點鐘的時候，他們回全家莊去過午的。

「在最前線，跟翁分隊長在一起的。……」

「翁分隊長怎樣了？」

「哺——」一顆子彈飛得很低，剛平頭上擦過，跨麻子坐低了一點：

「翁分隊長的機槍打不叫了，黃分隊長掛了彩……

……」

「什麼地方？」

「右臂，不要緊，壯丁隊抬了回去。」

傳令兵跑步回來報告：黃分隊長確是右臂中彈，翁分隊長的機槍撤到嶺後，沒了子彈。

又是沒了彈藥！

「報告指導員，我們的彈藥也沒得了啦！」跨麻子張着一個獨眼盯住我，解下彈藥襭來搜——空的；扳開槍機，就是一顆子彈跳出。

「就是這一顆。」

「傳令兵，在機槍彈藥箱給六排子彈魯隊長。」

經過這兩個多鐘頭的激戰後，雙方都已相當的疲乏，弟兄們僅在那里高呼「カヴザマシロ！」企圖延岩時間到夜間總攻。敵人堅持着不肯降，對準叫喊的地方射擊。

蘇黃色的公路已點綴上些草黃色的死屍，和艷紅的血泊、着了彈的公路，斑斑剝剝的揚着灰塵。

口正渴得要命的時候，一個壯丁冒着槍火送來了一担茶，大家挺起肚皮就喝。

是六點鐘的左右，敵人的增援部隊趕到了。約略四五百人光景，還配有山砲十來門。一部向我們的左翼包抄——啊，打了一天現在才看見敵人慣用的包抄。一部沿公路前進，想牽制我們的正面。

在這嚴重的情況下，我下令總攻，弟兄們久候着的命令一下，馬上喊着殺沖上去，可是我馬上下了一道退却的命令，在敵人極度恐怖之下，我們退出了火力圈外。

靜悄悄地退出火力區後，弟兄們就唧噥起來：二十四輛車的洋財發不到啦，我們不當退却這麼早啦，管他的援軍到不到。……我沒神氣去對他們解釋這些，更嚴重的問題已盤据了我的腦筋：什麼時候去掩埋陣亡的五個弟兄呢？受傷的三個官兵沒藥敷治，得馬上運過公路南面。各種彈藥非補充不能再打。怎樣計劃第二次的襲擊呢……

回到宿營地後，大家都團着黃分隊長慰問，因爲他是個重情感的人，所以特別叫人傷心。

「吳隊長，我們要分別了，怪難過的：大家同生死，共患難這許久，今天……」他像給什麼東西卡着喉嚨，一瞧，眼淚水就掉了出來。

「老弟，別傷心！回去好好的休養，傷好再出來，同事的日子還長着。爲了我們的國家民族，這別離是光榮的。

」

吳隊長終是一個老于世故的人，他自己鎮定而且還能鼓勵別人。

「老弟，當哥子的也窮，這里有五塊錢，拿去用罷！」

翁分隊長是個粗粗鹵鹵的人，邊說話，把票子往黃分隊長的衣袋里一塞，就轉臉一邊去揩眼淚。

往日憑理智說什麼生離死別是平常事，然而想着今日以後就少了一位英勇的青年戰士在身邊，說不定再也看不到他那頑皮的孩子像，心却酸了起來。

這時房子外的兩株柳樹已是深暗色，蜜蜂嚶嚶嚶的在樹稍沖上又落下，烏鴉啞的一聲射過了屋背。我擠出人叢到門外換口氣，好鎮壓自己衝動的情感。

「報告指導員：敵人已進到距離我們八里路的金家莊，密集砲火向我方射擊。」

我曉得敵人此舉不過想用武力威脅我們，得以安全清理戰場罷了。在這深夜中，他絕不會深入進攻我們，而且他決無進攻的餘力。我就心爲我們這戰役而貢獻了物力人力的同胞們，會遭受敵人的屠殺蹂躪。我問他：

「金家莊的老百姓呢？」

「他們都退到石橋澗來了，壯丁還留有一點在那邊放哨。」

我像拾回我失去了的生命寶貝，輕輕地透過了一口氣。

古棧道上

甘棠

雲棧已經成了歷史上的遺跡，這個我們不得不感謝近世紀交通工具發達的結果。如果我們還停留在十八世紀，要想由陝入川，那我們不得不拖着兩條殭直的腿，彎着腰喘着氣，一層一層的爬上這青石鋪成的，下臨深谷的石級。即使你是一個壯健的土人，你至多也只能在你的背架——三根柳條兩塊木板所製成的用來駄貨和行李的——上有了二十斤的載重，每天走上三四十里，而且也許還會覺得極度疲乏。倘若是這樣，根本就談不到軍運問題。但事實上，這種天險的阻礙已經隨着寶成公路的完成而消滅了，成爲軍事上國際路線之一。

我們是很倖運的，能够徒步在這已修築成爲公路的古棧道上經歷了一次，使我們知道在這公路上，在這深山中的人們是如何生活着，對於抗戰的觀念是什麼，雖然這是片面的觀察，簡略的報告，然而它內在的嚴重性決不容許我們忽略的！

一．一個賣穇糟的

「鴉片是西北人民最大的敵人！」

「剷除鴉片拯救人民！」

這些標語，在西安，在寶鷄，我們都可以在白粉的牆壁上看到。然而標語是標語，事實是事實。在都市裏，大的縣城裏，外表的禁烟已經有了相當的成功，但在窮鄉僻邑裏，烟土的買賣是公開的秘密，根本談不到澈底的剷除。也無所謂表面化的禁止。

剛走入秦嶺山脈的第一天，因爲要趕就宿店，整理駄夫，所以我們只走了二十里，在大灣鋪歇下了。

在百米以外遮斷我們視綫的是無數的山峯，近的山是褐黃的土色，襯着一片芊芊的細草，層次的麥田砌成了自然的綠絨階段，清河的水從山後繞過來，像天真的小孩一般的玩皮，用力撞着在河底的巨大的卵石，激動了無數的白色泡沫而流去消失了。

百十間的房屋，建築在這清河的石岸。非常破陋，而且大半是空閒而且殘缺。沒有門窗，沒有用具，每間都有一個已經倒塌而不能升火的土坑，這就是所謂驛道上的客店。

在我們所住下的客店前面，有一個賣穇糟的攤子。我喝了一碗穇糟，沒有注意這個賣穇糟的是怎樣的一個人，只漫不經意的覺得他是一個三十幾歲的，面色很黃，穿了一件藍色破棉襖的中年漢子。

當我把空碗遞給他的時候，他伸出一隻焦黃的手，鑲上了十個烏暗的指甲蓋。還纔引起了我的注意。

一頭蓬鬆而雜亂的短髮，揉滿了灰塵，像房屋角落的亂蛛網粘上了塵埃似的覆在腦殼上。灰黃色的臉，襯着一付晦澀而又遲鈍皺癟的眼球。一個疲長的鼻子，流下了兩行清水似的鼻涕，在黃暗的嘴唇上留着兩條淺溝。疎落的鬍鬚，好像是假的。

「你吸大烟嗎？」一種潛伏的意識，突然從我口裏問出來了。

「吸哩！」他翻着一對佈滿了青筋的眼球望着我，很直爽的回答，雖然聲音有些啞。

「爲什麼要吸呢？」

「不吸不行哩！」仍然保持他那直爽的回答，鼻涕流下來滴在身上，他很自然的用着袖口抹了一下。凸露在太陽穴上的青筋，跳動得很厲害，

「每天吸多小錢呢？」

「兩毛錢。」

「你今年幾歲了！吸烟有幾年？」

「二十六。八歲就吸烟了。」

八歲，這真令我吃了一驚。一個正當看二十六歲的青年，竟枯乾疲癟到這樣。

「你知道吸烟只有害處，沒有益處嗎？如果你將每天所吸的兩毛錢省下來，你不是可以穿得好些吃得好些嗎？」我很剴切的勸說了。

「不吸不得動哩！」他皺着眉頭向我笑了一笑，用袖口又抹一下鼻涕。「我每天吸兩毛錢，可以賺一塊錢，不吸我就起不來，一個錢也賺不到。」

「吸烟是犯法的，你知道嗎？爲什麼不到城裏去戒烟呢？戒了烟不是可以將每天吸烟的錢省下來，又可以起來做生意嗎？」

「沒有錢哩，戒烟所裏不要我們窮人。我們沒錢戒烟，也不想戒了。」呲着上下兩排焦黑的牙齒望着我。

一個陰影突然的出顯在我眼前，緊緊的抓住了我，像一塊巨大的石頭重重壓在我的身上，使我喘不出氣來。

二．打石塊的難民

爲了加緊修築路面，所以沿路很多打石塊的工人。

——這裏面包括民夫，路工，及以工代賑的難民。從他們的語言，容貌，服裝上很容易的就可以分別他們是屬於哪一類的人。

翻過了五十五里的鳳嶺，大約是在下午一點鐘吧，萬里無雲的蒼穹嵌着一顆溫暖的白日，在山上，在山下，沒有一些兒風。翻山越嶺的人們，把清晨所穿的棉衣服——深山中的氣候就是這樣，清早起來穿一件棉襖，還凍得面皮發青——脫下來捆着走，敞開着上身單布衫的領扣，還是流着汗。曬着熱，口乾得像冒火的烟囪。人是一步一步的蝸牛似的爬行着。

「不能停一停喝一口水嗎？」一個旅伴突的嚷了起來。

我們都同意他的提議。像一羣密蜂似的，亂哄哄的各人去找他的休息地。

水壺裏所僅有的水，我很珍貴的含了一口，浸潤着。躺在一大堆碎石後面，敞開了前胸，亮亮身上所流出來的汗水。

三個打石子的工人——兩個赤膊年青小伙子，一個披了一件破棉襖的老頭子，一錘挨看一錘的把地上的石塊打成一個個一寸對徑的碎石。他們就在我們五尺遠的前面。

從他們的服裝上皮膚上我可以斷定那個老人不是本地人，我把這個意思對躺在我的身旁的衡說了。

「喂，老漢！（註一）你是哪裏人？」衡逃起來用衣襟揩了幾下，撇着陝西口音很直率的笑着問。

「咱？河南！」那老頭皺起眼皮向我們望了一望，隨即又低下頭去，一錘一錘的打着石子。

「到這裏來幾年了？」一陣涼風吹過來，頓時覺得異樣的舒適，我坐了起來，望着他一雙盡是皺紋枯槁的手，一上一下的運動着，不由的又發問：「還好嗎？」

「幾年？半年還不到呢！」他的聲音沉濁極了，與鐵錘打在石塊上的聲音竟不易分清。「好嗎？戰區裡的難民，僥倖是逃出一條老命吧！唉！」他雖然還是工作着，顯然的，路錘的運用是遲慢了。

難民，吸引了我們的同情與注意。

他一面用着低啞的調子對我談着話，一面仍然繼續他的工作。他說他是彰德府人，今年七十二歲了。有三個兒子一個閨女，大兒子十六七歲時就出去當兵，二十多年沒有信息，二兒子同三兒子都在家裏種田，也都娶了媳婦，抱了孩子，很幸福的過着日子。

「他媽的，比長虫還要毒的鬼子，他一來就把咱一家攪得家破人亡。就是咱一口氣回不過來，變個鬼也要去咬他一口，纔能出咱這一口怨氣呢！」嗒的一聲，一塊石頭在他的鉄錘下擊碎了。「去年臘月裏，就出了事啦！十月裏風聲不好，咱老三就嚷搬家，咱老二不理他，他們哥兒倆還頂撞了一次呢！老二說：『搬，搬！哪里來錢呢？田地房屋不要了嗎？』老三那個直性的孩子，一口氣就跑了，據說是去當兵啦！咱那不爭氣的三兒媳，曾經爲了這件事還哭鬧好幾次呢！現在呢，她也許會知道當兵好啦！可惜咱老了，老總（註二）不要咱，沒有法子。」他的聲音低得幾乎聽不見。

「臘月裏鬼子兵真來了，到了咱們村子裏，把年青的小伙子閨女媳婦兒都帶了去，咱老二同個兒媳一個閨女也被帶走了，以後就沒有了他們的信息。咱一看事不對，帶了一個六歲的孫兒好容易逃出新鄉縣，那曉得在新鄉車站上又把咱孫兒擠不見了。咱一個人被難民車糊里糊塗的帶到寶鷄，跑到了這裏。」他的聲音抖顫的非常利厲，甚至他握不住鉄錘，幾次滑了下來。

「那麼你每天怎樣過活呢？」衡皺着眉頭望着他。

「錘石子。」

「每天多少工錢？」

「聽說是五分錢，但是咱每天只領得兩個大板（註三。）」

「够吃嗎？」我忍不住也補問一句：「不是有難民站？」

「吃？」他苦笑了一笑，把鉄錘向天一揚，嗒的一聲又打在石頭上。「這就是咱的難民站！」

旅伴又嚷着集合了，我們不得不抱歉地離開了他。

（註一）陝西人稱老者的土語

（註二）兵士

（註三）一種大銅元每角換六個半

三・一羣病夫

由南星七十里翻過柴關嶺，大家都感覺到異常的疲乏。但到了廟台子的時候，不由的精神奮發，忘記了脚底重繭水泡的痛苦，又天真的歡呼了起來。

在一片古松蔭的山下，透出重重宮殿式的一座廟宇——漢留侯祠。參差的建築在竹林松蔭深處的樓閣，處處表現出東方固有藝術的美感。我們在不毛的深山中經歷了十幾天，驀然的看到這一塊地方，怎不高興呢？兩小時的留連，深印在我腦中的只有下面這一副對聯。

壯士奮揮椎報韓已落秦皇膽

大王頻藉箸榮漢終函項羽頭

留侯祠對門的兩家小飯鋪經，已亂哄哄的擠滿食客。我們本來預算飽餐一頓的計劃，只好打消。信步走到這短街的盡頭，找到一家破舊的賣水的鋪子，買了一杯開水，從乾糧袋裏摸出乾饝饝來乾笑着嚥下去。

住在這深山中的人們都具有一種特異的病徵，蘆黃色的臉，鑲着兩個像爛秋桃似的眼睛，眼簾上的皮倒翻進去，露出一圈紅色的肉來，整天的流着眼淚。尤其特異的，差不多十分之八九都有項下氣瘤，嘟嘟囔囔的垂在脖子底下。這種病佈滿了整個的秦棧道。

在先，我們雖然都很注意過這一類患病的人，然而總沒有機會和他們談過患病的來源是怎樣。今天機會到了，這個賣水的夫婦兩人都患着這病，而且他們一個六歲的小孩也有了這病的象徵。

水開了，從壺嘴裏溢出來的水滴在赤熱的煤爐中，噴出一陣白灰，那賣水的男人連忙的轉過頭來，用着袖口在他紅爛的眼圈裏亂擦了幾下，隨即睜開眼睛，幾點眼淚從裏面滴了出來。

「喟，不要用袖口擦眼睛！」我忍不住的忠告他。

「什麼？」袖口又在他眼睛上走了一圈。

「袖口太髒，你最好找一塊乾淨的布去擦眼。」

「先生，我們那裏有乾淨的布呢？」他用手指着一個赤着下身在汚穢地上坐着的小孩，「他還沒有褲穿哩！我們的眼睛沒有關係，是個風火眼，小毛病，不算怎麼，多得很。」爛眼圈又映了一映，滴出兩點淸淚「不過春天利厲些。」

我們無從再與他說明，接着是暫刻的沉默。

一碗麥糊（？）沒有鹽沒有油就是他們一天的食糧。

「吃得飽嗎？」衡問。

「哦，飽嗎？今年好得多了，往年那里有這吃呢？」他捧着碗用力喝了一口，笑起來眼淚更流得利厲。「草根樹皮那苦的東西」似乎他在回憶過去的生活。

我們又談起他項下的氣瘤。

「這也不痛也不癢，不過你們看着難看吧！」他用手摩挲着氣瘤「這不是病，在山裏有這個的人多哩！」他極力辯明我們說這是病是錯誤的。

「先生，有人說我們是因爲食鹽太少了的原故，對嗎？鹽價近來太貴了，幾毛錢一斤，我們那裏有錢去食那麼多的鹽呢？反正它不痛不癢，聽它長去……。」他捧着氣瘤閃着紅眼望着我們。

四・與店主的一夕談

剛把簡單的行李鋪好，預備休息一會，店主——那個喜歡談笑的中年漢子——口裏含着烟竿笑着在房門口向裏面瞅了幾眼。

「進來，談一會！」我們笑看拍一拍坑沿。

「哦！……」口裡還含着烟竿，聲音含糊極了。

我們從瑣碎的小事談到了目前的抗戰，談鋒轉變得非常的快，因爲我們負有宣傳的責任。

「你知道現在我們同日本鬼子打仗嗎？」

「爲啥不知（讀如覺）呢？」他磕一磕煙鍋裏的灰，接着又換上一口烟絲。「聽說政府裏派了蔣大元帥掛帥征東哩！有的嗎？」掛帥征東四個字說得非常的沉重。

我們含着笑點一點頭，想起牆壁上的「擁護蔣大元帥抗戰主張」標語，知道它已發生了相當的效果。

「日本鬼子太可恨了，它欺負我們已經到了極點，先把我們的東北四省奪了去，又派兵把北平天津上海南京強佔着，如果我們再不和它打，那只有眼睜睜的望着它亡了我們的國，滅了我們的家。」衡再三的向他解釋着抗戰的意義。

「那不要緊！」他重重的吸了一口烟。「薛仁貴三箭定天山，保住了大唐天下。蔣大元帥一出，還不把它殺得一個人仰馬翻嗎？日本鬼子再狠些能比蓋蘇文狠嗎？」搖搖頭，煙竿又送到了嘴邊。

一個沒有接受過文明說禮而又略爲認識幾個字的中年人，如果他中了演義小說的毒，那只不容易改變他固有的觀念。我們明白這一點，所以不得不順和他的口吻，說明人民對於政府應盡的義務。

「飛機下彈，怕它幹嗎？我不是也有法寶嗎？那個打飛機的是……什麼？哦……高射炮，它一來，還不把它摟下來。這一次，小鬼子到我國裏來，那簡直是來送死的！唉！」又磕磕烟鍋「可惜咱沒看見。」

「看見，那還不容易嗎？你如果願意去當兵，到前線上，整天都可看得到。」

「提起了當兵，我又想起一件事。」他拍一拍大腿，「上月裏來了許多先生們，要召集我們去訓什麼話，大家聽說是來抓人當兵，多少人都不敢去聽。他們是什麼都不知，不能怪他們。我去聽了，一個鐘頭只聽他們乾喊一頓，吱吱咕咕的也不知說什麼，隨後我聽保長說是勸我們去當兵，那不是得了嗎？他們說話我們聽不懂，簡直等於白說。」

一個意念突然的出現在我眼前。我們這一次沿途所做的宣傳工作，成效太小了，原由是我們的語言使他們無法了解，即使我們儘量的採用本地的土語。

談起了離開公路線的居民，他很譏笑的說：「那些土包（註），」他笑了一笑，烟鍋上又冒烟了。「比猪還蠢，不但你們話他聽不懂，就是我們對他說什麼打日本，蔣大元帥掛帥征東，他也不知呢！其實，他們生在山裏死在山裏，有飯吃飯，沒飯啃草皮，從小到老，糊里糊塗，死了完事。你叫他當兵保衛江山，媽的……」他用鼻子哼了一聲，隨即冒出兩股濃烟來。「當土匪的，那就多了，像王三春這一股，就很麻煩，媽的，我眞不知他們是什麼心眼！」他話說得愈多，烟抽得愈利害，是睡覺的時候，我們的談話也就結束了。

烟，病，貧，匪，造成了我一夜的幻夢。

（註）當地鄉下人

動員菩薩

——龍山抗敵後援會的工作報告

晨歸

當敵人在魯南，在晉西，在安徽，……受到打擊的消息傳達到這角落裏的時候，一直窒息在沉悶的氛圍中的人們，都吐了一口大氣。陰沉沉的臉上開始掛七一片勝利的自信的微笑。……

可是，別高興！據說這些勝利並不是由於我們的軍隊眞有這樣「厲害」，够打贏敵人；而是「關聖帝君」在「顯聖，」「神蜂蜜蜂」助了陣的原故！

你懷疑豈沒有証明麼？有的，並且多得很！譬如城隍廟每夜的出差號聲；黑洞（註一）神蜂帶領着蜜蜂飛上前線去，……這不都是「鐵的事實？」

「一開戰的時候，我們的軍隊不也從河北退到河南，從江蘇退到安徽嗎？這是因爲敵人的炮火太厲害呀！」抗敵後援會的委員長這樣說．「現在却不同了，自從那次歡送過菩薩和蜂子上了前線以後，敵人的大砲給封了口，打不響了，在他們瞄準的時候，蜂子飛上去給眼睛上一咬，槍口子便歪到了一邊。……」

還要証明麼？有的。三月十九號的長沙大公報上就登載着這樣一條消息：——敵機飛在一萬公尺以下的高空，即自行着火。在未着火之前，有人用日本話這樣喊：「投降！投降！安然降落！否則要你三分鐘內自行着火！」果然，倔强的敵機就這樣被燒燬了六十幾架。——（按這原是一篇理想的小說裏面所寫的）「這當然是菩薩在顯神通。」菩薩怎麼會說日本話的呢？回答是：「這就是菩薩之所以爲菩薩的道理。」

聽衆搔着腦袋，睜着一雙懷疑的眼睛……

於是一個不屑於教訓的教訓拋擲過來了：——

「腦筋長在屁股上的嗎？才叫簡單啦！這報紙上的標題不明明就是那次送關帝出征的大旗上寫着的『還我河山』麼？這不是應驗了嗎！」

本情，人們向來相信着他們的話就是眞理，何況又証據確鑿呢！除開痛恨自己腦筋簡單外，也就懷着虔誠的心走散了。……

✶

爲着要使這「好消息」更廣泛的傳播開去，抗敵後援會的「委員長」撚着領下黑痣上的幾莖長鬚，恰如程咬金拔住了「呼雷豹」的毫毛一樣，大叫起來：

「出壁報！這還不出壁報？……」

把穩妥妥地扎在荷包（說不定是皮包）裏的十塊辦公費，竟破天荒地拿出兩百文正之多來出壁報，這眞使人不能不佩服他的「慷慨」和「抗敵熱忱」！

✶

憑良心說起來，這裏的抗敵後援會的「神通」是不可謂不大的。我們不能說它平素不出壁報，不作宣傳，不……，而責難它沒有負起應負的動員羣衆的責任；

相反的，我們應該欽佩和敬服我們的抗敵後援會竟能動員菩薩和蜂子上前線！他們無時或息的在文壇（註二）中「頂香禮拜，」用口頭——祈禱——文字——祭文——……種種的方式向菩薩宣傳着，直到宣傳得武聖帝君「心血來潮，」「俯准」在三月十五集合所部「天兵天將」上前線殺敵。歡喜之下，馬上籌備了一些「不腆之儀」來爲菩薩們餞行，而且還廣泛地發動了一個給「天兵天將」燒草鞋的運動。果然，「心血並未虛耗！」不上半月，前線捷報傳來矣！「功在黨國，」眞令人磕頭佩服！

嗚呼，假使全國各省各縣抗敵後援會均有此「動員菩薩和蜂子」的本領，今後分別担任繼續動員關聖帝君和蜂子以外的城隍土地，陰陽無常，牛頭馬面，蚊子蒼蠅，臭虫蝨子，……等等，等等。則中國之復興，將肇端於此！

阿彌陀佛！

註：（一）黑洞在湖北，相傳爲「神兵」發源地。

（二）這不是現在通常說的「文壇，」而是一個以某種迷信結合的團體的名稱。

某保長

張永禎

同志們都說李保長是個忠厚的老實人，我不如此想，總覺着他是一個外陋內險居心叵測的傢伙。像一般湖南人一樣，他頭上永遠箍看一條白毛巾有次我們告訴他敵機來襲時會變成顯明的目標李保長搖搖頭不信，他有他底哲學，固執着關聖帝能保佑他們鄉土的信心；「一條人命，」他說，「不是輕易便能死去的，」「天塌有大家地塌有鄰家，」也是他底得意傑作。

李保長凡事都愛推諉；比如第一次召集保長會議時，首先便提出他沒有能力召集甲長傳達我們的意思，希望我們通知劉區長下命令召集；當然他不肯負責，不過他這一保已經規定作我們底實驗保，一切都不願和他爲難，答應他了。最後讓他開及齡壯丁名單，起初他不肯，後來，姍姍娓娓地寫出十幾個人來。這明明是欺騙異鄉人，於是我怒了，厲聲告訴他要到區公所查問。他很機敏，立時滿面笑容，「委員長委員短」地恭維起我來，並迅速地拿起筆，一氣又寫上了五十多個名字。

我們這次下鄉組訓自衛隊的意義，曾經一再地解釋與抽丁不發生關係，像李保長那樣聰明的人一定可以領悟的。可是第一天的始業式只到了二十幾個人。經過始業典禮和編隊後，把他們解散了，一個短裝挽袖的農民不走，反赤紅着脖子向我質問：「不到的人有什麼辦法？」這問題頗使我爲難，固然區公所答應如果有人不到或搗亂，願以「打屁股」的法子懲罰，可是我們那願藉這種政治的暴力加諸農民，而使他們再增加對政府的惡感！「勸導」於他們一樣地不發生作用。末後我以很肯定的口吻告訴他：「不到的都記上名字，回頭交區公所定有辦法。」那個農民似滿意而不滿意地走開了。

我把李保長邀到屋里。

「爲什麼今天只到了二十幾個人！你太不負責了！」我們大夥一齊責怪他。李保長很會巧辯，馬上像背書似的道出農民底苦況，什麼有些人賣米去了，什麼打柴去了，什麼一天不作工便沒飯吃呀……最後他還要求我們與其每天零碎地受訓，不如在兩三天之內接連着訓完對他們更方便些。還許多苦楚其實我們雖不明白？可是我們沒有力量爲他們解除，只好苦江婆心地重新向他說勸，一面用區公所要懲罰不努力的保長恐嚇他，一面用我們學科術科豐富而切實用的內容去誘惑他。長長的談話中，李保長始終保持着不加可否的狡滑像，露着兩列黃色牙齒，似在表示他底笑意。

「這傢伙眞滑頭！」李保長走後我們嘲笑着。

晚間工作座談會檢討白天工作時，我正式提出實驗保不能繼續下去的問題，並且憾慨着：——「農民是可愛的，偉大的，質樸而忠厚的，可是單獨地提出任何一個，卻都像李保長一樣是尷尬，齷齪，狡猾而可厭的了。」

結果我們決定了用杜同志底方法試試看。第三天我倆同到了李保長家裏。

在門口我們喚出來一個中年婦人，看樣子恐怕是李保長底賢內助。她和李保長具有着同樣的機敏，一看我們穿着是軍人大衣，便一疊連聲地嚷着「街去了，街去了，不在屋里。」

其實李保長此時正偷着向外照，看來的是什麼人，我們一瞅見便連喊帶笑地直奔進去。

李保長底家是用木板作成的三間矮小而污濁的房子，房正中有一個泥土堆成的炭池，我們便在對門的桌子旁坐下。這時那中年婦人從門外拿過來一把松枝，在土池裏燃着，濃煙騰起，正好閻熏着排在屋頂上的豬肉。

杜君開始向李保長說明我們不能繼續訓練的理由，並恐嚇他，這次不受訓的第二期就將開始（時間更長久）那時一個也不能幸免。

李保長傾聽着，像往日一樣沉默，只不過面上帶些憂鬱的愁容，精神更形頹喪，看樣子似乎像我們所預期的結果——被唬住了。於是我們把眼睛盡量盯着他，一點也不放鬆，意思是逼他回答。李保長現出躊躇不安的樣子，無限感喟似地長吁了一口氣

「各位先生底意思我完全明白，可是保長底苦楚誰能知道？保長每月原有二元辦公費，至今半年了，還不見一個錢，聽說上月區長曾經收到二百元的辦公費，現在也沒影，不但白忙一回，還得往裏墊錢，到昨天更叫人家罵上門來打一頓，眞是何苦來？」李保長像一個孩子受了旁人的氣而跑到慈母跟前哭訴怨屈似地說着，並用右手指向臉頰上的靑腫讓我們看。

李保長繼續地告訴我們如何因爲胡平秋他們家庭太苦特許請假而受旁人的責罵，更如何因爲劉少爺有錢有勢，保長不敢開名子而惹起公憤被打。李保長愈說愈傷心，竟至淌下眼淚。最後，用手輕按一按傷處，好像痛疼重新襲來的似，皺起眉頭。我們沉默着，不知用什麼話來安慰他。

「保長我決定不幹了，只爲抽丁的事攤錢，買人，抽籤，抓鬮，鬧的天翻地覆……」李保長話還沒完，杜君便接着說：

「李保長不要灰心，我們一定給你想辦法！一定！」一邊說着我倆便乘機告辭。在歸路上我暗自思忖，一面追悔以往不該錯怪了李保長，一面又覺得是他應得的報果。明天的問題使我倆都感到棘手了。

在出版界二十年

張靜廬自傳

本書作者是五四運動後第一個從事推進新文化運動的實行者。在新出版業中有了二十年悠長的歷史和豐富的經驗。他曾經手創光華書局，現代書局，和上海聯合書店；現在是上海雜誌公司的創辦人兼總經理。在本書裏極坦白的忠實的記述他三十年來的流浪生活：十年的記者生活，二十年的出版生活。在這裏，縱的方面記錄他一生的事業的興衰成敗，橫的方面描述廿年來出版界每一時代的輪廓，和文壇的一角。這顯然不僅是一個人的自述，而是可以作爲新文化運動的史料看的。末更附有「雜誌發行經驗談」，以事實的經驗說明發行雜誌的技巧和秘訣。

〔每冊四角五分〕

自由魂 .25

趙慧深女士根據「夜未央」改編

這是趙慧深女士的新作，用中國的人情風俗，將「夜未央」改編的劇本，劇中所撰劇詞，均生動有力。該劇曾由趙女士親自主演，在漢湘川……各地演出獲得一致好評。本劇附有「舞台設計」，「導演說明」等，予排演者莫大之便利。

戰地生活叢刊之五

陽明堡底火戰

奚如著：

〔二角二分〕

八路軍出征後，除平型關大捷外，要推陽明堡火襲敵軍飛機場，最使國人興奮。這次夜襲的經過，外間多未詳細知道，作者是西北戰地服務團的副主任，正在前綫，特將這故事加以忠實的記述，給抗戰史上留一件英勇的佳話。

戰地生活叢刊

八路軍七將領	劉白羽 王余杞 著	.2
兩個俘虜	天虛著	.15
游擊中間	劉白羽著	.20
莫雲與韓爾謨少尉	羅烽著	.18
征途上	天虛著	.25
西綫隨征記	舒羣著	.20
八路軍學兵隊	陳克寒著	.22
西北戰地服務團〔戰地通信錄	丁玲 編	
西北戰地服務團〔戰地戲劇集	奚如 編	

抗戰短劇 凌鶴著

信號鎗 史行著

新雁門關 田漢著

鴿子姑娘 王家齊著 .2

上海雜誌公司刊行

漢口·廣州·梧州·宜昌·

重慶·長沙·成都·西安·

本刊已奉湖北省政府秘字三〇九三三號令核准登記

游擊隊小叢書（已出六種）

到處需要人打游擊，也到處有人設立游擊戰訓練班訓練打游擊的人材。但最感苦悶的，是缺乏游擊的材料，和實際指導的書籍。從這個要求出發，我們正在担負着訓練和組織游擊隊幹部任務的幾位朋友們，深深的感到與其臨時編講義上訓練班，不如一勞永逸的編出一套叢書來，可以供給廣泛的需要。這就是產生這套叢書的理由。我們不敢自誇這套叢書編得怎樣好；但是比坊間各種關於游擊戰的書，更爲完備，更爲實際，這是可以自信的。

游擊隊的政治工作　曾霞著 .16
游擊隊的警戒與偵察　明凡著 .18
游擊隊的射擊訓練與爆破技術　李念慈著 .20
游擊隊的交通與通信　希明著 .18
游擊隊與羣衆工作　曾霞著 .16
游擊隊的戰術原則與運用　任陶著 即出
抗日游擊戰爭與游擊隊　力濤著 即出

實用游擊戰術讀本

少鋒社編　一角二分

本書分政治綱領戰術綱領二編，用教科書式分課講授，完全爲適合於初級訓練民衆自衞游擊及組織少年先鋒隊講授的課本。文字極爲淺顯扼要，通俗易懂。本書曾經山西動員委員會採用作爲初級訓練基本戰術讀物。爲求普遍推廣，售價極爲低廉。

上海雜誌公司刊行　漢口　廣州　梧州　宜昌　重慶　長沙　香港

介紹一部通俗化故事化的大衆科學讀物

國防物理學

這是一部用通俗化，故事化的科學講座。以國防的立場，來詳細地將與國防有關的種種速度，動與壓力，環境的抵抗，旋轉，永久發動機，液體與氣體的分子，熱的現象，光，聲等以故事的敍述，使你看了好像看小說一般的便利，眞是難得的名著。

蘇聯·皮萊曼著　崔尙辛譯·實價四角

國防化學讀本　▲裘宏達著

軍用化學講話　▲黃素封著

·上列二書在印刷中·

本期零售：每册一角二分。

七月

第三集

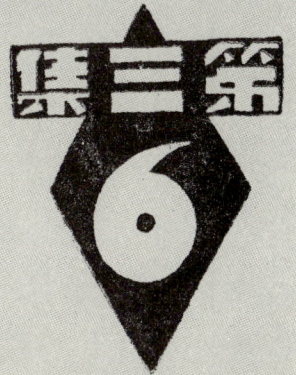

6

上海雜誌公司總經售

·目 錄·

七月

第三集　第六期
（總第十八期）
廿七年七月十六日出版

編輯兼發行　七月社
漢口交通路六十二號

編輯人　胡風
發行人　張鴻飛

發行所：
漢口交通路
上海雜誌公司總店

經售處：
六十三號
上海雜誌公司支店
梧州·武昌·廣州·長沙·宜昌·西安·成都·昆明·重慶·

印刷者
漢口小董家巷
新昌印書館
電話二一〇四五

本期零售每冊一角二分

訂價
三個月……五角五分
六個月……乙圓

每月一日十六日出版

反法西斯主義鬥爭中的革命文學

——在莫斯科作家局反法西斯大會上的演說

G·季米特洛夫

同志們，你們大概知道，由於命運的惡毒的諷刺，我會經被控與縱火焚燬雷切斯特大廈（Reichstag Building）的魯伯（Van der Lubbe）同罪。這對於一個無產階級革命者，一個共產黨員的我顯然地要預先準備着去應付那即將在萊比錫（Leipzig）公審日發生的德國無產階級，國際無產階級與資產階級之間的鬥爭——它將是共產主義與法西斯主義，以及無產階級革命與反革命鬥爭之中的一個揷曲。本來，當一個兵士置身於前線的時候他就必須戰鬥——這原是自然的事。爲了保衛無產階級的正義，爲了保衛共產主義，保衛共產黨，以及爲了保衛蘇聯，我必須反抗法西斯主義，反抗國社主義，反抗資本主義制度。這就和二乘二等于四一樣的淸楚明白。

但是早在我最初的在萊比錫的 些演說裏，我就想達到許多直接的目的我承認在萊比錫的局勢和德國法西斯獨裁的情況之下，那時我是不敢十分確定究否能够完成這些直接目的的。然而我却想着這是我的責任，應該嘗試而且利用一切可能的方法來完成那些目的。

作爲一個無產階級革命者，作爲一個共產黨員，在萊比錫的法庭上什麽是我所應該努力完成的呢？在火焚雷切斯特事件之後，一種無謂的，對於工人階級，特別是共產黨員的猛烈攻擊的惡浪橫捲了全德國，這是舉世共知的事。成千成萬的人被拖進集中營去了、成千成萬的人被拋進牢獄了。因此重新組合無產階級的力量，以及更換人員就成爲必要——要用新的力量來代替那些在集中營和牢獄裏的人。這種在德國的無產階級，首先是共產黨的力量的重組工作，是必須在法西斯的十字火網下完成的。在莫阿比監獄裏，當我在它那曠場上作短短的散步時，我能够看出情形是有點變化了。在四月和五月內所逮捕和下獄到這兒來的我們的革命工人，他們都垂頭喪氣地走着。他們沮喪地暗暗交換着一些關于德國無產者運動受到嚴重挫折的句子。有的竟至變成意志薄弱了。而六月，七月和八月來的——新近被捕的同志們和工人們，却反而變得愉快來。萊比錫的審判激起了數百萬德國勞動者反抗法西斯獨裁，反抗對於大衆的野蠻暴行的集中的憤怒。對於法西斯政治的仇恨必須在萊比錫審判上大聲疾呼地述說出來。這一次的公審就勿異乎是一個講壇，從那里，人們必須攻擊法西斯主義，在那里，人們必須顯示出共產黨與其他工人的威力。——不幸其中有些人却開始暫時的動搖而且恐懼着法西斯的進攻是不可抗拒的。他們必須表示出不僅繼續與法西斯主義作鬥爭是必要的，而且這樣的鬥爭是可能的；同時還必須給予一個人類反抗法西斯主義的鬥爭的活例。鼓勵着人民，幫助那正在戰鬥着的無產階級重新團結他們的力量，并把不穩和動搖轉向的因素投入國社黨的羣衆裏面去，這事也是很必要的。

你們能够回憶起萊比錫的鬥爭一直支持了三個月，所有德國法西斯主義及其法官，辯護律師，原告律師，警察及警官的腐敗和墮落，都在這次審判中暴露出來了。

被告席代表着一個特殊的政治的花環。他們之中有着許多不同的社會階層、傾向、和類型的代表。工人階級的革命部分有着代表，流浪無產者（Lumpen-Proletariat）也有着一個代表——就是那可憐亦復可悲的魯伯的形象！還有在勞動與共產主義運動裏的中產階級份子，小資產階級的殘餘和革命運動裏的官僚的代表；這一種人的傑出的典型就是那著名的（我可以說有一時期也會是我們的同志）託爾格納（Torgler）。

同志們，在這三個月的鬥爭裏，共產主義，有如全世界所知，是獲得了勝利。共產主義的勝利應該感謝泛世界的無產者力量和智識階層中的誠實份子的全體動員；它的勝利是由于非官樣的——眞的，它沒有任何簽字的協定——共產黨，社會民主黨，與其他工人政黨所結成的反抗德國法西斯的統一戰線。這勝利是由于很顯然地在國社黨的羣衆內部中有一個强烈的反動運動成長起來，它反對國社主義的煽動并公開同情被控的共產黨員。在審訊期的最後兩月裏，當案情漸漸大白的時候，甚至國社黨的挺進隊隊員和警察都表示同情而且尊敬我。希特勒及其黨徒們必須認淸這在他們自己之中燃燒着的心頭的火焰啊。

我回想起戈林（Goering），這個德國的萬能之王，怎樣地帶着他的四五十個扈從走到審判處來，而且當我被趕出法庭之後，他留在那兒的樣子，連他的侍從看來也覺得汚穢不堪。

在這蘇維埃作家的集會上，我有權利表示出我的驚奇，就是如像萊比錫案件這樣豐富的材料，這個光榮的無產者運動中的革命思想與革命實踐的大營，竟沒有最低限度地被你們利用過。（衆聲：是的，季米特洛夫同志！）

我知道好幾位外國作家——他們，那些不幸的人，不願意像布爾喬亞作家似的只寫寫關于愛情，關于抒情，關于服從的經驗之類的事情。他們很願意幫助無產者的革命運動。但這些不快活的有才能的人却老是坐着而且沈思着他們應該寫些什麼。如果他們只要看一看數百萬人的鬥爭，如果他們去留心那成千的案件，罷工，遊行示威，以及工人與他們的階級敵人之間的衝突，如果他們只要能把萊比錫的審判看得更深刻一點的話——他們就會找出一些卓越的主題來。他們就會找出不少的上好的題材來的。

單拿魯伯這個形象來說罷。用他就可以表示出雖是一個工人也能够怎樣地變成他的階級敵人的工具，從這個魯伯的反例裏就可以教育着千萬的年青工人而進行着在青年當中的反法西主義影響的鬥爭。

在不同的國家裏，我們經驗着各種特殊的勞動運動的方式。斯姆林斯基（Smoliansky）同志曾告訴我們許多關於反對法西斯主義的德國人民陣線的發展的情形，在這樣的時機，爲了集中力量，重整無產階級的力量，并分化社會民主的階層，以及喚醒廣大的工人羣衆的工作，就比以前更加需要革命幹部。這些幹部必須訓練起來，而且他們一定能够在實際鬥爭和克服困難當中由活生生的例子所訓練好的。

我再往回想罷，在我的幼年時代的腦海裏，文學產生了一種怎樣特別强烈的印象呢？由於什麼東西的影響，形成我現在的作爲一個戰士的性格呢？我可以坦白地告訴你們：那就是車爾凡雪夫斯基（Chernishevsky）的「應該做什麼？」（What's to be Done?）（喝采。）當我參加保加利亞的勞動運動時所具有的那種堅決性，以及支持萊比錫案件直到結束的那種堅決，確定，和强固性——這個我敢相信，在某些方面是和我在幼年時所讀的車爾凡雪夫斯基的作品有關係的。

在我們的文學作品當中，哪里有着德國，奧國，保加利亞，中國以及其他國家的無產階級運動的英雄們的繪畫呢？哪里有着大多數羣衆可以效法的例子呢？給予我們那種含有反面意義的活鮮鮮的例子罷，指示出有血有肉的人，如像魯伯那樣的人，而使得青年可以從這些活例去學習罷。

文學，在培植革命的後代上，扮演着一個驚人的職務。爲了幫助我們，幫助這工人的政黨，共產國際，——給予了我們一個在鬥爭中運用的藝術形式——詩歌，小說，短篇創作——的銳利的武器。用你們的藝術來幫助我們培植革命者的幹部罷。

在某一時期，革命的布爾喬亞汜曾經利用了一切的方式，其中包括着文藝，爲了使得他們的階級前進而頑强地鬥爭。給騎士制度的殘餘留下笑柄的是誰呢？西萬提斯（Cervantes）的唐·吉訶德（Don Quixote）。唐·吉訶德在布爾喬亞汜手中是反抗封建主義，反抗貴族政治的有力的武器。因此現在的革命的無產階級也至少需要一個小西萬提斯（大笑），他將給予他們用來戰鬥的這種武器。（笑聲喝采聲。）而在今天法西斯主義不過是布爾喬亞汜想拖住歷史車輪的最後企圖罷了。

當我能够讀的時候我就盡量地讀着許多書。但我必須說我，常常是沒有耐心來讀我們的革命文學作品的（笑聲。）我不能也不去了解它，我不是一個專家（大笑。）但既然我是知道羣衆的，知道工人和他們的心理的，我就要說：不，這是不合工人需要的。工人一看得出來在那里面並沒有典型，並沒有値得人去效法的例。那些光喊着：『革命萬歲！』的人并不是革命作家。只有那幫助組織工人階級，動員他們來反抗敵人的作家，只有這樣的作家才能够算作革命作家。（衆聲：是的，是的！喝采。）

如果我似乎有點魯莽的話，我希望你們能原諒我。（衆聲：很願意。你是對的。喝采。）我常常是直言無隱的我以爲自從蘇維埃作家聯盟組織以後，你們，蘇維埃作家們，就享有了一些好的條件了一些進行有效果的創作的新的可能性了。

蘇聯的作家有着最有利的創作環境和條件，蘇聯的作家是生活在一個充滿着建設活動的國家裏，在這個國家裏偉大的熱忱鼓舞着，而進步本身用着驚人的速度向前邁進；這是一種非常的空氣，這種空氣在蘇聯是創造的。

國外的革命作家必須克服許多意外的危難和貧困，有時甚至要坐牢或被拉進集中營去。

把藝術創作投入於普洛革命的事業裏，參加到反法西斯，反資本主義的鬥爭裏，以及爲了羣衆的動員和革命教育而參加到鬥爭裏，這是含有決定的重要意義的。同樣重要地，藝術創作應該把黨外的千百萬工人和社會民主黨員革命化，而把社會主義的建設與蘇聯的偉大成就普遍化。創造的藝術應該爲着千百萬工人和人類的偉大革命理想的事業而奮鬥。（采聲。歡呼聲：『季米特洛夫萬歲！』宏大的喝采聲。）

張原松譯

致讀者

胡風

七月在漢口出版，是去年十月十六日，到這一期爲止，已經出滿了三集，一共十八期了。在這十八期的一百萬多字里面，我們做了一些什麼工作，收到了一些什麼結果呢？對於這，我想，我們和讀者諸君大概在原則上可以得到相差不遠的估計，但如果要把問題具體化，對七月底性格（它底基本態度，工作方法，發展方向……）作一理論的描寫，那就不是三言兩語所能够說妥的。但在這里却不妨提出一點：一開始我們就相信民族革命戰爭不會也不能拋棄文化工作，戰爭將使文化更被提高，更被普及，而文化底提高和普及將同時提高戰爭，使它得到最後勝利底保證，使民族革命底目的（新中國底誕生）能够在最短限度的痛苦過程上得到完成。到現在我們底工作能够意外地得到了廣大的讀者諸君和許多可尊敬的文化前輩底愛護，主要地當是我們在原則上的這個信念並沒有錯誤，實際的工作並沒有和這個信念脫離的原故。

到今天，戰爭已經到了更嚴重的階段，一切工作應該集中在保衛武漢這個焦點上面。這時候，把武漢變成華中諸軍事據點的中樞，神經本身或爲一個鐵的堡壘，這是毫無疑義的。由於這，把文化工作移到後方，更靈活地進行活動，還也是不可一概非難的。然而文化工作也還有其他的道路，就七月說罷，在現在的基礎上面，在保衛武漢的行動上作一個精神的支點，堅決地以武漢爲中心和各地讀者聯繫，這也並不是空想的事情。

然而慚愧的是，到寫這一篇短文爲止，我們還沒有確實把握做到這一步。像諸位所知道的，七月和讀者之間還有一重商業關係，而到這一期，我們和書店的合同恰恰滿期了。不但我們沒有印造的資本，單就發行路線說，就是一個致命的問題。所以，這一期以後，如果實在沒有辦法，我們也只好遷到更後方去出版了。預想着這樣的場合，我們向諸君作幾點聲明：

一，出版地現在預定的是桂林，重慶兩處，發行關係和收稿地點，出版前當登報奉告。那以前，漢口的原收稿地還可以收稿，但頂好是暫時停寄。

二，因爲遷移時的旅途時間和技術上的準備，到後方續刊的時候，恐怕有一個月上下的間隔。

三，預訂而沒有滿期的，當由原受訂書店在七月續刊後照寄，不能由書店自由改寄其他書報。

四，來稿中預備留用的，當分別通知，不用而附有郵票的，日內完全退還。

諸君，感謝你們底愛護，但作爲對於諸君底愛護底回答，我們要堅決地使七月在諸君底面前存在！

在雨中走着

S. M.

在雨中走着：

長沙市底街道是如此狹小的，不，天空是如此狹小的。並且，在這狹小裏，還哭泣的頑童一樣不斷下雨，每一條路都泥濘了，每一個人都濡濕了，使人憂愁，使人憤怒。

因此更使人想起失去的土地來：三月的蘇堤，楓葉的棲霞山，茶花的原野，大風的海濱……那裏有那樣好的晴朗：自由的，和平的，香甜的，無窮大的。在長沙市擡起頭來不過是狹小的天空，低下頭去又是狹小的土地或者道路，並且，這天空、土地或者道路又給扯在可厭的雨中！

失去的土地啊！……

就是下雨，失去的土地上的雨，那也是使果實更多含些甜蜜的水分與使田禾更深一層青翠的雨，那也是帶一陣涼風來的輕鬆的雨，那也是把景色洗濯得十分明朗或者配合得更覺柔和的雨，那裏是這樣的雨呢！這樣的雨，祇是泥濘，祇是濡濕，祇是使花朵樣的人憂愁而毛石頭樣的人憤怒而已。

在雨中走着，失去的土地的憧憬啊！

南滙縣底雨是近於霧的，每天我走在城牆上，享受着欲濕不濕的那一種涼意，什麼地方的金銀花在吐早香呢？什麼地方的烏鴉在咳嗽呢？金黃的菜花與翠綠的麥浪罩着一層新娘紗呢。

那時候我年還過於青，還不懂什麼，祇是愚想如繭中的蛾一樣還沒有咬出來，沒有太陽光，沒有新鮮空氣，厭煩，痛苦，因此我就把我自己與我底心情一齊暴露在海濱的雨中，負着兩手，一個牛的樣子在城牆上蹓着，如老人在夕陽中的悠閑。這也是逃避於大自然麼。

但是，隔着這樣的雨，這比烟雨或者毛毛雨更小得多的雨，一面是一個苦悶着的青年的我，一面却是那麼渾圓而掩蓋不盡光輝的薔薇黃的太陽，我隔着一層朦朧仰望着太陽，太陽又隔着一層朦朧照着我！

在西湖，雨底故事是說不盡的……

我特別清楚地記住那一次：

我看着黑雲是怎樣結合與發展的，怎樣跨過一帶山峯的障礙；怎樣使天變了臉色；怎樣使湖水嚇得血都變青了那樣每一滴水都抖着；怎樣使木頭的老樹破了沉默，大聲歡呼起來，一萬隻手高舉在空中揮舞着；怎樣使永遠給踏在人類脚下的塵土與不幸的花葉馳驟在自由的空間……

我爲天地底壯美所醉，對同行的俞說定了。

「我們來和牠賽跑，看誰跑得更快！」

我們與暴風雨一起向前狂奔！

八·一三底前夜，我們在江陰到無錫的公路上行軍，也是與這樣的雷雨平行的。那時候我已經真正拿起來了槍來我還是個下級幹部呢！平原上全是活躍的電光，那天地間的火花從沉悶中殺出來的矯健的光明也響有雷霆底說話，如末日的審判，大聲辯護着正義，又大聲斥叱着黑暗與腐爛，一切都沒有聲息了，你想不到胡琴、青蛸、念經、講演、擣衣……刺刀刃與我，走着，一身全濕了，我受了洗禮了。

那裏還有那樣的大聲勢呢！

在句容縣的演習裏，我也冒了雨了，在陶吳鎮也一樣。

雨滋潤着田裏的紫紅色的苜蓿花，雨滋潤着山坡上的青麥苗，當我經過的時候。

當我經過的時候，我想，這紫紅小花是如此可愛的，弄來吃倒不很有意思麼。

但是當我放下了槍，提着飯盒，一脚走進農家時，我立刻嗅到了一種酸味，同時也立刻看見了真有吃紫紅小花的人，紫紅小花真作了食物，可是却不是爲了『可愛』的『有意思』之類，而是爲的飢餓的『有意思』。

我鼓勇訪問了幾家。我怕看雨中的紫紅小花了，雖然牠不但是食物，還是唯一支持某一羣人生命的東西。

我怕了麼？不！我是懂了，我更懂了！

在雨中走着，一切像就是昨天。

但是，在這長沙市上，除掉經濟的繁榮與政治的平靜外，我能够在雨裏得到點什麼麼？……

我看見了沾泥的口紅，我看見了濺人一身泥水的牛流線型汽車，我看見了雨、風無阻的漢宮歌舞團，滴水簷前的紅綢褲子女招待，也看見了在泥濘中奔跑着叫喊着的難民賣報童與以木拐蹀躞的傷兵在這狹小的天空與狹小的土地或者道路上……

我祇有憤怒！

由於泥濘，由於濡濕，我想起了失去的土地。

一九三八，三，二六。長沙。

到前線去

十二月十三日

夜晚刮了很大的風，沙沙的打着糊緊了的紙窗，半夜起來又知道有大雪在飛。燒了坑的被窩裏暖熱得睡不着。心裏担憂着第二天的行程。

天氣是驟變了，人的心情却正熱着。

跟着我們在天未亮便起身的幾個從上海來的同志，時時圍着我們轉，露着羨慕和惜別，抱歉的是我們也驟變的粗豪了，不大注意別人的顏色。

大隊已經很早就開過去了，我跟在總政治部主任們一齊也在九點鐘動了身。在外交部的空坪上有一團一團的人，那些奪熱情的握手送別了我們的。

仍舊沿着洛川的上流朝西北走。河裏的水全結了冰，有很少的地方還汨汨的響着，在薄冰下有水流滑過。太陽射在這上面，閃閃的發光，這同我來時的我所愛的日光下的洛川河流又是兩樣了。

雖說天氣又轉晴了，但無情的風總是掃着地上的沙土劈面打來。

走過了一些小村庄，看得見在遠處又露出幾排土房，安置在一些厚重的山惙邊，有稀疏的樹林圍繞着。依着山的土層塗畫着一片片的褐色、土黃、深灰和暗紫，在那些有着美麗顏色的山的邊緣上便是無謠的天的藍。

陝北的風景呵！

丁玲

可是我却忽然想到一個問題，而同着北上的汪也在沉思一會之後問我：

『像這樣的地形如果有飛機來了，該往什麼地方去躲呢？』

走過團校時，那威逼着我們的風，使我們停留了一刻，在木柴燒着的火旁邊煖着手脚。同來保安的孫同志，現正在這裏工作。她的學習精神很好，使我每次見着她時，不覺的便顯出大的親熱。

一路就迎着西北風，沿着洛川河流上溯，在一些小石塊上跳到河那邊去，又從薄冰上戰戰兢兢走過來，這樣是過去了四十里，五十里，六十里了吧。彎到一個山坳裏，找到了宿營地，有兩排土窰洞，隊伍也在這裏歇下了。還遇着了四個新紅軍，他們都是剛從上海進蘇區來的。在保安停留了一月多，現在分配到黨校和紅校去工作。我們要同走一大段路，他們還些新兵比我們還不內行，什麼用的東西都不懂得預備，一到了洗臉吃飯，就狼狽着臉色走到我和汪同志這裏來。又是疲憊又是好笑。於是我們就不客氣的互相的笑着。

當每天還沒有天亮的時候，口笛便在洞外橫掃過去，又叫着吹了回來。木的灘着不會轉動的腿，又開始感到了疲倦，然而院子裏各種聲音都雜亂的響起了。我催着睡在坑那頭的汪同志，但他又希望我先起身，我們總是在忙亂的收拾着鋪蓋和零星東西，好在隊伍集合之前在大路上等着。而每天我們也不致於掉隊，雖說在以前我們是從來也沒有走過許多路的。

開始兩天全跟着川走，一時在冰上，一時又爬到兩邊的岩岸上，這些路都非常陡峻，牲口就不能上去，遠遠的繞着河的對面岩底下的小路。也是不能騎馬的，大半的時候還有着許多爛泥，是一些被太陽晒溶化了的地方。後來的行程，便轉到山上了，越過了一個，又有一個，幾十里幾十里看不到一個村庄。這些山都全無樹木，枯黃的荒草，或是連草也見不到的那末一望無際的起伏着，一直延展到天盡頭，但這天是無盡頭的，因為等你一走到盡頭的山上，你又看見依舊的那末一副單純的圖畫鋪在你脚下了。這些地方也有着一些奇怪的小地名，但隨即就會忘去的。腦經越來越簡單，一等到了宿營地，就只想着怎末快點洗脚吃飯，因為要睡的很呵。

像這樣走了八天，八天的生活可說全無變化。我們才到了駐紮地。這一帶是駐紮着我們前方的隊伍的。我們來這裏的目的，就是要看一看，多看一點這些英勇的軍隊的。這時總指揮部是駐在紹溝沿，總政治部駐在她南邊五里路，我們就住在這裏。但沿路還有另外可記的一些，我將另外寫出來。

十二月十八日

看見走在前邊的許多馬匹和隊伍從大路上轉了彎，猜得到大約已經找到了宿營地。我打馬在荒的田地裏岔了過去。有一溜短牆橫在前邊，人和馬陸陸續續的都停在這裏了，我轉過土牆進到一個頗大的院子，許許多多人都在這裏忙亂着。一些氈子被褥，一些不知裝着什麼的蔴布袋，都從馬背上解下來，往房子裏送，一些文件箱也從院外挑着進來了。那些被鬆了担負的馬和騾子在一些凌亂在地下的草上用力的噴着鼻子，吐出氣來。忙着燒水的特務員們，一大捆一大捆的稻草不知從什麼地方抱了來，又拖到一些什麼地方去。機要科的已經把天線裝好了。沿途都沒有休息，只要一休息下來便得擬着電稿或指示的彭德懷同志又已坐在人來人往的門口邊在寫着什麼了。總政治委員任弼時同志便靠在一個石礅上看着一本油印的書，書名叫着：工人階級反法西斯帝。我照例的是一到了新地方就四處走着和看着。這裏房子比較還算好，大約是一個富農的樣子，但是屋主人已經讓到一里路的隣舍地方住去了。我自從到邊區來後便受慣了老百姓的熱情招待，這回看不見屋主人却是第一次。原來他們的男子已出去，只剩兩個中年婦女，她們總以爲有不方便的地方，又加上房子少，所以她們便讓出去了。我每間每間的去瀏覽，有的住通信連，有的住警備連，有的已經弄好了，有的還在收拾。後來我走到末一間，看見正有一羣人圍着兩個不知是那一處掉隊下來的病兵，七嘴八舌的在問着他們。他們穿的並不十分壞，也看不出有什麼大病，只顯出過度的疲勞，兩個人無力的偎在一個角落裏坐着。大家也還沒有想出怎麼來處置的辦法，忽然從門口却傳來了一個有力的聲音，這使大家都肅靜的聽着，這正是那坐在門坎上寫東西的前敵總指揮：

『問他是那一師的，是從那一天掉隊下來的。不能走路，能不能騎牲口？問清楚了，寫一封介紹信，預備兩匹牲口，送他們歸隊。輕易掉隊，是不許可的，你們脫離了建制，脫離了一個組織，一切都得不到解決，你們從什麼地方弄來吃，會餓死去的！你們要了解，紅軍不是無次序的，不是漫無組織的。快一點辦妥，時間不早了，派一個通信員跟着他們去就是這樣！』

等我跟在兩個拐脚的後邊走了出來時，已經又不見他了。

時間已經到黃昏了，一團一團的火四處燒着，青的煙也一團一團的向四方飛去。這裏全放着一些鍋，臉盆，茶缸，幾個特務員就圍在這裏，他們正在說一些故事。於是我也參加了進來。不知是誰一走來就在鍋裏舀了一碗濁水去喝，同時有兩個便站起來抓住了他：

『同志！不行！這水沒有開。記不記得今天在路上，第二排的排長因爲沒有管理了部下，讓他們隨意吃了路上的冰，政治委員便立刻同他談的那一套話？我們應該講衛生，我們應該時時注意身體的健康，同政治的學習一樣。不好這末隨便的，同志！』

這裏的朋友都是明朗的，做事起來就拚命做，一有空就互相說着一些俳側的笑話。彭德懷也是一個喜歡說一句兩句的，並且有時還會找人做出一點胡鬧的舉動，我以爲只有小孩子才會感到興趣的舉動。不過你可以在那極其天眞的臉上還看得見沒有收回的頑皮的時候，他又多半在嚴肅的說着一些橫梗在心頭，沒有一時會放鬆的我們目前的任務，以及軍事上的佈置，或是某一部份的黨的教育工作。我同着指揮部一塊行軍，有三天了，我還沒有看見他有一分鐘是想着別的或做着別的，那離開了責任的事情，所以無論他有時說了一些很粗魯的話，或是有什麼遊嬉的舉動，也只使下級的人，使羣衆更覺得他的可親

天漸漸的黑了。寒冷跟着黑暗跑進了屋子，於是我們房子中生了一堆火，大家圍坐在四週，火光在每個人臉上閃，大家正熱烈的討論着許多問題。這裏是沒有疲倦的。無論每天走過了多少路，或爬過了多少山，但一到宿營地，個個人都興經經的去忙着各個人的事，或是商討着當前的一些問題，就是在行軍的時候，也總是說說笑笑，講着一些過去的戰蹟，和目前的政治形勢。只有一個東西爲談核話的心，這個東西是正決定着中華民族的將來的。

我睡得很晚，十一點了，我還坐在火邊借火光寫着日記。坑上已響起鼾聲。陸同志蹲在一個搖搖的燭光下，起草着一個計劃，在他的身旁那一片稻草上，擠着睡着的幾個特務員，已經沉沉入睡了，只有機要科不斷送來一些電報給總指揮和政治委員，而這些電報有許多關於軍事或時事的，也是我每瞬願意搶着看的。

並不是夢

凡海

我到過一個地方，那地方苦極了，滿山遍野都是黃土，連屋上，街上，百姓們底頭髮裏都是土。這些老百姓底頭和面，正如同我們這裏管水磨坊的人一樣，一頭是粉。而他們身上的衣服，還比不上那管水磨坊的人。他們沒有像我們這樣的白飯吃，我們這裏用來飼鳥的那種粟米，是他們日常的糧食，他們自己叫作小米。他們沒有房子，就住在山洞裏。

你想想看，那個地方老不下雨，天氣乾燥得要命，所以把地皮上的黃土都變成塵埃了，那裡還能够從土裏生得起什麼來呢？我們這裏的土一到春天就黑黝黝，連石崖受了雨露也生起綠油油的青苔來，於是從那些石縫裏鑽出幾十丈高的綠樹，排成葱鬱的樹蔭，樹根下爬滿青藤與灌木。然而這樣的山，在我們這裏是不值錢的，因爲它全是石岩，只能長樹，不出產糧食，可是在那裏呢，連平地上也長不起一根像樣的樹來。什麼地方也找不到青苔，我們這裏的頂鑿脚的山，在那裏是夢中也見不到的。他們底山都是一些土堆，上面生幾根疏落的不到一尺長的黃毛，而泥堆却比不上一個精禿的頭那麼樣還有黏光滑味兒，總是枯燥而悽涼的。你想想看，我們這裏，有七八畝田的人家，就足可以够吃够用了，若是自己底田，不用交租，就是我們欽羨萬分的自耕農。可是他們那裏呢，一個家庭要一百畝田——不，他們實在沒有田的，只是黃地——才養得活。一百畝田，在我們這裏是一個地主了。一百畝田在我們這裏要用很多人才來得及耕種，收獲，而他們一家人要耕種這許多田，才算够吃，不是一件駭人聽聞的事麼？所以他們那裏，一個人要很大一塊地才養得活，人口就非常少了。這是旅行的人最感困難的，他們有時走幾十里路都找不到人烟，一到晚上，便沒有地方睡覺。有時幸而找到幾個土窰，也是買不到東西吃的。因爲他們自己一年到頭連吃小米的時候都很少呢。

廣西，雲南的苗猺還能在山上採到水菓吃，而他們呢，簡直是燥灰裏的蚯蚓，沙漠上的駱駝。

說起來也許是很難相信的，這一片不幸的土地上的生物，却偏偏過着一種比我們更心滿意足的生活。我們這裏的土地雖然好，出產雖然多，山珍海味，綾羅綢緞雖然滿街都是，然而有三分之二的人恐怕一天不得一飽。有些人從火車站上，菜館後面，大公館廚房外的陰溝裏弄到一些殘羹臭粥，吃了生起病來，就像狗一樣自己死掉了。鄭州總是一個富地方罷，那裏的街上總睡着一些年輕的髑髏，面前吐一大堆清水，這有什麼味道呢，雖然他們是生在肥沃的土地上。但我到過的地方上的人民却沒有這些憂苦，他們裏面自然沒有誰特別飽，也沒有誰特別餓，倘使他們裏面有誰不能維持一家人底溫飽，那是不用去向別人乞憐的，大家自然會去關心他，一齊去幫助他，無論是誰，上醫院去看病，不用什麼「號金，」也不要藥費，進學校讀書也不用錢，你看好不好？而且，外邊人到了他們那裏，也不會叫你流落在街頭徬徨，以壯致於餓的一個人民在街頭無所適從，受飢挨寒而沒有人來過問，在他們那裏絕對沒有。

那麼，這是一個什麼地方呢？是外國麼？不是，在中國。在中國陝西省的北部，中國現在受日本帝國主義侵略，全國一致奮起抗戰，他們那裏的老百姓有許多都參加到戰爭裏去了，沒有參加到戰爭裏去的，也早已準備好武裝，決心給侵略進來的日本帝國主義一個迎頭痛擊。假使日本倭子到了他們那裏，他們能够在任何一小時內實行堅壁清野，只要他們願意。因爲那裏的民衆沒有一個沒有組織，就是婦女小孩也參加一定的組織，甚至武裝起來了。那怕你袋裏帶了許多鈔票，假使你到那裏沒有一定的機關招待你，那你就是雇一個脚夫也十分困難，走路也困難，因爲老百姓不但不接受一個沒有民衆團體介紹或保證的僱傭，而且會拿出矛子來要你止步，把你扣留起來呢，日本帝國主義曾打到那裏去過，你想想看，到那裏還有活命麼？幾天工夫就被他們消滅了。日本帝國主義的奸細敢到那裏去麼？那是一定會被抓住的。

參加抗日戰爭的戰士底家屬，都確實得到民衆有計劃，有組織的幫助，得到政府的優待，決不會受饑挨餓那地方在四五年以前，聽說是一個雅片烟窟、窰廔的幾個人口，有十分之八九是雅片烟鬼。現在都禁絕了，却沒有因爲禁烟而將老嫗村婦拿去槍斃過一個。他們是澈底反對肉刑的，就是對漢奸，他們也不用私刑拷問這一套。在他們那裏做囚犯，比在我們這裏住養老院，進收容所好得多了：他們底犯人能够出監獄外來做工，天天到曠野上來早操，還要唱歌。他們吃的飯，則和縣高首長底

都沒有兩樣

有許多從華北東四省流浪到那裏的兒童，無父無母，只有十一二歲的，都在那裏當起勤務來學習射擊和讀書了。有一個十七歲的小孩，看起來只有十三歲的樣子，滿面緋紅。後來檢查出來他有肺病，而且到了第三期了。醫生說他底病只要爆發便會無救的。於是便決定送他進院去療養，他還不肯去呢，原來他情願和大家一道生活，很有味。你想想看，這樣的無父無母的孤兒，負了那麼重的病，倘是不幸在我們這裏，除了把他幼小的生命短促地結束之外，誰還看他一眼麼？

那麼，是爲什麼緣故，他們那裏對抗戰的動員既然做得這麼好，對人民底生活也弄得這麼好呢？大家都知道，那裏有許多共產黨員，共產黨底中央也在那裏。那麼，是因爲他們那裏共產的緣故麼？決不是的。他們那裏做財主的仍舊可以做財主，毫無問題。他們早已把貧富一例看待了。但因爲他們都是些熱烈的理想家，雖早在這個專心抗戰事業的時候，經濟條件非常惡劣，可是始終不忘人類幸福的理想，所以就是在那樣貧脊的土地上，在戰爭的時代，也建設起了一角自由與幸福的中國。你試想，他們那裏的最高首長每月所能領到的津貼也不過十元以上，又沒有貪官汚吏，一切動員與行政工作都很民主地在民衆直接監視之下，更不會發生舞弊，把那些在我們這裏司空見慣的浪費，中飽，特殊生活的大量金錢都用在有益的抗戰事業與民生疾苦上，人民那有不幸福的道理呢？這是毫不奇怪的，我們人類只要不存自私心，不想獨善其身，在全體的利益上着想，把一切物力人力都合理地用在對全體有益的地方，那是在沙漠

G. F. 木刻工作者

天藍

「Biticents, always biticents!(註一)」

Biticents的朋友！
你嗤嗤鼻，
冷笑笑，
揮一揮兩袖，
從南方流轉到北方來——
南方，煙花燦爛的南方，
大悲劇開展着的南方，
你什麼也沒有帶走；
丟下那風燭殘年的父母
年青的阿妹，
那三個失業工人，
那同一風度的biticents的朋友，
——在上海
那敵人毀滅中的上海，
癟着嘴，
走了，
什麼也不遺留——
讓貧困聯繫着你與家庭，
讓家庭在死黑的絕望中
知不到你的奮鬥，
bolshevik的奮鬥，
那（於他們）遠時代的奮鬥！
「他們是大路斯（註二）主義者……
我有什麼辦法呢？……
我又沒有弄錢的本領！……」
恥辱與飢餓是他們的
眼見兒子長大了——
把勞動的血肉養成了的
一個優秀的木刻工作者——
「好吧，養大了你，
你走吧，
幸運與光榮是你的！
我是一個命定的工人，
我毫無怨尤承受我生命的苦難
羞辱與貧困；
我的身旁更沒有誰，
我的心裏沒有上帝！
「呵！你離去吧，
我生相小布爾喬亞的孩子，
同我一樣冷酷而神祕的後人！」
而你離去了，

與氷山上也建設得起天國來。請你想一想西伯利亞那些幾年前的氷山雪地與樹木也生長不起來的沼澤吧，幾年之後的現在竟變成人煙稠密的都市了！

只要眞正能够集中一切人力與物力，使大家都沒有怨言，澈底了解集體的意志，當前的敵人那怕怎麼强大，決沒有不能克服的道理。這兩天來，因爲隴海路上的戰事不很順利，潛居在武漢的漢奸鯽然是又在活動了。安慶失守的消息，天天傳到我屋裏來，昨天竟有人說日寇離武漢只有八十里路了。我底房東老太太相信她只要敬佛便可以免除一切災難，而那個長條子的女人則在晚上回家來宣傳說，被日本人管去的上海，南京現在都開始「安民」了，在那裏的中國人天天唱京戲了呢。可見她對於武漢是否屬於中國是漠不關心的，她所關心的是「安民」，只要能够「安」，在那裏却一樣。這才是最大的危險！

確實，就是像陝西北部那樣的生活，在我們這裏都是一個渺渺茫茫的夢。然而夢是能實現的。它的實現不見得如我們理想的那麼快，也不見得如我們理想的那麼慢。你聽，目今在武漢的軍隊嘴裏唱的是什麼？他們由官長指揮着，集體的唱道：

槍口朝外　齊步向前

一槍打一個

不打自已人

這在一年多以前，不正是那些熱烈的夢想家底腦中的夢麼？

六・五・一九三八

不拚一文錢給他們，

「幇助他們幾塊大洋一個月吧，

只要你多刻兩張木刻，

或是多畫幾幅畫也成；

難道你不知道，

一分錢對於他們的生活也是有意義的？……」

「那不成，

人不能讓拚錢的心思弄壞了工作！」

你傲然回答。

你是大路斯的仇視者：

堅壁淸野，

不讓牠竄入你的空囊，

不讓牠積累在你的手下。

「有時，俄國大菜我是要吃吃的，

便宜呢，才三千錢一份，嘛！

……裁那個，

蘇聯電影

我當脫褲子也要去看一看！

…………………………

那是沒有辦法的嘅！」

你笑笑，

你笑笑，

冷酷中的鋒芒，

悲劇的戰鬥者——

悲劇枯槁了你青年桃花的臉孔，

悲劇剝削了你青年應有的豐滿的肢體，

而你笑笑，笑笑，

壓扁着嘴唇，橫着眉眼，挖苦地笑笑，

你征服着悲劇，

而你勝利了：

你上一代中國普羅列塔利亞的兒子，

這一代全副武裝的bolshevik的鬥士！

一次，

又一次，

你被擒住在那統治者罪犯的網裏；

你沒有逼逃，

你不逼逃，

榮華歸於那些向後轉的人們。

於是，

你寧靜地，誠摯地，

友愛着教育着

那些花花色色的火伴，

那小偷，

那綁匪，

那海盜……

「那比這裏有意思多了！……」

下層社會角色的

光榮的，卑汚的，惡毒的；

以生命作武器
向着飢餓衝擊着的
故事，像自發的流泉
在你的嘴裏泊泊地流——
沒有熬忱，
沒有惋惜，
你躐着嘴冷美笑，因爲呀！
你是另一個
崇高的有原則的
營壘中的戰鬥者。

你有武器——
那和保打定，叛徒飢餓，帝國主義作戰的——
那從美國採買來的
一套七元七毛五分的
木刻的用具。
你明快地鋒利地使用着，
多少年了！

而你戰鬥着。
「你希望做什麼？」
「不，做個更好點的藝術工作者吧！」
一個樸素的木刻工作者，
自身不斷地雕鏤着
一個「淸高的」bolshevik的典型。

——一九三八年四月

（註一）biticents是上海流行的洋涇浜英文，意思是說一文無有。

（註二）大路斯是英文dollars（洋錢）的譯音

·悲劇·獨幕·

家

——呈嬋娥君之亡靈

賈植芳

時：一九三七年的晚秋——開戰的第三月秒。

地：北方鄉村。

人：金紹軒——四十歲以上的人。任過洋事，民國十九年以後回鄉，做着地方的紳士，所以現在是「務農」爲職。

李　氏——四十歲以上的女人，金妻。

金　平——金子，大學經濟科的畢業生，同時是收押在北平模範監獄里的政治犯。（不出場。）

楊　英——二十二歲，一個受過相當教育的女子，金平妻，結婚後卽住在丈夫家的田莊里。

金淑娟——金紹軒的大女兒，十八歲，中學的學生。

金淑媛——金紹軒的第二女兒，十一歲，小學校的學生。

武　夢——有相當教育程度的智識女青年，二十歲，因了戰爭，流亡到異地，現寄居金家。

跟　營——金家的長工，一個二十五歲的拙壯青年。

劉　媽——四十五歲的女人，金家女僕。

日　兵

景：金家的客堂。雖是在鄉村，但因爲金家是世代書香人家，金紹軒且做過洋事的緣故，所以頗顯得富麗。在濃郁的封建氣味佈置中，也多少挾些洋味——比如廳擺的舊式硬木條几，太師椅當中，也挾雜一些輕便沙發，藤製椅子等；牆上的古色古香的名人字畫中，合適的小空隙里，也挾帶有玻璃店買的裝鏡框的油畫。對面的壁上有一隻窗子，窗門敞着，可以看見遠遠的山境和田野。這時都沉在落日的橙黃色的帶有霧色的芬氣里。窗旁的壁上，一抹由窗口斜映進來的夕陽尙在逗留着。右首有一隻門掩着。屋內的光景，像經過什麼變動似的，看來很不整齊，笨重的桌椅，顯出更其笨重和老舊。空氣極悶。時間正向着黃昏進行着。

開幕時，右首的門剛被一隻由外面伸進的枯瘠的手倒掩，屋當中的圓桌上擺了新端來的飯菜——是劉媽放下菜出去了。

劉媽在門口的聲音（蒼老而低微）太太，太太！飯擺好了，吃過飯再收拾罷！

（她的半個身子隨着順進屋內，看了一眼，恰好李氏由她身後出來了——她的頭髮微蒼，形容頗爲憔悴，着一身半舊的衣服。——劉媽跟着她進來。）

李　他的爸爸還沒回來？

劉　沒有。老爺吃過午飯就出來了，說是到——

李　（打斷劉的話。）是，我知道，說到是鎭上余家去和余大爺商量走呢，還是留在家里受日本兵來保護，——聽說日本兵保護有錢人，只要有錢人肯替他做事。可是前一回他們路過黑龍村，崔家就上了他們的當，完了給他們把人殺了，房子燒了，他的爸爸就這樣纔心神不定，走了，祖宗幾代積的家業也就拋了，留下呢——眞是弄不清楚！去年鬧「土匪」衙門里出告示說是殺人如割草，教大家還是趕快逃，咱們不是也在後山里住了半個來月？後來，「土匪」來了，除過殺了專吃利子的老段，別的人可沒傷害半個，這兵災眞難說！就說咱家，當時東西拋是拋了一些，但還是村里窮人後來拿的，可是不礙事，麥穀什麼的，在倉里還是在倉里——

劉　（揷嘴）那是老爺人情好——

李　噯，說的是。可是這次眞不一樣了。這次是日本。崔家上了他的當：笑臉迎他，吃的喝的檢好的奉承，頂裏德的，連村子里的年青的女的也都應酬了他，他走的時候，崔大爺的頸子上就是一刀，院子一把火！——唉唉，長毛反亂我都聽過了，就是沒聽過有這樣傷天害理的事！——

劉　（感動的。）這日本纔是殺人如割草！

李　唉唉，年境一年不勝一年，好男好女的就這麼一堆一堆的給活糟塌死了。——唉，劉媽，今兒十四，明日又該向菩薩敬香了，你記着！這二年我的記性壞透了，眞是心亂如麻，明日千萬莫要忘了，再開罪了菩薩，人還要遭大禍呢！

劉　是，明兒我一准提你。可是老爺臨走的時候說，要是他回來遲，那一定要走，眼點燈一得准趕到後山窪，里——村里紮的兵今天又開走了好些，人也有起身逃了的呢。

李　對，對，可是菩薩總得敬，一生了媛兒，我就誠心誠意的敬奉他老人家，整整十一年了，逢初一十五我總燒香，後來他爸爸嫌我身子累，纔在村口起了這座觀音庵。那好，要是他回來遲，一定要今兒搭晚走，那就在起身前在院子里敬香罷！他老人家不能生我的氣，——我的願心盡到了，他老人家領我這份信心，多多保佑全家平安就是了。

劉　（莊嚴而沉痛的，低頭。）菩薩保佑！

（屋內壓死般的沉默，碗口蕩着的熱氣越來越稀薄，——李氏忽然瞥見她，——她醒了。）

李　（聲音乾枯的，帶有疲倦）那去喊他們來吃飯罷。——（慘笑）娟讀丫頭現下倒是越來越用心的唸功課——

劉　（現喜色，奉承的。）大姑娘本來就挺細心，現在憑空添了武小姐，她這份熱心可就了不起了。這武小姐纔是第一號的女人，長的好看不說，又能說能寫，精明強幹，滿肚子心眼兒。——這樣女人，我四十五年頭一回看見。

李　（突然陷於沉思，低聲的。）可是她是個苦命人，一家子死的慘呢，——就逃出她一口子。虧得她是個知書識字的人，眞的，兵荒馬亂的年頭，認得字還是佔便宜，娟兒她認眞學，也是好，反正有事做，倒不慌慌怔怔的教人多費心。媛兒年紀小，不識好歹，現在更貪玩這也好。只有她嫂子，這是我的一宗心事——她越來越死板，越看不見她的笑臉了。

劉　（勸慰的，激勵的。）太太，可是大姑娘說，自從和日本一開仗，少爺就給放出來了，那他不遠就會回來看您的。那時候少奶奶也就保好了。

李　（沮喪的搖頭。）不會，不會，劉媽，你是我多年的跟前人，我對你說實話：他不會回來，他不會回來，他的良心喪完了。你說，憑我們這樣的家道，他的爸爸是做過大生意的，他，他，——（激動的，臉變得蒼白起來。）他竟在外頭做出這個事，給狗腿子（——北方鄉人對一切「衙門」內公役的稱呼；後來的警查也是列入這一範圍。）拉到獄里，先說要鎗斃，後來又說要押十年。十年，押十年，不是連頭髮都會變白了嗎？我這一輩子還能再看見他？當時，可眞把我嚇死了。我的精神就是打那時候壞起的！這三年地里，我眞是寢食不安，——我想他，我不信他要坐十年狗腿子監。他，他在省城進中學，北京進大學，都是好好的，只是進大學後，把眼睛弄近視了，帶了一幅眼鏡，那是過於用心。我不怪他。（回憶的，臉的表情隨話的情緒而迭變。）那時他娶了她，她也是有錢人的女兒。楊先生又和他爸爸同過事，親事眞是美極了。她的嫂嫂自回到鄉下，總常是笑臉。可是那一個暑假，他一個人又跑到北京，這就出了事，沒上兩個月，他就給狗腿子拉走了。（暫時的沉寂。）和日本開了仗，他們把他放出了，這三年地里，他的身子 定壞完，可是他後來來的信，竟說，竟說他不能回來，他不能回來！北京老早拿日本佔了，他跑到那里去了呢，日本又那樣慘？

（她突然中止，過於悲傷而突出的兩眼迴視

屋內。劉媽傷心的低了頭。剎那的靜寂。）

劉 （抑庄的）太太，眞是，憑空我又引起您傷心，眞是不應該。說得飯菜早涼了，我就喊他們吃飯罷。您也憩憩，等老爺回來，要是情勢不好，還得趕路呢。（慘笑下。）

李 （半響沉默，突然醒過來似的。）劉媽！

劉 （在門口轉身，驚愕的。）太太！

李 （還是倒在椅子里。）你去喊他們，武小姐不用待慢了人家，唸書的人有心眼，不教人家背地說我家小氣！

劉 （明白的，安慰的笑。）知道了，太太！（下。）

（沉默。李氏呆坐於椅上，眼光鈍而疲憊。牆上一抹日影漸漸消去，隱約的飄來少女的歌唱，——是淑媛從她的朋友家回來了。）

李 （沉思的。）唉，這又是媛丫頭唱，她們年輕人心情眞好！

（武夢上，是一個圓臉大眼的女子，衣飾簡樸，很像一個有熱情有毅力的女子。）

武 （熱情的，笑聲）。伯母，您等我們好久了？娟他們就來。

李 啊，請坐下來，武小姐，我們就要吃飯了。

武 伯父呢，他不是還沒回來？

李 他一下回不來，我們先吃了再說。武小姐，您知道，外頭風聲很緊呢，村子駐的兵開走好些了。

武 是，担心的是伯父能早些回來。我想再用不着商量，日本人一定是背恩的壞東西，留下一定不行。您們老人家還是暫避到什麼不相干的地方去。伯母，您們拿我當自己人看待，我的話是直話。我的爸爸媽媽要是原來打算乾脆，也不會有今天的下場。我湊巧是跑到傍的地方的親戚家里，要不也一定完了。（稍停。）眞是，要不是中國軍隊退得快，伯母，我一定還要趕去當女兵、這是眞話。可是後來，我只有做難民。輾轉跑到這里，承伯父收容。伯父他們想，亂了這二十幾年，大家都算混過去了，這次也這麼馬虎過去，可說那二十幾年，是中國人自己打，就比如大家害怕的「土匪」，說他頂利害，殺人放火，去年打伯父家過去了，完了呢，人還是人，地還是地，房子還是房子，東西還是東西；可是那時候人都跑光了，完了又都後悔了，所以這次又想照那一回的例子，把這事情當上一回的情形看。可是不同了，我親眼看見，親身經過，日本人跟本不把我們當人看！尤其我們年青的，他恨得更利害，所以守在家里不行，跑開也不行，因爲他終竟會追來，比如現在的我。所以日本兵要眞的又來，那我就去投隊伍，打死他幾個再死，萬一死不了，我就賺一條活命。

李 （有點哆嗦，懼怕的。）快不要說了，女人當兵，連好男人也不去當兵，你眞說的是孩子話！咳，她們來了，你看！

（淑娟，——一個秀麗而聰敏的姑娘，臉孔因過度的興奮紅漲着；淑媛，活潑的女孩子，她新近去村子逃來的逃亡者學了些新的流行歌，唱不停的咿呀着；楊英，一個憂鬱的少婦，消瘦，厭倦，帶點頹廢的神情，兩眼深沉而呆滯，她走在最後，悄悄的，手里拿一本捲起皮子的書，活像一個幽靈。）

李 劉媽？劉媽呢

娟 （跳過來。）她去廚房了。媽，我又看完了一本書。

李 （裝做冷淡的。）我知道。

（大家就坐，開始就餐。）

娟 （盲目的熱情）讀書上說——

李 快吃，菜都冷了。

娟 書上說，這次和日本開仗，是因爲日本侵略我們，就是想霸佔我們的金銀財寶，並且還要殺我們的大小人，所以我們要大家齊心，打走日本。日本眞的來了，富的，窮的都不會有命。媽，我與武姊商量了，要是日本兵來了，我們一齊去當兵——

（李氏一聲不響的嚼飯，她的表情越來越悲苦艱辛：媛跪在椅子上，用湯匙吃，一壁吃一壁還在小聲的唱。楊沉默。）

李 （向媛。）眞的、吃着飯還唱，唱的別人頭痛！

媛 （頑皮的）你頭痛，我更要唱！（放下湯匙，大聲唱）

李 還死丫頭！

（媛笑得打滾，可是祇她一個獨笑！屋內空氣像爬不動似的，沉悶，難堪。）

武 （難爲情的。）媛，快不要唱，吃過再唱，打擾伯母吃飯。

媛 （快嘴的。）你也幫她，你們是一夥人，你們這夥人這些日子祇知道害怕，吵嘴，歎息！可是我，我以前悶死了，老師又那樣的利害，這下他可跑了。好容易來了容姊，她是一個好人，她住在二叔家。我們不悶了。吃過飯我還得找她呢。

武　伯母，多吃些罷。

李　（離開。）你們吃，我得去收拾東西，無論事情怎樣，東西總得收藏一下。（出門時睇看了娟一眼，轉向媛。）呵，吃過飯，不用教媛再跑遠了。

武　好，伯母。

娟　（躍上去。）媽，我剛纔說的，你可答應我：……（她們走出，屋內沉默。可以聽見李氏哀痛的聲音：「你的爸爸回來再講吧，」和娟的囉嗦，然後隱了下去。）

媛　（跳下椅子。）我也走了。

武　媛妹，你只到容姐那里玩玩罷，不要跑遠，大黑了，伯母要生氣呢。

媛　（狡猾的笑。）你看你們這些大人，總是憂憂楚楚的；——還有你！（指楊，她呆坐着。）你整天在你的破房子里來回走，還哭！（笑。唱歌。——細小而快樂的聲音。下。）

楊　（靜默半響。）人在這樣大的年紀才好呢！

武　（感動性的悲傷，過去握着楊的兩手。）楊姊，你的臉色越難看了，快活些罷！媛這樣的快樂時代在我們身上是過去了。其實我想在中國這樣大的一個地方，像媛這樣的年紀的孩子，不知道有多少萬千，但是像媛一樣快樂的，恐怕是很少的很少。通常是沒有衣穿，沒有飯吃，于是凍死，餓死，病死，正是這樣大的年紀。但是戰爭來了，那意思就是說，死的方法更多更殘酷了，死的機會更多了。就像媛這樣快樂的富家孩子，身上居然也會有死的影子！多麼可怕呀！一切的人，都成了死的對象了。唉，楊姊，我也不過一個二十歲的孩子，太平時代還會要嬌氣的，可是現在我就得自已做人，不能做夢。我的一切親人都給戰爭奪去了。（微憩眼做夢般的看定天，楊低頭。）我有時天眞的想，我們和日本起碼隔一個大海，這眞是童話里的想法：我想，我要看見一個日本人，除過在圖畫裏，要見眞的，就得在大城市里，沒有想到，日本人會跑到我的家里，遠遠的鄉下，和一切人的家里，而且提着那黑色的槍！殺人，放火，多可怕！我現在才知道自已住的是一個什麼樣的世界！還正是一個惡夢！我睜開眼睛做着惡夢！我要不自已幹，我就連在惡夢里打滾的運氣都沒有，我得死！我想，死有顏色的話，一定是黑色的，不是極端的黑色，帶點灰，——牠是灰黑色的東西，還東西多可怕呀，牠像一隻惡狗！對，對，我現在正在惡夢里打滾，我要打破這惡夢！楊姊，快活些罷，我們做着一樣的惡夢，生在這塊土地上的一切人，都快拿這惡夢給弄僵了！你是一個人，至少也得爲自已一個人想！……

楊　（極端悲愴的。）是的，「你是一個人，至少也得爲自已一個人想！」可是，武妹！我不知道，也許我們女人眞是一種沒出息的東西。我和他一結了婚，我就把自已忘記了，我像是已經不存在了。看着他的時候我會笑，想起他的時候我會笑，甚至聽到他的時候，我的心里也要爆發出笑來。笑，還或許就是女人唯一可贊美的感情。我沒有一秒鐘沒有想到他，我沒有一秒鐘完全想到自已。武妹，你說這是沒出息呢，還是胡塗？我自已不知道，我也不願意知道。武妹，你是因戰爭才失掉了一切親人，我呢，我早就是自已一個人了，只有這點我是知道的。可是有他，我忘記了那一切我失掉了的親人。跟他到這鄉下來，我就想，我要忘掉城市里的一切人和事，我厭煩牠們了。我想在鄉下過着儉樸，快樂，自由的日子，雖然這也是夢，鄉下並不太平，更不會有自由和快樂。去年的春天，我就逃了一次。但是我有他。他就是一切。所以我還是快樂的。他在大學學經濟的時候，就有了初期的肺病，我在世界上頂掛心就是這件事——他的可憐的肺。在鄉下住了半年，病慢慢好起來，他也就更快樂。朋友約他到青島那里一個銀行給他預備了合適的位子。我想，我們眞正的幸福就要開幕了。他也笑着答應，我在物質上我們將更幸福，因爲自民國十九年以後，父親做的洋行就關了門。我在大學時還替人當家庭的英文教師，補助他的費用。可是他一到了北平，就逗留住，過了兩個月，一個黃昏，像現在這時光，我從一份小報上看到那消息，我哭了。我在人的面前爲他哭了。我相信他，但是我不了解他。城市，在我的想像里，是一個惡鬼，我眞要放一把火燒滅它！是的，結果他判決了十年！十年，你看！我日夜都看見他，他似乎長滿了滿頭的白髮，穿着灰的長衣，像和尚的道袍，背漸漸駝下去，只有那兩隻眼睛，還是那樣亮，可是我怕，它的可愛的地方完全沒有了，它是那樣的強！我彷彿在那里看見了我的全命運，我停止呼吸，我不敢再往下想了。三年，我就這樣過了三年，在鄉村里，在寂寞里，在哭泣里，在恐懼里……（她的全身可怕的痙攣着，她戀個混亂；臉是灰白兩，隻眼灰白得發光——，一種死滯的光。暫短而緊張的沉默。武像是湧出了眼淚，她的眼睛發亮。）可是，戰事發生了，我看到日本人在蘆溝橋開了砲，我快活死了，牠給我帶來了喜訊，我要從寂寞里自由了。我要恢復了我的被封的財產。可是，（她不能再自制，她的眼望着前方，像從一個可怕的僵夢里醒來。短短的沉默。）他完全忘了我。他是自由了。但是我並沒有自由。他給別人的信里說，他暫時不會回來，他隨着淪陷的北平，捲入了戰爭。我恨他。我想他，我害怕想他。他的信里說：教人要像人的活下去。他沒想到，一個人快要死了，完全是他的蹂躪，他的罪過，我是窮光了！我什麼也沒有，只有死，死是一切人都有的財產，我現在就要動用它了。為窮的人，只是死是快樂！……（突然靜默，用手握臉。）

武　（彷彿一種良心的啓發和衝動，她是極激動了。）楊姊，你過于衝動了。你並沒有忘掉你自己，祗是你把生命看成單純的幸福，快樂成了你自己人生的全體。而在你想像里的快樂和幸福又不是獨立的東西。戰爭前，我讀着一本英文轉譯的俄國小說（註）書里一個叫瑪霞的貴族女子說：「生，就是快樂。」我曾夢想了半天。那個瑪霞就像你，楊姊。她是孤獨的，住在冬季的鄉間，死了母親，沒有安慰，幸福，她厭倦了一切，整日做夢般昏在屋內踱，她說當人向她提起一切問題的時候，眼淚是她唯一的回答；後來他找到一個中年的丈夫，他是誠實而能幹，那時候她纔說，生活就是快樂這一句話。可是這日子不長久，他們在鄉間過了些幸福的日子，終會有的那一天眞正到了，他們彼此感到厭倦，嫌惡。終結生命的還是痛苦。我的先生們給我當時說過，只有刻刻的保持着自己，向前邁進，生活纔會幸福，因為幸福是活的，需要時時更纔，新它能實行新陳代謝，所以需要時時有新的生活，就是創造新的不斷的生命。若把生命停滯于一點，幸福立刻便會在你跟前泯滅，幸福的殘骸就是痛苦。現在，你這樣年輕，這就是將來幸福的保障，你並不窮，人在年輕的時候絕不會碰到窮。可是我們現在，要求得幸福，先要求得生存，人祗有活着的時候，纔能做，纔能想。楊姊，快活些罷！

楊　（聽得不耐煩武這一片「哲理」的話，她仍是發洩般的說下去。）你說的這些，我也零碎的想過。可是我沒有勇氣信這些，所以我恨這些。好，好，戰爭，戰爭，（她的表情癡呆，像在做夢。）日本兵今天或許明天就要到這里了。我不會跑，我要嚐嚐死，這樣的死，比自己一個人單獨的死在一間陰暗的房里，還熱鬧些罷。我需要熱鬧。那或者不會痛苦。……

武　（無可奈何的痴笑。）唉，這樣一個人不過眞要到那樣的時候，你就該知道了。人往往立于危險的面前，才會覺悟出生命的可貴。才會勇敢。希望你現在快活些！楊姊！（走向門）

楊　（驚醒般的。）武妹，你要去了嗎？

武　（笑）呵，我是去看看娟，和她商量一件事，再看看伯母收拾得怎樣了。她剛纔纔叫人挖地洞埋東西，現在恐怕就要埋完了。——你什麼事？

楊　（先是口訥的，忽然變做堅決。）不，那麼你去罷。

武　好，那回頭我有工夫再來。我們好好談一談，你是一個很理智的人。（下。）

（楊在屋內開始踱步。）

楊　（自語的。）他們這些人都忙着自己的活事：媽媽忙着收拾她的東西，爸爸卻忙着找人商量，看日本人是否會殺他，搶娟；他和這位武小姐忙着看書，討論，參加實際工作；就連媛也忙着唱她的歌。我呢，我從前忙着想他，現在連這也不要忙了。我啊！

（掩面，坐角落椅上。黃昏漸濃，夜像一個黑紗帳子，將蒙住一切，只有那稀疏的孔洞里，漏出點點的白光。窗外遠遠的樹上，一隻麻雀致着清脆的晚調。）

楊　（不安的。失望的。）好些時候不聽得鳥的聲音了。這樣兵荒馬亂的時候，居然能有一隻小鳥悠然自在的唱！不過我不喜歡這聲音……

（倒在椅子里。麻雀似乎飛去了，屋內更陰沉。隱約由右角門後——院子里傳來人和東西移撞的聲音。劉媽上。）

劉　（吃驚的）只你一個人在　里，少奶奶！

楊　你收拾你那些碗，去忙你那些事情罷。只有我是一個閑人，我現在在享閑福。

劉　（故意怒氣的。）看你年紀輕輕的，就老說這些洩氣的話。我的少奶奶，少爺就要回來了。你快活些罷！要不，他可不高興呢，他　看見你這樣　沒好氣，他家

（註）這里所指是托爾斯太三十五歲所寫的中篇「家庭幸福」（Family Happiness.）全書兩部，共十四章。

罵我們——少爺是一個有火性的人。

楊　可是你在這里七八年，他在的時候罵過你們一句？

劉　誰說少爺罵過人！老爺有時候還嫌他對下人太丟了體面呢。他和你一樣的進過洋學堂，是一個開通人，是好人，就是皮氣有點兒燥。

楊　可是好人給人家關了三年，差點兒要了命！

劉　（悲嘆。）這年頭倒霉的都是好人。可是你快活一點罷，說不定待會兒就得上路呢。（收拾飯具下。）

楊　（楊站起身，在桌上取了那本帶來的書，翻着。）

（唸出聲。）「愛的成年，」（自語）的。這本書你可看慣了我的幸福，也看慣了我的痛苦。這些都是你帶給我的我。奇怪，想不到我們這樣牢封建的結合，會這樣牢固。他為我用的力氣太小，但他却是用全力愛我的。這就是一條鉄鍊，使我失去一切。那時我怎麼不輕視他，反對他？他是一個好人，但是太好了，所以有這樣一個壞結果！那除非他變壞了，我纔有幸福。但是他不回來，他不回來，他，他，——（她抓住自己的髮，忽然站定了，刹那的靜默後，她笑了。）啊，我胡塗了，我去看看他們怎樣生活罷！（她像狂風似的奔了出去。）

（屋內絕端黑暗，夜已經到了；祇有古舊的敞開的窗口還留着一點亮亮的餘光。窗外的方向飄來有狗吠聲，一個人沉重的脚步走近，狗聲沉默了；屋里的黑暗的秩序被擾亂。一個中等身村的人影撞入。——是金紹軒。）

金　（站在屋當中。）一個人都沒有。他們大約是吃過了。（坐。）劉媽！（他站起來在屋內踱了幾下，復坐，未幾又踱站起步——劉媽擎菜油燈進，金板過半個身子看着燈。他的頭髮已半蒼了，身子却是相當的寬壯，眼內發出像要掠取什麼東西的神氣，他的聲音發吵；穿一身短褲襖——這是荒亂時，鄉下紳士的「化裝」打扮，藉以飾自己原來的身份。）

劉　（陪笑的。）剛纔聽到街上狗叫，就知道老爺要回來了。只是拿燈遲了一步。

金　（金像沒聽她的話，眼睛直盯着燈。）怎麼點起菜油燈了？

劉　（驚愕的，隨即恢復了平靜神色。）這就早點了幾晚了，老爺想情是大意了。開了兩個多月仗，那里還買得到煤油。（燈放桌上。）

金　（踱步。）我真胡塗了，哦，哦！——劉媽，你先把跟管叫來罷。淑娟媽他們呢？

劉　太太在後頭拾收東西，跟管幫着她；大姑娘和武小姐在東房里笑什麼；少奶奶還是在自已屋子里。終是二姑娘到她二叔家找那個容小姐玩去了。剛吃過飯。

金　去把淑娟找回來。把跟管先給我叫來，你去幫助收拾東西。

（劉媽担心的看了他一眼，下。）

（跟管上，怯怯的站在門口，兩隻手像沒地方安放。）

金　跟管。

跟　有。

金　你站近點，做着什麼呢？

跟　給太太收拾東西，沒有別的事，村里駐的兵今天走了好些了。剛才出去聽人說，站到高處還能聽到砲聲呢：……

金　（沉靜的。）跟管，你在我這里長大的，我現在說給你。你把馬喂飽，把那枝槍在樓上找出來。去年「土匪」來，你沒時跑，現在可不成；我先送他們到出窪里，那地方你知道，就是去年避的地方。你在近處巡，要是不礙大事，你不用跑，要不，你就自己投隊伍去。

跟　（無語，祇顯出驚異。）

金　好，你把她們喊來。

（跟管下，他的動作很拙笨。金坐椅上，燈光照着，他蒼老的發亮的額角，那里的智慧似乎用空了，顯得乾燥，平板。李氏上。）

李　早回來的？我和他們收拾東西，好點的總大數弄清楚了。

金　嗯，淑娟他們呢？

李　他們兩個在後面，淑娟近來倒很用心呢，媛倒是越來越頑皮，——唉，媛——（她向屋內四處看。）這鬼丫頭又跑到那里去了，吃過飯我不准她跑出去，這小東西又跑到那里了？

金　不要吵了。劉媽說她到二叔家找那個容姑娘去了。我教劉媽去找她了。

李　唉，這東西總是不聽話，瞧着命都難保了，還是老高興。

金　小孩子不知道命的貴賤，就連平兒，大學都畢過業了，放下好好的事不做，給人抓到獄里。我從前以為是人家冤枉了他。他太老實。今天我纔知道是他自已作的孽，戰事起了，放下家不回來跑到河南參加了隊伍——

李　參加了隊伍，他？

金　今日我收到漢口復生來的信，說是他參加了隊伍，後來病了，回到漢口。復生一次在街上碰到他。復生的生意現在很不錯，他不回來。（李呆呆的聽着，她的眼睛亮了，濕了。默默的。）我回了復生一封信說是——好了，也就教留在漢口，現在走路難，等等再看時勢罷。我和余大爺談了半天，在他那邊吃了飯，慌是慌的很，崔大爺的事都知道了，現在就祇有走，這些日本鬼子眞慘，沿河的一帶燒殺一空，眞是只剩下幾隻蒼蠅是活東西了。我們收拾收拾就得走，這些東西就祇有留在這里，聽天由命了。

李　（沉默的）那——

金　是的，趕快收拾，應用的東西帶上。我先去看看跟管弄得怎樣。（踱步下。）

李　（呆若木鷄的。）啊，走了！我得好好看看東西埋好了沒有。（下。）

（武步與淑娟上，穿了一點厚衣服，拿個包袱。）

武　伯父又出去了？

娟　大約是看牲口去了。我們不必再求他了，他一定不答應我們，他祇要我們避到什麼山窪里，和去年避「土匪」一樣。近來我更害怕爸爸了。他說話的聲音都變了……

武　（苦笑。）那眞……，姊妹，那眞對不起伯父，我還一個流落人受了伯父的大恩，現在却拐走了他心愛的女兒，伯父知道了，一定要罵我呢，他要恨我可是——

娟　不會的，武姐，我在省城唸了二年書，總老覺捨不得媽，可是有了你以後，我就像換了一個人，我忘記了媽，現在更要離開她了。我決心。

武　那是我調壞了你。

娟　不，書調壞了我。不是你，是你的那些可愛的書。我哥哥的書里寫着說書店的招牌，在他是一隻最親愛的友人的手，現在我覺得這是實話。嚇不過嫂嫂呢，她怎麼辦呢，只好再勸勸她要她和我們一同走。

武　（改換了剛纔的感情。）但是你說不動她。她是一塊石頭，不，不就是石頭，你坐久了還有點熱氣呢。我剛纔和她在這里說了半天，她只做夢一樣的說着她那些過去的事，她好像誰都不信任了。

娟　她就是這樣。

武　那還是我們走罷，再遲了就趕不上，她這樣的人，她不是活，她是混。（下。）

（屋內燈光漸漸黃暗，金低着頭上，無聲息，他站在屋當中，于是坐下，隨即又站起，又坐下，……他的表情像失了主持一樣，末幾，李氏上，她渾身哆嗦，臉像一張白紙，眼瘋狂的四射。）

李　（神經錯亂的。）娟，娟，那里，你跑到那里了？（她瞎子般的在屋內亂摸。）娟，娟兒，還有姓武的丫頭！

金　（極端的喫驚。）你怎麼了？？你娟他們不在後頭，劉媽找媛去了，——娟，她那兒去了？

李　（纔看見屋內的金。）你你回來了，我在樓上收拾東西，猛可不聽見娟兒他們說話了，我下了樓，我問她嫂子她還是一個人在她的屋內走，可是她搖頭，我到東房里去，東西亂了，這兩個鬼東西一准是跑了，吃飯的時候她麻煩過我，我不答應她，她竟然跑了，這個姓武的鬼東西，這個不明不白的人，全是你收留她，她說仁講義，不像個壞人，可是做的是壞人事！我呵！（他停頓了一下。）我找她們去。

（她瘋狂的跑去，金呆呆的看着她。）

金　（粗氣的。）你往那里跑村子現在緊極了，你往那里跑，回來！（他追出。屋內沉默。老婦人悲愴的呼喊，與中年男子的粗獷的吼叫漸去漸遠。一陣夜風吹過，燈光閃礫着。楊英像一個幽靈般的蹤進，她的眼更陰沉下去，動作遲緩，像沒有聲息，手里還拿着那本書。風勢起了，她的長髮一飄一飄的，她寂寞的向着窗外看去，外面是漆黑的天空。窗戶看去就像一隻失望的眼睛，……槍聲聽見了，有微小的火花在空際溜過漸漸繁密，可是都在礦着黑暗的時候熄滅了。有衆多的嘈雜聲起：狗吠，人叫，有人大聲的喊出「我們的兵開走了」「跟隊伍一塊跑」）

……跟管背一枝槍，面色倉皇的跑入。）

跟　老爺，快走，日本兵進了村了，隊伍早退了，馬拉在外面，你們先要走，老爺！

（他忽然發見是一個空屋子，失望而驚惶的退後去，——揚從陰暗的角落里走出，跟管纔恢復了意識的紅漲了臉，囁嚅着說不出話。）

楊　（有點開玩笑的。）日本兵來了，你看見？

跟　是，少奶奶，你不聽見槍響，村里人跑了好些了，軍隊也早退了。馬在外面。

楊　老爺們走了，找娟姑娘去了。

跟　（拙笨的，換不着頭腦的，）走了！怎麼不騎馬？（搖搖恍恍的走了出去。）

娟　（尖笑。）好老實的人！

（忽然停止了笑：她的臉色愈來愈蒼白，她漸漸嚴肅了。屋的四週都湧起混亂，但是模糊而低弱的各種聲音。門給踢了一脚，伸進一隻紅色的靴子稍頃，是半個雍重的，帶着死的恐佈的黃色身子。日兵進，沉醉而混亂，他一手提一枝上了刺刀的槍，一手拖一個衣服，頭髮些極紊亂的女子，她像一件衣服似的軟弱。沒有聲息。楊驚叫了一聲，退後，面色雪白。）

楊　哦，媛！

日兵　（低着頭，聲音含糊而粗糙。向着被提的女子。）是你的家？

（女不語，日兵憤怒的一摔，她倒下去。）

日兵　死了，媽的！（抬頭，他發現屋角的楊——她由于過度驚惶，現出極端的美，像一件玉石的雕刻。）

日兵　美人！

（他撲向楊，楊退後去，她一剎那的表情很複雜，最後她達到一種「覺悟」（絕端變態的感情）——她狂笑了，日兵一怔，呆着面孔，最後跟着狂笑了，這聲音非常陰沉，像是兩匹獸的嗥叫。聲音突然停止，剎那的靜寂，日兵再上去抱楊——忽然一個老婦人發瘋的聲音喊着：「你們這鬼，這鬼，媛姑娘，媛姑娘！」衝入屋子，——是劉媽。日兵吃一驚，看着她；——用兩隻塞滿瘋狂的慾火和極端疲憊的眼睛；湊她還沒站穩時，他提起刺刀向她刺去，于是像一件軟綿的東西，她倒在門口。

楊　（突發的打日兵一個耳光。）鬼東西，畜生！

日兵　（扔下槍，半跪着身子。）打得好，打得好，我的姑娘，——啊，我的千代子，我的千代子，可愛的千代子，不見半年了的千代子，不用打我，你不用怪我，我真不願意去，狗才願意到支那去，可是沒法子！你該想念我，我是你的丈夫，現在我回來了，我的千代子！我、我——（他像囁嚅似的在地上爬。）

楊　（掙扎。）鬼東西，滾！

（日兵繼續在地上爬，楊打他的耳光，突然一剎那的沉默，日兵獰惡的大聲笑了。）

日兵　哈，哈，你打我，是你一個陌生人，一個支那姑娘，我又嚐到一個支那姑娘了，反正就是這個身子，終了要死在支那的土地上，給支那農人作肥料，痛快罷——他媽的，你來，你來，——（他半纏的諂卑的笑。）我們，我們，我——

（他往門外拖楊，楊掙扎，罵，打，她完全想到自己了。終於她給拖了下去。油燈漸漸熄滅。被兩個身子頂開的門，像麻木了般，一會以後纔閉。門的方向傳來日兵的聲音，忽而低弱，忽而高吭，有怒，有急求，有惡笑，和楊的喊聲，罵聲，肢體掙扎聲，……。窗外的天空的黑暗和屋里的黑暗流在一起，間斷的小小的火花寂寞的爆着。一片模糊和倔強的叫喊聲，挾在狂笑和聽不懂的哭一般的獸聲里（註）漸漸擴大。）

（幕徐徐的落下。）

（註）此處所指當係日兵的歌，可酌用日本的流行歌。

七月社明信片

因爲事實上的原因，從下一期起，「七月」在發行上有了變動。關於這，另外有一條啓事，希望諸位友人，作者，讀者注意我們底申訴。

這一期，因爲編者病了一場，所以拖遲了一些時。也因爲同樣的原因，編輯上的一二計劃也沒有實現，頂可惜的是沒有在一些朋友離開武漢之前舉行預定的座談會。

這一期發表了季米特洛夫底講演。這是三年前的材料，而且是對蘇聯作家以及德國革命作家說的，但我們底發表它，並不是故意宣傳共產主義，而是因爲這里面觸到了的文學底本質問題，文學底戰鬥任務問題，對於我們底工作也將有很重要的參考意義。在我們這里，因爲環境底更加困難，文化上的失敗主義抬頭了，和這個失敗主義並行的，或者說替這個失敗主義保鏢的，還出現了文化上的取消主義理論。這講演，在建立或堅守民族革命戰爭的文化堡壘的工作上，當有用處。

第二集合訂本在印刷裝訂中，第一集也在添印，但數目好像不頂多，希望熱心的讀者在發賣的時候注意。因爲，這是我們向書店催促了兩三個月才做到的，這賣完了以後，又不曉得什麼時才能再印。

某看護底遭遇

柏山

在火線移到蘇州河南的早上因爲下雨天空非常昏暗。敵、的飛機却繼續不斷地在空中轟炸。就在這轟炸之下，新龍華車站旁邊的第三義勇隊全部遭受犧牲了。祗有隊員曹光斗，腿受重傷，沒有死，倒在路軌上痛苦地掙扎着並且怨艾着自己：受騙了。

但不知在什麼時候，他被兩個弟兄送進辣裴德路××臨時傷兵醫院。那醫院，原來是一個跳舞廳。所以房間既清爽，又極其闊暢。可是躺在床上的受傷者，一望見新的人扛進門，就好象監牢里的囚犯，見到新的客人闖進自己的號子來一樣。每個臉上籠罩着一陣陰黑的愁雲，彼此吃驚地抬起頭來，又頹然地縮回那白的被頭邊去了。

然而曹光斗，什麼也不知道。一把他移到舁床上，他那突出的兩個顴骨，就像骷髏似的，沒有一點血色；更加上那陷凹的兩眼，無力地低垂着。很難使人相信他的呼吸還沒有停止。看護黃大姐，拉拉他的手，感覺他的脈膊還在隱隱地跳動，於是剪開他那沾滿了血泥的舊棉襖，在他的左臂上，注射了一劑強心針。

負傷者漸漸把眼眉睜開了。

黃大姐瞧着他的臉色變化，好像陰雲密佈的天空，投射出一線陽光似的。她的心里也跟着晴朗起來、可是這眼光，輭弱，無力，隨又合上去了。她因此也墮入絕望的深淵。但是她的職務命令她：須得趕快把負傷者身上的濕衣衫換下來。她的愁緒，於是被工作逐散了。

往常，在工作中，她也好像外科醫生立在被施手術者的面前一樣，什麼也不覺得感動。然而在今天，她的心怪沉重的。不，與其說沉重，不如說是感動吧？那就是：她在負傷者的舊棉襖里發現一張寫着藍色小字的複寫紙。

她很祕密地帶着這紙頭，回到自己的臥房里。果然，這是××軍委的一個祕密的指示。她感到極度的興奮，同時又感到極度的痛苦。興奮，是她發現到這個祕密；可是，當她回憶起自己的這種祕密生活時，就像一隻山羊被拋棄在渺無人跡的山谷之中。過去的美滿的家，和那甜蜜的學校生活，都和她隔離得遙遠了。她把這紙頭揑在手心里，對着窗外飄進來的細雨，呆看着。好像那暗淡的天空，正象徵着她的人生的前途。「我究竟爲什麼活着呢？」她心里自語着。可是一聽到南市被轟炸的巨雷似的響聲，她又本能地回到病房中工作去了。

在病房里，曹光斗的傷口已經裹好。並且從當中的一個舖位，移到靠花園的那邊角上，最末了的一張床上。病人睏在這床上，是最幸福的。因爲光線既好，空氣又新鮮；但也祇有重傷的人才能享受。所以這幸福，也就是最爲不幸的了。然而曹光斗對於這，可說是毫無慾求。他的所感受的，是他祇有一條腿的痛苦；另外的半個身子，已經是麻木的。每一翻動身子，就如刀割着他的心似的，使他痛苦得要叫喊起來。不過叫喊這回事，在他覺得是羞

勝利的游擊隊

尹庚

時間　黃昏前後

地點　游擊區域

人物　游擊隊隊長

游擊隊隊員

漢奸

日本軍官

日本兵

壹　啓

落日金子一般發黃，艷紅的晚霞綴滿天空，迅蒼茫的暮色已經掩襲到山坡上來了。山坡上，蔓草中，有兩棵年青的樹，一塊崢嶸的石頭，之外是茂響的森林。灰白的小路就從森林中過來，好像一條腰帶，緊緊的綑住山坡。

拍！拍！突然，鎗聲震驚了恬靜的空間。隨着人聲喧囂，犬在狂吠，求生的呼吼，垂死的絕叫，均清晰可聞，令人感到正發生了屠殺流血的慘案。和平的鄉土，瑰麗的河山，彌漫了烽火，山坡那邊的村落怎麼樣了呢？是又被敵人侵入的時候了！

山坡上有一棵樹，稀奇古怪的移動了。原來精幹的游擊隊隊員，早已僞裝着守在這裏，技巧的從事偵察。同胞的災禍，敵人的罪行，他完完全全看明白了。他慢慢仆倒之後，猴子似的連爬帶跳，飛快的馳往森林。

過了數秒鐘，一個漢奸，鬼鬼祟祟的出現。他窺望

辱，所以往往咬一咬牙，就忍受下去了。惟其如此，他的臉始終是痙攣地痛苦着。

黃大姐走近他的床邊。他突然睜開兩隻可怕的眼瞧她一下。她無意識地感 某種威脅彷彿在愛人面前偷漏了自己的陰私似的，臉色變得青紫起來。為了避免他的正視，她把隔壁床脚下的痰盂端起來，很小心地把幾點塗上生血的棉花拾進痰盂裏。她的這種對於工作的勤謹，已經博得所有的傷兵的敬奉。所以她一從病床的行列中走過，每一個傷兵都投給她一種感謝的目光。這在昨天，黃大姐是很以此為榮幸的，然而此刻，她把痰盂刷洗過後，似乎受到什麼侮辱一樣，她暗地里流起眼淚來了。

和她同班工作的小琴，發現她哭泣，這是第一次。黃大姐一向是母親愛護自己的女兒似的，把她拾在身邊工作。所以她一看見她流淚，就像木鷄似的立在她的床邊，什麼話也不響，祇是睜大着兩隻圓圓的天真的眼睛，呆呆地看着她。由於她這凝情的刺激，黃大姐不禁深深地譴責自己了：為什麼自己的悲哀，要傳染給小孩子呢？於是她拉着小琴的手，很溫柔地說：

「小妹妹！你為什麼也呆在這里不去上班呢？」

「我一個人，上什麼班！」她賭氣地回答。

「你眞是活寃孽。好吧，我同你一道去！」黃大姐滾下床來，說。

小琴眼角邊滴着小淚，嘴上掛着微笑了，很親暱地問：

「大姐姐！告訴我，你想什麼心思？」

「像你一樣，想愛人。」

她苦笑地回答一，把拖着小琴往外走了。

從滬西傳來的炮聲，愈來愈逼近了。立在院門口的醫生和傭人，對着那灼紅的天邊，每個人的臉色，都顯得非常沉靜。黃大姐想：要是不把一批輕傷的向內地移去，那些重傷的，恐怕永遠無法醫治。實際上，她是對於曹光斗的命運，無形中感到了某種系念，因為她覺得自己像對他有一種說不出的責任似的。

第二天早上，她親手幫忙他洗臉，最初，她也和往常服伺其他的傷兵一樣：一套照舊的話和一些機械的動作。但她一看見他那蓬亂的頭髮上沾着許多濘泥，感覺非常不舒服。她用手替他理琭整齊，再把他的枕頭墊得高一點兒。曹光斗由於她這溫柔的動作，使他感激起來。他用着一種頹喪的語調說：

「謝謝你！我這樣殘廢的人，就是好了，也恐怕是多餘的。……」

他的話，是很輕的。然而在她聽來，好像磐石壓住她的心似的。這種容易被感傷激動的心情，也是她現在才有的。過去，她雖說是一個女性，但她很深切的理解：絕望這東西，是虛偽的。與其絕望，不如假造一些希望；還能夠安慰自己。即使偶爾不愉快，她就盡情地哭一場之後，又生氣勃勃地站立起來。此刻，她對他的話，感到好像是說着她自己的命運似的。於是安慰他說：

「不要使自己痛苦，好好地養養吧！」

曹光斗很驚異地瞧着她。黃大姐覺得他那銳利的眼光，是有着極其深刻的意義。她不知不覺地感到某種羞怯。相反地，也就襯托出對方的嚴肅可畏。從此她對他，就好像女孩子服伺自己的父親一樣。

一陣，回頭嚮導敵人，帶來一個氣度矜持的日本軍官，一個面貌兇惡的日本兵。他們辨別地形，搜索片刻，擇定步哨位置。日本軍官指手划脚的昭示森林小路，應當特別注意，把日本兵留下，揚長的偕同漢奸重復走回原路去了。

日本兵，把鎗挾在脇下，鎗端的刺刀殘酷的伸出，總是任何場合都準備着撕殺的。不過不久，日本兵的警戒，顯然逐漸鬆弛。他大意的開始吸烟喝水，又抬頭凝視奇妙的天色。

天色，變了，變成蔚藍了。遙遠處閃出稀疎的星朵，還有淡淡的月亮愈見銀白了。

不消說，從忿怒中武裝了自己的人民，為人民自己戰鬥的游擊隊隊員，決不容許敵人永久佔有平素自己愛戀的大好的自然，一定不放鬆的儘可能的襲擊敵人。他十分矯健，非常靈活，蛇行虎步的繞到日本兵的背後。他伺候着完成任務的機會。

日本兵搖搖兩腿，也許白天的行軍苦了他，他有點疲乏，他一屁股坐到石頭上。

游擊隊隊員猛地躍起，一舉手，尖刀的寒光四射，日本兵連喊一聲也來不及的立被擊斃。

游擊隊隊員挺直身子，望望脚下屍首，他輕鄙的打了一個唿哨，英勇的笑開了臉！

游擊隊隊長和大批隊員，一窩蜂似的衝出來。他們這一羣，年齡不等，男的女的都有，衣衫多半穿得破破爛爛；武器也不整齊，有鎗，有銃鳥，有大刀，也有梭標鋤頭；然而，義勇的情緒統一了他們。他正在這期間，火線上愈打愈激烈了。前方的傷兵潮水似的湧進租界來。可是法租界當局，突然命令任何傷兵不得進租界。因此，××醫院也就永遠是已經有的一批傷兵駐着。而曹光斗也就長期在黃大姐的看護之下，調養。

一個月過去了。曹光斗已經能够坐起來了。

那是一個晴朗的下午。——火線已經移到嘉興，蘇州去了。長期在大砲與飛機驚駭之下的人，和戰爭隔絕，倒反而覺得冷淡起來。曹光斗就是這冷淡之中，最爲厲害的一個。他抱着一個膝頭，靠着墻壁看着整個的病房弄得像馬房一樣的糟，起着一種厭惡的感覺。他看着所有受傷的弟兄，三三兩兩的在後邊子里，花園中來去。而他孤零零地孕着，感到無限的寂寞。尤其使他難受的，在這一天中，沒有看見黃大姐的影子。好像身邊失去一件用習慣了的什物一樣。說是怎麼樣了不起，也不見得；可是沒有它又有一種說不出的難受。他面向着院子門口。每有一個穿白衣的護士飄過，就要使他的眼睛動一動。可是每一點就又激起他一個疑問：她會不會離開此地呢？同時又自己回答：不會的。好像她曾經答應過永遠不離開此地一樣。

傍晚黃大姐穿着一件新的青大衣，飄進院子里來了。她似乎早已知道他在等得發急。她沒有換上號衣，就直接跪進病房，跑到他的跟前來。他看見她穿這樣漂亮的衣服，還是第一次。尤其是她那新燙過的頭髮，好像烟雲似的輕舒。往常，他是最討厭人燙髮的。但在她的頭上，不討厭，而且有着一種特別的深刻。他不打算去理會她。可是不自覺地責問她道：

「你一天到什麼地方去了呢？」

由於這一詰責，黃大姐臉紅起來。她好像小孩在頑皮當中犯了錯誤似的：很恐懼，然而又很快樂。她於是很順從的回答：「朋友結婚，去吃喜酒來呢！」她說着，表示一種歉意的微笑。之後，她把手上的一盒雪梨，分給她們圍的躺在床上的幾個重傷的士兵。她出去了。

曹光斗望着她那婷的婀背影，感到某種勝利的滿足。

然而這滿足，是很有限度的。那就是他在這次受傷之後所受的損失：生理上，缺少一條腿；心理上，對任何事物都看到悲慘的一面。所以他時刻希望黃大姐坐在他的旁邊，可是要他怎樣對她表示，他就不敢想像了。他的悲慘的結論是：祇有一條腿。因此，每一個暫時的滿足，最後給予他的，是幻滅的悲哀。

黃大姐卻完全跟他相反。本來，她已經是絕於秋天的敗草，一切的生命力，全都被風霜摧枯了。然而自從他來到醫院里，就像一個火把，燃燒起她這敗草來了。漸漸發出熊熊的火焰，驅使她向前奮發了。她的看護他，正如一個慈母對待自己的嬰兒似的。好像她終生的希望，都寄托在這上面。所以當他能够坐起來的時候，她就悄悄地幫他定做了一條精緻的木腿。

這木腿送到的第一天，曹光斗就坐到院子里晒太陽去了。初春的陽光，自然帶有幾分涼意。可是那和煦的氣息，很能够使病人的心理上發生某種變化。他坐在那株玉蘭樹的傍邊。沁人心脾的香味，使得他全身感覺輕鬆。最使他快樂的，是黃大姐蹲在他的身邊洗衣服。他看着她那輕捷的動作，突然發現勞働的眞正的生命——

們繳了日本兵的鎗，子彈，乾糧袋……

那個游擊隊隊長，最有警覺性，他側耳傾聽，凝神鼓氣的向山坡那邊瞭望。他斷定又有敵人過來了。他指揮隊員之一，趕快換上日本兵的軍裝，他站在原處：率領其餘的急將屍首搬走，彷彿狂風席捲落葉，一下子全消失了。

果然，敵人過來了。一個日本軍官，一個日本兵。先頭的日本軍官，走近冒充的步哨那裏，可是迎面就給狠狠的殺了兩刺刀。後一步的日本兵，他被這意外嚇糊塗了。他勉强的只簡單的想到逃走。不爭氣的偏匕跌了一交。雖然徼倖的沒有此刻犧牲性命，那掙脫了手里的鎗，成爲實物落在游擊隊隊員的手中了。

游擊隊隊長和大批隊員，聽哨聲中迅速的奔集從日本軍官的身上，取得一切武器，和軍用多品。而緊湊的是山坡那邊急躁的傳來鎗聲。鎗聲越响越近，於是游擊隊又全體分頭伏埋了自己，八個日本兵，弓了腰，一步一步的衝過來了。可是山坡上，照常明星朗月，草木不驚，好像什麼事情也不會有這。

日本兵衝到軍官遇難的地方，軍官的屍首給予部下沉默的嘲笑，部下無可奈何的看看，又迷濛的朝森林小略打了數鎗，有些猶豫的繼續向前推進。

日本兵沒有知道自己已經陷入重圍。當游擊隊的鎗聲堅決的答覆他們的時候，一鎗一個，一連愉快。實，他的這種發現，還祇是一時的心理的現象。所以他對她問道：

「你這樣整天忙，也感覺疲倦嗎？」

「疲倦這東西，要看自已高興不高興。」

她很俏皮的回答。

「那麼，不高興，又怎樣？」

「不高興，閒着也是痛苦的。」

顯然，她的話，是有着極其深刻的悲哀的。然而曹光斗所得到的印象是她祇不過是一個簡單的女人。因爲這點，他覺得她是可愛。不過他自已是否愛她，那就不敢肯定。不過她希望她常在自己的旁邊。因此他對這醫院漸漸有點兒留戀了。

突然，他在一個正午，拖着一隻木腿，柱了一根拐杖，蹣跚地拐進辦公室來了。因爲同事們吃飯去了，迎接他的，祇有黃大姐，這是他們兩個人獨自相處的第一次。曹光斗感覺這房間，似乎是一個世外桃源：一則這屋子過去是舞女的化裝室，牆壁都是金黃的；更加上坐在他對面的人，是那樣和顏悅色。所以他也就忘記自己祇是一條腿了。

「曹同志！」黃大姐嚴正的說。「你有沒有遺失什麼東西？」

這一突如其來的詢問，好像春雷似的把他從夢中驚醒了。他的心血，就如潮水般地湧到頭頂上來。他咬一咬牙，使自己鎭靜了。

他的動作和表情，在黃大姐眼睛里，是很清楚的。

「我是女間諜，」她訕笑地說。「已經發現了你的祕密呢！」

「不必開玩笑，我有什麼秘密呢？」

曹光斗很不自然的回答。

「那麼，請你原諒我，讓我來宣佈，好吧？」

她說着，抵住嘴微笑。

「希望你宣佈。」他像是若無其事地答。

他這冷靜的態度，使得黃大姐的詼諧的心情不由自主地嚴肅起來。她懊悔剛才說的話太輕率了。於是用了一種沉重的語氣說道：

「把這紙頭還給你。」

曹光斗接着那寫上藍色小字的複寫紙，心里怯怯的動了一下。然後從容地回答道：「這個我不懂得，請你還給本主人去吧！」

黃大姐認爲他的這種態度，不够坦白；而對於她，這是一種侮辱。她的兩眼突然變得冷酷起來。曹光斗心里，自然，也是有數目的。他想：對她承認呢，還是澈底的否定？最後的答案是：沒有必要。他於是拖着沉重的木腿，很艱苦地離開那金黃的辦公室了。

他的堅決的行動，對於黃大姐，是一個致命的打擊。她好像看見自己的命運：從懸崖上落到黑暗的山谷里；再從山谷里慢慢向崖上爬，爬到山腰，又被這一打擊，墮進更黑暗的深淵里了。她的眼睛昏花，一切都茫然了。什麼地力是她的出路，已經糢糊了。但此刻她需要撐住她的一個人，也沒有看見。她覺得，她是永遠孤獨的了。

⊗

然而爲了排遣內在的悲哀，她覺得需要報復。不，她實在被他欺侮得太甚了。她躺倒床上，仰望着天花板想。眼睛漸漸被淚水浸濕得糢糊了。最後，覺得自己沒有權力責備人的。她應當以更誠懇，更坦白的態度，去爭取

串。打殺五個。另外三個恐怖的張大嘴巴，圓了眼睛，拉長面孔，丟下鎗，高高的舉了手，他們除了投降沒有別的！

信號響了，左右前後，這邊那邊，嘘哨大作，游擊隊一邊打嘘哨，一邊四面八方的包抄來了。三個日本兵就此變爲可憐也復可笑的俘虜。

游擊隊隊長，他把握了這次戰鬥的勝利，他指揮着，監視俘虜，並且猛撲剩餘在那邊村落上的敵人。

敵人未敢逗留，且戰且退，到底被打走了。

游擊隊隊長興奮而又沉着，在歡迎隊員的凱旋。一堆薪火紅紅的燒起來了。周圍站了或者坐下富有活力的游擊隊隊員，他們把各式各樣的勝利品，互相加以檢查，勝利品不少，他們很是快樂。那年紀頂輕的小傢伙，尤其是女孩子，活潑極了，值得贊美的呵，這我們大中華民族的兒女英雄！

一個隊員記起捕獲的三個俘虜，他一個勁跳起身來。他拉開鎗膛，嵌上一排子彈，打算把俘虜一一打死。然而隊長急忙阻止他，把子彈謹愼的退出，珍惜的放進衣袋。不必殺戮俘虜，應該實貴子彈，平素的政治工作和作戰經驗，不輕易教隊員同志重復往昔一般所犯的錯誤。不過，仇恨，痛苦了隊員同志的心，他還不能够恕然地寬恕敵人，所以他把帶走的俘虜用拳頭一下一下瞄準屁股打去，俘虜因此朋朋地跳着，跳得狠狠而又過火。

（閉幕）

他對她的理解，原諒與同情她。以爲他那堅決的行動是，值得尊敬，可愛！而她剛才還種下意識的報復的思想反而是卑劣的了。

因此，那天晚上，曹光斗坐在後院的涼亭里的時候，她就悄悄地溜到他的身邊了。當然，她的去也正是他所希望的。因爲他離開她的這一下午，有如失眠的長夜：焦燥與不安。所以他一望着她那樣溫順的立在旁邊，覺得再沒有理由要來譴責她。尤其是她那沉默而寡言的非常的姿態，他應當給她以無限的溫情和安慰。末了，他拉着她的手，像牽小孩似的，挨近他的那隻木腿，說道：

「你眞有點孩子氣，爲什麼要這樣苦惱呢？」

她沉默着。

讓大地的岑寂停留在他們兩者之間。一線殘月，透過那落漠的白楊的罅隙，斜照着他們兩個陰影。他們彷彿彼此看見自己的心，不能再有所隱諱似的了。

黃大姐說：「我覺得人間最大的悲劇，是人與人的對立。」

「那麼，人間最大的幸福也就是人與人的親愛。」曹光斗回答。

「不過，親愛在我永遠是一件陌生的東西！」

「那是需要用痛苦去創造的。」

「這在我是很懷疑的。」

「你太悲觀了！」

「不，我一點也不悲觀。可是我用了最後的一點氣力去掙扎，到今天又告失敗了。」

曹光斗遲疑地偷瞟着她那低垂的頭，微笑地重複着說：

「你眞有點孩子氣，爲什麼要這樣苦惱呢？」

「告訴你，我是已經結過婚的。」

「那麼，你的丈夫一定很好。」

「是的，很好。他已經死在監獄里了。」

黃大姐的語調漸漸嚅囁了。

「啊，」——曹光斗彷彿有所領悟似的說。「那麼，你還好……？」

「自從他死了以後，我的心也就死了。……」黃大姐說。

「那是怎麼樣？」

曹光斗的說話，好像法官審問犯人一樣冷酷起來。

黃大姐覺得身子有些發抖了。但她勉強支持着她痛苦地說：

「我是他的罪人。」

「爲什麼？」他更隱藏着自己，冷淡地問。

她漸漸感到他的話比刀刺着她的心還要難過。她痛苦起來了。爲什麼要把自己的心，送到人家脚底下踐踏呢？她不由自主地哭泣起來。

他對於她的哭泣，認爲是一種可恥的流淚。而且是汚濁的毒水，一接近，就會要褻瀆他似的。於是他本能地移動着身子，和她距離起來。

黃大姐覺得祇有死才能解除她的痛苦。然而在未死之前，她還須要報復。那就是他對她的態度，實在太侮辱了。她想：一條狗跟久了它的主人，還能得到一點憐恤；而她捧了一顆赤裸裸的心奉給人，難道還要遭受侮辱嗎？她於是怒目而視地說：

「先生！我是一個有罪的婦人，然而還不是一個該死的東西吧。是的，我不應該對你這樣坦白，可是你也沒有理由侮辱我的坦白。即使我在這些時日奉伺你錯了，我想，也應當由我的良心來責備我自己罷！」

曹光斗由於她這直率的譴責，心里怪不自在。是的，她是一個有罪的人，然而並不是一個該死的東西。……：他的木腿，她的慰籍，他又成爲一個人了。是的，人間最大的悲劇，是人與人的對立；可是重要的，是人與人的親愛。可是要他和她在一道，那是不可能的。可是要無情地給以蹂踏，在他實在沒有理由。於是他又重複第一句話，說道：

「你眞有點孩子氣，爲什麼要這樣苦惱呢？」

「先生！這在你是沒有什麼。正如富翁看見乞丐沒有什麼一樣。」

「不，小姐。」曹光斗被感動了地說，「你不能這樣作賤自己。你應當懂得：一個人能夠和自己的朋友在一道生活，固然有許多方便；要是一時錯誤，而爲朋友摒棄，也用不著怨艾。因爲人生的意義，是服役於人——請記住，同時也是服役於自己。當自己的義務盡了，生的責任也就完成了。我感謝你對我的好意，我希望你好好地生活，好好地工作。在這樣大的戰爭的時代，請想想那里不是你的去路呢。……」

黃大姐的心，跟隨着他那沉重的語調而沉重了。

「謝謝你的敎訓！」她興奮地說，「那麼我們再會吧？」

「好的，我們再會。」他勉强地回答。

黃大姐伴着那枯禿的樹影，幽靈似的慢慢在他的眼前消逝了。而曹光斗也就在第二天離開那使他留戀而又使他痛苦過的醫院。

——六月二十四、深夜三時。

北中國的炬火

倪平

一

黎明。楊國材悄悄地牽着馬走出了村子。太早了，睏睡着的村莊還沒有醒來。澹淡的薄暗的晨光映着村子前面的白楊林子，現出了一片黑滲滲的朦朧的陰影。零落的雞的鳴聲，彷彿是一根鬆弛了的金屬性的琴弦，在冷寂的打麥場上悠揚地搖顫着。

馬不安地踏着蹄子，那是一匹毛色難看的黑色的劣種的馬，秋天的寒冷的氣流使它興奮起來；它大聲地響着黏着乾草料的鼻子，頭搖擺着……

「嚇嚇，畜生——」

楊國材含糊地喝着馬，用手撥着他那付混沌的無光的像羊眼一樣的眼睛，終於一顆灰黃色的米粒一樣的眼屎被他弄下來了，他放在手裏捏了一下，就揩在他補滿了補釘的藍布褂子上了。

「唔，就會好起來的！——隊長同志的話：就會好起來的！……他媽的女人居然也明白過來了！這真……這真是見他奶奶大頭鬼的事呢！……」

楊國材想着想着，高興起來了；禁不住他自己的大腿上拍了一巴掌。……自從他加入了遊擊隊之後，每逢他回家一趟，臨走的時候他老婆都是哭着，鬧着，拖着的：但是今天他老婆躺在牀上，用一種平淡而且安靜的聲音說「唔，又走了嗎？……走吧！」

「她已經明白過來哩！……嘿嘿，你這王八╳的畜生！你待什麼蹄子呀！」

楊國村當整理馬鞍子和韁繩的時候，又一遍的充滿了喜悅地想着。他撫抹着馬頸上披下來的柔軟的鬣毛，像一個孩子一樣。支着嘴，露出了黃臭的牙齒笑了。在他的下巴上，一道昨天夜裏印下的口水的水痕，冷冷地閃着一種暗灰色的光澤。

楊國材弄好了鞍子，紮口，肚帶，預備上馬了。他像平時一樣的小心，把手伸進那條束在腰裏的布兜子裏去，想摸摸那封遊擊隊的信。……突然——他呆住了。他那粗黑的馬蹄一般的手在兜子裏像捉兎子一樣的慌亂地摸索着，亂抓着，幾乎抖顫起來了。那封信，那封用堅硬的白紙做的洋信封子裝着的信不在兜子裏了。他像木雞似的站着，一種驚慌失措的焦急的痙攣歪曲着他那張污髒的臉顯出異常難看的要哭的可憐的神情。

「我╳死她奶奶這婊子養的這爛貨啊！……她騙了我。……」

楊國材立刻一切都明白過來了。暴怒地罵着，揮着拳頭，飛一般的向村子裏跑着。

他跑進門的時候，他的洶洶的沉重的腳步聲把他老婆驚嚇住了。他的老婆像是一顆瘦瘠的田地裏長出來的麥子一樣。黃瘦而且矮小。她正坐在牀面前的破桌子旁邊，用一把滿積着油垢的木梳子梳着頭髮。

楊國材氣急的衝到她面前，掄起了他那羊一樣的眼睛，對着她的臉嚷：「你……你……你跟老子玩這一套！你簡直想要老的子命！你……你跟我拿來！」

「拿？拿什麼？」

「拿什麼╳奶奶！你別跟老子裝蒜，就是那封信，拿來！」

「什麼信？我……」

「狗╳的！你拿來不拿來！……」

楊國材暴怒起來，吼叫着，抓住了她的蓬亂的黃毛一樣的頭髮。她突然跳起來，兩隻瘦而多骨頭的手死命的緊握着小褂子的口袋，想掙脫身子，尖聲地叫着：

「你幹什麼！……」

楊國材一句話也不說，從她的口袋裏把那封搵成一團的信搶過來了。她拚命的撲過來，頭在他的胸脯上頂撞着，嘶着聲音嚷：

「你……你就不想想我，想想孩子！又是替他們什麼遊擊隊送信了！又是……你倒不如讓我死了吧！讓我死了吧！」

楊國材兇猛地把她推倒在牀上，向着地下吐了一口吐沫：

「╳你奶奶，要死趁早死，等日本鬼子來再死就嫌晚了！」

「我就死！我就死！反正遲早都跑不了？……我就可憐我的孩子！我的孩子！你好命苦！……」她傷心地抽噎着，抱住那受了驚嚇的一歲的孩子，悲痛地大哭起來。

楊國材在屋裏站着。他的頰上被她抓破了一條血痕，他的手指抖抖地揩掉了血。他的忿怒和勇氣突然都失掉了。他有點困惑地看着那從高梁桿子編成的窗欞上射進來的，照在她那慘淡的黃色的臉上的昏暗的光線：最後他揮了一揮手，把繮成了一團的信小心地舒展開了，塞進了兜子。從地上拾起了那頂焦黃了的舊草帽頭子，撲掉上面的塵土，向着門口走去了。

在門口他跳上了馬。他的臉陰沉着，在晴淡的晨光裏，蒙着一層憔悴的濃暗的影子。他忿忿地拉着韁繩，馬跑起來了。在白楊林子邊上，他回過身來向村子看了一眼；他看見從那倒塌了的土屋的牆角上，他的老婆抱着孩子向着他在跑過來，她的矮小的身子不穩地搖擺着，像是一隻被追趕着的母鴨一樣。

他摸糊的聽見她的絕望的帶哭的喊聲：「國材！你不能走！……你不能走！……」

他的心突然的歉了，他大聲地向着她喊：「我——還回來的！……」

八月的風吹着，捲着他的喊聲和塵土，向着廣大的田野飄去了。馬馳出了密林，在鄉間大道上跑起來了。

在他前面，遠遠的，在那一片蒼然的深紅色的高粱的大野上，繞着雄偉的遠方的蜿蜒的山嶺，昇騰起了烟一般的乳白色的潮濕的霧靄。……

「起霧了，×他奶奶的！……」楊國材用一種他自己也聽不清楚的聲音喃喃的罵着。

二

楊國材到了遊擊隊駐紮的村子的時候，已經快到吃早飯的時候了。

司令部裏正開着幹部會議，低矮的狹小的土屋裏迷漫着一種土製的强烈的烟草氣息。小隊長和政治指導員有坐的有站的，亂七八糟的擠滿了一屋子；噪雜的喧嘩和喊嚷時時湧起着。楊國材走進去的時候，一場激昂的辯論剛剛開始，誰也沒有注意他。

多鬍鬚的麻臉的小隊長王得標像一根白楊樹那樣挺直地站着，他皺着濃密的眉毛向屋子裏的人望了一轉，突然揑着拳頭向大隊長李成嚷着：

「要是像這樣子俺王得標是幹不了的！……俺王得標決不吹牛！俺在廿九軍幹過八年，兵也練過幾百幾千，可是像他奶奶這樣子，俺是幹不了的！……你看——俺們那些隊員同志！……怎麼「疏開，」怎麼「攻擊，」怎麼「防禦，」怎麼……他奶奶的，這一套已經說得和狗屎一樣的臭了可是他們呢！——一出到操，就像找不着窩的小雞似的到處亂跑！……俺這個隊長，就像個田雞一樣，只能張着嘴叫喚叫喚！……稍微狠一點兒就要批評什麼官僚主義，他奶奶的什麼主義！……」

大隊長李成不知道是被烟氣嗆着了，還是聽得不耐煩了——因爲王得標這幾句話已經說過兩遍了；他咳嗽了一聲，用沙啞的嗓子靜靜的問：

「你說完了麼？」

「完啦！這就完啦他奶奶的——」王得標又轉過身來向着新加入遊擊隊的，戴白銅框子眼鏡的政治指導員金如松嚷：

「他奶奶的你那一套什麼「主義，」俺王得標不懂那些！俺是個老粗！——沒有進過學堂，沒念有過洋文，沒有戴上他奶奶的驢罩子！……」

屋子裏的人都哄笑起來，噪雜的人聲裏幾個廿九軍的小隊長還嚷着什麼。金如松的瘦長的臉上像被打了一拳似的，一直紅到了耳朵根子，他被這種粗魯的難堪的戲辱激怒起來，但是他還保持着他的聲音裏的平靜的腔調：

「驢罩子！——王同志，請你解釋解釋這 什麼意思！……我剛才說你犯了消積的失敗主義的錯誤——事實上正是這樣的！……——隊員同志的不努力，應該說，應該批判，甚至於提出來公開的議決懲罰；但是我們已決不能消積下去，而且決不應該這樣！……並且，我們大家都是抗日的弟兄，抗日的同志我們……」

金如松在學校裏演說慣了，說話的時候常常把手一上一下的揮動着，做着姿勢。這姿勢，他的眼鏡，他那膩人的像是吹着一種使人不愉快的笛子似的聲音，文縐縐的腔調……這都是王得標看不慣的，他激忿的搾着嗓：

「夠了！夠了！你那一套「抗日」俺們誰還不知道？俺們廿九軍的弟兄們走高粱地裏跑出來跟諸位幹遊擊隊，不是爲了「抗日」是爲了什麼？……俺們不是像狗一樣討飯吃才來的……」

王得標的話被打斷了。一陣喧嘩的鼓掌和叫喊聲鬧起來：

「對啦！對啦！——王麻子很有一套哩！」

「咱們不是像狗一樣討飯吃的！」

「王麻子！說下去，說下去呀！」

「…………」

李成用拳頭跟搥鼓一樣在桌子上打着，好容易喧嚷平靜下去了。他用那銳利的黃色的眼睛看着王得標的臉：

「王同志，請你不要說不相干的話！你還有什麼意見沒有？」

「這怎麼是「不相干的話」，隊長同志！」王得標平常是很有點懼這位隊長的眼睛的，但是今天他被大聲的鼓掌和廿九軍的光榮弄得興奮得糊塗了。他得意洋洋的嚷：

「……俺們廿九軍的弟兄們人不多，可是都是幹的腳色！……俺們不懂什麼錯誤，什麼「主義」……俺們，俺們大家要是意見合不來，俺們誰也不要勉強誰——俺們是各幹各的，各走各的路！……」

王得標的話停了一下，他覺得他的最後的一砲已經放了出去，可以收場了。他向着廿九軍的小隊長們看着，等待着再有一場鼓掌和叫喊來跟他助威，但是他看見屋子裏亂糟糟的人羣突然靜下去了，所有的眼睛都驚愕的緊張的注視着他屋子里一點聲音也沒有。一道早晨的太陽光從他面前射進來地上的灰色的塵土的微粒和藍色的煙草的烟氣在金黃色的陽光裏飛騰着，跳躍着眩惶着他的眼睛。

王得標被這意外的嚴肅的沉默打擊倒了，他知道他的話裏一定有了什麼跟大家不合適的地方，他突然感到狼狽起來，幾乎是惶惑的慌亂的說：「俺……俺王得標是兵士出身的老粗，俺……俺演說是幹不來的！……俺的意見是——隊員同志像這樣子俺幹不了的！……像俺們隊員同志楊國材，昨天派去接消息去了，一直到今天沒有回來，那還不是昨天晚上到家裏睏老婆去了！軍隊上的連絡員能這樣子嗎？這就是俺們那些隊員同志這……」

「楊國材在這裏呢！」誰的聲音喊了。

楊國材一進門就想不使人注意他，他遠遠的貼着牆角站着。聽見王得標把他的名字提出來了，他覺得屋子裏所有的人都看着他；他因為慌張和羞愧，他的汚髒的寬大的臉紅得像充血的豬肺一樣，他昏亂地摘下了那頂破舊了的草帽頭子，低着頭走過了人羣，他胆怯的向着李成走過去，手指笨拙地用力地在捲着草帽的邊子。

李成從楊國材的手裏接過了縐得像紙團子一樣的信，用他那黃色的老鷹一般的眼睛嚴厲的看了他一眼。李成看見楊國材的眼睛惶恐的低下去了，他覺得這已經够了。沒有說話，把信折開了。李成第一眼就看見了信裏夾着的一張譯成中文的日本軍隊的命令：

大日本華北駐屯軍密令第九號

『……為徹底一鼓掃蕩威脅北京城之匪軍：……令岡田聯隊由南口向南挺進，藏本部出北京進擊西郊，宮崎聯隊由涿縣北進側擊，務期圍剿殲滅，光榮皇軍威譽……』

讀着信的時候，李成的手不自覺的抖顫起來。他把矮壯的堅實的小牛一樣的身子緊靠着桌子站直了；他那沙啞的喉嚨竭力高聲的一個字一個字的喊着，彷彿是從銹了的鉄塊上敲出來的聲音一樣：

「同志們！大家聽着——現在我們什麼也不要說了，日本鬼子出兵進攻我們了！……」

他熱烈地彷彿等待着什麼回答似的看着屋子里人們的臉，最初人們驚異的張着嘴，立刻一片巨大的，激奮的，沒有法子聽清楚的歡呼和喊聲爆發了，像是激蕩着的浪濤一樣，呼吼着，起伏着……

從騷動的人叢裏，王得標像一隻公雞一樣的站在板凳上跳着，舉起了他那滿是筋肉的粗大的拳頭喊：

「擁護——擁護俺們隊長同志——幹他奶奶的日本小舅子！……俺們贊成的同志請舉手呀！」

隨着雷一般的呼歡，手舉起來了。二十幾隻表示堅強的戰鬥意志的手——有的是在犁耙上磨練粗糙了的，有的是扛槍桿子長大了的，有的是瘦瘦的弄過筆墨的，……都舉起來了。

三

當天晚上，遊擊隊就退到山裏去了。

半夜的時候，他們到了一個小的山村。沉睡着的村莊被驚醒了。狗驚惶的吠咬着。村子裏的打麥場上，草堆上，空地上，村子四週的疏稀的小樹林裏，岩谷裏……佈滿了二百多個遊擊隊員——有的是光赤着脚，穿藍布褂褲的莊家人，有的是穿着汚髒的染着泥斑和水漬的軍服的兵士，有的是穿着便衣的城市裏的學生……

村子裏面的人都起來了，用抖索的手開開了門，昏黃的暗弱的豆油燈光照在打麥場上，映着一大堆一大堆的黑的人影。一個白頭髮的跛脚的老頭子胆怯的吃吃的問：

「你們……你們是些什麼人呀！」

「遊擊隊！打日本鬼子的遊擊隊呵，老伯伯！」

「遊吃隊……打日本鬼子？……」老頭子吃驚地摸摸他的鬍子，眼睛裏滿是疑慮和惶恐的看着雜色的破爛的隊伍，搖着頭跛回家去了。

李成說了幾句話之後，隊伍便解散了。村子裡，山谷裏，樹林子裏充滿了粗野的歡笑聲，灑罵聲和唱歌的聲音在村子旁邊不遠的山谷裏燎火生起來了。紅色的多烟的火焰撕裂了黑暗；熊熊地燃燒着深黑的寂靜的夜彷彿也明亮的燃燒起來了。

王得標的小隊在樹林子邊上也生起了燎火，他們今天便露宿在這個地方。小隊的人都圍着燎火坐着，談笑着。王得標蹲在燎火前面，用石塊錘着他那支半舊的槍上的彎曲了的鉄條，火光映在他那黑色的流着汗的臉上，閃着一種火烘烘的赤銅色的光彩。

「隊長！這一回可眞的要和日本鬼子幹起來哩！」一個莊家人出身的矮子担心的試探着問。

「當然要幹了！——幹他奶奶的！」

王得標連頭都沒有抬很很的揮着石頭，沉重的鉄和石擊撞的聲音鏗鏗地響着，鏗鏗地滾下近旁的黑暗的山谷裏去」。

「咱們……咱們的子彈不多呢！槍又不齊！……」另一個歪戴着軍帽的說了。

「什麼！什麼！那怕什麼——就是沒有槍沒有子彈也得幹哩！」王得標大聲的興奮的嚷。他扔下了鉄條，擦着汗：

「他奶奶的——俺們還有手溜彈！槍不齊那要什麼緊？……這一回俺們打的是遊擊戰呀！……」

王得標今天晚上顯得和靄而且高興，他看見把破草帽拉在額上，垂着頭心思沉重的坐着的楊國材，他狡猾的睞睞眼睛，帶着笑說了：

「喂喂！要睡覺啦！——楊同志！楊同志你怎麼不開口呀！你在想些什麼心思呀！

坐着的人都哈哈的哄笑起來了：

「——他奶奶的心思可大哩！……」

「又是在想老婆的滋味哩！」

「喂喂，說呀！——臉上那一條血痕是怎麼一回事呀！」

「…………」

楊國材像孩子一樣的紅着臉站起來，勉強支吾的擺着手：「沒……沒有什麼心思！……你們——還有什麼好笑！——」

迎着火光，王得標淸淸楚楚的看見了楊國材底汚髒的蠔懂的臉上的可憐的神情，他突然被一種同情激動着，他親切地像個老人似的嘆口氣：

「狠狠心吧——楊同志！我的家裏也是有老婆孩子的！……最初我也他奶奶的淌過眼淚，但是日子一久——也就罷了，也就不想了！……」

楊國材轉過身 從柴堆上拉」一根樹枝子加在火上，沒有回答他。他離開了燎火走進黑暗的樹林子裏去了。

在黑暗的樹林子裏他坐了很久。山嶺，溪谷，叢草，小徑，村莊……都沉睡着，在深遠無邊的黑暗裡溶成一片了。只有一兩處山岩上遊擊隊的燎火還在燃燒着，一朶朶火焰和濃烟騰昇着，像是飛舞着的火的蝴蝶一樣。樹林子安靜地躺在黑暗裏，夜風吹着白楊樹的葉子，發出一種颯颯的秋天的凄寂的響聲。

楊國材一點也不渴睡了。他憎恨地向着樹林子外邊的喧笑的燎火瞪着混沌的眼睛，自己向自己罵着：「×他奶奶的八代——是這麼高興！還麼樣子的高興！」

忿怒稍稍平息下去之後，他立刻就苦惱的絕望的想着自己的事了。他的馬蹄般的手掌開始在多岩礫的地上茫然地爬弄着。……今天遊擊隊的突然的開拔是他做夢也沒有想到的事情。——這怎麼辦呢？以後是越走離家越遠」。這一回還要打仗。打仗！——也許就永遠回不來了。……並且他的老婆，他的孩子他的家——要是日本兵到了他們的村子怎麼辦呢？……假如自己能夠回家一趟，叫老婆到她媽媽家裏躲起來，該多麼好呢？——這不是什麼心思都放下了嗎！

他已經像這樣子想過十幾遍了，但是他一想到最後的一關——他怎樣去向斗成？呢……說是告假回家……立刻他的面前彷彿出現了那雙嚴厲驚人的眼睛。他歇弱的長聲的嘆了一口氣，好像他現在唯一所能想的法子，便只有嘆氣。

最後他終於站起身來。山岩上的燎火已經漸漸的熄滅下去，人們都在忙着睡覺了。他不安的猶疑的向着村子裏走着。他看見李成住的屋子裏燈還亮着，他胆怯的站在黑漆漆的打麥場上張望着，一隻狗突然向他咬了起來，他在黑暗裏躲不住了，他向着門口走過去。

「誰——？」門口的衛兵大聲的問了，槍刺瑟瑟地響着。

「我？我」

「唔，楊國材！——是你這個混帳王八蛋！你這個時候來有什麼事呀，隊長聽說預備找你哩！——」

彷彿立刻就在他面前出現了那雙嚴厲的驚人的老鷹一般的眼睛，這雙眼睛緊緊的要吞噬了他似的在瞪着他；楊國材的勇氣一下子完全消失了：

「我……我沒有什麼事。……我走走——睡不着。沒有什麼事情！……」

楊國材像逃走一樣的慌張的跑開了。他回到樹林子邊上的時候，燦火已經熄，只剩了一點火星星還在亮着。他在睡倒的人堆裏換着了自己的位子，絕望的疲乏的倒在那陰冷的有點潮濕的堅硬的山地上。

四

第二天遊擊隊決定村子裏再停一天。爲了要偵察日本軍隊的行動，派出去了很多的斥候。楊國材清早起來，等待着派到他自己。他把一切都想好了——怎樣先跑去辦了遊擊隊的事，怎樣繞路跑回村子裏。怎樣再抄最近的路跑回來。他把他那匹黑馬備上了鞍子，準備稍時都可以出發。他想着要是一天不停的跑，馬是非喂飽了不可的。他時時抱給牠一大堆一大堆的草料，馬肚子吃得像是一個熟透了的西瓜一樣。但是一直到下午，楊國材不能不感到絕望了。李成好像把他這一個向來是頂括括的斥候完全忘記了，甚至於連他這一隊的那個馬都騎不好的矮子也派出去了，但是始終沒有提到楊國材的名字。

太陽已經向西邊斜過去了。楊國材沮喪的坐在打麥場邊上，看着那匹低着頭貪婪地吃草的馬頭項的鬣毛。一隻棕黃色的母雞跳到馬草上來啄虫子，被他用腳踢開了。

那個昨天晚上出現過的跛足的老頭子走過來了。他看着馬跟前堆着的草料，他的眉頭緊蹙着，彷彿他身上什麼地方被馬吃着似的：

「兄弟！……不能再喂哩……今年天乾，草料不多啊！」

楊國材沒有理他。老頭子點上了煙袋，在他旁邊的一塊石頭上坐下了，又吃吃的說：

「馬……馬吃多了不好！——你，你不騎出去麽？」

「不騎出去！」楊國材氣憤憤地回答。

「你們不還要打仗麽？打，打什麼鬼子？」

「打日本鬼子！——他奶奶北平都叫鬼子給佔去了！」

「日本鬼子？——這兒到沒有聽說過呢！……北平不就是早先皇帝的北京嗎？那怎麼能讓鬼子佔去呢！……唉唉！你們年青的人！……你家裏有些什麼人呀？」

「老婆，孩子！」

「丟在家裏就放心了麼？眞是胡鬧呀！唉唉，這種世道！……」

老頭子用誠懇的同情的昏花的眼睛凝視着他，使楊國材幾乎流下淚來。他的寬大的下巴子抖抖地說：

「沒有——法子呀！……」

「唉唉——」老頭子沉重的嘆着氣，默默地抽着竹子做的細長的烟袋。

太陽快要落山了，碧藍的天空上浮着一片片鴨絨一般的白雲，遠遠的裝飾着秋天的深顏色的林葉的山嶺浴着淡金色的明亮的陽光，閃映着一種悅目的淺藍色的光輝。近旁打麥場上人們在打着收割下來的豆藤，一陣陣清新的濃馥的植物的香氣發散着，在楊國材和老人的中間，輕柔的烟氣繞着他們的臉，順着風飄浮着，彷彿是一條細薄的雲的帶子一樣。楊國材的眼睛在這種平靜的柔和的生活的光輝裏眩暈了。他沉在深深的回想裏。他貪戀的看着那像巨獸的背脊的龐大的山嶺，他看着村子的土屋，稀疏的樹林，平整的打麥場……

老頭子慢慢的抹着鬍子，好像才想起來似的說：「……看樣子你也是莊家人呢？」

「——是的呀！」這回楊國材嚥下了羊一樣的無光的眼睛，低聲的嘆了一口氣。

「你是那兒人呢？」

「楊家莊。」

「楊家莊離這兒不遠呀！——你幹啥不回家瞧瞧去？……」

楊國材任憑這個老人的談話裏感到一種說不出來的親切的安慰，他還想說點什麼，但是突然跟前揹着槍跑過去的王得標揮着手向他喊着：

「喂喂，你又在幹些什麼呀！隊裏說只短你一個。馬上就要演習山地戰了！……你簡直跟他奶奶老爺爺差不多哩！——在談天玩兒哩！他奶奶的這個日子還沒有來呢！……」

「唔唔——這不就來了麼？你嚷些什麼呀！……誰是他奶奶的老爺！……」

楊國材知道派他出去的希望完全沒有了。他的混沌的無光的眼睛因爲失望而憤怒地大睜着，他怒氣沖沖的咕嚕着，跳上馬，忿忿地把馬拉得用後腳站了起來，向着小隊集合的山嶺上跑過去。

太陽已經落到山後面去了。從山嶺上垂落下了黃昏的暮靄。楊國材騎上了山谷，看到平躺在山那邊的掩映在落山的太陽的暗紅色的光輝裏的田野，突然一陣狂大的彷彿見了親人似的喜悅把他窒息住了。他幾乎連想也沒有想，急忙把馬頭扳轉了，向着下山的小徑上駛去。

在山脚下面的鄉間小道上，他迎面碰見了李成和兩個衛兵。李成被他的狂暴的急駛驚呀住了。他喊：

「楊材國！楊材國有什麼事？——站住！」

楊材國已經飛一般的跑過去了，只向他揮了一揮手。在一瞬間，李成幾乎要拔出手槍來，但是他的手垂下去了。沿着那條通入廣大無邊的田野的多塵土的小道，一陣陣馬蹄踢起的烟霧騰起着，消逝在朦朧的黃昏的遠方了。

五

遊擊隊第三天早晨又繼續向着山裏急急的行進。

李成接到的命令是用急行軍繞出妙峯山在琉璃河上游的百花山一帶山地截擊由涿縣北上的宮崎聯隊，粉碎日本軍隊的圍剿殲滅計劃。(註)

山裏的急行軍一連繼續了四天，第四天的夜裡到了預定的地點；從鄉下人的嘴裏知道日本軍隊已經到了山外面了。當遊擊隊的斥候證實了這一個消息之後，李成連夜把殲滅敵軍的陣地佈置好了。

早晨沿着一條崎嶇的灣曲的山逕，遊擊隊在兩旁的峭峻的山嶺上埋伏下來了，在低矮的叢生的灌木裏，在疊積着巨大的巖石的山頭上，在掩蔽着小樹林子的山地裏……人羣躍動着，隱伏着。

李成一夜沒有睡覺，臉上發着蒼黃的顏色；眼睛微微有點陷下去，但是目光更顯得銳利而且凶猛了。他站在一堆矗立着的岩石的背後，拿住望遠鏡向山下面瞭望着。

這是一個晴朗的美麗的秋天的早晨蔚藍的天空上飄着白色的雲片。沒有風。明朗的太陽光照着連綿的山嶺，澗谷，岩石的小徑，叢生着小樹和野草的山地……山裏飄蕩着一種空曠的死一般的沉寂。

他看見沿着山徑，一匹馬飛一般的奔馳過來。黑色的毛色難看的馬混身被汗濕透了，噴着沫子，急駛着。楊國材像隻猴子似的緊伏在馬上，他的破草帽頭子不知道在什麼時候跑掉了，露出了方剃過的光光的頭皮。他那因爲緊張而發青的臉上流着汗珠，瘋狂一般的駛到了李成的面前。楊國材是第二天連夜趕回隊伍的，現在派做斥候兼傳令兵了他急喘着：

「他們……已經出發了！」

李成得了報告，立刻傳下了緊急的準備襲擊的命令。他看見日本軍隊昨天宿營的村子起火了，濃烟旋柱一般地在昇起來。山麓的滿積着塵土的大道上灰土揚起了，能够看見很小的密集人羣的黑點在移動着。

在李成的旁邊的一堆岩石上，王得標像熊一樣的伏着；他看見山下的火柱的時候，他的多鬍鬚的麻臉痙攣着；一種火一般的憤怒和仇恨在他心裏燃燒起來了。

六

夜。

一個山徑的寂靜的夜。

戰鬥已經結束了。遊擊隊傷亡了十幾個隊員，敵人完全潰退了。遊擊隊集合在那條崎嶇的叢生着雜草的山徑上，全體靜默着，脫下了帽子。

在他們的四週，這片刻以前的血的戰場現在是死一般的靜寂。地上零亂地躺着炸毀了的大砲、步槍，刺刀，鋼盔，汽車……還有成堆的人和馬的屍體和血跡……深黑色的暗夜裡，飄浮着沒有散盡的炮火的氣息，悲慘的痛苦的籠罩着悲哀的垂着頭的人羣。

在他們前面，炬火在燃燒着。紅色的火光照着一輛炸毀了的翻倒的裝甲車。在裝甲車的毀裂了的鋼甲上，王得標倒着身子倒在上面。他的一隻手被炸飛了。他的身上中了五槍，血濡透了他的灰布的軍服，凝結成了紫黑色的斑漬。他的多鬍鬚的臉被火藥燒灼成了焦黑色，他的眼睛蒙着血污，但是毫無痛苦的堅强的大睜着，倔强地望着前面——像是在歡慰地望着勝利的同志們的臉，又像是在望着那蜿蜒在黑暗中的遠方的無窮的山嶺……

「……他犧牲了他自已……爲了我們的……要用血的……戰鬥……紀念他！……」

李成竭力使他的沙啞的聲音變得堅强點，但是却斷續的，抖顫的了。

李成話沒有說完，便停住了。沒有一個人說話。在暗夜裡二百多顆摯熱的戰鬥的心呈現着無限崇高的敬意，靜默着。——山和夜也靜默着。

楊國材擎着炬火，緊站在王得標的跟前，寬闊巨大的沉痛的靜默裏藏着的無邊的深沉的悲哀像山一樣的壓在他頭上，他再也忍不住了。他的眼睛被一種金色的火花燃燒着，他伸手摸摸自已的臉，兩條熱的眼淚順着頰骨流下了。他抬起頭來看看李成，李成的那雙銳利的鷹一樣的眼睛也變得柔和了。眼角上有兩顆圓圓的淚珠在滾動着。

李成並沒有讓眼淚流下來，他把牠揩掉了。……他看見王得標的墓上已經覆上了最後的一鏟土，於是彷彿驚醒了什麼熟睡了的人似的，李成輕輕地把他敬禮的手落了下來。

……於是暗夜。靜寂。

……在暗夜裏，在靜寂裏，向着山嶺的深處，一列整齊的行軍縱隊嚴肅地移動了，走過了灑滿了血跡的祖國領土上的山徑。

遠遠的——在隊伍的前面，燃燒着明焰和光明的炬火。……

一九三八年五月

豫西行

碧茵

北上車還是照舊的擁擠，大智門車站給一些烟霧，咳嗽，行李包，水果簍塞得教人覺得隨時有失掉自已同伴的可能。我跟着兩位送行同時也是介紹我坐軍用車的朋友一步步挨着走，好容易擠進站門，已出了一身熱汗。遠遠的哨子拉長了尖銳的嗓子叫着，車站裏加倍的嘈亂騷動了起來。

一條啣着一節黑色的列車，從循禮門開了來的，給龐大的車頭拖着慢慢地走近了。順着軋條，那細長的曠野的脈絡，像要直衝到身上來一樣。車廂每個的門都敞着，沒有座位也沒燈光，人就擠在那間衣櫥式的小房裏。××軍團幹訓班招的一批新生全在這裏面，烏黑的，看不清有多少人，只見每個人胸前佩的白布符號飄動着。

最後一節是女生車，我就被指定加入她們裏面。後面有人催着：「快！快！十分鐘就開！」我慌張地跳過幾塊泥水坑，腳底有了種冷潮的感覺，我知道踹在水裏了。攀住車柱就朝上爬，送行的朋友像塞行李樣在下面推着，上面又有誰用力提了一把，上來了。胳膊給握在一位女兵的手裏。

這間車廂，例外地，點着一支三寸多長洋蠟燭，地上凌亂的堆了許多雜物箱籠。除了拉我上來的，還有七個女兵。大家隨意伏在行李包上談笑，唱救亡歌，另一個把手提箱當了檯子寫信。我數着她們的臉子，一個二個：……紅黑的，找不出一點脂粉，頭髮剪短得如男人，為了身材較短的緣故，穿了不大合身的寬大的軍服，活像幾個年輕的男中學生。

在這一群裏，自已身上這件濺滿了泥水的藍布長衫，作怪似地使我感得難過，像穿了件破衣去赴一個盛大的宴會。我把自已藏在一堆堆得很高的行李後面。

感謝她們不鄙視我的落伍，有三個坐在我身邊了。不同地方的口音，教我明白了她們不是親戚，只是同志。她們的故鄉，杭州，南京，都淪陷在敵人的手裏了，但還有什麼要緊呢除了給了她們更大的力量！一位姓王的最年輕，看來二十歲不到，是南京中大的學生。同校的師生預備遷重慶的時候，她不顧意往那悶氣的「後方」，拿了家裏兩百塊錢，獨自跑到安慶加入了一個專演街頭劇的流動劇團演話劇，最近才來漢口，考進了這幹訓班。

車又停住了，看看表是十點十五分，開行了三點鐘中間停了十一次！窗外漆黑得看不見一點東西，風像小了一點，這是因為車沒有走的關係。

「什麼地方？」我看不見車站上的燈光。

「不是站！」她們回答，有兩個也擠在我靠的窗前來朝外望。

從那邊，起了陣雜沓的腳步聲，大約有七八十個兵搶着跳上車來。我們這車廂也進來了四個，全是高大的漢子，湖南口音，隨着他們粗壯的身軀，帶進了一股新的軍服特有的土布氣味。

「對不起，女同志們，我們是趕上前方去的，請你們讓出一點位子給我們坐一下。」

「可是，我們自已還是擠成這樣才坐下，那能再添人進來！」那位寫信的苦笑着。

這是實在情形，箱子，行李包，和一些雜七雜八的零碎，這間小房間老早給堆得放不下腳，人只能猴在堆的東西上面。我才意識到自已一條腿壓在行李下面，上半身靠在一只大籐簍上，腰扭得發酸。

「幫忙！幫忙！大家都是為國家作事！」進來的又央求着，掛上一臉和靄的笑。

這句話打動了大家的心。不約而同地把身子更挪近一點，表示允許了。

加了四位高大的客人，我們被擠到一個角落裏。背脊貼着背脊，呼吸着濁熱的空氣，加上半夜的疲勞，我覺得十分難受，像壓了一塊石頭在心上，又像要嘔吐。睡不下去，只能夠半靠半蹲在蔴簍上

她們依舊在笑，在唱，用口琴和着歌聲：

「九一八，九一八，從那個悲慘的時候！」

車過了好幾站了。

我咬得緊緊的牙忍受着吧，你這不中用的人，學學她們！學學她們！

到花園的時候，天亮了，賣大餅的孩子的叫聲驚醒了我的昏睡。那幾位弟兄正抽着烟，有個左腮上有一條

疤痕的在屬什麼，又小丑似地笑了。仔細聽，才知道在形容一個被俘虜的敵軍的狼狽。她們也夾在一起笑着拍手。一夜工夫他們混成一家人似的了。

看他們吃大餅的香饞，我也覺得有點餓。可是我身邊一點零錢沒有，我把一張一元的票子摸出來了，對他們作了個央請的笑。

「同志！謝謝你，請你掉一塊角票給我！」我想也許他們身上有零錢。

「沒有呢！我們不久前從前綫換防下來，吃的用的大半都是慰勞品」他露出兩顆黃的牙齒「可是，我可以替你下車換換看，好在這車停的時候久。」

他活潑地跳下車去了，把背影留在我感激而驚訝的心情裏。

我不知道一個「大兵」還有這樣良好的靈魂，肯幫助人肯勞動自已給一個不相干的人去作事。

餅買回來了，捏在一個粗黑的手裏還有掉開來的九張角票還只手抓過鎗，染過敵人殘暴野蠻的血，我眞想去握一下呀！

而像不大懂我這一套文縐縐的「謝謝！」「謝謝！」也許他以爲替買一點東西用不着這多的客氣，自個兒回到原位坐了，我却老在心裏反覆着那樣一只粗黑的手，那誠樸得像大哥哥望着自已弟妹的眼光。

是的，我們都是弟兄姊妹呵！

作過古帝都、當着平漢線中心的許昌，用着這樣破舊的姿勢在我眼前出現了。房子歪歪斜斜，似乎互相倚撐着；鐵路邊，成羣的牛車，由一個人吆喝着帶着走到街市中心去；遺在路上的糞矢，有規則地距離着，不久就被過路人的鞋子帶到各處去了。

我仍舊給握在一位女兵的手裏，跟着她們走到××後方醫院。在這兒住一宿，明天到豫西的×城。

一間沒大門的小屋，攤開一大堆稻草，大家都把自已的鋪蓋打開擱在草上。窗門也沒有了，只遮上一張破了好多洞的蘆蓆，風不斷的從那洞裏流進來。

很快的，大家都起了鼾。

和她們一塊來的，有一位女區隊長。金大畢業的，廣東人，但她能說一口很好的平話。似乎永遠在笑着，隔着眼鏡的玻片，老看見一對擠得很有趣的眼睛。她們吃飯由她吹哨子集合，我也和她們一陣，六個人一臉盆菜，粉條，白菜，一點點肉皮，在院子中間圍着蹲下來吃。

一陣大風吹過，飯上鋪了一層細碎的砂子，

我遲疑了一下，但她們沒看見樣地照舊很快的划飯，我不覺起了慚愧，也趕快吞下了。

附近的老太婆，年輕的女人，牽了大的小的孩子把我們包圍住了，頗有電影明星遇着男女學生的情況。北方女人還保留着前世紀裝飾的風味，橢圓的髮髻包上黑帕，拖到背脊上，比銅錢還大的銀耳圈，脚是尖尖的，紮着腿。

更使我驚奇的是她們的天眞。

「瞧呀！大閨女們也當兵，哈哈，你今年多大了，姑娘？」

她們的手伸到幾位女同志的肩上。

「對了，我們都去打東洋人，你們來不來？」

「我來，我來，我們會打仗！」

孩子們叫着。

年輕的王笑着跳到院子中間，把孩子們牽成一個大圓圈。

「別吵，我來教你們歌唱，我唱一句，你們跟一句：

「打倒日本！打倒日本！除漢奸！除漢奸！」

孩子們嬌嫩的可也是雄偉的歌聲，飛過了短短的院牆，短短的籬笆，鑽進每個人的心裏，激盪着。

敞篷的軍用卡車，像一匹巨大的駱駝，讓人家一件一件儘量堆上東西。在過久的太陽光下，車皮晒得溫熱的。我們挨次爬上了車頂，仍舊夾在行李中間坐着。

廣東隊長分給了每人一頂棉風帽，說是遮遮路上風沙，其實我們早已滿頭滿身都沾滿灰泥了。

車，朝豫西一個三等小縣×城開去，男學員們在後面，規定每天走六十里，三天走完我們五小時的汽車路。

車輪滾滾地輾起了蔽天的塵烟，朝無盡的前路奔跑。田裏的青苗兩三寸高了，碧綠的初春的原野，一直接到天邊！

車頂上，她們又大聲唱着。

「血在我們的胸膛，槍在我們的肩上！」

歌聲震動了郊外的大地。農夫們，牽着黃牛，挑着稻草，都驚異朝車上望來。

鄰近的茅屋裏也走出許多人，狗跟在後面叫。

貧窮的北方，苦寒的北方，漸漸地在甦醒了！

一九三八，四月。

欺騙

郭易光

正午，太陽強烈地照臨着一切，天上的雲塊和地下蒸青的麥子都顯着慵惰的神氣。各處村子的炊煙都裊裊地昇上來某處有鷄在啼中。畈裏鋤麥的人也漸漸歸去了……只留下一片的寂靜。

這正是閒人的正午。

跨過白得昏目的馬路，我遲緩地走在曲細的田塍上……

「從街上回麼？」路邊麥田裏一個人突然向我問道。他倚着鋤頭在胸脯上，吐口痰在掌心，搓搓，又揑上鋤柄。

「……還沒吃午飯麼？」

「沒啊。你看，灣裏全來了兵隊！」他停下來，指着。

從參差的樹叢望過去，在那兒的稻場上有幾個著灰色軍服的兵士，背倚着土地祠後面的短泥垣，笑談着，發出清析的異省噪音。在那稻場的一角有煙縷緩緩地飄起……

「那是幹什麼呢？……」

「燒飯，燒開水，」

「兵是從那裏來的呢？」

「不曉得。……」

我穿過塘邊的楊林時，臨塘的一排房子的門都緊鎖着，不見一個人影。我急急地走到家裏，其時，卿正在給孩子刺繡一隻鞋子。一個同村的小姑娘抱着他咕咕地逗着。

「沒有兵到我家來麼？」

「來了一下又出去了。」卿平靜的說，「灣裏男人全跑了，——怕拉差，留下大娘們又把門鎖着……」

「啊，幾多還在後頭稻場裏弄飯……快去看！」

村姑娘張着圓圓的眼睛，幼稚地望着我。

「噢……有甚麼滋擾麼？」我放下了手裏的東西，揩了頸上的汗。

「兵隊的紀律倒直好極了……他們初先進灣子的時候還是走着行列的，到了後面稻場纔解散……有幾個兵士走來借廚房用，沒有哪一家肯借；我叫他們到我家來，可是他們又說鍋灶太小了……後來還是我出面在上面給他們借了兩口八折的鍋，……」

「他們自己沒有帶着這些東西？」

「不知道……油鹽米倒是他們自家的——柴是買的寬富叔的，給了四角錢吧……」

「噢……是哪兒開來的呢？」

「據說是從湖南……我問了其中的一個，知道他們是××師的。他們奉着命令必須於×月×日趕到××……」

「噢……我們灣裏有多少人呢？」

「不過一連吧？……」卿放下工作，從那村姑娘手上接過小孩來；那村姑娘便一溜煙地跑了出去。

於是我猛然地想起了剛才在路上我撕開了報紙粗粗地看了一下那第二版上的標題：在××線上的××與×××兩處已經是感到「吃緊」了，而這兩處之存亡實在是關乎全個某某線的……

我走出來想到後面去瞧瞧，剛剛走到門口，就看見從巷子外面走進來一個年輕的兵士。他兩手捧着一只小小的瓦罐，胸脯突出，笑容滿面地打我們前面走過；立時地空氣裏盪着一陣臭豆腐肉的香味。接着，那個先天地跛着一隻腿子的松亭嬸踹踹跚跚地追了上來，口裏邊喊着「喂，老總，不够呵……」走到我的門前，眼見追不到那兵士，就停止着氣喘吁吁地向我投訴：

「二相公，你看，這是什麼軍隊？搜呀搜的搜到我家裏，把一罐豆腐肉搜去了；把了一塊一角錢——够什麼！呀人家上好的豆腐肉……」她故意高聲地說着，白眼向着後面翻。

「把了一塊一角錢麼？」

「是呀，你看够那裏？……」她攤開兩隻手，聳着越是高了。

我忽然覺悟出她的用意。我不說什麼了。一塊一角錢——依我估計起來，這樣一小罐的豆腐肉，其價值最多也不過三角洋錢；而今不是已有三倍的多餘麼？……望着她那狡猾的面孔，我沉默着。倒是妻想得出法子：

「算了，松亭嬸，得一塊一角錢也算最好寄了！遇着他們，那有便宜你得呢？）？）」

「算了！？」她歎息似的搖搖頭，口裏咕咕噥噥着。

一跛一跛地走去。

當她那鴨子似的身影在巷口消失，我回過頭來；在上面，又一個兵士出現了。

這是一個中年的兵士，細小的眼睛，面頰上長着短短的跨耳鬍，頭頸向右微微偏斜，肥厚的嘴唇突撅着。他緩慢地向一個在門口洗衣的婦人走近，不知說了句什麼，那洗衣的婦人便放下了工作，昂起頭來：

「只有水酒……」

「沒有茶麼？」

「沒有。」

「水酒。……」他狐疑地望着那大臉盤的洗衣婦。

「糯米做的……」

「呵呵，糯米糟，好好！」他瞇着細小的眼睛，高興地取下腰邊的洋瓷碗，用面巾拂拭了之後，遞給那婦人。

「你給多少錢一碗？」那婦人接着碗，並不移動一下的望着兵士。

這彷彿是出乎他意料之外似的，他惶然着，兩手不知所措地揑揑那黃色的腰皮帶，又插在褲袋裏。「唔，唔。」他偷偷望望那婦人。伸出一隻脚來，搓着地下的一粒石子。這神情就好像一個學生在先生面前突然被問題難着一樣的惶恐無主……

「噯，你說呢？」他終於囁嚅地說道。

「二毛！」她狡滑地翹起兩根指拇，裝着兵士的腔調說，「二毛錢一碗。」

「兩毛——多貴啊？」他搖了一下頭

「你說貴啊——你拿去……」她把洋瓷碗向兵士招着。

那兵士彷彿更加困惑了，他皺着眉頭思考了一下，摸出兩個綠幣「丁丁」一聲丟在碗裏：

「好吧……」

婦人於是站起來，得意地扭動着肥大的庇股，開了門，走進屋子去。不一會，她便舀了水酒出來遞給那個兵士。

「哦——這麼小半碗？」那兵士吃了一驚。

「你想，你有多少錢呢？」婦人斜睨着他，反問道。

「兩毛錢也不止這麼一點啦……」

「——哼！我還不賣呵……」婦人偏一下頭，坐到小凳上，又開始洗起衣服來。

他惋惜似的望望那半碗水酒，搖搖頭。接着揍上嘴唇，那麼飢饞地喝了，一面把碗扣到腰際上，快快地走到後面去。

那洗衣的婦人忽然回過頭來，向我示意地笑笑，同時眼睛嘲弄地瞟瞟那兵士的背影……

我轉身回到屋裏，打開今天剛從街上拿回來的日報，想細細地看下去，但怎樣也丢不開那種憎惡的感覺。而我自己又開始有點慚愧了。農民們自然是免不掉愚蠢的，我們返到家鄉以來，爲什麼不幇助他們，使他們（或她們）對於我們的戰士有新的明確的認識呢？……

隱隱地聽到哨子鳴了兩下。那個村姑娘跑來說，全走了。不一會，那些逃避「拉差」而虛驚的人們絡絡續續地回來了，她們又才忙着弄他們已經遲了的午飯。

上海雜誌公司刊行

戰地報告叢刊

在西戰場
張慶泰著　二角

作者在西戰場參加軍隊抗戰的實紀，有游擊隊的成長，還有使人不滿的黑暗面的反映。

戰地書簡
姚雪垠著　二角

作者以書簡式的體裁，來報告戰地種種情形，敍述游擊隊的成敗和其原因。

軍民之間
李輝英著　二角

軍民之間，在抗戰發動後已融合爲一體了，尤其是在戰場上，游擊隊中，根本分不出軍和民的。

中華女兒
張　周著　二角

中華女兒，已能如男兒一樣的担負起她們的任務，本書作者以中華現代女兒的姿態出現在山東軍隊中的鄉村工作者。

北方的原野
田　濤著　一角八分

本書內容是描寫平漢綫北段的游擊隊的艱苦而英勇的作戰情形和農民對游擊隊的援助。

黃河北岸
碧　野著　二角

這是「黃河北岸」一些眞實的與抗戰有關的故事，學生，民衆，難民游擊隊等合作的事績。

在湯陰火綫
曾　克著　二角

湯陰火線上不僅有激烈的戰爭，還有敏捷的追擊和戰略上的退却，同時還有潛入敵人後方，混入敵軍軍營發散傳單的驚奇實事。

背叛祖國的罪人
師田手著　二角

同浦路工人現在已組織自衛隊，參加神聖的抗戰了。在過去他們怎樣和那班背叛祖國的罪人抗爭，這書給大家詳細的報告。

沁河岸上
黑　丁著　二角

一八一師在沁河岸上行軍的故事，和石友三將軍的英勇堅苦的史實，在這裏用文藝的筆報告大衆。

魯北烟塵
石　光著　二角

作者在魯北作民運工作，同時遭到很多的困難，韓復渠的撤退以及民運工作自身教育的不夠，使他們的工作受到阻礙，但後來終究給克復了。這裏是他們艱苦工作的經驗報告。

七月

本刊讀者欲補購齊全之絕好機會

合訂本・

第一集：自創刊號至第六期彙訂一厚冊

▷實價法幣六角五分◀

第二集：自第七期至第十二期彙訂一厚冊

▷實價法幣七角◀

▲以少數代價獲得七十餘萬言的名作▼

▲以少數代價讀到八十餘位名家作品▼

本刊撰述人姓名錄：

S M　言武　黃既　張十方　蕭紅

丁玲　里火　奚如　賈植芳　蕭軍

力‧羣　何封　奚定收　葛琴　蕭英

大漢　東平　陶雄　鄒荻帆　蘇民

王天基　李林　逸明　路丁

尹庚　俞棘　陳紹禹　增捘

史萍　周行　海林　劉白羽

耳耶　周文　海志　歐陽凡海

艾青　柏山　曹白　魏孟克

田間　候唯勁　曹靖華

汝尚　柳林　鹿地亘

辛人　吳組湘　博古

池田幸子　胡風　紺弩

林　倪受乾　張庚

克夫　倪平　張藤

每集只有三四百本
如欲配購務請從速

△外埠郵購優待免收寄費▽

上海雜誌公司總經售

漢口　長沙　廣州　梧州　香港　桂林　宜昌　重慶　成都　西安　漢中　萬縣

◀各地分支店各新書店代售▶

本刊已奉湖北省政府秘字三〇九三三號令核准登記

本期零售：每冊一角二分

七月

第四集

華中圖書公司印行

七月 第四集總目錄

作家單位的索引

〔以筆畫簡繁爲序〕

插畫

七月

第四集

華中圖書公司發行

目錄

七月

第四集第一期
（總第十九期）
廿八年七月出版

編輯兼發行 七月社 重慶武庫街
華中圖書公司轉
編輯人 胡風
發行所：華中圖書公司（重慶武庫街）

每月出版一次

本埠每冊零售二角五分

訂價	國內	香港澳門	國外南洋
四個月	九角	一元二角	一元八角
八個月	一元七角	二元三角	三元五角

郵票代價，十足收用。五人以上聯合定閱，九折計算。

播種人

沃查木刻

願再和讀者一同成長

七月社

「七月」，一九三七年九月十一日在敵人砲火下的上海發刊，但繼刊了三期以後，就不得不移到漢口，由週刊改成半月刊，在十月十六日重與讀者相見。在半月刊的開頭，我們曾表示了微小的願望：

……在神聖的火線下面，文藝作家不應只是空洞地狂叫，也不應作淡漠的細描，他得用堅實的愛憎反映出蠢動着的生活形象。在這反映里提高民衆底情緒和認識，趨向民族解放的總的路線。文藝作家底這工作，一方面將被壯烈的抗戰行動所推動，所激勵，一方面將被在抗戰熱情里面躍動着成長着的萬千讀者所需要，所監視。

工作在戰爭底怒火里面罷，文藝作家不但能夠從民衆里面找到真實的理解者，同時還能夠源源地發現從實際戰鬥里長成的，新的同道伙友。

我們願意獻出微力，在工作中和讀者一同得到成長！

抱着這樣的願望，在艱難的條件下面編印了三集一共十八期。在這個期間，我們高興地得到了許多作家底合作和從讀者里面來的許多作家底出現，我們興奮地看到了全國文藝界統一戰線在組織形式上的結成和許多文藝堡壘底建立。在某一意義上說，我們也在全國文藝作家底獻身工作後面付出了微小的勞力，我們和讀者諸君也在整個民族革命戰爭底開展以及文藝運動底開展里面受到了鍛鍊。

然而，當保衛武漢的戰爭緊張了的時候，我們力不從心地不得不讓這工作中止了，還延又還延，直到現在才能夠重在讀者面前出現。

戰爭前進了，文藝運動前進了，我們當然希望「七月」能夠更健康，更有力量，但同時也明白地知道，它不過是整個文藝戰線上的堡壘之一，無論它底影響如何，在國際的形式上它只能是一個崗位。這樣說，並不是我們沒有取得廣大的作家底合作的願望——事實恰恰相反，「七月」正是在許多作家底協力和讀者底參加下面產生，成長的——，而是表示了我們對於文藝界統一戰線結合着底存在的尊重，對於各派作家底創作方法的重視，對於作為友軍的許多文藝堡壘的尊敬，而且表示了我們對於文藝將在民族戰爭底前進里面得到萬花繚爛的發展的豫想。當然，文藝界統一戰線在民族戰爭里面的前進，當不會僅僅止於政治上的共同目的「抗敵」一點，就是創作方法，也會趨向接近的罷，但我們以為這還不是現在的事情，勉強地憑主觀希望就這樣斷定，是非徒無益而且有害的。

在今天，我們底微小的目的是：希望在同情我們的作家底合作和批評下面，在愛護我們的讀者底監視和參加下面，至少能夠使進步的文藝發展，為光榮的祖國效命。

再說一遍罷：我們願意獻出微力，在工作中和讀者一同得到成長！

民族革命戰爭與文藝

——對於文藝發展動態的一個考察提綱

胡風

一、在新的情勢下面

民族革命戰爭的砲聲把文藝放到了自由而廣闊的天地里面。這以前，作家底世界是書齋，是客廳，是敎室，是亭子間，是地下室……，但砲聲一響，這些全都受到了震動，門窗顫抖，積塵飛揚，他們興奮地，或者想鎭靜而不得地跑了出來，向願意去的或能夠去的各種各樣的領域分散。跑向熱情洋溢的民衆團體，跑向砲火紛飛的戰場……，也跑向落後的城市或古老的鄉村……，而且還得經過雖然困苦但生活形象却紛至沓來的，長長的旅路。

在這里，過去主要地是依附在一兩個「文化中心」的大都市的作家生活這就根本地起了變換。

第一、許多（可以說是絕對的大多數）作家或文學者都參加戰爭，或者是參加戰地生活，或者是參加戰時的羣衆工作，甚至就是消極地逃難罷，也是不言而喻地帶着動員民衆的使命分散到了後方各地。有的人自爲戰，有的結成一團，各各在自已的條件，自己的願望下面，和活的現實問題搏鬥，向總的戰爭目的匯合。

第二，文化青年廣泛地參加到了戰場或戰時的羣衆工作里面。這些千千萬萬的優秀兒女們，被情勢所激盪，被熱情所鼓動，被祖國底號召所喚起，由「讀死書」「死讀書」的學習方式轉變到在實際生活里面一面戰鬥一面學習的學習方式，在軍隊里面，在前方後方的民衆里面，在產業機構里面，以至在學校里面，他們用着熱情和眞誠一面消除障礙，培植新生，使戰爭向勝利的路上前進，一面和實踐統一着，艱苦地養育自己，完成自己；而他們里面的許多就是新文藝底基本讀者，後備隊伍。

如果在上面指明的，作家和讀者向現實生活現實戰鬥的突入，可以說是文藝運動在主觀條件上所獲得的勝利，那麼，在客觀條件上也空前地得到了有利的基礎。

第一是國民精神底普遍的奮發。對於祖國命運的關心，對於敵人的仇恨，對於將士們的英勇行動的感激，對於妨害戰爭的腐朽力量的警戒和憎惡……，這些原是作家所分有的精神狀態，溶成了混然一體的民族意志，在祖國大地上磅礴，閃耀，反轉來激勵了作家，成了創作動力之一。

第二是啓蒙敎育活動底廣大的開展。被民族戰爭須得全國人民底參加這個性質所規定，戰爭用了各種各樣的方法啓發民衆底認識，提高民衆底情緒；被民族戰爭是和每個人民底命運相一致的這個嚴重性所警醒，民衆一天一天地增高了了解現實的慾望，要求着文化生活。這就是爲什麼戰爭使中國人民取得了而且取得着空前的進步。這個原是作家所參加的工作，它的結果反轉來激勵了作家，使他看見了新的讀者底成長，感到了自己的任務底重大，也成了創作動力之一，

當然，這里面還得加上政治上的民族統一戰綫底成功，那使得作家們從過去的某些條件解放了出來，有可能在共同的目的下面自由地工作，自由地競賽。

二、幾個結果

那麼，在這樣的情勢下面，就一般的趨向看，我們獲得了一些什麼呢？

第一、文藝活動開始了比戰前更廣泛地更深切地和現實生活卽民衆的結合。當作家們最初向戰場，向戰時的民衆團體，向後方的城市鄉村分散的時候，除了一些有計劃的演劇隊宣傳隊，主要地是帶着單純的政治行動甚至個人生活問題的色采，而「文化無用論」更助長了這一趨勢。然而，事實說服了這個傾向，文藝活動漸漸在民衆底要求下面抬起了頭來。這，從活動形態上表現出來的是地方文藝活動，戰區文藝活動，游擊根據地文藝活動……，從創作形態上表現出來的是大衆化形式底絕對的比重，從活動主體上表現出來的是，作家同時也就是戰鬥員，政治工作者，技術工作者，民衆的敎育者，組織者。也許在內容上大多數還不免流於概念流於狂叫罷，也許在形式上大多數還不免流於追隨主義罷，但這不正說明了作家們在摸索地努力用自己的方法向民衆突進麼？

第二、既成作家走進了再敎育自己的，一般地說是深刻的過程。這不僅對於這以前和現實游離的，看不見民衆的作家是這樣，就是對於戰鬥的現實主義者作家，也是這樣。因爲，生活(戰爭)固然迫使前者不能不張開了眼睛，伸出了腳步，在民衆的呼吸中間找着了自己，同時也使後者接觸到了他底信念他底思想所應該有的溫暖的血肉，繁茂的枝葉，甚至發現了他所沒有豫想到的新奇的天地，由這豐富了甚至修正了他的認識，也由這相應地提高了或改正了他底創作方法，向更完成的道路前進。當然，我們並不否認有的作家依然徬徨在原來的圈子里面，有的作家甚至向後倒退了，但我們知道，在今天，這樣的現象一定會隨時受到歷史底淘汰或批判的。

第三、新的作家陸續地出現，成長了，但更重要的是現實里面廣泛地存在着產生新作家的，可能的基礎。偉大、豐富、而又艱苦的，時時在發展的生活，使人驚，使人喜，使人怒，而在實際戰鬥生活里面的，能驚能喜能怒的許多青年戰士們，有的原來是智識份子，有的是從民衆中間長成的智識份子，除了一般地和這些事實或者擁抱，或者搏鬥，同時還要用形象的言語傳出他們忍抑不住的心聲，寫出他們所身受的生活底性格。這是我們所得到的寶貴的收穫、靠着他們，新文藝底傳統不但能夠承續，而且還會得到發展。投身在戰鬥里的他們，宛如被拋在黑土里的種子，現在我們已經看到在這里那里伸出了頭的茁實的秧苗，將來我們一定能夠看到枝葉扶疎的，成林的喬木。

第四、戰爭底這種推動文藝的偉力，敎育了作家，也就是團結了作家。無論在今天他們對於文藝的理解或創作方法是怎樣地不同，但由於在上面所指出的過程，在反抗日本帝國主義者底侵略，爭取中華民族底自由幸福這個總的目標上却趨向了或趨向着一致。他們不但一般地在行動上或文藝工作上圍繞着這個目標努力，而且還在組織的形式上結成了統一戰線的團體，「中華全國文藝界抗敵協會」；這是在戰前發動了幾次都沒有成功的。這個統一戰線，不但要由「文協」在某一限度上對於一般工作的協議，推動，號召而鞏固，而發展，同時也要由既成作家底努力，前進，新作家底出現，成長，各個以及各方面文藝堡壘底充實，進步，而鞏固，而發展罷。因爲，全體的充實得通過部份的工作，而目前，部份的工作却不得不各各從去開了它就會兩腳懸空的自己底方法，自己底基地上出發，前進。

從這里，我們可以看到今天的文藝運動底兩個明顯的特點。一個是，較之意認方向上底號召，倒是實際的工作更重要，更能生出力量，而事實上也已經成了這樣的狀態。因爲，作爲文藝活動底前題的意識方向，例如團結統一，反對投降妥協，發動民衆力量，用進步爭取勝利等等，已經成爲人民大衆也就是作家底實際生活內容或生活意志，只有用活的具體的工作才能夠使這些意識方向更豐富，更深入，更向前進。一個是，現實主義取得了能夠發展能夠勝利的，絕對有利的基礎。因爲，創作生活和實踐生活的有機的統一，作家和民衆的廣泛的結合，這正是新文藝運動一向所追求而未能順利得到的，現實主義底生命所必要，而且能夠在各種「自己底方法，自己底基地」底叢林里面得到發展，得到勝利的條件。

三、在創作上的表現

然而，文藝活動底最後歸着點是在創作成果如何，也就是對於民衆的精神的力量如何這一點上面。但要把戰爭以來將近兩年的創作成果，作一個歷史的性格的描寫，這工作過於繁難也過於龐大，我在這里只能速寫式地提出幾個要點。

第一是「報告」底廣大的發達。無論是期刊，是報紙底文藝欄，是單行本，大約可以歸在「報告」這一樣式下面的作品佔着了絕對的數量，而且有一些可以無疑地被算作偉大的收穫。這以外我們還得加上一些優秀的通訊記者底勞績。這時代太偉大也太複雜了，當作家投身進去以後，就會接觸到紛至沓來的，新的生活形象；這時候，爲了主觀的慾求也爲了客觀的需要，他不能不隨時向讀者傳達，作爲認識現實的材料，改革現實的控訴。我們提倡了而且還要提倡「報告」，不但因爲它能夠反抗過去的大部份小說底平庸化空虛化，不但因爲它能夠最有效地使初學寫作者直接從生活養育自己，替文藝預備下一個遠大的前途，不但因爲考慮到在鬥爭生活里面的作家沒有馬上實現大的構成藝術的餘豫，而且也因爲他能夠執行小說這樣式在這個大時代底生活里面所不能執行的新的任務，能夠用自己底方法反映這時代底生活性格，能夠堂堂地和詩、小說、劇本等樣式並立，在文學底世界里面取得自己底存在。

第二是詩底廣大的發達。如果「報告」是作家投進鬥爭生活以後在自己底意識里面反映出的現實，那麼，詩就是作家在現實這火石上面碰出的自己底心花。戰爭使作家有了太多的悲痛，太多的興奮，太多的歡喜，不能不通過或對着使他這樣了的生活形象把這些歌唱出來，而且，在這樣的場合，那些用「神聖」的辭藻的型律來掩飾內容底空虛的舊的形式主義，或者用使人不懂的奇怪的手法來掩飾內容底空虛的新的形式主義，大半都不能不收聲斂跡了。當然，一般地說，或者還偏向太多，也過於貧弱能，然而，不但在形式上有了許多向大衆深入的嘗試，而且就個別的作家或作品看，有一些確是能夠向世界叫出中國人民底眞實的戰鬥的聲音。

第三、在小說里面有了前進一步的萌芽。由於上面說過的，戰鬥的作家還沒有餘豫甚至沒有能力從事大的構成工作，也由於被平庸化空虛化弄疲乏了的小說傳統對於今天的疾風迅雷似的現實表情的胆怯，一般地說，戰爭以來，在小說領域上還很少大的事件，然而，在極少數的例子里面，可以看到他也是在前進的。那不但在內容上想用血肉的英雄主義繼承着魯迅在「狂人日記」「長明燈」「鑄劍」里面所追求的戰鬥意志，而且在形式上也在努力地創造和這血肉的英雄主義相應的，堅強的悽壯的言語。這在目前還只是一點萌芽，但如果由這開展，在小說樣式上所表現的危機當是可以得救的。

第四、較之劇本創作，還是演劇運動有了廣大的發達。如果上面所指出的三點是作家底活動意志較強地表現在向現實底深處突入的一側面，那麼，這里所說的可以說是作家底活動意志較強地表現在和大衆的啓蒙文化要求（抗戰宣傳）相應的一側面罷。我並不是不知道劇本創作在數量上的收穫，也不是不知道劇作家們迅速地反映現實問題的可尊敬的努力，更不是說劇文學完全沒有好的成績，但較之別的文藝樣式在質上的前進和演劇底廣大要求，廣大發展，它是明顯地落後了。要追究這原因，我們不但應該指出，演劇活動底迫切要求使作家不能不公式地從事工作，不但應該指出，在戰鬥生活里面的習作者往往在狂熱下面控制、使自己，不能不和發展的要素一同，經驗失敗，帶着缺陷，而且還得指出在這里是主要的一點：本來應該從集中地反映現實這方法去得到的所謂「舞台效果」，往往被解釋做用各種主觀的「權術」去挑引觀衆底一時的興奮，甚至弄到壓迫作品里的人物，破壞了內容底眞實或形象底統一。當然，我們不但不能忘記狹義的宣傳劇本底重要，而且還應大大地提倡，但爲了在眞實意義上的教育效果，同樣是應該向克服這個傾向的方向努力的罷。

第五、爲了和啓蒙的大衆文化要求相應，誰都看得見的是大衆文藝底空前的發達。被戰爭底任務所激動，被投身到戰里面的民衆要求所激動，作家們不能不用民衆所熟悉的或能夠接受的言語來創造能夠教育民衆，發動民衆的力量。我們有了各種小型的「新」形式讀物，我們有了鼓詞、相聲、唱本、甚至舊劇等等所謂「舊瓶裝新酒」的舊形式作品；在定期通俗刊物里面，在大衆報紙里面，在壁報里面，在各種小册子里面……，那數量是相當龐大的。既然作家成了參加戰爭的一員，文藝成了堅持戰爭的陣地，那表現在這一工作上的努力當然是文藝運動底本質的一面。這個八九年以前就被提出，推動的工作，在今天，戰爭使它廣泛地實現了。不過，我們說「空前的發達」，並沒有包含它已經能夠和戰爭也就是民衆底廣大的要求相應的意思，更沒有包含它已經在方法上取得了最大的力量的意思。

四　幾個顯著的弱点

從上面看來，在限定的意義上說，文藝運動在創作工作上面也是有了開展，有了前進的。但雖然如此，和我們這時代底偉大而豐富的生活內容相較，它底聲音就不免顯得微弱，而已有的創作工作本身所帶有的弱點，却更使得這微弱更加明顯了。在這里，可以指出比較顯著的幾點來。

第一是公式化或概念化的傾向。公式化是作家庸俗地發洩感情或傳達政治任務的結果，這個新文藝運動裏面的根深蒂固的障礙，戰爭以來，由於政治任務底過於迫急，也由於作家自己底過於興奮，不但延續，而且更加滋長了。寫將士底英勇，他底筆下就難得看到過程底曲折和個性底矛盾，寫漢奸，就大概使他得到差不多的報應，寫青年，就只會來一套救亡理論……。這不但因爲對於形象地思維這個文藝底特質的認識不足或能力不足，也由於一般地應具體地認識生活，在現實生活裏面把握政治任務的這個努力底不夠。但有人却以爲作家一和政治任務結合，就只會寫出「抗戰八股」，那要不得，倒不如寫些「與抗戰無關」的「輕鬆」作品。這理論當然馬上受到了批評，而且敗退了，但問題底解决却不能不是解明以至克服終於引起了這個歪曲的反應的傾向罷。

第二是繁瑣的冷淡的傾向。對於發展着的生活現象，不能夠出它底脈絡，不能抓住它底中心，一點一滴地，絲毫不肯遺漏地寫出，使讀者好像什麼都看到了，但結果却只是一片模糊。如果說公式化是架空地去迎接政治任務，離開了客觀的主觀，那繁瑣化就是奴從地去對待生活事件，離開了主觀的客觀，即所謂客觀主義了。在公式化的作品裏面，我們看得到過多的壯烈詞句，一般結論，但並不能得到眞正的興奮，在繁瑣化的作品里面，我們看得到過多的生活枝葉，事實毛髮，但也不能得到眞正的實感。

第三是傳奇的傾向。文藝作品底內容一般地得通過一個發展的事件，但這就給人一個印象，以爲文藝只不過是說故事，再一轉，就把故事底離奇當作文藝底成功，而戰爭以來，現實生活裏面也實在隨處出現了出人意料的人物或事件，於是使得有些作者只是記賬式地記出故事，甚至憑着自己底無血的幻想去單純地製造故事了。這傾向現在甚至有向福爾摩斯的方法發展下去的趨勢。

第四，由於這些主觀上的弱點，也由於在前面提到過的客觀條件（戰鬥里的作家沒有馬上從事大的構成藝術活動的餘裕）底限制，於是我們看到了，一方面沒有包含着大的思想力批判力的雄大史詩底出現，一方面也沒有現實主義底各種色彩各種風貌底競放。如果說文藝底反映生活同時也是提高生活，如果說豐富而多彩的生活內容可以養育出豐富而多彩的文藝性格，那麼，現在的這現象是再明確也不過地向我們證明了文藝對於生活的落後了。

第五，由思想力底貧弱所產生的藝術力底貧弱，那從文藝底大衆性還不能取得決定的勝利形勢這一個視角看來，就更加明顯了。要得到大衆性，偉大的古典藝術所昭示我們的這個軌範，須得作家對於民族歷史有深刻的理解，對於民衆生活有深入的感受，對於民衆底語言，民衆底表現生活或思想感情的文藝形式（如口頭文藝或民間文藝）有豐富的積蓄，因爲，藝術力底大衆性和思想力底大衆性原是一個內容底兩面，而大衆性都是以現實性爲生命的。當然，在今天，我們應該考慮到民衆文化生活底落後，所以要把啓蒙的文藝教育活動和分析的文藝創作活動分開，反抗一切對於作家們向生活深入把創作提高的這一努力的汚蔑，但同時我們更要記住文藝的啓蒙教育活動只有能夠在相應的限度上反映活的現實才會取得眞實的教育效果，要記住民衆里面的進步讀者底存在和落後讀者底逐漸成長，所以反對把「宣傳」的方法和「創作」的方法絕對地切斷，不贊成通俗文藝工作裏面的一些尾巴主義，投降主義。只有從這個發展的觀點才能夠把「宣傳」和「創作」互相對抗的理解推向互相統一的理解。

五　爲了前進

當然，要使文藝向前發展，不能不是克服弱點發揚勝利的要素的努力，但在今天，這不會僅僅是作家在創作過程上執行自我鬥爭的單純問題。

首先，在總的教育綱領上，我們可以指出幾點：

第一，對於流貫在民衆生活裏面的民族傳統，爭得深刻的理解，對於凝結在民衆生活裏面的，民衆底表現生活或思想感情的語言和文藝形式，爭得豐富的知識和融解的能力。前者是作家和一切其他的戰鬥者一樣應該執行的一般任務，由這取得對於生活現實——他底創作對象的深刻的把握，後者是作家應該執行的特殊的任務，由這取得能夠創造和生活現實相應的形式的原料。我們應該從這里接近「中國化」的課題。

第二，加强地接受國際革命文藝的遺產。新文藝運動是國際革命文藝底徒弟，但戰爭以來，因爲種種的困難，介紹的工作差不多停滯了。然而，爲了加强我們對於創作方法（文藝上的戰鬥經驗）的理解——這里且不說對於人類爲進步而鬥爭的內容的理解，這一工作底建設的意義是非常重大的。現在，論者非難新文藝，說它完全接受了外國的方法，因而沒有能夠適合民族的需要。但在說法上也許還可以考慮一下罷，即使新文藝沒有能夠適合民族的需要（我以爲這樣的論斷並不能說明事實的眞理），但那也只能說是作家沒有能夠使他的思維方法在現實的血肉里生根，也就是沒有能夠正確地接受本來是和實踐任務相統一的「外國的」思維方法，決不是人類底進步鬥爭所累積的思維方法本身不能和我們的民族需要一致。因爲，我們應該有民族的形式甚至民族的內容，但決不應有民族的思維體系能。「中國化」的戰鬥的意義應該是在這裏。

第三、推動並加强理論批評活動。我們的理論批評工作，一向是一面執行任務一面在機械的觀點下面掙扎，苦悶，到近年來才稍稍有了一點前進，但戰爭以來，由於從統一戰線還在生長過程中而來的顧慮，或者也由於理論家批評家底懈怠或沒有把握複雜現象的能力，現得非常不振了。但非難理論批評工作等於空白，也許有點過火罷，在對於文藝發展過程的把握上，在對於文藝任務的追求上，在對於文藝樣式的理解上，在對於大衆文藝的爭取和究明上……，雖然微弱，但大都從過去的到達點跨進了一步，而且是在和民族戰爭底任務相統一的前提下面進行的。然而，雖然如此，不振總是不應有的現象，一般地說，貧弱也是事實，以後須得在推動和加强上放進大力。它不但要使作家底工作在正確的方法上去和戰爭底任務統一，而且要使讀者（包含青年作者）和進步的文藝影響結合，它不但要描寫出文藝現象底性格，而且要描寫出文藝現象和戰爭任務的交叉點底綜現象……。但要達到這任務，理論家批評家除了戰鬥的熱情以外，一方面須得對於民族的生活現實，國際的革命文學遺產，取得深刻的理解，一方面須得不僅僅停止在意識方向底號召上面，有能力從具體的文藝現象具體的問題展開他底分析，進行彼此間的討論，從這裏生出戰鬥的力量。

其次，在總的戰略形勢上，除了加强作家和戰鬥的結合，更加强對於青年作家的教育工作，我們還可以指出幾點：

第一是地方性的文藝堡壘底廣大發展。後方各地，被軍事形勢所規定的各戰區，尤其是各游擊區或游擊根據地，作家或文藝青年的組織將一天一天地加多，文藝刊物（也許只能是石印，油印，甚至手抄的）也將一天一天地加多罷。在這個形勢下面，能夠看到作家最大限度地和讀者的結合，創作生活和戰鬥生活的完全統一，結果將是作家和讀者的一同成長。如果在文字改革上有了實果，那發展就會更加飛速了。

第二，綜合力較大，散佈力較廣的所謂「中心」刊物，會更多，也會更健康，更有力罷。如果把地方性的文藝堡壘比做能夠隨時化整爲零化零爲整的游擊支隊，那麼，這些中心刊物就是作爲整個陣地底衞星的運動戰野戰軍團了。爲了有效執行總的任務，它們各各保有自己底戰鬥傳統，自己底戰術特長（不同的文藝態度，編輯方針），互相呼應，互相影響，互相學習，也互相競賽。

第三，由於戰爭底進步，也由於各方面文藝工作底開展，文藝界統一戰線也會更充實，更鞏固，那不但要在作爲統一戰線底組織形式的「文協」底充實和發展上面表現出來，尤其要在作爲統一戰線底組織者的現實主義底發展和前進上面表現出來。

那麼，結論是什麼呢？

在教育綱領和戰略形勢的互相配合下面，隨着戰爭前進，隨着國民經濟生活底改造前進，在方法上是現實主義底廣大發展，在形態上是國民文藝底逐漸形成，和國民精神底開花一同開花，和戰爭底勝利一同勝利！

去年十二月中第一次到復旦大學去的時候，「抗戰文藝習作會」要講演，倉卒間只好把平時對於文壇形勢的印象說了一說，題目是「抗戰以來的文藝動向」。今年二月間，中央大學的「文學會」要講演，且出了「阿Q正傳研究」的題目，但也因爲倉卒間整理不清，只好再把這印象重覆了一次。習作會的陳緒宗君原整好了一篇紀錄，但我因爲這印象本身過於粗略了，沒有勇氣去校改。現在「七月」要付印了，幾位朋友都覺得沒有一篇論文就難免單調，於是就陳君所記錄的綱要寫了出來。

一九三九，五一節夜四時，寫畢附記。

毛澤東斷片

白危

一

在一個拱形的像普通城門大小的窰洞裏，住着二十世紀四十年代的普洛美修斯——毛澤東。

這窰洞不像是石鑿的，似乎全由人工築成，深度約有兩丈，牆壁也相當潔白；和普通有些不同的地方是正門做了大窗戶，而在左側開了一個小門來進出。相連於小門的是個很小的客廳，按中國房屋的說法，應該叫作正廳，而毛澤東先生的辦公室就是右廂房。

相連這窰洞的是一棟普通的平房。一進門就是一個院子，打掃得乾乾淨淨，頗有點秀才書齋的氣味。門口雖也有站崗的，但却不像是衙門，也不像要人的官邸。院子裏靜得鵝雀無聲，倒使我想起曾爲阿Q所不齒的靜修庵。

這個洞是毛澤東先生經常辦公和讀書寫作的地方。近窗口安放着一雙可以打乒乓球的辦公棹，蓋着有花彩的黑漆棹布，將那粗陋的棹板遮沒了，可是不平之處却依然現出稜稜來。屋角裏有一張很小的牀舖，上面蓋着白布。六七把椅子像衛兵似的站立着，中間還有一張小棹子，高不及二尺，大小不過二尺見方，和普通小孩子吃飯的棹子一樣。旁邊躺着一把木躺椅，這是平常看書的地方吧。聽說毛澤東先生每晚開夜車已成一種習慣，很明顯的，這個洞就是他讀書寫作辦公會客和休息的地方了。

踏進這窰洞，有時竟會連想到部落時代的生活。不過這窰洞定比從前的明朗，整潔，裏面已經擺了棹椅，棹椅上面放着馬克思主義和三砲牌烟捲，洞口也上了門框，不是磊的石頭；用的是火柴，不是火石；牆上掛的不是獸皮或武器，而是脈絡縱橫的地圖。

二

我去的時候是上午十一點半，大約他剛起來不久，這是一看就知道的。那種開夜車遺下的痕跡，依然掛在他那有點臃腫的眼皮上。頭髮分梳得很整齊，已不像當年和史諾照相時的那麼風塵僕僕的樣子了。臉上也油光煥發，兩個閃閃發亮的眼睛，深藏着一種不可屈辱的溫和，而且正義感的微笑，常常出神地定睛的釘着一個目標。

他安詳的坐在辦公棹前吸烟，動作很穩健；走起路來的時候，儼然一表書，連螞蟻都怕踏傷了似的謹愼着，但當跟他在一起談話的時候，會使人感到他像是一個最慈藹的敎師或保姆。

現在記起來了，他第一次給我的印象，是在七月一號中共中央歡迎世界學聯代表團的大會上。那時他穿着洗過幾回水的灰布中山裝，戴的是一頂有着八個角，但沒有帽徽的制帽，講演的時候，喉嚨里隱微地習慣地時時壓出幾聲乾咳，聲音並不洪亮，很像一個溫存的書生；說話的姿勢和態度也很謙恭和鎮靜，那謙恭和鎮靜有時竟會使人感到有些近乎拘謹。

有一回，政府和八路軍招待延安市衛生工作人員的晚會上，他在登台講演的時候手裏捏着烟捲，忽然感到不好意思似的，迅速地將烟屁股往柱子上一擠，後來大約是將它藏在袴袋里了，可是一到下了台，他又滿不在乎的吸着那幾乎灼傷指頭的烟屁股。

但有幾回，却看見他笑得幾乎忘了形，在一次晚會上，馬海德（馬海德是中共里面的一位外國醫生）扮演打漁殺家（新編的松花江）裏的女主角，說到「二位媳婦那裏去了」，這是沒有一個人不捧腹大笑的，然而，恐怕笑得最厲害的還是他。他是一個晚會狂熱者，凡有幹部晚會，他都到場，而且從不中途退却。無論怎樣蹩脚的戲，他都耐着性子看到下場。他坐的位子經常在左張板凳的邊緣，是並不十分舒服或好看的位子。但他也就好像大倉裏的一粟，擠在一般的羣衆裏面去了。

不知道他是因爲沒有帶票子，還是因爲來得太遲，座位已經給人佔去，不好意思叫人讓出？照規矩是對號入座的，但他往往來得太遲，而中央組織部印發入場劵時，原來就沒有規定「這是毛主席的座位」，所以他只好一聲不響，擠在羣衆裏面去了。倘使是在府衙門，他也和羣衆一樣，就將自己的上衣脫下，墊在地上當沙發。

他走進會場總是悄悄的，但只要有一個人首先發現了是他，全場的掌聲會一直等到他坐定了方停止。無論任何晚會都沒有專門預備給他的座位或茶水，他坐的是羣衆的座位，喝的是大桶的白開水。然而，羣衆非常尊敬他。

三

和一般工作人員一樣，他每天從糧食局領到一斤十二兩的小米或大米，吃一角幾分錢的菜錢，每個月拿五塊錢的最高津貼，每年領兩套制服。經常看見他穿着有補釘的褲子。他的制服也好像是從市上買來的，褲脚離開脚跟兩寸多高，時常露出那有補釘的襪子來。

他沒有在外國銀行或中國的銀行存過款，這是誰都知道的，他除了按月拿五塊錢的津貼外，唯一的外快就是從解放社領到的一些少得可憐的稿費——五毛錢一千字！現在他是國民參政會議員，共產國際的常委，從那里，每月還可領到一筆「鉅款」，但這些「鉅款」，並不落在他的口袋裏，卻去救濟和幫助其他事業的發展。

「我們這裏就是有這樣的好辦法，」坐定之後，他很溫和的說道，「不會埋沒你的天才，有本領的也能盡量發揮出來。大家有工作，有飯吃，沒有人跟你爭地盤，也不至於爲了飯碗而提心吊膽自己的職業，譬如我自己，吃的是公家的，穿的是公家的，我的孩子我也顧不到，她現在寄養在機關合作社，吃的什麼，穿的什麼，我全不知道。」

「確立堅定不移的政治方向，發揚堅苦奮鬥的工作作風」。這是邊區工作人員的座右銘，八路軍和共產黨的共同的政治性格，他，毛澤東先生，自己領導著，「以身作則」做榜樣了，無論在日常生活中，在工作中，在學習上，他都起着模範的領導作用。

他的生活是平凡的，任何方向他都顯不出什麼特殊來，但他的生活經驗是充實而且豐富的，聽過他的講演就可知道他的政治生活的淵博。他能夠用最淺顯的言辭來解釋最深奧的哲學，用大衆化的口頭語來解釋辯證法。他的談話是很能抓住問題的核心，而且十分中肯的將馬克思主義辯證法地機巧地靈活地運用在日常生活上。對於一個問題，他能耐心的「諄諄不倦」的解釋着，描述着。有一次他在一個講演會上解釋民主的意義，他很幽默地說道：「朱德管八路軍，他的馬伕管他的馬，一個管整個八路軍，一個只管一匹馬！朱德還有馬騎，可是他的馬伕就只管了這匹馬，豈不是一點也不民主嗎？其實不然，朱德不但要騎馬，而且要騎一匹好馬才算民主。爲什麼呢？因爲他是指揮官，騎了蹩脚馬跑不動，誤了大事，豈不糟糕？」

又有一次，他在抗大第四期畢業生講演上說到統一戰綫。他說——

「……我們要團結，要民主。大家一致團結起，對內要和平，對外要抗戰。爲什麼要這樣呢？內部的事情，大家有話好商量，可以和平解決，不必動干戈。這就叫做「對內動口不動手」；但是對外呢，嗯，日本人蠻橫得很，沒有道理好講，先下手爲强，打了他再說，這就叫做「對外動手不動口」。……我們要一直往東打，把日本打回東京去。那時日本的老百姓開羣衆大會來歡迎你們，問你們從那裏來的，你們說：「我是從抗大來的」——」

他以一種很詼諧音調結束了最末一句，逗得全場哄然大笑。

有一次，他提到孔子，他說：

「……但孔子也有長處，他教人的時候，自己不打磕睡，學生也不打磕睡，這種精神是值得我們學習的。」

有時，看看天要下雨了，台底下的聽衆有些騷動起來的時候，他會蹙着眉頭，「嗯，天老爺又想跟我們作對了！」然後慢慢地轉動着頸子瞧了半個天，於是堅決地說道：「不怕，我們用馬克思主義來抵抗它！」大家笑起來了，於是他也笑起來，但他的笑，往往是輕微到聽不出聲音的一種隱笑。在這時候，他的身體微微地擺動着，眼睛裏閃耀着非常親切而且美麗的光芒。

他的講演是入情入理的，平白到連老百姓也聽得懂。聽不懂的除非是他的那湖南腔。並且，聽他的講演，不但不會使你打磕睡，而且不會使你打呵欠，這一點，我覺得他是比孔夫子還强一着。

四

他的個子相當高大，結實；坐在洞裏，和他那張又長又大的辦公棹很相稱，棹子堆着一些報章雜誌，哲學，政治經濟學，馬列主義，文學史之類的書籍。有一張蓋着「中共中央」戳子的信封，是用脚的毛邊紙自造的，小得很。「一個信封要用四次」，這句話頓時就在我腦子裏迴旋着。一個三砲台的香烟罐子和墨硯並列着，但裏面插着粗大的三晉牌。還有一個一磅裝勒吐精代乳粉那麼大的洋鐵罐子，盛着另一種烟草。他吸烟，而且吸得很凶，這是他的一種嗜好。和他談多少時候的話，他就吸多少時候的烟，將烟捲和史達林式烟斗交互着吸。但他吸洋烟斗的技術並不十分高明，看着他吸，覺得非常之浪費火柴。

坐定以後，我提出了一些問題。

「我們隨便談談吧……」

他是一個健談家。他的話匣子一經打開是不容易收束的。如果沒有什麼阻礙，他會日以繼夜，從社會主義一直溯到混沌初開。

斷斷續續的談了兩個多鐘頭，話題也談得很遠。他老是微笑着，目光炯炯的緊抓着對方，彷彿要在對方的臉孔上找尋什麼似的。

「人總得講點道理啊！」於是話題又轉過來了。「我們這裏就是講道理，有辦法，有好的政策。要不然，怎麼會有這許多人跑到這裏來學習？艾思奇在上海每月一兩百塊錢入息，可是在這裏，就祗有十塊錢。但精神上卻很舒服。

「在這裏，人如果犯了錯誤，是不用懲辦主義的，我們用勸導，教育來爭取他。張國燾之開小差，那是表明他是不可救藥的了。

「一切事情用民主方法就好辦。北洋軍閥時代，我也辦過學校，但是不久就被查封了，查封的源因自然是因爲辦得還不錯，動了當局的肝火。那時是不許你講道理的，有命令要你去做的事，却沒有讓你自己動手來做的事，這樣怎麼能做得出好事情來呢？自然，邊區今天並不是樣樣都好，缺點還是多得很。外面的人對邊區有兩種意見：爲一種意見是說邊區什麼都好，這固然不對。另一種人就專罵延安男盜女娼，說女學生都生了楊梅瘡。這自然是不值一笑的了。」

他微笑着，吸起斯達林式的烟斗來，彷彿醫科學生第一次在顯微鏡發現細菌一樣，將瞳孔收縮着，用那乍從困惑中解放出來的愉快的眼光緊釘着我，似乎是在問：你想是不是呢？

「了解問題，要從多方面去了解，我們雖然生在現代，但也要研究古書，看看中國的社會是怎樣進化的，中華民族怎樣發展，中間經過那麼長久的年代，爲什麼不會滅亡。但同時也要去研究外國的，不過當研究外國時，可別忘了自己的祖宗……」

他微笑着，眼睛更加發亮了。從那收縮小了的瞳孔中，閃着愉快的不可屈辱的光芒。

附記：此文於一九三八年十月在延安會見毛澤東先生之後記就，其時因武漢危急，急於返漢，其中談話，未經毛先生校閱，倘有出入之處，該由我負責。一九三九年四月廿日於重慶，補誌。

血染的兩天

秋江

給血染過了的五月三日，天空像掃過了似的。這一天的慘劇，加深了一層中日民族的仇恨！

陽光吻着山城的重慶，揚子江風平浪靜，嗚嗚般的警報，絲帶一條似的哀音，騷動了這裏的人們。躲進地下室，橫着眼睛，側着耳朵，靜聽着高樓上面沉重的機聲過了沒有。

「呼……」炸彈掠過空氣的聲音。

「轟……轟……」炸彈炸裂了。

人都本能地自然地伏在地上。

濃煙和塵灰捲成一團，像法西斯的魔手，撐上半空。舐血的火舌吐出屋頂。一個人，在青年會大餐廳的窗口上叫喊：

「快點救啊！怎麼沒有人救？」望着新豐街上的火光流淚。看見火焰裏冒出白煙，他又落着眼淚喊：

「好了！好了！救火車來了！」

好幾間堅固的房子，給法西斯强盜燬滅了，解除空襲的警笛聲，還是很沉默。防護團忠實的干涉着人們的行動，但是沒有人顧念自己目前的安危，跑出去了。千萬隻的眼睛去慰問被難的同胞，千萬顆的心記住了這筆血債！

門板上睡着五分前呼吸着世界上和平空氣的人們，現在不相識的人抬着他了。

小夥計用了全身的力量替他的老板搶東西。出於至誠的努力，給經理先生的心，給汗水浸軟了。雪白的手帕，去爲小夥計拭着頭上的汗水。

第二天。人們是騷動了。一個人的行動，也會

五四之夜

老舍

五四。我正趕寫劇本。已經好幾天沒出門了，連昨日的空襲也未曾打斷我的工作。寫，寫，寫；軍事戰爭，經濟戰爭，文藝戰爭，這是全面抗戰，這是現代戰爭：每個人都當作個武士，我勤懈着我的武器——筆。下午四時，周文和之的羅烽來了。周文來自成都，剛下車，即來談文藝協會成都分會今後會務推動的辦法。談了好好久，警報！到院中看看，又回到屋中，繼續談話。五時，又警報，大家一同下了地洞；我抱着我的劇本。一直到六點多了，洞中起了微風——天空上必有什麼變動；微風從腿下撩過去：響了！響了！洞裏沒有光，沒有聲，沒有任何動靜；都聽着那咚咚的響聲，都知道那是死亡的信號，全咬上牙！

七時了，解除警報。由洞裏慢慢出來，院裏沒有燈光，但天空全是亮的。不錯，這晚上有月；可是天空的光亮並非月色，而是紅的火光！多少處起火，不曉得；只見滿天都是紅的。這紅光幾乎要使人發狂，牠是以人骨，財產，圖書，爲柴，所發射的烈焰。灼乾了的血，燒焦了的骨肉，火焰在喊聲哭聲的上面得意的狂舞，一直把星光月色燒紅！

之的羅烽急忙跑出去，去看家裏的人。知道在這一剎那間誰死誰生呢。狂暴的一刻便是生與死的鴻溝。只剩下周文與我，到屋裏坐下。沒的談，我們憤怒；連口水也沒的喝，也不顧得喝！有人找，出去看，趙清閣！她頭上腫起一個大包，臉上蒼白，拉着一個十二三歲的小學生。幾句話就够了：她去理髮 警報，轟炸，她被震倒，上面的木石堆在身上；她以爲是死了，可是甦醒了過來。她跑，向各路口跑，都被火截住；火，尸，血，斷臂，斷時，刺激着她，致她快走；可是無路可逃。那小學生，到市內來買書，沒有被炸死；拉住了她；在患難中人人是兄弟姊妹。她拉着他，來找我，多半因爲只有這條路可以走過來；冲天的火光還未撲到這邊。

安娥也來到。她還是那麼安閒，只是笑不出；她的臉上有一層形容不出的什麼氣色與光亮；她凝視着天上的紅光，像沉思着什麼一點深奧的哲理。

清閣要回家，但無路可通。去看陸晶清，晶清已不知上哪裏去了。我把周文請出來，打算去喝點水，找點東西吃。哪裏還有賣水賣飯的呢，全城都在毒火的控制下！

院中喊起來，「都須趕快離開！」我回到屋中，拿起小皮包，裏面是我的劇本底稿與文藝協會的重要文件。周文一定教我拿點衣服，我抓了一把，他替我拿着。

到院中，紅光裏已飛舞着萬朵金星，近了，離近了，院外的戲園開着窗子，窗心是血紅通亮的幾個長方塊！到門口，街上滿是人，有拿着一點東西的，有抱着個小孩的，都靜靜的往坡下走——坡下是公園。沒有哭啼，沒有叫罵，火光在後，大家靜靜的奔向公園。偶然有聲高叫：是服務隊的「快步走」，偶然有陣鈴響，是救火車的疾馳。火光中，避難男女靜靜的走，救火車飛也似的奔馳，救護隊服務隊搖着白旗疾走；沒有搶劫，沒有怨罵，這是散漫慣了的，沒有秩序的中國嗎？像日本人所認識

波及全體。因爲，大家的心上留着一個悲慘的影子。

下午四點鐘了，夫子池公共體育場，一羣青年人，正在紀念「五四」運動。綠帶一條的警報又掛了。十八架重轟炸機飛過了重慶市空。

揚子江上的船已繫了纜，望日的圓月，將照着江水。緊急警報，把準備晚飯的人們趕下防空室。每個人的心上壓着一塊新石頭，——天夜了，怎麼還能來呢？地上起了震動以後，每個人的心上又換了一個想像——血與火的交流。

火，把玻璃窗照得鎔爐上的火門一樣紅。火星像無數的紅蝴蝶飛舞，重慶成了一隻火爐了。

人，潮水一樣逃出火坑。警察，防護團，士兵，發掘磚瓦堆中的同胞，紅十字會的先生，紀錄着傷者的姓名住址。

寬仁醫院離轟炸還不到半點鐘，漆黑的大門裏已經躺着五六個被炸傷的人。一個兩隻腳亂跳的人頭浸在紅墨水裏一樣，有一個失去了知覺，大呼混蛋！

鐵板街附近，炸塌的房子逃出來的一位少女，她拉住了一個在防空洞口僥倖未被炸死的青年，忘記了一切的社會禮教哀求他，「我的家沒有了，跟你走，你到那裏，我也到那裏！」像她這樣的人今晚上不知有多少？

中央公園，變成了人的海。每個人的眼前，放着一串悲痛的事，父親想着兒子，母親想着女兒，兒女想着父母，哥哥想着弟弟，妹妹想着姊姊。他們死得太慘了！他們怎樣死的？我相信三歲的孩子，忘記不了鮮紅的血，毀滅的火！

火光接着火光，無家可歸的難民，受着全國人關懷的重慶難民，坐着汽車，走着他們自己辛苦築成的公路，離開了重慶。

貼着「義務輸送難民」字條的汽車，是世界上最美麗的汽車。

的中國嗎？這是紀律，還是團結，還是勇敢——這是五千年的文化教養，在火與血中表現出它的無[illegible]侮的力量與氣度！

在公園坐了會兒，餓，渴，乏。忽然我說出來，看那紅黃的月亮！瘋狗會再來的，向街上掃射；燒了房，再掃射人，不正是魔鬼的得意之作麼？走，走，不能在這裏坐一夜！繞道出城。大家都立起來。

我們想到的，別人也想到了，誰還不認識日本鬼子的那點狡猾呢！出了公園，街巷上擠滿了人，都要繞道出城。街兩旁，巷兩旁，在火光與月色下，到處是直立的磚柱，屋頂牆壁都被炸倒燒毀；昨天暴敵是在這一帶發的瘋。腳底下是泥水，碎木破磚，焦炭斷線；臉上覺到兩旁的熱氣；鼻中聞到焦味與血腥。磚柱焦黑的靜立，守着一團團的殘火，像多少巨大的炭盆。失了家，失了父母或兒女的男女，在這裏徘徊，低着頭，像尋找什麼最寶貴的東西似的。他們似乎沒有理會到這第二次空襲，沒有心思再看今晚的火光，低着頭，不再驚惶，不再啼泣，他們心中嚼着仇恨。我們踏過多少火塘，肩擦肩的走過多少那樣低頭徘徊的同胞，好容易，走到城郊。地勢稍高，火頭更清楚了；我們猜想着，哪處哪處起了火；每一猜想，我們心中的怒火便不由的燃起；啊，那美麗的建築，繁榮的街市，良善的同胞，都在火中！啊，看那一股火苗，是不是文藝協會那一帶呢?！假若會所遭難？嘔，有什麼關係呢，即使不幸會所燬沒，還有我們的手與筆；燒得盡的是物質，燒不盡的是精神；無可征服的心足以打破最大的侵略的暴力！啊，我們的朋友呢？蓀子的家昨天已被炸壞，今晚他在那裏呢？是不是華林、沙鷗都在觀音岩呢？那最遠的一個火烽是不是觀音岩呢？繼蓀呢，紀瀅呢，他們的辦事處昨天都被炸毀，今天或者平安吧？我們慢慢的走，看看火苗，想想朋友，忘了餓，忘了渴，只是關心朋友們；差半秒鐘，差幾尺路，就能碰上死亡，或躲開死亡，這血火的五四之夜！轉過小山，回顧火光，仍是那麼猛烈。火總會被撲滅，這仇恨永無息止。打倒倭寇，打倒殺人放火的強盜，有日本軍閥在世上，是全人類的恥辱。我們不僅是要報仇，也是要爲世界剷除惡霸呀；還是報仇，也是天職！

領周文到胡風處，他一家還未睡：城外雖比安靜，可是誰能不注意呆視那邊的火光呢？從火光中來了朋友，那熱烈，那親密；啊，有誰能便携起手來的四萬萬五千萬屈膝呢！

那位小學生已能自己找到了家，就囑咐他快快回去，免得家中懸念；他規規矩矩的鞠了躬，急忙的走去，手裏還拿着在城內買來的一張地圖。

安娥與清閣都到了家，倚窗望着剛纔離開的火城。路上不斷的行人，像赴什麼夜會那樣。兩點左右又有警報，大家都早已料到，警報解除，已到天明，街上的人更加多了。

次日早晨，聽到消息，文藝協會幸免於火！住在會中的梅林，羅烽，歸英，都有了下落，晚間到文藝社去，得到更多的消息，朋友中沒有死傷的，雖然有幾位在物質上受了損失。朋友們，繼續努力，給死傷的同胞們復仇；記住，還是五四！人道主義的，爭取自由解放的五四，不能接受這火與血的威脅；我們要用心血爭取並必定獲得大中華的新生！我們活着，我們鬥爭，我們勝利，還是我們五四的新口號！

從仇恨生長出來的

宋之的

四號早晨的重慶報紙，大抵都詳盡的記載了三號的敵機暴行，記事的結尾，記者有着這樣的揣測：「至於敵機轟炸的目標，大概是×××等機關，但因爲敵飛行員投彈技術的惡劣，所以炸彈盡落在平民住宅區」云云。

這其實是我們自己的想像。即日下午五點鐘，這種過份善良的揣測便被事實粉碎了。我們無需再承認我們的對手還是有着道德觀念的人類，我們甚至都無需憤怒。對於這種殘忍的行爲，任何感情的表白都是多餘的。倘面對着超畜類的惡魔，最善良的心也曉得地應該怎樣做：「打死牠，或是被牠吃掉。」不是嗎？掘發，並且埋葬着我們的孩子們，我們的媽媽們，我們在他們那燒焦了的尸身上，看不出恐怖，也看不出痛苦。活的人，和死的人，跳躍的心臟，和停止了的心臟，我們和他們是只有一線相聯：共同的仇恨。

當我們還在清理着他們那碎了的頭，殘缺了的手，無言的爲他們尋找適當的位置，爲他們那曾經生活過，曾經幸福過，曾經愛過，也曾經恨過的心作最後的安排的時候，我們的敵人笑了，向着全世界笑了。

牠們笑了。

從東京到紐約，到倫敦，到好望角，到全世界各角落，他們廣播着說：「……由於我空軍之壯烈轟炸，重慶全市大火，已成廢墟……我方仍與繼續轟炸……」

這殺人犯並不以爲屠殺就是犯罪，且有意的把自己的暴行誇張成千百倍，用更多的血向全世界塗抹着他的供狀。歷史上任何野蠻的民族都不能和他比較，這類殘忍事實上是已經超出了人類的想像。

我們記住這個吧！

一直到五月五號晨四點鐘，我沒有合過眼。我想着什麼，又像沒有想着什麼。我的週圍雖然擠滿了人，却沒有一點聲音，都守着沉默。

火勢漸漸衰了。

我突然站起來。

「幹什麼？」

「回去看看！」

「已經燒了，看什麼呢？」

我記起來了，我想着一個人。想起一個，就想到兩個，我的家燒了，人沒有死，他們呢？一個胖孩子的大眼睛在黑暗裏望着我。

「這是花店裏的胖孩子」，在記憶裏，我說。

和這胖孩子有感情，是最近的事，雖然我天天從我的窗口，可以望見他。這孩子，有一雙亮得出奇的眼睛，常伏在一個小姑娘的懷裏立在花店門口講話。講些什麼話，是誰也不曉得的。一天，我在小雜貨舖買早點的時候順便鬥了鬥這孩子，這小東西立刻向我笑了。

我於是順手拿給他一塊糖。那個其實也還是個孩子却自以爲是懂禮的大人了的小姑娘立刻說：「謝謝伯伯！」又補充着：「行禮！行禮！」

孩子在懷裏跳了兩跳，歪歪斜斜的把手舉在額門子上，一面叫：「爸爸！爸爸！」

小姑娘笑了。她解釋着：他只會叫爸爸，還不會別的，所以管什麼人都叫爸爸。

是這樣的，我們熟了。有時候，爲了酬謝我的饋贈，小姑娘也送給我一兩枝不知名的小花。這類小花，我把來插在牆角上。……

我急遽的走着。

月亮很淡，黎明快來了。

穿過蒼坪街，火把我裹住了。火燄從緊興誠銀行的窗子裏吐出來，燒着。我的週圍，有木料碎裂的聲音。

此外，靜的很，沒有一個人。我站着：人彷彿是盡了最後的努力，便只好在那龐大的建築物週圍，折了火巷，躲開了。火放肆的在窗口跳着，伸出來，又縮進去，燒着裏面，也不忘記外面，大膽到可驚的地步了。這使我恐怖，這恐怖，可很快的又消失了。

我在大陽溝拐了彎。同樣的靜，可是火已經熄滅了。一個女人坐在斷磚殘瓦裏哭泣着，我不能夠看淸她的臉。不知道是什麼一種感情作祟，我想到了一些滑稽。「人已經死了」，我想，「眼淚有什麼用呢?!」

其實，最滑稽的，還是我自己。我這種跑法是爲了什麼呢？爲了家嗎？家是毫無一點懷疑餘地的被燒掉了。爲了胖孩子嗎？胖孩子倘在這時候還留在火堆裏，豈不是笑話。在這種場合，人是軟弱的。

我終於穿過華光樓，到了會仙橋了。九點鐘以前，還是那麼鬧熱的十字路口，現在已經是一堆瓦礫了。建築物已經不再阻礙着我的眼睛，我望見了那就要下墮的月亮。代替交通崗位的，現在是丈餘深的一個大坑，坑裏，有着紫黑色的水。

我搜尋着我的記憶，心裏存着萬一的希望。這燒去了半邊的國藥號隔壁，應該是個雜貨舖，旁邊，大光明理髮店，生生食堂，油臘舖，茶館，……我的家呢？從前站在街口，是可以看見我的窗口的，現在我什麼也看不見，除了那就要下墮的月亮。

家毀了嗎？還是只毀了一半呢？一些關於家的零碎記憶、無條理的泛上來了。我的茶杯曾經那麼頑强的抵抗過破碎，掉在地下還依舊完整；被單是才洗過，牆角上的小花也還沒有枯；一本元曲是被擠落在地上，還沒有拾起呢……。它完了嗎？

「它完了嗎？沒有呢？」我想着。

有人走過來了，我拉住地：

「這條街燒到什麼地方！」

「燒完了！」

「哦！」

旣是有人走，自然沒危險了。我於是也走過去。但那兒是我的家，我已經不能分辨了。坍毀的磚土和房屋的痕跡，看起來都是一樣的。我走上了自以爲是的一堆，希望在那裏面尋找一點紀念，但磚頭却透過我的鞋底，燙着我的皮膚了，我一下子跳出來。

留在這兒的，是什麼也沒有了。

「花店呢？」

我回過頭去，迎接我的，不是那亮得出奇的眼睛，却是一付燒焦了的尸體，我的心强烈的跳動着。還是誰？姐姐嗎？弟弟呢？才懂得喊爸爸了的胖孩子嗎？還是用小花向我表達好意的小姑娘呢？

你是誰呢？

我有着跑過去瞧看一下的慾望，但却一動也沒動。兩滴眼淚從我的眼角流下來了。

事實證明了我的譏笑那哭泣的女人，也是多餘的。

但是：只有眼淚嗎？

十二號下午七點鐘，在我們高射砲手準確的射擊下，三架敵機葬身在重慶的郊野了。

五，二十日。

「榮譽戰士」

田間

第八路軍在西安設招待所送傷兵返鄉並贈「榮譽戰士」徽章

他們，
回來了……

那女人，
今天
坐在歡迎會的
院落，
一面
喂她底
乳兒，
聽着
演說；
從頑强的臉孔上，
浮湧着
戰鬥的
歡喜，
戰鬥的
紅笑，
——因爲她呵，
也流了血
爲着
祖國。

他們呵，
勇敢的
呼吸，
不死的
慾焰，
在拂着
斷足，
拆臂，
破眼……

他們的歌聲，
吹着
——假使我還能夠再射出顆子彈……

——我看見
傷疤的
光輝，
走在
遼闊的
祖國，
爭自由的
大路上………

他們，
回來了。

潛行草

曾白

㈦

×月十二日我從S市前往富曼河；祠月的十九日又從富曼河回到S市；一來一去，就只有這麼四五天。我是總是這麼匆匆的來，而又這麼匆匆的去的。但我今晚又要再從這里前往富曼河去了，這秋季的黃昏是多麼的昏沉，幽暗而陰鬱：地簡直就要下雨的：……我寂寞的坐在電車的拖箱裏，看看兩旁的行人和街車，是這樣的永遠的穿梭，永遠的穿梭，而那虹彩一樣的都市的燈火在這陰鬱的夜色之中可就格外煇煌起來了。

預定要趁的輪船已經脫班，我在碼頭上向小工，巡捕，茶役之類打聽可還有別的什麼輪船開出去，他們都對我搖着頭，不知道。我完全絕望了。看看大時鐘，已經十二點又多一刻，戒嚴時間立刻就會到；卽使能夠趕回去，然而敲門叫喊會使別人煩惱的。但在碼頭上又怎能過夜呢？我就只得倉惶的走向江南輪停在的一號碼頭去：——

「A！AA!!」

我的背後突然響起了這個「A」字的聲音，而且立刻就知道這是對我而發的。回過頭去，一個海關警察的手臂把我堅定的指住了。在碼頭的衰微的燈光下，能夠看見他的惡毒的嘲弄的面色， 臉皮是綳得那麼緊緊的。

「，你來！」

我走向前去。

「 你的籐包裏是放的什麼呢？」他的兩只眼珠努力的釘着我，意味深長的問。

哎喲，糟了！我的籐包裏有一大批藥品呢：磺酒，黃藥膏，棉花，紗布，橡皮膠，阿斯匹靈……對於這些，如其不報關，而現在他要叫我是偷稅的，經驗告訴我，袋裏的三塊錢無論如何是不中用的了，頭上的大時鐘又向我宣告十二點又二十分。怎麼辦呢？

但也只得岐唔的說道：

「衣服……衣服……」

「衣服？唔？打出來看看。」

我打開來了。一籐包的藥品！

「衣服？唔？這是衣服？」警察拿起了兩磅裝的藥棉，搖着，然後指住了我的鼻尖，顯得格外惡毒而嘲弄的問着我。

我一句話也說不出，但其時我已經坦然了，在肚裏說：「儘你去查罷。」

他把藥棉在地上一扔，又取出了一筒膠布，揭開著，給自己的鼻子嗅了嗅，便又問：

「這是什麼？」

「橡皮膠。」

「喔！橡皮膠。這呢？……」——於是乎又取出了一件。

總而言之，我的籐包裏的藥品，全被取出，在地上扔成一團糟。至於在我這面，就只有惴惴的等候着他給我「末日的裁判」了。

「這些東西是什麼地力買的呢？」他又問。

我取出了所有的發票。

他揑亮了手電筒，檢視了一番，似乎毫無所獲，但仍然惡毒而嘲弄的命令說：

「去！」

這又彷彿出乎我意外，如釋重負了。但又並不感到輕快，因爲我被層層的看客所包圍，他們的眼光在這很深的夜色中像雪亮鋼針一樣的刺着我，有的還在「嘀嘀嘀！」似乎全都滿足了。我想，「眞糟，又做了一回示衆的主角了，」一面便將藥品默默的放進籐包裏。

㈧

我提着已經收拾好了的籐包，走進江南輪裏了。其中已有八九個旅客，他們大概也像我一樣，預備在這裏過夜的：因爲江南要到天亮過後的六點一刻才會開。

圍困着我的囂雜的市聲已經離我很遠了。這江南輪太小，馬達不開就沒有電，所以不一刻，全船的電燈都熄滅，單讓旅客們坐在烏黑里。我似乎感到很靜寂，聽着浦江裏的舢舨的咿呀的櫓叫，又似乎碼頭上剛纔圍住我的看客們仍在向我擲來竊竊的嘲笑。從船艙中看去，那檢察過我的警察也到底仍在注意我，不然，他的目光又爲什麽老是釘着江南呢。

但我無聊，便悶悶的抽烟。

船艙外的浦江裏的水在近旁汩汩的流，江心裏的就奔騰起來了。即使在這深夜中，也還是波濤追逐着波濤，互相押擊，發出「空通」的聲音來。兩岸的燈火使波濤們發着暗紅的顏色，一如壓在這S市頭上的陰鬱的夜空那麽的。然而一切景色都埋伏在這秋夜的深深的陰鬱里，要努力了才能夠辨出它們的模胡的輪廓來；遠處斷續的飄顫着汽車的幽忽的喇叭聲……我在天空裏又常常發現有方形的星星：但那又並不是。倒是摩天樓裏的有燈的窗牖，貴人們在享着平和而又歡愉的無限的幸福呢。

我們的碼頭上也突然幸福了，因爲出現了一個穿着綢衣服的好女郎。她的出現，使碼頭上的所有的人們，連檢查我的警察在內，都愉快的發笑，碼頭上的空氣驟然變得游動，浮滑，而且逐漸的逐漸的淫蕩了。

「是婊子呢」，我在肚子裏決定的說。但她穿着一件分明不是自己的綢旗袍，窄腰身，緊掛肩，因此這綢衣服全身發了皺。這皺的凸出的部分在碼頭的微明之中射出閃光來，宛如浦江裏的游動的燈影。她的腰只出奇的一扭，便和一茶房模樣的小伙子扭成一團了。這小伙子要吻她，但她又不肯，於是掙扎，於是別的人們便是圍着看，連檢查我的警察在內，並且不時的爆出讚歎的聲音來：

「嘀嘀——嘀嘀 —嘀嘀嘀——。」

「噹——噹。」半天里的大時鐘在奏過八音琴之後，又得意的敲了兩下子，它似乎也在鑑賞着這碼頭上的美麗的畫幅，却完全不知道它自己已經在報告人們道，「已是深夜的兩點了。」

但我看那樣子，她的和茶房模樣的小伙子的扭，大概已經一向扭慣，是「爲扭扭而扭扭」的；除此之外，別無意義。所以不多一回，也就各自分散，而且她已蹩到碼頭門口的冷麵担邊了，她的皮鞋在夜色中我辨不清是黑？是白？是黃？似乎是灰色的。但也說不清。

船艙裏的一位客人不知怎的點了一支洋臘燭，一粒薑黃色的光，衰微的照着各個人的薑黃色的臉，使我非常之討厭。我實在討厭這樣的光明，倒不如坐在烏黯里看着橫在夜色里的一切景緻好。

景緻來了，她突然放下端在手裏的冷麵，用手帕又用袖管的抹一抹嘴，跳上前去，因爲有一個醉醺醺的美國水兵走來了。爲了距離遠，我聽不清她和水兵指手劃脚說的是什麽，似乎是一口至爲流利的英語，但我又立刻省悟，她實在不會弄到出洋留學，或專攻英文的，定然是一口洋涇浜。但總之，她和美國水兵走上一只舢板了；船夫慣熟的將蘆棚向下一扯，便把他們關在船艙裏。

於是我的眼前失去了碼頭上的跳動的影子，不，碼頭上的人是那樣的少，都陸續星散，連檢查我的警察也看不見，船艙裏所有客人都坐在臘燭光下在瞌睡，有的從還張開的口角邊掛下一條涎唾來。我非但清醒，一面還感到少有的煩悶，便悄悄的摸着走出艙外去。強烈的夜涼包圍我，我寒顫了。而且這才發現到船的後梢邊，尚有五六個婊子瑟縮在一塊。她們的身上太不像樣了，與昂然的站在南京碕旁的，相去不知幾百里！同是悲苦的運命，然而也到底有差別；只有被蹦的心，被淩的身是一樣的。

然而我一點憐憫也沒有，只覺得那露着模糊的然而驕傲的輪廓埋在深夜之中的層層的洋樓，却是罪惡的磚塊所堆砌；而那躲在遠處烏暗里的方形的星星，就是這罪惡的眼睛。但它只是向着這碼頭冷然的鬼閃着，一味表示着它的無限的神聖和貞潔。

浦江溯落，碼頭旁邊浮着許多菜葉，果壳，亂草，皮和毛。它們擁集在一堆，在強烈的夜涼中發出强烈的臭味來。我知道的，它們都是被人吃去了精髓和血肉，而這才又被拋棄了的營骸和殘渣，已經一無可取了。

立在艙外感到有些餓，但那賣冷麵的已經不在，老早囘家了。好的，讓自己抱着肚子餓到天亮罷，便就走進艙里去。

（四）

但船艙里是格外的沉明和寂寞，除鼾聲之外，不再有別樣的聲息了。一個睡在角落里的茶房還在斷續的喃喃的夢囈。我又摸出烟來抽，並且討厭的熄去了那裊裊的洋燭的小火焰。

我在等待着天亮。夜在爬着，它是走得這樣的緩慢……………。

船艙外的浦江裏的水仍在近旁泊泊的流，江心裏的就仍然在奔騰，波濤追逐波濤，互相抨擊，發出「空通」的聲音，並且立即消滅在這烏濃濃的秋季的暗夜里；籠罩在這都市上面的紅雲的顏色早巳消淡，S市已經沉到甜蜜的夢境裏去了。我在默默裏計算着江南的開行的時刻和我的所帶的藥品：這才發覺我將痲醉劑和止痛片和止血藥全都忘買了。這些東西，在隊員們的受傷之後是萬萬少不得的，便悔恨我這匆匆的行程。……而我的耳朵也開始了疲乏的嗡鳴，而且非常之飢餓。

「呀——呀。……呀——瘋天！」船後梢突起了女人的尖叫：那些婊子們。

我的耳朵不再嗡鳴，便把鼻尖貼住了船窗的玻璃，這才知道外面在下雨，而且頗大。五六個女人在後梢上咭咭吱吱的，聽不清她們在講的是什麽，但那頗大的雨條可就把這整然的暗夜的幽衣打得亂七八糟了。

「隆，丁，廷，東。——東，丁醒，郎當——」大時鐘驀地奏起了它的八音琴，以一種抖蕩的音調，在雨條里掀動着，掙扎着，敲打着這雨的飽滿而溯溼的夜空，唱着它的倔强的悲歌。

……已經四點鐘了，離開天亮也不遠。但我的心裏又黏住了痲醉劑，止痛片和止血藥，這些：我都沒有買；但一面忘去了飢餓，單感到眼皮委實很沉重，只是垂下來，垂下來了。……

（五）

呀呀——我吃了手槍的射擊：但到底清醒了，這才知道是做夢：我就這樣的坐着熟睡過去了。四圍已經一片亂嚷嚷，早巳進來了許多的旅客。向船艙外瞥，天空裏的大時鐘告訴我是五點零五分；天色蒙亮，而雨還沒有停：是暗灰的早晨。

站起來伸了一個懶腰，肚裏嘰哩咕嚕了；便跑上碼頭去吃了五分錢綫粉，點了一點昨天的飢餓。我張着沒有睡夠的眼睛，疲乏的看着成排的熱鬧的小食攤，來往的車馬，狡猾的警察，古中國的寂寞的旅者，大的包裹，倉惶的臉，紫黑的皮膚……這一切，形成一條攢擁的岸，在這浦江的西半邊：是極端中國氣味的碼頭。

而那近傍摩天的洋樓就格外的高不可攀了。在夜里，它是只有模糊的輪廓的，而現在可就肥胖的傲謾的露出它的全體來，俯瞰着這碼頭上的古中國的攢動的人羣。而泊在江心裏的那偉大的洋鬼子的殺人的兵艦，是銀色的，漂亮透了，上面的一支一支的大砲，彷彿一支一支的螃蟹的眼珠，不動，橫着，瞧着我。一陣晨涼襲過來，我滿身冷水澆，發抖了。又連忙走進艙里去。

這也好，如其再慢一步，我的座位就要被搶去，會倒楣的一直立到富曼河。現在是搶的時代，而且我也從來不講「謙虛」的，所以坐在座位上面很安心。旁邊雖然有許多旅客們爲了座位在聲嘶力竭的呼叫，爭論，互罵，我也滿不管，只是保衛着裝滿了藥品的籐包，防止人們來踐踏它。

以旅者的經驗，在輪船（非郵船也）行將啓椗之際，是小販的天下。但我指教你，如其他將兜賣的貨物在你的鼻尖下不斷的搖晃的時候，你非但開不得口，最好連眼珠子也不要向他轉一轉。如其一轉，他就以爲你要買，如其開口，就更以爲你要買他的東西了。你不買麼，那就糟了。是非被罵到「狗勿吃屎」不可的；至於講幾句俏皮話，那是還算爲於優待的。所以對付他們，我也是用的「沉默」的老戰術。

鐺鐺鐺的鑼聲一起，這些小販們就敏捷的跳上碼頭去，船上宣告開行。這時正是六點十五分：不早也不遲。

㊄

雨已停止，船在前進中，發出鈍鈍的聲音，而且衝斷了浦江的波濤，自己又製造出新的高大的水浪來，掀動江面的一切，向兩岸不斷的一層一層的推過去；碰到了別的什麼船，浮筒，木筏，又立刻迸出了激烈的無限的浪花，蓬蓬的發響。

開船時候的艙裏的混濁的空氣，此刻已逐漸進入澄淸的境界。旅客們都眼望着浦江的兩岸的景色：東洋鬼子和西洋鬼子的兵艦，被炸彈咬爛的房屋，被砲彈睛斷的牆垣，天上的像飛機一樣的老鷹，秋天的楊柳，日本人寫的「L C W」的警告領港的木牌。船也的確走得慢，馬達震動着船身，得得得得，驟然一看，會疑心全部的旅客都在發抖的。而坐着三四個日本軍官的一隻小汽艇可就箭一般的躥過我們的江南了。那些軍官們還向我們閃着誇耀的眼睛。

「哼！」座旁的旅客用鼻子輕蔑的說。

S市逐漸退向我們的後面去，西岸便是啷接的停泊着日本的MARU（丸）：形成一條MARU的陣。但MARU的陣也退向我們的後面去，我們船是巳經出了浦江的港口了。

我坐長江輪，這是第三次。第二次是上一囘；第一次則在六年前，「一二八」，峴山淸暘江的大鐵橋被日本炸燬了，而我要到杭州上學去，就只好坐着輪船繞彎子。這很苦，我是和鹹肉裝在一塊而運往上海的；進口的時候，日本的兵們還向我們高舉了步槍，作了射擊的姿勢；一匹飛機還在我們的船頂上盤旋，弄得大哭小喊了。這種情景，雖隔六年，然而直到現在，還歷歷在目前，幷未在我的記憶中消逝。

㊅

江南，它把我載向富曼河去了。

將到的時候，天有了太陽，放了晴。圩岸的高處，坐着一個日本兵，白襯衫，黃帽子，在瞄着露稷吃；他的周圍，站着幾個我們的同胞，年紀靑靑，頭髮梳得雪雪亮，然而和這日本兵談話的却是一個純然農民的打扮。「那是化裝的漢奸」，我心裏想。

跳上岸了，碰到了幾個上次幷未遇見的「維持會」的警察，這些同胞有着一副厮木的相貌，宛如淸朝的綠營兵，眼色硬直，手執竹鞭，監視着上岸的旅客們。我提着籐包，把心弦扣住了碘酒之類，走了過去。

在市鎭的剝落而灰黯的牆壁上，照例的看到了維持會的宣傳畫：一個農民，掮着闊口的鋤頭，在走着路，而那背景是一個血紅的太陽，光芒四射，一望而知是出於日本畫家的手筆的；但那畫上的左角有着這樣的句子道：「復興先從農村起，大家囘去種田地。」

「好的，我回來啦！

但是，稻熟上場，秋收的季節一到，就要開流血的鬥爭了。而且準備着我們的傷和死；而且我脚邊富曼河裏的水就格外的格外的發藍；肥胖而還沒有成熟的稻穗，低低的垂着，互相依靠，彼此連結，成為一大片綠玉色的豐饒的平原，舒展的伸向那無窮無盡的天邊去。

我走上田塍了，稻穗和青草同泥土一道，發散出酒精一樣强烈的芬芳迎着我，又沁入我的心和肺，使我忘記了提在手里的籐包的沉重，幾乎沉醉過去了。和這氣味是這樣的熟識，我自小就和它攪在一塊的。而都市的長年的蟄居，竟使我逐漸遺忘了它，但現在又在一塊了，我說不出充溢在我的胸膛裏歡喜和激動。但一面也將眼睛向四野裏眺望，想竭力尋找那已經失去了的我的悲哀的童年來。

但怎麼能夠尋到我的悲哀的童年呢？我就只看到一條大水牛，被一個瘦削的孩子牽着在吃草。而倒是在這大水牛的屁股後面的車縫裏，我們哨崗的不入調的然而是古中國的蘇醒的歌聲，響了起來，顫動着那芬芳的空氣，抹過了低垂的稻穗的海面，也一直蕩漾到那無窮無盡的天邊去：——

就是這樣的富曼河……。

九月二十六夜半於鄉村

七月社明信片

原是定在五月初出版的，但因為一連幾次的獸性轟炸，不得不延到了現在。因為印刷條件過於困難，只好參用一部份老五號，被逼得抽出了幾篇作品，而且定價比預告增加了三分。這些都得希望讀者原諒。

因此，也因為臨時約請三位作家特寫了敵機對於重慶的獸性的屠殺，算是一個小小的控訴，原已排入了的幾篇只好抽出了。特別是艾青底詩論和s m 底繼「閘北打了起來」以後的約三萬字的雄篇，不能在這一期出現，是很可惜的。

在漢口結束的時候，把積存的作品全部清理過，除附有郵票的都寄還了作者以外，介紹了給「抗戰文藝」和大公報的「戰線」各一批。

在漢口發行所或代售處訂閱而沒有滿期的，當由原受訂書店把存款折合現在的定價補寄。被遺忘的讀者請通知原受訂處。

雨霞先生，姚苡先生：請示知通訊處。

我們徵求約翰里德（John Reed）著「震動了世界的十日間」底中譯或日譯一本，有願意割愛或借閱的沒有？

有知道聶紺弩夫人周穎（之芹）母女底消息者，請火速示知為禱。

s. m. 兄：你出來發牙以前，曾寄過兩封航空信，出來以後，得來信又寄了兩封航空信，但每次來信都說沒有收到，這是什麼原故呢？希望「七月」出版後，有人會輾轉告訴你，我懷疑你那地方的郵差信袋沒有底了。

楊技先生：我們彼此的意見相隔甚遠。簡單的，前信約略說過，詳細地說，那是無從說起的。你既然對你底努力「有幾分把握」，那就努力下去看看罷。幸喜你不在重慶，省下了一場「吵鬧」。

彭浩一先生：我只是在覆信裏對大作說了只能如此理解的淺見，却不料「竟是喝飽了別人的血來唱救人的高調」，引來了你一頓嘲諷和臭罵。既然你在生活裏「戴上萬里鏡也看不到這好的一面」，那就只有希望你底「一時高興就信手寫來的」「自印自賣的刊物」早日出現。至於「七月」，决不會「不奈名人名家……的面子」，但這樣說决不是想取得你底相信。

富曼河的黃昏

曾白

六天過後，從s市回到富曼河，是在晚上的六點鐘。半片月亮常常被游雲所遮掩，似乎時時發窘，只顯着黯淡的微明；西天却閃着一個很大的銀星。秋風吹來，有寒意，而稻穗的海可就波動起來了。爲了下過雨，道路泥濘到極點；然而因爲許多人走過，寒意的秋風又時刻來乾燥，所以有了脚跡了。就在這黃昏之中，我提着一個沉重的籐包，在微明的月光下面揀着脚跡，沿了富曼河，吃力的前行，弄得滿身都是汗。

已經看見前面有着熟識的幢幢的密樹，就知道我就可以到隊部了，不免吐了一口氣。

「口令？」「從一株楊樹底下躥出一聲尖利的呼叫，我站住了，立刻靜寂。四圍的稻穗和泥土的氣息，就一齊向我擁過來。

「有〇」

「你是誰？」

「×××」，我答。

「啞，你回來啦！」

「是的，我回來了——夜飯吃過沒有呢？」我慰問道。

「吃過——」喉嚨顯得寬鬆了。這是我們的步哨。

越過步哨，到了一個牛車的跟前，裏面有兩個黑影在浮動，而且聽到似乎有着密語的切切夾雜在這寒意的秋風裏。「是誰呢？」我想。

「你你——」一個黑影走出了牛車，迎上了我，低低的說，「你回來啦！」

這是隊部裏的愛耳君。我跑上去握了他的手。而且正想要問他，『那牛車裏的還有一個是誰呢？』不料那個黑影已經移到我的面前，站住了。啊，他的臉在這微明的月光下，是顯得多麼的熟識啊！我立刻跌入回憶的河裏了，在各處摸索着他的名字，想把它和這張熟識的臉影連起來，然而苦於得不到——「你們不認識嗎？」愛耳從旁說。『不』，我囁嚅着，「認識的，他是……但叫不出……記不起他的名字了。」

「我叫——就是和你在一塊兒工作過的，在鋼鐵收容所。」他嘲弄的對着我。

「是的是的，啊，你叫那個，」我抱歉的說。「我記起來了。——那末，現在你離鋼鐵收容所之後，又到那里的？」

「仍然在上海，後來便到US去了，在兩個月之前。」一

「哦！S去了，在兩個月之前。」一我把他的話重複之際，在眼前頓時出現了穿着藍長衫的第三個影子；它是那樣的粗大，沉着，對着我凝視，微笑，摸撫他的和尚頭，隨便而莊實，眞摯而熱情：那是我闊別半年的王嘉音！——他是老早就到S去的。我是多麼的懷念着他啊！但現在我可以打聽到他的消息了，這一種感情猛烈的在我的胸膛裏鼓動，使我一瞥那閃耀在西天的一個很大的銀星。於是我帶着滿懷的喜悅發問了：

「那末，你在US，是一定見過我們的朋友王嘉音了的？」

「是。——沒有見過。不，他是犧牲了。」他微弱的說。

「犧牲？哦？」我大吃一驚，好比遭到了一擊，大聲而脫口的說。而且跌在夢裏了：「是夢嗎？」我想。然而天上的游雲是那樣的追逐，月光是那樣的明滅，西天的那個很大的銀星却格外的閃亮了。牛車前站着我們三個人：愛耳，他，和我。路旁的櫟樹還起着沙沙的嘈音，這分明並不是夢境。

「他昨天來，就講起這件事。」愛耳從旁證明道。

「不，有這事的。誰騙你呢！十天之前

，就在黃渡鎮的繭行裏……」

有時間，有地點，這惡耗，我難於拒絕了，然而這委實是可怕的噩夢啊！我默默的環顧着一簇一簇的叢樹的黑影，在秋季的夜風裏祕密而動搖，然而一股友情的熱流只是在我的心窩裏奔突起來了。「王嘉音！你！」我在低低的呼喚他。而回答我的，就只有檞樹的密葉的沙沙。我完全挫折了，暫時放下了手裏的籐包，便和愛耳和他，坐在牛車裏的一條薄木上，忘去了剛才的泥濘的路，只是濡濕了的襯衣黏黏的貼在我的背脊上，冰冷的。

愛耳和他又在繼續着戰鬥的密語的切切了，在這牛車里，我知道這是不能聽的，便將籐包留着，自己跑出牛車來，走上潮濕的田塍去，換一換朋友的噩耗所給我的無限的昏沉。但我又被這夜露的涼沁弄得感覺格外敏銳了，聽着遠方的微茫的狗叫，近處的蟋蟀的切咭，還有默立在這昏漠而幽黯的稻田邊的「向日葵」——這里，人是叫他「漢奸」的——它悲哀的低垂了頭部，時刻將淚樣的露，滴在自己的闊大的葉子上，滴滴的響，但嘉音的影子却格外在我的心裏豎立了。是的，我和他的那些難忘的圖片啊！在這濛濛的秋季的月夜裏，就恍然如像昨天的事。

去年的十月，我正病在正太收容所，自己從早到晚沉在事務裏，晚上還得出發到前綫去，忙得眞正是喘不過氣來，需要一個得力的人。朋友S君答應去找了。這S君介紹來的就是王嘉音。攀談之後，嘉音告訴我，說自己是印刷所裏的跑街，然而那談吐，可就斯文至極了。和尙頭，藍長衫，天氣還不冷呢，然而已經相攏着手了，看來，身體是弱的，但又並不瘦，只是常常的乾咳。但在說話之間却時時露出笑影來，在那並不康健的臉色上，這可使我溫暖起來了。

我們談得很投機。

在晚上，我叫他的舖攤在我旁邊，同時睡覺了。

「要分工呢，這里的許多事務。」王嘉音對我說。「什麼事情都堆在你一個人身上，不苦碼？哈。」他摸撫了一番自己的和尙頭，戴睡帽，鑽進被窩窩裏去了。我看見他的襯衣實在太骯髒，白的已經變了灰顏色。

「還是換一換罷，你的襯衫。明天我叫人去替你洗。」

「好的——但呢，也慣了。」

第二天他列了一隻工作系統表，總之，在收容所，我簡直沒有事情，專叫我担任些應付應付，撐撐門面的空虛的工作了。這樣，在我，一向爛散，自然是樂意的，因爲不要再化大氣力。但他却埋在工作裏面了，常常弄得連吃飯也沒有空。他的主義是：他自己吃苦是不要緊的。

後來，我從正太收容所調到了鋼鐵。在鋼鐵，雖則工作格外亂，事務格外繁，責任格外重，但這里的一切，都是出於王嘉音的一手的策劃和設計，而且苦心的經營它。然而終於糾紛起來了，說我是「漢奸」云云，終於被人家捺在地上，眞是透不過氣來。這里，我從地上的爬起，是幸虧了他的。他似乎從相識的瞬間起，就開始同我自己的這可憐的寂寞和苦惱，結在一塊了。

然而寂寞和苦惱並不離開我，然而王嘉音說是要走了。對於一切的分別，我常常相信俄國文豪契珂夫的話，「天下沒有不散的筵席」，總是淡然處之的。可是嘉音的走，却給了我從來沒有經驗過的那種縷縷的哀愁。

「你竟要走了嗎？」我忙忙的說。

「就要走的。到U s去。那邊的工作很重要。」他摸撫着他的和尙頭，又斯文的微笑了。一聽到他要去U s，我驚異起來了。首先，這地方是老早就被日軍淪陷的。難道他去幹軍隊工作的嗎？試問嘉音，果然不錯。

「但你是這樣的斯文，又連槍都不會放？」我担心的看着他的並不康健的臉色直白的說。

「但是，——祇要學呀。」他的眼睛突然發了光，幾乎像要籠罩我，似乎看到我的永遠的偸嬾。我惶慚了。

他臨走的時刻，並沒有來告訴我，所以我不知道他何日離開上海的。祇是我覺得很久不見嘉音了，他的臉影常常在靜寂之中來困擾我。是的，嘉音已經離開了我了。

約一個月之後，我突然接到了他的信，說他又到了上海。我便奔着去看他。見面之後，我覺得他在本來並不健康的臉上，頻添上了青蒼的顏色；也巳經不是和尙頭，成爲「圓頂」的了。問爲什麼改變了頭髮的様子，他道，東洋兵把「和尙頭」看作中國軍隊的記號，爲避免起見，就變成了這樣。

我們所談的很多，他也仍然時時露出斯文的微笑來。

「會開槍了麼？」我問他。

「會了，一點也不難。難的是永遠的糾紛……」

「啊！」

「那工作，比收容所裏的，還要難上一百倍呀——不會少的。就是這樣的堅苦。噓嘻。」他抹一抹「圓頂」微笑着，露出了他的整然的牙齒，臉上的青蒼似乎淡褪一點了。

世界上有這樣一種人，就是自己願意嘗盡辛苦，歷遍困難，而讓別人去舒適，而嘉音就正是如此的。對於他，我說不出一句話，除戀戀的溫習我們兩人在收容所裏的舊夢外。最後他向我要借一本「燬滅」。我想，在冷漠的西比利亞中和泰茄森林裏的游擊的勇士們，他和他們的心，已經串在一塊了。我立刻回家取出從砲火中救了出來的「燬滅」，遞給了他，並且說：

「你什麼時候再來上海呢？」

「那可不知道了——要看。——」

「要看」什麼呢？我的嘉音是巳經不在世上了，他和我的「燬滅」就這樣的同歸於盡……。我悲愴的看着在雲層之上游行的半片的月亮，放着冰冷的光芒，西天的那個耀煌的銀星巳經落在遠處的樹梢上面了。我痛苦的感到自己失去了很好的朋友，隊伍裏面失去了猛烈的伙伴，而戰爭的路是這樣的長，這樣的永遠而永遠……在這濡着淚樣的露珠的向日葵羣的身邊我迂緩的舉着我的眼，聽着遠村的微茫的家狗的吠叫，嗚嗚有聲，呀，嘉音，你是怎樣的死的啊？……

愛耳和帶給我嘉音的噩耗的他巳經結束了密語的切切，在招呼我一同回到隊部去。愛耳代我提着沉重的籐包，我跟隨着他們，辨着途中的脚跡，一步一步的走。不知爲什麼，三個人都只是無言的默默。是這樣的前行。然而嘉音的死却又格外固執的謎樣的困着我，我終於發問了。

「怎樣的呢？就是，嘉音？……無論如何——」

「他嗎？你說王嘉音？」

「是呀，他怎麼樣死的——？」

「是這樣的。他就是……也在晚上罷。就這樣，他帶着一小隊，駐在黃渡壩的一個藺行裏。還放哨的呢！媽的……但在拂曉的時候，我們在拂曉的時候總要當心啊，敵人常常是趁這時候來襲擊，不會錯的。」

「嗯，那末他到底怎樣死去的？你說。」

「就是這樣，還放哨的呢！但王嘉音走出屋子來小便，媽的，發現敵人了。他就逃。——那是漢奸報告的。然而敵人也看見老王在逃了，就放槍，砰砰砰砰。約目有二十多個東洋兵罷，就追擊着他，……然而老王受傷了。但不要緊的。你想，大腿上中了有什麼關係呢？」

「是呀！」我興奮了，「但後來呢？」

「後來老王躲在坎坷裏，包着傷口。東洋兵尋不到他了。媽的，他們就不再尋，進行了搜索，燒去了繭行，三個隊員同志來不及逃，被帶走了。老王看見敵人不追來，就從坎坷裏爬到老百姓的家裏去，然而他口渴得要死——」

「啊！糟了！」我截斷他的話。因爲我知道，受了傷是萬萬不能喝水的。所以又立即問：

「他喝水沒有呢？」

「咳，我講給你聽呢：他又一個人蹩到了河邊，捧了水就喝！」

「啊啊!!」

「還不要緊呢。但中國人是歡喜叫『來了』的，其實沒有敵人呢，但老百姓也似乎嚇昏了，大叫道：東洋兵『來了』啊！老王也來不及探個究竟，他就簡直决心如其被敵人殺死，還不如自殺的好，他向河裏一跳，沉沒了。」

一片靜默籠罩了平原，哀愴而肅穆，但我的眼前却飛舞着一團燬滅的火花。

「過了半天，老百姓這才把他的屍首撈起，埋掉了的。」他就這樣簡單的結束了他的話。

「……。」我不免噓了一口氣。但眼前的飛舞着的火花已經消熄，我們已經坦然了：人只有在感到眞的燬滅的時候，這才能夠感到眞的生存的歡喜，——我是弄得反而慶幸着自己們這可憐的生存了。靜聽我們三個人的「悉索」的步聲，一瞥那橫在月光下面的豐饒的稻穗的海，結實而沉默，「這約給麵包與和平的大地」，我們要在這上面永遠的耕種的啊。

漸近部隊時，能夠聽到隊員們的操練的聲音，從中夾雜了隊長的奮亢的呼叫，同稻穗和泥土的芬芳一道，發散在這秋季的月夜裏面了。我突然記起了今夜的口令來，便問愛耳君，愛耳細聲的說——「是『繼續前進』吶。」

十，五——十〇一九三八。於三家村。

簡約

一•我們希望能夠得到在創作態度上和我們共鳴的作家和讀者底合作。不數字數，幾百字到幾千字的短篇，兩三萬字的中篇，都可以，長篇的作品則收進「七月叢書」裏面；也不拘體裁，詩，小說，劇本，雜感，隨筆，評論，翻譯的的作品或論文，通訊，報告，特寫，木刻，漫畫……，都需要。

二•特別希望前方的或後方的，在實際工作裏面的作家和讀者把身受的事件即時寫成通訊或報告賜寄，就是幾百字的短篇也好。

三•現籌備另編印大衆版，供前方和後方民衆底閱讀，希望賜寄故事，民歌，短劇，報告，笑話，通訊等等千字上下的，文字平易而又生動的稿件。

四•爲了內容底調和，我們保留選擇底自由。

五•發表的奉寄本期刊物，不用而附有郵票的當照來稿注明的地址退回，但戰時交通困難，後方也時受空襲，作者頂好另留底稿。

六•來稿發表後即寄奉薄酬，但本刊經費困難，且想舉辦一點附帶的工作，對於却酬者當注明表示謝意。

七•發行完全由「重慶武庫街華中圖書公司」辦理，但現在發行困難，希望讀者發動友人聯合訂閱，這比直接來信鼓勵，更有效。

夾谷

蕭軍

走啊，走啊，走啊，向前走……
　走啊，走啊，走啊，向前走……

一隊「山西婦女工作隊」走在我們的前面。她們穿着軍衣，手裏拿着小旗，前面還有一面大一點的白地紅字的旗，那是寫着她們底名稱。

她們一直是唱這隻歌。大約是在借了這行路的時間來學歌，所以這樣反覆地唱了又唱……很快地我也就學會了。她們在前面唱，我就在小聲地哼，藉以免除孤行者的寂寞。

每次聽到那孩子們——最小的不過十二三歲——的歌聲，就感到一種酸楚，同時看着前面那森嚴地開張的山口，也爲了要早一點爬進山口去，我便越過了她們。

她們是到黃河西岸宜川去的。

C和〇〇他們甘心要慢一點走，我答應了到山口的「三官廟」去等他們。

又和a他們遇到了，他們比我更早一點到了這裏。有的已經在谷口水邊的亂石上睡過去了，使自己的嘴巴向着太陽；一些學生們也開始集結到這裏。紛紛地嘈雜着買水餋丸子吃。

a給了他的勤務兩角錢。

「你給他一元『山西票』多乾脆！」我看着他手裏那些新鮮的「山西票」笑着說。

「錢是不能濫用的！」a不耐煩地看一看我。

「那票子……也許沒什麼用了。」我也就不管他耐煩不耐煩，依然貫澈着自己的理論：「他的脚已經破了……担這些東西還要爬山……」

在那個大眼睛的勤務兵吃飯同來，A殷勤地問着：

「早你的脚破了嗎？」

「早就破了。」

「那爲什麼不早說？」

那個兵，只把那大眼睛遲緩地轉動了一下，看一看我，也看一看a，什麼也沒說。

「看，我這全是重要的東西啊！箱子裏是參考書和原稿，這比我的生命還貴重，怎能扔一點呢？那是我的行李，這是我的狐皮袍……我有胃病，遇不得涼的：忍耐一點罷，青年人總要鍛練……這是鍛鍊吃苦的好機會呀……。」

不會說理由的人總是要屈服在會說理由人的「理由」下面的。那個大眼睛的青年人，終於又担起他的担子來。a教授又仔細地從那些新鮮的「山西票」裏面，尋出了一張油污的兩角票，手指顫顫地，酸楚地眼睛睜大着遞向那個年青人：

「再給你兩角……你們這些人……」

那個青年人這次却沒有接取，他只是怯怯地把那無光的大眼睛眨了一下，向a的眼睛望了望，搖一搖頭，就走了。他走起來是那樣沉重和搖擺。

a又把他的錢票收起來。

我的脚跟也開始刺痛，脫下襪子來瞭看瞭看，兩個隱隱的白色水泡已經可以從厚皮繭的外面看得見。我從另外的同行者那裏要了一點棉花，把鞋跟墊起一點，也就開始前進。

路上，a文同我提起了那個「兩面派」的人：

「全在說他是『托派』啦，你看見嗎？他那前額，他就睡在那水邊的石灘上，晒在太陽下面的前額……很有點像『托洛斯基』……」

「那麼你的頭髮很重，一定也像『史塔林』了……」a知道我是譏諷着他，不舒服了，我也就不管他舒服不舒服：「這不是你這『卡爾主義』的學者應該說的話，這是不大科學的。斷定一個人要從他的表現思想的語言和文字，而後再根據他的語言文字來參酌他實際的過去的和現在的行動……才能夠決定一個人。道聽途說是不對的，就憑他自身一段的思想，一段的行動……就來很快作終身的結論，也是不安當。我對於B那樣『兩面派』的行爲，是憎惡的：而對於他那自己也不知道是什麼東西的思想，胡亂地向學生們宣傳，近乎『丑表功』或是發自己的牢騷，以期得誰的垂憐和擁護的行爲，更是憎惡的。在臨汾的時候，聽過學生向我講，我幾乎要同他作一次公開的論辯。而他對於托派那種暗昧的，不肯決定表明自己的『是』『否』，另種原因固然是有的，主要的還是說明了他的『兩面派』，也就是機會主義的哲學。也就是自己是一個劣等的近視者，看不清自己的路，也決不定自己是應該走那條路，如果再有四條路，他也許一同來走……實際呢，一個人是沒有那樣多的腿，除非像『孫悟空』，他有分身法，不然他只能走一條路，不是向南就是向北，這條路不走了，就得走那條路。除非你死了，就是死，那也還是走的死底路……」

「那麼，你說一說……B是走的那條路呢？兄弟對於這些『路』底問題，還沒有充分研究過……」似笑不笑地，輕蔑地拖下他的嘴角，神不守舍地截斷我的話，問着，同時他卻關心前面那個又把扭子落下來休息的勤務兵：「看啊，僅僅是走了這樣遠的一點路……他又休息了。」

「記得我向你說過，B是一個連[illegible]己走路全決不定先邁那一條腿的人，他當然不會把人帶到更高的山峯上，也決不會把人推到更深的泥塘裏。他已經屬於歷史上的人物，他自己就正在消滅着他自己，而我們底任務，卻只在更精確一點指出他這臨死的病菌的所在和效能，和有效的防範方法，而他的壽命卻要他自己去送終……這不是姑息，也不是淺薄的人道主義……這是思想理論鬥爭上正當決勝的方法，也是原則。至於籍了其他不正的方法，這是不該的。至於那些不走正路的沒落的黨派們，爲了延續自己的生命，又不惜用了違背一個眞正黨派鬥爭所應遵守的原則，這已經喪掉了這『黨派』的資格，那只能按照它們所製造的罪惡，而公正地獲得它們應該領受的懲罰。B是不明白這些的，所以他對於已經失掉了『黨派』資格的托派還寄着留戀和同情……這是可憐的愚蠢的人物。」

「你走的是那條『路』呢？」

「我走的就是這條路……」我指一指腳下那用大大小小圓活石頭堆積着的谷底說。

「不要又開玩笑啊！」a鄭重地提示着我。

「怎麼是玩笑呢？」我指一指兩面的那些牆壁似的山崖：「……眞的嘛，除掉這條路，還有那條路好走？雖然石頭過於多些，還不致於阻害住人…。我眞佩服這河，它無論在怎樣沒有路的地方，只要它要出去，它就可以自己隨便弄出一條路來……看那石崖！」我指着我們身邊那個不知在若干年代被侵蝕過的石崖，是那樣一層一層清明地用着栗色，青色，黃色描畫着它們那些被侵蝕的遺跡，好像昨天才被造成一樣。如今水流卻是在它們底下面幾丈深的地方，喧囂地流走着了。而它們僅是成了一列不必要的遮籬，被閒卻在那裏，有時也輕輕有一些小塊的屑末[illegible]流下來。

——人底壽命，並不比侵蝕成那一分厚的一層層薄岩片所費的時間更長久些！

虛無和幻滅的拳頭輕輕給了我一下鞭打，搖幌了一下，可是很快就被腳下的石尖把我安定住了。那是痛澈全身的，我踏在一個石尖上了，爲了我的鞋的膠底過薄了，而腳跟上又有了傷痕。

「好得很！」我咬了一下牙齒，呻喚地叫了。

「怎麼了啊？」a關心地問着。

「沒什麼……被石頭刺了一下。」我搖一搖頭，把腳提起來活動了一下。仍然繼續前進。

「你自己不加小心嘛……」a推一推他的角邊的大眼鏡，抹一抹自己額上的汗，對我做着友誼的警告。「總得加小心……走這樣障礙多的路……。比方，前夜走路你就不肯打開你的手電燈。」

「正因爲障礙太多了，小的傷痕總得要留一些，不然你是過不去的。」

「你在文學上一定是個『象徵主義』者——」a決然地說出了他的結論。

「你這結論又根據什麼？你讀過我作的書嗎？」被人呼做『象徵主義』者這還是第一次，使我卻要根究根究這根源。

「我沒讀過你作的其它的書，只是那本什麼？八月……的……村……但那不是象徵主義的，——還是你剛才的言語。」

「我剛才的什麼言語？」

「我問你的『路』，你卻含糊地指一些什麼山呀，崖呀……兄弟是愛科學的，一切名詞全喜歡有個確定範疇，明瞭的說明，我是不喜歡用感覺的。」

「吶！原來如此啊！」我不能禁止地大笑了。這笑聲就從山壁上反回來，致使那前面扭東西的勤務兵，以及前後行走的學生們，全扭過他們的臉。

「危險得很！我幾乎又被你這結論把我『確定』了，這卻得同你辯解一下。」

「象徵主義……是以唯心主義哲學作基礎的，它不敢從正面描寫現實，全是空虛的，似是而非的……」a把每一個字全說得那樣有力，那樣嚴正。

「你理解得很不差，不過，兄弟還是感覺到儞是在背書，除開這書上說的以外，好像沒有儞自己的一角錢的意見在裏面，這是太『客觀』得過火了。」

「兄弟總是站在『卡爾主義』立場上來講話的

「這……我很相信。兄弟却並不是總站在『卡爾主義』上來講話與作小說的。因爲我還沒讀過『卡爾』十分之一的作品，但却有一點是自信的，就是却也並不站在『完全象徵主義』的圈子裏打磨盤……。大概我這人什麼主義的成份全有些，這很難，生在這什麼主義全有的社會裏，要想把自己弄成功一個純粹的什麼主義者，在我這樣人是難的！」

「對於自己不正確的傾向總是該克服的啦！不然你產出的作品也一定要帶着不正確的傾向啦，這會影響了靑年人。」a的言語越來越嚴正。我也就爲了他這嚴正，越來越懈怠。很想把這談話結束下去，讓我自己走向前邊去罷，把一些言語和力氣，浪費在這樣帶着塵土味的論爭裏面，實在覺得不大上算。

「這不要緊，靑年人並不會拿我做導師看的，他們只是把我當一個會做點小說和他們差不多的靑年人。也許他們覺得還要比我高超和正確得很多，因爲我也常是被敎訓着的……。人是很少有受比自已差不多或者不如自已的人底胡說白道的影響的。比如我，若是負着指導社會指導靑年的大責任，那就不得了了，至少我一天總得把自已的傾向用指南針糾正它三次或四次；而思想呢，也應該每星期用X光照一下，再像檢驗梅毒似的把血抽出一管管來，而後再注射進一管『血淸』……不然，那是危險的！」

「爲什麼你們這些作『文人』的總喜歡借題目駡人呀！」

「我駡的是這些盡排泄糞便的蒼蠅。有功夫我還要用捕蠅機消滅它們咧！從那方面看來，除開對於自己而外蒼蠅總是沒有用的。消滅蒼蠅也並不僅是『文人』的任務啊，只要不承認蒼蠅在人世間有生活和傳播病菌的絕對權利的人，那是全應該動手的，連你也在內……。」

那個挑東西的勤務又停止下了，他拉下了他的襪子，正在用小刀刺着他脚上新起來的水泡。

前面的山口越來越狹了，也越來越彎曲，兩面的崖石也越來越峭陡和側峭。更是那乾河床就更不成話，好像故意安設下的障礙我們前進的工事：小石頭們尖着腦袋；大石頭橫竪躺臥，也常可以看到那些英勇的原先走在前面的學生們，現在在山崖下的石坡上休息下來了，有的長長地拉着自己的身子。休息的人越來越增多，而路邊那每塊石頭上用粉條寫下的標語：「×隊……加油啊！距××只××里了」「女同學加油啊！不要落在男同學的後面啊！」也有用一句歌詞的：

「向前走……別退後，生死已到最後關頭……」越來越多了。

一縷疲倦的歌聲從前面飄揚過來。我辭別了a，單獨地向前行走。

我這好像在巡禮着一個殘敗的戰場，行走在這沉悶的狹谷裏常常可以看到仰臥着的人，在路邊的崖壁下悲涼地激怒地唱着。女同學們有的大步地同男子一樣行走，身上還揹着過大的行李，或是一枝步槍，有的就要把自己的東西交給男人們，空身在移動。我也會看見一個纏過脚而後解放了的女人，她的年歲並不輕了，每行一步在她是很艱難的，但是她並不休歇，也不悲嘆，她的臉色是紅的，始終閃着光輝，而她的眼睛更是光輝的，一直是固執地看着前面，也勉勵着別人：

「走啊，人是不能可憐自己的。這樣空身行走還不成，還怎樣和敵人去打仗啊？」

唱歌的不唱了，躺臥着的跳起來，慢慢地形成了一條小隊，可是這小隊一刻又脫了關節，零落了，而走着的又是她自己：

「蕭先生……」

「唔……」當我要超過她，她却叫住了我，我也就使自己的脚步放緩慢些：

「只有你自己在走嗎？」我不知道她的姓名，但却認識她。

「她們是些孩子們……」她老气橫秋地大笑着，使手裏的木棍在地上觸了又觸，努力要使自己的脚步更快些。

「你在第幾隊？」

「我是第×隊。你是不記得了，我到你的宿舍去過，那次夜裏的『文學晚會』我也參加的，我是不懂新文學的，但我愛它。我不是向你提過關於作詩的問題嗎？我學過舊東西……」

這記憶淸明了，那次夜會上，她是發過淺薄得使別人全笑得不能够停止的問題。她到我住的宿舍裏去，也是談論的詩。

「你還在作詩嗎？」我想起了這故事，不能克制使自己不笑起來。可是因了有些頭痛，笑得又很不舒服，這使我感到了恐懼！怎麼辦呢？如果當眞疼起來，那是不能再行走了，我是懂得自己頭痛底來臨，那不是輕微的，它會酥軟了我的全身，一直要繼續一天或兩天。

「怎麼不作呀！不過作得不好……」她靦腆地搖一搖頭，稚氣地笑着，把手裏的木棍向地上擣了一下，堅決地說：「誰管它好不好，反正作了自己看，也不指仗傳留後世……。你說；蕭先生，爲什麼人要作詩呢？」

頭痛的徵兆又有點顯明了，左眼開始旋起了星花，一種要嘔吐的感覺催迫着我，我確定了這一場劇烈的疼痛馬上就要到來。身上的力氣一刻一刻地化成了蒸氣似的飛散了，而鼻尖和額頭上的汗却一刻比一刻增加。這時候只有一個願望：就是趕快投到什麼地方放下自己的身子吧，什麼心情和意念全斷絕了，一任那個學生在我的耳邊接速地響着她的聲音：「蕭先生你說……我爲什麼還是對舊詩更感到趣味些？一個題材，我常是用兩個形式寫：先用新的；後用舊的。用新形式寫起來的總不像樣，沒有詩味，可是要說的話全可以說出來；用舊詩的形式就不同呢，它念起來又可口又有味，可是裏面所說的常常不是自己所要說的，那好像在替別人作詩，而這詩好像無論指什麼，在無論什麼時候都可以，而字眼也必須用舊詩所規定的那些，可是那些東西，像我們這年齡，很少是看過的。說實話罷，我從來是沒有看見過『杜鵑』的，可是我作起詩來，也『杜鵑』長，『杜鵑』短地放在裏面，我也沒看見過竹子和梅花，但我也歌詠它們……比方現在我們這『行軍』，我就想不出怎樣可以把它寫成詩——舊的——，第一，飛機這名詞就很不像樣……蕭先生你說一說，可以不可以把新的舊的揉起來……另成一種詩式？」

我眼前的星花越來越擴大，也轉動得越靈活，實在沒有力量來回答她，但我心裏是清明的：

——你要把詩也造成像你的脚嗎？這是不可能的。

「你怎樣了？」大約她查看出了我的臉色白得難堪。

「不怎樣。我的頭疼病犯了……」

眼前是一陣昏黑，一陣惡心，要跌倒下去：模糊中一隻很有力的手臂擒住了我：

「快到崖下去躺一躺……」我也就隨着這條手臂，走到了山崖下，我開始失了脊骨的蛇似的委落下去了。

她到河水裏沾濕了一條手巾，安放在我的額頭上，這是沒有用的，每條血管像是要開始爆破，同時我的心也空虛到不自信了，我想着我就會死在這裏了。我看了看那頭頂上的崖壁，也看一看脚下邊那喧噪的小河流，沿着河流這邊，那邊……經過着的那些傴僂的，疲乏的人影，靜靜的太陽光，一隻隻盤旋在天空的鷹鳥，溜溜地叫着……我覺得如果真的就死在這裏也不算壞，那是用不着棺木了，烏鴉，老鷹，狼……他們會照顧我的，那會把我的骨頭舐剔的得乾乾淨淨……。這時候，我沒有恐懼，也不貪戀，更不想念誰……，我知道，當我死的消息傳過去，熟識我的人他們會嘆嘆氣，惋惜兩聲，偶爾也許流幾滴眼淚，至於曾經愛過我的人，我曾經愛過的人，她們會在流過淚後表示她或他們的先見：

「這人太固執了呀，逞英雄……這是他的自我……」

起始我還要輕輕地哼咳，當我一想到這裏，連這哼咳我全吞嚥了它。閉了我的眼睛，橫定心腸，我這時却只盼「死亡」快一些降臨。我決定了要把自己用「固執」，「逞英雄」，「自我」這些毒物釀造起來的美酒，由我自己飲乾了它，一滴不留。

那隻手又送到我的額頭和鼻尖上來，我推開了它，漸漸的一種夢一般的昏茫浸淬了我。

「他怎樣了啊？」

「頭疼……」這是那個女學生帶顫音的回答。

「誰有頭疼藥？」

「誰有？」

「誰有？」

爲了這錯亂的人聲，微微地我又張開眼睛——他們圍成了一個半人環——接着又闔閉了它們，我不願意他們來麻煩我。

終於有人把我的嘴撬開了，一些酸味的藥末同一些冷水冲下了咽喉。對於自己，這時是稀有的冷淡，那吞藥的不是自己，頭疼也不是自己了，自己恍惚是和這個軀殼已經斷了關聯，同別人一樣，站在旁邊，鑒賞着這個陌生者的屍身。

又醒來了。

那乾癟的河床，這崖壁，太陽，老鷹，零星的流過的人群……對於我又開始存在着了，也開始對我又有了新的關聯。也更親切和鮮明。

「吁……」我長長地嘆息了一聲。經過這震蕩，頭也又開始振蕩了一下，我知道這是藥的力量控制着它。待這控制的力量衰弱下去，它也許更猖狂起來，我不管，我企圖要坐起來，但是那隻有力的手却按撫住我，簡單地限制着：

「不許動……要停幾分鐘……完全好了嗎？」

她用手把我額頭上的毛巾翻轉了過來，使那涼一點的一面挨近我的前額。

「像是完全好了……我要坐起來，這下面的石頭太鋒利，也潮濕……」

她察看了我身下的石頭和那潮濕的地面，允許了：

「你可以坐起來……讓我扶着你，不能起得過猛了啊！」

我不能推辭她的幫助。在我憑着她的臂膊坐起來時，我的眼睛遇到了她的眼睛——那射出來的光是堅貞的，正直的，熾熱的……不是爲了自尊，我會一直伏向她的懷中——但我終於無聲地哭了。

「你睡了有一個鐘頭啊！」

「哦……」我不能抬起我的頭來。

「你能走嗎？」

「能……讓我自己坐一坐。」我推開了她擱在我身後的手臂，但我的頭還是不能就抬起來，我誑騙着她：「你走遠些，我要小便……」

「還有什麼關係哪……」她雖然還樣平淡地說着，但她仍然依從了我，走開去了。我抬起頭來送着這個挺直的背影——眼睛又開始了模糊……。

……………………

我的家在東北松花江上，
那裏有，森林，煤礦；
……………………
那裏有……我的同胞，
還有那……衰老的爹……娘……。
……………………

「蕭先生，你是『東北』那一省啊？」這個女同學，她把她那條棍子給了我了。因爲我不樂意她來攙扶我，也只好接受了她的棍子。

「出生在遼寧，長大在吉林……」我沒有更多的力氣回答她的問話。——歌聲落下去了，代着起來的都是一片笑聲。這笑聲雖然聽起來很接近，但爲了崖脚過於伸前了，我看不到這唱歌的人們，也看不到這笑的人。

「你愛唱歌嗎？」行了一段路，覺得自己的力氣有點恢復了，忽然又記念起這個人底關於「詩」的問題，但我却先問了她唱歌。

「誰不愛唱歌呢？我唱得不好……一唱她們就笑我！」

提到唱歌，她似乎感到了一點羞慚，頭不再那樣昂仰得像一隻馬駒似的了，眼睛也不再那樣直直地看着我，竟像一個怕羞的女孩子似的頭側向了一邊。

「女孩子們總是愛笑話人的……」我說。

「是啊，男同學們倒不……」

「我們來一同唱個歌罷！」我忽然像一個窮到了底的人，反倒開起心來，徵求着她。

「我不……你頭疼剛好一點，不能唱歌。」

我確是還不能唱歌，軟弱，流汗……胃裏似乎又開始了空虛。

「你是那裏人？」

「山東。」

「靠近海嗎？」

「我家住在一個海島子上。我父親是漁夫……蕭先生到過山東嗎？對啦，我知道你是到過山東的

「我經過幾個城市。」我開始要研究她爲什麼要到這裏來的原因了。她已經不像個學生，無論她的身體或年齡。

「你在山東讀的書嗎？」

「我沒有進過正式中學……我做過小學教員，也做過助產醫生，我結過兩次婚，生過兩次孩子……」她似乎在談論着別人的故事，無論結婚，孩子……對於她毫無關聯。我開始注意到她那充滿着突起的脈管的過大的手，那高突的胸膛，肥滿的臀部……她確是結過婚了，也確像是生過三個孩兒……而她那臉額上過於粗魯的皺紋，誇張的骨角，也確是應該生在山和海的地方，一個漁夫的女兒。

「你的孩子們呢？」

她嚴正地看了我一眼，把頭上的軍帽更向後挪了一挪，那寬突的前額，和一管男人似的直鼻子就更清晰一些。她的牙齒是人工雕刻了似的整齊飽滿和潔白。

「我的第一個丈夫是漁夫……他很年青，我們生了一個孩子，他就死了。」

「怎樣死的？」

轉過了崖角，我們看到了時才那羣唱歌的人們

和蟲笑的人。

「蕭大姐同志……你怎麽和蕭先生在一起啦？」

「停下來……同我們唱個歌……」

「你的糧食包裏有吃的嗎？我餓得再不能走了……」

我們都是神槍手，
　喂不飽肚子……消滅不了仇敵……
我們都是飛行軍……
　拿着兩腿當車輪……
嗚——哈哈哈…………

好容易我們才從這個飢餓的倦怠的城，費了一些可笑的辱舌掙脫出來。更是糟，他們和她玩笑，幾乎近於侮辱。

「他們的感情在反常。」我說。揩着臉上的汗。

「為了什麼會這樣啊？」她朦朧地看了我一眼。

「疲乏和飢餓，天氣也熱起來了。」

「他們平常也是這樣的啊，看見嗎？那個尖臉的像個小狐狸似的女孩子，她平常全喊我作媽媽，她們不把我做她們一樣看待，像一顆孤獨的貝殼似的，總要把我擠到沙灘上去，這使我很……那個……我覺得我的心情，還像比她們更年青些啊！」

她，不好意思的大笑了。

「你的第一個丈夫怎麼死的？」我的身體和精神似乎更好了些，一種看不見的生命的暖流，在我的血液裏時刻在加添着了。

「當然，漁夫總是要死在海裏啦。他喝酒，春天出去捕魚，睡了娼家的女人，生了花柳病……他自己跳海完了。」她大約恐怕我誤解了她的丈夫為什麼喝酒，為什麼生花柳病，繼續解釋着：

「……漁夫們總是要喝酒啦，也要睡女人……不然他們就抵抗不了那海上春天的寒冷。漁夫們自己的女人，留在家裏，他們一去總要幾個月才回來，他們受不了那海味的刺激，也不知道什麼時候就遇到死亡……。賣了錢他們總是要喝酒，喝了酒也就要睡女人。那裏有乾淨的女人給他們睡呀……結果呢，錢是很少有帶回家來，青年漁夫們帶回來的却是一身花柳病……他不願意把花柳病帶給我，就自己跳了海……」

「你第二個丈夫是做什麼的？」

「一個我們村子裏的小學教員。」

「他是怎樣死的？」

「據說是肺病。虧得他，我才懂了一點新的知識，可是又死得太早了……」

這樣追求對於一個人是殘酷的，我已經懂得了這是一個從什麼樣的泥沼裏拔出自己的腳的人。

「還有時懷念自己的孩子嗎？」記起了，那夜在臨汾車站上，我也會把這話問過D女士，她給了的却是「一切屬於黨」的回答，如今我又要知道知道這個不屬於「黨」的人底回答。

「孩子們嗎？他們自己總是有路的。到沒路的時候，就是我在他們身邊，又有什麼用呢？趁着我自己還能找路的時候，還是先走我自己的罷。」

「你到這學校來，就是你所要走的路嗎？」

「就是的。」她回答得簡短得落寞表情。

「你覺得這學校怎樣呢？失望嗎？」

「我並不像他們那樣失望。我也並沒對這個學校存過什麼希望，我只是要尋到一個工作的機會……我看山西並不比山東更好一些……」

「你常讀文學作品嗎？」

「外國翻譯我讀起來很吃力，我喜歡詩……」一流彎彎曲曲的水似的，話又轉到詩上來。我看着這個不大像詩人樣子的人，却時時刻刻歡迎着詩。粗糙的人，他們却更愛把自己的「粗糙」表達出來，但他們却很難尋到一個表達的工具，即使尋到了，那也常常是古舊的，不是他們所需要的。

「對了。詩在文學裏面是表達感情最直接的東西，像音樂裏的歌一樣。」

「對了。我也喜歡唱歌……人家全說男人愁了，女人愁了哭，我却是相反哪，我愛唱，不愛哭……總要比哭漂亮些，但是我唱得不好……一唱她們就笑我……」

她不能夠禁止自己，開闊的河似的大笑了。而且一時還不能制止。笑得是那樣充實，那樣飽滿。

「常常練習會好的。」我雖然被這笑聲感染得也不能不笑一笑，但是在這笑的裏面，自己始終是被一隻冷漠的手爪抓擒着似的，竟不能夠自由行走。所有的人物，山川，太陽，以及腳底下的石頭，如果它不是常常在使我受痛、或許覺得連這些也不存在了。存在可以，不存在也可以；活下去可以，不活下去也可以。——這就是我當時的感情。

「你跟誰學的詩？」

一我那二個丈夫敎我認的字……起始我拒絕他……後來我也就當了敎員，和他在一道……」

三個跛着脚的學生：兩女一男，其中一個女的背上除開一個大被包以外，還有一枝步槍。起始他們是走在我們前邊，現在却被我們趕上了。

「啊呀呀，還是你們哪，一齊走吧。」我的同伴蕭女士她向他們大叫着，彼此訴說着哀怨：

「他簡直不能走了啊，從臨汾走出來他就是病，走到三官廟，他幾乎不能再走。」我隨着這個走在前邊的女同學說着和指示着的那個男同學。他確乎像不能再走的樣子了，兩隻長睫毛深陷的大眼睛，詢問似的不轉動地盯視着我，我把頭輕輕轉向了一邊。

我被冷落着了。我那同伴，東一句西一句匆忙地和那跛着脚的三個人攪作一團。我只好把自己的脚步放緩慢一點，好使自己與他們有個距離。同時，我還是夢幻似的，看着這三個跛脚的，和一個人工跛脚的不調協地動着的背影，忽然想到了中國的命運——軟弱和摧殘——雖然那前面有着無數的，强壯和英勇的先行者過去了，而大部分還是軟弱的，他們不能不和這個壁，土原，充滿着怪石的乾河床，飢渴，寒冷……以及每日在身上繁殖的虱子鬥爭着。不然只有等待在路邊去喂狼。雖然第一個所要到的到達站的路程並不遠遠，可是第二第三……個到達站，也還在前面等待着去經過。沒有經過訓練，突然行走這樣艱難的亂山的途程，是一種刑罰！也許有人會說：這是鍛鍊呀！不對的，這僅是要逃避掩飾他們可恥的無計劃性，或是坐在大都市的廳堂裏叫的高調的，狗屁似的山歌。鍛鍊是有漸進性的，到了相當於突進的時候，他才使用於突進，不然，那除開要担負着過大的損傷，也許會獲得滅亡。從這「突然」性的鍛鍊中，那也會收到一些益處的，不過、那付償的利息是過多一些。假如在平時有了準備，那所獲得的「鍛鍊」的果子，一定要比這樣獲得的多到不可知的數目。

——這是愚蠢和自尊，腐朽的軟體性，封建主的行爲！自己無能，而又不忍退開，自己不拉屎，而又要佔據着「茅房」的「肉頭式」自私的行爲。

這成分存在於中國民族性中是濃黑得陰溝裏的髒水似的不容易澄清！更是一些握着權柄的封建主們。

——把自己的缺點也認爲是長處，這比誇耀自己的糞便如何香甜，如何美麗……還要使人不能忍受的醜行！

我是要中國誇耀這樣喜歡歌頌自己糞便的人，全滅絕了或是到改變了他們這行爲之後，中國才能算眞正踏上了得救的道路，而亞洲的陰慘的霧障，才有滅根的可能，不然，那是凄涼的，所有的人將要無綿盡地在沒有太陽的下面呼吸着，屠殺着……。

「蕭先生，一同來走呀。」

我的同伴單純得一個孩子似的向我招揚着她的手。我也揚一揚手，算做回答。把自己的脚步也放快了些，因了重一點的擺蕩，頭又有了要痛的徵候。我恐怕樂力過了，再復發起來，那就不高妙，想要追過他們，自己先趕到淸風崖。

「這是蕭軍先生……」我的同伴把我介紹給那三位跛脚的同學。

「你們的脚全壞了嗎？」我無固定地隨便問了一聲。

「全有泡，破了一個又一個……它們竟像針刺那樣疼！你走路看樣子也有點不得力哪？」走在前頭的那個年齡較大的女同學開敞地反問着我。

「曖……也破了。待破過以後，生出新繭來就好了……」。

其餘的兩個人並不言語。而那個大眼睛，窄條臉幅，病得皮膚下面的脂肪和肌肉像被刀子從裏面剔除淨盡的靑年人，他還是詢問似的盯望着我的臉，我也就仍把自己的臉側過一邊去。人底眼睛在這樣無感情無表示的對撞底形式下，是不舒服的。

走在他身後，那却是個短胖胖，年紀看起來很輕的姑娘。她一直是垂着頭。偶爾看一下人，眼睛也就很急速地逃開。

「蕭先生，他是我的弟弟呀，看他那樣高的大個子，却才只有十八歲啊！剛從高中畢了業。他也是愛文學的……」這是那個走在前面的女同學說的。

「那很好。」我這簡直是應酬，因爲一遇到這樣說「愛文學」的話，我實在尋找不出一句恰當得體的答話，他確是很高的，甚致高過了所有尋常的人，也瘦過了尋常的人。一條不安寧的桅竿似的在空中搖擺。

「他也能作詩啦！」我的同伴補充着說，我把手裏的棍子遞向了她。

「爲什麼呀？你拿着，我並不需要它。」

「你很需要它，我要先走了。」

「爲什麼呀？你不能行走得太快，我要一直護送你到淸風崖。」

「不——讓我自已走……」

「我們在路上要開文學走談會咧！我才同他們商量過了……我們要知道點關於詩的知識。」

我遲疑地把遞出的棍子又收回來，思量似的緩緩地走着。偶爾自已的視線又和那個十八歲桅竿似的青年的視線碰到了，這一次他的眼光不再那樣詢問似的逼迫着我，而却用了一種飢渴和乞求似的半瘖瘂的聲音說：

「是的，我們要知道詩！」後面那個年輕的姑娘也抬起了她的頭，紅着整個的圓臉，望了望我，也望了望那個十八歲的桅竿似的青年。

登上了一帶高崗，前面一帶墨綠的松林可以看到了——淸風崖。

我也是愛詩的，但却不愛那些撒謊的詩；我也愛歌，却不愛那從留聲機榨出來的歌，一些只是一盃不需要的白水似的東西。與其這樣，我倒還不如去喝烈性的酒精，雖然它會毒害我的生命，使我頭疼，但總比一無所有强。

「爲什麼呀？我竟不能作出一行我所要作的詩來？當它們寫出來，幾乎是與我的意思相反的，惡劣得簡直要氣死我，我就撕了它……接着再作……也就再撕了它。」那桅竿似的青年夢似的，但看起來又這激動地訴說着他底失敗！爲了要和我行走一平，他竭力地跳着他的脚，汗珠就鮮明地從他的前額排流下來，他的姐姐警告着他：

「你應該慢一點啊！你總是這樣渴死鬼似的追求着每件東西……如果你不是渴死鬼似的跑到山西來，你不會病得這樣的。叫你去西安你也不去，拐帶得我們也得跟你來吃這苦頭……」

顯然的，這青年並不重視她的話，也不注意她的嘆怨，還是企圖和我走得一樣快。眼睛盯緊着我的臉。

這幾乎是一種憐憫，我把自已的脚步放慢些，我的那位同伴她是走在我的前面，這樣，五個人却並頭地成了兩個小行。我的同伴，開始和那青年的姐姐不斷地扯起了話底連環。

「一個射擊手，起始他總是瞄不準他的靶心，或者擊落他所要擊落的。即使偶然打中了，而第二次他又會『飛了』的。」

「今天又要睡什麼地方呀？走在我們前面的人，他們會把近的地方好的地方……全佔光了！能吃的東西也一定吃完了……」

「越是跛脚的人越是多走路……越渴的人却要多流汗……他奶奶的！哪哈哈！」

「我們在這裏談論詩啦！你們這是……」青年行走着躲了一下脚，暴燥地申斥着他的姐姐：「請求你們……向前面快一點走罷……」

「我們也要參加這走談會……我也要聽一聽蕭先生關於　的指示咧！爲什麼你要趕開我們？」

我的同伴像一個媽媽似的耐性地笑着引逗着這個發怒的青年，而他却一隻豎起來的蛇似的站立住不向前走了。

「走罷，我們不再談論。我們是說今天晚上的住宿和吃的問題，這不是爲了你這病人嗎？你……」我看着她那溫和的，毫無牽强的愛，忽然覺得這青年是幸福了！而他後面那雙關注着的眼睛，那是更非尋常的。忽然感到自已是一顆不必要的果核似的，被人吐留在路邊了。不過，這樣的愛對於自已，却又是不需要也不能承担的，也只適於那青年。

人們又如初地靜靜地走着。那山坡下面乾河床也又橫在了脚前，淸風崖的松林，却好像又遙遠了一點。

我終於還是辭別了這所有的旅伴，自已走向了前邊。

「蕭先生，我們到鄉寧還會再見嗎？」我那第一個旅伴——就是借給我棍子的——她直直地向我看着。我是側着身子，準備告別舉起着一隻手臂，也向着她。忽然一種說不出的酸楚溶解了我的心，我急忙把手臂搖動了一下：

「總是能再見的……」又把手臂向其餘的三個人也揮擺了一次。

淸風崖並不是很大的村庄。人家是零落地散出在河床兩面一些石壁和土崖的下面。每一處全是出沒着灰色的人。這是先來者。路旁每塊石頭全用粉筆畫留着各式的路標，我開始尋找我們的先遣者的路標了，但那是沒有的。

人家越來越稀少零落了，我的灰色同伴們也越來越稀少零落，最終只剩了我自已。偶爾遇到一個百姓，他們全是那樣生疎而隔離地向你望了又望，而後再陰沉遲鈍地邁着他的脚步走過去。前面山坡上我發現了一所人家的孤獨的院牆，院牆的黑影長長地延長着。——太陽已經擱在了對面的山樑上。

一個瘦小的人影，站在那院牆的牆邊，有一條小路，盤曲的溪流似的，引下山坡。

「老蕭……」這聲音是狹窄的，滲和着山谷的回應，使我停止了一切胡思。

「啊ho……」使一隻手放在自己的前額上，我認清了這叫喊我的是〇〇。一種幸福的明亮輕輕地籠罩着我了，覺得今晚至少可以睡到一間洞窰裏面，即使睡在地上，那也總比暗夜摸索在這山谷裏，成者睡在隨便的岩石縫裏要舒服要安全些。我充滿着元氣地向他的方向大叫，並且搖擺着自己的帽子——那時候，在胡思亂想裏面，我也正在爲了夜晚的吃飯睡覺而憂愁。

「全在這兒嗎？」當我準備要爬上這山坡時，我先停止下，要喘息喘息，好積存一點力氣，同時仰頭問着〇〇。

「C老頭不在……其餘的全在這裏啦！你看見c老頭嗎？我是在這裏等待着你們啦！啊！這裏住處眞難啊！」

當我爬上了這山坡，額頭和身上已經全透出了汗，我吃驚，我竟變得這樣虛弱了嗎？在最後一步，〇〇握住了我的手。

「你不是走在我們前頭的嗎？」

「我半路犯了頭疼——c老頭呢？」

「他碰到了A，A要和他一同走，這老傢伙就同他一同走了，不知道走到那個山窩窩裏去了。你吃過什麼嗎？」

我搖一搖頭，氣弱得使我不樂意多說一句話。

「他們在裡面正在和這家的主人交涉着買麵呀！」

「我們先給你錢，這不是錢嗎？我們又不是兵……」

院裏面正有着一羣人，圍着一個高身材狹肩頭深眼睛狹臉幅的農民，叫着。叫得最兇的是那個會搭舞台佈景和畫畫的人。他的臉完全紅着，一隻手擺動着一張鈔票。紅尖鼻子的畫師也在他的身邊，奇蹟似的那個肥鼻子的庶務竟也出現在這裏了。

那個農民，兩隻手無主張地在面前揮揮擺擺，要來接取那錢票，但又把手縮回去，搖一搖頭，嘴裡嗚嚕了兩句什麼。

我和〇〇一同走進了這土窰。

黃昏的時候，我獨自從土窰裏走出來，站在門前，我看見了我那四個同伴的背影，轉過了前面的崖角，不見了。

「第七連」小引

本集所收的「報告」三篇，小說兩篇，人物特寫兩篇，是作者加入新×軍先遣支隊，突進了敵後以前的幾乎全部作品。說幾乎全部，因爲還有作者自已同意不發表的小說和加進軍隊以後的生活報告，後者屬於作他底另一階段的創作活動底開端，似應收入那以後的集子裏面。

已經是一年多以前了，作者來信希望把底作品編成一本，交給什麼書店出版，我在覆信裏面提議，「七月」計畫出一叢書，編進那裏當比單獨出版更能得到集中的印象。他回信高興地同意了，但希望頂好能夠防止奸商們襲用坐吸作家們底血液的故技，亂把他底作品編入什麼選集。因爲那時候有一兩篇已經遭受了這樣的命運。然而，「七月叢書」和「七月」本身一樣地運氣不好，直延到作者突入了敵後一年以上才能夠出現。所以，這一集底編法只好完全依着我底意思。

關於內容，我不想在這裏加什麼解釋。這些其實是英雄的詩篇，不但那藝術力所開闢的方向，在中國新文學史上加進了一筆遺產，而且，那宏大的思想力所提出的深刻的問題，也値得爲新中國的誕生而戰鬥底人們反覆地沉思罷。

這時候，我親切地懷念着他底堅強的意志和天才的雄心，希望這集子能夠傳到他底手裏。祝福他底健鬥和平安。

一九三九年六月七日深夜記於重慶

胡　風

警衛團生活小景

丁玲

新生的優秀黨員

「三十里路，不算遠，上次我揹了五十斤，這次我一定要揹六十斤，你們看吧！同志們，太陽要上山了，我們走吧！」這就是那個從山西來的王得勝。他有着比別人更多的熱情。縱是在揹柴回來後，也總是興緻很高的叫着唱：「今晚要讀×路軍讀本啦，嘜呀來，又要教老張的字嘜，」這的確是一個呱呱叫的角色。還有張如泉，也一樣。他們都是第三連的戰鬥員。而且是黨員。第四連就沒有這樣好的黨員麼？不，有的，還更多。像趙秉三他們就幾乎沒有一點忽視過一個黨員所應有的責任，你看他們吃着高粱飯的時候，總是笑嬉嬉的。耐煩的說着關於過草地，吃草的生活，說着將來在抗日戰爭中所必然要來的更艱苦的日子，同時又安慰其他的戰鬥員們。如果稍微得了一點好吃的東西，便分送給大家。大家都環着他們，非常親熱，在開討論會的時候，那些同他們感情好的人，就不會怕說得不好而不敢說了。這些好的黨員們幾乎都是在這個月中才生長出來的。

緊張具體了的會報

以前，每次會報的時候不是你推，就是我讓，或者是大家都沉默着。但近來有了轉變了。當每夜團部在那火紅的周圍時，熱烈的發着言，使小的黑房間裏添了許多興趣。譬如七連的指導員，他工作的能力不是沒有，他也很容易了解一些問題，但他總不愛說話。過去也會有個同志不懂得他，以為他沒有工作的能力，但近來因為一些新的工作推進和緊張了，他也常常在搶着發言了。因為我們如果不在會報時把各種事弄清楚，第二天的工作就無從進行。而且還能及時的教育鼓勵和批評。如果有些關於黨的策略的不明瞭，或解釋的不妥當時，很快就有人給他們作第二次的討論，詳細說給他們聽。

活躍的防空排的小組會

在各連的小組會裏，我們認為直屬隊的防空排最活躍。有一些小組開會時，連組長都還不知道在這一次的會議上該討論些什麼，臨時你也說，我說說，都不充分不具體，因此都感不到興趣，敷敷衍衍混過去了。只要一參加到他們的小組會，你就看得出都是准備了許多意見來的。在一個題目下，爭着發言，而且有結論。常常吵得一些唾沫四噴。偶爾也遇到一些比較深奧的問題，但他們很有方法，先從小處，非常具體的討論着來開始，所以也很容易解決。

模範的救亡室

當不是上課的時候，只要走到第四連或是團部裏的救亡室去，就感覺得有另一種空氣在這裏生長。一羣羣站在墻邊的，是正在練習着剛學來的歌，或是還沒有認熟的新文字。有些人又正圍着桌子在下棋，這是自己用紙剪成的陸軍旗。還有一種識字牌，也為大家喜愛着。伏在桌子上的，寫着字，寫着墻報上的文章，旁邊站着的，不會寫的，却講出許多意見來。就是在吹了熄燈號後，還有人躲在到救亡室悄悄的在沙盤上用柴枝劃着。還有那些放了夜哨回來的，也不願去睡，在沙盤上重覆的寫着白天剛學來的字。他們正進行着班與班，排與排的競賽，那墻上劃着的競賽表上的烏龜是多麼使人討厭的東西啊！

快樂的晚會

有幾個連開了兩次晚會，也有開了一次的。大家，連雜務人員也參加了。並不要等到別人請，就有人自己要求唱一個歌給大家聽：「我唱一個四川調，好不好？」或是，「剛才我學會了一個笑話，讓我試一試，看能使人笑不笑。」於是接着又是山西調，陝西調，又是剛學來的義勇軍進行曲，而且又多幾個人會吹口琴了。還有人出幾個謎語，只聽見一陣陣的哄笑和拍掌，和「呱呱叫，再來一個！」的喊聲。什麼疲倦都忘去了，也沒有再想到別的。

鼓舞的來信

一連接着幾封從駐在延安，宜川甘泉的一，二，五連的來信。他們述說着他們怎麼與羣衆聯歡，而且同民團也弄得非常之好，互相你請我吃飯，我又請你吃飯。他們的確做了一些工作，把我們的主張擴大到武裝隊伍裏去，影響了他們，使他們慢慢走到革命的方向來。我們從那些信上看得出他們工作的方式有了很多轉變，他們對於統一戰線這一問題的了解和善於運用是事實。在每封信的信尾上，也總是寫着誘惑的，然而却實在是挑戰的話：「好吃的東西多得很，只想揹些給你們，可惜太遠了！」呵！多麼努力的可愛的我們一，二，五連的同志們！

同蒲路——敵人的死亡線

莊湧

是一支固執的鐵手
撐住長城，
在南口
扎下了湯恩伯的十萬哀兵，
緊急的重砲
大聲呼喚，
要喊醒垂死的北平！
敵人的炸彈雖重
也炸不倒八達嶺，
毒死斯
闖不過迎面的西北風，
碰破了頭
才知道此路不通，
轉回身
偷襲察北，
像一股倒捲的狂流
在張家口
潰奔向大同。
含兩眼痛淚，
破壞了居庸關
——平綏路的鼻孔，
南口的衞隊
擺脫敵圍，
向廣靈轉動。——

平型關，八路軍埋伏——突擊，
板垣的「奇兵」，潰不成師，
三四千皇軍葬身在夾谷里，
西北線第一次大勝利
游擊隊也就此建立了根據地。

忻口的堅守，
娘子關的截堵，
血肉的長城
阻不住用機械助長了暴力的瘋獸，
正太線，太原，同蒲路一半，
線和點都不必死守，
轉進向臨汾，
發動全面戰鬥。

韓信嶺，山高鳥難渡，
三千發排炮
也打不破深雲古寺的寂寞，
石樓山，西北角的炮樓，
大麥郊苦戰不低頭！
東南上，一道沁水
替日本兵開了條陰溝，
坦克軍，像黑甲虫，

偷偷的爬過了伏牛山，
猛撲侯馬運城，
三百鐵騎，
輕機槍手，
向禹門渡，
星夜疾走．
要截斷我軍的後路；
「大殲滅」
在帝堯的故都！

爲輕避敵鋒，待機反攻，
三十萬輜，砲，步，馬，
乘月黑風急，
轉移山窩中；
敵人的左，右，正，奇，
大迂迴，
捉住一座空城；
兩片鐵鉗碰出了火星，
盤七十二圈山頭，
也追不上旋風！
山叢裏，響亮着游擊隊的歌聲……

剩一條同蒲路，
作毒蛇的孔穴，
先頭敵騎，
揚三千里風砂，

爭飲黃河；
風陵渡，
煞住車，
用二十生重砲，
向潼關虛聲吆喝！
讓縱橫的孤兔自覺得意，
連山萬里
我們在慢慢的張佈網羅！

寺內壽一的算盤
一著不準全盤錯，
到處撲空，禁不住心頭冒火！
猛烈的追擊
才能收到戰果，
草根不除
是腹心大禍！
「掃蕩！」
「肅清！」
鼓起餘勇，
閉上眼睛，
向呂梁山
突進！
河津
襄陵　三處敵軍拉起手　向軍渡
汾陽　　　　　　　　　向壺口

荒涼的呂梁山，太平靜，
他們要開墾，耕種！
要用中國人的血
把枯草染紅，
每一個村鎮，
每一座窰洞，
炸開石縫
把仇恨播種！

山，河灣，！
溝，坑，
登雲，落井，
火光，槍聲
飢餓，疾病！……
五個月
進退不休，
高低馳走，
揚起了臂膀，砍斷了手，
嘆一口气，收了兵，
回城去，休息，補充，調整。

中條山——一道盲腸，
一道恐怖的黑影，
留下怕發炎，
割去又不能！
五台山——一塊鐵骨，
卡在狗嘴裡，
吞吐都不能！
用中國的山軍
襲擊日本的海盜，
積小勝爲大勝——！
三十萬「皇軍」
經不起五千和六十來乘，
一大筆血債，
讓敵人零碎還清！

日本人膽子雖短氣魄兒，
大本營（瘋人集中營）
要强渡黃河
進攻西蘭路
截斷中蘇的交通。
士兵的疲病未復
又接到了命令，
第二次總攻：
向垣曲
向吉縣　三路撤兵，
向五台
「掃蕩」華軍殘餘！
「肅清」山西全境！

重轟炸機
抖起一陣嚇詐的風，

太行山，毛髮直立
爲諷笑故作吃驚，
躑躅的狼
盤旋的鷹，
踏遍萬山叢

也尋不見勝利的蹤影；
像未來派的詩句，磊落不平，
有刺天的刀山，
有神話里恐佈的坑，
有明滅的火光，
有陣雨似的，夜襲的槍聲……
坦克車，爬不動，
毒氣也無法使用，

一座空城——
一個吃驚的黑窟窿！

「掃蕩隊」的掃帚
掃不動山里的石塊，
磨光了自身的毛
禿着頭發呆，
冷不防，一脚踏塌了陷坑，
斷了糧草，
斷了交通，
辨不清方向，
用大砲亂轟。

像俯伏的野獸
——斥候的列兵，
呂梁山，
躺直了身子
屏息諦聽，
黃河水
響得更遠
更清，
是歡喜和驚疑
在胸中交迸！

一聲突鳴的號砲
扯開了低迴的山風，
伏兵齊起
喊一聲：衝！
手溜彈，發了瘋，
像風捲砂石，
落入山溝中！
機關槍
「哇哇」叫，
漫天飛火星，
黑龍關跺跺脚，
呂梁山跳起來，
抖一身黃毛，
千年的睡獅今天要作怪！

一小隊，
一排，
三座大窰洞
組成的山寨，
軍民男女聯合在一塊，
分散的隊伍
集中的火力，
用暴雨
向蜂蟻射擊！
雁門關，娘子關，
太行山，五台，
以山爲牆，
隨處都有活動的營寨，
鎖關，
封口，
進來的，
就不要再走！

雲橫秦嶺
遮不住三秦健兒殺氣騰空，
生力軍
北渡黃河，
大舉反攻！
師老兵疲者
今天要崩潰，
困守涸轍的死魚

不要再妄想天雨來救命。
同蒲路—敵人的死亡綫，
慢慢的割，
猛猛的砍，
鎚子鎚，
剪刀剪，
朽了！
斷了！

毒蛇的孔穴里
燃燒起硫磺彈，
倒了火焰山
誰能阻攔！
黑死病的毒菌
飛速傳染：
正太，平綏，
平漢，津浦綫，
綏，熱，察，冀，魯……

掀起了全面游擊戰。
反攻呵，
向山海關！
勝利的火焰
點燃在山西高原，
放綠了汾河柳
笑迎春天！

駱駝

艾青

你來自塞外的生客啊——
披着無光茸亂的乾毛，
邁着這樣笨拙的脚步，
你的眼光充滿好奇；
而你流着唾沫的嘴，
又那麼吟嘲似的笑着……

你咬嚼着木頭與石塊，
又嗅着自已網撒出的尿水，
你的身上發散着酸臭；
你舉起了笨重的長頸，
你的叫聲象梟鳥的夜笑；

你走在大街上，
緩慢地擺動着高大的身體，
那可笑的樣子啊，
活像剛放下鋤頭，
第一次跑進城來的農夫；

而你的主人們：
戴着破爛的皮帽，
穿着不合身材的衣服，
臉上的條紋那麼寬闊，
表情也那麼奇異：
——那裏來的這些笨貨啊？

啊——
他們來自北國荒涼的原野，
他們跨越過風與塵土統治之國、
他們在堅忍裏消磨年月，
他們從塞外帶來黃金與白銀，
又從南方運回了異國機械的產物；
而駱駝做了他們行商的貉夔。

你城市的生客啊
你太辛苦了
請坐吧，在我們大街的人行道上；
而我們將用帚子來拍去
你峯瘤上的
從遙遠的沙漠帶來的塵土……

失去了的兩個蘋果

綠川英子

——病床雜記

在招受着陽光的赤廊上，我做着照例每月一次的，對於母親的特別服侍。

今天多麼怪呀，一向總是不到一點鐘就拔完了的白頭髮，現在拔了這久，不但沒有減少，反而越拔越多了。

——英子！

一直悶着不做聲的，非常疲乏了的鏡子里的母親用從沒有聽見過的嚴厲的聲音喊了。

——媽媽特別給你的蘋果，爲什麼兩個都不見了！

——媽，但是……

我怨恨地把手送到了自己底蒼白的兩頰上面。

——在上海還有一些的，但後來在廣州，在漢口，在重慶，都沒有，終於吃掉了呢……。

母親什麼也不說了。我也使氣地不願意做聲地動着手。白頭髮越來越多。怪呀，差不多全頭都雪白了。我忍不住叫了起來。

——媽！

不答應。

——喊你也不……

我一半發氣一半撒嬌地把手扶在母親底瘦削的肩上，俯向前去看媽底臉。

啊呀，不是媽媽，是石亮像，冷的，冷的，冰一樣……。

一瞬間，醒了。

頭腦心戚戚作痛。胸脯上膩膩地冒着粘汗。

周圍的燈都閃閃地映眼
爲什麼，只有您底窗子
寂寞地像瞎了的瞳仁一樣，沒有光呢？
媽媽呵
穿過嫩葉拂來的春夜的微風
當會溫和地在愛撫
您底沉鬱的頭，
在黑暗里面也現着微白的庭前的沉丁花
當會用那甜蜜的香氣
柔和地在擁抱你底憂倦的身體能。
不　我知道
在緊緊地關着的玻璃門
重重地吊着的天青色窗簾底後面，
您用着靜脈凸起的容易打顫的手
在旋轉無綫電收音機底開關。
您頂喜歡的三味絃底哀調停止了
噦噦，咯咯……
雜音焦燥了你底神經
然而，不一會

越過無數重的海山的電波
要把您常常在身邊聽慣了的
　　那聲音，
像羽毛長成了的小鳥一樣
從您底懷里飛走了的
　　女兒底聲音，
淸悉地送到您底耳里。
每晚每晚，在播音機底前面
　　站着的我
有時候被想叫一聲
——媽媽！
的衝動抓住了
　　心里一抖。
但接着的一刹那
在我底眼前浮現的，是
悲傷的　疲乏透了的　饑餓的
　　怨恨的　憤怒的
各種各樣的無數的面孔
——男的，女的，年靑的，年老的。
媽媽呵
你是我底唯一的，最愛的，
但我不能夠僅僅是你底所有。
在這個殘忍的戰爭底正當中
你已經不會命令我
雖然被眼淚，嘆息，詛咒包圍着

也只要把您和我底渺小的幸福
偷偷地享受罷。

「失去了誇耀的大和撫子」——
法西斯代言人底毒舌
還有周圍底無情無知的
人們底白眼
使你就是沒有那也已經衰弱了的心
更加痛苦。
然而，媽媽呵
請張開眼睛仔細地看一看英子罷——
對於弱小的，貧窮的，被損害的人們的愛
對於一切虐待他們的東西的憎恨
——從您得到的這寶貴的
「誇耀」，至寶，
就是一點點也罷，我什麼時候失去了麼？
您底女兒本不應該失去
但終於失去了的
僅僅是——兩頰底紅潮。
前幾天，
我為了尋找失去了的那兩個蘋果
到m溫泉去了一次。
在綠的大地上閃閃地燃着的陽光
在前面突然展開了的菜花田
淡紫的蠶豆花放散出來的惱人的香氣
使疲勞了的我茫然了。
啊啊，這不是
我過了少女時代的K村麼？
這不是
抓住你底長袖子
一面唱着春來了春來了
一面跳着跑着的那個野地麼？
——不知道有戰爭的永遠的桃源——
但我却比預定更早地
匆匆地回到了人多灰塵多的街市。
是不是回憶使我住不下去了呢？
從北到南從東到西
在這個沒有止期的流浪的兩年中間
不知道在什麼時候
我兩頰上的蘋果不見了。
然而我知道
把它們搶去了的是誰，
而且這個可恨的手
和那個把這中國底，祖國日本底
千千萬萬的青年們和孩子們底那些
殘忍地搶去了的手，
正是同樣的一個。
我 我們
非把被搶去了的東西搶回不可。
然而，靠着暫時的蒼白的「休養」
那怎樣能夠得到呢？
媽媽呵
雖然可怕，但閉上眼睛塞住耳朵是不行的，
只有從燃燒的鬥爭底鎔爐里面
總有一天罷，我們一定會奪取回來的。

然而，媽媽呵
就是您底女兒永遠地失去了
從您得到的蘋果，
但也請您不要見怪罷，
因為那是為了
要在這大陸，那三島，以及整個大地上
永遠地豐富地結成光輝的紅的蘋果
因而未到時候就凋落了的
無數個無數個里面的僅僅兩個的原故。
（四月，七日）

譯後記：

綠川英子，這個日本的反戰鬥士，對於中國的讀者並不生疏罷，但當作一個作家的她，不但中國，連在日本都不大被人知道。田間在「七月」第二集第十二期上發表的小詩「給mV」，就很少讀者能夠把mv和綠川英子這兩個名字連在一起。然而，在世界語文學里面，她却是一個努力的作家，m·v就是她底世界語名底頭字。這和保衛人類和平的國際革命力量一同奮鬥的世界語今年忽然遞到中國論客底嘲罵，但綠川君却用它向全世界的人民傳達了被壓迫的日本人民底心聲。

戰爭爆發以後，她英勇地和我們一道站上了反抗日本帝國主義者侵略戰爭的前線，雖然她爲了達到這願望還經過了一些波折。除了依然用世界語向全世界控訴以外，每天晚上還站在無線電播音機前面，用「越過無數重的海，山的電波」號招她祖國的人民起來反抗軍閥法西斯底犯罪行動。她底戰鬥引起了日本軍閥法西斯底恐怖，終於在她底臉上寫上了「賣國賊」的標記，報紙關於她的記事底標題，就是「失去了誇耀的大和撫子」。「大和撫子」，是日本統治者對於他們認爲可誇耀的日本女兒的尊敬的稱呼，但綠川君底這份權利却被法西斯代言人剝去了。

但她却依然是默默地戰鬥着。池田說：「她呀，了不起，總是在不聲不響的工作。」是的，她是不聲不響的。然而她終於也叫了出來，從這里，我們不是親切的感到了夜纔時一個人站在逐去了一切市聲的靜悄悄的播音室里的她底心，愛祖國和愛正義的心底，女兒的心和戰士的心底混然一體麼？

胡風（四、二十二日）

拉住說

宋之的

看慣了美國電影的人，大致都爲美國賽馬的技術驚奇。我們所看見的是，馬的矯捷，人的英勇，可以躍過丈餘的壕溝，也可以滑下徒峭的山崖。但既然是一種「賽」，就難免有花頭，也仍然是美國電影，告訴了我們這樣的事：賽馬的時候，因爲嫉妒，人和馬都常常被同行所算：慣常的方法是：在馬腿上打麻醉劑，使馬在與賽的時候出亂子，或在黑暗的街角予人以狙擊，使人臨陣不能出場。暗算了別人，自己却跑到前面去，雖說跑慢了一點，但到底是第一個先跑到了。所以觀者依舊是跳脚，鼓掌，亂嚷，表示崇拜。

用法術隔害了別人，自己却慢慢的跑，雖說於人類的進步上，大有妨害，但自己却畢竟也跑到了。這種例子，有史以來，就很普遍。我們都公認爲一種恥辱，卑其人而惜其事，其實還是「拉住學」的下下者。

彷彿是經拉菲莫提支吧，寫過一篇小說。小說的主人公很年輕，被委爲某城某機關的官吏。到任以後，覺得公事雖多，却無人肯辦。辦公桌前，同事們大都醉眼矇矓，怡然自樂。不是談某女士漂亮，就是誇某飯店的酒好。於是乎我們的主人公大不滿意，決心奮發，以除積習。但不上一年，他便也和同事們混在一起，鼻紅體胖，學會了「某某呀，三點鐘我們到某處去喝個醉！」而且感到辦公的時間太長了。

這種例子、也是有史以來，就很普遍的。在「拉住學」上，也佔一個很重要的位置。開初自己雖設想跑，但只爲大家都不跑，所以自己也就停下了。我們也許會原諒他，說這是環境太壞，是由於被動，並非主動。因爲他倘不同流合汚、自己就先要站不住，被擠出來了。

但我們一直到現在似乎還沒聽說過，競技場上的選手，因爲自忖跑不過別人，便拚命的把別人拉住，以致大家都不跑的事。倘有，那可眞成了滑稽，而且拉住學也臻於上上的境地了。

不過我們很躭心，這種上上的拉住學，說不定眞有在社會上出現的那一天、因爲跑，是辛苦的，艱難的，睡在那兒不動，却最容易。懶人是不難在最容易的路上找出路的。

歌曰：「你在前面走，我在後面跟」，跟不上呢，拉住就是。社會的進步，事業的成功，都可以不必過問。阿Q式的勝利法，至今還是沒有死絕。

俗話說：「我們要跟着時代跑」，時代在前面跑，我們在後面跟着，這雖與拉住學大相逕背，其實却也不合邏輯的。人是歷史進化的主要成分，人的力量可以決定一切、我們人，要創造時代，要領導時代，譬如今日的民族解放戰爭，便是我們創造時代的開端。但要完成這口號，拉住云云，卻非先打倒不可。

四、廿一日。

某城風景

青苗

雖然已到暮春的時候了，可是這城市裏依然還是那樣的荒涼，寂靜，一切的景物都罩着寂寞的愁容，彷彿連那懶洋洋的陽光也顯得非常淒慘。街道上的行人非常稀少，崗警一個也沒有，家家店舖的門都緊閉着，街心裏扔滿着彈丸和砲彈的碎片及一些爛鞋底等什物。一陣狂風掠過，一些布屑和爛紙片便在滿街裏飛舞起來，雖就是大白天裏，街巷裏仍然還是死一樣的冷靜，彷彿整個的城市已經變成一座坟墓了。在這城市裏許多人家的房屋上，大都有着砲彈的痕跡，有的竟完全的圮頹下來，有的已被烈火化爲灰燼，只留下一些烏黑的枯禿的牆壁兀立在那裏，看來十分的淒涼，一種刺鼻的火災以後的焦臭味在滿城裏瀰漫着。癩狗們三五成羣地在一些冷寂寂的街巷裏出沒着，彷彿現在它們已成了這城市的主人了。

這城市的命運現在正如一片爛鞋底似的被人們暫時的遺棄了。衙門裏的人全跑光了，官們和警士們連一個也找不見。城門日夜敞開着，城邊連一個守門的士兵也沒有。所有城內的電線桿全都七歪大倒的被斫倒了。在那些日夜敞開着的城門上，掛着許多顆業已臭爛了的腐腫的人頭，一羣綠色的蒼蠅像雨滴一樣的圍繞着那些腐爛的頭顱嗡乜乜地歡唱。

暮春的天氣是溫暖的，慵懶的，給人一種困倦和乏軟的睡眠的感覺。懶洋洋的日光射在寂寞的街心上，溫暖的春風好像奈不住這城市的靜謐似的，不安份地從大街上掠來掠去。烏鴉們三五成羣在那些焚于砲火的瓦礫場上哀哀地啼叫，幾隻凶刁的老鷹繞在這城市的上空翱翔，追尋着一些屍骸和腐屍的肚腸。爲了防止野狗們和盜賊的襲擊，所有全城裏人家的家門大都緊緊的關閉了，有些人家的大門雖然敞開着，但家裏却連一個人影也沒有，完全成了痞棍和野狗們出沒的場所了。這些痞棍們和叫化子們現在已成了這城市的唯一的主人，所有在這城市裏的街巷裏出沒的人影差不多全是他們。他們每個人的臉上都罩着欣喜的光輝，因爲現在正是他們出頭的時機，他們每個人差不多都發了洋財了。

在這羣人物之中，有許多人是我們大家所熟識的，例如後街裏賣兔肉的二楞，關頂的老羅，賣海洛英的送上橋和在維持會聽過差的馬後喘等等。他們的臉兒現在差不多全是神采奕奕的，他們的衣着也都驟然的堂煌起來，正如老羅向來所常說的「哈哈，兄弟，你揭摹了誰呀！」那個往日穿着油膩膩的衣裳的二不楞，身上骯髒得簡直和一個油老鼠似的，現在也驟然的穿上一件半新的嗶嘰夾袍了。老羅竟然的戴起禮帽，馬後喘也穿着亮晃晃的皮靴了。他們現在可以說是閑暇無事的，除了每日照例的到那些逃亡了的人家和商店裏搜竊一通外，便整日的狂賭，酗酒，吸海洛英。他們有的住在縣門裏，有的住在縣立中學裏，但大部分都散居在富人們的公館裏，例如老羅和送上橋，便住在這城市裏一個頂頂有名的公館裏。這公館裏還有一個守門的老總差，他們一進去之後便拘禁了他，拷訊他，待到他將他的主人藏滿着什具的地窖給他們發掘了的時候，他們還是不讓他走，要他照着侍候原來的主人一樣侍候他們。他們是在極力的摹做着富人的氣派的。而且就在這時候，送上橋拐來了他的老情人。她叫老母羊，是一個賣水餃的老板娘。人物雖不怎樣的出色，然而却是挺有「活路」的，梳着一幅鴨尾式的剪髮頭，頭上別着一個褪了色的牛角梳，衰老而枯萎的臉上抹着不均勻的脂粉。她雖是這樣的打扮，但令人看來依舊止不住要顫慄，因爲那滿嘴的牙齒已成了焦黃的顏色，身子已被紅丸和海洛英弄成一幅骨瘦嶙峋的骷髏般了，衣裳穿在她的身上毫不切實，像是掛在木架子上一樣的彆扭。但雖是這樣，她在那送上橋的眼中依然還是極寶貴的，這次爲了爭奪她，送上橋和他的情敵老回回在這沒有法律的城市裏打得死去活來，後來還虧老羅給他爭奪了過來，老羅已經成爲他的保鏢了，他稱老母羊爲大嫂，然而在送上橋和他拜了把子的那天晚上，他們三個人便混在一張被窩裏了。……………

老羅現在也不打他的蓮花落給土地爺爺相面，再也不拿着亮晃晃的剃刀赤着身子在集會上吆喝了。他自孩童的候時就開始乞討，戲鷄，給耍狗熊的做幫手，到老來他做了師傅，做了鷄毛房子的頭兒，無數的野狗一般的孩子都跟着他學會了求生的技術。現在他已是五十幾歲的老頭子了，他的面目是黧黑的，臉上滿是縐紋，額上因爲吃盡了剃刀的削砍，也滿是乾癟的斑痕。他的開頭的生涯在江湖上是有着「紅教門」的稱呼的，他和他的同幫的伙伴們親如兄弟，而且他們有着很好的團結和很好的紀律。但現在在這城市裏，他的這羣明友們一點品德都沒有，他們你爭奪着我，我排擠着你，而且有些爲着分贓不均和賭博上的帳債，已在城角的荒郊裏火併了。比如在城隍廟擺賭的郭二娃，本是藉着「饅饅隊」的威風而在這城市裏活躍着的，然而當「饅饅隊」一開拔到遠處的時候，他的頭顱便像一顆爛西瓜似的滾在神殿後邊的草叢裏了，而他的身子却被綁在神殿裏的柱子上，花花綠綠的肚腸掛滿在肚子上，地上滴着許多暗赤色的血跡。

在這城市的街角巷尾裏，常常的發現着無人具領的被傷殺了的死屍，而且據說有人在城外附近的大路上打悶棍了。爲着這緣故，那發了很多洋財的馬後喘便有些着慌起來，於是他極力的拉攏着朋友。在這些朋友之中，他最看重的是老羅，因爲老羅比較起來是最義氣的，雖然在最初的時候，他曾在某一天的晚上揭破了老羅灌鉛骰子的陰謀，但過後他爲這事向老羅道了無數次的歉。老羅也是不記前仇的人，於是他們便和解了，而馬後喘的賭場也公然的擺在縣衙門裏的花庭上了。

說起縣衙門，實在使人覺得太荒涼了。那些雄偉的屋宇和古廟一樣的寂靜，簡直完全成了鴿子的世界，倒處是蛛網，塵埃，破爛的公文紙片在滿地上飛舞，連那平日最威嚴的大堂上也拉滿了一堆一堆的人屎。一些短短的蒙茸茸的荒草也在到處的磚縫裏滋長起來，幾隻毛髮蓬蓬的野狗們也時常一跛一遍地在這裏出沒着。

馬後喘現在便住在縣長老爺舊日的臥室內，這地方曾被維持會的紳士們借住過的，但現在那些紳士們都逃之夭夭了。「哼！飯桶！飯桶！那纔真是一羣飯桶呀！」馬後喘時常的吐着涶沫對人講：「他們一見了鬼子便嚇得打尿戰，但是他們却想盡了方法巴結鬼子，小鬼和閻王結親家。爲的是攀高結貴呀。……『說不定人家會成事哩，……』他們時常私下裏嘰咕着，心裏盼人家成事哩。他們說：『咱們現在只是趁火打劫，自然要稍稍的委曲一下，但人家事一成，便宜的地方可多得很呢。』但是他們對自己的親戚朋友和老百姓說：『沒得法呀，實在是沒得法呀，幹這事情比在刀刃上走還危險哩，但是你要不出來維持維持，咱這地面上可吃不住糟塌呀！嘿嘿，實在是莫得法呀，要不咱的老百姓可吃不消呢。……』喔，你看，油嘴油舌的，說得多美呀，咱們的老百姓的腦子大約全是泥土做的，他們也跟着人家嘆息說：『唉，沒得法呀，沒得法呀……人家是爲地面着想呢。』嘿嘿，地面！地面！……不過咱不管這些撈什子，由子也罷，饅饅隊也罷。只要……只要……咱的腰包硬了就算話……管他娘的魚大吃蝦，蝦大吃魚。…………」

於是馬後喘的話匣子便打開了，他是一個年青的健談的人，他又述起他在維持會所得到的各種稀奇的見聞了。「媽的，都些蒙古韃子，那纔笑死人哩，每到一處地方，他們便在滿巷裏捉雞，把鷄毛一拔，在火上燻一燻就吃了。……有一回，五個韃子到維持會來了，『娘們！娘們！』他們亂叫着，講着蹩脚的中國話。『老總先生，你看一看，這城裡的娘們全跑光了呀。』我們維持會裏那個曾經在衙門裏包攬官詞的副會長說。『那不行……娘們……娘們……只要是母的便行呀！』他們嘮叨着，還在維持會裏老是不走。最後，我們的副會長被他們纏不過，便說，『老馬，你在這城裏人熟些，你引上他們去尋看看。』我，我連忙的去推却，但是那些韃子們拿着槍托打起我來，於是我只得引他們到火神廟巷去走走。自然，不用說，我們找了許多家都是空空如也，可是韃子們生氣了。我想，糟了，想着今天又要受一番痛打了，但是，天呀，蚊子孃孃却解救了我，『喔，你看，那不是一個母貨麼！』常我走蚊子家裏的時候，一個韃子在一間黑漆漆的結滿着蛛網的小屋裏的柴堆裏發現了蚊子孃孃。立刻，韃子們都驚喜得叫了起來，蚊子孃孃嚇得亂抖，簡直和狂風裏的一片草葉一樣，臉色死一樣的蒼白。『天爺爺，天爺爺，要我這老鬼……要我這老鬼……幹……什……麼……呀……』她的嘴巴子哆哆哆的亂抖，可是韃子們不理她，放下槍來扯她的褲子了。……我那時禁不住要大笑起來，像蚊子孃孃的七十幾歲的老婆子想不到竟能行這樣的『紅運』哩。——當初老婆子都說，『不怕，不怕，我們這些老婆子怕什麼呀！』可是現在你看怕不怕呀……………」

馬後喘帶着幸災樂禍的神情笑着，他雖然嘴裏不說出來，但他的心裏却盼望着鬼子們和韃子再來一次的，他常常的在夢中夢見他們又來了，他又趁着這機會發了一筆很可觀的洋財，而且有幾天的晚上，他竟夢見他坐起哇啦哇啦的包車來了。

然而他的夢想終於沒有實現，這城市是漸漸地貧瘠下來，備許多商號和人家全都被搶得精光了。由於過度的貪心和那惱人的夢想，他對他目前的環境漸漸地感到了厭倦。而且，一樁絕大的不快意的事情臨到了他的頭上。仗着祥泰南貨店的分贓事件，他和老羅鬧翻了，而那骷髏架子送上橋竟藉着老羅的勢力在衆人面前打了他的耳光。這，這侮辱他受不了。就在當天的夜里，他失蹤了。

五天之後，馬後喘重又在這城市裏出現了，而且還偕着一位面生的朋友。他倆的褲帶間各自暗藏着手槍，挺直着軀腔向老羅住的那家公館走去。

送上橋被打翻了，鮮血流滿了一地。老羅的頭上和肩上也掛了彩，然而他却施展着他從那要狗熊的老師傅那裏學得的本領，跳上屋頂逃走了。老母羊嚇得軟癱在炕上，看門的老聽差躲在門房裏像一片樹葉子似的索索的亂抖。

馬後喘在這城市住了一夜，第二天早上，他仍和那位面生的朋友而且偕着老回回和二不楞離開這城市了。

他們都到了什麼地方呢，這是沒有人知曉的。但在半月之後，吳家堡子發生了一件轟動全縣的事變，說是有一羣匪徒和從前線逃下來的騾夫們假扮着蒙古韃子，身上穿着草綠色的軍服，頭上戴着麥稭編的外邊却蒙着灰布的假鋼盔，也拿着一面太陽旗，在吳家堡子和堡子附近的四鄉裏來搶刧了。他們的嘴裏咕哩咕嚕裝着不會說中國話，依然的學着鬼子們的風習——吃雞，宰耕牛，追索婦女，而且也拉着四鄉裏的痞棍們來一套「維持會」，但維持會還沒有弄成，他們和那些痞棍們全被游擊隊嚇散了，而且還有許多被俘獲了。

在這羣痞棍們和草包英雄之中，有我們上文所說的馬後喘那四位英雄，但他們是否全被俘獲了呢，這個却無法去打聽的。不過在吳家堡子村門上所掛的那一列頭顱之中，却有一個是我們那高鼻子的老回回，還有一個滿是麻點的臉，也好像是我們的賣兔肉的二不楞，但却不能十分的斷定，因為天氣太熱，那些頭顱掛出後的第二天便全都腐腫了。

註：「饑饉隊」是鄉下老百姓叫那些土匪，流氓所組成的游擊隊的。

從中條山寄到重慶

賈植芳

胡風先生：

……………………………………

在這個只能生細菌的地方，主要的還要做內部消毒的工作，魯迅先生的改造精神論，我一直到現在都覺得是一種正論。就在這山野的地方，時時也波到這種低氣壓的空氣，使你悶窒，出氣不得，…………不過把眼睛從高級人們的頭上拾過去，看看愚夫愚婦，士兵，鄉下小孩，都是進步了，大大進步着。我想，這里就是希望。少數腐亂着的中國人，在戰爭的進展中，是漸漸的不能「代表」中國全體的人民了。到前方一年，覺得的就是這點用眼睛看到的安慰。也因此，覺得文字應和羣衆擁合，奉仕於羣衆，是現在文學的眞實結論。七月發行大衆版，極為擁護。

前方在文化上，可以說還是沒有的，一面是接濟不到，一面當地很少這些人，創造提倡不出；連宣傳也是貧弱得很，大家還是老套子。反觀敵人，那對於宣傳的講究與注意，大規模的，我想，只一味盲目的誇張着自的己了不得的進步的，而且憑了這升官發財的大人們是應該靜下氣，注意這一點，因為敵人這樣幹，在我們眼中可以說是近乎「危機」的一種不同東西。下次我可以奉上一些敵人的宣傳品。

部隊現在出擊，整日砲聲隆隆，我是前日才從別處回到臨時的留守地方，明日晨便一個人出發到山前的作戰地方。匆匆。祝

健康

弟植芳　四，十四夜，×××村。

李陵

姚苡

一

夜裏，雁在頭上叫了一聲。

李陵乘着月色走出氈帳外，仰首看那長天，一萬里的灰白，月亮被嵌在上邊，一面黝暗的鏡子似的。這眞不像南方的秋夜，連雲色和月光都如此沉滯啊。他用脚在草地上踏了幾踏，露珠濺濕了大皮靴，一陣北風吹過來，這塞外的亂草，恰像一枝枝箭矢般射向他。

他看見氈帳外插地一枝大方戟。月光下閃閃灼灼的那戟的鋒尖，却像漢兵的小眼睛，在嘲笑李陵的無能。他恨極了，一忽裏把方戟拔起來，戟影在地下，如倒提一隻俘虜。那匹烏騅馬被哈利哇牽去餵草料了吧——他恍惚自己已經頂盔披掛，上馬了，耳朵嗡匕一陣，誰在擂戰鼓哩，霎時這片大草地成爲戰場，匈奴兵螞蟻般湧過來。李陵氣死了，抖了手中的方戟，在月下亂舞一回，使出自家平生武藝，一個一個，匈奴兵被打進草叢裏去。李陵想，這回可以收全功了，在對皇帝上表時，可以多寫幾個匈奴的首級吧。於是大步趕進草叢中去，看看趕上了，劈頭一戟，恰打在大石塊上，火花迸起來，這不是匈奴王的腦漿麽？李陵喜得眼前金星四晃，力氣用盡了，連人和方戟一同倒下去。

草叢的絡緯驚飛起，亂竄一陣。

月光給雲襟過了，一片黑。

胡姬抱着孩子在氈帳裏，正蒸好一大瓶羊酪。她小心伏侍這異國的丈夫——李陵，已經三年了，每夜要蒸成一瓶羊酪。孩子含着她的奶房，吮了一陣，奶頭癢癢的，忽然不見了丈夫。她挺着大腹——懷孕足五月了——一步一步挺出來。羊酪交婢女小支哥給安在鍋裏。却倚着那蒙古包似的門帘，四望：

「呃里顙麼四好——篤！」這是本行匈奴話，可並非蒙古話，祇如歐洲的匈牙利土語有點相近。意思是「哎呀，到那裏去了！」

北風呼呼像梟叫，夜是深了。她怕起來。終於背起孩子走出草地，走了不遠，祇見右邊亂草斜壓壓地直挺着一個人。趕上去細看時，正是親愛的丈夫。月光徹出來，照得四圍亮晶晶。跪下去，摸他的手時，冷冰冰的，再摸他的額時，也冷冰冰的。胡姬的眼淚像金線，的的篤篤落在李陵的唇上，她吻着他的鼻子還好，鼻尖還有點熱氣。她不由用舌舐着這鼻尖——用舌去舐漢人的鼻尖，這在她是有生以來第一次，爲的是丈夫啊。李陵覺得嘴上一片鹹鹵味，如抹了鹽水；又覺得鼻尖有點熱痒，如一萬個蒼蠅在集嘬這鼻子的高峯。他開了眼，看見妻在一旁，趕忙說：

「賴也托，賴也托。」還有點像日本語，意思是扶起來。

骨頭都硬了，不中用的中國書生——儒將呀，何苦漢家皇帝定要派你來啊。妻在詛呪着，跪在草地上，徐徐按摩李陵的骨頭，胸骨，腿骨，臀骨，以及指骨與脚趾骨。這樣約莫費了五十分鐘。背上的孩子哭起來：

「哈 ！哈 ！」

這是喊爸爸。李陵坐起來，看見孩子怪可憐的，一手拖過來，伸長脖子，把嘴巴向着孩子，孩子一手便來抓鬍子，雖然有些疼，但爲了是自 孩子，李陵鬍子也不疼了。月光照上孩子的頭面，他看見孩子的頭髮鬈鬈鬈的，眼睛和鼻子也不像中國人，李陵陡然感到厭惡，拉下孩子的手，拖了便走；那一支方戟給妻倒拖着爬行。戟上的流蘇，本是洛陽好匠手的女工針綉的，現在給這塞外的泥土拖得稀落了。

戟鋒尖從草地拖到氈幕門口，恰恰畫了一個大弧線。

二

烏騅馬給哈利哇愈餵愈瘦了，今天哈利哇牽出了亂跑一陣，秋風中烏騅馬伸長脖項叫了好幾聲。

李陵聽見馬叫，跑出來，對着尖嘴的哈利哇搖搖手。李陵老早學會了一口好胡語，咕哩咕嚕了一回，哈利哇倚着馬，歪着頭，蹺起一隻腿，把馬鞭往長靴的底子打，打得靴底厚泥片片落地。李陵趕上前，接過馬鞭，恰待跑上馬，看見鞍也沒有了，馬摸到馬背，觸手是稜稜的骨峯。自己吃了一驚，馬瘦到這樣了。鬃毛也不剪，耳毛也不剔，身上也不剛，尾也不結，蹄也不修。蒼蠅、蚊子、虱子一大堆，飛噧在馬腹底下。這是漢家的寶馬，但却吃的異國的草料！牠馳騁過平原大漠，現在却落在胡奴手裏！憑他鞭韃！那馬垂頭喪氣地，看見李陵，理也不理，只把大眼睛眨了眨。

李陵綽了手中的馬鞭，猛然記起自己昔日的威風，那是十萬大軍的統帥，民族英雄的馬上英姿。現在自己一天到晚拖拖胡姬和胡子，通身骨頭都軟了。纔吃羊酪一口羶，再吃羊酪不覺羶，三吃羊酪好新鮮……。

噫！頭上又是一羣雁陣。

秋快深了，這是南歸的雁啊。李陵想。雁都要南歸哩，馬却瘦了。他憶起出師時節，許多朋友代他餞行，最眞切的友誼要算司馬遷和蘇武了，他們希望他打勝仗，希望他早些歸來……希望他萬一被俘虜了，千萬不要投降。但他們都相信李陵決不會投降的。司馬遷就在皇帝面前担保過他啊。蘇武是他最好的朋友了，他還記起那天晚上，兩人握手河梁，做了許多詩……他不能再想了。一陣難過，如刀尖刺了心。南歸啊，南歸啊，我要做南歸的孤雁！

近來李陵有點亂了。他思想不能決定，而且很容易受刺激，一激動就跳起來。這次可決定了，南歸——腦經成一條線，不再曲折了。他一踢一踢那破靴，湧身跨上馬，望望這北國灰暗的長空，下死勁打一下鞭。烏騅馬也似乎理解主人的意思，陡然昂首起來，又是昔日萬里長征的氣概，大叫一聲，四隻馬蹄平空跑起有五六尺高，幾乎把李陵翻下來

，他大喝畜牲、雙手抓緊鬃毛，伏在馬背上，發刺刺向東南方狂奔而去。

哈利哇正蹲在地下折一根草在挖耳朵哩，他聽見馬叫，回頭看時，李陵發瘋似的縋在馬上奔過去。他奇怪，心裏想，這傢伙做什麼，難不成要逃走嗎。死傢伙、北面是城，東面是山，南面是水，西面是兵營、你逃到那裏去啊。他看見胡姬抱着孩子從氈幕中出來了，趕忙向她打招呼：

「牙里！」

「牙里！」

「毛毛喇，伊可諾米特……」

「四好——篤！」

「毛毛喇，里加胡發氣……」

「四好——篤！」

哈利哇告訴她：你丈夫跨馬從此處奔去了。胡姬慌了；他又告訴她不要慌、慢慢和她去找。哈利哇那高大的身體挨近了胡姬，使她初次感到男子的偉大，李陵怎及哈利哇的雄壯啊。她一刹中感到自己爲何偏嫁給漢家人了？雖然立即覺得這念不對。哈利哇身上的羊肉味非常濃厚，她一路嗅着羊羶，如聞幽谷的異香。她不由詛咒着：丈夫啊，丈夫啊，可厭惡的丈夫，但跑到何處去了？好幾次訴說你嫌棄妻子而熱愛祖國的苦衷，但當年何必高興和我結合啊！羊肉你也吃的，羊奶你也喝的。丈夫啊，你身上的羊羶味永世也洗不了的，

兩個人認着馬蹄走，踏過草叢，踏過沙地，踏過泥地、那凌亂的蹄跡，一直跟到水邊。看見李陵正下馬望那茫茫水際喘息着，烏騅馬抖得滿屁股的

泥土、垂着頭在噴鼻沸。

「牙里！」李陵妻首先叫了起來。

「牙里。」李陵有聲無力地應了一聲。

李陵妻跑過去，一把抓住了李陵的破袖子，背上孩子又「哈哈，哈哈」地叫起來。哈利哇不做聲，把烏騅馬牽過了，攏一攏手，請李陵騎上；李陵裝出禮讓之邦的大國民風度，攏一攏手、請哈利哇騎上。結果大家都不騎，於是胡姬牽了李陵，哈利哇牽了烏騅馬，一步懶似一步的給牽回來了。原來李陵不認得路，跑了半天，却只在草地附近打了幾個大圈，離自己的氈帳還不到五里左右。

李陵過於用力踢馬肚吧，那隻破靴子已破得連脚趾頭都露出來。裏面沒有穿襪子。

哈利哇指着李陵的脚趾頭大笑。

「明格士！」哈利哇說。意思是傻子。

日色淡下去，秋風吹的更顯得寒冷了。四個人拉拉扯扯到氈幕門首。哈利哇自去餵馬；胡姬把孩子從背上卸下來，一隻手緊抓着李陵的大耳朵，一隻手掩面嗚嗚咽咽哭起來；李陵敵着一邊耳朵的騎袋，抱孩子進氈幕中。小支哥恰端出一大盤羊肉來。

幕裏點上羊油燈，照見李陵黯然的臉色，倚着床，用手撕羊肉吃；小支哥攙着孩子頂上的鬈髮在逗他玩那方戟尖上破落的流蘇；胡姬跪在地上眼淚似金線般，替李陵縫靴子。

又是一陣雁叫。恰到傍晚。外面秋風吹過亂草，箭矢似的射着。哈利哇餵了馬，捏着嘴唇在吹胡哨。

從××河寄到重慶

曹白

風兄：

我已下鄉十多天了。這之前，屢屢的想給信你，但動筆了兩次，寫到中途，便不再能够寫下去。其時我在癩痢頭×山之南麓，心緒紊亂到極點；即是現在，也還是說不到是已經寧靜了。活在這淪陷區域里，要能平安的過一天，也實在是非常之難的。

我的到癩痢頭×山之南麓去，爲了去訪問一個人，然而沒有能遇到，倒聽到義勇軍的參謀被大刀會設計槍殺了。除此之外，還有一個復旦大學的學生，他也被人家暗殺，據說被砍爲八段，將屍體藏入甕中，拋入大河的深潭里，至今找不到絲毫的蹤跡云。此人我是曾見過一次的，但他死在中國人的手里，沉入深潭了，還有什麼話說呢？

但我是平安的。不平安又怎麼能夠給你寫信呢？癩痢頭×山非常之孤單，上面有着峭巉的山石，被風吹雨打，變得黑褐褐了。但我無興上山去遊玩。但我又奇怪何以人們要將『癩痢頭』的綽號送給×山，雖然遙遠望去，委實也是山巔光禿禿，然而中國所有的山，豈獨『×山』如是耶？君不見『童山濯濯』遍滿全國乎？然而在這山旁邊的小小村落里，竟使我看見了開得滿樹爛漫的櫻花。

於是我突然感到，江南已在春天了。

第二天的太陽實在好，竟使我穿不住PT先生送給我的駝絨袍子了。卸去了冬衣，身體變爲輕鬆，看着雲端里的癩痢頭×山的山尖尖，麥葉青青的全平原都是，天邊連雲絲也沒有，其實頗想給你信，但寫到中途，實在寫不下，便撕掉，拉倒了。這就是我『動筆了兩次』的第二次。第一次是在故鄉的縣城里寫的，但一夜經過，急於趕路又不能寄，最後只好投入火堆，化爲灰燼。我就是這樣的在這里度我的春天的。

然而雖則到了故鄉的縣城，我却不能到我的家里去。古人告訴我們，那聖君夏禹皇帝，曾經『過其門而不入』，表示着他的工作的繁重和盡職，連父母和老婆都不去顧及了。但我非常不相信，因爲做了皇帝，闊乎盛哉，家里的人一定會來拜望他，又何必親自去『入』呢？後來之 以有這樣的學說，那是『幫忙』的臣子的褒讚。我並非皇帝，是明明白白的。我的不能到家里去，實在因爲我們村子近長江，日日夜夜有日軍來搜查的緣故。據說那里的村子上的雞和猪，幾乎瀕於絕跡了，因爲都被日軍捉去變成了餚饌。我的大姐姐的家里因靠近公路，住宅已化爲一片瓦礫了，現在勉强的搭着一個草棚子在住，宛如你在 海工廠後面見過那樣的。但縣城里的××街尚好，此事可轉致屠先生，望伊寬慰。然而那大街，那××坊，殺得那樣的慘痛，是少見少有的。『國破山河在，春城草木深』，這還算是幸福的！還有『深』的『草木』呢。但在我們故鄉的縣城里，你能找到一草一木嗎？找不到的！現在的那些店，都在瓦礫之上搭着一個棚攤賣買而已。

但那些日軍，也委實很可憐，據說他們已七個月不發餉了。即使是女人的旗袍，也要搶來穿，日本男子穿了中國女人的旗袍，會成怎樣的樣子，你倒想想看？苦的尤其是女人：十多歲的，二十多歲的，三十多歲的，甚至五六十歲的，不論老小，還擇美醜，都一一拉了去使用。人性簡直是多餘的東西，在戰爭的世界里是沒有它的存在的必要，它倒反使日本的戰士走上苦痛的路。有的還偷出望遠鏡來賣給鄉下人，你也由此可見他們現在是陷入怎樣的貧窮了。但雖則如此，我却去不得我的家，只能在這里度着我這樣的春天。但日軍身上的女旗袍也應該卸了罷？不得而知。

我愛山，然而我離開癩痢頭×山已好幾天了。現在隱在一個叫××河或××河的小小村落里，這里沒有滿樹爛漫的櫻花，但挑花上面滿是花苞，就會開起來的。春天也實在像春天。百草回芽，而且都想很快的生長，而實際上也的確在生長，一天一個樣子，第二天一到，他們都格外的高大，格外的嫩綠了。蠶豆，山麥，全都是這樣。菜也已開着白色的小花朵，而金花菜的花色，就像金一樣的黃，很可愛。凡這些，都在我的或一閒靜中，作爲我的作夢的和回憶的資料，同它們一同沉進春天去。

然而又怎麼能够呢？這幾天來，我的工作又是寫，印，寫，印。鐵筆和鋼板的摩擦，嘶嘶的叫，叫得我的心都發酸了，而我的手就痛到背脊骨。累啊！這種工作，也不知何時是盡頭。而且今天又來了四五十個日軍，將離我們三里之遙的×鎭巡視一過，訊問着這里的居民：「這里可有中國兵？」並作爲收服人心之一法的，是發糖菓給小孩子吃。最後是發了傳單和圖畫：各一。傳單上即是近衞發表而汪精衞響應的宣言，而那圖畫上是畫着八個日兵和六個「匪」和兩個落在河里的老百姓，而那警句是，「皇軍的眞意是助我民衆剷除刼盜害人的共匪」，旁邊還註有一行出處道：「××縣公署宣傳部」。

昨夜夜里是急雨，雷電交加，害得我半夜睡不着，亂草之中轉輾反側，胡思亂想的一直到天亮，但從中也就想到你，你們那里也不知可好呢？我無意之中看到了一種叫做「東南戰線」期刊，里面的「文藝消息」中就有着你的「消息」。然否？這回我是只能寫到這里了，以後再說罷。

祝好

×四月一日傍晚

追啓：

一、本期原來預定在五月初旬出版，但因轟炸後印刷情形出乎想象以外的困難，終於拖到了六月底。不得已，只好作爲七月號了。但因此，編輯設計不能不將就些了，例如應該在六月發表的紀念高爾基的材料，只好讓它們落伍在八月號里面出現。

二、胡風代表文協參加慰勞團南團，一切都準備好了，但在束裝待發的前兩天，因爲交代公私事務的過勞，突然發了「脫肛」的病，到出發的前夜，走路痛，坐着病，而且要靜養，嚴禁勞動和不衞生。沒有辦法，只有臨時缺席了。對於南團各代表，對於已去信通知過的南方各友人，無任抱歉。

三、一切信件來稿請暫時改寄「四川北碚華中圖書公司支店」轉交。

南泉默寫

——國粹與歐化

歐陽山

我和兩個不懂世故的青年在南溫泉一條寬闊平坦，被人工修理過的山徑中散步。在我們左面，沿着山腹的崖壁是一帶未經砍伐的松林，在我們右面，約莫一百公尺之下，有一條急瀉而下的奔泉，發着遠雷一樣的鳴聲。

其中有一個青年告訴我下面的話！

——當我從韶關到從化前線去的時候，忽然想起坐火車比走路好。那時已經沒有客車，我就去見我從前中學時候的教員，請他寫一封信介紹我去見站長。他叫我明天去拿介紹信。到了第二天，他說還沒有寫好。第三天我又去了，他說，「我實在忙，你明天再來一次吧。」這樣一天推一天，足足就擱了我九天工夫，結果我還是步行到前線去了。這種事是很平常的，但是我氣憤得很。……他連寫一封介紹信的工夫都沒有麼？絕不是的！他不肯寫介紹信給我麼？那麼，爲什麼不一口回絕我呢？

這是一種殘酷的拖延政策。那教員用了這種政策：——正好他所說，事情是很平常的，却非常陰狠。假如他因步行而碰到意外，或者喪失了生命，責任也在他自己。因爲那並非做教員的不肯寫信，只是他不能忍耐着去等候那封信罷了。如果他稍懂世故，他就不必等上九天，其實第三天就可以開始步行的。另外一個青年却講了另外一件更小的事：

——在湖南邊境一間小客棧裏，我向一個單眼的木匠借用一把斧頭。我說話非常客氣，他却毫無表情地拒絕了。「不行。這斧子不能借給別人的。「看樣子他是頑固而怪僻，不通情理又不講禮貌。後來經我再三懇求，他到底答應了，但是非常嚴厲地叮囑我：「一用完，立刻拿回來！」後來我用完了斧頭拿去還他的時候，他伸出多節的手接過我遞給他的斧頭，又對我微微一笑，好像對於我底守信感到滿足。他那一笑的確非常輕微，但是給我的印象非常深；我確實知道他從我底行爲得到一種愉快，我自己也愉快了。一個頑固，怪僻，不通情理又不講禮貌的木匠底出於眞心的微笑，是多麼可寶貴的「人情」呵！

開頭的那個青年輕輕嘆了一聲，說：

——如果你向我那個教員借斧頭，那就不同了。他要不借，就會說，「等一　再看吧，」要借，就會說，「……那里，不要緊，儘管拿去好了，慢慢還我也不遲……」

這兩個不懂世故的青年使我發笑，我說：

——那教員是個國粹派，那木匠可是已經歐化了。

四月十九，一九三九，在南溫泉。

悼黃浪萍君

賈植芳

接C君的通知，浪萍君的死難，到現在已屆四個月光景，讀信的刹那，是一種原始性的單純而茫然悵惘，匆匆草的回答說，希望能是訛傳。但廿七年九月間，漢口的追悼會已舉行過，——人確是死了，沒有疑問。好像手里明明拿着的東西，偏要說它的并不存在一樣，這種欺騙式的安慰方法，結果將更加重悲哀的担負。

我現在索性承認了這一眞實而經受應有的感情變化。困在落漠的荒山內，營着長期的失掉了尖銳感覺性的生活，轉到現在的春天，好像也甦生了過來。突然泛起的這個悼念的感情，竟是那樣複雜和活躍，恍如騎着一匹劣馬在叢雜的山岳地奔馳，是茫然而又現實的，以至擠得要寫這樣的文章。九月間追悼會發起人的綠君的信里雖然也說要寫點什麼，但那時候，正碰到敵人向山內『掃蕩』，在雨地里連連跑了六天六夜，把事情擱起了，但零半還恐因爲不信任它是事實的緣故。說來是很歉然的。浪萍君了解我不是一個完全自私的動物，現在來寫點悼念的東西，總該得到原諒。也該知道我不是一個從死人身上剝金來鍍自己生活的殘忍的人，不會是在活人身上剝衣服一樣的流氓行爲。

浪萍君是廣東台山人，認識他是在一九三七年十一月的南京，但得到充分的了解和認識該是去年春天的××和夏天的漢口，因爲當時，們懷着同一目的，而亦遭着同等命運的待遇。最清晰的印象，是他一口難懂的廣東式的普通話，大家取笑說，在北平的藝術學院做了二年的教授，就用着這怪腔調嗎，怪不得還是獨身者呢。但浪萍君是嚴肅的，沈默的，甚至有點口訥，——是一切藝術家一樣的一個不善於高談闊論的人。常常一個人在雪地里閑走，和獨坐在小茶館里做速寫，——是和一切藝術家一樣的一個孤獨的人。

大約是在一九三五年，政府招聘製作中山先生遺像的雕刻家，而浪萍君便是被甄取的第三名或第四名，記得另外幾位，有江小鶴先生等，弄不很清楚了。總之，此後一直到抗戰，他是在南京的立法院里靜靜工作着——塑着中山先生的雕像，而受着優寵的生活。

蘆溝橋的砲聲該是插入近代中國歷史上的一枝金箭，但也像污水的被棍子一攪，一切好的壞的都很清楚的浮現了上來。一切高等中國人，是如賽珍珠所說，都轉到我們『祖宗的發祥地』西南和西北。浪萍君沒有流轉去，雖然他似乎有着這種資格，去做悠然自得的藝術家；他放棄了自己的工作，捨棄了多年的妻子一樣愛着的作品（雕刻和壁幅），服從着政府抗戰的領導，加入一個短期的訓練班里，營着兵的生活，學着兵的技能，好像是由台子上走到平川上來。浪萍君是有肺病的，還在一種社會狀態下，是藝術家特有的裝飾，浪萍君現在放棄作品，是沒誰再來交受這種特別的裝飾的，所以祇是一個病兵了。

短期的軍旅生活，靑年原是仰羨的，但腐臭的氣息，在中國是霧一樣以一種自然狀態，到處迷漫着，凝結着，良心的藝術家，嚴肅的生活者，得到的祗有悲憤和更大的決心。小城市的茶館里，枯坐在柴桌子旁的那落漠的姿態，是教誰看見也會悲憤的。就在這身旁，正落着一部活的官場現形記，雖然包圍還墮落與無恥的是大規模的爲生存與好的生活而戰鬥着的流血史劇。……

五月間在漢口大家見面的日子更多，幾乎天天都看見，都談話，現在記不起談些什麼了。祇有一個整齊的印象，豁然存在着，這也是一個好的浮雕：用柔綫條雕的，豁豁而有力的作風，雖然是帶有悲劇性的。……

六月初旬，我離開漢口到西戰場，浪萍君也參加了××師在九江一帶活躍，就在八月間的保衛九江的戰役中，死了。……我現在祇有這零碎的記憶。浪萍君的作品是和首都一起的淪亡了。而這半年多絕少作品，簡直可以說是停止了。但這也如冬天河水在冰層下流蕩，春天轉來，會更有清新壯麗的面容，我們是這樣預期着浪萍君的，這現在是落空了。……

托爾斯太說，人一生的幸福是能爲人類寫一部書，但必有偉壯的生活才行。而浪萍君是完成了生活，停留在英雄的階段。……

（一九三九，二，廿六，中條山。）

編完小記

胡風

經過了不小的困難，總算能夠復刊了。這停刊期間內的經過和我們底感受，寫出來也許可以作為考察新文化運動的人底參考，然而，不但沒有篇幅，而且現在也不是時候，只好暫時壓下罷。總之，從停刊到復刊，經過了十一個月的時間，以原來的半月刊篇幅計算，有一百二三十萬字，以現在的月刊篇幅計算，有百萬字左右，這些都百分之九十以上隨着時光消逝了。固然，「七月」底能不能繼續，當不會使最後勝利早一年一月甚至一天或者遲一年一月甚至一天得到，那些消逝了的字數也許不會有一篇甚至一行偉大的或值得指導家向青年「推薦」的作品，然而，「河海不擇細流」，在能夠從事更實際更偉大的作者雖然不算什麼，但在不願完全放棄或只能做做文藝工作的我們，總不能不感到痛苦。

好心的友人給過了忠告：「七月」在掙扎的時候，文藝活動還很銷沉，現在不同了，陣勢堂堂的刊物繼續出現，沒有再為一個小刊物費盡力氣的必要。這好心會經使我們在困難中動搖，然而，當每一看到敵人底文藝雜誌或綜合雜誌底文藝欄被鼓勵侵略戰爭的「作品」所氾濫了的現象的時候，總不免有一種不平之感。而且，就雜誌說，有的能够凡名家都兼收並納，組成一望驚人的陣線，也有的只願用微力在讀者里面開闢一條小路，就作者說，有的看到所有的雜誌里面如果有一種沒有自己底名字就覺得難過，也有的只願意向自已所偏愛的雜誌投稿，就文藝活動和現實內容底豐富的對照上說，不是還沒有達到萬花撩亂，多一朶少一朶都毫無關係的地步麼？

所以我們還是復刊了。也由於這個原因，除了發行所，定期，售價以外，態度和內容還和從前大致一樣。當然，有的作者不見了，那是因為他們覺得這天地太小，不足成龍的原故。也有了而且將續有新的作者，那是因為我們本來願意做一條橋樑的原故。

但也略有變動，例如願有較長的作品和翻譯。翻譯，想略有系統，每期兩三篇，或者是某一作家底作品和評論，或者是某一國底某幾個代表作家……。這一期來不及了，下一期將搜集幾篇高爾基底作品和介紹，藉以紀念這巨人殉道底第三週年，雖然出版時也許離忌辰很遠了。

由上海移到武漢，在半個月里面能夠發刊，那不能不感謝友人熊子民金宗武，沒有他們底助力，「七月」也許根本不能存在。現在的復刊，當然也由於友人們底助力，但這只有到再一次復刊或者簡直廢刊的時候再來表明我們底謝意罷。（五月六日）

這一期

陳依範——在蘇聯藝壇上活躍的中國畫家，去年回國後旅行各地，努力於一般的及藝術的宣傳工作，現在已搜集了許多抗戰以來的優秀美術作品，帶回蘇聯展覽去了。

沃查——在延安魯迅藝術學院美術系任敎。

艾青——在桂林編廣西日報的附刊「南方」，詩集「北方」自費出版了。最近與戴望舒合編一叫做「頂點」的詩月刊，預定六月中出版。

白危——會寫過一本關於木刻創作的書。去年由蘭州去延安，最近轉到了重慶。

曹白——去年夏就參加了××一帶的游擊工作，在敵人中間穿來穿去，直到現在。

秋江——新華日報底旅行記者，不久以前回到「重慶，最近又到前方去了。

老舍——依然努力於「文協」的工作，最近寫成了四幕劇「殘霧」。不久，將參加慰勞團出發前線。

宋之的——「自衛隊」上演以後，和章泯葛一虹等進行「新演劇叢刊」的工作。五四敵機焚炸重慶時，住所和行李全部被燬，還燒掉了一個剛完成的劇本。不久，將參加「文協」的戰地訪問團出發前線。

蕭軍——在成都編「新民報」附刊「新民談座」，並負責「文協」成都分會的出版部；「側面」全部，已經寫完了。

丁玲——在延安，說卽將專心從事著作。

莊湧——由於「頌徐州」一詩開始被注意了的少年詩人，到過山西戰地。因為想學自然科學，不久以前進了一個學校，但教員卻要他讀「爾雅」「說文」，於是挾着行李逃了回來，空空地讓長頭髮被剪成了「圓頂」。不斷地希望着能到戰地上去。

綠川英子——除了向日本人民揭穿着日本法西斯軍閥底欺騙人民的宣傳，還從事世界語的工作。

田間——隨西北戰地服務團到晉察冀邊區去了一次，好像已經回到延安一帶了。

雨霞——來稿，情形不明。

姚苡——來稿，情形不明。

歐陽山——廣州撤退時隨軍隊退出，經過韶關、長沙，貴陽等地，三月間到了重慶。在貴陽時隨身行李被炸得乾乾淨淨。

賈植芳——在日本早稻田大學工科研究，八•一三後回國。在「工作與學習」叢刊上發表過「人底悲哀」，在本刊第三集第六期發表過一幕悲劇「家」，現在中條山的戰鬥部隊里面。

七月

第四集

華中圖書公司發行

•目錄•

七月

第四集第二期（總第二十期）

廿八年八月出版

編輯兼發行 七月社 重慶武庫街

編輯人 胡風

發行所：華中圖書公司

印刷所：商務日報 夏溪口印刷工廠（重慶武庫街）

每月出版一次

本埠每冊零售二角五分

訂價	國內	香港澳門	國外南洋
四個月	九角	一元二角	一元八角
八個月	一元七角	二元三角	三元五角

郵票代價，十足收用。五人以上聯合定閱，九折計算。

戰役報告：

從攻擊到防禦

S M

原則是早就決定了的：戰略上採取的是消耗戰，戰術上採取的是決戰防禦。

×

一千九百三十七年八月十三日的閘北，有一個高大、明朗的天氣。人底心也高大、明朗，像所到的地方，並不是血和火的戰爭底門，而是自由，解放的，幸福的道路。不怎麼深的青天上有不多幾小塊白雲在金屬的日光裏悠閒地浮動，下面，映照着紛亂的人羣，軍隊和人民：軍隊已經展開，陸軍第八十八師底一個團，第五百二十三團，佔領了青雲路至八字橋一線的正面，縱深從西寶興路附近展到柳營路底尾巴。它底右翼是第五百二十四團和上海市保安隊。包含着商務印書館一·二八的遺骸和龍頭那樣高舉着的北站大廈，一直和租界接合。左翼從第二百六十四旅底一個團，陸軍獨立第二十旅和陸軍第八十七師，從方家木橋通過江灣，直到吳淞。第五百二十七團或者第五百二十八團，作為師底預備隊控置着。這個時候，一條路上有兩門戰車防禦砲用人力挽曳制御在行樹下面。中山路上特別忙亂，工兵營在道路兩側草地上構築掩蔽部，重機關槍掩體，密集地穿着白色襯衣，遠望過來像落滿一地的殘梅，每一個人都彎着腰，黃黑的泥土一鍬一鍬地拋到空中又落到地上，新土底顏色使草地底一碧綠滿暗黃斑點，其中一部分還到什麼地方去埋設作為地雷用的藥包，或者迫擊砲彈和手溜彈；來來去去的傳令兵在腳踏車上飄忽得像水邊搶食的小魚；有一連步兵住在一處玻璃公司裏，兩個藍衣的火夫正抬着一箱手溜彈走進門去；一門二公分一的歐力根小砲停止在路邊，用樹枝掩蓋着，一個軍官把自己底鋼盔做坐具坐着吸煙，一羣兵散坐在牆邊樹下，一個砲手在檢查砲彈；七八個兵抬着七八捲有刺鐵絲走過，和西寶興路直交的每一條道路路口附近，人用麻包裝滿了泥土新造或者加強巷戰用工事，軍隊和人民一同工作，幾個人挖土，幾個人裝土，幾個人把裝好土的麻包橫斷道路地一個一個壘成那麼一道；缺乏麻包的地方就用兵士們自己從各處找來的裝運貨件的木箱，鐵皮和木頭的空桶，竹製的籮筐之類來裝土；也有用桌子，門板，鐵床，玻璃燒鍋等東西凌亂地堆着的；或者把路面挖一條溝，簡單地用除土鬆散地堆疊在前面了事。人民不比軍隊少，搬家的搬家，幫助軍隊做工的幫助軍隊做工，沉着的仍舊若無其事地做自己底工作，或者立在門前路邊閒看。

不遠的地方，敵人司令部上的海軍旗有一種挑釁的姿態，倨傲和無視，玩弄着天空裏的微風，賣弄地伸伸拳頭伸伸腳。但是現在敵人已經嚴整地戒備着了，昨天，整整一夜地是混亂的工作聲和汽車的午叫。我們到達閘北已經兩天，還沒有下攻擊命令；並且有利的橫浜河也不屑佔領；人祇有吃飯，睡覺，焦急得跑到道路上來胡亂張望一陣，又沒勁的怪樣子走了回去。

×

但是終於來了命令：第一營向青雲橋八字橋等處攻擊。

假使我們取得了八字橋，那敵人不但不能夠向江灣伸過腳去，我們更可以從這裏獲得一條深入敵人心臟的路，把敵人包圍得更緊，隔絕牠底外援，威脅牠，壓迫牠，甚至殲滅牠。

第一營底作戰部署：第二連附重機關槍一排，正面地主攻八字橋；第一連在右翼，向青雲橋，中山路，民生路當面之敵佯攻，牽制敵人，策援第二連底攻擊；第三連為營底預備隊，在第二連後依戰鬥進展跟進。第一營後面，有迫擊砲一排，還有別的步兵。

第一營營長蕭冲漢是三十多歲的一個矮小的廣東人，階級是超級中校，說話的時候常常嗅辨什麼氣味一樣鼻中接連地籲吸着氣，還愛聳聳兩肩，眼看人的時候有一種介於威嚴和仁愛之間的強光。不久以前，他到上海，寶山，嘉定，崑山，常熟，蘇州各地來參謀旅行過，地形、戰術都細密研究過，敵情和自己底企圖也完全明白。他沒有把敵人放在眼裏，受領了命令仍舊是一臉溫厚的微笑，用鬆懈的聲音說話。他知道，我們底大軍還沒有集結完畢，尤其是砲隊還沒有到，今天的攻擊並不是殲軍的決戰，要一營人奪取敵人底司令部，尤其是在敵人已經警覺了的狀態下面，這像用一杯水去熄一車柴的火，是不可能的；這祇是一個證明態度的抗戰發端，驅逐敵人還得略等一等。並且，師長底主張是步步爲營逐漸推進的『穩扎穩打』，冒險的絕對進攻是不被許可的。一營人底作戰部署，這樣才決定下來。他心情輕鬆，又聳聳兩肩，望了一望碧天。忽然想起他春天的回國來，覺得這氣候好得太像，和一•二八所經驗的全然不同，沉醉着，直到第二連連長柴正源和他說話的時候他才瞌睡的人給蚊子尖刺一下地眨眨清醒的眼，鼻中發聞一聲沉濁的『唔？——』

忽然，左翼起了一片激烈的槍聲，像夏夜原野底遼闊的蛙鳴；但是不久仍舊恢復平靜，平靜得像無風的一池水。

時間是上午九點多鐘的樣子，一營人開始在出微汗的日光裏喜悅而新鮮地向橫浜河挺進。一個兵拍拍走在他前面的兵底背脊，那個兵回頭來看，以爲有什麼話說，這個兵笑了一笑，伸伸鮮紅的舌並不作聲。那個兵微笑一下，回過頭去。這個兵一連拍了那個兵底背脊四次，做鬼臉四次。末了一次那個兵討厭了，把手向後面一摔，罵道：「你討厭什麼！」這個兵咧着嘴好笑，微微彎了腰，幾乎破壞了行列地落在後面四五公尺。

第二連，連人由柳營路攻擊前進，利用着一路的樹林和房屋掩蔽着接近敵人。二三兩排爲火線，第一排爲預備隊。

八字橋是水泥的。過橋以後兩側是竹籬，樹木很多，再過去一點有一道堅固的圍牆，這是有軍事的價值的。道路上一樣有蔴包壘成的工事，有幾個哨兵。附近還有一座狹小的黑色木橋。一班人偷偷地摸過橋去，沿着竹籬散開。敵人並沒有發現。其他的人在橋底這邊，沿河伏着；有的還在後面；有一班佔領了河這邊的一個發臭的牛皮廠，向敵人架好了輕機關槍。但是，當他們還想偷過橋去的時候，敵人底步槍開始射擊了，接着輕機關槍也一個隔街的女人那樣尖叫起來：

「嗒，咚！嗒，咚！嗒，咚！」

「噠！——銅，噠噠噠噠！——銅銅銅銅銅銅！——」「嗶！！——嗶嗶嗶嗶嗶嗶！……」

兩軍底前端這樣接近，三、五十公尺。

首先和敵人接觸的是第二排底第四班，接着第六班也從牛皮廠底一個窗口射擊敵人。幾個敵人給打倒在地上，裏面一個一隻手像給火燃燒着的頭髮那樣在空中蕩了個扭曲的半圓，緩慢地抽搐了幾下。第五班有四個人給敵人打死在橋邊和橋上，一片有光澤的血和太陽爭鮮紅，把灰白色的橋面染過了一部份。一個兵兩條腿給敵人底輕機關槍集中火力打了下來，他兩隻手緊握着橋欄那樣痛苦地扭動着身體，彷彿要把橋欄拆下來的樣子，但是他底力量不夠，他那樣悽厲地呻叫着，一陣日暮的秋風吹過樹林一樣，聲音曼長，由低而高又由高而低，裏面還夾雜着半枯的葉子底顫觸和小鳥底啁啾，但是當另一個兵匍匐過去想幫助他的時候，他那蒼白的嘴唇裏卻吐出霹靂一樣的吼聲來：「你管我幹什麼！——」接着聲調又忽然軟弱，沉悶的簫聲一樣顫抖：「打你底去！打你底去啊……」一個兵一抬頭，死了。一個兵突然一個躍進，想衝過橋去，迅速得像一隻燕子，彎着背脊像一隻人猿，但是他才到籬中，給什麼笨重的石頭一樣的力量猛撞一下，那麼蠕蠕一樣軟了一軟，第二粒子彈使他倒下了。

一個接着又是一個，手溜彈在空中翻滾着落到圍牆裏去，「蹚啣！——蹚啣！——」在白烟裏，敵人底一挺輕機關槍沉默了。又是手溜彈。

重機關槍開始在橋邊準備射擊，但是位置低了，橋擋住了瞄準線，根本不能夠射擊，更說不到超越射擊。中尉排長憤激吼叫着，叱罵着槍長，一臉火紅。一挺重機關槍這樣就到橋上來，冒着「噗，噗，吱……嗶嗶！嗶嗶！」地叫着的子彈，射擊起來，子彈打在麻包上，打在紛亂的敵人裏，打出一片瀰漫的烟灰來，多數敵人逃進圍牆去，七八個給打倒了。敵人底輕重機關槍全數開始猛烈掃射。立刻，這裏另一挺重機關槍和六挺輕機關槍也發揚高度火力向敵人制壓。雙方底子彈都和夏天的驟雨一樣，橋面也給打得冒烟，破碎，石碎屑跳起來。從後面來的追擊砲彈拖着嘶聲一個緊跟着一個落向敵人底陣地，「蹚！蹚！蹚！蹚！蹚！蹚！」人耳朵裏塞滿了混沌的大聲，砲彈爆裂，子彈爆炸，火藥氣體爆發，不能夠思索；眼裏遮住了混沌的翻滾着舒捲着的一片灰白的烟灰，突然從地上高高地向天空飛躍起來的一陣濃黑的泥土，雜於細碎事物，困惑在動的朦朧裏，沒有新鮮空氣，人所呼吸的是硝味。

人躍進，跌倒，射擊，匍匐，臥倒，呻吟，慘呼，血污，死亡……

終於兩排人全興奮地衝過橋去，一些人上了帶刺眼的白光的刺刀。第一排已經推進到牛皮廠和沿河一帶。第二排排長王佳壽高舉着自來得手槍。

敵人依據着工事頑强抵抗，少數的人向後奔逃，給打死在路上。

但是，正在這個時候，第一排正預備也衝過橋去，敵人底擲彈筒殘暴地密集射擊起來，橋底附近更打成一片迷茫。一個兵一身的血向前衝，血一點一點地滴在路上，像地圖圖例上的國界。同時，敵人底兵力增加了，有汽車聲音。敵人底平射砲開始震撼了每一個人底心，震撼了每一寸中國底土地，自然，這並不是單純的恐怖的震撼，這裏面更多的是憤怒和興奮，「嚇！嚇！嚇！嘭嚇！——嚇！嚇！——鋼！蕩！蕩！豁喇！——鋼！蕩！蕩！——」頭上玻璃一樣的天氣給一種東西割切着，前、後、左、右的空氣在大聲裏給撕裂成一小塊又一小塊，粗暴地撕裂一次又撕裂一次……一挺輕機關槍中了一砲，和兩名射手同時把生命繳了出來。硝味更濃。弟兄看不見班長，班長找排長。這裏那裏呼叫，發怒。附近的房屋瓦礫「嘩啦」地，有一處起了火，黑煙像一枝擺動着的尾巴細細地豎在青空底一角，紅黃的火，黯然的和太陽爭光，一羣巨蛇一樣盤絞着伸縮着貪婪的舌。

「不許後退！」連長底命令。

「不許後退！」排長一臉的汗從粗大的喘息裏擠出這樣的聲音來，又向前躍進一步，但是他立刻又臥倒了，艱難。

「前進！前進！」各處的聲音。

雖然沒有一個人不急於前進，但是什麼人能夠再前進呢，一抬起頭來就會死的。有幾個兵企圖匍匐前進，蛙一樣在地上爬一步又爬一步，結果還是放棄了前進的決心。沒有人動搖，更沒有人後退。

一個傳令兵剛開始向後跑，立刻像一片枯葉從高處落下來，痛苦地在地上滾，離開達到任務很遠。

第二個傳令兵一樣受傷，躲到河邊草叢裏去。

後面的迫擊砲啞了。重機關槍沒有聲音，輕機關槍也射擊得異常吝嗇。祇有步槍還疏疏落落地響着，命中敵人。敵人底平射砲延伸射程了，砲彈用不完的樣子。黃昏的歸雀一樣多的飛行的聲音把天空蓋沒了。後面又有地方起火。房屋中砲崩倒的聲音連續響着，敵人用砲彈阻住了第三連底增援，割斷了前後聯絡，並且使第二連退不下去，——假使敵人底海軍陸戰隊勇敢一點，來一個出擊，那第二連就完了。但是一輛戰車挾着震撼的金屬的巨聲出現，在這個爲難的時候，增加了兩挺重機關槍，彷彿要把第二連生吞活剝下去。

人利用竹籬，籬笆根伏着，掩蔽自己。但是仍舊不甘心地用步槍射擊敵人。

柴正源，和蕭冲漢一樣矮小的湖北人，不知道担憂好還是發怒好。他祇控制着一排人的兵力，在牛皮廠那裏，爬在一個窗口上張望着，他看見了很少地幾個人，他的二、三兩排還存在不存在呢。但是他沒法把預備隊增加上去。「討厭！」他肚子裏自己咕嚕。「殺頭麼——！應該殺那一個底頭呢•」他抖了一下，俞標忽然出現在他底面前，沒有了右下臂，面白如紙，一身的血，右褲管全溼，紅深得發黑。

「怎麼你！——」

「報告連……長！」湖南人呻吟着，眼深遠而黑。「第一槍毀了。」

「那你，」他又抖了一下•雖然俞標是機關槍第一連底人，他和他却有着同事七年的感情，他是並不怕血的，但是他看了朋友的血却完全惶惑了。

「你下去你下去……」，拒絕地搖着手，他不要看，他把頭去看別的什麼，仍舊湊近窗口去張望起來。

「啊唷！痛——！還有，還有一挺槍沒有人指揮了，唉！……」

「你下去……」頭並不回過來。

一個傳令兵用綁腿和一些衛生包束縛了俞標底斷臂，扶着他走出門去。他閉了眼，眼前立刻凝成一個影子，那麼一個比他年青十四歲的女人，含着熟習的微笑，肚子神祕的膨大，那是他底留置在後方的懷孕的妻。他一驚，突然睜了眼，深遠的光有點茫然的憂鬱。「我不應該結婚呀——！到了現在又悔什麼呢。」他想着，一下真切地感到戰爭底殘暴，日本帝國主義底兇惡的牙齒把他嚼得粉碎了。他底頭有一點發暈，像過度勞動後要睡熟還沒有睡熟這樣一種發暈。「我沒有一個錢，怎麼了？第二槍，唉，黃秋是指揮不了的……」他痛恨着，想回轉去。但是他是這樣衰弱呀。「我應該靜一靜麼，不要多想……」他讓人扶着閉了眼，蹣跚地走着，一下左腳絆在右腳上，一下右腳絆在左腳上。但是他一下又睜了大眼，問扶他的人：「唔，你聽，是我們底機關槍麼？……」又起來一片槍聲，人々法分辨。

柴正源在窗口上張望了一陣，擱弄着一雙手。

俞標底影子，固定地浮在他底眼前，他向東，牠就在東邊，他向北，牠就在北邊，他看看橋，牠就立在橋上，他看樹，樹就是牠，他不要看，他也不要想，但是他沒法擺脫牠。

戰車顚簸着，緩慢地駛過來。一個兵瞄準了他底展望孔，一個兵投擲了一個手溜彈。戰車底後面，有二十幾個敵人，分散在道路兩側，兩個散兵行的樣子，彎了腰，預備咬草地上的麻雀的狗一樣，謹愼的緩慢裏藏有輕捷，跟了過來。一個班長一連投擲了九個手溜彈，嚇，投擲得好遠，一個跟一個那樣翻滾着超越戰車直落到那些跟隨戰車的敵人中去，敵人開始混亂，像狗一樣奔跑，叫喊，躲避，倒在路邊，手中的槍拋在地上。王佳壽也投擲了幾個手溜彈。兩隻眼像偷食的老鼠。兩個兵挺着刺刀迎上去。戰車開始退却，不知道為什麼。

砲聲稀少下來，「鐺！——」一個榴霰彈在空中炸裂，砲煙像一團晴空的捲雲，有力地旋舞着。槍聲也變成偶然斷續的射擊。

第一排排長中尉趙明傑走到坐在屋角捧着臉沉思的柴正源面前來。

「連長——這不是辦法。」

柴正源抬頭看了一看，有一點惶惑，他仍舊在想俞標的事，為他底影子所苦。他記起了什麼事來地聽到了他底排長底話，點一下頭，又低下頭去。兵力太小。假使，兵力大呢——那，容易，我們强渡從兩翼夾擊牠。可是今天眞有點……其實預備隊上來了也就衝過去了。

「小兵力的攻擊，怎麼成！這叫做是自己送死！……」趙明傑一身憤怒，黃黑的臉皮顯得更黃，繃緊。

八字橋這樣就成為膠着狀態，停滯下來。

第一連底第二排攻擊青雲橋，隊伍剛前進到橋邊，敵人也正到橋底那邊，形成了一個不期的遭遇，彼此都來不及射擊，一見面全向後轉，像把兩枝磁針底同極放在一處一樣。

上等兵侯方勝立刻跑到河邊的一幢小樓上去，輕手輕腳，心在跳。聽到有人說話。對岸的屋頂上，幾個敵人爬了上去，正在那裏架起輕機關槍來呢。他，心跳得更急，有點發慌，連忙把自己肩上的捷克式的輕機關槍放下來，打開脚架和托肩板，裝了滿滿一彈夾的子彈，「達！達！達！……」一個敵人連輕機關槍一起從瓦上滾下去，另一個也受傷了的樣子，那麼不靈活地爬過屋脊去，隱沒了。他驚呼起來，「喂！……」他急得很，怎麼後面人不跟上來？

後退的人，克服了混亂，重新向前。

敵人一個密集的縱隊行軍一樣搶到橋邊來，「達達達達！……」打死幾個逃散了。

雙方互相射擊。

第一連連長龔義，像一匹把頭在玻璃窗上亂撞的甲虫，東跑西跑，後面跟着三個累疲乏了的傳令兵，他那樣呼喝着，帶着沉重的喘息和一種略帶畏怯的暴烈。

「不要跑過馬路去！——不要跑過馬路去！————」

第三排底第八班推進到西寶興路、中山路口，佔領了一處醫園，一班人在飛灰裏忙亂地挖着槍眼。

第一排攻擊民生路直前的敵人。

四處亂打着槍，多數地方並沒有看見敵人，因為是佯攻，向屋頂射擊着，向牆壁射擊着，向街道射擊着，槍聲像過新年的街市上的爆竹。

這一次攻擊兩個小時不到就結束了，隊伍仍舊退了回來。第一連有一個上等兵受傷；第二連犧牲了二十七八個人，機關槍第一連死傷一員排長，一班多兵，毀壞了兩挺金陵造馬克沁重機關槍。

一個排長在他底日記上寫着：「今天我們應戰了，攻擊了，震動了閘北，震動了全中國，不，震動着世界的呀。但是，這經過祇有天曉得，我們很厲害地和敵人開了一次玩笑。自然，從這裏也檢查了敵人底能力，一句話，也不高明得很呢。」

×

外面沒有槍聲，更沒有砲聲。窗外有麻雀在吵架。梅澄淞，步兵少尉排長，坐在一張靠窗的沙發上。這是一家玻璃公司，桌子上堆滿了沒有鍍好顏色花卉的花瓶，正中有一個玻璃缸裏面有幾枝折斷的水草和一尾祇剩一隻大眼的疲乏的黑金魚，邊有幾個『鴻圖大展』之類的銀盾；紅木牀上有漂亮的臥具，大紅綢被和湖綠色的綴的有刺眼地紅綠的湘繡的枕頭；牀下和牀脚邊有一些舊鞋子。他就沉落在這些東西底包圍裏。他現在在回　剛才發生和結束的戰事。他這一排是第一連底預備隊，位置在中山路上，和一挺重機關鎗一起。他並沒有看見敵人，他祇是興奮地聽他第一線底鎗聲，但底一排人給連長拆得稀爛，說是預備隊，第八班却領受了連長給牠的向西寶興路攻擊的命令，第七班又調去增加第二排，他手中祇剩下了一個第九班。今天的一戰弄得他莫明其妙。他憤怒。

「還算什麼？……」

但是他心上並沒有陰雲一樣的懷疑，他倒爲明朗的遠景的構想欣喜，他不過略微有一點迷惑罷了。雖然已經放棄了奇襲敵人底時機，今天的攻擊又一無所得，祇有暴露了自己底企圖，位置，攻擊力底沒有組織；但是兵士們是那樣活躍，像太陽初出的清晨新鮮空氣的樹林中的鳥雀；又十分堅決，不怕犧牲，並不是平時那種猥瑣的可憐的樣子。並且，既然中國底子彈已經向敵人射擊，就無異是一種民族永在向勝利的保證。他沒有理由憂愁，更沒有心上多餘的，關來安插憂愁，就是發怒也像是多餘的。默默地坐着，聽着弟兄們雜亂一陣，謹慎一陣的說話聲，天漸漸地暗下來，他兩眼凝望着的掛着一付泥金對聯的粉牆的明亮度漸漸褪色，他本來並沒有覺得，等到一下覺得了他就迅速地立起來走到窗前，輕輕吐出一聲爲了變化太快的「啊！……」

外面，火夫來送飯了，菜餅子底聲音，說話聲音。接着傳令兵給他端了飯來，他什麼也看不見，房屋裏全黑了。他不要吃飯，祇是踱着，兩手抱在胸前，繼續沉思。

「我應該怎樣呢？我能够怎樣呢？唔，我希望抗戰；抗戰到了面前我做了些什麼？一開始我就什麼也沒有做。跟在他們後面我自己能够做什麼？我自己，我自己也：：」立住了，望了一望窗外的黑天。「我是完全茫然，茫然，完全茫然呀！我能够在抗戰還做一個排長麼？我能够自信麼？在意識上我能够的，在技術上我就沒法肯定自己麼？假使，這閘北戰爭由我來主持呢！——」他忽然大怒起來，那麼兩手緊絞地抱住自己底胸，像枯草上微微冒烟的野火突然從平靜中灼灼烈烈地燃燒起來，憤怒而痛苦。「我也和他一樣狼狽麼？我不行，他們更不行！我完全給他們弄得茫然了，茫然像這個夜，一場糊塗，我不行啊：：：：」

來了命令：祇有進沒有退，退後一寸的殺頭。

×

夜色十分幽靜，柔軟，人散步在裏面，有在海濱遠望的，祇覺得自然底伸展過於廣大，和自己底縮得更爲渺小的，並且帶一點茫然的那樣一種不可思議的情趣。類似提心弔胆，却完全和恐怖相反。梅墨法，他不思睡，預備着是應該養精蓄銳的，但是他今天心上有一點異樣，多了一點什麼或者少了一點什麼的樣子，他不想睡。他走到了道路中央來。瞭望一陣，除掉右翼以外的租界上反照在青黑的天空上的蜂皇的燈光以外，完全是墨汁一樣的世界：脚底像有無數深坑，額前像有無數樹杈，人走路要用小心的嗅覺。但是實際上人底步子是閒散的；和緊張的局勢也不調和。一個哨兵底影子在一根電桿邊疲乏的鐘擺一樣弛緩地搖晃着。他把兩手抱在胸前。

忽然，他底眼亮了起來：像在山頂看日出一樣，從混茫的黑暗裏，不知道在什麼時候騰起來一線強光，那麼從厚厚的雲壁裏透出來，把附近的雲塊燒成金紅的紅熱狀態，接着，不過一瞬的時候，就把一大片天染紅，就把一大片閘北底高高低低的屋頂烘托得凸出地深黑。他還沒有讓驚歎從喉頭升上來變成聲音，有開窗的聲音，有擁到道路上來的急促的雜踏的步聲，有人聚在樓上說話，閘北第一夜的火呵！四處的狗大驚小怪地開始用疑問的聲音吠叫。

火延燒起來：紅的雲，灰黃的雲挾着閃爍的星，在天空盤旋又盤旋，火焰比神話中的巨蛇更矯健地舞着，他腥紅的津津有味的舌——延燒底速度大於末日底瘟疫。

火像維蘇威，那無賴，灌醉了酒，無恥地向平靜的人間嘔吐牠底殘暴和[illegible]。

火像未來派底繪畫，用大塊大塊的紅黃畫出暴風雨底景色，風是紅黃的，雲是紅黃的，土地是紅黃的，天空是紅黃的。

火像古羅馬鬬獸場中的動物，紅了眼，染一身的鮮血，瘋狂的食肉慾驅使牠奔突來去，要把牠這個個體以外的一切血肉的生命吃個精光，嚮嚮地用牙齒咬嚼着，咬嚼着肉，咬嚼着血，咬嚼着骨頭，「咽咽喳喳——」四面包圍着的是像遙遠的但是極悽痛的秋晚風一樣地弱小的一片慘呼。

火中有小東西不斷地「嗶嗶剝剝」炸着。

火邊的電線像五線譜底影，那歌曲不寫一個符號，不知道是咒咀還是歌唱。

而向火的一切都發光，距離再遠也一樣發光，鋼盔底輪廓發光，槍底圓柱發光，人底黃臉皮發光，高大的牆壁發光，明紅的光，暗紅的光，黃的光，白的光，活躍的光，憤怒的光，仇恨的光，反感的光，清醒的光……

西賓興路前是一個火海。

西賓興路前沒有天空，天空爲火所篡奪，沒有夜，夜爲火所驅逐。

「嘩啦！！」一片屋頂倒下，火更抬起頭來，有大朵勝利的歡喜的漸的烈焰升騰而上。

「排長！」說話的兵眼特別烏亮，頭上的鋼盔和手中的槍一樣在敵人之前的黑暗裏發出光輝。「閘北會燒完麼？」

梅蘭法，不但他底臉光也燃燒着，心上的毒焰更和火景相應地翻騰着。用憤無所洩的惡意的沉聲反問了一句：「你怕了麼？」他要用這話來打擊兵，出氣。

「不」！那個兵受了侮辱一樣，不平地，不管你是排長和平日的崇敬，用決然的聲音說道：「不是我怕。我是說閘北燒掉甚至全上海燒掉最好，中國沒有，日本牠也沒有！」

排長底自尊心給踢了一腳，像青青的天空飄過一小片白雲一樣，愚恨的心上飄過一小片羞愧，覺，自己竟不如一個兵呢，但是他口中却暴躁地喝道：「你比我懂！」說着，仍舊抱手在胸前，找事生非的流氓樣子，大步大步向前走。

忽然，一個兵從背後追了上來，膠皮底鞋在平滑而發着黯然的紅白光的柏油路上打出清脆的拍子。「排長排長！……你不要去呀！……」

但是他並不走回來。他立在一家木行門前，那一天攻擊的時候他到過這裏的。望着火，想，應該燒到西賓興路來了的；照最初的估計，那西賓興路是早燒成焦土了。（到底是近呢還是遠呢，他沒法看得準確，因此他是更憤怒了，像賭徒沒有看準確這一牌是「天門」還是什麼一樣，但是他憤怒的對象是火麼？是戰爭麼？是自己麼？是日本軍事法西主義麼？他底憤怒內容是這樣複雜的有點變態的。自從那一天轉回來，他很容易觸怒，要找人出氣，坐下椅子去的屁股也是發怒的，沉重得使椅子叫出「吱咯」，洶洶的氣勢像找母雞的紅冠公雞。

他望着火，想着一．二八直後的一片毀滅的屠殺的瓦礫，想着在像古羅馬景物的中國公學底柳絲和夕陽裏他憑弔過的遺骸，中國軍隊散退和上海停戰協定，想着這更早的繁盛的寶山路，海濱的大學和校園中三種顏色的菊花排成的×××三個大字：：憤怒麼？他輕輕地喟歎了一聲。

終於，兩小時以後，火雖然還是瘋狂的，他走回來了。一路上全是兵和沒有遷走的「老百姓」，他回過頭來看看，這個奇景：人和建築物全是精緻的剪影，輪廓上鑲着一點柔和的微光像要從天狗口中吐出來的月亮。再望望後方的遠處，天 的恐怖的火漸漸冲淡，烟霧也蓋不住全部天空，有幾點閃爍的星，眼一樣向下看着人。一家人家底幾片窗玻璃反射出血一樣的強光。

「一定是漢奸放火的。」

「那裏來的這許多漢奸！——一定是日本人。」

他，無可奈何，田蛙一樣裝着一肚子憤怒，爬回洞去睡覺。

（下期續完）

七月的明信片

東方輝先生：「車中」收到了，我們不主張發表。

吳儉先生：通訊處失掉了，「還價」無從寄還。

揚雲璉先生：謝謝你底關心和好意，在下一期，將把我底意見附在來信後一同發表。

黃旣先生：你動身到敵後去之前的來信收到了，在你到達了目的地，通知收信處以前，只有希望「七月」或者會展轉地傳到你底手裏了。

第一期出版後，我們接到了不少外地讀者底來信，或者說當地書店已經賣完，補買不到，或者說當地的書店完全沒有批賣。這樣的情形我們也無能爲力，因爲發行的公司在外地沒有分店，許多地方雖有代銷處，但就心積壓，不願多批，有的地方則沒有有往來的書店，有的書店則根本拒絕推銷這個雜誌。補救的辦法只有直接向總發行所訂閱了。

有友人徵求第三集第三期的「七月」一本，有願割愛的請示知。

木刻家李樺，新波，娃菴，賴少其在桂林籌備「魯迅木刻展」，徵求木刻創作，中外古今的木刻，民間木刻，木刻刊物或書籍，以及一切有關木刻和魯迅先生的文獻，九月底以前寄「桂林桂西路新知書店」轉賴少其收。

游擊生活報告：

半個十月

——富曼河記

曹白

序

題目是叫「半個十月」。

這是從十月十六日至三十一日的我在富曼河的部隊裏的半個月日記。除很少的不能發表的部份外，這半個月中可以發表的部份，全在這里了。

但須先不得不向讀者諸君說明的就是：富曼河的部　還在苦痛的成長中。而我呢，沒有拿鎗之前，並不熱血沸騰，在既已拿鎗之後，也不熱血沸騰。冷血動物嗎？——由你說去。古中國的苦難，是和我與生俱來的：慣了。也許，我已早已麻木在這苦難中了吧？很難說。總而言之　一句話，我所知道我自己的，是如何擺脫幻夢，壓低自己，忠實於戰鬥。拿鎗不拿鎗，前方或後方，在我都是一樣的。

還有我們的可敬的「文學家」，他去參加戰爭，是爲了蒐集材料，祇一味的將他將來的傑作「預備」和「打算」。我懂得自己只有這麼兩隻平庸的手，這麼一個抵不住小小的鉛子的頭腦，那決不敢作這樣的「雄圖」和「大略」，是當然的了。在我，就只想在戰爭平定之際，居然仍然能够存在和呼吸，那末，就已經足够我的高興了。

但既然如此，又爲什麼還要記日記，多此一舉呢？說起來是很可笑的。我就正　想在戰爭平定之際，居然仍舊能够存在和呼吸」的時候，拿起來看看，使自己和子孫知道，在我曾經有過這麼一段的生活；彼此大概不免要交換一個會心而苦痛的微笑的吧。但如其一個不小心，像朋友王嘉晉一樣的中了子彈，記不成日記，死了呢—倒也並不可惜的。

但「生」的「留戀」，又誰個沒有呢？

就因爲這，也就成了我何以要去拿鎗的緣由。

在我的日記之中，却依然不能看見澎湃的熱血。所有的，仍然是些繁瑣的生活的小節目。節目而至於小，其卑微不足道也可知矣。但我總還「留戀」着這些。我想，我的生命就悄悄的磨在這裏了。但這些「小節目」却是富曼河上的脈搏和呼吸，與戰爭的全體相關的。至於所記的時間，並不一定：有的在早晨，有的在白天，有的在晚上。看到就想，想到就寫。所寫的材料，也不一律：有自己的私事，有部　的公事，有私事之中兼有公事的，便成了這樣蕪雜的東西。——是爲序。

一九三八年，十一月，十一日。寫於瘟疫廬

十六夜

得m及N生及老D來信，天晴。m還託人帶來了鋼筆，「西行漫記」，「魯迅全集」第十八卷。這因爲老X要看「熄滅」，而自己的一本三閒書屋版的單行本已被朋友王嘉晉借到鄉下去，同他的生命一同滅亡了。故此只得壓迫別人拆開「全集」，忍痛將它拿到部　來。我想，它的生命，也同王嘉晉借去的一樣，不會長久的吧，——一都由它去。

覆X，等等的信。教孩子們唱歌之類，弄得夾背心是汗。我們一小隊駐在一個老百姓的家裏，起初當我們女強盜，但兩天一住，便攪得爛熟了。叫什麼貫根的一個農民，有着一對閏土樣的被揚子江的乾風吹紅的眼睛。一天到晚幾乎是汪汪的。但他却有着一副愛笑的臉；常常抱住了我的肩頭，「夏先夏先」（註）的叫，頗可笑。

晚上出發去捉土匪，任務未曾完成。船在河中走。深秋的夜風已經很涼了。我被秋風吹得簌簌的抖。赤着脚吧。我想，冬天一到，那夜里的生活，大概十分要人咬嚼的：一定是更苦。爲了免除負担，行軍便利起見，我將所有帶來的東西一起寄在一個朋友的家里。大時旣然一天涼比了一天，那末，我明天就叫人去拿。

借X的錢我想也趁便去還給吧。

想寫一點農村的景色，但心緒很亂，事務又碎，總是靜不下心來。而且即使寫下，也未見得有人會要我的東西的，大概也只是「想想」而已。「澀行草」和「富曼河的黃昏」，太概已經可以寄給××兄了吧？就不知道×把這兩篇稿子怎麼處理的？——想念着××。想念着「七月」。

左眼澀而紅，早晨起來總有一大塊眼屎，老×說我是少睡的緣故。但又怎麼能夠多睡呢？

註：「夏先」即「夏先生」：這里把一個「生」字省掉了；其中帶有隨便而又親暱的成分。

十七日

部隊先從張家宅基移到鄭家灣。今天又從鄭家灣移到了葛塘來。那是昨夜十時三十分到達這里的。因為有熟識的老百姓叫門，尤其是隊員同志龍生的親戚的村上，門是一叫就開了。並沒像鄭家灣那樣，把我們當作了強盜。

葛塘這宅基，很小。它比起鄭家灣來，實在嫌寂寞。早上吃稀飯，老百姓的一籃新餅被隊員同志幾乎拿光了。紀律總是弄不好。但昨天鄭家灣的一個老百姓不見一隻鷄蛋，我們是開了會來討論的。而現在就又老毛病復發。老×說，那末，既然如此，現在事情又忙，我們去買了賠給他吧。吃了這里的蘇露稷，其味甚佳。

看報，廣東已經打了起來。但縣城裏據說只有日本兵三十多。

下午老百姓來報告，部隊一離開張家宅基，就有「有吃隊」來賣鹽了。我們氣憤之餘，便捐了鎗去捉。五個「流氓」全都捉住了。毒打了一頓後，四在牛棚里。我的手都打得開了裂，被「準尾」剳破，出了一些血。

這「賣鹽」，說起來，恐怕全中國祗有淪陷之後的富曼河才有。那方法，就是將自己不化一個本錢的食鹽，「賒賣」給老百姓：即老百姓一定要買它。如不，那就「來了」，將一蒲包一蒲包的堆在你的大門口。過了幾天，便捐着鎗來收你的賬。不給錢麼，鎗是現成的！——就是這樣的「有吃」！所以老百姓一見他們，如遇惡鬼，只能任他們無法無天，恣意搗亂。老百姓一向就是赤手空拳的。他們所有的就只有無數的血汗和無數的血汗。

部隊毒打五個「流氓」——有吃隊員——時，全葛塘的人都圍了起來看。似乎個個心花怒放了。但他們又竊竊的向我表示，部隊一走，葛塘或許會遭到他們的更凶的壓搾的，叫最好寬恕了他們吧。啊 老百姓是被歷來的治理，弄得幾乎全是畏縮的綿羊了。這是多麼善良的心地！：：：即使是小小的流氓也能「自由的」在他們頭頂上馳騁，——「民不聊生」啊！但我的回答很決絕，是不能寬恕的。

然而由此可見，老百姓的痛苦，人民的辛酸，堅苦的戰鬥，躲在屋子裏的文人雖有洋溢的「想像」吧，然而不能夠寫出其萬一！今天見十六號的文匯報上的「詩刊」裏的「詩」，我無論如何看不下去了。那些東西，只是我們的文人在寫 抬上的翻筋斗而已。

老D的信不發出。已經決定，我不再跑到S步。

坐在船上寫着這，覺得很疲乏，但偶瞥船外，船邊的河水是這樣的乾淨。對岸是十月的楊柳們，還沒有黃，倒映在河里，河水就形成一片孔雀綠，微波震盪，樹影便灣曲而蠕動，宛如一塊美麗的文錦。只是老百姓不像我這樣的「知識階級」的孱頭，在他們的心眼里，但有無限的疾苦而已矣。戰爭，東洋兵，「有吃隊」，流氓，地保：：：天地之對於他們，似乎太嫌刻薄了。而且河旁也確有山羊在鳴叫「咩咩咩咩」，纔得微顫，令人深思而哀愁。

今夜的部隊是恐怕是又要移動的了。我們就像飄流的吉伯西，然而又苦於唱不出歌來。我們還欠剽悍。我們到底是江南的血液，而且又是「農民」的。

十七夜

我們的一小隊移到了櫻河。櫻河的老百姓太好，熱心的招待着我們，連老太婆在內。提起「賣鹽」的「有吃 」，他們高興得跳起來，連連的說，「你們才是保護我們老百姓的！你們才是保護我們老百姓的！」——一杯熱茶塞到我的嘴邊來。

端茶的是一個老婆婆，她太興奮了；

「那些斷頭的賣鹽的。就這樣：：：：：：把鎗口對住了我們的胸口。：：：：：：「你買不買？媽勒格屄！」：：：：要斷頭的。他還要「媽勒格屄」哩。——我年紀這樣大！鹽又不好當米吃。」

我們都笑了。今天的「稻艸舖」舖得最最厚輭輭的。溫暖啊。

我捧着「燬滅」看。

十八日

昨天深夜，聽到連放了四鎗，老何早有信來關照，知道在鎗斃已經捉住了五天的土匪了。他不但壓竇了十多船的鹽，而且會經猛捐老百姓，懸刑，灌別人冷水。

聽到鎗響，老百姓都慌張起來了。都從房里蹓出門來，在打麥塲上徘徊着，感到緊張。我和隊長同志老（　）對他說，是鶯土匪的，「嘸啥要緊」。

稻熟了。而且接連是三天的西風。蟹腳發癢，向各處爬，連公路上面也能捉得到。我們的步哨捉到了六隻，第×小隊的步哨就捉到了十五隻。這里的蟹眞是多極了，從來就沒有見過這樣的多蟹的地方。據老百姓說，再過幾天，田塍上是可以一拾一籃，一攞一把的。但我又突然記起了父親的話。他會經說，「蟹多年荒」。要眞是壞年成，可不是實在太要命？

然而雖然「多蟹」，我們的「雅士」又何時何地蔑有呢？居然能在報端發現「持蟹賞菊」，「雅趣盎然」的圖畫了。縣城裏的漢奸報上就更肉麻，——那是當然的。

部隊又捉到一個大流氓，沒有打他。單是把他縛住，關在屋子裏。

隊員同志匡思根病了。他是一個銀匠。戰前是在作坊裏做着精緻之至的銀器去放在上海南京路上大銀樓裏的櫥窗里面出賣的。但現在就加入了部隊。他一病五天，部隊移動的時候大家都緊張，似乎確也完全把他忘記了。今午走上船上來看他，見他吐了一船艙的血。很難受。他臉色蒼白，額是冰冷的。

天晴，一大片無垠的天藍。有一簇一簇的鵝毛一樣的白雲，勾留在天邊。成夜的流動，我被弄得不認識方向，莫名其妙了。但一問，離開張家宅基只有兩里路。尼囡這孩子不知怎樣了？她昨天是將政訓處寄在那里的東西，全部託人帶了來，連我的無用的洗臉手巾也在內。

政訓處的辦公室決定在新船的中艙，很寫意。

但我的脚已兩個多禮拜沒有洗。一雙新洋襪也穿得失去了襪底，把五個脚趾展覽在外面。雪一樣的白布筋編織的草鞋也完全變成了泥土的顏色。我晚上睡覺是不脫衣服，不解子彈帶，將鎗支作爲枕頭，不脫草鞋，胡亂的睡的。爲了防備敵人的猝然的襲來，恐怕會枉費了許多的麻煩，像王嘉音一樣，變成糟糕。每當稻草舖攤好之際，便在隊員同志們睡餘的一角，橫七竪八的倒下去睡了。我連一條毯子也沒有，因爲全都發給了隊員同志們。

十八日夜

黃昏七點又十分，部隊演習襲擊張家宅基。我們一小隊担任了左翼。隊員同志道士王和尙是當地人，路徑最熟，他打先鋒。我們一行十三個，在狹窄的田塍上，收割了的稻田裏，衝啊。追啊。我的肚子的左邊，震得酸而痛。土壤是軟的。路是滑的。稻是香的。夜是濃的。但却不管這些，我們有的只是沒命的飛跑。我一共連跌了三交。要命的是滿身瘡疥的隊員同志孫必達，他時時落伍，以致在後面沒命的呼叫，幾乎哭了。我們到達張家宅基，僅化二十分鐘。但如沒有孫必達的累墜，我們是只要十五分鐘的。但我們也終於是最先完成任務，右翼和中路都遲到了，大家都笑着。

到了張家宅基，首先迎了出來的是尼囡，和他的好婆老太太。但她們起先還以爲是强盜的光臨呢。我們被此慰問着。講着「有吃嘸」，講着賣鹽，講着縣里的東洋兵。尼囡是燒茶送給我們喝。

演習完畢，留下大隊部，我們又要離開張家宅基了。尼囡和她的好婆老太太再三的說，「要來的啊——要來的啊——，——」。

從張家宅基轉到了九覇。我們一小隊的任務是看守那個大流氓。九覇的「自衛隊」要算最最好，我們需要的一切，都同我們佈置得妥妥貼貼。

此外還送來了茶水和昨天的「文匯報」：戰爭愈加蔓延了。

十九晨

同志（　）日上（　）去，托他代我帶上給老（　）和（　）丁先生的信。前者叫他來看我，後者是爲了募藥，捐醫，和勸令叫他買三扎「生活」　種的稿紙送給我。早上又到張家宅基。

許多同志都集在政訓處，尼囡的家裏幾乎擠不下。一律都講着昨夜的演習。都笑。我是笑得肚皮都痛了。因爲不但大家都跌交，而且並非「襲擊」，「急行」而已。許多同志都丟掉了東西。老何笑着連說「不行，不行」，駡了我們。但大家說：「既然不行吶，重新再來。」

回九覇。並叫全體隊員同志出發去富曼河上課。單談自已留下當守衛。

寫着這的時候，十多個孩子圍着我，把機關槍都擠倒了。他們每個人的鼻下各有兩條「黃龍」（註），一伸一縮，對我出奇的看。在他們的眼睛裏，我似乎是一個變把戲的。

這邊的農民的房子，與故鄉的比較，要低矮得多了。我曾百無聊賴，探聽其所以低矮的原因。但他們說，「一直是如此！」然後我想，或者是因爲既近江，又近海，常遭狂風驟雨的緣故罷？屋是低矮得即使像我這樣的中等的身材，進進出出防恐自己的額骨和門框去接吻。只是每家的門前，大抵圍以低牆或竹籬，在大門之前攔出一個寬敞的天井來；人一走進門，就覺得安靜而暢通。尤其令疲乏的農人從田間回到家裏，坐坐天井，有一種休息的餘裕，這是和生活偪促的故鄉太異其趣的。

買了五毛錢蟹，請隊員同志們。這里九霸還有飯瓜子賣，這是又香又脆的好瓜子。我們常常一升一升的量來炒。但無論多少，只要化打一個呵欠的工夫，就「一掃而光」了。

我們這裏是只許搶吃自己們買來的飯瓜子，而不許瞎拿老百姓的一粒蘿豆的。

（註）即鼻涕。

十九日

這裏富人的「靈座」（註）上，那牌位，不論死者是男還是女，總往往加上「清封」或「清授」兩個字，以表示其闊氣，但滿洲皇帝又何曾「封」他呢——單是自己要面子，不識羞罷了。但最使我看不慣的尖屁戶不識一個的農民家里的「靈座」上的牌位，也是如此的。就像這家，那「靈座」上的兩塊牌位，一塊是：

清授待贈登仕郎先考柏松府君靈位

還有一塊是：

清封孺人亡長媳時氏孺人靈位

這種花樣，一定是風水先生搗的鬼。尤其混帳是在「清封孺人亡長媳時氏孺人靈位」之旁，有兩個紙人，各執紙幡，這個上寫道，「金童來接引」；那個上寫道，「玉女送西方」。其實呢，這個「孺人」其實是被日兵姦死的，她的身上是這樣的不乾淨，骯髒，叫她怎能上「西方」（？）去？

在吃飯的時候，無意中瞥見了鏡子裏的自已，黑而瘦，鬍鬚也長，嚇了一跳，幾乎不認識自己了。……但一回就熱中於吃蟹。

（註）這里一帶的俗例，即人死之後，在壁角置一小桌，放上死者的牌位，每日供養，此之謂「靈座」。這「靈位」要滿了七個「七」，即七七四十九天後，才請道士來把牠折除了。一說須三年才折除，待考。

十九深夜

晚上在尼囡的家里開會。她和好婆給我們煮了長生菓和糖芋艿，都十分可口。一直開到一點又一刻，才結束。便一個人在黑暗中摸索着路徑，摸索着渡船，跳了上去，划着渡河了。河水睡着，連一個微波也沒有。只有我的船頭碰着水，槳擾着水，徭徭有聲。仰看夜空，是無數的繁星的密佈，各自閃耀。銀河已經移動位子，將深秋的夜天劃成南北的兩半個了。

回到小家里，除步哨外，人全睡了。因爲划船摸索，已經到了兩點鐘。在大舖上我好容易擠進了一個空隙。並又拉了一綑稻草來加高了枕頭。苗山實同志在可怕的夢囈。「靈座」上的我們的火油燈的無力的火焰，在黑暗中搖擺。旁邊的紙幡也似乎有勤搖的意思。但既然擠到了空隙，也就立刻睡着了。

二十晨

上午八時和老Y兩個上鄰村參加另一個游擊部隊的「班長訓練班開學典禮」。這部隊的隊長是××，據說，他先前是一個強盜，非但不識半個字，並且粗黑的做護。部隊裏面也的確充滿了流氓的氣息：浮燥，狂妄，陰險。但他的部下有幾個人，是深明大義的，這「班長訓練班」就是出於他們的計劃。……

儀式開到半當中，密集的槍聲起來了，「典禮」也就在偏是中結束。據報告說是，歐姆鎮到了東洋兵，有四五十，大約是開火云云。我們也不便貪吃他們已經預備好了的酒席，回向富曼河來了。

但在回來的途中，就接到老何帶老百姓送來給我們的信，說，歐姆鎮有三十光景東洋兵，但上岸小甜之後，又到土頭灣去了，而那發槍，却並非開火，是我們自己的部隊在試放修理完畢的「重機關。」老丫和我都相率啞然！眞糟，白白的丟掉了酒席了——可惜。

二十日

早晨立誓洗了兩隻脚，但好像失去了重量，輕飄飄了。草鞋一着慣，布鞋就一點穿不來，今天跳到隣村去作客，是一步一拐的。人的生活的改變，連脚底皮都受影響了。

據說，鑾兵截到的敵人的秘密文件中，敵人已將全縣游擊區調查清楚，要想從事全部燒燬云云。日本要征服中國，「燒」和「燬」，方法自然是好的，中國的老百姓本來就是羊，然而，雖是羊罷，絕望之際，牠將以其可憐的角，「孤注一擲」，和你拚命，作着最後的掙扎的。

燒罷燬罷，——自掘坟墓啊！

大便的時候，見痢的大塊的濃血，心里很憂愁，要是病了，那才糟呢。而且一隻左眼，還仍然是又癢又痛，眼白愈加發紅了，不知何時才能好。晚上聽一個老百姓「講章」（註）。他是曾經見過在一個大油廠裏吊死了七個敵兵，結論道，「眞作孽啊」。他有着一部濃密的鬍鬚，臉被生活摔得很皺了。他的孫子孫女們圍着我，看我記日記。但他厲聲斥責着他們不要過於的圍着，如其亂動是會妨害我的寫字的。我說孩子總要識字才好呢，但他苦着臉道：「讀不起書啊」。他的全家沒有一個識字的。

天陰，怕要下雨了。

註：卽談天。

二十一日

還好，爬起來的時候，太陽旺旺。並沒有下雨，倒是無邊的晴天。東邊一帶的密樹和村落，隱約在秋晨的白露之中了，時時傳來了鷄叫，溫順的太陽逐漸爬到天上去，密林的空隙之處有無數的金點的明滅。朝陽的光芒軟而甜，使依依的撫着金色而飽滿的沉重的稻穗。稻桿支不住穗，垂下去了。平原是一片廣闊的駱駝絨……。一彎冰凉的月芽，羞在天際，怯怯的。而太陽只是爬上來，而月芽就索性去隱滅了。

我在壯陽一樣闊的田塍上而走。路邊有着粉藍色的馬蘭的小花朵，寂寞的淫在早晨的露水裏；不久會有繁霜來襲擊它。但在此之外，我就沒有見過別的花，滿路但見無數刺人的薊草。紅得如火球一樣的烏桕的密葉可就對我狂笑起來了……。

稻已很熟，農民開始了忙碌：收獲啊。收獲啊。有幾家，連「細娘」（註）也下田，她們的頭上都包着一塊頭巾，大抵白色，閃爍在金色的稻穗的平原中，令人想起法國畫家米勒的傑作「拾穗」來。只是背景的天似乎還要藍一些。穗也應該多而粗罷了。

（註）卽姑娘，——未出嫁的。

二十二日

老X病了，爲瘧疾。C同志也病了，是寒熱。發動了隊員同志去割稻，老百姓都歡喜得張開嘴巴了。我們第四小隊卽在九畝割。兩小時內割掉三畝。

其實大家都不會割。會割的就只有武大腿，田牛頭，唐金金這三位同志。四十多歲的發發周胖二同志是割一顆，怨一顆的：「哼恨——腰酸啊——！哼恨，屁股痛啊——哼恨，你這瘟殺的稻的屄啊！」

周胖二的抱怨，這是不足怪的。在開會討論之際，第一個出來反對的，就是他。問他爲什麼不去幫老百姓割稻呢？他綻定眼白的回答是說「不會」！「不會——學就是啊！」政治先生大聲的回答了。但他格外直截的說道：「還學他什麼的娘呢。我就要老死了。」說時他把手攤在空中，表明他一切都完了。

但等到下田的時候，一小隊人的眼睛全都猜着他，想把他從懶惰的泥沼裏挾出來。他突然委縮的說：「就去他娘罷。」

割到半當中，天際嗚嗚有聲。啊，不好，飛機來了。我們連忙卸下背着的武器，藏在稻堆裏。周胖二看一看天空，說，「賊賊，我們是老百姓……；儘管你用你婆娘的千里眼（註）來看——看就是了：我們還不是清清白白的老百姓……爺你娘的……」

割完了稻，但見河邊的烏桕，對我們笑得臉都緋緋紅。紅如肖紫了。

然而天空陰霾了，有雨落。

又捉到了一個惡棍，把他綁在特務隊里了。可謂「惡貫滿盈」是他自己投到部隊里來的。我們一記也不打，單是留到夜晚去槍斃。血仍然痾，眼仍然紅。現在又多了割稻割破了的指傷，慳呀慳的痛。常常想念着8。尤其是「七月」不知怎樣了？…

（註）卽望遠鏡•

二十三日

老c的病——好就去參加割稻。今日可是他又躺下，發着很高的熱度，又病了。早晨也去看老l，他的熱度完全退却，清醒了，並說或者要我去US去一行云。

昨天割傷的手指，今天有了膿，很糟。我也讓牠去，看牠會爛到怎樣的程度？爲了工作，我又只得仍然帶着小隊下田去。可是大腿和屁股的硫酸痛得要命。農民說，像我們這樣不做慣的人，是至少要酸痛三天的。老X叫我告假，弄病了不好。但我不。……

同志周祥二是嘴里這樣，肚裏那樣的。他同每人訴苦！他的屁股痛得至於不能大便了，爲了割了這斷命的稻！但我固執的說：『可是明天還要去割的呢。要割到老百姓的田裏看不見一顆，看不見一顆！』

『你去割罷。』周祥二不屑的回答我，『再割，要死韓邦胞柄的……』

大家都笑了。

然而周祥二也到底仍然去。

在休息中，是閒談。也還離不了女人。是猥褻的故事。尤其是日本兵强姦中國女人的故事。講這，周祥二是頂頂起勁的。

『上涇有一個十三歲的小細娘。標標緻緻。被日本兵一把攀住了。』周祥二皺着四十多歲的臉皮，膩黏的說，『這小細娘自然拉拉扯扯，要想掙。……日本兵說，嚶嚶，花姑娘——嚶嚶，花姑娘——」這小細娘的娘看見了。跳上去。跪下道：「生先（註）——生先——這不能——我來——我來」……』

『嗬！哈哈！』因爲疲乏，我們大家都笑着。周祥二是笑得臉上的皺紋都縐在一堆了。但在這笑聲裏都帶着一種恥辱和切恨的痛苦。

（註）：這裏鄉下人傳說日本兵稱『先生』爲『生先』，所以他們也叫日本兵爲『生先』了。

二十三日晚

我想，日本兵對於女人的殘酷，大概在蘇聯也是有名的，單在『燬滅』裏就能使人看得到：『三天以前，日本人到了小達戈哩。是秋圭斯克的人們說的。到來佔領了學校——立刻就是女人：「露西亞姑娘，露西亞姑娘……嘶、嘶、嘶」。呸，鬼，……，上帝寬恕我……』

在中國，經過這一次戰爭，我想，大概這故事，不知要傳說到若干『代』（如其還有『代』的話）。起碼，要比『長毛』的故事流傳得久遠的罷？那是當然的。敵兵的殘酷，又何止萬倍於『長毛』呢？而且一個是自己的叛亂，後者卻是異族的侵凌。

二十三深夜

我從九霸調到張家宅基，住在尼因的溫暖的家裏了。是調防。老c扶病去九霸指揮看守着犯人的一小隊。

夫染青的單衫褲，已由老Y帶回來。晚上以兩角六條的大鯽魚請客。可口之極！並買了一個旱烟管的咬嘴，是牛角的，價一百文。

二十四晨

一夜睡過，渾身酸痛。疲乏，喘息，無力，幾乎連路也走不動。全部隊酸痛，喘息，無力，幾乎連路也走不動。——因爲割了稻。尼因的好婆笑皺着臉說：『傷心作孽啊——誰叫你們去割的呢？你們是只會掮槍的。』

一支旱煙管，首先就給老X截了半段。今天請同志金尼狗去裝上咬嘴呢，但竹管又被削得太瘦，咬嘴裝不牢了。——只好再買。

二十四日

政治課是我上的。因爲老y上w，老n也有事。來到富曼河，今天還是我第一次上政治課。講的是秋收鬥爭問題。大家還願聽。只有王小紅同志一個是瞌睡的。

「燬滅」，我是喜歡的。在文學作品中，我喜歡這樣的東西，就是在陳腐或陰暗的靈魂裏，注下了新生的光明之力，而能活在讀者的眼前，讀者的心裏的。「燬滅」，雖然寫的是滅亡：一百五十個人只剩了十九個人了，但它的每句每行每頁都充滿了新的光和火，沉重的力量，法捷耶夫的筆下的所有的燬滅裏的人，不論木羅希加還是美諦克，我都愛。因爲作者不但寫了他們的外形，而且還挖掘了他們的靈魂；不但像，而且是動的。

二十四日夜

晚上召集村代表大會，爲了『完粮』『減租』的事，老何叫我也參加。我拖着搖動而酸痛的身體去了。

到時，人已擠滿，張家壩，上涇，陶塘，張家宅基，李家角，下涇，櫻河……全都有代表。男的，女的，孩子，老太婆，細娘，熱熱的擠滿了一屋子。烟霧騰騰。……咳嗽。……鎗支的聲音。……白的頭髮……雪亮的大刀的光芒……。

老何坐着，昂起了頭，用他的凹陷眼睛向四圍一掃，全屋子都沒有聲音了，立刻說明了今天開會的意思；把錢粮完給抗日的游擊隊。不要拿去給漢奸。租却要還。不還租，叫地主去吃西北風？——還樣的年歲，減是可以的。

老婆婆在門外引長了頸根，說一聲——『好的。』

『不把錢粮完給漢奸去——一句話！』一個抗日自衛隊員像刀斬一樣的說。

『一粒米要化力氣一斤四。——不是容易的。租米——當然要減啊……』一個紅眼的老百姓坐在燭光照不到的屋角里，嘮叨着，『換了朝代之後，你只要想，那一年不還租？就像那一年荒到這樣子，也要還……』

『對啦，就像那年，也要還……』一個少年把嘴巴伸到抬中央，恐怕別人聽不到，『就從那一年以後，我們完了那樣重的租，那樣重的錢糧，就像生了太病的人——一直不復原！』

『是呀，一直不復原，』有人附和着，不知道是誰。

減租，沒有疑問，全都同意了。粮呢？自然完給抗日的游擊隊，『一句話！』但粮的問題以後再商量，先得成立『減租公議會』，好得地主的心服。

身體只是發冷。沒有被頭。沒有毯子。夜裏發熱。惡夢。驚亂。鉄和火。槍的翔舞。呻吟。致命的一擊。死。……

二十五日

熱退了，身體還好。只是疲乏。

得×信並文藝雜誌數册。都有周先生的紀念的專輯。但裏面沒有我作的。惟『××××』太豈有此理耳！早索稿，而又不登，且毫無消息，視人如玩物，可惡之極了。但後來我省悟了，問題的癥結在還於自己的太低能和不識相。——悔之晚矣！

想念着××和『七月』，覆×信。

二十六日

給××先生信。覆老○信。葛塘的那件婚姻糾紛似乎可以告一段落。而那女家眞刁滑。

給從×新來的同志們談話。上政治課。寫『爲減租告民衆書』。撰本縣各游擊單位『統一建議書』——未成。老×又病。送信和松子糕去。擦槍。忙了一天星斗。

天雨，陰霾的天空，我在這里還是第一次見到。稻已割了七八成，全都濕淋淋的橫在雨天下。遠處的村落和樹都隱約在水氣的濛濛之中了。

閱前三天的報，知道廣州已告失守，眞快啊！然其陷落，想來想去，我們的官僚是應負責的。日軍未來，牛皮遮天，日軍一到，又眞所謂『遛答答』了。——我們眞些乞乞科夫的門徒們！

這裏也起了風聞。農民們在茶館里互相交談着××的出賣，化洋十萬，說要是給了他，就是子子孫孫一百代也用不完；又說日本的皇帝在北平登了金鑾殿，但又立刻頭痛，因爲孫中山在宮裏顯過靈。……等等。等等。

下午。三點鐘。爲了繳了的槍又要拿去送給別人家，老何叫我到鄰村去一次。伙夫同志作我的嚮導，出發去了。看見大水牛在耕田，顯得迂緩而疲乏。我的腿也就格外感到酸。這里的路，太概因爲農民只要想盡方法擴展自已的田，弄得狹而又狹，窄而又窄。又下過了雨，一步一滑，眞難走。河邊的烏桕的紅葉，被雨洗過，美麗得如在稻堆旁邊發瘋了的雄鷄的羽毛，鮮艷而奪目。

到了鄰村，會見了×隊長，解釋一番，互相歡飲。不斷的酒茶。不斷的吸烟。不斷的笑。——五時四十二分便告辭回來了。

一回來，就吃飯。部隊的飯已吃過。我在桌櫥裏面尋到了紅燒肉，不亦樂乎！然而一吃，太甜，我是怕甜的，吃不進了。平常和許多同志在一塊兒吃的，這回却只自己一個人，吃不起勁。吃了一碗，便宣告收歇。但這幾天來的飯量是顯得退步的。

老×臥病起草的『統一戰線的綱領』，給我不知怎樣一來，尋不到了。偏偏不見了這樣的東西。尋了好半天，毫無蹤影，眞要命。

二十七日

早晨雨。但上午就有了太陽。我赤着脚到上涇去看老〔〕的病，他好了一點了。草鞋不知被誰夾纏的拿了去，找來找去找不到。布鞋也沒有，糟糕透了。

割稻割破了的小指我一直不理睬牠：聽其自然。今天被周祥二誤觸了一下，很痛。解開布來一看，沒有了小半個小指甲，已有黃膿，就去塗了紅藥水。

看二十六日的「文匯報」，武漢已經退却了……這里鄉下依然飄蕩着奇怪的風聞，似五月天的黃霉的消息，壞透了的消息……。

一個隊員專門爬在船頭上唱『一株梅花朵朵開呀——』，大家都笑着。老鄉同志將三條兩丈多長的『重機關』的子彈條攤在竹席上面晒。我生平第一次看見這樣的東西，很奇怪，雄鷄們也時時把頭側着看，彷彿也第一次看見這樣的東西，很希奇。

老×，病稍好，就躍來討藥，叫老×去打針了。老×不在，已上別的宅基去看病；部隊里的金鷄納霜也老早就吃完。新來的老×對我談了許多的天。他在『江北』參加了個『訓練班』。天天訓練他們不要去加入『人民陣線』云。結果是弄得他非開小差不可了。交談之間，彼此不免啞然，繼以狂笑。但老×的軍事的常識是比我强萬倍的。他教我『匍匐前進』。

這動作我沒有教過，他拿了槍在病牀上演習給我看。

『還是蛙式。』——『還是海狗式。』

『海狗式』在動作之際，連屁股也不動，看來是頗爲吃力的。但倒說還式子最好，因爲可以減少『目標』云。

老×演習畢，臉上新愈的病容顯得格外的蒼白，下巴也似乎格外尖銳，眼圈也格外的擴大了。

寫了一個號召各個游擊單位起來作一致的『秋收鬥爭』的建議書。明日大概可以發出的。

尼因送給我兩個餈糰，豆沙餡，甜的，我頂討厭。但既然送來，又出於她好婆的至誠，就也只得表示歡喜吃，硬着喉嚨嚥下去。做人難。

二十八日夜

老×同志告訴我，我昨夜曾恐怖的說夢話，說是『不能放鬆他的——不能放鬆他的』云。

早晨烏雲滿天，但尚有裂隙。陽光就從烏雲的裂隙間射下，軟弱如嘆息。四周都被水氣濛住了。

將傳單和建議書和口號，寫，印，寫，印，就這麼一整天，未有休息。

老×前四天去×，今晚已回。帶來了許多可口的東西：香蕉，花生糖，什錦軟糖。但我並未接到任何人的信，悵甚！

整天的雨，簡直沒有停止過。老×回來，是成了落湯鷄一樣的。我寫着這日記的此刻，夜間的第二班步哨已經替班了。我還在這里赤着脚。而且添了客人，睡的地方也沒有，幸而天氣尚暖，這個秋夜是容易挨過的。

在訓政處只是談天。講到我們的友軍×××司令，才知道他是一個有名的綁匪，在上海的法租界倘有未了的案件三四處。他還因違抗命令，是給戰區司令下令通緝的。然而他正在這裏無法無天呢！——老百姓苦啊！

託老×代買的稿紙一束，倒是有的。但毯子，較好的，說要鈔票十六元。我嚇得舌頭也拖了。

二十九日夜

早晨爬出來，仍然是下雨。但突然發現了脚上生了一個小瘡疱，也不知生於何時，何以會生的？吃了早餐，便又是寫，印。寫，印。吃了午飯，便又是寫，印。寫，印。這樣的一直弄到下午六點鐘。

但老何突然通知我要陪他一同去出發了。我兩手是墨油，弄得急煞王靈官。我和〔〕同志調了槍，將飯三口當作兩口划，一切準備齊全了。

列隊在打麥場上，挑出勇敢壯茁的二十多人，從新編製了能够出擊的兩小隊。我將名字一一錄下來，預備出發去捉土匪。但又突然接到另一個命令，說不要出發了。於是又停止。但牽出了馬廄的馬，牠的脚底是總有點兒癢癢的。部隊裏迸溢着戰鬥的興奮。

我這回是拿的刺殺鎗。老〔〕同志教了我。他在軍事上，總是我的老先生。

雨在中午曾經停止過。傍晚，太陽竭力在雲縫中掙出，瞧一瞧富曼河，便又立刻躲到地底下去了。

說是老×已回家去了——我一點不知道。

但今晚究竟出發不出發呢？歌聲起來了……。

三十日

天晴了。有太陽。看「一週間」，譯得太壞。但其中描寫兩個出身不同的黨員，在他們的彼此之間，是頗有趣味的：

「哥洛夫略夫是蓬亂而粗魯的，他鬍子也不刮光，扣子也不扣好！馬都山珂也不愛他。有一天，馬都山珂想要幫他穿大衣，可是哥洛夫略夫粗暴地擺脫了他，向他驚愕地嘲諷地望了一眼，對他說出這些絕端的侮辱的，尤其是不可解的話來；

「馬都山珂同志！你爲什麼這樣做？你是共產黨員嗎，誰叫你做奴隸？」

哥洛夫略夫是一個勞動者，馬都山珂是一個軍隊裏的錄事。作者還指出，哥洛夫略夫之類們是常常會作馬都山珂們的上司的。

編了五課「識字讀本」。想作識 課的「教程綱要」，但沒有。尼囡給我洗衣服，給她錢，他不受。我起先以爲她受了我的錢會給她的"婆婆"，便改給好婆了。但好婆也不要，倒是說：「小孩子一天到晚沒事的，叫她做做是並不作聲的。」

捉到了一個地保。他包賣 日貨」，土呀（註），人造絲呀，紗呀，絲光紗呀，斜紋布呀，……我們把他捉來了，頗打了一頓。但他有一副伶俐的嘴巴。世界上的大騙子，刁滑透頂了。

連日的雨，將田稻淹成一片的汪洋。阿彌陀佛，浸在水裏的稻是就會發芽的。老百姓忙着開缺口，把田裏的水放到河裏去。富曼河的兩岸都是嚶嚶的水聲。

最近以來，部隊裏的瘧疾，十分猖獗。「金鷄納霜」買來就吃完。老×是去買「奎寧」針來了。天時也逐漸的陰涼，病氣似乎淡薄了。然而我到病室裏去看，病了的人至少就有一小隊。你說可怕不可怕？

註：即鴉片。

三十夜

聽到一個四十上下的婦女，在訴述着去年年底日本兵在富曼河的情形。語勢手勢，將故事講得淋漓盡致，如影如繪。尤其是說道日本兵一來，老百姓的可怕的內心表情；我們的「朗誦詩」是無論如何沒有做得她的這樣「藝術的」的。「諸諾。要鷄，要蛋。要脫排骨（註）。要糖 要鹽。……諸諸，花姑娘呵！花姑娘呵！——阿九的小細娘被兩個日本兵挾了就走。他們還拖着古頭呢！——像吃屎的狗！……就是這樣的斷頭的！——」。

她走之後，我的面前還仍然保留着她的講談的影子。她講得有聲有色，我們的「文學家」是萬萬不如的。

有幾個同志的病好起來了。然而大病初愈，嘴就一定饞。田大鈎一下子就吃了兩個鷄子兒；有的在一日四頓之後，還要非吃猪油炒飯不行的。

（註）脫排骨即香烟。

三十一日晨

早晨。晴。有很好的太陽。陽光像金色的絲綿，軟軟的包裹着我，柔和而舒適。我划着小船到三浜口去洗了臉，刷了牙。天藍得高。水藍得深。我的小船蕩在一片藍色中。密林之中有霧氣。看不見富曼河的盡頭，但見東方的美麗無比的朝霞，像綢緞一樣的雲彩啊！

這裏老百姓的上街的時刻，與故鄉是絕然兩樣的。——這裏的老百姓是一跳下床去上市了，而故鄉的却總要吃過了早飯。這裏的早飯也吃得遲，約在十時左右；中飯就得到午後的兩三點，也與我的故鄉不同的。所以我在河中洗臉漱口之際，就有幾個老太婆在叫着要擺渡。我把她們擺了過去。

三十一日

我們上午才知道，我和老×那次到鄉村去參加「班長訓練班」的開學典禮，幾乎「嗚呼哀哉」了，據×××的部下來密密的告訴我，我和老×臨走的時刻，×××在部隊里咆哮着，「是這樣的王八蛋！幹了他！——」罵我們。但後來又總算被他的部下勸阻了。使我和老×終於留了命。在鄉下幹工作就是這樣難，因爲有武器，一個不小心，就用槍口來說教，使對方「壽終正寢」了。然而，天啊，我們有什麼地方對不起×××的呢？有之，那末就是我們幫着老百姓講了話。

三十一日夜

里根來看我，我高興極了。他還總是擁着我的肩頭，「夏先夏先」的叫。當然，我要問起他在自己的宅基上組織「抗日自衛隊」的形態了。里根只是說：

「自然，雖可罵您（註一）也是爲好囉。爲了這斷命的「有吃的」，雖可無非是叫宅基上大家同同心，同同心……幾根黃稻一上場，那末您也看想，我也看想（註二）。雖可同了心來一同保護，但又不。——許多人您都說不服的。眞是沒有法子想。雖可如同一棒坍！」

「但也只能慢慢來。」我說，「要團結起來保護宅基，打日本人，原很難。但心是灰不得的。」

「呃！——夏先！雖可畏心，——那是決不的。」

又來了八位新同志，一個女的，叫ㄩ，她在去年「八一三」之後，曾同我在一塊兒工作過。人極沉靜，是一個紗廠的工人。黃昏，我們又要較久的離開富曼河去了。全村的老百姓都圍繞着我們，依依作別。

我們尼囡鬧我們，「你們什麼時候再……」她的好婆截斷了她，說；

「這裏是他們的娘家——就會再來的。」她又回頭向我鼓勵道：「要一定再來的啊！」在這位老太太看來，我們最好是不移動。

但我們已經一起進了船艙，並在船頭上架了機關鎗。月亮掛在柳梢上。在月夜裏的富曼河水就像稀薄的蜜，又亮又香又甜。但一天的上游走着白雲，向東方不斷的飛馳。我默默的看着行將被白雲遮蔽了的月亮。老何對着我的耳朵，低微的說道；

「你「舉着望明月」呵……！」

我啞着喉嚨苦痛的說，「在夜里行軍是不作興講廢話的……」

船在前行。

註一：「你篤」即您們。

註二：「看想」即設法施詐之意。

時鐘

M·高爾基

鏑鏴，鏑鏴！

獨自在夜的幽寂裏傾聽擺鎚的公正的辯論，是很恐怖的；聲音是單調，數字一般地準確，無變更地記錄着一件並且是相似的東西——生活的無休止的運動。昏暗與沉睡籠罩着大地，一切都是靜默的，只有時鐘在大聲地，無情地記錄出每秒時間的滑過。……擺鎚鏑鏴着，生命隨着每一次鏑鏴在一秒鐘一秒鐘地減少，時間的一絲一毫的減縮是在贈給我們每一個人，對於我們，一秒鐘將永遠不會重返。它們來自什麼所在，這些每一秒鐘的時間，它們消失到什麼地方去？沒有人能回答這個問題。……並且，這兒有更多無從給以回答的問題，這兒有其它的，更重要的問題，它們的解答關係着我們的幸福。我們將怎樣像感覺到我們自己有生活的必要似地生活，我們將怎樣生活而不致失去我們的信念與我們的希望，我們將怎樣才會生活得不使一秒鐘的滑走影響我們的靈魂和頭腦？對於這一切問題，那只從不休息地在沉着地前進的時鐘，將給以回答麼？時鐘對於這一切，將要說什麼呢？

鏑鏴，鏑鏴！

在這世界上，沒有比一具時鐘再缺乏感情的東西了：它以均等的規律在你誕生的剎那間開始鏑鏴，並且繼續進行着，當你熱心於拆取青春的夢幻的花朵時。從人類誕生的時刻起，人就一天天接近死滅。當你掙呻吟於臨終的痛楚時，它的每一瞬息都將由時鐘點點地，無意味地繼續下去。在這無情的計算中間——你專心傾聽着它——這兒有什麼東西在暗示出，時鐘瞭解一切，瞭解並厭惡這種知識。沒有什麼東西會招起它的憤怒，沒有那樣東西在它是寶貴的。這並沒有分別，我們——假使我們願——應當爲自己造出一具充滿情緒和思想的，充滿積極性的時鐘，來替代這只愚蠢的，單調的，缺乏靈魂的時鐘和它的冷淡的該死的鏴鏑。

鏑鏴，鏑鏴！

時鐘的無休止的動作，是不帶一點兒永久性的！我們如何稱呼現在呢？一秒鐘一秒鐘地滑過，每秒鐘都把它先前的一秒鐘拖入不可知的深淵。……

鏑鏴！你是幸福的！鏑鏴！此刻你心內充滿憂愁的欲沸的毒液。假如你不設法用什麼新的和富有生命力的東西填注於每秒時間的話，對你這毒液將終身存在，永久存在於這一瞬間所給你的一切時刻之內。災難的瞬息，這是一個危險的賜物：有它，我們往往找不出其它的東西，尋求不到在人類地位上是更高貴的權利。然而，它們，這類的災難太多了，因此，它已成爲減價的商品，不再惹人注意了。因之，重視這類災難是並無代價的——最好給人以更基本的，更有價值的東西——難道不是這樣麼？災難是貶價的股票。最好不對任何人吐訴生活的苦惱；安慰的詞句中極少有你所欲尋求的東西。當你在和妨碍你生活的東西進行鬥爭時，生活才會越加充實而有趣。在這樣的鬥爭裏，疲倦的，悲哀的時鐘在不間不間地加速着它的進程。

鏑鐺，鏑鐺！

人類的生命是可笑地短促。那麼，人怎樣生活呢？有的人堅決主張規避生活，有人卻將他們的內心與靈魂獻給它。第一類的人，在臨近生命的終結時，將變爲精神和記憶上的赤窮者，第二種在兩方面都成爲富有。前者同後者都將要死滅，除掉他們赤裸裸地將心靈和理智獻給生活之外，他們都一無所獲。……當你死去的時候，時鐘將公正地敲出你臨終的淒楚的幾秒鐘來——鏑鐺！在那幾秒鐘之間，新的生命將要誕生，一秒鐘內要誕生幾個，然而你不會多活下去。除掉你那時將要散出惡劣氣味的尸身外，沒有什麼東西留給你！這難道是你的自尊心未曾起來反抗那既將你投入生活的懷抱，又把你從它那兒甩出去，並且——一無所有的機械的創造嗎？假如你是因對時間的秘密的疑難的服從而開始自豪和反抗的話，那麼，加緊自己在生活中的記憶罷。想想你在生活中的任務：一塊磚造成了，它不堅固地在一所建築物裏存在着，於是，粉碎，消滅掉了。……作一個磚塊是愚蠢而無關重要的，難道不是這樣麼？假使你有思想和靈魂，假使你嚮要經歷充滿情緒和思想的美麗的，暴風雨似的時刻，那就不要嘗試作一塊磚罷，

鏑鐺，鏑鐺！

如果你要來細想目前在時鐘的無休止的運動中所說的話，你將因你的無關重要的實現毀滅。這個實現會損毀你！它將喚起你的自豪，你將對曾經誹蔑你，生活感到強烈的憤怒，你會向它挑戰。在什麼名義上？當自然奪去人類匍伏行走的本能時，她賜予人類一個智慧——理想。從那時開始，人類曾經不自覺和不間斷地，爲更美好的東西——更高貴的東西而鬥爭。使這個鬥爭變作意識的鬥爭，教人瞭解唯有意識的鬥爭才接近最高貴的東西，這是一個真正的快樂。不要失望地訴怨，什麼也不要怨恨。你的一切訴苦將得到憐憫，將得到缺乏精神的佈施。所有的人都是同樣不幸，但那最不幸的是將不幸披在身上作爲裝飾的人。這些都是比一切其他的人渴望安慰，而且比一切人都不值得安慰的人。鬥爭——這是生活的目的。讓生活只成爲鬥爭罷——它將要容納最高貴和最美麗的時刻。

鏑鐺，鏑鐺！

『光明爲什麼賜予被擱着路的，而且是被上帝所阻着的人呢？』

年老的[illegible]曾經這樣詢問上帝。現在正缺乏這種象[illegible]一樣地追問上帝的勇敢的精神，人們記得他們是上帝的孩子，是在他的心象和形影中創造的。一般說來，目前人類都輕視自己。他們極少愛護生活，他們甚至用荒謬的，愚蠢的方法愛護自己。同時，他們懼怕着死，雖然誰也不能避免它，如同每人所瞭解的一樣。凡屬不可避免就是對的。從人類最初在地上出現開始，人類就繼續着死亡，他們熟悉這個思想的時刻臨近了。完成一個任務的意識足以消滅死的恐懼，假如你一生忠實地追循着人生的大路，將最後把你引入無聲無臭的終點。鏑鐺：……人所遺留的全部是他的行動。在他，時間和他的希望共同宣告完結，在其他的人們，時間在開始。——悲哀的時間，生命將告結束的時間。

鏑鐺，鏑鐺！

卽卽使在這個世界上，事情主要地是異常簡單的，事情像矛盾中似地混亂着，存在在欺騙同惡作劇裏。如果人類只有更緊密地互相注視，如果每人身旁都有一個朋友，他們依舊是更爲簡單的。

單獨一個人，不問他是怎樣偉大，總歸是非常之渺小的。要緊的是我們彼此瞭解：譬如，無論我們講話怎樣模糊，但畢竟較之我們所想的更不滿意。人類缺乏很多幫助他對其他人傾談的言語，正因爲人們在當時找不出適宜的表現方法，因此，很多在生活中具有重要意義的偉大思想一絲不留地喪失了。一個思念萌生了，起了一種想把它按入明白的，有力的語言的欲望……：卻找不到言語。

應該給理想以更大注意。使它們長大起來，它們將永久酬謝你的努力。每處角落裏，各式各樣的事物中間，都有思想存在——即使在一塊石的碎裂中，你可以尋出思想，假如你存心這樣的話。如果人類有這個希望，人就可能獲到一切；如果人類有這個希望，他們將變爲生活的主人，而不是現在的

奴隸。只有培植希望，只有有能力的自豪的意識出現——全部生活將要充滿精神的力的證據，將要成為因為它們所含着的偉大，行動的高貴而使人驚絕的時間，燦爛的時間的織錦。

鏑鍩，鏑鍩！

勇敢和堅強的精神萬歲，崇拜眞理，崇拜正義，崇拜美的人萬歲！我們不認識他們，因為他們高傲而不需求報答。我們不會看見他們如何嫉妒地燃燒着他們的內心。用燦爛的光照耀着生命，他們甚至強迫瞎子去辨識。要緊的是許多瞎子應該辨識；要緊的是一切人應該驚訝地張開眼睛，並且唾棄他們生活中的愚昧，偏倚同醜惡。成為希望的主人的人萬歲！全部世界存在他的心上，世界的一切痛苦，所有人類的災難都在他的靈魂中存在。生活的醜陋與污穢，它的謊騙同殘忍，是他的仇敵；他高貴地將時間花在戰鬥上，他的生活充滿猛烈的愉快，美麗的憤怒，自豪的頑強……莫寬容自己——這是世界上最高傲，最瑰麗的知識。不懂得寬恕自己的人萬歲！這裏僅有兩種生活的方法：或者是腐爛，或者是焚燒。懦弱同貪慾的人選擇第一種方法，勇敢而高貴的卻擇取後面一種，偉大的美在哪里，這對於一切酷愛美的人還是很明白的。

我們生活的時間是愚昧的，空虛的時間。讓我們美麗的行動充滿這些時間罷，永遠不要寬容自己；這樣，我們將會生活在充滿愉快，洋溢着自豪的美麗的時間裏。不能寬恕自己的人萬歲！

（一八九七年作）　（王春江譯）

塞馬加是怎樣被捉去的

M·高爾基

塞馬加獨自坐在一間舖子裏的食桌旁邊，桌子上放着半瓶沃得卡和一碟價值十五戈貝克的油炸下酒菜。

一間被煙燻黑了的地窖，兩盞燈從圓形的石頭天花板上掛下來，一盞燈在櫃台後面，屋裏的空氣滿籠罩之煙霧。在一陣陣的煙雲裏，模糊，黯淡，破碎的人影恍惚着，有咒罵的，有唱歌的，有說話的，樣子都最活潑，聲音都提高，——都意識到絕對的安全。

屋外面怒吼着晚秋的大雪，大塊的潮濕的雪片陣陣地飛舞。但是酒館裏依舊是溫暖，喧噪和嗅慣了的香味。

透過煙霧的幕，塞馬加很仔細地注視着門，尤其是當那門開了，從外面進來人的時候，這時他的强壯而輕捷的軀體，還會向前彎曲一點。偶爾也會用手遮着眼睛，從手的下面，對新進屋來的人加一番長時間的銳利的觀察。他要這樣，是有充分的理由的。

對新進來的人，加一番仔細的打量，顯然的是到達了一個必須獲得的結論後，塞馬加又重新斟滿一杯酒，渴乾了！這以後就又往四五塊蒸餅的碎片和肉送進嘴裏去。他慢慢的很有味地嚼着，並且還不時伸出舌尖來舐他那粗黑的軍人式的鬍鬚。

溼潤潤的灰色的牆上，倒映着他的大而毛髮散亂的頭的奇妙的不均齊的影子。當他咀嚼着的時候，這影子顫動了，好像是對沒有回答他的什麼人一直點頭似的。

塞馬加的臉很寬，沒有鬍鬚，顴骨是突出的。他有大的眼睛和灰色的瞳人。當他很注意地看什麼的時候，它便會細長下來。眼睛上面，是蓬鬆漆黑的眉毛，另有一簇淺黃褐色的頭髮，直垂下來，幾乎接觸到左眼。

概括的說，塞馬加的面貌，不能叫人信賴，那樣子過於緊張，不適合於塞馬加現在那里的環境，事實上他的面貌，因為他那堅決的表情，會給同屋的人們，一種輕微的不安的感覺。

他穿的是一件笨重的破爛的上衣，紮一條繩帶，身旁放着他的帽子和手套，他的手杖，一端是樹根做把手的相當粗的短棍，靠在他坐着的椅子後面。

他悄悄的坐着。桌上的沃得加已經喝完，正打算叫添酒，一陣尖銳軋轢的聲響，門開了，接着像是一堆亂麻屑似的東西從外面衝進門來。一個清脆的孩童的聲音激動的喊：

「來了！小心些，快點準備吧，叔叔們。」

屋裏的人們傾刻停止了話聲，都感覺坐立不安起來。一會兒，叔叔們中的一個，很急促狼狽的發聲問：

「是真的？你扯謊吧？」

「怎會扯謊，真來了，他們從兩方包抄着來，有騎馬的，有步行的，兩個軍曹，兩個警察，後面還跟着一大堆人，」

「他們要捉那一個，你知道嗎？你可聽見他們說什麼沒有？」

「總是要捉塞馬加，他們在向尼奇復黑奇問關於他的事，」一面講，一面那聲音的圓圓臉的主人，也快步地穿插在人縫裏，一步一步的接近櫃台了。

「什麼？尼奇復黑奇，被捉去了？」塞馬加問，一面戴上帽子，從椅子上不慌不忙的站起來。

「是的，他沒有走得脫……他們捉住了他。」

「在那裏？」

「在『央登』的屋裏」

「你剛從他那裏來的嗎？」

「唔……唰，我在園子裏繞那屋跑了一圈，現在我要到巴布家裏去，那裏也許同樣的有別的人在。」

「那就去吧，快點去！」

隔時，這小孩已經離開了酒店，接着，頭髮斑白的酒店的老主人喬那．彼得羅維奇大聲的嘮叨着。老主人是一位容貌端正，富於信仰心的人，戴一付大眼鏡和一頂高的黑絲絨帽。

「真是一個天生的小鬼，十足的壞蛋。啊，怎麼長出來的！你看，整整的一盤，吃得精光！」

「吃光了什麼？」塞馬加一邊朝着門走，一邊問。

「豬肝！完全光了。該死的，這時候，怎麼吃得這樣乾淨，連一片都不剩！」

「反正你也不會因此破產！」塞馬加咆哮着走出來，反手帶上了門。

猛烈的雪風，在街上來去旋轉，發出窒息的，深沈的突號。潮溼的雪片密布在空中，雪花佈得那樣密，看去猶如蒸熟了的粥花一樣。

塞馬加站下來，側耳聽了一瞬，但沒有聽出什麼，除開沉重的風的吹息和打在房屋和牆上的沙沙的雪聲外，什麼都沒有。

他開始邁開步走，約摸前進了十步，翻過一道籬垣，進入一家院子裏。

一隻狗吠了。接着好像回答這吠聲似的不知從那裏傳來一匹馬的鼓鼻聲和馬蹄踏地的聲響。塞馬加決然的轉過身子來，仍舊回到街裏。放開輕捷的步武，向市的中心地帶走去。

幾分鐘後，他聽到他走去的方向，傳來抑壓住了的聲響。他重新翻越一道籬牆，安全的通過了一家院子，到達了一扇敞開的門前。這門可以通到一所新園裏，不一會，毫無阻礙的又跨過幾處籬垣，穿越幾家院子以後，他走到一條和喬那．彼得羅維奇，酒店的那條街平行路上來。

塞馬加隨着這路走，一面心裏打算躲到哪裏去，但他不能找到適當的去處。在這樣的晚上，警察們的動作，好像是鬼使神差似的跟着，平日覺得可以靠得住的地方，現在都似乎不可靠。但就這樣在暴風雪裏蹀躞於街頭，冒着被警察或是守夜的哨兵捉去的危險度過這一夜，也是塞馬加所沒有想到的辦法。

他慢吞吞地走，眼珠兒翻起來注視着這荒涼的夜的碎亂的白幕。從這幕裏面浮出的寂靜的房屋，鋪石，燈柱，樹木。所有的這些東西上，都蓋着一撮柔軟的雪堆。

一陣奇怪的叫聲，貫穿了暴風雪的怒號。那聲音像是嬰兒的低微的啜泣，不知從前面什麼地方來。塞馬加站住了，伸長着頸子聽，那宛如覓食的猛獸，感覺到危險而警戒起來了的神情。

這聲音消失了。塞馬加搖搖頭，再繼續向前走，把帽子更戴下一點，聳起肩頭，接近他的耳朵，免得雪從領子上鑽進去。

又是一聲哭聲，這次就在他的足的左近了。他吃了一驚，站下來，彎着腰，開始在地面摸索，當他挺起腰來的時候，他手裏拿着一捆東西，撥開上面的積雪。

「呃……怎麼……！嬰孩……這是怎麼一會事！」他昏亂的自言自語着，一邊將拾起來的東西，送到鼻子旁邊嗅嗅。

那東西動作起來。雖還是溫暖的，但被溶化了的雪浸溼，那臉是紅的，有縐紋，還比塞馬加的拳頭小。眼是閉的，小口時張時合，發出吮嘴聲。水從溼透了的布片裏浸出來，流到臉上和沒有牙齒的小嘴裏去。

奇異的發見，雖然使塞馬加昏迷，但他還知道要不叫這嬰孩喝下去雪水，使它舒復點，他應當重新把包裹的衣布整理一下，於是他開始把它翻轉來。

一陣動作顯然的使這小生物感覺到不舒適，發出悲哀的哭喚。

「不要哭！」塞馬加嚴厲地吩咐。「不要做聲，要聽話，不然，就不管你，隨你去！誰要你，要你做什麽？還要哭呢，小蠢傢伙！」

一席話對這包東西毫無効果。嬰孩繼續的哭下去，哭得那樣可憐，那樣微弱，使塞馬加感覺不安。

「好了，小傢伙，讓你去。我知道，你是又溼又餓，並且又這樣小。但又叫我怎麽辦呢？」

嬰孩還是不停的哭泣。

「沒有地方可以安置你」。塞馬加決然的說。他把那嬰孩包得更緊一點，蹲下腰把它放在雪地上。

「讓你去罷。叫我有什麽辦法？你看，在這世界上，我自己不也和你一樣的是被人丟棄的。再會了，我不能照顧你：：」

置之不問的樣子，塞馬加繼續放開步子，一面喃喃的說：

「假使不是警察們要捉我，還可以找個地方把你藏起來。正巧他們又要捉我，叫我怎麽辦？我一點都沒有辦法。請不要怨我。你真是個無辜的靈魂。但你那母親可眞是壞女人，我要知道她是那一個，一定要抽她的筋，碎她的骨，把心肝都挖出來。是的。這種惡魔，毀滅了她，讓你不知道什麽是平和，安息，叫你死都沒有土埋。你犯罪的惡婦，啖你自己的心肝直到腐爛吧！怎麽生一個孩子，丟在籬笆下面？抓住你的頭髮，拖你出來看看！究竟是個什麽東西。你要曉得，怎能在這樣風雪的晚上，把養下的嬰兒，丟在雪地上。這樣弱小，一忽兒，雪水就會窒息死他，直是蠢貨！要丟也應該揀一着晴天的晚上。這樣，他也可以多活一陣，路過的人，會抱去的。但在像這樣的夜裏，又有什麽人會走過呢？」

塞馬加沒有注意，是在什麽時候，說哪句話的瞬間轉身走回去，把那小生物拾了起來的，因爲他專心在罵那不知道姓名的母親。當他把嬰兒藏在胸前，一邊還不停地呪咀着，在奇妙的慌亂裏，向前走去的時候，一種思念和對這嬰兒的哀憐激發了他，使他感覺到他自己也和這嬰兒一樣的可憐。

那嬰兒微弱地蠕動了，發出窒息般的哭泣，他幾乎被那沈重的上衣和塞馬加的強力的手壓碎。塞馬加的上衣裏面，只有一件破爛的襯衫，不多一會，他就感覺到這嬰兒的細小的身體的生存着的溫暖。

「眞不錯，還活着！」塞馬加低聲地說，大踏步在風雪裏一直向前走。

「我的小朋友，你的運氣眞不佳，我把你擱在什麽地方呢？這眞是問題！還有你的媽媽……唔，不要不安靜了，耐性一點，不要動，要不然，你會跌出來。」

但這嬰孩，還不停地摸索着，現在塞馬加感覺到，通過他那破爛的襯衫，一個溫暖的小臉，正擦着他的胸膛。

突然的，塞馬加站住了像木偶一樣，腦裏閃來一個突然的思想。

「哦，你是要找奶吃！」他輕微地叫出聲來。「他的母親的奶！上帝，他的母親的奶！」

或許是一種羞澀，又或許是一種恐怕的心情，塞馬加震顫了。總之，那是使他的心苦痛地收縮的一種珍奇而強烈的情感？

「要是你的媽媽在這裏，我一定把她找來給她點什麽。現在你在我胸前摸，又有什麽用？我沒有什麽呵！我只是一個兵，說實在話，只是一個賊啊。」

風又吹起一陣鈍促，慘傷的哭號。

「你應當就這樣睡去，只有這樣。閉着眼睛睡罷！不，小朋友，吮我的胸沒有用處的。睡了吧，讓我唱一個歌給你聽，像媽媽一樣地唱。小寶寶，睡覺了，小寶寶睡覺了，小寶寶，我不是女人，睡覺吧！」

低下頭來，和懷裏的嬰兒更挨近一點，塞馬加低聲唱歌了，儘可能的用溫柔和愛撫的調子：

「馬燈娜！
你這女人，又懶又蠢，
凡是壞的事，都有你一份，
馬燈娜！」

按着催眠曲的音拍，他唱着這歌。密密地落下來的雪，在街上旋轉飄飛。當塞馬加胸前藏着嬰兒向前走的時候，它總是不停的啜泣，賊也就爲它柔和地唱着歌：

「下次我來看你，
要打碎你身上所有的骨頭。」

水滴從他的眼眶裏浸出，順着臉流下來，那多牛是溶化了的雪。一股寒慄，不時透過他的全身，他的喉頭作癢，他的心臟緊縮。懷抱了啼哭的嬰兒，走在被風雪掃空了的荒寞的路上，是這樣的悲愴，這樣的凄涼，連這賊自身也幾乎禁不住要哭號。

他依然繼續他的路。從他身後的左近，傳來布包了的馬蹄聲。交織的雪幕裏，映出騎馬的人們的牛面黑影來。現在他們已經和塞馬加並排走了。

「是誰？」

「你是那一個？」

兩個聲音同時的向他問。

塞馬加吃一驚，站住了。

「你拿的什麼？」騎馬的一個問，靠近步道來。

「我拿的什麼？一個嬰孩。」

「你是什麼人？」

「我是塞馬加，從阿克都加來的。」

「哦，你就是的！我們正要找你！來，來，朝這邊來，在馬蹄裏走。」

「不，我們還要走很遠。像這樣沿着屋簷下走好的一點，可以遮遮雪。路當中我們不好走。這樣走着，我們就已經……」

警察們不懂他說些什麼，却也讓他走了一些時候，眼睛釘住他。

這樣，一直走到警察局。

「這總算把你捉住了，哈哈！夥計，直不錯！」值班的軍曹招呼他。

「但是，這小孩怎樣辦？我怎樣安置他？」塞

列寧與高爾基

·加奈次基

在和高爾基相識的二十餘年中間，列寧把高爾基評價得高，深摯地愛他。列寧底對於高爾基的這樣的關係，在他們一道工作的時期，以及高爾基離開了列寧的時期，都可以看得到的。

當高爾基不是充份地和列寧同一個思想的時候，列寧衷心地感到悲哀；為了說服高爾基，用了不少的努力和辯論。在和高爾基的通信里面，他不斷地挑起了論爭，但並沒有停止對於他的尊敬。

關於我們黨底出版工作，列寧總是用着深的注意傾聽了高爾基底批評。當種種雜誌或報紙創刊的時候，他總是拿去和高爾基商量。常常邀請他底參加，聘請他到養成工人宣傳委員的學校里去。我們從表現了這種關係的列寧底書信里面引出一些斷片罷。

「……在工人中間加強宣傳，使他們來訂閱，何如？由那收集的錢，非用來穩定，擴大報紙（一）不可。否則，議會開始的時候，會完全劃不出社論的地位的。為了幫助報紙底完成，你可不可以也參加發動訂閱的宣傳呢？用什麼形式？如有小說或其他適當的文章，關於它的廣告就可以成為很好的宣傳的。如果沒有，請約定在最近，就是在一九一三年以內寫點什麼罷。最後，關於積極地支持（訂閱，推銷，捐款）工人報紙這件事底重要，你寫給工人的信，就是幾行也罷，我以為也可以成為很大的宣傳的。」（一九一二。一二。二三）

「……我們不得不從非合法的東西和「真理報」開始了。但我們並不願停止在這上面。而且，關於這，你曾經說過，「是我們也應該開始有自己的雜誌的時候了」，現在要請你對這話給予回答。你是打算馬上做成籌款的計劃，出版一個關於綱領，編輯部，和撰稿人都有具體的成案的厚雜誌呢？還是用同一個計劃來着手擴大「普羅斯維希契業」（二）呢？……」（一九一三、一）

「……你肯參加「普羅斯維希契業」，使我和我們大家非常高興了。然而，我——自招了罷——曾經這樣地想過：談到這樣單薄的小雜誌，A．X．一定馬上失掉興味的。我後悔有了這樣的想法呢，後悔了呢。如果我們慢慢地把現代作家們移植過來，使「普羅斯維希契業」擴展下去，那會是多麼好的事情呵！多麼好的事情呵！新的讀者是無產階級的人們，所以想把雜誌弄得比現在更便宜。寫作品來呀。……」（一九一三·二）「預定給五月號「普羅斯維希契業」的短論文或小說，怎樣了呢？那方面來說，有你底文章，可以銷一萬到一萬五千（看看我們底發展情形！）告訴我能不能寫。以後再在真理報上發表，能夠有四萬讀者。「普羅斯維希契業」的工作要做得漂亮才好呢。否則，媽的，為了工人，為了社會主義，為了革命的德謨克

馬加問，搖搖頭。

「什麼？什麼小孩？」

「我在路傍拾起的，在這裏。」塞馬加從胸前把它拿出來。它柔軟的橫在他的手腕上。

「怎麼，死了！」那軍曹叫起來。

「死了？」塞馬加重說一次，看嬰兒一眼後，就把它放在桌上。

「你看！」他自己對自己說。接着，嘆息了一聲，鴉加下去：「我應當頭一次就把他抱起來，這樣或者就……頭一次我沒有，拿起來了，又把他放下去。」

「你講些什麼？」軍曹奇怪的問。

塞馬加悲傷地望望他的周圍。

隨着那嬰孩的死，他走在路上所想的大部分，也死了。

現在纏繞着他的一切，只是嚴格的公式了。辮刺和牢獄等候他。他感覺憤恨，埋怨地看看那細小的死屍，嘆息一聲。

「唔，都是爲了你！帶着你被捉住了也都沒有用！我決定帶了你，但你去了，就死在我身上，眞死得好！」

塞馬加開始猛烈地搔他的頸子。

「把他帶去。」軍曹對警士說，頭向塞馬加的方向歪一下。

塞馬加就這樣被帶去了。

這就是這故事的全部。

（楊芳潔譯）

拉西，滿意的雜誌一個也沒有，會弄到只有異教的軟骨虫橫行了。……」（一九一三、五）「……實在非會一會不可呢。因爲「眞理報」底禁止，陷進了非常的苦境。所以想借助你底意見。而且，如果你到伯林來，對於我們，就是對於「眞理報」，當能夠做很多的事情。所以，能否八月初在這里或上面說過的城市會面，一兩句話也好，望馬上告訴我。萬一那做不到，那時候由我把一切事情，尤其是學校（三）的事情，更詳細地寫信告訴你。——組織者底損失，對於我們是很大的打擊。再另外找罷。——（一九一三、七、二五）「……關於「計劃」，你有什麼新的意見沒有？寫信告訴我罷。也同信給我們學校底工人罷。是好青年呢。有一個是詩人，然而可憐，無論寫出多少，指導者，助力者，忠告者，教師，都沒有。」（一九一一、一一、四）

上面引出的斷片，相當表現了列寧本人和他底對於高爾基的關係。他曾努力地使高爾基參加一切祕密底工作，連最秘密的工作都不除外。

列寧底對於高爾基的親密的心情的關係，也反映在他底通訊里面。只引用幾個斷片罷。「……眞是，那是怎樣亂七八糟的生活呀？過勞的結果，就疲乏，神經痛。這樣的事情是絕對要不得的。住在卡普里，而且是冬天，客人一定不會多的，不是能夠過規則的生活麼？沒有了監督者，覺得放心了，所以那麼隨便的混。那在要不得呀。緊張地，更嚴格地注意身體罷。這樣的時候生病，是絕對不容許的。」（一九一三、二、一「……來信說病了，我非常地耽心。可以不醫治地住在卡普里麼？在德國，有能把肺病醫治得完全斷根的很好的療養所（例如在離瑞士不遠的聖勃拉金）。那里，使完全結疤，好好地榮養，而且組織地耐寒，增加對於傷風的抵抗，這樣地，使病人出院的時候，成爲有用的可以活動的人。」（一九一三、九、三〇）

這樣，是繼續到死去爲止的列寧底對於高爾基的關係。一九一九年夏，我因事常常往來於莫斯科和匹契爾之間。我每次訪問了高爾基。有一次，高爾基興奮地把二三同志所幹的蠢事告訴了我。「你說，這不是妨害有益的工作麼？」我知道當時在亞華克舍、瑪克西謨維奇和烏拉底米耳·伊里奇之間有了別扭，斷絕了往來。但我坦白地對他說了：「你爲什麼不把這告訴伊里奇呢？那樣，他會把那些先生調到適當的地方，矯正過錯的：……。你應該到伊里奇那里去的呀。」高爾基沉默了一會以後，下了決心似地說了：「唔，最近要到莫斯科去，當然去看他的。」我回到莫斯科，預先把這通知了伊里奇。他非常地高興這個會面。我預感到了這一個新的握手。幾天後，高爾基眞地來了。我同他一道到烏拉底米耳、伊里奇那里去。他們一句話不說地互相擁抱住，長時間地緊緊地接吻。在亞歷克舍、瑪克西謨維奇底眼里我看見了淚。烏拉底米耳·伊里奇也不能把那（淚）忍住。我走了出來。僅讓他們兩個談得很久。——這樣地，舊的友情又重新結起了。

列寧和高爾基的相互關係，不僅是對於他們底人格底研究，就是對於我們黨史底研究也提供了大的興味。所以，我們黨史研究者底重要課題，是對於這個關係底解明付與特別的注意。

（註一）這里說的是關於眞理報。

（註二）「osveshchenie」，「教育」，或「啓蒙」之意，一九一一年一月二日在彼得堡發行的，合法的布爾塞維克的雜誌。

（註三）卡普島的黨底工人學校。

這是從日譯本「列寧與藝術」里面的「列寧與高爾基」一項選譯出來的。日譯者是村田春海。原文有列寧底關於高爾基的兩種文獻，和四個同時代人對於他們底關係的回憶，但爲了篇幅和時間，只能選出這一篇回憶了。對於作者Y·加奈次基，我是一無所知的。

（胡風）

對於人的愛

——高爾基逝世三週年紀念講演

鹿地亘

還是三年前的一點記憶。

每記起高爾基底死，我總是同時記起他底死是怎樣被日本文學界接受了的。報紙用着大的標題弔唁了這個偉大的世界的文豪底去世。書店出版了文豪底全集譯本。雜誌競爭地出了「高爾基特輯」。在這些報紙和雜誌上面，作家們和評論家們大大地寫了一番文豪底生平和事業底意義。

種種的事情被說到了。那里面，高爾基底不露面的可憐的敵人，在讚頌的聲音里面隱藏着徘徊。那里面，真正愛高爾基的日本人努力地想怎樣地解明他底事業底全部意義。因爲是高爾基已被許多日本人所敬愛，尤其是被許多勞動階級，農民，進步的知識份子所熱愛着了的時代，因爲正是害怕文豪底真實精神被人民感染了的敵人不能够在人民底面前把這個成爲全世界底記憶的日子隱住，因而陰險地企圖從他底影響里面把革命精神消除掉的時代，所以在那些論爭里面含有特別重大的意義。

那正是所謂「二·二六事件」發生了的一年。日本底侵略的軍事法西斯將要達到最高潮。第二年夏，成爲這次中日戰爭底發端的盧溝橋底槍聲終於響了。總之，是火藥氣已經漠然地彌漫在人們底身邊，世間搞得陰黯，人們底面孔也極端暗淡了的時期。不用說，那氣流也馬上被文學界所感受了。作家們不斷地喊着「不安底文學」。對於世間底暗澹感覺失了社會的地鬥爭的自信的文學界，弄到不能在外界或社會找出自己底不安底支持，反而隱閉在自己底內面，在內的「靈魂」里面尋求支持了。若一看在當時的日本文學界此唱彼和的用語就可以明白。「不安」之外，「靈魂」底文學啦，「自意識」底文學啦，等等，被不斷地叫喊着。

「靈魂」是什麼？「自意識」是什麼？作爲人類底生命力的不滅的愛，是不是「靈魂」呢？對於那愛以及爲那愛而鬥爭的堅定的確信，是不是「自意識」呢？在通過七十年的日本資本主義文化底形成底歷史過程上面，日本從歐美底先進文化吸收了很多的東西。高爾基，托爾斯泰，都很早地被介紹進來了。從這些先進文化，人們學得了凝視「人類」，不屈不撓地把「人類」和他底社會生活研究下去的習慣，由這，用新的時代底眼睛換掉了成爲日本底發展底障碍的，對於「人」的封建的死的眼睛。

資本主義底發展在日本達到了頂點以後的二十年，在日本，「人」底解放底意識的鬥爭，發生，成長了。以勞動階級爲前驅的廣大的人民，對於加在人類社會上的資本主義的限制，開火了。鬥爭底文化產生了，高爾基底名字重新在人們里面喚起了歡喜和勇氣底偉大的情熱。鬥爭，烈而又深刻。那些人們沒入了對於社會、人的情熱里面，到了沒有餘裕回顧自己個人底境遇，甚至生命。和踏進了帝國主義階段的日本資本主義底武力的侵略性相對應，人民底鬥爭底文化當然特別帶有了反戰的性質。同時，向危機突進，開始向最後的法西斯侵略戰爭前進了的日本帝國主義，當然用不知恥的非人道的手段企圖而且實行了對於人民和人民底文化底抹殺。從一九三〇年到一九三六年的期間，實在是日本人民底先驅者和他底文化對於前進的軍事法西斯底一天一天加强的恐怖手段繼續了血的決鬥的時期。無限地，逮捕和屠殺繼續着。爲文化而鬥爭的我們底同志們，不斷地遭遇了殘酷的死亡。動搖起來了。在人們中間的弱者里面，惹起了不安。開始感到了自身底不安的人們開始回顧了過去的狂熱時代，發現了原來是把「自己個人」底境遇，生活，生命等等忘記了的。慄然地，狂熱醒了，這些敗北者們開始焦燥了，想從鬥爭底狂熱中間救出「自己」。

手段是容易地被找到了。像從前的日本文化底先驅者們輸入了高爾基和托爾斯泰等一樣，他們輸入了各種各樣的現代文化底明星們。爲了救濟自己底「靈魂」，輸入了「靈魂」底探求者朵斯退夫斯基，爲了使自己底存在底意識正當化，輸入了「自意識」，底追求者安得烈・紀德。紀德寫過朵斯退夫斯基論。在序言里面說，隨着距離底加遠，高的山更加秀麗地從它底周圍的羣山現出了高來，就像那一樣，在隔着時代的今天，朵斯退夫斯基從托爾斯泰以及其他的作家突出，現出了秀峯。所以，引用着這些秀峯底話，他們安心地沒入了「自意識」，沒入了「靈魂」。

「靈魂」是什麼？「自意識」是什麼？這些東西，在從前的人民底鬥爭底狂熱里面沒有過麼？他們嚣嚣地說了：正是因爲有了「靈魂」，人類底文化才有價值，正是因爲有了「自意識」，才有現代文化底資格。這些東西，在從前的鬥爭底文化里面沒有過麼？否！狂熱不正是人民底「靈魂」底狂熱，對於我們的意志不正是不屈的「自意識」麼？只不過不是他們所希望的「靈魂」和「自意識」罷了。因爲，那些在人民底全體的情熱里面被融成了一體，不會承認有什麼和作爲人類或社會的人底最高的自覺離開了的「靈魂」或「自意識」一類的東西。但他們所要的只是秀峯而已。不。只是隱藏在秀峯底脚下，尋求自己底可憐的救濟而已。如實地說，不過是害怕法西斯，對於它底威脅，妥協，屈服，一面又苦心地想找到向自己底「靈魂」辯解的法術而已。不錯，他們切實地意識到了「自己」和「靈魂」罷。因爲，這些機會主義者們，較之爲守衛「靈魂」或「自己」底聲音而戰的時候，倒是當那些被威脅了的時候的恐怖要强得多。換句話，因爲被威脅了，他們才意識到了「自己」和「靈魂」底存在。

我現在並不想用那些阿猫阿狗們底醜名來辯我底筆。只不過指明一下，形成了他們底主流的傢伙是曾經站在人民方面、總算是加在了鬥爭里面的人物，現在却抓住了意識着「自意識」和「靈魂」底存在的充份的理由。不錯，他們充份地意識了，恐怖了。而且，那以來，尤其是極端地害怕了「人民」這一個名詞。

在近代文學史上，「自己」或「靈魂」開始成了問題，是因爲人們通過近代史底人的苦鬥，努力地追求「人」，追求沒有虛詐的自己底「人的欲求」，想把那社會的地實現。然而，當時在日本文學界，那些却是在眞實底人的鬥爭底敗北或喪失的時候浮上了意識來的。在先進諸國，曾經把資本主義發展期文化底健全性底一面也具現了的東西，當時在日本却僅僅表現了作爲它底死滅期底醜相，這也許可以說是歷史惡作劇罷。在日本資本主義底發展期，我們底文化先驅者們，爲了培植貧脊的封建的民族底文化土壤，曾經傾注了一生的勞苦和心血。例如森鷗外先生　雖然慨嘆地說，一旦移植到了這土壤上的文化，都只能開出貧弱的花，但却把偉大的勞苦底基礎和未完成的任務留給了後來者，從舞台上退了出去。然而，到了死滅期底日本資本主義文化，從人民文化滑開了脚步的丑角們一方面宣揚着一種奇怪的矜持，說，在所謂「布爾喬亞文化」界里面，除了我就沒有法西斯時代底文化繼承者，一方面却又誇耀地揚言，說日本底文化在向世界的水準飛躍。

日本底現代文化並沒有被法西斯承繼下來。那是不用說的，法西斯只僅僅把窒息給與了現代文化——不，文化本身而已。只還留着從前的先驅者們所開培的土壤而已。被文化所培養了的廣大的人民，現在和在嚴霜期一樣，只是把他底根深深地埋在土里而已。

正是在這樣的時代底開始，瑪克沁，高爾基底死傳來了。朵斯退夫斯基和紀德成了文化底明星。「不安」，「自意識」，「靈魂」，達到了高潮。被威脅的「不安」底最初的階段，已經過去了，因爲，從人民底情熱里面抽開了身子的那一瞬間，「不安」就已經沒有了的。然而，和可憐的自己相對照的不屈的們爭者底存在，現在却成爲不安了。他們憎惡過了，罵過了：「他們連不安都一點感不到」，「不知道靈魂底不安」，「是意識不到不安的自己的文學的麻木症」，等等。現在，高爾基底死傳來了，把高爾基抹殺或罵一頓，到底是做不到的，因爲他太大了。太大了的傢伙是只好捧起來放在一邊的。而且，和可憐的自己相並列，他們應該憎恨的是日本底人民鬥爭者，而不是俄羅斯底高爾基。是上優勝杯，裝進神龕里面，只要隔開並且切斷他和日本底鬥爭者的結緣，就够了。

不僅如此，在人類底巨星由於他底死所現出的更强烈的光輝里面，在日本全土底人民中間所蓬勃湧起的思慕，敬愛，以及澎湃的人的情熱，是無論如何也無法遏止的。只要看一看當時的日本出版界怎樣地不得不一方面對於這情熱加上限界，甚至暗藏着想鎮靜下去的企圖，他方面計劃了對於這情熱的沒有「害」的迎合，那麽，日本文化底根在那里，不久它會放出怎樣的芽來，是瞭然的了。

對於日本底將要進入嚴霜期的土里的生命，高爾基底死撒下了最後的日光。恰像要豐富地飽吸他底慈光以後才最後地潛入地里一樣，日本人民底情熱對於這個先驅者底投光強力地表示了呼應。一切小的同人雜誌，工人，農民，學生底小團體都哀悼紀念了他，無數沒有名的詩人歌唱了對於他的敬愛。可以說，是人民日本對於法西斯日本的黯然的示威。

和這個氣流相對應，當時的日本文化界是怎樣地迎接了高爾基底死，怎樣地企圖了把他消毒呢，我試把還留在記憶里的幾件代表的事情介紹出來罷。

當然，在這里成爲問題的依然還是「靈魂」和「自意識」。那是他們估價現代文化時候的標準。高爾基有了「靈魂」沒有呢？有了的。只不過不能够發現他們所希望的，從全人類底情熱逃開了的「靈魂」而已。他有的只是從他底誕生以後開始了的對於人的愛，通過他底一生奉獻給在「底層」下面苦惱的無數的靈魂的深的人間愛而已。對於人的切愛和那澎湃的情熱，正是瑪克沁、高爾基底靈魂。

這是無論怎樣也沒有法子否定的。舉一個例子，現在在我底手邊就有着當時出版的高爾基文學論譯本底廣告。這書店底老板都這樣寫了：現世界有兩個文學的巨星，一個是「自意識」底認眞的追求者安得烈、紀德，還有一個是全人類底友人瑪克沁、高爾基。

如果承認這個事實，那他們將怎樣切斷這個文豪和日本人民的結緣呢？那倒單得很，他們主張了把自身底可憐的「靈魂」和高爾基底偉大的「靈魂」結緣。由於彼此都是「靈魂」這一個理由，把王者底靈魂和叫化子底靈魂結緣了。說了：看呵，全人類底友人高爾基，是「靈魂底文學者」！說了：他攀發了「底層」底靈魂，並沒有叫喊什麽反戰文學，什麽革命的政治文學，並沒有叫喊什麽統一戰線，什麽資本主義最後的階段，什麽打倒法西斯主義；日本底革命作家不是文學者，只是被政治家操縱着的宣傳員罷了。

這樣地，他們把高爾基消毒了，而且在日本人民底鬥爭里面企圖了鎮靜。這一類的說法，其實是叛徒底慣技，但連到昨天爲止還在對它攻擊的人們，一旦叛變了，定規要反覆這種無能的濫調。例如去年才出獄了的山田清三郎。這個丑角也說：「我底老同志鹿地亘，也是被政治所誤了。從前被誤於日本底革命政治運動，現在被誤於抗日×××。呵呵，鹿地呵，夢里也好，來會一會罷，我要開導開導你，你底文學是附屬於政治的。」

在「文學」底丑角衣裳底寬鬆的背上，像「吃耳光的人」（註）一樣，貼着一個大的太陽，把污穢的靈魂包住了的人民叛徒們，是不是被軍事法西斯底「政治」底鞭子所操縱，惹來了世界底嘲笑，對於這沒有問的必要。只是，文學者的我向人民底敵人舉起了的劍，又哪里有非得是「文學」不可的必要呢。大概，奴才們是不懂得叫出了「如果敵人不投降，就消滅他」的高爾基底靈魂的。

高爾基切愛了人。因此，他把他底一生投到了和人類底敵人的鬥爭里面。必然地，日本底廣大的人民熱愛了人類底友人高爾基。

其次，當然地，當時的日本文學界想用和別的文豪相比較的方法把高爾基底光輝弄淡。不用說，紀德第二個被舉了出來。第二個，托爾斯泰被舉了出來。他們這樣說了：「高爾基是偉大的。只是，從他底文體底完成和描寫力說，不及托爾斯泰底現實主義那麽高。在被透徹的睿智所凝視的自意識底深度上，也趕不上紀德。然而，他乘着俄國革命底潮頭，愛俄國，把他底影響達到了全人民。他愛了，他被愛了，他成了全人民底朋友，在這樣的歷史的意義上，他比誰都偉大。」

這個說法比前者更陰險。那好比是這樣說的：「他並不是怎樣了不起的演員，只不過幸運地在一個很賣座的戲里面做了主角。由於幸運，他一躍地被捧成了名優。在實際的力量上，一點也不偉大，但在他底角色上，卻是偉大的。」能够有這樣的偉大麽？假使能够有，大概是功名底篡奪者，像現在的希特勒和軍事法西斯底英雄們。不用說，對於這樣的「鎮靜」的反攻也是有了的。我底畏友中野重治正確地發表了這樣意見：

（註）「吃耳光的人」是安列得夫底劇本名字，那里面就有一個人物叫做「吃耳光的人」，穿着寬鬆的衣裳，上面貼着一個大的太陽。

「完成了的文體是什麼？不錯，托爾斯泰用着無比的精密的客觀的描寫力寫出了俄羅斯底社會史。說高爾基底文體在客觀的精密上有破綻，果真這樣麼？他那里有着語底奔騰，氾濫。與其說於客觀的描寫，他是把身子投到客觀的世界里面去創造了的。用置身在那里面的情熱把俄羅斯革命這個奔騰的時代和人底姿態描寫了出來。那不但不是破綻，反而是想把躍動的現實世界涉動在文體里面的情熱的靈魂所開創的新的文體。

「要比較紀德底睿智和高爾基底文學，是不容易的。只能說說自己底感覺。紀德使人感到銳利的睿智，然而，對於自己底睿智底對象，那是冷到了冷酷的樣底，那個冷，使人感到有不能親近的東西。那很難說清是什麼。只是，和高爾基底使人感到父親似的親愛、比較，我覺得大概是可以了解的。」

我記得中野是用了這樣的話寫的。關於第一個比較，我再沒有什麼補充。高爾基不是冷的觀察者，他底眼睛沒有探索過睿智底對象。他是用了對於苦惱的人和社會的切愛的眼睛看的。在這個意義上，誰能說他底文體里面沒有客觀性呢。他所置身的世界是苦惱的鬥爭的革命底奔騰。在他，沒有什麼冷冷地旁觀的餘裕。他切愛，他突入它底奔流，他鬥爭，他用身子觸着了它底真髓。因此，能夠描寫出來了在旁觀者不能夠達到的客觀底深處底生命。這樣就產生了只有能夠使切實的主觀在客觀里面透徹的人纔能夠達到的，現代文學底新的方法和文體。

他愛了，鬥爭了，因此，沒有過什麼和「客觀」分離了的「主觀」，和人類分離了的自己，和社會分離了的靈魂。也因此，既沒有過在社會里面探求和自己底睿智底世界相合的眞理的，那種頭朝下腳朝上的自己意識，也沒有過自己欺騙。

談到紀德，暴露了他底弱點的第二次蘇聯游記當時還沒有發表。由於他底第一次蘇聯游記，他被認爲是從對自己不虛偽的誠實出發而向着進步的作家，得到了高的評價。可以說是紀德底名聲世界的地達到了絕頂的時期。然而，當時並不是完全沒有感到他底弱點的人。在中野底話里就有了暗示。大概，了解的人是了解了的。

不用說，一個靈魂，一個人底成長下去的道路，由於他底境遇，條件，教養等等，會各各不同。那不同是不能否定的。對自己無論如何是誠實的一個靈魂，用不妥協的精神追求能夠被自己肯定的理想，而且在現實里面追求能夠把這樣的自己自由伸張的世界，這就是從紀德那樣的所謂「自意識」的出發，也不能說不是一條道路。而且也不能說，這樣的靈魂，這樣的優秀的睿智，不能把普洛美修斯底火給與人類。實際上，當時紀德是進步着的。人們注意了。然而，終於在他底弱點上跌交了。

弱點是什麼？和「高爾基底使人感到父親似的親愛」的理由一對比，就容易懂的。高爾基是在人類中間，紀德是從旁邊觀察，探求的。高爾基總是和人類在一起，紀德接觸人類的時候，總是把「自意識」當作了尺度。高爾基因此抖去了對象和我的界限，用全身愛了；紀德因此對於對象沒有失去旁觀者底冷靜，極其殘酷地用自己底尺度擬向人間。高爾基和人類一道苦惱了，鬥爭了，成長下去，但紀德卻批判人類，解剖人類，立場總不從「自己」這里移動。這樣的立場也會動搖的，就是當他在對象世界里發現了驚異的時候。紀德看到了蘇聯底偉大的建設，於是驚異了。他說：「在這里才有人類底自己伸張底可能。和他自身底靈魂世界是合致的。」如果那時候他能夠不躊躇地把「自己」投進了這個驚異底世界，那是現實的人間世界底火焰把他底「自己」燒着了的罷，是在他底「自己」底世界里面射進了人底生命底光，使他底「自己」和人類一道「伸張」了的罷。的確，看來紀德底到「自己」像是「伸張」了。然而，終於在那個老癖氣上面跌了交。如果不能完全拋棄旁觀者底看法，人就會把眼睛從「在建設中的，在成長中的」現實移到「還沒有建設的，還沒有成長的」現實上面。不是「建設它，使它成長」，而是批判「還沒有建設的，還沒有成長的」東西。那不外是，在他底身內所有的並不是人類底情熱，人類底火，然而卻大胆地自己騙自己說是在自己底手掌上面的「普洛美修斯底火」而已。從驚異醒了轉來的一瞬間起，旁觀者底眼睛又活動起來了。在發展的現實底眞生命，怎樣能夠被旁觀者觸着呢！由於種卑劣的煽動者底引誘，誰能保證他不歪曲地眺望現實呢！這樣地，他不久就回到了「自意識」，寫了第二次的蘇聯游記。人類底敵人們，敗北者們，跳起來鼓掌了。紀德終於不外是被「自意識」底「鎖鍊所縛住了的洛普斯美修」。普洛美修斯曾經象徵了人類底火，人類底睿智，但在紀德，不外是人類底旁觀者（「自意識」）底睿智而已。自意識所描畫的世界，也許是完美的理想，因為那是沒有生命的觀念底世界，而不是在鬥爭，成長，建設中的現實世界的緣故。從觀念底世界批判現實的人，反而被現實批判了。這樣地，不久，像他所說的一樣，「隨着距離底加遠」，紀德使他底「秀峯」底輪廓從世界和人類底面前漸漸小了下去。

然而，日本底「自意識」們是怎樣了的呢？原來。他們底自意識和紀德底那個也完全不同。在他們，從最初起就沒有什麼對於「自己」的嚴肅，有的只是對於「自己」的辯解而已。紀德總算是從對於「自己」的誠實出發，要在現實世界里面追求理想。但[illegible]卻是從對於在現實世界里追求理想這件事的恐怖倒轉來逃回了可憐的「自意識」里面。紀德和他們的關係恰恰相反。他們是頭朝下腳朝上了的。然而，頭朝下腳朝上，算得什麼呢。為了方便，連高爾基底靈魂也被消毒了。總之，只要紀德底是「自意識」，那麼，使它和他們底「自意識」結緣，有什麼要不得呢。辯解里面沒有道理的。如果必要，對高爾基，對紀德，都獻上優勝杯罷。卽令污穢的優勝杯甚至不能够送到高爾基底靈柩，那又有什麼呢！要緊的是從不安把身子抽開，為了那，「自意識」呀，「靈魂」呀，都得借用借用的。

不久，時候來了。

一九三七年七月七日。一切的東西都要明白地現出原形的時候來了。一年前，儘量地吸收了最後的太陽底慈光，準備着不久要來的春天，「人民」底情熱潛入了地獄。他們潛入了的地獄上面，戰爭底暴風雨瘋狂地吹打了。人民苦惱，沉默，忍耐了。像忍耐嚴冬的地底底生命一樣地鬥爭了。「自意識」和「靈魂」們怎樣了呢？他們在很久以前就沒有了不安，現在在侵略戰爭里面得救了。那就是，爽爽快快地把「靈魂」和「自意識」一類的辯解拋掉了。在軍事法西斯底世上，由於可怕的禁止執筆，逮捕，屠殺等等手段，他們非向那辯解不可的對象已經從社會底表面不見了。而且，對於沉默的人民，對於「自己」，論理是應該害羞的，但只要把「自己」和「人民」當作是沒有的東西，那也就可以了事。這樣地，他們奔到了最後的地點。他們成了從軍記者，加入了宣撫班或特務機關，歌頌了東亞協同體。然而，在空前的苦惱里面，日本九千萬的人民，為了真的人間愛，也為了人底「靈魂」底解放，已踏進如果人類底敵人「不投降，就消滅他」的戰鬥了。

「隨着距離底加遠」就更高地現出了他底秀峯的高爾基底光輝，今天是這樣地活在人民底情熱里面。（一九三九，六，一八，在重慶）

（胡　風譯）

「文協」徵文通告

一、徵求十萬字以上創作小說，中選者一部，由本會組織專門委員會評選決定。

一、題材限於：（一）前線的戰鬥情勢，或（二）淪陷區域的生活動態，或（三）後方生活建設的進展過程。

一、中選者受獎金一千元。

一、收稿期限六年十月底截止，送交或郵寄重慶箱二三五號，外地寄稿以發件的郵章日期為憑。

一、評選決定後，除來函通知中選者外，另再登報通告，可能時並舉行受獎儀式，期限至遲不能在明年二月一日以後。

說明

1、此次徵文，為本會受掃蕩中央日報社，宜昌武漢日報社之託，獎金由兩社捐出，但評選責任完全在本會。

2、中選作品，除獎金外，版權仍屬作者所有，但掃蕩中央日報，宜昌武漢日報有優先發表權，另送發表費，每月月終付出。

3、評選決定發表時，掃蕩中央日報，宜昌武漢日報同時連載，連載期間不得超過三個月以上，連載完畢後，作者卽可由單行本發賣，但得在封面上或封面包紙上註明「中華全國文藝界抗敵協會選定中獎作品」字樣，並得贈送本會及兩報社共一百部。

4、如中選者以外，另有優秀作品，本會當設法表彰，幫作者出版。

5、投稿者須另紙寫明姓名，發表時用的筆名，可寫通信處，作品題名及簡單的寫作經過，附在文稿前面同時寄來，不得把姓名寫在文稿任何部分上面。

6、郵寄包紙上須註明「應徵小說」字樣。文稿須繕寫清楚，並加標點符號。

7、戰時交通困難，後方不免受遺失的危險，作者須另留底稿，郵寄時且須掛號。

8、收到文稿後不回信，但落選的作品當分別寄還作者。

中華全國文藝界抗敵協會

詩論掇拾

艾青

一

眞，善，美，是統一在人類共同意志裏的三種表現，詩必須是牠們之間最好的聯繫。

眞是我們對于世界的認識；牠給予我們對于未來的信賴。

善是社會的功利性；善的批判以萬人的福利爲準則。

沒有離開特定範疇的人性的美；美是依附在人類向上的生活的外形。

二

從自然取得語言豐富的變化，不要被那些朽腐的格調壓碎了我們鮮活的形象。

用可感觸的意像去消泯朦朧晴晦的隱喻。詩的生命在眞實性之成了美的凝結，有重量與硬度的體質。無論是夢是幻想，必須是固體。

永久的話語，不受單一的事物所制限的話語，是形象化了的話語，也就是詩的話語。

三

爲表現而有技巧，不是爲技巧而有表現。再高明的木匠，不爲造房子而斲琢，是空的。

詩的旋律，就是生活的旋律，詩的音節，就是生活的拍節。

詩人們，不要爲了能夠寫作就成了藝術的吝嗇鬼，不要最初接觸到美就露出守財奴的樣子；你們縱或富有才智，如能服役人類的改善事業，也未必就會褻瀆了你們的神聖啊。

不要把形式當做魔術的外衣——一切的魔術都是假的。

把這些看做詩的敵人；殭死的理論，沒有情感的語言，矯揉做作的句子，徒費苦心的排列。

四

樸素是對于詞藻的奢侈的擯棄，是脫去了華服的健康的袒露；是掙脫了形式的束縛的無羈的步伐；是擲給空虛的技巧的寬闊的笑。

如果詩人是有他們的素質的，我想那應該是指他們對於世界的感覺的特別新鮮，和對于文字的感覺的特別親切。

才智是控制題材的力量的富足，是表現技巧的困難的滅除；是對于今日的世界的批判的正與銳利；是對于明日世界的矚望的勇敢與明澈。

五

到世界上來，首先我們是人，再呢，我們寫着詩。

在我們的週遭，原是坏人多過好人，昏睡者多過清醒者的，天良未泯而覺醒于正義的人眞應該如何給以呼號，給以控訴啊。

如果我們的詩不能使人類更清醒，却也不應該使人類更糊塗。

六

選擇那最痛苦而無人知道的，描寫那最英勇而被人忘却的。

英雄麽？有的。

他們最堅决地以自已的運命給萬人担戴痛苦；他們的靈魂代替萬人受着整個世代所給予的絞刑。

却不是你們那些萬人尸骨上的舞蹈者；不是戴着血腥的冠冕的劊子手，不是啊！

七

所謂空虛與無聊是指那作品所留在文字上的，除掉文字之外別無它物的東西。

我們不應該岐視獨白，但獨白必須是獨白者對于關閉了的門外的世界所發的怨憤與嗟嘆。

「存在呢，不存在呢？」必須是純潔漢母來特對于腐敗了的王朝所發的的言語。

我可憐那些被形式所愚弄的人，像那眼睛被蒙住的驢子，沿着磨床兜圈子，却以為是在走着無數的路一樣。這是一種悲劇。

願那些把美當作女神而屈膝伏拜的人們有福吧！

而我們却應該把美當作女用人，要她為人類掃刷門窗，整理床塌啊。

八

如其紙，裝訂，封面的圖案比我所寫的詩美些，我們不印刷詩集吧。

如其我們的詩所能給予人類的，不能抵償印刷工人，裝訂女工，書店店員對于它所化的精力，讓我們的良心感到苦痛吧。

如其我們所寫的東西，欺騙了那些最誠摯的讀者們對于它的信任，讓我們羞愧地哭泣吧。

曾問過自己呢——

我有着「我自已」的東西了麽？我有「我的」顏色與線條以及構圖麽？我的悲哀比人家的深些，因而我的聲音更悽切？我所觸及的生活的幅員比人家的更廣麽？還是我只是寫着，寫着，却是什麽也沒有呢？

G. E.

木刻工作者第二章

天藍

而大上海郊外的風雨。
蕭索地吹打着你，
吹打着你底童年，
搖撼着你家傳的基業，
那祖父手建的「平房」；

你寂寞地在門前嬉戲，
鄰居闊綽的小鬼奚落你，
你就冷冷地走了進去；

呵，你水手底後裔，
搬夫底孫子，
產業工人底孩兒——
你沐浴不着陽光與朝露。
都市立體的大廈聳着，
濃黑的陰影
障蔽着你應有的黃金的日子；

但蒼黃的野草蔓生，
而且生得那麼勁硬。

而你怕見在賭場上打滾的
無端惱怒的父親，
從機器間走出來
滿面披着棉絮的
母親和阿妹，
同是那般地蒼白與昏黃！
你抿着嘴瞧着他們！

媽說：
「我工人底孩兒呵，
聽取你先人底故事，
記住他們艱苦的命運吧！
你是有仇恨的人呵，
因爲有人在欺壓你
也欺壓着你底父母。
我給你上學去，
願你家門有出頭之日，……」
誰知你竟出不得樊籠，
你竟高高地飛去，
再不顧祖父底卑陋的「平房」。

你探索前進：
你說，
「阿拉硬旺來啼！」

於是你成爲一個鐵道驗工——
眼見着無數剛健的工人，
擎着鐵錘，拿着火鏟
撩亂地揮動着；
耳聽機車不斷地嘶鳴
鋼軌叮叮的撞擊聲；
你暗自說，
「這個倒有道理！」

你探索前進——
走入當店，
脫下大衣，
換取你終身戰鬥底資具，
你希圖鍛鍊
這將劇鬥的潛力底世界。

你不曾做富貴底夢，
桃色的夢，
下流惡棍底夢，……
窮人固窮！
你憎恨，厭惡
晃亂的流線型，
炫耀的色彩，
流紅的大腿，……
而那蠻風中掙扎的舟子
哼呵疾走的搬夫
廢倒昏黃的工人底影子
刺刺地在你底心靈中迴旋。
你不會有寬廣的去路呀，
不會有！
那搶粱大腹的洋人及其同謀者
橫蠻地打刼你的前途。

呵，一個飢餓的工人孩子底前途！

於是你企望
殷紅的血，
發動底力，
解放底旗幟。
而解放底旗幟，及時地
在「大英馬路」血底鬥爭底日子裏，
像升起的太陽
孵炙着無數的青年工人生命底新生；
你衷心歡躍，
而不歌唱，
「讓歌唱者歌唱吧！」
你默默地嚴肅地，
執着生命
躍入了革命底洪流裏。

「孩兒呵，
歸來吧，
你做了一些什麼事體？」
但你遲遲地回答，
「今天，我已不能安分守己，
因爲我是爲了你呀，
我也又不爲你。
我底親人呵，
我無能尋求陡然的富貴，
來報答你摯誠的恩意。」

於是，在薩坡賽路
你建起堡壘，
結合勇悍的美術工作者羣，
施行攻擊。
而飢餓却困乏你在街頭，
女房東又將你從後門趕出去；
你陰暗地笑笑，
走了；
但獵狗在追捕着你的足跡。

而你仍然是默默地嚴肅地，
攜帶蘇聯底版畫
走進囚牢——
室內
你佈置那并非饑餓的世界；
窗外，
你瞭望那充滿着陽光的大地；
你沒有恐怖，
沒有猶疑。

等到偉大的戰爭底烈火
燃過中原的時候，
你走出來，
告別上海，
眨一眨眼，細聲地說，
「戳那個娘
阿拉硬旺來嗐！」

一九三九年五月廿八日。

我愛那一幅旗

辛克

用血與愛交織着……
那一幅旗呵
曾掀起了無比的燦爛和史績

如今
在你曾飄揚過的
廣漠的土地上
印上了蹂躪的
血腥的蹄跡
家鄉在火舌下變成了灰
樸實者的生命是墨黑的……

爲了你
血與頭顱都匯成了潮
——把野獸們埋葬的潮呀

你
飄在苦難的心地
飄在海一樣的
狼藉的屍身的戰場
飄在山叢的金色黃昏里……

這該是「安眠」的時候？
在塞滿了骷髏的胸前
銀色的刃紋碎了它的肺腑
——黑色而臭的肺腑！

腥風里
帶來了溫柔的黎明
帶來了春的彩色
——把生命放在戰鬥的節奏里
把骨肉在彈花中化成泥……

那一幅飄盪的旗啊
用血和愛深深交織着的……

义路

柏山

上海慰勞團來到××軍的第二天上午，飼養員大刀會是很快樂的：

那是一個深秋的早上。太陽出來了，秃頭的山頂露着微笑；地上的熱氣，漸漸沸騰起來了。許多的人，立在屋簷下，向着和暖的陽光，欣賞着這晴朗的早晨。大刀會和所有飼養班的弟兄一同，聚集在馬房旁邊的屋門口，那門口有一個石凳，看來是屋柱的墊石。石凳上放着一盤豆腐乾，走近跟前，還可以發現幾點花生米。他們對於這幾點花生米，好像感到特別的興趣似的，熙熙騷騷的爭吵起來了。大刀會大概是第一個取得勝利的，嘴里嚼着，而且大笑起來。祇有新近被處罰到飼養班來的理髮員，端着一盤白稀飯，立在旁邊，靜靜地。

飼養班長出來了。他走到弟兄們的旁邊，沙着喉嚨說：

「同志們！趕快配起馬，都到副官處門口去集合。」

他的話，是很含糊的。然而大刀會似乎很習慣於聽他的話似的，立即放下盤，跑進馬房里去了。理髮員一個人端着稀飯蹲在石凳旁邊，依然一動不動的。好像命令對於他，是沒有什麼關係一樣。可是大刀會出來了。他扭緊地抓着理髮員的臂膀，連人帶盤一起拖着走了。

於是馬房里騷鬧起來：

「大刀會，你什麼東西，拖我！」

「班長的命令。」

「當心，老子揍你。」

「你敢！」

「你看我敢不敢。」

「呂華元，你忘記受處罰了，又要打人。」

這最後的聲音，是班長對理髮員的威脅。

馬房里靜下去了。

從馬房里出來的，一共是九匹馬。牠們也好像依照職務分配似的，主任的馬走在第一位。此外，很有秩序的跟上去。大刀會是掉在最末尾的，因為他的馬有一個綽號：老爺馬。今天輪到他出發，那已經是意想以外的事，所以他是很快樂的。

他們經過一個小小的山坡——那是政治部去副官處唯一的路。走過那山坡下的小橋，就看見司令部副官處了。土紅的標語字，大大地塗在牆上。兩株楓株，魁偉地矗立在牆跟前。那滿樹的紅葉，浴着早晨的陽光，好像金色的波濤，有層次地波動起來。在樹下面，站着很多的人：有的是很客氣的老百姓，有的是穿軍服的同志，好像都在等候着他們的到來。其中有一樣東西，引起了大刀會很深的注意。那就是穿青長衣的人旁邊，站着一隻大猴子，那猴子身上的毛，是那樣發着金色的亮光。大刀會很快的想到：那樣多的老百姓，一定是猴子要把戲●正當他想得起勁的時候，第一匹馬在前面停下來。大刀會的鼻子，幾乎碰到自己的馬屁股上。他很不高興地，在馬背上劈了一掌，跳到馬頭前，牽着馬，向那穿青大衣的人跟前走去。那猴子轉過頭來，大刀會嚇的一跳，立在他前面的：一位漂亮的姑娘。他楞住了。他看到主任的馬，已經有人騎上了，於是在自己的馬背上拍了一掌，說：

「喂！同志，這個馬很好騎。」

他說着，呂華元來牽騾子換上他的馬前來了。

那猴子姑娘，大概是粗心的原故吧？沒有注意到我們大刀會說話的好意。她脫下身上的皮大衣，很快地跳上騾子的背上去了。大刀會氣忿起來。他認為呂華元是故意和他搗鬼，嘴里喃喃地咒詛：他媽的，總有一天報復他。的確，大刀會的馬，很難得輪到出發，今天一出發，又被他換掉了。這對於他，是一件極大的侮辱。他憤怒地牽着馬，向着原來的路上走回去。那馬的脚步，是非常沉重的：蹣跚，蹣跚地走着。並且垂下頭，顯得非常頹喪的樣子。大刀會很生氣地把韁繩拉得緊緊的罵道：

「為什麼不早點死掉。」

他的這一罵，在他算是吐出一口悶氣了，然而對於理髮員，他還是悲恨的。他寂寞地回到政治部駐紮的村莊，那站在路口的哨兵，看到大刀會獨自牽着馬回來，知道他又是觸了眉頭，却故意地開他的玩笑，說：

「大刀會，你今天早上又沒有洗臉？」

大刀會很倔强地，假裝沒有聽見，睬也不睬他，走了。

「啊！大刀會，你倒會拉架子。」

哨兵立即開動着槍機，做着要向他瞄準的姿勢。

大刀會哨住了。

「你自己到清水茅厠里照一照，眼瓮那樣一大堆。」

「不要開玩笑。」

大刀會很沒趣的回答。

「誰跟你開玩笑。」

他用手背揉一揉眼角，不作聲地走了。

本來，大刀會還想拿一點馬料，喂一喂馬，這一來，他倒不高興了。他走進馬房里，把馬拴好了，於是把鋪在馬脚下的地板統統踢得七零八亂。他想想人家的馬會跑，就走馬脚下鋪了地板，他的馬不會跑，一定是潮濕太重了。

當他將要走出馬房，一陣上課的號聲，震激激他的耳鼓了。他趕忙把脚縮回馬房里。因爲上課對於他，實在是一件極其麻煩的事情。他在家里，雖說做徒弟，但每天做掉幾根竹，做一隻籃子，就算一天完工。那是很簡單的。他愛那種簡單，所以喂馬對於他很有興趣。可是喂馬就喂馬，還要上什麼課，那就使他爲難了。因此，他故意找着一個掃把，做着打掃馬房的工作。

其實，馬房里那股臭味，也並不是很好聞的。於是他聽到俱樂部的雄壯的歌聲，他的心思又被擾亂了。他不知怎麼地，一聽到唱歌，嘴唇就笑起來了。他本能地丢下掃把，走向俱樂部去了。

俱樂部是在一個老百姓的廳屋里。因爲屋子小，兩面的人把老百姓的房門都堵塞了。他走進去，向來是要看看牆上兩個巨大的畫像。他很自然的融洽在雄壯的歌聲里。大刀會笑着跳起來了。歌聲停下來，指導員出現在講桌面前，大刀會就偷偷地把自己在人叢中隱藏起來。但他沒有想到那天指導員講的是「優良傳統」。所以他一聽到第一項「官兵平等，友愛團結」解釋以後，大刀會站起來了。他很神氣地問：

「友愛團結，理髮員爲什麼要打人？」

「那是他的不對，」指導員回答：「所以開他喂馬。」

由於他的責問，全堂哄笑起來了。然而大刀會很生氣，他認爲他問得有理，爲什麼要笑他呢，他於是偷偷地跑出來了。

下午。大刀會的差事，眞正來了。那是因爲猴子姑娘，在上午被騾子摔了下來。所以下午去教導隊參觀，飼養班長選着大刀會的老爺馬給她了。大刀會快樂起來了。當猴子姑娘騎上馬去，剛走過政治部前面的那個木橋，大刀會在馬屁股上着力一鞭，老爺馬跑起來了，嚇得猴子姑娘哇哇地叫起來。

大刀會得意地笑了。

飼養班長跑上去拉住韁繩，一面斥責着說：

「大刀會，你來幹什麼的，警告你，小心點！」

這時大刀會被挨駡，對於理髮員是很開心的。因爲猴子姑娘上午騎着他的騾子，他幫忙她拿着那件金黃色的毛大衣，在他是很小心的。並沒有故意去打牠。現在希望她又從馬上摔下來，便得大刀會又孤零零地牽着老爺馬走回去，那他才算是心平靜氣了。

大刀會是沒有這麼思想的。他手里拿着一根馬鞭，在理髮員前面搖搖擺擺地走着。有時他爲了尋開心，故意把馬鞭劃着田里的泥水，嘴里胡亂地唱着。理髮員跟在後面，覺得很無聊似地。於是找着大刀會打訕起來：

「大刀會，你說這里，好不好！」

「好。」

「好在那里？」

「官兵平等。」

「那你爲什麼沒有馬騎？」

「科長也沒有馬。」

他們對談着，馬已越過第一個山頭，走得遙遠了。大刀會心里着慌起來，很快地跑上前去。然而猴子姑娘是被遺棄在頂後面的。他騎着老爺馬，在那平靜與荒蕪的山峽中，緩緩地前進。大刀會追上了。他又想在馬屁股上抽一鞭，但他記起班長的話：小心點。他於是很客氣地說道：

「同志！馬鞭給你。」

猴子姑娘聽着他的話，回轉頭來了。她感覺很驚異：看他的外表，實在是一個傻頭傻腦的人，聽他的話，倒是很有禮貌。她於是問道：

「馬夫同志，人家怎麼叫你大刀會？」

「我家里是大刀會。」

「那你怎麼到××軍來了？」

「我是跟王主任來的。」

「你們王主任好不好？」

「好。」

「怎麼好？」

「我來的時候，發誓，他把馬給我騎。」

猴子姑娘似乎深深的被感動似的，於是很關切的問道：

「你今年幾歲？」

「我是屬老鼠的。」

猴子姑娘笑起來了。迎着她的笑聲，一陣嘹亮的軍號，爬過山，越過樹林，很清脆地飄到她的耳邊」。把她從沉悶的境界驅逐出來，本能地意識到：教導隊就在前面了。她跑到女生隊門口，興奮得叫起來了。她下馬，望着那許許多多的穿軍服的姊妹們，深深地被吸引進去了。

留下在門外的，是大刀會和老爺馬，他很俏皮地望望站在門口守衛的女同志，就瀟瀟洒洒地向着西村的路上前進。他走着，照例地哼着他那唱不完全的游擊隊的歌曲。手里拿着馬鞭向着道旁的敗草亂劈亂打。老爺馬對於他的主人這種動作，非常贊同似的，所以牠的步子，也是緩緩地踏着。理髮員悄悄地走到大刀會的背後，他估量大刀會沒有注意他，對着他的背脊猛不防地一手推上去。太刀會嚇得跳起來。他揚起鞭子預備抽過去，被理髮員一手抓住了。

「啊！太刀會，你還想打人。」

他說着，用兩手箝住大刀會的猴頸，使他喘氣不過來。老爺馬望着他的主人被欺侮，也生氣似的，四脚亂跳亂叫起來。於是大刀會屈服地央求道：

「放手吧？我怕了你。」

「我以爲你不怕老子，」理髮員很滿足地說，

「以後打不打人？」

「你不要欺侮我，」大刀會忠告他說，「趕快去照顧你的馬。」

「那個像你一樣，做馬的兒子。」

不知是大刀會沒有聽見，還是眞的怕了他。他把馬很恭敬地牽到旁邊，讓理髮員很神氣地，向着西村走去。

西村，是在一個許許多多小山包圍的山坳里。當中有條大河。沿着河岸，村莊像爬行似地伸展開去。從女生隊下去，最令人注目的：是那矗立在村頭上的高高的尖塔。仔細地望去，那尖塔好像時時在警誡敵人：不要輕意踏進這古老的村莊。然而大刀會並不在意這個的。他祇記住班長的命令，到訓練處門口去集合。

理髮員早已走近他的目的地了。但他無意去照顧他的馬，好像他的來，並不是爲了照顧馬，而是因爲馬給他一個機會到外邊來玩耍。所以他一走過那古牌坊側邊的酒店門口，很快的就進去了。

「老板娘，有酒嗎？」

他說話的態度，是很神氣的。他瞧瞧四周這樣的冷冷落落，感覺很有點不自然。但他還是找着神龕脚下的紅漆椅子坐下了。他的這種舉止，使老板娘非常詫異：××軍的同志，個個都是和和氣氣的，獨有他的架子很大。她疑惑地瞥一瞥他的臂章：一個兵拿一桿槍，一點也不錯。這方使她放下心來回答：

「同志，沒有什麼菜。」

「花生米來二兩也行啦！」

他說着，把腿蹺起來。老板娘因爲他很神氣，特地拿一塊抹布，把桌子揩一揩。一方面很客氣地招呼着他說：

「同志，你們又發餉了。」

「發卵的餉——一塊半錢。」

「你們替國家出力眞辛苦！」

老板娘恭維地說。

但是他似乎不屑於回答似的，兩眼直望着神龕上。周倉手里拿着一柄大刀，很威武地站在關老爺的跟前。他於是想起，大丈夫應該立大志，做大官，像他現在這樣，跟着馬屁股背後跑得實在太沒有出息了。

他喝着酒，慢慢地想着。太陽漸漸地下山了。因爲霞光的返照，屋子裏顯得特別的明亮，理髮員的臉，也顯得特別地紅潤起來。他向門外打量一下，心理思忖着：怕是時候了。

大刀會陡然的跑進來，莽莽撞撞地嚷道：

「呂華元，快去，騾子已經跑掉了。」

理髮員本能地立起來了。他望着大刀會那種張惶的樣子，心里也有點踉踉蹌蹌的，於是很自然的跟着大刀會走出來。可是老板娘在他的背後發話了。她喊道：

「同志，你忘記付錢啦！」

大刀會很嫌惡地望他一眼，批評道：

「你這傢伙，還想吃寃枉。」

其實，理髮員的不給錢，倒不是想吃她的寃枉，而是他心上正在想着另外一樁事。所以大刀會對

於他的批評，也不在意地帶過去了。他很平常地左邊那個小口袋里摸出兩張毛票丟在櫃台上，匆匆地走出來了。

他們走近河邊的橋頭上，站住了。河水因着岩石的激撞，兇湧地奔騰着。那浮游在橋底下的一羣白鵝，有陣地地行進着。大刀會也許覺得牠們太自由自在了，拾起一片瓦礫，向着那一羣白鵝摔下去，一羣浪花隨着白鵝的翅膀四處飛濺。大刀會又得意地笑了。

這時，理髮員是無意於大刀會的玩意的。他注視着河對岸的草坪里：那里所有的馬都已配好鞍子，準備出發了，獨有他的騾子，渺無蹤影。他很奇怪：人家的馬都不遛走，爲什麼單單他的騾子不見了呢？他想，一定是他們有人搗鬼，故意作難他，又要他吃苦頭。這一來，他倒覺得很平靜了。

他們正準備過到河對岸去，飼養班長走過木橋來到他們跟前了。大刀會一見着上司，就覺得什麼事都有了辦法似地，很興奮地跳起來。至於他對飼養班長爲什麼有這麼親切，在他自己也實在說不出理由來。但他祇記得：那天老百姓送慰勞品來，他的班長，第一雙鞋子，就是分給他的。也許他和他的上司之間，就從那一次親切起來了。然而理髮員站在旁邊，靜靜地。飼養班長是一個老戰士。他是懂得什麼是政治工作的。他在理髮員臉上打量一下，感覺得他的顏色比平常不同，所以他很誠懇地對他說：

「呂華元同志，不要停在這里，快快去把騾子找回來。」

理髮員感覺很爲難似的，勉強地回答：

「到那里去找呢？」

這時，大刀會已經一個人搖搖擺擺地踏上木橋，踩着橋板，咿呀咿呀地向着河那邊去了。

「大刀會，打轉來！」

班長大聲地命令着說。

他在橋當中停下了。橫着眼睛對班長望着。於是又踩着橋板，咿呀咿呀地回來了。他大步踏上班長跟前，很疑惑地問：

「班長，你要我轉來做什麼？」

「跟理髮員找騾子去。」

大刀會的嘴巴鼓起來了。

「我沒有要他失掉騾子。」

大刀會抗議道。

「怎麼，你還要講價錢。」

班長嚴止地詰問。大刀會不作聲了。他低下頭沿着河岸，很氣忿地走去。理髮員向着正前方打量了一下天色：遙遠的峯嶺，已經慢慢地暗下來了。河里面的白鵝，也拍着翅膀，爬上岸來，收拾着羽毛，高吭地叫起來。意思是可以回去了。他想，騾子跑到那個方向去了呢？天又是這麼晚了。但是大刀會已經在前面走，他也祇好勉強地跟上去。

他們是在同一條路上走着，然而他們是懷着兩個不同的心：大刀會埋怨理髮員，理髮員埋怨自己不應該參加隊伍。他想，要是在店里，高興的時候，就去剃頭，不高興的時候，坐着不動，誰也不來干涉他。如今幫人家牽馬，還要受這樣的氣，那實在是太不値得了。他們二者之間，好像隔着一條紅綫似地，彼此不作聲地，無目的的前進。終於是理髮員想起一句話，打破着彼此間的沉默。他問道：

「大刀會，你打算走到那里去？」

「你管我——」

大刀會一句話把理髮員的嘴堵塞了。這使他冒起火來。他想，班長對他，還不敢大聲地說話，大刀會這小子，公然對他發起脾氣來。他於是警告着他說：

「大刀會，你把嘴巴放平一點。」

「唔！」大刀會鼻孔哼哼地說，「騾子找不到，又不會鎗斃我。」

他的話，譏刺而又帶着威脅性的，這使理髮員躊躇了。是的，騾子找不到，他呂華元還能歸隊嗎？他於是深深的感覺，他在××軍，永遠沒有希望了。最初他離開自己的店，應找一個好的差事。因爲××軍的名聲，大家都說好，但跑到隊伍里還是幹那倒楣的工作。現在被處罰做馬夫，馬又失掉了，那還有什麼希望呢？牠想，七十二策，還是走爲上策。乘着這個時候溜走，那是誰也管不着他了。這一來，他對大刀會反而客氣起來。於是他說道：

「大刀會。我們老是這樣跑，不對，應該到那邊村莊上去問問老百姓。」

其實大刀會的心里，也是這麼想的。但他很不自然的回答：

「你要去，就去。」

他們轉過方向，對着東邊的那個大村莊走去。天已經很黑了，村莊和樹林混凝着，祇見黑魆魆的一大塊，從矇矓的星光的照耀下，約莫分辨出那一塊塊白色的東西，是房子的牆壁。此外，什麼東西也看不清了。他們就在這無邊的黑暗中，慢慢地摸索。理髮員爲了想滿足自己的心願，他試探着大刀會說：

「喂！大刀會，你想不想回家？」

「我的家，日本鬼子佔去了。」

「那你家里的人怎樣生活？」

「我管不了他們。」

大刀會簡單的回答。

他聽着大刀會的話，斷定他是愚蠢的。他想，現在已經離開了教導隊的哨線很遠了。要是從那個村莊里，跑進樹林中去，就是被大刀會發現了，他也沒有法子追上他的。當他一發現村口的大道旁邊，有一條叉路，可以通到村莊背後的山林里，他全身的血液緊張起來了。他很奇怪：他的心跳動得那樣利害。他又懷疑，會不會出什麼岔子呢？但他還是很鎮靜地對大刀會說：

「大刀會，你前面去，我大便一下。」

他說着，就向路旁的棉花田里蹲下來。同時很小心地注意着大刀會的動作。然而大刀會是很老實的：頭也不回，一直向着對面村莊里射出來的燈光走去。迎着他前進的，兩隻惡狗在村頭上很兇猛地狂吠。大刀會摸了一塊磚頭，在那魚塘的岸邊站下來。他的意思是等呂華元來一道走；然而他的等候是失望了。他煩躁起來。他跑回棉花田里去看：理髮員已經不見了。他於是恍然悟到：理髮員開小差了。

大刀會本能地追上去。好像一隻被擊傷的野獸似的，橫衝直撞地奔上前去。但他追不上半里路遠，他從一個高岸上，衝到那很深的水田里去了。他的頭鑽進泥坎里，冷水從耳孔里流進去，大刀會哭泣了。

他從泥坎里爬起來，頭腦是昏眩的，四肢毫無氣力了。他拖着滿身的水泥，和沉重的腳步，很苦惱地向着原來的路上回去。他想非回去報告班長，把他捉回來，砍他的頭，那他是不甘心的。尤其想起他平時對他那種兇惡的態度，他是更氣忿了。大刀會孤獨地在星光的照耀下很遲鈍地走着。

他回到西村的橋頭上，迎面上來的，一隻馬燈照着兩個人影，拖到河里面去了。

「口——令！」

突然的驚來一聲，大刀會被驚動了。

「我——」。他隨口回答。

「你是那個？」

「大刀會。」

「理髮員哩？」

提馬燈的問了。他聽到對面說話的聲音，是他的班長。他站住了。飼養班長走近去，大刀會好像一個泥菩薩似的出現在他的面前。他用馬燈照照大刀會的臉，祗有兩個眼睛從污泥中流着眼淚。

「怎麼啦！他又打你？」

班長很驚異的問，另一位同志撲嗤地笑出來了。

「不。他開小差了。」大刀會喃喃地說，「我追他，跌到水田里。」

「怎麼？他媽的！」班長憎惡地罵道，「非把他捉回來不放手。大刀會，你回去，騾子，老百姓已經幫我們找回來了。」

他說着，帶着另一位弟兄向前追上去。大刀會站在橋頭上，望着班長手上的燈光，漸漸在黑暗中消逝，他於是回來了。

第二天一清早，大刀會正牽着馬向村莊背後的山上去，望見那對面山坡的黃泥路上，有三個人慢慢地向前移動，他斷定：一定把理髮員捉回來了。他丟下韁繩，狂喜地跳回村莊里，好像一隻野狗似地亂跳亂叫：理髮員捉到了，理髮員捉到了。

在政治部門口，有許多工作人員，正在刷牙，洗臉，大家聽着他的叫喊，把頭伸起來，向前面張望。飼養班和警衛班的弟兄，統統跑出來了。還有兩個挑禾草的老百姓，也放下担子站住了。於是全個村莊哄動起來。不錯，飼養班長牽着理髮員，走過木橋，已經來到了。所有的目光都注着理髮員被反縛着的兩手，很得意地笑了。

大刀會從屋子里搬了一根大木棒，站在土坑上。他的意思，是想用這一木棒來結束那壞蛋的性命。但是理髮員一走到土坑跟前，他的木棒落下去，就被班長抓住罵道：

「大刀會，沒有你打的。」

理髮員臉色蒼白，低垂着頭走過弟兄們的跟前時，眼淚掉下了。

大刀會放下木棒，跳下去，從班長手上搶着麻繩，在理髮員背上錘一拳頭，說：

「讓你到黑屋子里去。」

於是一羣人擁着理髮員向着禁閉室走去。

一九三九，四月底。

總站之夜

陶雄

時：二十七年秋天一個有淡淡月色的夜晚。

地：武漢空軍站。

人：

吳道明　二十多歲的飛行員，穿著飛行衣。

陳中襄　同吳。

徐副官

楊隊長　二十多歲，穿著飛行衣。

分隊長三人　同楊

李維德太太　空軍烈士李維德的未亡人，二十多歲。

太隈　李太太的兒子，四歲，（但為上演便利計，五歲到八歲也可以。）

大隊長　三十歲左右，穿著飛行衣。

號兵四人

飛行員，官佐，醫官，看護，機械士共若干人

景：

一間由會客室改成的休息室，素樸的西式建築，簡單而整潔的陳設。正面有兩個窗子，開開窗子可以看見飛機場的遠景。室門開在左牆上。

正中，兩個窗子之間，貼牆停放著一口棺材。挨著棺材頭，設了一張供桌，桌上斜倚著一張配了鏡框的放大像——那便是李維德烈士的遺像了。其他供桌上應有的東西，諸如香燭供菜之類，也都應有盡有。

牆上掛滿了各色挽聯祭幛。地上支立著叢立著許多鮮花圈。

室內氛圍氣肅穆，沈重而愁慘。

吳道明，陳中襄倚坐在沙發上。前者目不轉睛地凝注著遺像；後者把臉埋在手掌裏，嘴裏單調地吹著口哨。半晌半晌——

吳道明：（喃喃自語）蠟燭已經燒去這麼一大截了。

陳中襄：（抬起頭來）人怎麼還不來呢？

吳：你是說他（把嘴向李維德烈士遺像一努）——太太？

陳：我說所有應該來行禮的人。

吳：我可一心想著維德的太太。我願意她慢一點兒來。

陳：還是快點兒來好。早來早追悼早散會。女人反正總免不了大哭大嚎那一套。

吳：（憤激地）你這人怎麼這樣沒人心！一個年青女人，早上還跟她丈夫一塊兒喫早飯，晚上就出其不意地發見自個兒變成了寡婦。你想這是個什麼場面！你還這麼兒里兒戲！

陳：不是我沒人心。不是我兒戲。咱們幹這個的應該把生死看得滿不在乎，要不然咱們還活得下去一天麼？

吳：（搖頭）你這傢伙腦筋未免太簡單了。自己對於生命滿不在乎，可並不是見到任什麼悲慘事情感情都不起變化嘍。上禮拜隔時實的追悼會，你到了沒有？他太太——哎呀——（連連搖頭）

陳：那天我沒能够參加。

吳：那你真幸運。（拍陳肩）欸，老陳，你這人莽莽撞撞，我得先囑咐你一聲。回頭李太太來的時候，你可不許把維德怎麼死的情形告訴她呀。

陳：（搖搖頭，沒有回答）……

吳：（走到供桌前面向照片注視半晌）咱們同學五個人一塊兒從大學轉到航校來的，現在的咱們參加咱們同學的追悼會，今天已經是第三次了。

陳：（沈痛地）多參加一次追悼會，咱們就更多了一分報仇雪恥的責任！

吳：一天警報五次七次，逼得你追悼會都得擱在夜間舉行，這就是第一個大恥辱！

陳：（咬牙）可是總有一天咱們要叫鬼子連開追悼會的人都不賸一個的！

吳：（夾燭花）時間大概真不早了。我們準備罷。

（檢視供桌上的每一件東西。）

陳：祭文在哪里呢？

吳：在徐副官身上。聽說這祭文是大隊長特為請張副議長作的。這位老先生的大兒子不是先們咱

兩年投考航校的麼？他死的跟維德一樣慘。張老先生記念兒子，所以肯在半天限期裏費了整整兩小時寫成了這篇三百多字長的祭文。——窗外遠遠地響起了「點名號」。號音悠長而悽惻。

陳：七點了。點名了。他們怎麼還不來？怎麼連徐副官這小子都不回來先給個信兒？

吳：索性晚一點兒罷，七點外面還沒全黑。畜生要來個夜襲可真搗蛋。

陳：你真胡里巴塗。今天陰曆十好幾了，夜裏十二點也全黑不了嘍。

——號音行進中，窗外報起數來，大約報至七八十爲止。

——徐副官匆匆地跑了進來。

徐副官：（向遺像敬三鞠躬禮）吳隊員，李太太那兒我去過了。她病着，可答應馬上就來。

陳：老徐，你哪兒去了？這麼晚才回來！

徐：順便到庫裏取汽油去了。汽車不應該放空回來呀。

吳：你怎麼跟李太太說的呢？

徐：照你吩咐的那麼說的。

吳：你再說給我聽聽。

徐：噴。（抓耳撓腮）我到李隊員家裏的時候，李太太正睡在床上，她病了。

吳：（關切地）她害的什麼病？病得厲不厲害？

徐：沒什麼。傷風。有點兒發燒。可是不知怎麼，我覺得她今天不應該害病。看見她病在床上，我心裏說不出的發酸——害病好像應該有個親人陪陪才對。

吳：（黯然和陳對看一眼）李隊員的孩子——大隈呢？

徐：大隈挺好，還大聲兒喊了我一聲徐伯伯呢。（顧遺像）這孩子長得比李隊員還神氣，將來一定是個有出息的。

吳：我要問的是你怎麼跟李太太說話的。

徐：噴。（又抓耳）一看見李太太，不知怎麼我就想起關太太，說不出話來了。兩人對面楞着，大概有這麼七八分鐘，到了兒還是李太太先開的口。她問我：「維德今天不回來了麼，徐副官？」我點點頭。嘿！我看見她說話的時候眼睛裏淚光直閃！

陳：別胡說！，人家還不知道丈夫死了，爲什麼流淚？看你這分兒瞎疑心！

徐：真的！騙人是這個。（以手比龜）八成兒因爲每次追悼會讀祭文都是我，所以女人看見我就發毛了。

吳：後來呢？

徐：後來好像我說了句什麼話，又彷彿沒有說，總之李隊員今天殉了國這件事我可絕對沒有告訴李太太。

吳：這麼着你就跑回來了麼？連約李太太來飛機場的話都沒有說？

徐：那當然說了。我是照你吩咐的那樣說的——李隊員今天臨時趕上夜班，不能出去，可是有話要跟李太太說。

吳：三號小汽車開去了麼？

徐：開去了。臨走，李太太說她準七點多到。喏，收拾收拾，差不多。（從懷裏掏出祭文）這兒是那分祭文，隨便你哪位讀罷。這差使我幹不了。

陳：（接過祭文）老徐，你真鬆透了，哪兒像個男子漢！

徐：我本來不是什麼英雄好漢，普普通通一個文學堂出身的老百姓，來隊上一年給五個朋友念過了祭文，老實麼下去，我連這碗副官飯都不要喫了。（向屋門走去，走到門口，掉轉身來）吳隊員，李隊員今天怎麼死的，你聽說了麼？吳隊員身上……

吳：（擺手）我聽說了。你不用講了。

徐：不是哦。我是想提醒你二位一聲，回頭李太太來的時候千萬別隨便說出來，今天她又在病着，萬一再鬧關太太那麼一場，咱們可眞受不了了。（下）

吳：我曉得。

——外面士兵夜操，不時發出各種口令，和「一二三四」的齊呼聲。

吳：（徘徊）病着——病着——（突然立定）老陳，咱們辦的事還是不對。咱們先不叫徐副官把事情告訴李太太，怕她難過；可是回頭她走進來，猛抬頭就看見這一桌，那所受的打擊豈不更大了麼？

陳：算了算了，已經辦了的事情就辦了。儘嘀咕幹嘛？

吳：我怕她又跟關太太似的，又完結在這間屋裏。

陳：咱們有這麼多人聚在這兒，還怕攔不住她麼？

吳：可是上禮拜關太太自殺，不也還是有許多人聚在這兒？

陳：那你們飯桶！

吳：飯桶才怪呢！沒走進屋子，一支手槍就被成漢的太太從她身上搜了出來。

陳：那麼，老關的太太是存心來自殺的了？

吳：可不是。一走進屋子，看見了棺材，她的臉色立刻就變成了人造象牙。你沒看見那分兒可怕呢！

陳：她知不知道棺材裏是滿滿一箱沙子，老關被燒得連根頭髮都不存在了？

吳：怎麼不知道！你聽她那分兒嚎罷！什麼「賢，賢，我只要你一根鬍鬚款！」（色變）哎呀，不能想了。那天連儀式都沒有舉行，雖然副指揮還到了場。大家的呼吸差不多都被壓得停止了。

陳：後來？

吳：關太太像發了瘋的，兩眼瞪成了這樣！（學樣）大聲地嚷：「報仇，我沒這個力量；活着，沒意思，」話沒說完，一頭就往棺材上撞去！

陳：拉呀，你們！

吳：維德太太上去拉，可是沒趕得及，腦漿迸出來了！你知道腦漿是什麼樣子麼？

陳：（側過臉去）不要說了，不要說了。

——外面突然響起了腳步聲。

吳：（幾乎是用假嗓子）維德太太來了！你不許把維德殉難的慘象告訴她！我不能再看這類悲劇了！

陳：（緊張地站起，走向門口）曉得。

——腳步聲逐漸逼近。房門開開，走進來的却是楊隊長。

楊隊長：（向遺像敬禮後）我來晚了一點。

吳：出去了麼？

楊：不。大隊長召集分隊長以上開會。

——分隊長三人陸續上，向遺像敬禮。

陳：有什麼要緊事情麼，楊隊長？

楊：討論夜間警戒問題。這兩天有月亮，王八蛋說不定會來的。

分隊長一：苦人兒還沒有來？

吳：馬上就要到了。

分隊長二：你們知道老李今天怎麼失事的麼？

陳：你說說看。

分二：媽的十一架驅逐機圍住了他一個！鬼子最近的戰略：各個擊破。誰有能力，就包圍誰。今天第三次警報的時候，他帶着老李跟老秦編着圈子搜索，剛飛到東洋租界的上空就遇上了二十七架敵機。隨後那一場搏鬥你們都看見的。老李一個跟十一架九六式對拚，幹了足有十七八分鐘，連續翻了六七個觔斗，最後不知怎麼一來副翼壞了，老李才跳傘跳下來的。

分隊長三：（切齒）新仇舊恨，媽的早晚總得給鬼子一個清算！

楊：今晚上商議定的這個新戰略一定有點兒辦法。

分二：最可憐的是老李的太太。今天本來是輪老李歇夜班，兩人約好一塊兒過武昌去接從廣州來的李太太的媽的。現在她也許還在苦等罷。

吳：不。我們已經通知過她，馬上就要到這兒來的。

分二：告訴過她老李已經死了？

吳：不。沒有。我們只說老李臨時當了班，有話約她來當面說。

分一：只要這樣一說，老李太太馬上就明白了。

陳：怎麼見得？

分一：夫妻夫妻，二位一體。老李太太的那麼個敏感的人，她會覺不出來？

吳：對了。也許，他們兩口子的事我最清楚：每天一吹熄燈號，不管當不當班，老李就再也不說一句話了。儘管前一分鐘還鬧得那麼撒沙。據說他是在跟他太太「神會」。咱們熄燈永遠是九點，他太太也是一到九點就「靜默」了。

分二：怪不得老李晚上從來不跟我們打××呢。

分三：好像哪個電影裏也見過這種花頭。

分一：如果「神會」有靈，李太太今天一定「心血來潮」的。

陳：剛才徐副官也說，他看見她神色有點變態呢。

分二 分三：真的麼？

吳：起先我計劃好了，不叫徐副官直接了當地告訴她，現在我可真希望她先知道了，免得回頭咱們開口為難！

楊：不管怎麼，回頭她來，大家可務必要注意，不可以把李隊員殉國的慘象說出來。上禮拜那樣的事萬萬不能再演了。

——徐副官慌慌張張地跑上。

徐：報告隊長，李太太來了！

——全場緊張。

楊：（向室門走去）吹集合號。去請大隊長。

——徐副官下。

楊：你們看我的眼色行事。說話要小心，不准刺激她的感情。站兩人在她身後，如果她……

——腳步聲逼近。

——全場肅靜。窗外遠遠有人喊「解散」的口令。

——李太太面色蒼白，攙着兒子大陽出現在門口了。

李太太：（站在門口不動，頻頻向全室打量，最後眼光停注到遺像上，胸膛立刻起伏，胴體也前後晃動起來。佇立良久）……

李：（仍舊站立不動，眼淚奪眶而出）………

——外面吹起「集合號」來

大陽：爸爸呢？

李：（號音完畢時，擦乾眼淚，凝定住目光，蹣跚走向供桌）……

楊：李太太先請這邊歇一歇。

李：……

吳：（走到李面前）請休息一會兒吧，聽說你今天不舒服，發燒了，是麼？

李：………。

陽：吳伯伯，我爸爸呢：他說好今晚上帶我過江接媽媽去的。

吳：（以手指嘴）不要說。（又以手指李）

楊：（不自然地）我們很不幸，今天又少了一位忠勇的同志。（停停，看李一眼）替死者報仇，是我們全體生者的責任。我們敢以赤誠在李太太面前宣誓！

李：（微微頷首，仍是凝目閉口，不發一言）……

陳：（粗壁）嫂子，過來先坐會兒，老這麼站着不成。

李：……

楊：李隊員是我們中國的紅武士，他一架飛機幹十一架，幹了十七八分鐘，最後飛機壞了，跳傘下來才殉國的。

吳：他並沒有落在敵人的手裏。

陳：（暴躁地）這些話說他幹嘛！趕快請大隊長來行禮罷。行完禮，大家都離開這間屋。我膩透了這間屋子了！

陽：（看見了遺像）這不是爸爸的像片麼？爸爸呢？爸爸呢？吳伯伯，我爸爸到哪兒去了？

吳：（小聲）不要吵。你爸爸不在這兒。他——你不要吵，吵了你媽難過。

李：（突然掉轉身）我不難過！（大聲）我不難過！什麼我都知道了！我要告訴他！大陽，過來。你爸爸死了！（更大聲）你爸爸被日本人殺死了！你爸爸跳傘下來，被十一架日本飛機追着打，全身打了三百零七個洞，連肋骨都不勝一根了！

陳：哼哼！你還不知道，連耳朵連腦蓋連生殖器都打得沒有影子了！

——全體以目示意禁陳發言。

李：大陽，你要永世記着：你爸爸是被日本野獸打死的！你爸爸是在跳傘下來之後，被日本野獸不顧人道，不顧國際公法，追着開了三百零七槍打死的！

——大陽哇的哭了出來。趕忙撫慰他。

楊：李太太，你不能再興奮了，你請到沙發上坐坐罷。

李：……

——大隊長入。徐副官率四號兵隨入。再後面是別隊的飛行員，和各隊的官佐機械士。

——大隊長向李太太打招呼。

——隊伍整好。

徐：追悼會開始。奏哀樂！

——號兵吹二部哀樂。

——號音號奇，李不可遏止地啜泣起來。大陽同哭。

徐：上香！——獻爵！——向李烈士靈行致敬禮，脫帽！——一鞠躬！——再鞠躬！——三鞠躬——復帽！——讀祭文！

——李的哭聲漸漸大了。

——陳從懷裏掏出祭文，剛才要讀，忽然——

——警報器嗚的長嘯起來。

大隊長：解散！楊隊長到我這兒來。全體都在集合場集合！（奔下）

——人遞擁地擠出門外。祇剩下了陳中襄和吳道明。

——李止了淚，把大陽摟在懷裏。

吳：嫂子，你回去罷，還用三號小汽車送你走。

李：不。我帶大隈在這兒伴靈。

吳：不行。你得走。這兒太危險了。

——外面吹起集合號來。

李：不要緊，維德會在冥冥中保佑我們的。

陳：（焦急地）不成。你們非走不可，非走不可。

李：中襄，你是維德十二年的朋友，你怎麼忍心這他的遺孤離開他的靈柩，連一晚上都不陪陪他？（啜泣）

陳：我不讓你再演上禮拜隨太太那一幕！太的死得有代價，你不能那樣做！快走！我們要集合了！

李：（止淚）哼哼，你以爲我要自殺，學隨太太那一套麼？（倔強）不，不！我要報仇！我有兒子，我要養育我的兒子，長大成人，替他父親報仇！（咬牙）哼哼！三百零七槍！自殺？沒有那麼便宜的事！

隈：（舉手）媽，我一定替爸爸報仇，我是媽的好孩子！

陳：好。我們相信你。

吳：報仇，當然，要報仇！在大隈沒長大以前，這報仇的責任應該先是我們的！你看着罷！

陳：我們走。嫂子，你要自殺，對不起維德跟我們！（轉向供桌）老李，你屍骨還沒寒，媽的王八蛋又來了！今天祭你，不用祭文，我們要用仇人的肉跟血！你等着罷！

——吳陳同下。

李：（歇斯底里地）自殺？哈哈哈，未免太會偷巧了罷？「報仇我沒力量，」活着沒意思，」這樣的話，我可說不出來！

隈：媽，你不好過，咱們坐到椅子上歇歇罷。

李：（茫然不答）……

——窗外人聲嘈雜。

——外有人在吹哨子，有人在撿器物。

——遠處有敵機聲。有汽車疾駛聲。

——李幽靈似的走到棺木前面，仔細地審視着，又繞着供桌走了，拿起桌上每一件東西把看。半晌——

李：（把遺像拿在了手裏）是做夢麼，維德？分別僅僅十二小時，你就悄悄地離開了我，連一句話都沒有，（擁泣，把遺像貼在嘴上，臉貼在臉上。）

——外面少數幾個發動機震響起來。

李：（放下遺像，昂起頭，凝神諦聽，爆發地）不。你沒有權離開我，你的飛機又要起飛了，趕走敵人你馬上就要回來的。（擁着大隈走至窗前，推開窗門）××——××大寶貝！

隈：媽，你跟誰招手？

李：爸爸。

隈：你不是說爸爸死了，爸被日本鬼子打死了麼？

李：胡說——爸永遠不會死！永遠不會被日本鬼子打死的。爸在杭州打下過兩架日本飛機，在南京打下過三架，在廣德打下過一架。爸是中國的紅武士。爸接連衝過十三個觔斗，接連倒飛過半點鐘。誰說爸會被人打死的？

隈：（雀躍）好極了。咱們倆還手拉手看爸跟鬼子作戰好罷？咱們出去。咱們出去。

——窗外室內燈光同時熄滅。發動機聲漸漸多了，大了。

——室內燭光昏暗。

李：（掉轉身，發見靈柩，恍然從幻境醒覺，淚流如雨，撫摸大隈頭）大隈，媽媽發燒燒昏了。爸爸不在飛機場，他被日本鬼子殺死，睡在這木盒子裏呢。吳伯伯陳伯伯給爸報仇去了。咱們歇在這兒等着罷。

隈：（痛哭）我也要報仇去，我也要報仇去。

——吳追明喘息着奔上。

吳：大隊長說了，你們還是得要走。馬上就發緊急警報，你們再不能遲延了！

李：追明，你不要逼我，逼我你會後悔的。（泣不成聲）維德去了，我，活也可以不活也可以，活着我祇是爲了報仇！我要親眼看維德的好友怎麼樣替他報仇，怎麼樣把他的仇人殺得一個也回不去……

吳：（大聲）好，今天，今天——（氣阻）你看着罷！（奔下）

——緊急警報。

——全部飛機都「開車」了。人覺察到一架架在滑行飛起。

——李太太把香燭移置到供棹下面，室內更暗了。

李：（摟緊大隈）怕不怕，寶貝？

隈：不怕。（指遺像）爸爸的眼睛老看着我們，他會保護我們的。

李：你是爸爸的好兒子，媽媽喜歡。

——發動機聲音小了。想來全部飛機都已飛至空中。

——最後離場的機械人員三三五五輕步經過窗下。

——敵方轟炸機隆隆的聲音漸漸出現了。

李：敵機！（走至棹旁把蠟燭吹熄）

——室內全黑。幽暗的月光由窗外射入。

——突然，室外現出一片耀目的白光，那是敵人投下的照明彈。

——高射砲吼叫了。

——炸彈在遠處投下，衝起火光。

李：（探身窗外，壓住嗓子）起火了！像在市政府附近！又不知道多少老百姓完了！

隈：媽，我看不見。

李：（抱起他來）小聲一點！

——機關槍連珠樣地響起來。

——照明彈和信號槍交相輝映。

——驅逐機和驅逐機對搏，嗚嗚的吼叫着。

隈：媽，我害怕。

李：不怕，爸爸保佑你。看罷。吳伯伯他們馬上就要替爸爸跟老百姓報仇了。

——敵機逼近了。接連投下二三十個炸彈。

——高射砲高射機關槍不斷地射擊。

——房屋劇震起來。玻璃碎了。燭台倒地滑滾。

——李太太連忙抽回身子，把脊背貼在牆上。

李：不怕呵，寶貝。媽在這兒。

隈：我不怕，媽。（卻嚶嚶地哭起來）

李：（把大隈的臉靠在自己的臉上）。寶貝，寶貝。

——忽然一團火光畫了一道拋物線流墜下去。

李：（大呼）完了一架！（反顧遺像）維德，你看見了罷？替你報了一份仇了！——大隈，大隈！我的乖寶貝！你看呀！

隈：媽，你不是叫我小聲一點麼？

李：不管牠。（走至窗口）大隈，快看吳伯伯他們給爸報仇。

——搏鬥聲射擊聲轟炸聲漸遠，俄頃——

李：嘿，又完了一架！那邊！

——一道火光又流過長空。

隈：咱們拍手好麼？（拍起小手來）

李：（凝神地看着窗外虛空，時不時顛起脚，移動着身子）大隈，大隈，你看得見麼？

隈：媽，你臉燙得很。我怕你不好過，咱們到那邊坐座，好麼？

李：不，不，不要緊。我心裏痛快，病就沒有了。

——嘿，（手指天空一角）又來了，那邊！

——顯然是兩架驅逐機翻滾搏鬥着飛過來了。

隈：媽，那會不會是吳伯伯？

李：一定是，那麼勇敢。——翻觔斗了！——啊呀，好危險！（撫胸）——嘿，嘿！——好！前邊那架準逃不了了！——款！完了！掉在飛機場裏了！天哪！維德！你！！——大隈現在咱們過那邊坐會兒罷。媽累了。（走至沙發前坐下）

——搏鬥聲射擊聲和轟炸機的隆隆聲消逝了。

——寂靜。

李：大隈，你會不會給媽做一件事？

隈：媽吩咐罷。

李：把棹底下那個蠟燭台，跟洋火拿給我。

隈：媽要點麼？我會點。

——大隈點香燭。室內微明。

——有人走過窗下，向機場走去。

李：大隈，你過來。

隈：媽，幹嘛？

李：你看——（指遺像）

——解除警報。有飛機降落聲。

隈：媽瞪着眼看什麼？

李：看爸的眼睛。——動了，動了，——哩，笑了。爸笑了！

隈：有人給爸報仇，爸應該笑。咱們也笑，媽，你笑。

——母子相視而笑。笑到後來作母親的卻流出淚來。

——降落的飛機更多了。

——窗外又起了嘈雜聲，那是逃警報回來的員兵車物。

——遠處又有敲鑼聲。

——吳道明持衣物一團匆匆上。

吳：（喘息地）媽的，今天鬼子送來的禮儀可真不少！

隈：吳伯伯！你手裏這是什麼？

吳：血衣！被我打下的那架驅逐機掉在飛機場那頭，沒工夫去看。可巧跑到護場河邊上，遇到了這傢伙。兩位說是從轟炸機裏跳出來的，沒什麼說的，先剝下衣服來祭你爸爸一下罷。

李：（止淚！接過血衣，熱烈地握住吳的手）道明，你眞是維德的好朋友！

——一輛汽車飛馳而來，駛到窗前，戛然停住。

隈：（握住吳另一隻手）吳伯伯，我愛你。（吻他）我要你做我的老師。再過三年我能不能駕飛機，替我爸爸報仇？

吳：（拍拍太隈的頭）三年麼？好孩子……

——兩個担架夫担着陳中襄進來。醫官看護後面跟着。

李：（銳呼）中襄！你！你受傷了？（走過去探視）

陳：沒有。沒有。

醫官：左膀子被子彈穿了一個窟窿。

——陳被抬到沙發上睡下。

——大隊長揚隊長以及一千人衆隨後上。其中有一些擎着戰利品。

李：（接過繃帶替陳捆紮）中襄，我站在你好朋友妻子的立場，格外爲你的傷難過。

大：骨頭有沒有碎？

揚：轉動不至於有問題罷？

吳：沒有傷害到血管罷？

陳：（發跳）你們不要問了！受了傷回來，沒能替老朋友報着仇，我慚愧！我難過！

大：怎麼呢？整個空軍就是一個單元。報仇不報仇，並不以個人的紀錄來計算。揚隊長，今天我們的紀錄？

揚：當場目擊的，打下兩架驅逐機，燒掉三架轟炸機。

太衆：哦!?

大：那還不壞了。我們自己？

[illegible]：沒有損失。

吳：老李今天的仇可算報淸了。我們來歡呼！

隈：（跳起來）不！爸爸被鬼子打了三百零七槍，這仇永遠淸不了的！等我，等我三年後能夠駕飛機了，我要把鬼子殺得一個都不賸！

李：（摟緊了太隈）太隈。

陳：（從沙發上一躍而起）好孩子！太隈，你過來！（當太隈走過去時）你眞是我老朋友的兒子！

大：現在繼續追悼會。拏血衣代替鮮花時果。

飛行員一：我這里有從畜牲身上搜出來的一道神符。（送上）

飛行員二：我拾到了一塊「千女縫」。（送上）

徐：我這兒有一塊人肉，飛機場上拾到的，看着倒像哪個王八蛋的鼻子。（送上。）

大：徐副官，追悼會開始罷。

陳：不，打從現在起，我們再不要聲得人透不出氣來的追悼會了。我主張把這間屋改成敵人的祭壇，我們大家馬上跑到飛機場去，把那些敵人的屍體搬來血祭我們的空軍烈士，怎麼樣？

全體：好！（蜂擁向門口跑去）

——當人們跑出一半時，突然——

吳：（高呼）靜默！

——沒跑出去的人都立定了，俯首靜默。

吳：整九點了！

——外面熄燈號響起來。

吳：這是李太太每天跟李隊員「神會」的時候，爲了紀念李隊員不朽的精神，我們應該陪她一起靜默。

李：（低語）維德！——維德！——平安！——幸福！——天保佑你！

——幕徐下——

廿八年三月廿三日

補記

一、突然被召到百里以外的印刷工廠來，一看，原來編好的稿子有幾篇都排不進去了。這被排和沒有被排，完全是由工友決定的，所以連算作紀念斯坦尼斯拉夫斯基逝世三週年的譯文，他底「論戲劇與觀衆及其他」也擠掉了。改排，那是絕絕對不可能的。

二、本期里面的作品，有的有英文字母，如「從攻擊到防禦」，有的有英文字，如「總站之夜」，但這些十分之八九排不出，毫無辦法了。

三、因爲篇幅沒有辦法，可以兼作紀念八•一三二週年的「從攻擊到防禦」，也只能先登出一小半了。

四、高爾基底作品，是五月間請托譯出了的，但後來陸續來了不少，例如「時鐘」就收到了二個譯文，另外還有論文和小說，無法登出，只有抱歉了。

到安塞去看病

黃既

「××黨委」派來一個老馬夫，牽着一匹高大灰白色的雄馬，送我到安塞縣去看病。說那裏住了幾個休養員，都是農民的幹部，可是一直沒有醫生。他們曾經幾次打電話給總衛生部，要求去一個醫生看一看，但是大部分的醫生都到前線去了，八路軍又是缺少醫生的，所以老沒有人去。我適逢要到鄜縣去救護，在延安城裏等車，因此有這個機緣。

安塞在延安西北約七十里，完全是山路。騎馬走在山巔，往下面看，是一片荒涼，和永遠不息的潺潺流着的河水，往上面看，是禿禿的山顛，偶而有一兩棵獨立樹。走了四十里地，一直沒有碰到村落人家，馬家口雖有人放哨，但也僅是一間茅草屋在路旁。有時候要過河，沒橋，馬是見了水便自然而然地淌過去的。有時候要翻山，回頭一看，好像完全沒有來路一樣。離安塞二十五里，有一個小村叫做曾家店，我們在那裏歇了腳。緊靠山腳有兩間茅房，兩個婦人在裏面賣吃食。我和馬夫在窗前兩張板凳上坐下，就窗台上吃了四碗掛麵，五個饅頭。屋前的狗見了人來是不叫的，想必是常有客人在這兒歇腳打尖。

醫院在安塞縣城以西。一大片莊田後面，莊嚴地聳出一所高大的磚房，雖然是房頂上已經長滿了尺長的亂草，但依然不減太戶門第的風味。大門兩旁一副對聯「詩書門第，耕讀人家」和門上一塊橫楣「九世明經」都是石刻的很不壞的字體。醫院的負責人郭子英同志領我走進院正面一間磚窰洞，這原本是一排莊太的高台階的正房，如今做了廚房了，一進屋就是觸鼻的炊煙氣，但滋味很好，我想像中的一所醫院，到這裏却感到是一個溫暖的人家。

出來進去招待我的，除了郭同志之外，其餘都是幹部休養員。他們僅有一個做飯的大師傅，沒有「小鬼」。他們讓我走進左首一間內室去。那有兩個炕：對門的一個炕上鋪了兩份被褥，靠窗的一個炕上放了一張高八仙桌，幾把櫈子，這就是辦公室了。他們很快地給我騰出一間窰洞，那原來是一個女休養員住的，我看他們把床上的小方桌和駱駝毛，羊毛，毛線，鞋底子通通搬到外間去了。一個藍服裝的同志爲我鋪好了被褥。

第一個找我看病的是一位七十一歲的老漢，穿了一件不合身的舊羊毛衫，拖一對露趾頭尖的破鞋，說話不很清楚，要我替他診脈，一面訴說病狀，一面敘述他晚年的革命工作，好像是說曾經坐過牢的。

這裏一共住了八個休養員，都是農民出身的農民首腦，有幾個是從一九三一年便加入了黨的，曾經經過一個痛苦的秘密工作時期。他們雖都是些幹部，但一點沒有一些幹部常有的「豪氣」。他們和大師傅老楊連郭同志十個人，共同組織了一個「家庭」。這家庭沒有吵鬧，沒有相互的攻擊，却很和氣很平穩，我尤其是喜歡他們那個廚房，每到做飯，男女大家一起動手。他們原是吃了小米飯的，却特意爲我做了麵條。他們原是吸陝北特有的羊腿骨製煙袋的，却特意爲我預備了三晉牌的紙煙。

當天晚上，我給他們八個同志看了病，而且很快地熟識起來了。和我最先接近的是李生園同志和李向海同志。李生園同志便是當初鋪床的那位，富農出身，曾經做過安塞縣的縣委書記，整潔的頭髮，整潔的衣服，不很說話，但做事很多，常常用兩隻短短的手臂做式，表示客氣。他閒着的時候紡駝毛線，已經紡了一滿軸。他把他的三本書拿出來給我看：「抗日統一戰線教程」，「什麼是列寧主義」和又小又薄的一本「英勇奮鬪的十五年」。

李向海同志身材不高，穿着灰色的舊軍裝，喜歡問，喜歡說。他到我屋裏來，講他過去的革命經過，問我常參加政治討論會不，都是討論些什麼，並且很快地用樹枝在牆壁上畫了一個「黨」，指了一下，模糊地不知說了一句什麼。他說話，老是用眼睛不斷地注視我。

「你加入過國民黨嗎？」

「沒有。」

「共產黨呢？」

「也沒有。」

「將來要加入吧？」

我笑了笑。

「我們幾個人在這裏住了兩個月了，每天都是發愁。你一來，大家喜歡了。你不要回去了吧！」

「不。我預備到鄜縣去。」

「我們大家給邊區黨委寫信，要求你在這裏。這裏就是生活受罪，我們大家一定跟你合得來，一定的。最好再找一個幫手來，你做院長。」

我問他這所宅院的來歷。他說這原是一個姓郭的安塞縣長的宅子，前幾年行土地革命，沒收了，如今他的後代住在延安城裏。我曾經在院裏看到一幅石刻的對聯「克勤復克儉，宜室且宜家」，上寫「郭書麟書」，大概這郭書麟就是這所荒蕪的宅院原來的主人吧？

李向海同志漸漸和我混得很熟，我們兩個躺在炕上談天

「你能打槍嗎？」我問。

「能。我有兩隻手槍，有病以後，不便帶着，交給這區黨委保存了。」

他拿出六粒子彈給我看，指着其中的兩粒說：

「這是俄國的。」

郭子英同志領我到外面走走。陰曆八月初九的月亮照在高粱地上，堆着的打過的高粱束中間，巍然地聳出一棵龐大的桃樹。郭同志領我到他家，也是一間窰洞，屋裏陳設得很滿。休養員韓增榮同志正坐在炕前就着油燈壺喫水煙。郭同志脫鞋上了炕，爲我在炕上鋪了一張毛氈，要我歇下。他的矮胖的女人在黑暗的角落站了一會，走到院裏去了。

我們談家鄉話，韓同志問我是那裏的人。

「那很好哇！」他快活地說，「天津，離上海很近吧？」

「都在海邊上，可是不很近，很遠呢。」

「出產一定比這兒好得多。」

「吃魚喫蝦很方便。」

「聽說武漢比陝北還大，是嗎？」

郭子英同志搖了搖頭，表示他問的不好。

不久，有人喊郭子英，我們三個一路回去。天已經很晚了。幾個人推我跳上炕去，坐在八仙桌前，敢情是預備了一壺酒，兩樣菜：一個炸羊肉，一個炒洋芋。

來的時候，聽說醫院裏藥品和注射器都有，所以什麼都沒有帶，及至來到，才知道原來什麼都沒有。害了病，寫好該用的藥，郭同志要我多留一天，俟到府（延安）裏去取藥。

第二天我沒有起牀，郭同志便騎馬走了。因爲他們招待得過於殷勤，整個的上午我都躲在自己屋裏，翻看帶去的一本「七月」，一直到李生圖同志進來，要我去喫米湯。

醫院的周圍都是些坟墓和倒塌了的墓碑和荒草，映着禿山，顯得很淒涼。有好些母雞在墓碑中間穿踏。露在土外面的奇形怪狀的石頭，很使人以爲是墓中的骨殖。李向海同志看我在荒地中間閒遊寂寞，邀我到安塞街上去走一走。

一到安塞街，使我想起在故鄉的除夕過後新年正月初一那天街上的情形：僻靜，人稀，街上的土好像從沒有被人踏過一樣；從早到晚，永遠是蒜色；沒有風沙，可是顯得如在風沙中間一般的寒冷。

街頭有一座古廟，房子已經坍塌沒有人住了。全街一共十幾戶人家，一間小雜貨店，一間鐵舖。三五隻肥壯的大狗在嘷吠打架。李向海到一個人家去看一個同鄉，他們正在煮麵片喫，屋裏異常地暖。主人叫我坐到燒過了的炕上去，把一盞油燈壺遞過來讓我喫煙。李向海的同鄉也坐在炕上，大病才好，他是延安的，一個開汽車工人，從前做營長時，受過四次榮譽的獎，如今每月領着四十八塊錢的津貼。陝北是優待工人的。

天黑時，我和李向海向這個人家告了別。河中間是用兩條圓木棍搭的橋，臨來時，勉强還能走過去，天一黑，我便未免兩隻腳陷在泥裏，李向海牽着我的手，兩個人橫行過了河。

留在院裏的同志們又爲我預備了晚酒，喝過了後，幾個人圍着桌子談起來，連女同志王英也參加了。王同志是鄜縣抗戰軍人家屬學校畢業的，原先是個胖子，如今害肺病，顯得瘦了，背也有些駝。但精神滿好，每次做飯，都是她來[illegible]。——另外一位女同志李鳳恩卻很憂鬱，很孤僻，不是自己在那裏縫衣服，便是面對牆一聲不響地盤腿坐着，夜間我從隔壁聽到她的呻吟，她在害着不輕的肺病，很少喫東西。

這一晚沒有參加談話的還有同志白玉成——很胖，足趾爛了，不便行路，除了訴說病痛之外，我還沒有聽到他說過另外什麼話，只看到他坐在炕上讀書。——和七十一歲的老同志呂永福——他是一個回民，很早就參加了革命，做過回民委員會的委員，被捕之後，坐牢幾年，西安事變之後，才被放出，因爲老了，精神不很正常了。他來找毛主席，毛主席給他定了每月三塊錢的津貼，叫他休養。他時常無原無故地喊叫起來，好像別人虧待了他一樣。他托着飯菜，到自己屋裏去喫，有時候要麵吃，別一

的同志們便商量着給了他麵。他第一個找我來看病，但問他時，他連說沒有什麼病，只是肚裏不大舒服，他是很剛直的一個人。據李向海說，他原先政治理解很好，是一個最忠實不過的革命回民。

同志劉子明，戴了一頂黑毛線織的淺瓜皮帽，頭髮剪得也正像一個帽子，人家說他什麼都懂都能幹。當晚他喝了兩口酒，談起回民和蒙民的生活。他說內蒙古人穿褲子，外蒙古人却不穿。正當講得津津有味，院裏馬蹄響，是郭子英同志取藥回來了。他默默無言地走進來，摘下跨包。他的衣扣全開着，不停地喘氣，在黑暗中，他的雄壯的身體，和斜着肩膀的樣子，正像一匹疲憊了的騸馬。

轉天我和他們都起了一個大早。劉子明李生圃同志和王英女同志每人拿了一隻掃把，把院裏掃得乾乾淨淨。我把行李綑好，開始準備給四個同志行靜脈注射。韓增榮同志和馬夫同志幫我煮注射針，用洋鐵碗做煮沸器，架了兩塊磚，中間燃柴，及至煮好，水裏已經滿滿，浮了一層黑烟子了。

臨出發以前，又喫了一頓南瓜餡的水餃。我和他們一一地握手告別。遺憾的是女同志李鳳恩和老同志呂永福當時沒有在。他們送我走出村子，郭子英同志更送我進了街，牽着我的手走進小雜貨店，買了兩盒紙烟放在我的衣袋裏，然後告別。

走出安塞城，我騎上馬的時候，覺得有些恍惚，我記得郭同志臨別時的一句話：「如果不走，下星期請再上來！」但是我要去鄜縣了、什麼時候再來安塞是不敢說的，即或有機會再來，是不是還能遇到他們呢？

我懷念這個無吵無鬧的平穩的家庭。他們已經走過很長的艱苦路途了，現在他們依然在清苦寂寞中向他們堅信的理想邁進。！」是的，他們並不寂寞啊！

誰想知道他們嗎？在荒蕪的安塞，有八個農民的頭腦在養病，他們是：李生圃，李向海，韓增榮，劉子明，白玉成，王英，李鳳恩，還有老回民呂永福。

還有，健壯而誠懇的朋友：郭子英。

十月五日。

「子曰」與「牙牙夫斯基」

孟絲萑

中國的文法書，原來就不多，研究的人就更少。依照「四捨五入」的說法來說的話，過去的文章寫法，大抵是只靠「成法」，不講「文法」的。只要看一看連寫封普通信都要以「套熟套」爲「雅」，便可知道其依賴「成法」的程度如何了。

科舉八股廢掉以後，會有人嘲笑過「子曰詩云」「誠哉斯旨也」的文章，還原是怪不得的，在做學生的時候，在考職業的時候，文章題目都不免是從「子曰詩云」之中選來的，既要應考，也只有「誠哉斯旨也」了。一經習慣，到自己「優而仕」的時候，不但是寫文章，出考題，就連演講，話家常時，也都不免「詩云子曰」。

其實呢，罪孽深重的原不在於「子曰詩云」，它既代表了某一個時代的思想精華，成爲一代思想的積累，或者是成果，爲了加強文章修辭上的完美，解說上的意義，還原是修辭法之一。問題倒是有人想把文章圈固於「子曰詩云」這一個範圍之中，禁錮或排斥思想的發展，而造成一式。但其實也是徒勞的。在五四時代所嘲笑，所糾正的，正是屬於後者的。

二十年以後，嘲笑的方向改變了。因爲文章的寫法自由了，文章的「成法」也不大爲「新文人」注意，他們在文章裏所引用的範圍也開擴了。但是有人嘲笑了，說這風氣是如同貓城記裏貓人常常喊着的：「牙牙夫斯基」；說爲什麼單要引用別人的文章，而不自己創造呢？說這種引用法完全是依賴別人替自己打勝仗的辦法。但是他自己呢，不但前面引了老舍先生的著作，更引了魯迅先生的著作，來加强他的第三種說法。這位先生對於自己作文章的修辭法是相當講究的，不過也難免陷於誇自己的矛好，又誇自己的盾好的那個賣人的自掘的陷穽。

也許是個文化上的國粹派，所以要以「牙牙夫斯基」來嘲笑那些引用並非「中國製造」的思想積累的文章。要人「創造」原是好的，要人在文章中不必引用也是可以的，然而用嘲笑來禁止和排斥則實在沒有這個必要。因爲「子曰派」與「夫斯基派」僅僅是表現文章內容上的不同，在修辭學上的引用法的原則是一樣的。

舉例來說吧，最近讀到一篇關於談文學批評的文章，文中引了嚴羽，引了王國維，引了劉知幾，引了金聖嘆。雖然不是「牙牙夫斯基」，當也屬於「子曰派」了（這是依照那位嘲笑者的說法）。但在文章的修辭本身上說，是加强了表現作者的意識的。

會使矛也好，會使盾也好，原不必因爲自己使了盾，看見別人使矛，便覺得要排斥，要嘲笑。這心理其實已不必一定要拉出別人來「抵擋一陣」，「自己」和「自己」已然「抵擋」得昏天黑地了。

開荒

朱聲

去年初冬，延安就傳遍這樣歌聲：

——開農呵，開荒呀！

前方的將士要軍糧。

織布呵，織布唔！

前方的將士要衣服！

……

在『一二九』紀念大會上，朔風吹得人縮着膀子，坐在冷冰冰的地上聽着毛澤東同志講：

『……為了克服困難，增加力量，停止敵人進攻，準備我的反攻，今年，我們要做兩件大事：第一，我們要消滅一些文盲，不識字的每个人至少要認識一千字，第二，我們要發動生產運動，我們要自己耕種儲蓄，能做到自給自足……』

跟着，春天來了。

二

延水開了凍，負着溫暖的陽光，「嘩嘩」地奔流着，

延安的人們到處喊起了：

『響應毛主席的號召！』

『完成今年邊區開荒六十萬畝的計劃！』

……

夜里。初春的風，冷冰冰的撫摩着靜靜的原野。雁群背着月光，無聲地，高高地飛着，四處凝結着點點的窰洞的燈光，荒山上，一團一團的火燈燃燒着。狼遠遠地在嚎叫。

荒山，頭更禿了，胸膛是黑黝黝的，別看她們難看呀，她們是會孕育出金黃色的穀子麥子來的。

三

戰鬥的血液，像野火樣在這古城的胸膛里環流着。

幾家鐵匠舖子，日夜「叮叮噹噹」地打着鋤頭，鐮子……

總生產委員會下了通知：各機關每日是四小時生產，三小時工作，二小時學習。各學校是半日生產，半日學習，三月底開荒完畢。

中央局下了挑戰書；要向每個單位作生產競賽。

×

我們文化協會，共總只有十多個人，一些是外邊來的所謂「文化人」；蒼白面孔，弓腰駝背的。

開生產會議那天，主席大胖子總務科長說：每個人按照自已的體力，定出開荒的數目。

『我開兩畝！』我們的管理員——一個長征過來的戰士。他偏着嘴，用微笑的，挑戰的眼光看着

給築路的農夫

莊湧

剛才，我們的車子

從涇水經過，

昨夜的山洪

把那里的木橋冲破；

三條牛，七個人

鋪上麥草路

才把車輪拖出沙窩！

現在，又看見你們在這里工作。

十天前，我從那毀滅戰場

爬過四百里無人的山野，

像一隻惶恐于沙漠的野獸，

我以為世界上

海已乾枯，

花已零落，

現在又看見

還平原，

還草，

這小河，

木棒，

我們。

　開荒的前一天，我們吃肉，管理員提着肉回來，還讓笑着說：「現在吃肉，將來要有糧食吃才行！」

　不久，我們手掌上磨起了泡，泡破了，磨成了黃黃的繭子，我們還是天一亮就掮起鋤頭，愉快地唱着向那土地走去。一大塊，一大塊的硬泥，被我們弄得軟軟地堆了起來。有一個，脚被鋤頭挖傷了，布纏着像個大鼓槌，並且一跛一跛地。可是一也也不鬆勁兒。

　「要得！」他眞摯地笑了。

×

「延水潺潺長又長，
南山北嶺盡荒涼。
郎去前線打鬼子，
妹在後方生產忙；
做鞋做襪縫衣裳，
安排妥當送戰場。
夜晚燈下摸針指，
黎明早起要開荒；
……………」

　小鬼們尖着嗓子唱着，笑着，飛快地揮着鋤頭，大棉襖直愰直愰的。

「李福海加油！怎沒勁兒？」

「沒勁？咱們劃條線比賽下，看誰開得快！」

「好！來！誰輸了就五分錢花生！」

　休息的時候，他們擦乾汗，「咕嚕咕嚕」地喝了兩碗水，做着腳鋪子躺了躺，就掏出識字課本請大同志們教課。

×

　「像參加抗大的有些女同志，是不能開荒的，可是每個人都得生產囉！

「囉，囉囉囉！」

「各各，各各！」

　她們在捲着袖子，拌猪食，撒着剩飯喂雞。

　有的在廚房裏切菜煮飯。

　燒水隊的，兩人一桶抬去了。

「同志們休息一下喝水啊！」

「歡迎女同志唱歌慰勞！」

……………

×

　在抗大為「對敵工作隊」開荒的地方，可以看到兩個日本人（不認識的是認不出來）。他們是日語會話教員，夾在中間，上身脫得只賸襯衫，起勁地挖着，笑着。他們也一樣地說：「這是克服困難，增加力量，停止敵人進攻，準備我的反攻！」

×

　可以看到：一條山溝裏，毛澤東同志在躬着腰鋤着窰洞前面的菜地。

×

　當牧羊的孩子，趕走了「叮叮」的羊鈴聲，趕走了黃昏。

　田野里，馬路上，一大隊一大隊的，三五成羣的，愉快地唱着歌回來了。

「你們那里開荒怎麽樣！」

「快開完了，要播種了！」

青石條，
梳揩……
希望和建設！
我們的車子
在你們臨時搭放的跳板上，慢慢換過，
感謝和喜悅淹沒了我；
這條路，向河西運糧食，
向榆林運軍火，
運回來掛采的弟兄，
也運回來我這不能再走路的兩脚！
而你們是剛放下鋤頭的農夫呀，
又搬出來這些斧頭，鐵鍬，拉條筐，扁担……，
剷平了高崗，把窪坑墳滿……
對來往的車馬不要酬報，
黑臉上閃放着微笑！
抗戰的隊伍
是響亮的洪流；
而你們是無名的
大禹的工人，
在治理河道。

一九三八，四，西安。

排印前小記

一、又要脫期了。印刷底困難簡直出人想像之外。如果說，在南京辦雜誌，要坐船到蕪湖，再走二三十里山路才能到印刷所，讀者大概要覺得奇怪的。我們現在就是這樣。而且，這一點篇幅的「七月」，只能先排一半，印了拆下字來，再排其餘的一半。而且，文中夾英文字母或英文字，是五四時代就習慣了的，但現在往返花了許多工夫都弄不好，因爲字母既不全，工友也沒有這個經驗。

二、這一期，原預定六月出版，主要內容在五月中就已經弄好了。雖然後來延到了八月，但因爲編者決定六月下旬參加慰勞團到前方去，全部編輯事務在六月上旬就已經完畢了。有的作者計算着他底作品在某一期出版前的若干天可以寄到，以爲編者接到後馬上送印刷所，印刷所接到後馬上排，排好了馬上印，當然可以在某一期發表出來的，所以一看到那一期那沒有他底作品出現，就斷定是編者存心搗亂，使他不能够早一點在世界文壇上放一異采。那其實是由於他自已對於實際的困難情形比較生疏的原故。

三、在復刊預告里面，我們曾經說過要同時在金華印發東南一帶，在上海印發上海南洋一帶，並在重慶和金華編印兩個大衆版。這在當時是已經確定了的工作，但現在都變成空頭支票了。上海方面，因爲情形惡化了，不能進行；金華，原有一家書店知道過去「七月」在那一帶行銷的情形，願意承印，不幸後來遭了轟炸，而原定在那里主持的友人也因爲生活無着，停留不住了。但重慶方面的大衆版計劃，我們還沒有放棄，只是人力物力還沒有可能馬上實現。

四、十月快要到了，我們也想有一點紀念魯迅先生逝世三週年的準備。當然，我們只能在很小的規模上紀念先生，但我們自信沒有存分胙的心理。希望賜寄研究的或憶念的眞切的稿件。

胡 風（八月十二日）

這一期：

S M——去年，巡禮者一樣地迂迴到了北方，但不久傷牙又發了病，只好又跑到都市來就醫。雖然因爲病，但也在憤激着：「一年來，不但脫離了戰爭，且一無所得，對於自己，眞是應該嚴責的。」

曹 白——依然在××的廣大淪陷地域上流轉，但在敵人加強進攻的情形下面，和後方的交通也更加艱難了。加入軍隊以前的報告散文，已輯成一集，題名「呼吸」，列爲「七月文叢」之一。

王春江——「新華日報」底編輯之一，還以前做過流動的戰區宣傳工作。

楊芳潔——在日本專攻英文學，現在某機關工作。

鹿地亘——五月中旬由桂林飛來了重慶。說是，到現在爲止是政治家，還以後要暫時做做文學家云。「和平村記」，在完篇中，文藝評論也在編校，題名「愛與憎底小紀錄」，列爲「七月文叢」之一。

盧鴻基——在總政治部第三廳，和友人共同編印「戰鬥美術」。

艾 青——還在桂林廣西日報。長詩「向太陽」在排印中，列爲「七月詩叢」之一。

天 藍——原在八路軍政治部，現在似乎在魯迅藝術學院。•「木刻工作者」，發表在「七月」第三集第六期，這一首是那底續篇。那以前在「七月」上發表過通訊。

莊 湧——「在重慶近郊作小規模的流浪」。詩集「突圍令」列爲「七月詩叢」之一，上海版已經出書了。

辛 克——來稿，情形不明。

柏 山——小說集「崖邊」底作者。去年參加了新四軍，現在安徽××一帶。曾在那里組織過一個戰地文藝社，並打算在一個五日刊上編一文藝副刊，「理想是誘導文藝青年向生活學習，向創作學習」。

陶 雄——在空軍某機關里工作。以空軍爲題材的作品選集「0404號機」，列爲「七月文叢」之一，在排印中。

黃 既——醫生。在「七月」發表過兩篇小說，「戰玉郎」和「銀地上」。去年到陝北去參加後方醫院工作，當衛生學校底教官。前不久被派到晉察冀邊區敵人後方去了。

朱 聲——來稿，情形不明。

孟絲萑——一個知名的作者，大概是害怕被列入「夫斯基派」罷，却用了這個新的名字。

日本問題研究叢書

日本租佃制度
郡惕公著 售洋一角

本書係日本東北帝國大學農政學研究室所編著世界各國租佃制度中之一部，由著者所主稿，今特整理出版，以供研究農政及日本問題者之參考，

戰時的日本動態
余仲瑤著 售洋一角

本書著者係抗戰發動後由狂吼的日本逃回的留日同胞，曾親自目睹七七事件以後，日本朝野的種種活動，所以本書所紀述的戰時的日本動態是最可靠的資料。

日本人的中國觀
余仲瑤著 一角五分

著者余仲瑤君在七七事變前的最短期間曾以某報記者資格訪問日本重要人物，詳詢其對於中國的意見，本書即其全部訪問紀錄，國人讀之，頗足明瞭日本人對我祖國之一般觀念。

抗戰的認識（即抗戰必勝論）
錢雲階著 售洋二角

我國起而抗日，乃求民族之生存與自由，早有獲得最後勝利的把握，本書的著者，特本其對日問題研究之所得，以客觀的態度，列舉事實，說明中國必勝，日本必敗的緣由。

東京之獄
姜季辛著 一角五分

自抗戰發生後，在日華僑即備受日方的歐改，甚至無故被捕入獄者爲數非少，姜季辛君爲入獄者之一，本書即爲著者在獄生活的實錄。

思想戰與宣傳戰
余仲瑤譯 一角五分

抗戰發動後，國人似猶昧於思想戰與宣傳戰在抗戰中的重要性。本書即在說明思想戰的重要，並詳述歐戰時各國宣傳戰的情形，及其效果，足供從事抗戰宣傳工作人員之參考。

▷▷抗戰戲劇叢書◁◁

李秀成之死
陽翰笙著 三角五分

太平天國之忠王李秀成在南京慷慨就義，爲本劇的背景，全劇分四幕演出，劇情甚爲曲折緊張，除盡情表演忠王之民族抗戰精神外，同時又暗示忠王失敗的原因，本劇的成功就在於此。

古城的怒吼
馬彥祥編 售洋三角

本劇係馬彥祥先生最近根據「祖國」改編之五幕新作，內容係描寫故都淪陷後，我同胞慘遭倭寇奸淫擄掠之種種蹂躪，及大學教授領導游擊隊襲擊敵人之壯舉，全劇以戀愛爲穿插，分五幕演出，甚爲悲壯熱烈。

塞上風雲
陽翰笙著 售洋四角

「塞上風雲」一劇爲著者傑作之一，敘述蒙漢青年合作的故事，全劇分四幕，情節緊張，上演效果自佳。本書附有舞台面四幅，及插圖若干，尤爲珍貴。

漢奸
陳白塵著 售洋三角

本書包含陳白塵先生於七七事變後創作的二個劇本，一爲「漢奸」四幕劇，一爲「盧溝橋之戰」三幕劇，各劇均經各演劇團上台表演，認爲適宜抗敵宣傳的良好劇本。茲爲救濟劇本荒起見，特由本公司印行單行本，定價僅爲三角，以求普遍。

前夜
陽翰笙著 三角五分

本劇女主角青虹女士是象徵大時代中的青年女戰士，她有着冷靜的頭腦熱情的心腸，最後以犧牲的精神，完成她的偉大的報國使命。這是本最有意義的抗戰宣傳之劇本。

米（一景四幕宣傳劇）
洪深著 售洋二角

本書附有張季純獨幕劇「天津的黑影」一劇。

華中圖書公司發行

七月

第四集

3

華中圖書公司發行

・目 錄・

七月

第四集第三期

（總第二十一期）

廿八年十月出版

重慶武庫街

編輯兼發行 七月社

華中圖書公司

編輯人 胡風

發行所：華中圖書公司

印刷所：商務日報（重慶武庫街）

夏溪口印刷工廠

每月出版一次

本埠每冊零售二角八分

訂價	國內	香港澳門	國外南洋
四個月	九角	一元二角	一元八角
八個月	一元七角	二元三角	三元貳角

郵票代價，十足收用。五人以上聯合定閱，九折計算。

詩集：

戰鬥的江南季節

彭燕郊

冬日

蕭瑟的
風雪的冬日呀
使大地沉默
使雷雨停歇
使草木復歸到泥土去了……
——然而，末月的花朵
帶着灩色的容顏
終於地
在行將嗚咽的池邊
綻放了
一年的最末的朵瓣

冬天來到中國了
寒冷的中國底冬天呀……

從山上
傳佈過來的
伐木底丁丁的斧聲
悠揚而清脆的
使行人駐足
觀望那
伸長在雪野裏的壕塹
用黃色的泥土與新伐的木椿
面向白靜的郊原
誇耀着
反抗侵略的
戰線底堅強

木葉漸漸地稀少了
日漸消瘦下去的山岳呀
只有松葉尚青
讓野鳥旋飛地苦叫
山巔
被霜雪所看守了
雖是那麼荒涼
但衣衫單薄的我們
靠它底掩護
在冷風和冰凍的旦夕
也會那麼勝利地
度過了寒冷的冬天

但昔日榮盛的鄉野
今天卻那麼岑寂了
人蹤將絕
河流也忘記喧嘩他底怨訴
而為冰塊所凝結
讓野鴨悠然地緩步在上面
江船停駛了
荒蕪了田疇
牛羊和他們底主人
哪里去了呢……
被焚燒過的房舍底
孤立的牆垣
那烏黑的乾焦的軀體
向鉛色的天宇
伸出無可奈何的臂膀
孑立在雪野中間

老樹
用枯木的枝椏
向羣隊點首
用嘶啞的聲音
低語着
這村落，住民的運命

昏黃地躺着
公路
用他蒼白的臂膀
興奮地探入城市
讓被破壞了的橋邊，崖下
滾下來「皇軍」底戰馬，輜重
讓戰士們在風中大笑
在雪下射擊……

點綴在中國底土地上的
你可恥的瘡疤——「皇軍」的碉堡呀
而恐怖的洞眼
在不滿十里的中途
互相凝視
被大際的風霜所包圍
從緊閉的門縫，屋頂
漏出了
瀰漫的烟霧
裏面——
凹眼的「皇軍」
正把帶火的薪柴
投入火堆
濕烟燻出了他們底淚水
永遠地不會
也不願想到
此刻
有人敢冒過重重的防線
敢越過層層的灰色的鐵絲網
去向他們襲擊

低壓而緊蹙了的天宇
覆蓋着
這快爲沉悶所窒息的
飽含着淚水的大地
只有我們
還在繼續着
含憤的歌聲…………

三八，冬日，江南。

雪天

我愛這
雪的日子
祖國底大地
是這樣的純潔呀

那山
那枯黑的樹
那泥濘的板橋
那被經年的炊煙所燻黑的茅屋
以及那孤獨地綠着的
村邊的竹林和山上的蒼松呀
你們——面善的友伴們
今天
全披上了
雪的外衣

呀，山
呀，樹
呀，村落，呀，田野………
你們
全酷似那
奔走在傷兵醫院裏的
年輕的
有着紅的嘴唇
與青的眸子的
那些穿白衣的女郎

你們
全酷似那
飄揚在示威遊行的隊伍前的
呼號人民起來戰鬥
標寫着人民們底期望的
那白布的旗幟
那麼純白
那麼清潔的
耀眼的光輝
那麼可親的
軟柔而無聲地飄落過來的體態
……………

而這裏
被異族的馬蹄所踐踏的土地呀……
當赴戰的我們的行列
穿過遼闊的曠野時
年輕的戰士們
移動着殭凍的艱難的雙足
在雪上疾走
企圖踏着雪上的

珠砂似的同伴底血跡
爲了索取仇敵底血
每個人
吐着白霧
迅然地走過這雪野的凍結的道路

我愛祖國
這被無聲的雪所掩蓋的土地
從那僅有的溪澗
跨過冰塊的阻斷
我們橫渡而過
祖國呀
我愛你
今天的艱難的戰鬥……

三九，一，江南某村。

夜歌

夜
如此溫柔
我們投入了她底懷抱……
飄漾着層層夜霧
新月羞澀地閃耀
無聲的
三月的春風吹拂着
係夜的原野呀

像大海一樣的永無止息
麥浪
悄然地在起伏着
我們底隊伍潛行
像一條小溪
無聲地
靜默地流過

小鳥——你林間的生靈
別怕呀
繼續你甜美的休息罷
鼓着雙翅
你
想飛到哪裏去呢

河邊
村舍的紙窗所透洩出來的
映射在洞黑的河水裏的
搖晃的一星燈光
向着我們
我知道
那裏
人們將有什麼議論
連那燈光
也在神經質地顫動着呢
而當受驚的田蛙躍入池塘時
那聲音也顯得異樣地清徹……

星星呀
你閃耀在天際的
璀璨的生命
你們
從黑夜給我們帶來微光
請罷
忘記那
來自村落的
無知的野犬底吠叫
而來諦聽
走過這淒苦的土地的
我們底腳步
所發出的沙沙的足音……

遠隔着那麼多的
河流
田地
村落
而低着頭的前方的
原野的那一邊
憧憬地站立着
那黑色的城樓
和模糊地連續着過去的
難以計數的雉堞
有如人民們底災難一樣
遙遙地
更夫敲打着三更
係在呼喚

今夜
就在那兒
失去了自由的人們
焦急地睜着眼珠
等待着
故國的旌旃

懷度門

在中原
我固摯地唱着一支忠誠的戀歌
我懷念度門——！
如同羔羊懷念他底慈母
我的記憶是深沉的……

春來了
我覩看天
那太陽並不比南國的太陽更熱更光
雨下落——
我就想在雨里追尋往日的足跡
聽人歌唱的時候
我就想起了那熟稔的歌聲
風吹着
我就想幾隻白帆的小舟在海上遨遊
奔跑在江南的原野上
我憶念海
和那浪花一樣的淚與笑

在度門
我驕傲我底年青
驕傲我滿溢的生命的力
到處開遍花
相思樹底綠葉常青
天，像海一樣藍
像海一樣湛深
和煦的海風吹着
吹亮了砲台上大砲底口徑
吹紅了小姑娘的臂膀，雙唇
在那海上的島嶼
向水天的遠方遙瞻
我找尋敵人底蹤跡
用粗黑的手撫摸古代的堡壘
讓海風吹拂我底衣襟
站在峻峨的山上
看海，看波綠的平原
光華的都市以及那安靜的莊園
眞的
我熱愛祖國，熱愛到不能用文字形容
前進
冒着重疊的禁令，重疊的皮鞭
在戰友底呼喊聲中
我比喻海中的礁石
要像它一樣堅貞
長年開着花
謝了一朵，又重放幾枝

戰士底血流着
我們踏着血跡前進
天氣晴朗，那麼
我們到鄉間去
那里
鄉民們正磨練着他們底武器
黑夜，就拿起火把
着士敢士的壕塹里巡行

在度門
我度着取可矜的歲月
借南國的光
借南國的熱
養育着
幼小的「我」
幼小的一個火苗

而今
强盜底獸蹄終於踏上了這島市
「我早知道
誰笑得最後
誰也笑得最好」
耀武，揚威
由你任性去燒
去殺，去搶吧
過去了
昔年的海天
昔年的驚島
今天
是淩辱，是血，是仇恨

熟稔的歌聲又起在耳邊
熟識的面影呀，
他們
已經那麼英勇地作了犧牲
「十八」同胞同生死
度門永遠是咱的」
十八萬雙眼淌喚往淚水
注視你——！再見的時日已不遠
那時，讓我們把你再造
生命，血淚，傷痛
我們全都準備好

三九，二，江南某村。

開荒篇

周而復

一

「開會哪，同志們，開生產會議哪……」

管理員提着一盞馬燈，順着山岩邊一條白線似的小道走過去，對每一個窰洞這麼高聲地叫道。

聲音傳到廚房，伙伕同志正在洗着白洋鉄的小菜鍋，他把洗好的小菜鍋放到灶台上那一個長長的小洞里去，堆疊得挺齊整，像一座小橋；有一個擺得稍稍偏斜一點，又給拿下來從新擺正。他退後一步，凝神看看：像鑒賞一件藝術品，找不出什麼缺陷來，才心滿意足地抓起圍裙揩揩手。

「伙伕同志，開會哪！」又是管理員的聲音，提着粗嗄的嗓子向下面廚房里嚷。

「來哪，來哪！」

他邊說着邊把大瓦盆子里油膩膩的洗鍋水嘩啦一聲滑下山谷里去，旋即就給巖邊的乾燥的黃泥土吸乾了。走回廚房，他嘴里咕嚕着：

「又開什麼會，俺也不會說話，去有啥道理呢！」

每次開生產檢討會，或是別的什麼會議時，他總是拘謹地坐在桌子角上，托着太陽穴，默默地不說一句話。主席問到他時，就恭恭敬敬地彎彎腰，嘻着嘴，搖搖頭：

「俺沒啥意見，嘛嘛。」

望了廚房一眼，他走了出來。想起木水勺子還擱在案板上呢，又走進去把它放到矮矮的木水桶里，才解下圍裙，搭在肩上，向救亡室走去。

星星閃爍在山嶺上像一張黑紙上綴滿了金粉。初春的晚風一陣陣掠過山頭就滾下山麓的平原去了。

救亡室里的長方桌上放着一盞馬燈，四周擠滿了二十幾個工作同志，銳利的眼光都集中在上面主席的身上。他在下沿的桌子角上坐了下來。主席報告過生產運動的意義是為了克服經濟困難幫助抗戰減輕人民負擔後，就徵求大家的意見來確定耕地的畝數。

「我們種九十六畝，一個人種四畝。這是總生產委員會給我們的任務。」

「我可以種五畝！站在桌子旁的小鬼（註一）說，玩弄着手里的那隻鋼筆。」

「對，我們可以多種點。」

「你種五畝太多了吧？」主席考慮到他底體力。

「不，我可以種，我從前在家里種過地哩？」

「那我們種一百二十畝好了，大家以為怎麼樣？」主席等候大家底意見。

「我同意。」李同志首先說。

「同意！」全體的聲音

記錄低着頭在沙沙地記着。他可默默地楞着，不言語。

「你明天要開荒呢！伙伕同志！」主席底眼光掃到他滿是鬍鬚的臉上。

「俺沒啥意見。」他站起來彎彎腰，嘴上浮着一點微笑。

這句話逗得大家都笑不攏嘴來。

「我們現在大家要生產，要開荒，幫助抗戰，你也要開荒呢？」

「俺……俺忙不過來嗎，二三十個人的伙食，嘻還要挑水呢……嘻嘻……

「你一點不閑嗎？」

「沒有功夫嗎……二三十個人的伙食呢……」他心里想：俺是伙伕做飯的，也不是做莊稼的，開什麼地呢？這才奇怪！俺不種，種地不是有莊稼人嗎……

他是新從外面來的，起初講好時的確是限于做飯挑水的。主席于是又對他解釋：下生產運動的意義和每一個人都要抽出一點工作時間來開荒，他却並不理會，只是嘻着嘴，搖搖頭：

「俺忙不過來嗎……俺要做飯哩……」

二

陝北的山架拙如龍鐘的老人，身上長滿了蒼鬱鬱的蔓草，像披上一身破舊的灰衣。山嶺隆起高高的調堡，露着爲風雨所侵蝕的殘礫，好似嬰兒的牙床，那是內戰時餘留下來的痕跡。山後襯出一碧如洗的晴天，益顯得山巒蒼鬱了。延河的水在山麓下饒舌地淙淙不休地流着……

小鬼悅着細長的身影，手里拿着一盒洋火，慢慢從蔓亭里爬到窰洞對面的山上；後面跟着一長串的十幾個工作同志，肩上掮着嶄新的掘頭，在强烈的陽光下一閃一閃的……

小鬼第一個上了山，用手背拭去額上的汗珠，蹲了下去，一路劃着火柴。滿山的蔓草頓時燃燒起來。山溝里豎起一柱柱青烟慢慢向上昇騰，一眨眼，給軟綿綿的春風吹得傾斜而四散了。青烟底下跳動着的是熊熊的野火，像一條活龍，順着風向，不可竭止地直往上爬，通紅的火舌一躍一跳地舐着蒼蒼的蔓草，餘留下來一塊塊燒焦的黑蜮蜮的草根，爲一股一股青青的濃烟所彌漫着……

青烟逐漸地消散了，山嶺露出光禿禿的頭。第一組同志馬上舉起掘頭一下一下對着柔馴如羊的泥土掘下去，一大塊一大塊帶着草根的褐色的泥土便翻過身來，潤澤的朝着一碧如洗的晴空……

小鬼也擠在人羣里，吃力地舉起掘頭向土上鋤，沒有一會功夫，那張小圓臉上便滲透出汗珠來。他一壁抹着汗一壁鋤着。

「小鬼，休息一會吧，我看你吃不消的！」會在巴黎生活過六年的李同志扶着掘頭，笑嘻嘻地望着他，用杭州腔還麼說。

「不，我一點不吃力，爲什麼吃不消呢？——你，才吃不消呢！」他抓着掘頭一舞一舞更快起來，好像說，「你看看我的本領。」

「我們來比比看！」

「好，比比看……」

旁邊的人湊熱鬧地應聲道：

「對，對，對嗎！」

「你挖的太淺了。」李同志指着他那塊地說。

小鬼的臉有點紅了。

李同志底手上漸漸生出兩三個水泡來，別看他瘦，他會做過工，小鬼慢慢落在下面了。

「時間到了！」看錶的同志忽然叫道。

躺在山坡上休息的第二組同志頓時跑上去，脚後跟揚起一陣灰土，掘頭又有力地在空中舞着……

走過草地爬過雪山的管理員，從城里挑一担蘿蔔回來，送進廚房，出來用木水勺子弄了一點涼水喝，看見同志們已在對面的山上開荒了。他也去找了一張掘頭掮到肩上，回過頭來對伙伴同志說：

「你也要開開荒呀！」

「俺沒有功夫嗎……」他把瓦盆子里的黃嫩嫩的小米指給管理員看，「現在不淘米等一會就吃不到飯哩，嗨嗨。」

「你看首長們不是也在山上開荒嗎，他們也有工作啊。一天總可以抽出兩三個鐘頭來……我們要自己生產，幫助抗戰啊，邊區個個人都開荒，今年要開六十萬畝地哩。你真的連一畝地不開嗎？」

「忙不過來嗎，——二三十個人的伙食哩！」

「抽出一點功夫來嗎，你看，連小鬼都開呢！」管理員指着對面山坡上蠕動着的人羣。

「俺……俺不是——」他差點要說出「俺不是做莊稼的，開什麼荒呢！」可是一想又忍回去了。低頭淘着小米，不言語了。

伙伕同志是一個固執而又嚕囌的老人。雖然今年已是四十六歲的年紀了，可是還有年青小伙子底那股硬朗勁，兩個月前從中部縣到延安來就是因爲受不了茶舘老板底那一句話：你不高興做，就走！」當天捲着行李步行到延安來找他底同鄉王春海了。老板因爲他爲人能幹，做事負責，托人出來說情，挽留他，他却堅決地搖搖頭：

「俺高低不幹哪！說出嘴的話還能收回嗎？」

他被介紹到這兒來以後，除燒鍋弄飯以外，什麼事也不做。可是他自己份內的事却弄得有條有理，一板一眼，到時候就開飯，從來沒有就誤過。廚房里的東西弄得頂乾淨，可不高興人隨便去挪動。有一次一個同志自己到鍋里去剷鍋巴，他看見了，旋卽臉上就變了色：

「同志，不要自己動手，給俺來！」

他愛把鍋巴剷得四四方方，一塊塊的，笑嘻嘻地捧着送出來，分給每一個同志。在廚房里要拿什麼東西，事先得徵求他底同意，回答是一個使你很滿意的字：「中」，或者是「能行」。如果不，是不能够挪動的。他決定了什麼事，別人要想左右他底意志，那結果一定是往然。

管理員見他固執地閉着嘴也就不再說下去，掮着掘頭，逕自走向對面山上去了。

三

三天後的一個清晨，朝暾還躲在山背後沒有昇起來，山上浮蕩着薄薄的淡霧，如一片透明的輕紗照在高原上。伙伕同志挑着一担水，氣喘喘地從山下一步一步走上來，到了半山腰，腿沉重地再也提不起來，便在霧中站下；臉色蒼白，深深地嘆息了一聲：「哎……喲……」放下水桶，坐到小道邊岩石上休息下來了。

休息了一會，他又拍拍身上的灰塵，不在乎地站了起來。挑起水桶走了沒有兩步，冷汗從額角流下來，像一條條小溪，頭有點眩暈了。昨天晚上睡覺忘記關窰門，一夜的寒涼竟使他混身的氣力都消逝了。

透過淡淡的乳白的霧，李同志在上面看見他萎弱地坐在路上，連忙走下去，要同他挑上來。他却搖搖手：

「不，俺來，俺休息一會，昨天受了一點涼，嗨嗨……」

「我同你挑上去，不要緊的，你休息一下吧……」

「還是俺的工作啊，……俺來……休息一會就好哪……」

「不要緊的……」

李同志把水挑上來，對他說：

「同志，你休息一天吧，……我們今天來同你做飯……」

「不，俺來做……一點病怕什麼……」

他拿着斧頭到岩邊砍木柴預備做飯了。斧頭却有點不聽話，砍到木柴上去了總是不準，甚至砍到土里去了。他額上滲透出黃豆大的汗珠，一粒粒地從臉上流到土里去。脚下輕飄飄的，站不穩，山摺在他四周搖幌着。

李同志把他扶到炕上去，安慰道：

「你休息一天吧，飯我們來做，沒有關係的……」

「飯應派俺做的，你們還有別的工作呢，……嗨嗨，」他坐到炕上不安地望着李同志。

「不要緊的，你有病嗎，我們可以抽出一點時間來，工作要大家幫忙做才做得好的，等你病好了再幫我們做好了……」

聽完李同志的話，他才放了心：

「中，——對不起你們了，昨天晚上不小心受了涼，嗨嗨。」

「你躺一會吧，」

「中！」可是他還是靠在牆上，臉上浮起感激的微笑。

管理員挑着水桶一晃一晃地下山挑水去了。李同志在案板底下拿起蘿蔔來切；總務科長聽說他病了也跑來參加燒火。廚房里亂烘烘的。

他慚愧地凝視着他們說：

「對不起你們哪——就誤你們的工作哪——」

「不，工作大家作的，你病了啊……」

「同志，」李同志邊切着蘿蔔邊用着從前做工人運動時的耐心說道，「工作要大家做的，大家幫忙才做的好，你病了我們幫忙，我們有事你也好幫忙的……」

「中，能行？」

「比方，我們軍隊在前方打日本鬼子，我們在後方也要工作幫忙啊……他們餓着肚子不能打戰啊，所以我們在後方要生產開荒哪，你也要開點地啊……」

「俺只管做飯嘛！」他喀喀喀地說。

「唉，做飯當然囉，像我們呢，也不是做莊稼的，我們也種地，也做飯哩。毛同志說抗戰到了困難的時候，什麼事都要自己來動手，自己種地，自己做衣服，克服困難，才能打走日本鬼子……」

「哦！」他無力眨了眨眼睛，心里想：眞的，他們也不是做莊稼的啊，他們還幫我做飯呢。眼睛一楞：心里又想起——這是他們的事啊，我只管做飯，開什麼荒呢！于是故做不知地望到別處去了，沒答睬。

李同志見他沒說話，砌完白蘿蔔，停下來說：

「我們大家都種地呢！」

總務科長送了一把木柴到灶膛里去，歪着一張籃形的臉在吹火，朵朵的炊烟從烟囪口昇起來，漂浮在山嶺上。

灶台口冒出一股濃烟，弄得總務科長，兩眼睜不開來，就連忙跑出去，迎着溫煖的春風喚了一口氣，眼睛才慢慢睜開來，給烟燻得有點紅潤，像哭過一樣，用手絹擦了擦，走進去接着說：

「開荒還可以多發五毛錢的津貼呢，貼補鞋襪，今天財廳來的通知……」

「這個月可以多五毛錢了……」

「伙伕同志，你好了也開一點吧……」總務科長對他說。

「俺實在忙不過來嗎，要是有功夫，種上三五畝地算個啥呢！他歉然地搓搓手。

「你一畝都不種，人家還幫你做飯，你好意思嗎？」小鬼提着兩把洋鐵水壺進來弄水，聽見他的話就忍不住斥責道：「還是革命工作啊，同志！」

「也不是俺請他們做的，他們自已要做的嗎，」他可火了，要起來做飯，給李同志攔住了：

「你有病啊，別理小鬼……」

小鬼輕蔑地望了他一眼，走出去了。

俺從來不受人的閒氣，」他氣虎虎地說，「要不是生病……要不是……」他不安地想着，「這小子別神氣，俺要末不閒，鬧起來，哼……俺一個人不閒也不對啊，他們都閒咧。」表面却還堅持着：「要是有功夫……忙不過來嗎……」

「是的，我們幫你忙啊……」李同志說，走過去倒一些菜油到鍋里去。滋滋地發響，用鍋鏟鬧了鬧，騰起一陣淡淡的藍烟。

驀地，伙伕同志跳下炕來說：

「油太多哪，同志。管理員說這個月的伙食超過哪，不許多用，嗨嗨，油多一點，菜弄得好吃……可是……可是……」他底眼睛直瞪着鍋里的油。

李同志捧着瓦盆子走出去，洗蘿蔔，掉過頭來說：

「多一點不要緊的……」

他「嘻」一聲，偷偷摸摸地弄了一點油倒回瓶子里去，才駝着背扶着案板走到炕上……

在廚房外面的一塊狹小的平地上，大家蹲着坐着吃飯。小鬼捧着碗進去，還自跑到灶台那兒去拿鍋巴，給伙伕同志攔住：

「等一等，小鬼，俺馬上弄好給你……」

小鬼噘着嘴出去了。

一會，伙伕同志彎着腰走了出來，手里托着一疊碼得齊整的嫩黃的鍋巴，滿是鬍髭的臉上，閃着笑影，瘖啞地說道：

「辛苦大家了，幫俺忙做飯，對不起你們，喀喀…送你們一點兒小禮，嗨嗨……」他把手里的鍋巴送到人羣里來，」今天鍋巴鐢好，稀脆噴香的……喀喀……」

四

管理員從鄉下買了兩隻猪和十五隻鷄回來，對伙伕同志說：

「以後臘下來的飯菜不要倒了，留着喂猪…」

「中！」他點點頭。

他注視着在山岩邊踱來踱去的猪，烏鴉悠然地站在牠底脊背上閒眺，幾隻牡鷄像老太婆一樣的一篤一篤地走着尋食吃。他樂得閉不住嘴，鬍髭彷彿都笑得翹了起來。他走過去踢下來，烏鴉給嚇得飛了。他拍拍猪，猪也呼呼地向山下跑去……他喃喃地走回來：

「生產打日本哪！」

他把昨天臘下的小米飯倒在鍋水里，向着遠去的猪喊道：

「囉囉……囉囉……囉囉……」

兩隻猪朝着呼喚的聲音還邊來，把頭埋在猪水缸里呼呼地吃…：開過晚飯後，他匆匆把傢具收拾好，就一個掮着掘頭獨自爬到對面的山上去了。

伙伕同志病後的第二天早上，總務長叫通訊員到邊區醫院請個大夫來同他看。他在廚房里聽見了，焦灼地喝道：

「總務科，總務科（註二），不要請醫生啊……」

總務科長走進去了：

「找個大夫來看看，吃兩劑藥就好了。」

「俺的病從來不給大夫看，西醫看不好的，商有藥，剛才叫管理員同俺煮了一點薑湯喝，明天就好了。」

「給大夫看看，好的快些！」

「不，不見得，西醫只能治外科的，俺不要看……」他直搖手。

「那末，通訊員你不要去吧，」總務科長站在廚房門口對通訊員說，旋即可把他那張鐘形的臉轉過來，「你要吃點什麼嗎？」

「不，餓兩頓就好哪，總務科。」

「同你燒點水喝吧？」

「喀喀……不要……等一會，叫管理員同我……」他用舌頭舔一舔乾燥的嘴唇。

「我同你燒是一樣的，不要緊……」他蹲到灶台下面去燒水。

伙伕同志坐起來，靠在牆上喝水。他也坐到坑上同伙伕同志聊起天來了：

「你說日本鬼子好不好？伙伕同志？」

「當然不好哪，還要問，總務科，你眞是一」

「我們要不要把她打出中國去？」

「這還用說，一定要打她出去，不把她打出去，咱們沒有好日子過啊。俺不是跟你說過，過幾個月我想同總務長說，叫他介紹我到火線上去打日本。」

「你歲數有儻末大了，還是留在後方好了，後方也一樣可以打日本啊……」總務科長想起他剛來時所提出的要求。

伙伕同志迷糊了。從他那驚異的眼光里可以看出他對這話的懷疑來。他一聲不響地楞着。總務科長又接着說下來：

「比方說，我們開荒，把糧食送給前方兵士，他們吃飽肚子好打日本，也就是我們打日本啊，你說是不是？」

他意味着總務科長的話：「俺說他們爲什麼要開荒呢，原來是打日本啊，我以前還不相信……」他慚愧于先前自己的不瞭解，臉上于是微紅了。可是他裝出很明白這個道理的神情說：

「俺知道，這當然的哪。」

「那你爲什麼不開荒呢？」

他料想不到總務科長忽然會說出這樣一句有力的話來，驚愕地囁嚅着：

「這……這……」他有一點氣憤了，「俺忙不過來嗎，總務科，你看二三十個人的伙食哩！」

「一天只下午開四個鐘頭啊，做下午飯我們也可以幫你的忙啊……你看大家都開荒，你一個人不開也不好啊……」

他暫時沒回答，仰起頭凝望着窰頂在想：

「長天日子主人工，一個月做三十天算完事，只要你們幫俺忙做飯，有啥不可以呢！反正一個人不能當兩個人用！」

「那你們眞的幫忙做飯嗎？」他懷疑地問。

「當然幫忙囉……」

「那能行，中！」

過了兩天，伙伕同志又健壯地工作着了。開過早飯後，他悄悄地走進第六號窰洞找生產委員劉同志去了。

「劉同志，俺也要開荒……」

「你病還沒好淸呢！」劉同志驚詫地望着他。

「不，俺病好了，俺一個人不種地不對啊……俺開八畝，總務科說生產打日本嘛……」

「對……那你明天參加大家開好了。」

他每天下午除了和大夥一塊開地外，開過下午飯還獨自一個人掮着掘頭爬到那兒，悄悄地在開。他要趕上先開的人。

嚓嚓……嚓嚓……嚓嚓……

一掘頭下去，大塊大塊的濕濕的泥土連着草根滾下來了。他的鞋子全給泥土蓋住了。身上漸漸流出汗來，里面的小褂涼冰冰的貼在身上，他氣喘喘地脫去外面的棉軍衣，把別在腰里的羊骨烟袋抽出來，慢條斯理的抽了兩口，望着夕陽落到西山背後去了，一抹紫紅的晚霞劃過天空，映在山麓下的延河里，像血一樣，淙淙地流着。水聲響遍了平原，在山灣里縈繞着……

他看看天色不早，快斷黑了！就連忙別上羊骨烟袋，對兩隻手心吐了一口涎沫，搓搓手，又拿起掘頭來：

嚓嚓……嚓嚓……嚓嚓……

「伙伕同志，不是剛才開過嗎，你怎麼一個人又去開哪，不早哪，休息休息吧……」管理員站在窰洞門口用高聲叫道。

他在山嶺上回過頭來：

「不，把這塊地開好哪……」他指着脚下的那塊凸出的地。

「明天再開吧！」

「不，生產嘛……」

他又舉起了掘頭。下山時，暮色的脚印已踏遍了高原的每一個角落，那從山頂上逦邐下來的小道幾乎不可辨認了。

五

現在到播種時，只有一個月了，而各機關學校的開荒種地的程度，除部隊及部分機關外，此外還相差很遠。因此，決定于三月二十日起至四月五日止爲生產突擊時間……

大家于是捲入生產的洪流里去了。

生產委員會規定三月二十日到二十七日爲生產突擊周，每天開荒八小時，一個星期全部完成。伙伕同志的工作呢？大家動手幫他忙，挑水，揹柴，……每天兩個人値日做飯燒水，送到山上去吃。中午吃過飯在山上休息一小時再開。

救亡室里新貼上一幅畫：一隻飛機和一隻烏龜，旁邊有一行小字：

同志們：搶飛機坐啊，不要做烏龜；快快

加油開地，誰先突擊完成，做勞働英雄！

從瀰漫着朝霧的清晨一直到夕陽最後的餘暉吻着西山的頂尖時，窰洞對面的山嶺上，同志們彎着背，舉着掘一下下對準柔馴如羊的泥土：

嚓嚓……嚓嚓……嚓嚓……

三月二十六日的中午。吃過上午飯，大家都把自己底疲乏的身子安置在山溝的陰涼處，蓋上灰色棉軍衣，沉沉入睡了。刹那間，山頭上便洋溢出愉快的鼾聲。

生產委員劉同志和總務科長幷沒有休息，他們兩個人拿着一根細白的繩子在量地。

「還有不到十二畝地哪！」量完地劉同志對總務科長說。

「看這個樣子今天突擊一下，可以完成了。

「七天計劃，六天完成！」劉同志邊說着邊拿出錶來看自言自語地說，「還有六分鐘哪！」

他拿出哨子來吹，一邊叫道：

「還有五分鐘，就要開始哪！」

同志們睡得正熟，從夢中給哨音驚醒了。一身的辛勞還沒有恢復，旋卽揉一揉眼睛，慢吞吞地站了起來。

「還有十一畝三分地了，同志們，今天突擊一下，就可以完成，明天就可以休息哪……同志們，加油啊！……」劉同志鼓動地說。

「第一組和第二組比賽，好不好？」李同志提議。

「好！」

大家都興奮起來：

「響應號召，搶飛機坐啊！」

「不要做烏龜啊！」

「好，看誰開的快！」

突擊開始了，一大片一大片泥土迅速地給翻過身來。

半點鐘還沒到，第二組的同志便跑過去等待接替了。每一個人都想拿到一把好掘頭。

山嶺山充滿了一片掘頭的聲音，滾下山谷里去，碰着岩石，就四散開來，遠去了。山嶺上開的地一塊塊大了起來，燒焦了的蔓草的面積逐漸縮小了。第一組和第二組輪流地開着……

伙伕同志拿着掘頭一聲不響地在使勁開，一下下，閉着嘴，連氣也不喚一口。他兩旁的人都慢慢落到後面去了。他旁邊的第一組組長李同志趕上去說：

「你開的快啊！」

「不，這個歲數不行哪，要是在從前，可不早就開完了……」他低着頭說。

「快完哪！」

「嗨嗨。」他的掘頭一下緊一下了。

下去休息的第二組的同志在山岩邊由救亡室主任，那個年青的女同志王琳領導唱起歌來慰勞了：

開荒A，
開荒
前方的戰士要軍糧！
織布A，
織布，
前方的戰士要衣褲！
大嫂嫂，
老爹爹，
丈夫娃娃不要懷記他呀，
我們努力耕織，
不愁他們穿吃，
打敗鬼子好回家……

歌聲停止，旋卽又歡呼道：

「第一組同志加油啊！」

掘頭有規律地閃動着……燒焦了的黑蠍蜒的地只賸下長方形的一小塊了。愉快蕩漾在各個人的心上，掘頭越來越快了。伙伕同志那一長條快到頂了。

在嚓嚓的掘地聲中李同志猛的高聲叫道：

「伙伕同志突擊完成了！」

彎着背掘地的，在山坡下休息的同志，一致地望着微笑的伙伕同志叫道：

「勞働英雄，烏拉！」

「勞働英雄，伙伕同志！」

「伙伕同志坐了飛機了……」

大家放下掘頭，嚓嚓的掘地聲于是消逝，繼起的是雷樣的掌聲，響徹了山谷，淙淙的延水聲給蓋得聽不見了……伙伕同志站山頂上微笑着，慢慢抽出別在腰里的羊骨煙袋來。

「我們要超過計劃，繼續突擊啊！」生產委員劉同志在大家情緒高漲中提出這樣一個號召。

「好，響應生產委員底號召！」大家異口同聲這麼高聲叫道。同時又拿起手中的掘頭來……

一九三九，三月，稿，
五月，廿七日改寫。

註一：小鬼爲勤務員的變稱。
註二：總務科，伙伕同志對總務科長稱呼，他漏了「長」字。

鰳魚梗子

——桃花水暖鰳魚肥

甘棠

正是春汛的時候。一夜的功夫，河裏的水位就漲了一尺多。

住在三河口——河與長江的交會處——的漁夫們，等不及天明，就點起小篾簍的漁燈來，搖搖晃晃的撐開兩頭尖的小舴艋兒，在沿着江岸，來來回回的下網了。

雖然沒有風，長江裏的浪還是在奔騰，怒吼，所以小漁船上的燈光也就跟着一起一伏，一隱一現，像殘留在天空中小星一樣。

遠遠的有人唱起，江水澎湃也還掩不住那歌聲的清澈，清澈中還雜着粗獷：

鰳魚肥，
鰳魚肥，
我，整天的——
駕着小舴艋兒
在浪花裏打來回，
捕了魚兒，
養了命，
那怕是風裏來
浪裏歸！

「準是鰳魚梗子唱的！」柳姐停止了舀去船底上的水的工作，靜靜的，遠望着前面，好像是在想着什麼。

「這孩子！」老拱叔站穩了八字脚，發牢騷似的，「老是這樣別別致致的！」船在浪花裏向前一伏，他把身體向後一挫，「左拐！……」

「爹爹！」柳姐忽然放低了聲音，向四週一看，好像怕被魚偷聽去似的，「聽說鰳魚梗子當了義勇軍才回來！」

「不要亂說！管他是也好，不是也好，少管閒事！」

「爹爹，你看！」柳姐鼓着嘴在生氣，又拾起破瓢來去舀水：「人家只不過說了這一句，你又嘟嘟嚕嚕的來上這麼一大套！」

「女孩家！我說的都是好話呀！」老拱叔在用力收網：「他們毛頭小伙子，總是不要命的亂幹，等到吃了苦，那就晚了！」

「哼，亂幹！」柳姐用力搖起了櫓來：「他們要不早逃出去，恐怕早就跟河貫一樣見閻老五吃稀飯去了！」

漁網收到船上，裏面的魚還在跳着，喘着，柳姐放鬆了櫓把，讓船順着浪流去，一面揀着魚，一面說：「我們現在還不是跟這些魚一樣，只要他們一收網，我們還有個跑的？」

把網清理好，老拱叔一扭身，將網撒出去，網在天空畫了一個圓，然後落到了水裏。「你們年青的人，不曉得什麼心思，管他是什麼朝代，我們安安分分做個老百姓，完糧納稅就是了，他們還能把我們怎的？」

「把我們怎的？」柳姐抹去兩鬢上被浪花濺的水珠，「河貫怎樣死的？他媳婦怎樣死的？那樣老實人還得不着好報呢！」

一條小鯽魚，突然的在船裏用力一跳，越過船舷，落到水裏，就看不見了。

「我們要像這條小魚就好了！逃出去，多麼逍遙自在，像我們這樣，整天的提心吊胆，偷偷模模的過的什麼日子！」她忍不住的嘆了一口氣，自問着：「我眞不懂鰳魚梗子爲什麼又跑回來；清哥：……？」低得連自己都聽不見了。船的航行又有些偏了，忙用櫓去矯正。

柳姐剛用力掌櫓把船倒過頭來，另外一隻小舴艋兒，離他們只有十幾丈遠，從上流直放下來，像一隻箭似的，正對着他們的船頭。老拱叔正要喊出：「偏左！」但那條船像水蛇似的，從他們的右舷窜的擦過去，只有幾寸的距離。老拱叔同柳姐都捏了一把冷汗。

「冒失鬼！」柳姐剛駡了一句，那船又掉轉頭來，掉頭時那樣的輕快，眞使他們佩服。

「老拱叔嗎？」那船上的人在打招呼。

那船來的時候，他們只忙着讓路，天又沒有亮，并沒有認清是誰，現在他們可認清他是誰了。

『鱖魚梗子，是你這孩子！』老拱叔倚老賣老的賣斥着。

『哈哈，老拱叔，今天利市吧！』鱖魚梗子老是一人搖着槳，一人下網，一人捕漁。他的水性那樣好，誰也比不了。

『還好。你呢？』

兩隻船在並排走着，柳姐望着他一手在搖櫓，一手在放網。

『喂，鱖魚梗子，我問你！』她像在探討什麼奇蹟似的。

『哦，柳姐！什麼事？是不是二尺花布，一盒粉。』他故意狡猾的笑着。

『屁！你老沒正經的。』

他望着她一仰一俯的搖櫓，雖然天沒有亮，她那黑色絲條條擺動得非常動人。他忽然的想起：『柳姐，你是不是在想清哥？』

『你又在嚼舌頭！』她在黑暗中向他一笑。

『老拱叔！』他忽然想起了這是機會，正經的說：『我聽說你每天讓柳姐，一個人躲在黑屋裏，不讓她出來，是不是有這樣的事？』

船走進了江汊子，浪平了，船也快了，他們也趨勢在收細上網。

『這個年頭，有什麼辦法，女孩兒，在屋裏坐坐，免得出外招惹是非。』

『我說，老拱叔，何不看開些，』他一改以前頑皮的眼光，完全是一個老於世故的口吻了：『清哥同她不是很好嗎？不會就成全成全他們小兩口兒，也了了你這一樁子的心事！』

『啊，提起了清哥那孩子，你出外這一年多、看見了他沒有？……右拐，慢用力！』

怎麼沒有看見他呢？……嘿，這一網不壞！……柳姐，你想他不想？』他把魚從網裏倒出來，又去掉轉船頭。

『呸！』柳姐在揀着魚。

老拱叔搖前櫓，剛把船頭轉過來，正想問他在什麼地方看見了清哥，那曉得他的船已經離開了他們一丈多遠，順着江浪，一起一伏向下流奔去。

柳姐！你要是想他的話，今天晚邊在大樹灣見，我告訴你！』他回過頭來一擺手，嘴里吹着哨子，船漸漸的離他們遠了，遠了，一直到消失在她的視線以外。

『鱖魚梗子，永遠是這樣的別致！』老拱叔嘮叨着，但柳姐卻默默地感到有些激動了。

慣例，太陽剛從水平線上爬出，這些靠打漁生活的人們，都帶着他們的收穫忙忙的搖回去。

當老拱叔的船快要駛近大河口時，遠遠的看見一隻一隻的小舫艋兒在水面上蕩漾着，似乎是發生了一件什麼有趣的事。那些漁夫們都站在船頭上，縱情的笑着，鬧着。

在江與河的吞吐口裏，浪花急旋的奔騰，船從這裏逆流上去，是相當的費力。老拱叔幫着柳姐划着櫓，一步一步的向上衝，剛進了口，忽然的河水裏翻起了一個浪花，船向左仄了一仄。

『魚！』柳姐壓住櫓，剛喊出來——

『哈哈，人魚！』從激動的浪花裏鑽出一個人來，一隻手攀着他們船的左舷，一隻手在抹去臉上的水珠，昂着頭，赤裸着上身，兩隻腳在踩着水。

『又是你這鱖魚梗子！』柳姐紅着臉，順手拿起破瓢來，對準他的頭敲了一下。

『哈哈！哈！』四周的漁夫們大笑了。

『老拱叔！』他兩隻腳打着水，兩隻手推着船，使它很容易的靠了岸。「你今天去不去園魚洲？」

『怎麼不去？』老拱叔跳上岸，繫好了穩船樁子。

『去，帶我去！我在河口等你！』他一鬆手，身子向下一坐，，水起了一個漩花，沉到水底去了。

『好個水性！』柳姐想：『要是清哥在這裏，今年五月端午的龍船，準又是他們第一了。』

真的！鱖魚梗子一個人在河口等他，把他的船在浪花裏打漩漩兒玩。遠遠的望着老拱叔，吹着口哨打招呼。

『老拱叔！你看我這條鱖魚，怕不有他媽的十斤重，塊兒八角還弄不到手嗎？』魚提在他的手中，還在顫動着尾巴，喘着氣。

『哼！』老拱叔輕蔑的向魚投了一眼。「要是拿到集上去，恐怕一塊還要掛個零呢，就是怕……你爲什麼不拿到上頭（指河上流各處）去賣，要跟我到園魚洲去呢？』

『我有一年多年沒有到洲上去，很想去看一看，』

1938

「那有什麽可看呢，」老拱叔忽然感慨起來了：「唉，房屋燒去了一半，人也少了。——我因爲到洲上去近，一天就可以來回，要是拿到上頭那就沒準了。鱖魚梗子！」他的話忽然低了下來，「洲嘴子上的兵划了，每天要揹去我幾條大魚去，給了他們魚，還要看他們的顏色，眞不是人幹的。唉！要不是這一帶鬧義勇軍，那裏會來兵划子呢！」

鱖魚梗子用力一扳槳，船從浪堆裏蹿了出去，船頭一搖晃，就把老拱叔的船落在後面。

「不要急，他們今天就會開回老家去！」他掛着狡猾的樣子說了。

「你怎會知道呢？」

「玉皇大帝派人告訴我的。」

「放屁！你這孩子，老沒正經的！」

「哈哈！……」他縱情的笑着。

激昂而又高亢的歌聲又從他的喉嚨放了出來：

「…………………

那怕是風裏來，浪裏歸！」

他重復的唱着。

團魚洲的江面很狹，所以風浪也比較平靜。

當他們遠遠的看見了那停在江心裏一隻掛有日章旗的淺水兵艦時，老拱叔連忙的喊着鱖魚梗子：

「慢用力，你跟着我，看我眼色行事，準沒錯。」

兩隻漁船一前一後的在水面上蕩漾着向前爬行。

「快要到了他們的警戒線，過了這一段就好了！慢！慢！」老拱叔很愼重的囑照他。

驚破這沉寂空氣的是兵艦上幾聲示威的槍聲，隨即附屬在軍艦旁的小汽艇慢慢的移動了。來的方向正對着他們。

「來了來了！」老拱叔嘴裏說着手裏高高的舉着一塊白布，來回的擺動，一面又掉轉頭來：

「把大的藏在艙底，不要給他們看見！快，快！」

好像鱖魚梗子沒有聽見似的，他只遠遠的望着他們，慢慢的划着槳。

幾分鐘，那隻汽艇從上游直衝下來，到了他們的船前，突的慢了下來，像幾隻笨猪似的水兵，頂着旭日徽，從艙坐裏站起，端着槍對着他們。

照例是這樣，老拱叔放下槳，從船底拿起幾條大魚：

「今天這幾條都很大！老爺！」笑的有點諂媚，把魚遞了過去。

那幾個水兵看了一眼，隨即凝視着鱖魚梗子。

「這條不壞！」鱖魚梗子拿起那條大鱖魚望着他們，也遞到汽船上去。

還沒有滿足他們的慾望，另外又揀幾條魚獻了過去。

征服者這纔手一揮，汽船開回去了。

「鱖魚梗子，你這孩子怎麽這樣傻，大的爲什麽不留着，唉！眞是聰明一世糊塗一時。」老拱叔望着汽艇走遠了，低聲的埋怨。

鱖魚梗子望着他笑了一笑，隨即吹着口哨，遙望着團魚洲上的綠叢林子。

風吹着蘆葦，浪打着船，除了這些其餘的都死在令人可怕的境界裏。沿着洲岸，沒有一個人，也沒有一個船，停泊在江心裏的淺水兵艦，像沙魚似的飄在水面，江水滔滔往下流去。除了他們用槳打水的聲音以外，沉靜得令年青的人有些不耐煩了。

當他們的船離開軍艦只有百十米的江面時，從蘆葦的深處發射出一聲金屬物品衝破空氣的嘶聲。這嚇人的鎗聲，竟使老拱叔把不住櫓把，但那個年青的人却站了起來，鼓起臂上的筋肉緊握着雙槳，面孔嚴肅得怕人，船像流星似的向那吃人的大沙魚飄去。

「鱖魚梗子！」老拱叔的聲音還停留在舌尖上，那青年人的船已經離開他十幾米遠，眼望着他一個猛子扎進了水裏。他恍然的明白了，這事怕的這偷渡警戒縣的陰謀啊！

反應得最利害的是那個沙魚，它漸漸的移動起來，陣陣火舌向蘆叢林射擊過去。

只有幾秒鐘，宇宙整個的變了，巨雷的轟聲，從江的深淵發了出來，江水被激起幾十米高，浪花越過了沙魚的脊背，掀翻了它的屍身。至于老拱叔，誰也不知道他被捲到什麽地方去了。

當天三河口的漁民傳出趕快搬家的消息。有人說：

「鱖魚梗子當了義勇軍，他這一次被派回來，用魚雷炸兵划子。」

「不是魚雷，是一個鐵管子可以通電的！」別外的人反對了。

鱖魚梗子呢？誰也說不清。可是三河口那天晚上被從南京開來的軍艦轟成了平地。第二天據逃難的人說，那天晚上看見鱖魚梗子同柳姐在大樹灣下面過江去了，。

四月廿二日於古路壩。

戰役報告：

從攻擊到防禦

S M

×

做工，做工，做工。

×

幾天的時間，人民走完了。偶然出現一個、兩個，命令上暗示以漢奸辦，兵士們更自由開槍。一個人給打斷了手臂，因爲在兵士們底吆喝聲中逃走，下臂祇有一點皮肉掛住在上臂上。連長鬍鬚胡亂問了他一陣，要傳令兵王鴻昌送他到營部去，王鴻昌在路上又打了他一槍，理由是「我看他底樣子就不像個好人！」第二天看到了他底屍體，給雨打過了，肉給沖得成爲淡紅色的，腦炸掉了半個像雞蛋殼，嘴和可怕的牙齒歪在一邊。

梅墨法禁止了弟兄的胡亂射擊。這很使他們不高興。他要他們把捉來的漢奸送給他，這樣，一次，半小時以內，他就審問了五個所謂『漢奸』。

一個不會吸烟，但是身邊攜帶了三盒火柴；一個搜出來一個無用的鏽了的鐵的鑰匙；一個有一個古錢；兩個不過經過而已。

一個，一走進門來就啞巴那樣忙亂地做着手式，說不明白，結結巴巴，「阿拉（我）阿拉……阿拉屋裏向（家裏）就來（在）啦此地……阿拉……阿拉就就住……阿拉阿拉……」口水亂噴。

一個穿白印度綢短衣的，給弟兄們一推進門來就幾乎給門檻絆倒，面色慘白，手指怕冷一樣瑟縮的，兩眼茫然失神，到上等兵段清生用暴烈的聲音威嚇他：「你是漢奸！你不認也……」把槍機「切擦」一聲打開，他就兩眼一閉，腿軟弱的彈簧一樣一顫，要暈倒的樣子。

他問他們爲什麼懷着這些東西，他們都說不出好聽的理由。帶火柴的一個，嫌疑太一點，但是他底火柴每盒都是滿滿的，盒上也沒有擦劃痕，他可以說的理由就是他偶然買了帶了這些東西。

他宣佈他們無罪。

弟兄們更不高興。甚至說：「排長！你放掉漢奸，我們可不管。」

但是立刻就明白了：這些『漢奸』們，給宣佈了無罪以後，個個話躍起來，給兵士們送香烟吃。哇啦哇啦說起話來，說到六三花園底地道，說到公達紗廠敵人底軍火儲藏量，說到日本攻山去的走法，敵人兵力和散佈，說到八字橋大約有多少敵人，說到西寶興路在一二八以後給敵人改名亡國路，走過的女人要脫下褲子來看，……

他們走了以後，梅墨法底面色和聲音立刻嚴厲起來，嚴厲得像高峻的山峯。他在屋子裏來回踱着，抱着兩手說道：

「你們來幹什麼的」？他威稜的眼掠了圍住他的弟兄們，他們立刻都立正了，手掌微攏地平貼在兩腿上，彼此偷偷互望。「來打日本人的？來救同胞們的，還是來打中國人自己人的？……假使我說你們是漢奸，問也不問，就是一槍，你們心裏怎樣？」

弟兄們走出門去以後，他捧住了額，伏在堆着玻璃瓶子之類的桌子上——但是他立刻又憤怒地跳了起來拍了一下棹緣痛苦地叫道：「政治、政治、政治呀！」

他忽然看見，棹子上的幾個銀盾，不知道怎麼的祇剩得紫色木頭了。

敵人方面的連續的高射砲聲，還是美麗的金屬的炸裂聲，「鏘啷！鏘啷！鏜啷！……」夾在裏面的是鼓皮革一樣的高射機關槍饒舌的聲音。

人搶到窗口去，幾個人爭奪一個位置，後面的人把熱的呼氣吹在別人後腦上；人不管危險不危險，跑到馬路上去，抬起頭來看，興奮地指着：「是我們底飛機！是我們底飛機！」單「人」變「丁」一個人跑到草地上去擺布放信號。

三隻灰色的單翼機一下從雲裏鑽出來一個等腰三角形，一陣繁密敵人底二十幾朵高射砲雲散佈在牠們附近，有一砲看起來像正打在尾巴上，但是並沒有眞命中，牠們又鑽進灰色的低雲中去了。又是五隻，又是兩架雙翼的。又是高射砲聲。又是一朵一朵的灰黑的烟雲，雲漸漸地改變着角度，跟在飛機屁股後面。「嗚！」什麼地方的發動機加馬力的聲音。什麼地方炸彈爆炸的沉重的聲音。又是三隻，一隻給高射砲打散了，左右搖擺着像給打傷了，急急地逃走，但是牠……下向驕傲海軍旗一個四十五度角的俯衝「嗚！……」頭一抬，落下了一個黑點，一個叛逆的禮物，在爆炸聲裏，牠安全地躲入雲層，祇有一個淡影，接着淡影也消失了。下面給牠一陣鼓掌。

「不錯！」

「中國飛機也有種！勇敢！」

「哈哈，他媽底好乖呀」。

第二天又是飛機攻擊，人愈興奮，緊張，喧囂，擠在窗口上，爬到樓上，立在門前跑到路中央用一隻手遮住眼前的强光張着古怪樣子的口歪着頭向天看，不管軍官們底禁止和喝叫，軍官們自己也要看，趕走弟兄爲的是自己可以獨占一個窗口，人所注意的是怎樣打擊了敵人，並不是自己或者部隊底安全。

一樣是高射砲猛烈的吼叫，一樣是英勇地襲擊的炸彈，十幾分鐘以後，青碧的天空上祇剩下了一簇一簇美麗得變成純白像羔羊的烟雲。

但是半小時以後又是一次襲擊。

於是，第三次的襲擊，第四次的襲擊……

末後的一次，在沉重和無力的落日光裏，一隻雙翼機忽然那樣嗚！…」了一聲，擦一根火柴一樣發火，尾巴上，在明亮的火底四周，有短短的不像尾巴的黑烟，那樣向敵人陣地急速地降落。

人底心一沉，處處發出可惜的「喝嘞」，「嚯！」

人到後來才知道，還是閻海文，還有一個美麗的血底故事，抗戰底火花。

空氣又平靜下來。楊樹浦那一角上，有一隻敵機低低地來回飛着，古怪樣子，肚子下面有一隻大鞋子向前突出。

有人說道：「單是空軍底攻擊，和單是陸軍底攻擊，錯誤有什麼分別呢？

但是，因爲空襲的恐怖，敵人海軍司令部上的戰鬬姿態的旗幟，一夜悄悄地收了起來，不再在中國土地上裝模作樣了。

×

閘北完全是另一個世界了：

敵人和我們都無情地射擊狗。人恨『偵探狗』和恨敵人一樣一看見就射擊。因此狗嗅到了人底氣息，看到了人底影子，頭一低就陌生的白兔一樣胆小地拚命逃走。

有一隻狗，鷄一樣豎着細長的頸子，和兩耳，圓圓地弓着背脊尾巴夾在屁股縫裏，一步一張望，比賊更機警和輕悄地走在並沒有人祇有紅黑的鏽鐵皮和烏焦臭的斷木頭的火燒過的小路上，爲了嗅嗅什麼地方有食物。

人在什麼地方坐下來，總有一隻本來不睬生客的貓走來親近你，直豎了尾巴擺在人底脚邊或者用頭來撞人底小腿，摩擦幾下，諂媚地叫着「妙乎」，甚至跳到人底膝上來，你推牠下去，牠會再跳上來的，跳上來用兩隻前爪在人胸上爬着爬着，像還要爬上胸上來。就是用重重地一脚踢了開去，牠仍舊會走來的。多的時候人同時會遇到三隻，甚至五隻。

並不是因爲人在抗戰，牠來慰勞，或者，倒因爲人是戰士，以自己底血肉換取中國土地上一切生命底存在，自由，解放的戰士，也能够分些他底慈愛給一隻中國貓，給中國貓底肚子作一點打算麼。

猪在柵子裏從早到晚地嚼着木頭，嚼得灰色的木柱，露出新肉，嚼得一處傷疤又一處傷疤，還想把自己養得更肥麼？

閒逸的金魚在池裏游泳着，彷彿並不聽見砲彈底聲音，雖然已經有開始餓死的，翻一個大白肚子蹬一雙高灰白眼珠向天。

日本軍事法西主義簡直是從雛的風台風！不但對於人類甚至對於牲畜；不但對於爭自由，解放的中國之子，甚至對於見糞便搖尾和向世界一視同仁地提供肉食的狗，猪；不但對於直接在砲火下的犧牲，甚至對於生活在玩物的和平裏的金魚……

祇有蒼蠅，有脊腴的犧牲者底血，肉可吃，有過一夜就長一層橘皮紅的黴菌的棄飯可叮，特別繁殖，滿躍在這個「東亞安定力」底陰影裏，滿滿地集在電線上，使每一枝電線粗大三倍以上。

×

火！火！第三個還是火！

×

敵人增接了，左翼一夜不斷的砲聲，窗玻璃輕輕發震，過一秒鐘「得得得得……」地一聲低呻。

×

營長蕭冲漢撤職，新營長是做特務連連長的易瑾。

第一連分住在一家洗染公司和一家玻璃廠裏。連長龍義老鼠躲在洞裏一樣躲在深入地下的鍋爐改造的掩蔽部裏，嚼吃着從團部領來的慰勞品的蘋菓，餅乾。弟兄們也一天到晚地嚼吃慰勞品，不過那是多餘的和揀剩的；有一班人還從什麼地方徵發了一隻猪來剝吃。

天剛黑，忽然來了消息，第三營攻擊。

八，九點鐘的時候，一排一排一班一班地默默的人流向前流去，祇有「沙沙」的步伐聲和細微的刺刀在鞘中的轉側聲。

不久槍聲一響，雙方底輕重機關槍一齊吼叫起來，流泉一樣沒有斷竭的時候。砲聲也發出憤怒和殘暴的呼聲，中砲的地方又是一場大火。

梅墨法，等着自己底攻擊，但是自己祇有做工又做工，把自己完全弄疲乏了。每一次，自己都站在攻擊以外，他是把攻擊看做直接抗戰的。因此，就像自己和抗戰血緣，關係有些路遠，有渴望和幽憤。他到現在還沒有看見過一個敵人，倒　，這一次又做了寄生物的第二線。他走出門來，憤怒和憂鬱是推不開的。他向前面望望，前面有什麼呢，黑的。一顆砲彈從頭上飛過。

槍聲斷斷續續地直到天色微明。

他還是立在道路上，等候什麼上眼皮漸漸沉重。他看見了幾個傷兵呻吟着退到後面來，當爬越障礙的時候，他扶過一個人。這個時候他又看見有幾個黑影，忍耐着痛苦，忍耐着艱難，口中或者鼻中有一種極低的嘶聲。

「前面怎樣」？他衝動地問。

「梅排長？啊！」一個班長底異樣軟弱和悽苦的聲音。不知道怎樣認識他的。我祇帶下來六個人。我們一連人全完了，連長也死了，機關槍掃倒的。第八連也……嗯，排長！我們已經衝了過去，敵人退了沒有人跟上來……後面給人一包，機關槍一封鎖，全完了，全完了！——我自己先左手……手掌上……帶彩。第二次又是腿上，不知道怎樣……要辛苦你們了，排長！

在陣地上變得善怒的梅墨法，忽然眼裏滲出淚，說道：「同志！辛苦的是你們！——」

第三營全營祇收容了不足一連人。屍體完全拋棄了，連長底屍體並不比弟兄們底貴重。

×

青天白日徽的飛機白天不再看見，所看見的全是紅日徽的。轟炸開始：飛機一天到晚在頭上「轟隆轟隆」，把人趕到掩蔽部裏和屋子裏。一天三次的有規則的砲轟，上午一次，下午兩次，每次三、五十發，榴彈把土地挖一個洞，或者打斷一段交通壕，偶然也打死幾個中國兵，榴霰彈烟空中旋舞，打不到一個人，燒燬了一些房屋，地上隨處是紅鏽的彈片，有完全不炸的大，小口徑的砲彈。地上還有炸碎的變形的彈頭，半個子彈嵌在路邊一根電桿上。

敵人飛機一低飛，「嗚！……」投一個彈，後方高射用二公分小加農砲和重機關槍就射擊起來。敵人底小口口徑砲又臨時射出三、五十發的砲彈：「嚇！……嚇嗚！嚇嗚！……」

敵人底各種口徑的砲彈，開始的時候，有三分之一到九分之一的不發彈。

閘北漸漸地增加破碎的房屋，折倒的電桿，破壞的路面。

×

來了命令：加强工事，——副總參謀長白崇禧到第五百二十四團正面上來視察工事，才看一眼，就氣急。

營長底話：在長期抗戰裏，首要的是保存幹部，每一個官長應該有一個强固的掩蔽部，無論到那裏都要有一個，沒有的嚴重處罰。

×

換防換來換去，換到天通庵路，換到民生路，換到指江廟路，換到濟陽橋，換到中山路，又換到民生路。

×

梅墨法，現在他是住在茄子田裏的一個小小的掩蔽部裏。這個掩蔽部，看來像個墳墓，他厭惡牠，並不是看了牠會想到死，更不是爲了牠底不祥，倒因爲牠底特徵，埋藏的不是屍體，腐敗的血，肉，而是活生生的人，不安分的，但是被强制着的一身精力和又熱又辣的粗大呼吸，他要火快帶了來一份申報，全是血戰和勝利的字樣，但是自己是躲在掩蔽部裏，像個刺蝟。他一心厭惡，難以分辨那到底是憤怒呢，還是眞是厭惡的厭惡。他把報頭邊一摔，報仍舊落在自己面上。他用手掌一打，報給打破了一塊。他一下鑽出掩蔽部來。

外面是不怎麼猛烈而透明的日光，圍住他底掩蔽部的是一大片的草地，也有豆子和玉蜀黍之類種着，縱的，橫的交通壕蛇一樣蜿蜒地伏在雜亂的植物裏，還些植物發出新鮮的綠色，綠色的香氣。

「自然是偉大的和平呀！他動了詩意地想着。

但是一瞬間他底情緒又惡劣起來，像虹消失在黑雲中。一隻輕轟炸機正從左翼雨後的蜻蜓一樣平穩地向他飛來。「這空間，這裏有的應該是自由，自由的生活，帶着笑聲的家庭。他看見了飛機，因為光底刺眼看來是淡淡地難於發現的灰白色的鬼魂樣的東西，他底耳朵熟習於搜索幫助了他底眼，但是他不躲避。他轉頭向後看，草地底邊緣距離三百多公尺，一些牆壁殘缺得像蠶吃剩的桑葉，一家人家傾斜着屋頂上的瓦全落下來　，椽子露着給拆散得像一把破傘物。右翼中山路上又有烟火，一條蒼龍把爪子攫取青空上的白雲小片。「但是這裏有的卻全是毀滅，不管你是有生物或者無生物，法西斯蒂底世界！而我們又——不但我沒有機會開一槍，我們全不會實行攻擊了的，我們底目的像是守住閘北就够了，不，我們底樣子不是戰爭，而是敷衍，像舊戲中的跑龍套的角色，這叫做我們底抗戰，用比頭號字更大的字在報上登着的抗戰，血寫的歷史的抗戰麼」？飛機一轉身，中山路方面敵人又射擊了十幾砲，砲雲在空中滾着不肯散，又是空炸信管的榴霰彈，有燃燒的副作用的。「還是和敵人客氣，！—敵人可不客氣，你看這個！這不是政略不够，就是，至少是戰略不够；假使是英勇的懦怯更壞事。「他摸摸下巴，鬍子長得發軟了。「敵人以為巷戰是以靜人，不幹。這樣我們底軍官們才能够在掩蔽部裏吃紅燒雞肉，酒，甚至把太太偷偷接在掩蔽部裏來；我們底兵士放哨以外就打牌，燒東西吃，有的是，猪，墨魚，南瓜，四季豆……到什麼地方去揀些心愛的從來沒有看見過的東西。唉！我也在抗戰裏麼？這也是抗戰麼？

他一跺腳，『拍！！——』地一聲一聲，一個蹲了腰身上披着黃一塊綠一塊的偽裝網跑來的兵遲疑地立住一下，他看見他手上拖着一些數香紡綢褲子，一條黃灰俄國毯子。

「而我也因此能够在硝味裏享受和平……」

「小兵力的攻擊等於不攻擊，小兵力的攻擊不過是敷衍抗戰呀。失敗了，不檢查原因，反被教訓得在敵人前安分守已地不動，說是『攻勢防禦』，最近又聽說是要死守閘北」。他憤怒得忽然出了淚，眼角酸澀。我們憤怒的手臂不過八十生的長，敵人底砲彈三、五百公尺距離可不稀奇，於是一圖人一天給打死兩個三個，說我們底犧牲最少。弟兄的訓話一樣編成了一串激昂的句子，但是那是無聲的，到了這裏卻眞正大聲罵了起來：「他媽啦狗屄！……」

於是，他望着一個紫色的向下掛着在綠葉裏的茄子，但是他眼無所見，那麼喃喃起來：

「防禦，至多不過守住原陣地，進展不了一寸，打不到敵人。敵人底砲彈今天打在前一百米，明天打在後三十公尺，總有一天打到的，也總有一天要打毀的，那就一點突破，全線動搖了……糟糕了：你說不是……你知道敵人從什麼地方來打你呢？在什麼時候來打你呢，早上八點鐘，還是你吃午飯的時候呢？他還可以集中三百門砲打你底一點：他完全瘋狂了。胸激動地大起大伏，兩手絞着扭着，以下又變成無聲的心語。「假使我們攻擊，那條件不是相反麼，假使我們又奇襲呢，夜襲呢？——為什麼不早下手啊？為什麼拿小兵力來開心呢？……裝備相差太遠，放屁！攻擊倒是避免敵人優勢火力的唯一辦法。那些飯桶！但是我們是這樣的攻擊，這樣的防禦——『攻勢防禦』麼？屁！我看以後是我們祇有死死的防禦了，結果等得什麼也沒有。我老太婆一樣多心麼？你看這樣子不是防禦是什麼！

他腦中的東西又變成混亂地一束，攻擊和防禦，戰爭和和平，憤怒和憂鬱，抗戰底光明和指揮底灰色，茄子，日光，接着又想起來三月的西湖，母親底慈顏，和平的家庭生活……

「我到掩蔽部裏去等砲彈吧！他叫着，一彎腰，又鑽進那個小窯洞去睡了。

×

一班人在做工，除掉射擊位置，要把臨街的屋全堵塞起來。射擊位置全是裝滿了土的麻包堆成的，從地上堆到擱到樓板，像米廠底堆棧。別的房屋被褥子，裝土的木箱和木櫃、櫃簽、缸、鐵牀、腳盆這一類東西，雜亂地塞滿了。一個兵曳着一張沙發，走到門邊，曳不進去，給門檻擋住了，為難得洞口的含着一個六麻蠅的蜘蛛一樣徘徊徘徊額上是金屬光澤的汗水，用一隻沾滿了灰的手背一抹，黑了。兩個兵滾着一個用柏油桶子改造的爐子，嘴唇向內咬着，弓腰又一挺腰，要使自己長得更高的樣子。一聲「嗨喲」！沉重的柏油桶子滾動一步。

幾個休息的兵在地上蹲着或者坐着，二等兵彭鄭口中含着一枝奢侈的白金龍烟，並不吸。他們在談着日本兵。

「眞的，他們底話和我們一個樣：「報告連長！報告連長！……」」

戰爭一開始，梅墨法就聽說敵人底言語和自己底相同。他不相信。他以爲那祇是弟兄們底神經過敏；他想，敵人或者能夠說中國話，但是那祇限於少數走叟那逅之流。他就斥爲謠言。但是，經過了幾天，人人都這樣說了，處處都這樣說了，他自己也終於在笑人底愚妄裏讀到了情報，正面的敵人要有僞軍張海鵬部。現在，他又聽見了這樣的話，覺得頭痛。

一些人却幫助敵人來打自己底兄弟，會那樣，政治問題不第一位地提出，眞不懂；軍事底價值是小得很的啊。想：「這又是政治問題了！中國人是這樣沒有政治認識，……：那末，我們一根木頭，一鍬土地做工又有什麼意思呢？他故意不停止，走了過去。一看，七，八間房屋都給東西堆得烏黑了。

他自己看得也疲勞了，弟兄們做工的姿態更是綿軟的，他下了命令：休息十分鐘。

個個人都是烏黑的，一身灰，像鐵匠，像從老屋的蛛網中走出來的捉迷藏的頑童。一休息下來人就哇啦哇啦有精神，叫嚷起來了：

「排長！排長！呢，排長！爲什麼我們守陣地別連不幫我們做工事，我們當預備隊總要給別人做工呢？

這不平的砲聲一響，人羣沸騰了。這裏的話得難說。他也爲此憤怒過，做工努力的老是做工。弟兄們日夜得不到休息，過度的勞作會使他們消沉怨恨，什麼也不賣力氣，也要影響戰鬥力。說做三天休息一天，說徵發到五百根木頭就休息，說夜裏做工白天休息，說預備隊以休養爲主，說弟兄們以後可以有休息了，以後做工有合理的分配了，說白天絕對不做工，危險太大……可是工作永遠是不斷的，和刑罰的鞭子一樣。人把殉道的血染紅自己底符號遞遞；把人底汗換取主官底點頭——並非必要。他到底應該怎樣說呢。他不能够不代表弟兄們，體諒弟兄們，但是他不能够把弟兄底情感的火吹得更猛烈，那會影響戰爭。他反祇有用軟性的壓制和欺哄。他立住了，猶豫謹愼地用門齒咬下乾枯的，皮底一片來。他雖然憤怒像火，但是他不敢露出火來給弟兄們看。

「但是我們這工」，他舉起一個手指來，傳教士說到天帝的姿勢，縐着眉。「並不是給『他們』做的，是給國家做來打敵人的。有一天我們換了防來還會自己利用牠呢。怨什麼呢。多做一點工就是對抗日多盡了一點力，你們不願意？

「排長」！彭鄭叫了起來：「我們願意做工，但是要大家都來做，守陣地的怎麼不做，不能够老要我們做，我們死也願意，還怕做工麼！

排長祇有輕輕地在鼻孔中一「哼」！避了開去。

營長易瑾來查工事，後面跟來新近晉級中尉的王佳壽，諂媚而恐懼地聽一句話應一聲。走了過去。但是不久他們又走了回來，易瑾脚一頓，脫下頭上的鋼盔來，頭髮被壓得凌亂「請教你們休息！」

大家立起來，立正，不動。

「誰？誰？」他用湖北音的普通話急躁地問，面色通紅。「找你們排長來！——混——蛋！

梅墨法走來，立正，舉手敬禮。

你看，你底弟兄坐了談天！你看，幾間房子的工都沒有做好！那你來幹什麼？手指惡毒地指着梅墨法。「那你還是睡覺好了，回家去好了。告訴你，這是戰場上，你不做工，不努力，我就以作戰不力論罪，小心！戰場上要殺就殺！沒有客氣，看你今天乖不乖好」！

易瑾像一隻吐綬雞一樣用憤怒的架子走了去。梅墨法看見，王維壽那麼回過頭來老鼠一樣看了他一眼，有得意之色。

大家都憤怒起來，有把手中的工作器具「嘩啷」地摔得很遠的，有沉重地坐下地去拱着像豬的嘴的，有用破嗓子大罵生殖器的，有歎氣的，有說「排長！排長！我們不幹！」的。

他要哭。他受盡了委屈，像一把刀人拿了牠來做裝飾品，被賞歛在鏽蝕鋒鋩裏，沒有吃過死仇底血，現在人又說牠不是好刀，說是不是好鐵，是小賊挖牆洞的東西。他心中憤怒和憂鬱糾纏着，什麼時候也沒有這麼劇烈，有吃了一大碗熱熱的酸辣湯的滋味。自己是爲什麼才到軍隊裏來的，自己是爲什麼到這裏來的，但是人却不分黑白。差不多要當——漢奸看，要殺頭——眞死了，倒不莫名其妙。他了一閉眼，咬緊病唇，忍住了淚和激動。他抱着的兩臂絞得更緊，不郎把自己底胸廓絞碎。但是他却堅強地做了一個手式，制止弟兄們，用低沉得深谷中的流水一樣的聲音說道：

「不！弟兄們！人怎樣說我也不管。我們祇問自己在抗戰裏在良心裏做了多少工作。不，弟兄們！我們現在再開始做」。

但是，弟兄們還是叫着：

「排長！你怕什麼！！看他殺得光麼」！

「不，排長！要殺我們大家同殺好了」！

×

下午八點鐘得到命令：第一營攻擊「三十八號」。

天天在挨打裏過日子，不死不活。這攻擊的命令却一下把人弄興奮了。人跑來跑去。人流在夜黑和星光裏輕快地向前走，梅囂法夾在裏面，這彷彿一條春江，用管樂的微聲，活潑而新鮮地，流走在夜風的原野裏。

一營人集結在金城煉瓦公司前的空地上等候着開始攻擊的命令。梅囂法回想着營長底話和他底攻擊部署：「第二連第一層包圍線，第三連第二層包圍線，第一連第三層包圍線。我有把握！」

「今天麼，我要試試我自己」。他暗暗得意，

團長吳求劍來看隊伍，人看不見，祇聽見他愉快地飄揚在夜色中的湖北語音。

但是一個鐘頭，兩個鐘頭，直到第二天底上午三點鐘，人已經困倦有從瞌睡中一下醒來揩揩眼角問「攻擊了麼」的，却忽然來了命令，改爲明晚攻擊。

可是第二天仍舊沒有攻擊，士兵們都罵了。說是等重砲呢。

可是這以後第五百二十三團就沒有過攻擊。敵人也祇在倫敦路上用小部隊來試探了一次，打死了七、八個，屍體給拖了回去。

每天是轟炸，一天三次定期的砲聲，每天是火，每天是做工，是吃，睡，偶然有幾次換防。

人民留在閘北的少於晨星。有兩個是捨不得家的老太婆，住在砲聲和池塘一樣的彈痕裏，生活在破壞的建築堆裏。

×

一排人在青雲路上住了一星期的樣子，因爲連又調爲預備隊，住到寶通路上一幢紳士氣味的小紅洋樓裏來。右面就是骷髏一樣的東方圖書館。

排長梅囂法，一走進一個房間就立住了。這房間底淡黃的牆壁給砲彈打出一個大洞，碎磚細泥舖了一地，還有一些彈片，一張月夜的湖邊的垂柳顏色的沙發打爛在一邊。三公尺以外，一座鋼琴。小圓棹上一瓶美麗的孔雀尾羽，和一些乾萎碎落的花。一張油畫掛在弧頂的玻璃窗底對面。此外是凌亂的東西，給兵士們『發洋財』過的老樣子。門邊和門外是絆脚的一些半新的高跟鞋銀色的，肉色的，黑色的，漆皮的，彫刻的，有十八九雙之多，同一的脚寸。還有一本德文書散亂在地上。

他手抱在胸上立了一會，拖過一張凳子來坐。輕輕地打開鋼琴蓋子，接着按撩起來，音鍵跳出淒厲的聲音來：

『……家成灰，
親墓生春草。
我弟，妹，
流落他鄉。』

一個兵悄悄地走到他底背後來立着，他不覺得。

×

閘北，眞是守勢的閘北呀。

一連人在守公園路上做了四天工，鑿去地板，掘去水泥走廊，從這家打通到那家地打通牆壁，利用建築物挖成了一條一百多公尺長的散兵壕，做了一些槍眼。

一排人給調到民生路，仍舊是做工。

太陽已經低落，九班班長，中士應得標，像疲倦了的旅行的人拖着手杖一樣手中拖着圓鍬「噹啷噹啷」發響，額上是烏黑而微亮的半乾的汗水，口中咬着半枝紙烟，軍衣祇穿了一個袖子那麼披在背上，另一隻手臂上白到變成烏黑的襯衣袖子高捲着，一走進門來就立正了，取下了烟，很爲難地向梅囂法報告：

「報告排長！這個！這個防禦戰車壕今天無論如何做不了的，請你請你——設辦法」！

坐着的梅囂法立了起來，苦笑笑。受領了任務，他就計算了。這需要多少『人時』：八公尺寬，二公尺深，十公尺長，除土量一百六十立方公尺。平均每人每小時除土半個立方公尺，一夜的工作時間以十小時計算，加上白天所做的，三十個人以三分之一輪流休息，換班，到明天，明天應該可以完成的。但是，他知道，這雖然已經是退後一步的估

計、問題仍舊是有的，現在問題果然來了。

「怎樣！他斜看了一眼他的班長，用右手手背擦擦下巴上的鬍子。「才開始做就說這樣的話」？

「排長」！應得標把圓鍬柄子靠在棹腿上。「開山一樣呢！六十字鎬又祇八班有；連大帶小是四把。圓鍬挖斷了兩把，有啥用。十字鎬一下去都是火，一動也不動，鐵的，還是他媽山好開一點。排長你不相信你去看」？他愛排長，但是他到了這種地方，排長不相信本排的人，不爽快，不放鬆一點，他是十分生氣的。

「那末，已經挖了多少呢？——我剛才在連長那裏……」

「最多不過十生的」。

這使他吃驚了，兩小時工作，『十生的』！

「怎樣，『多流汗少流血』呢」！他自然不相信，以為又開怠工，憤怒和憎恨使他紅了燃燒的臉。

「我說十生的，還說的太多」應得標絕叫起來，用眼白望着排長。「弟兄們沒一個不流汗，並不是不流汗，衣服全打濕。路硬，鐵的。那裏是不努力。排長你去看，那一個身上還有乾衣服？這個衣服一件一件全像河裏撈來的」。

「說得好聽吧」。

「排長！誰不流汗誰就是漢奸，排長你可以不要客氣槍斃他！誰來欺騙你排長」。應得標做着手式，賭咒的聲氣和臉色，到這地步排長還懷疑，他祇有做出一種無可奈何的樣子，歎口氣。

「唔」，他縐了眉頭皺起來。「但是剛才連長又說過」，他怨恨地想起來連長嫌惡那一張一下兒暴一下含笑的蝗虫一樣的臉。「他說：今天夜裏非做好不行，命令……我也頭痛」！他把一隻手按在額頭上。「可是有什麼辦法呢，除掉要大家多努力做一點」？

應得標諒解了，他看了排長軟弱的樣子就聲音低了。「命令自然應該服從，這個這個做不到也實在沒有辦法呀」。雖然他口中這樣說，手已經摸起靠在棹腿上的圓鍬來，預備再去做工了。

「那末，我們去看看」。梅墨法黑着臉。

到了永和實業公司前面，那裏是那樣一條黑色道路，鋪裝用煤屑沙，似乎還拌了水泥，多少年給載重汽車壓得一眼看就知道那是相當結實的。弟兄們底衣服果然全濕的，貼在皮肉上映出肉紅來。一個穿白襯衣的身上全是灰土和汗水染成的灰黑，一臉黑斑，黑汗一條一條儘往下淌，眉毛上凝了大汗珠，張着口十字鎬一着地，口中一聲沉重的喘息，地上一朵火花。兩個完全脫去上衣，背上的汗水在斜陽裏特別發亮其中一個彎了腰用右脚竭力踏着大圓鍬底邊緣，另一個相反是『左前』的姿勢，圓鍬大部一下去一樣還沒有踏入地裏兩公分。一個名叫黃成章的，出名的懶鬼，背靠在一家人家底門上，閉眼張口地，疲勞得狼狽樣子。

梅墨法，他接過一個人手中的大十鎬來，要自己試一試。他那樣一口氣掘着，才掘了這麼二十幾下，他底心突突地跳得發聲了，他底臉尤其是兩耳發紅了，喘息粗暴起來，揮動着的兩枝手臂震得酸漲，手掌磨擦得辣辣地好痛，背上臉上全出了熱汗。但是他自己底成績，雖然費力，一樣可憐，不到十公分深，才飯碗大一個小洞，徐士比棹子上的積灰不會更多。他又憤怒了，把手裏的工作器具重重地擲在地上，兩拳叉在腰上。

「這樣子！一星期也沒希望」！

「排長！」一個臉尖長的兵一面抹額角和頰上的汗一面直起腰來，放下了手中的工作「怎麼辦呢，可不可以請排長再去報告連長一下」？

「報告他？報告會有用？」他發了牢騷「上面祇知道一張嘴巴一個命令——下了命令他就盡了責任了。誰還來管你」？他忽然這樣想這樣的抗戰他是真不應該參加的。但是他口中却又吐出洪壯的大聲，又說了這樣的話：「弟兄們！大家努力幹吧。多說什麼廢話呢。我屢次對你們說，這工是給自己做的，是給國家做的啊！大家再多流一點汗，我們大家來來！」，他又從一個休息的人手中取了一件工作器具。頭痛：這事情真是要命的。

弟兄們都應和起來：

「幹哪」！

「幹就幹哪」！

「幹個屁」其中一個兵這樣恨恨地說，但是他手中的十字鎬已經高舉在頭上。「打過去就是，要防禦戰爭築要工事個屁！」

「釘釘突突！」一陣工作器具聲，一陣灰土從地面挖了起來把一羣人底動作籠罩着變成朦朧的影子，一朵一朵更紅的火花。

可是這情形並不持久。開始是挨近他的一等兵陳中元，一面挖土一面向他訴苦：

「啊！……」

「排長！這圓鍬這樣使不得勁！挖鬆土一個立射散兵坑也都挖成了……排長！爲什麼老是做工不打呢？……排長！你看，這土，嗒，嗒，這樣硬，硬……」

有一條汗水流入梅墨法底口中，鹹的。他吐掉汗，答道：「怎樣，這就是打呀。他心中不虛，口頭強辭奪理。

「這算不得打的，排長！我說──這個算受洋罪」！

另一個兵插入說道：「倒不怕做工。老老實實說要做，那個敢不做？說『明天休息』，『明天休息』，當官的，爲什麼老是欺騙人？不公開」？汗水一滴一滴從頭上滴下去，落在鬆土上，一分錢大地一點黑的，一滴又一滴……

「唉！他長歎了。「倒不是他們要欺騙人，他們沒腦筋。他停止挖掘，有一滴汗水落入眼中，辛澀得不好受那麼眨了眨眼。「這情形，排長最難做，又是個官，又得給弟兄們說話」。

「就是氣人」！一個細長的兵吐一口口水在右手掌裏，兩個手掌彼此相搓一下，拿起剛放下的大十字鎬底柄子來。「昨天做，今天做，白天做，晚黑做──了──就是明天再有十個防禦戰車壕我也不怕──哼唷！───」又在手掌上吐一口口水。「就是說話不作算，當官的說話就是命令，說要殺頭就要殺頭，說休息休息，說了不給休息，把當兵的把弟兄們當牛，當機器──機器也要加加油」！大十字鎬不斷地打在地上，跳出不斷的灰和火。

「那末，就算給我排長做的吧，弟兄們！排長再請大家打個牙祭」。梅墨法想不出辦法，又憤懣又焦急，又覺得太苦了弟兄，又怕弟兄們做『牧羊工』，用最軟弱的，聲音說了這樣的話，完全不像一個威武的指揮官了。

「來啊！」一些雜亂的歡呼。

「我說」，七班班長中士蔣光錫一面做工一面扭過頸子來望着梅墨法說道：「排長！光是你打氣，有什麼用呢。他有一種可憐梅墨法的意思，但是他底表情，那微翹的脣和一瞟的眼，却是多少帶點怨意的。

他還沒有回答，那細長的一等兵夏廣裕搶着說道：「不是排長，昨天晚黑我就不做，做的是龜孫！你相信吧」。

「並不是要肉吃」。踏了一下圓鍬。「要做的時候沒肉吃也做……」又踏下了一圓鍬。「不痛快──肉吃了──」又踏了圓鍾。「也沒味。不是『抗日』『抗日』，又踏了一下圓鍬，並且用槓桿蹾大石頭那樣把圓鍬撬了一下。「排長！你也留不住我……」又踏了一下圓鍬，又接連撬了四下，圓鍬嵌進土不過三，四公分。「誰願意再受洋罪」？又踏了兩下圓鍬。

「排長」蔣光錫又叫他：「你這樣做個屌排長幹什麼事情不好做，像你有學問……」

不要說這種話他連忙制止蔣光錫，手中的圓鍬拄在地上，內心湧起羞愧的不安心，雖然他底排長底話並不是諷刺。「我當這個排長也當不像，我旁的做什麼？──『抗日』『抗日』，平日希望這一天，到了『抗日』輪到了頭上，却又想旁的？」說人家？自己多流一點汗，就天翻地覆了不得？」──我倒眞不配做排長，尤其是一個抗日的排長，但是我有什麼的辦法，中國人就祗有我這樣的軍官。我倒眞損耍。我早已想過了……。他一面說話，一面挖着土，現在，他把再踏不進土去的圓鍬，拿了牠底柄子，左右搖動着。

「排長！唉！這天下那一個不渾蛋？在抗日的時候還特別渾蛋！譬如到今天，連長又要扣什麼米錢；我們不是說吃的『官米』麼」？

「所以眞恨」！把工作器具重重地在地面上拍打一下。

「恨麼」？他也憤恨有的時侯他還打算站在弟兄們底利益上轟連長。但是還是要壞大局的，在前線上因此，他反慌忙地捉住這个機會，用政治手段移轉着弟兄們底視線。「要恨我們先得恨日本帝國主義」，他又停止工作。「沒有牠，他們沒法要我們做牛做馬的。他們呢！所以我們第一先來抗日──！抗完了再算賬……來！努力吧！再努力些吧，來啊！

「可是排長！無論如何遭个遭个這工今天還个一定做不成」！好久不說話了的應得標又焦急起來，灰色的臉又塗上了幾層灰黑的汗水。

「我知道」。

「怎麼辦呢！這个……」

「大家盡力做就是。到明天天亮，我排長負責」。

「那營長又要殺排長底頭了」！

「殺也由他。祇要大家眞正流了汗，我有什麼話好說。我已經親眼看見大家這樣流了汗！！」

「狗屁營長！他媽『天上九頭鳥』營長！他就曉得拍團長馬屁——他媽偷和尚」！一个兵大罵起來，但是手中的工作並沒有放鬆。

「罵什麼！他吆喝着。

「哈哈嚇哈」！段清生笑得聲音遼闊。

一个連部傳令兵跑了來，立正。

「報告排長！連長說的，每排到後方團部去領三百麻包」。

「你看我在做工呢」。他愕然了。

「營長底電話」。

「又是『後方團部』，他又生了氣，咕嚕起來。「一來一去十里路！——好！各班……」

他到這个時候才注意到做工的人數上來」他以爲可以有三十个人的，現在却祇有二十多个。他又大怒了，搔搔頭皮，汗水成爲細粒落在肩上鼻上。他威稜地望了大家一眼。從褲袋中抽出一方白手帕來，沒頭沒臉擦着，手帕立刻汚黑了。

「怎麼！七班祇有這幾个」！

「是的……」

「怎樣！兩个哨兵，以外還有什麼」？

「何凱打擺子，楊金山出羊毛疔，杜得明帶班，三个；還，還有那个新兵給連長去修掩蔽部了……」

他氣得發跳揮了揮手，大聲說道：「這怎麼行！十三個人剩七個！人這樣少，工作器具不够用，還要派勤務派勤務！好！每班去三個人——拿不動想法挑。七班班長你帶他們去。去！去！去！天曉得」！有一句話在肚裏沒有說出來，「這排長我幹不了」！

這樣，祇剩下來人十多個，仍舊「釘突，鐺突」仍舊是火花和灰土。

天一下就灰色了，祇有西方的一角天空是明亮的銀綠色的。忽然，有了發動機聲，他連抬起頭來，一看，那是一小隊敵機，黑色，剪影一樣，那麼投下一個紅色信號彈來，燦爛得像日窗前陳設的珊瑚接着又是一個。

「完全掩蔽」！

他發了口令。弟兄們全躲進街道兩側的房屋裏去不得不中止做工。

又是一個綠信號彈，又是一個白的又是一個紅的……這一小隊敵機由西飛來飛過頭上去了。但是後面又來了一小隊，又是一小隊，又是紅，綠信號彈……遠處，還有急降投彈的飛機底吼叫和沉悶的爆炸聲。

「這工要什麼時候才做得成呢」！

一分鐘在他就像一年，甚至比一年更値得寶貴。他原來沒有一天不發怒，不憂愁，到這樣的時候更特別憤怒和憂鬱。這强迫停工，使他冒險在白天趕做這麼一點工的企圖都受了打擊，他恨極了，他用要冒火的眼直望着那些黑色的飛行魔鬼。

吃了飯，他們繼續做工。時間已經近八點鐘，天上沒有一粒星夜色是純黑的。敵人砲兵忽然射擊起來，砲彈在頭上嘶叫着急速地飛過，落在後而什麼地方，聽來並不遠，炸了，一砲又一砲，四十幾砲；

「轟！——」

「轟！轟！轟！——轟！——」

「轟鐺！——」

在濃黑的夜景裏，火花更紅藍得美麗，像從地裏迸出一朵奇蹟的牽牛花。

半夜，他們還是在努力。

人那麼沉默着幽靈一樣，像忘了世界上有語言存在，或者一下全喪失了言語的機能，沉默得使容氣也難堪，聽見呼吸。祇有工作器具發出律動的繁響，但是土地仍舊是那麼生硬的。

在工作裏，黎明很快就到了，人擦擦兩眼，不敢馬上相信，但是黎明已經到了。

人全疲倦了，工作着像打太極拳的樣子，不是做「牧羊工」而是軀殼已經被爬撥得成爲沒有內容的東西之故。力量支付光了，起 落的工作器具聲間息響着，零碎的火光無光彩地冒着，要滑失工」—地上除土不多，積土也不過五六十公分高。

梅罷法跑去又跑來，傳命兵跑來又跑去，從半夜交涉起，結果，連部命令來了，說；團部方前的交涉已經辦好，明天派兵來爆破。」」天色是也早已到了不能够在做工了的，那麼新鮮的一大片明亮了。

梅黑法，他才坐在牀沿上，打了一個長長的舒適的呵欠，兩腮徵酸，在脫着筒一隻皮鞋一陣急趕的脚步聲，一下連部底傳令兵鐺進門來，鞠躬，把一張字條遞給他。是連長底命令：

「：：各排徵樂粗二卜牛的長四米達以上之圖木三百根：：限本日午後七時以前總送團部：：」

他脫下半隻皮鞋來就停止了。他一接到命令心就一抖，接着，又重重地咬了一口牙齒。他想：什變地方有木材泥？——鍬當桿，那未，一排人祇有一把摺鍬滴用。每根電桿假使可以裁成三段，一百根就得鍬三至四公里的路。又是白天：：他喃喃地賜把來，手在桌于上拍了兩下。「我文不是：：綠虧法的！眞變戲法也得先宿備好東西：：」他歇了一大聲長氣。「唉！：：」接着苦着臉想道：「弟兄們就真是牛，也得想到戰鬥力……他仍舊把牛隻皮鞋穿上了，一面向連部底傳令兵點點頭，一面高叫他自已底傳令兵，用暴君底聲音：「胡奔樵去傳各班，……」

民生路附近一部份工事是這樣造成的。如閘北底工事是這樣造成的。

×

命令沒有下來以前，人咒詛防禦態勢，像咒詛仇人，期待出擊像期柳陰裏的幽會；到命令一下來，人心也就去掉蓋了的一瓶汽水一樣寧靜了。起一陣泡沫以後。命令是不可違抗的，倔強有什麼用，也不可改變，失望徒然毀了自已。雖然不是明文的防棄命令，左一個命令要和陣地共存亡，放棄一寸土地的處死刑，右一個命令要加強工事，那也就够了這樣！敵工又截工，閘北建築起了一道新的長城牆密得連出擊的路都不留一條。夜夜的汽車聲，不久；第一線後面就出現了托齊卡；並且一天一天繁殖着，到後來每一條道路上都有幾個，一層一層，縱深直發展到蒙古路，四行倉庫，假使道路是棋底線條，那托齊卡就是棋子了。

這樣第五百二十三團正面上是平靜了。不，整個閘北是平靜了。兵士聚在一起賭錢，吵架。或者吃飽了飯，穿着「老百姓」衣服睡三五個鐘頭覺，周圍浪費地燃點着從永和實業公司拿來的嫦娥牌蚊香，普通燃點七，八盤，最多的有燃點十七盤的，弄得一房屋全是縹緲的烟，外面砲聲再響也不醉，震動的房屋正好像夢裏的搖籃。

這樣，敵人大量地消耗牠底軍火，一天到晚的飛機，一天三四次的砲轟，……這樣我們一天死了一個人，一天傷三，四個人犧牲眞是最少。也支持戰局得最長久。祇有舊歷中秋的月夜，第五百二十四團正面上第五百二十八團有一次企圖奪回來，東寶興路上的印度教堂的前進地的攻勢，七分鐘，我們發射一千多砲，犧牲一營多人。左翼江灣也不寂寞。祇有我們底空軍經常給敵人夜襲差不多每夜都可以看見武俠小說的人認爲牠是「劍光」的探照燈光，美麗的紅色，曳光彈魚吹水泡一樣一串串浮上幽黑的天空。十六，七天以後，有閘北底撤退，有「八百壯士。」

一九三八，八，二。衡山，師古橋

論戲劇與觀衆及其他

k．斯達尼斯拉夫斯基

蘇聯偉大戲劇家斯達尼斯拉夫斯基于去年八月初逝世。這是他生前給蘇聯「文學新聞」的短簡，答復該刊徵詢他對於戲劇上的問題的意見，很足供目前中國戲劇界的參考。

一

新的戲劇欣賞者的出現，我認爲，是我們戲劇生活中最重要的事情之一。現在我們是應該怎樣來對待一個對演劇很熱心，能够接受而且有直接輕快的反應底觀衆。對于觀衆劇場是負有更大的責任的。和其他一切藝術一樣，戲劇必須使觀衆的意識深刻化，使他們的情感洗練，使他們的文化修養提高。當觀衆看了戲出來以後，他們必須要比去看戲以前能够更深刻看到了現代的生活。因此劇場絕對不許輕率地和膚淺地去應付觀衆的期望，或者只是以觀衆的喝彩或讚許而自滿。對于眞正藝術的任何諷示，現在的觀衆都很懂得接受的。然而劇場却常常以詭譎的舞台動作或者到生活皮相的摹倣而把寫大的主題糢糊了。戲劇藝術的課題是以生動的，深入的，眞實的形象方法來闡明劇本的主題；因此，隨着形象的再生與滅亡，觀衆會更清楚的了解文化的最深刻的問題。戲劇不應該像「教師」那樣做法，而應該以形象的方法引導觀衆通過這些形象去理解劇本的意義。在我們國家內，戲劇是絕對不許虛僞的！！它必須是本質地眞實的。這賦予演員以重大的責任，而同時對他的演技也有同樣重大的要求。目前更困難的事情，是以眞實的，深刻的特徵，去表現現代的形象。因此，目前莫斯科大學藝術劇院的注意力正超越一切的集中在發展和提高演員的演技。

在這個意義上，我們同時認爲古典主義戲劇在舞台上有很重要的意義。這介紹給觀衆以過去的基礎許價和思想底全貌，同樣也是對演員們一個很好的學校。

k，斯達尼斯拉夫斯基

二

我相信歐洲的劇場是不會前進的，縱使它有個別的偉大藝術家存在。劇場所採取的商業的立場，把演戲作爲賺錢的事業，已經使劇場的條件產生一個悲慘的結果。這是不可能去完成對于任何某一劇本的艱巨工作。歐洲的導演家只能羨慕我們和演員們對于準備演出一個劇本所需要的排戲的次數。最有名的西方演員都去參加電影界了，他們只能參加很少次數的排戲。有幾家戲院已經到了關門大吉的前夜了。這都是因爲他們對于劇戲和戲劇工作者不能像我們國家那樣給與充分的注意，愛護和信任。雖然我們現在是需要儘量的經濟，可是我們這些舞台的藝術家已經能够享受到西方導演家所只能夢想的創造條件了。

k，斯達尼斯拉夫斯基　（川　譯澤）

討論；

關於劇本創作

劉念渠

這裏有一羣以最大的努力學習寫劇本的青年。像許多開始學習寫作的青年一樣，他們常常的提出這樣的問題：我們應該寫什麼呢？我們應該怎樣寫呢，『××作法』之類的書籍既未能給以滿足，至少是我個人（我也是在學習着的）並未能找到具體的回答。

不管有沒有回答，不管回答是怎樣的，他們儘可能的找到一個在他們認爲適宜寫成劇本的題材，不斷的思考，精細的安排，寫出一個大綱，然後用對話和動作把牠表達出來。爲了寫，他們渴望的讀着已經出版的劇本。學力限制了他們不能讀原文的外國名著，原是不能立即克服的缺憾。譯本（偏又少得可憐）之外，近幾年來的抗戰劇本成爲主要的課本，他們要了解許多劇作家（有些劇作家是該加上括號的）寫了些什麼和怎樣寫的。於是，新的問題來了。

一部份學習寫劇本的青年的作品很容易是有顯著的公式化或概念化的傾向的。當你對他們指出來的時刻，他們就帶着幾分困惑的說『鑾×××的×××也是這樣的吧？』——是的，一點不錯。『公式化是作家廉價地發洩感情或傳達政治任務的結果，這個新文藝運動裏面的根深蒂固的障礙，戰爭以來，由於政治任務底過於迫急，也由於作家自己底過於興奮，不但延續，而且更加滋長了。』（胡風：『民族革命戰爭與文藝』）這種一般文藝作品中的傾向，我這樣看，在劇本中尤其明顯。這裏我不打算列舉若干劇本的名字作爲公式化傾向的例證，我相信，沒有一個劇作家或青年希望他的劇本是公式化的，然而，他們常常不可避免的陷入這個泥沼。在作家自己，不僅是過於興奮，還有，第一，不會深刻的理解現實生活，僅依據了一個概念（如父代的農民甘心做順民或被誘做漢奸，遭受子女——子代的農民的反對，終於受不了日寇的壓迫而覺悟之類）或表面的觀察就匆匆執筆；第二，每每將一事件孤立起來給以抗戰的表現，將創作的過程看成長乘闊乘高等於體積一樣，忽略了從若干現象中抽尋其普遍性，眞實性與必然性的重要；第三，不會明瞭抗戰劇本的題材是多方面的，可以從種種不同角度去表現，而熱中於農民組成游擊隊，漢奸的罪行和士兵的忠勇等等，並且要裝上一個勝利的尾巴；第四，因爲寫劇本的人（劇作家和青年）都是文化教養差不多的智識份子，又依着不多的標準去選擇題材，用差不多的方法來表現，結果不免選成一部份（甚至於一大部份）『抗戰八股』。假如前三項可以引用一般文藝作品方面，那麼，第四項『依差不多的標準去選擇題材』是劇本寫作方面的一個重要的限制。

劇本寫作是爲了表演在舞台上給觀衆看的，這裏有了舞台的限制。特別是在抗戰後的中國，演劇的物質條件困難逐漸增加。譬如我們這裏，沒有固定的舞台，即便有，也是舊型的劇宇舞台或較大的演講台，演舊劇是很不坏的，演話劇就困難了，得改裝爲鏡框式，要不然就得根本改變演出方法。沒有電燈，過去我們所學的現成的照明方法無由應用。日光下演，晚上就得用煤汽燈（給以一種附屬的設備，略有明暗的調節和顏色的改換）。在這樣的場所，像『把死人埋葬掉』那樣的劇本演不出，『魔窟』也祇能在舞台裝置方面因陋就簡了。這種困難的存在，使劇作家不得不選擇比較在舞台上易於實現的題材，他不能爲一個電影劇本作者那麼馳騁自由。我們試將電影『八百壯士』與許多以孤軍抗戰爲題材的劇本（多幕的及獨幕的）作一比較，便可了然了。便於演出（不是能夠演出），而且要便於在任何地方演出，是怎樣限制了劇作家啊！

然而，無論主觀上及客觀上有多少限制，公式化或概念化的傾向非根本克服不行，一點也不够放鬆，特別是對於劇作家。青年們是向劇作家學習的，不要讓這種傾向再一次的泛行於青年中間了。

回到開頭上的問題來吧。『我們應該寫什麼呢？』這是別人說過的話了，寫所熟悉的東西。梁實秋教授的高見受到批評而且敗退了，而在實際上，生活在戰爭中的我們，耳聞目覩與身受，又有什麼是『與抗戰無關』的呢？我找不出來。什麼東西都可以寫，祇要熟悉。不過，這是要緊的：『留心各樣的事情，多看看，不看到一點就寫。寫不出的時候不硬寫。』（魯迅：『答北斗雜誌問』）當然，所要寫的題材得是劇本題材。『我們應該怎樣寫呢？』倘若用一兩句話來回答是可以的，那麼，應該通過劇本的寫作條件，對一事件發展的全過程表現出來，要指出牠的必然性。每一個人物都該是活生生的眞實存在的人物，而不該是一個若有若無的影子，或是幻想中的『英雄』。

翻一翻兩年來的劇本吧。我們有多少比較優秀的劇本？我們曾漫不經意的浪費了多少油墨紙張？而且，給與青年們多少不良的影響？淸算這一筆帳目，不是會計師的事情，而是批評家的任務。『推動並加强理論批評活動』，在戲劇工作方面，這尤其是迫切需要的！特別是對於學習寫劇本的青年，理論批評是一種教育工作。

廿八年七月二十日，郫縣

基希及其報告文學

T。巴克

深夜裏有一個人沿着街道向前走去。他的脚步聲在一片靜寂中發生回響。四周的房屋都是陰暗，分離，而且間隔得遠遠地。在這些房子之中的一所前面，這個人，他的脚步聲在這深夜裏是唯一的生命的記號，停住了前進。他凝視着這所房子。那是黑暗的。於是他就回轉去，他的步伐發生回響，直到消失在它們來時的那個方向裏。

這人是誰呢？他要做什麼呢？

他是一個新聞記者。一個本埠訪員，適纔他所停留過的那所住宅正是這城市裏的一個很有名的人物的房子。這人快要死了。他仍然活着呢或是已經死了？這就是這個本埠訪員所應該斷定的事。如果這所屋子燈火通明的話，那末第二天的晨報就會帶來這段悲哀的消息。現在一切都在準備着和編輯着，只要再加上一個死者的小傳就行了。但現在這所住宅是黑暗的，每一個人都在熟睡着，可見病人是仍然活着的。因此這訪員就回家去睡了，他一天的工作已經完畢。

或許這位訪員不回家，却把他的衣領捲起來走進一所夜的咖啡館去，叫了一瓶酒在那兒沉思着。他的思想並不集中，也沒有系統，而却是有如一個做完了整天勞作的人在那侵晨的時光裏所沉思的一樣。

他想到他的技能—並不是藝術—想到他的事業。想着，當印刷機把他的關于華沙的大火，或者卡林（Karjin）的大刼案的報告印出來的時候，關于—呃，關于這個既沒有死也沒有痊癒的人的消息印出來的時候……

房子燒掉，救火員來得太遲。一個女人灼傷得很厲害，被送進了醫院，火警的工作做得不好，設備也不週到。他還要敍述那電力抽水機是應該早就裝好的。這就很好，人們明天早晨，不—在今天早餐的時候，就會讀着這個。這可以使得他們消磨掉喝一杯咖啡的時間—於是他的報告就算活過它的壽命了，百分之五十地變成了一公斤那麼重的廢紙。

這是一種苦力的工作，這種本埠新聞的採訪。連編輯部裏的最不成的人來做這事也是太好了的。

如果他寫一個短篇小說呢，說是在那間燒起來的屋子裏正有着兩個人，而且是一對戀人，他們互相縱情直到深夜，而突然那女人怎樣地叫喚起來……同時男人也很清醒地發覺了燒焦的氣味，而且—而且！而且……

所謂訪員是不是萬能的上帝在他創世的第七日揀選出來的成爲編輯部裏的末等人物呢？那麼，是不是在被委派的七個繆司（Muses）的藝術園地裏，會沒有讓給報告的地位呢？由於眞實只不過帶來侮辱，由於有一分眞實就減少了一分藝術，難道他就會因此放棄材料而變成一個小說家，來寫那些決不會發生的事故的小說麼？

喂，堂官，這兒再拿一瓶來！

報告麼。拿馬可波羅來說罷（註一），拿那個旅行中國的威尼斯人來說罷。他描寫過大地的面貌，描寫過關於人民，關於生活與習俗，關於經商的事情—在十三世紀裏對於亞洲的知識，竟然沒有能够超過馬可波羅在他的書裏所描寫的。『挨近午夜的時候到了卓爾札尼亞（Zorzania—卽喬治亞Georgia）』，他在見聞錄的六十五頁上寫道，『在它的邊境上有人發見了一股很大的油泉，要用許多駱駝來搬運它。這油不僅用作食料，而且可以煉成膏藥治癒人畜的皮膚病及其他病症；更可以當作燃料。』

這是未經提鍊的油，石油。在今日或許再沒有人肯來多讀馬可波羅了，

（註一）馬可波羅曾於元代來中國，著有「東方見聞錄」一書，述遠東之物產富廣與一般社會風習等甚詳，引起是時闢在西歐興起的商業資本向東方尋覓市場。

1951

但他卻被人們讀了數百年，直到某一天羅斯切爾特（Rothschi d）（註一）和幾位別的先生們在那『很大的泉流』的所在地鑿起油井來的時候爲止。

不，比起寫那些殺人放火的事來，人們還有更重要的事情要做—他們變成新世界的探險者和發現者，新興的歐洲商業資本主義的急先鋒。『這個海島有着比世界上其他任何地方所能够找出的更豐美更寶貴的橡皮……』馬可波羅這樣報告着關於錫蘭（Cey on）的情形。這實在是對於荷蘭，西班牙，葡萄牙，以及英國商人的一個暗示，使他們駕駛着雙桅船繞過好望角去。（註二）

但這乃是遊記文學，在今日也有着和它相似的東西。那是完全和地方新聞不同的東西。……但它是否眞正整個地不同於地方新聞呢？當然是的。這是一個感覺的問題。奇異的地方，奇異的風俗，我的普拉格市民們（Prag ueites）對於這些卻毫無概念。但在另一方面他們是知道普拉格(Prague)的……。但他們眞正專心地知道所有關於他們的普拉格的事情麼？我必須把這個問題考慮分把鐘。

但僕歐卻拿來第三瓶酒換去那空了的第二瓶，而酒卻是任何種靜止的東西的敵人，因此這本埠訪員的沉思便從那固定的一點伸開了。

馬可波羅，哥倫布，哈蒲爾德（A exandner Von Hu bo dt）斯坦萊（St n ey），藍森（Nansen）他們都是致力於科學或者商業的人。他們發現了美洲，亞洲，非洲，和北極—追隨着他們的發見是很有趣的。但在他們之後，卻來了一些別的人，他們更正確地描寫了這些地方，而尤爲重要的是改變了對這些大陸的看法。他們的書有了什麼改變呢？一樣也沒有。他們的行動呢？卻樣樣都變了。世界現在已被發現了，如果你不想成爲一個發現者就得成爲一個寫作者。

一個發現者幷不就是一寫作者。一個訪員也不就是一藝術家。但這些極

（註一）德國資本家（1743—1812）

（註二）這是西歐商業資本向東方發展的開始，……東洋航路的最初發現。

端是絕對隔離的麼？難道他們不能統一起來嗎？

拿左拉來說罷。爲了要寫巴黎之腹（Be y of Pa is），他不是在哈倫（Ho en）住過麼？爲了要寫萌芽（Ger ina ），他不是研究過採礦而且在礦山裏住了好幾個禮拜麼？這個人不是有着如像克洛德、伯納，一個生物學家那樣的理想而做着生命的實驗的研究麼？

但從這之中得出了什麼結果呢？—是一篇小說。小說中行動的背景，在本質上必須眞實於自然，但在細節上卻可以是詩人的發明。具體的，眞實的事件是原料—訪員就是替詩人採辦原料的人，他們之間的關係的最後解決不就是：訪員——藝術家麼？

因此，除掉成爲一個小說家還留下來別的道路—就是當作跳板，當作眞實的背景而利用它的訪員。正如船上侍者之變成水手，藝徒之變成機師，藥物學徒之變成醫生一樣，可是，吠，住口吧！你錯了，完全的錯！船上的侍者在他的訓練期間幷沒有學些什麼呀，除非他必須早就知道要作一個水手；同樣的，要作機師和醫生也是這樣的。

孟德萊耶夫（Mende eyev）（註一）曾經創製了化學原素表。而在他的表格的每一個空白處他總寫着：此處的如是如是的原子量和原子價的這一種原素尙付厥如。但後來這樣的原素卻眞的被發見了。在藝術這一部門的表格裏也有着一個空白—報導缺乏了應有的藝術成分。這乃是一種錯誤。這空白就是報告文學。

發見決不是意外的事情，它就「在大氣中」。在俄國發見化學原素的體系的是孟德萊耶夫。在德國卻是梅耶（Meyer）（註二）但卻沒有一個的發見是徹底完美的，他們各有其物質基礎，各有其探索的事，各有其先驅者。

報告文學的物質基礎就是報紙。它的存在是爲了要給讀者以新聞（News），讀者在他進早餐的時候需要有一個世界動態紀錄的日誌。他要知道發生了些什麼事，爲何發生和如何發生，等。

（註一）俄國化學家（1834—1907）

（註二）德國化學家（1830—95）

這些事物的探尋者，這些訪員們，無論什麼地方發生了事情，無論在哪兒突然停止了那平靜的生活的步度，他們都必須在場。但所有這些都和藝術沒有多大關係。譬如所謂「記者之王」和採訪的首倡者的伯勞惠支（Henery Stephen Oppert Le Blowitz），第三共和國產業和社會的報告員的胡勒（Jules Huet），紐約講壇報的戰爭通信員，非洲的發見者的斯坦萊等就是。

先驅者們呢？先驅者是幷不多的。資產階級的作家們在小說裏找出了他們的偉大的形式。他們的研究不過是爲了寫書的準備工作。這里必須提及卡而士・狄更斯這位年青的報告員用筆名「Boz」所寫的關於倫敦的反面的素描就正是報告文學。

這位本埠新聞的訪員把他的帽子拉低了一點兒，幷且叫人來算賬。

他是否有了合適的判斷呢？擺在他前面的行動的方向是否很淸楚呢？完全不的。後來這位訪員寫着他的小說，一部很受歡迎的小說。批評家們預言着他將有一個左拉底以及巴爾札克底將來。『一個環境的啟示』，一位批評家寫道，『有着這樣的能力和多樣性，它把印象主義的細節和感人的力量造成希有的綜合。這種混合的眞實性能給予這非常迷人的奇書以它可能具有的所有的藝術的魅力。你看，瞧！那左拉底太陽（Sun of Zola）就正向着我們微笑呀』。另外一個批評家又說道：「…有着一種不同的技能，師承着盟果爾和左拉而尤爲進步：在這些極近文獻的描寫裏躍動着人類的良心，他們有時也汲取着托斯妥也夫斯基…」（赫爾曼・巴爾在他一九一九年所寫的書裏說的）。

再會吧，花柳病的字眼，—再會罷，你船夫們，採集蛇麻的人們，牢獄裏的囚鳥們，流浪人和亡命者們，從現在起你們會在藝術的園地裏找到你們自己了。有人知道或許你們會再認出你們自己的。

再會吧，這個如此之舊而又如此之新的舊世界，再會吧，再會，你本埠新聞訪員的搖椅，你是不配有一個藝術家的將來的。

再會吧……

天上的小說家底明星早就睜眼在歡迎新人的到來了，地上的批評家的蜂群也早就認出了在那羅曼史的天堂裏的一顆新星了—可是時間却太短暫。在最後一分鐘，這位本埠訪員跳出了郵車。

世界上失掉了他這個偉大的小說家了。

但世界確贏得一個基希。

它獲得了愛貢、基希，這個世界的地方訪員，他發見了這個舊的世界和代替它的新的世界。

自從一八七一年（註一）以來，這個世界表面上是在過着一種平靜而又秩序良好的生活，各國政府間的爭論都在晚會上解決了；筵席和外交的協議就是戰場。但將軍們却在這里那里出沒着—這才使人記起和平不過是一種外交的幔幕。

各國內部的秩序也有着相似的性質。這是暴風雨之前的平靜。『一九〇五』（註二）便把那血的霓虹燈光灑在歐洲之上了。

從一九一二年開始，便是一連串的鬥爭和震動大地的搖撼：一九一四、一六、二一、二三、二九、三三、三四、……在那羊羣習慣了的用不倦的耐心嚼着草的平原上，在那隨着宇宙的流轉而年年熟結着穀粒的田野上，這些人類的寄居者—以及那生、娶、老、死等進行着的慣例—這一切都像一個建造得很馬虎的舞台一樣坍倒了，像一個夢似的，像那古老的日子裏的故事似的消失了。

羊羣再也不能在草地輕嚼着草根，穀粒也不會再在這田野上成長。腐爛的人的屍身掩蓋了那羊羣曾經嚼過草的，谷粒曾經長熟過的原野上—死亡是一件很流行的事情，在那最好的青春時光裏只要有一顆突然襲來的鎗彈或者瓦斯就會結束這從搖籃到墳墓的例行公事。

（註一）一八七一年普法戰爭中，巴黎市民與工人階級爲抵禦外侮內除國賊而建立了首次的無產者政權—巴黎公社。因爲當時沒有堅强的無產階級政權作領導，故僅存在了七十二天而亡。

（註二）第一次俄國革命，結果失敗。

後來和平又到來了，在這個和平的時期中人類用了十倍于已往的精力來重建世界。請看罷：兩倍於從前那麼多的羊羣又在草地上嚼食着了，工廠裏的機器也用了十倍于前的馬力在工作着，稻田裏因了施用人造肥料而變成更爲金黃更爲美麗了。交易所的大人先生們的投機事業和工業家們的深謀遠慮眞比普通的大砲和毒氣還要兇狠。有三千萬人因爲谷粒的收穫太豐盛而饑餓。有三千萬人因爲無數的紡織機在工作而發狂。

詩歌嗎？想像嗎？所有那些爲愛情而死的維特們（註一），那些殺死老婦人的拉斯可里可夫們（註二），那些和娼婦結婚的傻子們，那些虛弱的唐裘安們（註三），都在這現實之前從女人身邊甚至羅貢、馬加爾（註四）家庭跑開了。

于是又來了許多騷動，叛亂，和革命。其中的一次是勝利了。它在人類歷史的某一章上寫下了一個最堅決的總結。五萬年來的人類發展在俄國的十月革命裏找着了它們的歸宿。

現實變得比任何詩人的幻想還要奇幻得多。久勒、維倫（Ju es Verne）（註五）的傳奇被忘却了，現實已經遠遠地超過他們。

這正是把赤裸而且嚴肅的報告裝入緊密的形式的成熟時期，這正是要求作家去即時報告那在今日和明日之間用影戲般的速度變化着世界面貌的世界的時代。正是報告文學的時代。

這位發狂的報告文學家的方向是正直的，堅實的，——但却决不是瘋狂的。

（註一）哥德名著：「少年維特之煩惱的主角。
（註二）朵斯妥夫斯基著「罪與罰」主人公。
（註三）拜倫大著「唐裘安」的主人公。
（註四）左拉名著：「羅貢、與加爾家族史」廿卷。
（註五）久勒、維倫（1828—1905）法國作家，喜用驚人的筆法寫偉大今日科學成果的小說，如從地球到月球，地球中心旅行記，八十日環遊全球記。

他是作爲一個社會的批判者而出現的。一直過了十五年，我們看見他仍在做着這義務，只不過更爲艱苦，更爲機智，更爲戰鬥罷了。

基希的社會批評開始於那社會的軀體上的溢出不幸的地方，那個衰老了的，生着惡瘤，毒壞了空氣的軀體。它從那些被棄者們，無賴們，那些從生活的大海裏被投擲到城市的崖岸邊的泡沫廢物們開始。

在編輯部裏的基希的特長就是犯罪學。由於職業的關係他每天觀察着那些投入法網的人，那些侵犯了財產權利和道德的罪犯們。基希很了解那些被拘留在警察局裏的人物——扒手，路刦者，騙子，乞丐們，以及所有其餘的最終不免投入這個場合的營生的人物。

他就追蹤着他們的足跡。他們把他引到黑暗裏去，引到監獄，引到藏垢納污之所，引到各種娼妓的下流社會去，引到那苦難常常被塗上異樣的光輝的色彩的地方去。還有一位從這相似之點出發的人——我想是阿爾伯，倫得爾（Al be t Lond es）——却在這種求生的環境中受到了阻礙。他們反抗着白人的奴隸制度，反抗着圭亞拉（Guiana）和比里比（Biribi），他們向瘋人院和殖民的恐怖挑戰，但却沒有驚醒那他們所描寫着的它的沉舟及其殘存物的大海。

基希開始去揭發那勞苦的現實社會。他是從被棄的渣滓着手的。

但是即使在他的早期的報告文學裏，我們也可以找出關於筏夫和蛇麻採集者的描寫來。基希曾經採集過蛇麻，當過筏夫。筏夫和蛇麻蒐集者早就是生產機器的輪子了，他們不是泡沫，不是滓渣。自然並不是重要的輪子。浪漫的基希曾把漸趨消滅的篾筏當作一種職業，而把採集蛇麻當作『廢物們』的容納所。

這位罪犯學家不久就變成了歷史家。這是不足爲奇的。愛賓揖孩子降生於一個在門口有兩頭熊的彫像的房子。這房子台階很多；看起來就像是從卡里加里（Ca igari）搬來的舞台，它的窄長的灣曲的走道有猶和羅米契爾致堂一樣的圓拱，那位在拉迭斯諾王（King Ladis au）的彩禮上身佩國家勳章的布爾梅耶、約翰、拉斯托衣就曾經住過這有兩頭金熊的屋子；舊城的大主教約翰、基爾梅耶也住過；還有那改良國家憲法的出版者，如約翰、柯索爾斯基：等都在十五，十六，十七，十八等世紀內値過班兒。它那地下的地道據說是從這屋子直通舊城的城牆甚至梯阿布勒的太因教堂的殯殮室。在這個城的最古老部分的每一步幾乎都遺留着歷史上的重大事件的界石，它激起了年青的愛貢去探求在那些時代裏穿着古裝示衆而在舊城的市政府之前的受刑者的知識的熱情來—那斷頭台的廢址至今還遺留着呢。

在今日還沒有一本課本，沒有一本歷史的著作論到愛貢、爾文、基希這個名字的。厭倦無聊早就變成科學事業的準則了。基希也沒有被人歡迎爲理想主義者的好曲解的黑作劇者，(Debunker)。在那個普通或特任的高尚的教授階級中這樣的一個人算得什麼呢。

印象主義者的基希一點一滴地用那完美的筆觸構成了人世的全景畫。他需要一種對於那已經發生的，他所聽到的，看見的或者經驗過的事物的精確，眞實和動人的描寫。這樣的作品就是『破屋里的一夜』，『人間地獄的一日』，『一個伕夫的晝夜』。它是怎樣作出來的呢，爲什麼是這樣呢，現實主義者的基希拒絕人家的詢問。報告者必須建立起事實來。『報告文學者並不是頑固的，沒有證據的和沒有觀點的人。他必須是一個公正的證人而且負起公平證明的責任來，這種證明必須是如它所可能表示地可靠……』(E。E。基希—「發狂的報告文學家」，一九二〇)報告文學者不能是一個事件的毫無缺點的證人。因此，報告文學者，必須如基希所說，具有『一種合乎邏輯的想像。因爲那是決不可能的，要想把事件作成一個毫無瑕疵的圖畫而却缺少行動的地點或場所的解剖，參加者與目擊者的批判，以及敍述的推想，等。記者自己必須創造出事件的實際價値。到達改造的成功的經路，而且只有留心着他的敍述的路線必須密切地沿着已知事實(事件所給的特點)進行。理想的條件是要具有那由記者所描畫的在各點上都與實際事件的連續性相符合可能性的曲線；這種曲線的順利的發展路向，由於極大多數的所給的特點的確定，是可能而且可以得到的』。(「文學回聲」，一九二八年，第二十卷，E、E、基希)

基希的能發掘出『所給的特點』(the given Points)的才能決定了他的進一步的發展。基希是這樣的一個人，他許多年來除了盡可能地公正地觀察生活(無論是上層的或者下層的生活)之外，沒有做過別的事情。這樣的人能够違抗那向他無條件地提出一件要求的事物的邏輯麼：不要把他們僅僅當作平均分離的時間之秒，而要把他們看做過去與將來的全過程。要求他不僅運用術語去作屍體的解剖而且要研究生物的發展史和生理學。他能够拒絕那告訴他：『你已經畫成了許多傑出的，眞實的，使人信服的圖畫了』的事物的邏輯麼。我承認這是不能的。但是否所有那些『所給的特點』都是最重要的呢？是不是你的那些圖畫乃是鋸曲線機所刻成的複雜惑人的東西，由圖畫的各部分偶然地點綴地鑲貼起來的呢？當你採取那很像你所看見的生活的一個眞實項目的東西的時候—但能說那是全部眞實嗎，你能想像出在它的發展中的整個圖景嗎？因此，你必須蒐集好所有這困惑人的材料的片段。但怎樣把他們配合起來呢？按照什麼規律呢？這是値得考慮的事情。一個人必須有一種正確的觀點。否則一切事情結果只會那麼機械地排列着。

在你所寫的那篇學術論文裏會說，『報告者并不是頑固的，沒有觀點的……』但是否你自己的行動已經駁倒了你呢？比起那些時髦的球類和網球比賽來，你曾否寧願報導那關於倒坍的屋子和蛇麻的蒐集者呢？在你的採訪中你究竟是到的財主和官吏們那兒去呢還是到無家可歸的人和勞動者那兒去呢？而且這種選擇是否偶然的呢？不的。你却有這麼一種觀點：爲了被壓迫者，反對壓迫者。

在社會主義的文學領域裏，報告文學正確地發展到了它的最高形式這完全不是偶然的，從這里我們找出了基希，約翰李德，霍普頓，辛克萊，拉利少、勒斯萊、伊利亞、愛倫堡，特列乞雅可夫等—但反對的布爾喬亞文學營壘裏却只有一個阿爾伯、倫得爾。

什麼道理呢？

報告文學者被迫着成天成夜地去觀察世界。基希說：『甚至那最壞的報告者，那誇大而不可靠的人，也做出了一些產品：因爲他所根據的是事實，他必須用注意，用會談，用觀察，用聽聞來研究它們。』

『他根據着事實，』但却不純粹是他頭腦底反映的事實，因爲這世界并不是依賴他的想像而存在的。

小說家自然也是根據事實的。人們可以從那些偉大作家的著作裏找出比那些用事實塞滿了的厚厚的典藉裏得來的更多的東西。因爲小說家不過僅僅能够更易於避免說明和解釋而已。通過他的特殊氣質，他可以看出世界的許多事物，但到結果却只有他的氣質而沒有世界存在了。

哥德在他的「一七九二年的法國戰爭」一書裏報告着他在公爵的總司令部時的心境和坐在四匹馬車上的所見，說道：『每一個人都快樂，歡暢，而且充滿了希望和英勇之氣。有些村莊却眞的開始燃燒起來了，但在這戰地的景色裏，煙霧是很不適合的。』血和火在迸流着，但沒有關係，這種景象的描寫風格却是正確的而且還使得我們快活呢。詩人迴避了現實而却報告着他自己的小我。他的著作就反映着他的精神狀態。

報告文學者决不能迴避事物，他必須和現實密接，他的作品的特質是依據着他的知識的深度和廣度的。—自然，這里也就準備下了描摹的能力。要想寫出的報告這種欲望甚至於可以帶挈着布爾喬亞的報告作家走到使他那偉大的知識的全量也變成一種新的質的地方去；了解事物之間的關係。

總之，報告文學必須是現實主義的。

眞的，在這個限度之內我們可以毫不顧忌地說，决沒有傑出的資產階級報告文學家，因爲在他的報告裏會歪曲事實的。他的資產階級的傾向甚至表現在題材的選取，在事物的表面停留，以及在結論的躲閃上。

有時只有在最後才提到它。例如倫得爾龍。資產階級（註一）的報告作家能够去活繪出一個『但丁所决未見過』的地獄的實景麼？進行着那軍事訓練的殖民地的地獄麼？比里比的地獄，圭亞拉的地獄，以及法國殖民地的地獄麼？不能的。那麼，倫得爾得出了什麼樣的結論呢？就是訓練的章程需要現代化，法國人民的渣滓不能遣送到殖民地去，那是些壞蛋。這就完了。

但是倫得爾的資產者的結論却在他的現實主義的重量之前黯然失色。在讀者之前無力，甚至作者自己也覺得黯淡無光。從布爾喬亞的現實主義到社會主義的現實主義—那是一條面對着報告文學家的，爲普通作家所無的，嚴格而苛酷的道路。

這就是爲什麼許多著名的無產階級的報告作家如此偉大而資產者的作家如此渺小的緣故。所謂他們的才能的成就，較高的發展—不過是或者從現實之前跑到國王，共和國的總統及其部長們的會客室去，這就是尼克拜克先生（註二）所有的一切。，爲歐文之友，有名著「紐約史」傳世。

初期的基希底報告文學作品是無定形的，廣泛的，敘事詩的。他表現着所有那純然偶發的和日常的事件的人生的全景。自然他并不是沒有選擇，沒有撇開那不眞實的偶然事件，沒有設定着那傾注到他身上來的萬千印象的選擇的一定比例而寫作的。然而在他的畫圖裏偶發的因素仍然佔據着一個極其重要的地位。譬如基希在大戰時的日記，他底關於巴爾幹戰爭的描寫就是這樣。

但是一些全然不同的公式，却引導着他從事物的表面描寫而深入到內部去。現在那圖書的平滑面是破裂了。世界的所有的它的聯繫和矛盾以及事物之外部的流動都變成顯而易見的了。

基希的這個澄清過程并不是以一種瘋狂的速度發生，而是經過了許多年的。從沒有正確觀點的人發展到有觀點的人，從印象主義者發展到辯證唯物論者，是一步一步地進行的，而這個國外的不幸的報告者也就變成勞苦人的報告者，由無政府主義者變成科學的馬克思主義者了。（下期續完）

（註一）按原文爲無底階級，想係誤寫或誤排

（註二）Died ich Knicke.bocker（1749—1827）美國著作家

張元松譯

距離

（游擊地風景記之一）

賈植芳

我和C同志沿着土堤走上坡來，談着工作的事。猛抬頭，就在眼下的一塊窄而狹小的坪上，放了一副擔架，圍着幾個閒兵和老百姓，似乎在忙，卻是很沉寂。

擔架在前方是最最平凡的物事，和後方馬路上的汽車一樣。但雖然平凡，卻在在總惹起人們或多或少的注目，眞是藏着一種不思議的道理。C君像是有人突然觸了一下他的肘子，喫了驚似的說：「呀，傷兵又下來了，說着，拋開我，奔了去！

我是才從最前線到師指揮部來，這里距敵地十五里，是山路；地方位置在山坡上，房子是一例的土洞，就從高處看，也不像一個村子，不要說在飛機上直着看了，所以是絕對沒空襲危險的安全地帶。雖然敵人的砲曾經這里打了近百響，但那更沒有關係，他不會到這里來，就沒有危險。想到今日上午火線一帶的緊張，再到現在的境況，像是洗過一個熱水澡，身體輕鬆了許多，隨了C同志的背影，自己也悠然地走到擔架前邊，滲進似乎忙碌的人夥去。

那是一副老百姓用嫩樹條紮就的擔架，但那軀體，完全遮沒在一張褪色的淡青色綢料的被子下了，被子呈着悲劇的面色，大概是遮着傷者的腿子的地方，印過兩朵逐漸在擴大和加深的紅黃色血斑，像兩朵凋零了的大牡丹花。C君邊在和老百姓作着緊張的談話，邊在忙着用一條陳着血漬的白土布，蹲在那里，替那被被子蓋得祇露下的頭包紮着。裹得只賸了一個三角形的臉是紫色的，眼垂閉着，微掀的嘴角內，小偷似的流動着微弱的呼吸。還有那像一片固體的黃色牙齒。一個聲音在耳邊說：「是我們的兵」，但我看，就知道實在是一個老百姓，這比是我們的兵，還使我的心陰沉。我沒有說話。一個敞開衣襟，不斷的拭着額頭上不斷流出來的汗，歇思地里地說着話的小夥子，用匆促零亂的話語證明了我的猜斷。他就是傷者的表弟。

傷者是龍家凹村閭長，一個農人。名叫馮煥堂。龍家凹離敵人佔領的鎮子有三里地，快一年了，。每天有日本兵到村上來，村子經常的被攤派着錢，糧食，柴草，和一些零碎東西；最傷腦筋的，就是攤派姑娘和壯丁。房子是早給燒了許多了。隊伍下山反攻以前，上邊的事情，就是他們生活的最主要內容。

隊伍在盼望中下山了，前夜的襲擊中，馮煥堂不聽營長的話。說他沒有軍事常識，最好幫助運輸就夠了。他把隊伍帶到敵人的陣地跟頭，走在最前面，倒像個久經戰場的人，而一顆子彈，在正在前邊的馮煥堂的兩個腿肚中擠過，腿肚的兩塊肉，在馮煥堂的倒地聲中，都飛去了。漢子說着哭了，用拭汗的手巾揩眼淚，像一個孩子的動作。漢就把一封信遞給我，是團部衛生隊來的公函！說是人流血過多，野戰醫院頗感束手，藥是上了，但希望無論如何送到後方治療，「以竟軍民合作之全功」云云。漢子再補充說，營長發下十塊錢，村里人也七湊八湊弄了四十來塊錢，作爲馮煥堂治傷之用。「因爲是國家事，」末後，漢子用這句生疏而帶硬性話結束了談論。害羞似以紅了臉。

C君已把傷者的頭包好了，周圍的幾個人，——老百姓和雜兵，卻是低着聲音嚴肅地談論這事。一個鬍下巴生滿亂髭的馬夫，小心地，微躬着身體，端來一碗開水，蹲下身，魯莽地把碗向傷者的唇邊碰去。傷者已入于胡塗狀態，口唇失了控制力，水撥了一些在被子上。一個麻臉的老百姓看到這，馬上驟起來，「同志，你瞧我來，」說着跳到擔架旁，不費力地用臂把傷者扶了起來，馬夫歡欣地又把碗湊上去，這回是更多的水撥在被子上，傷者已覺不到這些了，而且似乎因爲這一扶，他的精神更壞，喘氣更短促更粗了。在幾個人同聲的「干涉」下，麻臉的老百姓和馬夫都失望地站了起來。

沉默，沉默，實在沒有什麼要說了。流汗的漢子已隨着C君打辦公的土窰裏走出來，拿了給醫盜的公函。我心里默想：馮煥堂恐怕到不了晚上了，但沒有人敢講這句話。雖然浸在傷感而激動的氛圍裏，在漢子一露面，馬上就有人驟着「公事拿到鎮，那，走！」兩個也流着汗，坐在石頭上啃着乾了的老百姓，以最敏捷的動作跳了起來，把饃擦到屁股後的吊袋里，抬起擔架，另外兩個本地老百姓也默默隨了去。馬夫瞪着眼，寂寞的說：「不喝水嗎？」……

夕陽還徘徊在山頭，光線像是更有力，在山頭旁的羊腸道上，這一小行列，以平穩的姿態前進；山裏蹲的閒兵，在擔架經過時，本能地站起來，用激動的口氣問：「又是我們一個弟兄？」……

人與人之間，原來是沒有距離存在的！……

（一九三九，五，廿一，中條山中），

巨像

紺弩

朝暉透過清晨的薄霧，斜射在我的頭上，臉上和周身。我站在一個懸崖的邊沿，面前的大地像被一刀削去了似地沒有了。百尺以下，是咆哮着的流泉，從那峭壁上橫斜地伸出野草，雜樹和叢竹，它們帶着晶瑩的露珠在晨風裏徜徉。從野草，雜樹和叢竹的掩映中，流泉送來破碎的銀色的水光；和朝暉的黃金的光，和草樹的碧玉的光，錯雜，交綜，像狡黠的少女用誠言和謊語織成的情話擾亂你的心曲一樣地眩耀着眼睛。

一百種小鳥在樹叢裏歌唱，密語，那是司音的女神在愉快地彈弄纖巧的琴絃。它單純可又繁複，悠揚同時清幽，莊嚴而詭譎，平凡亦新奇；低訴裏突起一聲高歌，短曲中拖出無盡的長調。我想像着一羣能言的稚子和學語的嬰兒睡醒後的那一片天機的嘵舌！

抬頭遠望，那天邊是遙遠的羣山。繚繞的白雲，疏薄的宿霧，本來混淆了山影和長空的顏色，抹去了天和地的限界；多謝朝霞的襯映，那限界又重新清晰。從山脚一直到眼前，是一片廣闊的田野，菜花和豆麥的顏色裝飾着多采的大地。高低起伏的田壠把地面畫成一面不規則的棋盤，蜿蜒的村路和溪流又粗率地把它劃破了。

三三五五的村落，隱蔽在葱蘢的樹蔭裏：低矮的屋頂冒出縷縷的炊烟。村落上，農夫們挑着籮筐或糞桶走着；牧童趕着牛犢；一匹黃狗正在尾追一匹白狗；女人們蹲伏在水邊洗菜，搗衣服，幾個還離不開媽媽的孩子在他們背後玩耍；近一點的村子裏送來幾聲斷續的雞啼……

這一切是多麼平凡嚇！恐怕幾十年，幾百年，甚至更多的年辰以前，這地方就是這樣吧；以後多少年，恐怕也仍將這樣吧！廣大的祖國，多少土地上都有如此美好的春光；三十幾年的時間的洪流裏，登山涉水，更不知欣賞過多少日出的奇景。可是今天，這遠山，這田野，這村落，這從村落走出的人和牲畜，都使我感到分外新鮮，也分外親切。

我不是留連風景的人，我不喜歡游山玩水，我所出生，成長和生活過的城市和都會，也沒有什麼山水好游玩。我不知道自然景色怎樣會有迷人的力量，走過許多地方，看見過許多名勝，常常發出一個稚氣的疑問：所謂風景也者，就是這麼一回事麼？如今，我在鄉村裏度過了差不多一年的時間，是我在鄉下住得最久的一個時期。從夏到冬，從秋到春，每天每天都有青山紅樹，板橋流水，送到我的眼前。我曾經看見過疏林的落日，踏過良夜的月光；玩賞過春初的山花，秋後的楓色。綠楊嫵媚，如青春少女；孤松傲岸，似百戰英雄。羣峯奇麗，平嶺蘊藉，各各給人一種無言的啟示。如果一個朋友，要交往越久，才相知越深，生死患難中，才有眞實的情誼；自然的奧秘也應該不是浮慕淺嘗，所可領會，那末，我對它們的低徊贊歎，豈不是為了我和它們有了較長期的往還麼？

要這樣說也未嘗不可；可是朋友哦，我也到過遙遠的北荒，而且正是隆冬的時候。那裏沒有一根草，也幾乎沒有一根有葉子的樹，沒有花，沒有鳥，沒有江水，沒有碧綠的氣味；一望無垠，是黃色的塵土，是塵土的烟霧；不然就是白得耀眼的雪的山，雪的海，雪的一切。你能够想像那裏也有人烟麼？能够想像那裏的人也需要空氣麼？能够想像那裏的青春少女也像被扔棄了的塵芥，或者被拾荒的孩子們從垃圾箱揀選出來的貨物麼？就是這樣的一個北荒，當我第一眼看見它的時候，我就愛上它了。我的血為它而沸騰，我的心為它而跳躍，我的眼淚在眼眶外變成了黑色的泥土！它是我們祖國的土地呀！是眞正的古老的祖國的土地呀！那末，春日的江南，怎會使我淡淡呢！

今天，倭族的海盜踏進了祖國的田園。祖國的禾苗被他們的戰馬嚼食了，車輪碾倒了，砲火燒焦了！祖國的森林房舍被焚燒了，牛羊雞犬被宰殺了，沒有成年的姑娘，也變成了婦人死或活在他們的淫虐之下了．祖國的大地整塊整塊地在魔手底下，鐵蹄底下，喘息，呻吟，顫抖，掙扎，憤怒！強盜所到的地方，縱然也是春天吧，我不相信太陽仍舊是溫暖的，夜晚仍舊有星星和月亮；也不相信地上有綠的草，紅的花，樹林裏仍舊有黃鶯，麻雀，蚱蜢或毛毛蟲，更不相信屋頂能冒出炊烟，村路上還有頑皮的孩子和孩子們的伙伴：公牛，母牛，黃狗，白狗，老鷄或小鷄！

然而那些地方是我們的呀！昨天還是和我看見的這些地方一樣的呀！一草一木，一石一水，都和這裏的一樣自由，一樣無憂無慮，一樣任意地發露自己的生的機能，賭賽着各各的美艷的呀！一想起那些受難的土地，自己的家鄉，脚印到過和沒有到過的地方，一面爲它們担憂，爲它們痛苦，後悔平常沒有留心它們，沒有和它們周旋纏綣，給與應該給與的熱愛；一面也就對這自由的天地，增加了無的情感；正像懊悔冷漠了凋零了的故舊，就覺得殘限存的眷戀都是可親的一樣。雖然明知失去的土地總會回來！

太陽漸漸升高了，長空顯得更爲明淨，村路上的行人也更多了。農婦們從什麽地方抬來幾個担架，那上面大概是傷病的戰士，向那水邊的一個村子裏走去；那村裏有一個大祠堂，是我們的戰地醫院的所在。她們一面走，一面唱着什麽歌；歌聲傳到我的耳邊，已經很微弱，但是還彷彿聽見了這樣的詞句：「抬傷兵，作茶飯，我們有的是血和汗……」兩個女兵從那村子裏跑來，手挽着手，脚步和着脚步，大踏步地從那橋上走過。她們和那些農婦們打招呼，詢問担架上的病人，接着也唱着什麽歌走開了。她們也許是去治療了被蝨子或者別的什麽小生物損傷了的皮膚，或者是去拿了金鷄納霜片——疥瘡和瘧子是她們永久的友伴；不過也許是去慰問過什麽病人，現在又要出席民運會議去了。

另外的村子里走出一隊學兵。他們背着槍彈背包和雜囊，每個人都提着一個蒲團，一望而知，是到山上上課去的。同時，戰士們也全付武裝，整隊地在路上走，不知是去上操還是去打野外。

突然，遠遠地傳來一陣鑼鼓聲，砲仗聲，一大羣老百姓在那幾乎看不清楚的遠處顯現出來：走在頭上的似乎還高舉着旗幟之類的東西。他們也許是到隊部裏獻旂去的。但今天並不是什麽特殊的日子，也沒有什麽大的集會；那末，一定是送壯丁入伍了。這裏的壯丁，沒有什麽花名册，用不着抽籤，更不須要繩子綑綁和軍警的押解；僅僅因爲我們的部隊沒有徵發他們的財物，不少給做生意的人們的錢，沒有調戲他們家裏的媳婦和姑娘，而女兵們到他們家裏去的時候，說話又那們和藹。「我們不擴充部隊呀，我們的名額都滿了哇！」可是總是三個五個，十個，八個，今天從這個村子，明天從那個村子，繼續不斷地送來，每回送來，又都像辦什麽喜事似地熱鬧，

三十幾年，我都過的一種個人生活，不知是什麽東西把我和別人隔絕着了，我不知道世界是什麽，人類是什麽，它們和我有什麽關係；它們也從來不會感覺到我的存在。雖然每天在人海裏浮沉，雖然也學會了把「社會」，「集體」這些字樣掛在口邊；其實只是一個荒島上的魯濱孫：並且似乎一生下來就是這樣，並且連半個禮拜五也沒有。……

可是今天，我多麽高興呵，從那些農婦們，女兵們，學兵，戰士，壯丁們那裏，突然發現了我自己！我和他們在一塊兒工作，我是他們中間的一個；從他們身上，可以找到我的心和手的直接或間接的痕跡。我再不是一個孤獨的個體，我和世界，和人類是一起的；尤其是和這些爲祖國爭生存爭自由的人們，搶救着祖國的每一塊失去的土地的人們，創造新中國、新人類的人們是一起的！我多幸福哇，和他們一樣，我也有肉，有血，有汗，有體力，有智慧；我把我獻出來，而他們並不拒絕我，並不把我當着一個陌生人看待！我第一次感到自己生活在世界上，生活在人們中間，雖然我是這麽藐小，我的力量又這麽微弱！

我站在懸崖邊上，從着頭，挺着胸，手插在腰裏，眼望着遠方；朝日從遙天用黃金的光箭發潢着我，用母親似的手掌摸撫着我的頭，我的臉，我的周身；白雲在我頭上飄過，蒼鷹在我頭上盤旋，草，木，流泉和小鳥在我的脚下。晨風拂着崖邊的小樹的柔枝，却吹不動我的軍裝和披在身上的棉大衣。我一時覺得我是如此地偉大，崇高，幻想我是一尊人類英雄的巨像，昂然地聳立雲端，爲萬衆所瞻仰。過去的我，却匍匐在我的面前，用口親吻我的脚趾，感激的熱淚滴在我的脚背上！

三個鷄蛋

林果

初夏的季節，沒有落雨，天氣是乾燥的。中午，太陽升到正當頂，風帶着熱意掃起了地面的灰塵，廣闊的容間，完全被一種混濁的氣氛籠罩着，林木間、濃密茂盛的葉片倦怠地垂下；山茶肥白的花朵在陽光照射的角落里，勉强地伸展開它的花瓣。山嶺像瞌睡的老年人似的蹲伏着。秧田里是嫩綠的一片，然而却也不能給人一點淸新的感覺。整個的田野陷入在沉寂無力的軟綿綿的狀態里。

我獨個兒在田邊的小路上走，也是疲憊無力地。廿里的路程，使我病後的兩腿開始酸痛起來，頭有點昏，臂上的行軍袋也變重了。到××店却還有整整十里的路程。

田野里沒有第二個人，靜靜的前面的村落里雄鷄在啼唱。黃土小道無盡長地向前伸展着，最後終被那無際的正待揷秧的赤裸着的田地所掩沒。

村落就在前面了。望着村口的大樹和茅屋，支持着疲倦的身軀，加勁地向前走着，口乾得要裂開來，眼睛也發花了。

「女兵！女兵！新×軍的！……」

村口的一條小河邊，孩子們停止了他們弄水的游戲，指指點點地向我叫着。

茅屋的門檻上一個老婆婆坐着摘蠶豆，一夥雛鷄在啄食着蠶豆殼。

「老婆婆！摘豆子呀！」

我走過去打着招呼。

「摘豆子啊！啊！同志辛苦了！那里來呀？」

老太婆很慈和，很容易使人親近的樣子。藍粗布掛子是有補綻的，然而却相當潔淨，頭上有幾根白髮，但神氣是很健朗的。一雙紅綉花鞋穿在拗小的脚上，眞像兩隻所謂紅菱角。

「我哥哥也在你們那里頭的！我哥哥李天福，他叫李天福！」孩子們也圍上來了。一個小瘌痢頭有點不自然但又懷滿自驕似地，搖擺着他那禿腦袋，眉毛抬得高高地對我講。其餘的孩子們瞪大了羨慕的眼睛望着他，小瘌痢耳根子都紅了。

「他哥哥是舊年冬天到你們隊伍里去的，是他自己一定要去！你們隊伍眞好，這——菩薩兵！」

老太婆補充着小瘌痢的話，一面扯扯我的臂章。臂章上是一個兵士擎着一根槍，老百姓說那上面是畫的菩薩，都叫我們菩薩兵。

老太婆請我到屋里去休息，一面給我倒上滿滿的一杯茶，屋子里還有一位客人，是從××店來的，那兒有我們的同志們在做地方工作。

「你們的同志會做工作啊！道理講得眞好，××店那里農抗會辦了合作社，借錢也好借了，這青黃不接的時候……」

客人是××店的農抗會理事。把那兒的工作講得很起勁。

「不要叫那個女同志走呀！麵下鍋了！」

老太婆在灶間叫着，不知什麼時候老太婆走進去煮麵了。

「老奶奶！這怎麼行呢？我吃了來的，還要趕路呢！……」

我推却着感到很不安。站起身來就想走，然而客人拉着了我。

「鄉下沒有什麼可吃的，隨便下點麵，到××店還有十里路呢！……」

我知道老百姓的習慣，是推却不掉的，否則還要弄得他們不高興。於是祇有懷滿不安地坐下來。

麵端上來了，那是白水煮的。上面浮着幾點油腥和幾片青菜葉子。

「這眞是不好意思！眞不應該！……」

「什麼不好意思！你們自己講的老百姓和軍隊是一家呀！——舊年你們同志到我們這里來的可不少，還搭台演戲哪！不要看我老了不中用，你們同志講的話我都懂……吃吧！到外面來吃，有風涼快點！走路餓肚子那怎麼行？……」

老太婆把一大碗麵送給客人，小碗的遞給我，麵冒着熱氣，滾燙的。我用筷子翻着絞着，麵條被全部挑起來，突然，我發覺了，麵條下面還藏着三個鷄蛋！我立刻敏感地猜着是怎麼回事了，於是我抬頭看着對面客人的碗，他也正把麵挑起來絞着，然而碗底是什麼也沒有。

「眞是熱得很；還是吹吹風吧！」我不自然地說着，端着碗坐在門檻上去。外面，風依然帶着熱意地吹，廣闊無際的田野開展着。孩子們跳到水里去捉魚，褲管捲到大腿根，雞雛們還在啄食着蠶豆殼。一隻老黃狗臥倒在榆樹的濃陰下。一切都是柔和而寧靜。我再低頭看，碗里的三個鴨蛋，一個閃電似的感覺投過我的腦子：一個眞正站在羣衆方面的工作者，將在任何地方都不會感到陌生的……。

心里，興奮和愉快激動得跳起來，難於掩飾的笑汶浮現在我的嘴角。回過頭來，正碰着老太婆慈祥的靜靜地投射過來誠摯的目光，一陣灼熱的感覺爬上了我的兩頰，我知道自己的臉一定漲紅了。

二十五個中間的一個

王朝聞

一

劉繪紜，×××集團軍總司令部戰地服務隊頂小的女隊員。有時我們叫她「詩人」，有時我們叫她「小鬼」。

小軍帽戴在後腦上，帽簷朝天，走起路來硬支支的搖擺着兩臂。衣服也大得不合身，使人想起玩具店的泥囡囡。

在長沙剛和我們見面，眼睛儘朝着地，老是勉強用太短的上嘴唇包緊朝外翹出的門牙，臉像顯得更古板。

到漢口的火車箱裏，她看我們都隨便的談着，獻習唱歌就唱歌，她也漸漸的活潑起來，不再老半天閉着嘴了。

講起話來滿口長沙土語。

聽說火車要停兩個鐘頭以上：

「何得了啱？」

問她要報看，

「冒得啦。」

討論保衛大武漢的問題，她一句話也不說，主席強迫發言，她還是老看着自己的脚。再要她講，

「意見都和大家差不多，叫我講啥像伙啱？」

看了她的詩集，大家就開玩笑的叫她「詩人」，她生氣似的吼起來：

「喔喲！人家冒得名字哦？」

跟大家混得更熟了，有時無顧忌的忽然爆炸一樣很響的笑起來，這會使一旁看書的人駭一跳的。

頂喜歡唱歌，一個人也對着東窗外的廣大田野唱她那「萬里長城萬里長……」，儘唱儘唱，好像要從歌裏找出什麼啟示來似的。

在汨羅吧，記不清楚了，正不知疲乏似的談着魯迅——她喜歡這老人，從小就想要和這樣一位偉大的文學家說兩句話的，誰知一次也沒看見就死了，說着眼睛也紅了。她喜歡木刻，要我送她一塊刻好的木板，不要印的畫却要木板。正談着，火車忽然向後倒退了。

「警報！」

人們不安的傳送着不吉的消息。

「警報！」

人們驚惶而又鎮靜的從行李架的臨時床上下來，從當櫈子坐的箱子上站起來，……忽忽的穿上鞋子，抱着孩子，帶着可以提走的要緊東西向車門走，向車窗走。望望天空，又望望同車的伙伴，準備着暫時離開這不安全的火車。

敵機沒有來，大家又上車，一看，她還是坐在原位上，睡着了，手裏還拿着一段吃剩的番薯。後來有人問她爲什麼不躲一躲，她滿認眞的說：

「躲多了，胆子要變小的。」

漢口，我們十多個人擠在一間旅館的小屋子裏，等上浠水前線的軍用汽車。那時漢口已經緊急了，汽車一天也沒有，兩天也沒有，不知要等到什麼時候。大家都有點訊褒，每天的討論會也沒有開，除了寫寫報告文章和信，就是各人空着荷包進書店翻書，馬路上轉走，江邊坐坐。女的多半是忙着洗手帕，也寫信。

「劉繪紜，講講你們在山西的事情吧！」

——她是剛從山西回來的。

「慢忙着，給媽媽的信還冒寫完。」

「還捨不得家吧？」

「上前線總該告訴她一聲。」

「你媽還不曉得你出來了嗎？」

「讓她曉得何事還走得成着？到衡山讀書還不答應呢！」

「得到這樣的信要着急了！」

「那，唉，——可是我顧不得這許多。」

二

在英山，戰地服務隊成立了，要她担任民運組長。起初她高興的招集着討論會，拖着生了瘡的脚這個郵莊跑到那個郵莊找婦女談話，還到游擊支隊去教唱歌，工作是努力的。但不會計劃工作，工作成績不行，又因爲常常和一個男同志到溫泉去，引

起了戀愛的傳說和同志們的不滿。她又常常古板着臉。

開例會，同志們批評隨大哥對民衆態度應該改正，他不認錯，同志們的批評也太嚴厲，他竟在結束會議以後漫駡起來。

「隨便什麼人都要批評我，好像我隨大眞是一個典型人物！（？）說我不對，把我開除好了，大別山到處都找得到工作。我隨大不行就不行，總不是混飯吃，更不是來找對像的。」

同志們氣得勸告也沒有了，——這樣的格性呵找對像這句話像一根針，刺痛着劉繪紜。

「隨大哥講話不要含含糊糊：誰不對，提出正式批判，冷言冷話，不是同志態度！」聲音抖着，忍不住滿肚子怨氣叫起來，「誰是來找對象的？說出來！」哭了。

旁人連忙勸開，還說她不理智。她倒在床上揩着眼淚，老是抽抽咽咽的。

隨大哥還駡：

「聽起一口牙齒，看樣子我都要嘔出來！」

說着就吐了一啕口水。

劉繪紜忍耐着，不久又在微弱的燈火下整理着工作報告，只不時還在抽咽。

她作民運工作顯然是很吃力的：

作家庭訪問吧，在街上碰見一個補衣服的不相識的老太婆，走攏去第一句就是：

「老鄉忙得很嗎？你怕不怕日本鬼子？」

老太婆仰着頭，從眼鏡上邊望着她，不安的張着殘門牙的嘴：

「日本鬼子來了嗎？」

「不是，我問問你……」接下去是一套敵人暴行和抗戰理論。老太婆沒有什麼表示，她自已也知道是失敗了。

「師父！（她原先是要我們能够畫畫、寫詩、唱歌的三個同志教她這些，後來就玩笑的叫起師父來，後來不開玩笑也叫了。）何事攪啫？我這樣冒得用，恐怕幹不出麼子工作來的。」

給她指出缺點，對她說剛開始總是摸不着頭腦的，工作中一定會進步，她又高興起來。

「眞的嗎？」

把不適宜她担任的組長責任給取消了，她更虛心的學習着。

我們和×××師政治部的政工人員一起，在漫水河討論建立皖西抗日游擊根據地的計劃。英山的砲聲響了，敵人進攻英山，×××師調赴前線。兩天之後，師長有命令來，——研究會停止，立刻回到原來工作崗位，還要調一部分到師部聽候指揮。

緊急集合，點名，「派到師部去的輕裝五分鐘內出發！」

被派到師部的人們忙着整理乾糧袋和雨衣，有人把日記燒了，說是怕萬一被鬼子拿去不大好。脚腫了的劉繪紜也肩上掛着雨衣「站到我們的行列。有誰問她：

「隊長叫你也去嗎？」

她得意的笑笑：

「自已要求的。」

「跑得嗎？脚還沒好呢。」

「冒關係。」

「萬一退却怎麼辦？」

「我走得。」

領隊吹了哨子，下了出發的命令。

路上她艱難的拖着兩脚，八十里（？）山路她並落有沒伍，有人問她：脚痛不？

「還好。」——不在意的。

第二天上午才趕到離前線很近的師部。師長住在一個竹林裏的小屋。他笑嘻嘻的出來接我們，跟平常一樣講幾句笑話。——他打戰從來就很沉着的。

「找偵探，找不着，找嚮導，民衆通通跑光了。敵情不明是不行的。從前那些幹政治工作的不知幹些什麼？」吸了一口煙，笑着對劉繪紜：「詩人！你化裝佃鄉下姑娘去當偵探去？」

劉繪紜正正經經的回答：

「要得！」

「短頭髮，滿口長沙話，鬼子要把人抓去的。」——他的抓字說得很有力。

「冒關係。」頭還是朝着腫了的脚。

師長哈哈的笑起來；

「不行的。」

她莫名其妙的望着師長，不相信是開玩笑。用很短的時間討論一下，分配了工作。

劉繪紜和另外一個女同志一路，到老遠的山凹裏把躲着的保長找來了，還帶着兩個自願做嚮導的年輕農民。

戰爭意外的順利，第二天，就克服了英山城，我們又跟前省連一起駐在縣城裏，以後三個五個分散在四鄉幫助新縣長推行新政。

三

今年二月底，英山全部政工人員縣城集中，我才在天主堂碰見劉繪紜。還是一樣揹着雨衣和乾糧袋，脚却好了。

「呵呀，師父！」跑過來，緊緊握着手：「你們的工作怎麼樣？」沒等我回答，又演說一樣不停的興奮的講述着：

「我們那裏好得很，單是歡送會也有兩千多人。喂，不是從前那樣，要鄉長命令强迫的啊。小脚婦人也上台子演說呢，她們也曉得婦女要做抗戰工作了，很熱情。她們還送我們鞋子，好多粑粑啊，可惜通通吃光了。喔呀，捨不得我們走，哭臉呢。叫我們太湖回來還是到她們那兒去，不要再走了。……」

興奮得眼淚也淌出來了。

她知道我們三個同志準備回後方，「眞的嗎？」興奮消失了，老是勸。見得不能說服我們，她表決的時候，沒有舉反對的手。我說要過長沙，問她：帶信回去嗎？（英山和後方通信非常困難）她冷淡的回答：

「家都燒光了，還寫甚麼傢伙信啃？」

我和幾個捨不得分開的同志們在石階上曬着太陽說話，她和一個女學生軍並排在園裏散步低沉的說：

「這個同志也要走，我們心裏蕭蕭的。」

臨走她正在縣府開會，我們「再見」都沒有說一聲！——這回說「再見」時不會紅眼了吧？她是不同意我們離開前線的。

現在仍和許多同志們在山坳裏奔走着。睡在潮濕的稻草上，讓蚊虫傳染着瘧疾……——但同時也快樂的自由的唱着歌。

流轉中寄到重慶

曹白

一

風兄：四月一日傍晚曾給你寫了一封信，當時便託人到在鎭去隨卽投郵了。那封信里曾告訴你自三月十八下鄉之後的我的飄蕩的行蹤，頗詳，你也許收不到但也許能够收到的——如其上帝幫助我們的話。昨夜又託友人到縣城里去買來了COPY箋，一本一百頁，價四角，不折不扣，但倒也並不能算貴。在幽黯的農舍之中看着COPY箋，潔白，像非薄的銀片，看着它，又好像眼前淸爽起來了。在這樣的環境之下還要玩弄着奢侈，也實在是「我的不可藥救」的又一個證據。但倒頗想寫，心里「躍躍欲試」着，然而文章是歸根結蒂寫不出的了，我非常痛恨這思想，但無法，還是仍然給你寫信罷。

前十多天，這里頗熱，至于使人穿不了夾袍。但從昨天起，天又改變起來，雷電交加之後，繼以大風，暖後再涼，便感到很深的春寒。「春冷凍煞鴨」——這是鄉人說的，但倒是頗眞的學說。早晨起來，便很想再加一件衣服，然而又那里能够呢？我的衣服，都在這飄蕩的生活中陸續的扔掉了。富曼河，毗諦河，梅鎭，茬鎭，瘌痢頭陽山，都使我扔掉了東西。但我也毫不可惜，讓它寒冷去，一過清明節，天氣定會保持它的和暖的。

這里也像故鄉一樣，很少山，但我是愛山的，所以當和瘌痢頭陽山分別之際，感到非常之依依。所能作爲安慰的，是唯一的那西邊的隱灼天際的三個大不璉山的峯尖。然而在今天，從紙窗看過去，這三個青尖又被水氣所遮掩，看不到什麼了。四野的密林和村落，也同樣的被水氣所汩沒，蒙在一片白茫茫的迷濛中，紙窗外在下着很大的毛雨呢！我的屋子裏也就顯得格外的幽黯。隔壁是農民的沉重的舂米的聲音。他們在預備着明天的糧食。

然而我的明天的糧食呢？

然而在晴天，在或一閒靜中，我愛到田塍上去徘徊。雖則自己還穿着長衫，得到農民的歧視，但也顧不得的了。滿田野是好的。麥的青，菜花的黃，紫雲英的紫，金花菜的燦爛，桃花的浪漫，雉豆莢艸的漫漫的藤絲，蠶豆的花朵顯得那樣的紫和黑，四野便充滿蜜樣的氣息，是又香而又甜。在那一片青青的麥叶的海裏活動着的點子，我知道，那是在割掘馬蘭的孩子們。在往昔的童年，我是和他們一樣的在割掘着野馬蘭的，但現在我是穿着長衫，只顧徘徊在這田塍之上了。我就感到淡淡的悲哀。想，我已失掉了我的童年了。但又隨卽自問，世界並不活在童年的心里，而倒是在催促着到了青年的人的罷？但我又感到自己的已經衰老了。但田塍旁的麥叶像翡翠的條片，光而亮，像潤過油一樣：露豆也有尺多高，橢圓形的叶，也像翡翠的條片，光而亮，像潤過油一樣；牠們一齊充滿了青春，沉入生長的甜密里，但我倒也就因此而一同感到了歡喜，希望至少今年麥熟能够是豐收。

然這是在田塍上徘徊之間的思想，待得浸入工作里面的時候，我又將小麥，蠶豆，紫雲英，桃花，雉豆夾艸，抛到九霄雲外了；渾身所感到的，只是緊張和勞頓，時時準備着猝然襲來的敵人。尤其我常常飄來蕩去，在路途之中，担盡了心計。單以身邊所帶着的一點微末的旅費而論，使我有時藏在氈帽里，有時束在襪管里，有時踏在脚底下，惟恐×軍借名搜查，從此挖了去，叫我前後行不得，進退都不能。而這里的挖錢的事，如其在各處走過的，便覺得司空見慣，毫不爲奇了。譬如上次我坐了一條小火輪，經過×軍防線，自然又要照例的「搜查」了，其中有一個稻商，身邊竟帶六百多元現款，不幸的竟被「查」到了，×軍說這款子是「中國兵的餉」，從此沒收之外，這商人還被罰跪在大路旁邊，任人觀看，好像西洋鏡樣。許多船裏的客人還不厭的議着，論結論道，保不住還要槍斃哩！由此可見，金錢，它雖則可以買米吃，還不是一宗很大的罪惡嗎？

如其進城，那手續，各處不同；××我是頂曉得怎樣的。入城之際，離得城門還遠呢，但就要開始脫帽，不論西瓜或氈栗子，那管你是巴拿馬式的銅盆帽，一句話，凡是中國人頭上的帽子，就要開始脫去了。和這一同開始的，是解衣服，從風紀紐扣一直解到叉紐，從長衫一直解到襯衣，一句話，凡是中國人身上的衣服，就要一齊解開來。如其戴着眼鏡，也要摘下。那管你是小孩或老太。那管你是男人或女人。！——但你可以走近去了，舉起兩手，像鳥樣的伸開的翅膀，但你不能飛去，由一位顯得熟練的『警察』，此公是我們的同胞，但露着麻木的臉相，你就被他搜查着。他的冰冷的手就從你胲下一直摸到你腰里，從屁股一直摸到你胯間，還是查武器；後，再摸衣袋，長衫上的，夾襖上的，袍子上的，一句話，你的身上的全部的衣袋，都要摸到，無幸免，這是查文件。查好之後，你可以走前一步，向站在城門邊的一個有些漂亮而傲然的「皇軍」恭恭敬敬的行一個九十度的鞠躬禮；再走前五步或六步，向聚在「衛兵所」里的好幾個有些漂亮而傲然的「皇軍」再恭恭敬敬的行一個九十度的鞠躬禮。到這里，你的入城的手續才正式的宣告完畢，可以放放心心的到城裏去奔走你的運命了。

但我的第一次進城，曾經弄得一背心是汗。這一次我是坐了一架黃包車去的。這車夫非常之熱心，他不但將入城的每一個小節目教了我，而且告訴我如其有一個差池，會弄到跪在城門口，叫路人笑；至少至少幾個巴掌是少不了；還不厭的舉出許多實例來。我那時的惶悚你是想像不到的，『要走一有差池，跪城門……吃巴掌……可怎麼辦？』但我到底向×軍忸忸的鞠下躬去。車夫還在背後默默的給了我指導，終于使我能够平安的通過了。然而當我這『第一次』彎下腰去的時候，我覺得受了無可奈的無靈的屈辱，想，這是怎樣的悲劇呵。四處的空氣也朝着我冷笑，弄到我幾乎也要冷笑了。但我立刻掩住了嘴巴，我知道，笑會使自己遭受到不幸，遠古的埃及不是不許有那發笑的奴隸的嗎？我是很知道權力者的心思的。然而我對於拉我的車夫却非常之感激；作爲我對他的極爲微末的酬報的，是多給了他一角錢，雖則自己並非是地主或資本家；而車夫也到底歡歡喜喜的收下了；我也因此而感到了很大的高興。人被壓到透不過氣來的時候，只要得到一點愛情的末屑，便會安慰起來的。

現在是，我進了好幾處縣城，行了各式各樣的禮，鞠了各式各樣的躬，被各式各樣的搜查了，也就慢慢的習慣，背心上面不會沁出汗液來。風兄，我在走我的路。但在縣城裏過夜，極是危險，因爲會突然的四城門緊閉，使你跑不出，只好活該被很厚很厚的城牆所圍住，在城圈里焦燥，掛念着城外。別的倒也罷了，食物的價錢便會立刻的飛漲，因爲他關了城門不知何時才會開。有一次，一個很大的『汗先生』——汗奸——被除奸團除去了，於是城門立刻緊閉，大索九日，白蘿蔔賣到四毛錢一斤，平常是只要五個銅板一斤的。南貨店里的臭鯗也弄到賣完了。

因此每一次走近城牆的時候，使我發出許多奇怪的遐想。我想，『萬里長城』是想擋除匈奴的，然而擋不除，胡人來了。而北平的城牆又一共有三道：外城，內城，紫金城。那目的大概也很有防禦意思的罷，然而總還是要換朝代。但我又想，後來的城牆的建造，恐怕是大半因爲要使人民分離的緣故：城裏人和城外人『分離』，再使城裏城外各人都『分離』，這才便利於統治。可不是，而現在的

×軍又佔據了它在作威作福了。我贊成把城牆拆了造馬路，雖然官員的想頭和我是完全兩樣的。

話說得太遠了，以至于弄到旁邊的一個同伴認爲我在寫『情書』。但是，情，是長的，話，是多的，一時裏又怎麼能够寫得完。現在已是很深的夜，遠村飄蕩着微茫的狗叫，令人深思。是這樣的春夜。而且屋後的楝樹上面貓頭鷹又在憂悒的歌唱了，彷彿受盡了屈辱和寃枉。煤油燈裏油也快要完，燈芯已經結着兩粒燈花，一大一小，朝着我微笑。是的，我的〔UP〕箋是很可愛的，以後也還要寫給你；而且都想寫成信，如其我的心地寧靜的話，我想把這里生活的一絲一毫都告訴你，雖然苦和蕪雜，但有時又似乎頗有些趣味，何況我到底是一個鄉下人的兒子呢。

眞的不寫了。祝好。但七月不知可會出版了呢？念念。　M頓首，四月二日夜，寫於袁離村中。

二

風兄：我又換了一個地方了。也無非是那樣的鄉村：四周都是樹，密密叢叢，旁邊有一條小深河，一園爛漫的桃花就開在這河旁邊，得意的映着十多個寂寞的破爛的小農家。前幾天的連綿不斷的春雨，令人煩厭，幸虧現在又晴了；六號還交了『清明節』。你那邊的『清明節』大概也是六號交的罷？我想，不論陷的地方與淪陷之處未見得就有甚樣的大差異，連交節氣的日子也改變；可是嗎？天可格外的晴朗了。空中是一片無雲的蔚藍，襯到幾株

底，乾淨得很。但世界就眞個這樣乾淨麼？我却想到四月一日及四月四日給你寫來的信了，未知你也可會收到麼？就這樣的非常之想念！——如其收不到，那末，我『枉拋心力』了。

因爲在這里我要等一個朋友L君，所以便得到了一個短期的閒暇。在這閒暇中，便時刻想到朋友們，尤其是你，你現在的景況也不知到底怎麼樣？炮火將朋輩轟散在四方，未知何時能凝聚？每想到這，便會令人微顫的。

我就和四五個同伴一起瘟在這一間陰黯的屋子裏，四角蛛網，在標明着屋子的衰老的年紀。我們沒有大灶，只有一個『行灶』供我們燒飯和煮菜。所謂『行灶』，『灶』而可『行』，其爲飄泊的人們用用的也可知矣——那是用泥巴攙了稻草製成的一隻如缸樣的東西，上置一鍋，旁鑿一洞，柴就從這個洞裏塞進去，燒飯煮菜了。你那邊有這種『行灶』嗎？在我們這里是，先前的『逃荒者』，現在的『逃難者』，總是挑着這個逃向四面八方的。但這種『行灶』在野外燒飯煮菜就無所謂，要是在屋里，那就糟糕：青煙會濃濃的薰滿一屋子，使你睜不得眼睛，而連逃跑出屋外去，但兩隻眼睛已在止不住的流淚了；粗粗一看，別人會疑心剛才會痛哭過一般。

所以我們總要一天哭三次：早晨，中午，晚上。

哭過就吃。吃過了做什麼呢？在我，就閒暇起來了。繁劇的人事和艱險的旅途固然使我苦，然而閒暇日子也不能使我甜：倒是很難挨過的。世界上之有無數的姨太太和無數的巴兒狗，我想，原因大概就在這里罷。在這樣的時候還想到這樣的東西，就可見我到底是一個道地的『舊人物』。但話不要扯開去，作爲我應付這閒暇的一策的是，看三天前的，五天前的，十天前的，半個月前的……舊了的報紙。這些報紙，是上海出版的『申報』和『文匯』，價目大抵是一角錢一份，而經營的小販是要冒了極大的危險，用『生命』去作爲『孤注』的；你想，這樣可貴的東西，人應該怎樣的去愛惜牠們啊？于是我一面愛惜，一面消閒，看下去了：從標題看到電文，從廣告看到聲明，從論文看到報屁股，從『南昌外圍激戰中』看到『今日獻映風流浪漫香艷熱烈至尊無上巨片之玉』，從『上海各界籌備兒童節』看到『沈一得律師代表義和樂行警告葉志興』，從『恕訃不週』看到『包皮過長者注意』：：總之，一句話，凡是印在這白紙上的一團烏烏的黑字，無一不看，無一不讀。這樣的看和讀，愚蠢自然是愚蠢的，但在疲乏之際，就令我閉眼睛，像魏晉的時候的人一樣，想將現社會一切都擺脫。然而又怎怎能够呢？倒反是各樣的世事，燦爛的，烏暗的，不燦爛也不烏暗的……各樣的人面，歡笑的，悲苦的，不歡笑也不悲苦的……各樣的血，人的血，戰士的血；各樣的淚，少婦的淚，孩子的淚：：這些一切，在我闔上的瞬前，幻成各種各式的花朵，而又如急馬，奔來，飛過去了，奔來，飛過去了——

『啊啊！』

我一驚之後，又把闔上的眼睛睜開來。天空也

還仍然是無雲的慰藉，寵到沒有底，在誘惑着我呢。于是我立刻想，世事和人面，血和淚，……它們原本就是世界啊！世界要是缺了這些，還像什麼呢?!將變爲一個毫無內容的空虛的東西。這種空虛的東西是屬于好人天國裏面的，但在地上却沒有。

於是我又迷迷胡胡的記起去年年底上海文人的對于『魯迅風的雜文』之論爭來。大家同是住在租界上，然而似乎是弄得兩面『濺朱』了，雖然我只是在這樣的死鄉下看到他們論爭的一點點文獻。這問題是由一位叫做什麼鷹隼先生提出的，他很有趣味的問道：『如果魯迅還在，是不是依舊寫這樣的（按：即活着時候的）雜文？』這在問死人了但還要死人自己來回答，活人是無法來武斷的回答的。第二又問：『目前文壇上摸倣魯迅風氣……這種傾向的增長對發展的前途是不是有害？』這是問活人。但不佞倒不免要以活人的一份子的資格，來回答道：『這種傾向的增長，不但對發展前途有害，反而倒有大大的裨益的。』爲什麼呢？因爲我們是活在『地上』的緣故——『地上』！薄弱的文人的筆尖敵不過血淚的堆積；世事原是繁雜，人面原是幻變，中國的黃泥比蘇聯的黑土還笨重，如果你果眞是投在戰鬥里的話。將社會在抗戰的一夜天中就改變了的說法，說向青年，這確是非凡之有害的。

但『摸倣』確是不行的，第二個西施徒然變成了『效顰』，讓別人來笑話。『依旁和摸倣，決不能產生眞藝術』。俄國會有第二個高爾基，中國會有第二個魯迅嗎？我想，決不會的。在這里，了解這複雜的世界的必要，是首先的第一件。爲了達到這目的，人一定要活在這地上一句話，『手觸生活』，而且從而體驗它。萊蒙生領了一支游擊隊，體驗了虛僞，權力，欺詐，眞心，動搖，堅決，果敢，卑怯，……他這才能够轉戰在那寒冰的森茄的深山中，雖『毀滅』而不屈。一句話，戰士萊蒙生的手是觸及了全部的生活，一面又把自己溶進生活里去的。

但寫到這里，行灶里的青煙又在把我薰得落淚了。同伴已經在晚炊。夕陽掛在西面的林梢上，顯得無比的美麗。但不久，牠就會褪盡了顏色，落到地下去；一任黃昏來籠罩這平原，無論是寂寞破爛的農村還是爛漫的桃花，都要埋進黑暗的夜里了。

但我想，這是春天呢。

于是就看『這不過是春天』：是一篇劇作的題目。從廣告上看來，這劇已在上海演過了，但我這這劇本還沒有看見過，瘟在鄉下原是無福看見的。但又從廣告上看來，這劇本和演出，都非常之好的。文匯報上就登着這樣的文章：『這不過是春天』觀後感——是一篇座談會的記錄文。但用心細看，也看不出這『這不過是春天』的故事的大概來；單見座中的熱烈的談片，針對着角色的演技，中話之中還夾雜着洋話：『再加上一個cast』哩，『應該Outwit廳長太太』哩，『有點Oven之感』哩，『應該更Smart一點』哩，令我非常之掃興。『這不過是春天』，題目是這樣的警辟和新鮮，裏面也不知在鬧着什麼玩意呢？於是我索然的把紙一拋，看不下去了，便到田野裏去徘徊去。

但不知怎的，這『觀後感』却使我另外感到一些事。自然，『看客』之對『角色』的演技的品評，是無有不可的。然而世界上的『看客』能完全的了解『角色』的內心的波動的，有多少呢？而且，在中國，『看客』是特別的多的，宋末，明末，民末，他們都站在旁邊只是看。待得大局已定，『天下太平』之後，自己才做定了『遺老』，專門去指摘別人的錯處了。在現在，能够抗敵的和能够作奸的都很好；這不但界線分明，而且在交戰之際，明顯了目標，有利于射擊。可怕的是站在一旁的『觀戰』的脚色——，他頂頂危險，世界會斷送在這般『看客』們的手裏的。但這也許正是我的一種蕪雜的思想罷？戰鬥正酣的青年，大概不會有像我這樣想頭的了：這也實在可算是幸福。

我也很幸福，現在還有這樣的閒暇在田岸上這樣的徘徊，享受着晚風的吹拂，從中薰來濃烈的卿，麥和野花的清香，令人沉醉，如果是詩人，就一定要做詩。然而我不是，而且也不要。會的只是將自己的頭腦讓他去蕪雜，如未被墾過的遼古的荒原。

這封信若斷若續，亦臘亦寫，寫了一天又一夜。其間還起了謠言，說×軍要來進攻這里了，因此寫的地方搬了三次家，用兩支鋼筆兩種墨水寫成的，但臨末，你的嬰兒被四川耗子咬壞的地方有沒有痊癒呢？日來華中戰急，你就應該格外的當心。由于這樣，『七月』大概仍然出不成的了，這可憐的『薄命鬼』！在那邊，你究竟有沒有職業呢？不知你怎樣在打發這一連串的日子的？你就趕快的給我來信罷！我什麼都好，但望你

平安！

弟M頓首．四月八日，寫于淪陷的江南之鄉莊

從延安寄到重慶

胡風先生：……

關于民族形式有許多人把它和舊形式混爲一談，其實是有差別的。民族形式是「老百姓喜見樂聞」的「中國氣派與中國作風」，是新文化要獲得最廣大最普遍發展所必採取和所必經的歷史形式，民族形式不就等于舊形式，但是它必要在利用存在于民間的舊形式的基礎上，并吸收外國的優秀的文化遺產方可建立起來。而且這不僅僅是形式問題，同時也是內容問題，要反映現實生活，要合乎民族的風俗，情調，語言……越是有民族性的東西，方有它的國際性。

此外利用舊形式，也有些人誤解爲「依樣畫葫蘆」，不外摹仿一番，所謂利用，應該是用它好的，揚棄它不好的，更不是以形式去束縛內容，相反的是以內容屈服形式，并非一成不變地利用。通過利用這一過程，從舊形式里還得要創造新的，創造老百姓所喜見樂聞的新的形式。現在一般利用舊形式的人，老實說，還不能夠完全把握它，所以成續不太好，有些人則叫苦了，這也是因爲他習慣于用所謂新形式寫作的緣故。大家雖然有點小的爭論，基本上却是一致的。

周而復

利用舊形式使人滿意的，這兒要算文化界救亡協會所領導的民衆劇團的秦腔，「雅俗共賞」，一般工農固然喜歡看，知識份子也喜歡看。今年春天他們到西北幾縣跑了一越，到處受老百姓歡迎。最近回來，不斷地有人要求出演，演時必「滿座」。較成功的一個戲是查路條，反映晉冀察區女自衛軍提漢奸的故事，發表在寄給你的這一本「文藝突擊」上。如果這刊物在半路上不遺失，你可以看到它。

文協最近成立了一個文藝顧問委員會，是聘請在西北的文藝工作者所組織的。它的工作是解答各文藝團體（這兒有許多團體成立了文藝小組，由文協領導）及愛好文藝的人所提出的關于文藝上一般問題，并爲他們看稿子，給意見，有時還得動手改，介紹發表。他們有文藝集會，或是個人需要和人商討時，文顧會也可以派人去，此外文顧會委員每半月對他們做一次報告，已報告過四次：報告的人是蕭三，丁玲，沙丁，何其芳他們。稿子和問題也收到不少，這工作雖然在抗戰中也值得注意的。過去有人說陝北沒有文藝，現在則完全不同了。

周而復　八、四日。

我們還會見到　孫鈿

想傾吐着什麼的靈魂啊
祇是在眼眸中閃現
當你有了十四顆子彈
爲什麼不能分一點給我呢

你用綠色的綢包着手槍
你的有力的手
緊緊握着我的
我們一個個手牽了手
在沒有月光的暗夜
橫渡過小河
河水淹及我們的胸脯

想來
我們還會見到
呵　讚美過石榴花的顏色的我們
會再有在一起喝泥漿水的日子
想來
我們那時可以說些動聽的新的故事
在桑林吹起你的口琴吧
一定的
我要走到小山坡上
來看你們嘻嘻哈哈地排戲

但爲什麼你不把手槍給我打一下呢
你還記得吧
當你拿了手溜彈
我們拿了矛子和槍
躲在塹壕裏——在一座橋的旁邊的
那些夜晚，下雨的夜晚
是多麼興奮啊
我們望着燃上了火的橋
河水變成了金色的流
雨變成了金的線

我是初來的　鍾煊

我不是初來的
海邊有拾貝的少女

我是初來的
我最初看見
從遼闊的海的彼岸
所昇起的無比溫暖的，美麗的黎明
——它純潔的白光
照着少女彎曲而赤裸的身體

我是初來的
我最初看見
生活在海邊的所有的漁民
揹着槍　在海裏捕魚
他們是深愛着這海
而且準備殺戮侵犯這海的敵人
這海　是養育了他們幾代的母親

我是初來的
我最初看見
黎明照在少女的身上
照在漁民的身上

一九三九。

魯迅及其雜文

孟克

思想的雛型
——在南京求學的魯迅

歐陽凡海

不消說，我們相信豫才到南京是能找到別樣的人們的。偏僻的地方，受時代潮流的激蕩，當然，比較大的都市爲遲，爲微弱。當紹興的舊勢力還盤據着他們底堡壘似乎沒有動搖的時候，南京當不能這樣平靜了吧？豫才所找的別樣的人們雖然並沒有明確的輪廓，但總歸新的人物和舊的人物有不同是無疑的，這便好了，至於這不同的別樣的人豫才能不能中意，那是以後的問題，他去採擇，不用我們當心。而且我們知道，他底生活條件，已經給他們底行將執行的採擇指出一個大致的方向了。

到南京，他將樟壽這名字改爲樹人，字則照。舊考進一個官辦的海軍學校式的江南水師學校。一進儀鳳門，就看得見這學校內的二十丈高的桅杆，和不知多高的煙通。這學校底功課很簡單，除了英文之外，就只有漢文：『君子曰，穎考叔可謂純孝也矣，愛其母，施及莊公。』做起文章來是『知己知彼百戰百勝論』『穎可叔論』『雲從龍風從虎論』『咬得菜根則百事可做論』等等題目。學校內的高桅杆是給學生練習爬的，因爲牠很高，『烏鴉喜鵲』都只能停在牠的半塗的木盤上，人如果爬到頂，便可近看獅子山，遠眺莫愁湖，……而且不危險，下面張着網，即使跌下來，也不過如一條小魚落在網子裏』；事實上是自從張網以來，還不曾聽說有人跌下來過。

甲午中國戰敗于日本之後，維新思潮很漲，有些自以爲覺悟了的讀書人，便是年齡到了三四十歲，也看「學算筆談」，看「化學鑑原」「還要學英文，學日文，硬着舌頭，怪聲怪氣的朗誦着，對人毫無愧色。那目的是要看洋書，看洋書的緣故是要給中國圖「富强」。」這種舉動，並不受官廳禁止，恐怕到處都遇得見，即使紹興沒有，踏出紹興，恐怕就不難接觸到這種現象。以少年的熱血，感到帝國主義壓迫的豫才當然也願意力求富强之道，因此水師學校雖然免費，不過那樣簡單的功課，顯然不能滿足他底要求，而且據他自己說，那學校有些烏煙瘴氣。所以到了第二年，他便另外去考入一個礦路學堂。那正値戊戌政變之後，代表市民意識的改良思想的康梁新黨旣遭了嚴重的失敗，在豫才週圍的世界便展開了激烈的反動與更尖銳的民衆運動的糾葛。西太后臨朝訓政以後，光緒所頒示的所有改革條律一筆勾消，報館也遭禁止，官報局，農工商局也被廢除，各項考試仍舊恢復到八股文試帖經文策問，集會結社自然禁止，各省書院也停止改設學校。參與維新的人，殺的被殺，戍的被戍，禁的被禁，所有與維新有關係的官僚全被革黜，一方面西太后佈置親信如剛毅，榮祿，啟秀等實攬軍權，于是就進一步力謀廢立光緒。但這一切反動的措施，不但不足以阻止改革運動的前進，反而逼着革新運動得到洗煉的機會。康有爲被逼海外，針對着西太后底廢立陰謀，倡保皇會，在橫濱，檀香山各地和興中會大起暗鬪，而延及于會黨。中國民族獨立運動的各種下層勢力，這時積極躍進，漸漸由于興中會的活動，帶上醒目的政治意識。這時的興中會正謀與三合會，哥老會等聯合，政治的革命活動，在與保皇派的糾牽中，漸從兩廣而發展到長江流域，在北方的民衆也因與帝國主義的接觸，生長了原始的民族獨立意識，埋下了拳亂的地雷，同時西太始所主持的反動政權對這些民族獨立運動的發展旣然無從阻止，就是她自己底反動統治也脆弱得很。滿末各省的督撫本來早已各自爲政，太后訓政之後，外重內輕之勢更甚，太后努力的結果，只抓得住直督與北洋軍事權，對南方各省就鞭長莫及，她廢立之謀所以不敢馬上實行，這也是原因之一。當軍機處密電當時統治着豫才他們的兩江總督劉坤一，來探詢廢立意旨的時候，他底「君臣之義宜定，中外之口宜防」十二個字頓挫了廢立計劃，就是一個好例。所以報紙雖在嚴重摧殘之下，南方仍然繼續發行，在外人扶助下的廣學會編論的許多科學及文學新書也徧佈南方各省，推動中國市民意識的進展，南京也公開流行此類書籍。豫才進礦路學校後第二年，礦路學校來了一個總辦，是新黨，「他坐在馬車上的時候大抵看着時務報」。在礦路學校裏看新書的風氣便流行起來，豫才也知道了中國有一部書叫作「天演論」。星期日就跑到城南去買了來，他從此知道世界上有一個赫胥黎，還有蘇格拉第，柏拉圖，斯多噶，還有所謂「物競」「天擇」。學堂裏又設有一個閱報處，時務報是看得見的，還有論學彙編也爲豫才所歡喜。他開始讀許多翻論的科學書和文學書。豫才在這維新圖强的潮流之下，得到他底新天地了。

正是一個食慾盛旺的人，得到這些美味的饌餚，過去那些吃膩了的東西便難引起他底注意。他本是一個聰明的孩子，對功課，不用溫習，到月考或大考，總是名列第一的回數多，所以他有充分的時間來閱讀新小說書，及當時新黨們底議論。

交際這件事，他是不太喜歡的，讀書之後他底娛樂就是騎馬，他常常和同學們騎着馬到旗人四近去示威，呼叫，有時甚至和旗人衝突。原來那時候的學生不比後來一樣，不是被目爲不軌便是不放在眼裏；他們穿着制服，好是兵警一般，人民也不加辨識，兵警也以他們走同道爲光榮，所以他們就是幾個人也得以騎馬去向旗人示威一趟，不會失蹤或帶來了滿身紫傷。路遇不平的事情，他們還能挺身而出，打包不平。所以那時候的學生，比起現在的學生幸福多了，倒並沒有鬧什麼亂子。

他間或也作點隨筆或詩文，今錄存於他弟弟舊日記中的二三條，以見他當時的心情及所注意的事物。他底富于感情的個性亦有流露：

「行人於斜日將墮之時，暝色逼人，四顧滿目皆非故鄉之人，細聆滿耳皆異鄉之語，一念及家鄉萬里，老親弱弟必時時相語，謂今當至某處矣，此時眞覺柔腸欲斷，涕不可仰。故予有句云，日暮客愁集，烟深人語喧，皆所身歷，非託諸空言也。」

「夷人呀茶爲梯，閩語也。閩人始販茶至夷，故夷人效其語也。」

「里低母斯，苔類也，取其汁爲水，可染藍色紙，遇酸水則變爲紅，遇鹼水又復爲藍，其色變換不定，西人每以試驗化學。」

這所做的，是摘記科學知識，記敘自己感情，可見他當時研究科學興味的濃厚，同時也可見他性情的偏於文學，所以他讀科學書，也讀許多小說。不過這時他所受的文學的影響還不能明顯看得出來。，他自己也不過自覺，惟有科學給他許多新鮮知識，使他對外界事物得到許多合理的認識，在思想上也自覺地得到了新的依據，這就如他自己所說的：「我還記得先前的醫生的議論和方藥，和現在所知道的比較起來，便漸漸的懂得中醫不過是一種有意的或無意的騙子！同時又很起了對於被騙的病人和他的家族的同情！」他還讀翻譯的歷史書，一刻不忘國事，所以「從譯出的歷史上，又知道了日本維新是大半發端於西方醫學的事實」。這大約是一本誇大醫學功用的歷史書，把日本維新歸原於醫學，在今天的我們看來當然是一種偏見，可這卻是使豫才日後的學籍列入醫學，就不能不說這一種學說對他有重大的影響。但他這樣堅決地相信這一說不是偶然的，一個人學了合理的知識而單只知其為合理，往往不免取旁觀的態度，當合理的與不合理的發生鬥爭時，信仰也有動搖的可能；反之，深知不合理的弊害，則知道了合理的存在，便有比較，黑白分明，觀念分外清析，信仰自然不容易動搖。而況且豫才身受不合理的弊害，所以他一旦認識明白了這不合理，便立刻成為這不合理的死對頭，成為合理這一方面的勇士了。因此，這合理的一方面雖將其效用多少誇張，他也不覺其誇張。後日的魯迅之所以成為舊社會底死對頭，成為不屈不撓的科學底擁護者，眞理的戰士，在此便已立下了顛撲不滅的根基了。

他在礦路學校裏是被分在機關科，功課有德文，地質學和礦物學，「漢文仍舊是頴考叔可謂純孝也矣，但外加小學集註，論文題目也小有不同，譬如工欲善其事必先利其器論，是先前沒有做過的。」還都表現這個學校比前一個好些，能夠使他讀得下去。只是他討厭猪鐵軌橫斷面的圖，尤其討厭那平行線，在這點上，可見他雖然很有成為一個科學家的可能，卻還不能忍耐科學家所逃避不了的一定的枯燥無味的工作，隨之在文學的這一面，也就可能加上重量。生理學這門功課，他學校裏是沒有的，但這並不能阻止他去追求人為什麼生病，要怎麼才能醫好這等問題。那時已經有木板的「全體新論」和「化學衛生論」之類的生理衛生書了，這些書，正可以解答他底問題，所以在南京讀了書之後，他底腦子，可以說裝滿了新的思想，無論在政治見解上，在一般的知識上；而且科學與維新是兩個分不開的問題，所以科學聖徒卽他，便不能不是堅決的維新主義者。他回到家裏，他家鄉的長老，看他不對了，便對他說：「康有為是想篡位的，所以他的名叫有為，有者，富有天下，為者，貴為天子也。非圖謀不軌而何？」有的就從報紙上剪下許應騤參康有為變法的奏章給豫才看，說：「你這孩子有點不對了，拿這篇文章去看去，抄下來去看去」

「孩子」，當幼小無知的時候，父老之輩摸着他的頭是眞的慈顏滿面的，可是到這樣的時候，就大抵難勉聲色俱厲了，再假使你再長大起來，到了能夠和他們底一毛一髮發生衝突的時候，則砍孩子底頭的」也正是摸過孩子底頭的他們並且談笑起來，還很自如地露出殘缺不全的牙齒吧？瞬刻以前的中國，這種事不是司空見慣麼？

可是豫才沒有必要去管這些老頭子。窮酸的他，卻並不覺得自己有什麼不對，「一有閒空，就照例地喫侉餅，花生米，辣椒，看天演論」。

到他畢業的時候，正是八國聯軍攻陷北京，締結辛丑條約的這一年。他在這短短三年的讀書期中，中國正像在急流之下，社會發生激烈的變動，民族獨立運動急轉直下，保皇會雖作最後的掙扎，梁啟超的態度卻已根本動搖，他底清議報，僅不過口頭上有「我皇上」「我聖主」而已，實則排滿，革命，破壞，暗殺，他都認為救時的良藥。興中會在和保皇會扭結中，北方的原始形態的反帝運動也正在發展，這就是義和拳。西太后積極推行反動政策，力謀廢立，先對南方各省的督撫下一番佈置，召劉坤一入京，以鹿傳霖代兩江總督，又以李鴻章任兩廣總督，準備鎮壓海外保皇會在廣東出事故，就再也不管反對的電報電片樣飛來，單只恐怕外人不同意了，乃使人諷令外國公使入賀，廢光緒立溥儁，但外國公使置之不理，使西太后不敢舉事。她便憤不堪言，就有利用義和拳報復外人的舉動，恰恰義和拳的的反帝運動非常原始，沒有正確政治綱領，以「扶清滅洋」相號召，就受了利用。結果是招致了八國聯軍。滿清政府底威信至此掃地無餘，辛丑之後暫時被反動鎮壓着的維新勢力又大抬頭，西太后大有羞愧不能掩遮的樣子，就下諭不死不活的變法。科舉程式算是改變了，還有派官出洋考察，派留學生出洋留學的老調，也再由滿清官民使勁提倡，這就是民國以來，軍閥起起倒倒，假做改革以騙人民的張本。豫才恰在這時候畢業於礦路學堂，兩江南督練公所在畢業生中派了五名到日本去，豫才就是其中之一。這裏面有一位因為祖父要他陪伴在身邊，或者死的時候不致沒有人送終，哭得死去活來，不能去，後來是只剩了豫才他們四個人去了。中國人的孩子，倘不能辭掉高堂上的這類慈愛，要想發展就很難。葬送在這類慈愛之下的中國孩子不知有多少人？

魯迅先生與一八藝社

力揚

在中國，首先提倡新興藝術的是一八藝社，首先主張藝術從沙龍走向街頭，從侍奉高官貴人的幫閒藝術家的手裏奪下這武器來替大衆服務的，是一八藝社。

一八藝社成立於民國十八年的西湖藝術院，故以「一八」命名。起初只是幾十個勤奮的同學的觀摩與習作的團體。但不久，由於客觀政治的影響和當時「民族文學」與「新興文藝」兩個思潮的對立，社內的份子。也起了分化：忠於校方的「指導」的社員們遂退出「一八藝社」另立門戶，而在社名上冠上「西湖」二字，叫做「西湖一八藝社」；前進的一羣不僅支持了「一八藝社」而且有了發展，吸收了許多新的社員，工作也更積極起來。但當時的工作，也僅僅限於向勞苦階層吸取題材，請洋車夫或賣燒餅的老頭子來做模特兒，學習木刻等等，同時也舉行政治和藝術理論等座談會。理論上的依據是魯迅先生翻譯的盧那卡爾斯基的「藝術論」與「文藝與批判」等書，技術上的借鏡是魯迅先生編印的「藝苑朝花叢刊」及「士敏士之圖」，等等。

一九三一年春夏之間，一八藝社將習作的作品在上海舉行展覽，並在上海成立分社，由耶林，江烽等負責。魯迅先生給展覽特刊寫了一篇小引，其中有這樣的話：

「……然而時代是不息地進行，現在新的，年青的，沒有名的作家的作品站在這里了，以清醒的意識和堅強的努力，在榛莽中露出了日見生長的健壯的新芽。

自然，這，是很幼小的。但是，惟其幼小，所以希望正在這一面。…………」

特刊印出，被院方看到後，院長林風眠先生召集我們幾個負責人——有胡一川，夏明，劉夢瑩在內——去談話。他要我們把魯迅先生的小引撕去後再發散，並且說：

「我和魯迅先生是好朋友，對他也很佩服的，但是……」他底聲音有些顫抖了。

我們以刊物已經發出，無法撕去爲辭，他也就只好作罷了。但院方對我們的仇視，却從此加深。

同年八月間，上海分社的同志，成立一個木刻研究班，由魯迅先生的介紹，請日人內山嘉吉君講授木刻方法，先生親任翻譯。

這年秋間，「九一八」事變發生，一八藝社在校中負起救亡工作的責任，積極主張「抗日救國」，組織抗日救國會，實施學生軍事訓練等。全校同學的抗日情緒極爲高漲，全體女同學都參加了軍訓。但就因此遭了校方的壓迫，一天早晨，林風眠突然召集一個全校大會，瘋狂地聲淚俱下地向全體學生哭訴其不能「抗日救國」的苦衷，誣蔑主張「抗日救國」者爲有反叛的政治的陰謀，當場宣佈開除一八藝社也卽是抗日救國會的負責人的學籍，剋日離校。當日下午即請當地政府派一連武裝軍隊巡視在學校四週，用以鎮壓學生的反抗情緒。

第二天校方宣佈解散一八藝社，並向其餘的負責人嚴重的警告。

一八藝社雖被解散，但在校中的同志，仍以「木刻研究會」及「世界語研究會」等組織而工作而學習。然而研究木刻與世界語也遭了禁忌。曹白，力羣和其他許多同學都先後被捕入獄。此是後事。

「一二八」事變後，上海的分社也改以「春地美術研究所」的名義繼續工作，同時，招收研究生，教授繪畫和世界語。

這年初夏，「春地」在上海八仙橋青年會舉行展覽會。魯迅先生也來參觀，他在實賞了那些並不算貧乏的收穫後，很難以爲情似地用微微顫抖的手拿出拾元的紙幣，放在我們的募捐簿上，但並沒有簽名。

秋間，「春地」在「藝術大師」們的告密中被摧毀了，同時被捕者達十三人之多。

我所知道的一八藝社的經歷止於此，它和魯迅先生的關係也止於此。

現在，雖然一八藝社已不存在，社員也泰半死於非命或離散，但它確是中國最初的戰鬥的藝術團體，在北伐後至「七七」抗戰爆發的時期中負起了推動和領導新興藝術的責任，而它的誕生與長成都得到魯迅先生的扶掖與愛護，幾位至今還活着的社友，仍能繼續先生的和團體的意志，站在民族解放烽火的前面英勇地鬬爭。當先生逝世三週年的今日，寫下這些史實，也不至毫無意義的罷。

「他舉起了投槍」 盧鴻基木刻

——紀念像設計

木刻工作者的紀念

力羣

一

魯迅先生深深地愛護着中國新興的木刻，他苦心地給它以哺育，給它以指導，給它以保衛，使他能在冰霜中壯大起來，有如母親之愛護她自己的孩子。這不僅因爲它是他自已所提倡的，尤其因爲它是以戰鬥的姿態出現，關切着大衆底命運，爲大衆的藝術的緣故。

因此，一提到中國的新興的木刻，就和魯迅先生的名字分不開，正如提到中國的新興文學不能和魯迅先生的名字分開一樣。

而事實上，今日中國的木刻也並沒有辜負了魯迅先生的苦心，它不但繼續在擴大成長，繼續爲大衆所支持，而且已成爲一標有力的軍馬參加着祖國的解放鬥爭，帶着火藥的氣息，染着中國人民底寃血，照出中國戰士底英姿，『跨出世界上去』了。我相信就大體上說，是可以給作爲新興木刻的母親的魯迅先生以安慰的。

然而，當着魯迅先生逝世三週年紀念的今天，我們全體的木刻工作者是需要認眞地來檢閱我們的工作的。爲了使魯迅先生所種植的遺留給我們大家的這塊園地更其燦爛，我們必須首先指出我們自己的缺點，與一切努力的不够的地方來，作爲今後需要大家一起克服，一起努力的方向。

二

我們的導師死去已整整三年了，這三年來，我們全靠着自已的還算軟弱的脚步行進着。在今天的炮火中，一面是抗戰給木刻開闢了的廣闊的道新路，一面是木刻藝術幫助着抗戰的進展。但是，我們的努力還是異常不够的。除了我們的內部團結並不堅固，木刻運動還不深入外，今天籠罩在所謂青年木刻家的作品上的，還有普遍的粗製濫造的惡劣傾向。這就證明着我們並沒有很好地執行了而且完成了魯迅先生所指示給我們的任務。

先生不但在給私人的信中一再指出，我們的製作不認眞，不嚴肅；而且臨死之前，在蘇聯版畫集的序言中還提到克拉甫兼珂時也說：『我們的繪畫，從宋以來就盛行「寫意」，兩點是眼，不知是長是圓，一畫是鳥，不知是鷹是燕，競尚高簡，變成空虛，這弊病還常見於現在的青年木刻家的作品里，克拉甫兼珂的新作「尼泊爾建造」，是驚起這種懶惰的空想的警鐘。』

作為中國的努力於創作的青年木刻家，是普遍地犯着先天的素描修養不足的，這正如先生在「全國木刻聯合展覽會專輯」序中所說：「而現在最需要的，也是作者最着力的人物和故事畫，却仍然不免有些遜色，平常的器具和形態，也間有不合實際的。」這就是完全是由於素描修養不足的緣故。

要克服這種先天不足，除了須要我們自己刻苦地經常練習素描，經常走在大衆中畫速寫外，就只有在製作過程上求補救了。然而，一般的所謂青年木刻家，還是害着急性病的，他們在幾點鐘內打好底稿，不假思索，然後拿起刀來就那麼下一揮而就了，宛如天才的國畫家用毛筆大揮了幾株蘭草。甚於這種態度所描成的，是人物的畸形八怪，畫面的亂七八糟，一言以蔽之，粗製濫造而已，我覺得這只有素描修養很好，而且又是「天才」的木刻家才可以如此做的，如果自己的素描修養既不好而又不是「天才」，那就最好還是做點死功夫的比較好：當打底稿時盡量的修改，盡量的找實物對照，一幅木刻花上兩三天或四五天的功夫，一直改到再沒法修改，自己認為完全滿意為止。之後，刻的時候也再集精會神地刻個兩三日，我想這樣的努力才會有飛快的進步。

克服這種惡劣傾向，除了須要全體木刻工作者努力外，是首先須要先進的木刻家做模範的，如果起領導作用的木刻家也不嚴肅起來，那就只有影響得整個木刻界更其糟糕。

三

為了配合抗戰新階段的要求，在藝術上又重新提出舊形式的採用問題了。在戲劇上的口號是「話劇中國化」，「舊劇現代化」，以期殊途同歸，自然在美術上也已有人在討論在研究，但是也有一部份人要弄得徬徨失措的。其實所謂採用舊形式或使外來形式中國化，都無非是想要探求新形式，想要創造新時代的民族藝術形式的。

關於木刻的前途問題，魯迅先生在「木刻紀程」小引里的最後說：「採用外國的良規，加以發揮，使我們的作品更加豐滿是一條路；擇取中國的遺產，融合新機，使將來的作品別開生面也是一條路。」所謂「擇取中國的遺產」，就是和採用舊形式分不開的，但是我們怎樣具體的來採用呢？生在「論「舊形式的採用」」一文里說：

「我們有藝術史，而且生在中國。即必須翻開中國的藝術史來。採取什麼呢？我想，唐以前的眞迹，我們無從目覩了，但還能知道大抵以故事為題材。這是可以取法的；在唐，可取佛畫的燦爛，線畫的空實和明快。宋的院畫，萎靡柔媚之處當捨，周密不苟之處是可取的，米點山水，則毫無用處。後來的寫意畫（文人畫）有無用處，我此刻不敢確說，恐怕也許還有可用之點的罷。這些採取，並非斷片的古董的雜陳，必須溶化于新作品中，那是不必贅說的事，恰如吃用牛羊，棄去蹄毛，留其精粹，以滋養及發達新的生體，決不因此就會「類乎」牛羊的。

「只是上文所舉的，亦即我們現在所能看見的，都是消費的藝術。牠一向獨得有力者的寵愛，所以還有許多存留。但既有消費者，必有生產者，所以一面有消費者的藝術，一面也有生產者的藝術，古代的東西，因為無人保護，除小說的插畫以外，我們幾乎什麼也看不見了。至於現在，却還有市上新年的花紙，和猛克先生所指出的連環圖畫。這些雖未必是眞立的生產者的藝術，但和高等有閑者的藝術對立，是無疑的。但雖然如此，牠還是大受着消費者藝術的影響。例如在文學上，則民歌大抵脫不開七言的範圍，在圖畫上，則題材多是士大夫的餘事，然而已經加以提鍊，成為明快，簡捷的東西了。這也就是蛻變，一向別謂之「俗」。注意于大衆的藝術家，來注意于這些東西，大約也未必錯，至于仍要加以提鍊，那也是無須贅說的。」

在該文的末了又說：「為了大衆，力求易懂，也正是前進的藝術家的正確的努力。舊形式是採取，必有所刪除，既有刪除，必有所增益，這結果是新形式的出現，也就是變革。」

我深信魯迅先生在生前給我們所開就的這些道路，在現在是大可以讓我們放開脚步跨上的。

當着魯迅先生逝世三週年紀念的今天，我們除了需要重新提出魯迅先生要我們克服的缺點，以及我們今後應當努力的方向外，我們還得請求一切同情木刻及關心文藝木刻的先生們給我們多多的介紹外國的作品，因為自魯迅先生死後，我們的木刻界已經有營養不足的面相了。這是大大地影響着它的成長的。

我相信只有把開在木刻園地里的更其燦爛的花朵擺在魯迅先生的墓前，才是紀念先生的最好的方法。

一九三九，八，廿七于陝北宜山川中

斷章

胡風

然精神界之偉人，非遂即人羣之驕子，轗軻流落，終以夭亡。……

——魯迅

去年多，我到得重慶之後，L君告訴我：魯迅逝世二週年的時候，北方的××也開過紀念會，被他在死前痛駡過的×××大演其說，倒是所謂魯迅底親信門徒們，反而毫無動靜……。言下大有不勝慨嘆之意。

我聽了默然，也大有不勝慨嘆之意。

但我並不是想替「魯迅底親信門徒們」慚愧，因爲，這說法原是對於先生在晚年比較接近的戰友們的嘲諷，且是在先生死前的一些戰鬥里面有了淵源；而他們在今天，或則韌戰，或則飄零，甚至或則退伍，正在經驗着這個偉大的歷史時韌底試煉，正像其他的在戰鬥里的人們一樣。

我以爲，先生三十年間所開拓的，正是今天的眞實的戰鬥者們底道路，有那些堅貞的戰鬥在，就不能說紀念先生者無人，但想到戰鬥的路還如此艱難，或則阻塞，或則褪變，就不能不有「轗軻流落」之感了。

回想逝世當時的哀悼底洪潮，是會使許多人驚倒了的，甚至使得有人想把先生底名字搶作商標。

其實，那是由於「先生三十年來的工作所散佈的火種」，和商標主義是顛不相通的。不能够背起先生所背的黯黑的歷史担子，不能够有「革命之愛在大衆」的聖者心懷，不能拿着投槍走入「無物之陣」，你就不能從那哀悼底洪潮里面汲取什麼東西。果然，雖然當時幾乎演成了像先生自已所嘲笑過的，在死尸前面打架的喜劇，但曾幾何時，也就各自走散，拉倒了。

但當然不能說紀念先生者無人。「石在，火種是不會滅的」，火種在，就會放光吐焰。在今天的光榮的民族戰爭里面，那些堅貞的戰鬥者們，直接間接受過先生底精神的哺養的，當不能用限定的千數　數去計算，而能够忠誠地服務戰爭的文藝工作，那主脈不是和先生底生命息息相通麼？

所以，眞實的紀念方法之一，是流佈先生自已底著作，因爲那是能够生火種的石，是能够放光吐焰的火種。

幸而有夫人景宋女士和一些友人底可尊敬的努力，全集出版了。

但不幸的是內地很少看到。我常常碰到知人們底熱心的問詢，每次都要感到微微的傷痛。好像要特別證明傷害了先生的大力的「出版家」能够有鞭尸的力量一樣，全集到內地來的權利被活活地剝奪了，似乎「魯迅全集」和「抗戰文化」毫無關係。

然而，「我以我血薦軒轅」，這句在先生將要開始從事文學的青年時代的誓言，到晚年就成了「我好像一隻牛，吃的是草，擠出的是牛奶，血」的結語。正是爲了祖國，他獻出了他底一生。

「故無流血于衆之目前者，其羣禍矣；雖有而衆不之視、或且進而殺之，斯其爲羣，乃愈禍而不可救也！」

「進而殺之」，那已經逸去了時機，現在只有努力使「衆不之視」了。

但我却相信東北人民底諺語：「紙里包不住火！」

魯迅底一生是爲了祖國底解放，祖國人民底自由平等而戰鬥了過來的。但他無時無刻不在「解放」這個目標底旁邊同時放着叫做「進步」的目標。在他，沒有爲進步的努力，解放是不能達到的。……

這是我在先生逝世一週年紀念時說的話（「關於魯迅精神的二三基點」），現在再讓我回憶一次罷。

而且，在今天，我們還可以把解釋更推進一點：在先生，解放正是爲了進步，不要進步的人終於會背叛解放。汪精衛及其羣醜證明了後者，但不顧做奴隸的全中國人民底戰鬥一定要使前者成爲創造新中國的眞理。

十月二四日，重慶。

排印前小記

一、這一期本在九月出版的，但依然是因爲印刷底沒有辦法，出版時大概將在十月底了。但我們不願老是脫期，索性改作十月號，從九月底廢墟上跨過，算是「迎頭趕上」的意思。

二、因此，原來準備在下一期的魯迅先生逝世三週年紀念特輯就不能不提前在這一期發表。應該有文章來的不及寫來，應該去約請的還沒有約請，所以我們底紀念只能是一個寒傖的儀式。紀念先生的有中國人民底血的戰鬬，如果這寒傖的儀式能成爲那里面的一份，我們也就可以感到安慰了。

三、到今年九月，「七月」已經有了兩年的生命。這中間有無數的艱辛，有無數的侮辱，有十一個月的冬眠日子……，對於作者，對於讀者，我們願意而且也應該有所紀念的。然而，既無法騰出篇幅，現在也還不是率直地說話的時候，還是不要說什麼的爲好罷。但我却不能忘記曹白去年爲「七月」一週年寄來的文章，至少得讓我摘出下面一段：

……「七月」他在反抗外來的暴力之外，倒是「不由的」揭出自家的黑暗和汚穢來。那目的，想把這些黑暗和汚穢無情地推入這戰爭的烽火中，與大衆的鮮紅的血肉同受洗禮。本意是完全站在建設的這一面，並沒有想到半點的破壞的。然而我眞担心「七月」會受到這破壞的惡名，因而會莫明其妙地夭折了。

這種莫明其妙的夭折，在中國是常有的事：無論是「先前」或「現在」。

所以遇到「七月」上赤膊上陣的文章，我就非常地担心，還有在「七月」上登載歌頌「七月」的文章，我也非常地担心，因爲這會遭惹是非，七嘴八舌，天下從此多事，非使「七月」碰壁而死不可的。……

雖然是一年以前的話，現在也還是如此，不過這只是實際情形底一面，使「七月」遭遇了，而且將要繼續遭遇種種的阻礙和艱辛的，却是這以外的更困難的處境。這處境一天不能脫出——實際上也不能脫出，「七月」底存在就多少要帶着僥倖的成份。但想到在大敵壓境之下，個人生命底存續都不免如此，那我們還是不妨暫時寄付希望的。

胡　風（十月十三日）

這一期

彭燕郊——據來信，先是在新四軍服務團，後來轉到同軍的敵軍工作部，最近因爲肺病進醫院休養了。自已說一年來「發了狂樣的」寫了近二百首詩，但被發表出來這似乎是第一次。

周而復——是上海的「文學叢報」底同人之一，戰爭發生後的什麼時候到西北去了，現在還在那里。

甘棠——某大學底工科學生，曾在七月上發表過「古棧道上」，還用另外的筆名發表過兩篇報告。

S M——還因爲牙痛留在後方，正在趕寫一個長篇。

川麟——「東南戰線」底編者，現在正在發動「東南戰線」被停刊後的新的文化工作。

劉念渠——戲劇工作者，現在似乎在四川省立戲劇學校。

張元松——某大學底新聞系學生，曾在「七月」上發表過譯作「藝術與行動——論列寧」和「反法西主義鬬爭中的文學」。

賈植芳——最近又由後方回到山西戰地一次，路上遭了搶刧，幾乎餓死。

紺弩——去年即參加了新四軍，月前本預備回到後方，但最近又到前線去了。

林果——似乎是新四軍底女政治工作之一。

鍾瑄——情形不明。

孫鈿——抗戰以來的最被注目的詩人之一，去年秋因病從安徽敵後游擊隊偕回到了武漢，今年春又從重慶奔赴到廣東戰地去了。

王朝聞——情形不明，只曉得是一個青年美術家。

曹白——最近因病回××一次，但不幾天又向××一帶的敵後游擊區域上而奔走了。

李可染——美術家，在政治部第三廳。

魏孟克——因病，在北碚附近休養。

盧鴻基——見第二期所介紹。

歐陽凡海——在廣西某校任教，最近在「救亡日報」上編一個載批評文的副刊。

力揚——美術家，詩人，在政治部第三廳。

力羣——去年參加演劇隊到了西北，就一直在那一帶的土地上工作，現在担任着「民族革命藝術院」底美術系主任。

華中圖書公司

統辦全國雜誌書報
代售代辦代理發行

一般讀物

刊名	另售	半年
半月文摘	○、一五	一、八〇
文摘旬刊	○、二〇	—
時與潮	○、二〇	
時代精神	○、三〇	
新政治	○、三〇	一、八〇
時事月報	○、二五	一、五〇
時事類編	○、一〇	—
中央周刊	○、〇五	一、一〇
全民抗戰	○、〇五	一、五〇
現代讀物	○、二〇	一、一〇
理論與現實	○、七〇	—

畫報、畫刊

刊名	另售	半年
▲良友畫報	一、二〇	—
▲中華畫報	一、〇〇	—
▲展望畫報	一、〇〇	—
抗戰畫刊	○、一〇	
▲大地畫報	一、二〇	—
▲青青電影	○、四〇	—

刊名	另售	半年
▲青年知識	○、五〇	—

國際、外交

刊名	另售	半年
中蘇文化	○、二五	一、四五
外交研究	○、四〇	一、一〇
外交季刊	○、五〇	一、〇〇
世界知識	○、一二	、四〇

戲劇、文藝、小品文

刊名	另售	半年
十月	○、二八	一、六〇
戲劇崗位	○、二〇	一、二〇
抗戰文藝	○、一〇	—
▲大風	○、二〇	—
▲宇宙風	○、二八	—
▲西風副刊	○、四五	—
抗到底	○、一〇	一、一〇
文藝陣地	○、一二	一、四〇
▲十日戲劇	○、二〇	—

教育、青年

刊名	另售	半年
中國青年	○、二〇	
教與學	○、一五	○、九〇
讀書月刊	○、二〇	○、二〇
戰時教育	○、	
教育通訊	○、〇五	一、〇〇

商業、經濟

刊名	另售	半年
新經濟	○、一〇	一、二〇
資用半月刊	○、一〇	
▲日用經濟	○、一五	
▲職業與修養	○、二〇	—

英文

刊名	另售	半年
英文文摘	○、五〇	—
▲英文自修大學	○、三五	—
▲密勒氏評論	○、四四	（航○、七八
▲中國評論週報	○、二二	

軍事

刊名	另售	半年
軍事什誌	○、三〇	
中國的空軍	○、一〇	—

凡係在滬港出版者（有▲符號）

中華郵政登記認為第一種新聞紙類
內政部登記證警字六五〇八號
[illegible]

七月

第四集

4

華中圖書公司發行

·目　錄·

七月
第四集第四期
（總第二十二期）
廿八年十二月出版
重慶武庫街
編輯發行　七月社
華中圖書公司
編輯人　胡　風
發行所：華中圖書公司
印刷所：（重慶武庫街）商務日報
夏溪口印刷工廠

每月出版一次

本埠每冊零售二角八分

訂價	國內	香港澳門	國外南洋
四個月	九角	一元二角	一元八角
八個月	一元七角	二元三角	三元五角

郵票代價，十足收用。五人以上聯合定閱，九折計算。

詩集：

延河散歌

魯藜

星

星
各種各樣的星
分佈在延河上

沒有星的夜是沉黑的
然而，星將會出來
星在永遠引導我們前進

星不是落了
星不是謝了
星在引導我們向黎明

黎明時
有的星老了
披着白髮死去

而年青的星升出來
天空永恆地飄走着星
飄流着星的榮耀……

神話

還兒千年前
有一個道人
逢着飢荒的年代
住在清涼山頂
有一天，一隻鷹飛來
在天空哭叫
那道人就割自己的膀肉
施捨給它
所以這兒的地名
就叫做膀施

山

在夜里
山開花了，燦爛地

如果不是山的顏色比夜濃
我們不會相信那是窰洞的燈火
而以爲是天上的星星

如果不是那
　大理石般的延河一條線
我們會覺得是剛剛航海歸來
看到海岸，夜的城鎮底光芒

我是一個從人生的黑海里來的
來到這里，我看見了燈塔

延河

西北山里的泉水
一滴一滴流在延河

青年勇士到河邊
喝延水
也喝飽戰馬
就匆匆離開延河去

延河從早到夜奔波
奔波到那里
奔波到黃河

城

城老了

可是，春天綠草和他戀愛
它年青了
也不怕羞，在胸前掛着白合花
黃野菊，喝酒花

喝酒花有一天問他
「你醉了嗎
你沒有經過這樣的快樂」
「我沒有醉
我比過去要清醒
我打回舊時路
轉上新的路
我比從前要有力量」

野花

野花生長在荊棘里
好像理想活躍在監獄
在河邊，我們走
崖上野花向我們點頭
彎着野花
我們不再怕艱難的道路
野花要結實
我們的理想就要開花

麗玲

麗玲

她的爸爸在歐羅巴
她十四歲了
她五歲就別了爸爸
今年她到了延河上
未過着爸爸
爸爸還沒有回來
「爲甚麼還不回來」
我問她
她說：「爸爸一九三〇年出國
一九三三年來信說
只要能够工作
歐羅巴也是我們的家
所以，他不回來了」
「那麼
延安是你的家」
「不」，她睜大眼睛
「地球才是我的家」

夜會

笑
夜會洋溢着笑
無盡的笑連接着笑的波瀾
瞅着同志們的臉吧
有的笑像苦痛的嘴巴
有的笑像傻瓜的勇敢
有的笑像老太婆的悲哀
我笑
我笑出滿臉的淚
淚呀，這是民主自由
給我的心臟的一滴溫暖

組織部

他還才三十歲
他的頭髮斑白了
白髮中顯着紅纓的顏色
發着火亮
這一天
他倒在我的身邊
像一個小孩那樣嗚咽起來
他坐了五年牢
過了二年的漂泊
這七年他老了
但，他還帶着寬心
回到家——延安
這一天

是他開始恢復了關系
心是關不住他眼淚的閘門呀
我搖他的手：「我祝賀你
你重新有了生命的年齡
你應該快樂」
他低下頭走去

給我最後的話是
「我還須到組織部去
要分配工作」
……

歌

這是我生活在延河邊
在健康的空氣里
傾吐出的心聲
這不像是歌吧
但它是人類的一種樸質的言語

一九三九，八，二五在膚施

死者的血漬

蕭軍

一個朋友最近死了。他是死在自己的職務上的，一個空軍少尉。他的一些遺物留在我這里，起始沒什麼，從昨夜，我竟感到了不安。正是他死後的第三天。

他的幾雙鞋子是擺在我的床下，在我俯身取自己的鞋子的時候，似乎看到了他的一雙雙的脚；一件白色的雨衣和雨帽是掛在門壁上，驀然從外面走進來，却又像死者的人身在那里懸吊着；我的書堆旁邊就是他的書物和信件；牆邊一隻櫈子上，正堆着一件黑皮毛的飛行衣……。

夜太深了，我走在院子里，意想到了「鬼」！停止下來，向各個黑暗角落里瞧瞧，似乎那里眞有若干的各種各樣的鬼露着牙齒或不露牙齒在蹲踞着，像是時時有跳出來和我打架的可能。於是我挺了挺胸，深深呼吸了幾口，覺得這傳統的觀念是很厲害的。不過，又一想到如果眞有鬼也不壞，死了的朋友可以來談談天了：談談他的戰鬥經過，談談他死後的感想………至少總比一個人在這院子里孤獨地行走要好些。眞的鬼，我想決不可怕，有點可怕的倒是青天白日之下以鬼的行動，面貌，心思………而出現的「人」，大搖大擺的「人」。

因為感情不安，就不再想工作，並且也過了應睡眠的時候，準備洗洗脚臉睡下，同時也把門壁上那雨衣取下來放在一邊。在洗臉的時候，意念有點平靜了，也想到了第二天的工作……。但是死者的遺物又抓在自己的手里了—那是一塊紅色的璜子。

死者頭上沁着的血漬，是和這璜子的顏色相同的……………。

為了鎮定自己，臨睡下的時候，枕邊放下了一柄短刀—這當然不是為了我的朋友們的。

一九三九，十一，七晨。

詩集：

從南到北的巡禮

S M

小兵

—爲保安十二團五連二等兵趙雲南作

像闊大的手上的一個小指，
茁壯的行列裏特別顯得矮小：
戴一頂寬大的灰布軍帽，
郎當地蓋住了眉毛。
立正，
頭才比槍口高，
（自然是沒有上刺刀的。）
問起幾歲，
回答個羞澀的一臉賽皮與一嘴白牙齒的笑，
伸出隻嫩楓葉樣的小手來，
捲了又捲的袖口還是太長的，
大指與小指好玩地向天一蹺，
「十六了。」
「十六了？……」
即使年齡是眞實的，
體格絕對是沒有成熟。

青色的果實出現在市場上，
反感在我底血裏燃燒，
市儈們是可殺的！
（那些政治的市儈啊！）
農人是可憐的！
「槍不太重麼？」
「不呢……」
「你知道打日本？知道？」
「知道……」
「你不怕飛機麼？還有大砲？」
「……」
我不是恐嚇，
戰鬥那裏是孩子底責任，
現在也正輪不到孩子。
孩子是中國底苗啊，
苗，
暴風雨，這稚弱的乜那裏受得了—
那瘋狂的火山之流的雷與電？
那蠻性的拳頭大的巨雹？……
這那裏是這樣的孩子所受得了的？
他還沒有鍛鍊成戰鬥的胆量呢！

他還背不動槍呢！
這是中國底苗啊，
應該好好地保護啊！
怎麼反交給了日本軍事法西主義瘋狂而貪吃的砲火
？
「你還太小啊，你當兵還早！」
「不，我要當兵，我能打日本的。」
這不是街頭播音機底春風裏的論調麼？
但是，
我終於慚然地慚愧了。
這聲音嚴重地反駁了我，
未成熟的軀體裏怎樣充滿了成熟的戰鬥意識，
我怎樣看輕了中國底孩子啊！
孩子底血是更純潔的，
中國底版圖不需要這更鮮豔的顏色麼？
更紅的，
更肥美的，
中國底土地需要灌溉啊！
（像乾裂的舊稻）
孩子！我祝福你，
祝福你在戰鬥中成長！

一九三八，六，一八。衡山，南嶽市。

哨

一月的夜的延安：

前線帶回來的一身困倦，
從這深深的夜逾越過去
又是新紅太陽的戰鬥的明天，
戰士們需要香甜的休眠。
嘉嶺山上的塔對着踱鐵在廣場上的伙伴
他在他底哨位上！
深沉的夜底十二點到一點，
天上
Orion橫着燦爛的劍，
北極星永恆的光
從太古以前
直到春風的將來
照着人間。

一九三九，二，四。膚施。

題照

給—

面向左，
站在熹微的曙光前，
以微笑迎接萬花撩亂的來日。
以紅血寫詩句，
爲愛而戰，
一手執筆，
一手執槍，
從八月來，
到八月去。

一九三九，八，三。西安。

答蝶之贈

—答給L.R.

蝴蝶所到之處，
就是沙漠，
也激蕩着春風了。
對完整的愛
接受和感謝是一樣完整的。
從毛虫到蝴蝶
從匍匐到翱翔，
生命是不斷的飛躍的進步，
向美麗的色彩和能力
向廣闊的大陸和天空。
千里的遠隔
人有多少想望啊。
我也，想蝴蝶一樣飛呢。
當有鱗翅的時候
就完全踰越了人間的艱難和崎嶇，
而天空和意志是無盡的自由，
謝謝！這鱗翅是你給的。
蝴蝶！
你願意在三月的暮春，
和我們飛到西湖
看滿堤的桃柳麽？—
唯有堅强的意志
永不破碎。
這意志
是以取侵略者底鮮血償給湖上的殘桃底嬌紅，
爲蝴蝶。
唯有愛和美
永不破碎！
通過戰爭的日子，
以地獄投餵三頭的惡狗把它消滅，
不用神力而用人力另造伊甸園，
讓萬花撩亂，
讓蝴蝶紛飛，
熱熱情奔放，
讓生命充滿歡笑，
那時候啊！
我
將是蝴蝶之一，
—也是蝴蝶之一，
如你所寄的。

一九三九，一〇，六。西安，北城上。

晚會

柏　山

我到三里店的第二天上午，吳同志便告訴我：晚上有一個農民的集會，由一位女同志領我去參加。對於會議生活，我實在是太習慣了。因爲習慣，也就不會有什麼新奇的感覺。然而在今天，吳同志的通知，却不知怎麼的，使我感覺異外的沉重。我很興奮的看了他一眼，便雙手抱着膝頭在那屋門口的稻草堆下坐着。面向那深灰的田野，想：是的，我是又回到農村里來了。大約在六年以前吧，也是這樣的一個秋天，我也在這樣一個農村，呼吸着田野的空氣，至於那時候的心境，是不是像此刻一樣，我就記不起了。不過那也是在戰爭的氛圍中生活着。因此，那過去的許多樸素的面影，又在我的腦子里浮動起來。爲了平定這種複雜的感情，我不由自主地盼望那位女同志早一點到來。

然而到來的，却和我所想像的完全兩樣：一個十七八歲的女孩子，滿臉的大麻。她所給予我的印象，自然是很難說。其最使我疑慮的，是她究竟給予一般的農民又是怎樣的一種感覺？我和她在路上走，她隨便談起她的離家，是在一個盛大的宴會的晚上，全家的人都忙着招待客人去了，她就捲了衣服，怕怕地從後門溜出她的家，溜開長沙城，跑到南昌，參加××軍了。她還帶有浪漫風味的「私奔」，很深刻的激起了我對於她的好奇的心理。我於是問她愛看些什麼書，她很自然的回答，說：

「我最愛的，是魯迅。」

「不見得吧？」我否定的微笑。

「爲什麼？」她很嚴正的詰問。

「我想，你是愛郭沫若的……」

她也許是不懂得我說話的意思，她哈哈地笑開去了。我們就在笑聲和談話中，走近那滿掛着紅葉的楓樹下面。那楓樹是獨立的，崇高的。在那樹旁，兩條小狗，好像來迎接我們似的，從那三角形的茅屋里鑽出來，向着我們嗥叫。我們走上前去。那坐在茅屋里紡花的老太婆，一見到我的女同伴，就放下她手上的棉花，捧着一個瓦壺來招待我們，好像招待她們的什麼親戚一樣：在她沒有什麼恐懼；而我們也沒有什麼拘束，很自然的在那小小的屋子里坐下來。由於言語的關係，我們很少談話。靜待着那蒼茫的暮色，漸漸的由樹上爬下來，落在那靜寂的田塍上，一直到門廊下，到我們的脚跟前。於是我深深的體味着農村的靜寂，和那靜寂中的美麗。

但是燈光一亮，情景完全變換了：一張四方的炊黑的桌子周圍，十幾個粗野的臉，很緊張地出現在那一盞小小的油燈前面。那各不相同的嘴，和那各不相同的眼睛，看來，都是生疏的，但他們對着我那誠摯的表情，却使我感到非常的親熱。直到我那對面的一個戴瓜皮毡帽的老頭子發話了，我才恍然意識到自已是來參加他們的會議的。可是他們一提出：加入農會，是不是可以免除兵役這一問題來，我的女同伴，立即起來制止說：

「這問題，不要討論！」

顯然的，她不懂得農民，是沒有遠見這一個缺點。我於是用脚尖踢踢她的脚幹，意思是：叫她不要禁止他們發言。她用遲疑的眼光伺候我，目的是要我來回答這一難題。我向她笑了一笑，之後，用手指在茶碗里沾一點水，在桌上，很不在意地劃了兩個字：責任。她似乎領略我的意思，臉色豁然開朗起來。

「大家沒有意見，」她更正着說，「那就討論這個問題。」

會議就是這樣進行着：有的說祇要新四軍要他們，都願意參加；有的又說，新四軍偏要他們參加川軍，使他們爲難。但最後，兵役這東西，在他們是很懷疑的。然而這疑難的解答，便成了我的女同伴的疑難了。

很奇怪：我一方面耽心她的回答，不能使他們滿意；同時我自已又本能地把頭縮在那油燈後面，避開那些目光注射在我的臉上。然而她此刻，却是很沉着的，一到他們的話聲停止，她又笑起來了。她的笑，却又使那許多的農民沉靜了。

我就在這之中，領悟到生活的嚴肅。

立刻，我的女同伴，就成爲一個小學教師似的了。她把一切的疑難，從他們內心的深處挖出來，一點一滴回答他們。那許多個苦變的臉孔，最初是愁苦，彷彿從他們腰包里挖了他們的心血錢一樣；但她的話愈深入，他們的表情，愈現得輕快；到末了，他們從個人的心上，彷彿移去了一塊大磐石，一齊微笑起來。而我就在那微笑中，從油燈後面抬起頭來。

我的女同伴站起來了。

我們走出那茅屋的門，嚴重的空氣向門外流散了。我彷彿從戰場上取得勝利歸來一樣；輕鬆而又愉快。那時，天已經很黑，霜露透濕了地上的收草，寒靜襲擊着我的心胸。我把兩手往大衣袋里一插，立刻想到我的女同伴身上，還是穿的一身單軍衣。但她却笑嘻嘻地問着我：「你看我像不像一個小孩子？」

她這一天眞的詰問，我無形中受到一種深刻的譏諷似的，沉默了。

我們沿着那彎彎曲曲的漆黑的田塍摸來，我的心分明聽着她的牙齒在發抖，但她那悠揚的歌聲，却在無邊的夜色中，飄蕩。一直走到那水田的缺口，她的脚向路旁一滑，跌倒了。我趕忙拉住她的手，把她攙起來。我感覺她的手，是冰冷的，然而她有一顆熱烈的心。

呵！戰爭！感謝你。毀滅了舊中國的一切，創造了新中國的人。

我默默地沉思着。迎着黑暗，伴送着我的女同伴，向着那前面的燈光，向着那燈光的所在，一直前進……。

一九三八，十一月，皖南。

簡約

一・我們希望能夠得到在創作的態度上和我們共鳴的作家和讀者底合作。不論字數，幾百字到幾千字的短篇，兩三萬字的中篇，都可以，長篇的作品則收進「七月叢書」裏面；也不拘體裁，詩，小說，劇本，雜感，隨筆，評論，翻譯的作品或論文，通訊，報告，特寫，木刻，漫畫……，都需要，來稿寄「重慶武庫街華中圖書公司」轉。

二・特別希望前方的或後方的，在實際工作裏面的作家和讀者把身受的事件即時寫成通訊或報告賜寄，就是幾百字的短篇也好。

三・為了內容底調和，我們保留選擇底自由。文字上也間有斟酌，不願意的請預先聲明。

四・發表的奉寄本期刊物，因本社經濟困難，只能致送聊勝於無的薄酬。

五・發行完全由「重慶武庫街華中圖書公司」辦理，但現在發行困難，希望讀者發動友人聯合訂閱，這比直接來信鼓勵，更有效力。

苦孩子

王元

出了安居壩的西頭街口，走一段約三四丈長的石板古道，就是從村子外面繞過來的凸凹不平的沙塵飛揚的成渝馬路。當我從黃菜花叢的大道裏顯露出來，踏在這舊道新路的交叉口上，馬路口上排着雞公車的橫列。那些車夫，有的是中年以上的男人、有的是十五六歲的小孩子，最多的是中年的青年的婦女。她們用粗啞的聲音向我招呼：

「坐車喲，東禪寺？」

我接連着走了六個日子，身子本來很乏。但我並不想坐車，坐雞公車是要屈膝的。上午，爲要橫斷通過遂寧的馬路，曾經坐了滑竿穿了幾十里的山僻小徑。

於是這些瘦骨嶙嶙的女車夫便給我一陣沒有惡意的嘲笑。她們是善良的勞動婦女，困倦的時候，嘲笑在她們彷彿是一種娛樂。對我，我也疲頓了，所以倒也感到了一點快意。

細風拂過，一片蕩漾着的黃菜花，輕綿綿的，軟茸茸的，給人一些舒適的慰藉。

忽然從後面伸來一隻小手提着我籐包的提手，一個兒童的聲音同時也飄起來了：

「先生，籐包拿我給你提？」

當他粗糙的手觸着我的手時，我奇怪的以爲誰敢在這裏搶我的東西；我把籐包向懷面前一順，急忙轉過頭來一看：是一個苦孩子。

我苦笑了。

「我自己拿。」

他也驚異的笑。我的回答使他失望，他縮回手，落後了幾步。可是他又趕了上來，又伸出手，又向我說：

「喂，拿我給你提？」

我依然苦笑着。這一次，我看見他左手提的幾塊豆腐干。

「我自已提好了。你就提你那個吧！」

他驕傲的搖一下頭，也依然笑。這次是含着誘惑的微笑。

他不理解我是苦笑，反給了他一些鼓勵，他糾纏起我來了。

「給我提吧，我們都是窮人！」

親愛而哀痛的語句呵，我同樣是一個不幸的人。我收斂了笑容，昂頭走了幾步；我要透吐一口沉重的氣。天上浮着靜靜的鉛灰的雲霧。對面一個年青的女車夫推過來一部乘客的雞公車，嘰嘰哼哼的大叫着。沙塵蒙在她臉上，額部掛下的汗流，在她眼皮上，鼻樑上，頰面上繪着一條條的黑水。她常時交換的聳起肩來，把頭縮下去，向左擺一下，向右擺一下，在肩上擦着稠汗的臉。她的臉大概就是這樣子曬紅了的。這是最吃力的時候，所以，單薄的寬大的衣服裏突起的兩個乳峯，和因工作而翹起的臀部，就格外簸蕩的厲害。

「我也沒有錢呀！」

「我給你提到雙柏樹，只要八百錢。」

雙柏樹離安居壩是二十三里，到東禪寺是七里。他的家就在雙柏樹的附近。因爲快要完了，而且今天是舊歷的正月十五日，他要趕快拿豆腐干回去和居孀的媽媽——還有一個寸尚行的弟弟——安頓打發元宵。我不料會這樣的便宜，再也不能吝嗇四個銅子了。

他解下一雙裹腿布，很迅速的把籐包捲起來搭在背上。

他走在前面，一雙腳只管快快的挪動，一兩分鐘之後又跑一下，一兩分鐘之後又跑一下。他告訴過我，他今年才十二歲。他戴着高聳的「狗鑽洞」帽，也剛剛只有我的壁肘高，是一個不肯長的孩子。我看他跑，沙塵在他腳下踊起來，他簡直是在用幼稚的力量和生活拼命。

「喂，慢點走吧。」

「唔？」

他顯然很懷疑我的話，反而更加快了，我匆忙的走也幾乎趕不上。我再招呼他放慢些，并給他解釋，他才稍爲改變了。

「哼，」他早就和我談天了。「揹不起的東西我不得揹……比方昨天，一個娃兒和我一樣高，給一個人揹兩床棉絮。揹三十里講成三角錢……

揹在半路上揹不起了，上坡爬不上去，只是哭………你哭，哼，別人喊你揹東西……該挨罵………後來好，空給別人揹一趟，身子還吃了虧……」他一邊誇，一邊眯着眼看着我笑，驕傲着自己的力量。

他的媽媽四十多歲了，她一天在家中編三雙草鞋，一雙賣六百錢。格外還種一點菜園，格外就是他一天揹東西的收入了，一角，二角。他的爸爸前年死了。以前就靠他種一點田，空閒的時候抬幾天滑竿。

小孩子究竟是天眞的，他並沒有什麼深邃的悲哀，雖然他生活在十分苦難的環境裏。他像一株小小的野生的樹，未經修剪，一任自然發展，無拘無束，健康，活潑。這裏那裏，他沒有休息，總找我縱橫扯談。

我看他漸漸對兵有興趣了，所以我問：

「你長大了是不是當兵去？」

「我年紀還小，長你這樣大就好了。」

這孩子懷想着環境以外的東西，他每天看着那些來來去去的流浪人。

「十四五歲的時候就很可以了，　去當勤務兵。」

他的笑臉立刻消失了。也許是他不願當勤務兵。我侮辱了他的自尊心。

「你勤快些，」但是我繼續說了。「乖些，逗太太們歡喜了，就什麼都好了。」

「呵，先當勤務兵，長大些了，就當兵，仗打得贏，就當官？」

他可笑開了。他跨了幾快步，像要離開我。

「呀，對了，你去吧？」

「媽說我學手藝好些。」他遲延一下才正經的說。「手藝學好了，隨便走到那裏都不怕餓飯。當兵，兵打了敗仗就不好。」

「打了敗仗也可以打贏仗的哪。」

馬路又是繞山過去，於是我們在一處又向上爬着石板古道了。

「當兵要當ＸＸ軍好些。」他又說。「他們有錢，也穿得好些，看起來比這些兵要嚇人。」

「你看見過ＸＸ軍的？」

「怎麼沒有？」他驚疑的望我一下。「去年他們從這裏過，我們給他們揹東西，一個揹四五吊。那幾天媽草鞋也不編了，就來給他們揹東西。我們一天揹兩回，一天穩穩要揹個十四五吊錢。」

「那幾天那你們不錯呀？」

「那不？」他又驚疑似的望我一下。「我這件衣服就是那回縫的。」

他拉一下穿的藍大布的短衫子。他說過，這是他僅有的一件好衣服。

「他們說話很親熱，很好聽。你揹不起了，你說歇一歇再走吧，他們就幫你揹一下。他們是不歇氣的。」

上坡他也不肯慢慢的爬，又不肯不說話，所以他弄得氣喘吁吁的。

「哼，這些兵惹不得，看樣子灰布龍鍾的，陰着狠。頭天他們來過路，我給他們揹了東西，錢也不拿，說是揹完了來。ＸＸ軍就不像這個樣子，揹攏就拿了。我說我不揹了，我不要錢，那個兵就說『你不揹了』，把眼睛一橫起，『你怎麼不去我們師長太太的肚裏投胎』？」

風好像要夜晚了才有意思似的，看着要晚了，它便慢慢的漲大起來，拿松葉做着哨子，呼呼的吹嘯着。我們已經爬完了上坡，現在是在走下坡了。

「第二天都不揹了。」苦孩子說。「他們說這些小狗肏的才可惡，ＸＸ軍來了搶呀，搶的揹，老子們來了就躲起來，影子也找不到一個。」

他笑了。勝利的笑了。

從天邊，夜色慢慢的濃厚起來了，把遠處的景物掩護着，從鉛灰的雲層里透出來的晚霞，淡淡的，抹在前面的平原的邊際。

到了雙柏樹，我們在一家大路邊上的屋門前停了下來。苦孩子很隨便的把那家的板櫈放一條在我面前，他解下籐包交給我，招呼我坐一會。我沒有坐，掏了衣袋里的十二個銅板全數給了他。他氣喘喘的翻起眼睛，同時又抬起左臂去擦額頭，拿右手接了過去。

他從一條土路上走去了。走不多遠，他忽然向我大聲的講起來，並且叫我慢點走，他說離東鄉寺已經不遠了。

逐漸的，近處的景物也糢糊了。風挾着夜露的潮濕襲來，一會兒一雙手冰冷了。黃菜花却是紛亂的點着，像一羣黃蝴蝶攏在一團上下的穿揷着。

離莊即景

曹白

I

愛甫兄：看報，知道你那邊已遭了接連不斷的三次彈炸了，身體笨重的你，不知如何在逃的，就使我這樣的日夜的惶念。……和這一仝惶念的還有那脆弱的『七月』，我之能够得到牠可以『復活』的消息的時候，曾經自己一個人莫明其妙的鼓舞過一番，但還衹隔兩禮拜多呢，你那邊終於被燒夷彈所吞噬，被火焰所籠罩，『七月』該一同葬身火窟了罷？我想，那是一定的。

但在我這邊，單以四月底和五月初而論，就正是蜜蜂盛旺的季節。我的屋子裏，一天到晚嗡嗡嗡，嗡嗡嗡，『無有底止』。……這些都是野蜜蜂，成羣的朝着牆壁尋找那窩巢。但豈有此理的就是竟膽敢將我的耳孔認爲是牠尋找的對象，在我的耳朵旁邊久久的飛鳴，趕了又來，趕了又來了。

然在這裏却又使我忽而想，這小飛虫怎麼會把我的耳孔當作壁孔的呢？頭是壁嗎？『孔』雖然一樣，然而『頭』却究竟不是『壁』。不過『頭』要去碰『壁』，那倒是有的。一切的暴力和黑暗，構成一道一道的堅固的壁，青年把頭碰上去了，要想擠倒它，將和平和光明放進裏面去，雖然結果不大好，往往鮮血淋漓的死了的多，但碰的人却在後面陸續的到來，彼兌斐，海涅，普希金之類，就都是有名的碰壁的傢伙。其中衹有高爾基是眞的碰倒了壁的，但他最後却又死於毒藥！

但話不要扯開去。這成羣的野蜜蜂圍着我的頭顱久久的飛鳴，實在太嘈嘈，惹得我不得不一躍而起，伸手想去拍死牠；可是，牠很伶俐，立刻嗡的一偏，避開打擊，閃過我的手掌，直向屋外飛奔而去，快得追也追不到。但即使是這小小的飛虫罷，也知道愛護自己的生命，是怕死的，——誰不願活呢？

然而隔不了一會，我的耳邊又在飛鳴了：那是另外的一匹。

我和這蜜蜂的交戰，一天之中不知要有多少回。我不大能够消滅牠，總是『拍空』的時候多。我是常常要打敗仗似的，雖則自己非常的小心。

現在比較好，隨着菜花的謝落，小麥的黃熟，這些野蜜蜂很少到我的寓裏來拜訪。我這寓，鄰近離莊的西端，是矮矮的兩間小平房，裏面像所有中國的農家一樣，是漆黑的灰塵和掛滿了蛛絲；然而由於偏僻，在我，倒不失其爲一個頗好的處所。

門前有三棵大楝樹，有着密密的遮天的葉子，白頭翁就在上面做了巢，預備生蛋養兒子；除此之外，也時時落下槐蠶的糞來。後面是一大片廢園。幾棵胡桑豎着伶仃的枝條，但牠的葉子不久就會被主人採乾淨，現在正是養蠶的時候呢。在一棵胡桑的脚邊，有糞坑在，蹲在上面大便起來，並不覺得不舒適。四處是空闊，沿邊是青草，雖臭氣綫繞，但却沒有上海抽水馬桶那樣的偪促。離寓向西十五步，便是一條碧綠的小溪河，河水淸得能够看見河底裏的游魚和水藻，我們在這河裏洗菜，淘米，過衣服，也挑來吃。現在這河岸的兩旁，開着茂盛的芬芳的野薔薇，白夭夭的，姑娘們在綠葉叢中露着上半身，在把這些花朵一一的剪下，拿回家去晒乾泡茶喝。而我喝的茶，是淡竹葉泡的，顏色比雨前還要綠，味道則像香粳米。村人說，喝了竹葉茶是可以淸火的。其實，還管牠什麼淸火不淸火還撈什子，村入吃什麼，我也吃什麼，因爲我的使命，是要竭力成功一個鄉下人；但這並不難，我原本就睡過這鄉村的搖籃。

II

我有一具沒有煙囱的灶，愛甫兄，這，似乎已經告訴過你了。這樣的灶，燒飯煮菜之際，自然免不了滿屋是濃烟，雖然閉住了眼睛也還是徒然，弄得只是放眼淚。前幾天，這里是還有寄住的人的，此刻他們已陸續先後的離開，各奔前程，就又衹剩下我一個人了。是一個人的生活；我在灶下默默地燒着放眼淚，揩眼淚吃飯，吃了飯再燒。現在可以驕傲，我已逐漸學會燒飯煮菜了，自然，要高明，還不見得的。

這孤居的生活，實在安靜得要命。不覺得安靜時還好，一覺得安靜的存在時，就幾乎能够聽出牠的寂寞的行進的步驟來。有時也覺到台恐怖，這幾天，此地頗緊張，因爲××軍到了，因此『皇軍』時時下鄉來搜索，我就怕自己做了他們的搜索的食料。雖則這種心理是大可鄙譏的，但也總得給我一把力，在未死之前殺個敵人，這才甘心，又有誰是願意這樣平白地就死了的呢？如有，那眞是萬劫不復的奴才了。

爲了把自己弄得更像樣一點，早晨一爬起來就赤了脚；刷牙這玩藝，在鄉下，我是久經荒廢的了。這故意不洗臉，目的在把面上的書生氣遮蓋住。這是會令我憮然的。自己原本出身農家，其實像我父親一樣的安份守己的種田，負着悲苦的運命過活就得了，而不料爲了看着讀書人的安樂和享福，自已不禁欣羨，竟做起『讀書』的夢來。但結果怎樣呢？結果是碰壁之後，毫無所獲，單落得一臉書生氣，慌騙別人，又慌騙了自己。…………

但在白天，這破爛的小平房裏的一切，——矮的櫈子，其實只能燒飯的棹子，被舊的水槽，撕碎了的端符，板門上的半個『福』字……——這些，都被我讀熟了。爲了消譴，有時就到田邊去挑金花菜，掘竹園裏的筍，或者什麼也不弄，單把衣服敞開，露出胸膛，一任春夏之交的和暖的風浪的吹拂，嘴裏一面抽旱煙。

夜裏是老鼠們的無憚的馳騁。牠們的擾攘往往把我從沉睡中驚醒，逼我去聽遠近的悲涼的狗叫。在那汪汪的狗聲的每一間歇裏，便格外顯得寂寞和黑暗的主宰。這是深夜，沉默得使我幾乎能够聽出在廢園裏和小溪上的夜的行進的聲音，從中夾雜着濃暫的恐怖的奔騰，湧來將我無情的包圍。

『啊！』

無端的一驚之後，將手電捻亮，四處一照，各物依然，我也依然，便又靜下了自己。獨守沉夜，眞是有些兒難熬的光陰。但老鼠們却不像我這樣的乏，就永遠不感到疲倦，夜的世界原是屬於牠們的，只是在黑暗之中夢樣的馳騁；一陣奔突，若有所獲，似乎在爭執，佔據，架走；又似乎在議論，和解，說情，斟酌，——但又終於『撲』的一聲，馳騁過去，在墨黑的夜幕上畫出一條聲音的紋路，在我的耳邊響得久久的不滅。至於老鼠的後輩小鼠們在數錢，撮撮撮的叫，凡是讀過「朝花夕拾」的人就知道牠已被長蛇所咬住，掙不脫，逃不掉，遭到了被吞的浩刼，將要嗚呼哀哉了。

『嘰嘰』！

於是我又捻亮了手電，四處一照，既不見小鼠，也不見長蛇，各物依然，我也依然，便又把自己靜下了。獨守沉夜，眞是有些兒難熬的光陰。尤其的是，愛甫兄，近來夜半，如果醒來，就一定能够聽到布穀鳥的悽長的叫喚：『歸國歸國』，『歸國歸國』，這飛鳥的一聲一聲的哀啼，在墨黑的夜幕上畫出一條紋路，在我的耳邊抖得久久的不滅。

但無論如何，愛甫兄，離莊的夜，我是愛的。

III

但也許在不久，我將離開這裏，搬到惠梯湖去，或者去的是苦霧，沒有一定。你和我，愛甫兄，生活在這樣遼遠而隔閡的不同的地方，彼此的眞情，大概一時裏是不能知悉的了：都由牠去。這驟忽的生活，有時的確會使我墜入迷網中，但又想到如果沒有鬥爭，我是不會經歷到這些地方的，心裏也就順遂了。

只是離莊對於我，已經非常的熟悉，村人也好，一旦離去，實在有點捨不得，感到戀戀。我的寓屋的租金，每月一元五，房東是一個從前撑船現今種田的農夫，和善而熱心得要命，名叫阿金，已經四十多歲了。嚴格的說，阿金沒有結過婚，但他已經有了四個兒子了！這是他和他的姘頭養出的，他的姘頭養了兩個兒子後，便死去了丈夫，於是阿金和她勾勾搭搭，最後終於同居在一起，她便做了阿金事實上的妻。關於這照例有一段冗長的古國的悲劇，我也無意再來寫牠了。但她先前養的那兩個兒子，與阿金却似乎有不共戴天的仇恨，我也不知道是爲什麼。小的一個是泥水匠，在上海過活，說一直不回家來了。大的一個與阿金簡直連話都不願講，是鞋匠，最近加入了××隊，已經升爲班長了，是一個矮矮的茁實的青年，樣子很忠直，他是將他自己的一支白銅水烟袋送給了我的。

我一提起這兩個大兒子，阿金總是搖搖頭，他的妻總是紅着眼睛說：

『唉！丘先生，眞的，我的這兩個孩子不知怎樣的，他們的心總像門閂一樣，彎不轉，——但菩薩在頭上，我的阿金是的確沒有待壞他們的地方。阿彌陀佛的啊。』

大體看來，阿金和他的妻，頗爲融洽，這大抵因爲他們的結合，是經過了難熬的磨折的緣故罷。至於當阿金酒醉之際，還免不了要同她鬧和打，但這些是農民的『天然』的現象，我們應該撇開而不論。

像我父親將他的希望完全寄託給我一樣，阿金也完全將他的希望放在他自己養出的四個兒子的肩上，但最大的一個還只有十五歲，由我寫一封說情的信，把他介紹到一個高級小學去讀書，可以免費，因為我和那個小學校長是熟識的。其餘三個都很小，除被阿金壓得做些輕微的生活外，就只知道玩頑，釣魚，爬樹，摸鳥窠，在塵埃裏打滾。但無論怎樣，阿金和他的妻却把他們愛的了不得。他們自然是沒有媳婦的，至今還祇有五十多歲的她孤獨的在家中日夜的勞碌，服侍着阿金，服侍着孩子，服侍着蠶，豬和鷄狗們。

離莊一共有只有十一家，確是一個小小的村落。阿金的這一輩，沒有一個識字的，而後一輩中也只有四分之一能識字，而這四分之一的識字者之中又只有一個能寫信。但『起來，起來』和『大家一齊流血汗』倒有許多人會唱，這是從××隊和小學生那裏聽會的。全村之中自然以甲長的田為最多，此公纏着兩根螯鉗鬍，勢利和陰險的了不得，鄰舍和他都合不來。其餘人家，就只有五六畝和兩三畝，一面借着利錢很大的債，種着租田，藉此維持着全家的生活，過着這一年一年的漫長的日子。

用慣金圓的外國人和看慣金圓的中國人往往斥責我們老百姓如何的『貪錢』，認為這是我們民族的致命的病根，留學生也認為恥辱，還因此發表了論文。但其實，這是錯的。錯就錯在沒有辨清什麽叫做『貪』。如其硬要這樣說，那末，愛甫兄，我告訴你，單以離莊而論，他們已經『貪』到蜈蚣了。

離莊人的對於蜈蚣，像被鬼迷了一樣，他們連小孩和婦女也動員，掮着鋤頭鐵耙四處去找尋，為什麽呢？為了一條蜈蚣可以換得十八個小錢的緣故。現在是法幣的時代，一分法幣可以值到三十個小錢，那末，三分法幣就可以換到五條蜈蚣了。然而離莊却因這小小的收入而浸在找尋的狂熱裏，彷彿被鬼迷了一般。

當我初次看到他們一手抓着三四條粗大的蜈蚣，任牠們用着鐵鏃一樣的細脚在腕臂上扭絞掙扎的時候，我是多麽的惡心而肉麻的啊。並且奇怪，他們為什麽不會被這毒虫咬螫的呢？——後來才知道，當他們捉到的瞬間，早已把牠的兩個鐮刀樣的毒鉗一個一個的拗斷了。我是讀過動物學的，先生曾經指教我蜈蚣的毒腺就在這兩個鉗子裏，但我在離莊，又覺得動物學教授之無用，農民却不在乎他的諄諄的教誨，他們早已在十八個小錢的價值裏，精明的發現蜈蚣的厲害只在於兩個鐮刀樣的毒鉗子。這是生活使然的。貧窮的生活不但教人拗斷蜈蚣的毒鉗，還將拗斷各種各樣的毒鉗的本領，傳授給人們。

他們把捉到的蜈蚣放在甕頭裏，貯藏起來，我的隔壁就已經捉了兩百多條了，預備甕當去出賣。這蜈蚣由人買去，把竹梢貫在牠的肚皮裏，曬乾，待端陽午時，掛在他的寶貝的子孫的胸前，以驅邪祟。我的故鄉也是如此，歷來以蜈蚣為『五毒』之一，牠是能够驅除邪祟的。但只出十八個小錢即可以保衛自己孩子的生命，委實是一種便宜的買賣。我們內戰時代，常有論斤出賣的孩子，但現在是，我們的孩子在日本的彈片紛飛之中肢體破碎的只成為一片模糊的血肉了。…………

中國要在世界上存在，必得使農民站起，組織他們，把他們從慘苦中解放。昨天晚上，我聽見隔壁的母子兩個，吵架起來了；兒子要錢用，母親不給，反要他明天到强家去做工；兒子不去，說是先前做工做到的錢一個也輪不到自己用，不高興去了。——

『你不去，』母親大聲的尖叫，『我叫你的父親收拾你！』

『收拾我的一椿卵』！兒子分明憤怒了，『我可以向部隊裏逃跑。』

我聽到那兒子的說話，捧着人家送給我的白銅水煙袋，便向煤油燈的動搖的火焰微笑了一下。眞的。

IV

話已經扯得很遠了，我還是來說我的離莊罷。

但說起來呢，那是五天以前的事。村中那個出名的只吃不做的懶虫阿稱生手癢了起來，他計劃着如何來破壞那個喜鵲窠，捉住小鵲，來滿足自己的獲得和享受。我非常之懊惱，想，這好好的鵲巢與你有什麽妨害呢？要挖空心思的來破壞牠做什麽呢？——但他的計劃終於付之實施了。

鵲巢是堅固的築在一棵高大的光滑而不可攀登的楝樹的高頭。楝樹正盛開着一絡一絡的紫色的小花簇，在做着美滿的甜夢。可是懶虫阿稱生努力的掮了一根長竹竿，立在楝樹底下，兩隻眼睛閃着鵲燦烱烱的發光，一會之後，他終於使勁的用竹竿向上猛戳打。——

『唉唉唉，不要呢！』我惴惴的說。

『嘀嘀，眞有趣呀！』癩虫的回答。

我非常之担心，因爲我知道這窠裏的六七隻小喜鵲，這回可要遭到苦難了。自從我住到離莊的那一天起，就看見那兩匹老喜鵲啣着布片樹枝之類，在建築他們的尙未完成的家屋，預備生蛋養兒子。後來兒子是養了，又啣着什麼之類，進進出出，忙着喂養他的孩子們，希望他們在和平的日子裏生長，强大，能够飛翔，和自己一樣。但現在呢，那兩匹老喜鵲是只得不安的歇在遠處樹梢上，『鵲鵲鵲鵲』悲哀的叫着，眼望着自己的家產的被搗，孩子們的受難了。…………

『拍』！

一隻小喜鵲從被搗了的窠裏跌了下來，被樹枝所磨折，在空中連打幾個滾，落到地上，嘴裏出着血，響也不響，斷了氣，死掉了；只是眼睛沒有閉，看定了癩虫阿福生和周圍的人，好像問道：『爲什麼？』

『哈哈！』癩虫笑着。

『哈哈！』周圍的人也笑着。

一個孩子連忙跳過去，對阿福生說，『給我！』便一把抓起了翅膀很短的沒有尾巴的小喜鵲，歡歡喜喜的瞧着這已經畢命的微雛，也似乎感到獲得的滿足，『嘻嘻』的笑了。跟着這笑聲而跌落下來的是：發抖的枯枝，乾的草，泥，雜色的碎布片，潮濕的乳毛，棟樹的紫色的小花簇…………

但鵲巢固執得很，築得很堅牢，摧殘它很難。

但癩虫也固執得很，不管一切，只是猛烈的用竹竿搗毀着。

『拍……拍拍……』

六隻小喜鵲到底因爲窠底的被戳得稀爛，接二連三的滾跌了下來，只有一隻是活的，被頑童搶去玩弄着，其餘的統統跌死了：或折斷了頸頸，或受傷了翅子，或開裂了肚皮，頸破血流。牠們的羽毛還沒有長大，在遭浩刼的面前，飛不動，逃不脫。這些死了的小喜鵲，那最後的命運是，被癩虫做了鮮美的飯菜的。

『殘酷，』其時寄人老愛而君也看見這慘劇，他說，『眞殘酷。』

第二天，我還看見那一隻活着的小喜鵲在那頑童的手裏『哇哇』的哀啼。牠正如尙未能够說話的孩子一樣，只會直着喉嚨哭；但到第三天，也到底死掉了；你想，牠的生命落到了頑童的手裏，還會有活的希望嗎？只是牠的雙親——兩匹老喜鵲，仍然不安的在遠處的樹梢上悲鳴；即使飛過自己的家屋的廢墟，也不再停下，是很快的飛過去了。

寫到這裏，兩隻巨大的日本飛機突然在我的屋脊怒吼而過。是飛得那樣的低。暴戾的巨響彷彿要壓扁屋子，將人攫到空中，逝爲微塵。……我緊緊的閉一閉眼睛，喜鵲們在我的腦際閃過去了，接着是你的，接着是我自己……蜈蚣……蜜蜂……

屋外的雲很低，是陰霾，愛雨兒啊，我希望你能在平安中呼吸。

一九三九，五，二七，——一一九。

七月社明信片

樂山「少年生活社」諸先生：得來信後曾有航空掛號信由生活書店轉寄，適在樂山大轟炸之後，不久信被退回，說是「該號無此名。」

我們接到了不少的公私機關的圖書館或圖書室要按期寄贈本刊，論理是應照辦的，但本社經濟非常困苦，個別的一份刊物，合起來即爲數百份的大數，如果照寄，是只有使我們完全破「産」的。希望特別原諒。

丁洩先生：你所提出的問題，也是我們早想提出的，最近還有一二友人寫信來提到，但我們底處境實在不好，所以只好忍耐些時再看。

林理等三位先生：謝謝你們底關心。「七月」因爲沒有力量，定價只好如此。別的文藝雜誌雖然篇幅相同，却能以二分錢一本出售，我們也已經證實了，但我們却實在無法去相比的。

何施先生：作者底用筆名，就表明了他只願用這個名字和讀者相見，讀者也就以爲有這麼一個作者好了。披露本名，讀者沒有這必要，編者也沒有這權利。

基希及其報告文學（下）

T・巴克

一顆加布隆（Gaf onz）的眞珠，一個亞爾馬森（Alrasen）的水銀球，一顆明勒沙達（Minnesota）出產的麥粒——這都是些什麼東西呢？

卡爾・馬克斯曾經在他的資本論裏科學的地分析過它們的生產過程，曾經下過這些術語的定義：商品，價値，剩餘價値，利潤。

這位作家讀過馬克思著作之後許多年才把握住了這些小物件，還帶着它們，整理好了他的行裝，於是就動身作那麥粒的旅行了。他的道路却是遠離田野的，它把他帶到曼哈頓銀行大廈的第五十層樓上去，它把他甩進支加哥這活地獄的漩渦裏去。

這棵麥粒就長出它的嫩芽了，它的雅緻的青綠的葉子也被鮮血染紅和汗水潤濕了，被會議棹所哄騙，災害所玷污，奢侈所熏染了。

一顆從明勒沙達來的麥粒。

一顆從加布隆來的眞珠。

自然科學教授決定了化學方程式，硬度，和計算的材料。

經濟學家算計着市場價格，投資和利潤。

作家所寫的却是色彩和光華。從這里他就聯想到一個可愛的女人的胸脯，在那上面是曾經掛過這類玩具的。他閉着他的眼睛，讓關於這種玩具的幻想在面前升起來，幻想着一個小孩子的手用他的手指緊緊地抓着這玩意，幻想着那攫取金錢的肥爪，那懸掛着用錢幣作成項鍊的黑人的黑色的咽喉。或許會這樣幻想的罷。

這位報告文學家是幷不滿足于色彩和光華的。光是聯想對他也沒有幫助。他尋求着那鑲嵌在這悽苦的閃光的人間世上的足跡，而從空間的四面八方和社會的三個方向來追蹤着它們。他研究那變化的過程，那結晶的技術過程。他認識了那些佔有眞珠的生產的人們，認識了那些發現它們與佔有它們，出賣它們，運輸它們的人們。他看進了他們的腸胃和他們的家庭去。於是朝着東方轉了一百八十度，雖然這不過是在圖書室裏的轉椅上。他研究着日本的傾銷，又回到那玻璃製造工人團結罷工反對合理化的加布隆來，訪問着那些小規模的玻璃切斷廠的廠主，而報告着關於這些破產的廠主們的反對者和同情者的情形。

卡爾・馬克思曾經科學的地揭穿了商品拜物教的神祕以及價値和剩餘價値的來源。

愛貢・基希便把這些足跡搬進文藝的園地裏。他變成了商品的藝術專論家：波林勒（Po inage）的煤，亞爾馬森的水銀，加布隆的玩具，上海的棉紗。他描繪出了一切那不幸和禍患，一切那隱藏在不聲不響的商品裏的奢侈和淫佚的生物的完整的形象。

基希對於過去的短暫的涉獵給予了他的報告文學以熟諳繪畫的完全性。工銀勞動者的自由麼？我還從來沒有感覺過像在基希的關於亞爾馬森的汞礦的作品裏所具有的如此強烈的自由的幻影呢。古時的汞礦工人是很受束縛的，後來那些被判決長期徒刑的人充軍到亞爾馬森來，經過一些變遷，連牢房也直接撤到礦山的工作地方來了。後來亞爾馬森的每個凡是受了僱用的工人都豁免了兵役。「在這瘋狂的二十世紀裏，這種企業達到了這樣的程度：必須用武力驅使他們離開那成羣的囚禁着的犯人，那迫切地爭取散佈着死神的呼吸的長廊而無效的羣衆，就成爲必要。……有誰會永遠能想像出這樣的幻像呢：在一間審判室裏，那受刑的人却因爲恐怕壓榨會放鬆，恐怕他們會從鐵柱上拖開，會從絞架上驅逐開的憂懼而戰慄起來？」

基希就從日常的現實生活中提出這資產階級之進步的地獄似的幻景來。他用過去的孟加拉（Benga）的火燄照明着現在，而把它的幻想的陰影投在我們所慣見的只有平庸生活的灰色足跡的那些地方上。

因此基希就變成一個無產階級的報告文學家了；基希尾隨着剝削者和劊子手，以及投機家和盜屍者的足跟，基希跟着工人走進剝削他們的工場和廠房去，但他却並沒有追隨着那在偉大的鬪爭中的無產階級，在暴風雨似的進攻和退守，罷工，暴動和革命中的無產階級。基希幷沒有把鬪爭本身當作他報告文學的主題—雖然在他的關於亞洲和中國的書裏可以聽見戰鬭的咆哮的的聲音，那潮濕的而且是在地底的聲音，這是眞的。

當三十年前這個年輕的報告員在深夜裏和他自己討論着他底生活道路的正面與反面時，他的文學的再生的形式對于他還并不明顯。

這是不足爲奇的。

小說有着它的主角。爲了他們，讀者的愛和憎就熾燃起來了。短篇小說和戲劇都是這樣的。在它們之後，文學的各種體裁都有着一個很長的歷史。他們的形式已經達到一定的穩固性了。縱然有着許多變化，但那一定的骨格却仍然留存着。這也就是當我提到小說，詩歌或者戲劇的時候所思考的。

小說有着它的主角，爲了他們，讀者燃起了愛和憎，憑着他們，他把自已來衛護着某一個主角的勝利，而反對着其他的一個。

對於報告文學又是如何呢？—這個名詞是還沒有創造成功的。什麼是它的動力？哪里是它的形式特點呢？

要回答這問題并不是容易的事。

讓我們來比較一下所有那些在今日被指爲「報告文學」的東西吧。有人寫成了杜布勒太太(Madame Duberry)的傳記而把它叫做高貴的報告文學史記。有人在環遊全球之後發表了他的日記—：『整個世界的報導』，有人蒐集了一個北極探險隊的報告—它也是報告文學。我決不會忘記曾有一個人他怎樣地向我建議去描寫一篇關於西班牙叛亂的「報告文學」，雖然我自已離開那戰爭的景象還有好幾百公里，而且從來沒有到過西班牙去。日記，傳記，記事—這一切都被算作報告文學了。

報告文學家可以用種種的方法去接近他的創作，甚至雖是極端相反的方法。他可以把外部世界當作并不擬人化的東西，他也可以把較外層的世界當作述說他自己的內心生活的手段。他可以寫下一切來到他心頭的東西，他可以選擇而且結合它們。

報告文學者基希并沒有寫出不合人性的世界。但是基希—他并沒有關心着他自已，而却是關心着世界。報告文學者基希注意着每一個輕微的細節—而用最簡潔的公式把它們結合起來。報告文學家的這種最簡潔的方式并不是科學家的最簡要的公式。後者乃是一種學術上的，清除了一切血和肉的抽象。報告作家的最簡潔的公式必須不是殺害生活而却是被設定爲產生生活的。

這種公式是怎樣產生出來的呢？

在小說裏，人生是反映在人物的意識上。

在報告文學裏，人生却反映在報告者的意識上。

小說有它自已的主要綫索。它的主角們的生活。

而報告文學的主要線索就是主題本身。

小說家并不一定要把握着那一定的具體的情況。他可以虛構行動，他可以分隔開人民，他可以結合着他們之中的兩個，三個，或者五個人。

然而這并不是說小說家乃是從某些天上的來源裏去找得經驗的。

『那末』，左拉寫道，『再談到小說，我們同樣地看到，小說家也是—個實際經驗者，一個觀察者：觀察者的本分是表現出他所觀察到的事實。

作爲觀察者這一點，小說家和報告文學者是走着一部分相同的道路的。然而，作爲實驗者，小說家却有着一隻自由的手。他『創造經驗，我的意思是說，人物們在某一特殊歷史時期中的活動顯示在連續不斷的事實當中有着一些現象的固定存在，并被提供作人們的研究的對象。』(E．左拉：「論實驗小說。」)

報告文學者却不能實驗人民。具體的生活實驗過他們而且證明了在個人的情況之下社會的法律是到處有效的。因此報告文學者必須把握住這個人情況。

左拉說：『對於一個小說家的最高讚詞通常總是：他有想像。在今日小說家的主要特性就是他對於眞實的感覺。(Le ses du real)』。這種對於眞實的感覺，如早就在許多次裏指出過了的，就是每一個報告文學者的先決條件，但也僅止於先決條件而已。沒有想像，報告文學者是決不能繪畫出『事件的實際效果和走向改造之完成的經路的』(基希)。沒有藝術家的想像，他將決不能活畫出這個世界，使得讀者不但了解它而且和它一道生活，

報告文學者享有着許多詩人的那種破格(License)。他甚至往往可能比現實主義的小說家更爲前進。

關於這，基希的作品裏就有不少的例子。例如，他底『六次：都不中！』（Six Thousand Times: Nothi-ny in!）就是。

只有基希這無神論者，只有基希這馬克斯主義者才能使得萬能的上帝離開他的天堂而來觀光好萊塢的西方大廈裏的『中央藝員公司』。在這兒，我們這上帝朋友便投身在雜角和策角的演員當中了，他而且曾見了凡這世界所有的成爲一種典型的角色都注上了名字和住址的卡片索引了。

在這兒的上帝朋友，可說是報告文學者的詩人式的破格。基希在他的安排之中還有着些彼得呢。但當他報告着那卡片索引的內容和在「中央藝員公司」所流行的習慣時，却不讓他自已有詩人式的破格了。

關於佐浦（Zoppot）的警察的暴露，基希讓一個出席賽馬公司的全體大會的代表報告出來。代表是一個虛構的人，大會也是杜撰的—但這報告却極其緊密地符合着基希所要報告的：佐浦的警察局的暴露。

基希敢於運用爲了要達到他的目的所需要的人物—當關於這些人物的報告在他們的思想和行動上都是眞實的時候，是可以允許這麼做的。

報告文學和電影都是年輕的，非常年輕的藝術。在他們的活動上有着許多共通的地方。譬如特寫，幻象，簡單動作，剪接（Montage），等。

行刑，裝着電椅的行刑室。『罪犯是死了，被抬到解剖室裏去，在那里醫生們可以證明一個活生生健壯的人在兩分鐘之內能够變成什麼樣子。』

幻象—沒有界線地一個接着一個。

『我勸你到外面去看看那莊嚴的忽得遜底踢着白寶石似的足球比賽罷。那時太陽在發光的柵欄後面朗照着，樹林也閃着光輝，萬物都在和平和自由之中呼吸着，這是一種生活的享樂。』

上海的街道，在十字路口的崗位上立着一個印度巡捕。

特寫：巡捕頭上的黑色的頭巾。基希便揭開了這黑頭巾，同時被揭穿了的是一個好戰的民族的血的征服的歷史，是它的馴服的歷史—現在他就好像英國殖民地的警犬一樣站在上海的十字街頭。

簡單動作：在斯太林拉巴附近的一個種棉的集體農場，一天有一個從河芬尼斯坦（Afghanistan）來的農民代表請求在他們那兒也同樣地組織一個集體農場。人們解釋給他聽不能實行的原因。結果怎樣呢？他們又請求着省會裏的官吏巧爾尼夫（Mosar—i—cbe.iff）爲他們建立同樣的蘇維埃組織。

總結：誰能用四句話把下面的事實說得更爲精悍而簡潔麼：一，集體化給塔衣克（Tadjik）的農民帶來很好的生活；二，這些農民並不是共產黨員（否則他們就會向阿芬人解釋怎樣才能建立集體農場了—自然，更不會向地方官吏請求）；三，他們是那給他們創立了集體農場的蘇維埃制度的堅決的擁護者；四，蘇維埃觀念在亞洲人民之間的宣傳效果並不是由『間諜』產生出來的，而是由經濟的，政治的，文化的利益發生出來的效力。

剪接：塔什干（Tashkent）的兩色畫。塔什干是早就最現代的社會主義的了。但塔什干同時也有着中世紀的落後性。「紅色」與「灰色」的剪接就是辯證法的剪接的傑作。

報告文學的古典形式呢？

要答復這問題是很難的。

約翰，李德（John Reed）的「震撼世界的十日間」和「在變革中的亞細亞」是兩篇結構純然不同的古典報告文學。在這十日裏進行着瘋狂的競賽，然而却沒有任何種的時間的連續性。第一篇是在整個計劃之下完成的，第二篇却由一些個別的石塊所建立起來，而在它四周圍繞着複合的東西。和這不同的還有『I.chassjad Ni kulan』和『塔什干的兩色畫』，前者素樸而簡明地寫出一個女人的傳記，而後者的圖景却是以影片的速度演佈着。在論到棉紗那一章裏，一個集體農場的視察就正是對於經濟的巡閱的好機會。

報告文學是一個寬廣的西方文學的領域，它供給海外的僑民以從事先鋒的工作的廣大園地。它在報告文學者之前只提出兩個條件：他的創作必須是眞實而且具體的。他必須在論理上和情感上說服讀者。

在這時期的基希的生活呢？

捷克人和德國人的戰爭在普拉格展開着，這是一個不平的戰爭：—在那自稱爲日爾曼人的人們後面却站立着維也納人，站立着那高貴的大陸、糖、鉄、和鋼的騎士們。這是反對人民的對於自由的渴望的列强們的戰爭。這次戰爭裏，基希是站在被壓迫者那一面的。在戰前：基希穿着凱撒大帝的制服。這個警探和罪犯的報告者曾經在Fetinergaose 和konigstisaee的建築物裏度過二六六天的軍事訓練時期。他因處在沙共爾親王的第十一步兵團裏。他在這團裏的品行，結果被官布取消，他的候補官的階級。因此基希就停留在「普通」的階級裏，在那些被吆喝，被拳打脚踢的人們的階級裏。

大戰時：帶着一隻斷鉛筆和小紙頭，基希走進世界大戰去，但他并不是作爲一個普拉格軍隊裏的由新聞記者初入伍的普通的兵士。他寫下了他所看見的一切。他的斷鉛筆變成了反戰的武器。

內戰時期：這個年輕的無政府主義者基希從「左」的觀點批評着社會民主黨人。那就是一九一四的八月，似乎顯示出他是正確的，但到一九一七年來臨時，基希就發現出原來還有兩種社會民主黨（註一）—他看見紅旗揮遍了聖被得保，於是基希變成一個共產黨員了。

戰後：不但在德國，也遍佈了全世界，在這些年代裏他的書就是他的足跡。比任何種的描寫還好，這些報告訴出了這位發狂的報告文學家隨着時代的瘋狂的競賽。在，的報告文學的書裏所不甚著名的是當他完全獻身於一個正義：援救麥克斯。荷爾治（Max Hoz）入獄—那一年內所寫的東西。「美國人理想中的黃金國」。「中國戰場」。「中央亞細亞的和平」。

後來又在德國，在第三帝國的統治之下「爲了安全」而入獄，被拘禁着。那製造了國會大廈（Reichstag）的大事件（註二）的手又簽着逮捕基希的拘票。但是基希的關於國民「革命」的報告，却是那在中歐寄足的野蠻主義的第一次訴辯狀。

現在，當我們寫到這里的時候，基希又在監獄裏了。他是坐在第五大洲上的監獄裏的。他曾經由此出發去爲他的讀者發掘一些東西。這里的情形都是盡人皆知的，報告文學者基希被拒絕在澳大利亞登陸，因爲恐怕他會在悉德尼（Sidney）的反戰大會上發言。於是基希就跳出船外，摔壞了一條腿，因此被捕而送到違警罪裁判所來，被判爲文盲罰處監禁六個月，因爲他既不能讀又不能寫蓋爾文（Gae ic），被當作一個不合意的外國人了。這件事情的理由是始終沒有弄清楚的，但事實上是：基希在監禁中。

讓我們把他的生活的第一個五十年總結起來罷。這是一個常常在戰鬭的第一階段上生活着的生命（或者在這里階段并不是一個適當的字眼）。如果我要寫我的自傳的話，基希會這麼說，我一定要加上：「一個左翼者的回憶錄」的題目。如像左翼者似的在兒童時踢着足球，也作爲一個左翼者，他揮動着他的筆鋒。

基希用奪目的光輝暴露了這些時代的矛盾，暴露了壓廹和工資奴隸，指出了這個世紀的在五大洲之上的所有的瘋狂和第六大洲上的新生活的意義（註）。

基希是無產階級底偉大的報告文學的控訴人。如果他同時成爲戰鬭着的無產階級的報告員的話，則將更爲偉大。但這却并不是一個死亡錄的記者ecologue。而且當我們對於這位我們的朋友的生活的五十年作客觀的視察的時候，我們知道這不過是對於他的許多發展階段的一瞥而已。因此我們在等待其次的，基希的最高的創造階段。

我們是生活在不同的時期裏。一個血腥的時期。也可以說是一個偉大的時期。我們經過了三十年的社會革命的戰爭而生活着。

「把這都寫出來吧！」我們這樣向他說。

我們知道他會寫出來的。

（註一）兩種社會民主黨：一種是第二國際有關的主張社會愛國主義的社會民主黨，另外一種，是列寧所領導的眞正國際主義的社會民主黨—布爾塞維克，後者領導十月革命，獲得了勝利。

（註二）一九三三年春，納粹希特勒奪取了德國政權，爲撲滅當時在德國內部日興起的無產階級革命起見，於二月廿七日（國會改選之前八天）嗾使黨徒縱火焚毀國會大廈，而誣賴是德國共產黨所爲，說是他們武裝暴動的信號，因此大捕共產黨人及嫌疑犯，并以此欺騙一般市民及小資產階級來獲得「民心」。

（註）指資本主義世界與社會主義國家蘇聯

譯後記

本文作者Theodo e Pa k是塞爾維亞人，著名的新聞記者與作家，常期從文寫作。他曾與基希（Egon Erwin Kische）共同工作許多年，并且是同一政治信仰者。原文發表在一九三五年第四號的「國際文學」上，爲紀念基希五十誕辰而作。這篇文章的寫法極特別：其中有敘述，有描寫，有論說，不僅對報告文學者基希作了忠實客觀的介紹，提出了報告文學創作上的幾個重要問題，而且涉及了近代科學上的許多成果。自我國抗戰以來，報告作品出現了不少，但介紹它的理論文字，無論是譯，作的，都寥寥無幾，因此譯者不避淺陋，把這篇已經是比較過時了的東西迻譯出來，聊供參考。因爲這篇東西的文體特別，加之譯者淺學，故有不少費解和沒有註釋的地方，還是亟需高明指正的。

張元松

巢

陽歐凡海

比起桂林來，武昌簡直是一個天堂。丁太太說，武昌什麼都有得賣到門口來，她從前在武昌想起合肥的豬肉一元大洋七斤，便埋怨武昌生活程度太高，現在想到武昌兩毛二分大洋一斤的牛肉，買隻小鐵鍋也只要五毛大洋，比起桂林七毫子，合三毛半大洋一斤的牛肉和買鍋也要論斤秤而且每斤又貴到七八毛大洋，便不覺皮膚上起了疙瘩，覺得桂林人的善于趁火打劫，眞有點駭人。丁太太底丈夫丁先生是一個醫生，她和她底丈夫在這樣的後方環境裏已混得很久了。南京失守以前，丁先生是在南京當軍醫，南京失守的時候，丁先生一家就逃命了。他們一家人共三口子，兩夫婦和一個二十一二的兒子，逃命的時候還帶着丁太太底一個十七八歲的外甥，外甥底父母都已經死了，母親是丁太太底胞妹，這位外甥對他們的幫助可不小，沒有他，那十二箱細軟是帶不走的，但不幸在過江的時候，因爲大家都忙着找船，照顧不週到，給人打開了一箱，箱裏的東西全給分掉了，丁太太看見了急得要哭，丁先生是懂時務的，知道無可挽救，要緊的還是逃命，所以倒反笑嘻嘻跟那正在搶東西的人說：「你快點拿了快走吧，不要給別人看見，」他們心裏也駭，慌慌忙忙向四週張望了一會，果然紅着面趕快走了。丁先生心裏忍着痛，還勸他太太說：「能够就這樣平安了事，還算好的。」

他們過了江，已經夜了，在江邊山脚下的一間主人早已逃光了的孤零零的板屋裏住了一夜，川獁搶剩的十一隻箱抵着破門，幸虧沒有人來打刧，算是祖上有德。以後他們再逃到合肥，閒住了幾個月光景，丁先生才算找到差使，帶着兒子到安慶的後方醫院裏去了，丁太太則帶着外甥，另包汽車帶着十一箱細軟到武漢去，找個安全點的處所。

丁太太和她底外甥到武漢住了幾天旅館，後來就租住在武昌水陸街附近的一個破舊的屋子裏。這屋子底主人是一個年近六十的老太婆，滿屁股，滿背脊的肥肉，一雙小脚，穿的總是玄色衣服，兩個翠色的大耳環顏色略帶暗黑，表示年紀也不小了，從她兩隻肥厚的耳朵上垂下來，幾乎和她底肩膀相觸。她底面貌恰如山東飯館裏掛的關聖帝君，只是面上的膚色並不紅，而是醬色罷了。丁太太去問她租房子的那天，她正躺在一張古老的顏色發了紫紅的竹躺椅上，半天扭不起來，便喊道：「二姑，有人來租屋了。」隨卽走出一個高大而面色頗爲文氣的中年婦人來，於是討價還價，一切條件便由二姑担任談判，最後由那位老太婆加以認可，房子便租定了。

丁太太帶着外甥住進去之後，那屋裏就一共有六家了。房東老太婆住在正房裏，有一個十三四歲的丫頭服侍她。她是姓陳的，一屋人都叫她陳太婆

•正房外邊的一間小房子裏住的就是那位「二姑」和二姑底女兒。丁太太起初以爲她和陳太婆是一家，住進去之後才知道並不是。二姑是一位年紀不上三十歲的寡婦，據說，她和房東陳太婆有六七年同住的歷史了，其中分開過一回，據陳太婆說，二姑離開了她，在別處住不慣，又受不了別人的欺侮，所以住不上三個月，便又搬回她這裏來，情願受她底保護了，她因此也把她當作自己人看待，叫她「二姑。」

正房內面的一間黝黑的小房子裏住着一對壯年夫婦，男的是作木匠的，大家都叫他柯老板，女的當然就是柯老板娘了。丁太太住的房子是兩間耳房。在這屋子裏，丁太太當然是頂闊氣的了，因爲她住的房子不但有兩間，而且房租有四元之多。她自己住一間，另一間當作廚房，叫她外甥住在裏面。她房子的隔壁，住着一對大聲講話的中年夫婦。丈夫是一隻眼睛的，陳太婆叫他趙先生，他和老婆說起話來總是像吵口一樣，一屋六家人都聽得很清楚，丁太太起初以他們夫婦是不和的，後來才知道那位趙太太是聾子，所以趙先生和她說話總要那麼大聲。而趙太太這一面呢，將心比自心，也只怕趙先生聽不見她底話，所以聲音並不低于趙先生。丁太太住的房門外邊靠近大門的地方，有一間小房子，住的是一個豆黃乾一樣瘦的單身老太婆，這位老太婆底兒子在上海做工，已經好幾個月沒有寄錢來了，全屋裏要算她最窮酸，她是吃常素的，房裏桌子上的一個小木匣裏常年供着一位菩薩，人們都喊她齋公婆，齋公婆這名字單只是取笑她吃常素的，

至於供菩薩，那就不能有說長道短的餘地。因爲這屋子裏，除了趙先生一家人因爲趙太太信基督教而不信仰菩薩之外，另好的五家都是不敢小視菩薩的，柯老板夫婦雖然不拜菩薩，却很尊敬菩薩，丁太太是一有急難就要求菩薩保佑的，而陳太婆尊敬菩薩的心則並不弱于齋公婆，她僅僅不吃常素罷了，堂前也供着一位菩薩在小木匣裏，木匣上有紅綾帳，菩薩而且是金色的，一日廿四小時香煙不斷。她早上起床第一件事是洗過手點香，然後跪在菩薩面前唸經，她唸經的時候，面前放一盆銅錢，頸項裏掛一圈佛珠，口裏就低聲的趕快唸着「阿彌阿佛」這一句原話，大約唸一句推過一顆佛珠，因此手也不斷地在那裏動作，佛珠唸一轉了就把面前盆裏的銅錢拿起一個來反個面，她大約每天早晨都要唸得把盆裏的銅錢全反面了才肯歇的。晚上睡覺之前她也要同樣的來跪在菩薩面前唸許多阿彌陀佛，一直到銅錢都反了面，這種苦工夫齋公婆也做的，不過她們所跪拜的是各人自已底菩薩，所以是各自分頭下工夫，並不混在一道。逢到節日的時候，二姑就要來拜陳太婆底菩薩了，可是並不拜齋公婆底菩薩，當這樣的時候，齋公婆就好像要同陳太婆底菩薩競賽似的，在屋內的屋柱上和大門口點起香來，安慰她自已底菩薩底寂寞。丁太太來租屋的那天，齋公婆也在場。當房子租定之後，丁太太付過定錢，陳太婆囑咐丁太太說要找個保人，而丁太太一口答應着走出去的時候，這位齋公婆顯出特別懇想的樣子跟在丁太太背後說：「保人要找好呀，不要忘記。」那語氣好像說，我是好意，你不要不小心以至於上當呀！丁太太當時覺得她倒是滿親切的，住進屋以後，她也對丁太太特別親熱，時常無來由的，找上她房裏去，却不意引起了她底疑慮心，對她反而冷淡了。並沒有和她親熱起來。

二姑底丈夫是黃浦軍校畢業的一個軍官，不知是在什麼時候打仗死了，所以能够領五百元撫郵金一年。但她丈夫有兩個老婆，所以這五百元兩方平分，她這裏只分得到一半，靠這筆郵金，領着一個十二歲的女兒，有機會替人幫點忙賺點外快，過日子也還不苦。她底女兒還能够在一個遺族學校裏讀書，不用學費，所以她面上雖然帶着一般寡婦所有的冷漠無情，倒還沒有什麼悲愁。只是她有一個壞脾氣，喜歡多別人的事，有時候也喜歡帶便佔人一點小便宜，所以時常自討苦吃。陳太婆就利用她這個弱點，有時喊得她親親熱熱，有些事慫恿她去出面，而心裏却並不感謝她，比方她一出門，陳太婆便和齋公婆說：

「二姑這賤貨出去了麼？我今天叫她督一點緊，這是我底客氣呀，齋婆，那裏曉得她這麼大筷的，你看，她吃一筷又一筷呀！」說着，陳太婆做出二姑大筷挿緊吃的貌樣。

齋公婆也說：「還不，我底媳婦就不是這樣沒有規矩的。」

這時候，丁太太也從房裏走出來說：「陳太婆！我打我底外甥，是不是有我底權呢？用得着她來多話麼，她還說打小孩要打得輕點，只可傷皮不可傷骨……」說到這裏齋公婆就接下去說了：「呵呀！你底外甥，你還自已還不曉得心疼麼？」

「是呀，傷骨不傷骨要她多事做什麼呢？」陳太婆也這樣說。

有時候那一隻眼睛的趙先生也走到旁邊來，冷言冷語的挿一句說？「她今天洗米完全是用的柯老板娘水缸裏的水。」

柯老板娘是三十上下的一個很少說話的瘦小女人，尖尖面，她和陳太婆很親熱，只和她還常常低聲談幾句天，全屋人相聚論長道短的時候，陳太婆不在場，她是也不會在場的。她平時對旁人的議論大致都旁聽而不太發言，頂多笑笑或點點頭，表示例管成，却從來不表示厭倦。看她的樣子，好似說：我雖然不開口，倒喜歡聽聽你們底話。但假使問題和她切身相關，她要開口的，不過聲音也不大，講話的樣子也很溫和，只是輕輕敘述幾句，有時却很厲害，趙先生提到二姑完全是用她缸裏的水洗米，大家又對她一看，她就不能不開一下口，輕聲說：「工廠裏的紐扣一定是她偷的。害得我都沒有工作了，」原來柯老板娘在那個什麼工廠裏作縫紐扣的工作，日前有一天柯老板娘回家說起廠裏缺少人手，有人願去縫紐扣可和她一道去，第二天二姑便跟她一道去了，那知做不了幾天，交給她們那一組人縫的紐扣少了二十幾個，廠方便把她們那一組四個人開除了，柯老板娘和二姑就都是在這一組裏。而紐扣的下落，却至今還不曉得。陳太婆聽了她底話，馬上咬緊牙齒說：「一定是她。」把下巴往前一突，趙先生和其他的人也就齊聲道：「不是她還會是誰？」他們就這樣議論着二姑，總是越論越有勁，非待到她回來不停止的。

這位一隻眼睛的趙先生和二姑是出面的對頭。

他本來是和二姑不講話的，還是最近，二姑到底爭不住氣，時常先來問他，他才有時和她冷冷淡淡答上幾句。趙先生和二姑結怨的歷史，說起來很長，他們倆人吵口已經不止一次了。主要的原因是趙先生和二姑在同一個廚房裏燒飯，而趙先生也和二姑一樣喜歡佔點小便宜，兩人既不能同謀，反而相互防禦，由防禦進而相互攻訐，所以便終于要爆發大戰了。原來趙先生一家是趙太太出外謀生計，反而是趙先生在家做飯的。趙太太能綉得一手好花，只是因爲年紀大了，耳朵既聾，眼睛又一年不如一年，久而久之終于變成很深的近視眼，現在是戴一副很深的近視眼鏡，早出晚歸，不知在什麼地方替人綉花，有時也把緊繃在竹圈上的不曾綉完的花帶回來綉。她大約有五十多歲了，身子相當圓胖，面上的肉也很豐厚，只是不太緊繃，都很弛懈地從兩腮往下掛。兩腮中間是兩片厚嘴唇和一個圓鼻子，那副近視眼鏡就掛在這圓鼻子上。家裏的事情她是不太管的，她每天出門和回家之前，大約趙先生都早已把飯預備好了。趙先生有時不覺要向她訴說一些家常的苦衷，有時趙太太也要探問一些家裏的情形，這時候，他們相對吶喊，大聲高訴，是誰都聽得見的。趙先生却是一個瘦個子，尖鼻子，尖面孔，看他那一隻眼睛望天看人的氣概，可以知道他從前的境遇大約要比現在高人一頭，但可惜現在的生活，只能靠老婆綉花賺點錢，柴米油鹽也有點覺得不太充裕，所以他也不能不把一杓水，一片柴視同性命。二姑時常當他不在的時候用他水缸裏的水，柯老板娘曾告訴他過，後來他把水缸裏做了記號，果然證明是被人開過的了。所以他便斷定是二姑用她底水，他一計算二姑和他同廚房做飯的日子已不很短，總計這許多日子裏被她用去的水量便不覺心疼，因此他也決定以眼還眼，當日就趁二姑不在時，從二姑水缸取了許多水到自己水缸裏來，而且爲了此後二姑還要用他底水，推而廣之，又焉知二姑不用他底煤，不用他底油鹽呢？因此，他決定經常的和二姑做這種兩不相知的交換，只要二姑不究，他也要用她底水，燒她底煤，甚至用她底油鹽。而他自己這一面呢，則對二姑嚴加防範，首先是不再把油鹽放在廚房裏，其次是儘可能眼睛不離開廚房，進出都注意看一眼，這樣，二姑便漸漸由覺得下手的困難而考察出自己底東西少去得意外的快了，於是二姑也用同樣的戰略對付趙先生，有一天，趙先生到二姑水缸裏去取水，竟被二姑偷看見了，這是談何容易的一次成功，二姑便好像餓狼看見肥羊一般高跳着撲進廚房裏去，喊道：

「原來做賊的是你呀？這怎得了，這怎麼得了？屋裏住着一個賊頭！」

這一喊，屋內的其他四家人都跑到廚房裏來看了。趙先生原來自知錯誤，正想低聲下氣向二姑解說了事的，那知二姑喉音太大，不但把其他四家人喊來參觀，而且滿臉凶恨，一點沒有轉圜的餘地，趙先生便不得不挺一挺胸出馬應戰了。他用手一揮，用力張開一隻眼睛辨辨道：

「你這一點臭餿水算得什麼呢？用你一點水也算得是偷麼？」

「你何止用我一點水？我底煤，我底油鹽總是買來了就沒有，買來了就沒有，我心裏正想不通，總一定是有人偷，現在你給我當場捉到，不是你偷是那個偷？」二姑暴跳着，兩隻手攤到這個面前又攤到那個面前這樣訴說。

「放你家底臭屁！我用你一點水，你房裏的東西不見了也能說我偷去麼？你肚皮大了也說我偷你底毯麼？」

這一句話把二姑氣壞了，她一面說：

「我底毯，我底毯，我就讓你偷去看看。」就衝了過去，趙先生馬上把衫袖一捲，但心裏想不得了，已經準備逃了。幸而這時陳太婆一把拖住二姑，把兩條濃眉一皺說道。

「啊呀！算了！算了！一杓水的事情……」她底喉音雖然帶點啞音，聲浪却不小的。齋公婆，柯老板娘和丁太太也一同跟着喊道：「算了，算了！」

「我氣不過，我要叫他偷去我底毯看看。」二姑還在掙扎着。

趙先生看見二姑被陳太婆捉住，幸喜自己好還未馬上就逃，沒有人看得出他底弱點，他便握緊拳頭說道：「你來吧！我倒要問你討一討我水缸裏的水，我底煤和油鹽。……」

「他還反口誣人！你做了賊，自己還不知醜麼？」

「算了！趙先生，你也不要回答她了。」陳太婆一面站到趙先生與二姑之間去阻着二姑，一面回頭對趙先生勸說。

這一場大戰結束之後，二姑把趙先生偷水的事談來談去談了好幾天，有時被趙先生聽見，又不免要來一次小接觸，但無論如何，趙先生底冤枉總是洗不白的了。這樣，趙先生只好待機會報復。日子過去得很快，果然，有一天二姑起火的時候，到趙先生爐底下去抽了兩條劈柴被趙先生看見，趙先生這回也就同樣的猛撲出去，大聲喊罵，使其他四家人都趕來參觀，才算出了從前的氣，把冤枉洗白，證明二姑也偷他底東西，所以他從前被二姑看見的偷水，只能算是從二姑那裏討回自已底水。他和二姑就這樣的輪流混戰，起初是好像仇恨日深，後來却慢緩的由仇恨而變成相互瞧不起，相互輕蔑漸漸厭煩或者不肯與對方吵口了。因此他們兩人終于採用了另外一種戰略：二姑是儘量在趙先生背後挖苦，取笑趙先生，趙先生則一個人躲着聽二姑底談話，並且學她底音調，用輕蔑的口胳答覆他給自已聽，比方二姑在堂前跟人談天說：

「那個漢奸要；四毛大洋來放信號，昨天給槍斃了，要是我就不死要這點命錢。」

趙先生假使在廚房裏聽見，一定學着二姑底聲調輕輕回答給他自已聽似的說道：

「不要麼？四毛錢不少呢。」

不知底細的人一定會以爲他自言自語，而其實，他是在佔二姑底便宜，使二姑不知不覺受到了損失。趙先生底這個戰略，有時也並不限定用在二姑身上，倘是遇到他高興，別人身上他也用的。比方丁太太說：「啊呀，熱得要命。」趙先生假使在隔壁房裏聽見，他有時也會輕輕地做起女人的聲音說道：「熱就脫掉一件衣服好了。」但在這種時候，就不一定是惡意，也决不含有輕蔑到叫人損失的意思。他底這個戰略是廣泛地應用的，有時用以驅除自已底寂寞，有時用以向人取得無條件的勝利，有時用以輕蔑別人，有時也用以暗地裏幫助和同情別人，做房東的陳太婆是三天必須打一次丫頭的，有時是因爲丫頭打破了碗，有時是因爲丫頭炒焦了菜，陳太婆起先是跳躍着罵丫頭「小毴，丫頭毴，麻毴，」因爲這丫頭是一個營養不足，又瘦又蒼白，面上有幾顆麻的。接着便是打了，一定要打得那小丫頭喊天叫地，才肯休止。當這樣的時候，丁太太和柯老板娘是躲在房裏不聲不響的，齋公婆和二姑却必須一面手上做事，一面口裏喊道：「算了，算了。」而趙先生是同情丫頭的，他必定私自一個人在跟自已說：「要打死的，輕一點。」或者私下裏低聲回答二姑說：「算了，算了，又不打你。」這就是攻擊二姑的了。

那位丫頭挨了打之後，總要有一整天是不高興的了，到夜裏睡了一覺，第二天起床才能忘記前一天的悲哀而快樂起來。于是她便要到屋後毛廁旁邊去採一朵小小的指甲花來插在頭上，跑到陳太婆面前去討好地叫一聲「奶奶。」陳太婆大約有時應一聲，有時一聲也不應，只對她看一看，也有時碰到她心裏高興，不但應着，並且發出大而帶啞的喉音乾笑一聲。陳太婆是沒有兒子的老寡婦，她做的是高利貸的生意，就是放印子錢，大約是徐州已經失守了吧，日本人西侵豫東失敗，改向長江上游突進的時候武昌的謠言甚熾，簡直是人心惶惶，不能終日，這對於陳太婆是一個很大的威脅，因爲大家都喊着要逃，欠她債的人是也要逃的，倘是時勢眞不對，亂七八糟的大家都東奔西走掉了，她連本錢也無處去討，不是只要去上吊麼？所以她是堅決反對逃難的勇婦之一，因此，她一面加緊討債，時常要出門了，另一面她也召集了一二個女手下人，切實吩咐，叫她們四出討債。有一天早上，她底一個女手下人從鄉下回來了，大約討債還相當成功，帶了滿面的笑容，陳太婆和她開過祕密會議之後，面上也有喜色，但她自已宣佈並沒有收到一文錢的債回來，只是得到一個消息，說她底手下人在鄉下遇見一位尼姑，猜透了她手下人忙的是什麼，勸她手下人轉告她不必着急，說觀音菩薩早已打算照拂她，她放出去的債决不會散失，只是要她請人到家裏來念一次觀音經。所以她那一天眞是興高采烈，一面動員丫頭備菜請客，一面就自已出門去請念觀音經的人。屋裏的二姑，丁太太，齋公婆，趙先生，何老板娘諸人對陳太婆所宣佈的這奇蹟，各有不同的感應，但大體說，因爲時局緊張，日本人逼近武漢只有八十里地了的消息相傳已有數日，所以大家心裏都相當亂，只談了幾句關于菩薩的話，就交換各自所得來的各種奇離消息了。獨有那丫頭對菩薩與消息兩者，都不感覺興味。她看見陳太婆出去，馬上就活潑起來，心裏想，今天陳太婆高興，她又該有一天好運氣了，而且她曉得陳太婆是出去請客自已面上的幾顆麻將會客人看見不好意思，便趕快省下點做飯炒菜的時間，悄悄去打開陳太婆偶遇太節日用的那梳粧匣子，對鏡擦起粉來，把臉上的麻點全塡平了，又用紅紙沾口涎把兩腮塗紅。到了近午飯的時候，陳太婆帶着唸觀音經的女人回到屋裏，馬上便被二姑，方太太，齋公婆，柯老板娘以至趙先生圍住了。二姑特別起勁，大聲喊着菩薩到底是有的，和衆人宣佈了她所見所聞的許多菩薩靈驗的故事，討得了陳太婆不少的贊嘆，那唸觀音經的女人，穿一件灰色綢外衣，又胖又白，所以大家馬上就很信服她，她聽了二姑底許多講得又快又多的故事，也點頭表示佩服，所以二姑是更加高興了，陳太婆因此也覺得有說不出來的歡喜，齋公婆用力陪着笑，却不防陳太婆從笑聲裏斜睨過來向她底兩眼一白，好似說：「你房租不交，也開得起心來？」齋公婆立刻駭得毛骨悚然，從頭頂冷到脚跟上去了。只有丁太太？因爲丈夫兒子在安慶，早上外甥出去買菜又把錢錯給人家，眼前眼後都不如意，所以雖然滿口恭觀音菩薩，心裏却亂糟糟，趙先生則冷眼旁觀，談笑幾聲，有時又忽兒覺得二姑她們底話已也許可靠，就不覺埋怨老婆底基督，似乎以爲自底運氣總好不起來，也許是菩薩跟他們過意不下，——直到那又瘦又蒼白的丫頭把午飯送到陳太婆房裏去，二姑和齋公婆，丁太太她們才退回自己房裏吃自已底飯。留下柯老板娘一個人站在堂前。因爲她底年紀已近三十，很想生兒子，陳太婆那菩薩前面的紅呢跪墊都是柯老板娘製送的，對於菩薩眞是有靈一說，更是十分神往，所以雖然大家都各自走到房裏去了，她却仍舊呆在堂前陳太婆底菩薩前面不動，想着菩薩不知是否保佑她生兒子，過了好一會，才最後對菩薩看了一看，走進自已房裏去。

那面陳太婆和那唸觀音經的女人坐定之後，便叫道：

「ㄚㄚ，送飯來。」她現在叫ㄚ頭是叫「ㄚㄚ」了，這是她高興的時候常用的親切叫法。在這時候，她就暫時把ㄚ頭來解慰她沒有兒子的孤寂之感。ㄚ頭聽見太婆叫她「ㄚㄚ」，心裏便樂不可抑，趕快盛了一碗飯給那唸觀音經的女人，隨即盛一碗飯特別輕快地送到陳太婆手裏，叫她一聲「奶奶。」陳太婆伸手去接飯的時候，對她一看，原來她面上的幾顆麻點已經不見了，滿面是脂粉，簡直打扮得像一位千金小姐，陳太婆心裏一驚訝，想：她那裏來的脂粉？便對那放在箱上的梳粧匣瞧了一瞧，嚼在口裏的飯都有點不太知味了。但她仍然用力保持笑臉，吃過午飯，然後就換衣服，洗過手點起香來，待到那唸觀音經的女人快要就座的時候，同屋的五家房客也都已聚來看了。齋公婆，二姑和柯老板娘還特別換了乾淨衣服。觀音經唸完的時候，大家都嚴肅得近于靜默，那唸觀音經的女人舒一口氣抬起頭來用普通談話的口胳結束說：「觀音保佑。」大家才又隨便的談起話來。

「再請這位師父替我唸一遍吧？」柯老板娘吞吞吐吐躊躇了很久，才終于低低地跟陳太婆說，好像很難爲情的樣子。

「好的，這眞是一個好機會呀！柯老板娘，我險些給你忘了呢！」陳太婆立刻用沙喉音大聲喊道，于是齋公婆和二姑都從旁贊同，並且稱贊柯老板娘想得週到，不錯過機會，二姑則特別大聲的說：

「陳太婆底菩薩比誰家底菩薩都要靈些。只要求她底菩薩是沒有不靈驗的。」她說得很快，只怕別人不耐煩聽，巴不得一口氣說完。「我從前見得多呀，你們還沒有住來以前，有好幾個人都是求太婆底菩薩生了兒子的。」

齋公婆聽見二姑說只有陳太婆底菩薩靈，心裏立刻感到悲涼，沒有說話。

「柯老板娘不錯過機會，一定生兒子。」這是丁太太說的。柯老板娘弄得滿面緋紅，低頭只管小聲的笑，陳太婆又大大把那唸觀音經的女人底道術頌揚了一番，那唸觀音經的女人自已略加歉遜，追加了幾句證明菩薩有靈，尤其觀音菩薩保佑人生兒子靈的話，就開始唸第二遍觀音經。

觀音經唸完已是黃昏的時候，陳太婆和柯老板娘各人拿出一個紅紙包，那唸觀音經的女人推讓了一番就收下了，隨卽，一屋人相互贊美着送她出了門，回頭陳太婆和大家約略酬答了幾句，便急急忙忙回到房裏，打開梳粧匣一看，却看不出什麼動亂過的貌提，這使她覺得奇怪了，只得把木梳等一件件的東西拿開，一直尋到匣底上，才輕手輕脚把一包水粉和一小匣胭脂掏了出來，打開仔細一研究，胭脂上她從前用進去的一個淺淺的洞，記得似乎並沒有現在的這麼太，似乎是沒有疑問了，她立刻就把牙齒一咬，從齒縫裏擠出聲音說：「我不要她底命，不算是人。」隨卽打開水粉包，却找不出明顯的證據，她底兩道濃眉往鼻樑上一鎖，便想出了她這包水粉從前用了之後，連紙稱過的重量是八錢六厘五，於是她便打開抽屜，從兩三把香底下抽出一個不到一尺長的黑色琵琶形的扁木匣，那木匣細小的一端有一個活釘固定着，只要把圓而大的一端抹着一推，木匣便分成上下兩半往左右旋開，下面一半的木匣裏就有一支老鼠尾巴一樣粗的白桿上釘有黃星的稱桿，一個牌九那麼大的金色的矩形稱重，和一個茶盌口大小的金色銅盤，各自安放在恰好把它們箝得進去的凹型裏。從前陳太婆是用這稱稱硬幣的大洋錢的，現在鈔票既已代替了硬幣，她這稱便只有用來稱別人典押來的金器，和別制參等等的東西了，有時她也用來稱水粉和其他她極稱確算定以防被竊的東西。她從這琵琶形的小匣內的放稱的凹型裏取出小稱來，把水粉連紙放進去一稱，奇怪，有一兩多，爲什麼反而重了？她心裏想，這眞奧妙，天氣熱，加以心裏着急，額上面上便沁出汗來，頸項上的肉紋裏也漸漸積着汗水了。她從稱裏拿出水粉，重新又打開，仔細研究，因爲天色不早，房裏不太亮了，她把水粉端到窗邊上去細看過，用指頭抹過，最後用舌頭舐過，終于，她發見了，原來這水粉裏已摻有石灰，再一舐，就發見石灰而且並不少，那包水粉幾乎用不得了。原來那丫頭不久以前曾經偷擦過她底水粉，她一面搽用，一面駭怕太婆要拷她，所以用過之後，完全照原樣放好，一點看不出疑跡，後來也是被太婆用稱研究出來，她是知道的，因此她這一次不但照原樣放好，使人看不出疑跡，並且還放了些石灰到水粉裏去，想以此補足她所用去的水粉底分量。至於胭脂，天理良心，她知道用了是瞞不了的，所以不會用過，她是用紅紙濕口唾，輕輕塗在面上的，我們前面似乎也指明了。她現在知道太婆在房裏檢査胭脂水粉，心裏自然非常駭怕，連夜飯也忘記去燒了，却只是在反覆着安慰自己說，她這回再査不出來了，努力想鎮靜下來，編造一套有頭有尾的故事來抵賴她所搽的水粉不是從陳太婆底梳粧盒裏拿來的。這一面陳太婆眞是氣得手脚都發冷了，在平日她是一定要馬上發作的，但因爲菩薩或有尊貴客人，要顧面子，或因有別的事忙在手上沒有工夫，她也常用記賬的辦法，就是把今天丫頭該要挨的一頓打積欠下來，待到明天再找機會發作。用她自己的術語來說，就叫作「連本帶利。」她今天也不好馬上發作，因爲她底唸觀音經雖說是她爲了掩蔽在鄉裏討回來相當錢的債，想暫時不借出門，决計放在家裏靜觀時局的轉移，因而舉行的遮眼法，但佛事到底不能不鄭重的，唸了觀音經就打人，萬一日後弄個三長二短，豈不失算，她陳太婆這一點冷靜是有的，她現在已經將近六十的年齡，處事自然精明强悍，說得出，做得出，也吃得下，可是也多虧菩薩保佑，才幾十年如一日，不但積錢日多，而且心廣體胖，老而益壯了。她對于這毛丫頭，再也不覺得有叫「丫丫」的價値，她趕快收拾起梳粧匣，弄去坐在床舖裏喘氣了。「明天再算她底賬。」她心裏說，一面又去取面巾來把面上頸上的汗揩個乾淨，便走到房門口去鼓起沙喉嚨喊道：

「丫頭！還不燒夜飯麼？」

丫頭正屛着氣息坐在前廂裏，聽見太婆一吼，立刻跳起身來駭得渾身發抖，跑到太婆面前來。

「你要死了麼？你想那個漢子？到現在還不燒飯？」

丫頭開始燒飯的時候，柯老板也從外面息工回來了。他是一個結實的中年木匠，太婆看見他，馬上斂了那駭人的怒容，裝出平常的樣子，正想借問柯老板時，只聽得丁太太住的耳房裏，卜，卜，卜，好像在打棉被一樣的悶重聲連續不斷地一下下在響，她和柯老板聽了這聲音都一齊豎起耳朵，站着的不動，也不說話了。隨即聽見男孩子低低喊哎唷聲音，但並不討饒，也無哭聲，只聽見丁太太回答這哎唷聲說：「哎唷麼？你也知道痛麼？你第二回還把我底錢拿去糟塌不呢？」

男孩子回答說：「不了，不了。」

「你眞傷了我底心！你眞是打死都不變好的呢！」這是咬緊牙齒罵而又很低很凶狠的聲音，接着又是卜，卜，卜，一連十幾下。男孩子就更痛苦地呻吟起來。

「是怎麼回事呀？」柯老板低聲問陳太婆說。

「她打她底外甥。」

「爲什麼事呀？」

「大約是他今天出去買菜，把錢錯算給別個了，丁太太今天罵了一個早晨呢。」陳太婆低聲跟柯老板解釋之後，接着就說：「我今天唸觀音經，您駕老板娘也唸過一堂了，望菩薩保佑你們早點生兒子……這，這樣要緊的日子，她倒是一早就咒天罵地，眞是噪得六神不安，到這會還要打人……眞是……呵……」她緊鎖着雙眉，望了望上橫木匣裏的菩薩，似乎請願似的說：「要菩薩有靈，讓她們自作自受吧！」

柯老板聽見說自己底老婆也一道唸過觀音經求子，同情便在陳太婆這一面了，一面點頭表示同意陳太婆，一面却急於要想知道自己老婆今天唸觀音經的底細，巴不得馬上回到房裏，向老婆問個一淸二楚，所以就不再停留，把喉音張大，改做公開形式，向陳太婆問候了幾句普通的話，便到內進自己房裏去了。

耳房裏的丁太太正在打人的時候，聽見房外有人低聲講話，心裏就起了疑竇，因此忽忽忙忙打了幾下就草草了事，巴不得她底外甥立刻停止呻吟，讓她聽一聽房外是談的什麼話。但她剛一停止，房外的柯老板早已張大喉音改成公開談話式了，她知道時機已過，便不覺火上添油，反用力打起外甥來。這兩天外面風聲不好，也難怪她時常動怒，因爲我們知道她底兒子和丈夫是在安慶後方醫院裏，而安慶到底失守沒有，卻無從知道。報上說敵人在安慶登陸已經殲滅乾淨了，安慶是敵人底葬身之地，她雖不識字，但看見識字而又較爲生疏的人，知道向這種人探聽不出報紙以外的消息，只能請他背誦一點報紙，她就問他報上怎麼說，所以報上的消息，她是知道的。但她覺得報上的話是定心丸，如其當作消息來相信，不如當作無線電裏的哇啦哇啦來解愁，如眞正的消息，寧可到衖頭巷尾去探求，于是日本人已逼近武漢了囉，安慶早已失守了囉，等等消息便都由她帶到屋裏來告訴給大家，同屋的別人也從自己特有的去處打聽了另一些消息來相互交換，這屋子便一下子成爲消息的匯集所了。而決定了這屋子近一月來的議論中心，把握這議論中心樞紐的是柯老板。柯老板能够運用一些平常的故事，把各種幾乎是完全相反的消息糾正過來，假使沒有他，這屋子便失了主宰，非從爭論而至于積下深愁索怨，或者說不定會終于動武拚命不可，這裏面的深奧道理，只要舉個例說明便不以爲奇了，比方日本鬼子攻下徐州，向豫東進侵的時候，武漢眞是危急萬分，似乎朝不保夕了，照陳太婆底意見，是因爲她底菩薩有脚力，發了水，才淹死了八十三萬鬼子下江南的。齋公婆底意見就不同，她雖然欠陳太婆房租，胆子很怯，却不肯示弱，鼓勇說出她底菩薩早做夢給她過，叫她暫時還是不必駭，日本人這回下江南還要上一次當，後來是她底夢果然靈驗了。她雖然沒有明白和陳太婆底菩薩爭發水的功，却暗示出日本人底運命是早由她底菩薩判定了的。這使陳太婆心裏頗爲不快。現在丁太太底論調却又與以上二說不同。她說她早知道，安慶不失，日本人便來不了武漢。所以武漢的安危，只要看她底丈夫來不來武漢就可斷定。她底丈夫如果不來武漢，大家千萬不要亂逃，還是待一待，看看她外甥天天到電報局裏去能不能與安慶打通電報。倘是她底丈夫那天到了她面前，那麼她決定和丈夫商量，看看該往那裏逃，到那時候，大家就要立刻往那裏逃了。這種論調，在陳太婆與齋公婆聽來，都會心裏說：「那麼還是不用問菩薩，只要問你這活寶貝了麼？」就不高興，二姑是覺得大家底話都對，又不知道到底那方面底話眞正對的，只有柯老板，他能提出一個意見，既能使二姑信服，也能使大家認爲不錯。這天柯老板回到房裏問明了老婆唸觀音經的情形及打了多少錢紅紙包，吃過晚飯，他老婆收碗筷到廚房裏去了之後，他便照例走出房門去主持輿論了。那時天已大黑，可是全屋裏並沒有什麼人點燈，大家都有一雙走慣的脚，摸慣的手，聽慣的耳朶，並不感覺不便。丁太太打過外甥，早已平下氣，吃過晚飯，坐出房門口來談天了。在座的有剛吃過晚飯的齋公婆，和正在天井下面的前廊裏憑着一張小小的低桌吃晚飯的陳太婆。太婆底丫頭照例是在廚房裏吃的，二姑不知爲什麼事出門去了，趙先生夫婦大約還在房裏吃晚飯，大家聽見柯老板走出來的脚步聲，就都靜下來了，丁太太首先問道：

「柯老板今天有什麼消息？」

柯老板是頂怕別人來逼消息的。因爲他知道，甘蔗水假使一下就被人擠乾，剩下來的渣人家馬上就不耐煩再要的。所以他要把他底消息留到適當的時候，待人們急需他底消息來搭救，或者他自己感覺有用點新鮮消息來解他自己圍，他才肯說。所以他並不答應丁太太，却同陳太婆道：

「太婆今天怎麼吃得這樣遲呢？」用這句話輕輕把丁太太底逼問招架開去了。陳太婆聽見柯老板又來問他吃得遲，便又再一次咆哮起來說道：

這丫頭鬼今天不知想那個野漢子想昏了，飯也燒焦了呢，我明天再跟他算賬！一定要跟她算賬。

「俗話說，夜裏吃焦飯，睡一夜淸爽，（俗有焦飯助消化之說。）還不好麼，嘻嘻，嘻嘻，」豆莢乾一樣瘦削的齋公婆極力想壯起胆，提高喉音說了，又加上一串不自然的笑聲。

陳太婆聽見是齋公婆底聲音，便淡淡地哼了一聲，似乎有點不屑和她說話，沒有回答。却跟柯老板說：「柯老板，再不用怕了。我今天唸過觀音經。柯老板娘跟你說過了沒有？鄉下有個尼姑說，我們有菩薩保佑，要多唸一些觀音經，人心趕快好點，日本人不得打來。」

「打來又該如何呢？我們反正得天過天。」柯老板說。

「不得打來，我包你不得打來。」

「他們有錢的人都逃到四川雲南去了。到宜昌去的船票，聽說明年一月裏都賣光了，現在買火車票也不容易。」丁太太說。

「不用怕。他們有錢的人儘管逃，那是因爲錢太多了。我們沒錢的人，只要洗心革面以後做人好點，自然有天保佑。」

「我們沒錢的人逃也逃不掉。」齋公婆趕快應和道。

「日本人眞是來，那就不能這麼說了。我在南京是嘗過這個苦頭的。現在的人心那裏好得起來呢？」

這麼一來，又是兩個輿論中心了，一個鼓吹不怕，一個就說出南京失守時的一個可怕故事，雖不明言，却是主張逃的。到這時候，柯老板便感覺有報告他底消息以解救別人底必要了，他就曾說：

「我告訴你們一個好息。」

「什麼消息？」大家都一齊豎起耳朵來。

「今天我們木廠門口來了一個女討飯，樣子還年輕，看來不是苦出身，她說她是山東蒙陰人，丈夫是縣政府裏當科員的，家裏可見一定就不壞，她說現在我們中國地方失了，民逃兵不逃，我們底軍隊還是躲在那些失去了的地方的山林裏，夜裏出來抄日本人底後，他們日本人倒也弄得騎虎難下，進退兩難。她說老百姓不逃也不要緊，只要跟着軍隊躲到山裏去，大家打日本，也好過日子。她是因爲丈夫手上有點錢，想到武漢尋安全，那裏曉得前面日本飛機飛來武漢丟炸彈，她底丈夫躲到蛇山公園一顆樹底下，心裏說公園裏可以不要緊，把幾卷鈔票都帶在袋裏，偏偏飛機似乎有意要跟她爲難，下一顆炸彈，落在她丈夫頭上，蛇山公園裏炸死的那些人連屍首也沒有下落，你們不是也知道麼？現在她一個人，袋裏的錢用光了，眞是苦得要命。」他報告消息總是有頭有尾，學着茶館裏說書人底口氣頭頭是道，一口氣說到這裏，才停了停然後再接下去作個結論道：「照我推想，他丈夫袋裏的錢，說不定來路不正當，所以那怕是從虎口裏逃了生，還是逃不了天譴地罰，如今連屍首也五離四散。逃難不要緊，誰不要性命？政府也不說不要我們逃。只是這種兵荒馬亂的時候，趁火打劫，黑了良心發財，還有些欠債還不出，借口逃難好躲債，王法也管不着。那借錢給他的人呢？本來爲的是圖利，現在連本錢也落了空，還不是眞好比油煎肚腸？這種人逃到天邊也不相干，那位山東女人底丈夫就是好榜樣。倘是心腸好，窮點不要緊，逃起難來好領難民票，路路有茶飯，就不逃難跟着軍隊躲進山裏去，老天總是有眼睛的。」他這一番話，不但講到陳太婆心裏去，也說得丁太太五體投地，大家就齊聲感嘆，舒了口氣，把柯老板這段議論作爲中心展開討論了，以後就各自忘了原來的意見，由飛機炸死心腸不好的人而談到雷打蜈蚣精，而談到鷄和蜈蚣前世的冤仇，最後又由柯老板談一個西游記上蜈蚣精的故事作爲結論。這一天，柯老板作過結論才看見柯老板娘也坐在旁邊了，便想到他老婆大約把飯後各種零瑣事都已經摸清楚，好去睡了吧。丁太太却還不肯去睡，她看見二姑不在，想到她今天和她爭晒桿晒衣服的事，正想把她底罪狀提出來討論，却不料二姑剛在這時候從外面回來了。丁太太看見她已回來，覺得非常失望，就說：「睡覺去吧，不早了。」她巴不得大家立刻散了，讓二姑冷冷清清，又不知道她們談些什麼，空去着急。二姑冷冷清清。說：

「這麼早去睡做什麼，我今天受了一肚皮氣，要你們評評看。」

大家聽見她說受了一肚皮氣，立刻像一陣涼風拂面似的都覺得爽快，一齊都決定趕走回房去睡的念頭，聽聽她底報告。柯老板用同情似的口胞說：

「你又受氣了麼？」

「還不，」二姑大聲訴說：「我見了鬼，讓她騙得眞可憐。」

「那個騙傷？」陳太婆大聲說，似乎馬上就要替她去報復。

「就是那位馬先生吧？」丁太太已經猜得着五成了。

「怎麼不是？她媽的臭民，我跟着她到東，又跟着她到西，前天跟她到青年會聽什麼演講，眞是活見鬼，有什麼好聽，又不紅，又不綠，又沒鼓，又沒鑼，還是那麼個人，我一句也沒有聽，眞好比受活罪，煎熬了二個多鐘頭，還用了三毛多車錢，一毛過渡錢，我可以買好幾天菜了。」她講的很快，不聽慣的人是聽不淸楚她底話的。「我不是爲了想進去賺幾個錢，我何必要這麼自討苦吃呢？她還叫我照了一個照片送去，又化了五毛錢，眞是見了大頭鬼……」

「怎麼樣？她不要你了麼？」齋公婆問道。她想到二姑前幾天叫那姓馬的女人到家裏來，請她吃飯的那種種慇懃巴結的樣子，便覺得那姓馬的假使眞的替她弄事弄不成功，就痛快了。

「進到什麼ㄌ去賺錢，這麼不容易麼？」柯老板問，他是還不知道二姑這幾天的生活內容的。

「進什麼婦女協會的看護班……眞是『看』她底臭屄，只該不要跟她活見鬼了，今天叫我去問了問，又說不要了，弄到這時候才回來。」

「不要就不要，算了。」

「哈哈哈哈。」那句「不要就不要，算了。」是後進趙先生房裏傳出來的，明明是趙先生睡在床舖裏針對着二姑的自我回答。那聲音很低，平時本來也不大聽得淸楚，剛好此刻是夜裏，街上靜了點，加以大家又正在屛息聽二姑訴怨，所以就淸淸楚楚被大家聽見了，一種本來不好意思笑而還要面上裝出同情的貌樣來掩飾的內心的快感，此時便趁着趙先生這句隔壁答話所提供的滑稽之感，禁不住從心底里笑出來了。大家都好像並非笑二姑的自討苦吃，而是笑趙先生似的都笑得抱着肚皮前俯後仰，弄得二姑也只好笑了。但陳太婆忽然從笑聲里辨別出她背後有一個笑聲很是細嫩，起初還以爲是柯老板娘，隨後想到柯老板娘是坐在自己側面，便回頭一看，原來是一個又低又小的人，雖然面貌看不見，就知是她底丫頭了，立刻，那丫頭塗着厚厚一層脂粉的面貌浮上她底腦際，胸血馬上湧來，她一下站起，猛回身往那低小的黑影一巴掌打過去道：

「你也要笑？我眞是看見你這妖精，心就裂了。今天看觀音菩薩底面子，還有一頓好酒肉明天要請你的，你等着。」

這丫頭挨了一巴掌，果然就轉笑爲哭了。

第二天，是陳太婆向她底丫頭正式算賬的日子。這天丫頭起床，因爲不捨得把前一天搽在面上的脂粉洗掉，所以面也保留着沒有洗，早飯吃過以後，陳太婆忽然想起二姑在三四天前曾問她借去過一個破瓦罐。這破瓦罐雖說沒有用，塞在她床舖下已經好幾個月了，但却是她用很大的代價換來的。大約是南京失守不久以後的事吧，一個挑着担子販賣茶壺碗砵的小販家裏遭了日機轟炸，這小販還欠陳太婆十數元債沒有還，陳太婆聽說他家裏遭了轟炸，趕快就跑去看，原來那小販已經炸死，他家底屋也炸掉了，只剩下那小販底妻兒們坐在瓦礫里哭泣。她見了那情形，知道債是難討回的了，心裏很急，想把小販家裏的東西搬點來，又因屋已炸掉，什麼也沒有得搬了，她在那廢墟上拚命徘徊，才尋了這一個破瓦罐回來，就塞在床底下。日前二姑看見，說她想借去燒點漿糊，太婆就答應了。這天早晨她想起了便問丫頭道：

「丫頭鬼，二姑借去的那個瓦罐拿回了沒有？」

二姑在隔壁房裏聽見，馬上答應道：

「我昨天就交還桂香了。」桂香是丫頭底名字。

「還沒有洗呢！」丫頭憤憤地說。意謂你借東西去用髒了不洗乾淨就拿來還，你是什麼人，難道我也有這許多力氣來替你洗東西麼？二姑聽了丫頭這句回答，立刻覺悟到她討丫頭便宜的祕密，一下就被丫頭揭破了，便好像陳太婆在那裏好笑，她隔了一層壁也看得見似的感到一種畏怯似的不安，趕快說：

「那麼我去洗乾淨拿來。」說着就走出房門，到廚房裏去了。那知這天好像有菩薩故意搗亂似的，二姑底心跳動着，同時也帶點氣憤，把那瓦罐匆匆洗好，巴不得三脚兩步，一下拿着摔到丫頭鼻尖下去說：「洗好了，再好還你了吧？」却不料她太急，步子既走得快，兩隻手也特別擺動得厲害，拿着瓦罐的那隻手不幸碰在一隻桌角上，把瓦罐打得粉碎了，太婆在房裏聽見瓦罐打碎的聲音，心裏立刻感到不幸，衝出房門問道：

「是什麼打破了？」

「啊呀，太婆，瓦罐打破了。」二姑知道不妙，哭喪着臉，正好像她七八歲的時候打破飯碗駭怕媽媽拷打她一般。

太婆證實了打破的果然是她底瓦罐，心裏便像刀割下去一般難過，立即猛虎似的撲過去抓住了丫頭舉拳就打，口裏說：「倒是你爲意，就多洗一個瓦罐也不肯——你還是天天搽胭脂水粉，當作菩薩讓我供吧。」二姑沒有意料到這個突然的劇變，一時呆了，站在老遠說：「你打她作什麼呀，太婆？」太婆沒有理她，只顧自己打。

丫頭底哭喊聲，屋裏的各份人家都聽慣了的，丁太太和柯老板娘照例裝作聽不見，齋公婆也不想馬上出來過問，心裏說：「一會兒就又丫丫，丫丫叫得親親熱熱的。」只有趙先生慢慢吞吞走出來，看了看，就又往廚房裏去了。

「算了！太婆，算了。」二姑說着，總以爲太婆打幾下就歇手的，所以照例只站在一邊用口勸而不用手去拉開丫頭，心裏想，這賤貨不打幾下實在也太不成器了。那知太婆一連的只是打，終于逼得二姑手足無措，況且她想到太婆打丫頭是爲的她打破瓦罐，不是明明打給他看麼，又打這麼凶，眞是豈有此理，這麼一轉念，她便挺身向前昂奮地說：

「太婆！你要打就打我好了，是我打破瓦罐呀！」

太婆聽了這句話，感覺到是對她的一種威廹，便握緊拳頭，跳起來鼓着沙喉嚨喝道：

「你是我底祖宗呀，我怎麼敢打你呢？」

「不要緊的，不要緊的，你儘管打好了！用不着恨棍打別人！」二姑也不示弱，大聲回答她，站到她面前去。

「我打丫頭倒要你管？你是我底什麼人呀！」

丫頭在一邊哭着，因爲身上沒有繼續挨着打，聲音低得多了。但太婆和二姑的爭吵，却一句高似一句，一下子把丁太太柯老板娘，齋公婆，趙先生都號召來了。二姑看見衆人趕來，便站出去向大家訴說道：

「是我打破了太婆底瓦罐，又怪不得桂香……要我賠也好說的，何必……你們看，這麼凶的打桂香給我看……」

太婆這一面就火球似的跳着辨解道：

「我打人就是打給你看？你是我底什麼人？我打我自己底人倒要你管。」說着就又向丫頭奔去，下提住丫頭底手說：「我偏要打，說打給你看，就算打給你看！我偏要打。」拖着丫頭往自己房裏奔去。

丫頭是知道的，假使陳太婆單只隨手打她而不拖她到房裏去，那便不會打久，只不過一頓小刑罰，假使拖到房裏去，那就是大禍了。太婆會關上門，拒絕任何人勸解，拿出那專門打人的竹尺來，打倦了就歇力，歇了力又打，一直打到厭了才會停止，那丫頭就不敢設想她能不能受得住這一頓酷刑了。她有一次給打得半天說不出話，後來蘇醒了還要立刻掙扎着一身痛楚去給太婆燒飯。所以當太婆一捉住她底手往房裏拖，她剛才挨打的痛楚馬上便消失而由一種强烈的恐怖代替了，她尖銳地慘叫起來，似乎求救似的一面走，一面回頭向衆人看。她面上的脂粉被淚水洗成一條一條的瘢痕，而她底恐怖把她面上薄薄的一層肌肉全扭歪了，那些條條的瘢痕也可怕地交織着扭成一團，似乎許多小蛇要一下子集合起來鑽進她腦門裏去似的。看見的人，除了二姑憤憤地說：「打死你底人於我什麼相干，你儘管打吧。」就轉身走回自己房裏去以外，其他的人都不自禁他走前一步向太婆說：「饒她這一次吧，」尤其是齋公婆，她甚至伸手去拉着丫頭向太婆解勸。太婆起初口裏只應付着衆人說：「這賤貨不好好受點教訓不成功。」後來感覺有人拉着丫頭，仔細一看，看見原來是齋公婆底那乾癟面孔，腦子裏便湧出了房租，心裏想：「你也配來勸解麼？」不覺火上加油，憤憤地將丫頭往旁邊一摔說：

「你養得起她，就你拿她去心疼吧！」

齋公婆和衆人都駭了一個倒退，一時說不上話來。太婆隨即逼過去向齋公婆罵道：「你不要到我身上來擺你心腸慈悲的臭架子。是善是惡，菩薩都曉得的。倘說你是個好人，你還麼白住人家底房子，心裏過意得去麼？」

齋公婆駭得手足無措，呆着，後來也不敢反抗，只得合掌做起拜佛的樣子申辯說：「我冤枉哪！我冤枉哪！」

「你爲什麼不到淸水毛廁裏去照照你自己底面孔，倒來我管我底事！」

「我冤枉哪，……我眞冤枉。」齋公婆一面哀訴着，似乎要哭的樣子，一面奔回自己房裏去了。丁太太也駭怕陳太婆說不定會又誅連到她身上去。一面裝着勁兒勸她們說「算了吧！算了吧！」一面就趕快溜走了。趙先生也知道事情不好弄，一轉身逃回自己房裏，學着齋公婆說：「我冤枉哪……我冤枉哪！」忽然想到二姑還躱在房裏，恐怕馬上不會出來，就匆匆似走出房門到廚房裏去了。

陳太婆看見大家都先後溜走，忽然感到自己一人做戲而沒有人閘台的寂寞，便索性一不做，二不休，蠻暈地罵起齋公婆來了，齋公婆因爲欠她房租，更沒有錢另租房子，所以除了喊着寃枉，盡力辯辯，一句得罪她的話也不敢回答。待到她罵個爽快，回頭想再去找丫頭來打的時候，丫頭已不在面前了。她向前後左右一看，正想跳起來喊的時候，忽然看見丫頭從廚房裏捧着一鍋洗過的米進屋裏來。

「你到那裏去了？」太婆大喝道。她因爲看見丫頭手上捧着米，沒有馬上對準丫頭打下去。

「要做午飯了，太婆。」太婆一想，吃早飯或者也是時候了，若是再打丫頭，等下還不是自己底肚皮吃虧，就改了口說：

「還筆賬還沒算淸的，記在你身上。」

原來確實是快要十二點鐘了。二姑底女兒已從學校裏放午學回來。二姑受了一肚皮氣，悶在床上，正沒處去發洩，看見女兒回來便從床上跳起來道：「今天這麼早你就回來，又是躱學吧？」

「快十二點鐘了，學校還不放學麼？飯呢？」她女兒也不示弱地爭辯道。二姑本來沒有好氣，看見女兒底强蠻樣子，便蹩跳起來，一巴掌打過去，罵道：「你倒好大的福氣？這麼早回來還要喊五喝六要飯要菜，你早打個電話來，我不是好早點把飯菜弄好，只要現現成成待你來吃了麼？」

女兒挨打，馬上掉轉身面對着牆壁放聲大哭。二姑隨即把桌上的一匣火柴拾在手裏，逕自衝出房門，憤憤地口裏罵着女兒往廚房裏去起火做午飯了。

齋公婆受了陳太婆底氣之後，第二天一淸早便出門去找房租錢了，她把房門鎖上，出門去了好幾天，這幾天前線打仗的消息都很不好，待齋公婆走遍了武昌，漢口，漢陽三鎭，[illegible]苦裏訴說了不知多少遍，終于[illegible]回來的時候，陳太婆屋裏的局面已經完全[illegible]樣了。丁太太底丈夫兒子已經從安慶逃命，徒步走了二十幾天，在路上受盡千辛萬苦到武昌來了。丁太太和她丈夫正在打算搬家。陳太婆自己更忙了，她差不多天天要出門討債，因此就給了丁太太許多機會去指責陳太婆底罪惡，鼓動二姑和趙先生搬家。二姑呢，那天雖然受陳太婆底氣，後來陳太婆需要她幫同向新到來的丁先生述說她對丁太太如何如何週到，如何如何客氣，如何如何大量，便又把二姑當作自己底人一樣看待，非常親熱，而二姑也覺得陳太婆到底對她沒有惡意，照舊尊敬她了，所以她對丁太太叫她搬家的一番好意，決不定如何處置。她覺得丁太太的話有理，陳太婆確是有些地方可惡，但又覺得實在決不下心來和陳太婆反臉，只是因爲時局緊張，風聲不好，她看見大家都逃難了，自己也確實有點駭，她有位親戚是常德人，勸她到常德去，她正在考慮。所以對丁太太就說要到常德去，還是丁太太先搬家，她隨後再作打算，而丁太太和她說過的話，她也全守祕密，決不告訴陳太婆，所以嚴格地說，她是站在丁太太這一面的。趙先生家裏新到了一羣客人，是她底女兒女婿，外孫們。他有兩個女兒都嫁在湖南，所以兩個女婿也是湖南人，這次兩個女婿都要到武漢來找工作，所以就帶便把女兒外孫們一道帶到外婆家裏來玩了。外婆家裏太榨，只有一間房子，人口多，住不下，這幾天趙先生都在堂前睡，給蚊子咬得天天向趙太太訴告了。他們也決定另找大一點的房子，因此很同意丁太太底鼓勵。至于柯老板娘，大家本來都看她是陳太婆底親信，加以她又不大說話，誰都疑心她和陳太婆有什麼祕密的利害關係，一向來是對她相當戒備的，近來因爲她也時常挖苦陳太婆一兩句，大家也能和她談些知心話了，因此她也在數面包圍之下受了搬家的鼓勵，很有和大家聯成一氣，把陳太婆底房子搬空，弄得她狼狽不堪，博得一場痛快的樣子。陳太婆似乎也覺得出這兩天情形有點不對，看大家的神氣，都好像逃的要逃，搬的要搬，馬上就要丟下她孤零零一個人守着空房子的樣子。她對這樣的前途，無疑是畏懼的，所以她這兩天早晨唸過阿彌陀佛之後，還要交一次卦。她交卦的方法是把對剖開來的兩片小竹根往桌上一丟，兩片竹根的剖面朝上便是吉利，剖面朝下便是不吉，一片朝上，一片朝下，便是不吉不凶了。她這兩天交卦所要求的大概不外四個答案，一是債收不收得齊，二是日本人來不來，三是房客搬不搬走，四是炸彈掉不掉在她腦袋上。她大約用這兩片小竹根一天問一個題目，總要把兩片小竹根一次又一次，一直丟到兩片竹根底剖面完全朝上，得到吉利的結果才肯休止的，所以她一天二十四小時的炸彈恐怖，債權恐怖與房子恐怖等，照例到卜卦時便得到慰解了。陳太婆屋裏的這種表面上房客增多，好像繁榮，而實際危機卻非常深刻的情況，都不是齋公婆出門去設法弄房租錢的時候，所預料得到的。這幾天內變化的迅速，使得她回家之後，和大家一接觸，就深切地感到

2008

自己落伍．一時竟摸不着屋內大勢的頭腦了，她首先覺得奇怪的是陳太婆對她竟非常客氣，硬說不肯收她底房租，解說她那天因爲打了頭一時生氣，得罪了齋公婆，要請齋公婆了解她一向粗魯的脾氣，最後半推半就，收下兩個月的房租二元大洋。齋公婆眞是受寵若驚，感激得說話都不大連貫，裝滿了一肚皮的快慰回到自己房裏。這以後，齋公婆便成了陳太婆底心腹，能使陳太婆自成一條壁壘，和屋內不穩的空氣對抗了。

這樣，過了好幾天。

有一天午飯後，日本飛機來襲，二姑帶着女兒和丁太太一家逃走到市外去，齋公婆和陳太婆照例點香跪在菩薩面前加緊唸經，柯老板娘和趙先生一家人就躲在堂前蓋了七八床棉被的裁縫板底下。趙太太是相信耶蘇的，所以她雖是駭得面孔也發靑了，却躲在裁縫板下鼓勇摹擬陳太婆唸經，做出嘲笑的模樣給她女兒們看。她底女兒們也鼓勇做出取笑的神氣酬答母親。但柯老板娘和趙先生在旁邊看了趙太太那種舉動却不以爲然。柯老板娘是相信菩薩的，她以爲趙太太這種舉動足以觸怒菩薩招惹禍難，所以一向就憤恨趙太太。趙先生雖然不相信菩薩，但也不相信耶穌。以爲菩薩是迷信，却也說不定會有，尤其當飛機在頭上的時候，倘是眞有，菩薩一生氣，不是開玩笑的，所以他也不贊成老婆底舉動。可是飛機在頭上盤旋，誰都駭得不敢出聲了，所以柯老板娘和趙先生也沒有說什麼，各人底神經都很緊張，各人底哀怒喜樂都被一個共同的恐怖絞拌着，只聽得見陳太婆輕輕的唸「南無阿彌陀佛」的低吟聲和急促的呼吸。當高射砲和高射機關槍從房屋四週發出吼聲，把空氣扯裂似的令人立刻忘記前一瞬間的利害損益，血液駭得幾乎起了逆流的時候，山崩地裂一般的轟炸聲也就跟着爆發，把人世的一切熙熙攘攘、一切小小的你爭我奪都一下子掩沒掉，似乎全武漢的人心轉瞬間便溶化在一個共同的利害觀念，一個共同的愛與恨的情感裏面了，這種共同的利害與情感，也許就是至高無上的民族意識底實在形貌吧？但這寶貴的實在形貌是那麼吝嗇的只給我們看見一瞬，當警報一解除，陳太婆屋裏那些劇烈的明爭暗鬥馬上就會重新開始，把這全民族的共同利害與情感混雜參亂得幾乎尋找不着了。但它並不是不存在的，它時時刻刻都存在。而且只要像日機來襲時那樣的共同重量在這面一壓，那面馬上就看得見它底較爲明顯的狀貌了。像我們在這故事裏所看見的實際情形是這樣複雜而不如我們底理想，他們都盲目地一拳一腳鬧個不休，可是那共同利害的重量，我們明明看得見是在一天天加强着，他們歸宿的路子是不會有兩條的。這天警報解除之後不久，二姑和丁太太一家便從市外回來了。陳太婆因爲這兩天丁先生來，所以要特別表示點慇懃。她看見丁太太他們回來，馬上迎上去慰問道：

「你們躲的地方好麼？沒有受驚吧？」

丁先生點頭微笑說：「還好，你們沒有逃麼？」就帶着兒子外甥往房裏去了。二姑也只喊了一句「累死了，」還往自己底房裏走，只有丁太太在陳太婆面前站下來，還算沒有把陳太婆底慰問冷冷地置過一邊。陳太婆看見這情形，心裏想：「二姑這賤貨和丁先生只躲了一下飛機就這樣大貌大樣起來了，倒是丁太太還客氣。」便趕快轉向丁太太親熱地說：「我就靠菩薩保佑……又沒有丁太太這麼好福氣，炸死就算了。」

「這算什麼話呢，陳太婆倒還跟我客氣起來麼……」丁太太笑着這樣回答，接着就降低聲音輕輕的說：「太婆……我想今天搬家呀……我們……我們……丁先生有個朋友一定要我們搬到他家裏去……，」以下的話，陳太婆就沒有聽清楚，也不想聽清楚了。她好像受了意外的一個睛天霹靂，心一冷，耳朵裏立刻嗚嗚嗚叫起來，許多尖銳的思想與感情一下子湧到她腦子裏，她一會想到，哦，原來是這樣，丁先生和二姑都避開去……一會又轉念，原來丁太太今天還麼客氣是要搬家呀，一會心裏又說：你說什麼謊，搬就搬吧！一會又閃上挽留丁太太的念頭，總之有許多話湧到她嘴上，却沒有一句是她覺得是宜于說出口來的。但這情形只是一瞬間的事，倒不如說，外表上絕對看不出陳太婆有什麼驚慌，或不樂意，却用溫和的口氣打斷丁太太底話說：「今天就搬麼？明天一早搬不好麼？今天也不早了。」

「丁先生說上午有飛機，下午搬安心些。」丁太太極力陪着笑臉，說得很是婉轉。

這幾句簡單的對話，二姑和丁先生都躲在房裏豎起耳朵聽見了的。末尾的幾句，齋公婆也聽見了。所以，接着她也在房裏豎起耳朵來。

陳太婆是一個很能幹的人，她看見丁太太態度很堅決，而且顯然是一切都計劃定了的。所以一點不露出捨不得丁太太走，有不樂意或者一定要挽留她，弄得大家都難乎爲情的念頭。她只打算留她再住一夜，倘是爭取得到半天的時間，那麼在這半天裏，她也許施展得出一點手腕，能想一點法子把丁先生巴結倒，使他終于不好意思搬，但結果她是失敗了，她和丁太太的對話，不久就變成毫無內容的乾枯的大聲談笑，相互交換一些「日後常來玩」等等的渺茫卻彷彿很懇切的預約。丁太太雖說表示因爲就要動手搬家，不能久談，一面卻盡力應付陳太婆，似乎戀戀不捨，一面又往房裏走，陳太婆也在背後跟去，一直到丁太太房裏，還和丁先生客氣了一番，才回到自己房裏去。

二姑和齋公婆在各自底房裏豎耳諦聽這一場緊張的經過，心都在撲通通地跳。

這場意外的變故，眞是弄得陳太婆眼花脚亂。她回到房裏心微跳着坐了一會兒，馬上就又走出門，到丁太太房門口說：

「丁太太，丁先生，我要出去有點事，不能陪你們搬……你們搬了，以後常來玩呀。」

丁太太和丁先生又停了手上在收拾房子的事，和陳太婆客氣了一番，陳太婆便出門去了。她是去討債，藉此可以解除自己底滿肚皮氣悶。

陳太婆出去之後，屋裏馬上便活躍起來了。全屋人都來看丁太太搬家，同時縱談陳太婆的可惡，齋公婆這才也確切明瞭陳太婆所處的地位，現在眞的相當危急了。而陳太婆近來和她這麼要好，原來不是沒有來由的。

可是陳太婆一點沒有駭怕她所處的地位。第一，她現在最要緊的是收債，房租的事雖說重要，絕不會估了她底全心靈。第二，無論怎麼變化，她還相信得過齋公婆和二姑，她是能操縱得住的，對柯老板娘，她只要時間多點，不像現在這樣天天出去討債，她也有法子抓得住，現在丁太太搬了，只有趙先生一家難應付點，在她是並不覺得多大危險的，所以她經過一番氣悶，終於用事務的忙碌助自己重新振作起來之後，她便又開始沉着地來擺佈她屋內的局面了。首先，她只要想到丁太太一家和二姑出去躲飛機回來時的情形，她便知道，丁太太的搬家，無疑二姑是同謀的，所以她毫不躊躇的一口咬定二姑對她不住，爲什麼丁太太打算搬家，反而瞞着她不早點說，二姑經過幾番親熱裏帶有威嚇的審問，便承認自己是同謀的了，並且剖心瀝膽的表示她眞對不住陳太婆，以後要知道好歹，所以往常德避難的打算，她也就打消了。這一下，全屋的危局馬上好轉，而不安的空氣，自丁太太搬家後是漸漸的穩定了。

但時局一天緊似一天，馬當失守之後不久，湖口又相繼陷落，九江顯然都危急萬分了。丁太太搬家之後，不久果然還來過一次，因爲她搬在離陳太婆底屋子不遠的地方。她來了，陳太婆自然特別客氣，特別親熱的把她當作貴客招待。其餘如二姑，齋公婆底親熱也決不弱於陳太婆，柯老板娘雖是一向不大說話，也走出來表示了很大的歡迎，只有一隻眼睛的趙先生，他因爲女兒女壻老是在他家裏吃飯，既找不着事，又累他天天晚上受蚊子咬，所以近來很不樂意，而他底老婆卻若無其事，寵女兒女壻得要命，大有連家私全給女兒女壻吃用掉也滿不在乎的樣子，所以他更覺得無法可想，天天發牢騷，出話給女兒女壻聽，丁太太來的這天，趙先生又和婁子老婆鬧過口了，兩個女壻已經出去鑽差使，老婆帶着外孫一道去作工的地方綉花了，兩個女兒在家裏加緊替他老婆綉包來家裏做的花，算是向趙先生表示沒有吃他底白飯，趙先生正納悶在床上。這天丁太太來坐了好一會才去。之後，過了差不多一兩個星期光景，她又來過一次。那就是她最後到陳太婆家裏來的一次了。因爲她已經和丈夫決定往廣西桂林逃難，算是來和陳太婆道別，他來的時候．陳太婆正在打丫頭，假如不幸虧她來間斷了陳太婆底拷打工作，那這次的這位丫頭卽使不被打死，也該半死的。因爲她犯了一個眞可以說是彌天的大罪：她把陳太婆辛苦跪拜了數十年的那個掛有紅綾帳的小木匣裏的金色菩薩底鼻子割掉，一任陳太婆天天拜沒鼻子的菩薩，她卻總是躲在旁邊抿嘴笑，陳太婆很不理解她爲什麼要躲着笑，好容易才發見了她笑的原因，眞是怒得她啼笑皆非，倘使不幸虧丁太太駕臨，那是決沒有這麼一個大面子的人能使她歇手的。

丁太太離開武昌時武漢三鎭上有點錢的人家差不多都逃掉了。只是陳太婆屋裏的各份人家因爲到底錢不太多，加以陳太婆底債沒有收齊堅決主張不逃，也發生了相當效力，所以逃的人還沒有，而搬家的不安空氣，一直都被陳太婆鎭壓的鎭壓着，籠絡的籠絡着，照舊不能有變動。他們都全體動員出來歡迎過丁太太，同時安慰陳太婆爲了菩薩底鼻子被剳而生氣的事。丁太太辭走時，全屋人都很依戀地送她到了門口，並且叮囑她到桂林就寫信來告訴她們住在什麼地方，這不難明白，她們是也準備萬一家被人亡，不得不逃亡而流離失所的時候找到丁太太那里去的。丁太太是明白人，一聽這話就知道此中的道理了，她知道，將來一個同屋住過幾天的難民找上她底門，那不是很爲難麼？所以她到了桂林，並不曾叫丁先生寫信到陳太婆屋里去，陳太婆一屋人的消息，她以後也就不再知道了。

丁先生是一個眼睛雖然勢利，却還能守本分的帶點古風的小官吏，他有一個大鼻子，好像果實已到了爛熟期，膨脹得透明似的掛在他一張多肉而粗黑的方正面上，彷彿隨時可以從他嘴唇上落入他底口里。這鼻子使他底一張多肉面孔對上可以柔訓如羊，對下可以莊厲如神。一雙白珠很多的三角小眼睛被他多肉的眼眶高高圍困着，毫無神色，但他假如需要輕視別人而做出傲慢態度的時候，他只要把那多肉的眼眶用力往上一吊，立刻就威風懍懍了。可是抗戰以來，南京失守，他底運氣大不如前，他在安慶後方醫院工作的收入也僅够一家開支。比起他在南京的時候，屋里裝有無線電，屋後又有自備的鋼板防空壕，眞不知差了幾百倍，他到了桂林，有幾個月都是過的失業生活，靠自已往常的一點蓄積來養活一家人，簡直變成一個高等難民了。因此，他那多肉的眼眶用力往上吊的機會也就很少。武漢，廣州相繼失陷的時候，汪精衛主和的謠傳甚熾，他曾經天喜天得失眠過，他底兒子到桂林後，改進中學讀書，每天回家吃飯的時候也常常與奮地帶許多講和可能實現的高興消息來。那時候，丁先生一家立刻充滿了生氣，只有他底外甥，因爲和與不和，對他反正一樣，所以還是照舊。但過了幾天，　蔣委員長發表聲明，駁斥和議的任何可能，丁先生頭上便好像給潑了一盆冷水，又復垂頭喪氣，一家死氣沉沉了。這樣，他們一家重歸失望，在桂林又繼續煎熬了一些時候，丁太太天天發牢騷，時常打外甥，說在桂林生活不下去，丁先生由失望而沮喪，終於後悔南京失守時向安徽逃難了。他想，假如那時知道家鄉至今仍猶安全，實在應該往家鄉逃的。他底家鄉是在浙江諸暨縣，他覺得既然離逃在外也無工作可作，就有，像在安慶時那樣的一點收入，在他也覺得不如乾脆沒有。因爲他平日還有點蓄積，倘不逃難在外，消耗如此之大，而能早回家鄉，吃用很小，光支利息都够用，本錢可以不必動。況且他家里還有幾畝薄田，收點租，或者開個小醫院做點生意，說不定還能有點長，比在逃難中找個百來元一月也應付不過去的物價高昂的桂林生活程度要好得多了。汪精衛底和議不能實現，使他覺得停戰無望，既然停戰無望，就不能恢復戰前養尊處優的生活，使他這種盼望回鄉另作打算的念頭很快的由生長而成熟起來，可是正當他這種念頭行將成熟的時候，他那多肉的眼眶不往上便吊顯得老練而恭馴的方臉忽然得到賞識，找到差使了。只是這差使的薪給也僅够他開支，不但不能滿足他，反而增加了他底煩惱，原來他找到這差使時，正在長沙大火以前，過了沒有幾天，岳陽陷落，長沙大火，衡陽也岌岌不可終日，誰都以爲日本人馬上便要打通粵漢路，會攻桂林的了。於是桂林的不安空氣立刻高漲，有錢的人又都紛紛買票逃難，買不到就焦急萬分，四出求救，丁先生也屬於有資格逃難者之列，所以他看見別人都逃了當然也着慌的。但是他根據以前逃難的經驗，既然悔不往家鄉逃，那麼覺今是而昨非，他再要逃難的方向，當然是往浙贛路之東了。他曾經很煩悶地向人說：

「我眞奇怪現在逃難的人爲什麼總往西，不往東呢？」

「往東，假使浙贛路給日本人切斷，不是陷在敵人手掌裏麼？」有人這樣回答他。

「不會的，」丁先生忽然低聲的輕輕說：「我跟你說，現在浙贛路上運日本貨，給日本人做生意，日本怎肯切切斷呢？」

「你是那裏得來的消息？不會吧？」聽的人非常驚訝。

「一點不假，日本貨從浙江沿海上岸，就運到我們這一帶來的。」

很明顯的，無論從丁先生底狀貌說，從丁先生底行爲與言語舉動說，他都是個規矩人，膽子不大的忠厚人，決不會有人疑心他做漢奸的，但他底這些消息，却實在難以令人置信，但過了幾個月之後，事實證明丁先生沒有說錯，而是不相信的人太樂觀了。其實中國的情形實在並沒有像我們所想的圓滿。只是丁先生以爲日本人不會來打斷浙贛路的預言也沒有說中，他底眼光是切實際而不空想的，可惜看得太近，所以招致了一大串無謂的苦痛。他當時要往東逃的念頭確是非常堅決，但長沙已經很危急，能不能通過粵漢路呢？他一想到此後往東逃的路子斷了，便愈益後悔爲什麼早不往東逃，還拚命在桂林找差使，簡直自己咒罵自巳是找坟墓。長沙大火的那幾天，他底心裏眞比油煎還難過，丁太太也整天哭喪着臉，如同死了老子娘，後來消息漸漸明白，放火燒長沙的官吏被處了死，又知道敵人仍止於岳陽的時候，丁先生本可趕快往東逃了，但也還躊躇了好幾天，第一，他對自己底差使雖不滿足，但也似乎有點捨不得。第二，他底兒子忽然說不能放棄學業，反對逃回家去了。第三，廣西的官吏是不能擅自離境的，要走必須先請假，請假不准，就走不了。對第一問題，丁先生費了好幾天的考慮，終於決定捨掉那不滿足的差使，對兒子和請假的問題，足足花了丁先生半個月的工夫，後來假是請准了，但兒子勸不過來，結果只好讓兒子留在桂林繼續讀書，自己和丁太太帶着外甥回去。

兒子送丁先生夫婦上車，車開的時候，丁太太流淚了。

湘桂鐵路已經面目一新，比起丁先生從武漢逃來桂林時候的情形不知要好多少了，他們一行三人，很快地就到了衡陽。從衡陽轉株州換湘贛鐵路，是丁先生旅程中最艱險的一段，丁先生能否達到他底目的，就要看這一段能否安然通過。因爲當時的消息一日三變，特別是關於衡陽到株州這段路的通車與否，幾乎各持一說，連車站的答覆也含含糊糊。所以丁先生這次來是帶有相當冒險性的，但從衡陽再前進就不便太冒險了，他以爲冒險到了衡陽，倘使打聽消息確實不能前進，縱然回頭也不過花點旅費，而從衡陽再前進，假使遇到危險，那就未必能回頭，問題是頗嚴重的，所以他在衡陽，煞費了一番打聽的苦心。車到衡陽的時候是早晨七時，他一直弄到下午五點半才算上車繼續前進，中間脫了一班快車，他買好票，就帶着太太外甥一道進月台去了，他們經過剪票的地方，一踏進月台，就看見滿地的難民，有的躺在稻草上，有的躺在破棉絮裏，有的在洗他們破污的食具，多是面黃飢瘦，衣服汚垢，愁容滿面的。他們從這些難民身邊經過時，一陣陣的酸臭往他們面上撲來，耳朵裏塞滿爭噪，呻吟，唾罵的聲音。忽然，丁先生一行人底去路被一堆難民塞斷了，那人堆裏洶湧着一個沙啞的吼罵聲和一個哀怨哭訴聲，另外還有一點低微的女孩子哭聲。大家好像閙在那裏看什麼熱閙，丁先生他們暫時停下步來，只聽見一個吼罵着說：「我不料跟你這麼久，才知道你還會這一手工夫……你……：你……你，你偷我底錢不拿來還，以後就不要跟我走！」一個哭訴道：「我寃枉哪！我……我肚子餓呀！這兩個孩子也肚子餓呀……我們快餓死了，我只偷一兩毛錢買點燒餅吃，我以後討來還你呀……我再不偷了……你，你，你莫丢了我們！」接着是女孩子低微的哀求的哭聲。「你們莫追着我，你們莫追着我，你這死鬼我跟你一道還能過日子麼？」一個又這樣咆哮着。看的人有的嘆氣，有的在唾罵誰，彷彿都很緊張，空氣很嚴重，又似乎悲涼，那兩個聲音丁先生他們聽去似乎很是熱耳，但也不會用工夫去追想，只是忙着往前後左右看，地上睡的全是難民，尋不出別的路子好向前走，又只好口裏喊着讓路，一直又往前擠了。人堆馬上往兩邊分開，先前發出來的吼罵聲和哀怨的哭訴聲也停止了，丁先生把那多肉的眼眶往上一吊，領導着老婆外甥和挑行李的挑夫又浩浩蕩蕩向前進發。正在這時候，那剛才發着吼罵的沙啞聲音忽然又從人叢裏跳出來，大聲喊道：

「丁太太呀，丁太太呀！」

丁太太一行人忙回頭一看，呀，原來是陳太婆。跟在她後面的是齋公婆和兩個小女孩，一個是陳太婆底丫頭，一個是二姑底女兒。因爲天色已黃昏了，丁太太他們彷彿不能相信自己底眼睛，仔細一看，還是一點沒有錯：陳太婆穿的仍舊是玄色的短衣褲，兩隻耳朵上也仍舊掛有大耳環，人也一樣肥胖，不過她面上的肉已沒有先前那樣肥而又結實，卻變得弛緩而無力了，她底兩隻眼睛簡直混濁得連黑珠也似乎尋不見，很足以令人疑心她是瞎子。她底頭髮乾燥得如同磨坊裏出來的一般，又增添了很多白髮。她先前的衣服雖然也不乾淨，而且又是玄色，不太看得出是否清潔，但現在，那玄色的衣服卻發了黃，發出窒人的氣味了，齋公婆更比陳太婆憔悴，因爲她本來就瘦，現在是滿面骨頭了。她看見丁先生，忙揩了淚，只是驚訝得把下巴掛下來，下唇流着口涎，輕輕的在喉嚨裏「呀！呀！」什麼話也不說，兩隻眼睛死魚一樣張望着丁太太他們。至於那兩個小女孩，假如不是跟在陳太婆背後，是丁太太他們單獨碰見她們中的任何一個人，那是絕也不會認識的。可憐那圓臉活潑而平時還有點會撒嬌的二姑底女兒，現在變得又黃又瘦，畏縮地站在一邊，半點活潑氣也沒有，和從前的她相比，完全是兩個人了。陳太婆底丫頭因爲原來就又瘦又慘白，現在看來完全像一個骷髏，她面上的皮膚，好像蛇蝎一樣起鱗而發黑，見了令人駭怕。

「丁太太，你不認得我們麼？」陳太婆看見丁太太他們站着似乎一時呆了，便追上去說。

「啊，太婆麼……你怎麼在這裏？」丁太太猛然的，好像心尖馬上被一種悲涼的感覺嚙嚙着，趕快說。

「我們有什麼地方去呢？我們現在做難民呀……」

「你們是從武昌逃出來的麼？」

「還不……」齋公婆馬上滴下眼淚來低聲說：「我們底屋子給炸掉，她……她……」她指了指二姑底女兒說，「她底媽也給炸死了，」二姑底女兒聽見人說起她底媽，又哭起來了。但只看得見她那黃瘦的面架子可怕地扭歪着抽動，發出輕微之極的哭聲，看不見她眼睛裏流出眼淚。

「噯呀！這種害人的日本鬼子呀！」丁太太嘆息着，向二姑底女兒悵然望着。丁先生馬上接上去問道：「那麼柯老板和趙先生兩份人家那裏去了呢？」

「柯老板娘也炸死了呀，柯老板當兵去了。趙先生他們一家人好在早一天回湘南去，他們眞是運氣呀……我呢，我好的是在外面有事，齋公婆和我底丫丫也逃到外面去，眞是菩薩保佑呀……只有二姑跟柯老板娘，她們兩個平日聽見警報都出去躲的，那天她們不出去，不是命該如此麼，眞是前世定的數呀……」她仍舊和老早一樣做着手勢大聲說了，倒並不見得沒有力氣，她又指一指二姑底女兒說：「她呀……她從學校回來滿街喊着哭……我怎麼能够不帶着她呢？我怎麼能够不帶着她呢？」

許多人圍攏來看了，但隨即被走路的人衝散。丁先生往邊上避開了一點，別的人也就跟着擁着到一邊去踏進難民睡的稻草裏，弄得別些睡在地上的難民也只好趕快站起，口裏駡着，走過一邊讓出位置。丁太太一面走過去，一面說：「眞是可憐！眞是可憐！那麼，你們是什麼時候出來的呢？」她問陳太婆說。

但陳太婆剛要開口回答，汽笛叫了，丁先生和丁太太即時給提醒趕快說：「哦呀，火車要開了。」就要想走的樣子。陳太婆也就馬上換了口氣說：「丁先生要到那裏去呀？你們可憐這兩位小孩……」

丁太太聽了這話，毫不躊躇的就說：「自然的，自然的……我們回家去呀……現在還不也是難民……」她說着掉頭去看丁先生，丁先生已經怱怱在那裏解皮包了。

陳太婆接了丁先生底錢，感激得做出委婉的聲音說：「丫丫，你們來和丁先生拜拜！丁先生丁太太救了你們了。謝謝他們底恩德……望他們一路平安啊！」這話還未說完，丫頭和二姑底女兒就雙雙走過來一骨碌跪在地上了。齋公婆也感激得跪下去叩頭。陳太婆看見齋公婆跪下去，自已有點不好意思，接着也跪下去。丁太太和丁先生趕快來扶，直感地覺得命運變幻的可怕，說道：「就是我們，也說不定明天會來和你們一道的。」

「半年以前，誰能料得到呢？」陳太婆一面站起來，一面說。丁太太一手扶着一個女孩子，喉嚨硬着，貯着滿眶的眼淚，對她們親熱地看着，好像說：「日本鬼子，天總有眼睛的呀。」但她什麼也講不出，終於還是默默的和丁先生他們一道走上火車去了。

一直到火車開出好久，丁先生和丁太太都沒有說一句話。兩人只是可怕地沉默着。他們平安地到了株州。但他們在株州上了火車，正當火車開動的時候，丁先生底外甥忽然跳下火車，向丁先生丁太太坐着的一個車窗裏喊道：「大姨夫，大姨母呀！我要去當兵了，你們回家去吧。」便一縷煙跑掉了。丁先生，丁太太急得目瞪口呆，但火車已經飛快的在跑了，終於沒有法子可想。

五，四，上午

馬泊頭

青苗

一

天氣已到三伏的時候了。中午，太陽的光芒簡直蒸得和火焰一樣，整個的大地在淫威的陽光下喘息着。

小巷裏是異樣的寂寞，荒涼，許多屋宇在烈火下焚燬了，只留下它的屍骸——一些烏黑的牆壁和一些斷壁殘垣兀立在那裏。到處都是破碎的瓦礫堆。雖然還有些房子沒有焚燬，但這些房子都和墳墓似的立在瓦礫之中，宛如荒山裏的古寺一樣。但在打麥場上，那受了烈火洗劫的稭堆，已變成一堆黑黑的稭灰了，整個打麥場的平坦光潔的地皮也變得黝黑了。風一吹來，黑色的稭灰便飛揚了起來。

巷裏是汚穢的，充滿了火災後的焦臭氣味。雨後的泥濘還瀦在低窪的地方，在炎熱的陽光下發着毒臭的氣息。腐爛的菜葉和西瓜皮滿巷都是，蒼蠅多得和一陣潮水似的，嗡嗡嗡的轟鳴聲簡直在村外都可聽見。青蛙在草叢裏舞蹈，狗子們在廢墟和瓦礫間竄來竄去。一陣風來，塵埃和稭灰便瀰漫起來，幾片白色和黃色的紙錢在地上旋舞。

寂寞。靜謐。巷裏是靜悄悄的，所有的人——男女老幼，全都匯集在街道上。說是街，實在是太可憐了，不過是一條通過渡口的大道罷了。

顯然的，村裏發生了重大的事件了。紛亂的人羣擾擾不安，女人們則更其顯得活躍，指手劃脚，喊喊喳喳地跟黃昏裏的羣鵲一樣。

一片黑鴉鴉的人羣都圍集在土地廟旁的井邊上，那裏躺着剛由井裏打撈出來的葵三爺。葵三爺的臉是鐵青的，已經浮腫成一個爛西瓜了，一羣綠色的蒼蠅圍繞着他，他的眼珠還是獃獃地瞪着，獠牙裂齒。

一大堆的紙錢灰堆在他的身旁，他的頭邊擺着幾道黃表，燃着幾束香火。

三爺的大太太，和氣的媽，那掉號叫做母老虎的女人，披頭散髮，搥胸嚎哭，她的眼睛已經紅腫，聲音已經沙啞；汗水已將她的衣衫濕透了。

「…寃家…寃家…不睜眼的老天呵…」她邊哭邊叫。

女人們圍着她沒命的勸解，也有人在擦着眼淚。

「唉，和氣的媽，歇歇吧，這麼熱的天氣…………」

她還是瘋狂地哭叫着：「不睜眼的老天呵，我做夢也沒有夢到這一着。……」

二

土地廟前終於寂靜下來了。死者的屍體已移到廟裏去了，葵家的兩個長工坐在死者的旁邊用蠅拂趕着蒼蠅。

人們有的回家作飯去了，但大都聚集在街西頭的古槐下和祠堂門前。

黃色的槐花落滿了一地，幾隻蜜蜂在嗡嗡地飛舞，槐蠶掛在樹葉上，不時地落在人們身上。

「我說嘛，這幾天半夜巷裏狗哭得眞凶……好像追着誰在跑，我知道一定要出事了，我活了這麼大的年紀，經都不耐經了……」蚊子嬷嬷說。

「不信問我們的火閃！」火閃媽也搶着說。「喝猴（猫頭鷹）每天黑夜都在葵家的皂角樹上叫，分明是勾魂的。……前天和氣媽還跟我要了硃砂，說她的心前不知怎麼整天老是亂跳。……」

「呀，那才怪呢！」蚊子嬷嬷驚嘆了。

披着滿是補釘的夏布衫子的省油燈，裸着兩隻乾癟的奶頭，搖着一個破蒲扇，擺動着粗大的耳環。

「劫數！全是劫數。……下界呢，還不是一樣……人嚇，怕死，但鬼却怕托生……我說嘛，他現在不在『枉死城』就在『惡犬莊』哩……」他翕動着沒有牙齒的嘴，嘴巴子顫抖着。

迎面來了女巫跑爛鞋，她一手端着貼滿着金箔的燒紙盆，一手拿着紙幣。她是和氣的乾媽，常在葵家出入。今天她的風頭十足，像一隻火鷄似的跑來跑去。

「灶前無端的滾出了兩顆鷄蛋」她站在槐樹涼蔭下的人叢裏說。「小點（小老婆）剛才給捉上來了，又是哭又是笑，要不是我唸了四十回的咒語，還不得過來呢……」

她意氣揚揚地向土地廟走去。後邊母老虎和小點也隨着來了。小點抱着黃緞子繡花的船枕和皂靴，母老虎抱着壽衣。

「小賣屄的，你是掃帚星呀，你尅得我們一家好苦呵！」母老虎咬着牙，毒狠狠地咒罵，她用眼睛斜盯着小點，好像要用眼睛把小點吞沒似的。

小點像幽靈一般的失魂地走着，臉色灰白，眼角裏掛着淚珠。

「我們買下一匹騾子還要拉拉磨的，買下你這個臭屄爲給我們生男育女……」

「我難道沒有生嘛……」小點不能忍耐了。

「好，你生的兒子到那兒去了，到那兒去了……」

「這怨得我嘛！」

「你還硬！硬呀，看我不揭下你的皮……」她恐嚇，咒罵，什麼毒狠的話都從她嘴裏罵出來了。

「看吧，小賣屄的，過幾天不活填你，也要揭下你的皮的……」

「揭吧，活填吧，我活够了……」小點不能忍耐了，她坐在廟前的台階上嚎淘大哭：「難道是我叫他跳井嘛！難道……」

人勸解着，所有槐樹下的人全擠到廟裏來了。

「…人常說，宰相肚裏撐得過船，你們男人家這麼心窄，我們女人家却該怎麼呵……」母老虎一給她男人穿衣，一邊嘆息着。

「你這泰山一倒，我依靠什麼呀……你閃了我這一跤……」她又嚎哭起來。

小點也跟着她嗚嗚的哭起來。

跑爛鞋高聲地叫了：「不要哭吧，人家現在正在下界裏辦事情，可繁忙哩！幹嗎老是哭！哭！把人家哭得心亂得什麼事都不能辦了。……」

三

夜來了。白天裏的嘈雜，騷亂，現在全都靜止了，整個的馬泊頭沈寂得像一座坟墓一樣。

黑黝黝的夜，滿天的星斗，巷裏靜悄悄地沒有一個人影，只有幾聲慘厲的犬吠咬碎了這夜的寂靜。

對面，中條山麓的森林裏，狼在嚎着。

就在這樣的黑夜裏，葵三爺每天晚上不能安睡，他在巷中蹀躞，徘徊，手中提着水煙袋，從這裏踱到那裏，從那裏踱到這裏。

已經有一個多月了，他每天晚上都是這樣，連那母老虎也禁他不得。

「你…你管得着我嘛，我心煩哩！」當她禁止他半夜出門時，他便向她咆哮了。

起初，是和氣遇難的那一天，那是一個黑漆漆的暴風雨的晚上，當他隨着一羣逃難的本村人回到村裏時，已經淋成一隻水鷄了。

他冒着傾盆的大雨衝向自己家裏，一進門，那母老虎便連哭帶叫的向他撲來。

「千刀萬剮的，你只顧你自己逃……你睜眼看呀，看你的女兒成了甚樣子呵……」

她瘋狂的罵他，抓他，在他的脚邊翻滾着。

一盞闇濟的太谷紋銀煙燈放在窗檻上，和氣僵直直地躺在炕上，頭髮亂得和一堆亂絲一樣，臉是灰白的，嘴唇和面頰全給啃破了，小腹脹得和小鼓一樣。

「天爺！這…這…怎麼回事呀……」他叫道，頹然地倒在椅子上。

母老虎不理它，像一隻野獸般的滾在地下嚎哭着。

……………………

這晚上他沒睡覺，也沒有脫去身上濕淋漓的衣裳，便在泥濘的巷道裏徘徊着。

第二天，雨一停止的時候，母老虎給和氣穿好了衣裳，他把一條白色的綢帶緊繫在女兒的頸間，上邊用剪子剪去，把剪斷的綢帶仍放在女兒的頭邊。

「醜名呵，我可當不起……」他向母老虎痛苦地喃喃着。

他的女兒已經許配給李舉人的孫兒了，他打發人到李家去報喪！說女兒在荒亂中自盡了。

「唉，看我們的和氣死得多硬氣呵，眞够得上上烈女傳呢……」他向人們誇耀着。

沒有幾天工夫，村外的大道旁已立了一座嶄新的烈女碑，碑上是李舉人做的文章。

他的心是稍稍平靜些了。然而，一天，城裏皇軍司令派來兩個皇協軍的隊長騎馬來請他了。

「葵三爺先生，大大的好，名高德望的紳士，請費心維持縣裏的事情，担任維持會長吧…」

「我已上了年紀了，又有病，什麼事都糊塗……」他頭上冒着汗水，竭力的推辭，盡力設法說出虎口，逃出這令他顫慄的網羅。

皇軍的司令和皇協軍的司令商量了一下，沒有難爲他，便放他回去了。

他說不出的欣喜，愉快，走出城門大大的吐了幾口氣，大踏步的向家裏走來，宛如肩上卸下了萬擔的重負一樣，路上全忘了疲倦。

兩天以後的下午。

當他坐在庭前的葡萄架下搖着扇子乘涼的時候，皇協軍的隊長又光臨了，而且還帶了十幾個荷槍的弟兄，都騎着馬，衝進門不由分說，抱上他的獨子祥林就走。

「要願當會長呢，來城裏取孩子吧。……」

於是，一陣塵土的飛揚，馬向城裏飛奔去了，孩子駭得在馬上哭叫着。

孩子是他的命根，爲了孩子，他費了千辛萬苦，求神拜佛，娶小老婆。第一個小老婆，死了；第二個，又死了，到第三個，五年前才給他生了這樣一個寶貝。這是葵家的香烟呀。……

然而馬上他便想起趙四爺來。趙四爺是初任的維持會長。當他想起三月間游擊隊把趙四爺的頭顱掛在城門上的時候，全身都不由的打起冷戰來了。

剎那間，和氣的灰白色的面容和鼓一般的肚子便顯現在他的面前了。……

這天夜裏他整整的在巷徘徊了一夜，拖着鞋，手裏提着水壓袋。

他憂愁得吃不下飯，幾天之內便消瘦下來了。

母老虎天天勸着：

「去試試看呀，再說，咱們的孩子要緊呀……」

他有時便生氣起來，向她咆哮道：「孩子要緊，我的二斤半不要緊呀…你…你忘了咱們的和氣是怎麼死的嗎，狼心狗肺的東西……」

「天爺爺！我是爲你打算呀，你們葵家的香火……」母老虎哭起來。

「門上黏泥粑，缺門絕戶，命裏注定呀……」他氣憤地叫着。

但他日夜仍想着孩子，可是總想不出解救的法子。

「用錢贖吧……」母老虎想着各種各樣的方法。

「呸，這些千刀萬刮的強盜，他缺錢嗎……」

「有什麼法子，有什麼法子呵……」母老虎也竟然的嘆息了。

但她總是時時的慫恿着丈夫：「去試試看呀……悄悄地，不要讓人知道……」

「傻瓜，雪地裏能埋人麼！」

他完全消瘦了，眼睛也深陷下去，眼球上滿是血絲。他整日的不吃飯，但却拚命的喝着酒，整天是醉沈沈的。

「唉，逼得我沒辦法呵，那兒黃土不埋人呵！」他頹喪，而且完全絕望了。

白天裏沉睡，晚上酒一醒，便拖着鞋，在巷裏蹀躞着了。

四

熱。悶熱。人流着汗，大地好像一個蒸籠一樣。

祠堂門前的樹蔭下，紙扎匠黃鼠狼在作「棺罩」。這是一個能翻八次灰的鴉片鬼，瘦得和一隻螳螂一樣，倒拖着兩隻鞋，雖然年紀還很青，但背却佝僂起來了。他褲帶上掛着一束麻縷，手裏拿着蘆竿。

祠堂門口被人屁股磨光了的石階上又坐滿了人，那披着已經變成土色的夏布衫子的省油燈，依舊是露着乾癟的奶頭，搖着蒲扇，宛如一尊泥菩薩似的。

「…前幾年是天收人，虎疫一來，人比鷄死得還快。……如今是人收人，兵荒馬亂的，殺人跟切蘿蔔一樣，人命不如鷄命呢，不到半年咱村死了多少呵，鷄娃的媽，屎蛋爸，二禿子……」

她曲着手指數着，但沒有人聽她，大家的注意力都集中在母老虎身上。

母老虎囚首垢面，頭髮亂得和一堆蓬草一樣，眼睛紅腫，嗓子破鑼般的沙啞了。

「…有一天晚上我剛睡下，便聽見誰在敲門，我以是他爸，我說：『門掩着，沒有關呀！』沒有人答應，但後來又聽見敲……』她有氣無力地用衰弱的聲調說。

「現在我什麼都不愁，只愁誰給他頂盆（過繼）。唉，葵家的香火斷了呀，葵家的香火……」她又嗄聲地哭起來。

「要是我的祥林在着的話……我的祥林…我的祥林呀……」她哭着回家去了，聲音是嘶啞的，像一個受了傷的野獸在哀嚎着一樣。

×

屠戶孫三，綽號叫做猪總統的大胖子，閃着亮光光的頭皮，挺着大肚子，從祠堂對面剃頭舖出來。剃頭匠老毛也拿着一件牛尾巴的蠅拂子跟來。

「好熱！熱……」猪總統搖着蒲扇，氣吁吁地喃喃着，

「誰喝酒趕快喝呀！總統今天上好的猪頭上市啦……」

黃鼠狼喜皮笑臉地說，用蘆竿指着猪總統圓圓光光的頭皮。

「稱稱看呀，足够九斤半的…」跑爛鞋馬上接着說。

「看總統的頭，」火閃媽比着手勢：「要是西瓜，察！」

女人們全笑了。

猪總統不知該提防那一方，他兒蚊子嬤嬤笑得厲害，便向她打趣了。

「人家十幾歲的妞兒都立了烈女碑，你呢，從十九歲守寡到現在，幾十年沒有動過葷，怎麼連個貞節牌匾都沒有……難道偷吃過……」

「你這千刀殺的强盜！你怎麼欺侮我，我難道是品毬的磨石嘛……」蚊子嬤嬤生氣了。

猪總統什麼都不在乎，天生成的樂觀派，他猥淫地笑着說：「東洋鬼子，蒙古韃子，全是一羣騷貨；我呢，要是女人的話，褲襠裏帶上一把剪子，來一個剪一個……來一個剪一個……」

「剪下幹什麼？給你的竹葉貼嫁粧嘛……」

總統像一匹狗熊般的向火閃媽撲過來，把她按在石階上。

「溜西瓜皮（親嘴）呀…溜…」剃頭匠老毛笑得彎着腰，向總統慫恿着。

「兔兒登鷹…登呀…給他一個鍋貼（把掌）呀！」黃鼠狼向火閃媽喊。

人羣裏暴發了可怕的轟笑。………

五

馬泊頭是在可憐的，悲慘的，無恥的愚蠢中扎掙着。……

中條山的游方野僧下來了，帶來了大批的符條咒語，用紅筆寫在黃表上，用硃砂寫在白布條上，人家的門上，女人們的身上，都戴着各式各樣防禦災禍的法寶。

各種各樣的流言傳來了，大刼難，四十八天的黑暗…。跑爛鞋也乘機活躍起來了。

恐怖！陰森！濃霧一樣的瀰漫了馬泊頭。

母老虎狂亂了。她變得那樣暴躁，易怒，時常的毆打小點，用火紅的熨斗燒她；而在街巷裏，他逢人便駡，弄得簡直沒有人敢接近她。

一次，她穿着她出嫁時的紅衣裳，披頭散髮，懷裏揣滿着各種文契，在巷裏亂跑。

「救救我呀！誰能救出我的祥林，我把葵家的家產全送給他：看呀，不說假話，當面交貨……」

她跪在地上，把懷裏的各種債務和地產的契約全掏出來，堆滿在地上。

「趕快來呀！這不是一筆發洋財的買賣嘛……」她瘋狂地大笑。

跑爛鞋整天地在葵家大顯法術，使盡了一切手段，捉妖，招魂，安吉……。門口裏是香表的灰燼，院裏整日的設着祭壇，整個的葵家變成了一座冷森森的鬼域了。

七月初，母老虎身帶大批的布施和祭物，跟着一羣吃齋行善的男女到中條山的五老峯朝峯去了。

「我要到玉皇爺和呂祖爺面前去告狀，告那些千刀萬刮的狗哨的强盜！……」

她去了。跑爛鞋也跟着她去了。

幾天以後，跑爛鞋回來了，他一進村便指手劃脚地叫起來，彷彿有了天大的事變一樣。

「和氣的媽，她：她跳下捨身崖去了……」

她向圍着她的人比着手勢：

「捨身崖，呂純陽成仙的地方……萬丈深溝的捨身崖呀……」

×

盂蘭節到了，黃鼠狼特別的忙碌起來。

跑爛鞋也帮着他糊紙燈。她和他同住在祠堂裏，共同的在一起生活，完全是自然的結合，一點手續也沒有，這正是馬泊頭所說的「搭伙計」。

除了做活而外，他倆便躺在煙燈下，在吞雲吐霧中過着生活。

她呢，年紀已將盡五十了，比黃鼠狼要大二十多歲，足可以做他的媽媽的，然而他一點也不嫌棄，他祇要有一個女人陪伴着生活就行，何況他並不花一文錢，却倒時常沾她的光。她呢，無家無業，無兒無女，當然是需要個漢子來安慰寂寞的。

祠堂裏的堂屋是他們作活的房子，那裏掛滿了花花綠綠的紙燈。

「東洋鬼子來收人了，看呀，今年的寃鬼有多少呵……」她數着糊成的燈，一邊計算着：「屎蛋爸，二秃子，鷄姥媽……喔，三個，五個，再加上葵家的老少三口……十一個了，光馬泊頭就十一個了，旁的村還不知有多少哩！」

「嗯，黃鼠狼，加工呀，燈還不够呢」……她向着睡在煙燈下的黃鼠狼喊道。

六

秋天，落雨了。

雨時大時小，許多天不能停止。陰闇的天，迷濛的秋雨，馬泊頭被包圍在濃霧般的烟雨裏了。

濛濛的細雨夾着凄凄的秋風，天氣驟然的陰冷起來，馬泊頭像是睡在死神的懷抱裏一樣的憂鬱，寂寞，巷裏瀦滿着泥濘，流着混濁的泥色的水流，廢墟間的荒草儱直鬱蒼得和一片森林一樣了。

雨好像是爲着馬泊頭的封難而泣啼着。……

葵家的小點，失蹤了，起初人家在井裏和池塘裏打撈，各處尋找，但全無蹤跡，後來却發現如跟剃頭匠老毛跑掉了。把葵家的銀錢和許多珍貴的什物全帶走了。

葵家已成了一座有名的鬼宅，謠傳紛紜，人簡直不敢到那院子裏去，就是白天從門口經過的時候，也覺着毛髮森然的。

門是被粗大的龍頭鐵鎖鎖着，上邊貼着葵氏族人的封條，門口裏堆滿了灰埃，兔子屎洒滿在牆上和地上。

馬泊頭的人口日漸減少了，男人們除過老朽的跑不動的以外，大都鑽進中條山的游擊隊裏了。

只有那乾癟的黃鼠狼，他依舊和跑爛鞋睡在煙燈旁，在腐爛的生活裏消磨着歲月。……

稍稍年青的婦女們都藏躱着，不敢露出頭面，只有蚊子媽媽和省油燈一些老婆子們，依然還是搖擺擺的來往在街巷裏，吃過飯便抱着孩子或纏着線縷，坐在祠堂門前那磨光了的石階上。……她們悄悄地來到這世界裏，終生蒙蔽在愚昧和灰闇的生活裏，養育了一批兒女，磨光了幾根手杖和紡線拐，於是又悄悄地消逝了。……

重陽剛過，省油燈便穿起了臃腫的棉衣，整日的坐在祠堂門口和土地廟前，獃獃地，宛如一尊泥菩薩一樣。

「日丙（本）人，孽星下凡嘛，我要瞧瞧這妖精到底能把馬泊頭吞下去不能…吞下去不能…」她奮怒地喃喃着。

一天，總統從中條山馳馬下來了，他穿着灰布軍衣，背着槍。省油燈簡直不認得他了，直到他經過她面前，她才認出來。

「呀，總統，你也吃糧子嘛……你殺日丙人能和殺過的猪一般多多，才是雍（英）雄好漢呢……」

猪總統笑着。飛馳着的馬蹄撥潑着泥濘，剎那間便消逝了。

一九三九年，八月，河西，郭下村。

這一期

魯藜——據外信，是在西北的一個救亡工作者，前兩月出發到華北敵人後方去了。

S M——長篇已經完成，最近暫在一個什麼地方做教官。「我彷彿是一個高等勤務兵，甚至愛着呵叱。」

柏山——十月底從前線出發到敵人後方去了，以三個月爲期。「我永遠要堅持在戰爭的最前線，在鑿棠工作中……。」

王元——情形不明。

曹白——「我要離開本×，到還地方的分×去，將有一個長期的消息的間斷都說不定的……。」

張元松——見上期。

歐陽凡海——還在廣西，在救亡日報上編的「批評與介紹」副刊，已經出版了。

青苗——在第二戰區做文藝工作，最近將由黃河出版社出版一個文藝月刊。

吳伯簫——在西北文藝工作者，曾參加延安文協組成的戰地文藝工作團到過華北戰地。

孔厥——在西北的文藝工作者，也參加文藝工作團到過華北戰地。

天藍——見第二期。

蕭軍——依然在成都，魯迅先生逝世三週年紀念時，與成都作家舉行了一個大規模的魯迅紀念展覽會。

盧鴻基——見上期。

周行——在南寧鄉下一個中學教書，現在不知怎樣了。

莊言——情形不明，只曉得是在「民族革命藝術院」

夜摸常勝軍

吳伯簫

夜摸常勝軍，老二團，其實是年輕的。老是它底鬥爭歷史，它蘊藏了十多年豐富的長征故事；年輕是它底戰鬥精神：「攻如猛虎，守如泰山，百戰百勝，七七二團」。（是誰這樣稱譽過它的。）

老二團底基幹，除却了特務連，砲兵連，通訊排，無線電台，主要是三個營構成的。三個營各有天才：一營善攻，曾得過「餓虎下山」的獎旗；二營善守，綽號叫坐地虎；三營善摸，長於夜襲；部隊裏馳名「夜摸常勝軍」，叫是全團榮譽的徵號。三個營底營長說來也奇怪，配合了他們各營底戰士，像一個人一樣，也都具有各自的性格：一勇敢，一沈着，一機動。——猛打猛衝是全團底風氣，「打不勝仗不是七七二團！」「無論如何要完成任務！」「無論如何要消滅敵人！」自信心堅强得像生鐵鑄在每個指揮員和戰鬥員底心裏，雖然有人喜歡「撼山易，撼岳家軍難」古時岳武穆率領的南宋綠林，雖有人喜歡北伐時代張將軍麾下的鐵軍，李將軍麾下的鋼軍，讓他也喜歡這老二團夜摸常勝軍吧。

說來一九三七年初冬，這支隊伍從陝西的芝川鎮東渡黃河開往北戰場前線的時候，指揮員戰鬥員一起，還都是些十足的「土包子」。黎明從侯馬同蒲路北上，他們都是「大姑娘養孩子」頭一遭坐火車。汽笛一吼，嚇他們個趔趄。「媽的！還叫呢。」心裏跳蕩着既驚且喜的天眞與稚氣。道地的莊稼漢第一次「開洋葷」啊，請不要笑話，他們自有他們底驕矜與執着。在太原初次見到飛機，「飛得這樣高，怕它個什，眞你乃膿囊飾！」他們也沒把鐵鳥放在眼裏。火線上他們從敵人身上奪獲了手錶，放在耳朵上聽聽，聽不見聲音就扔了。（隆隆的炮聲，震耳欲聾；就讓錶底聲音再大些罷。）奪得了罐頭，不曉得怎麼開；用石頭匝；匝不開就去它娘的。匝開了，湊巧是沙丁魚之類，聞不慣那股腥羶油的氣息，也索性丢掉。照像的軟片，一捲捲扯開來玩，瞧瞧千篇一律，沒味道，也就不經意地隨手拋去。（攝影家不要跺脚，他們曉得幹啥用的呢？）防毒面具（他們叫做「毒瓦斯」的）不會用，便將盒子帶了裝文件，氣管充乾糧袋，最有用的藥箱却棄若敝屣。……說話不識客氣，年輕得還像一個孩子的政治委員，是一出生就參加了革命的，心熱得像一團火，意識純潔像一朵白花；教他去見友軍的師長，因爲沒有名片，他要同衛兵打一架纔進去。與師長談話，會「我就不信你那一套！」那樣爽直。戰士說話也滿口新名詞，但往往是錯得可愛的：「你這個人有點意識」（意思是意識不正確），「老百姓擁護了我們一條豬」（實在是應說慰勞的）。……

可是經過了長生口的處女戰，經過了兩戰七亘村，經過了被敵人也稱爲「典型戰術」的神頭戰鬥與截擊敵人一百八十輛汽車而焚燬了它九十三輛的響堂舖戰鬥，土包子眼界可就開大了（眼光原是遠大的），世面也見得多了。每個人身上，不是呢大衣皮帽子，便三八式步槍重皮鞋，或者黃呢軍毯，日本慰勞袋，紅膏藥太陽旗，有件把兩件不算稀奇。團長參謀長幾乎穿的用的全套都是日本的東西。戰士們差不多每人有一管自來水筆，他們互相叫做「電筆」的，筆尖叫「錨子」，墨水也叫「電水」。他們經常總喜歡彼此將電筆換來換去：「狗㒷的我這錨子太細了」。「我這橡皮袋袋老漏水個鬼孫的。」像弄慣了的槍枝的大折卸，三天五天便聚在一塊折開來收拾收拾，擦擦，洗洗，慢慢就弄壞了。壞了也不怎麼可惜，那怕是正牌的「派克」；反正再一次戰鬥又可以換一枝新的了。

實在是這個樣子。慣於打勝仗的這支部隊，軍火不專靠我們後方的供給，零星用物也多是敵人送來的。他們將敵人叫做「供給部」哩。往往正需要些什麼的時候敵人就送到跟前來了。只要挑選一個好時辰去領取就是，譬如黃昏時候，大霧天，鷄鳴的拂曉。一九三七年十一月十一日七亘村一次戰鬥，他們以七個人的犧牲消滅敵人三百，獲得的勝利品只餅乾一項就足足歛了二百牲口。戰士有幾天單喫餅乾過日子。有一個戰士喜歡吃壓榨餅乾上的一塊糖，餅乾不要只將糖弄下來竟裝了滿滿一乾糧袋。戰時後方喫不到用不到的東西，他們不但自已喫自已用，並且還可以運到遠方送人：罐頭牛肉，沙丁魚，牛奶，成袋的砂糖，裝盒的咖啡，可可；錶，水箭，牛皮背袋，水壺…日常喫小米飯，喫玉米花炒麵乾糧，高興了却喫着蘇達餅乾來一杯加糖的濃咖啡，這該是不可想像的口福吧？

「沒有煙吸怎麼辦？」

「不要緊，再次戰鬥回來，我請你喫日本天皇御賜的香煙。」

這樣的對話不是戰士們說說好玩的，他們眞是在每次戰鬥之後互相以勝利品饋贈着呢。他送你一個小巧玲瓏的洋漆紙煙盒，你送他一付金將，銀將，飛車，桂馬的日本軍旗：實在是太平常的事了。

老二團原是沒有炮兵的，現在以歷次戰鬥所奪獲的敵人的五門平射炮，山炮作本錢，也有一個砲兵連了。第七八兩連的新兵入伍本來都用的紅纓的梭標錨子，長生口嶺鬬一戰便全換了三八式步槍。捉到的一個俘虜還昂首仰說：「你們武器配合的眞好，長劍刺得厲害的有！…」新戰士也敢大胆吹牛：「老戰士有槍，我們有梭標，同樣可以殺敵人。」有的戰士病了，不能出發打仗，另一個戰士安慰他：「你好好地養病吧，回頭我給你帶桿新槍來。「說話的語氣連半點含糊都沒有，回來時也就眞的用一枝新槍代替了其他任何探病的禮物。其他如高頭洋馬，輕重機關槍，電線，照像機，望遠鏡，到敵人那里去取，連開開收條的手續都不用，彷彿只招呼一聲放一陣信號槍就够了。

不過「供給部」的運輸也有供不應求使人失望的時候。譬如一九三九年元旦的侯峪伏擊就是例子：「狗肏的，日本也窮起來了，滿想打點喫的來過個好年呢，他媽的却什麼也沒有！」沒有黃呢軍毯了，代替了毯子的是破棉被，棉絮還都是陳舊的；呢子軍裝換成了布的，給養車上也運起小米來了。想到過去戰鬥回來，替敵人解開慰勞袋慰勞了自己，袋子還可以摒了打草鞋；黃呢軍毯戰士用不完，剩下的去做馬衣；懷錶手表可以檢「大的」使用——那次從敵人身上得到的却只是些各色各樣的護身符，千人針，寫了出征年月「新武運長文」字樣的太陽旗，青天白日的通行證，和反戰傳單而已。

那種時候戰士們是微微有些懊喪的，但也正因爲敵人捉襟見肘的窮困而在內心裏偷偷喜悅着。何況在勝利歸來的時候老百姓又往往簞食壺漿來歡迎慰問呢。在老二團駐紮的左近路上你碰見一隊隊滿馱了猪肉，羊肉，雞，柿餅，核桃，花生，瓜子的驢騾牲口，就正是後方羣衆派遣出來的。那豐盛慰勞品裏，更多的是鞋，襪，手巾，慰勞信件；手巾有的是婦女們親手用土布裁製成功的，手巾底邊緣上還用紅絲絲線繡着婦女們自己閨閣裏的名字。

羣衆若是流水，老二團便是游魚；「魚躍於淵」，老二團苗根在羣衆底心裏。松煙鎭的人說：「前次你們走了我們眞捨不得；天天望你們回來，總聽不到你們底消息：後來聽說你們在黃崖底打死了八百敵人，我們很高興，今天打勝仗的隊伍可又回來了！…你們不再走了吧？你們不在，你看日本鬼便又來了，這不是又燒了百多間房子殺死了三十多口人！你們來了就好了，希望你們永遠住下去——。」

友軍說：「人家老二團眞喫得開！」是呢，老二到哪里，勝利就到哪里。哪里的老百姓，就自動送信，燒水，自動運糧秣，搬子彈，抬傷兵。「只要打勝仗，我搬幾十天的東西我都願意。」漫流河一個老頭子這樣說過，他跟着隊伍發過洋財的。在七亘村一個五十五歲滿臉鬍鬚的農夫姜長榮也會替老二團藏過一挺六一四的輕機關槍呢：

「快來呀，我已等你們三天了。」

「街上沒有敵人了麼？」

「沒有了。我再去探探看，如果沒有了，我用手一招，你就來吧。」

老頭子來回跑得滿頭大汗。

「沒有了；只有三箱乾糧，你看我揹來了一箱。」

「你眞是老英雄！」

「那里話，你們來保護我們，我們也應該盡力幹！可惜！我已五十五歲了，不然我要同你們一道去和日寇拚命去。……你們要好好地幹啊！……」

還用什麼其他的鼓勵麼？哨音叫着集合，號音叫着前進。上火線恨不得脅下生兩翼。「你看人家老二團，不僅說仗打得好，就是走路也好看。」老百姓底另一番話，將一個個戰士變成了生龍活虎了。

紫堂堂的面孔透露着滿心的高興，還在行軍的時候拳頭已經發癢得要打了。冬天一身小棉襖，夏天一套灰布軍裝，一頂葦笠，一雙草鞋，風也是它，雨也是它，雪也是它；過黃澤關九里十八盤一夜半天趕一百七十里。幾時聽到了連天響的砲火，戰士底情緒更激動得槍筒都要發起熱來，那時他們馳騁在槍林彈雨的洪濤裏就要像游泳一般的愉快了。危險是什麼，他們是不曉得的。七亘村戰鬥裏，十二連四班底戰士楊紹清，負傷三次不下火線，反而沈着地殺死了六個敵人，得了五枝步槍。在里思村擊退敵人六路圍攻，牟永桂一個人在撤退的時候說：「你們先走罷，我來掩護。」結果以二十九排子彈阻止了敵人底進攻，掩護全班安全退出戰鬥，而自已也安全地回來了。

打仗是一種娛樂。掛彩是一種光榮。禁止上火線的彩號，往往偷偷地跟着隊伍出發了。出陣的號音一響，病號也將自已底病魔忘了：

「你不是有病麼？出來幹什麼？」

「打仗麼還有病？——我帶了足够三天用的藥呢！」

被留在家裏護守的戰士有的嚇了嘴哭起來，說瞧不起他，爲什麼打仗還不教他去！——聽說日本「皇軍一有集體自殺的事呢，皇軍有用刀剁去手指製造殘廢的事呢，皇軍有聽說要開拔便自已偷偷地藏在中國老百姓底棺材裏的事呢；若然知道了我們將作戰看得這樣容易，這樣平常，怕他們做夢也會咋舌驚異的吧？眞金不怕火，好貨就怕樣子比。到這里我又該說一個小小故事了——

……「你在隊伍裏受餓麼？」

「不。」

「挨打麼？」

「也不。」

「不受餓，不挨打，誰教你回來的？」

「我想回來看看爸爸，看看你老人家怎麼過日子。」

「無恥的小子！誰教你看呢？趕快回去，我不稀罕你看！」

這是昔陽蘇亭村自動送兒子加入隊伍的陳國棟和開小差回家的兒子陳乃柱一節簡短的對話。兒子是三連的副排長，逃跑不到兩小時就被父親送回來了。

聽了這些情形你不感動麼？——群衆願意當兵的就加入老二團了。他們沿途打勝仗，沿途展覽勝利品，沿途叫老百姓看日本俘虜（老百姓看日本人好像看把戲，敵軍股的住室往往是擠得滿滿的）。

「老鄉辛苦啦！」戰士對抬傷兵的老百姓說。

「不，你們更辛苦。」

「你看見過日本人麼？」

「看見啦。好，你們隊伍眞行，勝利回頭！」

是啊，「勝利回頭。」就這個勝利回頭，便是廣招徠的好辦法。日本兵是越打越少的，我們底戰士却越打越多。不是沒有犧牲，而是報効的踴躍啊！榆社鳳台坪一天可「擴大」十五個新兵。——戰士知道開小差是一種恥辱；偶爾跑出去，也會被戰士底家長送回來的：「你要往臉上貼金，不要往臉上抹灰呀！」群衆也瞧不起逃兵。

是的，老二團是戰士底營盤，是戰士底學校，也是戰士底家哩。人家底家長好：要喫喫一樣的，要穿穿一樣的；一塊打籃球，一塊唱軍歌。上了陣是指揮官是戰士，下了火線却都是打打鬧鬧的一家人。

「媽的，多喫一點麼，能幹不能喫也算不得好漢！」

「狗養的，不安心養病老子要揍你嘍。」

「立整—解散—滾你的蛋吧。」

有時長官會用這樣的說話呢。粗魯些是嘁？「打是親，罵是愛」，粗魯裏却帶着眞誠與親切，戰士聽了笑得嘴都閉不攏了。

王參謀長是軍事人材，也是藝術家；戰鬥的計劃周詳，也畫一筆根好的水墨畫。蕭政治委員是當小鬼出身的，年輕而豁達魁梧，帶一派鐵石硬的意志，他是部隊底靈魂。過去的團長葉成煥是有名的幹員。命令下來，那怕艱難得像爬刀山，他沒有不完成任務的。在火線上作戰，只要有他在，旅長師長便都放心了。——

「去看看，葉團長底位置變動沒有？」是陳賡旅長底吩咐吧？

「葉團長底位置沒變。」報告回來，旅長點頭了。

「怎麼？葉團長挪動位置啦？去看看怎麼回事？」這又該是劉伯誠師長底命令吧？——他們都愛老二團，也更愛葉團長。可是葉團長却在長樂村粉碎敵人九路圍攻的時候重傷犧牲了。聽說劉師長爲此哭過三天，不是心腸軟，那是愛將的心切，愛將的心熱呀！

長樂村，是打擊從榆社，沁縣回到武鄉預備向長治退却的敵人的一次激烈戰鬥。在白草凹一帶包圍了敵人兩個聯隊，一個砲兵團。從早晨八點打起直打到夜晚八點，打死的敵人在一千以上，總算相當勝利了。戰事初起，特務連長帶隊伍從四五丈高的山坡滾下，阻止了敵人佔領山頭：戰士覃慶賢於密射的彈雨中跑下山去騎來一匹日本馬，後邊還跟來一匹騾子；砲兵連發砲二十發砲彈不炸，連長氣了，吐一口吐沫，「媽的！」罵一聲，將砲搬起來轉一個花，再發砲便百發百中，敵人只燒骨灰就燒了五堆，……英勇的事例，在這次戰鬥中表現得也算够多够多。只是我軍先退，有幾十汽車新槍沒能得到手裏，團長覺得有點可惜，有點不服氣。隊伍已經大部撤退只剩下一個掩護的排了，他還拿了望遠鏡望了又望，找尋機會。特務員將望遠鏡搶過去，拉他走，他還是留戀地說：「給我，我再看一次。」就在這轉身的時候，受了重傷。

「強將手下無弱兵。」——陳賡說：「游擊戰的實質，要大踏步地前進，大踏步地後退；要抓住祕密，迅速，果敢的原則。」劉伯誠說：「要發動民衆，組織民衆，武裝民衆。」朱德說：「打日本要利用運動游擊戰。」……老二團是這樣一個系統下的隊伍。

……好的教育，好的學習，還是治軍的鑰匙。部隊只擴大不整理教育，就會像「小腳胖婆娘，外加一身肥膘」，那是上不得陣，也見不得敵人的。老二團底教育緊呢。在火線埋伏好了而敵人還沒來的那一刹那時間，以班爲單位他們還要開討論會；討論上過的文化課，政治課，軍事課。戰士們有寧願打仗罰勤務也不願學習的：「老子四十多歲了，還學習這幹啥麼？」也有的被亞拉伯字碼逼得頭疼了，着急起來，便把槍拿來繳上很忸怩地說：「奶奶的！我幹不了，不幹好了。」可是他們終於克服了這些困難。學習制度繼續下去。不但學習，並且集還要試考。

考試的時候，就是副團長參謀長也得露天下縐了眉頭答卷子。官兵一致。考完了還要發榜：他們也就頭疼這個發榜！有的排連長怕考不好，丟人，悄悄地將試卷撕了，算請假；有的嫌答得不完全，在卷尾加小註：

糟糕，糟糕，眞糟糕！
這些問題答不好，
大家同志不要笑。

看卷子的政治主任却給他緊接了批上：

答題還不錯，
只是太囉嗦；
下次更注意，
求實不求多。

慢慢地他們就感到學習的趣味了。經常他們舉行政治，軍事的研究會，研究會的席上喫茶點，也有時含着考核的性質：「這里幾十包瓜子，同志們可以拿去；可是裏邊有的包着骨頭——政治問題，那位拿到定要答復；要忠實，要互相監視。……」主席會這樣宣佈呢。幾乎在玩耍裏也有一個正經的意義。——你看一個十四歲的勤務員，劉希聖，加入部隊不到一年，就已經可以看淺近的文件，看通俗的報紙了。那里的學校教育會這樣的速成呢？

……啊，這就是老二團——國民革命軍×××師×××旅七七二團——踏入抗日戰爭整整一年零六個月從沒有過三天以上休息的隊伍。山西的平定，壽陽，和順，遼縣，榆次，太谷，榆社，武鄉以及太行山底裏裏外外，都被他們踏遍了。南起道清鐵路，北至娘子關雁門關，都有他們留下的踪影，留下的燦爛的戰蹟。當他們底長長行列從滹沱河上游的山谷裏像一條烏龍似的邁進着的時候，我看過他們彪壯的軍容。戰士們一個個紅通通滿帶風霜的臉上，都浮着一層小孩樣漫爛的愉快。像霽雪的大年初一，晴明天氣，都麗的陽光，發射着一道道照人的光彩。道旁的羣衆歡迎他們，老頭，小孩，婦女，都樸實忠厚高興得連句恰當的歡迎話都說不出來了。偶爾憨直地問問：「辛苦啦，同志！」舒暢而素樸的笑是戰士底回答。你還能再從什麼地方得到更多的關懷與更多的慰藉麼？

老二團，想衝過敵人底封鎖線，跨過平漢，津浦兩條鐵路打到東海邊去也不知道有多少次了。上級的命令却是「你們打仗太多太疲勞了，需要休息休息。」這在他們是感到異常鬱悶的事！在戰爭的火燄裏燒煉出來的健兒，他們是不知道什麼叫疲勞，什麼叫休息的。他們知道的只有勝利，勝利！傳播在他們口裏最流行的號召是：以勝利配合勝利，以勝利爭取勝利，以勝利慶祝勝利。在別人放鞭炮，穿新衣，剖瓜浮李來過年過節的時候，他們却寧願意「去打一個勝仗吧！」

不，怎麼叫老二團，叫夜摸常勝軍呢。

楊家嶺二十八年九月十二日。

農民會長

孔厥

我們秋收工作團到了柳林子，就去找農民會長接洽。會長是個矮小的老頭子，血紅的砂眼裏面，兩泡白濃似的眼珠只露出釘點兒黑，對我們望了一下，仍舊做自己的事。我們一大串的話只得到他點頭搖手的問答；也不瞧一眼，就把我們遞給他的介紹信推開了。

『為什麼？』

『區上沒有人來過，我不知道。』

『這是區署給你的信呀！』

『老漢認不得字。』

『不要緊，我們讀給你聽。』

他卻不用我們讀，隨手把信接了過去，摺成小方塊，藏在女人般的大襟內。炕上紅衣小娃哭了起來，他便丟下了我們。好一會後我們耐不住問：『怎麼樣？』他把抱娃的手空出一隻來對我擺了一下，說是要等村上識字的張震榜明兒從府裏回來……

『那我們怎麼等得及呢？』他就還給我們信，訴說村上既沒米吃又沒地方住，莊稼也已『割完啦』。

可是晚上，他卻到一家家窰洞內去通知了：『公家來幫割莊稼啦，開會開會！』據說老砂眼望出去，月亮疊有三個，滿天星斗都生角；而他的黑影還曲折地拖上石級，山腰裏張家和李家那兩個瞎眼似的窰洞內也得到了通知。有些莊稼人還被他的髭鬚觸得耳朵癢癢地，聽到低聲的關照：『區上來過人了……』很顯然，我們去請來解釋的區政府那個瘦小子，一句話就勝過我們十萬句了。

我們還沒有工夫走五十步遠，去欣賞那汽車路旁邊流着白光的嗚咽小溪，莊稼人已經披了棉襖，鴉羣般飛來了，驚得真正的烏鴉反而哄地從柳樹林裏飛了開去。

只有老會長的手臂穿在棉襖的袖子裏，還用帶子束着腰。蹲在坐下的人圈裏，時常傾出上半身，用煙管在地上敲着，商量般地同這個說幾句，又同那個講兩聲：不像個主席，卻如同揩去他那小孫女的眼屎一般，慢吞吞地，他用說話揩去了莊稼人心上的疑慮，因而我們工作分配的問題，倒當場就解決了。

我們借宿在合作社。

老會長把我們中的一人喚醒了。山谷裏正回響着鷄鳴的尾聲，黎明還是青色的。他的聲音裏飽含朝氣，吩咐我們多睡一會，說：「我×里堡去一趟。下地的時候，你們昨兒黑裏派往哪家的就哪家去，熬（累）啦就歇一歇。」他去了，像我們的祖父。

在區署報告完畢，他回來時不放心地先來田里看我們。棉襖襟幾乎下垂到地，那麼吃力地拖着步，而仍然小心地，不使每一片伸到路上的辣椒叶子被脚踏過。

鐮刀在我們手裏殺殺地響，有一位同志還赤了膊。他同我們打過招呼，似乎又要叫休息，但一看見我們割蕎麥用的『團割』方式，他就伸伸煙管想要指教我們了，這時候他的兒子長壽伸直了腰，笑着揮一下鐮刀說：

『他們這樣割反倒快呢！』

老頭子不以為然地閉了髭鬚裏面的嘴唇，眼光斜到別處去了。開始踏勘了，在自己的田裏兜了一圈，不時彎下身體在看什麼；還把一枝折了的亞蘼豎起來，想使他不再倒下。

太陽晒得很兇。他把右手遮在額上，紅眼睜得流了淚，遙望對面山上我們別一組同志的工作。早已脫清了晨霧的羣山是赭色的，稀落地點綴着鮮明的或黃或紅的田塊，同志們和割下的谷堆小得如圍棋子般散佈在上面。當然他看不清，『他們是在工作嗎？』他懷疑地問。明白以後不禁嘆說：『太熬啦！』

後來他採了個南瓜，雙手抱着，順便帶回去了。

午飯後我們到他家裏，見他蹲坐在炕床上，一個兩條小辮子的女孩在給他搥背，問他老人家怎樣了，他從兩膝間抬起頭來說：『不咱不咱，（沒有什麼，沒有什麼，）近來幾年，就連這（他輕輕拍着）給打傷過的腰，也不怎麼酸了。』原來他被『

幫佬』（土匪）綁去過的，在三十年以前——

『兄弟就這麼給打死了，我末，二百兩銀子才贖回來。那時還有錢呵！可是陳家溝李家溝——唉，好大兩個莊子，都是自家兒的——都住不成了。還有幾百塊地，也只好都撩（丢）了，搬到延安府的鄉下來住。』

我們問：『當時怎沒軍隊去打土匪呢？』

他扯着我們低聲地：『說句話別多心，從前的兵和匪呵，就好比現在的這邊和那邊，通和了，你不打我，我不打你——嚯嚯，就這麼回事。』

『可是你那幾百垧地全撩啦！』

他却憤然了：『地！地！地荒了！有糧無米！我就納了二十幾年空糧，好容易才到府裏去化了幾筆費把地推掉呢！哦，你該有數了吧？』

『那你沒有地，怎麼過活呢？』

『還種地呀！種城裏李老——』縮了個爺字，『嘿，姓李的地！』

於是講到佃租，講到一年四五十塊錢的捐。『米甕底都刮得乾乾淨淨，我們就光着屁股啃南瓜的皮！』可是苦日子還在後面，不久兵慌馬亂了，「大兵」日也來，夜也來，要這要那，臨了還說他們信了「老共」，把他們村上足足七百多隻羊，統統牽了去。連柳樹林都被齊根砍去一半，還放把火。可是，連天的火光却烤不乾受苦人的眼淚。

他沉默了。頭仍舊埋在兩膝間，背在兩個骯髒的小拳頭的抵攣下面微微抖動。陽光照在紅窗紙上如一張忿怒的臉，一枝邊區自衛軍的紅纓槍，在黝黯的屋角放着冷光。

突然——

『會長在嗎？』

一個漢子肩上搭着個瘸布袋，手裏一根趕驢的鞭子，走了進來。是鄉公所派收公糧來了。去了以後會長的老婆怨恨地露出一口黑牙說：『收小米，收麥子，一年幾回！』問她要多少，老頭子答說一村三四升，一家只派到五六合。

老太婆駡人似的：『少是少，算起錢來可就多啦！』

『別睬她！』會長翻開了濕的嘴唇，拉我們走出來。『人家只拔了幾根羊毛，也不想想羊是哪搭來的！』

這半天他硬要我們休息，千方百計去尋些輕工作來給我們做。我們便和他一起坐在窰洞外的空地上摘豆莢，剝苧蔴。窰洞外是土牆圈成的院落。豬仔把鼻子沒在槽裏飲水，發出嗒嘴的大聲。一隻毛驢站在一邊。伏在角落的老牛已經睡眼朦朧了，還嚼着嘴。大群的白鷄來去角逐着，血色鷄冠東倒西歪，有的縮起一隻脚，斜一隻金邊眼睛向我們驚望……。牠們的主人，時常歇下手，捧着個在家裏才用的古銅水煙袋，悠閒地抽煙。

『老漢今年六十三了。』他沈思地說。『上三十，好福氣；中三十，眞晦氣；如今下三十了，世界已經社會了。』

兒子長壽懂得社會兩字的誤用，卸下背上穀捆，對他白了一眼，對我們笑笑。

無題

天藍

不用太息，
我將遠去：

我隨歷史的戰鬥行進；
我，從單個人，
走向人羣。

我，
於我何所有。

而我亦回顧，
我從那裏來。
我又眷念那生育我的曠野。

呵，永相望，
愛我者，
在我的遺忘中。

討論：

關於「華威先生」出國及創作方向問題

周行

（一）

關於「華威先生」出國問題，曾經引起了批評界的注意和討論。從「滅自己的威風，長他人的志氣」這一點出發，林林是站在反對的方面的；理由是：「他出現在日本讀者的面前，會使他們更把中國人瞧不起，符合着法西主義的宣傳，而增强他們侵略的信念。」由此引伸下去，自然會得出如下的兩個結論：第一，「可資敵作反宣傳的資料，像『華威先生』這樣。不但不該出洋，並且最好也不要在香港這地帶露面」；第二，「頌揚光明方面，較之暴露黑暗方面，是來得占主要的地位」。同時不用說，這兩個結論是有連帶的關係的。

提出異議的有冷楓，他主要的論點是：「畢竟出現在日本文壇的華威先生是一個僵屍，因爲他已在我們的抗戰中給槍斃了」，「我們不怕敵人嘲笑我們的死屍」。最後一句話雖然有點語病，但我們也曉得作者的命意。

提出異議，是對的。然而問題卻似乎還沒有就此得到解決。依我想來，這主要是由於還沒有接觸到問題的中心。

（二）

我個人的一點私見如下：

第一，在現實生活中，還大有華威先生其人；他雖然「必然要爲抗戰巨流所淹沒」，但這還不會完全實現爲一件事實。

第二，即使華威先生已成了一具死屍罷，如果敵人要以此作爲宣傳中國人不行的資料，則天翼筆下的作品具在，也還是可以一樣利用的。

所以，問題還是在於：「華威先生」本身是否眞的是「可資敵作反宣傳的資料」。也就是說：這不僅僅是現實生活中尙有無華威先生型的人物的問題，而且更應該是天翼怎樣創造這個形象，這個形象是否創造得眞實的問題。如果這問題弄得清楚，則創作方向再認識的問題也就不難解答了。在這里，我們顯然需要進一步在藝術的眞實與現實生活的統一的關聯上去考察；否則，恐怕我們結局也僅僅只能把握到眞理之一面而已。

（三）

「華威先生」之足以代表一種創作的方向，是誰都承認的；這方向，如大家所知，便是暴露現實的黑暗面。由於它的出現，對於隱伏在光明背後的醜惡的抉發，對於現實作深入而綿密的觀察與研究，在創作活動上無疑是逐漸强化起來了；所以說，「這决不是好的傾向」（矛盾）。

然而談到「暴露」，在實踐上往往會碰到如下兩個問題：一個是它是否與統一戰線的原則相抵觸，另一個則是會不會使讀者流於悲觀，消極，減低他們爭取光明的向上心和鬥志（現在說來即「必勝必成」的信念）。有人懷疑乃至反對這個創作的方向，大抵都是從這兩個可能性上出發的。在理論上，這里也似乎是還留着一些空隙，是供藉口。

應該怎樣給與問題以一個基本的解答呢？

這里讓我們暫時回顧一下歷史的事實罷。我覺得，從前世紀的自然主義大師們的成敗中，我們應該可以汲取一點寶貴的教訓。我們看佛羅貝爾，他是本階級的叛逆兒子，他對於當前平凡猥瑣的現實生活，是不能也不願忍受的；他「暴露」了，而且以可驚的概括力去完成他藝術上的創造。然而，我們讀了「波華利夫人」之後會怎樣想呢？徹頭徹尾的灰色的人生！縱使是一點點不大平凡的夢想，在醜惡得使人窒息的社會生活（市民階級的生活規範）中也不能不終歸破碎了；在發狂了的愛瑪・波華利身上，作者簡直使我們嗅到一種人類大破局的氣息。出路呢？沒有。就讓他這樣下去同歸於盡罷。

以佛羅貝爾這樣不世出的巨匠，在精心結構的作品上仍不免於遺留下一大破綻，仍不免於顯露出藝術的（思想性的）貧乏，則自然主義派其餘諸子，也就可想而知了。他們要「客觀地暴露」，要「控訴」，然而結果卻和那些妥協的中庸主義者殊途問題。爲什麽？簡單的說來，這爲的是他們的虛僞的客觀主義，這爲的是他們不能從日常生活中發掘出社會內在的矛盾來，這爲的是他們雖也很仔細的去刻畫人物，廹眞是廹眞了，但却沒有血色，而這正是由於這些形象與當代的大問題——社會的本質的葛藤，並不發生有機的交涉。結果，雖要「暴露」，却並不會充分達到本來的意圖。佛羅貝爾告白了他對於市民階級的理想的絕望，却不意間表現出爲對於人類社會理想的絕望；這倒有點像所謂「倒掉盤里的汚水却連孩子也一齊倒掉了」，豈是「暴露」的原意及眞意所在？

現在社會的條件大不相同了，但作家們必須從這里得出教訓，是很明白的。約言之，這至少暗示了如次的三個要點，在創作過程中是有着決定的意義的：

第一，要向生活肉搏，不旁觀，不淺嘗卽止。

第二，要作主體的（階級的）把握·批判。

第三，要從黑暗中看出光明。

而在「暴露」的作品那里，則第三點更有特別重大的意義（雖然這也是第一第二點的結果），是不消說的。

（四）

文藝的歷史不是失敗的歷史，所以卽使在某一意義上是失敗了的作家或作品，在我們也依然可以從那兒得到有益的營養素。然而，如何汲取，如何消化，却是在新的歷史條件下我們今日的問題。

還是回到「暴露」這題目上來說罷。如何才能不把悲觀絕望的情緒傳染給讀者，如何才能從黑暗中看出光明，從而加强讀者爭取明天的信念呢？

首先，作者一定要究明所「暴露」的事物的社會的根源；越能够發掘出其發生的內在原因，越澈底地把那一副醜臉相照明，使讀者一眼看來就「如見其肺肝」，則這作品的教育意義就越大，同時也就越能加深讀者對舊事物的憎惡，從而新的憧憬新的夢想跟着就越發要强烈起來。必須充分把握着必然性，如果能原原本本地表現出罪惡從何成長，爲何成長，特別是如何成長，那麽罪惡之可以而且一定要被掃除，雖然不必一定說出，但在讀者眼中却變成是自自然然的事情了。這就是所謂「自由是被認識了的必然」的道理。高爾基也常常寫否定型的人物，一般的說來，他的作品幾於全部是「暴露」帝俄時代社會生活的黑暗的。但我們從他那里感到悲觀的情緒嗎？絲毫也沒有。恰好相反，倒是他把我們戰鬥的決心與力量大大提高了。而高爾基的本領，就在於他無論寫什麽都能够還牠一個本來面目。

其次，這還不够，要上述究明其社會根源的這一點能無遺憾的實現，則加深光明面與黑暗面的對照，是必要的。在美的對比之下，所謂醜才越發昭彰，這是自明的事情。但這里須注意的，倒不僅在乎同時寫光明面來對照，更重要的一着，還是在於光明面的出現毫不牽强，還是在於它能把光明與黑暗作爲一物之兩面來表現，而且這兩面是在消長的過程中的。不觸到社會大同問題的核心，不描寫出人物之間的社會的葛藤，要創造眞實的藝術是不可能的。這葛藤里面，就有着新舊的鬥爭。所以說，卽在着意寫黑暗的時候，光明面也是原已有之的，不過或則顯露，或則隱藏，還只作爲一種可能性而存在罷了。因之，現在我們所需要的只是把未轉化爲新事實的傾向作預見的暗示；而已經存在的，則把它形象化得更顯著，更凸出；倘在它已轉化爲新事實的時候，却還不能認出來，只從外面硬拉一些來勉强凑數，那才眞的是表現出作者對現實的無知了。必須知道，所謂加深光明與黑暗面的對照，並不是說要寫成光明一定戰勝黑暗；在某一特定的場合，也許黑暗勢力還要佔上風的。但卽使如此，我們倘能深刻地表現出必勝的力量爲什麽也有一時的失敗，則一時佔上風的黑暗面之必將爲光明面所代替，也就更加明白不足爲奇了。

最後，是諷喩之外還須盡情鞭撻。單純的諷喩，往往接近於旁觀者的態度，而事實上也多的是從旁觀者的地位出發的。寓沈痛於單純的諷喩，到底不是容易辦得到的事情。憎是愛的反面，但也由於愛。對於人生越執着，越不能忍受牠有缺陷，有醜惡，則對醜惡之類的憎恨越深刻。如果眞能執着地有所憎愛，恐怕這憎愛決不是單純諷喩所能表達得了，而有待於進一步作辛辣的批判與不容情的鞭撻罷。卽如不拒絕反語法（Irony）一樣，藝術也不拒絕幽默（Humour）；這都屬於手法的範疇，倘運用得宜，是可以增加作品本身的潑剌性的。但這里却也有一定的條件，就是不能因此破壞了主題的眞實性，否則冷嘲熱諷之餘，一不留神，就流於油滑，那就大失所以幽默的本旨了。油滑，就難免是藝術所大忌；其結果，不是把諷刺的辛辣成分弄淡薄了，便是把讀者引到玩世的犬儒主義(Synicalism)的道路上去。倘以這種態度或手法來「暴露」黑暗，而要人不引出一個悲觀的結論，恐怕是相當困難的罷。說到批判或鞭撻，首先就要求作者對現實有更高度的關心與執着。我們說描寫罪惡罷，如果能澈底的描寫去，把它鞭撻至體無完膚，則罪惡之爲罪惡，一目了然，「暴露」的目的，同時顯然也達到了。

(五)

此外還有一個在我們有着特殊意義的問題：怎樣「暴露」黑暗而又不違背統一戰線的原則，而又不惹起不必要的內部磨擦呢？

在這里，……我以爲批判還是有的，而同時，統一戰線的鬥爭顯然與從前的有不同的地方，這不僅表現在主要對象的變動上，而且也表現在基本態度及具體方式上，如果我們現在還不能不對當前的現時有所指摘，如果統一戰線的參加者，還不能不對其他的戰友有所批評，那只是爲了要共求進步，那只是爲了要使被批評者健全起來，加强它的抗戰的力量，而決不是要打擊它，削弱它的力量。同是指摘，批評，一則要根本打擊對方，一則爲了支持對方，因而不得不使對方有所改進，這就是兩者在本質上根本差異的地方。統一戰線內戰鬥的基本態度，是後者，不是前者。如果寫作者能以這種基本態度去「暴露」，這正是爲統一戰線的鞏固與發展所必需的，決不會是徒惹紛爭，浪費氣力的事情。

「良藥苦口利於病」，但有時一個病人却未必是喜歡吃苦藥的。這時候，如何使這良藥減少苦味，如何說服病人吃下去，這是工作方式的問題。在不礙事的範圍內，加點糖液原是可以的，耐心勸告也是必要的。可是藥是對症了，却嫌藥苦，這決不是醫生之罪。因此，就病人說來，須知吃藥時的一些不快要暫時忍受一下；而在對症施藥者，則意料中的一點兒拒抗也應該有勇氣去應付過去。我們這民族的病症實在太多了，爲了病好，誰見得到誰就儘管開出對症的藥方來。民族的事業原是不拒絕階級的分析的。

(六)

如果上面所理解的是不錯的話，則天翼的「華威先生」也不失爲一服對症的良藥。因之「暴露」黑暗的創作方向，依然是絲毫不減其重要性。有人嫌它味澀，但我却以爲藥料其實還未够濃——即是說，可惜還未能對華威先生之類的人物盡情鞭撻，讓它原形畢露。「救亡飯桶」(恕我的杜撰)的成因，應該追蹤於一九二五—二七年大革命後一部分知識份子的轉向，而現在，他們又爲驚天動地的炮火叫醒了「睡着的良心」了。如果不在這種舊的習慣(十年長的時間確也不爲短！)與新的環境的矛盾中去描寫，那麼這一個形象恐怕是難於創造得十足眞實，栩栩如生的罷？在這樣的意義上，我們只覺得「華威先生」還未能使我們完全滿意；那里面，背景的襯托不够顯明，對過的力量不够斤兩，尤其是，華威先生的行動似乎太單純太直線的了，有點兒概念化，於是個性就不够凸現，但儘管如此，它代表的創作路向是沒有錯的。作者其後發表的「新生」，也是這一系列里面值得注目之作；雖然嚴格地說來，由於作者那種尚未完全克服的素樸的觀照態度，妨礙了它有進一步的成功。

以這樣的「華威先生」，是否出不得國，見不得人的呢？依我想，我們並沒有理由這樣說。既然是眞實的作品，能够給自己看，自然也可以讓人家(就算是敵人罷)看。讓人家知道我們怎樣勇於自我批判，怎樣勇於改正錯誤，並不是坏事；因爲只有有前途的人才敢於正視一切，不事掩飾。看我們的敵人怎麼樣？他們只能求助於神力，他們只能讓人民蒙起眼睛來，他們是多麼軟弱呀！而且，大家也許都會想得到：千千萬萬的不斷運回國去的屍灰，中國遠征飛機散下的不是炸彈而是一些「有趣的紙片」，這都比譯過去的「華威先生」說明了更多的事情。

所以說，以「華威先生」之類出國爲可慮的，到底是有點兒過慮了。我們其實只嫌「華威先生」不够有力，應該進一步要求作家們創造出更多和更有力的「暴露」的作品來。因此，這里我們也許還可以得出另一個小小的結論，就是：如果能够澈底地暴露黑暗，所得或者並不亞於有實感地頌揚光明，因爲不擊退黑暗，光明也就難於來到。至於那些在概念上理解最後勝利的作品，更是不在話下的。

——(三，五—四，二十二，完稿於南寧。)

搶作代表的通俗論客

盧鴻基

關于談文藝大衆化的話，對有些論者我曾引用魯迅的話，說他們是新的國粹派。想想並沒有說錯，因為像以為『繪畫』不如『畫畫』之通俗之類，總不見得是怎樣有心得的高見。而接着想起來的和遇到的還很多，現在不妨再來談談。

譬如「美術」這兩個字吧，固然不是大衆的字，可也並不是外來貨或高等士人所專有的。雖然蔡老先生提倡美育已有好些年頭了，也許此時真的還有很多民衆不懂它的含義。可是我決不相信它比「國幣」，「飛機」，「警報」來得不通俗或更不適用的。但一說要用『美術展覽會』這個說法時，就有些空腹高心的論客說是這不通俗，應用「圖畫展覽會」才通俗了。這當然並不錯，然而「美術」這兩個字是否于抗戰時的民衆毫無用處，非根本消滅不可呢？我們來看『國幣』，「飛機」吧，我從前曾問過我的媽媽，她不懂，她只曉得紙錢，飛船大蜻蜓。而警報這一詞，還是八一三以後才興盛的。我已不同媽媽住在一起，不知她明白否。可是她此刻也已給敵人毆打得受了重傷了。記得我自己也是聽了好幾次才弄清楚的，最初我總以為是「警告」。然而這幾樣東西，現在凡接觸，看見，聽過它們的人早已絕不拒絕的接受去了，他們並不抗議不准用它們，或者要求只准用紙錢，大蜻蜓，或者鐘聲，喇叭，使他們好懂。因為紙錢易混于冥錢，大蜻蜓又無危險性，鐘聲，喇叭聲會誤為上操或吃飯。沒有法子，為了需要及切身的利害關係，無論怎樣生疏，也非用不可，他也非接受不可。大衆也如我們一樣，生活一天總要求一天的知識的。有了什麼知識他們一接受，馬上就應用，絕不弄錯。誰說民衆是蠢貨呢？

然而現在的論客真是擾擾攘攘，自稱民衆代表，真像民衆什麼時候開會選派了似的，對此也搖頭，對彼也嘆氣，今天說「繪畫」兩字不通俗，明天說「美術」兩字不大衆化，後天又說「米盞郎哲」這名字太歐化（那麼改為吳道子或石濤和尚吧），真是其勢必至於如錢歌川先生的定八百個字為基本英語一樣也定出一千或五百個字來，叫做通俗字千字文，凡寫抗戰文章的只准用這一千字。那收效也許很大，但我敢說，民衆也許永遠唸符咒代鎗砲來抵抗，或者是等到抗戰勝利了後，民衆一定已瘟頭瘟腦變成獃子了。而且不獨民衆，連知識份子也非變成獃子不可。例如寫「米盞郎哲」這名字，原[illegible]能的[illegible]術的人看的，他如果學過洋畫，一定知道[illegible]「米盞郎哲」的。要以為他不知道或不許他知道，即在就不用，不是等於行愚民政策了麼？可是，走極端的就只稱賞罵娘，草媽，一定要使檢查官多加兩個××。這真是「可要成為大衆的新帮閒的」了。

通俗是多採用俗話，且進而添補，教育，是使只僅十句的民衆多懂到十五句，却並不是使能懂十句的民衆只該懂五句，也不是拿一百句給只懂十句的民衆強他馬上完全接受。通俗是開發，不是封閉。真真要教育民衆，最好能把每天報紙上所出現的重要的事或人使民衆也懂得一些，漸漸加多，不能以為他們愚蠢，遇着張伯倫，李維涅夫就只糊塗的說「張三李四」可以完事的。

現在搶做大衆的代表的人太多了。他其實只能以知識份子自居，自居智識社會里面，既不大能高雅，也很難入俗。否則，不獨要弄得笑話百出，民衆也會給他溺殺的。

但我前頭舉的，要把「美術展覽會」改為「圖畫展覽會」的例子，也沒有說完，須來補論幾句。凡開一個部門稍為複雜點的展覽會（關於美術的），總應以美術兩字來包括好些，否則，遇到里面有攝影或彫塑的，如何處置呢？是否只好胡亂稱之曰圖畫呢？

不要搶做代表好麼，先生們？

九，廿六。

排印前小記

這一期很惹目的是兩篇小說。這里所展開的是陰慘慘的世界，有如憧憧的鬼影，給謳歌或祝告「舊中國的死亡」的戰鬥者們以明白的示例。作家的朋友們也許有人要抗議的，它們太不能使讀者向高的境界前進。但我想，天堂是好的，但它大概還得在地獄底廢墟上建起，至少它底由打基到落成是得和地獄底被破壞到全燬同時併行的。能有但丁底偉力，把我們由地獄一直引進天堂，當然是最可感激的，否則，倒不如讓遊過地獄者先唱出他底詛咒的歌罷。果戈理，我們不得不承認他是戰鬥了的，但他不就是終於沒有能够造成天堂，在地獄的門檻上痛哭而死的麼？他所希望的天堂是在六七十年以後才用了和他底想像完全不同的面貌在地球上出現了的。

但我也不大重視「巢」里的兩個去當兵的人物和「馬泊頭」里面的去當了游擊家的猪總統，他們底前進並沒有經過內部的發展過程，作者們並沒有和對象作過搏鬥。所以，要從這兩篇小說所給與的陰影下脫出，還是去看其他的作家所寫的別樣的生活樣相罷。例如在這一本里面，兩個詩集，兩篇通訊，以及散文里的「晚會」，就各各顯示了，至少是表白了對于健康的或英勇的人生的禮讚。讀者或批評家要求提名即見的，能反映一代全貌的偉大作品，這是人情之常，當然毫不足怪，但在目前的我們底文壇，似乎還沒有跨過為滿足這個要求而拚命苦鬥的階段。所以讀者還不能够享受一走到花園里去就可採到最美的花朵的幸福，得和我們一道吃苦，把整本雜誌甚至整個出版界底文藝產品當作一篇作品底草稿看待。歷史上，不是有許多偉大的作家或作品都得歸功於先行者們底開路工作麼？這雖然有被一些人拿去作「等待主義」底辯護的危險，但也可以被另外一些人作為急起直追的勸進。單就戰爭以來的情形說，我們底新文藝也已打下了薄薄的基礎，足健者是能够從這里飛跨一步的。

至於在藝術上算不算得成就，以至成就怎樣，這當然是另一問題。例如「巢」，它底創作方法，就沒有能够從舊現實主義底限界上跨過。作者要詛咒，但他底創作方法却弄得他和他底人物們一同纏綿低語了。在這裏，我想向讀者特別介紹本期登完了的「基希及其報告文學」，這是對於在這個新的時代所產生的新的形式的追求，它提出了不少的原則上的問題，值得我們去發展或者批判。文章是早已聞名了的，但今年才能得到譯稿。

這一期是第四集最後的一本了，下一期就是第五集底開始。半月刊是六期一集，現在的月刊却改為四期了，但篇幅還是相等。哈好又是另一年底開頭，希望我們和讀者能够隨時光一同前進。

胡風（十一月二十三日）

蕭軍啓事

本人現有文藝作品數部擬招標出版。「側面」：遊記，三部合訂約十八萬字；「四地文集」：論文，散文，雜文合集，約十七萬字；「烏蘇里江的西岸」：敍事詩，約兩萬行；「第三代」：長篇小說，第一第二兩部約十六萬字，已於某書店出版，現擬收回版權，續寫下去，全部約為四十五萬字，一九四一年底可完成。

條件：一、凡眞正以從事文化事業為目的的書店，或個人均可承印；二、版稅最低額為百分之二十，發表費另計之，如雙方條件合適，本人已出作品或新作，均可託其出版。至明年三月底止，如不合適，當分別函覆。

通訊處：成都，春照路新民報社轉本人。

華中圖書公司

統辦全國雜誌書報

代售代辦代理發行

一般讀物

刊名	另售	半年
半月文摘	○、一五	一、八〇
文摘旬刊	○、二〇	—
時與潮。	○、二〇	
時代精神	○、三〇	
新政治	○、三〇	一、八〇
時事月報	○、二五	一、五〇
時事類編	○、一〇	—
中央周刊	○、〇五	一、一〇
全民抗戰	○、〇五	一、五〇
現代讀物	○、二〇	一、一〇
理論與現實	○、七〇	—

畫報、畫刊

刊名	另售	半年
▲良友畫報	一、二〇	—
▲中華畫報	一、〇〇	—
▲展望畫報	一、〇〇	—
抗戰畫刊	○、一〇	—
▲大地畫報	一、二〇	—
▲青青電影	○、四〇	—
▲青年知識	○、五〇	—

國際、外交

刊名	另售	半年
中蘇文化	○、二五	一、四五
外交研究	○、四〇	一、二〇
外交季刊	○、五〇	一、〇〇
世界知識	○、一二	一、四〇

戲劇、文藝、小品文

刊名	另售	半年
七月	○、二八	一、六〇
戲劇崗位	○、二〇	一、二〇
抗戰文藝	○、一〇	—
▲大風	○、二〇	—
▲宇宙風	○、二八	—
▲西風副刊	○、四五	—
抗到底	○、一〇	一、二〇
文藝陣地	○、一二	一、四〇
▲十日戲劇	○、三〇	—

教育、青年

刊名	另售	半年
中國青年	○、二〇	
教與學	○、一五	○、九〇
讀書月刊	○、二〇	○、二〇
戰時教育	○、	
教育通訊	○、〇五	一、〇〇

商業、經濟

刊名	另售	半年
新經濟	○、一〇	一、一〇
資用半月刊	○、一〇	
▲日用經濟	○、一五	
▲職業與修養	○、二〇	—

英文

刊名	另售	半年
英文文摘	○、五〇	—
▲英文自修大學	○、三五	—
▲密勒氏評論	○、四四	（航○、七八
▲中國評論週報	○、二二	

軍事

刊名	另售	半年
軍事什誌	○、三〇	
中國的空軍	○、一〇	—

凡係在滬港出版者（有▲符號）

中華郵政登記認爲第一種新聞紙類

內政部登記證[illegible]六五〇八號

[illegible]

七月　第四集合訂本

編　者　胡　風

發行者　唐性天

發行所　華中圖書公司

漢　口：特三區湖北街
重　慶：武庫街七號
北　碚：東山路九號
武　昌，宜昌，長沙

每册實售國幣一元二角〔外埠酌加寄費〕

中華民國二十九年二月十日出版